U0601992

Krugman

Essentials of Economics

(Fourth Edition)

“十三五”国家重点出版物出版规划项目
经济科学译丛

克鲁格曼经济学原理

（第四版）

保罗·克鲁格曼（Paul Krugman）
罗宾·韦尔斯（Robin Wells）著

赵英军 译

中国人民大学出版社
·北京·

《经济科学译丛》编辑委员会

《经济科学译丛》总序

中国是一个文明古国，有着几千年的辉煌历史。近百年来，中国由盛而衰，一度成为世界上最贫穷、落后的国家之一。1949 年中国共产党领导的革命，把中国从饥饿、贫困、被欺侮、被奴役的境地中解放出来。1978 年以来的改革开放，使中国真正走上了通向繁荣富强的道路。

中国改革开放的目标是建立一个有效的社会主义市场经济体制，加速发展经济，提高人民生活水平。但是，要完成这一历史使命绝非易事，我们不仅需要从自己的实践中总结教训，也要从别人的实践中获取经验，还要用理论来指导我们的改革。市场经济虽然对我们这个共和国来说是全新的，但市场经济的运行在发达国家已有几百年的历史，市场经济的理论亦在不断发展完善，并形成了一个现代经济学理论体系。虽然许多经济学名著出自西方学者之手，研究的是西方国家的经济问题，但他们归纳出来的许多经济学理论反映的是人类社会的普遍行为，这些理论是全人类的共同财富。要想迅速稳定地改革和发展我国的经济，我们必须学习和借鉴世界各国包括西方国家在内的先进经济学的理论与知识。

本着这一目的，我们组织翻译了这套经济学教科书系列。这套译丛的特点是：第一，全面系统。除了经济学、宏观经济学、微观经济学等基本原理之外，这套译丛还包括了产业组织理论、国际经济学、发展经济学、货币金融学、公共财政、劳动经济学、计量经济学等重要领域。第二，简明通俗。与经济学的经典名著不同，这套丛书都是国外大学通用的经济学教科书，大部分都已发行了几版或十几版。作者尽可能地用简明通俗的语言来阐述深奥的经济学原理，并附有案例与习题，对于初学者来说，更容易理解与掌握。

经济学是一门社会科学，许多基本原理的应用受各种不同的社会、政治或经济体制的影响，许多经济学理论是建立在一定的假设条件上的，假设条件不同，结论也就不一定成立。因此，正确理解掌握经济分析的方法而不是生搬硬套某些不同条件下产生的结论，才是我们学习当代经济学的正确方法。

本套译丛于 1995 年春由中国人民大学出版社发起筹备并成立了由许多经济学专家学者组织的编辑委员会。中国留美经济学会的许多学者参与了原著的推荐工作。中国人民大学出版社向所有原著的出版社购买了翻译版权。北京大学、中国人民大学、复旦大学以及中国社会科学院的许多专家教授参与了翻译工作。前任策划编辑梁晶女士为本套译丛的出版做出了重要贡献，在此表示衷心的感谢。在中国经济体制转轨的历史时期，我们把这套译丛献给读者，希望为中国经济的深入改革与发展做出贡献。

《经济科学译丛》编辑委员会

前　言

本书是关于人们做什么以及如何交往的经济学书籍，书中有大量真实世界的丰富素材。

亲爱的读者：

上面这句话所述的理念是我们写作每一版的指导原则。当我们写作本书时，关于经济学的具体内容我们有许多小的想法，当然我们也有一个宏大的想法，经济学教科书能够也应该围绕叙事来构建，教科书永远不能罔顾经济学到头来是关于人们一系列行为集合的事实。

经济学家告诉我们的许多故事都采用模型呈现方式，不管它们采取什么方式，经济模型都是关于世界如何运转的故事。但是，我们认为，如果模型尽可能地对真实世界的故事进行呈现，既解释经济概念，又与我们作为个体生活在一个由经济力量主宰的世界中的所思所想有关，学生们将会理解并欣赏这些模型。

在每一章，你都能发现以一系列丰富的方式呈现的故事：开篇案例、真实世界中的经济学、追根究底、国际比较、章后企业案例。如往常的做法，我们加入了许多新故事，或者更新了许多故事。我们也写进了一些国际视角的观点，特别是在“国际比较”专栏中。

为强化学习，我们也有多项体现教学的特色设计。例如，每个重要章节后都设有三个栏目，便于学生牢固掌握该节的内容：(1) 真实世界中的经济学：应用于真实世界，有助于学生进一步理解他们所学到的经济概念；(2) 及时复习：列出该节的要点；(3) 小测验：列出问题，自我检查，并给出答案*。引起思考的章后练习题是另一显著特色。我们也很乐意引入另一种新的设计：在线回答问题，即通过互动的辅导帮助学生解出每章最后的一个问题。

我们希望本书的学习能带给读者美好的体验。感谢您使用本书。

保罗·克鲁格曼（Paul Krugman）　罗宾·韦尔斯（Robin Wells）

* 小测验的答案请登录网站 www.crup.com.cn 搜索本书准确书名后获取。——编辑注

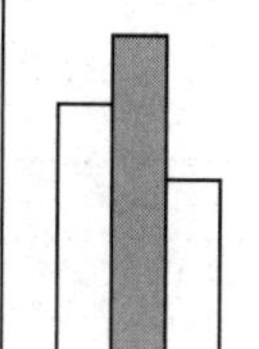

目　录

第1章

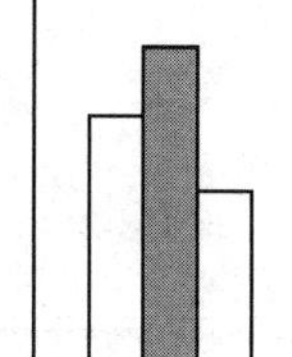

基本原理

本章将学习

- 一套与经济学和经济相关的概念。
- 一套理解个人如何做出选择的经济学原理。
- 一套理解个人选择如何相互影响的经济学原理。
- 一套理解各经济体相互影响的经济学原理。

☞ 开篇案例

共同的基础

美国经济学会的年会吸引着数千名经济学家参会，老的、少的、著名学者和无名人士济济一堂。这也是书商、企业等进行商务会晤的场合，而且其中夹杂一些工作职位的面试活动。最主要的是经济学家聚在一起讨论和聆听报告，在会议最繁忙的时候，大约有60场报告同时进行，讨论的问题从金融市场危机到夫妻二人都上班的家庭谁下厨房等，应有尽有。

这些人之间有共同点吗？金融市场方面的专家大概对于家务劳动方面的经济学知之甚少，相反，研究后者的人对前面的主题也了解不多。一名经济学家随意走进一个专业并不对口的讨论组并听完一些并不熟悉的主题报告与聆听自己熟悉的专题差别并不大。原因是：所有经济分析都是采用一套应用于不同话题的共同原理。

其中一些原理与个人选择有关——对经济学来说最重要的是关于个人如何做出选择的内容。你为了省钱而乘坐公交车还是买私家车？你用老的手机还是购买新的手机？这些决策都牵涉到在有限的选项中做出抉择。说有限是因为人们不能拥有他所希望拥有的一切。在经济学中每一个问题从最基础的意义上来看，都涉及个人选择。

想了解一个经济体如何运作，你就需要更多地了解个人如何做出选择。我们中没有一个人是鲁滨逊·克鲁索，可以单独在岛上生活，我们必须在一个受到他人决策影响的环境中做出选择。确实在现代经济中一些非常简单的选择——如早餐吃什么——也受到成千上万人的选择的影响，这些人涵盖了从哥斯达黎加的香蕉种植者（他们决定着你所吃的水果的种植）到艾奥瓦州的农场主（他们提供了你所吃的玉米片中的玉米）。

因为我们每个人在市场经济中都要依赖许多人——当然他们反过来也依赖我们——因而我们的选择相互影响。所以，尽管所有的经济学在基础上都是关于个人选择的，但为了理解市场经济如何运作，我们必须理解经济的相互作用——我的决策如何影响你的决策以及你的决策如何影响我的决策。

许多重要的经济的相互作用可以通过观察单个产品（如玉米）的市场来理解。但对整个经济的上下波动，我们既要理解整个经济层面的相互作用，也要理解单个市场间有限的相互作用。

通过经济学学习，我们将讨论与个人选择和相互作用有关的经济学基本原理。在第一节我将定义经济学中的关键术语。然后我们将介绍经济学的12个基本原理：4个原理与个人选择有关，5个原理与个人选择的相互作用有关，3个原理涉及整个经济层面的相互作用。

1.1 生活中寻常的商务活动

设想我们能从北美殖民地时代一直来到我们所处的时代。（听上去像电影场景？确实有几分像。）时间旅行者能发现哪些令人激动的场景？

毫无疑问，最令人激动的是现在美国经济的全面繁荣：从普通家庭能买得起的产品和服务的范围就可以看出来。看到这么多财富，殖民地时代的旅行者将会感到疑惑："我们怎样才能得到其中的一部分呢？"或者他会问自己："我所在的社会怎样才能得到这些呢？"

获得这种繁荣的答案是：我们需要一个功能良好的经济体制来协调生产活动，因为生产活动将会创造出人们所需要的产品和服务，满足那些需要这些产品和服务的人的需要。这种经济体制就是我们谈论**经济**（economy）一词时所指的意思，**经济学**（economics）是研究产品和服务的生产、分配与消费的社会科学。正如19世纪伟大的经济学家马歇尔所指出的，经济学"是对生活中普通商务活动中的人进行的研究"。

> **经济**是一种协调社会生产活动的体制。
>
> **经济学**是研究产品和服务的生产、分配与消费的社会科学。

从字面意义上来看，经济成功在某种意义上表现为所提供商品数量的多少。从18世纪——甚至从1950年——开始的时间旅行者将会对现代美国经济提供如此多的产品和服务感到惊奇，也会惊奇会有这么多的人买得起这些商品。与过去任何一个经济体和当代除了少数几个国家之外的所有国家相比，美国人的生活水平高得令人难以置信。

所以，我们的经济体一定做对了什么事，时间旅行者很可能想知道谁对此负责。但你猜怎么着？实际上并没有人对此负责。美国是**市场经济**（market economy）国家，其中的生产和消费是众多企业和个人分散决策的结果，并没有一个中央权力机构告诉人们生产什么或到哪里销售。每个个人生产者都将根据他或她认为最赚钱的事情来做出决策，每个消费者都购买他或她自己做出选择的商品。

> **市场经济**是指这样一个经济，其中的生产和消费是由众多个人生产者和消费者分散做出决策的。

市场经济之外是指令性经济（command economy），在这种经济体制中，中央当局做出关于生产和消费的一切决策。已经尝试过的最典型的指令性经济是1917—1991年之间的苏联。但是这种经济通常运转得并不好。苏联的生产者发现，由于无法获得关键的原材料，他们并不能组织日常的生产，或者即使能组织生产，也没人需要他们的产品。消费者经常发现无法找到他们需要的产品——指令性经济的一个特色是商店前面排着长长的队伍。

然而，市场经济就不同了。它能够协调复杂的经济活动，确实为消费者提供他们所需要的产品和服务。市场经济体系下的人们对他们的生活非常胸有成竹。如果没有计划而只是按照常理来行动的成千上万的商人没有将食物源源不断地运进大城市，那么这些城市的居民将不得不忍饥挨饿。令人惊奇的是，市场经济中的无计划"噪声"所表现出的理性远比计划经济的计划性有序得多。

一个著名的苏格兰经济学家亚当·斯密（Adam Smith）在1776年出版了《国富论》一书，对追求个人利益的各个个体如何最终增进了社会整体的利益进行了论述。对于为什么追求利润的商人也使国家变得更加富强的原因，亚当·斯密写道："[他] 仅仅追求的是个人利益，在这种场合，像在其他许多场合一样，他受一只看不见的手的指导，去尽力达到一个并非他本意想要达到的目的。”从此以后，经济学家就使用**“看不见的手”**（invisible hand）一词来形容市场经济管理和驾驭追求个人利益的力量来实现社会良好目的的方式。

“看不见的手”指的是追求个人利益导致实现对整个社会而言的良好后果的方式。

研究个人如何决策以及这些决策如何相互影响是**微观经济学**（microeconomics）的内容。微观经济学的核心命题之一是亚当·斯密提出的如下正确的远见：对个人利益的追求经常增进社会的整体利益。

微观经济学是经济学的一个分支，研究的是个人如何决策以及这些决策如何相互作用。

所以，对于时间旅行者提出的一个问题“我所在的社会如何能实现你们已经习以为常的繁荣”，部分答案是：他们的社会应该学会正确评价市场经济的优点和“看不见的手”的作用。

但是，“看不见的手”也并非总是这么友好，所以明白什么时候并且为什么人们追求个人利益会导致反生产性行为也很重要。

□ 1.1.1 我得益，你受损

时间旅行者并不会羡慕现代生活中的一件事情，那就是交通拥堵。事实上，随着时间的推移，尽管在美国绝大多数事情正变得越来越好，但交通却变得越来越糟糕。

当发生交通拥堵的时候，每一个司机都对在同一条道路上行驶的其他司机附加了成本——他们实际上挡了别人的路（他们走到了别人开车走的路上），这种成本可能很高昂。在主要的大城市，每个自己驾车上班的人相对于乘公共交通工具上班或在家办公的人，都对其他的自驾车者附加了不少于 15 美元的潜在成本。当然当决定是否自己驾车出行时，开车人并不会把附加给其他人的成本考虑在内。

交通拥堵是众多问题中人们较为熟悉的一个事例：有时候，个人追求自我利益不是促进了社会整体利益，而是实际上会使社会利益受到损害。发生这种情形时就出现了所谓的**市场失灵**（market failure）。市场失灵的其他典型事例有：空气和水的污染、对鱼和森林等自然资源的过度开发等。

市场失灵是指个人追求自我利益导致整个社会利益受损。

值得庆幸的是，在你使用本书学习了微观经济学之后，你将了解到：经济分析可以用来对市场失灵进行诊断。而且人们经常会发现，经济分析也可以用来找到解决问题的方法。

□ 1.1.2 顺境和逆境

通常情况下，时间旅行者发现购物中心人满为患，人们都欢天喜地。到 2008 年秋，整个美国的商店变得出奇的安静。美国经济正在衰退，企业正大量解雇工人。

经历这种艰难时段是现代经济的特征之一。典型的情况是经济运行并不总是很平稳：经济会经历波动，也就是一系列的扩张和收缩。对于一名中年美国人而言，他已经经历过 3～4 次这样的经济下行，也就是所谓的**衰退**（recession）（美国在 1973 年、1981 年、1990 年、2001 年和 2007 年经历了严重的经济衰退）。在严重的经济衰退期间，数以百万计的美国人被解雇。

衰退就是经济产出的下降。

像市场失灵一样，经济衰退是生活的一部分，也像市场失灵一样，它们是经济分析能提供解决办法的问题。经济衰退是经济学的一个分支**宏观经济学**（macroeconomics）关注的主要问题之一。宏观经济学关注经济整体的扩张和收缩。如果学习了宏观经济学，读者将会了解经济学家怎样解释经济衰退以及政府如何通过经济政策来尽可能地减少经济波动带来的危害。

宏观经济学是经济学的一个分支，关注的主要问题是经济整体活动的上升和下降。

尽管经济衰退间歇性出现，但是在美国漫长的经济发展历史中，仍然发生过多次的起起落落。

□ 1.1.3 前进和提高

20 世纪开始的时候，大多数美国人生活在极端贫困之中。只有 10%的家庭拥有抽水马桶，8%的家庭集中供暖，2%的家庭使用电器，几乎无人拥有轿车，更不用说洗衣机和空调了。

这样的对比可以让我们清楚地理解经济增长怎样改变了我们的生活。所谓**经济增长**（economic growth），就是一个经济体生产产品和服务的能力的增长。为什么经济会随着时间的推移获得增长呢？为什么经济在有些时间和有些地方比其他时间和其他地方增长得要快一些呢？这是经济学的核心问题，因为经济增长是好事情，我们中的大多数人想要更多的经济增长。

经济增长就是一个经济体生产产品和服务能力的增长。

我们希望读者已经理解寻常生活中的商务活动实际上非常博大精深（如果你没有这样想），这可以引导我们提出一些非常有趣和重要的问题。

在本书中，我们将描述经济学家如何回答这些问题。但是像经济学是一个总体一样，本书并不只是列出答案：它将像我们提出问题那样提出一种原理、一种方法。或者像艾尔弗雷德·马歇尔（Alfred Marshall）所指出的那样："经济学……并不仅仅是具体事实的描述，而是发现具体事实的引擎。"

让我们转动钥匙，开始旅程。

及时复习

● 经济学是研究产品和服务的生产、分配与消费以及经济体如何协调这些活动的学科。在市场经济中，"看不见的手"通过个人追求自我利益而发挥作用。

● 微观经济学是研究个体如何决策以及他们的决策怎样相互作用（有时这会造成市场失灵）的学科。宏观经济学关注的是衰退之类的经济波动，因为这可暂时造成经济增长放缓。

小测验 1-1*

1. 下列哪些说法描述的是市场经济的特征？

a. "看不见的手"利用了自利力量向社会提供好处。

b. 中央计划者对生产与消费做出决策。

c. 追逐自利有时会导致市场失灵。

d. 市场经济的增长是稳定的、没有波动的。

1.2 与个人选择相关的基本原理：经济学之核

从最基本意义上来看，每一个经济学话题都与**个人选择**（individual choice）有关，也就是对于做什么和不做什么由个人做出抉择。事实上，也可以说，如果没有选择，也就没有了经济学。

个人选择是指一个个体必须做出的做什么和不做什么的决策。

当步入沃尔玛（Wal-Mart）和塔吉特（Target）这样的大型商店时，可供选购的商品有成千上万种，你或者其他人不可能买得起你想要的一切商品。而且，你的宿舍或公寓的空间有限。你想再购买一个书架或一个迷你冰箱吗？假定你的预算支出和生活空间有限，你必须在购买哪种商品而不购哪种商品上做出选择。

事实上，那些货架上的商品此前已经涉及选择：商店管理者选择把它们放在那里，制造商选择生产了它们。所有的经济活动都涉及个人选择。

下述四个经济学原理与个人选择有关，如表 1-1 所示。下面我们将对这些原理中的每一个进行详细解释：

表 1-1　个人选择的几个原理

1. 因为资源稀缺，人们必须做出选择。
2. 一种物品的机会成本是为得到该种物品必须放弃的东西，这是其真实成本。
3. 关于"多少"的决策要求在边际上进行权衡取舍：对任一活动做出是增加一点还是减少一点的决策，取决于改变的成本和收益比较。
4. 人们通常会对激励做出反应，寻找机会来改善自己的境况。

* 本书中小测验的答案请登录网站 www.crup.com.cn 搜索本书准确书名后获取。——编辑注

□ 1.2.1 原理 #1：因为资源稀缺，人们必须做出选择

人们并不能事事如愿。每个人都喜欢在黄金地段拥有一幢漂亮的住房（而且有清洁工打扫房子）和两三辆高级轿车，并在度假时住在星级酒店。但即使是像美国这样富裕的国家，能支付得起所有这些的家庭也并不多。所以，他们必须做出选择：今年是到迪士尼去度假还是买一辆更好一点的车，是在一个有小庭园的房子中得过且过，还是选一个地价便宜但需要花费更长通勤时间的地方居住。

收入有限并非唯一让人们不能完全如愿的原因。可用时间也是有限的：每天只有 24 小时。因为时间有限，所以我们在一种活动中花费了时间就意味着我们没有时间去做其他事情，比方说你花时间温习功课应付考试就必须放弃晚上花时间去看电影。其实许多人每日的时间都非常有限，所以他们愿意花钱来换取时间。例如，便利店商品的价格一般要高于超级市场，但对于满足时间紧迫的消费者的需要来讲，便利店发挥了重要作用，因为他们更愿意多花一些钱，而不是花费更长的时间走更远的路去超级市场。

这就引出了个人选择的**第一个原理**：

> 因为资源稀缺，人们必须做出选择。

> 所谓**资源**是指用于生产其他商品的一切东西。
> 当资源的数量不能最大限度地满足社会所有需要时，资源是**稀缺的**。

所谓**资源**（resource）是可指用于生产其他物品的一切东西。经济中的资源通常应包括：土地、劳动（工人可提供的劳动时间）、资本（机器设备、厂房和其他人造的生产性设备）和人力资本（工人所受的教育和所掌握的劳动技能）。当资源的数量不能最大限度地满足所有社会需要时，资源就是**稀缺的**（scarce）。

稀缺资源有多种，其中包括：自然资源，这是来自物质环境中的资源，如矿物资源、森林资源和原油。劳动、技能和智力等人力资源的数量也是有限的。在一个人口迅速增加、经济增长的世界中，甚至干净的水和空气也是稀缺资源。

像个人必须做出选择一样，稀缺资源意味着社会整体也必须做出选择。社会做出选择的一种简单方式是：尊重许多个人选择的结果，这通常发生在市场经济体制中。例如，美国人作为一个群体，每星期的时间都是有限的，为购买低价商品他们会花多少时间去超市而不是为省时间在便利店购物？答案是看个人决策的加总：在一个经济体中，数以百万计的人自己做出决策到哪里去购物，总体的选择就是把这些个体决策加总起来。

但是出于各种原因，一些决策由一个社会做出而不是由个人做出才是最好的。例如，本书作者所居住的区域直到最近都主要是农田，但是现在许多建筑物正拔地而起。大多数当地居民感到，如果不对土地进行开发，社区居住环境将更为舒适。但是，没有一户人家愿意让土地闲置，而不卖给开发商。所以，在整个美国的多个社区，已经出现了一种趋势：当地政府购买未开发的土地留作闲置用地。

在后续章节中，我们将会知道，如何使用闲置资源由个人做出决策是最佳的，但有时应该在更高的社区水平上做出决策。

□ 1.2.2 原理 #2：得到某物的真实成本是机会成本

假定这是你毕业前的最后一学期，教学计划只允许你选修一门课程。但有两门课程你比较喜欢，比方说计算机图形学和爵士乐史。

> 一种物品的**机会成本**是为得到该种物品必须放弃的东西，这是其真实成本。

假定你选修了爵士乐史，那么你决策的成本是什么呢？你实际上不能够选修另一门喜欢的计算机图形学课程。经济学家称这种成本——为得到你想要的东西必须做出的放弃——为**机会成本**（opportunity cost）。这引出个人选择的**第二个原理**：

> 一种物品的机会成本是为得到该种物品必须放弃的东西，这是其真实成本。

机会成本概念对理解个人选择非常关键，因为最终所有的成本都是机会成本。这是因为人们做出的每一个选择都意味着放弃了其他选择。

有时有人批评说，经济学家关心的仅仅是那些能够用货币衡量的成本和收益。这并非事实。正像我们的课程选修例子中选修一门课程无须多交学费一样，许多经济分析并不直接涉及货币成本。尽管如此，你做出的选择还是有机会成本的，因为你的时间有限，只能选择一门课程，不得不放弃其他想选修的课程。更具体

地来说，一种选择的机会成本是没有选择次优机会而放弃的东西。

你可能认为机会成本是一个附加量，也就是说，货币成本之上的附加量。假设选修一门新课程增加的学费为 750 美元，这是你选修爵士乐史这门课程的货币成本。那么选修该门课程的机会成本是与货币成本分开的部分吗？

我们来看两种情形。第一种情形，假设选修计算机图形学的成本也是 750 美元。在这种情况下，不管选修什么课程，你都须付出 750 美元。因此，你选修爵士乐史课程放弃的是计算机图形学课程，在这一时间区段，不管选择什么课程，你都须花 750 美元。第二种情形，假定选修计算机图形学课程是免费的。在这种情况下，选修爵士乐史课程所放弃的是计算机图形学课程加上你花费 750 美元购买到的任何东西。

不管在哪种情况下，选修自己喜欢的课程的真实成本都是因为选修该门课程所放弃的一切。当我们扩展每种选择可能时——是否选修课程、是否完成这一学期的学习、是否放弃选修课程——你都应该认识到，所有成本最终都是机会成本。

有时候，必须为某种物品支付的货币成了机会成本的良好标示。但在多数情况下不是这样。说明机会成本不能利用货币成本来表示的一个非常突出的事例是上大学的成本。对大部分学生来讲，学费和租房成本是主要的货币支出，但是，即使这些都是免费的，上大学的花费也非常大。因为对大部分大学生来讲，如果他们不上大学，将会就业。也就是说，由于上大学，学生们放弃了参加工作所获得的收入。这就意味着，上大学的机会成本除了所支付的学费和房租外，还要加上没有就业所放弃的收入。

所以，我们容易看出，上大学的机会成本对于在大学读书的几年中可以获得很高收入的人来说是非常昂贵的。这就是像勒布朗·詹姆斯（LeBron James）这样的体育明星和马克·扎克伯格（Mark Zuckerberg）这样的企业家不上大学或者不完成大学学业的原因。

□ 1.2.3　原理 #3："多少"决策在边际上做出

一些重要的决策涉及"非此即彼"的选择。例如，你要决定要么上大学，要么去工作；你要决定是学习经济学，还是学习其他课程。其他的一些重要决定则牵涉到"多少"的选择。假设你在这个学期选修了经济学和化学，你就必须决定在每门课上花费多少时间。当涉及理解"多少"的决策时，经济学提供了一个重要的"见解"：有关"多少"的决策是在边际上做出的。

假设你选修经济学和化学，又假设你是医学院的预科生，所以你的化学成绩比经济学成绩重要得多。这是否意味着你应该花费所有的学习时间来学习化学而在经济学考试中即兴发挥？实际上并非如此，即使你认为你的化学成绩非常重要，你也应该花一些时间来学习经济学。

花费越多的时间来学习化学涉及收益（benefit）（期望在该课程中得到好的成绩）和成本（你可以把时间花在其他事情上，如可以用来学习经济学得到好的成绩）的比较。也就是说，你的决策涉及**权衡取舍**（trade-off）——比较成本和收益。

当你比较做某种事情的成本和收益时，就是在做**权衡取舍**。

你如何在这类"多少"的问题上做出决策呢？典型的回答是：你每次只做出一小部分时间决策，也就是决定下一个小时怎么过。比如说两门课程在同一天考试，头一天晚上你正在复习两门课程的笔记。在晚上 6:30，你决定对每门课程各花至少 1 小时的时间是一个不错的主意；到了晚上 8:00，你决定在每门课程上再各花费 1 小时；到晚上 10:00，你有些累了，估计在休息以前自己大概还有 1 小时的学习时间，是学习化学还是学习经济学？如果你是医学院的预科生，你很可能学习化学；如果准备攻读 MBA，你很可能学习经济学。

请注意，你是这样做出关于时间分配的决策的：在每一时间点上，要考虑是否在一门课程上多花费 1 小时。当考虑是否在化学的学习上多花费 1 小时的时候，你要做成本（放弃学习 1 小时的经济学或牺牲 1 小时的睡眠）和收益（很可能提高你的化学成绩）比较。只要多花 1 小时的收益大于成本，你就应该将多余的 1 小时用于学习化学。

"你下一小时做什么""你用下一单位支出做什么"之类的决策就是**边际决策**（marginal decisions）。它们涉及在边际上进行权衡取舍：比较增加或减少一小部分某种行为的成本和收益。这就引出了个人选择的**第三个原理**：

对任一活动做出是否增加或减少一点的决策是**边际决策**。对这种决策的研究就是所谓的**边际分析**。

关于“多少”的决策要求在边际上进行权衡取舍：对任一活动做出是增加一点还是减少一点的决策，取决于改变的成本和收益比较。

这类决策就是所谓的**边际分析**（marginal analysis）。在经济学中——其实实际生活中也是这样——我们在面临许多问题时都要采用边际分析：我的商店中应该雇用多少工人？我的车开多少公里应该加一次油？一种新药品可接受的副作用有多大？边际分析在经济分析中发挥着核心作用，因为它是决定一种行为“多少”的关键。

□ 1.2.4 原理 #4：人们通常会对激励做出反应，寻找机会来改善自己的境况

某一天，本书作者在早间财经新闻中听到一则介绍在曼哈顿地区如何停车更便宜的小窍门。在华尔街地区的停车场，收费标准大约为每天 30 美元。但是，根据这则新闻报道，有人发现了更好的办法：不是把车停在停车场，而是如果你在曼哈顿地区一个名为吉菲·卢伯（Jiffy Lube）的商店一次花费 19.95 美元更换机油，该商店允许你把车停放在那里一天。

这个故事很精巧，但最后证明这并不为真。因为在曼哈顿地区没有这样一个商店。但如果真有这样一个商店，可以肯定人们将在那里多次换机油。为什么呢？因为若人们有更好的机会可以使自己的境况变得更好，他们通常会利用之，也就是说，如果人们能发现停车一天的费用是 19.95 美元，而不是 30 美元，他们将利用这个机会。

在这个例子中，经济学家认为，人们会对**激励**（incentive）——一个可以使自己变得更好的机会——做出反应。现在我们可以陈述个人选择的**第四个原理**：

> **激励**是指对人们改变行为提供回报的一切东西。

人们通常会对激励做出反应，寻找机会来改善自己的境况。

当我们试图预测一个人在经济环境中如何行动时，我们有理由认为，人们将对激励做出反应，也就是说，他们将寻找使自己变得更好的机会。而且，人们对机会的寻找会一直延续到所有的机会都被充分利用为止。如果在曼哈顿地区真有吉菲·卢伯这样的商店，更换机油也确实是一个更便宜地停车的办法，我们可以肯定地预测，要求更换机油的预约单在几个星期甚至几个月前就已经非常长了。

事实上，人们寻找机会改善自己福利的原则是经济学家预测个人所有行为的基础。如果获得 MBA 学位后的收入猛增，而获得法学学位后的收入下降，我们可以预期，将有更多的学生申请商学院，而法学院的申请人数会减少。如果汽油价格上升并且在很长的时间内保持在高位，我们可以预期人们将会购买小排量、低油耗的车，在油价高企的背景下，驾驶燃油效率更高的车会使人们的境况变得更好。

最后一点：对不改变对人们的激励，试图改变人们行为的做法，经济学家都表示怀疑。例如，一项号召制造商自动减少污染的计划大概不会起作用；一项能够提供融资激励来减少污染的做法则多半会成功，因为它改变了对制造商的激励。

▶ 追根究底

学校可以使用金钱进行奖励吗？

对学习的真实回报当然是学习自身。然而，许多学生努力学习与否与对他们的激励有关。如何帮助那些家庭出身不好、经常逃学、辍学率高且标准化成绩低的同学，教师和政策制定者面临特别的挑战。

2009 年哈佛大学经济学家小罗兰·弗雷尔（Roland Fryer Jr.）和 2011 年芝加哥大学经济学家史蒂夫·列维特（Steve Levitt）及其他合作者所进行的两项研究证明，货币激励（进行金钱奖励）可改善经济不发达地区学校中学生的成绩。然而，现金激励有效果既让人感到意外也符合预测。

弗雷尔的研究是在 4 个不同地区的学校采用不同的激励措施和对成绩采用不同的衡量方法来进行的。在纽约，根据学生在标准考试中所得的分数进行奖励；在芝加哥，根据学生的成绩进行奖励；在华盛顿，根据学生的到课率、在校行为和所获得的成绩进行奖励；在达拉斯，学生每读一本书可获得 2 分的奖励。

弗雷尔评估比较了参加研究项目的学生的成绩与同一学校中没有参加研究项目的学生的成绩。

在纽约，该项目对标准考试的分数没有明显的影响；在芝加哥，参加该项目的学生的成绩有了改善，到课率提高；在华盛顿，该项目对那些通常最不愿意上学、有严重行为问题的学生有显著影响，他们的考试成绩提高的数量相当于多在学校学习了5个月。

在达拉斯，效果最为明显，学生的阅读理解考试成绩明显提升。即使在现金奖励结束后的1年，效果也持续显现。

怎样解释这种不同的结果？

弗雷尔发现，为了用金钱来激励学生，必须让学生相信，他们可以对成绩指标产生显著的影响。因此，在芝加哥、华盛顿和达拉斯，因为学生可以控制学习效果，如分数、到课率、在学校的表现和所读书籍的数量，因此项目产生了显著的效果。

但是在纽约，学生无从控制标准考试的分数，获得奖励的预期对他们的行为几乎没有影响。此外，奖励的时机也很重要。在取得成绩后不久奖励1美元比在此后拖延一段时间奖励1美元的效果要好。

列维特的研究涉及芝加哥地区7 000多名学生，证明了如下结论：货币激励导致的标准考试成绩提高相当于对考试准备了5～6个月的时间。此外，列维特的调研发现，奖励金额大（20美元）比金额小（10美元）带来的分数提高更显著。

与弗雷尔相同，列维特和他的共同研究者发现，将奖励推迟到考试成绩发布一个月后兑现，奖励不再产生影响。

这两项实验表明了如何采用激励政策来刺激行为人的关键问题，如何设计激励非常重要：努力和结果之间的相关性以及奖励是否及时都很重要。而且，激励设计也与试图激励的对象的特质有重要关系：对家庭富裕学生的激励与对家庭出身不好的学生的激励并不相同。

弗雷尔的发现对教师和政策制定者如何帮助那些家庭出身不好的学生在学校取得成功提供了非常重要的新方法。

我们已经做好学习经济学的准备了吗？还没有，因为经济中发生的大部分有趣的事情并不仅仅是个人选择的结果，而是个人选择之间的相互作用所致。

▶ **真实世界中的经济学**

男孩还是女孩？成本说了算

关于中国的一个无可争辩的事实是：它是一个人口大国。2015年，中国人口为1 374 600 000，也就是说，超过了13.7亿。

1978年，中国政府推行一孩政策来应对庞大人口规模带来的经济和人口压力。1978年，中国还非常贫困，中国的领导人担心无法为日益增长的人口提供足够的教育和医疗。20世纪70年代，中国妇女一生中平均生的小孩超过5个。因此，政府规定绝大部分夫妇，特别是在城市中的人，只能生育一个孩子，对违反规定者将进行重罚。

然而，一孩政策导致了未曾预计到的不幸后果。因为中国有广大的农村地区，男性可以成为干农活的主要劳力，因此家庭对男孩比对女孩有更强烈的偏好。此外，传统决定了出嫁的新娘会成为其丈夫家庭的一部分，男性肩负照顾年迈父母的责任。作为一孩政策的结果，中国很快有了不少“不想要的女孩”，有些被送往国外收养。

印度是另一个有广大农村贫困人口和很大人口压力的国家，存在“失踪的女孩”这一显著问题。在1990年，一名印度裔诺贝尔经济奖获得者英国经济学家阿马蒂亚·森（Amartya Sen）估计在亚洲有高达100万“失踪妇女”。（确切数字有争议，但很显然，森挑明了真正的和普遍存在的问题。）

人口统计学家最近注意到中国在发生显著变化，即快速城市化。除了一个省份外的所有中心城市，男孩和女孩之间的性别不平衡高峰出现在1995年，此后已经持续下降到符合生物自然比率的水平。

许多人认为，发生这种变化的原因来源于中国经济的强劲增长和日益城市化。随着人口迁移到城市，并在那里找到日益增长的工作机会，他们不再需要男孩下地干活儿。此外，中国城市的土地价格暴涨，许多父母无力为儿子购买婚前住房。

可以肯定，在农村地区生儿子仍是首选。但作为一个确定性标志，时代已经变了，网站突然出现了夫妻怎样有一个女孩而不是男孩的广告。2015 年中国政府宣布结束一孩政策。如果中国最高立法机构 2016 年批准这一政策，一对夫妇可以生育 2 个孩子。

及时复习

- 所有的经济活动都与个人选择有关。
- 因为资源稀缺，所以人们必须做出选择。
- 得到某些东西的真实成本是机会成本，也就是为得到某种东西必须放弃的东西。所以，一切成本都是机会成本。有时候货币成本可以很好地表示机会成本，但并不总是这样。
- 许多选择不是回答“是与否”而是“多少”的问题。“多少”的选择是在边际上做出权衡取舍。对边际决策的研究就是所谓的边际分析。
- 因为人们通常会利用机会来使自己的境况变得更好，所以激励可以改变人们的行为。

小测验 1－2

1. 解释如下情形，各自怎样说明个人选择的四个原理中的一个：

a. 这是你第三次到一家名为“能吃你就吃”的甜点自助餐店用餐，你感到已经饱了，尽管不需要你再支出，你还是放弃了一块椰奶派，而享用了一块巧克力蛋糕。

b. 即使世界上还有很多的资源，稀缺也仍将存在。

c. 几名不同的教师助理担任几个班“经济学 101”课程的教学辅导任务，那些声誉好的教师助理的辅导课很快就注册满员，而那些声誉不好的教师助理的辅导课还有空位。

d. 为确定每周要花多长时间来做运动，你比较了多进行 1 小时的锻炼给健康带来的好处与减少 1 小时学习对成绩造成的影响。

2. 你目前在惠兹·基茨咨询公司（Whiz Kids Consultants）工作，每年收入为 45 000 美元，你正在考虑布雷尼克斯公司（Brainiacs Inc.）的工作邀请，该公司的薪水为每年 50 000 美元，下列因素中哪些应该是你考虑新工作职位时的机会成本？

a. 到新的工作单位需在路上花费更多的通勤时间。

b. 原有工作提供的 45 000 美元的薪水。

c. 新工作职位有更大的办公室空间。

1.3 相互作用：经济如何运转

经济是一种用来协调许多人的生产性活动的体制。我们现在生活的市场经济体制，就是一种没有协调者的协调机制：每一个个人都做出他自己的选择。

这些选择无疑是相互独立的，每个人的机会以及所做的选择都在很大程度上依赖于他人所做的选择。所以，想了解市场经济如何运转，我们就不得不讨论这种**相互作用**（interaction），因为我的选择将影响你的选择，反过来你的选择也会影响我的选择。

> 选择的**相互作用**——我的选择影响你的选择，你的选择也影响我的选择——是大多数经济问题的特征。这种相互作用的结果与每个人想要达到的目的经常完全不同。

当研究经济的相互作用时，我们很快就会知道，个人选择的最终结果与他们个人想实现的目的可能南辕北辙。例如，在过去一个世纪，美国的农场主非常热衷于采用新的耕种技术和选用新的农作物品种，这些做法有助于降低成本、增加产量。显然，从每个农场主的个人利益角度来考虑，他们应该使用最新的耕种技术。

但是，每个农场主都努力增加个人收入的最终结果是把许多农场主挤出了这一行业。因为美国的农场主在大规模生产方面非常成功，所以农产品价格一直在下跌。价格下跌导致许多农场主收入减少，结果愿意从事这一行业的人越来越少。也就是说，种植更好谷物品种的单个农场主的收入提高了；但是，当许多农场主都采用这种优良谷物品种后，结果却是整个农场主的利益受到损害。

一个农场主如果采用了新型、高产的谷物品种，不一定会种植更多的谷物。这样的一个农场主通过增加产量也会影响到整个谷物市场，结果是其他农场主和消费者以及其他人都将感受到这种结果。

就像在个人选择中有四个经济学原理一样，相互作用的经济学有五个原理。这五个原理如表 1-2 所示，下面我们就对这些原理进行详细讨论：

表 1-2　　个人选择相互作用的几个原理

5. 贸易带来增益。
6. 因为人们对激励做出反应，所以市场会走向均衡。
7. 为了实现社会目标，应尽可能有效利用资源。
8. 因为人们通常会挖掘贸易增益，市场通常会达至有效状态。
9. 当市场无法达至有效状态时，政府干预能改善社会的福利。

□ 1.3.1　原理 #5：贸易带来增益

为什么我做的选择与你做的选择相互影响？一个家庭可以试图满足自己的所有需要——自己丰衣足食、自娱自乐甚至自己写经济学教科书等。但是，如果试图这样生活，会非常艰难。

对每个人来说，如果想显著提高生活水平，秘诀是进行交易（**贸易**，trade）。其中每个人都有不同的任务分工，每个人都提供他人所需要的产品和服务来换取他和她所需要的其他产品和服务。

我们有一个经济体，而不是许多人自给自足，原因就是贸易可以带来**贸易增益**（gains from trade）：通过任务分工和贸易，两个人（或者说 60 亿人）中的每个人所得到的都比各自自给自足时所得到的要多。这引出了我们的**第五个原理**：

> 贸易带来增益。

贸易增益来自任务分工，经济学家称之为**专业化**（specialization），这是指不同的人，每个人承担不同工作任务的情形，人们专注于那些各自擅长的工作。专业化带来好处与贸易带来增益是亚当·斯密 1776 年的巨著《国富论》的出发点，本书也被许多人看作是经济学作为一门学科的开始。

> 在市场经济中，人们参与**贸易**，他们向其他人提供产品和服务，也从其他人那里获得产品和服务。
>
> **贸易增益**：相对于自给自足，人们通过贸易得到的更多。产出的增长源于**专业化**：每个人都专注于自己擅长的工作。

斯密的著作是从描述 18 世纪的一家别针工厂开始的，在这家工厂中，10 个工人并非完成制针从开始到最后的全过程，每个工人都只完成其中的一道工序：

> 一个人抽铁线，一个人拉直，一个人切截，一个人削尖线的一端，一个人磨另一端，以便装上圆头。要做圆头，就需要有两三种不同的操作。装圆头，涂白色，乃至包装，都是专门的业务。这样，别针的制造分为 18 种操作……这 10 个工人每日就可制成别针 48 000 枚，即一人一日可制成别针 4 800 枚。如果他们各自独立工作，不专习一种特殊业务，那么，他们不论是谁，都绝对不可能一日制成 20 枚别针，说不定一天连 1 枚别针都制造不出来。

在一个经济体中，从人们之间如何分配工作任务和进行贸易上，也可以看到同样的原理。当每个人专门从事一种工作任务且相互之间进行贸易时，经济作为一个整体就可以生产得更多。

专业化利益也是一个人选择一种职业的主要原因。成为一名医生要经过多年的学习和实践，成为一名商业性飞行中的飞行员也要经过多年的学习和实践。许多医生可能有潜力成为非常出色的飞行员，许多飞行员也可能有潜力成为非常出色的医生。但是，在起初决定开始从事某一专门职业时，任何人都不可能做到同时从事两种职业会像从事一种职业那样优秀。所以，当每个人选择自己从事的专业领域的时候，每个人就获得了自己的优势。

市场使得医生和飞行员各自从事自己的专业成为可能。因为存在商业飞行员和医生服务的市场，所以医生知道他能够得到飞行服务，而飞行员也知道自己能找到医生。只要知道能够在市场中找到他们需要的产品和服务，人们就愿意放弃自给自足并愿意从事专业工作。是什么使人们相信他们的愿望可以得到满足？对这个问题的回答引出了个人选择相互作用的第二个原理。

□ 1.3.2 原理＃6：市场会走向均衡

在一家超市繁忙的下午，收银台前排起了长长的队伍，这时一个此前没有使用的收银台开始使用，将会发生什么呢？第一件发生的事情，当然是顾客赶快挤到到新的收银台前。几分钟后，队伍会平静下来。顾客做了重新调整，新的收银台前的队伍与原来收银台前的队伍一样长。

我们怎么知道会这样？我们的依据是个人选择的第四个原理，人们将寻找机会改善自己的境况。这可以解释人们为什么会涌向新的收银台，目的是为了节省时间。当购物者不能通过调整队伍改善目前的境况时，情况就稳定下来了。当仍然有机会改善自己的境况时，人们会一直寻找下去。

超市收银台前的排队问题似乎与个人选择的相互作用并无联系，但实际上它证明了一个重要的原理。当人们不能通过做其他事情使自己的境况变得更好时，就实现了经济学家所说的**均衡**（equilibrium)，如在所有收银台前排的队伍一样长那样。当人们做其他的事情不能使自己的境况变得更好时，经济就达到了均衡状态。

> 当没有人能通过做其他的事情使自己的境况变得更好时，经济就达到了**均衡**状态。

回想一下神秘的吉菲·卢伯的故事，也就是通过更换机油停车比在停车场停车更便宜时发生的情形。如果这样的机会确实存在，而人们仍然付出 30 美元在停车场停车，这种状态就不是均衡。这其实也暴露了这个故事并不为真。实际上，人们会找到便宜停车的所有机会，就像人们在收银台前为了省时间而抓住机会一样。在这样做的时候，他们其实已经把机会填补了。既可能是预定一个更换机油的机会非常难，也可能是更换机油的价格已上涨到没有任何吸引力的水平（除非你真的需要更换机油)，这引出了**第六个原理：**

> 因为人们对激励做出反应，所以市场会走向均衡。

正如我们将看到的那样，通过价格的变化市场通常会实现均衡，在人们可以改善自己福利的机会消失之前，价格一直会升升降降。

均衡的概念对理解经济的相互作用是非常有帮助的。因为有的时候它为理清相互作用的复杂局面提供了一个思路。想了解超市启用一个新的收银台的时候会发生什么，我们不必担心是否能准确预测顾客会做出怎样的调整，谁将先行一步站到新排队伍的前面，等等。我们需要知道的是，每次做出这种变化之后，总会达到一种均衡状态。

市场能达到均衡状态的事实，也是我们能够据此做出预测的基础。事实上，我们可以相信市场能够提供给我们最基本的生活用品。例如，生活在大城市的人们都知道超市的货架上总是货物殷实。为什么呢？因为如果有从事食品经营的商人无法把货物及时运到超市，就为其他的商人提供了一个大好的获利机会，就像人们纷纷拥向新的收银台前一样，食品供应商也会马上涌来。所以，市场总能保证在城市的经销商中有食品供应。用我们前面的第五个原理看，这也使得城市的经销商成为专门的经销商——只是专注于城里的工作，而不是住在农场，种植他们自己的食物。

正像我们已经知道的那样，市场经济也使得人们通过贸易而得益。但是，我们又怎么知道经济运行得怎么样呢？下一个原理为我们评估经济绩效提供了一个标准。

□ 1.3.3 原理＃7：为了实现社会目标，应尽可能有效利用资源

假定你选修的一门课程教室过小，许多学生被迫站立或坐在地板上，但旁边的大教室却空着。你会说，

这个学校管理不得法。经济学家称这种情形是对资源的非效率利用。但是，如果资源的非效率利用是人们所不愿意看到的，那么有效（率）利用是什么意思呢？

你可能认为资源的有效利用与金钱有关，也许可以用圆角分的货币形式来衡量。但在经济学上，就像在生活中一样，金钱仅仅是一种实现目的的手段。经济学家真正关心的度量方法不是金钱，而是人们的福利或幸福。经济学家指出：当一个经济体达到能使得所有社会成员的境况都变好的一切机会都被利用了时，其资源就实现了**有效**（efficient）利用。

当一个经济体的一切机会都被利用、不损害部分人的福利就无法改善一部分人的福利的时候，就达到了**有效**状态。

在我们前面提到的教室事例中，很显然有一个可以改善所有人福利的方法——转移到那个较大的教室上课，这不会对该所大学中的其他任何人造成伤害，但改善了上课班级中学员的境况。把课程排到较小的教室是对大学资源的非效率利用，而把课程排到较大的教室则是对大学资源的一种有效利用。

当经济体达到有效状态的时候，在给定可利用资源数量的情况下，来自贸易的增益也可能是最大的。为什么呢？因为再也没有其他方法通过重新配置资源在不损害其他人福利的情况下使其中一人的境况变好。当经济体达到有效状态时，重新配置资源使一个人境况变好只有在其他人境况变差的情况下才能实现。

在我们前面提到的教室事例中，如果所有的大教室都已经被使用，大学运行就处在有效率的状态。上课班级移到大教室获得的状态改善只有在损害他人即把其他同学移到小一些的教室才能实现。

这样可得出**第七个原理**：

为了实现社会目标，应尽可能有效利用资源。

经济政策制定者是否总是努力达至经济有效呢？不一定如此。因为效率仅是达至社会目标的一种途径。有时效率与社会认为值得实现的其他目标之间会产生冲突。例如，在大部分社会中，人们也关心平等或**公平**（equity）的议题。所以，公平和效率之间存在着权衡取舍的问题。促进公平的政策通常以牺牲经济效率为代价，反之亦然。

公平意味着每个人都得到他或她应得的公正份额。因为对什么是公正，不同的人有不同的看法，所以对“公正”和“公平”概念并没有像效率那样有良好的定义。

为了看清楚这一点，考虑一下在公共停车场中为残疾人预留停车位的问题。许多人由于年老或身体残障而行走困难，因此，为他们具体指定近一些的停车位仅仅是出于公平的考虑。然而，你可能已经注意到，这中间有相当数量的非效率成分。为了总能确保适当的停车位供残疾人使用，一般预留的停车位数量要多于残疾人需要的量。结果，人们想要的停车位供应不足。（而且这对想去使用残疾人停车位的正常人诱惑非常大，他们往往是因为怕吃罚单才作罢。）

因此，在没有停车场工作人员分配车位时，公平和效率之间的冲突就出现了。公平是指残疾人得到公平待遇，效率是指确保能够改善人们福利的机会被挖掘殆尽，不能让停车场留有空位。

在促进公平时，政策制定者应该具体将公平置于效率之前多远是一个难以回答的问题，同时也是政治程序的核心难题。同样地，这也不是经济学家能回答的一个疑问。对经济学家来说最重要的是：在追求社会目标的前提下总是寻求尽可能有效利用经济中资源的方法，无论那些目标是什么。

□ 1.3.4 原理＃8：市场通常会达至有效状态

没有一个美国政府部门能被相信可以确保我们的市场经济实现一般意义上的经济效率，如我们周围没有人能确切知道：脑外科医生是否会犁地，明尼苏达州的农民是否会尝试种植橙子。因为在大部分情形下，“看不见的手”已经发挥作用，所以政府不必试图去推动资源的有效利用。

市场经济内嵌的激励机制通常能确保资源被有效利用，能改善人们福利的机会不会被浪费。假定一所大学为人所知的情形是小教室人满为患，大教室空而不用，那么我们很快就会发现，报考人数下降，学校管理人员的饭碗就难保了。大学招生“市场”会在一定程度上引导管理人员有效率地经营一所大学。

想详细解释为什么市场通常能确保资源被非常有效地利用，必须等到我们学习了市场实际上如何运行的内容之后。但是最基本的理由是，在市场经济中，选择消费什么和生产什么，每个个体都有完全的自由，人们也通常会抓住能使多方增益的机会，也就是通过贸易活动增益。

如果有一些方法能使部分人的境况改善，人们通常会利用这样的机会。而且，这也正是效率的本义：能使一些人境况得到改善而没有损害其他人福利的所有机会已经被利用殆尽。这引出了我们的**第八个原理**：

因为人们通常会挖掘贸易增益，市场通常会达至有效状态。

然而，一般意义上的市场有效仍然存在例外情形。当出现市场失灵时，市场中的人们追求个人利益造成整个社会的福利恶化，也就是说，市场结果是非效率的。正如我们在下一个原理中将看到那样，政府干预有助于改善这种市场失灵。但是，在缺乏市场失灵例证的情况下，一般的规则是认为市场是组织经济活动的一种非常好的方法。

□ 1.3.5 原理#9：当市场无法达至有效状态时，政府干预能改善社会的福利

我们来讨论一下由交通拥堵导致的市场失灵的本质，一个开车去工作单位的通勤者，不会想到在交通拥堵时，由于他或她的行动加剧了拥堵而带给他人的成本。

对这种状况有几种可能的解决办法，例如征收道路通行费、对公共交通进行补贴、对出售给个人驾车者的汽油征税。所有这些办法都将会激励那些想开车上班的人改用其他的交通工具。但是，这些办法也有一个共同的特征：每种办法都依赖政府的干预。这就引出了**第九个原理**：

当市场无法达至有效状态时，政府干预能改善社会的福利。

这就是说，当市场出现问题时，一种设计恰当的政府政策通过改变社会资源的利用，有时会推动社会更进一步靠近有效状态。

经济学的一个非常重要的分支就是研究市场为什么会失灵和为改善社会福利应采用什么样的政策。我们将在后面的章节中进一步研究这些问题和解决办法，这里我们先对市场为什么会失灵给出一个简短的介绍。出现市场失灵有三个主要理由：

- 个人的行动有副作用，市场并不会以合适的方法将这些副作用考虑在内。一个事例就是带来污染的行为。
- 一个集团为了占有更大的资源份额会去阻止一种对多方都有利的交易发生。一个事例是制药公司的药品价格高于生产成本，这使得能从中受益的部分人无力购买。
- 某些物品本质上并不适合通过市场来实现有效率的管理，如空中交通管制等。

读者所接受的经济学教育的一个重要部分是：不仅学会识别市场什么时候发挥作用，而且知道市场什么时候不能发挥作用，从而判断在每种情形下的政府政策是否合适。

▶ **真实世界中的经济学**

高速公路上的均衡恢复

1994年，洛杉矶地区发生了一次威力巨大的地震，一些高速公路上的桥梁坍塌，对于几十万驾车者来说，正常的交通被完全打乱。之后出现的一系列事件为相互影响的决策提供了一个特别典型的事例，因为当时的情况是：上班的人要决定如何赶到工作单位。

地震带来的迫切问题是交通问题，因为开车的人将要涌向其他的道路或者借助于城市道路绕过不能通车的地方。政府官员和新闻媒体警告说，开车上班的人的通勤时间可能会大大延迟，并且告诉他们不要做无谓的绕行，重新安排他们上班前后的日程，或换乘公共交通工具。

这些警告的有效性出人意料。事实上，许多人注意到，在地震之后的几天中，对于那些一直按惯常路线出行的人来说，花费的通勤时间比以前还要少。

当然，这一种情形没有持续多久。当道路损害实际上没有那么严重的消息传来时，人们纷纷放弃了并不便利的通勤方式，又恢复到原来的开车上班方式，交通又回到一贯的糟糕状态。在地震之后的几个星期之内，出现了严重的交通拥堵。再过几个星期之后，情形稳定下来：比日常交通拥堵还要糟糕的现实足以吓怕驾车者，也防止了极端严重的全面交通瘫痪噩梦成为现实。洛杉矶交通在短时间内形成了一种新的均衡，每

个通勤者在假定其他人做出选择时都做出自己能做的最好选择。

顺便说一下，故事到此尚未结束：由于害怕交通会使城市严重“窒息”，地方政府以创纪录的速度修复了道路。在地震之后仅仅 18 个月内，所有的高速公路都恢复了常态，为下一次冲击做好准备。

及时复习

● 大多数经济状况必然涉及个人选择的相互作用，作用的结果有时并非最初的预料。在市场经济中，个人之间的相互作用采取贸易的形式。

● 个人间进行贸易是因为双方都可因此获得增益，增益源于专业化。因为人们会挖掘贸易增益，所以市场通常会达至均衡状态。

● 为了实现社会目标，应该尽可能有效利用资源。但是效率与公平都是社会所希望达到的，所以在公平和效率之间存在着权衡取舍。

● 除了某些特定的例外情形，市场通常是有效率的。当市场未能达至效率时，政府干预可改进社会福利状况。

小测验 1-3

1. 下列每一种情形各自解释了相互作用的五个原理中的哪一个？

a. 利用 eBay 网站，任何一位想以 30 美元出售一本二手教科书的学生都至少能够以 30 美元的价格将该书卖给另外一位愿意支付这一价格的学生。

b. 在一个大学的辅导互助中心，有这样的安排：擅长某学科（如经济学）的学生可以辅导别的同学，而自己弱的学科（如哲学）可以得到别人的辅导。

c. 某一地方政府颁布了一条法律，要求接近居民区的酒吧和夜总会把它们的噪声水平保持在规定的范围之内。

d. 为了给低收入病人提供更好的照料，当地政府决定关闭一些未被充分使用的临近诊所，而把资金转投向大一点的医院。

e. 在 eBay 网站上，某类磨损程度相近的书籍出售的价格相同。

2. 下列各项当中哪一项描述的是均衡情形？哪一项描述的不是均衡情形？对你的答案给出解释。

a. 大学餐厅对面的餐馆供应的饭菜不仅可口而且比学校餐厅便宜，但大多数学生仍然在大学餐厅用餐。

b. 你现在乘坐地铁去工作单位。虽然搭乘公共汽车比较便宜，但时间比较长，因此你愿意多花点钱乘坐地铁以节省时间。

1.4 整个经济层面的相互作用

如前所述，整个经济有起有落。例如，美国的购物中心在 2008 年生意惨淡，因为经济处于衰退中。2009 年经济虽然已开始复苏，但经济衰退的影响仍然可以感受得到，直到 2014 年 5 月，美国的就业人数才恢复到经济衰退前的水平。

为了理解衰退和复苏，我们需要了解整个经济的相互作用，而理解经济全景至少需要三个以上的经济学原理，请见表 1-3 的小结。

表 1-3　　整个经济层面相互作用的经济学原理

10. 一个人的支出是另一个人的收入。
11. 总支出有时与经济体的生产能力步调不一致。
12. 政府政策能够改变支出。

□ 1.4.1 原理＃10：一个人的支出是另一个人的收入

从 2005 年到 2011 年，住房建设在美国暴跌逾 60%，因为建筑商发现销售变得越来越难。起初，损害主要限于建筑行业。但随着时间的推移，低迷几乎蔓延到经济的每一个部分，消费者支出下降传染到不同的行业。

但是，为什么住房建设下降意味着购物中心也开始关店？毕竟，购物中心是家庭而非建设者购物的场所。

答案是，建筑行业投入减少导致整个经济收入降低；一些人曾直接受雇于建筑行业、生产建设者需要的产品和服务（如墙板）的行业等，或受雇于生产新屋业主需要的产品和服务（如新家具）的行业，他们要么失去了工作，要么被迫接受减薪。而随着收入的下降，消费支出相应减少。这个例子引出了我们的**第十个原理**：

> 一个人的支出是另一个人的收入。

在市场经济中，人们通过出让包括他们的劳动在内的东西给其他人来谋生。如果经济体中某些人群决定，无论出于何种原因，都将扩大支出，其他群体的收入就会上升。如果某些人群决定减少支出，其他群体的收入就会下降。

因为一个人的支出是另一个人的收入，支出行为变化的连锁反应往往会通过回波传播到整个经济体中。例如，削减企业投资支出（如在 2008 年发生的事情）会导致家庭收入减少，家庭消费支出也随之减少，这将导致新一轮的收入减少，如此循环往复。这些回波对理解经济衰退和复苏具有重要的作用。

□ 1.4.2 原理＃11：总支出有时与经济体的生产能力步调不一致

在 20 世纪 30 年代，宏观经济学成为经济学一个独立的分支，当时消费者和企业的支出崩溃，银行业危机和其他因素导致整体支出暴跌。这种支出暴跌反过来导致在一段时间内形成了非常高的失业率，即出现了所谓的大萧条。

经济学家从 20 世纪 30 年代出现的问题中总结出的教训是，整体支出即消费者和企业对产品和服务的需要量有时与经济能够生产的产品和服务量并不匹配。在 20 世纪 30 年代，消费远低于能使工人保持就业须维持的产出，结果导致出现严重的经济衰退。事实上，支出不足虽非全部但却是大多数经济衰退的原因所在。

也有可能整体支出过多。在这种情况下，经济将经历通货膨胀，整个经济的价格水平上涨。这种价格水平上涨之所以会出现，是因为当人们想要购买的量超过供应量时，生产商就可以提高价格，并找到愿意购买的消费者。消费不足和消费过度两种情形引出了**第十一个原理**：

> 总支出有时与经济体的生产能力步调不一致。

□ 1.4.3 原理＃12：政府政策能够改变支出

总体支出有时会与经济体的生产能力步调不一致。但如之奈何？这样就引出了**第十二个原理**，也是最后一个原理：

> 政府政策能够改变支出。

事实上，政府政策会对支出产生重要影响。

一方面，政府自身会对从军事到教育的一切开支进行把控，可以选择多投入或者少投入。另一方面，政府还可以改变其从社会公众那里征收的公共税收，这反过来又影响留给消费者和企业可用于支出的收入水平。政府控制着流通中的货币数量，因此，政府又多了一个影响总支出的有力工具。政府支出、税收和货币量控制是宏观经济政策的工具。

为了管理整个支出，现代政府会有效利用这些宏观经济政策工具，目的是控制经济衰退和通货膨胀的发生。这些努力并不总是能成功，衰退依然会发生，通货膨胀也会间歇出现。但普遍认为，在 2008 年和 2009

年，政府积极地努力维持支出，有效防止了2008年金融危机演变成一场彻底的萧条。

▶ **真实世界中的经济学**

临时保姆历险记

为军队家庭提供咨询服务的网站myarmyonesource.com，建议家长加入临时保姆合作社，这种组织在许多阶层的生活中普遍存在。在临时保姆合作社中，许多家长交换照料小孩服务，而不是雇人照看小孩。但这些组织如何确保所有成员公平分担他们的工作呢？

正如myarmyonesource.com所解释的那样，“大部分合作社交换的是一种内部票单或点数，而不是金钱。当你需要一个临时保姆时，你可以打电话给列表中的好友，你向他们支付票证。你也可以通过照料其他人家的小孩赚取票单。”换句话说，一个临时保姆合作社是一个微型经济体，在其中人们购买和出售临时保姆服务。它正好是一种可能面临宏观经济问题的经济体类型。

一篇题为《货币理论和大国会山临时保姆合作社危机》的著名文章描述了临时保姆合作社由于发行票单过少而引起的烦恼。请记住，平均而言，人们在临时保姆合作社中希望储备一些票单，以备他们不时需要外出几次但又没有时间提供更多的临时保姆服务来补充他们的票单。

在这种情况下，因为一开始就没有那么多票单，大多数家长都急于通过提供临时保姆服务增加储备，但并不愿外出而用完这些票单。有家长决定外出就为他人带来了充当临时保姆的机会，因此，赚取票单非常困难。认识到这一点后，家长变得更不愿意使用他们的储备，除非在特殊场合。

过了不久，合作社的运行便陷入衰退中。在更大的没有临时保姆的经济中，衰退更为复杂，但国会山的保姆合作社的表现表明了整个经济层面相互作用的三个原理中的两个。一个人的支出是另一个人的收入：照料小孩机会的出现取决于其他人外出的次数。一个经济体也会因为支出过少而出现问题：当没有足够的人愿意外出时，因为缺乏充当临时保姆的机会，每个人都感到沮丧。

政府政策又会怎么改变支出呢？实际上，国会山的合作社也是这样做的。最终，合作社通过发放更多的票单解决了这一问题，随着储备的增加，人们都愿意更多地外出了。

及时复习

- 在市场经济中，一个人的支出是另一个人的收入。因此，支出行为改变的回波会传播到整个经济中。
- 总支出有时与经济生产产品和服务的能力步调不一致。当支出过少时，会出现衰退。当花费太多时，又会出现通货膨胀。
- 现代政府使用宏观经济政策工具影响支出的整体水平，努力引导经济在不发生衰退和通货膨胀之间平稳运行。

小测验1-4

1. 解释下面每个例子各自说明的是整个经济层面的相互作用的三个原理中的哪一个。

a. 在2009年初，白宫敦促国会通过一揽子增加临时开支和减税的政策，当时出现了就业人数暴跌、失业率飙升现象。

b. 石油公司正在加大从加拿大“油页岩”中提取石油的项目的投资。在艾伯塔省的埃德蒙顿附近，餐馆和其他消费企业快速增长。

c. 在21世纪头10年中期，西班牙经历了房地产市场的大繁荣，欧洲也经历了很高的通货膨胀率。

小结

1. 经济是一种协调社会生产活动的体制，经济学是研究产品和服务的生产、分配与消费的社会科学。美国是市场经济国家——一个生产和消费由追求个人利益的个体生产者和消费者决策的经济体。“看不见的手”利用了自利的力量为社会提供好处。

2. 微观经济学是研究人们如何做出决策以及这些决策如何相互作用的经济学分支。当个人追求个人利益导致社会整体出现不良结果时，就会出现市场失灵。

3. 宏观经济学是关注经济整体起伏的经济学分支。尽管偶尔会出现经济衰退，但美国经济长期保持增长。

4. 所有的经济分析都是以我们所列出的适用于三个层面的经济活动的基本原理为基础的：第一，我们学习了个体如何做出选择；第二，我们学习了这些选择如何互相作用；第三，我们学习了经济总体如何运行。

5. 每个人都必须对做什么和不做什么做出选择。个人选择是经济学的基础——如果不涉及选择，就不是经济学了。

6. 必须做出选择是因为资源是稀缺的。所谓资源是指能够用来生产其他物品的任何东西。时间和金钱对个人选择来讲是有限的。对经济体来说，人力资源和自然资源的供应都是有限的。

7. 因为我们必须在有限的选择中做出选择，所以得到任何东西的真实成本都是你必须放弃的东西，也就是说，所有成本都是机会成本。

8. 许多经济决策涉及的并不仅仅是“是否”的问题，还有“多少”的问题，诸如对某些产品支出多少、生产多少等。做出这种决策必须在边际上进行权衡取舍，也就是比较增加或减少很少一个量所涉及的成本和收益。这种类型的决策被称为边际决策，对此的研究被称为边际分析。这种分析在经济学中发挥着核心作用。

9. 研究人们应该怎样做出决策也是理解人们真实行为的一种好方法。人们通常会对激励做出反应，即会利用各种机会来改善自己的福利。

10. 经济分析的下一层面是相互作用——我的选择依赖于你的选择，你的选择同样也依赖于我的选择。当个体相互作用时，所得到的结果与人们预想的可能完全不同。

11. 个体相互作用的原因是存在贸易增益：通过相互间的产品和服务贸易，一个经济体中成员的福利可以获得极大的改善。贸易增益来自专业化——每个人都专注于自己所擅长的工作。

12. 因为个体通常会对激励做出反应，市场通常会走向均衡，这是一种没有哪个人能通过采取不同的行为使自己的福利获得改善的状态。

13. 在一个经济体中，如果所有使某些人福利获得改善但不损害其他人福利的机会被利用殆尽，那么该经济体就处在有效状态。为了达至社会目标，要尽可能地有效利用资源。但是效率并非评估经济体制的唯一方法，公平也是社会所需要的，所以在公平和效率之间存在着权衡取舍。

14. 除了某些特定的例外情形，市场通常会达至有效状态。

15. 当市场未达至有效状态时，政府干预能够改善社会的福利。

16. 因为在市场经济中，人们通过销售包括自己的劳动在内的东西来获得收入，所以一个人的支出是其他人的收入。因此，支出行为改变可扩散到整个经济体中。

17. 一个经济体的总支出与其生产能力并非步调一致。支出低于生产能力会导致衰退，而支出超过生产能力会导致通货膨胀。

18. 政府有能力对总支出产生很大的影响，它们运用这种能力努力引导经济在不发生衰退和通货膨胀之间平稳运行。

关键词

经济	经济学	市场经济	“看不见的手”	微观经济学	市场失灵	衰退	宏观经济学
经济增长	个人选择	资源	稀缺的	机会成本	权衡取舍	边际决策	边际分析
激励	相互作用	贸易	贸易增益	专业化	均衡	有效	公平

练习题

1. 下列情形中，每种情形分别对应 12 个原理中的哪一个？

a. 你购物时选择到当地的折扣店而不是当地的百货公司为同样的商品付出更高的价格。

b. 在春假旅行中，你的预算被限制为每天 35 美元。

c. 学生会建立了一个网站，以便那些将要毕业离校的学生能销售书籍、用具和家具，而不是在他们正式离开时留给室友。

d. 一场飓风之后，圣克里斯平岛上的房屋受到了严重损害，房主需要购买的建筑材料和雇用的工人数量都超过了岛上可提供的水平。结果导致整个岛上产品和服务的价格大幅上升。

e. 你从室友那里购买了一本二手教材，而室友用这笔钱从 iTunes 上购买了一些歌曲。

f. 考试前一天晚上，当决定喝多少杯咖啡时，你考虑的是多喝一杯咖啡可以多做多少工作，还是带来多少神经兴奋。

g. 化学 101 课程要求完成的项目所使用的实验室空间有限，实验室管理人员根据每个学生能够做实验的时间来安排时间表。

h. 你清楚地知道，如果放弃到国外学习一学期，你就能提前一学期毕业。

i. 学生会有一块公告牌，学生可在上面对想要出售的东西如自行车做广告。当不考虑自行车的质量差异时，所有自行车卖出的价格是一样的。

j. 你擅长做试验，你的同伴擅长写试验报告。所以你们两人决定所有的试验由你来完成，所有的试验报告由他来写。

k. 州政府发布指令：不通过驾驶资格考试，驾驶汽车就是违法的。

l. 因为国会通过了税收减免法，你父母的税后收入提高了，因此他们也增加给你的钱，你将它们用于春假。

2. 当你做出如下决策的时候，决策的机会成本包括哪些东西？

a. 上大学而非就业。

b. 看一场电影而非为应付一门考试去学习。

c. 乘公共汽车而非驾驶你自己的轿车。

3. 莉莎需要为下一门经济学课程购买一本教科书。学校书店的价格是 65 美元，网上书店中有一家的价格是 55 美元，还有一家的价格为 57 美元，所有价格都包含销售税。下表列出了在线订购教科书典型的邮寄方式和收费：

a. 在线订购的机会成本是多少？

b. 请看如下几种选择。什么决定着这位同学最终的选择？

邮寄方式	交货时间	费用（美元）
常规邮寄	3～7 个工作日	3.99
航空两日到	2 个工作日	8.98
航空次日到	1 个工作日	13.98

4. 使用机会成本的概念解释如下命题。

a. 当劳动市场就业机会不多时，更多的人选择去攻读研究生学位。

b. 当经济出现衰退时，小时工资下降，许多人更愿意自己修理家中的东西。

c. 近郊区的停车位多于城区。

d. 便利店的价格高于超市，但满足了工作忙碌的人群的需要。

e. 在上午 10:00 之前，报名注册的学生很少。

5. 在下列例子中，你如何使用边际分析原理做出决定？

a. 决定隔多长时间将衣服送到洗衣店一次。

b. 在完成学期论文写作之前，决定在图书馆做多少研究工作。

c. 决定吃几包薯片。

d. 决定跳过多少章讲课笔记。

6. 今天早晨你做了下列选择：在当地的自助餐厅买了一个面包圈和一杯咖啡；在交通高峰时段你驾驶自己的轿车到单位上班；你替你的室友打字输入学期论文，因为你是打字快手，为此她为你洗一个月的衣服。在这些选择中，描述一下你的决策如何与他人的决策相互作用。在每种情形下，其他人感到境况变好还是变差了？

7. 在 Hatatoochie 河的东边住着哈特菲尔德（Hatfield）一家，与此同时麦考依（McCoy）一家生活在这条河的西岸。每个家庭的饮食都有炸鸡和玉米饼。每个家庭都可以自给自足，自己养鸡和自己种玉米。请解释如下情形成立的条件。

a. 当哈特菲尔德一家专门养鸡，麦考依一家专门种玉米，且两家进行交换时，两家的境况都获得改善。

b. 当麦考依一家专门养鸡，哈特菲尔德一家专门种玉米，且两家进行交换时，两家的境况都获得改善。

8. 下列情形哪一个描述了一种均衡？哪一个描述的不是一般均衡？如果描述的情形不是一种均衡，则实现了均衡会怎样？

a. 许多人经常往返于市郊与普莱森特维尔市中心上下班。由于交通拥堵，走公路需用时30分钟；如果走旁边的街道，花15分钟就可到达。

b. 在商业街和百老汇大街的交叉口有两家加油站：一家加油站每加仑汽油的价格为3.00美元，另一家的价格为2.85美元，顾客在第一家马上就可以加到油，而在另一家则要排很长时间的队。

c. 选修经济学101的每位学生一定要参加每周的辅导课。今年有两个辅导班A和B：两个辅导班同时上课，地点在临近的教室，辅导老师的能力也没有差别，辅导班A的教室人满为患，许多人坐在地上，经常连黑板都看不清，而辅导班B的教室则有许多空位。

9. 你认为下述每种情形是否为有效状态，请给出你的理由。如果是非效率状态，请解释为什么，采取什么行动可以使之达至有效状态。

a. 电费被包含在你所租住宿舍的租金之中，一些租户即使不在房间也让房间的灯亮着，其电脑和其他电器也是处于开机状态。

b. 尽管花费同样的时间去准备，但你所在宿舍楼的自助餐厅对用餐者不喜欢的一些饭菜如砂锅豆腐准备过多，而对他们喜欢的饭菜如烤火鸡腿则准备过少。

c. 某些课程的选修人数超过教室的位置。一些必须修完该门课程才能完成学业的学生无法修到该门课程，而一些只是将其作为选修课程的同学则得到了该机会。

10. 讨论如下政策各自意味着怎样的效率和公平含义。在这些领域中，为了在两者间寻求平衡，你将如何做？

a. 不管学生上大学学习什么专业，政府都全额支付学费。

b. 当人们失业的时候，政府将提供失业救济金直到他们找到新的工作。

11. 为了鼓励公民的积极行为，政府时常采用一定的政策，在如下政策中，指出激励机制是什么，什么行为是政府想要鼓励的。在下述每种情形下，你为什么认为政府想要改变人们的行为而非让人们根据自己的选择独自行事？

a. 对每包香烟强制征税5美元。

b. 在孩子接种麻疹疫苗后，政府支付给这些孩子的父母100美元。

c. 政府付费让大学生辅导低收入家庭的孩子。

d. 政府根据企业排放的空气污染数量征税。

12. 在下述情形中，解释政府干预如何通过改变对人们的激励改善了社会的福利。在什么情况下市场会出错？

a. 汽车排放尾气所产生的污染已经达到不健康的水平。

b. 在伍德维尔市，如果安装了路灯，每个人的境况都会得到改善。但是，没有一个居民乐意为装置在自家门前的路灯付钱，因为向那些得到便利的居民收费来补偿成本是不可能的。

13. 在2010年，蒂姆·盖特纳（Tim Geithner）时任美国财政部长。他发表了一篇文章，为政府的管理政策辩护。他说："始于2007年下半年的衰退非常严重。但我们采取了最大规模的行动来刺激经济，防止经济陷入更深的衰退，并推动经济走上复苏之路。"在这一陈述中，整个经济层面的相互作用的三个原理中哪两个发挥了作用？

14. 2007年8月，美国房地产市场大幅下滑，导致住房建筑行业中许多人的收入减少。《华尔街日报》的一位新闻记者报道说，沃尔玛的电汇业务受到冲击，因为许多建筑工人是拉美裔，他们通常会将部分收入通过沃尔玛汇给国内的亲属。根据这个信息，利用整个经济层面的相互作用的经济学原理之一来解释美国家庭购房支出的减少怎样影响墨西哥经济的表现。

15. 2012年，飓风桑迪对美国东北地区造成了巨大的破坏。数以万计的人们失去了家园和财产。甚至那些没有直接受到影响的人也遭受了打击。因为企业破产或者收缩，工作机会几乎干涸。使用整个经济层面的相互作用的原理之一解释为什么政府干预在这种情形下是有利的。

16. 在大萧条时期，食物被弃留在地里并最终腐烂，或原来的丰产地转入休耕状态。使用整个经济层面的相互作用的原理解释这种情况是如何发生的。

第 2 章

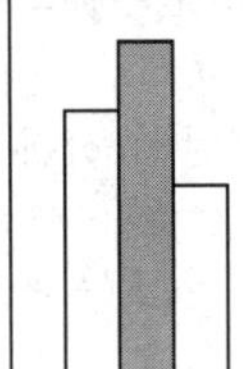

经济模型：权衡取舍和贸易

本章将学习

➢ 为什么模型作为现实的简化呈示在经济学中扮演着重要的角色。

➢ 介绍两个简单但重要的模型：生产可能性曲线、比较优势。

➢ 循环流向图是对经济体进行的概况呈示。

➢ 实证经济学与规范经济学的不同在于，前者试图描述经济实际并对经济变化做出预测，后者试图提出经济政策建议。

➢ 经济学家什么时候以及为什么有共同的观点和不同的看法。

☞ 开篇案例

从凯蒂·霍克到梦之翼

2009 年 12 月，波音公司进行了新型客机 787 梦之翼首次 3 个小时的试飞。这是一个历史性的时刻，梦之翼是航空动力学革命的结果，超级有效的飞机设计缩减了航空成本，并首次使用了超轻型复合材料。

为了确保梦之翼足够轻巧和具有足够的空气动力，它经历了超过 15 000 小时的风洞试验测试，这些测试带来了改善性能的微妙的设计变更，与现有客机相比，它的燃油效率提高了 20%，污染物排放减少了 20%。

梦之翼的首航是自 1903 年在北卡罗来纳州的凯蒂·霍克（Kitty Hawk）莱特飞行器（第一个成功的动力飞机）首飞以来的一个重大进步。然而，波音公司的工程师和所有航空工程师应该好好感谢莱特飞行器的发明人威尔伯·莱特（Wilbur Wright）和奥维尔·莱特（Orville Wright）。

莱特兄弟真正有远见的发明是他们的风洞。借助于风洞，他们可以尝试许多不同的机翼和控制面的设计。在一个集装箱尺寸大小的风洞内，可以用小型飞机做实验，这给了莱特兄弟使重于空气的东西飞行成为可能的知识。

实际飞行的飞机既非包装箱中的小型飞机，也非在波音公司最新型超风速风洞中的梦之翼的微缩模型。但是，飞机模型非常有用，模型是对可用来回答一些关键问题的实际对象的简化呈示，这些问题包括一定的风速会把某种形状的机翼抬多高等。

毫无疑问，在风洞中测试一种飞机的设计比建造一个完整并有望能飞行的飞机要省钱和安全。一般来说，模型几乎在所有科学研究中都发挥着关键性的作用——经济学自然包括在其中。

事实上，我们可以认为经济理论主要是一些模型、一系列经济现实的简化呈示的集合，这有助于我们弄清楚各种各样的经济问题。

在本章，我们将看到两种经济学模型，它们从其本身来看是非常重要的模型，同时也向我们展示了这些模型多么有用。最后我们将看到经济学家实际上是如何在他们的工作中使用这些模型的。

2.1 经济学模型：几个重要的事例

模型是对现实的简化呈示，用以更好地理解现实生活中出现的情形。

模型（model）是对现实的简化呈示，用以更好地理解现实生活中出现的情形。但是我们如何对现实经济情形构建出一种简单化的呈示呢？

一种可能是经济学家建立自己的“风洞”，建立或者找到一种符合实际但简化了的经济体。例如，对货币在经济中发挥的作用感兴趣的经济学家研究了在第二次世界大战俘虏营中的交换体系，在其中香烟扮演了一般支付媒介的角色，即使对于不抽烟的俘虏也是如此。

另一种可能是通过计算机模拟经济体系的运行。例如，当修订税法的提案提出后，政府官员就可用税收模型——一种大型的计算机程序——来估算这种提案对不同的人如何产生影响。

其他条件不变的意思是其他相关因素保持不变。

模型的重要性在于它可以使经济学家简化分析，每次只集中讨论一种变量的作用效果。也就是说，它可以使我们在保持其他因素不变的情况下来研究一种因素的变化如何影响整体经济。所以，在我们建模时，**其他条件不变**（other things equal assumption）是一个重要的假定，也就是说，我们假定其他相关因素保持不变。

我们并非总能找到或建立一个针对整个经济的小型模型，计算机程序只有在数据处理得当时才能得出好的结果。（程序员们常说：输入错误的数据，得到错误的结果。）出于多重目的，在经济学建模中最有效的形式是按照“思想实验”（thought experiments）的方式来构建对现实生活情形加以简化的假想模式。

在第1章，我们用超市新增收银台时顾客重新排队的事例解释了均衡的概念。尽管我们没有说，但这就是一个简单模型的事例——一个假想的超市，忽略了许多细节（不再关心顾客购买了什么）。该模型可以回答“如果……怎么样……”的问题：如果增开一个收银台，会怎么样？

正如收银台事例所示，有用的经济学模型可以用日常语言来描述和分析。可是，因为经济学牵涉到许多变量变化，如产品价格变化、生产的产品数量变化、生产中雇用的工人人数变化，所以，经济学家有时会用数学来更清晰地阐明话题。特别是，一个数字事例、一个方程或者一幅图都可以在理解经济学概念中起到关键作用。

不管采取什么形式，一个好的经济学模型对于理解经济现实有莫大的帮助。理解这一点的最好的方法是想一想一些简单但非常重要的经济学模型能告诉我们什么。

- 首先，我们看生产可能性曲线模型。该模型有助于理解经济学家提出的每种经济都会面临权衡取舍的思想。
- 之后我们再转向比较优势模型，这个模型对发生在两个个人和两个国家之间的贸易带来增益的原则做了清晰的解释。
- 最后，我们还将讨论循环流向模型，这个模型有助于经济学家把经济作为一个整体看待时分析货币如何流动。

在讨论这些模型时，我们使用了大量图形来表现数理关系。在本书中，这些图形发挥着重要作用。如果你已经熟悉如何运用这些图形，那么下面的内容不会成什么问题。如果你不熟悉，请花一些时间学习本章附录，那里对如何在经济学中使用图形作了简短介绍。

□ 2.1.1 权衡取舍：生产可能性曲线

第1章介绍的经济学基本原理说资源是稀缺的，而且任何经济体制——无论是有几十个人的狩猎部落，还是由60亿人构成的21世纪全球经济——都面临权衡取舍难题。不论波音公司的梦之翼多么轻盈，不论波音公司的装配线多么有效，生产梦之翼所使用的资源都不能同时用于生产其他物品。

考虑到任何经济体都面临权衡取舍难题，经济学家经常使用著名的**生产可能性曲线**（production possibility frontier）模型。这一模型背后的思想可帮助我们在考虑一个仅仅只有两种产品的简单经济时更好地理解权衡取舍的概念。这种简化使得我们可以用图形来解释权衡取舍的概念。

生产可能性曲线表现的是一个只生产两种产品的经济体所面临的权衡取舍。它表现的是当其中一种产品的产量给定时，另一种产品的最大产量。

假设当前的美国是一个只有一个企业的经济体，波音公司是唯一的雇主，飞机是唯一的产品。这仍然存在着生产哪种类型飞机的问题。比如说是梦之翼还是小型客机。图 2－1 显示了假想的生产可能性曲线，代表了一个企业经济所面临的权衡取舍。边界——图中的曲线——表示给定波音公司每年所生产的梦之翼的产量后，所能生产的小型客机的数量，反之亦然。也就是说，要回答的问题是，“如果波音公司每年生产 9 架（或 15 架或 30 架）梦之翼，它还能最多生产多少架小型客机？”

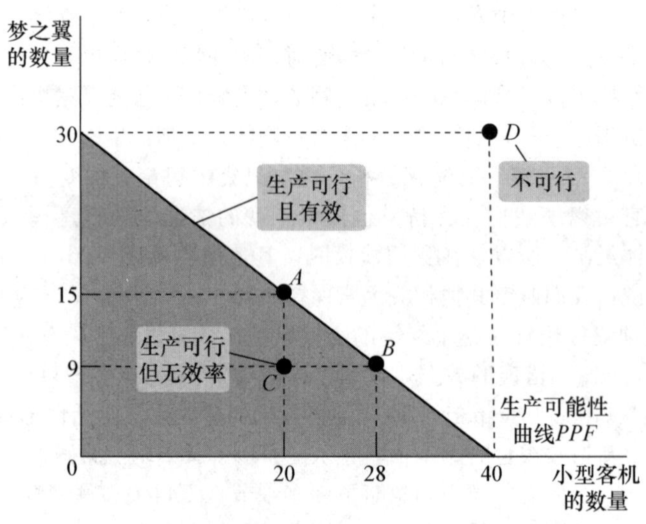

图 2－1　生产可能性曲线

生产可能性曲线表现了波音公司生产梦之翼与小型客机的权衡取舍。该曲线表示的是当一种产品的产量给定时另外一种产品的最大产出量。如图所示，波音所能生产的梦之翼的数量依赖于所生产的小型客机的数量，反之亦然。波音可行的生产区域位于曲线内或曲线上。*C* 点处在可行的生产区域内，但却是非效率点。*A* 点和 *B* 点可行且有效，*D* 点位于不可行区域。

在曲线上的点、曲线内的点和曲线外的点有着根本的区别。如果一个产量点在曲线内或曲线上，如 *C* 点，表示波音公司一年生产了 20 架小型客机和 90 架梦之翼，这是可以实现的产量。根据曲线我们知道，如果波音公司生产 20 架小型客机，在一年中它最高还可以再生产 15 架梦之翼，因此，可以肯定能生产 9 架梦之翼。

然而，位于曲线之外的一个产量点——比如在这个假想的生产可能性曲线之外的 *D* 点，波音公司生产 40 架小型客机和 30 架梦之翼——就是不可能实现的。波音公司可以生产 40 架小型客机但不生产梦之翼，或者它可以生产 30 架梦之翼但不生产小型客机，该公司不能两者兼得。

在图 2－1 中，生产可能性曲线在横轴上的截距为 40 架小型客机，这意味着，如果波音公司将其所有产能用于生产小型客机，一年能生产 40 架小型客机，但不生产梦之翼。生产可能性曲线在纵轴上的截距为 30 架梦之翼，这意味着如果波音公司将其所有产能用于生产梦之翼，一年能生产 30 架梦之翼，但不生产小型客机。

该图也标出了非极端的权衡取舍。例如，如果波音公司决定，今年生产 20 架小型客机，它最多还能再生产 15 架梦之翼，这就是生产可能性曲线上的 *A* 点；如果波音公司决定生产 28 架小型客机，它最多还能再生产 9 架梦之翼，如 *B* 点所示。

使用生产可能性曲线对复杂的现实进行了简化。现实经济生产数以百万计不同的物品。甚至波音公司也生产不同类型的飞机。但是，我们应认识到，即使非常简化，这个精简的模型也能为我们提供关于现实世界的重要启示。

在对现实进行简化的过程中，生产可能性曲线模型可帮助我们比没有模型时更好地理解现实经济的一些特性：效率、机会成本和经济增长。

效率 首先，生产可能性曲线是用图表示经济学中一般意义上的效率（或有效）概念的好方法。我们在第1章讲过，如果没有错失任何机会，那么这个经济体就处于有效状态，也就是说，如果不损害其他人的福利，就没有办法使一部分人的福利得到改善。

达至有效状态的关键因素是不能损失生产中的任何机会，也就是说，如果不减少其他物品的生产，就没有办法再增加某一种产品的产量。只要波音公司处在生产可能性曲线上，其生产就是有效率的。在A点处，在给定波音已经决定生产20架小型客机的前提下，该公司能生产的梦之翼数量最多为15架；在B点处，在给定生产28架小型客机的前提下，最多能生产9架梦之翼；等等。

假设由于某种原因，波音公司的生产在C点——20架小型客机和9架梦之翼的组合。这种情形表示并没有有效运行，因此处在无效（率）(inefficient) 状态，因为它可以生产更多的两种产品。

尽管我们使用的是一个企业、两种产品的生产选择的例子来解释有效和无效的概念，但是这些概念可以延伸到适用于包括多个企业、多种产品生产的实体经济。如果一个经济体从总体上在不减少其他产品的生产的同时不可能多生产任何一种产品，也就是说，它位于生产可能性曲线上，那么我们就称这一经济体达至了生产有效（efficient in production）状态。

然而，如果该经济体在不减少其他产品的生产的同时可以多生产另外的产品，这意味着它可以多生产任何东西，那么该经济体未达至生产有效状态。例如，一个大量工人处于非自愿失业状态的经济体很显然处于生产无效率状态。这是糟糕的事情，因为这一经济体可以生产更多的产品和服务。

尽管生产可能性曲线有助于阐明一个经济体达至生产有效的含义，但仍应该清楚，生产有效仅仅是一个经济体达至整体有效状态的一个组成部分。整体有效还要求一个经济体分配的资源应尽可能使消费者的福利最大。如果实现了这一点，我们就说该经济体达至了配置有效（efficient in allocation）状态。

为了理解为什么配置有效与生产有效一样重要，请看图2-1中的A点和B点所代表的经济达至生产有效状态的情形，两者都表明不减少一种产品的生产就无法增加另外一种产品的产量。然而，从社会的角度来看，两种情形并非相同的理想情形。假定社会希望得到比A点更多的小型客机和更少的梦之翼，比如说希望得到28架小型客机和9架梦之翼，也就是B点的组合。在这种情况下，从经济整体的观点来看，A点的配置并非有效的配置，因为社会希望生产在B点，而非A点。

这个例子表明，经济的整体有效要求导致生产有效和配置有效：为达至有效状态，一个经济体必须在给定其他产品产量的前提下使每种产品的生产都达到最大，同时还必须生产人们希望的产品组合。而且，这些产品必须被正确分配给需要的人。如一个经济体将小型客机分配给国际航线，而将梦之翼分配给小型的乡村机场用于通勤飞行也是无效的。

在真实世界中，像苏联这样的指令性经济就是无效配置方面的典型代表。例如，经常看到的情形是，消费者发现商店中充斥的是很少人需要的商品，而香皂和卫生纸这样的基本商品则无处寻觅。

机会成本 生产可能性曲线也有助于我们理解如下基本要点：任何产品的真实成本都不仅仅是为其支出的货币数量，还包括为了得到这种产品必须放弃的除了货币之外的一切，这就是机会成本的概念。例如，如果波音公司决定将生产组合点从A点改到B点，它将多生产8架小型客机，而少生产6架梦之翼。也就是说，放弃6架梦之翼的机会成本是8架小型客机。这意味着每架小型客机的机会成本为6/8=3/4架梦之翼。

那么，不论小型客机和梦之翼目前的产量为多少，多生产1架小型客机的机会成本用梦之翼表示总是相同的吗？在图2-1的事例中，答案是这样的。如果波音公司将小型客机的产量从28架提高到40架。梦之翼的生产数量将从9架减少到0。因此，每增加1架小型客机，波音公司的机会成本为：9/12=3/4架梦之翼。当波音公司生产的小型客机从20架增加到28架时，结论相同。

而且，正如我们已经想到的那样，直线型生产可能性曲线的斜率的绝对值就等于机会成本，具体来说就是，横轴产品的机会成本用纵轴产品来表示。如图2-1所示，生产可能性曲线的斜率恒为-3/4，这意味着波音公司增加1架小型客机的机会成本一直等于3/4架梦之翼。(在本章附录中我们将复习怎样计算一条直线的斜率。)这是最简单的情形,但是生产可能性曲线模型也用于讨论机会成本随着产品组合的变化而变化的情形。

图2-2表示的是不同假定下的情形,此时波音公司面对的是递增的机会成本。也就是说,生产的小型客机越多,为多生产1架小型客机必须放弃的梦之翼的产量就越多。反过来同样如此,生产的梦之翼飞机越多,为多生产1架梦之翼必须放弃的小型客机的产量就越多。例如,当小型客机的产量从0增加到20架时,波音公司必须放弃的梦之翼的产量为5架。也就是说,20架小型客机的机会成本为5架梦之翼。但是,当小型客机的产量增加到40架,也就是说,多生产20架小型客机时,波音公司必须放弃生产25架梦之翼,机会成本是递增的,如图2-2所示。机会成本递增而非恒定不变时,生产可能性曲线外凸而非直线。

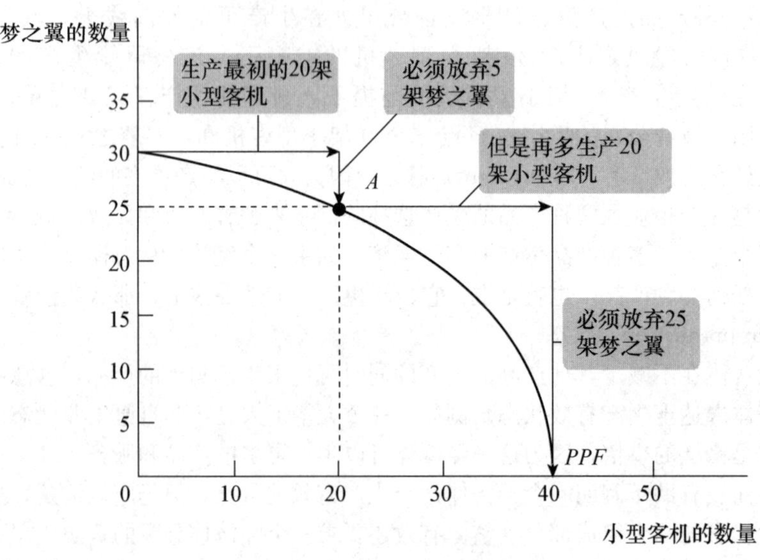

图2-2　递增的机会成本

外凸型生产可能性曲线反映的是递增的机会成本。在这一事例中,波音公司最初生产20架小型客机,只需放弃5架梦之翼。但如果再多生产20架小型客机,波音公司就必须放弃25架梦之翼。

尽管生产可能性曲线为直线的简单假定通常很有用,但经济学家认为递增的机会成本更为真实和典型。当一种产品的产量很小时,生产这种产品的机会成本相对较低,因为经济体只是使用特别适合这种产品的资源就能生产。

例如,当一个经济体只种植很少的玉米时,一定选择土壤和气候适于种植玉米而不是其他作物(如小麦)的地方。所以,为种植玉米而放弃的可能种植的小麦数量很小。如果该经济体种植的玉米越来越多,那些适于种植小麦的土地就不得不用于种植玉米。结果,为多得到1单位玉米必须放弃的小麦的产量越来越大。换言之,随着一种产品的数量的增加,其机会成本会显著增大,因为当适合的投入资源被用尽之后,并不太适合的要素也必须被投入使用。

经济增长　最后一点,生产可能性曲线还有助于我们理解经济增长的含义。在第1章中我们引入了经济增长的概念,经济增长是指一种经济体生产产品和服务的能力的增长。正像我们已看到的,经济增长是实体经济最基本的特征之一。但是,我们怎么能确切证明经济已经增长了呢?毕竟,与一个世纪前相比,尽管在美国经济中许多东西都大大丰富了,但有些东西却减少了,如马车。换言之,许多产品的生产实际上下降了。所以,我们怎么能说,经济总体上已经增长了呢?

我们可以用图2-3来作答。我们画出假想的一个经济体的两条生产可能性曲线。在此我们再次假定,经济体中的每一个人都为波音公司工作,而且经济体只生产两种产品——梦之翼和小型客机。请注意画的两条曲线,一条标示为初始*PPF*的曲线完全处在另一条标示为新*PPF*的曲线的内部。通过观察图形我们可以理解所谓的经济增长是什么意思:经济增长意味着经济体生产可能性的向外扩展,即一种经济体可以生产更多的所有东西。

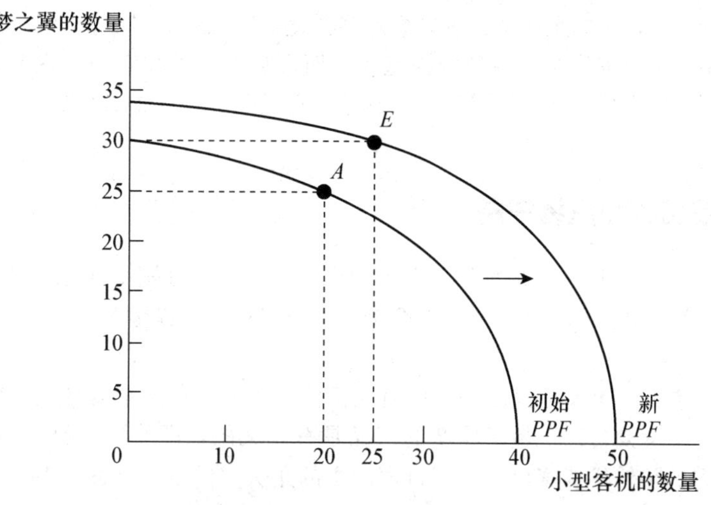

图 2-3　经济增长

经济增长导致了生产可能性曲线向外移动，因为生产能力扩大了。经济体现在生产的所有产品都增加了。例如，如果初始的生产点在 A 点（25 架梦之翼，20 架小型客机），经济增长意味着该经济体移向 E 点（30 架梦之翼，25 架小型客机）。

例如，如果经济体的生产最初在 A 点（25 架梦之翼，20 架小型客机），经济增长意味着经济向外移动到 E 点（30 架梦之翼，25 架小型客机）。E 点位于初始的曲线之外；所以，在生产可能性曲线模型中，经济增长表现为生产可能性曲线的外移。

生产要素是生产产品和服务的资源。

什么会导致生产可能性曲线外移呢？经济增长有两个基本源泉。一个源泉是经济体的**生产要素**（factors of production）增加，这些资源被用于生产产品和服务。经济学家通常使用生产要素来概括在生产中没有被用尽的资源。例如，传统飞机制造业中的工人在制造飞机的机身时使用铆接机连接金属板；工人和铆接机是生产要素，但铆钉和金属板都不是。一旦一个机身制成，工人和铆接机可用于制造另一个机身，但金属板和铆钉被用来制造一个机身后就不能再用于制造另一个机身。

从广义上说，主要的生产要素是土地、劳动、物质资本和人力资本。土地是大自然提供的资源；劳动是经济体的劳动者总量；物质资本是指所创造的如机器和建筑物之类的资源；而人力资本是指劳动力获得的教育和技能，能提高生产率。当然，这些生产要素中的每一种都是一个类别，而非一个单一的要素：北达科他州的土地与佛罗里达州的土地就有很大的不同。

要了解经济体投入到生产中的生产要素增加怎样推动经济增长，我们来看如下事例，假设波音公司建成了另一个组装机库，这样可增加一年中所生产的飞机产量（包括小型客机或梦之翼）。新建机库是一种生产要素，波音可以使用这种资源来提高其年产量。我们无法知道波音公司对每种机型将会生产多少；在其他条件不变的情况下这种管理决策取决于客户的需求。但是，我们可以说，波音公司的生产可能性曲线已向外移动，因为它现在在不减少梦之翼产量的情况下，可以生产更多的小型客机，或者它可以在不减少小型客机的产量的情况下生产更多的梦之翼。

技术是生产产品和服务的技术手段。

经济增长的另一个源泉是**技术**（technology）进步，技术是生产产品和服务的技术手段。波音公司的梦之翼被开发出来之前，复合材料已用于飞机的某些零件。但波音公司的工程师意识到，制造一架全用复合材料的飞机会有大量的额外好处。该飞机将更轻、更强，在空气动力学方面也会比用传统方法制造的飞机更好。因此，飞机将具有更长的航行距离，能够承载更多的乘客，除了能够保持更好的机舱压力，也会使用更少的燃料。因此，波音公司真正意义上的创新——整架飞机使用复合材料制造——是在给定资源量的情况下生产更多的一种方法。这也推动了生产可能性曲线的外移。

由于得到改善的飞机技术推动了生产可能性曲线外移，它使得经济体可以更多地生产一切，而不仅仅是飞机和空中旅行。近 30 年来，最大的技术进步发生在信息技术方面，而不是建筑或食品服务方面。然而，美国人选择购买更大的房子，吃的东西也比过去更加多样化，因为经济的增长使之成为可能。

生产可能性曲线是一个经济体非常简化的模型。然而，它告诉了我们关于现实经济体的重要的经验教训。它给了我们关于经济效率是由什么构成的第一感觉，它说明了机会成本的概念，解释清楚了经济增长是什么意思。

□ 2.1.2 比较优势和贸易增益

第1章所归纳出的12个原理之一是贸易带来增益原理，即个人分别专业化生产不同的产品，然后相互进行贸易，将会使各方都得益。我们要图示的第2个经济模型对理解贸易带来增益非常有帮助，即贸易基于比较优势而发生。

经济理论中非常有创见的重要原理之一是所有经济体都会从贸易中获得增益，也就是说，人们只是生产自己擅长的产品然后去交换自己不擅长生产的产品是有意义的，即使你自己可以生产所有产品和服务，也仍然如此：一个优秀的脑外科专家可以修理自家滴水的龙头，但她打电话给专业管道修理工才是更好的主意。

如何对贸易带来增益建模呢？我们继续以制造飞机为例，并再次假定美国是由一个企业构成的经济体，所有人都为波音公司生产飞机。现在我们假设美国与另一个由一个企业构成的经济体巴西进行贸易，后者中的每个人都为巴西飞机公司巴西航空工业公司工作。在现实世界中，巴西航空工业公司是小型支线飞机（commuter jet）的成功制造者。（如果你从一个美国大城市飞到另一个大城市，你乘坐的飞机可能是一架波音飞机，但是如果你飞到一个小城市，有很大的可能性你乘坐的飞机是由巴西航空工业公司制造的。）

在我们的例子中，只有两种产品，即大型飞机和小型飞机。这两个国家都能生产这两种飞机。但是，正如我们稍后会看到的，两国可以通过生产不同的产品并互相贸易而获益。为了理解这个例子的目的，我们再回到直线型生产可能性曲线这种简单情形。美国的生产可能性由图2-4（a）中的生产可能性曲线表示，该图类似于图2-1中的生产可能性曲线。根据该图，美国如果不生产大型飞机，可以生产40架小型飞机，如果不生产小型飞机，可以生产30架大型飞机。如前所述，这意味着美国的生产可能性曲线的斜率是-3/4：1架小型飞机的机会成本是3/4架大飞机。

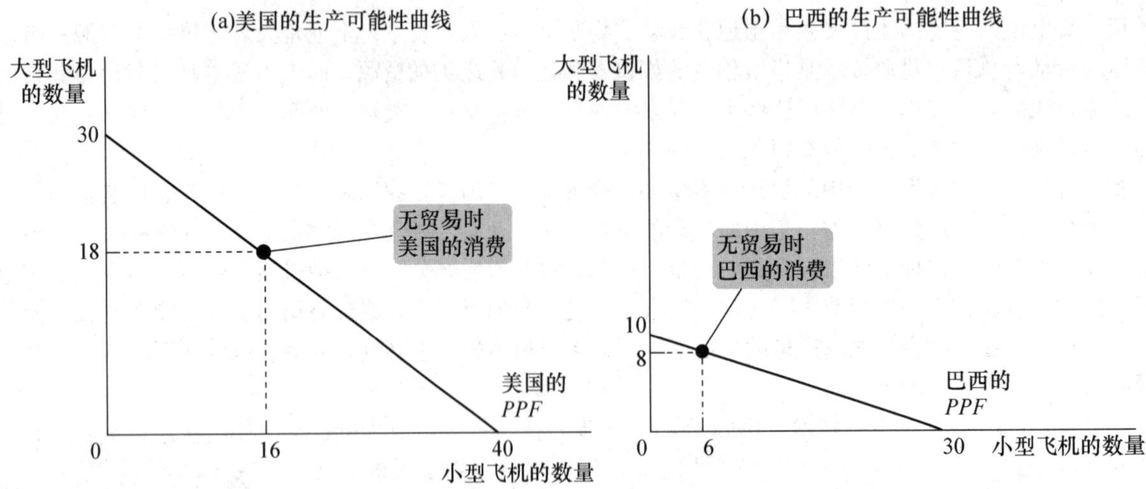

图2-4 两国的生产可能性曲线

在本例中，两国生产小型飞机的机会成本是固定不变的，生产可能性曲线是直线。对于美国而言，每架小型飞机的机会成本为3/4架大型飞机。对巴西而言，每架小型飞机的机会成本是1/3架大型飞机。

图2-4（b）所示为巴西的生产可能性。像美国一样，巴西的生产可能性曲线也是一条直线，这意味着巴西生产1架小型飞机的机会成本用大型飞机表示时是恒定不变的。巴西的生产可能性曲线的斜率恒定为-1/3。巴西的最大生产能力不及美国：最多可生产30架小型飞机或10架大型飞机。但巴西生产小型

飞机的能力相对强于美国；美国每生产 1 架小型飞机需牺牲 3/4 架大型飞机的生产，而巴西生产 1 架小型飞机的机会成本仅仅为 1/3 架大型飞机。表 2－1 总结了两国生产小型飞机和大型飞机的机会成本。

表 2－1　　美国和巴西生产小型飞机和生产大型飞机的机会成本

	美国的机会成本		巴西的机会成本
1 架小型飞机	3/4 架大型飞机	>	1/3 架大型飞机
1 架大型飞机	4/3 架小型飞机	<	3 架小型飞机

现在，美国和巴西各自选择生产大型飞机和小型飞机，不进行任何飞机贸易，各国只是在国内“消费”各自生产的飞机。（一个国家“消费”飞机是指飞机只是被各国境内居民所拥有。）我们假设两个国家开始时是这种模式，如图 2－4 所示的消费选择情形：没有贸易时，美国每年生产与消费 16 架小型飞机和 18 架大型飞机，而巴西每年生产与消费 6 架小型飞机和 8 架大型飞机。

但是，这是两个国家可以做得最好的情形吗？不，显然不是！给定这两名生产者（也就是两个国家）有不同的机会成本，美国和巴西能够进行贸易将使两者变得更好。

表 2－2 表明了这种贸易如何进行：美国专注于生产大型飞机，这样每年可以生产 30 架大型飞机，卖给巴西 10 架，与此同时，巴西专注于生产小型飞机，每年可以生产 30 架，卖给美国 20 架。结果如图 2－5 所示。与以前相比，美国现在可以消费更多的两种产品，贸易前美国消费 16 架小型飞机和 18 架大型飞机，现在是 20 架小型飞机和 20 架大型飞机；巴西的消费数量也增加了，从消费 6 架小型飞机和 8 架大型飞机增加到 10 架小型飞机和 10 架大型飞机。从表 2－2 可以看出，贸易使美国和巴西都从中受益，两国消费的两种类型的飞机都增加了。

表 2－2　　美国和巴西如何从贸易中获益

	没有贸易		开展贸易		贸易增益
	生产	消费	生产	消费	
美国	18	18	30	20	+2
	16	16	0	20	+4
巴西	8	8	0	10	+2
	6	6	30	10	+4

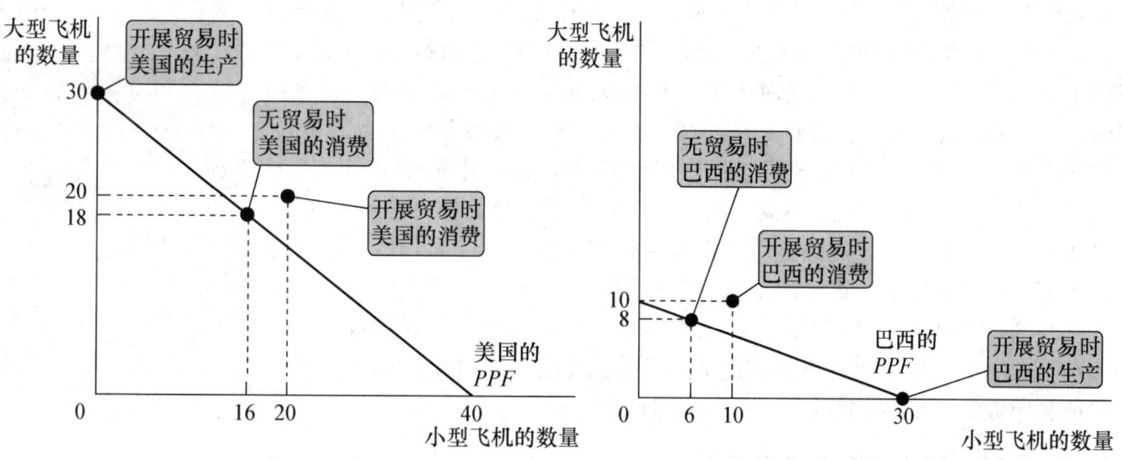

图 2－5　比较优势和贸易增益

通过专业化生产和贸易，美国和巴西可以生产与消费更多的两种飞机。美国专业化生产大型飞机，这也是其比较优势所在；巴西虽然在两种产品上都具有绝对劣势，但在小型飞机方面具有比较优势。结果，两国开展贸易后比没有交易时都可以消费更多的两种产品。

当每个国家各自生产自己擅长的产品然后进行贸易时，两个国家的境况都得到改善。因为美国生产大型飞机的机会成本低于巴西，即 4/3<3，美国生产大型飞机是不错的选择。相应地，巴西应该专门生产小型飞机，因为该国生产小型飞机的机会成本低于美国，即 1/3<3/4。

在这种情形下，我们说美国在生产大型飞机方面具有比较优势，而巴西在生产小型飞机方面具有比较优势。如果一个国家生产某种产品的机会成本比其他国家低，那么我们就说该国在生产这种产品方面具有**比较优势**（comparative advantage）。这一概念也适用于企业和个人：如果某人或某企业生产某种产品的机会成本比其他人或企业低，那么我们就说这个人或企业在生产这种产品方面具有比较优势。

如果一个国家生产某种产品的机会成本比其他国家低，那么我们就说该国在生产这种产品方面具有**比较优势**。同理，如果某人或某企业生产某种产品的机会成本比其他人或企业低，那么我们就说这个人或企业在生产这种产品方面具有比较优势。

在继续学习之前，我们还要明确一点。读者可能疑惑为什么美国会用 10 架大型飞机去交换巴西的 20 架小型飞机。为什么不是其他交换，如 10 架大型飞机交换 12 架小型飞机。答案包括两部分：第一，这个条件可能是巴西与美国商定的；第二，有些贸易可以肯定会被排除，如 10 架大型飞机交换 10 架小型飞机。

为了理解为什么，请再看表 2-1。先看美国，如果没有与巴西贸易，生产小型飞机在美国的机会成本是3/4 架大型飞机。很显然，美国将不会接受任何比 3/4 架多的大型飞机来换取 1 架小型飞机的贸易。如果是以 10 架大型飞机换取 12 架小型飞机，美国为 1 架小型飞机支付的机会成本为 10/12＝5/6 架大型飞机。由于 5/6>3/4，美国将拒绝接受这样的协议。同样，巴西不会接受以 1 架小型飞机换取少于 1/3 架大型飞机的贸易。

关键是，美国和巴西只有在每一个国家为得到产品所付出的"价格"低于国内自我生产的机会成本时，才愿意进行贸易。此外，这一结论只有在双方——国家、企业或个人——自愿贸易时才成立。

虽然我们的说法是对现实的简化，但它告诉了我们一些应用于实体经济非常重要的经验教训：

首先，这个模型对贸易增益提供了非常清晰的解释，通过专业化分工并相互贸易，与它们自给自足相比，两国的福利都获得了改善。

其次，该模型表明了一个十分重要但经常在实际生活中被忽略的观点：每个国家在生产某种物品上都一定有比较优势。这个原理也适用于企业和个人：每个人都有生产某些东西的比较优势，也具有生产某些东西的比较劣势。

至关重要的是，在我们的例子中，正如在现实生活中，如下情形并不重要：美国工人在生产小型飞机上与巴西工人一样好，甚至比巴西工人更好。假设美国实际上比巴西在各种飞机的生产上都好。在这种情况下，我们会说，美国在大型飞机和小型飞机的生产方面都有**绝对优势**（absolute advantage）。这是指，在单位时间内，一名美国工人比一名巴西工人可以生产出更多的大型飞机和小型飞机。你也许会认为，在这种情况下，美国与生产率低的巴西进行贸易将无利可获。

如果一个国家每名工人生产的某种产品或服务都多于他国，则该国在生产这种产品或服务方面具有**绝对优势**。同理，如果某人或某企业生产某种产品或服务强于其他人或企业，那么我们就说这个人或企业在生产这种产品或服务方面具有绝对优势。具有绝对优势并不同于具有比较优势。

但是，从刚才的例子中我们看到，美国确实从与巴西的贸易中得到了好处，因为是比较优势而不是绝对优势是双方得益的基础。巴西比美国花更多的资源来生产小型飞机并不重要，重要的是对于巴西而言，生产小型飞机的机会成本相对低于美国。所以，尽管巴西甚至在生产小型飞机方面具有绝对劣势，但是它仍然在生产小型飞机方面具有比较优势。对美国而言，通过生产大型飞机可以更好地利用资源，而在生产小型飞机方面则具有比较劣势。

□ 2.1.3 比较优势和国际贸易

一方面，关注一下在美国销售的制成品的标签，我们将会发现，这些产品是由其他国家生产的，如中国、日本甚至加拿大。另一方面，许多美国的工业品也销往海外（特别是农产品、高技术产品和娱乐产品）。

这样进行的产品和服务的国际交换是应该庆祝还是应该担心？政客和公众经常对国际贸易的理想状态提

出质疑，他们认为本国应该自己生产产品而不是从国外进口。世界范围内的产业界都要求在与国外竞争中获得保护：日本农民要求将美国的大米拒之门外，美国钢铁业工人要求不进口欧洲的钢铁。这种要求经常会获得舆论的支持。

▶ 疑难解答

对比较优势的误解

无论是学生、专家还是政客都一直在犯这样的错误：他们混淆了比较优势和绝对优势的概念。例如，在20世纪80年代，美国的经济似乎正步向落后于日本的局面。我们时常听到一些评论员提出的警告：除非改进我们的生产率，要不然我们将失去在所有产品上的比较优势。

评论员的意思是：我们将失去在所有产品上的绝对优势，也就是说，将会出现日本在所有方面都比美国强的情形（并没有出现这种结果，不过那是另一个故事）。他们的想法是，如果出现那种情形，我们在与日本的贸易中将不会得到任何好处。

这就像我们例子中的巴西会从与美国的贸易中受益一样（美国也从中受益），尽管美国在生产大型飞机和小型飞机上都做得比巴西好，但两国实际上都能从贸易中获益，即使巴西与贸易伙伴相比，在所有的行业上生产率都更低。

然而，经济学家对国际贸易持非常积极的态度。为什么？因为他们根据比较优势来看待这一问题。正如在我们前面的例子中所学到的，美国生产大型飞机，巴西生产小型飞机，两国都通过贸易获益。与不进行贸易仍然自给自足相比，进行贸易后每个国家都消费得更多。而且，这些双方都获益的情形与每个国家是否比另一个国家在生产某种产品方面做得更好无关。即使一个国家在两个行业中工人的产出水平都比另一个国家高，也就是说，一个国家在两个行业上都有绝对优势，也仍然有贸易增益。下面的“国际比较”专栏解释了国际上纺织业的生产模式，就证明了这一观点。

▶ 国际比较

睡衣国家

2013年4月，一场可怕的产业灾难占据了世界媒体的头条：孟加拉国一幢有5家服装厂的建筑物倒塌，困在里面的1 000多名制衣工人死亡。人们的关注点很快就集中于这些工厂不合格的工作条件，以及它们违反了许多建筑法规和安全程序——包括那些孟加拉国法律所要求的，这些法规和程序就是为防止此类悲剧所设置的。

虽然事故激起了正当的抗议，但也清晰地表明了孟加拉国服装业的崛起。该国已成为世界市场的主要参与者，服装总出口仅次于中国，位居世界第二，这是这个非常贫穷的国家解决就业和收入问题的主要途径。

这并非说孟加拉国在服装生产方面的生产率特别高。事实上，最近咨询公司麦肯锡公司进行的估算表明，孟加拉国的生产率比中国约低四分之一。因此，给定该国在服装制造方面具有比较优势外，它在其他行业的生产率甚至更低。这是贫穷国家的典型特征，它们在经济发展的早期阶段往往严重依赖服装出口。此类国家的一名官员曾经开玩笑说，“我们不是香蕉共和国，我们是一个睡衣共和国”。

下页图给出的是这样几个“睡衣共和国”的人均收入（该国的总收入除以总人口数量）与服装出口占总出口的份额。为了表明这些国家是多么可怜，人均收入以占美国GDP的比重来衡量。正如我们所能看到的，它们都非常穷，越穷就越依赖服装出口。

需要指出的是，尽管孟加拉国服装厂发生了灾难性悲剧，但依赖服装出口不一定是坏事。孟加拉国虽然还是一贫如洗，但与20多年前相比，生活水平是当时的两倍多，当时服装出口开始大幅增加（请见稍后“真实世界中的经济学”专栏对孟加拉国的介绍）。

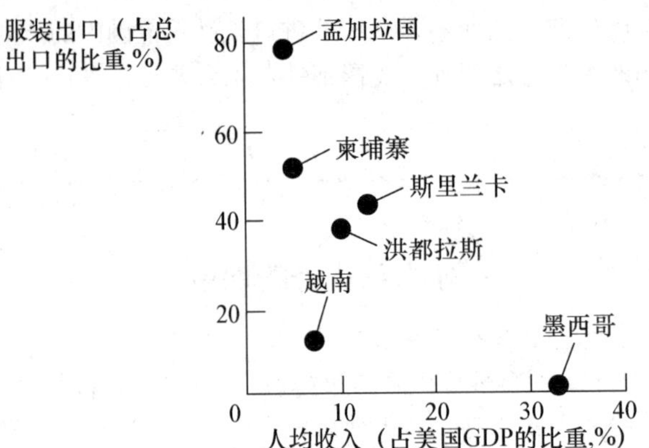

□ 2.1.4 交易：循环流向模型

到目前为止我们学习的模型中的经济体只有一个企业，显然过于简单。我们也对美国和巴西之间的贸易做了极大的简化，假定两国从事最简单的经济交易，即**物物交换**（barter），即一部分人群直接用他们拥有的产品和服务去交换他们需要的其他产品和服务。在现代经济中，简单的物物交换很稀有。通常的情况是，人们出让产品或服务得到货币——这种货币通常是一张彩色的纸，本身并无价值——然后用这张纸购买他们需要的其他产品或服务。也就是说，他们出售产品或服务和买进其他的产品或服务。

> 贸易采取**物物交换**的形式是指：人们直接用他们拥有的产品和和服务去交换他们需要的产品和服务。

双方销售和购买许多不同的物品。美国经济是一个复杂庞大的经济体，数以百万计的企业雇用着1亿以上的工人，生产着几百万种产品和服务。尽管如此，从图2-6所示的简单模型**循环流向图**（circular-flow diagram）中，我们还是可以引出有关经济的一些重要原理。该图通过两种流量的循环表现经济中两种类型的交易活动：一种是物品、服务、劳动和原材料等实物的循环，另一种是用于支付这些实物的货币沿着相反方向的循环。我们用粗线表示实物循环，用细线表示货币循环。

> **循环流向图**是一个通过循环流动来表现经济中的交易的模型。

一个经济体最简单的循环流向模型仅仅包括两类居住者，**家户**（households）和**企业**（firms）。家户既可以指个人，也可以指分享同一笔收入的一群人（通常指一个家庭，但不完全是）。一个企业是一个组织（通常指一家公司，但不完全是），为销售而生产产品和服务并且雇用一定数量的家户。

> **家户**既可以指个人，也可以指分享同一笔收入的一群人。
> **企业**是为销售而生产产品和服务的一个组织。

正像你在图2-6中所看到的那样，在这个简单的经济体中只有两种类型的市场，一种（位于左边）是**产品和服务市场**（market for good and services），在其中家户从企业那里购买他们所需要的产品和服务，所形成的流动是产品和服务流向家户，货币流向企业。

> 企业在**产品和服务市场**中把它们生产的产品和服务销售给家户。
> 企业在**要素市场**中购买它们需要的资源（生产要素）。

另一种（位于右边）是**要素市场**（factor market）。企业购买生产产品和服务所需要的资源。从前面所学的内容我们知道，生产要素主要包括劳动、土地、资本和人力资本。

我们最熟悉的要素市场是劳动市场，在其中劳动者“销售”他们的服务。除了劳动之外，我们认为，家户也是其他生产要素的所有者，由家户向企业提供生产要素。例如，当企业购买机器之类的实物资本时，所支付的货款最终会流到拥有机器制造公司的家户手中。在这种情况下，交易是在资本市场中进行的，资本市场也就是进行资本买卖的市场。我们稍后将详细解释，要素市场最终决定着一个经济体的**收入分配**（income distribution），即一个经济体所创造的总收入如何在低技能工人、高技能工人与资本和土地的所有者之间进行分配。

> 一个经济体的**收入分配**是总收入如何在不同要素所有者之间进行分配的方式。

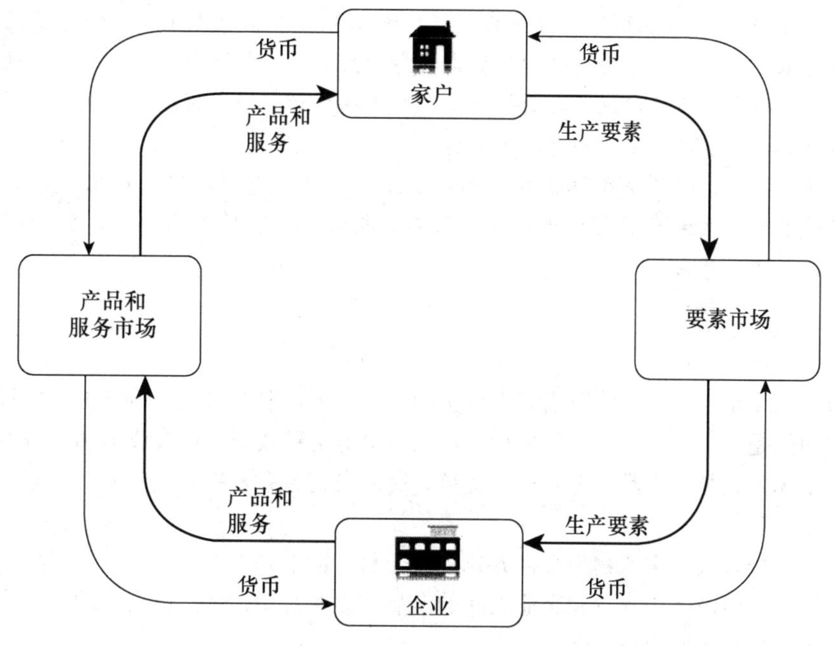

图 2-6　循环流向图

该图表现的是经济中货币与产品和服务的流动。在产品和服务市场中，家户从企业那里购买产品和服务，因此货币流向企业，产品和服务流向家户。当企业在生产要素市场中从家户那里购买生产要素时，货币流回到家户手中。

为了简化，循环流向图忽略了许多现实世界的复杂性，试举几例：

- 在现实世界中，家户和企业的界限并不总是这么清晰。如一个小型的由家庭经营的企业：一个农场、一家小商店、一家小旅馆，这是家户还是企业？一个更为复杂的循环流向图应该包括一个独立的家庭企业单元。
- 企业销售的许多产品并不是卖给家户，而是卖给其他企业。例如，钢铁企业主要销售给汽车制造商之类的其他公司，而不是家户。所以，一个更加完整的模型应该包括行业内产品、服务和货币的流动。
- 该图并没有包括政府。在现实经济中，政府会以税收的形式从循环流向中分离走大量货币，当然它也通过政府支出注入许多货币。

换言之，图 2-6 既没有包括现实经济中所有类型的居住者，也没有包括发生于这些居住者之间的所有的产品、服务和货币交易。

尽管简单，但循环流向图仍然像其他的经济模型一样，对我们思考经济运行非常有帮助。

▶ **真实世界中的经济学**

富国和穷国

脱下你的衣服（当然是在合适的时间和合适的地点），看一下里边的标签标明是由哪里制造的。我敢打赌，在多数情况或者大多数情况下，你的衣服是由一个比美国穷得多的国家制造的，比如萨尔瓦多、斯里兰卡或孟加拉国。

为什么这些国家比我们穷得多？即刻想到的理由是它们的生产率比较低——与美国或者其他富裕国家的企业相比，这些国家的企业在使用同样数量资源的情况下能得到的产出要少得多。国家间的生产率差异如此之大是一个难以解释的问题——也是困扰经济学家的问题之一。但是，无论如何，生产率的差异都是事实。

然而，如果这些国家的生产率比我们逊色，为何我们穿的如此多的衣服是由它们制造的？为什么我们不自己制造？

答案就是“比较优势”。孟加拉国所有行业的生产率都比美国的相应行业差。但是富国和穷国的生产率差异在不同产品间有很大的不同。像飞机这类高技术产品的生产，差异巨大，而在服装方面的差异就没有那么大。所以，在服装生产方面的情形就像巴西航空工业公司在生产小型飞机方面所面临的情形。它没有波音公司那么出色，但是巴西航空工业公司却有比较优势。

与美国相比，尽管孟加拉国几乎在所有方面都处于比较劣势的境地，但是在生产服装方面具有比较优势。这意味着，当两者专业化生产不同的产品时，两国都能消费更多的不同产品，孟加拉国提供给我们服装，它也享受更多的高技术产品。

及时复习

● 大部分经济学模型是“思想实验”或者对现实的简化呈示，但要依赖其他条件不变的假设。

● 生产可能性曲线是一个重要的经济学模型，可以形象地解释效率、机会成本和经济增长的概念。

● 每个人和每个国家在某种产品上都有比较优势，所以也就会有贸易增益。人们常常会混淆比较优势与绝对优势。

● 在最简化的经济中，人们采取物物交换方式进行交易，而非像在现代经济中以货币为媒介进行交易。循环流向模型展示了一个经济体中家户和企业之间的产品和服务流动、生产要素流动以及货币流动。这些交易发生于产品和服务市场与要素市场之间。

小测验 2-1

1. 判定对错，并解释你的答案。

a. 波音公司用于生产梦之翼和小型客机的资源增加了，但该公司的生产可能性曲线没有变化。

b. 由于科学技术进步，波音公司在给定梦之翼产量时可以生产更多的小型客机，由此导致了生产可能性曲线的变化。

c. 生产可能性曲线非常有用，因为它解释了经济为多得 1 单位的一种产品而必须放弃多少单位的其他产品，不管资源是否得到有效率的使用。

2. 在意大利，生产 1 辆汽车需要 8 名工人工作一天，而生产 1 台洗衣机则需要 3 名工人工作一天。在美国，生产 1 辆汽车需要 6 名工人工作一天，而生产 1 台洗衣机则需要 2 名工人工作一天。

a. 哪个国家在汽车生产上有绝对优势？哪个国家在洗衣机生产上有绝对优势？

b. 哪个国家在洗衣机生产上有比较优势？哪个国家在汽车生产上有比较优势？

c. 采用什么样的专业化分工能使贸易双方都得到最大的贸易增益？

3. 使用表 2-1 的数据解释为什么美国和巴西愿意用 10 架大型飞机与 15 架小型飞机进行贸易。

4. 使用循环流向图解释为什么增加家户的货币开支会导致经济中的工作职位数量增加。用文字描述循环流向模型能做出什么预测。

2.2 模型应用

我们已经知道，经济学主要是基于一组基本原理建立模型，但是要加上一些具体的假定以便使建模者可以把这些基本原理应用于某些具体情形。但是经济学家实际上运用他们的模型具体做什么呢？

□ 2.2.1 实证经济学与规范经济学

假设你是所居住州州长的经济顾问，州长会问你哪些问题？

这里有三个可能的问题：

1. 明年本州公路收费站的收入将为多少？

2. 如果收费从 1 美元提高到 1.5 美元，收入将增加多少？

3. 是否应该提高收费标准？记住：公路收费提高将减少公路上的行车数量、减少空气污染，但是也会增加正常通行者的开支压力。

前面两个问题与第三个问题有很大的不同。前面两个问题是关于事实的。你对明年征收的过路费的预测在实际数据出来后能被证明是正确的还是错误的。你对收费改变影响的估计也不难得到验证——收入也要受到除过路费之外的因素的影响，想把这些因素分解开来可能比较困难。尽管如此，总体上只有一个正确答案。

但是，政府是否应该提高过路费的问题不可能只有一个正确答案——两个人认同了提高过路费的影响，还是无法回答提高收费标准是不是一个好主意。例如，某人住在公路收费站附近，但是不开车上班，他更多关心的是噪声和空气污染，而不是交通成本；而另一个不住在公路收费站附近的通勤族就会有相反的看法。

这个例子聚焦了两种经济分析的关键区别：如果经济分析试图回答的问题是关于世界的运转方式的，有确定的正确和错误答案，那么就是所谓的**实证经济学**（positive economics）。相反，如果经济分析试图回答的问题是关于世界应该如何运转的，那么就是**规范经济学**（normative economics）。换成其他的说法则是：实证经济学是描述病情，规范经济学是开药方。

> **实证经济学**是经济分析的一个分支，描述现实世界真实的运转方式。
> **规范经济学**对现实经济应该如何运转提出建议。

经济学从业者把绝大部分时间和精力花在实证经济分析方面。在几乎所有实证经济分析中，模型扮演着关键角色。我们前面已经提及，美国政府利用计算机模型来评估国家税收政策改变的影响，许多州政府也采用同样的模型评估它们自己的税收政策的影响。

值得注意的是，我们假设的州长所问的三个问题中，前两个问题和第三个问题有微小但重要的区别。问题一是关于来年的收益的预估——一种**预测**（forecast）。问题二是关于“如果……怎样”的问题，也就是诸如如果税法改变，收益将如何变化之类的问题。经济学家经常被要求回答这两种类型的问题。当回答“如果……怎样”的问题时，经济模型非常有用。

> **预测**是对未来进行的简单预估。

对这类问题的回答经常被作为制定政策的参考依据，它们经常是描述病情，而非开出药方。也就是说，它们能告诉我们，如果政策改变，将会发生什么，但它们没有告诉我们结果是好还是坏。假设你的经济模型预测的结果是，州长提出的提高公路收费的建议将会使公路附近社区的房产的价值增加，但会损害那些必须经过收费站开车上下班者的利益。那么这种提高过路费的建议是一个好建议还是一个糟糕的建议呢？这要看由谁来回答。就像我们已经看到的，如果某人非常关心公路附近的社区，他将支持提高收费，而那些关心开车上下班者福利的人感觉会完全不同。这涉及价值判断，并非经济分析要回答的问题。

尽管如此，经济学家仍然经常进行规范分析，给出政策建议。当没有“正确答案”时他们是怎么做的呢？

一种解释是经济学家也是公民，他们也有自己的看法。但是，经济分析经常被用来说明某种政策明显好于其他政策，而不管其他人的看法如何。

假设对所有人来说，A 政策要比 B 政策好，至少使某些人的境况改善而没有损害其他人的福利。那么，很显然 A 政策比 B 政策有效率。这并不是价值判断，我们所讨论的是如何以最好的方法实现目标，而不是讨论目标本身。

例如，有两种不同的政策用于帮助低收入家庭获得住房：一种是租金管制，也就是限制房东收取的租金的水平；另一种是房租补贴，为符合条件的家庭提供额外的货币用于房租的支付。几乎所有的经济学家都认为补贴政策是更有效率的政策。所以，对绝大部分经济学家来说，不管他们个人的政治立场如何，相对于租金管制都更赞成房租补贴。

当经济政策能这样清晰地排序时，经济学家一般会取得一致意见。但是，经济学家有时也有不同的意见。为什么会这样呢？

□ 2.2.2 经济学家的意见不一致：何时？为何？

经济学喜欢相互争吵的名声在外，这种声誉来自哪里？是否属实？

一个重要的原因是媒体往往会放大经济学家之间观点的分歧。如果所有经济学家对某个话题已达成共识，例如，他们认为租金管制会导致住房短缺，那么记者和编辑就可能得出结论，认为这没有报道的价值，所以，一个行业认同的事情一般不会被报道。但是，当著名经济学家对某话题持反对态度时，比如说马上减税是否有助于经济运行，该话题就真正有了新闻价值。你所听到的经济学家之间没有达成一致意见的领域要大大多于实际上已取得共识的领域。

但是，我们也不应该忘记，经济学不可避免地经常与政治联系在一起。就许多议题而言，有影响的利益集团知道它们应该听到什么声音，所以，它们寻找并支持那些发表这些观点的经济学家，并助推该类经济学家在同类中的声望，使其引人注目。

尽管经济学家之间表象上的分歧比实际分歧要大，但是对许多重要的问题，经济学家还是经常难以达成一致意见。例如，一些非常受人尊敬的经济学家强烈建议美国政府应该用增值税（一种属于国税形式的销售税，是许多欧洲国家重要的政府收入来源）取代所得税，但是，另外一些同样受人尊敬的经济学家则有不同的看法。为什么他们会有不同的观点呢?

产生分歧的重要原因在于价值判断不同：就像在由个人组成的集团中有分歧一样，理性的人也会有不同的看法。相对于所得税，增值税更多地落到了处于中等收入阶层的人身上。所以，认为社会和收入应该更加公平的经济学家一般会反对增值税。而持不同价值判断的经济学家则可能不会反对增值税。

第二个重要的分歧来自经济模型，因为经济学家根据模型——这是对现实的简化呈示——所得的结论来做出判断，经济学家对如何简化是合理的见仁见智，所以也就会得出不同的结论。

假定美国政府正考虑采用增值税制度。对于经济学家 A 来说，他采用的模型集中于分析税收制度的管理成本，也就是监管成本、票据处理成本、征收成本等。这位经济学家可能指出，增值税的管理成本会高得惊人，所以他反对这种改革。经济学家 B 采用的方法正好忽略了管理成本，集中讨论税法改革如何影响人们的储蓄行为。这位经济学家可能指出，研究表明增值税制度有利于促进消费者增加储蓄，这显然是一个人们想看到的结果。

因为经济学家采用了不同的模型——也就做出了不同的简化假定——所以得出了不同的结论。两位经济学家可能会发现他们讨论的是同一问题的不同方面。

通过搜集证据，检验经济学家提出的各种不同模型中哪种更符合事实，这种争论最后会得以解决。然而，像任何科学领域一样，在经济学中，人们需要通过很长时间的研究才能对一些重要的争论找到解决的办法——有时候长达几十年。因为现实经济一直处在变化中，原有模型会失去价值，新的政策问题会不断涌现，所以，在经济学家中总是有一些无法达成一致意见的话题。政策制定者必须决定相信那派经济学家的观点。

重要的一点是：经济分析是一种方法而不是一套结论。

▶ **真实世界中的经济学**

象牙塔之外的经济学家

许多经济学家主要从事教学和科研活动，但也有少部分经济学家直接介入现实事件。

经济学的一个具体分支如金融理论，尽管在华尔街的金融公司中发挥着重要作用，但并非总是有效。然而，经济学家在商业世界的资产定价中发挥着重要作用。企业需要预测对它们产品的未来需求，预测未来的原材料价格，评估未来的融资需要，等等，对这一切，经济分析都发挥着非常关键的作用。

一些企业雇用的经济学家直接为一些需要他们作为投入要素的机构工作。顶级的金融公司，如高盛和摩根士丹利，特别是一些一直保持高质量的经济学团队，对因素和事件的分析可能会影响到金融市场。其他经济学家则被诸如宏观顾问（Macro Advisers）等咨询公司所雇用，这类公司为许多企业有偿提供广泛的分析与建议。

最后，也非常重要的是为政府服务的经济学家。根据劳工统计局的数据，政府机关雇用了大约一半的美国经济学家。这没有什么可大惊小怪的，政府的最重要功能之一是制定经济政策，而且几乎政府做出每项政策决策时都要考虑经济政策的效果。因此，世界各国的政府会雇用扮演各种角色的经济学家。

在美国政府中，总统经济顾问委员会（Council of Economic Advisers）发挥着关键作用，设立这一机构的目的是向白宫提供经济事务方面的建议。与其他政府部门不同，在总统经济顾问委员会工作的经济学家工作时间并不长，主要是一些大学的经济学家暂时离校1～2年来担任。国内最负盛名的经济学家在他们的职业生涯中会在某个时段担当此任。

在美国政府的许多部门，从商务部到劳工部，经济学家都发挥着重要作用。美联储的雇员大部分是经济学家，美联储作为政府的一个部门，控制着经济中的货币供应和对银行进行监管。在总部设在华盛顿特区的两个国际组织中，经济学家也扮演着非常重要的角色：国际货币基金组织（International Monetary Fund），对经济出现困难的国家提供建议和贷款支持；世界银行（World Bank），对促进长期经济发展提供建议和贷款支持。

过去，梳理所有这些经济学家对实际事务的影响并不容易。然而目前，对于经济前景和政策有许多非常活跃的在线讨论。例如，国际货币基金组织网站（www. imf. org），为企业提供指导的网站economy. com，经济学家的微博如 Mark Thoma（economistsview. typepad. com），当然还有我们自己的微博 krugman. blogs. nytimes. com（位列 Technorati 最受欢迎的前100个微博）。

及时复习

● 经济学家进行的大部分研究是实证经济学研究，分析的是现实世界如何运作，其中当然有正确和错误的答案，而且涉及进行预测。然而，在规范经济学中，涉及提出应该怎样做的建议，通常没有正确和错误的答案，仅仅是价值判断不同。

● 经济学家之间存在许多分歧——尽管没有传说中的那么多——主要原因有二：第一，在建立模型时，对于如何对模型进行简化存在分歧；第二，像普通人一样，经济学家之间的价值判断也并不完全相同。

小测验 2-2

1. 下述命题中，哪一个是实证命题？哪一个是规范命题？

a. 社会应该采取措施阻止人们参与对个人来说危险的行为。

b. 个人从事有危险的行为会因为提高医疗成本而增加社会成本。

2. 判断对错，并解释你的答案。

a. 为达到同样的社会目标可以选择政策A和政策B。然而，相对于选择政策B而言，选择政策A将会导致社会资源使用效率降低。

b. 当两位经济学家对政策的合意性有不同意见的时候，典型的原因是其中一位犯了严重错误。

c. 政策制定者总是使用经济学规划出一个社会应该实现的目标。

▶ **解决问题**

重金属与高蛋白

如果我们查看元素周期表最下面的一行，我们可查到镧系元素，也被称为稀土，包括从镧到镥15个金属化学元素。与人们经常听说的从氢到金等元素不同，人们可能几乎没有听说过稀土，即使人们每天接触的智能手机或者平板电脑或电视机都使用这些稀土。事实上，在iPhone中就有十几种稀土被使用。在混合动力汽车、风力电机、激光和卫星中，这些元素也是关键要素。

尽管这样称呼，但它们在地球上并不稀有。它们存在于地壳中。中国是世界上最大的稀土储存和出口国，目前控制着世界稀土产量的95%左右。

同时，美国是世界上最大的豆油生产国。高蛋白作物不仅对家畜饲料的生产很重要，而且被用于人们所消费的豆奶、毛豆和豆腐等产品的生产。全球大豆贸易中近90%的大豆都产自美国。

幸运的是，美中两国可以互相进行贸易。但是，如果中国拒绝出口稀土，迫使美国想办法独自提取这些稀土，会发生什么？如果中国停止从其他国家进口大豆油，而自给自足，又会发生什么？

现在假设中国和美国既可生产大豆也可生产稀土，这是一个基于实际贸易模式的假想例子。假设稀土和大豆的生产可能性如下图所示：

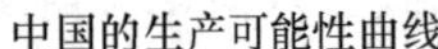

美国的生产可能性曲线

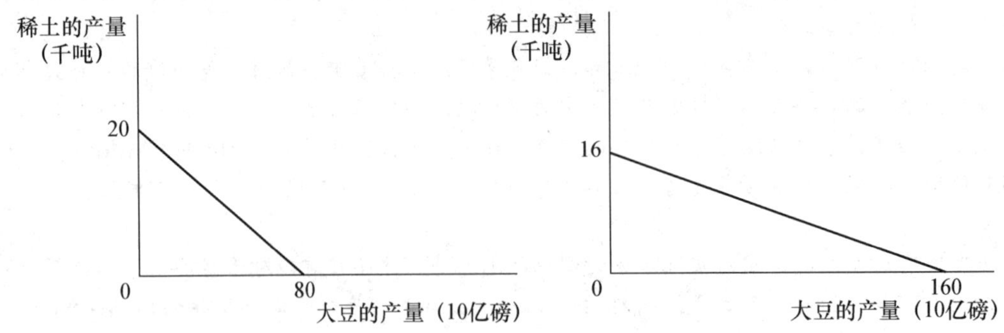

计算两国稀土和大豆的机会成本。美国在稀土生产中是否具有比较优势？假设中国希望消费640亿磅大豆和12 000吨稀土。在生产可能性曲线图上表现这一点。在没有贸易的情况下可能吗？

步骤1：计算两国稀土和大豆的机会成本。请参阅“比较优势和贸易增益”一节。

两国的生产可能性曲线是直线，这意味着用稀土表示的大豆的机会成本不变。中国生产可能性曲线的斜率为−1/4［斜率的定义为：y变量（稀土）的变化量除以x变量（大豆）的变化量，在这种情况下为−20/80=−1/4)］，美国生产可能性曲线的斜率为−1/10。因此，中国生产千吨稀土的机会成本为40亿磅大豆，美国生产千吨稀土的机会成本为100亿磅大豆。同样，中国生产10亿磅大豆的机会成本是1/4千吨（250吨）稀土，美国生产10亿磅大豆的机会成本是1/10千吨（100吨）稀土。

步骤2：中国在生产大豆方面是否具有比较优势？请参阅“比较优势和贸易增益”一节。

如果某国生产一种产品的机会成本低于另一个国家，那么该国家在生产该产品方面具有比较优势。目前的情形是，生产10亿磅大豆的机会成本，中国是1/4千吨（250吨）稀土，美国是1/10千吨（100吨）稀土。由于1/10小于1/4，美国而非中国在大豆的生产方面具有比较优势。

步骤3：假设中国希望消费640亿磅大豆和12 000吨稀土。在生产可能性曲线图上表示这一点。在没有贸易的情况下可能吗？

请参阅“比较优势和贸易增益”一节，特别是图2-5。

如下图中的B点所示，中国消费640亿磅大豆和12 000吨稀土，在没有贸易的情况下，处于生产可能性曲线之外。如果中国在没有贸易的情况下消费640亿磅大豆，那么只能消费4 000吨稀土，如A点所示。因此，没有贸易的情况下，这两种产品的消费水平是不可能达到的。

中国的生产可能性曲线

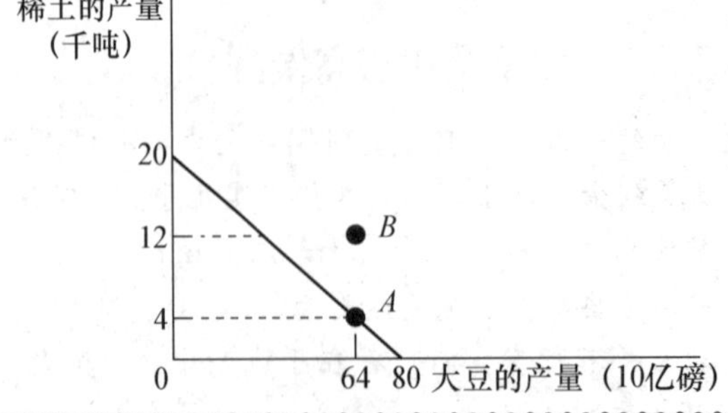

小结

1. 几乎所有的经济学都是基于模型即思想实验或对现实的简化进行分析的，像图形之类的数学工具运用得很多。

经济模型的一个重要假定是其他条件不变，通过假定其他条件不变就可以分析一种因素变化的效应。

2. 一个重要的经济模型是生产可能性曲线，它生动地解释了机会成本（表现为如果一种产品生产得更多，需要减少多少单位的另一种产品）、效率（如果一种经济处在生产可能性曲线上，那么它的生产就是有效率的；如果生产的产品组合是人们需要的，那么就达到了分配有效）以及经济增长（生产可能性曲线向外扩展）。经济增长有两种重要源泉：生产要素——土地、劳动、资本、人力资本以及其他不会在生产中耗尽的投入品——的增加；技术进步。

3. 另一个重要的模型是比较优势，该模型解释了个人和国家之间贸易增益的来源。每个人都有自己在某件事情上的比较优势——相对于其他人来说，生产某种产品或服务的机会成本比较低。但是，人们经常将这一概念与绝对优势相混淆，后者是指生产某种产品或服务的能力比其他所有人都强。这种混淆得出的错误结论是个人和国家之间没有贸易增益。

4. 在最简化的经济中，人与人之间进行的是物物交换（用产品和服务交换其他人的产品和服务）而不是像在现代经济中通过货币进行交易。循环流向图是一个模型，用来表现一个经济中家户和企业之间产品、服务和货币的流动。这种交易发生在产品和服务市场、要素市场中，后者是指像土地、劳动、实物资本、人力资本等的生产要素交易的市场。这个模型对理解支出、生产、就业、收入和增长在经济中的相互联系非常有用。最后，要素市场决定经济中的收入分配，也就是经济的总收入如何在生产要素所有者之间进行分配。

5. 经济学家使用的经济模型可以用于两种经济分析：实证经济学分析和规范经济学分析。实证经济学讨论的是经济怎样运转，规范经济学讨论的是经济应该如何运转。实证经济学经常涉及如何进行预测。经济学家对于实证问题要给出正确答案，对于规范问题不需要这样做，因为这涉及价值判断。例外的情形是：当设计政策时，对有些政策可以根据效率进行排序。

6. 经济学家之间意见相左有两个重要原因：一是他们对在建模时如何进行简化有不同的观点；二是经济学家就像其他人一样也有不同的价值判断。

关键词

模型	物物交换	要素市场	其他条件不变	循环流向图	生产要素	生产可能性曲线	家户
实证经济学	比较优势	企业	规范经济学	绝对优势	产品和服务市场	预测	技术
收入分配							

练习题

1. 在百慕大群岛，两个重要的行业是渔业和旅游业。根据联合国粮农组织和百慕大统计局的数据，2009 年 306 名在百慕大注册的渔民捕获了 387 公吨的海洋鱼类。而受雇于酒店的 2 719 人提供了 554 400 单位酒店住宿服务（通过入境旅客数测算）。假设这一生产点的生产组合是有效率的生产组合。也即假设额外的 1 吨鱼的机会成本等于 2 000 单位酒店住宿，而且这一机会成本不变（机会成本不改变）。

a. 如果所有 306 名注册渔民都被酒店聘用（2 719 人早已在酒店工作的人除外），百慕大会提供多少单位酒店住宿？

b. 如果所有的 2 719 名酒店员工都成为渔民（306 名已经捕鱼的渔民除外），百慕大可以生产多少吨鱼？

c. 画出百慕大的生产可能性曲线，将鱼标示在横轴上，将酒店住宿标示在纵轴上，标出 2009 年百慕大的真实生产点。

2. 根据美国农业部国家农业统计署的数据，美国有 1.24 亿英亩的土地在最近一年用于种植小麦或玉米。在 1.24 亿英亩中，农场主用 5 000 万英亩的土地种植了 21.58 亿蒲式耳小麦，用 7 400 万英亩的土地种植了 118.07 亿蒲式耳玉米。假设美国的小麦和玉米生产是有效的。在当前的生产点，额外生产 1 蒲式耳小麦的机会成本是减少 1.7 蒲式耳玉米。但是，由于机会成本递增，农场主额外生产 1 蒲式耳小麦的机会成本大于 1.7 蒲式耳玉米。对于以下每个生产点，决定该生产点是否：

(i) 可行且有效，(ii) 可行但并非有效，(iii) 不可行，(iv) 不清楚是否可行。

a. 农场主用 4 000 万英亩的土地种植 18 亿蒲式耳小麦，用 6 000 万英亩的土地种植 90 亿蒲式耳玉米。余下的 2 400 万英亩土地被闲置。

b. 从原来的产量出发，农场主将原来种植玉米的 4 000 万英亩地转向种植小麦。现在的产量为 31.58 亿蒲式耳小麦和 101.07 亿蒲式耳玉米。

c. 农场主减少 20 亿蒲式耳小麦产量，增加 120.44 亿蒲式耳玉米产量。沿着生产可能性曲线，玉米从 118.07 亿蒲式耳增加到 120.44 亿蒲式耳的机会成本为：每蒲式耳玉米的机会成本为 0.666 蒲式耳小麦。

3. 古罗马时代的一个国家只生产两种产品——意大利面条和肉团。在古罗马帝国有两个部族——蒂沃利（Tivoli）和费沃利（Frivoli）。若独自组织生产，蒂沃利族如果不生产肉团，每个月能生产 30 磅意大利面条，如果不生产意大利面条，每个月能生产 50 磅肉团，或每个月生产两种产品的任何其他组合。对于费沃利族来说，如果不生产肉团，每个月能生产 40 磅意大利面条，如果不生产意大利面条，每个月能生产 30 磅肉团，或每个月生产两种产品的任何其他组合。

a. 假定所有的生产可能性曲线都是直线。在一幅图中画出蒂沃利族的月度生产可能性曲线，在另一幅图中画出费沃利族的月度生产可能性曲线，并说明你是如何计算的。

b. 哪一个部族在意大利面条的生产上有比较优势？哪一个部族在肉团的生产上有比较优势？

在公元 100 年，费沃利族发现了一种制造肉团的新技术，每个月的产量可以加倍。

c. 画出费沃利族新的月度生产可能性曲线。

d. 创新之后，哪一个部族现在在肉团生产方面有绝对优势？哪一个部族现在在意大利面条生产方面有绝对优势？哪一个在肉团生产方面有比较优势？哪一个在意大利面条生产方面有比较优势？

4. 某年 7 月，美国销售给中国的飞机的价值为 10 亿美元，而从中国购入的飞机部件的价值仅仅为 19 000 美元。而在同一个月，美国从中国购买了价值 8 300 万美元的男士西裤、休闲裤以及牛仔裤，而卖给中国的同类产品的价值仅仅为 8 000 美元。根据你所学习的比较优势决定贸易的原理，回答下列问题。

a. 哪个国家在生产飞机方面具有比较优势？哪个国家在生产男士西裤、休闲裤及牛仔裤方面具有比较优势？

b. 你能够判断哪个国家在生产飞机方面具有绝对优势吗？哪个国家在生产男士西裤、休闲裤以及牛仔裤方面具有绝对优势？

5. 皮特·庞蒂特（Peter Pundit）是一位经济记者，他指出欧洲联盟在所有行业上的生产率都提高得非常迅速。他声称，这种生产率的提高是如此迅速，以至欧盟在这些行业的产出水平很快就会超过美国，到时候，美国不会从与欧盟的贸易中获得任何好处。

a. 你认为庞蒂特的观点正确吗？如果不正确，你认为他错误的根源是什么？

b. 如果欧盟和美国继续进行贸易，你认为欧盟输出到美国的产品和美国输出到欧盟的产品各有什么特征？

6. 你肩负把你所住居民楼的居民分为棒球队队员和篮球队队员的重任。还剩最后 4 个人。2 个人必须被分配给棒球队，2 个人必须被分配给篮球队，下表是每个人平均的击球命中率和罚球命中率。

名称	平均击球命中率	平均罚球命中率
凯利	70%	60%
杰基	50%	50%
柯特	10%	30%
格里	80%	70%

a. 请解释你将如何使用比较优势的概念来分配这几个人。请从用棒球的击球命中率表示篮球的罚球命中率的机会成本开始。

b. 为什么其他的篮球队队员可能对这种安排不满意，而其他的棒球队队员则感到满意？尽管如此，为什么经济学家认为这是一种有效率地分配居民到各个球队的方法。

7. 一个假想的经济体亚特兰蒂斯的居民将贝壳的壳作为货币来进行交换。画出家户和企业之间的循环流向图。企业种植马铃薯和捕鱼，家户购买马铃薯和鱼，家户提供土地和劳动给企业。请标明在下述每种情形下，哪种是贝壳（货币）的流动，哪种是实物的流动？描述这如何在循环中产生影响。

a. 一场毁灭性的飓风暴雨冲毁了许多马铃薯种植地。

b. 在一个多产的捕捞季节，家户捕到了许多鱼。

c. 亚特兰蒂斯的居民发现了 Shakira 舞曲，在跳舞的季节每个月都要花几天的时间来跳舞。

8. 一名经济学家认为，高等院校生产教育，教师和学生是投入品。根据这种思维，教育是由家户来消费的。仿照本章的做法，构建一个循环流向图来表示高等院校教育这一经济部门：大学或学院代表企业，家户既消费教育，又为大学提供教师和学生。这一模型中的相关市场是什么？买卖的方向各是什么？如果政府决定对学生补助 50%的学费，模型又会怎样变化？

9. 你的室友玩乐器时大多数时间都会发出很响的声音，而你是一个喜欢平和、安静的人。你建议她买一副耳机。她回答说，尽管她喜欢用耳机，但眼下她还有更重要的事情要用钱。你与一个学经济学的朋友讨论这件事情，谈话如下：

朋友：买一副耳机要花多少钱？

你：15 美元。

朋友：这个学期你对保持一个平和、安静的环境的评价是多少？

你：30 美元。

朋友：你买耳机并送给你的室友是一种有效率的行为。你的所得要大于所失，收益大于成本，你应该这样做。

你：我买耳机，这不公平，并不是我发出了噪声。

a. 在上述说法中，哪部分是实证命题？哪部分是规范命题？

b. 罗列证据支持你的观点：你的室友应该改变自己的行为。同样，站在你的室友的角度罗列证据，你应该买耳机。如果你所住宿舍楼的条例赋予家户无限玩乐器的权利，谁的观点将最终胜出？如果条例是：如果你的室友抱怨，你就得停止玩乐器，谁将可能胜出？

10. 一位美国服装业代表人物最近做出如下声明：亚洲的工人经常在简陋的工作环境中做工，但一个小时还赚不了几便士。美国的工人生产率更高，所挣的工资也高。为了保持美国工作场所的尊严，政府应该通过法律禁止从低工资的亚洲进口服装。

a. 在上述引言中，哪部分是实证命题？哪部分是规范命题？

b. 后面提出的政策建议与前面关于美国和亚洲工人工资与生产率的说法一致吗？

c. 这样的政策会改善部分美国工人的福利状况而不会使任何人的状况变坏吗？也就是说，这种政策从全体美国人的角度来说是有效率的吗？

d. 低工资的亚洲工人会从这一政策中受损还是受益。

11. 判断下列表述的正误，并解释原因。

a. “当人们必须为薪水支付更高的税时，这将减少人们工作的积极性”是实证命题。

b. “我们应该降低税收以鼓励人们更多地劳动”是一个实证命题。

c. 经济学不能总是习惯于对社会应该做什么做出完全的决策。

d. “这个国家的公立教育体系给社会带来的好处要大于这一体系运转的成本”是一个规范命题。

e. 所有关于经济学家之间分歧的说法都是媒体炒作出来的。

12. 评估如下说法：“建立一个确切反映已经发生过的事件的经济学模型要比建立一个预测未来事件的模型容易。”你认为这种说法正确还是错误？为什么？这对构建一个良好的经济学模型的困难意味着什么？

13. 为政府工作的经济学家经常被征询政策建议。你为什么认为对公众来说在这些建议中区分清楚规范命题和实证命题非常重要。

14. 戈撒姆城的市长非常担心一种致命的病毒性感冒在今冬流行，向经济学家提出了如下一连串问题。请确定这些问题要求经济顾问做出实证命题回答还是规范命题回答。

a. 到 11 月底，本市该储备多少支疫苗？

b. 如果我们对药品公司提供疫苗每支多支付 10%，它们会增加疫苗数量吗？

c. 如果本市疫苗供应不足，我们应该先给谁注射，是老人还是小孩（假设每种人群中的人死于感冒的可能性与其他人群中的人相同）？

d. 如果每注射一次，收费 25 美元，有多少人愿意付钱？

e. 如果每支疫苗收费 25 美元，则每支将获利 10 美元，这笔钱可用于为穷人接种。本市是否应该进行这一项目呢？

15. 评判如下说法：“如果经济学家有足够多的数据，他们可以解决实现社会目标最大化的所有政策问题。这样政治上的争论就没有必要，如政府是否应该提供免费的医疗。”

在线回答问题*

16. 亚特兰蒂斯是大西洋南部一个与大陆隔离的小岛。那里的人们以种植马铃薯和捕鱼为生。下页表所示为每年种植的马铃薯和捕鱼的最大产量组合。很显然，在给定资源和可用技术的条件下，当他们生产马铃薯使用的资源多时，能

* 想了解解答下面的问题的具体步骤，请访问 LaunchPad，具体网址为 launchpadworks.com。全书同。中国人民大学出版社未获得本网络资源的版权，请感兴趣的读者自行访问获取。——编辑注

够用于捕鱼的资源就少了。

每年的最大产量组合	马铃薯的产量（磅）	鱼的数量（磅）
A	1 000	0
B	800	300
C	600	500
D	400	600
E	200	650
F	0	675

a. 在一个横轴表示马铃薯的产量、纵轴表示鱼的数量的坐标系中，画一条生产可能性曲线线来表明 *A* 点～*F* 点。

b. 亚特兰蒂斯能生产 500 磅鱼和 800 磅马铃薯吗？请解释原因。该产量组合点会处在生产可能性曲线的哪个位置？

c. 当把每年生产的马铃薯从 600 磅增加到 800 磅时，机会成本是多少？

d. 当把每年生产的马铃薯从 200 磅到增加到 400 磅时，机会成本又是多少？

e. 你能解释为什么第 c 问和第 d 问的答案不一样吗？这对生产可能性曲线的斜率意味着什么？

附录　经济学中的图形

□ 2A. 1　看懂图形

不管是阅读《华尔街日报》中的经济学文章，还是阅读经济学教科书，读者都会看到许多图形。生动形象的图形有助于更好地理解文字描述、数据信息和原理。在经济学中，生动形象的图形有助于加深对问题的理解。为了完全理解所讨论的原理和信息，读者需要熟悉如何解释这些生动的辅助手段的含义。本附录解释了图形的构建以及如何被应用于经济学。

□ 2A. 2　图形、变量和经济学模型

上大学的原因之一是学生的学士学位为获得高薪提供了机会。进一步深造的学位，如 MBA 和法律学位，收入增加得会更多。如果你阅读的文章讨论的是受教育程度与收入的关系，你大概会看到一幅表现工人收入水平与不同教育水平之间关系的图。而且这幅图会表明一般意义上的经济思想：受教育程度越高，收入就越高。

像经济学中使用的大多数图形一样，该图描述了两个经济变量之间的关系。**变量**（variable）是一种可以取多个值的量，类似一个受教育的年份、一瓶碳酸饮料的价格和一个家庭的收入。

变量是一种可以取多个值的量。

就像我们在本章已学过的那样，经济分析主要依赖模型即对现实情形的简化描述来分析问题。许多经济模型描述的是两个变量之间的关系，而假定可能影响这一关系的其他变量不变。

例如，一个描述一种碳酸饮料的价格和消费者购买听数之间关系的模型，就假定其他影响消费者对碳酸饮料的购买的因素都不变。这种类型的模型可利用数学和文字进行描述，但表现这种关系的图形更容易让人理解。下面我们将介绍经济学模型中的图形如何构建和发挥作用。

□ 2A. 3　图形如何发挥作用

经济学中的大部分图形使用两条垂直相交的直线表示两个变量，并组成坐标图来帮助我们形象化地画出两个变量之间的关系。所以，明白这种图形的用途的第一步是看其如何发挥作用。

2A. 3. 1　两变量图

图 2A－1 所示为典型的两变量图。它表现的是在一个赛季中，棒球场饮料销售商预期的碳酸饮料销售量和场外气温的数据。第 1 列表示场外气温（第 1 个变量），第 2 列表示碳酸饮料的销售量（第 2 个变量），第 3 列从 *A* 到 *E* 的 5 个点是五组或五对两个变量的组合。

现在我们可以根据这个表的数据画出图形。在任何一个两变量图中，一个变量被称为 x 变量，表示场外

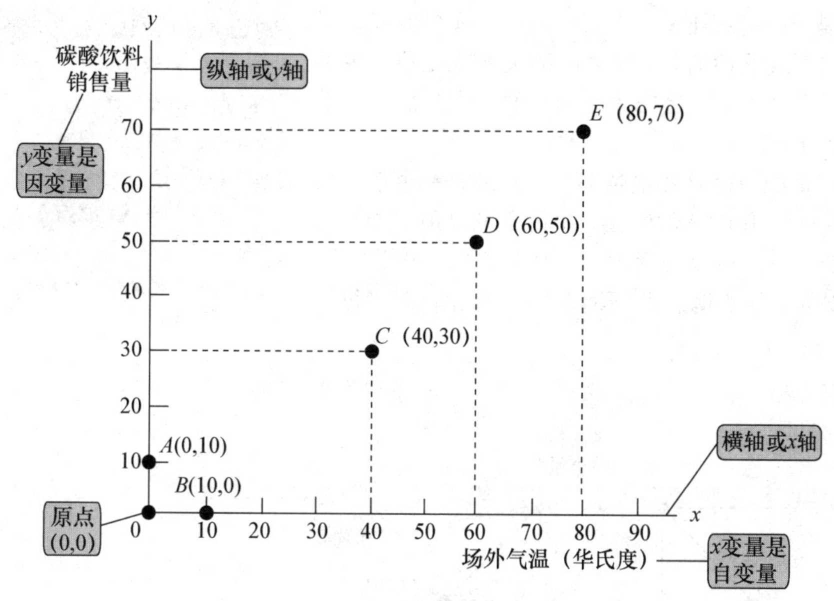

x 变量：场外气温(°F)	y 变量：碳酸饮料销售量	点
0°F	10	A
10	0	B
40	30	C
60	50	D
80	70	E

图 2A－1　画出两变量图的点

表中的数据被描绘在图中，场外气温（自变量）被标示在横轴上，碳酸饮料销售量（因变量）被标示在纵轴上。5 个场外气温和碳酸饮料销售量的组合点为 A、B、C、D 和 E。图中的每个点表示的都是两个变量的值。例如，C 点（40，30）表示的是场外气温为 40°F时（x 变量的值）碳酸饮料销售量为 30（y 变量的值）。

气温，另一个变量被称为 y 变量，表示碳酸饮料销售量。图中横向的实线被称为**横轴**（horizontal axis）或 ***x* 轴**（x-axis），标出的是 x 的值，也就是场外气温。同样，纵向的实线被称为**纵轴**（vertical axis）或 ***y* 轴**（y-axis），标示出的是 y 的值，也就是碳酸饮料销售量。

> 表示 x 变量的值的轴被称为**横轴**或 ***x* 轴**，表示 y 变量的值的轴被称为**纵轴**或 ***y* 轴**。两个变量轴交点处的点被称为**原点**。

在**原点**（origin），也就是两个轴的交点，每个变量都等于零。当沿着 x 轴从原点向右移动时，x 变量为正值，并呈增加趋势。同样，当沿着 y 轴从原点向上移动时，y 变量为正值，并呈增加趋势。

我们可以画出从 A 点到 E 点 5 组数据的点——每个点都对应 x 轴和 y 轴上的值。例如图 2A－1 中的 C 点，x 变量的取值为 40，y 变量的取值为 30。你可以从 x 轴上值为 40 的点向上画一条线、从 y 轴上值为 30 的点横向画一条线得出 C 点。我们把 C 点表示为（40，30），原点表示为（0，0），请观察图 2A－1 中的 A 点、B 点，你可以发现当一个变量的值为 0 时，该点将位于其中一个轴上。如果 x 的值为 0，该点将位于纵轴上，就像 A 点。如果 y 的值为 0，该点就位于横轴上，就像 B 点。

> 当一个变量的取值直接影响或决定另一个变量的取值时，这两个变量之间就存在**因果关系**。在因果关系中，起决定作用的变量被称为**自变量**，被决定的变量被称为**因变量**。

表现两个经济学变量相互关系的图，大多数描述的是**因果关系**（causal relationship），也就是一种变量的取值直接影响或决定另一个变量的取值。在因果关系中，起决定作用的变量被称为**自变量**（independent variable），被决定的变量被称为**因变量**（dependent variable）。在我们所举的饮料的例子中，场外气温是自变量，它直接影响碳酸饮料销售量，碳酸饮料销售量这时就是因变量。

按照惯例，我们把自变量置于横轴上，而把因变量置于纵轴上。图 2A－1 就是按照这种惯例来做的，自变量（场外气温）被标示在横轴上，因变量（碳酸饮料销售量）被标示在纵轴上。

这种惯例有一个非常著名的例外，那就是在表现产品价格和产品数量之间的经济关系时，尽管价格一般被认为是自变量，决定着产量，但价格总是被标示在纵轴上。

2A. 3. 2　图形中的曲线

图 2A－2（a）包含的信息与图 2A－1 中连接 B 点、C 点、D 点和 E 点的直线包含的信息一样。在图形

上这被称为**曲线**（curve），不管它是一条直线还是一条弯曲的线。如果曲线表示的两个变量之间的关系是一条直线，或线性的，变量之间的关系就是**线性关系**（linear relationship）。当曲线不是一条直线，或是非线性的时候，变量之间的关系就是**非线性关系**（nonlinear relationship）。

> **曲线**是图形中描述两个变量之间关系的线段，可以是直线，也可以是弯曲的线。如果曲线表示的两个变量之间的关系是一条直线时，变量之间的关系就是**线性关系**。当曲线不是一条直线时，变量之间的关系就是**非线性关系**。

曲线上的点表示的是：当 x 变量取一个具体的值时，y 变量有一个值与之对应。举例来说，点 D 表示的是在气温为 60℉的时候，饮料商可以预期能卖出 50 单位碳酸饮料。曲线的形状和变化方向可以表现出两个变量之间一般意义上的本质关系。图 2A－2 中向上倾斜的曲线表明企业预期在场外气温较高时可以卖出更多的碳酸饮料。

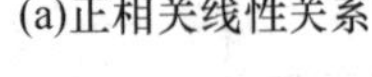

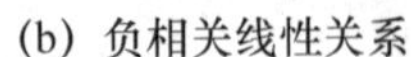

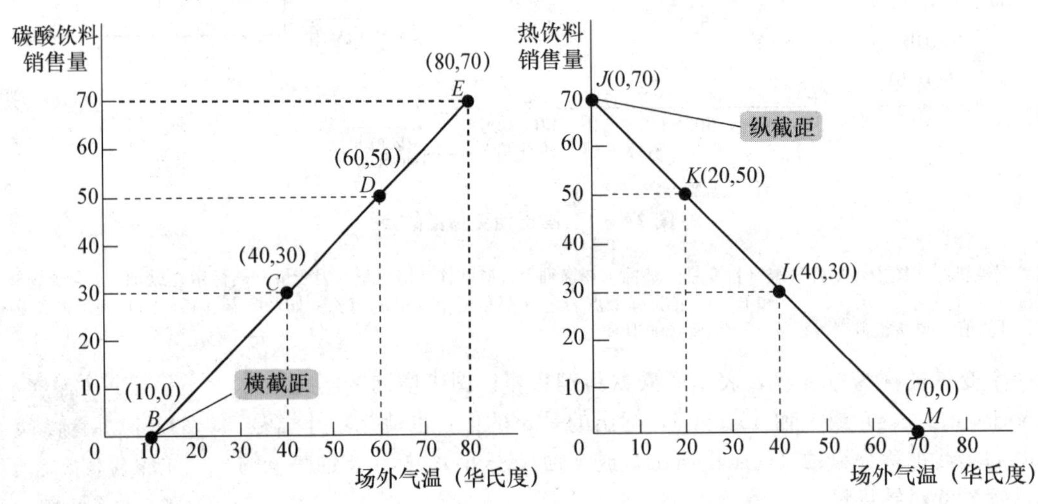

图 2A－2　画出曲线

图（a）中的曲线表现的是场外气温和碳酸饮料销售量两个变量之间的关系。两个变量之间呈正相关线性关系：正相关是因为线段向上倾斜，线性是因为它是一条直线。这意味着：x 增加（场外气温升高）会导致 y 增加（碳酸饮料销售量增加）。图（b）中的线段也是直线，但向下倾斜。场外气温和热饮料销售量两个变量之间是负相关的，即：x 增加（场外气温升高）会导致 y 减少（热饮料销售量减少）。图（a）中的曲线与横轴相交于 B 点，所以有横截距；图（b）中的曲线与纵轴相交于 J 点，所以有纵截距，与横轴相交于 M 点，所以有横截距。

当变量以这样的方式建立关系时，也就是说，当一个变量的增加伴随的是另一个变量的增加时，这两个变量就被认为存在**正相关关系**（positive relationship），可以用一条曲线从左下向右上倾斜来表示。因为场外气温和碳酸饮料销售量之间呈线性关系，所以图 2A－2（b）中的曲线所表示的关系就是正相关线性关系。

当一个变量的增加伴随的是另一个变量的减少时，这两个变量之间就被认为存在**负相关关系**（negative relationship），可以用一条曲线从左上向右下倾斜来表示，就像图 2A－2（b）中的曲线。因为这条曲线也是线性的，它描述的是负相关线性关系。呈现这种关系的两个变量可能的情形是，饮料商预期的在棒球馆出售的热饮料销售量和场外气温之间的关系。

> 当一个变量的增加伴随的是另一个变量的增加时，这两个变量之间就被认为存在**正相关关系**，可以用一条曲线从左下向右上倾斜来表示。当一个变量的增加伴随的是另一个变量的减少时，这两个变量之间就被认为存在**负相关关系**，可以用一条曲线从左上向右下倾斜来表示。

我们先回到图 2A－2（a）中所示的曲线，我们可以看到曲线与横轴交于 B 点。这一点就是所谓的**横截距**（horizontal intercept），也就是当 y 变量的值为零时 x 变量的取值。在图 2－2（b）中，曲线与纵轴的交点为 J 点。这一点就是所谓的**纵截距**（vertical intercept），也就是当 x 变量的值为零时 y 变量的取值。

> 曲线的**横截距**是曲线与横轴的交点，表示的是当 y 变量的值为零时 x 变量的取值。曲线的**纵截距**是曲线与纵轴的交点，表示的是当 x 变量的值为零时 y 变量的取值。

□ 2A.4　一个关键概念：曲线的斜率

一条曲线的**斜率**（slope）衡量的是该曲线的倾斜程度，表示的是 y 变量对 x 变量变化的敏感程度。在我们关于场外气温和饮料商预期的碳酸饮料销售量的事例中，斜率表示的是当场外气温升高 1 度时，饮料商预期可以销售的碳酸饮料的听数。这样的解释就给出了斜率所包含的意义。即使 x 和 y 没有被赋予数字，通过观察曲线上各点的斜率，也可以对两个变量之间的关系得出结论。

> 一条曲线的**斜率**衡量的该曲线的倾斜程度，表示的是 y 变量对 x 变量变化的敏感程度。一条曲线的斜率可以用“横向移动中的上升”（rise over run）来计算，也就是两点之间 y 变量的变化值除以相同两点之间 x 变量的变化值。

2A.4.1　线性曲线的斜率

线性曲线的斜率或倾斜程度是通过下述方法来衡量的：曲线上两点之间“上升”的距离（rise）除以两点之间“横向移动”的距离（run），上升的距离是 y 的变化量，横向移动的距离是 x 的变化量。所以公式为：

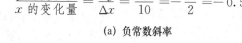

$$\frac{y\text{ 的变化量}}{x\text{ 的变化量}}=\frac{\Delta y}{\Delta x}=\text{斜率}$$

式中，Δ（希腊大写字母“德尔塔”）表示的是变化。当一个变量增加时，变化值是正的，但是当一个变量减少时，变化值是负的。

当上升的距离（y 变量的变化值）与横向移动的距离（x 变量的变化值）符号相同时，曲线的斜率为正。这是因为：当两个数值的符号相同时，这两个数值的比率就是正值。在图 2A－2（a）中曲线的斜率为正，因为当沿着曲线变化时，两个变量 y 和 x 都是增加的。当上升的距离（y 变量的变化值）与横向移动的距离（x 变量的变化值）符号相反时，曲线的斜率为负。这是因为当两个数值的符号相反时，两个数值的比率就是负值。在图 2A－2（b）中曲线的斜率为负，因为当沿着曲线变化时，x 增加时，y 在减少。

图 2A－3 直观地图示了如何计算线性曲线的斜率。我们只以图 2A－3（a）为例加以说明。从 A 点到 B 点，y 的值从 25 变化到 20，x 的值从 10 变化到 20。因此，在这两点之间的线段的斜率是：

$$\frac{y\text{ 的变化量}}{x\text{ 的变化量}}=\frac{\Delta y}{\Delta x}=\frac{-5}{10}=-\frac{1}{2}=-0.5$$

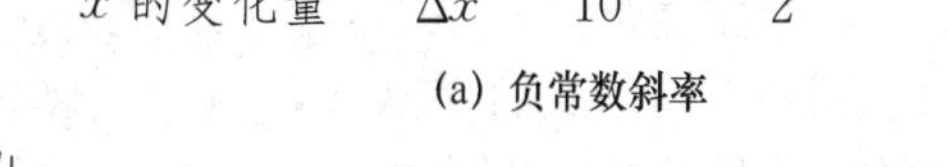

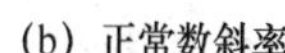

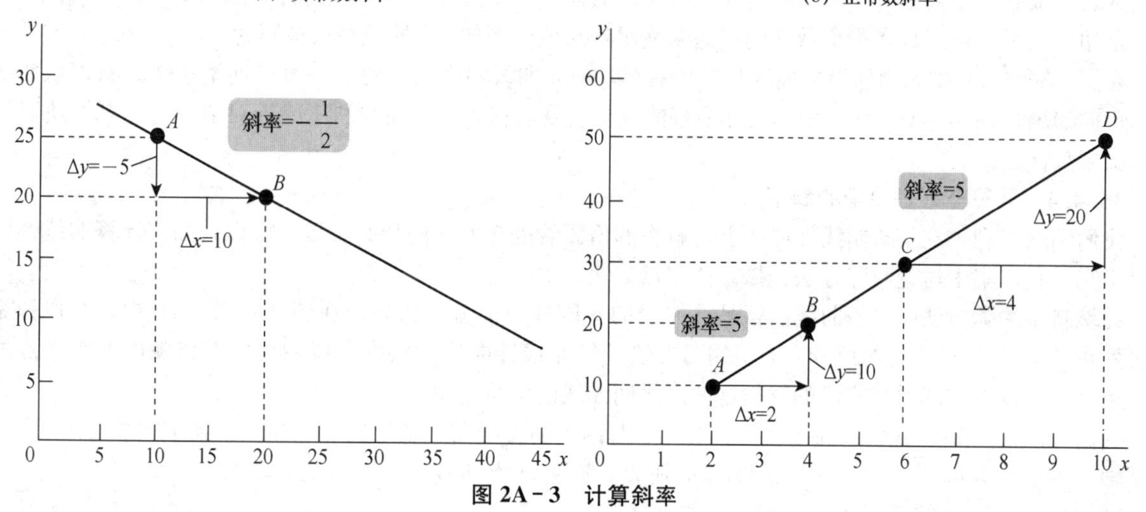

图 2A－3　计算斜率

图（a）和图（b）表现的是两条曲线。在图（a）中，在曲线上的两点 A 和 B 之间，y 的变化值（上升的距离）为−5，x 的变化值（横向移动的距离）为 10，所以从 A 点到 B 点的斜率为 $\Delta y/\Delta x=-5/10=-1/2=-0.5$，负号表示的是曲线向下倾斜。在图（b）中，$A$ 点和 B 点之间的斜率为 $\Delta y/\Delta x=10/2=5$。C 点和 D 点之间的斜率为 $\Delta y/\Delta x=20/4=5$。斜率为正，表示的是曲线向上倾斜。而且，A 点和 B 点之间的斜率与 C 点和 D 点之间的斜率是相同的，因为这是线性曲线。线性曲线的斜率是不变的：不管计算沿着曲线的哪个部分，斜率都是相同的。

因为对于直线来说，所有点的倾斜程度都是相同的，所以直线的斜率在所有点上都是相同的。换句话说，直线的斜率不变。你可以计算图 2A－3（b）中线性曲线上 A 点和 B 点或者 C 点和 D 点之间的斜率来进行检验。

A 点和 B 点之间的斜率为：$\frac{\Delta y}{\Delta x}=\frac{10}{2}=5$。

C 点和 D 点之间的斜率为：$\frac{\Delta y}{\Delta x}=\frac{20}{4}=5$。

2A.4.2 平行于横轴和纵轴的曲线及它们的斜率

当一条曲线平行于横轴时，y 的值不发生变化即保持常数。沿着曲线上的任意一点，y 的变化值都为零。零除以任何数仍然为零，所以不管 x 的取值如何变化，平行于横轴的曲线的斜率总为零。

当一条曲线平行于纵轴时，x 的值不发生变化即保持常数。沿着曲线上的任意一点，x 的变化值都为零。这就意味着平行于纵轴的曲线的斜率把零放在分母上。一个以分母为零的比率等于无穷大——一个无限大的数。所以平行于纵轴的曲线的斜率为无穷大。

平行于横轴或者平行于纵轴的曲线有特殊的含义：意味着 x 变量和 y 变量是不相关的。当一个变量的变化（自变量）不影响另一个变量（因变量）时，这两个变量是不相关的。或者换一种说法，不管自变量的值如何变化，因变量始终保持常数，那么两个变量是不相关的。按照通常的做法，如果 y 变量是因变量，曲线平行于横轴；如果 x 变量是因变量，曲线平行于纵轴。

2A.4.3 非线性曲线的斜率

非线性曲线是在任意两点之间斜率总是在变化的曲线。

非线性曲线（nonlinear curve）是指当我们沿着曲线移动的时候，斜率也随之变化的曲线。图 2A－4（a）、图 2A－4（b）、图 2A－4（c）和图 2A－4（d）表现了各种类型的非线性曲线。图 2A－4（a）和图 2A－4（b）表现的是当沿着曲线移动时，非线性曲线的斜率总是保持正值的情形。尽管两条曲线都向上倾斜，但是相对于图 2A－4（b）而言，图 2A－4（a）在从左向右变化的过程中越来越陡峭，而图 2A－4（b）中的曲线越来越平缓。

一条曲线向上倾斜而且越来越陡峭，如图 2A－4（a）所示，被称为斜率正向递增（positive increasing）。一条曲线向上倾斜而且越来越平缓，如图 2A－4（b）所示，被称为斜率正向递减（positive decreasing）。

我们发现，当计算非线性曲线的斜率时，曲线上不同点的斜率值是不同的。沿着曲线的斜率的变化决定着曲线的形状。例如，在图 2A－4（a）中，曲线的斜率为正值，而且从左到右移动时斜率是递增的，但在图 2A－4（b）中，斜率尽管也是正值，但是递减的。

一个负数的绝对值是该负数不加负号的数值。

在图 2A－4（c）和图 2A－4（d）中曲线的斜率为负数。经济学家经常喜欢把负数表示成它的**绝对值**（absolute value）形式，也就是该负数没有负号。我们通常是用两条平行竖线放在一个数字的两边来表示绝对值，例如－4 的绝对值被写为 $|-4|=4$。

在图 2A－4(c) 中，当你沿着曲线从左到右移动时，曲线斜率的绝对值一直呈递增态势，所以该曲线的斜率负向递增；在图 2A－4(d) 中，当你沿着曲线从左到右移动时，曲线斜率的绝对值一直递减，所以该曲线的斜率负向递减。

2A.4.4 计算非线性曲线的斜率

我们刚刚提到，在一条非线性曲线上，斜率的值要看处在曲线的什么位置。所以，如何计算非线性曲线的斜率呢？我们集中讨论两种方法：弧方法和点方法。

计算斜率的弧方法 一条曲线的弧是该曲线的一段或一部分。例如，在图 2A－4（a）中，一段弧是该曲线处在 A 点和 B 点之间的部分。为了用弧方法计算非线性曲线的斜率，我们可以在该弧的两个端点之间画一条直线。该直线的斜率衡量的就是这两点之间曲线的平均斜率。

我们可以从图 2A－4（a）中看出，连接 A、B 两点的直线在 x 轴上的变化为从 6 到 10（即 $\Delta x=4$），而在 y 轴上的变化为从 10 到 20（即 $\Delta y=10$），所以，连接 A 点和 B 点的直线的斜率为：

$$\frac{\Delta y}{\Delta x}=\frac{10}{4}=2.5$$

这就意味着 A 点和 B 点之间曲线的平均斜率为 2.5。

现在我们来考虑同一曲线上 C 点和 D 点之间的弧。连接两点的直线在 x 轴上的取值从 11 变化到 12（即 $\Delta x=1$），而在 y 轴上的取值从 25 变化到 40（即 $\Delta y=15$），所以 C、D 两点之间的平均斜率为：

$$\frac{\Delta y}{\Delta x}=\frac{15}{1}=15$$

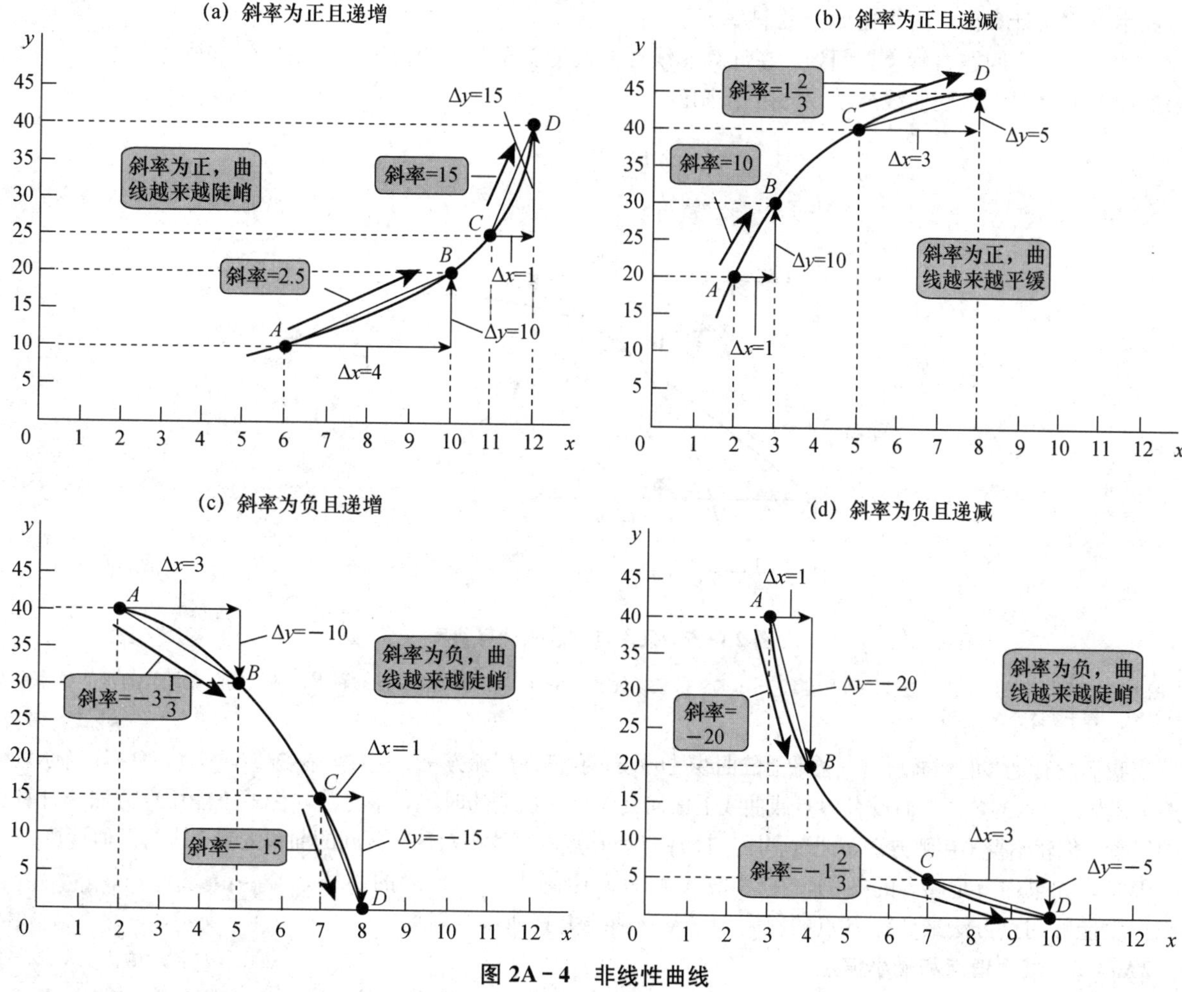

图 2A-4　非线性曲线

在图（a）中，从 A 点到 B 点曲线的斜率为 $\Delta y/\Delta x=10/4=2.5$，从 C 点到 D 点曲线的斜率为 $\Delta y/\Delta x=15/1=15$。斜率为正且递增，当你沿着曲线向右移动时，曲线越来越陡峭。在图（b）中，从 A 点到 B 点曲线的斜率为 $\Delta y/\Delta x=10/1=10$，从 C 点到 D 点曲线的斜率为 $\Delta y/\Delta x=5/3=1\frac{2}{3}$。斜率为正且递减，当你沿着曲线向右移动时，曲线越来越平缓。在图（c）中，从 A 点到 B 点曲线的斜率为 $\Delta y/\Delta x=-10/3=-3\frac{1}{3}$，从 C 点到 D 点曲线的斜率为 $\Delta y/\Delta x=-15/1=-15$。斜率为负且递增，当你沿着曲线向右移动时，曲线越来越陡峭。在图（d）中，从 A 点到 B 点曲线的斜率为 $\Delta y/\Delta x=-20/1=-20$，从 C 点到 D 点曲线的斜率为 $\Delta y/\Delta x=-5/3=-1\frac{2}{3}$。斜率为负且递减，当你沿着曲线向右移动时，曲线越来越平缓。每种情形下的斜率计算都采用了弧方法，也就是说，画一条直线连接曲线上的两点，两点之间斜率的平均值等于连接两点的直线的斜率。

因此，C 点和 D 点之间的平均斜率大于 A 点和 B 点之间的平均斜率。这一计算证明了我们上面的观察：当我们从左向右移动的时候，曲线是向上倾斜的，斜率正向递增。

计算斜率的点方法　点方法是指计算非线性曲线上一个具体的点的斜率的方法。在图 2A-5 中我们解释了计算曲线上 B 点的斜率的方法。首先，我们过 B 点做一条正好接触到该曲线的直线，这条线被称为**切线**（tangent line），其意义是：刚好在 B 点与曲线相切而不与该曲线上的任何其他点相切，那么我们说该条直线与曲线相切于 B 点。这条切线的斜率等于该非线性曲线在 B 点的斜率。

> **切线**是在某点正好接触到或切到非线性曲线的一条直线。切线的斜率等于该非线性曲线在该点的斜率。

我们可以从图 2A-5 中看出如何计算切线的斜率：从 A 点到 C 点，y 改变了 15 单位，x 改变了 5 单位，所以斜率为：

$$\frac{\Delta y}{\Delta x}=\frac{15}{5}=3$$

利用点方法计算出，曲线在 B 点的斜率等于 3。

到此，有一个问题自然会被问到：在计算非线性曲线的斜率时，如何决定是使用弧方法还是点方法。这要根据曲线的情况和构建曲线所使用的数据来定。

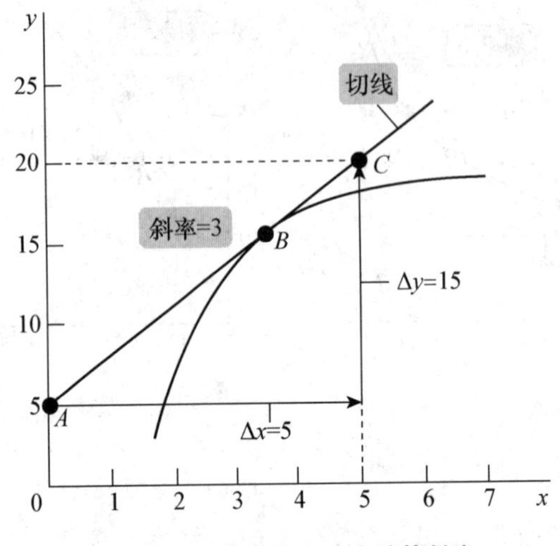

图 2A-5　采用点方法来计算斜率

图中已经画出了一条切线，该线刚好切曲线于 B 点。这条切线的斜率等于该曲线在 B 点的斜率。切线的斜率计算的是从 A 点到 C 点的斜率，等于：$\Delta y/\Delta x=15/5=3$。

当我们没有足够的数据画出一条平滑的曲线的时候，我们使用弧方法。例如，在图 2A-4（a）中，当你只有 A 点、C 点、D 点的数据，而没有 B 点或曲线上任何其他点的数据的时候，很显然，你就不能用点方法来计算 B 点的斜率。你就不得不用弧方法，通过利用连接 A 点和 C 点的直线来对这一区间的曲线的斜率进行近似计算。

但是，如果你有足够多的数据，在图 2A-4（a）中画出一条平滑的曲线，那么你就能够用点方法来计算 B 点的斜率，以及该曲线上其他点的斜率。

> 非线性曲线可能有**最大值**点，也就是曲线上的最高点。在最大值点上，曲线的斜率由正值变为负值。非线性曲线可能有**最小值**点，也就是曲线上的最低点。在最小值点上，曲线的斜率由负值变为正值。

2A.4.5　最大值点和最小值点

非线性曲线的斜率可能从正值变为负值，也可能从负值变为正值。当曲线的斜率从正值变为负值时，我们就可以得到曲线上被称为**最大值**（maximum）的点。而当曲线的斜率从负值变为正值时，我们就可以得到曲线上被称为**最小值**（minimum）的点。

图 2A-6（a）中的曲线表示的就是当我们从左向右变动时，斜率从正值变为

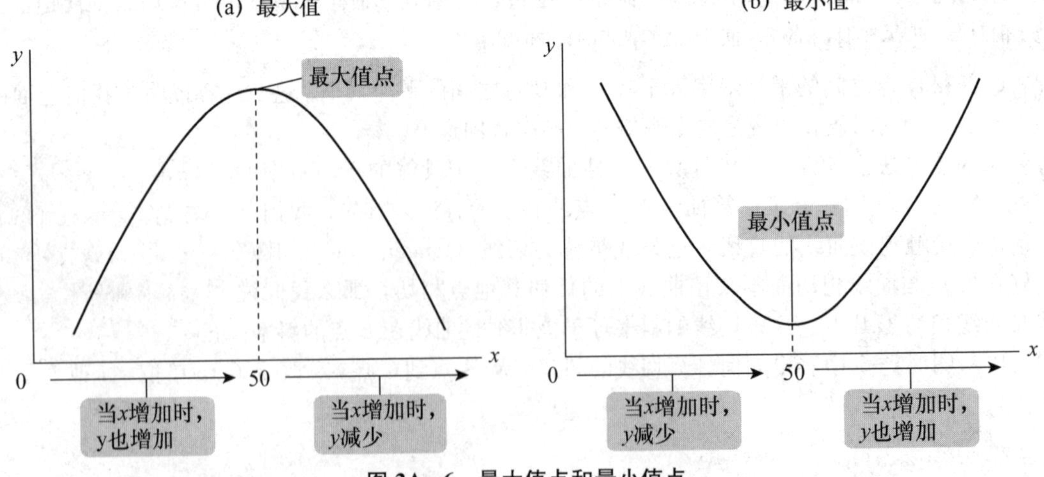

图 2A-6　最大值点和最小值点

图（a）表示的是有最大值点的曲线，在该点处斜率由正变负。图（b）表示的是有最小值点的曲线，在该点处斜率由负变正。

负值的情形。当 x 在 0 到 50 之间变化时，曲线的斜率为正值。当 x 等于 50 时，该曲线达到其最高点——曲线上 y 达到最大值，该点就是曲线的最大值点。当 x 大于 50 时，斜率变为负值，曲线转为向下倾斜。在经济学中许多重要的曲线都呈现这种形状，如随着产量的增加，企业的利润曲线就呈现这种形状。

与此相反，在图 2A-6（b）中，曲线呈现 U 形，斜率从负值变为正值。当 x 等于 50 时，曲线达到其最低点——曲线上 y 达到最小值，该点就是曲线的最小值点。在经济学中许多重要的曲线都呈现这种形状，如随着产量的增加，企业的成本曲线就呈现这种形状。

□ 2A. 5　计算曲线下方区域或上方区域的面积

有时候计算曲线下方区域和上方区域的面积非常有用。为简单起见，我们只计算线性曲线下方区域和上方区域的面积。

图 2A-7（a）中线性曲线之下的阴影区域的面积为多少？首先请注意这个区域的形状为直角三角形。直角三角形是有两个边相交为直角的三角形。我们将以一个边作为三角形的高，另一个边作为三角形的底。根据我们的目标，哪个边为底、哪个边为高并不重要。

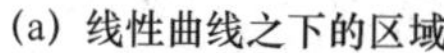

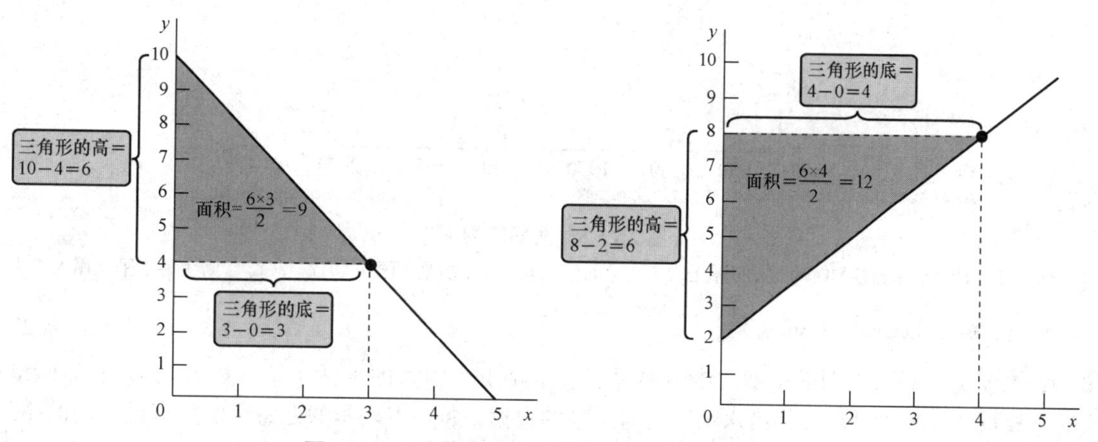

图 2A-7　计算曲线上方区域和下方区域的面积

线性曲线上方或下方的区域组成一个三角形。三角形的面积通过将三角形的底乘以高除以 2 得到，在图（a）中，阴影三角形区域的面积为（6×3)/2=9，在图（b）中，阴影三角形区域的面积为（6×4)/2=12。

计算直角三角形的面积很简单：三角形的底乘高除以 2。图 2A-7（a）中三角形的高为10－4＝6，三角形的底为 3－0＝3。因此，三角形的面积为：

$$\frac{6\times3}{2}=9$$

图 2A-7（b）中线性曲线上方阴影区域的面积为多少？我们可以使用同样的公式来计算直角三角形的面积。三角形的高为 8－2＝6，三角形的底为 4－0＝4，三角形的面积为：

$$\frac{6\times4}{2}=12$$

□ 2A. 6　描述数据信息的图形

图形也被视为一种便利的方法来概括和表现没有因果关系的数据间的关系。只是简单表现数据信息的图形也被称为数据图。这里我们分析四种数据图：时间序列图、散点图、饼状图和柱状图。这些图形在表现各种经济变量的实际数据、经验数据中广为使用，因为它们可以帮助经济学家和政策制定者认识经济发展的趋势和模式。但是正像我们将要看到的，我们也必须当心误读这些数据图并从中得出不可靠的结论。也就是说，我们必须注意数据图的有用性和局限性。

2A.6.1 数据图的类型

读者可能从报纸杂志中看到过经济变量如何随着时间的推移而变化，如失业率和股价指数。**时间序列图**（time-series graph）在横轴标示连续的时间，而把随时间变化的变量的值标示在纵轴上。

时间序列图的横轴标示连续的时间，纵轴标示随时间变化的变量的值。

例如，图2A-8表示的就是1947—2013年间美国人均实际国内生产总值（GDP，一种粗略表现一个国家生活水平的指标）的变化。与每年的人均实际GDP相对应的点的连线就对这些年生活水平变化的总体趋势给出了一个清晰的概念。

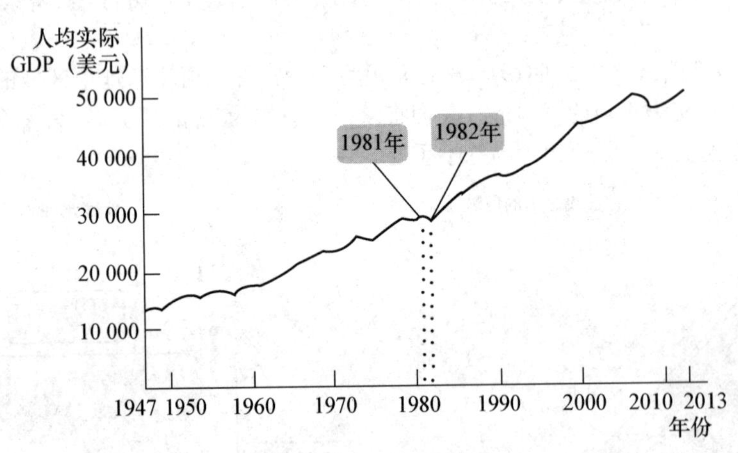

图2A-8 时间序列图

时间序列图在x轴上标示连续的时间，在y轴上表示变量的值。该图表示的是美国在1947—2013年间生活水平（用人均实际GDP来表示）的变化。

资料来源：Bureau of Economic Analysis.

图2A-9是另一种数据图的事例。该图展现了表示181个国家的生活水平（以人均GDP为衡量指标）与人均碳排放量（用来度量环境污染水平）之间关系的数据。每个点表示的是每个国家居民平均的生活水平与他或她的年碳排放量。

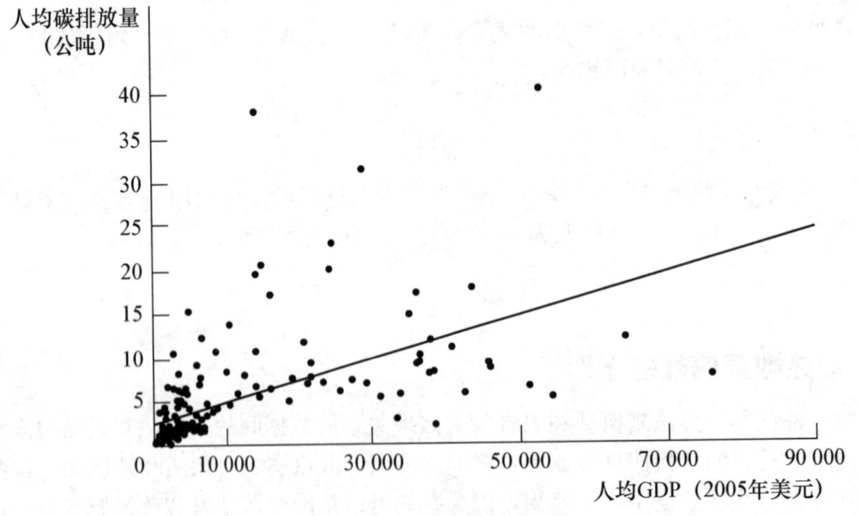

图2A-9 散点图

在散点图上，每一个点都对应一组观测到的x值和y值。该图中，每个点表示的是181个国家样本中每个国家人均实际GDP与人均碳排放量之间的关系。向上倾斜的拟合线是对两个变量之间从总体上进行的最好拟合。

资料来源：World Bank.

图 2A-9 中右上方区域内的点表示的是高生活水平与高碳排放水平的组合，一般是指像美国这样的经济发达国家（图中碳排放水平最高的国家为卡塔尔），图中左下方区域内的点表示的是低生活水平与低碳排放水平的组合，一般是指经济不发达国家（如阿富汗和塞拉利昂）。

这些点的排列方式表明，人均生活水平与人均碳排放水平之间存在正相关关系。总体来看，生活水平越高的国家，制造的污染越多。

这种图形被称为**散点图**（scatter diagram）。图中每一个点都对应一组实际观测到的 x 值和 y 值。在散点图中，一定有一条与这些散点相对应的典型的拟合线，也就是说，可以画出一条尽可能反映变量总体关系的曲线。正像我们所看到的，在图 2A-9 中，这条拟合线是向上倾斜的，表明两个变量之间存在正相关关系。散点图经常用来表现从一组数据中推演出的一般关系。

散点图中的点表示的是与 x 变量和 y 变量相对应的实际观测到的值。通常可以画出一条关于这些散点的拟合线。

饼状图（pie chart）表现的是在总量中各个组成部分的比例份额，一般用百分比来表示。例如，图 2A-10 的饼状图表示的是受教育水平不同的工人在 2012 年被支付联邦最低工资或低于这一水平的工资的情况。我们可以看出，获得最低工资或低于这一水平的工资的人大多数没有受过高等教育。拥有学士学位或更高学位的人中只有 8%被支付最低工资或低于这一水平的工资。

饼状图表现的是在总量中各个组成部分的比例份额，一般用百分比来表示。

工人的受教育水平与 2012 年支付的最低工资或低于这一水平的工资的情形

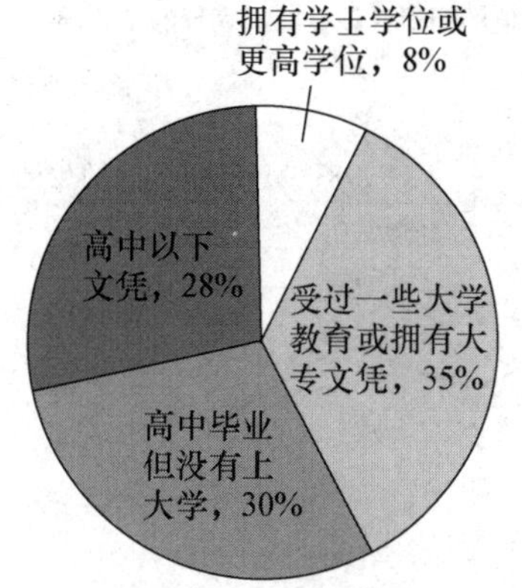

图 2A-10　饼状图

饼状图表示的是总量中各个组成部分所占的百分比。该图表示的是受教育水平不同的工人在 2012 年被支付联邦最低工资或低于这一水平的工资的情形。

资料来源：Bureau of Labor Statistics.

柱状图（bar graph）是用柱状条的高度或长度来表明变量的值的图形。图 2A-11的柱状图表现的是美国 2009—2010 年失业工人人数的百分比变化，并分为白种人、黑人或非洲裔美国人、亚洲裔三类。在这种图形中，变量的具体值一般被标在柱状条的终端，如图 2A-11 所示。例如，在 2009—2010 年期间美国黑人或非洲裔美国人的失业人数增加了 9.4%。即使不标出具体值，通过比较柱状条的高度或长度也能从不同变量值的相对大小得到一些有价值的启示。

柱状图用柱状条的高度或长度表示一个变量的不同观察值的相对大小。

2A. 6. 2　解释数字化图形时面临的问题

尽管我们在本附录开始时强调图形生动形象，可以帮助我们更好地理解一些经济学理念或信息，但是图形也会构建错误（有意或无意），从而导致一些并不正确的结论。

建模的特征　在对数字化图形得出结论前，我们应该对横轴上变量的刻度的大小予以特别注意。对某些变量来说，小的刻度可能夸大了某些变量的变化，而大的刻度则可能会明显减弱这种夸张的程度。所以在画图时，采用的刻度可能会用一种不确定的方式影响你对变化的意义的解释。

就以图 2A-12 为例，图中所示为美国人均实际 GDP 从 1981 年到 1982 年的变化，刻度为 500 美元。我们可以看出，人均实际 GDP 从 28 936 美元下降到 27 839 美元。下降了，确实如此！但纵轴上的刻度选择看上去是否非常大呢？

如果回头重新审视图 2A－8——图中所示为 1947—2013 年间美国的人均实际 GDP——你将会看到图 2A－8 包含了图2A－12中所示的数据，但其刻度为 10 000 美元而非 500 美元。从这幅图中你可以看出，从 1981 年到 1982 年，人均实际 GDP 的下降相对来说并不大。

2009—2010年不同人种失业人数的变化

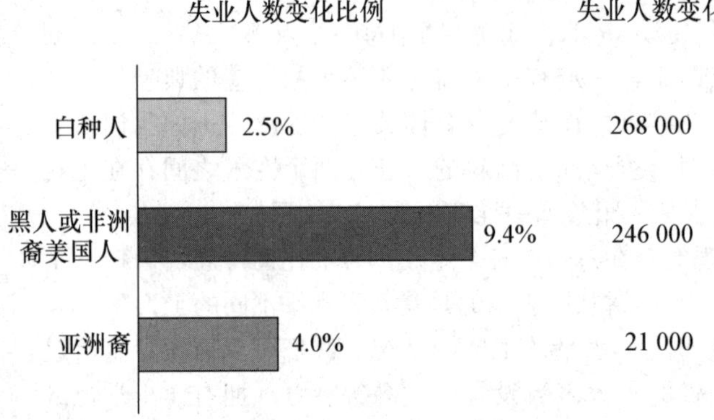

图 2A－11　柱状图

柱状图是用柱状条的高度或长度表示变量的值的图形。该柱状图表现的是美国 2009—2010 年失业工人人数的变化，具体分为：白种人、黑人或非洲裔美国人、亚洲裔。

资料来源：Bureau of Labor Statistics.

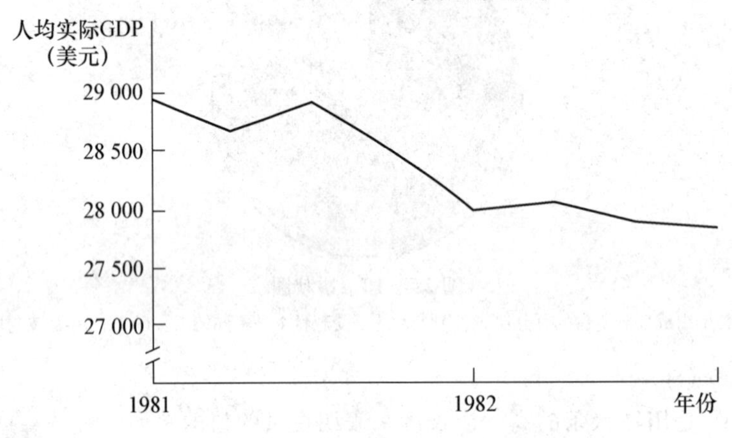

图 2A－12　图形解释：刻度的影响

图 2A－8 所使用的 1981—1982 年的数据与本图的数据相同，只不过这里使用的刻度是 500 美元而非 10 000 美元。作为刻度变化的结果，与图 2A－8 相比，这里显示出的生活水平变化更大。

资料来源：Bureau of Economic Analysis.

事实上，作为衡量生活水平的一个指标，美国的人均实际 GDP 一直起起落落。从这种对比可以看出，如果我们不注意解释图形时刻度的选择，可能会得出完全不同甚至错误的结论。

> 当为了节省空间把轴上的一些变量值省略时，就在轴上用**截切**来表示。

在作图时，与刻度选择相关的是**截切**（truncation）符号的应用。一部分区间的数据被省略，就表现为在轴上的截切，用靠近原点的地方的两条斜线（//）表示。读者在图 2A－12 的纵轴上可见到截切——其中 0～27 000 美元的值被省略了，一个//出现在纵轴上。截切省去了图形占用的空间，允许在截切时使用较大的刻度。结果，在描述变量变化的图形中使用截切时，与不使用截切并且采用小的刻度的图形相比显得要大一些。

我们还必须对图形到底确切表现了什么予以特别的注意，例如，在图 2A－11 中，我们应认识到图中所示为失业工人人数的百分比变化，而非失业人数变化。黑人或非洲裔美国人失业率提高的百分比最大，这里是9.4%。如果你混淆了数字变化和百分比变化，你将会错误地得出在新的失业工人中，人数最多的为黑人或非洲裔美国人。

事实上，对图2A－11的确切解释是，在新增失业工人中，人数最多的是白种人，总的失业人数增加了268 000人，这要远远大于黑人或非洲裔美国人的失业人数。尽管黑人或非洲裔美国人失业人数增加的百分比较高，但在2009年，黑人或非洲裔美国人失业的数量要小于白种人失业的数量，所以在新增失业工人中，黑人或非洲裔美国人也比白种人少。

遗漏变量 从散点图上两个变量的变化要么正相关、要么负相关，容易得出其中存在因果关系的结论。但是，两个变量之间的关系并不总是因果关系。相当可能的是所观察到的两个变量之间的关系是未观察到的第三个变量作用于两个变量的结果。

一个未被观察到但影响其他变量并制造出其他变量间存在直接因果关系假象的变量被称为**遗漏变量**（omitted variable）。例如，在新英格兰，某一星期下了一场大雪后，人们对铁铲的需求大增，人们也会购买大量的除雪剂。但是，如果我们忽略了下雪这一影响因素，只是简单地把铁铲的数量和除雪剂的数量用图形绘出，那么我们得到的散点图将会显示出点的变化趋势是向上倾斜，这并不能说明两者之间存在正相关关系。

如果得出这两个变量之间存在因果关系的结论，就是被误导了。铁铲增加并不会引起除雪剂的销售量增加，反之亦然。之所以两个变量之间看似存在因果联系，是因为两者都受到第三个决定变量——周降雪量，也就是一个遗漏变量——的影响。

所以，在做出散点图的变化模式含有因果关系这个假设之前，考虑这种模式是不是一种遗漏变量导致的结果就非常重要。或者简单处理：相关关系并非因果关系。

> 一个**遗漏变量**是一个未观察到的影响其他变量并通过其影响制造出这些变量间有直接因果关系假象的变量。

反因为果 即使你能确信没有遗漏变量，而且在数据图形中的两个变量之间存在因果关系，我们也必须当心犯反因为果的错误，即把两个变量中哪个是因变量哪个是自变量的真实因果关系搞反而得出错误的结论。例如，在一幅散点图中，你所在班级20名同学的平均绩点（GPA）被标示在一个轴上，每个人所花费的学习时间被标示在另一个轴上。这些点的一条拟合线斜率为正，说明学习时间和GPA之间存在正相关关系。我们可能的想法是，所花费的学习时间是自变量而GPA是因变量。但是，你也可能犯反因为果的错误：你可能推演出的结论是，GPA高推动学生把更多的时间花在学习上，而GPA低导致学生花在学习上的时间变少。

正如我们刚刚所分析的那样，明白图形可能造成误导或被错误解释的重要性并非仅仅对纯粹的学术研究有意义。政策决策、商务决策、政治争论经常是基于某种我们刚刚讨论的数字图形的解释。建模时的误导问题、遗漏变量问题可能导致非常严重和意想不到的结果。

▶ 解决问题

大学生萨莎正在准备明天的经济学课程考试。下表给出了假想的数据，表明萨莎的学习时间与预计的考试分数。有五种组合。

使用表中的数据，确定因变量和自变量，画出点状图表明学习时间与考试分数之间的关系。然后计算并解释两点间的斜率。

组合	学习时间（小时）	考试分数
A	2	70
B	3	79
C	4	86
D	5	91
E	6	94

步骤1：确定自变量与因变量。

在这个问题中，自变量是学习的小时数。萨莎要决定将多少小时用于学习，这决定着她的考试成绩。她的考试成绩是因变量，是由所花费的学习时间决定的。

步骤 2：使用表中数据画出散点图来表明学习时间与萨莎的考试成绩之间的关系（见下图）。

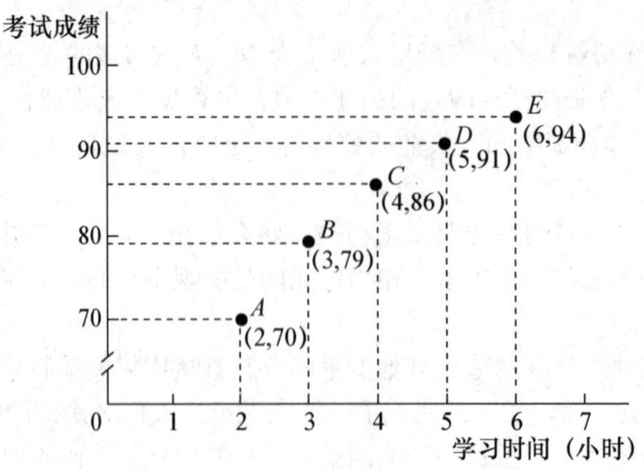

步骤 3：使用弧方法计算两点间的斜率。你从斜率中注意到了什么？萨莎所花费的学习时间与考试分数之间的关系告诉了我们什么？

在前述图形中使用弧方法，我们将画出两点间的直线，与图 2A-4（b）类似。

下表中是我们使用基本的斜率公式 $\Delta y/\Delta x$ 计算得到的每对点之间的直线连线的斜率。我们可以看出，从 A 点到 B 点的斜率为 $\Delta y/\Delta x=9/1$。当萨莎将学习时间从 2 小时增加到 3 小时时，她的考试成绩将提高 9 分。

萨莎的学习时间与考试成绩间的关系呈正向递减的斜率。从 D 点到 E 点的斜率为 $\Delta y/\Delta x=3/1$。萨莎每增加一个小时的学习时间，考试成绩的改善是递减的，这一结果与我们预计的可能有些不一致。

从 A 点到 B 点	$\Delta y=79-70=9$	$\Delta x=2-1=1$	斜率 $=\Delta y/\Delta x=9/1=9$
从 B 点到 C 点	$\Delta y=86-79=7$	$\Delta x=3-2=1$	斜率 $=\Delta y/\Delta x=7/1=7$
从 C 点到 D 点	$\Delta y=91-86=5$	$\Delta x=4-3=1$	斜率 $=\Delta y/\Delta x=5/1=5$
从 D 点到 E 点	$\Delta y=94-91=3$	$\Delta x=5-4=1$	斜率 $=\Delta y/\Delta x=3/1=3$

练习题

1. 研究如下四种图形。考虑如下陈述对应哪种图形。横轴上是什么变量？纵轴上是什么变量？在如下情形下，哪种情形的斜率为正、负、零和无穷大？

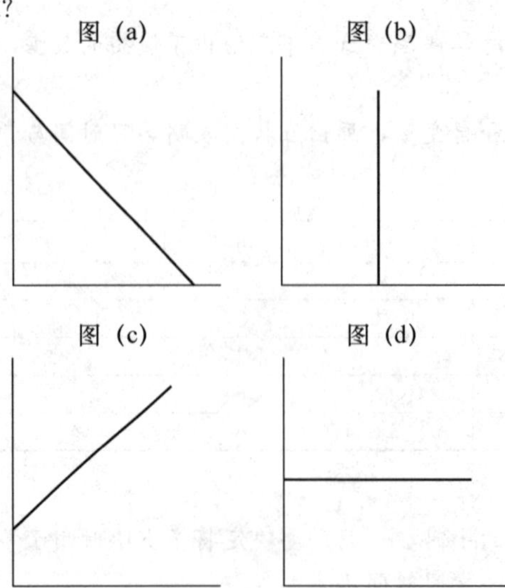

a. 如果电影院提高票价，将会有很少的消费者去看电影。

b. 富有经验的工人比缺乏经验的工人收入要高。

c. 不管室外气温有多高，美国消费者每天都消费同样数量的热狗。

d. 当冰激凌的价格上升时，消费者购买更多的酸奶。

e. 研究发现，减肥书籍的销售量与普通减肥者每天减少的体重没有相关关系。

f. 不管食盐的价格如何，美国人购买的食盐数量都一样。

2. 在里根执政期间，经济学家亚瑟·拉弗（Arthur Laffer）提出：为了增加税收收入，必须降低所得税率。像大多数经济学家一样，他相信高于某一个水平的税率将导致税收收入下降，因为高税收会打击一些人的工作积极性，如果在支付所得税之后人们没有收入，人们将放弃工作。税率和税收收入之间的这种关系用图形加以总结就是广为人知的拉弗曲线。在画出该曲线时假定其形状并非线性曲线。如下问题将有助于读者画出该曲线。

a. 哪一个是自变量？哪一个是因变量？在哪个轴上标示所得税率？在哪个轴上标示所得税收入？

b. 在所得税率为 0 时，税收收入为多少？

c. 所得税率最高可能为 100%。当所得税率为 100%时，税收收入为多少？

d. 现在的估计表明，在拉弗曲线上最高的税率（大约）为 80%。当税率低于 80%时，你如何描述税率和税收收入之间的关系？这种关系如何反映在斜率上？当税率高于 80%时，你如何描述税率和税收收入之间的关系？这种关系又如何反映在斜率上？

3. 在下图中，轴上的一些数据丢失了。你所知道的是：在纵轴上标示的单位与横轴相同。

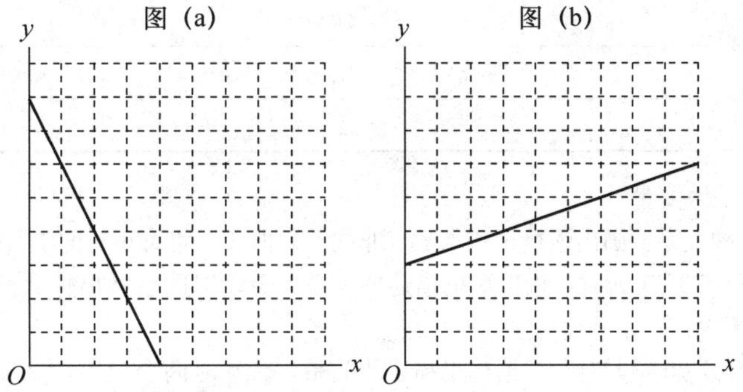

在图（a）中，曲线的斜率是什么？请说明斜率固定不变。

在图（b）中，曲线的斜率是什么？请说明斜率固定不变。

4. 通过画图回答下列问题。

a. 沿着横轴向右，通过 3 个点来衡量一条曲线的斜率，曲线的斜率值从−0.3 变化到−0.8，再变化到−2.5，利用点方法来计算。画出这条曲线的示意图。你如何描述该图所表现出的关系？

b. 沿着横轴向右，通过 5 个点来衡量一条曲线的斜率，曲线的斜率值从 1.5 变化到 0.5、0、−0.5，再变化到−1.5，利用点方法来计算。画出这条曲线的示意图。该曲线有最大值和最小值吗？

5. 计算下列每个图形中阴影直角三角形的面积。

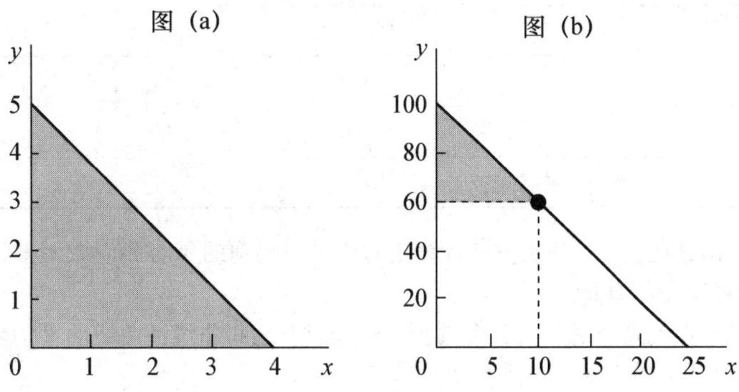

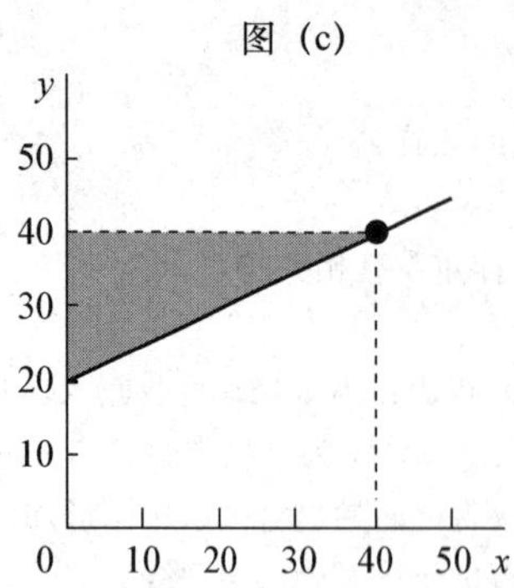

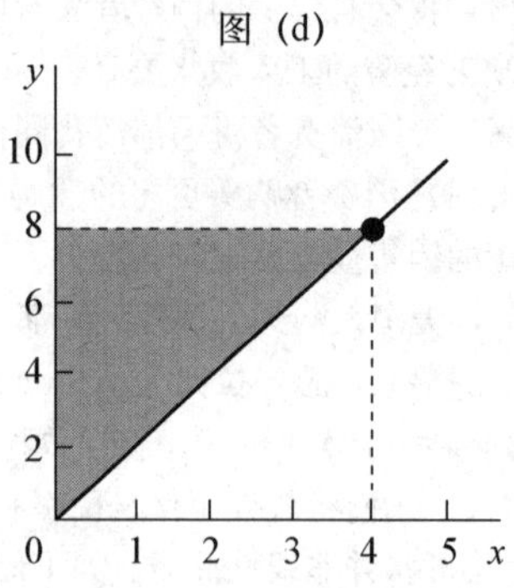

6. 一个直角三角形的底为 10，面积为 20，该直角三角形的高为多少？

7. 下表表现的是工人的劳动时间和他们每小时的工资之间的关系。除了每小时得到的工资以及他们的工作时间不同外，5 名工人的其他情况完全相同。

姓名	劳动数量（小时/周）	工资（美元/小时）
阿西娜	30	15
鲍里斯	35	30
柯特	37	45
迪高	36	60
艾米莉	32	75

a. 哪个是自变量？哪个是因变量？

b. 画出散点图来表现这种关系。画出连接这些点的（非线性）曲线。将每小时的工资标示在纵轴上。

c. 当工资从 15 美元上升到 30 美元时，根据这里描述的关系，劳动时间会做出什么反应？从阿西娜的数据点到鲍里斯的数据点的平均斜率为多少？

d. 当工资从 60 美元上升到 75 美元时，根据这里描述的关系，劳动时间会做出什么反应？从迪高的数据点到艾米莉的数据点的平均斜率为多少？

8. 保险公司发现火灾中财产损失的程度与到场的消防员人数有关。

a. 画图描述这一发现，将消防员人数标示在横轴上，将财产损失数量标示在纵轴上。从这幅图中能得到什么观点？现在把两个轴互换，得到的结果又如何？

b. 为了减少对投保人的支付数额，保险公司是否应该要求这个城市对任何火灾都减少消防员人数？

9. 下表列出了五个人的年薪和应缴所得税。除了五个人的年薪和应缴所得税不同外，其他完全相同。

姓名	年薪（美元）	应缴所得税（美元）
苏珊	22 000	3 304
比尔	63 000	14 317
约翰	3 000	454
玛莉	94 000	23 927
皮特	37 000	7 020

a. 如果你想在图形上画出这些点，运用弧方法计算出的比尔与玛莉的年薪和应缴所得税这两点之间非线性曲线的平均斜率为多少？你如何解释这一斜率值？

b. 运用弧方法计算出的约翰与苏珊的年薪和应缴所得税这两点之间非线性曲线的平均斜率为多少？你如何解释这一斜率值？

c. 当年薪增加时，斜率如何变化？这种相关关系表明所得税水平如何影响一个人赚取高薪的积极性？

在线回答问题

10. 研究表明，一个国家每年的经济增长率和每年的空气污染增长率之间存在相关关系。一般认为，经济增长率越高，人们拥有的小轿车就越多，人们用车就越多，也就排放出越多的空气污染物。

a. 哪个是自变量？哪个是因变量？

b. 假设 Sudland 国的年经济增长率从 3.0%下降到 1.5%，而年度空气污染增长率从 6%下降到 5%，运用弧方法计算这两点之间非线性曲线的平均斜率为多少。

c. 假设年经济增长率从 3.0%上升到 4.5%，而年度空气污染增长率从 5.5%上升到 7.5%，运用弧方法计算这两点之间非线性曲线的平均斜率为多少。

d. 你如何描述这里两个变量间的关系？

▶ 企业案例

网络公司 Priceline. com 怎样颠覆旅游业

2001—2002 年，旅游业深陷困境。2001 年 9 月 11 日恐怖袭击事件后，许多人干脆停止飞行。由于经济深陷低谷，飞机空停在停机坪上，航空公司损失了数十亿美元。当几大航空公司苦苦挣扎濒临破产时，国会通过了 150 亿美元的一揽子援助计划，这成了稳定航空业的关键。

这也是提供在线旅游服务的 Priceline. com 的一个特别困难的时期。成立短短 4 年以来，Priceline. com 一直如履薄冰。该公司命运的变化非常具有戏剧性。

Priceline. com 成立一年后的 1999 年，投资者对旅游业带来的革命性潜力印象深刻，他们对该公司的估值达到 90 亿美元。但到了 2002 年，投资者则对该公司明确看淡，对其的估值降低了 95%，仅为 4.25 亿美元。

更糟糕的是，Priceline. com 每年都亏损几百万美元。然而，该公司努力生存并茁壮成长；2014 年投资者对其的估值超过 630 亿美元。

那么，究竟 Priceline. com 怎样为旅游业带来这种戏剧性的变化？在面对严峻的经济环境时，公司靠什么得以生存和走向繁荣？

Priceline. com 的成功在于它有能力为其本身和其客户发现可利用的机会。该公司知道，飞机起飞后的空座位或酒店的空床都意味着成本。如果座位或床得到填补，收入将增加。虽然有些旅客喜欢提前预订航班和酒店以求安心，并愿意为此付出一定的代价，但也有人乐意等到最后 1 分钟，冒着无法赶上他们想要的航班或入住酒店的风险，但可以享受更低的价格。

客户提出他们愿意支付的具体旅行价格或酒店入住价格，然后 Priceline. com 向他们提供愿意接受这些价格的航空公司或酒店名单，越临近出行日期，价格就越低。

通过将航空公司和酒店未售出的空位数与愿意牺牲一些自己喜好但可以获得较低的价格联系起来，Priceline. com 使得各方都获得改善，当然也包括自身，因为它为每笔交易提供便利后会收取少量佣金。

在看到自己的业务受到后来者 Expedia 和 Orbitz 的挑战后，Priceline. com 迅速做出反应，提供更多的酒店预订，并向欧洲延伸，因为在欧洲在线旅游行业的业务量还相当小。该公司的网络在欧洲酒店市场尤为珍贵，因为与美国市场相比，欧洲还有许多小旅馆，占据全国连锁店的主流。通过不断努力，到 2003 年，Priceline. com 首次出现盈利。

Priceline. com 现在运营的酒店网络包括 295 000 多家酒店，遍布 190 多个国家。截至 2013 年，其收入在过去五年每年的增长都超过 20%。在 2008 年经济衰退时甚至增长了 34%。

显然，旅游业将永远不会再回到从前。

思考题

1. 请解释此案例怎样说明了经济学的 12 个原理。

▶ 企业案例

效率、机会成本和精益生产的逻辑

2010 年夏秋之际，在波音公司位于华盛顿州埃弗里特的总装厂里，为准备波音 767 的生产，工人们对“工具”(furniture) 进行了重新安排。这是一个困难且耗时的过程，因为如果这些“工具”——波音公司的装配设备——被称重，每个大约有 200 吨。这是建立“精益制造”生产系统必要的组成部分，这也被称为“准时制”(just-in-time) 生产方式。

精益制造，由日本丰田汽车公司首创，具体做法是零部件正好在被需要时抵达工厂车间。这不仅会减少波音公司零部件的存货量，而且会减少工厂生产所需的车间空间，在本案例中，制造波音 767 需要的平方英尺空间减少了 40%。

1999 年，波音公司在制造最流行的商用飞机 737 机型时采用了精益制造。到 2005 年，经过不断的细化，波音公司已经实现生产一架飞机减少 50%的用时、零部件库存减少 60%。这种生产方式的一个重要特征是连续转动的生产线会将零部件从一个装配组以稳定的速度传送到下一个工序，这就避免了工人在工厂间为寻找工具和零部件而转来转去。

丰田的精益生产技术已经获得广泛应用，对全球制造业产生了革命性影响。简单来说，精益生产聚焦于组织和沟通。对工人和零部件进行精益组织，以确保生产平稳持续地进行，最大限度地减少人工和物质投入。精益生产的设计也能快速地对变化做出反应，达到理想的产出组合——根据消费者需求的变化，快速生产更多的轿车，减少小型货车的生产。

丰田的精益生产方式是如此成功，它们改变了全球汽车工业，对曾经居于主导地位的美国汽车制造商构成了严重的威胁。直到 20 世纪 80 年代，“三巨头”——克莱斯特、福特和通用汽车——都在美国汽车业中居于主导地位，几乎没有外国制造的汽车在美国销售。但是，在 20 世纪 80 年代，丰田汽车由于其高品质和相对低廉的价格而日益在美国流行。由于过于流行，最终通过美国政府限制日本汽车在美国的销售，三巨头才占据了上风。丰田对此的回应是，在美国建立装配厂，并带来了精益生产技术，此后该项技术在美国制造业中逐渐被采用。

思考题

1. 与工人在工厂间为寻找工具和零部件而转来转去相关的机会成本是什么？

2. 解释精益制造如何改善了经济的分配效率。

3. 在精益制造创新之前，日本主要销往美国的是消费类电子产品。精益制造创新是如何改变日本相对于美国的比较优势的？

4. 预测丰田公司的生产地点从日本转到美国如何改变两国汽车制造的比较优势模式。

第3章

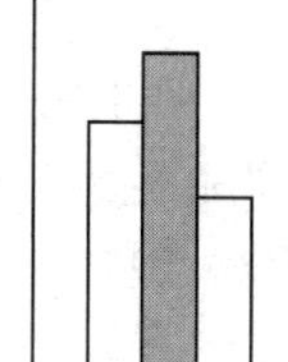

供给和需求

本章将学习

- 什么是竞争性市场，以及如何通过供给和需求模型来描述这个市场。
- 什么是需求曲线和供给曲线。
- 沿着曲线的移动和曲线的移动之间有什么区别。
- 供给曲线和需求曲线如何决定市场均衡价格和均衡产量。
- 在发生短缺或者生产过剩的情况下，价格如何使市场恢复均衡。

开篇案例

天然气景气

2013年8月23日，当奥巴马总统巡回纽约州北部时，美国言论自由得到生动的证明。超过500人的支持者和反对者对总统进行了迎接。为什么会出现骚动？由于纽约州北部是采用一项相对较新的生产能源方法的一个关键地区。采用水力压裂或压裂技术从地下几千英尺的页岩层中开采储存在其中的天然气（以及相对少量的石油）是一种新方法，即利用强大压力注入含有化学物质的水来释放天然气。美国拥有包含丰富天然气储量的大量页岩层，人们已经知晓了这一信息将近一个世纪，但因开采难度太大，所以一直没有开发。

直到最近，开发工作才开始进行。几十年以前，新的钻井技术被开发出来，深采这些蕴藏天然气的页岩层成为可能。但是，最终推动能源企业投资并采用这些新的开采技术的是过去10年中天然气价格居高不下，从2002年到2006年，天然气价格翻了两番。有两个主要因素可以解释天然气的高价格：一个是天然气需求，另一个是天然气供给。

首先，从需求侧来看，在2002年，美国经济正陷入衰退；随着经济活动的减少，失业率提高，人们和企业都削减他们的能源消费。例如，为了省钱，房东调低了冬季恒温器的温度，也调高了夏天的温度。到了2006年，随着美国经济的复苏，天然气消费量开始增加。其次，从供给侧来看，2005年，卡特里娜飓风重创了美国墨西哥湾海岸，这是当时美国大部分天然气田所在地。因此，到了2006年，尽管天然气的需求大幅上升，但天然气的供给已经大幅度减少。由此导致的结果是，2006年天然气价格达到高峰，约为每千立方英尺14美元，2002年时只有大约2美元。

快进到2013年，天然气价格再次下滑至每千立方英尺2美元。但是，这次的主因并非经济放缓，而是新技术的广泛采用。“景气”“供给冲击”“游戏改变者”是能源专家描述这些技术对石油和天然气产量与价格的冲击时所惯用的术语。作为证据，我们看到，在 2012 年，美国从页岩层中开采并生产了 10.37 万亿立方英尺的天然气，自 2010 年以来几乎翻了一番。2014 年，美国的天然气产量增加到 13.45 万亿立方英尺，这使得美国成为世界上最大的石油和天然气生产国，超过了俄罗斯和沙特阿拉伯。

天然气价格水平降低，带来的好处不仅表现为减少了美国消费者的供热成本，美国产业界也大大受益，特别是降低了美国的发电业和运输业的成本水平。发电厂从烧煤改为烧天然气，轨道运输车辆从用汽油改为用天然气。(读者甚至可以购买一个便宜的转换装置，将你的车从用汽油改为用天然气)。这也对欧洲的许多制造商产生了很大的影响，因为他们支付的天然气价格是美国同行的 4 倍，已被迫将工厂转移到美国。此外，美国天然气产业复兴直接创造了成千上万的新的就业机会。

当然，天然气在带来好处的同时，也引起了关于压裂技术对环境的影响的激烈争论。产业转向消费天然气，带来的环境好处显而易见（天然气燃烧的洁净程度要好于石油和煤等造成严重污染的其他矿物燃料），压裂技术也引起了其他一系列对环境的担忧。一个担忧是，压裂使用的化学物质会造成当地地下水污染。另一个担忧是，廉价的天然气对于采用太阳能和风能这样昂贵的新能源形成打击，更进一步加深了我们对矿物能源的依赖。

因此，在奥巴马总统巡视之日就形成了利益集团——支持压裂技术和反对压裂技术——的对峙。本书作者并不表明支持哪一边（我们相信，现代科学和经济学应该为支持哪种意见提供指引），我们将使用美国天然气产业近期发展的历史来说明供给、需求、价格效应、企业成本、国际贸易等这些重要的经济学概念。

就本章而言，我们仅讨论供给和需求话题。十几年前高水平的天然气价格转换成当前的天然气汽车（以天然气为燃料提供动力的汽车）到底是怎样发生的？简单回答就是供给和需求问题。许多人把“供给”和“需求”当作“市场运行法则”的标签来使用。但是，对于经济学家而言，“供给”和“需求”模型有着确切的含义：它是关于市场运行的模型，对于理解许多（而非所有）市场极为有用。

本章我们将一一展示供给和需求模型的组成部分，然后把它们组合起来，并且说明怎样用这个模型理解许多市场的运行。

3.1 供给和需求：竞争性市场的模型

天然气的供应者与购买者组成了一个市场，也就是大量生产者和消费者通过支付买卖产品和服务。在本章，我们集中讨论一种特定类型的市场，即所谓的竞争性市场。粗略地讲，**竞争性市场**（competitive market）是这样一种市场：对于某种产品或服务有大量卖者和买者。更精确地讲，竞争性市场的关键特征是，任何个人的行动都不可能对该种产品或服务的价格产生显著的影响。重要的是要明白，这并非对每一个市场的确切描述。

> **竞争性市场**是对同一种产品或服务有着很多卖主和买主的市场，其中任一个体都不会对产品或服务价格产生影响。

例如，这并非对可乐饮料市场的确切描述。原因是，在这一市场中，可口可乐和百事可乐占据了总销售量的很大比重，两者能影响可乐饮料买卖的价格。但这是对天然气市场的确切描述。全球天然气市场如此庞大，即使美国最大的天然气供应商——埃克森美孚公司——也只是占了其中很小的比例，无力影响天然气买卖价格。

除非我们能够知道竞争性市场是如何运行的，否则要解释为什么竞争性市场不同于其他类型的市场有点儿困难，我们在本章最后讨论这个问题。现在我们知道，用模型来描述竞争性市场比描述其他市场更加容易。当我们考试的时候，先做容易的题目总是一个好的策略。在本书中，我们将采用同样的做法。所以我们就从介绍竞争性市场开始。

用**供给和需求模型**（supply and demand model）可以对竞争性市场的运行进行较好的描述。由于许多市场都是竞争性的，所以供给和需求模型实际上很有用。

> **供给和需求模型**是一种描述竞争性市场运行的模型。

这个模型有 5 个关键组成部分：

- 需求曲线
- 供给曲线
- 导致需求曲线移动的一系列因素和导致供给曲线移动的一系列因素
- 均衡价格
- 当供给或需求曲线移动时，均衡价格改变的方式

3.2 需求曲线

在某一给定年份，美国消费者愿意购买多少天然气呢？你首先可能想到的答案是：我们将美国每一个家庭和企业在一年中消费的数量加总起来。但这不足以回答该问题。因为美国人购买多少天然气要受到天然气价格的影响。

当天然气价格下降时，就如同从 2006 年到 2015 年，消费者一般会随着价格水平的下降，使用更多的天然气，比如在冬天调高供暖设施温控器的温度或者转向天然气汽车。总之，天然气数量或者其他任何商品的数量都取决于价格。价格越高，愿意购买的人就越少；价格越低，愿意购买的人就越多。

所以，“消费者将愿意购买多少单位的天然气”这一问题的答案取决于天然气价格。如果你还不知道价格，你可以先画一个表，列出不同价格上人们愿意购买的天然气数量。这样的表被称为“需求表”。根据这个表可以画出一条需求曲线——供给和需求模型的关键组成部分之一。

□ 3.2.1 需求表和需求曲线

需求表（demand schedule）表示的是在不同价格水平上消费者对某种产品或服务愿意购买的数量。图 3-1 的右边部分是假设的天然气的需求表。它采用的是英热单位（BTU，英国热量单位）——通常用来表示天然气数量的量度单位。这是一个假设的需求表，并非美国人对天然气的需求的实际数据。

> **需求表**表示的是在不同价格上消费者对某种产品或服务愿意购买的数量。

根据该表，如果 1 英热单位天然气的价格为 3 美元，全世界的消费者一年中愿意购买的天然气数量为 10 万亿英热单位；如果价格为每英热单位 3.25 美元，人们愿意购买的数量为 8.9 万亿英热单位；如果价格为每英热单位 2.75 美元，人们愿意购买的数量为 11.5 万亿英热单位。所以，价格越高，消费者想购买的天然气就越多。因此，随着价格的上升，天然气的**需求量**（quantity demanded）将下降，也就是在某一具体价格水平上，消费者愿意购买的天然气数量将下降。

> **需求量**是在某个特定价格上消费者实际愿意购买的数量。
>
> **需求曲线**是对需求表的形象呈示。它表示消费者对某种产品或服务在任一给定价格上愿意购买的数量。

图 3-1 中的曲线形象地展示了需求表里的信息（如果你想复习关于经济学中的曲线的讨论，见第 2 章的附录）。纵轴表示每英热单位天然气的价格，横轴表示天然气的数量。曲线上的每个点都对应着表里的一个条目。把这些点连接起来的曲线就是一条**需求曲线**（demand curve）。需求曲线就是需求表的图形表达形式，也就是另一种表示在任一给定价格上消费者愿意购买的产品或服务的数量的方式。

请注意，图 3-1 中需求曲线是向下倾斜的。这表明需求量和价格之间呈反向关系：价格提高，导致需求量减少；价格下降，导致需求量增加。我们可以从图 3-1 的需求曲线上看出这一点。随着价格水平的下降，我们沿着需求曲线下移，需求量增加；而随着价格水平的提高，我们沿着需求曲线上移，需求量减少。

在真实世界中，需求曲线并非总是向下倾斜。（出于实践目的，例外情形非常罕见，我们可以忽略。）总之，在其他条件相同的情况下，产品的价格越高导致需求量越少这个命题是如此可靠，以至经济学家更愿意将其称为一种“法则”——**需求法则**（law of demand）。

> **需求法则**告诉我们某种产品的价格越高，在其他条件相同的情况下，人们对这种产品的需求量就越少。

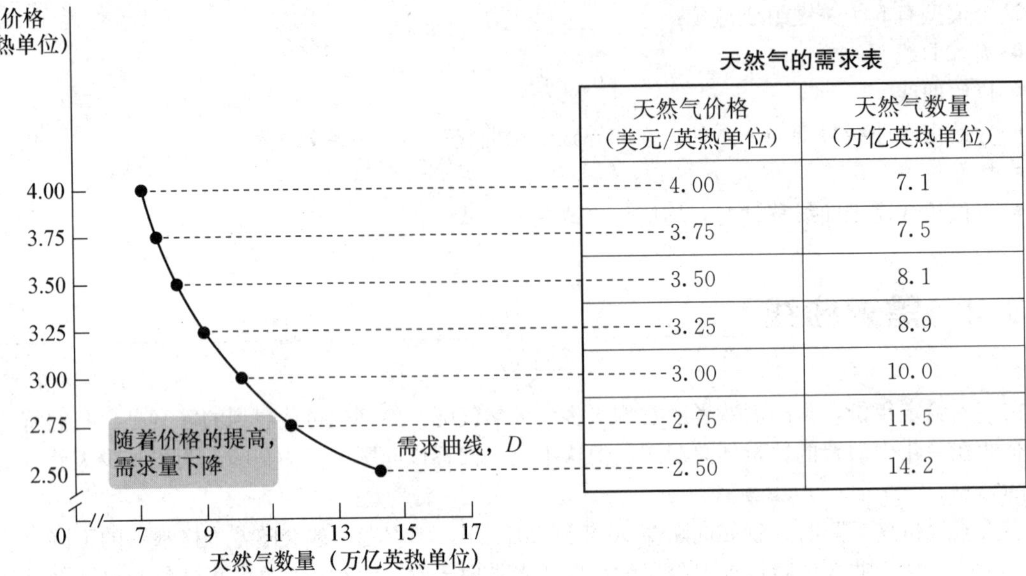

天然气的需求表

天然气价格（美元/英热单位）	天然气数量（万亿英热单位）
4.00	7.1
3.75	7.5
3.50	8.1
3.25	8.9
3.00	10.0
2.75	11.5
2.50	14.2

图 3-1　需求表和需求曲线

根据天然气需求表中的条目可以画出相应的需求曲线，后者表示一种产品的消费者在任一给定价格上愿意购买的数量。需求曲线和需求表都反映了需求法则：价格上升，导致需求量下降。类似地，价格下降，导致需求量上升。因此需求曲线向下倾斜。

□ 3.2.2　需求曲线的移动

尽管 2006 年天然气的价格高于 2002 年，但美国消费的天然气数量还是增加了。这又如何与需求法则相一致，即在其他条件不变的情况下，价格水平提高导致需求量减少？

答案就在于关键的“其他条件不变”。就目前的情形而言，其他条件并非不变。从 2002 年到 2006 年，美国经济已经发生变化，在每一价格上天然气需求量都增加了。请注意一点，美国经济在 2006 年比在 2002 年强劲得多。图 3-2 运用天然气需求表和需求曲线解释了这一现象（与此前一样，图 3-2 的数字也是假设的），图 3-2 中给出了两个需求表。第一个表是 2002 年的需求表，与图 3-1 相同。第二个表是 2006 年的需求表，

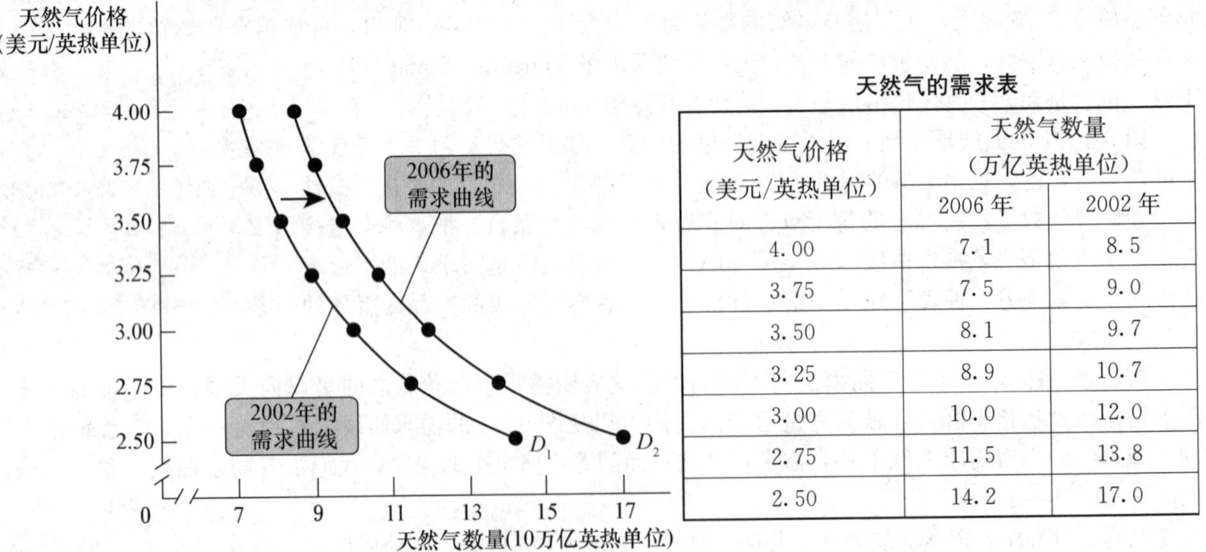

天然气的需求表

天然气价格（美元/英热单位）	天然气数量（万亿英热单位）	
	2006 年	2002 年
4.00	7.1	8.5
3.75	7.5	9.0
3.50	8.1	9.7
3.25	8.9	10.7
3.00	10.0	12.0
2.75	11.5	13.8
2.50	14.2	17.0

图 3-2　需求增加

经济强劲增长是天然气需求增加的一个重要因素，这导致任一价格上的需求量都增加。这可以用两个需求表来表示——一个需求表表示 2002 年的需求，另一个需求表表示 2006 年的需求，也就是经济更加强大之后的需求曲线。需求增加导致需求曲线右移。

与2002年的表不同，因为美国经济更加强大，所以2006年任一价格上的天然气需求量都增加了。因此，在每一价格水平上，2006年表中的数据都要大于2002年。例如，当天然气价格为每英热单位3美元时，每年的需求量从10万亿英热单位增加到12万亿英热单位；当价格为3.25美元时，每年的需求量从8.9万亿英热单位增加到10.7万亿英热单位。

▶ **国际比较**

花费多，用量少

要寻找真实世界中对需求法则的证明，可考虑消费者的汽油消费数量如何根据汽油价格改变的情形。由于高税，大部分欧洲国家和许多亚洲国家汽油和柴油的价格是美国的两倍。根据需求法则，与美国人相比，欧洲人购买的汽油数量较少——确实如此。我们从下图可以看出，从人均角度来看，欧洲人的燃料消费数量比美国人少一多半，这主要是由于他们驾驶小排量汽车。

价格不是影响燃料消费的唯一因素，但应该是解释欧洲和美国人均燃料消费差异的主要因素。

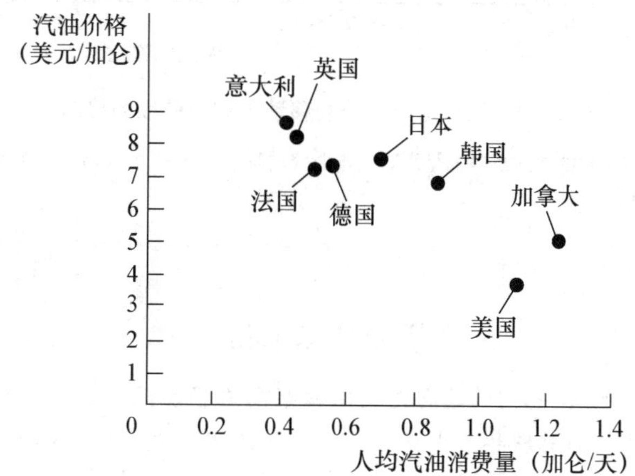

资料来源：World Development Indicators and U. S. Energy Information Administration，2013.

这一事例清楚地表明，从2002年到2006年发生的变化形成了新的需求表，在每一价格水平上的需求量都要大于最初的需求表中的需求量，图3-2所示的两条曲线表明了同样的信息。正如我们所能看出的那样，2006年对应的是新的需求曲线 D_2，位于2002年需求曲线 D_1 的右边，**需求曲线的移动**（shift of the demand curve）表明在任一价格水平上需求量都增加了，表示为最初的需求曲线 D_1 改变位置，移动到了 D_2 的新位置上。

> **需求曲线的移动**是在任一给定价格上需求量的变化，表现为最初的需求曲线移动到一个新的位置。
>
> **沿着需求曲线的移动**是由产品价格变化导致的需求量的变化。

区别需求曲线的移动和**沿着需求曲线的移动**（movement along the demand curve）是一个重要的问题，后者是指由产品价格变化导致的需求量的变化。图3-3展示了二者的区别。

沿着 D_1 从 A 点向下移动到 B 点是沿着需求曲线的移动，需求量的增加由价格下降所致。天然气价格从每英热单位3.50美元下降到3.00美元导致需求量从8.1万亿英热单位上升到10万亿英热单位。但是，如果发生需求增加，即使价格不变化，需求量也可能上升——这表现为需求曲线向右移动。图3-3中需求曲线从 D_1 移动到 D_2 表示的就是这种变化。例如，价格仍然维持在每英热单位3.50美元不变，需求量从 D_1 上 A 点的8.1万亿英热单位上升至 D_2 上 C 点的9.7万亿英热单位。

当经济学家说"对 X 的需求增加"或者"对 Y 的需求减少"时，他们的意思是 X 或 Y 的需求曲线的移动，而不是由价格变化导致的需求量的上升或下降。

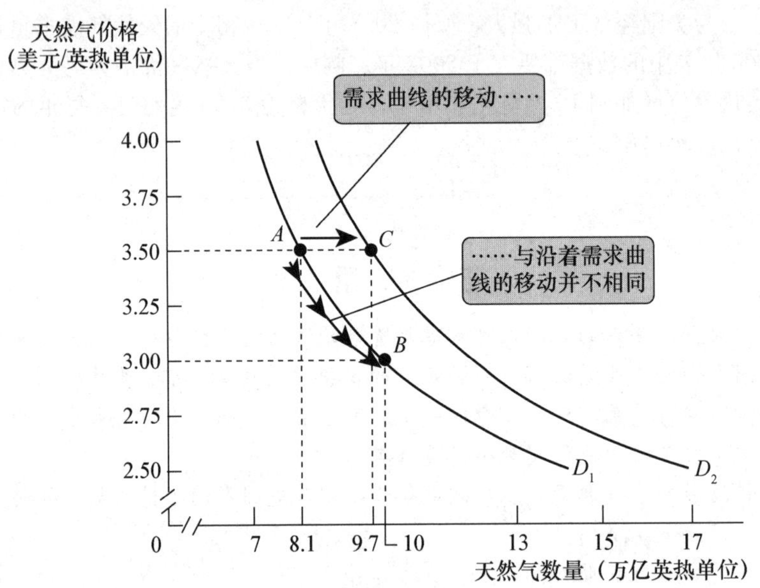

图 3-3　沿着需求曲线的移动与需求曲线的移动

从 A 点到 B 点的移动所导致的需求量的增加反映的是沿着需求曲线的移动。而从 A 点到 C 点的移动反映的是需求曲线的移动，它是在任一给定价格上需求量增加的结果。

▶ **疑难解答**

需求和需求量

如果经济学家说“需求增加”，他们的意思是需求曲线向右移动；如果说“需求减少”，他们的意思是需求曲线向左移动。也就是说，他们用词非常小心。在现实交流中，大部分人，包括职业经济学家，使用“需求”一词时比较随意。例如，一名经济学家可能说“部分因为航空运费的调整，在过去 15 年航空需求翻了一倍”，他的真实意思是需求量翻倍了。

在日常会话中，这样用错并不要紧。但在进行经济分析时，区分需求量变动的原因就很重要了，因为这涉及是由沿着需求曲线的移动引起，还是由需求曲线的移动引起（参见图 3-3 所做的解释）。有时候，学生会写出如下的句子：“如果需求增加，价格将上升，但这会导致需求减少，从而推动价格下降……”，这形成了循环论证。如果你能清晰区分需求的变动（意为需求曲线的移动）与需求量的变动（沿着需求曲线的移动），就可以避免这种误解。

□ 3.2.3　理解需求曲线的移动

图 3-4 显示了需求曲线移动的两种基本方式。如果经济学家说“需求增加”，他们的意思是需求曲线向右移动：在任一给定的价格水平上，消费者对产品的需求量都比原来要大。这表现在图 3-4 中就是需求曲线从最初的 D_1 向右移动到 D_2。如果经济学家说“需求减少”，他们的意思是需求曲线向左移动：在任一给定的价格水平上，消费者对产品的需求量都比原来要小。这表现在图 3-4 中就是需求曲线从最初的 D_1 向左移动到 D_3。

但是，究竟是什么原因导致天然气需求曲线发生移动呢？如前所述，原因是与 2002 年相比，2006 年的美国经济变得更加强大了。如果仔细考虑一下，你会发现还有其他一些原因可能导致天然气需求曲线发生移动。例如，在冬天，假设取暖油的价格上升，这可能会导致部分消费者在他们的家中或企业中从原来使用取暖油取暖转向使用天然气取暖，这就增加了对天然气的需求。

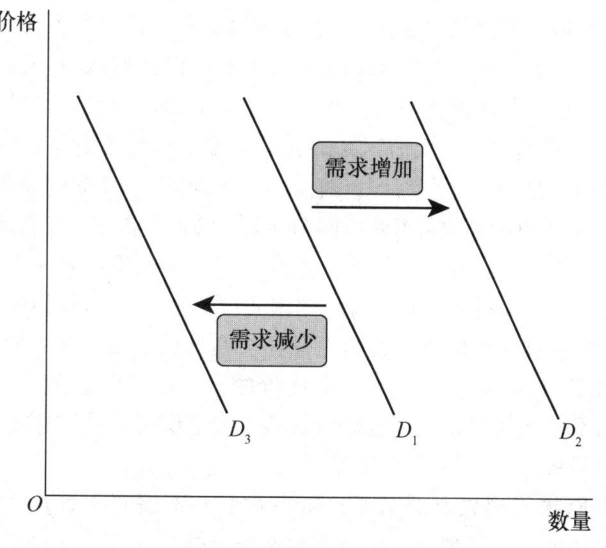

图 3-4　需求曲线的移动

任何增加需求的事件都会使需求曲线向右移动，即任一给定价格上的需求量都上升。任何减少需求的事件都会使需求曲线向左移动，即任一给定价格上的需求量都减少。

经济学家确信有 5 个主要因素会使某种产品或服务的需求曲线发生移动：

- 相关产品或服务价格的变化
- 收入的变化
- 品味的变化
- 预期的变化
- 消费者人数的变化

如果一种产品价格的下降导致消费者购买另一种产品的意愿下降，那么这两种产品就互为**替代品**。

如果一种产品价格的下降导致消费者更愿意购买另一种产品，那么这两种产品就是**互补品**。

虽然这里并没有列出所有可能引起需求曲线移动的因素，但是这 5 个是其中最重要的因素。我们之前说在其他条件不变的情况下产品的价格上升使其需求量下降，“其他条件不变”实际上就是指这些使需求曲线发生移动的因素保持不变。现在我们来详细分析这些因素怎样导致需求曲线发生移动。

相关产品或服务价格的变化　取暖油被经济学家称为天然气的**替代品**（substitute)。如果一对产品中一种产品（如取暖油）的价格提高，消费者很可能购买更多的另外一种产品（天然气），那么这两种产品就互为替代品。替代品之间通常在某些方面具有相似的功用：咖啡和茶、松饼和油炸圈饼、火车和飞机。只要替代品的价格上涨，有些消费者就会转向购买原有产品，从而推动原有产品的需求曲线向右移动。

但是有些时候，一种产品价格的上涨会促使消费者愿意减少另一种产品的购买。这样的一组产品就是所谓的**互补品**（complements)。互补品通常在某种意义上是需要被一起消费的产品，如计算机硬件和软件、卡布奇诺咖啡和饼干、轿车和汽油等。消费者喜欢一起消费一种产品及其互补品。其中一种产品价格的变化会引起互补品需求的变化。特别地，一种产品的价格上涨时，对其互补品的需求会减少，导致其互补品的需求曲线向左移动。因此，当汽油价格从 2009 年每加仑 3 美元上涨到 2011 年每加仑近 4 美元时，那些油耗大的轿车的需求出现了下降。

收入的变化　与 2002 年经济疲软时天然气的需求相比，为什么 2006 年经济强劲增长导致天然气的需求增加？这是因为，当经济繁荣时，美国人的收入增加，他们在每一价格水平上购买的产品和服务数量都会增加。例如，收入提高后，你很可能会在冬天将房间温度调得比在收入较低时高一些。

对天然气的需求主要来自发电厂，这是发电用的主要燃料，这一需求也与其他产品和服务有关。例如，为了向家户提供产品和服务，企业必须消费电力。当经济强劲增长时，居民的收入水平提高了，企业使用更多的电力，间接导致天然气的需求增加。

为什么我们说人们可能购买更多的“大多数”产品而非“全部”产品呢？大多数产品是**正常物品**（normal goods）——当消费者的收入上升时，对这些产品的需求会上升。但是对部分产品，当收入上升时需求却会下降——与低收入人群相比，高收入人群乘坐公共汽车的可能性更低。当收入上升时需求减少的产品就是所谓的**低档物品**（inferior good）。通常情况下，低档物品的受欢迎程度要低于更昂贵的物品，如乘公共汽车与乘出租车相比。当人们能够支付得起的时候，人们将停止对低档物品的购买而转向更加喜欢、价格更高的物品。因此，当一种产品是低档物品时，收入上升会导致需求曲线向左移动。同理，收入下降会导致需求曲线向右移动。

在商业新闻界引起了广泛关注的正常物品与低档物品之间区别的事例就是苹果蜂（Applebee）或橄榄园（Olive Garden）等所谓的休闲餐厅与麦当劳和肯德基等快餐连锁店的区别。当人们的收入增加时，美国人往往会在休闲餐厅吃饭。然而，其中一些增加的就餐费用是以减少快餐支出为代价的——在一定程度上，当能负担得起去更好一些的餐厅用餐时，人们会减少去麦当劳。所以，休闲用餐是一种正常物品，而快餐消费似乎是一种低档物品。

当收入增加导致对某种产品的需求增加时（通常会是这样），这样的产品叫做**正常物品**。

当收入增加导致对某种产品的需求下降时，这样的产品叫做**低档物品**。

品味的变化　为什么人们想得到想要的东西？所幸我们并不需要回答这个问题，我们只需要承认人们的确具有某种偏好，或者说品味，这决定了他们的消费选择，而品味不是一成不变的。在经济学家眼中，时尚、信仰、文化等方面的变化都被视作品味的变化。

例如，曾经有一段时间，男人时兴戴帽子。直到二战前后，一个有身份的男人如果没有戴上一顶同其衣服相配的庄重的帽子，就算不上衣着得体。但是，从战场上回来的美国陆军士兵也许是由于经历过严酷的战争，着装比较随意。而且曾经担任盟军总指挥的艾森豪威尔总统通常也不戴帽子。二战后，很显然帽子的需求曲线左移，表明帽子的需求减少了。

经济学家对什么因素引起品味变化知之甚少（当然，市场营销人士和广告人士对此有许多说法）。然而，品味的变化对需求有预测性影响。当品味朝着有利于某种产品的需求的方向变化时，意味着在任一给定的价格水平上有更多的人愿意购买这种产品，所以其需求曲线向右移动。当品味的变化朝着不利于某种产品的需求的方向变化时，意味着在任一给定的价格水平上愿意购买这种产品的人减少，所以其需求曲线向左移动。

预期的变化　当消费者可以做出买卖决策时，对产品当前的需求经常受到对未来价格预期的影响。例如，精明的购物者通常要等到打折时才出手，即在假期后市场降价时购买下一年的节日礼物。也就是说，预期某种产品未来价格下降会导致现在对这种产品的需求减少。反过来，预期某种产品价格将上涨会导致现在对这种产品的需求增加。

例如，近年来，天然气价格下降到每英热单位 2 美元左右已经刺激了更多的消费者从使用其他燃料转向使用天然气，这比 2002 年天然气价格下降到每英热单位 2 美元时还要显著。为什么消费者现在更愿意转向使用天然气呢？因为在 2002 年，消费者预期天然气价格并没有降到底，消费者的预期是对的。

2002 年天然气价格下降是因为经济不景气。2006 年这种情况发生了变化，因为经济开始复苏，天然气价格显著上升。消费者逐渐认识到，天然气价格在近来的下降并非暂时性的，而是基于永久的变化：获取更多天然气储量的能力提高了。

对未来收入变化的预期也能导致需求变化：如果你预期你的收入在未来将上升，你一般会现在借钱消费，从而增加对某些产品的需求；反之，如果你预期你的收入在未来将下降，你现在可能会多存一些钱，减少对某些产品的需求。

消费者人数的变化　另一个可以引起需求变化的因素是一种产品或服务消费者人数的变化。例如，美国人口增长最终会导致对天然气的需求增加，因为越来越多的家庭和企业在冬季供暖和夏季防暑降温时需要更多的天然气。

个体需求曲线是表现单个消费者的需求量和价格之间关系的曲线。

下面引入新概念。**个体需求曲线**（individual demand curve）是表现单个消费者的需求量和价格之间关系的曲线。例如，假设冈萨雷斯一家是天然气消费者，用于家庭的供暖和防暑降温。图 3－5（a）表示的是在每一价格水平上冈萨雷斯一家每年将购买多少英热单位天然气。冈萨雷斯一家的个体需求曲线是 $D_{\text{冈萨雷斯}}$。

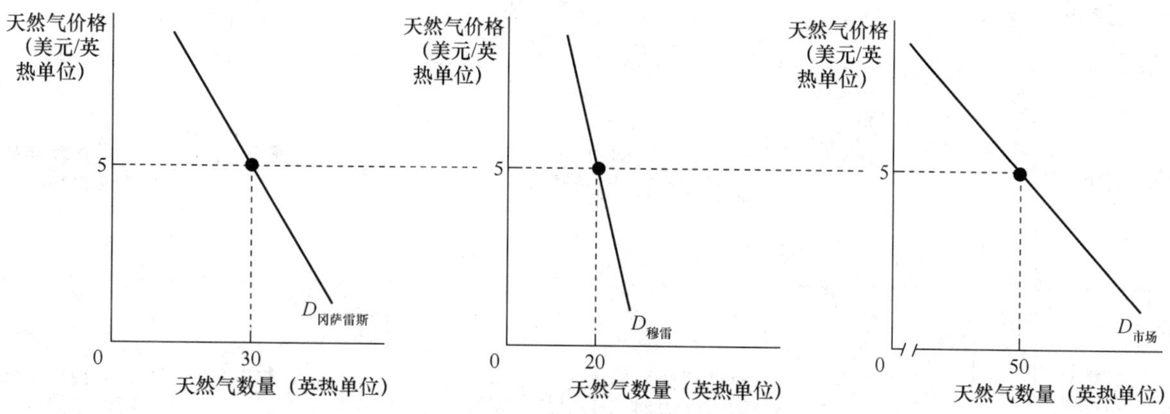

图 3-5　个体需求曲线与市场需求曲线

冈萨雷斯一家和穆雷一家是仅有的两个天然气消费者。图（a）中是在每一价格水平上冈萨雷斯一家的个体需求曲线，表示在每一价格水平上，其每年将购买多少英热单位天然气。图（b）中是在每一价格水平上穆雷一家的个体需求曲线。给定冈萨雷斯一家和穆雷一家是仅有的两个天然气消费者，市场需求曲线表示在每一价格水平上所有消费者的需求量，如图（c）所示。市场需求曲线是对市场中所有消费者个体需求曲线的水平加总。就该事例而言，在任一价格水平上，市场的需求量是冈萨雷斯一家和穆雷一家需求量的加总。

市场需求曲线表现的是所有消费者在每一产品的市场价格水平上对产品的需求量的加总（当经济学家使用需求曲线时，大部分时间指的是市场需求曲线）。市场需求曲线是对市场中所有消费者个体需求曲线的水平加总。下面来看我们所说的水平加总是什么意思。假设目前天然气只有两名消费者——冈萨雷斯一家和穆雷一家。穆雷一家将天然气作为天然气汽车的燃料。穆雷一家的个体需求曲线 $D_{穆雷}$ 如图 3-5（b）所示。图 3-5（c）所示为市场需求曲线。在任一给定的价格水平上，市场需求量是冈萨雷斯一家和穆雷一家需求量的加总。例如，当价格为每英热单位 5 美元时，冈萨雷斯一家的天然气需求量为每年 30 英热单位，穆雷一家的需求量为每年 20 英热单位。所以，市场需求量为每年 50 英热单位，市场需求曲线如 $D_{市场}$ 所示。

显然，在任一给定的价格上，市场需求量在穆雷一家进入市场后比冈萨雷斯一家是唯一消费者时大了许多。如果我们添加第三个消费者、第四个消费者，等等，在任一给定的价格水平上，市场需求量将更大。因此，增加消费者人数将导致需求增加。

对于引起需求变动的因素的小结，请参见表 3-1。

表 3-1　　引起需求变动的因素

当下述变化发生时	需求增加		当下述变化发生时	需求减少	
当替代品的价格上升时	价格 D_1 D_2 O 数量	对原有产品的需求将增加	当替代品的价格下降时	价格 D_2 D_1 O 数量	对原有产品的需求将减少
当互补品的价格下降时	价格 D_1 D_2 O 数量	对原有产品的需求将增加	当互补品的价格上升时	价格 D_2 D_1 O 数量	对原有产品的需求将减少

续前表

当下述变化发生时	需求增加		当下述变化发生时	需求增减少	
当收入增加时	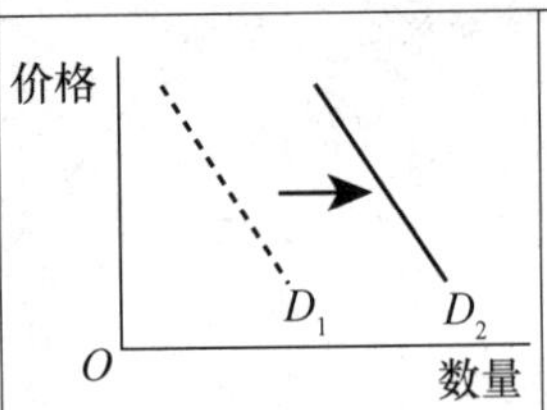 价格 D_1 D_2 O 数量	对正常物品的需求将增加	当收入下降时	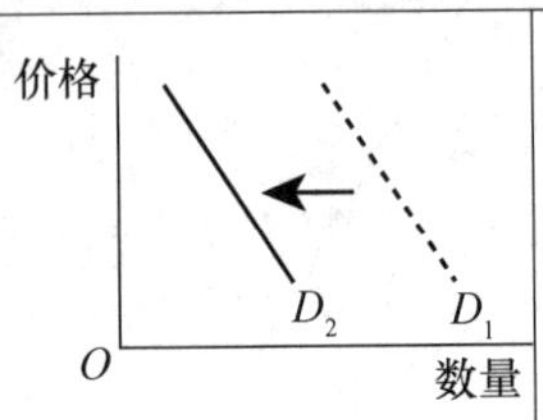 价格 D_2 D_1 O 数量	对正常物品的需求将减少
当收入下降时	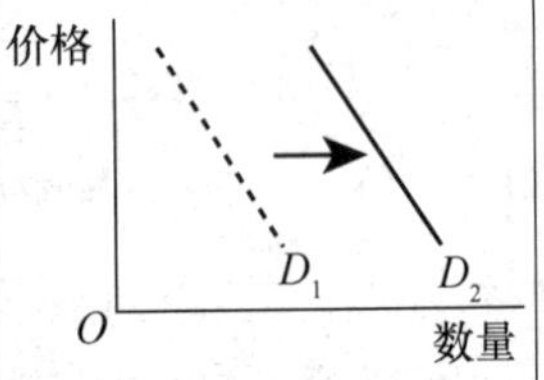 价格 D_1 D_2 O 数量	对低档物品的需求将增加	当收入增加时	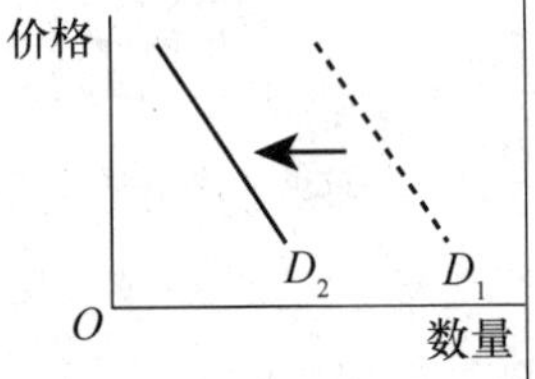 价格 D_2 D_1 O 数量	对低档物品的需求将减少
当对产品变得越来越喜欢时	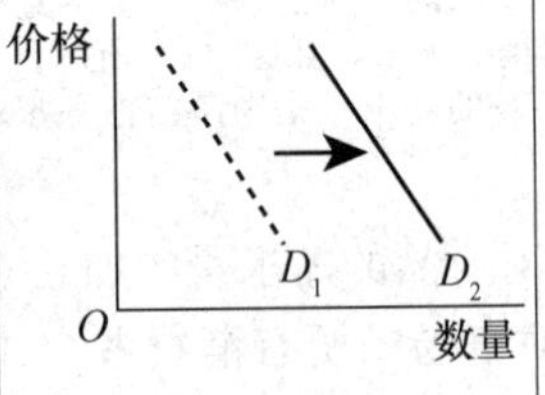 价格 D_1 D_2 O 数量	对产品的需求将增加	当对产品变得越来越不喜欢时	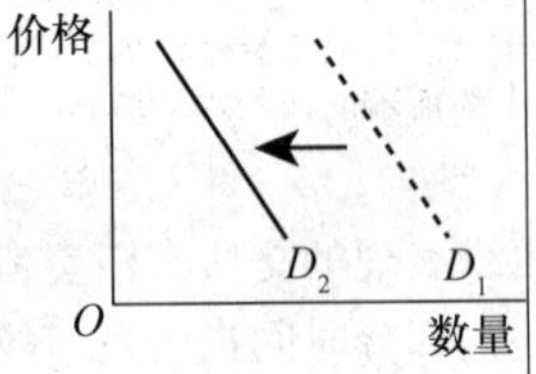 价格 D_2 D_1 O 数量	对产品的需求将减少
当预期未来价格上升时	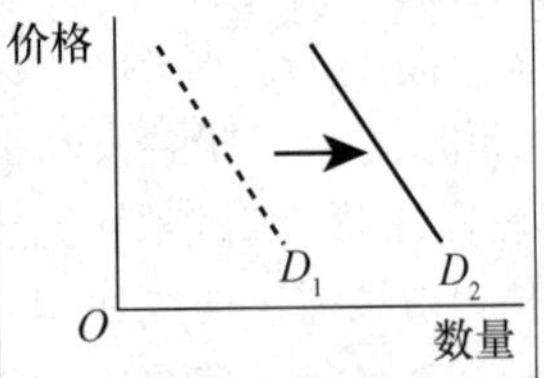 价格 D_1 D_2 O 数量	当下对产品的需求将增加	当预期未来价格下降时	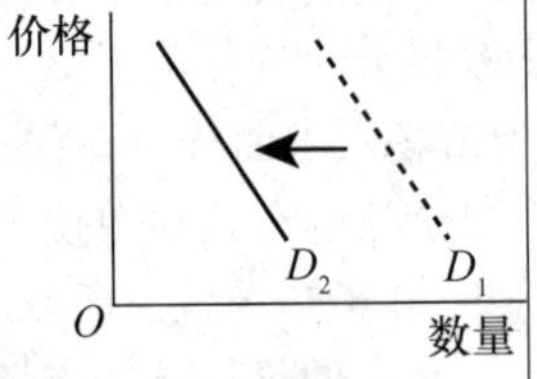 价格 D_2 D_1 O 数量	当下对产品的需求将减少
当消费者人数增加时	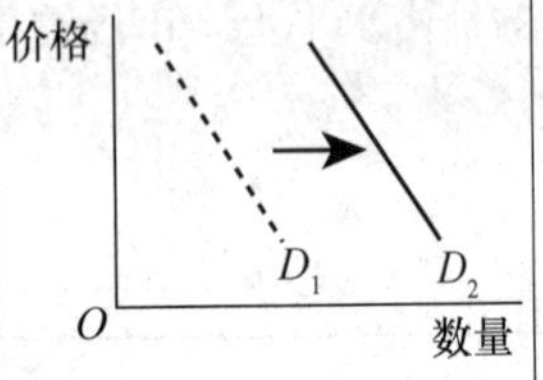 价格 D_1 D_2 O 数量	对产品的市场需求将增加	当消费者人数减少时	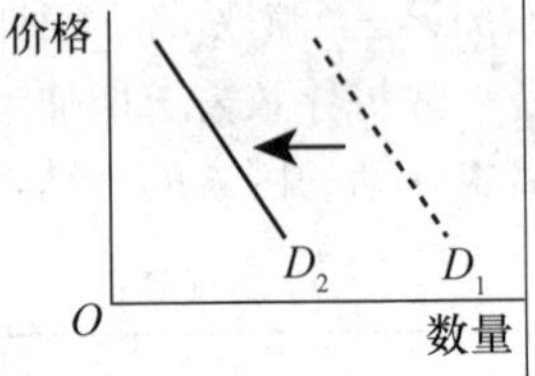 价格 D_2 D_1 O 数量	对产品的市场需求将减少

▶ **真实世界中的经济学**

“打败”交通拥堵

所有的大城市都存在交通拥堵问题，许多地方政府都试图限制人们在拥堵的市中心开车。如果我们把开车到市中心看成是人们对一种产品的消费行为，我们就可以用需求经济学来分析应对交通拥堵问题的对策。

地方政府通常采取的一种办法是降低替代品的价格。许多大城市对公共汽车和有轨交通给予补贴以鼓励人们放弃开车出行。另一种措施是提高互补品的价格：美国的几个城市对收费车库征收重税、限制停车的时间，这样既能提高政府收入，又能减少开车进城的人数。

包括新加坡、伦敦、奥斯陆、斯德哥尔摩和米兰等在内的几个主要城市一直愿意采取直接的但在政治上有争议的做法——提高开车的代价来减少交通拥堵。根据“拥堵定价”制度（或在英国的“拥堵收费”制度），在工作日上班时段进入市中心将被收费。驾车人须购买通行证，当他们驾驶到监控站附近时，通行证会被电子设备扣除。装有自动照相机的监控设备会对车牌进行合规性对比。

目前在伦敦每天开车的费用在9～12英镑之间（合14～19美元）。司机拒交将被罚款120英镑（约192美元）。

毫不奇怪，研究表明，在征收拥堵费后，交通拥堵确实得到了缓解。在20世纪90年代，伦敦是欧洲交通拥堵最严重的城市。在2003年推出拥堵收费后，城市中心的交通流量减少了约15%，2002—2006年间，总体流量下降了21%。公共交通、自行车、摩托车和拼车等替代品增加了。从2001年到2011年，伦敦的自行车出行增加了79%，而公共汽车的使用增加了30%。

在美国，交通部已实施试点方案来研究征收交通拥堵费。例如，在2012年，洛杉矶县对洛杉矶市中心11英里长的公路征收拥堵费。驾车人需支付高达每英里1.40美元的费用，支付金额视交通拥堵情况而定，收费机制保证了开车的平均时速永远不会降低到每小时45英里。对于收费，一些驾车人感到莫名恼火，但其他人则理性得多。一名驾车人认为，收费站合理收费就避免了经常需要爬行45分钟的车程，他说："这值得！如果你想立刻赶回家，你就得付出代价。如果不想，就被堵在路上。"

及时复习

- 供给和需求模型是竞争性市场的模型，也就是同一种产品或服务有大量买者和卖者的市场。
- 需求表表示的是当价格变化时需求量如何变化。这一关系可以用需求曲线来表示。
- 需求法则说明，价格越高，需求量就越少。因此，需求曲线通常是向下倾斜的。
- 需求增加导致需求曲线向右移动：在任一给定价格上需求量增加。需求减少导致需求曲线向左移动：在任一给定价格上需求量减少。价格变化会导致沿着需求曲线的移动和需求量的变化。
- 导致需求曲线移动的5个主要因素是：(1) 相关产品或服务如替代品或互补品的价格；(2) 收入；(3) 偏好（品味）；(4) 预期；(5) 消费者人数。
- 市场需求曲线是市场中所有消费者个体需求曲线的水平加总。

小测验 3-1

1. 说明下列每个事件代表的是需求曲线的移动还是沿着需求曲线的移动。

a. 一个店主发现顾客在雨天愿意花更高的价格购买雨伞。

b. 当马戏团的邮轮在夏季提供降价游船服务时，它们的订单量大幅增长。

c. 人们在情人节买更多的玫瑰，即使那天的价格比一年中其他任何时候的价格都高。

d. 汽油价格的迅速上升导致许多人为了减少购买汽油的开支而拼车。

3.3 供给曲线

一些地层储藏的天然气比其他地层相对容易采掘。在广泛使用水力压裂技术之前，采掘公司的天然气井的位置仅限于容易钻探的地层所在的区域。现有采掘公司采掘多少数量的天然气以及投入多少来寻找新的气田和钻探新井，取决于他们对天然气价格的预期。它们预计的价格越高，就越愿意挖掘现有气井以及钻探新井。

因此，正如消费者想购买的天然气数量取决于他们必须付出的价格一样，天然气或者任何产品或服务的生产者愿意生产和销售的数量——**供给量**（quantity supplied）——取决于他们得到的价格。

> **供给量**是在某个特定的价格上人们愿意出售的某种产品或服务的数量。

□ 3.3.1 供给表和供给曲线

图3-5显示了天然气的供给量如何随着价格的变化而变化，也就是一个假想的天然气的**供给表**（supply schedule）。

> **供给表**表示在不同的价格上某种产品或服务的供给量。

供给表与图3-1所示的需求表相似，在这个例子中，供给表表示的是在不同的价格上生产者愿意出售的天然气的英热单位量。当价格为每英热单位2.50美元时，生产者每年愿意出售的天然气仅仅为8万亿英热单位。当价格为每英热单位2.75美元时，它们愿意出售的天然气为9.1万亿英热单位。当价格为每英热单位 3 美元时，它们愿意出售的天然气为 10 万亿英热单位。依此类推。

就像需求表能够用需求曲线表示一样，供给表也能用**供给曲线**（supply curve）表示，如图 3－6 所示。曲线上的每一点都代表表里的一个数据。

供给曲线是表示供给量与供给价格之间关系的曲线。

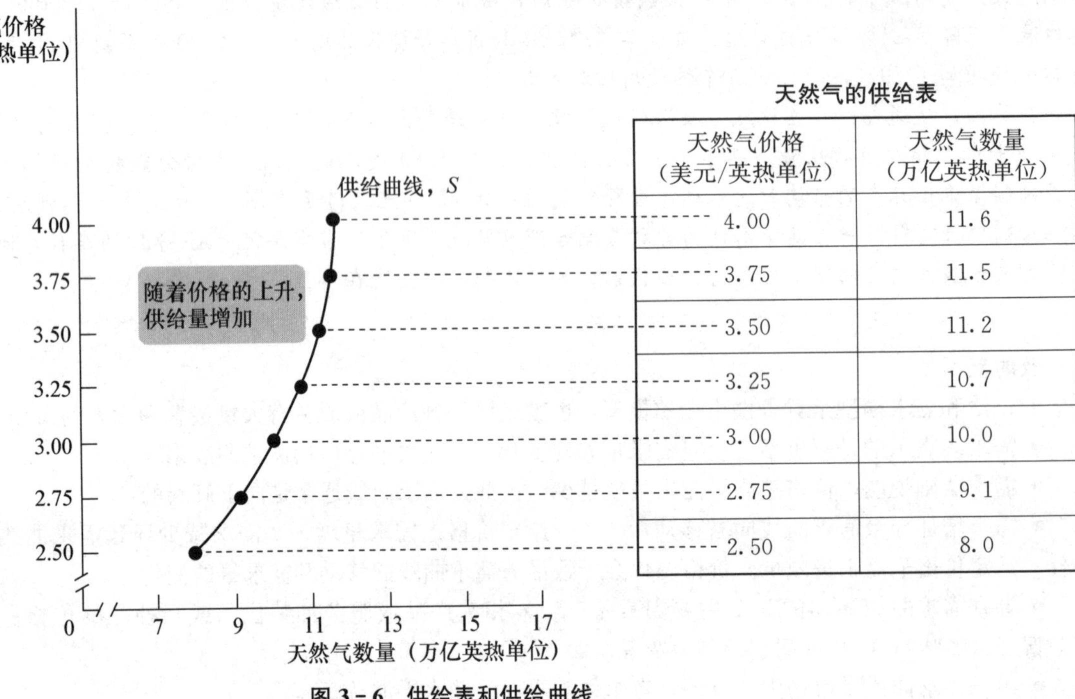

天然气的供给表

天然气价格（美元/英热单位）	天然气数量（万亿英热单位）
4.00	11.6
3.75	11.5
3.50	11.2
3.25	10.7
3.00	10.0
2.75	9.1
2.50	8.0

图 3－6　供给表和供给曲线

根据天然气的供给表可以画出相应的供给曲线，后者表示在任一给定价格上生产者愿意出售的天然气的数量。供给曲线和供给表反映了供给曲线通常是向上倾斜的：价格上升导致供给量增加。

假设天然气价格从每英热单位 3 美元提高到 3.25 美元，我们知道，天然气生产者愿意销售的天然气数量从 10 万亿英热单位增加到了 10.7 万亿英热单位。这是供给曲线通常的情况，它表明较高的价格会导致更多的供给量。所以，供给曲线通常是向上倾斜的：价格越高，生产者愿意提供的产品或服务就会越多。

□ 3.3.2　供给曲线的移动

正如我们在开篇案例中所描述的，近年来随着天然气钻探技术的创新，美国天然气的产量大幅增加，从 2005 年到 2014 年，日产量增幅为 30%。图 3－7 表现了这些事件对天然气供给表和供给曲线的影响。图3－7 中的表给出了两个供给表。钻探技术改进之前的结果与图 3－6 中的一样。第二个表表示的是采用新技术后的天然气供给。

如需求表的变化导致需求曲线移动一样，供给表的变化也导致**供给曲线的移动**（shift of the supply curve），即在任一给定的价格水平上供给量发生变化。可用图 3－7 来解释这种变化，采用新的天然气钻探技术之前的供给曲线为 S_1，采用后供给曲线移动到新的位置 S_2。请注意，S_2 位于 S_1 的右边，这反映了在任一给定的价格水平上供给量增加。

供给曲线的移动是在任一给定价格上某种产品或服务的供给量的变化。它表现为最初的供给曲线移动到一个新的位置。

沿着供给曲线的移动是由产品价格变化导致的供给量的变化。

与需求分析相同，关键是要区别供给曲线的移动和**沿着供给曲线的移动**（movement along the supply curve）——价格变化引起了供给量变化。我们可以在图 3－8 中看到这种差异。从 A 点移动到 B 点就是沿着供给曲线的移动，由于价格上涨，沿着 S_1 供给量增加了。具体到目前的情形，价格从 3 美元上涨至 3.50 美元引起天然气的供给量从 10 万亿英热单位上升到 11.2 万亿英热单位。但是，当价格不变时，供给量也会增加——供给曲线向右移动。这表现为供给曲线从 S_1 移动到 S_2。假定价格维持在 3 美元，则供给量从 S_1 上 A 点的 10 万亿英热单

位移动到 S_2 上 C 点的 12 万亿英热单位。

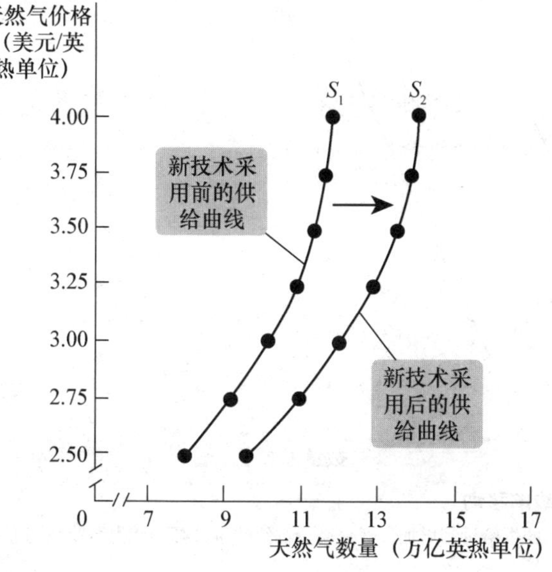

天然气的供给表

天然气价格（美元/英热单位）	天然气数量（万亿英热单位）	
	新技术采用前	新技术采用后
4.00	11.6	13.9
3.75	11.5	13.8
3.50	11.2	13.4
3.25	10.7	12.8
3.00	10.0	12.0
2.75	9.1	10.9
2.50	8.0	9.6

图 3-7　供给增加

随着新的天然气钻探技术的采用，供给增加——在任一给定的价格上供给量的增加。这个事件可以用两条供给曲线来表示，一条是新技术采用前的供给曲线，另一条是新技术采用后的供给曲线。供给增加导致供给曲线向右移动。

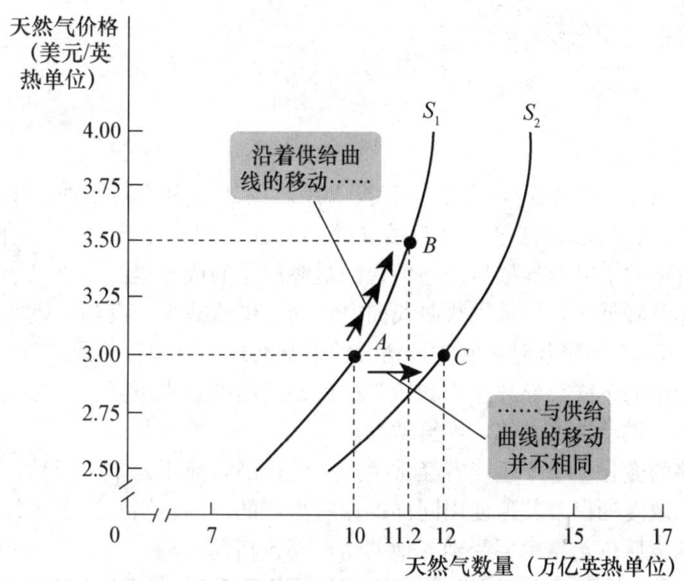

图 3-8　沿着供给曲线的移动与供给曲线的移动

从 A 点到 B 点的供给量增加反映了沿着供给曲线的移动：它是产品价格上涨的结果。从 A 点到 C 点的供给量增加反映了供给曲线的移动：它是在任一给定价格上供给量增加的结果。

□ 3.3.3　理解供给曲线的移动

图 3-9 显示了供给曲线移动的两种基本方式。如果经济学家说“供给增加”，他们的意思是供给曲线向右移动：在任一给定的价格水平上，生产者对产品的供给量都比原来要大。这表现在图 3-9 中就是供给曲线从最初的 S_1 向右移动到 S_2。如果经济学家说“供给减少”，他们的意思是供给曲线向左移动：在任一给定的价格水平上，消费者对产品的供给量都比原来要小。这表现在图 3-9 中就是供给曲线从最初的 S_1 向左移动到 S_3。

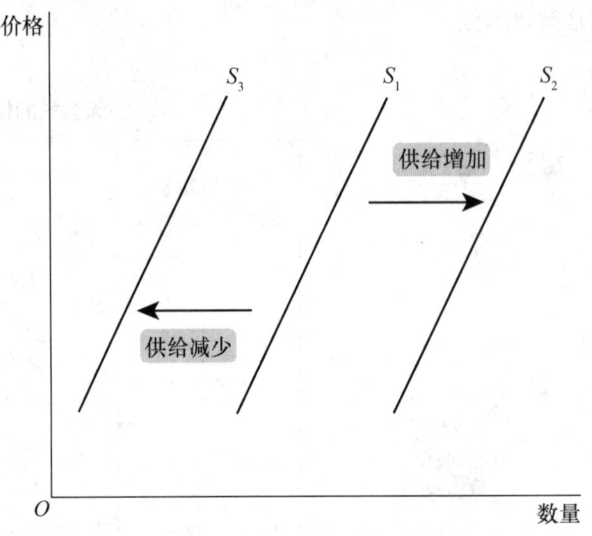

图3-9　供给曲线的移动

任何增加供给的事件都会使供给曲线向右移动，即在任一给定价格上的供给量都增加。任何减少供给的事件都会使供给曲线向左移动，即在任一给定价格上的供给量都减少。

经济学家相信，产品或服务的供给曲线的移动主要是5个因素作用的结果（当然，就像需求曲线一样，可能还有其他因素）：

- 投入品价格的变化
- 相关产品或服务价格的变化
- 技术的变化
- 预期的变化
- 生产者数量的变化

投入品就是用来生产另一种产品的产品。

投入品价格的变化　为了进行生产，你必须有投入品。例如，为了制作香草冰激凌，你必须买香草豆、奶油、糖等。**投入品**（input）就是用来生产另一种产品的产品。投入品价格的上升会导致生产和销售的最终产品的成本提高。所以产品生产者在任一给定价格上供应此种产品的意愿就降低了，导致供给曲线向左移动，供给减少。例如，燃料是航空公司最主要的成本。当石油价格在2007—2008年飙升时，航空公司开始削减航班，有些甚至退出航空行业。

与此类似，投入品价格的下降会导致生产和销售的最终产品的成本下降。产品生产者在任一给定价格上供应此种产品的意愿增强，供给曲线右移，供给增加。

相关产品或服务价格的变化　单个生产者经常生产一组产品，而不是单一产品。例如，炼油厂用原油生产汽油，但也用原油生产取暖油以及其他使用同样的原料生产的产品。当生产者销售几种产品时，任何一种产品在给定价格水平上的意愿供给量都要受到其他共生产品价格的影响。

这种影响可以是同向的，也可以是反向的。当取暖油价格上升时，炼油厂将减少任一价格水平上的汽油数量，推动汽油供给曲线向左移动。当取暖油价格下降时，炼油厂将增加任一价格水平上的汽油数量，推动汽油供给曲线向右移动。这意味着汽油和其他共生的石油产品是石油炼化厂的生产替代品（substitutes in production）。

与此相反，由于生产过程的特性，有些产品也可以是生产互补品（complements in production）。例如，天然气的生产商通常发现在天然气采掘中也生产出伴生品石油。采掘公司在石油卖出好价钱的同时会采掘更多的天然气，增加在任一价格水平上的天然气供给量。换言之，石油价格上升，导致在任一价格水平上的天然气供给量增加，因为石油和天然气是被同时采掘的。因此，石油就是天然气的生产互补品。反过来说也成立，天然气是石油的生产互补品。

技术的变化　正如本章开篇案例所说的那样，技术变革会影响供给曲线。技术进步使得生产者减少投入品（就当前的事例而言，就是钻井设备、劳动、所购买的土地，等等）仍然能得到同样的产量。当更好的技术出现时，生产成本降低，供给增加，供给曲线右移。

技术改进后的天然气生产者在不到两年的时间内产量翻了一番多。尽管需求增长，但天然气仍然相对便宜的主要原因就是技术进步。

预期的变化　正如预期的变化会导致需求曲线移动一样，预期的变化也会导致供给曲线移动。当供给者能够选择用来销售的产品的产量时，预期产品未来价格的变化会导致供应者在当前增加或减少产品供给。

例如，汽油和其他石油产品在卖给消费者之前会在炼油厂被保存相当长的时间。事实上，存储通常是制造商商业战略的一部分。我们知道，夏季是汽油需求高峰期，炼油厂通常会储存一些春季产的汽油用于夏季销售。同样，我们知道取暖油在冬季会出现需求高峰，炼油厂在石油炼化中通常也会储存部分秋季产的取暖油用于冬季。

在每一种情况下，生产者都需就产品现在销售还是储存起来以备日后销售做出决策。生产者的选择依赖于当前价格和预期的未来价格的比较。这个事例表明了预期改变怎样影响供给：预期产品或服务价格在未来上升将导致当前供给减少，供给曲线左移。预期未来价格下降将导致当前供给增加，供给曲线右移。

生产者数量的变化　正如消费者人数的变化会影响需求曲线一样，生产者数量的变化会影响供给曲线。我们先看图 3-10（a）所示的**个体供给曲线**（individual supply curve），它表示的是单个生产者的供给量和价格之间的关系。例如，假设路易斯安那钻探公司是天然气生产商，图 3-10（a）显示的是每年在每一价格水平上路易斯安那钻探公司愿意提供的天然气英热单位。因此，$S_{路易斯安那}$是其个体供给曲线。

> **个体供给曲线**表示单个生产者的供给量和价格之间的关系。

市场供给曲线表示的是市场中所有个体生产者根据市场价格所提供的产品数量总和。与市场需求曲线是所有消费者个体需求曲线的水平加总一样，市场供给曲线是所有生产者个体供给曲线的水平加总。假设在某一个时刻，只有两个天然气生产者——路易斯安那钻探公司和阿勒格尼天然气公司。阿勒格尼天然气公司的个体供给曲线如图 3-10（b）所示。图 3-10（c）所示为市场供给曲线。在任一给定的价格水平上，提供给市场的数量是路易斯安那钻探公司和阿勒格尼天然气公司所提供的数量之和。例如，当价格为每英热单位 2 美元时，路易斯安那钻探公司每年的天然气供给量为 300 000 英热单位，阿勒格尼天然气公司每年的供给量为 200 000 英热单位。所以，市场每年的供给量为 5 000 000 英热单位。

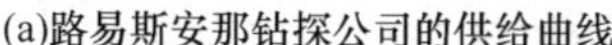

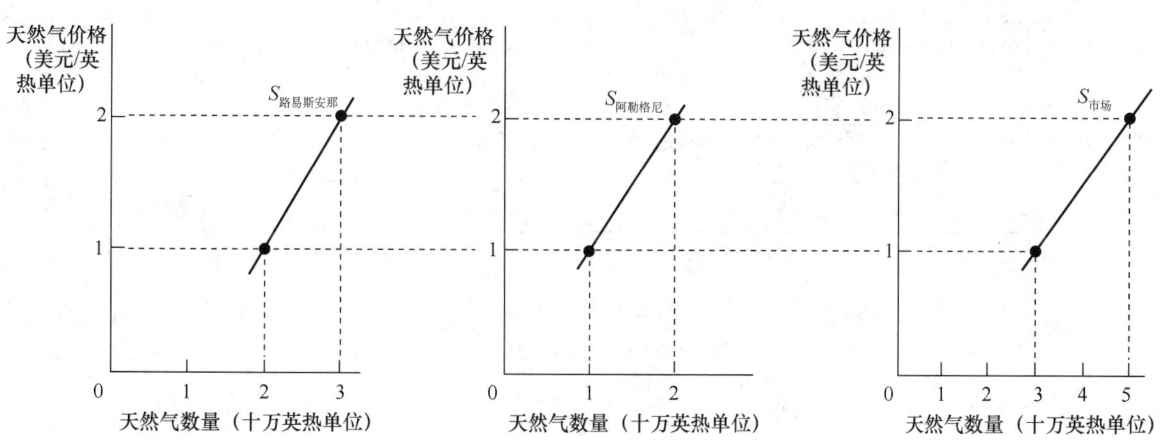

图 3-10　个体供给曲线与市场供给曲线

图（a）中是在每一价格水平上路易斯安那钻探公司的个体供给曲线，表示在每一价格水平上该公司每年将提供多少英热单位的天然气。图（b）中是在每一价格水平上阿勒格尼天然气公司的个体供给曲线。市场供给曲线表示在每一价格水平上所有生产者的天然气供给量，如图（c）所示。市场供给曲线是所有生产者供给曲线的水平加总。

显然，在任一给定的价格上，市场供给量在阿勒格尼天然气公司进入市场后比路易斯安那钻探公司作为唯一生产者时大了许多。如果我们添加第三个、第四个生产者，等等，在任一给定的价格水平上，市场供给量将更大。因此，增加生产者数量将导致供给增加。

对于引起供给变动的因素的小结，请参见表 3-2。

表 3-2　　引起供给变动的因素

当下述变化发生时	供给增加		当下述变化发生时	供给减少	
当投入品的价格下降时	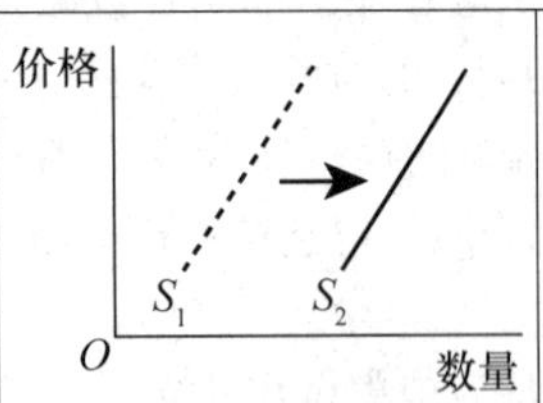 价格 S_1 → S_2 O 数量	对产品的供给将增加	当投入品的价格上涨时	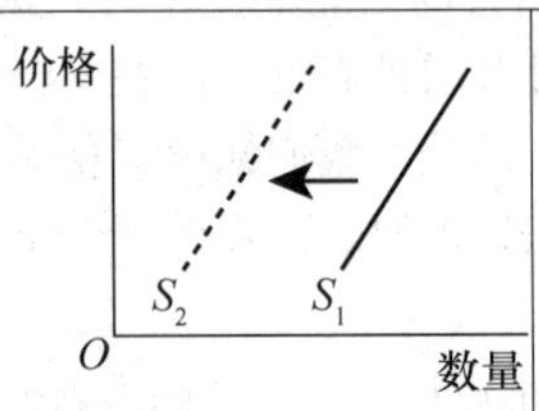 价格 S_2 ← S_1 O 数量	对产品的供给将减少
当生产替代品的价格下降时	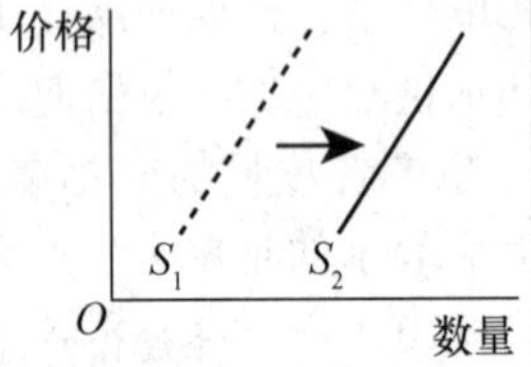 价格 S_1 → S_2 O 数量	对原有产品的供给将增加	当生产替代品的价格上涨时	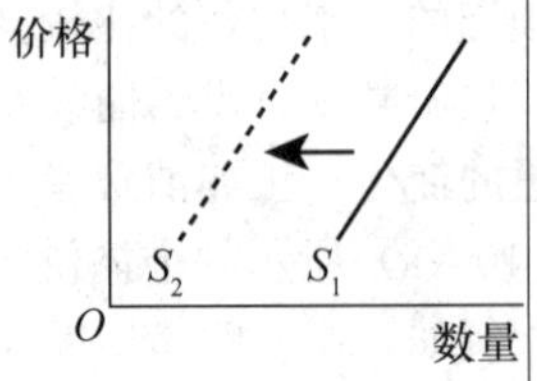 价格 S_2 ← S_1 O 数量	对原有产品的供给将减少
当生产互补品的价格上涨时	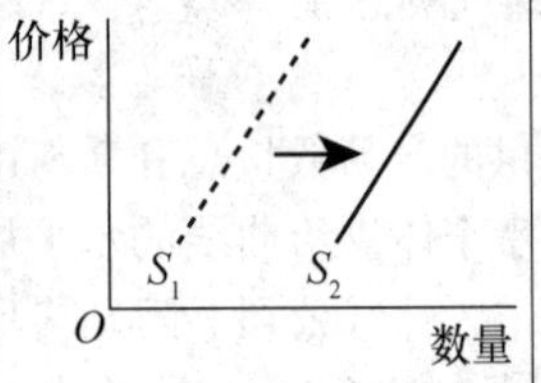 价格 S_1 → S_2 O 数量	对原有产品的供给将增加	当生产互补品的价格下降时	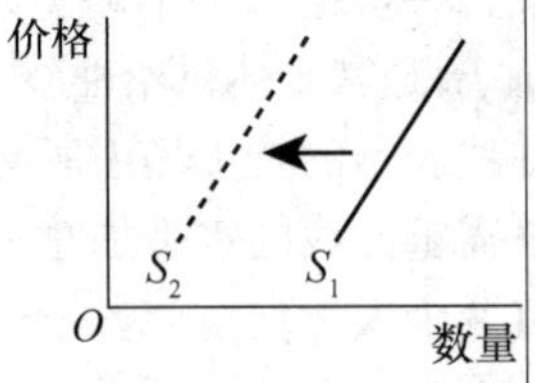 价格 S_2 ← S_1 O 数量	对原有产品的供给将减少
当生产产品的技术进步时	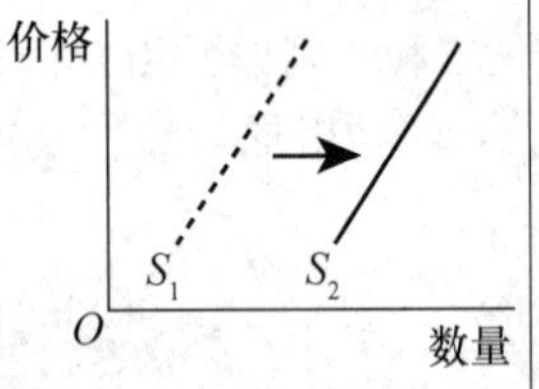 价格 S_1 → S_2 O 数量	对产品的供给将增加	当生产产品的最佳技术无法获得时	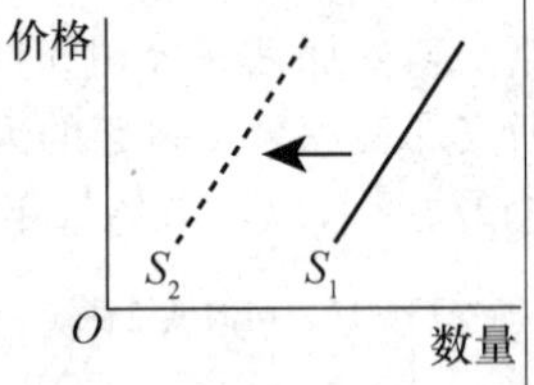 价格 S_2 ← S_1 O 数量	对产品的供给将减少
当预期未来价格将下降时	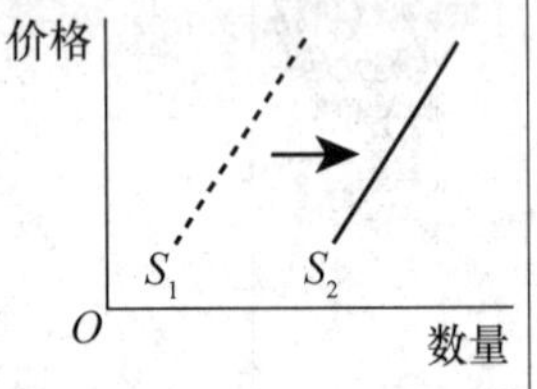 价格 S_1 → S_2 O 数量	当前对产品的供给将增加	当预期未来价格将上涨时	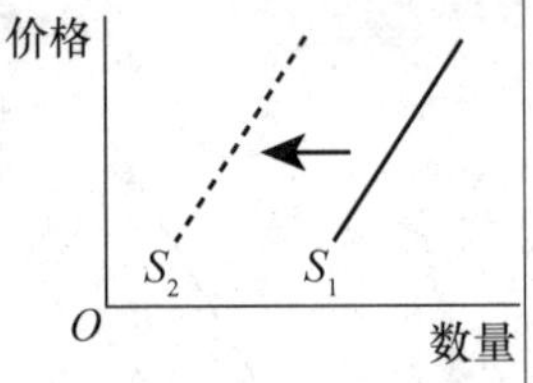 价格 S_2 ← S_1 O 数量	当前对产品的供给将减少
当生产者数量增加时	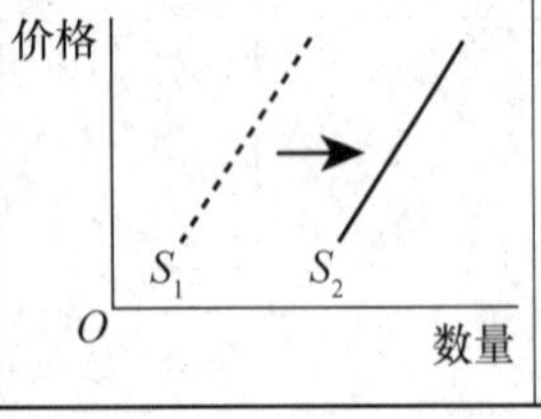 价格 S_1 → S_2 O 数量	对产品的市场供给将增加	当生产者数量减少时	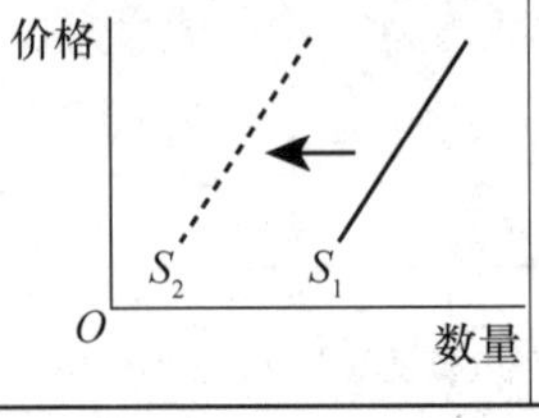 价格 S_2 ← S_1 O 数量	对产品的市场供给将减少

▶ **真实世界中的经济学**

仅服务于小而贵的动物

回到 20 世纪 70 年代，英国电视台播放了一档受欢迎的节目，名为《所有生物大小同诊》。该节目记录了 20 世纪 30 年代的英国乡村兽医杰姆斯·赫里奥特（James Herriot）的真实生活。在英格兰农村艰苦的条件下，赫里奥特的诊疗对象有牛、猪、羊、马和家庭宠物。节目影像表明，当地兽医是当时一个重要的农业社区成员，可拯救珍贵的农场牲畜，帮助农民度过经济上的艰难期。同样很明确的是，赫里奥特先生认为他一生都会有事情做。

但此一时彼一时。根据《纽约时报》的一篇文章，过去25年美国的农场兽医数量大幅下降。问题来源于竞争。随着家庭宠物数量的增加、宠物饲养人收入的增加，宠物兽医的需求急剧增加。结果，越来越多的兽医从照顾农场牲畜转向照顾有利可图的宠物。正如一个兽医所说，她开始从事的工作是照顾农场的牲畜，但促成她改变的是："对奶牛做一次剖腹产手术只有50美元，但如果对吉娃娃做一次剖腹产手术，你将得到300美元。这是钱！我并不喜欢这样说。"

我们怎样用供求曲线对此进行解释？农场兽医服务和宠物兽医服务就像汽油和燃油：它们是生产替代品的相关产品。兽医提供的是这种或其他特殊类型的专业服务，这一决定往往取决于对服务的支付价格。美国饲养宠物人口的不断增长，加上宠物所有者对宠物的照料意愿增强，带动了宠物兽医服务价格的上涨。由此导致为农场服务的兽医越来越少。因此，农场兽医供给曲线向左移动，即在任一给定的价格水平上，提供农场服务的兽医越来越少。

最后，农场主明白，这一切其实都是金钱问题。因为不愿意付出更多，他们得到的兽医服务越来越少。正像最近由于找不到兽医而损失了一头昂贵的耕牛的一位农场主所说的那样："事实上，你别无他法，现在你只能将其作为一种企业费用。你过去可能并不习惯这么看。但如果你有牲畜，你迟早都得为它们收尸。"（我们应该注意到，这位农场主原本可以选择向会救活他的耕牛的兽医多支付一些。）

及时复习

- 供给表表示的是当价格变化时供给量如何变化。这一关系也可以用供给曲线表示。
- 供给曲线通常是向上倾斜的，即随着价格的提高，人们会更愿意提供某种产品或服务。
- 价格变化会导致沿着供给曲线的移动和供给量的变化。
- 供给增加或减少会导致供给曲线移动。供给增加导致供给曲线向右移动：在任一给定价格上供给量增加。供给减少导致供给曲线向左移动：在任一给定价格上供给量减少。
- 导致供给曲线移动的5个主要因素是：（1）投入品的价格，（2）相关产品或服务的价格，（3）技术，（4）预期，（5）生产者数量。
- 市场供给曲线是市场中所有生产者个体供给曲线的水平加总。

小测验 3-2

1. 说明下列每个事件代表的是供给曲线的移动还是沿着供给曲线的移动。

a. 在房地产市场繁荣时期，有更多的房主将自己的房子挂牌出售。

b. 许多种植草莓的农场主在收获季节会在路边设立一些临时摊点，即使那个时候草莓价格通常较低。

c. 每当新学年开始的时候，快餐连锁店一定会通过提高工资来招聘员工。

d. 许多建筑工人会因为更高的工资而暂时迁移到遭受飓风袭击的地区。

e. 由于新技术的采用，建造大型客轮成为可能，加勒比的邮轮公司以更低的价格提供了更多的客舱。

3.4 供给、需求和均衡

到目前为止，我们已经揭示了供给和需求模型中的三个关键要素：供给曲线、需求曲线以及使这两种曲线移动的各种因素。下一步是将这些要素组合在一起来看如何使用它们来预测销售或者购买某种产品的实际价格以及实际交易数量。

到底是什么决定了产品的销售或者购买价格？在第1章中，我们学习了一般性原则：市场会达至均衡，而所谓均衡就是这样一种状态——没有人能够通过采取别的行为来增进自己的福利。在竞争性市场中，我们可以说得更明确一些：竞争性市场的均衡就是价格已经达到了一个使产品的需求量等于其供给量的水平。

在这个价格水平上，没有哪个单一卖主能够通过减少或增加产品的供给量而使自己的境况得到改善，也没有哪个买主能够通过减少或增加产品的需求量而使自己的境况得到改善。

当价格变动到产品或服务的需求量等于其供给量的水平时，竞争性市场就达至均衡状态。此时的价格就是**均衡价格**，也叫**市场出清价格**，此时产品或服务买卖的数量就是**均衡数量**。

使供给量等于需求量的价格就是**均衡价格**（equilibrium price），在这个价格水平上购买或出售的产品数量就是**均衡数量**（equilibrium quantity）。均衡价格也叫**市场出清价格**（market-clearing price）：这个价格“使市场出清了”，此时每个愿意以此价购买产品的人都能找到愿意按照同样的价格出售产品的人，反之亦然。那么，我们如何找到均衡价格和均衡数量呢？

▶ **疑难解答**

买还是卖？

我们在谈及产品或服务买或卖的价格时，二者似乎是一回事。那么，难道我们不该对这两个价格有所区分吗？原则上应该区分，但是，到目前为止，为了简便起见，我们不得不稍作简化，假定二者没有区别。在现实中，买者与卖者是通过中间人走到一起的。中间人从供应商处购入产品，然后加价一定幅度将产品卖给消费者。例如，中间商从钻探公司购入天然气，然后卖给天然气公司，天然气公司将其配送给居民用户和企业。钻探公司的每英热单位得到的价格一般会低于天然气公司。这一点也不神秘：中间的差价就是中间商的利润。

但是，在很多市场上买入价和卖出价之间的差额很小。因此，大致可以认为，购买者支付的价格与销售者得到的价格是相同的。因此，在本章我们做出这样的假设。

□ 3.4.1 寻找均衡价格和均衡数量

决定市场上的均衡价格和均衡数量的最简单易行的方法是将需求曲线和供给曲线放在同一个坐标图中。由于供给曲线表示的是在不同价格水平上的供给量，而需求曲线表示的是在不同价格水平上的需求量，所以两条曲线的交点处的价格就是均衡价格：使供给量等于需求量的价格。

图 3-11 把图 3-1 中的需求曲线和图 3-6 中的供给曲线放在一起。两条曲线在 E 点相交，E 点为市场均衡点；换言之，3 美元就是均衡价格，10 万亿英热单位就是均衡数量。

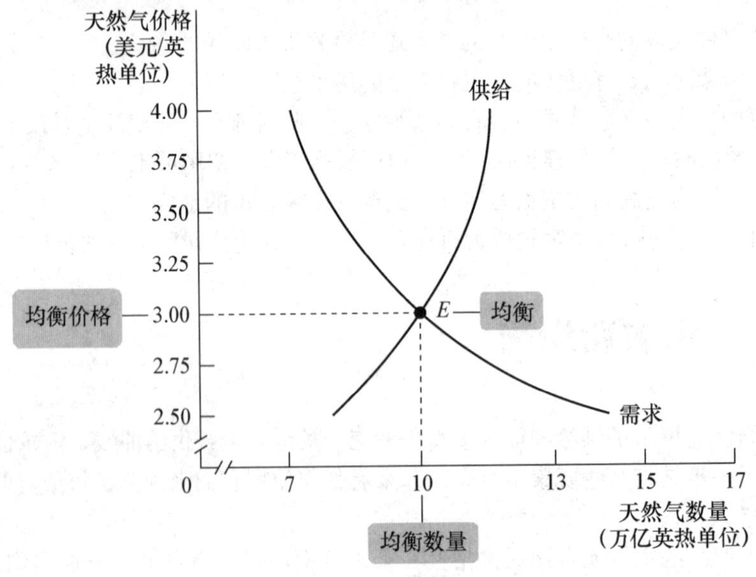

图 3-11　市场均衡

市场在供给曲线和需求曲线的交点 E 点达至均衡。在均衡状态下，需求量等于供给量。在这个市场上均衡价格是 3 美元，均衡数量是 10 万亿英热单位。

我们来验证 E 点符合我们所定义的均衡。在每英热单位 3 美元这一价格水平上，天然气生产者每年愿意卖出的数量为 10 万亿英热单位，天然气用户每年愿意购买的数量为 10 万亿英热单位。所以，在每英热单位 3 美元这个价格水平上，天然气供给量等于其需求量。注意，在任何其他价格水平上，市场都不会出清：不是每个愿意购买的人都能找到卖方，或者不是每个愿意卖出的人都能找到买方。换句话说，如果价格高于 3 美元，供给量将超过需求量；而如果价格低于 3 美元，需求量会超过供给量。

因此，供给和需求模型预测的结果是，给定图 3－11 中的供给曲线和需求曲线，在每英热单位 3 美元的价格水平上有 10 万亿英热单位天然气将被成功转手。但是，我们怎样才能确信市场会达至均衡价格呢？我们从回答下面这三个简单的问题开始：

1. 为什么一个市场上所有的买和卖都会在同一个价格水平上进行？
2. 为什么市场价格超过了均衡价格时就会下降？
3. 为什么市场价格低于均衡价格时就会上升？

□ 3.4.2 为什么一个市场上所有的买和卖都会在同一个价格水平上进行?

有些市场上同一种产品会以许多个不同的价格出售，这取决于谁在卖或者谁在买。例如，在旅途中，你有没有刚在一家店里买了一个纪念品，转身在隔壁的店里就看到同样的东西但价格更低？因为游客不知道哪家商店的开价最低，也没有时间来货比三家，所以旅游景点的商店能够对同样的产品收取不同的价格。

但是在买方和卖方都有充分搜寻时间的市场上，买和卖趋向于在一个大体一致的价格上互相靠近，所以我们才能有把握地说"市场价格"。原因容易理解。假设一个卖主给一个潜在买主的开价明显地比该买主所知道的其他人支付的价格高，该买主只要到别的卖主那里去购买，自己的境况就会改善，除非该卖主决定降价。

相反，一个卖主也不会以比他所知的多数买主愿意支付的价格低的价格出售自己的产品。所以，在任何一个正常运行的市场上，所有的买主和卖主都支付和收取几乎相同的价格。这个价格就是我们所说的市场价格。

□ 3.4.3 为什么市场价格超过了均衡价格时就会下降?

假设供给曲线和需求曲线如图 3－11 所示，但是市场价格高于均衡水平 3 美元，例如是 3.50 美元，如图 3－12 所示。为什么这个价格无法维持呢？

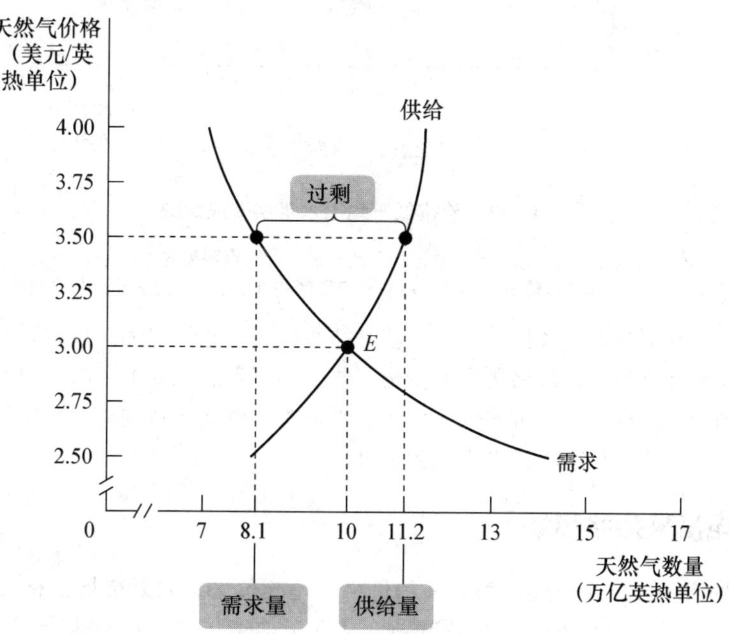

图 3－12 价格高于均衡水平将造成过剩

市场价格 3.50 美元高于 3 美元的均衡价格。这导致过剩出现：在 3.50 美元的价格水平上，生产者愿意提供的数量为 11.2 万亿英热单位，消费者愿意购买的数量为 8.1 万亿英热单位。两者相差 3.1 万亿英热单位。这一过剩将推动价格下降，直到达到均衡价格为止。

如图 3－12 所示，在 3.50 美元这个价格上，天然气的供给量超过了消费者愿意购买的数量：前者是 11.2 万亿英热单位，后者是 8.1 万亿英热单位。两者相差的 3.1 万亿英热单位就是 3.50 美元这个价格水平上出现的**过剩**（surplus），也被称为在 3.50 美元这个价格水平上存在过度供给（excess supply）。

当某种产品的供给量超过需求量时，就出现了**过剩**。当价格高于均衡价格时就会出现过剩。

过剩意味着一些天然气生产商会受挫：它们没法找到愿意购买它们天然气的人。供给过剩的存在促使那些可能的卖主为了从其他卖主那里争取到更多的客户而降低价格。降价的结果是将推动现行价格下降，直到达到均衡价格为止。于是只要存在供给过剩——也就是市场价格高于均衡价格，一种产品的价格就会下降。

□ 3.4.4　为什么市场价格低于均衡价格时就会上升？

当某种产品的需求量超过供给量时，就出现了**短缺**。当价格低于均衡价格时就会出现短缺。

现在假设价格低于均衡水平，例如为每英热单位 2.75 美元，如图 3－13 所示。在这种情况下，需求量 11.5 万亿英热单位超过了供给量 9.1 万亿英热单位，这意味着有部分消费者得不到天然气，出现了**短缺**（shortage）——也被称为存在过度需求（excess demand）——数量为 2.4 万亿英热单位。

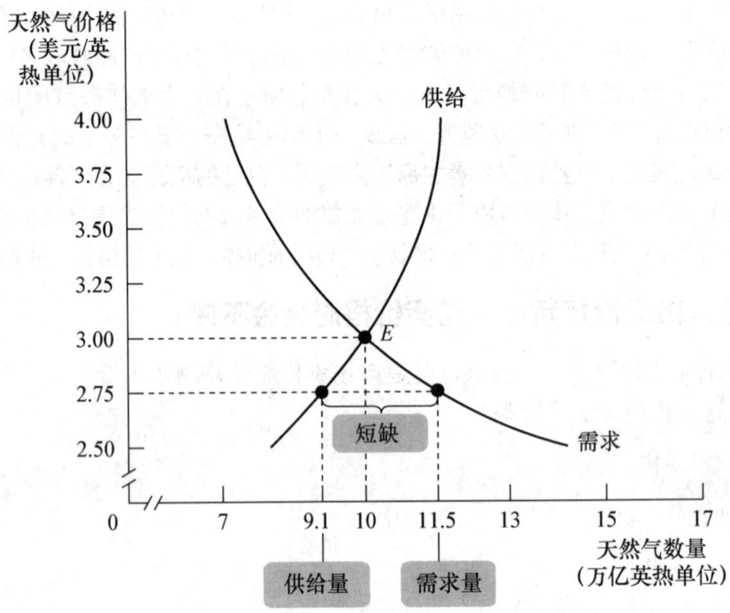

图 3－13　价格低于均衡水平将造成短缺

市场价格 2.75 美元低于 3 美元的均衡价格。这导致短缺出现：此时消费者愿意购买的数量为 11.5 万亿英热单位，而生产者愿意提供的数量为 9.1 万亿英热单位，两者相差 2.4 万亿英热单位。这一短缺将推动价格上涨，直到达到均衡价格为止。

当存在短缺的时候，有部分购买者比较沮丧，就是那些想买天然气但无法按现行价格买到的购买者。在这种情况下，要么购买者开出比现行价格更高的价格，要么销售者意识到可以收取更高的价钱。不论是哪一种方式，结果都是推高现行价格。只要价格低于均衡水平，短缺就会导致购买者和销售者采取行动，推动价格升高。所以，只要低于均衡价格，市场价格就会上升。

□ 3.4.5　用均衡来描绘市场

我们现在已经看到市场倾向于形成一种单一的价格：均衡价格。如果市场价格高于均衡价格，过剩会引起买卖双方采取行动，导致价格下降。如果市场价格低于均衡价格，短缺也会引起买卖双方采取行动，导致价格上涨。所以，市场价格总是朝着均衡价格移动，在均衡时既没有过剩也没有短缺。

▶ **真实世界中的经济学**

门票价格

从理论上来说，市场均衡是相当平等的。因为均衡价格适用于每个人。也就是说，所有买家支付相同的价格，所有卖家收到相同的价格，即均衡价格。但现实如此吗？

演唱会门票市场就是一个与理论似乎矛盾的例子。售票处标出一个价格，但还有另外一个价格（通常会高一些），由已经持有门票的人在网上——如 StubHub. com 或易趣上——转售的同一场演出的价格。例如，比较在佛罗里达州迈阿密举办的德雷克（Drake）音乐会售票处的价格与 StubHub. com 上同一个座位的价格，前者为 88.50 美元，后者为 155 美元。

这听起来似乎令人费解。但如果我们考虑到机会成本和偏好，就不存在矛盾。就重要演出而言，从售票处买票意味着要排很长的队等候。利用网络在线购买二手票的人认为，他们排队等候的机会成本太高。对于重要演出，售票处在网上按面值出售时，门票经常在几分钟内就销售一空。在这种情况下，那些特别想去看演出却错过了买到便宜线上门票的人就愿意支付较高的价格购买二手门票。

不仅如此，在 StubHub. com 上，你可以看到市场真正走向均衡。你会发现，座位邻近的不同卖家的报价也很接近，如不同的卖家报出的德雷克演唱会主层座位的价格非常接近：184.99 美元与 185 美元。竞争性市场模型预测，相同产品单位最终会卖出同样的价格。价格会随着需求和供给发生变化。

根据《纽约时报》的一篇文章，如果演出没有吸引力，StubHub. com 上的门票价格还会低于面值，但那些需求非常旺盛的演出，价格会上涨到非常高的水平。（该篇文章引述的麦当娜演唱会的门票价格高达 3 530 美元）。甚至 StubHub. com 的首席执行官也说，他的网站是“供给与需求经济学的现实范例”。

因此，竞争性市场理论并不仅仅是推断。如果你想亲身体验，试着去买音乐会的门票。

及时复习

- 竞争性市场上的价格会朝着均衡价格或者市场出清价格移动，在均衡价格上供给量等于需求量，该数量就是均衡数量。
- 市场上的所有买方和卖方都接受同一价格。如果价格高于均衡水平，过剩出现，将推动价格下跌。如果价格低于均衡水平，短缺出现，会推动价格上升。

小测验 3-3

1. 假设市场初始处于均衡状态。在下列每个事件发生后，在初始的均衡价格上会出现过剩还是短缺？均衡价格会发生什么变化？

a. 2013 年对于加利福尼亚州种植酿酒用葡萄的农场主来说是个好年头，因为这一年他们获得了大丰收。

b. 飓风之后，佛罗里达州的旅馆经营者经常会发现许多人取消了他们的假期，导致旅馆房间空置。

c. 一场大雪过后，许多人都想在附近的工具商店里购买二手吹雪机。

3.5 供给和需求的变化

从 2006 年到 2013 年天然气价格大幅下降，从每英热单位 14 美元下降到 2 美元，可能令许多人感到不解，但供应商一点儿也不感到意外。供应商知道，钻探技术的进步已经打开了过去高开采成本无力企及的巨大的天然气储藏量。可以预计，供给增加将压低均衡价格。

钻探新技术的采用是一个移动一种产品的供给曲线而不影响其需求曲线的事件，这样的事件还有许多。同时有些事情只能推动需求曲线移动，不会引起供给曲线移动。例如，根据一项医学报告，巧克力有利于健康，对巧克力的需求会增加，但不会影响供给。大多数事件要么使供给曲线移动，要么使需求曲线移动，但不能同时使二者都发生移动。因此，有必要分别讨论在它们各自移动时都发生了什么。

我们已经知道，当曲线移动时，均衡价格和均衡数量会改变。现在我们来重点关注一下曲线的移动究竟如何改变均衡价格和均衡数量。

□ 3.5.1 当需求曲线移动时会发生什么？

取暖油和天然气互为替代品，如果取暖油的价格上升，那么对天然气的需求会增加，而如果取暖油的价格下降，对天然气的需求会减少。但是取暖油的价格是怎样影响天然气的市场均衡的呢？

图 3-14 展示了取暖油的价格上升对天然气市场的影响。取暖油的价格上升导致对天然气的需求增加。E_1 点表示与最初的需求曲线相对应的均衡点，P_1 是均衡价格，Q_1 是均衡数量。

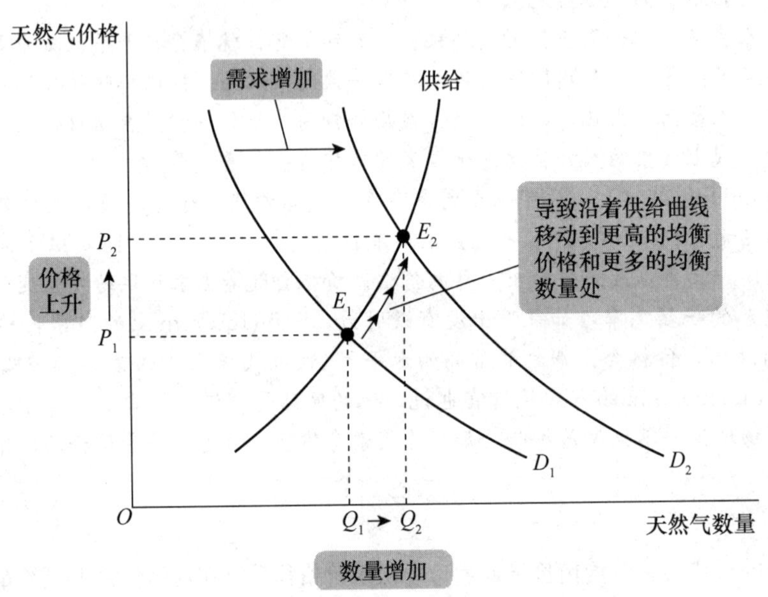

图 3-14 市场均衡和需求曲线的移动

天然气市场上初始的均衡点为 E_1 点，即供给曲线和初始的需求曲线 D_1 的交点。取暖油是天然气的一种替代品，取暖油价格的上升使需求曲线向右移动到 D_2。在初始价格 P_1 处将出现短缺，所以价格和供给量都会上升，表现为沿着供给曲线的移动。在 E_2 点达到新的均衡，此时的均衡价格更高，为 P_2，均衡数量也更大，为 Q_2。当一种产品或服务的需求增加时，均衡价格和均衡数量都会上升。

需求增加通过需求曲线 D_1 向右移动到 D_2 来表示。在初始的市场价格 P_1 下，市场不再处于均衡状态，而是出现短缺，因为需求量超过了供给量。所以，天然气价格会上升，引起供给量随之增加，出现沿着供给曲线的移动。新的均衡在 E_2 点达到，此时的均衡价格为 P_2（高于 P_1），均衡数量为 Q_2（大于 Q_1）。这些事件的结果反映出一个基本原理：当某种产品或服务的需求增加时，产品或服务的均衡价格和均衡数量都会上升。

那么，如果发生相反的变化，即取暖油的价格下降，又会发生什么呢？取暖油的价格下降会减少对天然气的需求，天然气需求曲线向左移动。在初始价格上将出现过剩，因为供给量超过了需求量。天然气价格将下降，导致供给量减少，结果是均衡价格降低、均衡数量减少。这体现了另一个基本原理：当某种产品或服务的需求减少时，这种产品或服务的均衡价格和均衡数量都会下降。

我们就市场如何对需求变化做出反应总结如下：需求增加导致均衡价格和均衡数量都上升，而需求减少则导致均衡价格和均衡数量都下降。

□ 3.5.2 当供给曲线移动时会发生什么？

对大部分产品和服务来说，预测供给变化比预测需求变化要容易一些。获得类似于天气或者投入品的可得性这样一些影响供给的实实在在的因素，要比捕捉影响需求的那些变幻无常的“偏好”要容易许多。尽管如此，我们还是得弄清楚供给曲线的移动到底会有哪些影响。

正如我们的开篇案例所提到的那样，钻探技术进步大大改善了2006年之后天然气的供给。图3-15展示了这种变化如何影响市场均衡。最初的均衡位于E_1点，即最初的供给曲线S_1和需求曲线的交点，均衡价格是P_1，均衡数量是Q_1。由于技术进步的作用，供给增加，S_1向右移动到S_2。在初始价格P_1上，天然气市场出现过剩，市场不再处于均衡状态。过剩导致天然气价格下降，需求数量随之增加，从而发生了沿着需求曲线向下的移动。新的均衡位于E_2点，均衡价格是P_2，均衡数量是Q_2。在这个新的均衡点上，价格比原来的P_1要低，而均衡数量比原来的Q_1要大。这可以概括为一个基本原理：某种产品或服务的供给增加会导致这种产品或服务的均衡价格下降和均衡数量上升。

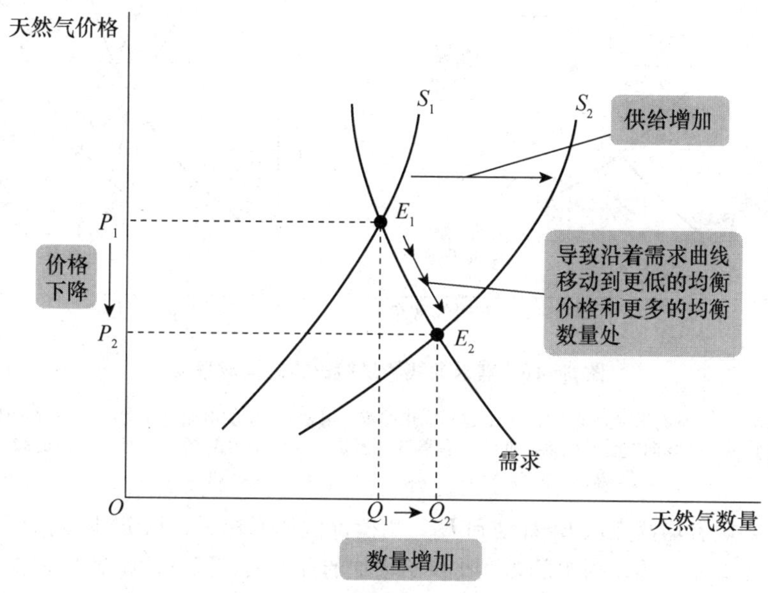

图3-15　市场均衡和供给曲线的移动

天然气市场上初始的均衡点为E_1点，技术进步引起天然气供给曲线从初始的供给曲线S_1右移到S_2。在E_2点达到新的均衡，此时的均衡价格更低，为P_2，均衡数量更大，为Q_2。

我们就市场如何对供给变化做出反应总结如下：供给增加导致均衡价格下降、均衡数量上升，而供给减少则导致均衡价格上升、均衡数量下降。

▶ 疑难解答

到底是哪条曲线？

当某种产品或服务的价格发生变化时，总的来说，我们可以说它反映了供给或者需求的变化。但是容易引起误解的是，到底是供给的变化还是需求的变化？一个有用的线索是数量变化的方向。如果数量和价格变化的方向相同，这说明是需求曲线发生了移动。如果价格和数量变化的方向相反，则可能的原因是供给曲线发生了移动。

□ 3.5.3　供给曲线和需求曲线同时移动

最后，有时有些事件既能引起需求曲线移动，也能引起供给曲线移动。这并不鲜见。在实际生活中，许多产品或服务会经常变化，因为经济环境处在持续变化中。图3-16展示了两个同时移动的例子。在两幅分图中，供给都增加了，表现为供给曲线从S_1右移到S_2，可能是因为采用了先进的钻探技术。注意图3-16（a）中供给曲线的移动幅度要比图3-16（b）中供给曲线的移动幅度小。我们可以认为，图3-16（a）反映了小幅度、累计性的技术进步，图3-16（b）则反映了革命性的重大技术变革。两幅分图都展示了需求的减少，即需求曲线向左移动，从 D_1 移动到 D_2。也请注意，图 3－16（a）中的需求曲线向左移动的幅度比图3－16（b）中的大。我们也可以认为，图 3－16（a）反映了整个经济出现深度衰退对需求的影响，而图 3－16（a）则反映了温和的衰退对需求的影响。

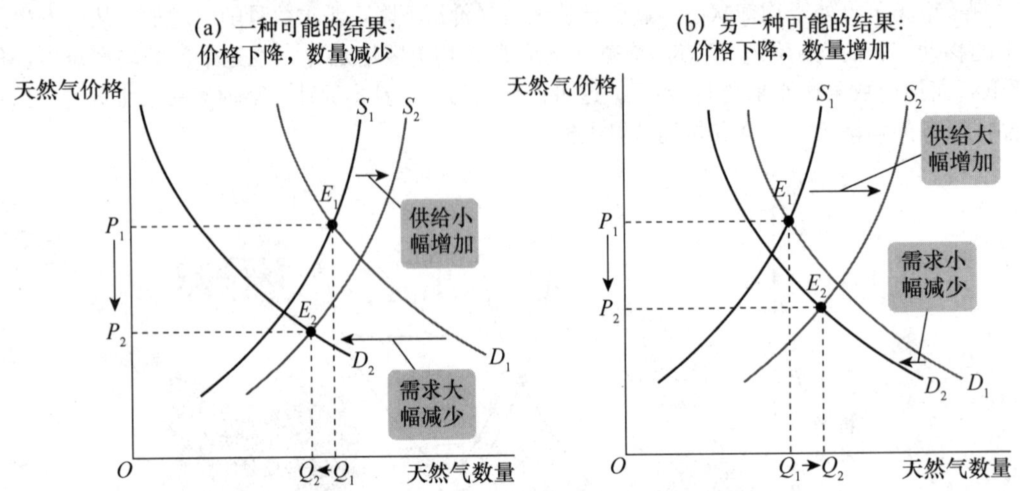

图 3－16　需求曲线和供给曲线的同时移动

在图（a）中，需求曲线向左移动而供给曲线向右移动。这里需求的减少相对于供给的增加而言较大，所以均衡价格下降、均衡数量减少。

在图（b）中，同样也是需求曲线向左移动而供给曲线向右移动。但是，这里供给的增加相对于需求的减少而言较大，所以均衡价格下降而均衡数量增加。

在这两种情况下，随着均衡点从 E_1 移动到 E_2，均衡价格都下降了，从 P_1 降到 P_2。但是均衡数量怎么变化呢？在图 3－16（a）中，需求减少的幅度比供给增加的幅度大，因此均衡数量减少。而在图 3－16（b）中，供给增加的幅度比需求减少的幅度大，因此均衡数量增加。也就是说，当需求减少而供给增加时，买卖的数量既可能增加也可能减少，这取决于需求曲线和供给曲线移动的相对幅度。

总的来说，当供给和需求朝着相反的方向移动时，我们并不能断定这些变化对均衡数量的最终影响。我们所知道的是，当一条曲线的移动幅度大于另一条曲线的移动幅度时，前者对均衡数量的影响会更大。也就是说，当供给曲线和需求曲线沿着相反的方向变化时，我们可以做出如下的预测结论：

- 当需求减少而供给增加时，均衡价格会下降，但是均衡数量的变化不确定。
- 当需求增加而供给减少时，均衡价格会上升，但是均衡数量的变化不确定。

然后，假设需求曲线和供给曲线移动的方向相同。这正是美国近年来出现的情况，随着经济从 2008 年衰退中逐渐复苏，需求和供给同时都增加了。我们能够有把握地预测价格和数量的变化吗？在这种情况下，买卖数量的变化是可以预测的，而价格的变化则不确定。供给曲线和需求曲线移动的方向相同时，存在以下两种可能的结果（你应该自己检查是否如此）：

- 当需求和供给都增加时，均衡数量会上升，但是均衡价格的变化不确定。
- 当需求和供给都减少时，均衡数量会下降，但是均衡价格的变化不确定。

▶ **真实世界中的经济学**

2011 年棉花价格的狂涨和崩溃

当担心未来价格上涨会损害足够多的消费者时，它可以成为一个自我实现的预言。很多棉纺织厂的所有者感到困惑和无奈，这正是 2011 年初发生的事情。在原棉价格大幅飙升见顶后，出现了同样壮观的跌落。在类似这样的情形下，消费者成为自己最可怕的敌人，参加了所谓的“抢购”：赶快购买很多东西，因为它们的价格已经上涨，这又会促使价格进一步上涨和进一步抢购。那么，在 2011 年棉花买家是怎么发现自己处于这种困境中的？最后又是如何逃脱的？

事实上，这一过程开始于之前几年已经出现的真实事件。到2010年，对棉花的需求从2006—2007年全球金融危机时的低点开始大幅反弹。另外，像中国这样的国家的中产阶级对棉衣制品的需求快速增长，额外加大了对棉花的需求。这推动了棉花需求曲线向右移动。

与此同时，世界棉花市场的供给却大幅减少。印度是世界上第二大棉花出口国（出口是产品的销售者将其卖给外国的购买者），为了支持自己国家的棉花纺织行业，已经限制向其他国家出售棉花。巴基斯坦、中国和澳大利亚也大量种植棉花，由于遭受洪灾，棉花产量大幅减少。印度的出口限制和棉花产区的洪灾导致棉花供给曲线向左移动。

因此，如图3－17所示，从2000年到2010年，棉花的价格在每磅0.35美元至0.60美元之间。到了2011年初，棉花的价格飙升至每磅2.40美元以上，一年的涨幅超过了200%。价格高企引发了对棉花的抢购，需求曲线进一步向右移动，进一步激发了抢购狂潮。

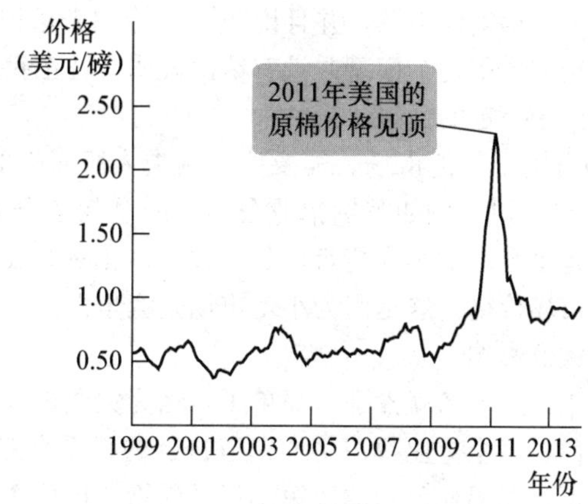

图3－17　1999—2013年美国的棉花价格

资料来源：USDA.

然而，到了2011年底，棉花价格暴跌至每磅0.86美元。发生了什么？有许多事情说明了供给和需求力量的变化。首先，服装生产企业需求下滑，它们不愿意把价格大幅上涨转嫁给消费者，而是转向使用更便宜的化纤聚酯面料。其次，供给增加，因为农民希望抓住高价时机，扩大棉花的种植面积。由于供给和需求的影响越来越明显，棉花购买者停止恐慌购买，棉花价格也就最终回落。

及时复习

- 某个市场上均衡价格和均衡数量的变化是由供给曲线的移动、需求曲线的移动或者供给曲线和需求曲线的同时移动引起的。
- 需求增加推动均衡价格和均衡数量都上升。需求减少推动均衡价格和均衡数量都下降。
- 供给增加推动均衡价格下降，但是使均衡数量增加。供给减少推动均衡价格上升，但是使均衡数量减少。
- 市场价格的起伏通常既与供给曲线的移动有关，也与需求曲线的移动有关。当两者移动方向相同时，均衡数量的变化可预测，但均衡价格的变化不确定。当两者移动方向相反时，均衡价格的变化可预测，而均衡数量的变化不确定。当两种曲线同时移动时，移动幅度大的曲线对均衡价格和均衡数量的影响也较大。

小测验3－4

1. 对下列每个例子，判断：(i) 相关的市场是什么？(ii) 是否发生了需求曲线或供给曲线的移动？移动方向是什么？引起移动的原因是什么？(iii) 移动怎样影响均衡价格和均衡数量？

a. 随着20世纪90年代汽油价格的下跌，更多的美国人买了大型轿车。

b. 由于技术创新降低了废纸再利用的成本，再生纸的使用变得更加频繁了。

c. 由于本地电信公司提供了更便宜的电影点播服务，电影院的空位变得更多了。

2. 在引入一种新的运行更快的芯片后，对使用旧品种芯片的计算机的需求随之减少，因为消费者会因为等待使用新的芯片的计算机上市而推迟购买。与此同时，计算机制造商为了清除旧的芯片存货，会增加使用旧品种芯片的计算机的生产。

画出使用旧品种芯片的计算机市场的两幅图，要求：

a. 在一幅图中展示由于这些事件的影响，均衡数量减少。

b. 在另一幅图中展示由于这些事件的影响，均衡数量增加。

c. 表明每幅图中均衡价格发生了什么变化。

3.6 竞争性市场及其他

在本章的前面部分，我们界定了竞争性市场，并且说明了供给和需求框架就是描述竞争性市场的模型。但是，对于为什么只有竞争性市场才适用这个模型并没有给出说明。现在我们已经阐释了供给和需求模型的原理，那么就这个问题我们能够给予一定的回答了。

为了理解为什么竞争性市场有别于其他市场，需要比较两类人所面临的问题：农场主需要决定是否要增加小麦的种植量，一家巨型制铝公司（例如美国铝业公司）的总裁必须决定是否生产更多的铝。

对于农场主而言，问题仅仅是多生产的小麦能否以足以弥补多花费的成本的一个价格出售。他不需要担心自己的生产是否会影响小麦的市场价格。这是因为小麦市场是竞争性的。有成千上万个农场主，没有哪一个农场主的决定会对市场产生多大的影响。

而对于美国铝业公司的总裁来说，事情就没那么简单了，因为铝业市场并非竞争性的。市场上只有几个包括美国铝业公司在内的大生产商，每个企业都清楚地知道自己的行动会对市场价格产生不可忽略的影响。这就大幅提高了决策的复杂程度。美国铝业公司的决策不仅是新增产出能否以弥补新增成本的价格出售，它还必须考虑生产更多的铝是否会压低市场价格从而减少利润。

当市场是竞争性的时候，个人做出决策要考虑的因素比在非竞争性市场情况下简单。反过来，这意味着经济学家构建一个竞争性市场的模型要比构建一个非竞争性市场的模型容易很多。

不要想当然地认为经济学分析对于非竞争性市场无能为力。相反，经济学家对于这些市场如何运行也提供了一些非常重要的洞见，但这些见解需要使用其他模型。在之后各章，我们将会学到。

▶ **解决问题**

食糖问题

《美国的食糖价格大大高于世界市场水平》，这是2014年12月《华尔街日报》的标题。尽管国际市场上的食糖价格为每磅0.15美元，但美国消费者支付的价格比这高50%多，接近每磅0.25美元。像PEZ糖果公司这样的糖果制造商感受到了这种影响，该公司每周购买75 000磅食糖。为什么价格差距这么大？

为保护食糖农场主，美国政府限制国内食糖购买者的购买数量。像PEZ糖果公司这样的公司可以从国际供应商那里获得供货。这些限制使得美国消费者实际上没有其他选择；他们不得不从国内供应商处购买价格高的食糖。

下表是对美国食糖市场假想的供给表与需求表。

运用供给与需求图找到美国食糖的均衡价格和均衡数量。表明如果美国食糖农场主被迫将价格确定在世界市场价格即每磅0.15美元的水平，为什么会发生短缺现象。

食糖价格（美元/磅）	食糖数量（10亿磅）	
	需求量	供给量
0.45	1.6	2.8
0.35	1.8	2.4

续前表

食糖价格（美元/磅）	食糖数量（10亿磅）	
	需求量	供给量
0.25	2.0	2.0
0.15	2.2	1.6
0.05	2.4	1.2

步骤1：绘制并标出供给曲线与需求曲线，找到均衡需求量。

均衡需求量在E点，也就是供给量等于需求量的点。如下图中的供给曲线与需求曲线所示，均衡数量为20亿磅，均衡价格为0.25美元。

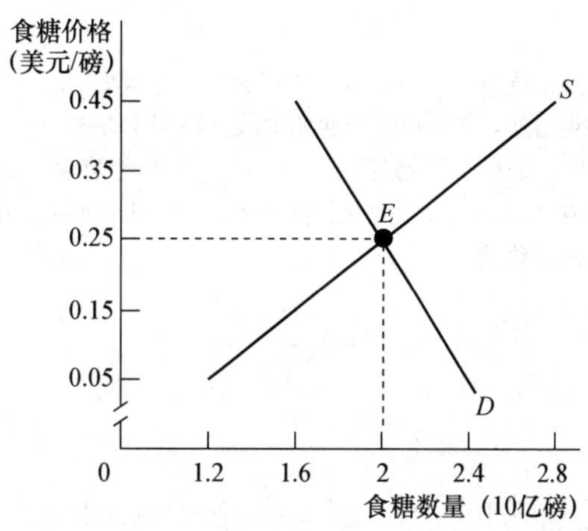

步骤2：计算当食糖价格为世界市场价格0.15美元时出现的短缺。

如下图所示，在价格为0.15美元时，对应图中供给曲线上的A点。0.15美元时的供给量可以从A点出发，沿着虚线下移到横轴，对应的美国食糖农场主的供给量为16亿磅。0.15美元时的需求量可以从B点出发，沿着虚线下移到横轴，对应的需求量为22亿磅。需求量与供给量之差为22－16=6亿磅。这一差额可以从需求表与供给表上看出。如上面的表所示，当价格为0.15美元时，供给量（16亿磅）要比需求量（22亿磅）少6亿磅。

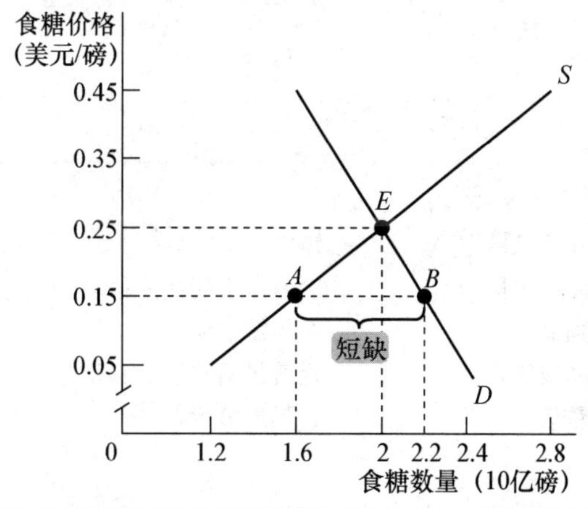

小结

1. 供给和需求模型解释了竞争性市场——具有很多卖主和买主，其中任何一个都无力影响市场价格——是如何运行的。

2. 需求表表示在每个价格上的需求量，它可以通过需求曲线这种图示方式来表示。需求法则意味着需求曲线向下倾斜，也就是说，产品或服务的价格水平越高，在其他条件不变的情况下，人们的需求量就越少。

3. 当价格变化导致需求量变化时，发生的是沿着需求曲线的移动。当经济学家说到需求增加或减少时，他们指的是需求曲线的移动——在任一给定的价格上需求量发生变化。需求增加导致需求曲线右移，需求减少导致需求曲线左移。

4. 有 5 个主要因素会推动需求曲线移动：

- 相关产品（如互补品或替代品）价格的变化
- 收入的变化：当收入增加时，正常物品的需求增加，低档物品的需求减少
- 品味的变化
- 预期的变化
- 消费者人数的变化

5. 产品或服务的市场需求曲线是市场中所有消费者个体需求曲线的水平加总。

6. 供给表表示在每个价格上的供给量，它可以通过供给曲线这种图示方式来表达。供给曲线通常向上倾斜。

7. 当价格变化导致供给量变化时，发生的是沿着供给曲线的移动。当经济学家说到供给增加或减少时，他们指的是供给曲线的移动——在任一给定的价格上供给量发生变化。供给增加导致供给曲线右移，供给减少导致供给曲线左移。

8. 有 5 个主要因素会推动供给曲线移动：

- 投入品价格的变化
- 相关产品或服务价格的变化
- 技术的变化
- 预期的变化
- 生产者数量的变化

9. 产品或服务的市场供给曲线是市场中所有生产者个体供给曲线的水平加总。

10. 供给和需求模型的基本原理是市场价格会朝着均衡价格（或者市场出清价格）变动，在该价格上供给量等于需求量。此数量就是均衡数量。当价格高于市场出清水平时，出现过剩，推动价格下降；反之，出现短缺，推动价格上升。

11. 需求增加会使均衡价格和均衡数量都上升；需求减少会产生相反的效果。供给增加会使均衡价格下降、均衡数量增加；供给减少会产生相反的效果。

12. 需求曲线和供给曲线的移动可能同时发生。当它们移动的方向相反时，均衡价格的变化可以预测，但是均衡数量的变化不确定。当它们移动的方向相同时，均衡数量的变化可以预测，但是均衡价格的变化不确定。一般来说，移动幅度较大的曲线对价格和数量的影响也较大。

关键词

竞争性市场	供给和需求模型	需求表	需求曲线	需求量
需求法则	需求曲线的移动	沿着需求曲线的移动	替代品	互补品
正常物品	低档物品	个体需求曲线	供给量	供给表
供给曲线	供给曲线的移动	沿着供给曲线的移动	投入品	个体供给曲线
均衡价格	均衡数量	市场出清价格	过剩	短缺

练习题

1. 一项调查表明，巧克力冰激凌是美国人最喜欢的冰激凌。请指出下列事件对巧克力冰激凌的需求和供给以及均衡价格和均衡数量的影响。

a. 中西部地区发生严重干旱，导致奶牛农场主的奶牛数量减少了三分之一。这些奶牛农场主为巧克力冰激凌的生产商提供奶油。

b. 美国医疗协会发布的一份最新研究报告指出，巧克力的确显著有益于健康。

c. 更廉价的合成香草醛的发现降低了香草冰激凌的价格。

d. 新的冰激凌搅拌和冷冻技术降低了巧克力冰激凌的生产成本。

2. 在需求和供给图中，以下事件怎样影响你家乡的汉堡包需求曲线的移动？指出在每种情况下，均衡价格和均衡数量会受到怎样的影响。

a. 脆饼的价格上升。

b. 所有卖汉堡包的老板都提高了油炸薯条的价格。

c. 镇上人们的收入下降。假设汉堡包对大多数人而言是正常物品。

d. 镇上人们的收入下降。假设汉堡包对大多数人而言是低档物品。

e. 热狗摊儿削减了热狗的价格。

3. 许多产品的市场会随着一年中时令的变化（例如假日、生产的季节性变化等）而发生可预见的变化。利用供给和需求模型，解释下列每种情形下价格的变化。注意供给曲线和需求曲线可能同时发生移动。

a. 相对于其他季节，虽然在夏季人们更喜欢吃龙虾，但是在夏季丰收季节，龙虾的价格通常还是会下降。

b. 圣诞树的价格在圣诞节过后要比圣诞节前低，而且节后用以出售的圣诞树很少。

c. 在 9 月份学校假期结束后，法国航空公司飞往巴黎的往返机票减价 200 多美元。尽管由于天气的恶化提高了航班的运营成本，法国航空公司因此减少了在任一价格上飞往巴黎的航班的数量。

4. 在坐标图上表示下列事件对需求曲线、供给曲线、均衡价格和均衡数量的影响。

a. 你所在城市的报纸市场。

情形 1：记者的薪水增加。

情形 2：你的家乡发生了一件重大新闻事件，并且被报纸报道。

b. 圣路易斯公羊队的棉 T 恤市场。

情形 1：圣路易斯公羊队赢得了全国冠军。

情形 2：棉花的价格上涨。

c. 百吉饼市场。

情形 1：人们认识到百吉饼容易使人发胖。

情形 2：人们亲自动手做早餐的时间变得更少了。

d. 克鲁格曼、韦尔斯编写的《经济学》教科书市场。

情形 1：你的教授要求将该书作为他/她教的所有学生的必读教材。

情形 2：因为使用合成纸，教材的印刷成本降低了。

5. 假设每个美国人在软饮料（减肥饮料）价格为每加仑 2 美元时消费 37 加仑，美国人口为 2.94 亿。当价格为每加仑 1.50 美元时，每个消费者的需求量为 50 加仑。根据上述个人需求表信息，计算价格为每加仑 1.50 美元、2 美元时的市场需求表。

6. 假设缅因州的龙虾的供给表如下所示：

龙虾的价格（美元/磅）	龙虾的供给量（磅）
25	800
20	700
15	600
10	500
5	400

假设缅因州的龙虾只能在美国销售。美国市场对缅因州的龙虾的需求表如下所示：

龙虾的价格（美元/磅）	龙虾的需求量（磅）
25	200
20	400

续前表

龙虾的价格（美元/磅）	龙虾的需求量（磅）
15	600
10	800
5	1 000

a. 画出缅因州龙虾的需求曲线和供给曲线，并指出龙虾的均衡价格和均衡数量分别为多少。

现在假设缅因州的龙虾可以在法国出售。法国对缅因州的龙虾的需求表如下所示：

龙虾的价格（美元/磅）	龙虾的需求量（磅）
25	100
20	300
15	500
10	700
5	900

b. 在法国消费者也能购买的情况下，缅因州龙虾的需求表会怎样变化？利用供给曲线和需求曲线找出新的均衡价格和均衡数量。美国消费者支付的价格会发生什么变化？美国消费者消费的龙虾数量又会怎样变化？

7. 请指出下列表述存在的缺陷，特别注意区分供给曲线的移动、需求曲线的移动和沿着供给曲线的移动、沿着需求曲线的移动。画图说明在每种情形下发生的变化。

a. "一项降低产品生产成本的技术创新刚开始会导致消费者需要支付的产品价格降低。但是价格降低会增加对该产品的需求，更多的需求将推高价格。所以，一项技术创新最后是否真的能降低价格是不确定的。"

b. "一项研究表明，每天吃一瓣大蒜有助于预防心脏病，这导致许多消费者购买更多的大蒜。需求增加导致大蒜的价格上升。消费者看到价格上升后又会减少对大蒜的需求。这使大蒜的需求减少，从而大蒜的价格下降。因此这项研究对大蒜价格的最终影响是不确定的。"

8. 下表所示是某种正常物品需求曲线上的一些点：

价格（美元）	需求量
23	70
21	90
19	110
17	130

a. 你认为当价格下降（从 21 美元到 19 美元）时，需求量的上升（从 90 到 110）是消费者收入的上升引起的吗？请解释。

b. 现在假设这种产品是低档物品。对于低档物品，上述需求表成立吗？

c. 最后，假设你不知道该产品是正常物品还是低档物品。请设计一个实验，使自己弄明白到底是哪种类型的产品。请解释。

9. 近些年，中国生产的汽车数量快速增加。事实上，中国拥有的汽车品牌已经多于美国。此外，汽车销售每年都创新高，汽车制造商的产量也快速增长，由此导致激烈竞争和汽车价格下降。与此同时，中国消费者的收入也在逐步提高。假设汽车是正常物品。请画出中国汽车的供给曲线和需求曲线图，并解释在中国汽车市场上发生着什么事情。

10. 艾伦·汉克是贝城棒球队的一名主攻手。在某个赛季，他的成绩已经很接近美国职业棒球大联盟的全垒打纪录了，人们普遍预计在下一季比赛中，他将打破这个纪录。因此，下一季比赛的门票炙手可热。但是，今天球队突然宣布，由于艾伦的膝盖受伤，他没办法参加下一赛季的比赛了。假设季票持有者能够将自己手头的门票按照自己的意愿出售。利用供给和需求曲线图解释下列情形。

a. 消息宣布后均衡价格和均衡数量都降低了。

b. 消息宣布后均衡价格降低了而均衡数量上升了。

c. 什么原因导致情形 a 出现？什么原因导致情形 b 出现？

d. 假如有一个“黄牛”在消息宣布之前就得知艾伦不会参加下一季的比赛，你认为他会采取什么行动？

11. 摇滚乐明星的粉丝都哀叹音乐会门票价格太高。一位摇滚明星认为，花数百美元甚至上千美元来看他和他的乐队的演出并不值得。假定这位明星曾以每张门票 75 美元的价格在全国举行大型巡演。

a. 对票价过高这种观点，你如何评价？

b. 假设由于这位明星的抵制，票价降到了 50 美元。在何种意义上这个新的票价过低了？利用供给曲线和需求曲线来支持你的观点。

c. 假设该摇滚乐队真的想降低票价。鉴于明星和乐队自身控制着这项“服务”的供给，你建议他们应该怎样做？利用供给曲线和需求曲线加以解释。

d. 假设该乐队的下一张唱片很失败。你认为他们将仍需担心票价过高吗？为什么？利用供给曲线和需求曲线来支持你的观点。

e. 假设该乐队宣布他们的下一轮巡回演出将是最后一次。这可能对音乐会门票的需求和价格产生什么影响？利用供给曲线和需求曲线加以解释。

12. 在几年不景气之后，手工吉他市场迎来了复苏。这种吉他通常是在一些小作坊里由技艺高超的工匠们制作出来的。评价下列各事件对手工吉他市场的均衡价格和均衡数量的影响，并指出哪一条曲线将移动以及移动的方向。

a. 环保主义者推动美国政府下令禁止使用巴西红木，使得工匠们不得不寻找其他更昂贵的木材来作为替代材料。

b. 国外生产者改进了这种吉他的生产工艺，其产品大量涌入美国市场。

c. 由于人们厌倦了重金属音乐和其他摇滚乐，用手工吉他弹奏的音乐重新获得了青睐。

d. 国家经济深陷于衰退之中，美国普通人的收入大幅下降。

13. 需求的绕口令：请对下列各陈述中的需求关系加以大致描述。

a. 我永远不会买麦莉·赛勒斯（Miley Cyrus）的新唱片！哪怕你送我一张，我也不要。

b. 当咖啡价格下降时，我通常会多买一些。但是一旦价格降到 2 美元一磅，我会把超市里所有的咖啡都买光。

c. 即使橙汁的价格上涨，我也要花更多的钱来买。（难道我违背了需求法则吗？）

d. 由于学费上涨，大多数大学生发现自己的可支配收入减少了。他们中几乎所有人在学校餐厅吃饭的次数都增加了，在餐馆吃饭的次数都减少了，即使学校餐厅也提高了价格。（本问要求画出对学校餐厅饮食的需求曲线和供给曲线。）

14. 莎士比亚（Shakespeare）是 16 世纪在伦敦苦苦挣扎的一位剧作家。由于自己剧本的稿酬增加，他愿意写更多的剧本。画图说明莎士比亚在剧本这个市场上的均衡价格和均衡数量怎样受到下列事件的影响。

a. 莎士比亚的主要竞争对手、剧作家克里斯托弗·马洛（Christopher Marlowe）在一场酒吧争吵中被杀。

b. 一种致命的传染性疾病——黑死病在伦敦爆发。

c. 为了庆祝打败西班牙舰队，伊丽莎白女王宣布欢庆数周，其间要求上演新的戏剧。

15. 密都灵小城的出生率突然翻了一倍。三年后，出生率恢复到正常水平。画图说明这一事件对以下各个市场的影响。

a. 今年密都灵小城照看婴儿的小时工市场。

b. 未来 14 年里照看婴儿的小时工市场，届时现在出生的孩子已经可以充当照看婴儿的小时工。

c. 未来 30 年里照看婴儿的小时工市场，届时现在出生的孩子可能已经有了自己的孩子。

16. 画图说明下列每一事件如何影响比萨饼的均衡价格和均衡数量。

a. 意大利干酪的价格上升。

b. 汉堡包对健康的威胁正变得广为人知。

c. 番茄汁的价格下跌。

d. 消费者的收入上升，而比萨饼是低档物品。

e. 消费者预期下周比萨饼的价格将下降。

17. 尽管巴伯罗·毕加索（Pablo Picasso）是一位多产的艺术家，但即使是在“蓝色时期”，他也仅仅创作了 1 000 幅油画。他现在已经作古，他所有的“蓝色时期”的作品目前都在欧洲和美国的博物馆与私人展馆展出。

a. 画出毕加索“蓝色时期”作品的供给曲线。为什么这条供给曲线与众不同？

b. 给定第 a 问中的供给曲线，毕加索“蓝色时期”的作品的价格将完全取决于什么因素？画图说明这样一幅作品的均衡价格的决定。

c. 假设富有的收藏家们认定获得毕加索“蓝色时期”的作品是很必要的。指出这对毕加索“蓝色时期”作品市场的影响。

18. 画出下列每种情况下相应的曲线。它们和目前为止你所见过的曲线有区别吗？请解释。

a. 假定政府为每一位病人支付所有的费用，对心脏搭桥手术的需求。

b. 假定病人自己支付所有的费用，对整容手术的需求。

c. 伦勃朗画作的供给。

d. 伦勃朗画作仿制品的供给。

在线回答问题

19. 下表是美国市场上敞篷小货车的需求表和供给表。

敞篷小货车的价格（美元）	敞篷小货车的需求量（百万辆）	敞篷小货车的供给量（百万辆）
20 000	20	14
25 000	18	15
30 000	16	16
35 000	14	17
40 000	12	18

a. 根据该表画出需求曲线和供给曲线，并在图上指出均衡价格和均衡数量。

b. 假设敞篷小货车的轮子被发现是有问题的，你认为敞篷小货车市场会发生什么变化？请在图上指出来。

c. 假设美国交通部对敞篷小货车的生产商实行了管制政策，导致后者在任一给定价格上都将供给减少了三分之一。计算并画出新的供给曲线，并在图中指出新的均衡价格和均衡数量。

第 4 章

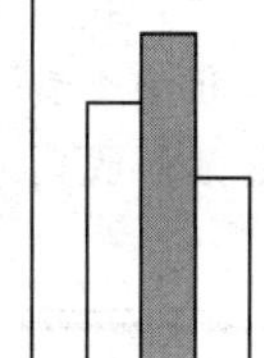

价格管制和配额：干预市场

本章将学习

- 消费者剩余的含义及其同需求曲线的关系。
- 生产者剩余的含义及其同供给曲线的关系。
- 总剩余的含义及其重要性，怎样用它来衡量交易所产生的利益和市场的效率。
- 价格管制和数量管制是如何造成问题并导致市场非效率的。
- 无谓损失是什么。
- 市场干预中谁收益、谁受损。尽管市场干预存在问题是有目共睹的，但仍然被使用。

开篇案例

大城市和并不聪明的主意

纽约是一个你可以找到几乎任何东西——除了你需要时的一辆出租车和你租得起的一套像样的公寓之外的任何东西——的地方。你也许会想，忍受纽约紧俏的出租车和公寓是生活在大城市所必须付出的代价。但实际上，它们在很大程度上是政府政策尤其是那些试图以不同方式挑战市场供给力量和需求力量的政府政策的结果。

在第 3 章，我们知道了市场有朝着均衡状态变动的规律——市场价格会朝着使产品供给等于产品需求的方向变动。

但有时政府试图挑战这个规律。当政府试图设定不同于均衡水平的市场价格和市场数量时，市场便会以一种可以预见的方式进行还击。当政府拂逆市场供给和市场需求时，我们的预见能力其实显示的正是供给和需求分析的力量。

纽约公寓和出租车的短缺是能够显示当市场规律受到“挑衅”时市场如何进行还击的两个事例。

纽约住房的紧俏是租金管制（rent control）的结果，纽约的法律禁止房东提高租金，除非得到特别批准。租金管制是第二次世界大战期间被引入的，目的是保护租户的利益，这一制度一直延续至今。美国的许多其他城市也曾经或早或晚地实行过租金管制，但是除了纽约和旧金山之外，其他城市都已经废止了这个制度。

同样地，纽约限制出租车投入数量也是 20 世纪 30 年代引入的一项许可制度的结果。纽约出租车的许可证也就是所谓的“出租车牌照”（medallions），只有拥有这种牌照的车才能载客。虽然这一制度的初衷是保护司机和乘客的利益，却造成了这个城市的出租车短缺。在 2004 年之前的 60 多年中，出租车牌照的数量几乎没有大的变动，2004 年之后有了少量增加。

在本章，我们首先学习如何度量买方来自购买产品或服务的得益——消费者剩余。我们也将看到对于卖方来讲也有一个相应的概念——生产者剩余，它度量卖方来自销售产品的得益。随后，我们来检视当政府试图管制竞争性市场的价格时——使价格保持在低于均衡价格的水平（最高限价，如租金管制）或者高于均衡价格的水平（价格下限，如许多国家实行的最低工资制度）——将会发生什么。然后，我们对出租车牌照之类的控制产品买卖数量的措施进行探讨。

4.1 消费者剩余和需求曲线

用金额来衡量，每年几十亿美元的二手书市场也是大买卖。对于我们来说更重要的是，这是我们阐述消费者剩余和生产者剩余这两个概念的一个方便的起点。我们将使用消费者剩余和生产者剩余概念来准确理解买方和卖方如何从竞争性市场中获益以及这些好处有多大。此外，当竞争性市场无法良好运行或者市场遇到干预时，这些概念对于分析会发生什么非常重要。

我们先从买方的角度来看二手书市场。我们马上就将看到，关键的一点是需求曲线是从消费者的品味或者说偏好推导得出的，而正是偏好决定了消费者能从购买二手书的机会中获益多少。

□ 4.1.1 支付意愿和需求曲线

二手书比不上新书，二手书可能已经磨损或者有污渍，也可能有他人画的记号，内容也有些过时。你对这些方面的在意程度取决于自己的偏好。有些人只要二手书稍比新书便宜就愿意买二手书，而另一些人只有在二手书比新书便宜很多的时候才愿意买二手书。

我们把潜在购买者对某种产品——在我们的例子中是二手书——的**支付意愿**（willingness to pay）定义为他或她愿意为之支付的最高价格。如果购买产品的花费高于一个人愿意支付的水平，那么他或她并不会购买，反之则会购买。如果二手书的价格正好等于某个人的支付意愿水平，那么买与不买都无所谓。为简化起见，我们将假定在这种情形下消费者会购买。

消费者对某种产品的**支付意愿**是他或她为之所愿意支付的最高价格。

表 4-1 中列出了 5 个二手书的潜在购买者，新书的价格为 100 美元。表 4-1 按照 5 人的支付意愿的大小进行了排序。支付意愿最高的是艾丽莎，即使二手书的价格高达 59 美元，她也愿意买二手书。布拉德紧随其后，当价格不高于 45 美元时，他才愿意买二手书。克劳迪亚的支付意愿又比布拉德低，是 35 美元，戴伦的支付意愿则只有 25 美元。而不喜欢用二手书的埃德温娜的支付意愿最低，只有 10 美元。

表 4-1　二手书价格为 30 美元时的消费者剩余

潜在购买者	支付意愿（美元）	支付价格（美元）	个体消费者剩余＝支付意愿－支付价格（美元）
艾丽莎	59	30	29
布拉德	45	30	15
克劳迪亚	35	30	5
戴伦	25	—	—
埃德温娜	10	—	—
所有购买者			总消费者剩余＝49 美元

这 5 个学生实际上将购买多少本二手书？这取决于二手书的价格。如果二手书的价格是 55 美元，那么只有艾丽莎会买 1 本；如果价格是 40 美元，艾丽莎和布拉德都会买 1 本；依此类推。所以从该表的支付意

愿实际上可以推出对二手书的需求表。

□ 4.1.2 支付意愿和消费者剩余

假定校园书店把二手教材的价钱定为 30 美元。在这种情况下，艾丽莎、布拉德和克劳迪亚会购买。那么，他们从购买行为中获益了吗？如果答案是肯定的，那么获益为多少？

答案如表 4-1 所示。每个购买了二手书的学生都获得了增益，但增益的数量各不相同。

艾丽莎愿意支付 59 美元，所以她的增益是：59 美元－30 美元＝29 美元。布拉德愿意支付 45 美元，所以他的增益是：45 美元－30 美元＝15 美元。克劳迪亚愿意支付 35 美元，所以她的增益就是：35 美元－30 美元＝5 美元。而戴伦和埃德温娜在 30 美元的价格上是不愿购买的，所以他们没有收益也没有损失。

购买者从购买产品中获得的增益被称为买方的**个体消费者剩余**（individual consumer surplus）。我们从这个例子中知道，每当购买者支付的价格低于其支付意愿时，购买者将获得一些个体消费者剩余。

个体消费者剩余是单个购买者从购买某种产品中获得的增益。它等于购买者的支付意愿和实际支付的价格之差。

所有购买者的个体消费者剩余之和就是所谓的**总消费者剩余**（total consumer surplus）。在表 4-1 中，总消费者剩余是艾丽莎、布拉德和克劳迪亚的个体消费者剩余之和：29 美元＋15 美元＋5 美元＝49 美元。

经济学家通常既用**消费者剩余**（consumer surplus）来指代个体消费者剩余，也用它来指代总消费者剩余。在后面，我们将延续这种习惯。当我们用消费者剩余来指代个体或者总消费者剩余时，上下文的意思总是很清楚。

总消费者剩余是某种产品的所有购买者的个体消费者剩余之和。

消费者剩余这一名称通常既可用来指代个体消费者剩余，也可用来指代总消费者剩余。

总消费者剩余可以借用图形来表示。如我们在第 3 章所见，我们可以从图 4-1 所示的需求曲线中推导出市场需求曲线。因为我们只是考虑到一小部分消费者，这条曲线看上去并不像第 3 章的需求曲线那样平滑，第 3 章中的市场包含了成百上千个消费者。

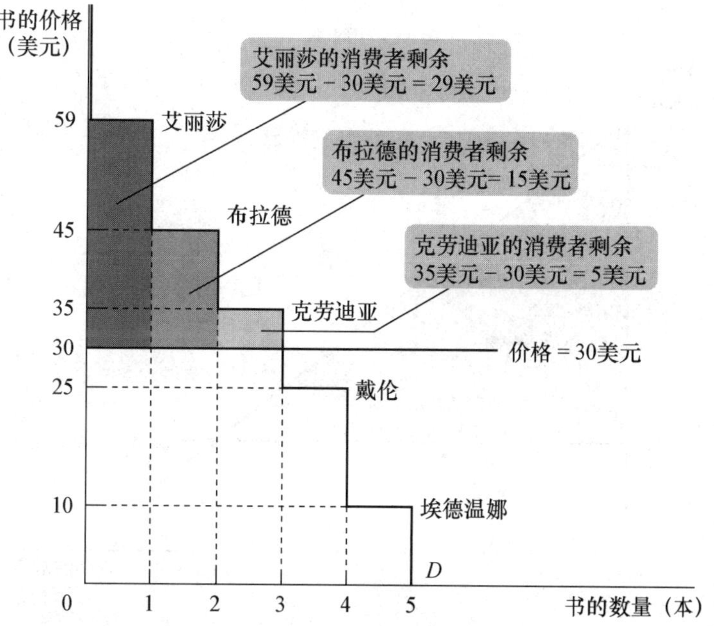

图 4-1　二手书市场上的消费者剩余

当价格为 30 美元时，艾丽莎、布拉德和克劳迪亚每人各买一本，而戴伦和埃德温娜不买。艾丽莎、布拉德和克劳迪亚都获得了等于支付意愿和实际价格之差的个体消费者剩余，即矩形的阴影面积。戴伦和埃德温娜的支付意愿少于 30 美元，所以他们不会买书，他们的消费者剩余为 0 美元。总消费者剩余就是整个阴影部分的面积即个体消费者剩余之和：29 美元＋15 美元＋5 美元＝49 美元。

这里的需求曲线呈阶梯状，有水平段和垂直段。每一垂直段——每一级阶梯——分别对应一个消费者的支付意愿。需求曲线的每一级阶梯的宽度都是1本书，代表了一个消费者。例如，艾丽莎所在的那一级阶梯的高度是59美元，等于她的支付意愿。59美元所对应的横线构成了矩形的顶。而30美元——她实际支付的价格所对应的横线构成了矩形的底。艾丽莎对应的矩形区域的面积（59美元－30美元）× 1 ＝29美元就是她因为以30美元的价格购买一本二手书所获得的消费者剩余。所以艾丽莎获得的消费者剩余就是图4－1中深灰色区域的面积。

除了艾丽莎之外，在书价为30美元时，布拉德和克劳迪亚也会购买二手书。和艾丽莎一样，他们同样从购买二手书中获得了增益，但是没有艾丽莎的那么多，因为他们的支付意愿较低。图4－1也显示了布拉德和克劳迪亚获得的消费者剩余；同样地，他们的消费者剩余也可以用相应的矩形的面积来衡量。而戴伦和埃德温娜因为不会在价格为30美元时买二手书，所以他们没有任何消费者剩余。

从这个市场上获得的总消费者剩余就是艾丽莎、布拉德和克劳迪亚的个体消费者剩余之和。所以总消费者剩余就等于三个矩形面积之和——图4－1中整个阴影区域的面积，或者换种说法：价格线以上、需求曲线以下区域的面积。

图4－1说明了如下的一般性原理：在一定的价格水平上，购买某种产品所得到的总消费者剩余等于需求曲线以下、价格线以上区域的面积。不论消费者人数有多少，这个原理都适用。

当我们考虑更大一些的市场时，这种图形表示法变得极为有用。以拥有几百万潜在购买者的iPad为例。每个潜在购买者都有自己愿意支付的最高价格。因为有如此多的潜在购买者，需求曲线将呈平滑状，如图4－2所示。

假定价格为500美元时，iPad的销量为100万台。消费者从购买的100万台iPad中获得了多少增益呢？要回答这个问题，我们可以计算每个消费者的个体消费者剩余，然后对它们进行加总得出总和。但是，观察图4－2，根据总消费者剩余等于阴影区域的面积来计算就简单得多。如我们最初的例子一样，总消费者剩余等于需求曲线以下、价格线以上区域的面积（如何计算该直角三角形的面积，请参阅第2章的附录）。

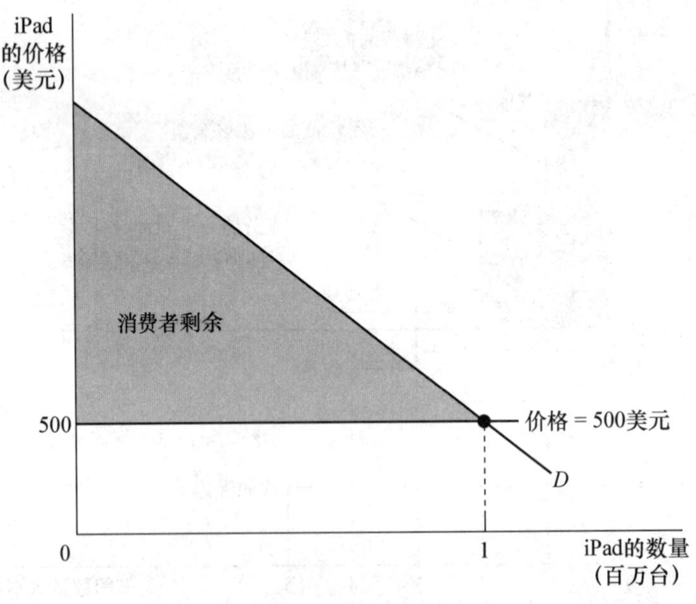

图4－2　消费者剩余

由于拥有许多潜在的购买者，iPad的需求曲线呈平滑状。在价格为500美元时，iPad的需求量是100万台。这个价格水平上的消费者剩余等于阴影区域的面积。这是当价格为500美元时消费者因为购买了iPad而获得的总增益。

4.2 生产者剩余和供给曲线

就像产品的一些购买者愿意为产品支付比实际价格水平更高的价格一样，产品的一些销售者也愿意以低于实际价格水平的价格出售产品。因此，我们几乎完全可以用分析消费者剩余和需求曲线的方法来分析生产者剩余和供给曲线。

□ 4.2.1 成本和生产者剩余

假如有一群学生是二手教材的潜在销售者。因为他们的偏好各不相同，所以他们各自愿意以不同的价格出售自己的二手书。表 4-2 列出了几个学生愿意售出二手书的不同价格。安德鲁只要能拿到 5 美元就愿意售出二手书，贝蒂只有在价格至少为 15 美元时才愿意售出二手书，卡洛斯愿意接受的最低价是 25 美元，唐娜是 35 美元，伊桑是 45 美元。

表 4-2 **二手书价格为 30 美元时的生产者剩余**

潜在销售者	成本（美元）	卖出价格（美元）	个体生产者剩余＝卖出价格－成本（美元）
安德鲁	5	30	25
贝蒂	15	30	15
卡洛斯	25	30	5
唐娜	35	—	—
伊桑	45	—	—
所有销售者			总生产者剩余＝45 美元

一个潜在销售者愿意接受的最低价格在经济学上有一个特定的名称：卖方**成本**（cost）。所以安德鲁的成本是 5 美元，贝蒂的成本是 15 美元，依此类推。

一个销售者的**成本**是他或她愿意接受的最低出售价格。

说到“成本”，人们通常会把它和生产某种产品的货币成本联系起来，所以当我们说二手书销售者的成本时，你可能会觉得有些奇怪。学生并没有“生产”书，所以他们应该没有花费任何成本，事实是这样吗？

不！书被卖出后，学生将不再拥有它。所以，销售书是存在机会成本的，即使书的所有者已经修完了相应的课程。记住，经济学的一个基本原理是：真正度量做一件事情的成本的应该是机会成本。也就是说，某种东西的真实成本是你为了得到它而必须放弃的东西。

所以，经济学所说的销售者销售一件产品时愿意接受的最低价格就是产品的销售“成本”，即使销售者对所销售的产品没有花费任何金钱。当然，在真实世界的大多数市场中，销售者通常也是生产产品的人，所以的确为所出售的产品花费了金钱。在这种情况下，销售产品的成本就应该包括货币成本，但是也包括其他的机会成本。

个体生产者剩余是单个销售者从销售某种产品中获得的增益。它等于销售者实际获得的价格和销售者的成本之差。

回到我们所讨论的例子上来，假定安德鲁以 30 美元的价格售出他的书。很明显，他可以从这笔交易中获得增益：他本来在 5 美元的价格上就愿意把书卖出，现在他多得了 25 美元。这笔增益，即他实际获得的价格和他的成本——他卖出时愿意接受的最低价格——之间的差额，就是所谓的**个体生产者剩余**（individual surplus）。

总生产者剩余是市场中所有销售者个体生产者剩余之和。

经济学家既用**生产者剩余**这个术语来指代总生产者剩余，也用它来指代个体生产者剩余。

与消费者剩余的情况相同，我们能够把个体生产者剩余加总得到**总生产者剩余**（total producer surplus），即市场上所有销售者的总增益。经济学家既用**生产者剩余**

(producer surplus) 这个术语指代总生产者剩余，也用它来指代个体生产者剩余。表4－2 显示了当价格为 30 美元时，每个愿意卖出二手书的学生的增益：安德鲁 25 美元，贝蒂 15 美元，卡洛斯 5 美元等等。总生产者剩余等于 25 美元＋15 美元＋5 美元＝45 美元。

与消费者剩余相同，销售二手书的学生所得到的生产者剩余也能用图形来表示。与我们可以从不同消费者的支付意愿推导出需求曲线类似，我们也可以从不同生产者的成本推导出供给曲线。图 4－3 中阶梯状的曲线是表 4－2 所示成本对应的供给曲线。这条曲线上的每一级阶梯的宽度都是 1 本书，代表一个销售者。安德鲁所在的那一级阶梯的高度是 5 美元，即他的成本。5 美元所对应的横线构成了矩形的底，他实际收到的价格 30 美元所对应的横线构成了矩形的顶。这个矩形的面积（30 美元－5 美元）×1＝25 美元就是他的生产者剩余。所以安德鲁从销售书中获得的增益就是图中深灰色矩形的面积。

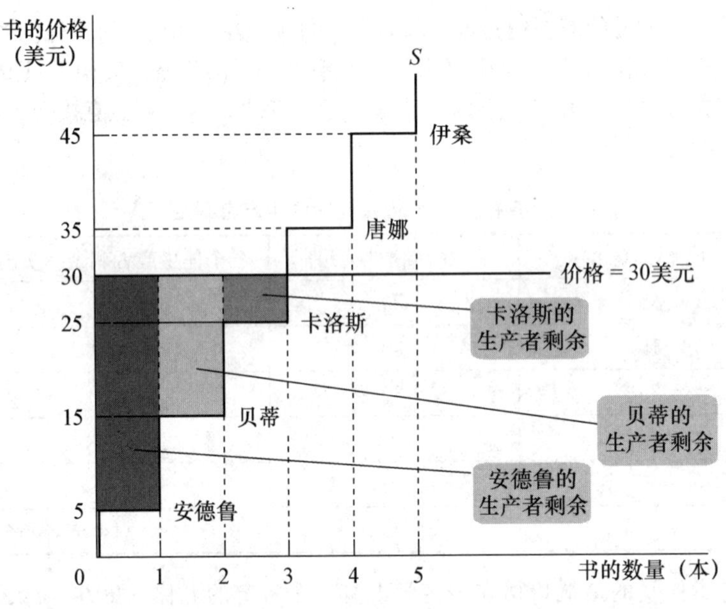

图 4－3　二手书市场上的生产者剩余

当书价为 30 美元时，安德鲁、贝蒂和卡洛斯都把书卖掉了，但是唐娜和伊桑没有卖。安德鲁、贝蒂和卡洛斯都获得了数额等于价格和成本之差的个体生产者剩余，即图中矩形阴影区域的面积。唐娜和伊桑的成本都高于 30 美元，所以不愿意卖出，他们的生产者剩余为 0 美元。总生产者剩余等于整个阴影区域的面积，等于安德鲁、贝蒂和卡洛斯的个体生产者剩余之和，即 25 美元＋15 美元＋5 美元＝45 美元。

假设校园书店愿意以每本 30 美元的价格买下学生们愿意卖出的二手书。那么，除了安德鲁之外，贝蒂和卡洛斯也愿意卖掉二手书。后面两人也会从中获益，但是他们获益的数量不如安德鲁多，因为他们的成本更高。正如我们所看到的，安德鲁获得了 25 美元的增益。贝蒂由于成本是 15 美元，所以只获得了 15 美元的增益。卡洛斯获得的增益就更少，只有 5 美元。

还是与消费者剩余一样，计算销售一种产品的总生产者剩余的一般性原理是：在一定的价格水平上，销售某种产品所得到的总生产者剩余等于供给曲线以上、价格线以下区域的面积。

这一原理既适用于图 4－3 中的例子，即只有有限的几个生产者，供给曲线呈阶梯状，也适用于更加接近现实的情形，即有很多生产者，供给曲线接近于平滑状。

我们来看小麦供给的例子。图 4－4 显示了生产者剩余如何受到小麦价格变化的影响。假定如图 4－4 所示，价格为每蒲式耳 5 美元时，农场主供给 100 万蒲式耳。那么，农场主以这一价格卖出获得的收益是多少？农场主的生产者剩余等于图中阴影区域的面积——供给曲线以上、5 美元价格线以下区域的面积。

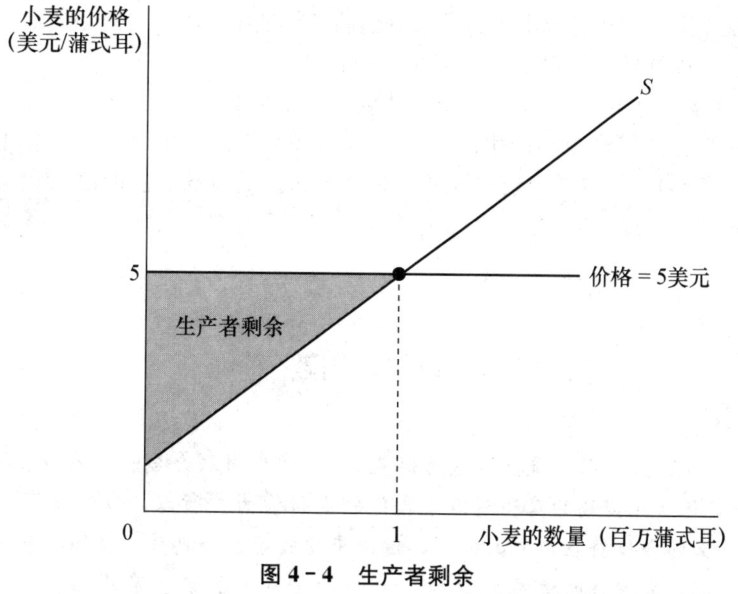

图 4-4　生产者剩余

图中所示为小麦的供给曲线。当市场价格为每蒲式耳 5 美元时，农场主供给 100 万蒲式耳小麦。这一价格水平上的生产者剩余等于阴影区域的面积：供给曲线以上、价格线以下区域的面积。它是生产者——农场主——在价格为 5 美元时供应产品而获得的总增益。

4.3　贸易增益

我们回到二手书市场，但是现在我们来考察一个大得多的市场，比如一个大型的州立大学，这所大学里有很多潜在的二手书购买者和销售者。我们先根据潜在购买者支付意愿的高低对购买者排序。支付意愿最高的学生排第一，支付意愿次高的学生排第二，依此类推。这样我们可以根据他们的支付意愿推导出如图 4－5 所示的需求曲线。

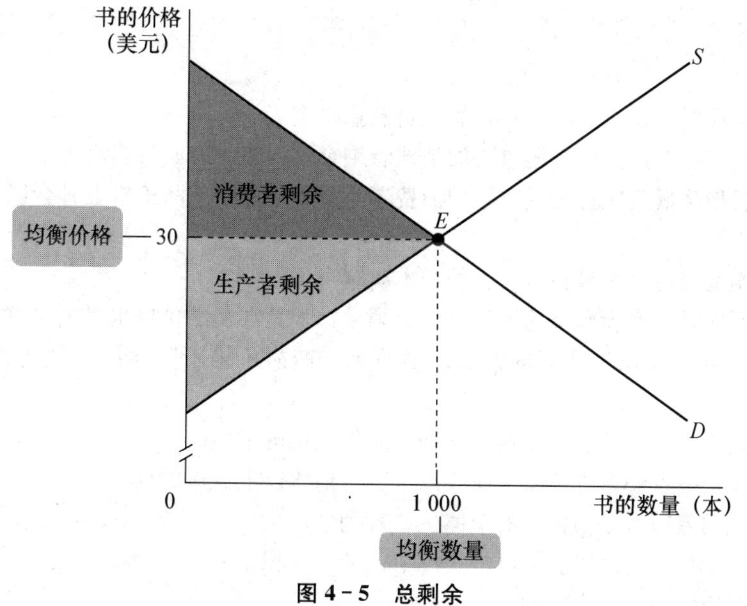

图 4-5　总剩余

在二手书市场上，均衡价格是 30 美元，均衡数量是 1 000 本。消费者剩余由深灰色区域给出，即需求曲线以下、价格线以上的区域。生产者剩余由浅灰色区域给出，即供给曲线以上、价格线以下的区域。深灰色区域和浅灰色区域的总面积就是总剩余，即整个社会从某种产品的生产和消费中获得的总增益。

类似地，我们再根据潜在销售者成本的高低来对他们进行排序。成本最低的学生排第一，成本次低的学生排第二，依此类推，可以推导出如图 4－5 所示的供给曲线。

如图 4－5 所示，市场在每本 30 美元的价格上达到均衡，均衡数量是 1 000 本。图中两个阴影三角形分别代表市场产生的消费者剩余（深灰色三角形）和生产者剩余（浅灰色三角形）。消费者剩余和生产者剩余之和就是市场产生的**总剩余**（total surplus）。

市场产生的**总剩余**是消费者和生产者从市场交易中得到的总增益。它等于消费者剩余和生产者剩余之和。

▶ **真实世界中的经济学**

请拿好钥匙

"爱彼迎（Airbnb）实际上是因一道数学题而诞生的"，该公司联合创始人乔·杰比亚（Joe Gebbia）如是说，"我们辞职创业，但房东提高的房租超出了我们的支付能力。所以，我们要解一道数学题。碰巧周末即将来临，一个设计方面的会议将在旧金山举行，但该市的酒店已经满员。我们联系了一些接待点。我们的公寓有多余的空间。所以，爱彼迎的模式（air bed-and-breakfast）就诞生了。"

在无奈、绝望之时别出心裁创立的公司，现在已经可链接 192 个国家、34 000 多个城市，为超过 50 万人提供短租服务。爱彼迎是当前通常被称为"共享经济"的最有名和成功的平台公司，这些公司为人们分享使用产品提供了平台。其他还有许多，例如：Relay-Rides and Getaround 使得你可向车主租车，Boatbound 提供帆船租赁，Desktime 提供办公室租赁，ParkAtMyHouse 提供停车空间服务，SnapGoods 为邻里或社交网络成员相互借用电动工具之类的消费品提供服务，等等。

是什么激励了所有这种共享呢？当然不是利他主义的大暴发，纯粹是金钱。如果周围有未使用的资源，为什么不租给他人来赚钱呢？正如耶鲁大学管理经济家朱迪思·谢瓦利埃（Judith Chevalier）所说的那样，"这些公司是将闲置的资源的价值一点一点挤出来……"而且，使你的财产产生再多一些的剩余会更有效地利用这些资源。为什么是现在？很显然，网上匹配便利了人们这样做。纽约大学斯特恩商学院的阿伦·桑达拉拉詹（Arun Sundararajan）教授说，其结果是"可能会使得人们重新思考消费方式"。

及时复习

- 某种产品的需求曲线由每个潜在消费者的支付意愿决定。
- 一种产品的价格下降会通过两个渠道增加消费者剩余：一是在初始价格水平上愿意购买产品的消费者的增益增加，二是在价格降低后愿意购买产品的消费者的增益增加。产品价格上升会以类似的方式使消费者剩余减少。
- 一种产品的供给曲线由每个潜在销售者的成本决定。
- 当产品价格上升时，生产者剩余的增加有两个渠道：一是在初始价格水平上愿意供给该产品的人的增益增加，二是在价格上升后才供给产品的人的增益增加。产品价格下降会以类似的方式导致生产者剩余减少。
- 个体消费者剩余就是单个消费者从购买某种产品中获得的增益。
- 某个市场上的总消费者剩余等于需求曲线以下、价格线以上区域的面积。
- 价格和成本之间的差额就是销售者的个体生产者剩余。
- 总生产者剩余等于供给曲线以上、价格线以下区域的面积。
- 总剩余度量的是市场交易带来的增益。

小测验 4－1

1. 以奶酪墨椒这种菜肴的市场为例。有两个消费者——凯西和乔西，她们对这种菜肴的支付意愿如下页表所示：

数量	凯西的支付意愿（美元）	乔西的支付意愿（美元）	卡拉的成本（美元）	杰米的成本（美元）
第一份	0.90	0.80	0.10	0.30
第二份	0.70	0.60	0.10	0.50
第三份	0.50	0.40	0.40	0.70
第四份	0.30	0.30	0.60	0.90

a. 根据上表编制价格为 0.00 美元、0.10 美元一直到 0.90 美元时的需求表和供给表。

b. 奶酪墨椒市场的均衡价格和均衡数量为多少？

c. 计算市场达到均衡时的消费者剩余、生产者剩余和总剩余。

2. 说明以下三种行为如何使总剩余降低：

a. 与均衡时相比，让乔西少买一份，而让凯西多买一份。

b. 与均衡时相比，让卡拉少生产一份，而让杰米多生产一份。

c. 与均衡时相比，让乔西少买一份，让卡拉少生产一份。

4.4 政府为什么要管制价格

第 3 章说明市场会朝着均衡状态变动，即市场价格会向着一个使供给量等于需求量的水平变动。但是这个均衡价格不一定会使买方或者卖方满意。

毕竟买方总是喜欢尽可能地少付钱，有时他们会把要求降价的呼吁变成一种强烈的道德或者政治要求。例如，如果某个大城市在供给和需求的作用下达到的均衡租金水平超过了普通工薪阶层的承受能力，会发生什么？在这种情况下，政府有可能因为面临压力而不得不出手限制房东收取的租金。

对卖方而言，他们却总是喜欢尽可能地收取高价，有时他们也能把要求提价的诉求变成道德或者政治要求。以劳动力市场为例，看看工资率，也就是工人工作一个小时所能获得的收入。假设在供给和需求的作用下，非熟练工人的工资率所形成的收入水平低于贫困线。在这种情况下，政府同样可能迫于压力而不得不要求雇主支付不低于某个最低工资水平的工资率。

换言之，总是存在强大的政治力量推动政府对市场进行干预。强大的利益集团能使得对他们有利的市场干预具有很强的说服力。当政府管制价格时，我们称之为**价格管制**（price control）。其典型的方式有两种，一种是规定**最高限价**（price ceiling），另一种是规定**最低限价**（price floor）。

遗憾的是，想要“驯服”市场绝非易事。正如我们将看到的，当政府试图通过立法管制价格时——不论是立法规定最高限价还是最低限价，都会产生一些可预见的、令人不愉快的副作用。

> **价格管制**是对市场价格水平施加的法律限制，可以有两种形式：**最高限价**，即卖方能够向买方收取的最高价格；**最低限价**，即买方须向卖方支付的最低价格。

4.5 最高限价

除了租金管制外，现在的美国很少有其他的最高限价管制措施了。但是在历史上最高限价曾经很普遍。通常在某种危机期间政府会实施最高限价，例如在战争、粮食歉收或者自然灾害期间，因为这些事件通常会导致价格的陡然上涨，从而损害许多人的利益而使少数幸运者获得巨额利益。

美国政府在二战期间对很多产品实行了最高限价，因为战争大幅提高了对钢铁和铝等原材料的需求，价格管制阻止了那些可以弄到这些原材料的人牟取暴利。1973 年，由于阿拉伯石油出口国实施禁运，美国的石油公司有可能获得巨额利润，美国政府对石油价格实施了管制。2012 年，由于受到桑迪飓风的影响，纽约州和新泽西州天然气出现短缺，导致价格欺诈猖獗，因此两地政府实施了价格管制。

纽约的租金管制是二战遗留物。战时生产带来的经济繁荣导致对公寓的需求增加，而当时本可以用来造房子的劳动和原材料都被用于应付战争的需要。虽然大多数的价格管制在战争结束后都被取消了，但是纽约的租金管制被保留了下来，而且渐渐向其他种类的建筑延伸，这的确是一个奇怪的现象。

在曼哈顿你可以较快地租到一套带一间卧室的公寓，只要你能够且愿意每月支付几千美元，同时对居住地段不太挑剔。但是，有些人可能只花了很少的钱就租到了条件差不多的公寓，还有一些人可能花了差不多的钱租到了地段更好的、更大的公寓。

除了创造出房屋出租市场上数量可观的交易之外，纽约的租金管制制度还产生了哪些广泛的影响呢？为了回答这个问题，我们要利用第 3 章学到的供给和需求模型。

□ 4.5.1 最高限价模型

为了弄清政府在一个竞争性市场上施加最高限价管制时会出现什么问题，我们来看图 4－6，该图是纽约公寓市场的一个简化模型。为了简单起见，我们假设所有的公寓都是相同的，因此在一个没有受到管制的市场上，所有公寓都应该以相同的价格出租。

图 4－6 中的表表示的是公寓的供给表和需求表，图中左边就是相应的供给曲线和需求曲线。横轴表示公寓数量，纵轴表示每套公寓的月租金。可以看出，在一个没有管制的市场上，均衡点是 E，在该点上，有 200 万套公寓，每套的月租金为 1 000 美元。

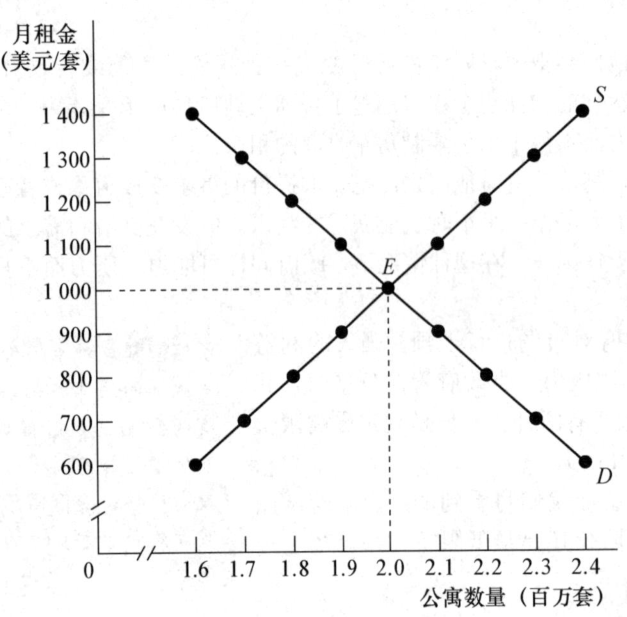

月租金（美元/套）	公寓数量（百万套）	
	需求量	供给量
1 400	1.6	2.4
1 300	1.7	2.3
1 200	1.8	2.2
1 100	1.9	2.1
1 000	2.0	2.0
900	2.1	1.9
800	2.2	1.8
700	2.3	1.7
600	2.4	1.6

图 4－6　没有价格管制的公寓出租市场

由于没有政府干预，公寓出租市场的均衡点是 E，在该点处有 200 万套公寓，每套的月租金为 1 000 美元。

现在假设政府规定了租金上限，将租金限定在低于均衡价格的水平，比如政府规定租金不得超过 800 美元。

图 4－7 表示的是在租金为 800 美元的情况下最高限价的影响。当租金为 800 美元时，房东出租公寓的动机并不强烈，也就是说，他们不愿意提供像租金为 1 000 美元时那么多的公寓数量。他们会选择供给曲线上的 A 点，仅仅提供 180 万套出租公寓，比没有政府干预时少 20 万套。

与此同时，当租金为 800 美元时，人们愿意租住的公寓数量要多于 1 000 美元时；如需求曲线上的 B 点所示，当价格为 800 美元时，公寓的需求量增加到了 220 万套，比均衡数量多出了 20 万套，比此时的实际供给多出了 40 万套。所以，公寓出租市场上出现了持续的短缺现象，在这个价格上，有 40 万人想租但租不到公寓。

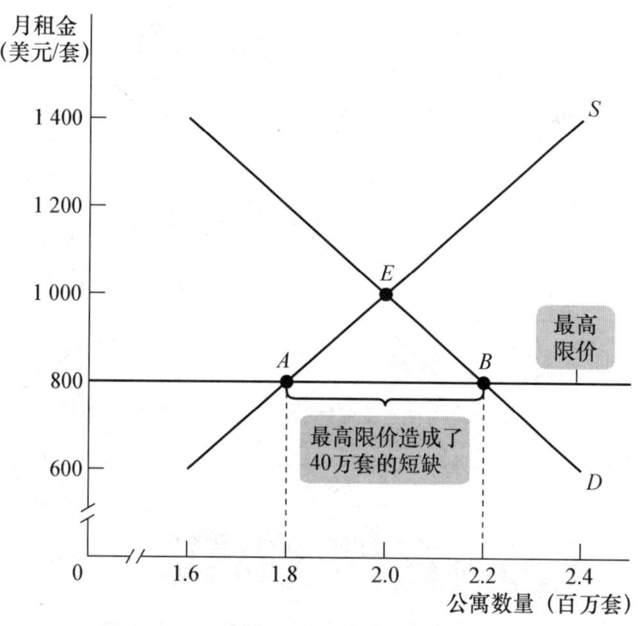

图 4-7 最高限价的效果

坐标图中的横轴代表政府对租金实施的最高限价——每月 800 美元。最高限价导致公寓的供给量减少到了 180 万套，即 A 点，而需求量则增加到 220 万套，即 B 点。这产生了一个持续的 40 万套的缺口：有 40 万人想以法定的 800 美元租金租房子却租不到。

最高限价难道总是导致短缺吗？不一定。如果最高限价高于均衡价格，它将没有任何影响。假设公寓出租市场上的均衡价格是每个月 1 000 美元，而政府规定的租金上限是 1 200 美元，那么谁还会在意这个最高限价呢？在这种情况下，最高限价就没有约束作用了，它将不再会限制市场行为，也就不会再有任何效果。

□ 4.5.2 最高限价为什么导致非效率？

图 4-7 中的住房短缺绝不仅仅是令人恼火，就像所有的价格管制所引起的短缺一样，它还可能非常有害，因为它会导致非效率。换言之，有贸易增益未能实现。

和所有的最高限价一样，租金管制至少会在四个不同的方面导致非效率：

1. 它会导致可租用公寓数量低于有效水平。
2. 它通常会导致公寓在有意向的承租者之间非效率地配置。
3. 它会导致人们在搜寻公寓中浪费时间和精力。
4. 它会导致房东不对公寓进行有效维护或保持公寓的良好状况。

除了导致非效率外，最高限价还会诱使人们规避最高限价管制（这是非法行为）。我们将逐一考察最高限价所导致的这些非效率现象。

数量不足的非效率 由于租金管制会导致公寓供应减少，因而它会导致可租用公寓的数量不足。

图 4-8 表现了对总剩余的影响。我们知道，总剩余等于供给曲线以上、需求曲线以下区域的面积。如果租金管制的仅有影响是减少可供租用公寓的数量，由此引致的剩余损失等于图中阴影三角形的面积。

在经济学中，这一三角形的面积有一个特定名称，即**无谓损失**（deadweight loss）：由于市场干预，交易不再进行所造成的剩余损失。例如，由于最高限价，可供租用的公寓不再被提供所造成的损失就是无谓损失。该损失由失望的房东和沮丧的承租者共同承担。经济学家经常称类似于图 4-8 的三角形为无谓损失三角形。

> **无谓损失**是一项行动或政策导致交易数量低于有效市场均衡数量所造成的总剩余损失。

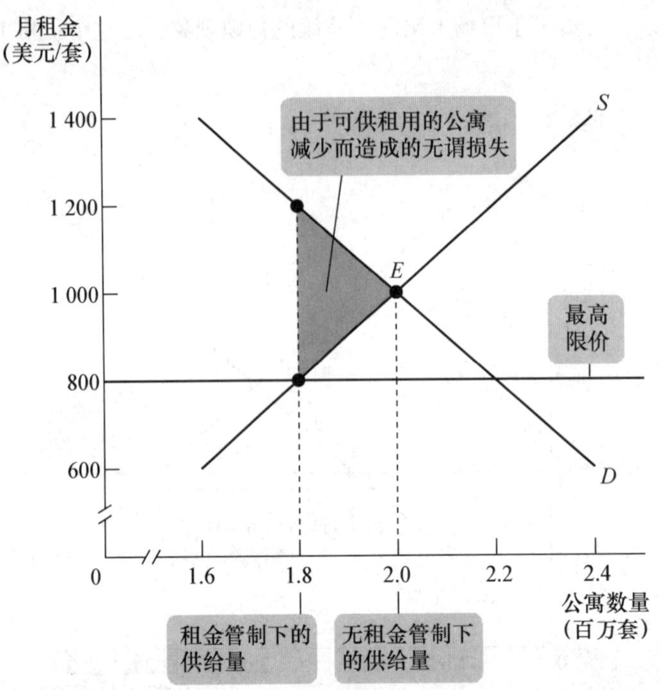

图 4-8　最高限价导致非效率的数量不足

价格上升导致供给量低于市场均衡数量，造成无谓损失。图中阴影三角形的面积代表了由于非效率的低交易数量而引起的总剩余损失。

无谓损失是经济学的核心概念之一。每当我们讨论一项行动或政策导致的交易数量低于有效市场均衡数量时都会遇到。认识到无谓损失是社会损失非常重要——它导致了总剩余减少，而且这种剩余损失没有任何人获得。这与一个人的剩余损失被其他人获得完全不同，后一种情形被经济学家称为从一个人到另一个人的剩余转移。例如，最高限价既会造成无谓损失，也会造成承租户和房东之间的剩余转移，请参见下面的“追根究底”专栏。

无谓损失并非最高限价导致的唯一形式的效率损失。租金管制除了导致公寓数量减少的非效率损失外，其他的非效率形式——消费者之间的非效率配置、资源浪费、低质量的非效率——导致的剩余损失要超过无谓损失。

消费者之间的非效率配置　租金管制除了导致公寓数量供应不足之外，也导致可供租用公寓的错配：特别需要寻找住房的人无法找到可供租用的公寓，而有些公寓则被不那么需要者占据。

在如图 4-7 所示的例子中，有 220 万人愿意以每月 800 美元的价格租房，但是只有 180 万套公寓出租。在这 220 万人当中，有一部分人特别想租到公寓，愿意支付更高的价格。而其他一些人则可能因为有别的解决居住问题的选择，因而租房的意愿不那么强烈，他们只愿意支付较低的价格。

公寓的有效配置将会反映出这种差别：真正想租到公寓的人将如愿以偿，而租房意愿不强烈的人则租不到公寓。而公寓的非效率配置则导致出现相反的情况：有些不那么急于租房的人租到了房子，而一些非常想租到房子的人却不能如愿。

另外，在租金管制下，人们通常得凭借运气或者个人关系才能租到房子，所以对于消费者而言，租金管制通常会导致**消费者之间的非效率配置**（inefficient allocation to consumers）。

> 最高限价通常会导致**消费者之间的非效率配置**：很想得到某种产品的人愿意支付高价却仍然买不到，而那些并不是很想得到此种产品的人只愿意支付较低的价格，却买到了此种产品。

为了进一步说明配置的非效率，我们来看李面临的困境。李有小孩，没有住房，他愿意每月出 1 500 美元租一套公寓，却租不到。而退休的乔治每年大部分时间都住在佛罗里达，但是 40 年前就在纽约租了一套公寓。乔治每月为这套公寓支付 800 美元，但是如果租金稍微上涨，比如上涨到 850 美元，他就不会再租这套公寓，以后再到纽约来时，他就住在他的子女家里。

▶ 追根究底

租金管制的得益者和受损者

在租金管制下，有得益者，也有受损者。有人会因为该项政策受益，但其他人则会蒙受损失。

在纽约市，租金管制的最大得益者包括一些富裕的租户（tenant），他们已经在公寓中住了几十年，而这些公寓本来需支付高额租金。这些得益者包括像演员阿尔·帕西诺（Al Pacino）和歌手及歌曲作者辛迪·劳博尔（Cyndi Lauper）这样的名人。同样，在2014年，有新的报道援引的例子称，租金管制制度下的租户拥有像在棕榈滩或日内瓦这样的地方的数百万美元的房产。具有讽刺意味的是，在这样的情况下，受损者是那些工薪阶层承租者（renter），而他们也是这一制度旨在帮助的对象。

我们可以利用消费者剩余和生产者剩余来形象化地评估租金管制的得益者和受损者的情况。图4-9（a）所示为无管制公寓市场（租金管制前）均衡时的消费者剩余和生产者剩余。我们知道，消费者剩余由需求曲线以下、价格线以上区域的面积代表，这是消费者在市场均衡时所得到的总增益。同样，生产者剩余由供给曲线以上、价格线以下区域的面积代表，是生产者在市场均衡时所得到的总增益。

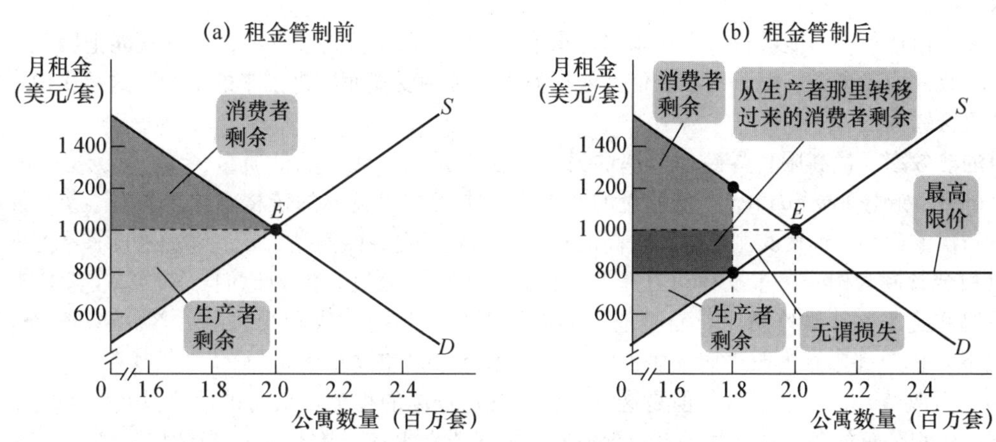

图4-9　租金管制的得益者和受损者

图4-9（b）所示为施加800美元最高限价后市场中的消费者剩余和生产者剩余。正如我们所看到的，对于那些在租金管制制度下能承租公寓的消费者来说，消费者剩余有所增加。这些承租者显然是得益者：他们以800美元获租一套公寓，比在无管制市场中少支付200美元。这部分人以低租金的形式直接从房东那里得到剩余的转移。但并非所有承租者都是得益者：与市场一直保持不受管制相比，现在可供租用的公寓数量减少了，对于那些需要寻找公寓居住的人来说——如果不是不可能找到——租到房比以前更难了。

总体上尚不清楚承租者作为一个整体状况变好还是变差了，因为很难直接计算剩余的得与失。我们只能说，从承租者总体来看，承租者受损的可能性越大，无谓损失就越大。

然而，我们可以明确地说，房东的状况变差了：生产者剩余明显减少。如果房东不减少供给市场的公寓数量，继续出租的公寓一个月将少拿200美元的租金。无谓损失三角形如图4-9（b）中白色区域所示，代表了由租金管制导致的可供租用的公寓实际减少所造成的承租者和房东的价值损失。

公寓的配置——乔治租到了一套公寓而李租不到——就是一种“机会错失”。实际上，有一个办法使李和乔治的状况都得到改善而不需要任何额外的成本。李会很乐意以每月1 200美元的价格从乔治那里把公寓转租过来，而乔治也会对这个价格感到满意，因为对他而言这套公寓的价值不会超过每月849美元。乔治愿意从李那里拿到这笔钱而且继续保留承租这套公寓；李愿意用这笔钱租用公寓而不是保留这笔钱。通过这样的交易，双方的状况都改善了，而且没有人受损。

通常真正想租房的人能从那些并不是很想租房的人那里转租到房子，不论是租到房子的人还是转租后获得租金的人福利都得到增进。但是，在租金管制下，转租是非法的，因为转租的价格高于最高限价。

虽然转租是非法的，但这并不意味着转租不会发生。事实上，追查非法转租是纽约私人调查人员的主要工作。《纽约时报》的一篇文章报道了私人调查人员怎样使用隐藏相机和其他手段来证明，租金管制公寓的合法租户实际上居住在其他地方，而将他们的公寓以高于管制租金 2～3 倍的水平转租出去。

非法转租是一种非法行为，我们在下面会对其进行讨论。就目前而言，请注意房东和立法机构实际上不鼓励这种行为。因此，公寓非效率配置问题一直存在。

资源浪费　最高限价导致非效率的另一个原因是它会造成**资源浪费**（wasted resource）：人们花费钱财、时间和精力来应对由最高限价导致的短缺。1979 年，价格管制造成汽油短缺，成千上万的美国人每周都要花费数个小时在加油站排队。排队时间的机会成本——因此损失的工资和闲暇——无论从消费者的角度还是从经济整体的角度来讲，都是资源浪费。

最高限价导致的非效率的最典型形式是**资源浪费**：人们花费钱财、时间和精力来应对由最高限价导致的短缺。

由于租金管制，李不得不在好几个月里把所有的业余时间都用于寻找合适的公寓，而他本可以用这些时间来工作或者在家休息。换言之，李花更多的时间来寻找公寓，这是有机会成本的，不是牺牲了闲暇就是放弃了工作收入。

如果市场自由运行，李能够很快在均衡租金水平 1 000 美元处租到公寓，这样李就能把因此节约下来的时间用于赚取收入或者享受闲暇——没有使其他任何人的福利受损而增进了李的福利。这再次说明在租金管制下存在“机会错失”。

低质量的非效率　最高限价导致非效率的另一个原因是它导致产品低质量的非效率（inefficiently low quality）。低质量的非效率是指卖主以较低的价格水平提供质量较次的商品，即使买主愿意以更高的价格买到质量更好的商品。

最高限价经常会导致**低质量的非效率**：卖主以较低的价格水平提供质量较次的商品，即使买主愿意以更高的价格买到质量更好的商品。

还是以租金管制为例。房东没有动力提供居住条件更好的公寓，因为他们无法通过提高租金来弥补维修费用，而且他们能够轻而易举地把公寓租出去。在很多情况下，租户都愿意为改进居住条件（例如对不能带动空调或者电脑的陈旧的电路进行改造）而额外付钱。但是这笔钱会被视作提高的租金，从而被政府禁止。事实上，在租金管制制度下，出租公寓的条件往往很差，很少粉刷，电线或者水管经常出问题，有时甚至还会有危险。一个原来在曼哈顿的一些大厦当过管理员的人这样描述他的工作：“租金不受管制的公寓，我们按租户的要求打理大部分事情。但是，那些受管制的公寓，我们绝对只做法律要求我们做的事……我们想让这些租户感到不快。”

这就是机会错失描述的整个情形——有些租户乐意出钱改进居住条件，房东也愿意用这些钱来维修公寓。但是这种交易只有在市场能够自由运行的情况下才会发生。

黑市　除了上述四种形式外，最高限价的最后一种非效率形式是：最高限价为非法活动特别是**黑市**（black markets）交易提供了激励。我们已经描述了一种黑市交易活动——租户的非法转租。但是事情并非到此为止。很明显，房东会向一位潜在的租户说：“当然，你每月另外给我几百美元现金，你就能住在这里。”只要这位租户是愿意为这套公寓支付高于管制租金的价格的人，他就很可能会同意。

黑市是这样一种市场，在这个市场上产品或者服务被非法地进行买卖，要么是因为这种产品或者服务的买卖完全是非法的，要么是因为这个市场上的交易价格违反了最高限价的规定。

黑市有什么不好吗？总的来说，违法是不好的事情，因为总体上这鼓励了人们不尊重法律。而且在我们的例子中，违法恶化了那些诚实的人的状况。如果李小心翼翼地不愿违反租金管制法律，但是其他人——那些不像李那样迫切需要租到公寓的人——向房东支付了额外的钱，那么李就可能永远也租不到房子。

□ 4.5.3　为什么还存在最高限价？

我们已经看到了最高限价的三个结果：

● 商品持续短缺。

● 持续短缺导致非效率现象出现：数量不足的非效率（无谓损失）、产品在消费者之间的非效率配置、资源浪费和低质量的非效率。

● 非法的黑市交易出现。

既然有这样令人不快的结果，为什么政府有的时候仍然要实施最高限价，就像在纽约为什么租金管制始终存在？

一个答案是，虽然最高限价有一些负面的影响，但是它的确使一部分人受益。实际上，纽约的租金管制法令（它比我们这里描述的简单模型要复杂）损害了大多数居民的利益，但是它使一小部分承租者以比市场均衡价格更低的价格租到了房子。这些从中获益的人通常组织得较好，而且比那些利益受损的人更具有影响力。

另外，如果最高限价实施了很长时间，买主可能不会意识到若没有最高限价会是怎样的情形。在我们前面的例子当中，不受管制的市场（图 4－6）的租金只比受管制的市场的租金（图 4－7）高出 25%，前者是 1 000 美元，后者是 800 美元。但是承租者又怎么会知道这些呢？他们的确可能听说黑市上的价格更高——李或者其他人给了乔治 1 200 美元或者更多，但是他们不会意识到，这个黑市价格比自由市场上的价格要高得多。

最后一个答案是，政府官员通常并不懂得供给和需求分析！如果认为现实世界中的经济政策总是合理的或传递充分的，你就大错特错了。

▶ **真实世界中的经济学**

委内瑞拉的价格管制："有什么，买什么"

从各方面来看，委内瑞拉都是一个富裕的国家，因为在能源价格高企的时代，该国是世界顶级石油生产国之一。但在 2013 年底，基本生活用品——如卫生纸、大米、咖啡、玉米、面粉、牛奶、肉类——的长期缺乏还是让人伤心。"货架空空，没有人能解释为什么一个富有的国家会没有食物。真是让人难以接受。"一个 90 岁的农民吉泽斯·洛佩斯（Jesús López）说。

委内瑞拉的食品短缺问题的起源可以追溯到前委内瑞拉总统雨果·查韦斯（Hugo Chávez）和他的继任者尼古拉斯·马杜罗（Nicolás Maduro）所采取的政策。查韦斯 1998 年参加竞选时提出的政策纲领是谴责该国的经济精英，并承诺推行有利于贫穷人群和工人阶级的政策，其中包括对基本食品的价格管制。这一政策导致了始于 2003 年的食品短缺，到 2006 年短缺变得非常严重。价格设置得如此之低，以致农民减少了粮食产量。例如，直到 2009 年委内瑞拉都是一个咖啡出口国，之后被迫大量进口咖啡来弥补国内产量的暴跌。现在委内瑞拉 70%以上的食品需要进口。

此外，政府针对穷人和工人阶级的慷慨项目导致需求大增。价格管制和需求大增共同作用，导致价格不受管制的食品或进入黑市的食品价格大幅上涨。结果进一步导致价格受管制的食品的需求大幅增加。

更糟糕的是，委内瑞拉货币价值的急剧下降使得进口品更加昂贵。这刺激了走私品增加：以政府规定的价格买到产品后，委内瑞拉人跨境转手，在哥伦比亚边境卖出，一瓶牛奶可增值七八倍。毫不奇怪，在委内瑞拉市场很少见到新鲜的牛奶和奶油。

委内瑞拉人在国营商店购买产品时经常会排队几个小时，但往往空手而返。或者正如一位购物者凯瑟琳·胡嘎（Katherine Huga）所说："不管什么，买到就好。他们有什么你买什么。"当产品以非常高的价格出现在黑市中时，查韦斯的价格管制政策极大地伤害了他想帮助的低收入和中等收入人群。一位在低收入地区排队等了几个小时的顾客说："一袋大米浪费了我自由的一天，这让我感到愤怒。到头来我在转卖者那里以更高的价格买到了。总之，所有这些价格管制都被证明毫无用处。"

及时复习

● 价格管制的形式有法定最高价格——最高限价和法定最低价格——价格下限。

● 低于市场均衡价格的最高限价在使一部分买者受益的同时会产生四种形式的负面影响：无谓损失、消费之间的非效率配置、资源浪费和低质量的非效率。

● 无谓损失是指一项政策或行动导致交易数量低于有效市场均衡水平所造成的总剩余损失。

● 最高限价还会导致黑市交易，因为买卖双方试图规避价格管制。

小测验 4-2

1. 在比赛日，米德尔顿大学体育馆附近的房主过去常把自己车道上的停车位以 11 美元的价格租给来看比赛的人。现在镇上颁布了一个新的法令，规定停车费最高为 7 美元。用下面的供给和需求曲线图，根据最高限价的概念来解释下列现象：

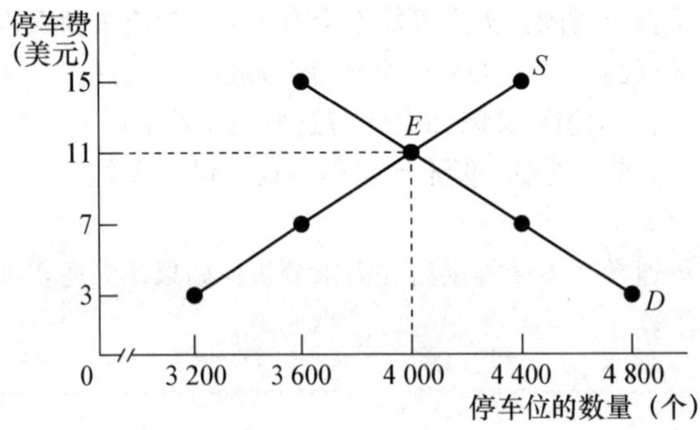

a. 一些房主认为现在把车位租出去不值得。

b. 有些原来拼车来看比赛的人现在自己开车来了。

c. 有些来看比赛的人因找不到停车位而没看比赛就回去了。

解释由最高限价导致的下列现象：

d. 有些来看比赛的人提前几个小时来找停车位。

e. 房主的朋友们经常来看比赛，即使他们并非铁杆球迷。但是真正热心的球迷们却因为找不到停车位而放弃。

f. 有些房主以高于 7 美元的价格出租停车位，但是假装租车位的人是自己的朋友或亲人。

2. 判断正误并加以解释。与有效市场的结果相比，低于均衡价格的最高限价会：

a. 增大供给的数量。

b. 使有些希望购买此种产品的人的状况恶化。

c. 使所有生产者的状况都恶化。

3. 如下哪些情形会导致无谓损失？哪些情形会导致剩余从一个人到其他人的转移？请对你的答案做出解释。

a. 在房东发现你养蟒蛇宠物后，你被迫从租金受管制的公寓中搬出。公寓很快以同样的租金被租给其他人，你和新的承租者对公寓的支付意愿不一定相同。

b. 在一次竞赛中你赢得了一张爵士音乐会的门票。因为要参加考试，你无法去听音乐会。根据竞赛要求，你不能将门票转卖给或者赠予其他人。如果你不能转卖但可以将门票赠予其他人，这个问题的答案会有不同吗？

c. 你所在学校的院长是低脂肪食物的拥护者，他规定校园中不得提供冰激凌。

d. 你的冰激凌蛋筒掉到地上后被你的狗吃掉。（可以设想你的狗是一名社会成员，并假定如果它愿意，它可以向你支付与你的冰激凌蛋筒购买价格相等的金额。）

4.6 最低限价

有时政府会干预市场，以推动价格上升而非下降。立法制定小麦、牛奶等农产品的最低限价是很普遍的确保农场主收入的措施。历史上，对于货车运输、航空运输等服务行业也实施过法定的最低限价，虽然美国在20世纪70年代就取消了这些规定。如果你曾经在快餐店工作过，你就可能碰到过最低限价：美国和其他许多国家都制定了劳动者每小时的最低工资，即劳动的最低限价——**最低工资**（minimum wage）。

> **最低工资**是法律规定的工资下限，是劳动力市场的最低限价。

就像最高限价一样，政府制定最低限价是为了帮助一部分人，但也会产生人们不希望看到的负面影响。图4－10显示了黄油的供给曲线和需求曲线。如果任其自由运行，市场会运动到均衡点*E*，均衡价格为每磅1美元，均衡数量为1 000万磅。

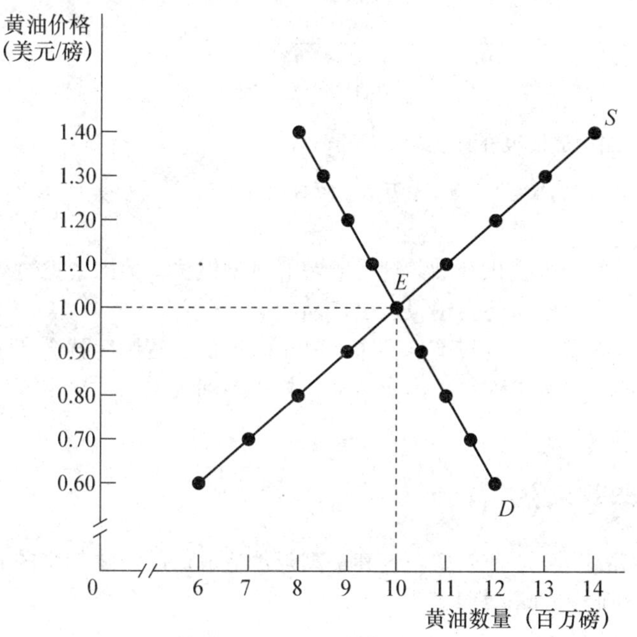

黄油价格（美元/磅）	黄油数量（百万磅）	
	需求量	供给量
1.40	8.0	14
1.30	8.5	13
1.20	9.0	12
1.10	9.5	11
1.00	10.0	10
0.90	10.5	9
0.80	11.0	8
0.70	11.5	7
0.60	12.0	6

图4－10　没有政府管制情况下的黄油市场

没有政府干预时，黄油市场的均衡价格为每磅1美元，均衡数量为1 000万磅。

现在假设政府为了帮助奶牛农场主，规定黄油的最低限价为每磅1.20美元。这一政策的效果见图4－11，1.20美元处的这条水平线代表最低限价。在这个价格水平上，生产者愿意供应1 200万磅黄油（供给曲线上的*B*点），但是消费者只愿意购买900万磅（需求曲线上的*A*点）。因此黄油生产出现了300万磅的持续过剩。

最低限价总是会导致过剩吗？不。就像最高限价的情况一样，这个下限可能是没有实际约束作用的，或者说是不起作用的。如果黄油的均衡价格是每磅1美元，而最低限价是每磅0.80美元，这样的最低限价就是没有任何影响的。

但是假设最低限价是有约束作用的，那么人们该拿这些剩余怎么办呢？答案取决于政府政策。就农产品最低限价而言，政府会买入这些过剩的产品。因此，美国政府的仓库里有时会堆满了上千吨的黄油、奶酪和其他的农产品。（欧盟委员会同样实施了农产品最低限价政策，结果拥有了所谓的“黄油山”，据说这座“山”的重量相当于奥地利全部人口的体重之和。）政府就这样找到了处理过剩产品的办法。

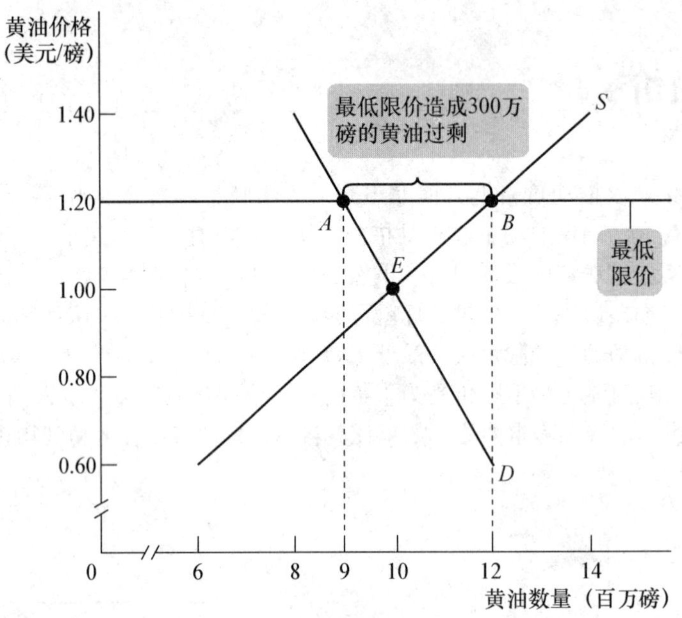

图 4－11　最低限价的效果

水平实线代表政府施加的每磅 1.20 美元的最低限价。黄油的需求量下降到 900 万磅，而供给量上升到 1 200 万磅，从而出现了 300 万磅的持续过剩。

有些国家对出口商在海外市场销售产品遭受的损失提供补贴，这是欧盟的典型做法。美国会把过剩食品发放给需要者或者学校，用于提供学校的午餐。有时政府还会销毁过剩产品。

当政府不打算买入过剩产品时，最低限价意味着生产者找不到买主。每小时最低工资制度就会产生这样的结果：当最低工资比均衡工资高的时候，有些人愿意工作——出卖劳动，却找不到买主——雇主不愿意为他们提供工作机会。

□ 4.6.1　最低限价为什么会导致非效率？

最低限价导致的持续过剩也会造成“机会错失”——非效率，这和最高限价造成产品短缺带来的非效率相似。与最高限价类似，最低限价也会造成四种形式的非效率形式：

1. 它会导致交易数量低于有效水平而造成无谓损失。
2. 它通常会导致卖者之间销售的非效率配置。
3. 它会导致资源浪费。
4. 它会导致卖者提供高质量的非效率产品。

除了非效率外，与最高限价类似，最低限价也会导致人们不遵守法律而以低于法定价格的价格违法销售的行为。

数量不足的非效率　因为最低限价提高了对于消费者的产品价格，因此它导致产品需求量减少；因为卖者的销售数量多于买者愿意购买的数量，最低限价使得产品买卖的数量低于市场均衡数量，从而导致无谓损失。请注意，这一影响与最高限价相同。你可能认为最低限价和最高限价的效果是相反的，但是在减少产品买卖数量方面，两者的效果是相同的（请参见后面的“疑难解答”专栏“最高限价、最低限价和交易数量”）。

因为有效市场均衡可最大化消费者剩余和生产者剩余之和，因而最低限价造成数量低于均衡数量会导致总剩余减少。图 4－12 对黄油的最高限价导致总剩余减少进行了解释。总剩余等于供给曲线以上、需求曲线以下区域的面积之和。最低限价减少了黄油的销售数量，所导致的无谓损失等于图 4－12 中阴影三角形的面积。与最高限价类似，无谓损失仅仅是价格管制所导致的非效率形式之一。

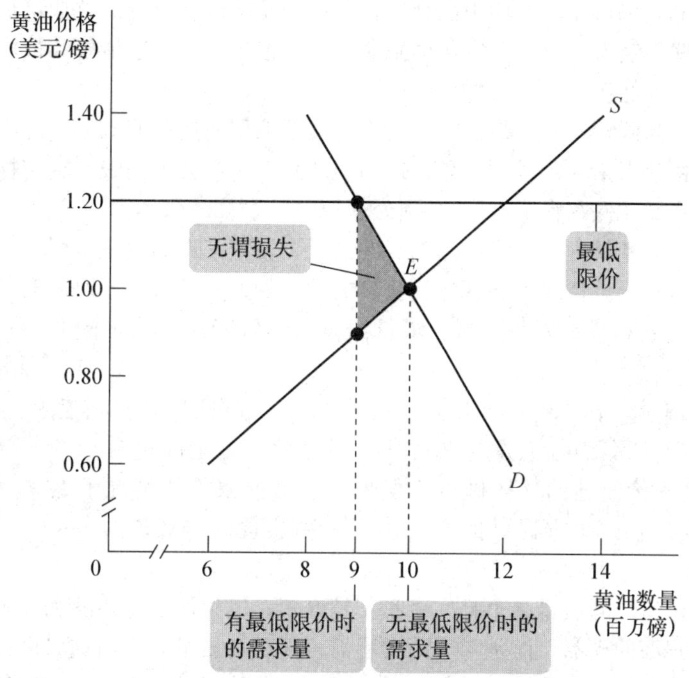

图 4-12　最低限价导致数量不足的非效率

最低限价导致需求量低于市场均衡数量，引起无谓损失。

▶ **疑难解答**

最高限价、最低限价和交易数量

最高限价压低产品价格，最低限价抬高产品价格。人们容易认为，最高限价的影响正好与最低限价相反。具体说来，如果最高限价导致产品买卖数量减少，那么最低限价是否导致产品买卖数量增加呢？

并非如此。事实上，最高限价和最低限价都会导致产品买卖数量减少。为什么呢？当产品的供给量不等于需求量时，实际的销售数量取决于市场的“短边”，也就是数量少的一边。如果卖者不能按照买者愿意购买的数量提供产品，卖者就决定着实际销售数量，因为买者不能强迫不愿意的卖者卖出产品。如果买者不能购买卖者意愿卖出的数量，买者就决定着实际的交易数量，因为卖者不能强迫不愿意的买者来购买。

卖者之间的非效率配置　和最高限价一样，最低限价会导致非效率配置，不过在最低限价的情况下，是**卖者之间的非效率配置**（inefficient allocation of sales among sellers）：愿意在最低价格水平上销售产品的卖者并不能如愿，而那些只愿意在更高水平上销售产品的卖者则可如愿以偿。

> 最低限价会导致**卖者之间的非效率配置**，即：卖者愿意在最低价格水平上销售产品却并不能如愿，而那些只愿意在更高水平上愿意销售的卖者则可如愿以偿。

我们来看由最低限价造成的销售机会的非效率配置的一个例证——在许多欧洲国家特别是法国、西班牙、意大利和希腊存在的非法用工市场和失业问题。在这些国家，较高的最低工资标准已经导致了两层用工制度：一部分幸运者在正规劳动力市场中获得良好的就业机会，至少挣得最低工资，其余的人则被锁定在没有任何前途找到更好工作的境地。

在非法用工市场中，不论失业还是就业都处在一个死胡同中，其中年轻人（从 18 岁到 30 岁）的比例又非常高。虽然劳动者渴望在正规部门谋得一份好工作并愿意接受低于最低工资标准的工资——愿意以较低的价格出售他们的劳动——但雇主支付的工资低于最低工资标准就是非法的。

失业和就业不足的非效率在年轻一代中混合存在，他们无法得到充分的就业培训、职业发展规划和为他们的未来储备力量。这些年轻人也很可能去从事犯罪活动。很多这些国家最好和最聪明的年轻人陆续移居国外，导致这些经济体未来的经济绩效永久性变差。

资源浪费 还是和最高限价一样，最低限价会因为资源浪费而造成非效率。这方面最生动的例子包括为农产品制定最低限价而由政府来收购过剩产品。过剩的产品有时候会被销毁，这纯粹就是浪费；有时政府会婉转地说仓库里的过剩产品"保存得不好"，必须处理掉。

最低限价也会浪费时间和精力。考虑最低工资的情况。希望工作的人花费很多时间寻找工作，或者排队等待工作机会，他们和最高限价情况下那些寻找公寓的倒霉的人一样浪费了时间和精力。

高质量的非效率 还是和最高限价一样，最低限价会导致产品高质量的非效率。

最低限价通常会导致**高质量的非效率**：卖方通常会在较高的价格水平上提供高质量的产品，即使买方宁愿以较低的价格购买质量稍差的产品。

我们看到当存在最高限价时，生产者提供的产品会存在低质量的非效率：买方想买到高质量的产品而且愿意为之付费，但是卖方拒绝改进自己的产品的质量，因为最高限价使他们这样做得不偿失。在最低限价的情况下逻辑与此相似，但正好反过来：卖方提供的产品出现了**高质量的非效率**（inefficiently high quality）。

为什么这样说呢？难道产品质量高不是好事吗？是好事，但条件是它能够和成本相称。假设供给方花了很多成本生产出了质量很高的产品，但是对于消费者而言这种高质量并不值这么多钱，所以他们只愿意支付一个较低的价格。这也代表了一种"机会错失"：供给方和买方本可以进行一笔对双方都有利的交易，其中买方能够以一个低得多的价格买到质量相对低一些的产品。

下面来看一个很典型的高质量的非效率的例子。跨大西洋的飞机票价曾经被国际协定人为地定得很高。由于禁止航空公司之间通过降低票价来争夺顾客，它们转而通过提供昂贵的服务来吸引顾客——例如过分丰富的、大部分人都吃不完的飞机用餐。为了限制这种做法，政府管制部门曾经制定过最高服务标准，例如每次提供的机上用餐不能超过一个三明治。有一家航空公司引入了所谓的"斯堪的纳维亚式三明治"，这件事迫使航空公司聚在一起专门开会来界定什么是"三明治"。所有的这些都是浪费，尤其是考虑到消费者真正需要的并不是这么多的食物，而是更低的票价。

自 20 世纪 70 年代美国放松了对航空业的管制以来，美国的乘客感受到了机票价格的大幅下降和随之而来的飞机上各种服务质量的下降——座椅变小了、食物的质量下降了，等等。每个乘客都抱怨服务变差了，但是拜票价下降所赐，美国航空运输量从放松管制时的 1 300 亿乘客英里（passenger miles）增长到 2014 年的近 9 000 亿乘客英里。

违法活动 除了上述四种非效率形式之外，与最高限价一样，最低限价会刺激违法活动。例如，在最低工资远远高于均衡工资水平的国家，急于找到工作的人有时候会为雇主"打黑工"，这些雇主要么向政府部门隐瞒这些雇员的存在，要么向政府派来的检查人员行贿。"打黑工"现象在西班牙和意大利这些南欧国家尤为普遍。

▶ **国际比较**

用我们的低工资结账！

从下页图中可以看出，与其他富裕国家相比，美国的最低工资率实际上要低得多。因为最低工资以本国货币设定，如英国以英镑设定、法国以欧元设定，等等，因此这一比较是根据某一给定日期的汇率折算的。截至 2015 年，澳大利亚的最低工资水平相当于美国工资率的两倍，法国、爱尔兰和加拿大紧跟在澳大利亚后面。我们可以从超市购物的结账队伍看出差别。在美国，通常有人帮助你对所购货物打包——工作人员通常获得最低工资或比最低工资稍高一点的工资，而在欧洲雇人打包的费用要高得多，你几乎总会希望自己打包。

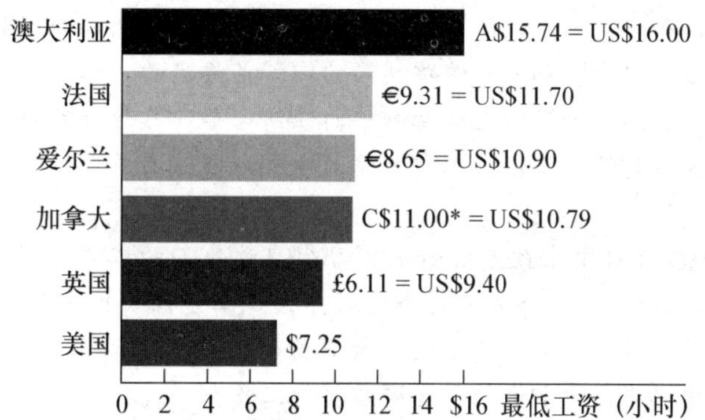

* 加拿大各省的最低工资不同，每小时在 9.95～11.00 加拿大元之间。
资料来源：Organization for Economic Cooperation and Development (OECD).

□ 4.6.2 那么为什么还存在最低限价?

总结一下，最低限价会产生以下几种负面影响：

- 产品持续过剩。
- 持续过剩导致非效率现象出现：数量不足的非效率（无谓损失）、卖方之间的非效率配置、资源浪费和高质量的非效率。
- 鼓励人们从事非法活动，特别是对政府官员的贿赂。

既然最低限价有这么多负面影响，那么为什么政府有的时候仍然要实施最低限价呢？和实施最高限价的原因一样。政府官员通常会无视最低限价的种种不利影响，有时是因为他们认为相关市场不能用供给和需求模型来描述，然而更多的时候是因为他们不理解这个模型。最重要的是，就像最高限价的实施通常是为了维护一些有影响力的买方的利益，最低限价的实施通常也是因为它们使得一些有影响力的卖方获益。

▶ 真实世界中的经济学

不带薪实习的兴衰

最低限价的一个最有名的例子就是最低工资标准。然而，大多数经济学家认为，最低工资对美国整体就业市场的相对影响并不大，主要是因为标准设置得如此之低。1964 年，美国的最低工资标准相当于蓝领生产工人平均工资的 53%；到 2013 年，这一比例下降到 37%左右。美国就业市场的一个领域也适用于最低工资法，即实习生市场。

实习通常是为仍在大学就读或刚毕业的学生等年轻工人保留的临时工作职位。近年来低迷的美国经济令 20～24 岁生产工人的就业前景堪忧。这一年龄组的失业率在 2014 年初达到近 12%。由此导致的一个结果是实习岗位增多，预示着充满热情的年轻工人无法找到高薪的长期工作的可能性越来越大。

实习分为两大类：带薪实习生和无薪实习生，前者被正式聘用为临时工，并且必须对其按最低工资标准支付薪水；后者承担工作任务，但并非法定意义上的雇员，不适用最低工资法。由于实习提供了宝贵的工作经验和资历，对后来的求职有非常重要的价值，所以年轻人往往愿意接受低工资甚至没有工资待遇的实习。根据咨询公司实习桥（Intern Bridge）高管罗伯特·辛德尔（Robert Shindell）的说法，每年有超过一百万美国学生做实习；其中 55%的职位无薪水且不提供实习学分。

不足为奇的是，一些公司使用无薪水实习生从事一些实际上有很少或没有教育价值而只是对公司有利的工作。

为了引导这方面的工作，美国劳工部（DOL）——监督最低工资法执行的联邦政府机构——在 2010 年颁布了几项标准，帮助企业确定它们的无薪水实习生是否可以不受最低工资要求约束。其中包括：(1) 实习经验是否主要有利于实习生，而不是雇主？(2) 实习单位是否提供了与教育部门相当的培训环境？(3) 是否有正式员工的工作职位被实习生取代？如果对这些问题的回答是肯定的，那么劳工部就认为实习是一种教育形式，不受最低工资法约束。然而，如果对这些问题中的任何一个回答是否定的，那么劳工部就可以认定不带薪实习违反最低工资法。在这种情况下，该工作职位必须要么被转换成带薪实习，至少支付最低工资，要么被取消。

2012 年和 2013 年，接连发生此前未被支付薪水实习生声称他们的工资被骗的诉讼引起了公众的关注。在 2013 年，电影公司福克斯探照灯影业公司被判违反联邦最低工资法，因为对两名实习生支付零工资。在这些诉讼中一个共同的诉求是，实习人员被分派没有教育价值的“繁重的工作”，如去追踪丢失的手机。在其他的案例中，无薪实习生抱怨说，他们做的是全薪雇员的工作。

因此，许多公司劳动法方面的法律顾问已经建议企业，要么遵守对实习生支付最低工资的法律，要么回绝实习。有些公司已经完全砍掉他们的实习职位，还有一些公司例如福克斯探照灯影业和 NBC 新闻已经将无薪实习职位转换为带薪实习职位。一些观察家担心，无薪实习工作的消失意味着有价值的培训也将消失。但是，正如一位律师所评论的，“根据法律规定，当你工作时，你必须得到报酬（至少是最低工资）。”

及时复习

- 人们最熟悉的最低限价是最低工资。最低限价通常对农产品实施。
- 高于均衡价格的最低限价使一部分卖方获益，却会产生一些负面影响。例如持续的过剩，而过剩又会导致四种形式的非效率：数量不足的无谓损失、卖者之间的非效率配置、资源浪费以及高质量的非效率。
- 最低限价还会鼓励违法行为的产生，例如隐瞒真实雇佣情况和政府官员的腐败。

小测验 4-3

1. 州立法机关将汽油的最低限价规定为每加仑 P_F。评价下列说法，并且利用下图来解释你的答案。

a. 支持者声称，此项法律将提高加油站老板的收入。反对者声称此项法律将损害加油站老板的利益，因为他们会失去一部分顾客。

b. 支持者声称消费者的福利会改善，因为加油站将提供更好的服务。反对者声称消费者的福利总的来说会恶化，因为他们更愿以更低的价格购买汽油。

c. 支持者声称这项法律将在不损害其他任何人利益的情况下帮助加油站的老板。反对者声称消费者的利益将受损，而且最终的局面将会是消费者到邻近的州或者到黑市上去买汽油。

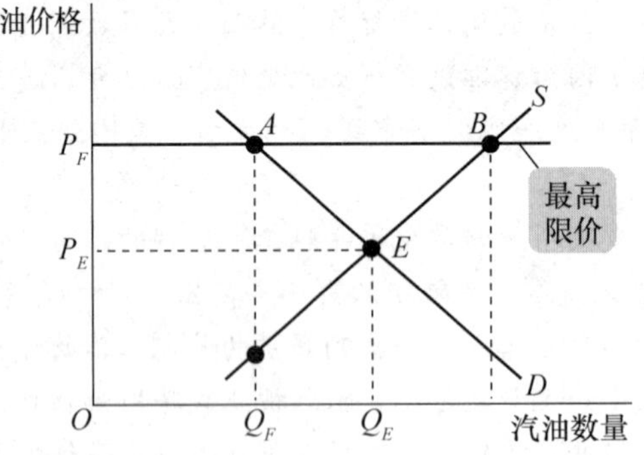

4.7 数量管制

20 世纪 30 年代，纽约市建立了为出租车发放牌照的制度：只有那些获得了“出租车牌照”的出租车才能载客。因为这个制度的目的是保障服务质量，所以有牌照的车主被要求保证达到包括安全和清洁在内的某种标准。当时总共发放了 11 787 张牌照，出租车主为每张牌照支付 10 美元。

在1995年，作为世界金融和资本中心的纽约，每天都有数十万人需要乘坐出租车，但是有牌照的出租车仍然只有11 787辆。1995年增发了400张牌照，之后又增发了几轮牌照，到目前有15 000张。这一限制导致的结果是，纽约市出租车牌照变得非常昂贵：如果你想在纽约开出租车，从别人那里租借或者购买一个牌照的当前价格为75万美元。

纽约出租车的故事并非独一无二，其他在20世纪30年代引入了类似制度的城市和纽约一样，自那个时候起只增发过很少的牌照。旧金山、波士顿都和纽约一样，出租车牌照的价格都达到了六位数。

出租车牌照制度就是一种**数量管制**（quantity control）或者说**配额**（quota）。在这种制度下，政府规定某种产品的买卖数量而不是交易价格。这是除了最高限价、最低限价之外政府干预市场的另一种方式。在数量管制下可交易的总数量就是所谓的**配额限制**（quota limit）。通常政府通过发放**许可证**（licenses）来限制某个市场上的交易数量；只有持有许可证的人才能合法地提供某种产品。

出租车牌照就是一种许可证。纽约市政府通过限制出租车的数量限制了人们能乘坐出租车的数量。现实中还有很多其他的数量管制，从限制人们购买的外汇（例如英镑或者墨西哥比索）的数量到新泽西州限制允许捕捞的渔船的数量。

在现实世界中，数量管制是对一种产品的可交易数量设置最高限额。

有一些控制数量的做法从经济方面看理由充足，但是也有一些经不起推敲。正如我们将讨论的，在许多时候，为了应付临时问题而制定的数量管制在事后会很难取消，因为受益者会极力维护这种政策，即使最初导致数量管制出台的原因已不复存在。但是无论实行数量管制的原因是什么，它们都有一些可以预见的而且通常是人们不想看到的经济后果。

> **数量管制**或者**配额**是对某种产品的买卖数量规定上限。产品能够合法地进行交易的总数就是**配额限制**。**许可证**使其持有者有权供应某种产品。

□ 4.7.1 对数量管制的分析

为了理解纽约市出租车牌照为什么值这么多钱，我们考虑出租车乘坐这个市场的一种简化的情形，如图4-13所示。就像在租金管制中我们假设所有公寓都是相同的一样，我们在这里也假设所有出租车乘次是相同的，从而忽略真实世界中的种种复杂情况（有些乘次距离较长从而更昂贵）。

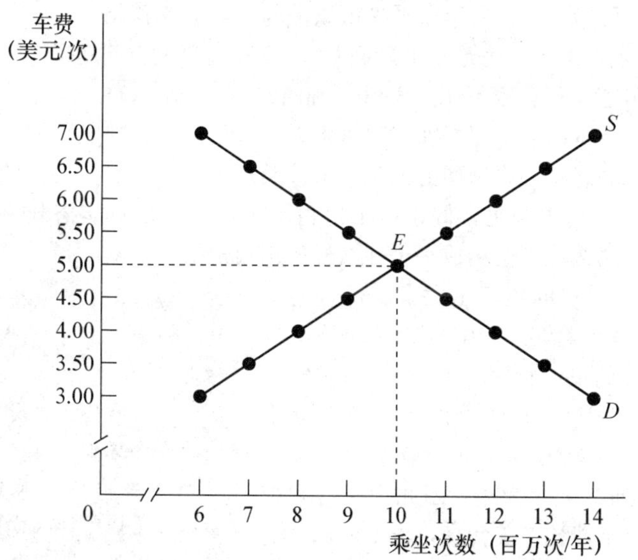

车费（美元/次）	乘坐次数（百万次/年）	
	需求量	供给量
7.00	6	14
6.50	7	13
6.00	8	12
5.50	9	11
5.00	10	10
4.50	11	9
4.00	12	8
3.50	13	7
3.00	14	6

图4-13 没有政府管制下的出租车乘坐市场

在没有政府干预的情况下，市场均衡是价格为5美元/次，乘坐1 000万次。

图4-13中的表给出了需求表和供给表。市场均衡是图中的E点和表中带有阴影的那一行，即每乘次5美元，每年乘坐1 000万次（你马上就会明白为什么我们要这样来表示市场均衡）。

纽约的出租车牌照制度限制了出租车的数量，但是每个出租车司机能够按照自己的意愿来提供载客次数。(现在你该明白为什么纽约的出租车司机会这么拼抢!) 然而，为了使我们的分析简单化，我们假设这个制度可以把合法载客的次数限制在每年 800 万次。

某个给定数量的**需求价格**是消费者愿意购买一定数量产品时对应的价格。

到目前为止，我们已经通过回答以下问题得出了需求曲线："如果价格是每次 5 美元，那么乘客愿意乘坐多少次出租车?"但是我们也可以把这个问题倒过来："在什么价格上消费者愿意每年乘坐 1 000 万次出租车?"在某一价格上消费者愿意购买给定数量的某种产品——在这个例子中，在 5 美元的价格上乘坐 1 000 万次——这个价格就是这个数量所对应的**需求价格**（demand price)。你可以从图 4－13 中看到 600 万乘次的需求价格是 7 美元，700 万乘次的需求价格是 6.50 美元，等等。

某个给定数量的**供给价格**是生产者愿意提供一定数量产品时对应的价格。

类似地，通过回答下述形式的问题可以得出供给曲线："在 5 美元的价格上出租车司机愿意搭载多少次客人?"但是我们也可以把问题颠倒过来："在什么价格上出租车司机每年愿意搭载 1 000 万次客人?"在某一价格上供给者愿意提供一个给定的数量——在这个例子中，在 5 美元的价格上乘坐 1 000 万次——这个价格就是该数量所对应的**供给价格**（supply price)。我们从图 4－13 中的供给曲线上可以看出 600 万乘次的供给价格是 3 美元，700 万乘次的供给价格是 3.50 美元，等等。

现在我们可以分析配额了。我们已经假设市政府把出租车乘坐次数限制在每年 800 万次。每一个出租车牌照赋予其持有者每年搭载一定次数客人的权利，假设出租车牌照能够以保证每年所有的出租车搭载客人的总次数为 800 万次的方式发放。牌照持有者既可以自己亲自开出租车，也可以以一定的费用把牌照租给他人。

图 4－14 表现了出租车乘坐市场的情况，每年 800 万乘次这条垂直线代表了配额限制。因为乘坐次数被限制为 800 万，所以消费者面临的是需求曲线上的 A 点，对应着需求表中涂上阴影的一项：800 万乘次的需求价格为 6 美元。同时，出租车司机面临的是供给曲线上的 B 点，对应着供给表中涂上阴影的一项：800 万乘次的供给价格为 4 美元。

但是，为什么出租车乘客愿意支付 6 美元而出租车司机收取的是 4 美元呢? 答案是，除了乘坐出租车这个市场之外，还有一个牌照市场。牌照持有者可能并不总是亲自开出租车：他们可能会生病或者会去度假。那些不想自己亲自开出租车的人将把使用牌照的权利转卖给其他人。

所以，在这里我们必须考虑两套交易和两个价格：(1) 出租车乘坐市场上的交易及其价格；(2) 牌照市场上的交易及其价格。既然我们考虑的是两个市场，那么 4 美元和 6 美元这两个价格就都没有问题了。

为了便于说明，让我们虚构两个纽约的出租车司机：桑尼尔（Sunil）和哈利特（Harriet)。桑尼尔有一张牌照，但是他的腕关节严重扭伤，还没有恢复，所以他试图把牌照租给别人。哈利特没有牌照，但是想租一张。而且在任何时点上都有很多像哈利特这样的想租一张牌照的人和很多像桑尼尔这样的想把自己的牌照租出去的人。假设桑尼尔同意把牌照租给哈利特。简单起见，假设每个出租车司机每天都只能搭载一次客人，而且桑尼尔把自己的牌照租给哈利特一天。那么他们会达成一个什么样的出租价格呢?

数量管制或者配额使某种产品的需求价格和供给价格之间出现了**楔差**：最终买方付出的价格比卖方得到的价格高。

这个楔差被称作**配额租金**，它是许可证或者牌照持有者因为拥有出售此种产品的权利而获得的收入。它等于许可证或者牌照被买卖时许可证或牌照的市场价格。

为了回答这个问题，我们需要同时从这两个司机的角度出发来看待这笔交易。哈利特知道一旦自己租到牌照，就能每天挣 6 美元——配额所对应的需求价格。只要每天能至少挣 4 美元——配额所对应的供给价格，他就愿意租牌照。所以，桑尼尔不能要求牌照租金超过 2 美元——6 美元和 4 美元之差。而且如果哈利特付给桑尼尔的租金低于 2 美元，比如说是 1.50 美元，那么就会有其他的司机愿意向桑尼尔租牌照，一直到牌照租金涨到 2 美元为止。因此为了得到牌照，哈利特必须至少付给桑尼 2 美元。既然租金不能比 2 美元高，也不能比 2 美元低，那么它就应该正好等于 2 美元。

2 美元正好等于 800 万次的需求价格和供给价格之差，这并不是巧合。只要某种产品的供给受到法律的限制，在交易数量对应的需求价格和供给价格之间就会出现**楔差**（wedge)。这种楔差在图 4－14 中是用一个上下箭头来表示的，它有一个特别的名称：**配额租金**（quota rent)。它是牌照持有者从牌照所有权中获得的收入。就桑尼尔和哈利特而言，2 美元的配额租金归桑尼尔所有，因为他拥有牌照，6 美元中剩下的 4 美元归哈利特所有。

所以，图 4－14 也显示了在纽约乘坐出租车的配额租金。配额将每年的乘坐次数限制为 800 万次，在这个数量上 6 美元的需求价格超过了 4 美元的供给价格。二者之间的差额 2 美元就是对出租车乘坐市场实施数量管制而产生的配额租金。

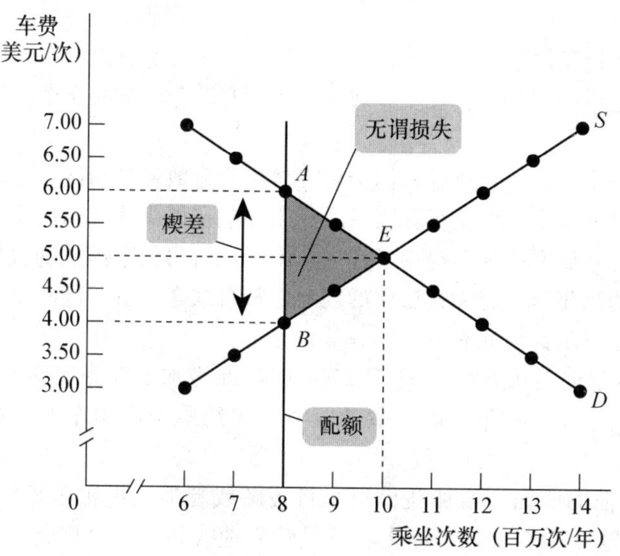

车费（美元/次）	乘坐次数（百万次/年）	
	需求量	供给量
7.00	6	14
6.50	7	13
6.00	8	12
5.50	9	11
5.00	10	10
4.50	11	9
4.00	12	8
3.50	13	7
3.00	14	6

图 4－14　出租车乘坐市场上配额的影响

图中的表表示了每个数量对应的需求价格和供给价格：在每一价格水平上的供给量或需求量。市政府通过出售牌照的方式实施了 800 万次的配额限制，用图上的垂直线表示。消费者支付的价格上升到了 6 美元，即 800 万次的需求价格，如 *A* 点所示。800 万次的供给价格只有 4 美元，如 *B* 点所示。这两个价格之差就是牌照持有者所获得的每次乘坐的配额租金。正是配额租金使得需求价格和供给价格之间出现了差别。

但是等一下。如果桑尼尔不能将自己的牌照租出去又会怎样呢？如果他自己开出租车呢？难道这不意味着他得到了 6 美元的价格吗？不，并非如此。即使桑尼尔不把自己的牌照租出去，他实际上也是可以这样做的，这意味着他的牌照有一个 2 美元的机会成本：如果桑尼尔决定自己开出租车而不是把牌照租给哈利特，2 美元就是他不把牌照租出去的机会成本。换言之，2 美元的租金配额现在就是他自己开出租车所放弃的租金收入。

事实上，桑尼尔从事了两项生意，一项是开出租车，另一项是出租牌照。他从开出租车当中获得每次 4 美元的收入，从出租牌照中获得每次 2 美元的收入。这和他把牌照出租给自己并无二致！

所以，不论牌照所有者是自己使用牌照，还是租给他人使用，牌照都是一项有价值的资产。这在纽约的出租车牌照的价格上得到了体现：2015 年，纽约出租车牌照的价格为 70 万～80 万美元。据纽约出租车牌照的经纪人西蒙·格林鲍姆（Simon Greenbaum）所说，出租车牌照拥有者出租牌照每月预计可获得约 2 500 美元，即 3%的收益率，与其他投资收益率相比还是很有吸引力的。

注意，配额就像最高限价和最低限价一样，并不总是能够真正产生效果。如果配额被设置为 1 200 万乘次——高于没有管制的市场上的均衡数量——那么它就不会产生实际效果，因为它没有任何约束力。

□ 4.7.2　数量管制的成本

就像价格管制一样，数量管制也会产生一些可预见的人们不愿看到的负面影响。第一种是已经熟悉的由于“错失机会”而产生的非效率：数量管制阻止了买卖双方的互惠交易而导致无谓损失。再来看图 4－14，我们看到从 800 万乘次开始，增加 100 万乘次到 900 万乘次，纽约人每次坐出租车愿意支付的费用至少为 5.50 美元，而出租车司机只要每次至少能获得 4.50 美元的收入就愿意载客。如果没有配额限制，这些交易本来是会发生的。

如果再增加 100 万乘次，情况仍然如此：当配额从 900 万次增加到 1 000 万次时，纽约人每次坐出租车就愿意支付至少 5 美元，而出租车司机只要每次至少能获得 5 美元的收入就愿意载客。同样，如果没有配额限制，这些交易本来也是会发生的。

只有当达到自由市场的均衡数量 1 000 万次时，才不会"错失机会"——800 万次的配额导致了 200 万个"错失的乘坐机会"。

总的说来，只要某一给定数量的需求价格超过其供给价格，就存在无谓损失。买方愿意以一个卖方可以接受的价格购买产品，但是由于配额的限制，这样的交易不会发生。200 万个错失机会导致的无谓损失用图 4-14 中的阴影区域表示。

而且，因为在数量管制下人们愿意交易但是不被允许，所以人们会想方设法规避数量管制甚至违反法律规定。纽约的出租车行业再次为我们提供了很好的例子。出租车管制只适用于那些在街头载客的出租车，而那些事先约好提供服务的轿车不需要牌照。因此，后面这种车提供了许多本来应该由出租车提供的服务，其他城市也如此。另外，还有很多没有领到牌照的出租车干脆无视法律的规定，私自载客。由于这些车是违法的，它们完全不受管制，纽约的相当一部分交通事故都与此有关。

事实上，纽约出租车数量管制所造成的问题促使市政府主管于 2004 年批准增加 900 张出租车牌照。2013 在，拍卖了 368 张牌照，使得牌照总数达到 13 437 张。这一举动着实让纽约乘坐出租车的市民欢欣鼓舞。

但是已经拥有牌照的人就没这么高兴了，他们明白，增加新出租车将缓解或者消除出租车短缺现象。因此，出租车司机可能会发现他们的收入下降了，因为他们可能无法总是轻松地找到顾客。相应地，牌照的价格将下降。于是为了安抚现有的牌照持有者，2004 年市政府官员同意将出租车费提高 25%，2006 年再小幅提高，2012 年又提高了约 17%。尽管现在找出租车容易了，但提高车费使纽约的出租车乘客多少有些扫兴。

总而言之，数量管制通常会带来以下负面影响：

- 因为互惠交易没有发生而导致无谓损失。
- 刺激了非法活动出现。

▶ **真实世界中的经济学**

捕蟹、配额和阿拉斯加的休渔

阿拉斯加帝王蟹和雪蟹被认为是世界范围内的美味佳肴。螃蟹捕捞是阿拉斯加经济中最重要的产业之一。由于过度捕捞，1983 年螃蟹产量下降 90%后，这一问题引起了许多人的关注。对此，海洋生物学家设置了一个总捕捞配额制度，限制每年可捕捞的蟹量，目的是使螃蟹数量恢复到一个健康的、可持续的水平。

请注意，顺便说一句，阿拉斯加蟹配额是一个基于广泛的经济和环境考量后实施的合理配额的例子，与纽约出租车配额完全不同，因为后者早已失去了存在的任何经济理由。与纽约出租车配额制度的另一个重要区别是，阿拉斯加捕蟹船的所有者没有购买或出售个人配额的能力。因此，尽管濒临灭绝的螃蟹最终因总捕捞配额制度而得以恢复，但这一制度还有一个意想不到的且致命的后果。

阿拉斯加捕蟹季节相当短，大致从每年 10 月到次年 1 月，并且可能会因恶劣天气而进一步缩短。到了 20 世纪 90 年代，由著名的探索频道制作的《致命捕捞》节目披露，阿拉斯加捕蟹的渔民参与的是"捕捞比赛"。在捕蟹季节开始后，为了保持配额限制，捕蟹船船员会开到危险、冰冷且未开发的水域捕蟹，经过几天紧张的捕捞后可有价值数十万美元的收获。这样一来，船经常超载和倾覆。船员太投入，许多船员因为体温过低或者溺水而死亡。

据联邦政府统计，阿拉斯加捕蟹曾经是最危险的工作，每年平均死亡率为 7.3，约为普通工人死亡率的 80 倍。而短暂丰收又会导致螃蟹市场供给过多，压低渔民收到的价格。

2006 年渔业监管部门制定了另一种被称为配额股份（quota share）的制度，旨在保护捕蟹渔民和阿拉斯加的螃蟹。对渔民分配配额，每艘获得配额的船可在三个月的捕蟹季节使用。此外，个人配额可以出售或租赁。这些变化促成了该行业的转变，更大的船的业主向小船的业主购买配额，捕蟹船的数量大福减少，从前几年的 250 艘减少到 2012 年的 60 艘左右。大船倾覆的可能性降低，提高了船员的安全程度。

此外，通过延长捕蟹季节，配额股份制度提振了螃蟹数量和螃蟹的价格。2004 年，在旧的制度下，配额在短短 3 天就能达到，而在 2010 年要花 20 天才能达到。因为有更多的时间去捕捞，这就确保了渔民会将小蟹和雌蟹放归大海而非捞起。随着捕鱼季节的延长，投放市场也更加平稳，避免了供给冲击市场造成价格大幅下挫。在 2011 年，雪蟹的价格为每磅 7 美元，而 2005 年时为每磅 3 美元。

可以预见的是，与总捕捞配额制度相比，阿拉斯加捕蟹渔民的收入在配额股份制度下提高了。正如一位观察家在 2012 年时所说："我们关于捕蟹收入的信息是传闻，但是我们所调查的船员们说，他们每年能赚 100 000 美元，增长了一倍。这比前几年多了不少。"

及时复习

● 数量管制或者配额是政府对某种产品的购买或者销售数量施加的限制。允许买卖的数量就叫配额限制。由政府来发放许可证——在配额制度下出售一定数量的某种产品的权利。

● 当配额比没有管制的市场上的交易数量小的时候，需求价格就会比供给价格高——在配额这个数量水平上这两种价格之间出现了楔差。

● 这种楔差就是配额租金，它是许可证或者牌照持有者因为拥有出售产品的权利而获得的收入——要么是自己提供此种产品，要么是将许可证出租给他人使用。一张许可证或者牌照的市场价格等于配额租金。

● 和价格管制类似，数量管制会产生非效率，并且会刺激非法活动。

小测验 4－4

1. 假设图 4－13 给出了出租车乘坐的供给和需求，但是配额是 600 万乘次而不是 800 万乘次。回答下列各个问题，并且在图上表示出来。

a. 乘坐一次的价格。

b. 配额租金。

c. 假定配额增加到 900 万乘次。配额租金会发生什么变化？

2. 假设配额是 800 万乘次。如果需求由于旅游旺季的过去而下降，需求曲线至少要向左平移多少才会使配额不再对市场有任何作用？请在图上表示出来。

▶ **解决问题**

世界第二大生活费昂贵的城市

伦敦是世界上租金第二高的地方（仅次于蒙特卡洛）。如果你去过伦敦，你可能会注意到一个被称为"绿色地带"的城市周边地区。根据分区法的规定，在指定为绿色地带的土地上建造新的住宅几乎不可能。假设没有分区控制的情形，下页第一幅图为伦敦公寓的假设市场。

该图应该看起来很熟悉，如图 4－6 所示，但是这里的货币是英镑而不是美元。在撰写本书时，1 英镑大约兑换 1.5 美元。

现在，我们考虑绿色地带的分区控制的现实。用图来表现 170 万套公寓配额的影响。配额租金为多少？谁将得到它？

步骤 1：用图来表示 170 万套公寓配额的影响。

在下页第二幅图中，垂直线代表 170 万套公寓的配额限制。由于公寓数量有限，消费者一定在需求曲线上的 A 点。170 万套公寓的需求价格是每套 1 300 英镑。供给价格对应图上的 B 点，170 万套公寓的供给价格为每套 700 英镑，造成的楔差为 1 300 英镑－700 英镑＝600 英镑。

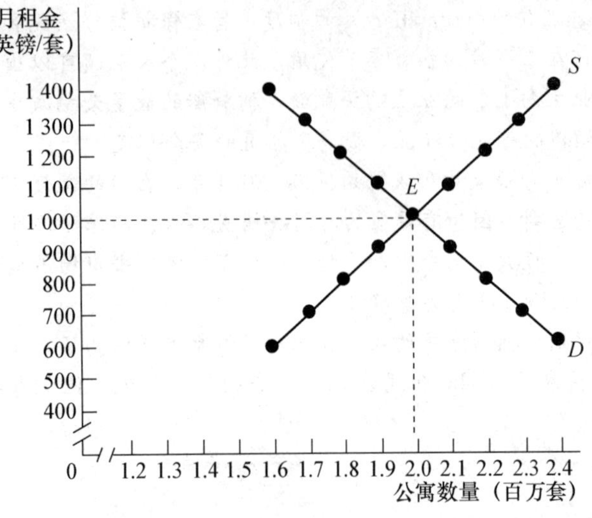

月租金（英镑/套）	公寓数量（百万）	
	需求量	供给量
1 400	1.6	2.4
1 300	1.7	2.3
1 200	1.8	2.2
1 100	1.9	2.1
1 000	2	2
900	2.1	1.9
800	2.2	1.8
700	2.3	1.7
600	2.4	1.6

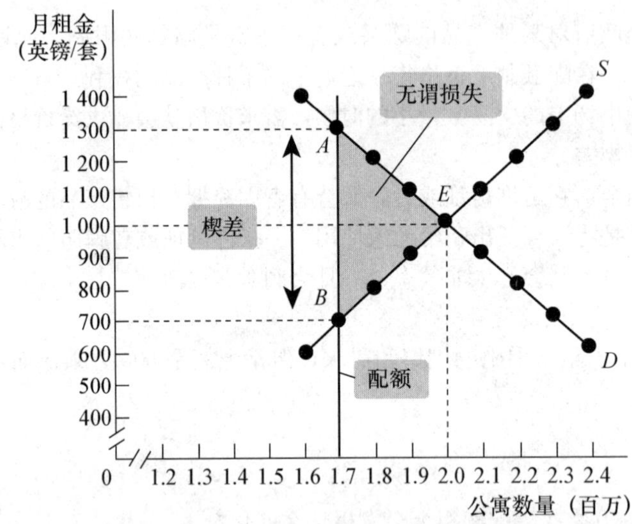

步骤 2：在这种情况下，配额租金是多少？谁获得租金？

在出租车例子中，配额租金由许可证持有者获得，他们从可销售产品权利中获得收入。在伦敦绿色地带内的公寓，配额租金是由需求价格和供给价格造成的楔差，即 600 英镑。该楔差归伦敦的房地产或公寓的现有业主。现有业主因为分区法的严格执行而获益。

小结

1. 每个消费者的支付意愿决定了需求曲线。当价格低于等于支付意愿时，潜在消费者会购买产品。价格和支付意愿之间的差额就是消费者的增益——个体消费者剩余。某个市场上的总消费者剩余——所有个体消费者剩余之和——等于需求曲线以下、价格线以上区域的面积。消费者剩余这个名词通常既可用来指代个体消费者剩余，也可用来指代总消费者剩余。

2. 每个潜在生产者的成本——他或她愿意接受的最低价格——决定了供给曲线。如果产品价格高于某个生产者的成本，则销售此产品会为这个生产者带来增益，即所谓的个体生产者剩余。一个市场的总生产者剩余——所有个体生产者剩余之和——等于供给曲线以上、价格线以下区域的面积。产品价格上升会增加生产者剩余；价格下降会减少生产者剩余。生产者剩余这个名词通常既可用来指代个体生产者剩余，也可用来指代总生产者剩余。

3. 总剩余——全社会从某种产品的生产和消费中获得的总增益——就是消费者剩余和生产者剩余之和。

4. 即使市场是有效的，政府经常也会为了实现更高程度的公平或者取悦有势力的利益集团而对市场进行干预。干预所采取的形式是价格管制和数量管制，两者都会产生一些人们不愿看到的负面效果，如各种形式的非效率和违法活动。

5. 在最高限价下，规定的最高市场价格低于市场均衡价格，能够买到产品的消费者会因此受益，但是会造成持续的短缺。因为价格被压低到均衡价格水平之下，所以相对于均衡数量而言需求量会增加，供给量会减少。这预计会导致如下问题：数量不足所造成的无谓损失导致的非效率、消费者之间的非效率配置、资源浪费和低质量的非效率。因为人们会转向黑市来获得产品，最高限价还会刺激非法活动的产生。由于存在这些问题，最高限价已经不再是一种普遍采用的政策。但是有些政府仍然实施最高限价，这要么是因为它们不理解最高限价的影响，要么是因为最高限价使一些有影响力的集团获益。

6. 在最低限价下，政府规定的最低市场价格高于市场均衡价格。它使得能够卖出产品的销售者受益，但是会造成持续的产品过剩。因为价格被抬高到均衡价格之上，所以相对于均衡数量而言需求量下降，供给量上升。这预计会导致如下问题：数量不足所造成的无谓损失导致的非效率、卖者之间的非效率配置、资源浪费和高质量的非效率。最低限价还会刺激非法活动和黑市的产生。最广为人知的最低限价是最低工资，最低限价通常还应用于农产品。

7. 数量管制或者配额是对某种产品的交易数量进行限制。政府向个人发放许可证或牌照——销售一定量的某种产品的权利。许可证持有者能够获得配额租金——因为拥有销售此种产品的权利而获得的收入。配额租金的大小等于配额所对应的需求价格（消费者为这一数量愿意支付的价格）和供给价格（供给者在这一数量上愿意接受的价格）之差。经济学家认为，配额使需求价格和供给价格之间出现了楔差；这个楔差的大小就等于配额租金。数量管制会造成无谓损失并刺激非法活动。

关键词

支付意愿	个体消费者剩余	总消费者剩余	消费者剩余	成本
个体生产者剩余	总生产者剩余	生产者剩余	总剩余	价格管制
最高限价	最低限价	无谓损失	消费者之间的非效率配置	资源浪费
低质量的非效率	黑市	最低工资	卖者之间的非效率配置	高质量的非效率
数量管制	配额	配额限制	许可证	需求价格
供给价格	楔差	配额租金		

练习题

1. 计算下列每种情况下产生的消费者剩余。

a. 莱昂到商店去买一件新 T 恤，他愿意为之支付不超过 10 美元的价格。他挑了一件自己喜欢的款式，价签上的标价正好是 10 美元。在付款台前，他被告知这件 T 恤按价签价格的一半销售。

b. 阿尔贝托去音乐商店，希望能找到一张涅槃乐队（Nirvana）名为《别介意》(*Nevermind*) 的老唱片并以不超过 30 美元的价格购买。商店正好有一张标价 30 美元的该唱片，于是他买了。

c. 足球队训练结束之后，斯泰西想花 2 美元买一瓶矿泉水。7—11 店里的矿泉水每瓶卖 2.25 美元，所以他没有买。

2. 计算下列每种情况下产生的生产者剩余。

a. 戈登在 eBay 上把自己的旧莱昂内尔电动火车挂牌出售。他将自己愿意接受的最低价格——保留价——定为 75 美元。在 5 天的竞价后，最高出价正好等于 75 美元。

b. 熙在报纸上登广告卖自己的旧车，标价 2 000 美元，但是只要价格高于 1 500 美元她就愿意卖。她获得的最高出价是 1 200 美元。

c. 桑杰很喜欢自己的工作，哪怕没有工资也愿意干。但是他的年薪是 8 万美元。

3. 假设你是一个小型游乐园趣味世界的经理。下页第一幅图所示为趣味世界一个典型的消费者的需求曲线。

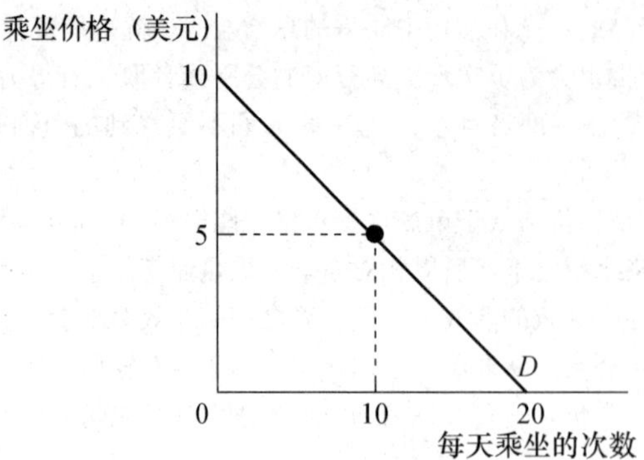

a. 假设每次乘坐游乐设施的价格是 5 美元。在这个价格上，消费者会获得多少消费者剩余？

b. 假设趣味世界考虑收取门票，同时把乘坐游乐设施的价钱维持在每次 5 美元。它能收取的最高门票价格是多少？（假设所有的潜在消费者都支付得起门票。）

c. 假设趣味世界把每次乘坐的价格降低到 0 美元。每个消费者获得多少消费者剩余？趣味世界这次能收取的最高门票价格是多少？

4. 下图所示为某个出租车司机的个体供给曲线（假设每次载客都行驶相同的距离）。

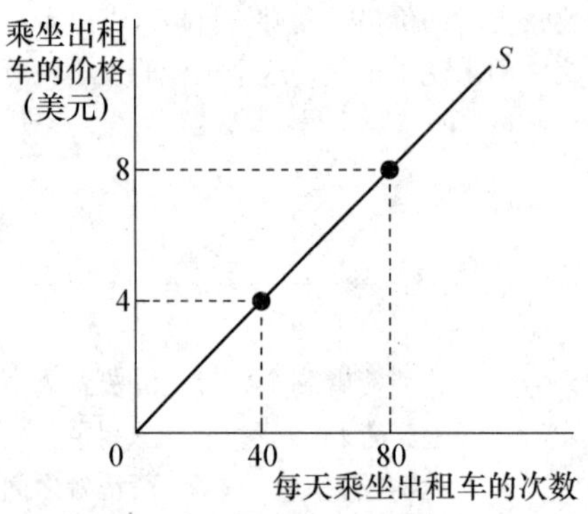

a. 假设市政府规定每次乘坐的价格为 4 美元。在这一价格水平上，出租司机可按自己的意愿来选择出车时间的长短。该司机的生产者剩余是多少？（注：三角形的面积是底乘以高除以 2。）

b. 现在假设市政府将每次乘坐的价格仍然规定为 4 美元，但是决定向出租车司机收取"许可证费"。政府能够从这个司机身上收取的最高许可证费为多少？

c. 假设政府允许价格涨到每次 8 美元。现在这个出租车司机能获得多少生产者剩余？政府能够从这个司机身上收取的最高许可证费又是多少？

5. 为了给自己拉选票，高顿市的市长决定降低出租车车费。为了简单起见，假设所有的出租车乘次都开行同样的距离，从而每个乘次的成本都相同。下表为乘坐出租车的需求表和供给表。

车费（美元/次）	乘坐次数（百万次/年）	
	需求量	供给量
7.00	10	12
6.50	11	11
6.00	12	10
5.50	13	9
5.00	14	8
4.50	15	7

a. 假设没有对出租车乘坐次数的限制（即没有出租车牌照制度）。请指出均衡价格和均衡数量。

b. 假设市长规定最低限价为 5.50 美元，会出现多大的短缺？请用图形说明谁从此政策中受益、谁受损。

c. 假设股票市场崩盘了，因此高顿市的市民变得比原来贫困了。这导致对出租车的乘坐需求在任何价格水平上每年都减少了600万次。市长的这一新政策现在会产生什么效果？请用图形表示。

d. 假设股票市场出现繁荣，对出租车的乘坐需求恢复到了正常水平（即回到了上表中给出的水平）。现在市长决定拉拢出租车司机。他宣布现有司机都将获得一张营运许可证；由于发放数量有限，许可证被限制在每年总共只能提供1 000万次载客服务。解释这一政策对市场、出租车价格和交易数量的影响以及每次乘坐的配额租金的大小。

6. 在18世纪晚期，纽约的面包价格受政府管制，政府规定的价格比市场价格高。

a. 画图解释该政策的影响。这个政策是最高限价还是最低限价？

b. 当管制价格高于市场价格时，可能产生何种非效率？请详细解释。

在这一时期，有一年小麦歉收，推动面包供给曲线向左移动，市场价格随之上升。纽约的面包师发现纽约的面包管制价格低于市场价格。

c. 画图解释这一年价格管制对面包市场产生的影响。价格管制时是最高限价还是最低限价？

d. 你认为这一年里会出现哪些类型的非效率？请详细解释。

7. 欧洲国家的政府往往比美国政府更喜欢使用价格管制手段。例如，法国政府为完成高中毕业会考的新雇员制定了工作第一年的最低工资。对完成了高中毕业会考的雇员的需求表和这类求职者的供给表如下所示。这里的价格——就是年薪，以欧元为单位。

工资（欧元/年）	需求量（每年提供的新职位）	供给量（每年新的求职者）
45 000	200 000	325 000
40 000	220 000	320 000
35 000	250 000	310 000
30 000	290 000	290 000
25 000	370 000	200 000

a. 在没有政府干预的情况下，均衡工资和每年毕业生的均衡雇佣量是多少？请画图说明。是否有人在均衡工资水平上想找工作却找不到，即是否存在非自愿失业？

b. 假如法国政府规定最低工资为每年35 000欧元。在这个工资水平上是否存在非自愿失业？如果有，有多少非自愿失业者？请画图说明。如果最低工资为40 000欧元呢？

c. 根据你对第b问的答案和表里的信息，你认为非自愿失业水平和最低工资水平之间的关系是什么？谁从这个政策中获得了好处？谁受损？这里“机会错失”是指什么？

8. 北大西洋海岸附近的海域曾经鱼满为患。现在由于过度的商业捕捞，那里的鱼类资源几乎枯竭。1991年美国国家海洋渔业服务署为了恢复这一海区的鱼类资源，制定了捕捞配额，将美国所有渔船每年所能捕捞的旗鱼的总量限制在700万磅。一旦配额用完，该年度任何船只都不得再行捕捞。下表给出了每年对捕自美国的旗鱼的需求表和供给表。

旗鱼的价格（美元/磅）	旗鱼的数量（百万磅/年）	
	需求量	供给量
20	6	15
18	7	13
16	8	11
14	9	9
12	10	7

a. 请用图形说明配额对1991年的旗鱼市场的影响。在图中标明由数量不足的非效率导致的无谓损失。

b. 你认为渔民将如何应对这项政策？

9. 缅因州规定，要从事商业性的龙虾捕捞必须获得政府发放的许可证。这些许可证每年发放一次。缅因州此举是为了阻止本州海岸附近龙虾供给的继续减少。缅因州的渔政部门规定，每年在缅因州的海域中捕捞的龙虾配额为80 000磅，并且每年的许可证都只发放给在上一年持有许可证的人。下页第一幅图显示了缅因州的龙虾的需求和供给曲线。

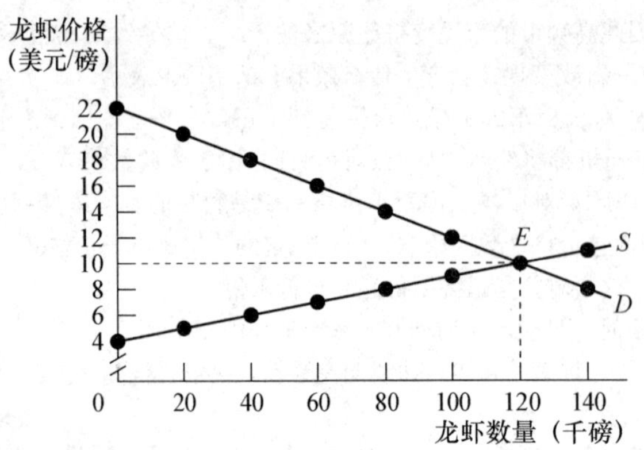

a. 在没有政府限制的情况下，均衡价格和均衡数量是多少？

b. 消费者愿意购买 80 000 磅龙虾时的需求价格是多少？

c. 供给者愿意供应 80 000 磅龙虾时的供给价格是多少？

d. 当龙虾的销量是 80 000 磅时，每磅龙虾的配额租金是多少？请在图上标明配额租金和无谓损失。

e. 请解释配额如何阻止了对买卖双方都有利的交易。

10. 委内瑞拉政府对烤咖啡豆的零售价格实施最高限价。下图所示为咖啡豆市场。没有价格管制时均衡位于 E 点，均衡价格为 P_E，买卖均衡数量为 Q_E。

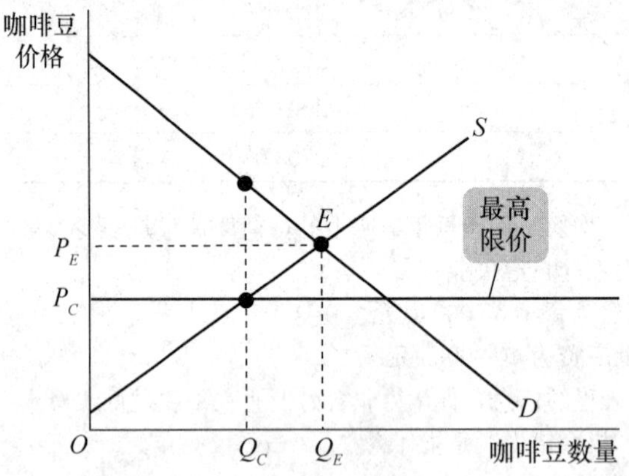

a. 请说明没有最高限价时消费者剩余为多少、生产者剩余为多少。

实施最高限价后，价格下降到 P_C，买卖数量下降为 Q_C。

b. 实施最高限价后消费者剩余为多少？（假定消费者按最高购买意愿购买能提供的咖啡豆，也就是说，假定消费者之间不存在非效率配置。）

c. 实施最高限价后生产者剩余为多少？（假定生产者按最低成本提供咖啡豆，也就是说，假定生产者之间不存在非效率配置。）

d. 根据图形说明，在实施最高限价后，实施前的生产者剩余有多少转移给了消费者。

e. 根据图形说明，在实施最高限价后，实施前的总剩余损失了多少。也就是说，无谓损失有多大？

11. 假定由于需求增加，国内航线平均票价从 2013 年第四季度的 319.85 美元上涨到 2014 年第一季度的 328.12 美元，上涨了 8.27 美元。2013 年第四季度，乘飞机的人数达到了 1.514 亿。在同一个时期，航空公司的成本几乎保持不变，这两个季度的飞机燃油成本都为每加仑 2 美元，飞机乘务人员的平均薪水大体保持不变，大约为每人每年 117 060 美元（2013 年）。你能确切算出票价上涨 8.27 美元所带来的生产者剩余吗？如果不能，你能确定增加或减少的一个具体数额吗？

12. 美国农业部规定黄油的最低价格，根据 2008 年的《农场法案》，价格为每磅 1.05 美元。根据美国农业部的数据，在这一价格水平上，2010 年的黄油供给量为 17 亿磅，需求量为 16 亿磅。为了支持黄油的最低限价，美国农业部不得不购买余下的全部 1 亿磅黄油。下页第一幅图所示为黄油市场的供给和需求曲线。

a. 在没有最高限价时，消费者剩余为多少？生产者剩余为多少？总剩余为多少？

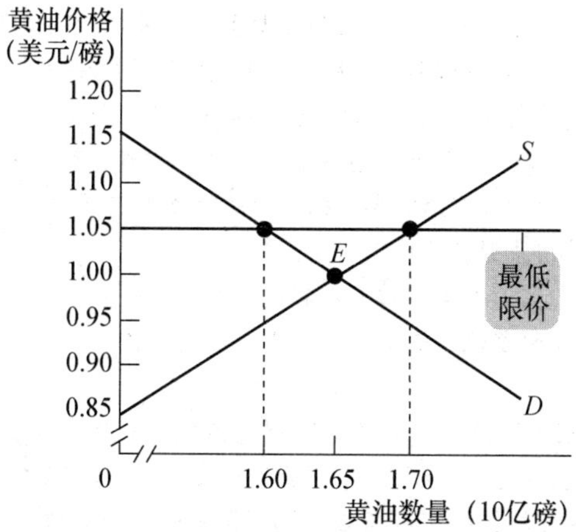

b. 当黄油的最低限价为每磅 1.05 美元时，消费者购买的数量为 16 亿磅。消费者剩余现在为多少？

c. 当黄油的最低限价为每磅 1.05 美元时，生产者提供的数量为 17 亿磅。生产者剩余现在为多少？

d. 美国农业部购买过剩的黄油将支付多少资金？

e. 为支持美国农业部购买过剩的黄油需要多征税。由此导致总剩余（生产者剩余加上消费者剩余）减少量等于美国农业部购买过剩黄油的支出。根据你对第 b～d 问的回答，实施最低限价时总剩余为多少？与第 a 问没有最低限价时相比，有哪些不同？

13. 下表是每年牛奶的需求表和供给表。美国政府认为奶牛农场主的收入应该维持在一个使传统的家庭奶牛场能生存下去的水平上。因此，政府决定以每品脱 1 美元的价格收购过剩牛奶，直到市场价格达到每品脱 1 美元为止。

牛奶价格（美元/品脱）	牛奶数量（百万品脱/年）	
	需求量	供给量
1.20	550	850
1.10	600	800
1.00	650	750
0.90	700	700
0.80	750	650

a. 在图中标明买卖数量不足的非效率造成的无谓损失。

b. 此项政策会导致多少牛奶过剩？

c. 此项政策给政府造成的成本是多少？

d. 由于牛奶是蛋白质和钙的重要来源，政府决定以每品脱 0.60 美元的价格把收购来的过剩牛奶出售给各所小学。假设这些学校将以该价格购买任何数量的牛奶。但是由于家长知道自己的孩子在学校里可以喝到牛奶，所以现在每年在任何价格上都会少购买 5 000 万品脱牛奶。在这种情况下，政府政策为此支付的成本又是多少？

e. 请解释该项政策所造成的卖者之间的非效率配置和资源浪费是什么。

14. 在过去的 80 年中，美国政府利用价格支持政策来保障农场主的收入。有时政府使用最低限价，并且承诺购买过剩的农产品。有时政府使用目标价格，即政府向农场主发放相当于市场价格和目标价格之间差额的补贴。考虑下图所描述的玉米市场。

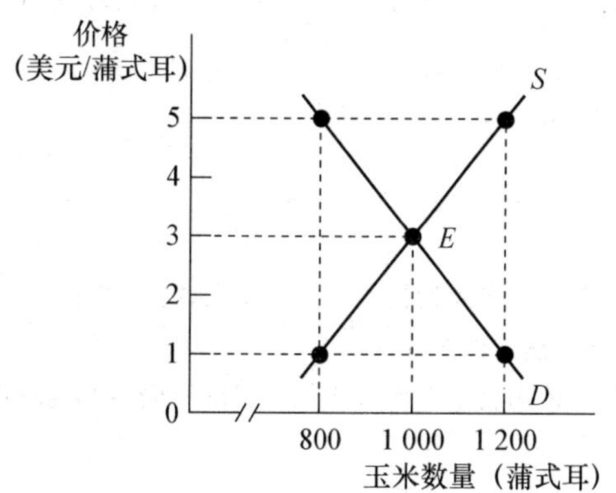

a. 如果政府规定最低限价为每蒲式耳5美元，那么有多少蒲式耳玉米会被生产出来？消费者将购买多少蒲式耳玉米？政府又将购买多少？政府须为这一政策花费多少？种植玉米的农场主的收入是多少？

b. 假设政府把目标价格定为每蒲式耳5美元，对应的供给量为1 000蒲式耳。消费者将在何种价格水平上购买多少蒲式耳玉米？政府将购买多少？政府为这一政策支付的费用是多少？种植玉米的农场主的收入是多少？

c. 上述两种政策中的哪一种会让消费者支出更多？哪一种政府须支出更多？请解释。

d. 以上每种政策所导致的非效率分别是什么？

15. 许多欧洲国家采用过高的最低工资水平导致失业和就业不足居高不下，并造成两层用工制度。在正规劳动力市场中，工人们能找到好的工作，至少支付最低工资水平。在非正式的或者非法用工市场中，工作不好的工人所获得的薪水低于最低工资水平。

a. 请画出需求和供给图来解释实施最低工资对整个劳动力市场的影响，将工资标在纵轴上，将劳动时间标在横轴上。你的供给曲线表现的是工人们根据工资水平所愿意提供的工作时间，需求曲线表现的是根据工资水平雇主对劳动时间的需求。在你的图中，请标明实施最低工资所造成的无谓损失。所造成的短缺的类型是什么？请在图中标明短缺的大小。

b. 假定实施过高的最低工资造成了经济萎缩，由此造成在正规劳动部门生产规模缩小或对劳动的需求减少。请画图说明这对总劳动力市场所造成的影响。无谓损失的大小会发生什么变化？短缺会发生什么变化？请画图说明。

c. 假定无法获得支付最低工资水平工作职位的工人转向了无法支付最低工资水平的非正规劳动力市场。经济萎缩对非正规劳动力市场会产生什么影响？非正规市场的均衡工资水平会发生什么变化？请用非正规市场的供给和需求模型加以说明。

16. 下图中的数据来自美国劳工统计局，显示了1975—1985年间美国航空票价的平均价格水平变化，已经根据通货膨胀率（所有产品的价格在这一段时间内的总上升幅度）作了调整。1978年美国放松了航空管制，取消了机票的最高限价，容许航空公司灵活开辟新的航线。

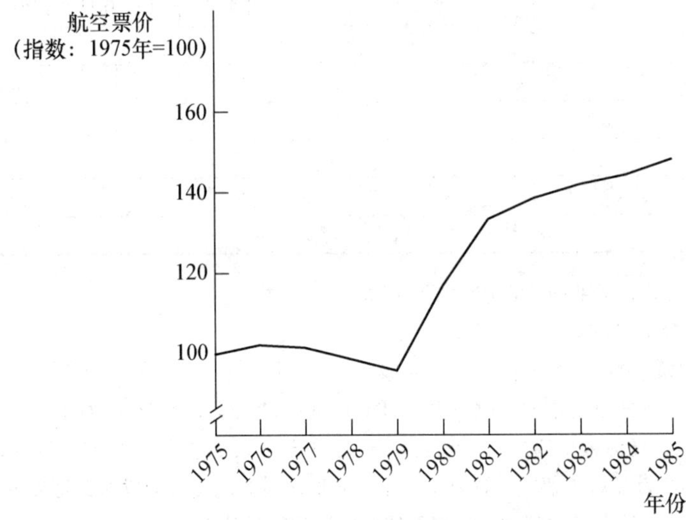

a. 根据图中所给的航空票价数据，你认为1978年之前的最高限价有约束力还是没有约束力？你认为所确定的票价水平高于还是低于均衡价格？画出供给和需求图来表现1978年之前所存在的最高限价与均衡价格之间的关系。

b. 许多经济学家认为，《航空放松管制法》的推行实际上导致了平均票价水平的下降？你如何将这种观点与图中所观察到的协调起来？

在线回答问题

17. 好莱坞的剧作家和制片人达成了一项新的协议，该协议规定，作家将从他们写作的电影的出租收入中获得10%。他们在点播电视播放电影方面没有这样的协议。

a. 当这项新协议生效时，影像出租市场会发生什么变化，即供给曲线和需求曲线会发生移动吗？怎么移动？影像出租市场上的消费者剩余会因此发生什么变化？请画图说明。你认为影像出租市场上的消费者会欢迎这项协议吗？

b. 消费者认为，租影像和通过点播看电影在一定程度上是可以相互替代的。当这项新协议生效时，点播市场会发生什么变化，即供给曲线和需求曲线会发生移动吗？怎么移动？点播市场上的生产者剩余会因此发生什么变化？请画图说明。你认为对于提供电影点播服务的有线电视公司来说，这项协议受欢迎吗？

第 5 章

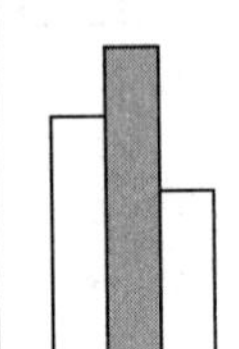

弹性与税收

本章将学习

➢ 为什么经济学家使用弹性来度量人们对于价格或收入变化的反应。

➢ 在度量消费者对于价格和收入变化的反应行为时，为什么需求价格弹性、需求收入弹性、需求交叉价格弹性是重要指标。

➢ 为什么供给价格弹性是度量生产者对于价格变化的反应行为的重要指标。

➢ 哪些因素影响着各种弹性的大小。

☞ **开篇案例**

冤大头

如果遇到真正的紧急情况，你可能不会挑剔救护车将你送到最近的急诊室的价格。但是，如果是非紧急情况，会如何呢？以基拉·米利亚斯（Kira Millas）的遭遇为例，在她被游泳池的侧面碰掉三颗牙齿后，她甚至不知道谁打电话叫了救护车。尽管疑惑不定，她还是接受了被救护车送到当地的医院，共 15 分钟车程。在一个星期后收到1 772.42 美元的账单时，她惊呆了。她说："我们只开了 9 英里的车，这也并非一个危及生命的伤害。我并不需要紧急治疗。"

基拉的经历绝非例外。虽然救护车往往是由一个旁观者或 911 调度员呼叫，但付账单的是患者。毫无疑问，在真正的医疗急救情况下，患者感到幸运的是救护车及时到达。但在非紧急情况下，如基拉的情形，一旦救护车到达，很多患者常感到有义务用车。如基拉一样，他们不了解乘救护车前往医院的有关费用。（运气好的话，他们收到账单时人已经痊愈!）虽然很多人有健康保险，这类保险会支付部分或所有救护车的费用，但患者会最终负责剩余部分。

据估计，美国每年有 4 000 万次救护车出车，费用高达 140 亿美元，由非营利机构（如当地消防部门）和在美国的一些以营利为目的的公司提供这种服务。嗅到谋利机会后，近年来以营利为目的公司已显著扩大它们的经营，往往是从非营利公司那里接管而来。大投资者押注救护车服务将产生显著的利润：两家私人救护车服务商近日分别被投资者以 30 亿美元、4.38 亿美元买下。

全国各地对救护车出车的收费各不相同，从数百元到数万美元不等。价格除了取决于患者的医疗需要外，还可能取决于许多因素，如救护车小组的技能水平、行驶距离以及在某些情况下是否有朋友或家人同行（可增加数百美元的费用）。知道美国人为救护车服务、医疗保险、由联邦政府管理的 65 岁以上美国人的医疗保险计划总共支出了多少是不可能的，但我们知道在救护车服务方面的支出暴涨，从 2002 年的每年 20 亿美元上涨到2013年的60亿美元。

如何解释救护车服务费用暴涨呢？不管患者是否真正需要救护车服务，都要收取数千美元费用吗？或者是否患者只是腿部骨折，但动用的是配备了心脏复苏医疗设备的救护车并按此收费？对这些问题的回答是，患者对价格不敏感——在危急时刻，许多消费者，特别是那些面临真正紧急情况的消费者，对救护车服务的价格不敏感。救护车运营商会正确判断，大部分患者在上车前是不会问"把我送到急诊室要花费多少钱?"这类问题的。换句话说，尽管叫救护车的费用大幅度增加，但相当数量消费者的需求量相对变化不大。

我们考虑一个完全不同的场景。假设某品牌早餐麦片的生产商决定按原价的10倍制定新的价格，找到愿意支付如此高价格的消费者——如果不是不可能——是非常困难的事情。也就是说，早餐麦片的消费者与救护车出车的消费者相比对价格变化敏感得多。

但是，我们如何定义敏感性呢？经济学家度量消费者对价格的反应程度有特定的名称，即需求价格弹性。在本章中，我们将介绍如何计算需求价格弹性以及为什么它是度量需求量对价格变化的反应的最好指标。之后我们将看到，需求价格弹性只是一组相关概念中的一个，这些概念包括需求收入弹性、需求交叉价格弹性、供给价格弹性。

最后，我们将讨论供给价格弹性与需求价格弹性怎样影响税收成本和收益。

5.1 弹性的定义和度量

投资者想知道在经营救护车业务时能否获得可观的利润，他们需要了解救护车出车的需求价格弹性。根据这一信息，投资者可以精确地预测出，大幅提高救护车出车价格是否会带来总收入的增长。

□ 5.1.1 需求价格弹性的计算

图5-1所示为一条假想的救护车出车的需求曲线，当价格为200美元/次时，消费者的需求量为1 000万次/年（*A*点），当价格为210美元/次时，需求量为990万次/年（*B*点）。

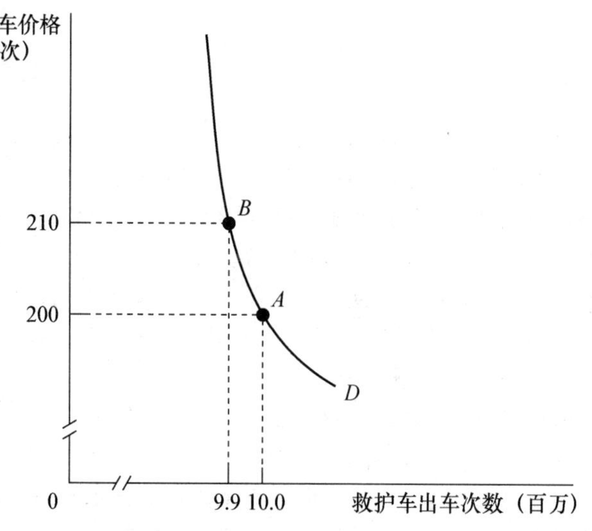

图5-1 救护车出车需求

当救护车出车价格为每次200美元时，救护车出车的需求量为每年1 000万次（*A*点）。当价格上升到每次210美元时，需求量下降为990万次（*B*点）。

图5-1表明了价格的具体变化所导致的需求量变化。我们如何将此转化为对价格变化的反应程度的度量指标呢？答案就是计算需求价格弹性。

需求价格弹性（price elasticity of demand，简称需求弹性）是指当沿着需求曲线移动时，需求量变化的百分率除以价格变化的百分率所得到的比率。我们将在本章稍后看到，经济学家使用变化的百分率（也称百分率变化）是为了得到一种不会受到产品度量单位（比如一次救护车出车或者十英里的救护车车程）影响的指标。在讨论这些内容前，先来看弹性如何计算。

需求价格弹性是指当沿着需求曲线移动时，需求量变化的百分率除以价格变化的百分率所得到的比率。

为了计算需求价格弹性，我们首先需要计算沿着需求曲线移动时，需求量变化的百分率以及相对应的价格变化的百分率。两者的定义如下：

$$\text{需求量变化的百分率}=\frac{\text{需求量的变化量}}{\text{初始需求量}}\times 100\% \tag{5-1}$$

与

$$\text{价格变化的百分率}=\frac{\text{价格水平的变化量}}{\text{初始价格水平}}\times 100\% \tag{5-2}$$

在图 5－1 中，我们看到当价格水平从 200 美元变化到 210 美元时，需求量从 1 000 万次降低到 990 万次，需求量的变化为 10 万次。因此需求量变化的百分率为：

$$\text{需求量变化的百分率}=\frac{-10\text{ 万次}}{1\,000\text{ 万次}}\times 100\%=-1\%$$

初始价格水平为 200 美元，价格水平变化了 10 美元，价格变化的百分率为：

$$\text{价格变化的百分率}=\frac{10\text{ 美元}}{200\text{ 美元}}\times 100\%=5\%$$

为了计算需求价格弹性，我们来计算需求量变化的百分率与价格变化的百分率的比率：

$$\text{需求价格弹性}=\frac{\text{需求量变化的百分率}}{\text{价格变化的百分率}} \tag{5-3}$$

因此，图 5－1 中的需求价格弹性为：

$$\text{需求价格弹性}=\frac{1\%}{5\%}=0.2$$

请注意，在计算需求量变化的百分率时出现的"负号"在最后计算需求价格弹性时被拿掉了。为什么这样做呢？根据需求法则，需求曲线向右下方倾斜，所以，价格和需求量总是呈反方向变化。换言之，价格变化的百分率为正值（价格水平上升）会导致需求量变化的百分率为负值；价格变化的百分率为负值（价格水平下降）会导致需求量变化的百分率为正值。这意味着，按照严格的数学定义，需求价格弹性为负值。

然而，重复写负号会带来许多不便。因此当使用需求价格弹性时，经济学家通常会将负号拿掉，只使用需求价格弹性的绝对值。例如，就当前事例而言，经济学家通常会说"需求价格弹性为 0.2"，你理所当然地明白，他们的意思是－2，在此我们遵循这种传统做法。

需求价格弹性越大，需求量对价格就越敏感。需求价格弹性较大，也就是相对于价格变化的百分率，消费者需求量变化的百分率更大，经济学家称这种情形为需求富有弹性。

我们稍后即将看到，需求价格弹性为 0.2 表明，需求量对价格变化的反应很小。也就是说，当价格水平上升时，需求量的下降相对较小。经济学家称这种情形为需求缺乏弹性。需求缺乏弹性正是救护车运营商通过提高救护车出车价格来增加其总收入的原因所在。

□ 5.1.2　计算弹性的另一种方法：中点值法

需求价格弹性等于需求量变化的百分率除以价格变化的百分率。当稍后我们看到其他弹性时，我们会理解为什么集中于百分率变化非常重要。在此，我们先讨论计算变量的百分率变化所引出的一些技术问题。

理解这些话题最好的方式是用事例来说明。假设你正在尝试通过比较不同国家的汽油价格和汽油消费量来计算汽油的需求价格弹性。欧洲由于税收较高，每加仑汽油价格大约为美国价格的 3 倍。那么，美国和欧洲汽油价格之差以百分率表示为多少？

这取决于你计算的方法。欧洲的汽油价格大约为美国汽油价格的 3 倍，也就是比美国高 200%。美国的汽油价格相当于欧洲汽油价格的 1/3，也就是比欧洲低 66.7%。

这样计算非常不便，我们希望找到一种价格差的百分率指标，它不会因计算方法不同而不同。为了避免价格上涨和下降的计算得出不同的结果，我们使用中点值法。

中点值法是一种计算百分率变化的技术。根据这种方法，我们计算一种变量的变化是用起点和终点的平均值或者说中点值。

中点值法（midpoint method）对变量 X 变化的百分率的通常定义做了稍许改变，给出如下不同的定义：

$$X\text{ 变化的百分率}=\frac{X\text{ 的变化量}}{X\text{ 的平均值}}\times 100\% \qquad (5-4)$$

X 的平均值定义如下：

$$X\text{ 的平均值}=\frac{X\text{ 的初始值}+X\text{ 的终值}}{2}$$

当使用中点值法来计算需求价格弹性时，价格变化的百分率与需求量变化的百分率都要使用这种方法来计算。下面来看具体的计算，我们假设对某种产品得到如下数据：

	价格（美元）	需求量
情形 A	0.90	1 100
情形 B	1.10	900

为了计算从情形 A 到情形 B 数量变化的百分率，我们需要比较需求量的变化量（下降了 200 单位）与两种情形下需求量的平均值。计算如下：

$$\text{需求量变化的百分率}=\frac{-200}{\frac{1\,100+900}{2}}\times 100\%=\frac{-200}{1\,000}\times 100\%=-20\%$$

同理我们可以得出：

$$\text{价格变化的百分率}=\frac{0.20\text{ 美元}}{\frac{0.90\text{ 美元}+1.10\text{ 美元}}{2}}\times 100\%=\frac{0.20\text{ 美元}}{100\text{ 美元}}=20\%$$

因此，我们计算出的需求价格弹性为：

$$\text{需求价格弹性}=\frac{\text{需求量变化的百分率}}{\text{价格变化的百分率}}=\frac{20\%}{20\%}=1$$

重要的一点是，不论沿着需求曲线从情形 A 上行到情形 B，还是沿着需求曲线从情形 B 下行到情形 A，结果都是相同的。

为了获得需求价格弹性更一般性的公式，假设我们获得了需求曲线上两个点的数据。点 1 的需求量和需求价格为（Q_1，P_1），点 2 的需求量和需求价格为（Q_2，P_2）。那么计算需求价格弹性的公式为：

$$\text{需求价格弹性}=\frac{\frac{Q_2-Q_1}{(Q_1+Q_2)/2}}{\frac{P_2-P_1}{(P_1+P_2)/2}} \qquad (5-5)$$

与前面相同，当使用中点值法来计算需求价格弹性时，我们也将负号拿掉而用绝对值。

▶ 真实世界中的经济学

估计弹性

你可能认为在真实世界中估计需求价格弹性相对比较容易，只需要计算出价格变化的百分率与需求量变化的百分率即可。遗憾的是，并非这么简单，因为价格变化并非影响需求量变化的唯一因素，其他一些因素，如收入水平、偏好和其他产品价格的变化，都会导致需求曲线移动，影响在给定价格水平上需求量的变动。

为了估计需求价格弹性，经济学家必须通过细致的统计分析，在保持其他因素不变的情况下，分离出价格变化的影响。

经济学家已经估算出许多产品或服务的需求价格弹性。表 5-1 给出了部分结果，可以看出需求价格弹性差异很大。有些产品，比如汽油，需求量对价格变化几乎没有反应。而有些产品，如航空豪华游，或者可口可乐和百事可乐，需求量对价格变化极为敏感。

请注意表 5-1 将弹性分为两类：需求缺乏弹性和需求富有弹性。在下一节我们将解释这种分类的意义。

表 5-1　　部分产品的需求价格弹性

产品	需求价格弹性
需求缺乏弹性	
汽油（短期）	0.09
汽油（长期）	0.24
航空旅行（商务）	0.80
苏打水	0.80
大学教育（支付州内学费）	0.87
需求富有弹性	
住房	1.2
大学教育（支付州外学费）	1.2
航空旅行（豪华）	1.5
可口可乐/百事可乐	3.3

及时复习

- 需求价格弹性等于沿着需求曲线变动时需求量变化的百分率除以价格变化的百分率，将负号拿掉。
- 在实践中，百分率变化基于中点值来计算，这样计算的百分率变化是使用初始值和最终值的平均值得出的。

小测验 5-1

1. 草莓的价格从 1.50 美元/盒降至 1.00 美元/盒，需求量从 10 万盒上升到 20 万盒，用中点值法计算需求价格弹性。

2. 在当前消费水平上，当票价为每张 5 美元时，可卖出电影票 4 000 张，电影票的需求价格弹性等于 1。电影院老板想通过降价销售 5 000 张电影票，使用中点值法计算需要降价的比率。

3. 冰激凌三明治的需求价格弹性为 1.2，当前的价格为每个三明治 0.50 美元，当前的消费水平为 10 万个。当价格上升 0.05 美元时，请计算需求量的变化。利用式（5-1）、式（5-2）计算变化的百分率，利用式（5-3）计算用变化的百分率得出的需求价格弹性。

5.2　需求价格弹性释义

当面临紧急情形时，病人不可能质疑救护车将病人送到医院的价格。甚至在非紧急情形如基拉的牙齿被碰掉的情形下，病人经常也不可能因救护车出车价格上升而减少需求，因为他们不可能意识到成本的大小。因此，投资于私人救护车公司的投资者看到了救护车服务中的获利机会，因为需求价格弹性非常小。这是什么意思呢？需求价格弹性小到什么程度我们可将之归入缺乏弹性呢？需求价格弹性大到什么程度我们可以将其归入富有弹性呢？需求价格弹性的大和小是由什么来决定的呢？

为了回答这些问题，我们需要更深入地解释需求价格弹性的意义。

□ 5.2.1 什么样的弹性是富有弹性？

为了对需求价格弹性进行归类，我们首先来看几个极端的情形。

首先考虑对人们完全不在乎其价格的产品的需求，如抗蛇毒血清。假设消费者每年不计价格将购买1 000 支抗蛇毒血清。在这种情况下，抗蛇毒血清的需求曲线的形状就如图 5－2（a）所示：在 1 000 支上的一条垂直线。因为需求量对任何价格变化的反应都为零，因此需求价格弹性等于零。需求价格弹性为零的情形被称为需求**完全无弹性**（perfect inelastic）。

> 当需求量不对任何价格变化做出反应时，这时的需求**完全无弹性**。当需求完全无弹性时，需求曲线是一条垂直线。

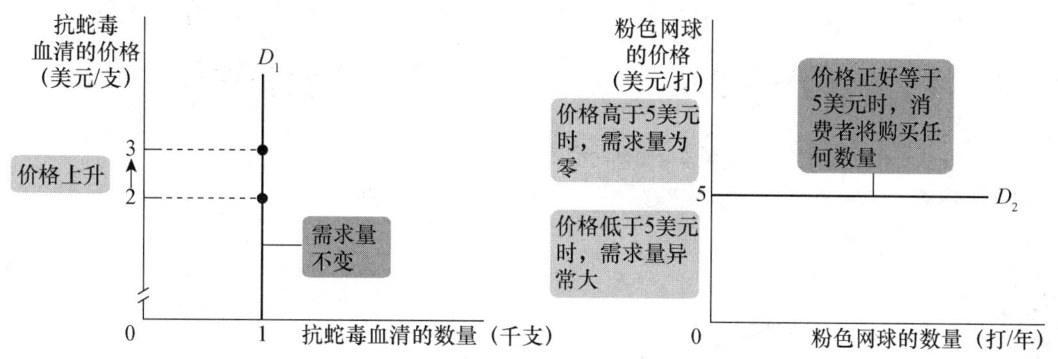

图 5－2　需求价格弹性的两种极端情形

图（a）所示为完全无弹性的需求，需求曲线为一条垂直线。不管价格为多少，抗蛇毒血清的需求量都为 1 000 支。因此，需求价格弹性为零，也就是说，需求量不受价格影响。图（b）所示为具有完全弹性的需求，需求曲线为一条水平线。在价格为 5 美元时，消费者将购买任何数量的粉色网球。如果价格高于 5 美元，消费者将不购买任何粉色网球。如果价格低于 5 美元，消费者将购买极多数量的粉色网球，不会购买其他任何颜色的网球。

另一种极端情形是，当价格有微小上升时，需求量下降为零，而当价格有微小下降时，需求量就变得极端大。

图 5－2（b）是对粉色网球的需求。我们假定，打网球的人并不关心网球的颜色，其他颜色的网球如淡绿色或鲜红色的网球都能以 5 美元/打买到。就目前的情形而言，如果粉色网球的价格超过 5 美元/打，消费者将不购买粉色网球，如果其价格低于 5 美元，则消费者只购买粉色网球。所以当每打粉色网球的价格为 5 美元时，需求曲线为一条水平线。当我们沿着该曲线左右移动时，需求量会发生变化，但价格不变。简言之，用一个数据除以零，得到的只是无穷大，用∞来表示。所以，水平的需求曲线表示需求价格弹性无穷大。当需求价格弹性无穷大时，经济学家称这种需求具有**完全弹性**（perfect elastic）。

> 任何价格上升都会导致需求量降为零，这种需求具有**完全弹性**。当需求具有完全弹性时，需求曲线是一条水平线。

绝大多数产品的需求价格弹性处于两个极端情形之间。经济学家对这种中间情形进行分类所依据的主要标准是，它们的需求价格弹性大于 1 还是小于 1。当需求价格弹性大于 1 时，经济学家称这种需求**富有弹性**（elastic）。当需求价格弹性小于 1 时，他们称这种需求**缺乏弹性**（inelastic），两者之间的分界线是需求具有**单位弹性**（unit-elastic），也就是需求价格弹性正好等于 1。（有些神奇！）

> 当需求价格弹性大于 1 时，这种需求**富有弹性**。当需求价格弹性小于 1 时，这种需求**缺乏弹性**。当需求价格弹性正好等于 1 时，这种需求具有**单位弹性**。

为了理解为什么需求价格弹性等于 1 是一条非常有用的分界线，我们考虑一个假想的例子。州高速公路管理局设立了一个过桥收费站。在其他条件不变的情况下，通过桥梁的车辆数与过桥通行费的高低相关，通行费就是高速公路部门对车辆通过桥梁所收取的价格：通行费越高，通过桥梁的车辆数就越少。

在图 5－3 给出的三条假想的需求曲线中，一条为需求具有单位弹性，一条为需求缺乏弹性，还有一条为需求富有弹性。对每条曲线而言，A 点代表的是每次通行费为 0.90 美元时的需求量，B 点代表的是每次通行费为 1.10 美元时的需求量。费用从 0.90 美元上升到 1.10 美元，如果我们使用中点值法来计算百分率变化，即为价格上涨了 20％。

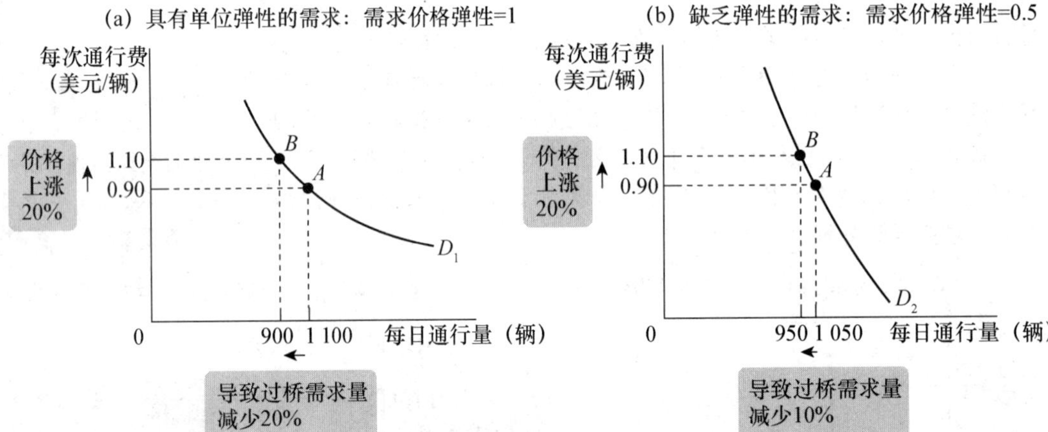

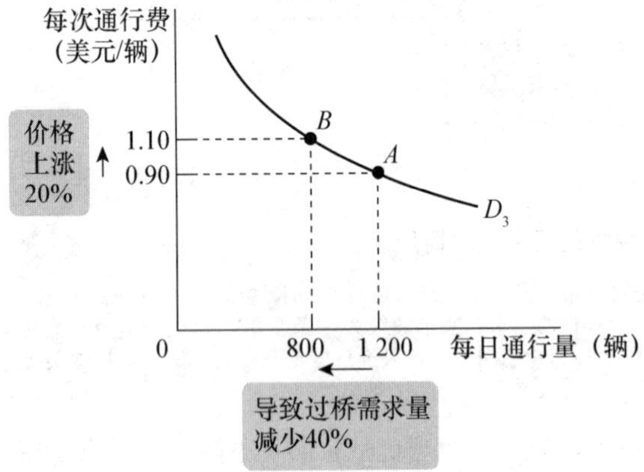

图 5－3　具有单位弹性的需求、缺乏弹性的需求和富有弹性的需求

图（a）所示为具有单位弹性的需求，价格上涨 20％，导致过桥需求量减少 20％，因此需求价格弹性等于 1；图（b）所示为缺乏弹性的需求，价格上涨 20％，导致过桥需求量减少 10％，因此需求价格弹性等于 0.5；图（c）所示为富有弹性的需求，价格上涨 20％，导致过桥需求量减少 40％，因此需求价格弹性等于 2。所有百分率都是通过中点值法计算出的。

图 5－3（a）表示的是当通行费从 0.90 美元上升到 1.10 美元时具有单位弹性的需求曲线会发生的情况。价格上升 20％导致过桥需求量从每天 1 100 辆下降到 900 辆，下降了 20％（同样依据中点值法计算得出）。所以需求价格弹性等于 20％/20％＝1。

图 5－3（b）表示的是当通行费从 0.90 美元上升到 1.10 美元时缺乏弹性的需求曲线会发生的情况。价格上升 20％导致过桥需求量从每天 1 050 辆下降到 950 辆，只下降了 10％。这种情形下的需求价格弹性为 10％/20％＝0.5。

图 5－3（c）表示的是当通行费从 0.90 美元上升到 1.10 美元时富有弹性的需求曲线会发生的情况。价格上升 20％导致过桥需求量从每天 1 200 辆下降到 800 辆，下降了 40％。这种情形下的需求价格弹性为 40％/20％＝2。

为什么需求是具有单位弹性、缺乏弹性还是富有弹性这么重要？因为这种分类可以预测价格水平变化如何影响生产者销售这种产品所得到的**总收益**（total revenue，也称总收入）。在实际生活中，知道价格变化怎样影响总收益非

> **总收益**是销售产品或服务所得到的总价值，等于价格乘以销售量。

常关键。总收益是销售产品或服务所得到的总价值，等于价格乘以销售量，即：

总收益＝价格×销售量　　(5－6)

当我们讨论价格上升会导致总收益提高还是下降时，用图形变化来表示总收益变化有助于我们理解为什么知道需求价格弹性是关键步骤。图5－4（a）与图5－3（a）中的需求曲线相同。我们看到，如果通行费下降到0.90美元，将有1 100辆通过桥梁。这一价格水平上的总收益等于0.90美元×1 000＝990美元。这一价值水平等于图中阴影矩形的面积，这个矩形分别以（0，0）和（1 100，0.90）为左右对角点。从一般意义上讲，在任何给定价格水平上的总收益都等于以价格为一边、以与价格对应的需求量为另一边的矩形的面积。

为了理解总收益为什么重要，考虑如下场景。假设目前的通行费为0.90美元，高速公路部门为了维护道路必须额外筹钱。提高通行费是其中的一种方法。但是这种做法可能会产生相反的效果，因为通行费上涨会导致过桥车辆减少。如果过桥车辆减少数量足够多，提高通行费实际上就会导致总收益减少而不是增加。因此，高速公路部门了解开车的人如何对通行费做出反应非常重要。

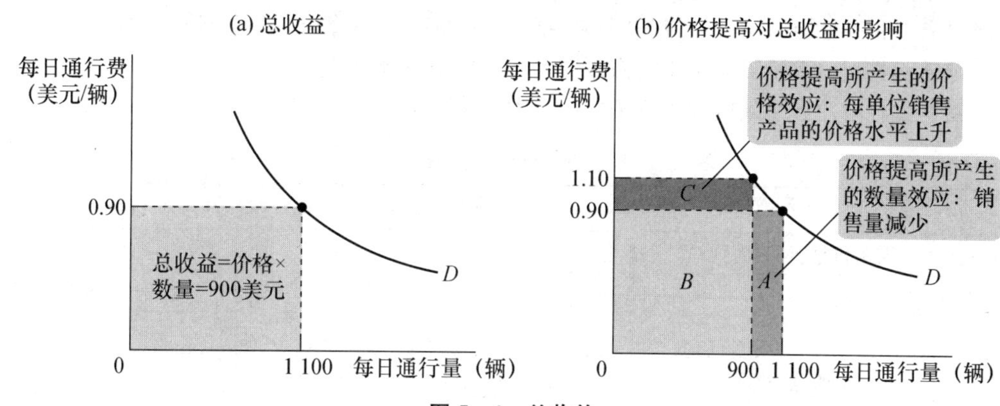

图5－4　总收益

图（a）中阴影矩形的面积表示的是通行费为0.90美元时总共有1 100辆车通过所带来的总收益；图（b）中阴影矩形的面积表示的是通行费从0.90美元上升到1.10美元对总收益的影响。由于数量效应，总收益减少了相当于区域A的面积。由于价格效应，总收益增加了相当于区域C的面积。就一般情形而言，总效应的变化方向依赖于具体的需求价格弹性。

提高通行费对总通行费收入的影响可通过观察图5－4（b）中的图形变化来理解。当通行费为0.90美元时，总收益等于区域A与区域B的面积之和。当通行费提高到1.10美元时，总收益等于区域B与区域C的面积之和。因此，当通行费提高时，失去了相当于区域A面积的收入，但得到了相当于区域C面积的收入。

这两块面积有重要的含义。区域C代表的是增加0.20美元的通行费后继续通过桥梁的车辆所带来的总收益。也就是说，900辆车继续通过桥梁，每天带来的总收益的增加量为0.20美元×900＝180美元，用区域C来表示。但是，在通行费为0.90美元时过桥的200辆车不再使用桥梁，每天由此造成的收入损失为0.90美元×200＝180美元。（这是个特殊事例，因为需求具有单位弹性，与图5－3（a）的情形相同，提高通行费对总收益没有影响。区域A和区域C的面积相同。）

除了具有完全弹性和完全无弹性两种罕见的情形外，卖方提高产品价格会带来两种相互抵消的效应：

- 价格效应：产品价格提高后，每单位销售产品以更高价格销售所带来的收入增加。
- 数量效应：产品价格提高后，产品销售量减少所导致的收入降低。

你可能会问：最终对总收益的净效应如何呢？总收益增加还是减少？答案是都有可能，也就是价格提高后总收益可能增加也可能减少。如果在两种效应中，价格效应（往往会提高收入）更大，总收益增加；如果数量效应（往往会导致数量下降）更大，总收益减少。如果两种效应的影响正好相互抵消，就如同上述通行费的例子，新增的180美元与减少的180美元相互抵消，总收益不受价格提高的影响。

需求价格弹性可以告诉我们当价格变化时总收益怎样变化：依赖于哪种效应（价格效应和数量效应）更大。具体来说：

- 如果一种产品的需求具有单位弹性（需求价格弹性等于1），价格上升不影响总收益。在这种情况下，数量效应和价格效应正好相互抵消。

● 如果一种产品的需求缺乏弹性（需求价格弹性小于1），价格上升会导致总收益增加。在这种情况下数量效应小于价格效应。

● 如果一种产品的需求富有弹性（需求价格弹性大于1），价格上升会导致总收益减少。在这种情况下数量效应大于价格效应。

表5-2使用与图5-3相同的数据，对价格上升后需求价格弹性怎样影响总收益进行了小结。当价格从0.90美元上涨到1.10美元，需求具有单位弹性时，总收益保持990美元不变。当需求缺乏弹性时，价格效应大于数量效应，同样的价格上升幅度导致总收益从945美元上涨到1 045美元。当需求富有弹性时，数量效应大于价格效应，价格上升导致总收益从1 080美元下降到880美元。

需求价格弹性也有助于预测价格下降对总收益的影响。价格下降也会产生两种相互抵消的效应，但与价格上升时所得到的结果方向相反。每单位销售产品售价下降所带来的价格效应会导致总收益减少。这与销售量增加带来的数量效应相反，数量效应会导致总收益增加。哪种效应占优取决于需求价格弹性。小结如下：

● 当需求具有单位弹性时，两种效应正好相互抵消；因此价格下降对总收益没有影响。
● 当需求缺乏弹性时，数量效应小于价格效应，因此价格下降导致总收益减少。
● 当需求富有弹性时，数量效应大于价格效应，因此价格下降导致总收益增加。

表5-2　　需求价格弹性和总收益

	通行费=0.90美元	通行费=1.10美元
需求具有单位弹性（需求价格弹性等于1）		
需求量	1 100	900
总收益	990美元	990美元
需求缺乏弹性（需求价格弹性等于0.5）		
需求量	1 050	950
总收益	945美元	1 045美元
需求富有弹性（需求价格弹性等于2）		
需求量	1 200	800
总收益	1 080美元	880美元

□ 5.2.2　沿着需求曲线的需求价格弹性

当一名经济学家说“咖啡的需求价格弹性等于0.25”时，他的意思是在当前价格水平上需求弹性为0.25。在此前讨论的桥梁通行费事例中，我们实际讨论的是当通行费为0.90美元时的弹性。为什么要做这样的限定？因为对绝大多数需求曲线来说，曲线上某一点的需求价格弹性与同一条曲线上其他点的需求价格弹性是不同的。

为了理解为什么，请看图5-5中假设的需求表。最后一列给出的是与每种价格和需求量组合对应的总收益。在图5-5中，图形上半部分给出了对应的需求曲线，下半部分给出了总收益：每个需求量上柱形的高度（对应一个具体的价格水平）表示的是与每一价格所对应的总收益水平。

从图5-5中我们可以看出，当价格处在低水平时，提高价格将导致总收益增加：从价格等于1美元开始，提高到2美元，总收益将从9美元增加到16美元。这意味着，当价格处在低水平时，需求缺乏弹性。而且，我们可以看出，价格在0美元到5美元之间的需求曲线区域是缺乏弹性的。

当价格处在高水平时，提高价格将导致总收入减少：从价格等于8美元开始，提高到9美元，总收益将从16美元降低到9美元。这意味着，当价格处在高水平时，需求富有弹性。而且，我们可以看出，价格在5美元到10美元之间的需求曲线区域都是富有弹性的。

对绝大多数产品而言，当需求曲线变动时，需求价格弹性也会变动。因此，当我们度量一种产品的需求价格弹性时，我们实际上是度量该产品需求曲线上的一个具体的点或者区域的需求价格弹性。

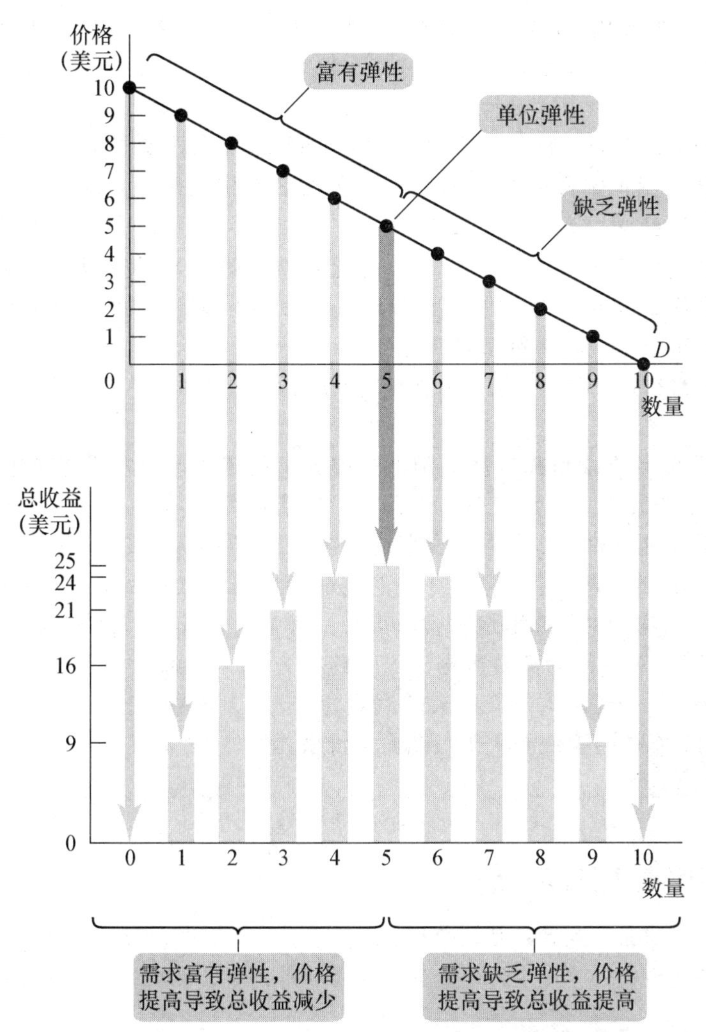

价格（美元）	需求量	总收益（美元）
0	10	0
1	9	9
2	8	16
3	7	21
4	6	24
5	5	25
6	4	24
7	3	21
8	2	16
9	1	9
10	0	0

图 5－5　沿着需求曲线的需求价格弹性的变化

该图的上半部分是与需求表对应的需求曲线，下半部分给出了随着需求曲线变化的总收益的变动：每个需求量上柱形的高度（对应一个具体的价格水平）表示的是与每一价格对应的总收益水平。我们可以看出，当价格处在低水平时，提高价格将导致总收益增加；当价格处在高水平时，提高价格将导致总收益减少。

□ 5.2.3　需求价格弹性的决定因素

私人救护车公司的投资者相信，救护车出车的需求价格弹性很小，原因有二：第一，在许多情形下，叫救护车是治疗所必需的；第二，急诊时救护车能提供的救护标准实际上没有替代品。即使是救护行业自身，一般也没有替代品，因为在一个具体的地理区域内，通常只有一家单位提供救护车服务（除非是人口密集区，即使是在这样的区域内，救护车的配备也不可能为你提供一张价格不同的救护车提供者名单）。

总体来看，有四种主要因素决定着弹性的大小：必需品还是奢侈品；有无近似的替代品；产品支出占收入的比例；价格变化后的调整时间。下面我们对每个因素作简略讨论：

必需品还是奢侈品　正如本章开篇案例所述，如果一种产品是必需品，需求价格弹性往往比较低，如救护生命的救护车送医。如果一种产品是奢侈品，需求价格弹性往往比较高，因为它在生活中并不是必需的。例如，大部分人会认为，110 英寸的高清电视是奢侈品，有则更好，但并非生活所必需。因此，这类产品的需求价格弹性要比救护生命的救护车送医高得多。

有无近似的替代品　正如我们刚刚提及的，没有替代品或者很难获得替代品的产品的需求价格弹性往往比较小。相反，如果对某种产品，消费者认为可以得到其他类似的现成产品并可进行消费替代，那么这种产品的需求价格弹性往往比较大。例如，大部分消费者相信，他们所喜欢的早餐麦片是有一些大致相近的替代品的。因此，如果某个品牌的早餐麦片大幅提高价格，其大半（如果不是全部）的市场很可能会被价格没有提高的其他品牌麦片所代替。

产品支出占收入的比例 以一种某些人经常消费的产品如汽油为例，因为每天工作要开长距离的车，对这部分消费者来说，用于汽油的支出在收入中占有较大的比重。在汽油价格上升后，这些消费者很可能对价格变化非常敏感，汽油的需求价格弹性就较大。为什么？因为当一种产品的支出在消费者的收入中占有比较大的份额时，在该产品的价格上升后，消费者愿意花时间和精力来寻找其他减少需求的途径，比如拼车而不是单独驾车。相反，对并不经常使用汽油的人如那些经常步行或者乘公交车的人来说，汽油支出在收入中所占的份额比较小，需求价格弹性也较小。

价格变化后的调整时间 一般说来，需求价格弹性会随着消费者调整时间的延长而变大。这意味着，长期需求价格弹性经常大于短期需求价格弹性。

对于这种情形，一个有说服力的例子是为应对汽油价格提高美国人在过去十几年中行为方式的变化。1998 年，一加仑汽油的价格大约为 1 美元。过去几年，汽油价格持续升高，截止到 2014 年，美国人为每加仑汽油支付的费用为 3.50～4.00 美元。随着时间的推移，人们也在改变着自己的生活习惯和选择，逐渐减少对汽油的消费。在最近一次调查中，53％的被调研者说，为了应对高油价，他们的生活有了较大的改变，比如减少开车、选择燃油效率更高的车、乘公共汽车和骑自行车出行。有些人为节省汽油甚至搬到了出行更方便的地段。这些变化也反映在美国人对汽油的消费数据上：大约在 2003 年之前，汽油消费趋势线呈波动状，之后出现直线下降。到了 2013 年，美国人每天购买的汽油为 3 000 万加仑，比 2003 年的 6 400 万加仑少了一半多。这证明汽油的长期需求价格弹性要大于短期需求价格弹性。

▶ **真实世界中的经济学**

对学费上涨的反应

上大学的成本越来越高，并非仅仅因为通货膨胀。最近几年，学费上涨快于生活费上涨。但是，学费上涨阻止了人们上大学吗？两项研究发现，不同类型的大学有不同的答案。两项研究估计了上大学的决策怎样受到学费变化的影响。

1988 年的一项研究表明，学费上涨 3％，会导致四年制大学的学生入学人数下降大约 2％，即需求价格弹性为 0.67（＝2％/3％）。对于两年制大学，研究表明反应相对更大一些，学费上涨 3％，将导致学生入学人数下降 2.7％，需求价格弹性为 0.9。换言之，两年制大学的学生的入学决策比四年制大学的学生的入学决策对价格更为敏感。这一研究结论表明，与四年制大学的学生相比，两年制大学的学生会因为学费支出而放弃攻读学位的可能性更大。

1999 年的研究证明了这一结论。该研究发现，与四年制大学相比，两年制大学的入学率对获得的州财政资助金额的变化更为敏感（财政资助金额下降会导致入学率下降），可预知的结果表明，这些学生对学费的变化比较敏感。另一项研究证据也证明，很可能是自己支付学费的两年制大学的学生在上学和工作之间权衡：研究发现，两年制大学的入学率对失业率变化的反应（失业率提高会导致入学人数增多）要比四年制大学更大。那么，在美国，学费是获得大学学位的一种壁垒吗？是的。而且与四年制大学的学生相比，两年制大学的学生更是如此。

为应对州拨付资金的减少，许多公立大学为了增加学费收入已经尝试改变它们的学费缴纳标准。2012 年的一项研究表明，州内的大学一年级新生比州外新生对学费的高低更为敏感。州内新生的需求价格弹性为 1.8。而州外新生的需求价格弹性不具有统计意义上的显著性（实际上为零）。州外申请人对学费的低敏感性可能源于他们相对较高的收入。

毫不奇怪的是，许多公立大学也发现，提高对州外学生的学费可较大幅度地增加收入。

及时复习

● 如果需求对价格变化没有任何反应，那么需求完全无弹性；如果需求对价格变化的反应无穷大，那么需求具有完全弹性。

● 如果需求价格弹性大于1，则称需求富有弹性；如果需求价格弹性小于1，则称需求缺乏弹性；如果需求价格弹性等于1，则称需求具有单位弹性。

● 当需求富有弹性时，价格提高的数量效应大于价格效应，总收益减少。当需求缺乏弹性时，价格提高的数量效应小于价格效应，总收益增加。

● 因为需求曲线上不同的点会有不同的需求价格弹性，所以当经济学家说需求价格弹性时，指的是需求曲线上某一具体的点的需求价格弹性。

● 价格变化后，一种产品的近似替代品越多，调整时间越长，需求弹性就越大。必需品的需求缺乏弹性，奢侈品的需求富有弹性。在消费者的收入中占据份额越小的产品，需求就越缺乏弹性，占据份额越大的产品，需求就越富有弹性。

小测验 5-2

1. 对如下情形，确定需求弹性的类型为以下哪种：富有弹性、缺乏弹性和具有单位弹性。

a. 价格上升后总收益减少。

b. 销售量增加所导致的收入增加正好被每单位产品价格下降所导致的收入减少抵消。

c. 产出增加后总收益减少。

d. 某行业的生产者发现，通过协调减少行业产品的产量，可以增加他们的总收益。

2. 下述产品的需求价格弹性如何？请解释。需求曲线呈何种形状？

a. 事故中受伤者对输血的需求。

b. 学生对绿色橡皮擦的需求。

5.3 其他类型的需求方面的弹性

影响产品需求量的不仅有产品价格，还有其他因素，特别是会导致需求曲线移动的相关产品的价格和消费者收入的变化。如何度量其他影响因素也很重要，最好的度量指标是弹性。具体说来，度量一种产品的需求如何受到其他产品价格的影响的最好指标被称为需求交叉价格弹性，度量收入变化对产品需求量的影响的最好指标是需求收入弹性。

□ 5.3.1 需求交叉价格弹性

两种产品之间的**需求交叉价格弹性**度量的是一种产品的需求怎样受到其他相关产品价格的影响。它等于一种产品需求量变化的百分率除以相关产品价格变化的百分率所得到的比率。

在第3章我们已经学习了，一种产品的需求经常会受到其他相关产品（替代品或互补品）价格变化的影响。我们已经知道，相关产品价格的变化会导致所讨论产品需求曲线的移动，反映的是在给定价格水平上需求量的变化。需求交叉影响的“强度”可以通过**需求交叉价格弹性**（cross-price elasticity of demand）来度量，也就是一种产品需求量变化的百分率除以相关产品价格变化的百分率所得到的比率。

$$\text{产品A与B的需求交叉价格弹性}=\frac{\text{产品A需求量变化的百分率}}{\text{产品B价格变化的百分率}} \tag{5-7}$$

当两种产品互为替代品时，如热狗与汉堡包，需求交叉价格弹性为正值，热狗的价格上升将导致汉堡包的需求增加，也就是引起汉堡包需求曲线向右移动。如果两种产品互为近似替代品，需求交叉价格弹性为正值且相对较大。如果并非互为近似替代品，需求交叉价格弹性为正值但相对较小。因此，当需求交叉价格弹性为正值时，该弹性值的大小所衡量的就是两种产品之间的替代程度，数值越大表明近似替代性越强。

当两种产品为互补品时，如热狗和热狗面包，需求交叉价格弹性为负值。热狗的价格上升会导致对热狗面包的需求减少，也就是导致热狗面包的需求曲线向左移动。与替代品一样，两种互补品的需求交叉价格弹性的大小度量的是两者之间的互补程度。如果需求交叉价格弹性只是稍微小于零，它们之间的互补性比较弱；负值越小，两者之间的互补性就越强。

请注意，需求交叉价格弹性的符号（正或负）非常重要，可以表明两种产品互为互补品还是替代品。所以，我们不能够像求需求价格弹性时那样将负号拿掉。

对需求交叉价格弹性非常有用这一说法进行讨论的一个方法是回到我们此前所讨论的一点上：弹性没有单位，也就是弹性的大小不随着所度量产品的单位的变化而变化。

为了理解其中潜在的问题，假设有人对你说“如果热狗面包的价格上升 0.30 美元，今年美国人将减少购买 1 000 个热狗。”如果你曾经购买过热狗面包，你马上就会问：是每个热狗面包价格上升了 0.30 美元，还是每包热狗面包价格上升了 0.30 美元？热狗面包通常是按 8 个一包来卖。所以，我们所说的单位区别很大。然而，如果有人说，热狗面包和热狗之间的需求交叉价格弹性为−0.3，那么热狗面包是单个还是一包就关系不大。因为弹性是百分率变化的比率，所以这是一种避免因单位混淆而产生歧义的方法。

□ 5.3.2 需求收入弹性

需求收入弹性（income elasticity of demand）度量对一种产品的需求如何受到消费者收入变化的影响。根据这一指标，我们可以来判定一种产品是正常物品还是低档物品，并能够判断一种产品的需求怎样受到收入变化的影响。

> **需求收入弹性**是一种产品受收入变化影响的需求量变化的百分率与收入变化的百分率的比率。

$$需求收入弹性=\frac{需求量变化的百分率}{收入变化的百分率} \tag{5-8}$$

与两种产品之间的需求交叉价格弹性因受到两种产品互为替代品或互补品的影响而可能为正值或负值一样，一种产品的需求收入弹性可以为正值，也可以为负值。在第 3 章中我们已经知道，一种产品如果为正常物品，随着收入的增加，对其的需求也增加；如果为低档物品，随着收入的增加，对其的需求则会减少。这些定义直接与需求收入弹性的符号相关：

- 当需求收入弹性为正值时，这种产品是正常物品。在这种情形下，当产品价格不变时，收入增加，对产品的需求量也增加。
- 当需求收入弹性为负值时，这种产品是低档物品。在这种情形下，当产品价格不变时，收入增加，对产品的需求量将减少。

如果一种产品的需求收入弹性大于 1，对这种产品的需求就具有**强收入弹性**（income-elastic）。当收入增加时，对强收入弹性产品的需求的增长要快于收入的增长。如第二套住房、出国旅游之类的奢侈品，就属于强收入弹性产品。如果一种产品的需求收入弹性小于 1，对这种产品的需求就具有**弱收入弹性**（income-inelastic）。当收入增加时，对弱收入弹性产品的需求的增长要慢于收入的增长。如食品和衣服之类的必需品就属于弱收入弹性产品。

> 如果一种产品的需求收入弹性大于 1，对这种产品的需求就具有**强收入弹性**。如果一种产品的需求收入弹性小于 1，对这种产品的需求就具有**弱收入弹性**。

▶ 国际比较

食物支出占部分国家预算支出的比例

如果食物的需求收入弹性小于 1，我们可以预计，与富裕国家相比，贫穷国家食物支出占其收入的比例会相对更高。已有数据正好证明了这一点。在下页图中，我们比较了人均收入水平（一个国家的总收入除以其总人口）与食物支出占总收入的比例。（为了使图形在刻度上更可比，其他国家的人均收入被换算成占美国人均收入的比例。）

在巴基斯坦这样非常贫穷的国家，人们将其收入的大部分用于食物。在以色列和墨西哥这样的中等收入国家，食物支出的比重就大幅下降。而像美国这样的富裕国家，食物支出的比重更低。

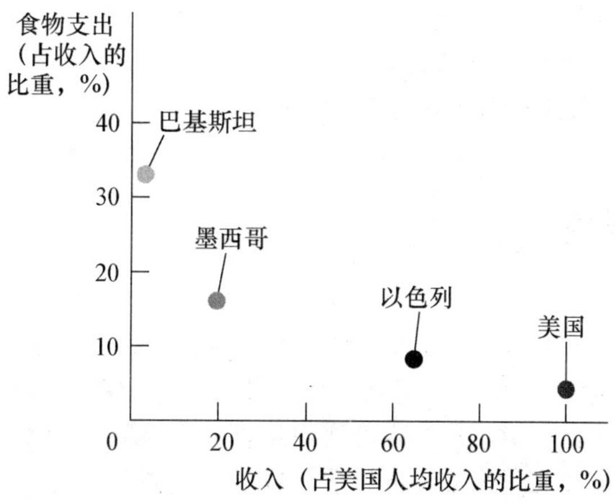

资料来源：U. S. Department of Agriculture and IMF *World Economic Outlook*.

▶ **真实世界中的经济学**

食物支出

美国劳工统计局会对美国家庭如何分配他们的收入进行细致的调查。这并非为了满足知识分子的好奇心。许多政府的福利项目都会涉及生活成本变化的调整。政府必须知道人们如何花钱。此外，根据这些调查的数据，可以获得不同产品的需求收入弹性。

从这些研究中可以得出什么结论呢？一个典型的结论是，"在家吃饭"的需求收入弹性显著小于1：随着家庭收入水平的提高，在家食用食物的支出占收入的比重会下降。与此相适应，家庭收入水平越低，在家食用食物的支出占收入的比重就越高。

在许多贫穷国家，许多家庭会将收入的一半用于在家食用的食物。就美国而言，在家食用食物的需求收入弹性估计值低于0.5，在外食用食物（餐馆食物）的需求收入弹性估计值要高得多，接近1。

收入水平越高的家庭，在外就餐和光顾高档餐厅的次数就越多。1950年，美国收入的19%用于购买在家食用食物，到了2012年，这一比例下降到6.1%。在同一时期，在外食用食物的支出一直保持在5%。事实上，发展中国家收入水平提高的一个确切迹象是快餐店的设立，因为这些快餐店受到新近富裕人群的欢迎。例如，在河内、雅加达和孟买都可见到麦当劳餐馆。

在调查中，有一个突出的低档物品事例：租房。随着收入水平的提高，真正用于租金的支出低于低收入时的该项支出，因为高收入家庭更愿意拥有自己的住房。调查分类中的"其他住房"——其实就是指第二套住房——具有高收入弹性。只有高收入人群才可以承受度假用住房这样的奢侈品的支出，所以，"其他住房"的需求收入弹性明显大于1。

及时复习

- 当需求交叉价格弹性为正值时，产品互为替代品。当需求交叉价格弹性为负值时，产品互为互补品。
- 低档物品的需求收入弹性为负值。大部分产品是正常物品，需求收入弹性为正值。
- 正常物品的需求收入弹性可分为强收入弹性和弱收入弹性，前者是指需求收入弹性大于1的产品，后者是指需求收入弹性为正值但小于1的产品。

小测验 5-3

1. 当切尔西的年收入从12 000美元提高到18 000美元时，他购买的下载音乐专辑从每年10套增加到

40 套。使用中点值法计算切尔西对下载音乐专辑的需求收入弹性。

2. 对包括桑杰在内的大部分人来说，到高档餐厅就餐是强收入弹性产品。假定当年收入下降了10%，你能够预测桑杰到高档餐厅就餐会变化多少吗？

3. 随着人造奶油的价格上升20%，一家烘焙店对黄油的需求量增加了5%。请计算人造奶油和黄油的需求交叉价格弹性。人造奶油和黄油互为互补品还是替代品？

5.4 供给价格弹性

不管居住在什么地方，救护车服务的一个基本特质都是供给有限。如果附近有许多的救护车服务提供商，15 分钟送医车程向基拉收取 1 772.42 美元费用的现象就很难发生，价格一定会低得多。然而，有很充足的经济理由相信，并不会如此。对于那些真的遇到紧急医疗救助的人而言，他们会相信低价救护车的治疗水平和安全性吗？当患者需要支付高质量医疗服务的费用而供应商又不能够索取高价来收回成本时，谁还会成为这样的服务供应商？因此并不奇怪，在大部分地方，就像我们已经看到的那样，只有一家救护车服务提供商。

总之，提供救护车服务索取高价的关键点是供给有限：对于救护车服务索取更高的价格，产品供给量的反应能力很低。为了度量救护车服务提供商对价格变化的反应能力，我们需要度量与需求价格弹性类似的指标，即**供给价格弹性**（price elasticity of supply，简称供给弹性），下面我们将进行这一分析。

供给价格弹性是度量产品供给量对价格变化的反应程度的指标。它等于我们沿着供给曲线移动时供给量变化的百分率与价格变化的百分率的比率。

□ 5.4.1 供给价格弹性的计算

供给价格弹性的定义方法与需求价格弹性的定义方法相同（当然这里没有负号需要去掉）。

$$\text{供给价格弹性}=\frac{\text{供给量变化的百分率}}{\text{价格变化的百分率}} \tag{5-9}$$

唯一的不同之处在于，我们现在考虑的是沿着供给曲线的变化，不再是沿着需求曲线的变化。

假设西红柿的价格上涨了10%。如果西红柿的数量随之增加了10%，西红柿的供给价格弹性为1（=10%/10%），供给具有单位弹性。如果供给量增加了5%，供给价格弹性为0.5，供给缺乏弹性；如果供给量增加了20%，供给价格弹性为2，供给富有弹性。

与需求的情况类似，供给价格弹性的极端情形的图形较为简单。图5-6（a）所示为手机频率——用于发送和接收手机信号的无线电波段——的供给。政府有权将这部分无线电波段销售给手机运营商以供其在境内使用。但政府不能增加或减少它们必须提供的手机频率的数量，因为技术原因，适用于手机的频率的数量是固定的。

因此，手机频率的供给曲线是一条垂直线，这里我们假定的频率数量为100。当我们沿着曲线上下移动时，无论价格怎样变化，由政府提供的数量的变化都为零。所以，图5-6（a）所示的情况为供给价格弹性为零的情形。这种情形被称为**供给完全无弹性**（perfectly inelastic supply）。

供给完全无弹性指供给价格弹性为零的情形，价格变化对产品供给量无任何影响。完全无弹性的供给曲线是一条垂直线。

图5-6（b）所示为比萨饼的供给曲线。我们假设制作比萨饼的成本为12美元，其中包括所有机会成本。在价格低于12美元时，所有提供商都无利可图，美国的所有比萨饼店都会歇业。另外，如果有利可图，将会有很多的生产商经营比萨饼店。比萨饼的配料——面粉、西红柿、奶酪——供应丰富。如果有必要，可以种植更多的西红柿、养殖更多的奶牛、生产更多的奶酪，等等。因此，当价格高于12美元时，会导致比萨饼供给量的大幅度增加。因此，供给曲线为12美元处的一条水平线。

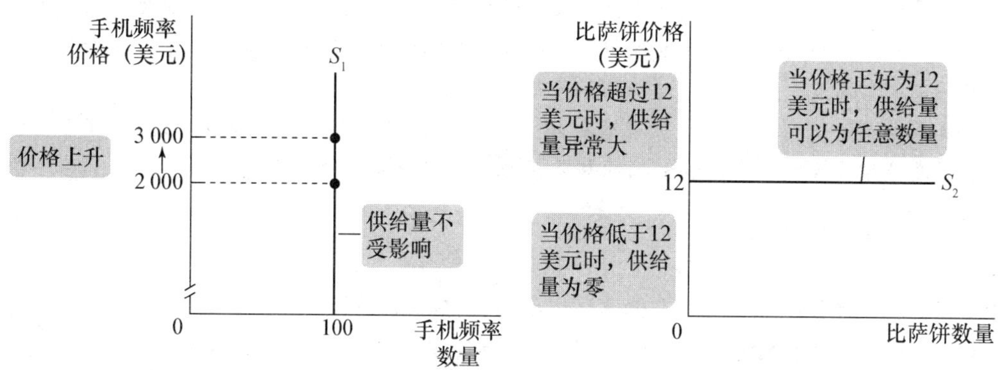

图 5-6　供给价格弹性的两种极端情形

图（a）所示为一条完全无弹性的供给曲线，它是一条垂直线。供给价格弹性为零：无论价格如何，供给量始终相同。图（b）所示为一条具有完全弹性的供给曲线，它是一条水平线。当价格为12美元时，生产者可提供任何数量，但当价格低于12美元时，供给量为零。如果价格上涨到超过12美元，生产者将提供异常多的数量。

因为即使价格稍有提高，也将导致供给量的大幅度增加，供给价格弹性无穷大，这就是**供给具有完全弹性**（perfectly elastic supply）的情形。

> **供给具有完全弹性**指即使价格稍有提高，也将导致供给量的大幅度增加，供给价格弹性无穷大。具有完全弹性的供给曲线是一条水平线。

如手机频率和比萨饼的例子所表明的那样，在现实中供给完全无弹性和供给具有完全弹性的实例容易找到，这与需求不同。

□ 5.4.2　供给价格弹性大小的决定因素

前述事例已经告诉我们供给价格弹性的主要决定因素是：投入品的可获得性。此外，与需求价格弹性相同，调整时间也是影响供给价格弹性的重要因素。下面我们简要分析一下这两种因素。

投入品的可获得性　当投入品容易获得，并且以较低的成本投入产品生产时，供给价格弹性较大。当投入品难以获得，投入并转化为产品的成本相对较高时，供给价格弹性较小。从救护车服务来看，提供高质量救护车服务的高成本是保持供给弹性非常小的关键要素。

调整时间　当生产者有更多的时间对价格变化做出反应时，供给价格弹性往往比较大。这意味着，长期供给价格弹性通常大于短期供给价格弹性。

比萨饼的供给价格弹性非常大，因为该行业扩张所需要的投入品非常容易获得。但手机频率的供给价格弹性为零，因为最关键的投入要素——无线电波段不可能增加。

许多行业像比萨饼的生产一样，供给价格弹性很大，它们的扩张容易，因为并不需要一些特殊的或独一无二的资源。与此相反，许多行业的供给价格弹性小于完全弹性，因为自然资源的供应是有限的，如黄金、铜、种在特定类型耕地上的咖啡等农产品、海鱼等可再生资源，只能在不破坏资源平衡的限度下开发利用。

如果有足够的时间，在价格改变后，生产者经常能够对产量做出较大的调整，即使生产涉及一些有限的自然资源或者获取成本较高。农产品市场提供了一个很好的例证。当美国农场主从某种大宗商品如小麦上获得高收入时（因为另一个小麦生产大国澳大利亚遭受旱灾），在种植季节，他们很可能会将种植其他作物的土地改种小麦。

正因为如此，经济学家经常会区分短期供给弹性和长期供给弹性，前者通常是指几周或几个月，后者通常是指几年。在大部分行业中，长期供给弹性要大于短期供给弹性。

▶ **真实世界中的经济学**

欧洲的农产品过剩

我们在第5章分析了实施最低限价的情形，这通常是不能再低的价格。我们知道，政府实施最低限价是为了支持农场主的收入水平，但会造成大量的农产品过剩。最具戏剧性的事例是，欧盟对农产品设置的最低限价造成了“黄油山”“红酒湖”等结果。

难道欧盟的政治家不知道他们的最低限价政策会造成大量产品过剩吗？他们知道会产生剩余，但低估了农产品的供给价格弹性。当支持价格政策推出时，许多观察家认为，这一政策不会导致农产品供给的大幅增加。毕竟欧洲国家人口密度大，很少有新的可供开垦的土地。

然而，观察家没有认识到，农业生产可通过增加其他资源投入特别是农药和化肥（可随时增加）来扩张。所以，尽管最低限价政策不会增加欧洲的耕地面积，但农产品仍然会大量增加。

及时复习

- 供给价格弹性等于供给量变化的百分率除以价格变化的百分率。
- 供给完全无弹性是指供给量完全不受价格变化影响，供给曲线是一条垂直线。供给具有完全弹性是指供给曲线是一条在某一价格水平上的水平线。如果价格低于这一水平，供给量为零；如果价格高于这一水平，供给量异常大。
- 供给价格弹性大小的影响因素有：投入品的可获得性，投入品转为其他用途的方便程度，价格变化后调整时间的长短。

小测验 5－4

1．使用中点值法计算网页设计服务的供给价格弹性，当每小时价格从100美元上涨到150美元时，交易的小时数从30万增长到50万，供给富有弹性、缺乏弹性还是具有单位弹性？

2．判断正误：在对牛奶的需求增加之后，从长期来看，供给富有弹性而非缺乏弹性对牛奶饮用者更有利。

3．判断正误：长期供给价格弹性通常大于短期供给价格弹性。因此，短期供给曲线比长期供给曲线平坦。

4．判断正误：当供给具有完全弹性时，需求改变不影响价格。

5.5 弹性小结

我们刚刚讨论了几种不同的弹性。不混淆并非易事。所以表5－3对我们所讨论的所有弹性及其含义进行了小结。

表5－3　弹性小结

需求价格弹性＝$\frac{\text{需求量变化的百分率}}{\text{价格变化的百分率}}$（负号拿掉）	
0	完全无弹性：需求量不受价格变化影响（需求曲线为垂直线）
大于0，小于1	缺乏弹性：价格提高导致总收益增加
正好等于1	具有单位弹性：价格变化对总收益没有影响
大于1，小于∞	富有弹性：价格提高导致总收益减少
∞	具有完全弹性：价格的任何提高都将导致需求量下降到零；价格的任何下降都会带来无限大的需求量（需求曲线为水平线）
需求交叉价格弹性＝$\frac{\text{一种产品需求量变化的百分率}}{\text{另一种产品价格变化的百分率}}$	
负值	互补品：在另一种产品的价格上升后，一种产品的需求量将下降
正值	替代品：在另一种产品的价格上升后，一种产品的需求量将上升
需求收入弹性＝$\frac{\text{需求量变化的百分率}}{\text{收入变化的百分率}}$	
负值	低档物品：随着收入的增加，需求量下降
正值，小于1	正常物品，弱收入弹性：随着收入的增加，需求量会增加但慢于收入的增加
正值，大于1	正常物品，强收入弹性：随着收入的增加，需求量会增加且快于收入的增加

供给价格弹性＝$\frac{供给量变化的百分率}{价格变化的百分率}$	
0	完全无弹性：供给量不受价格变化影响（需求曲线为垂直线）
大于1，小于∞	正常的向上倾斜的供给曲线
∞	具有完全弹性：价格的任何下降都将导致供给量下降到零；价格的任何上涨都会带来无限大的供给量（供给曲线为水平线）

5.6 税收的成本与收益

当政府考虑是否征税或如何设计税收制度时，必须权衡税收的收益与成本。我们通常不会视税收为带来好处的东西，但政府需要金钱为人们提供需要的东西，例如国防和医疗保健。税收的好处是政府获得收入来支付它们所提供的服务。遗憾的是，这种收益是有代价的——这种代价通常会大于消费者和生产者支付的成本。我们先来看什么决定着获得多少税收收入，然后来看税收的征收成本，这两者都取决于供给弹性与需求弹性。为了理解税收经济学，我们先看一种简单的税种：**消费税**（excise tax）——对销售的每单位产品或服务所征收的税。

消费税是对销售的产品或服务所征收的税。

5.6.1 消费税收入

假设对波特维尔市宾馆房间的需求曲线和供给曲线如图5－7所示。为简化起见，我们假定所有宾馆房间完全相同。在没有税收的情况下，房间的均衡价格为每晚80美元，可住房间的均衡数量为每晚10 000间。

现在假设波特维尔市政府征收消费税——宾馆的每个房间每晚40美元，也就是说，每次租出一个房间，每晚要向市政府支付40美元。例如，一名房客支付80美元，40美元为税收，留给宾馆老板的仅仅为40美元。

政府开征消费税后，能获得多少收入呢？在前述宾馆征收消费税的例子中，税收收入等于如图5－7中阴影矩形的面积所示。

为了理解对宾馆房间征收40美元税收后所能获得的收入可用矩形的面积来表示，请注意矩形的高为40美元，也就是对每个房间所征收的税收金额。我们也可以看出，这是供给价格（生产者得到的价格）和需求价格（消费者支付的价格）之间的一个楔差。矩形的宽为5 000间客房，等于给定40元税收金额后房间的均衡数量。根据上述信息，我们可以做出如下计算。

税收收入为：

税收收入＝40美元/间×5 000间＝200 000美元

阴影矩形的面积为：

面积＝长×宽＝40美元/间×5 000间＝200 000美元

因此

税收收入＝矩形的面积

由此得出的一般性原理为：征收消费税所获得的税收收入等于如下矩形的面积：矩形的高等于供给曲线和需求曲线之间的税楔，宽等于征税后的交易数量。

5.6.2 税率和税收收入

在图5－7中，对每间房所征收的40美元是对宾馆房间征税的税率。**税率**（tax rate）是对课税对象的每单位所征收的税收额。有时税率按照每单位产品或服务的应缴纳货币数量来度量。例如，每销售一包香烟征收2.46美元的税。有时税率也可以被定义为价格

税率是指人们对课税对象的每单位所支付的税收额。

的一定比率，例如，当一个人的年收入达到117 000 美元时，所支付的薪资税为 15.3%。

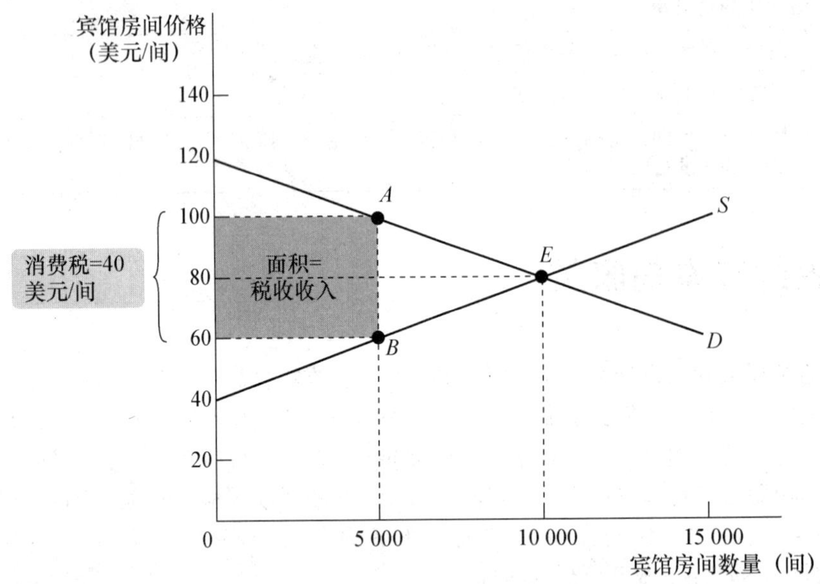

图 5-7　来自消费税的税收收入

对宾馆房间征收 40 美元税收后，所获得的收入为 200 000 美元，等于税率 40 美元（供给价格和需求价格之间的税楔）乘以可供租用的 5 000 间房间。结果等于阴影矩形的面积。

税率和税收收入之间明显相关，但这种关系并非简单的一对一的倍数关系。一般说来，对某种产品或服务的消费税税率提高一倍并不会导致所获得的税收收入翻倍，因为税率提高会导致产品或服务交易数量减少。税率水平与税收收入数额之间的关系甚至不一定是正相关，有时提高税率实际上会导致政府所获得的税收收入减少。

我们可以使用前面的宾馆房间的事例来说明。图 5-7 表示的是对每间宾馆房间征收 40 美元消费税后政府所获得的收入。图 5-8 所示为征收其他两种税率——对每间房征收 20 美元税与征收 60 美元税——所获得的税收收入。

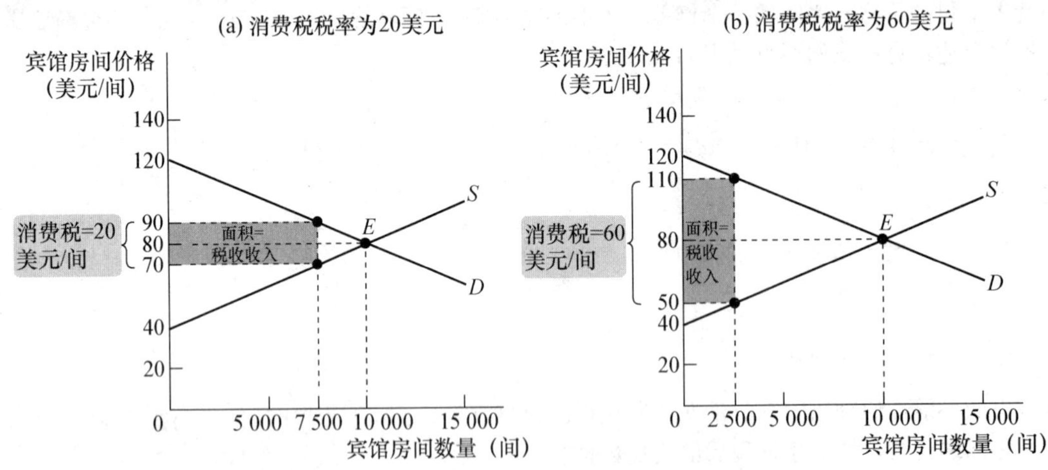

图 5-8　税率和税收收入

一般说来，对某种产品或服务的消费税税率提高一倍并不会导致所获得的税收收入翻倍，因为税率提高会导致产品或服务交易数量减少。税率水平与税收收入数额之间的关系甚至不一定是正相关。图（a）显示了对每间房征收 20 美元税时所得到的税收收入，税率只有图 5-7 中的一半。所得到的税收收入等于阴影矩形的面积，为 150 000 美元。这是税率为 40 美元时所得到的 200 000 美元税收收入的 75%。图（b）显示了税率为 60 美元时所得到的税收收入，也为 150 000 美元。因此税率从 40 美元提高到 60 美元实际上减少了税收收入。

图 5－8（a）所示为对每间房征收 20 美元税时的情形，税率等于图 5－7 所示情形的一半。在这一低税率情况下，可供租用的房间将为 7 500 间，所得到的税收收入为：

税收收入＝20 美元/间×7 500 间＝150 000 美元

前述对每间房征收 40 美元税时，税收收入为 200 000 美元。在此，对每间房征收 20 美元税时，税收收入为150 000 美元，即当税率提高 1 倍时，收入只下降到相当于高税率时的 75%（＝150 000/200 000×100%）。换言之，每间房的税率从 20 美元上涨到 40 美元时，收入只增长 1/3，即 33.3%，从 150 000 美元上涨到 200 000 美元，即（200 000－150 000）/150 000×100%＝33.3%。

图 5－8（b）所示为对每间房所征的税从 40 美元提高到 60 美元时的情形，可供租用的房间从 5 000 间下降到2 500 间。税率为 60 美元时的税收收入为：

税收收入＝60 美元/间×2 500 间＝150 000 美元

这一金额也少于对每间房征 40 美元税时的税收收入。因此，税率从 40 美元提高到 60 美元实际上导致税收收入减少了。具体来看，在这种情况下，税率提高了 50%［＝(60 美元－40 美元)/40 美元×100%］，导致税收收入下降了 25%［＝(150 000－200 000)/200 000×100%］。为什么会这样？因为税率提高后，由可供租用的房间数量减少导致的收入减少要大于税率提高所带来的收入增加。换言之，由于税率过高，交易数量下降，这很可能会带来税收收入的减少。

考虑消费税税率提高对于税收收入的影响的一种方法是考察税率提高影响税收收入的两个方面：一方面，税率提高意味着政府从销售的每单位产品中获得了更高的收入，在其他条件不变的情况下，税收收入将增加。另一方面，税率提高导致销售量减少，在其他条件不变的情况下，这将导致税收收入减少。最终的结果要取决于供给价格弹性和需求价格弹性以及最初的税率水平。

如果供给价格弹性和需求价格弹性都相对较小，税率提高不会导致销售量减少很多，因此税收收入肯定会增加。如果价格弹性很大，结果将不确定。如果弹性足够大，提高税率将导致销售量减少，也足以导致税收收入下降。当然，如果初始税率水平较低，电子销售量减少，政府所获得的收入也不会下降很多。因此，提高税率也将带来税收收入增加。如果初始税率水平很高，结果也将不确定。税率提高对税收收入的增减影响不大的情形只有在价格弹性很大、税率也很高的情况下才会出现。

高税率导致税收收入减少的可能性意味着降低税率也能增加税收收入，这是税收政策制定者确定税率时所考虑的一个基本原理。也就是说，当试图通过税率调整来提高税收收入时（或者相反，当通过税率调整来阻止某些不良行为时，即当征收所谓的“罪恶税”时），理智的政策制定者不会将税率定得如此之高，以至减税也能增加税收收入。

在现实世界中政策制定者并不总是这样理智，当然他们也并不愚蠢。这也是难以找到提高税率减少收入或者降低税率增加收入的事例的原因。

□ 5.6.3 税收的成本

税收的成本是什么呢？你可能会回答就是纳税者向政府缴纳的税金。换言之，你可能认为税收的成本就是政府收到的收入。但是假设政府用这些收入向纳税人提供了他们想要的服务，或者政府只是把这些税收收入返还给纳税人。我们能否说，在这些情况下，税收实际上没有任何成本？

并非如此。与配额一样，税收也阻碍了互惠交易的发生。再来看图 5－7。当对宾馆房间征收 40 美元消费税时，房客为每间房支付了 100 美元而宾馆所有者只得到了 60 美元。因为税收造成的楔差，一些没有税收时发生的交易无法进行了。

例如，根据供给曲线和需求曲线，我们知道有一些人愿意每晚最高出 90 美元，而宾馆所有者如果每晚至少能够收到 70 美元，将愿意提供房间。如果允许这两部分人在无税情况下进行交易，互惠交易就可以实现，宾馆的房间可以租出。

但是，这样的交易将是违法的，因为没有缴纳 40 美元的税收。在我们的例子中，没有消费税时，5 000

间宾馆住房会被出租，宾馆所有者和住店客人都将获利，但因为存在消费税，这样的交易并未出现。

因此，消费税的成本是在税收收入之上造成的非效率，因为征税阻碍了互惠交易的实现。我们从第4章的学习中知道，对社会而言，这种类型的非效率，即由于互惠交易未能实现而放弃的价值，被称为无谓损失。现实世界中所有税收都或多或少会带来无谓损失，一些设计糟糕的税种所带来的无谓损失相对更大。

为了度量税收所带来的无谓损失，我们用生产者剩余和消费者剩余的概念来进行解释。图5-9所示为消费税对消费者剩余和生产者剩余的影响。在没有税收的情况下，均衡点为E，均衡价格和均衡数量分别是P_E和Q_E。消费税使消费者支付的价格和生产者收取的价格之间出现了一个大小等于税收的楔差，并且减少了交易数量。当税收为每单位T美元时，交易数量下降至Q_T。消费者支付的价格上升到P_C，这是需求量下降到Q_T时所对应的需求价格，生产者收取的价格则下降到P_P，即Q_T所对应的供给价格。P_C-P_P就等于消费税T。

消费者支付的价格上升所导致的消费者剩余的减少等于一个矩形和一个三角形的面积之和，即图5-9中阴影矩形A和阴影三角形B的面积之和。

同时，生产者收取的价格下降导致生产者剩余减少，减少的数量同样等于一个矩形和一个三角形的面积之和。生产者剩余的减少等于图5-9中矩形C和三角形F的面积之和。

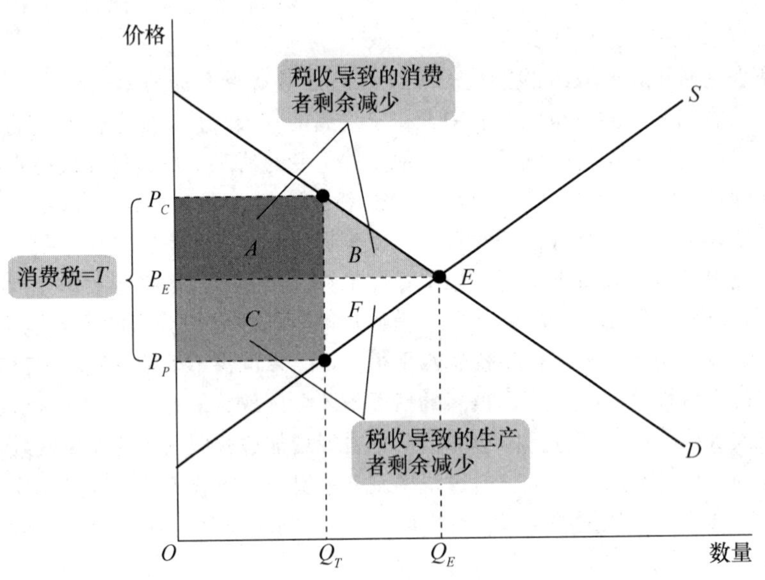

图5-9　税收导致的消费者剩余和生产者剩余减少

在征税之前，均衡价格和均衡数量分别是P_E和Q_E。征收每单位金额为T的税收后，消费者支付的价格上升到P_C，消费者剩余减少的数量等于矩形A和三角形B的面积之和。税收还导致生产者收到的价格下降到P_P，生产者剩余减少的数量等于矩形C和三角形F的面积之和。政府从征税中获得的收入为$Q_T \times T$，等于区域A和区域C的面积之和。区域B和区域F代表着没有转化为政府收入的消费者剩余和生产者剩余损失。

当然，虽然消费者和生产者因为税收而遭受了损失，但是政府获得了收入。政府的收入等于每单位产品的税收T乘以销售量Q_T。这笔收入等于宽为Q_T、长为T的矩形的面积。我们在图上可以找到这个矩形，即矩形A和矩形C之和。所以，消费者和生产者因为税收而遭受的损失部分地转化为了政府的收入。

但是，税收导致的消费者和生产者损失中还有一个部分——三角形B和三角形F——并没有被政府收入所弥补。税收导致的无谓损失就等于这两个三角形的面积之和。它代表了由税收导致的社会的总剩余损失，即由于税收而没有发生的交易所能产生的剩余。

图5-10与图5-9相同，只不过略去了后者中的阴影矩形A（表示从消费者转移给政府的剩余）和矩形C（表示从生产者转移给政府的剩余），仅显示了无谓损失，如图中阴影三角形所示。这个三角形的底为T，

等于税楔，高为征税所导致的交易数量的减少，即 Q_E-Q_T。很显然，税楔越大，导致的交易数量减少就越多，税收引起的非效率就越大。

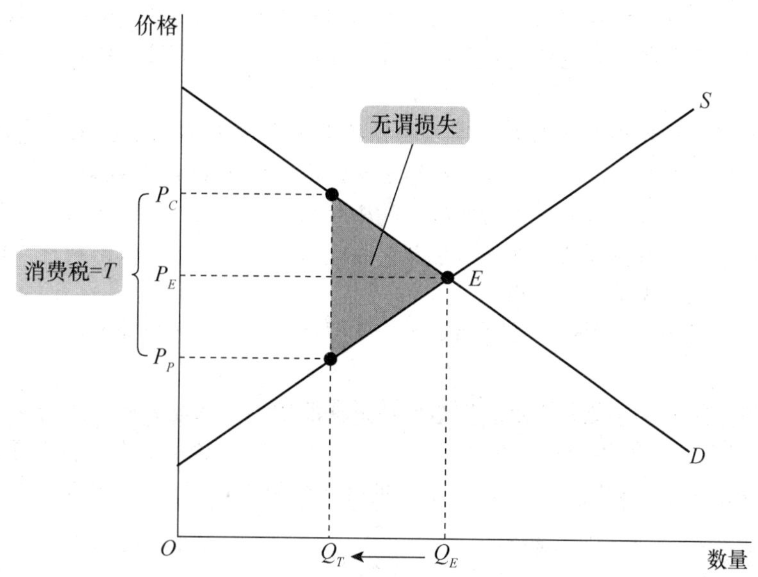

图 5-10 税收导致的无谓损失

税收会导致无谓损失，因为它产生了非效率：它阻止了对交易双方都有利的交易，也就是使交易数量从 Q_E 减少到 Q_T。阴影区域代表了无谓损失的大小，它是 Q_E-Q_T 这一数量的交易所能产生的总剩余。如果税收没有导致交易减少——交易数量仍然是 Q_E——那么就不会发生无谓损失。

但是也请注意一个有重要意义的对照点，如果消费税并没有降低买卖的产品数量——如果征税后 Q_T 仍然等于 Q_E，那么这个阴影三角形将不存在，税收造成的无谓损失将会降为零。这个结论只是前面章节所发现的如下原理的另一种表述：消费税因为阻止了买卖双方的互惠交易而造成了非效率。因此，如果税收并没有阻碍这样的交易，不论供给或需求哪个完全无弹性，都不会引起无谓损失。在这样的情况下，税收只是将剩余从生产者和消费者那里转移到政府那里。

在很多经济学的实际应用中，都会用这个三角形面积来衡量无谓损失的大小。例如，这个三角形不仅能度量消费税的无谓损失，而且能度量其他类型税收所引起的无谓损失。它也被用来度量其他的一些市场扭曲例如垄断导致的无谓损失。除了税收政策外，无谓损失三角形也经常被用来评估其他政策的成本和收益，比如是否应该严格执行生产的安全标准。

> 税收**管理费用**指用于征收税收、选择计征方式和防止逃税的费用。

在考虑税收所造成的非效率的总规模时，我们还必须考虑图 5-10 中没有考虑到的方面：政府为征税实际投入的资源，这也是由纳税人支付的超过应纳税额的部分。这部分资源损失被称为税收**管理费用**（administrative cost）。在美国税制中，最为人熟悉的管理费用是个人填报所得税税表所花费的时间，或者他们向布洛克税务公司（H&R Block）和其他类似公司支付的报税事务服务费（从社会角度看，后者被认为是无效率的表现形式之一，因为用于报税的资源可被用于其他与税收无关的方面）。

纳税人所承担的管理费用还包括用于非法或合法避税的资源。作为联邦政府征收联邦所得税的机构，美国国税局的运营成本相对于纳税人所承担的管理费用通常要小得多。

因此，税收所造成的非效率是无谓损失和管理费用之和。经济政策的一般原则是，在其他条件不变的情况下，税制应该被设计成对社会造成的非有效总量最小。在实践中，尽管也会考虑其他的因素，但这一原则具有非常有价值的指导意义。管理费用通常为人们所知，但是费用的大小在一定程度上受到当前税收征收技术（例如，纸质申报和电子申报）的影响。那么我们怎样预测与一种既定的税收相关的无谓损失呢？毫不奇怪，在税负归宿分析中，供给价格弹性和需求价格弹性在这一预测中扮演着重要角色。

□ 5.6.4 弹性和税收的无谓损失

我们知道，消费税之所以会导致无谓损失，是因为它阻止了对双方都有利的交易发生。具体而言就是，由于错失交易而导致的消费者剩余和生产者剩余减少等于无谓损失。这意味着税收阻止的交易越多，无谓损失就越大。

这为我们理解需求弹性和供给弹性的大小和税收导致的无谓损失的大小提供了重要线索。我们曾经说过，当需求或供给富有弹性的时候，需求量或者供给量对价格的变化是相对敏感的。所以，如果被征税的产品的需求或供给富有弹性，那么产品交易数量的减少就相对较多，从而无谓损失就大。当需求或供给缺乏弹性的时候，需求量或供给量对价格变化相对不太敏感。因此当产品的需求或供给缺乏弹性的时候，产品交易数量的减少就相对较少，从而无谓损失就小。

当应税产品的需求或供给缺乏弹性，或者两者都缺乏弹性时，征税所导致的数量下降相对较小，因此无谓损失也相对较小。

图 5-11 中的四幅分图显示了随着需求或供给价格弹性的增大无谓损失递增的情形。在每幅分图中，无谓损失的大小都等于阴影三角形的面积。在图 5-11（a）中，因为需求富有弹性，无谓损失三角形较大，税收导致大量的交易未能发生。在图 5-11（b）中，供给曲线和图 5-11（a）中的一样，但是需求相对缺

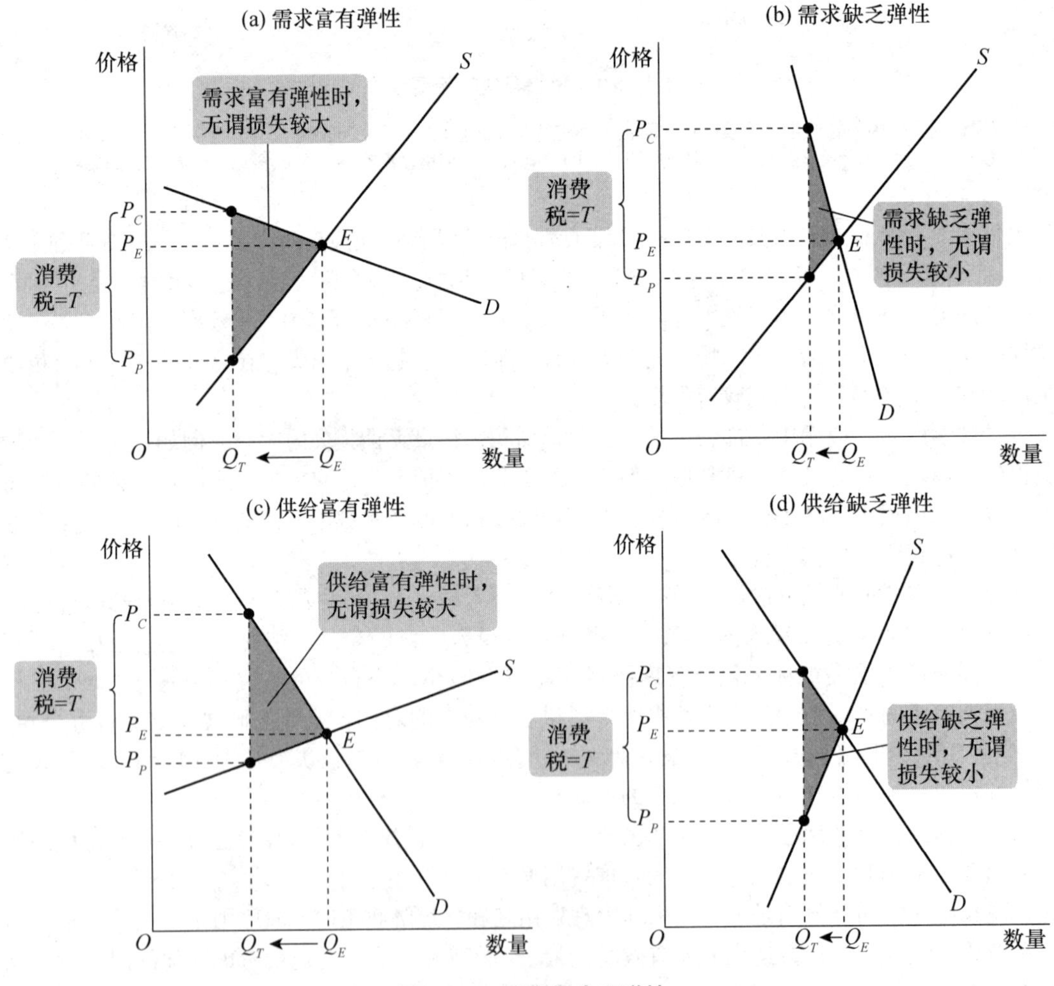

图 5-11　无谓损失和弹性

图（a）中需求富有弹性，而图（b）中需求缺乏弹性，但是供给曲线相同。图（c）中供给富有弹性，而图（d）中供给缺乏弹性，但是需求曲线相同。图（a）和图（c）中的无谓损失比图（b）和图（d）中的无谓损失大。因为当需求弹性或供给弹性大时，交易数量减少得多；相反，当需求和供给缺乏弹性时，交易数量减少得少，从而无谓损失较小。

乏弹性，因此这个三角形的面积较小，只有一小部分交易被放弃。类似地，图 5－11（c）和图 5－11（d）中的需求曲线相同，但是供给曲线不同。在图 5－11（c）中供给富有弹性，导致无谓损失三角形的面积较大，而图 5－11（d）中供给相对缺乏弹性，无谓损失三角形的面积也就较小。

这一结果的意义很清楚：如果你希望税收导致的效率损失最小，应该对需求或供给相对缺乏弹性或两者都缺乏弹性的产品征税。对这类产品征税对行为人的影响很小，因为行为人对价格变动的反应相对迟钝。在极端的情况下，如果需求完全无弹性（需求曲线垂直），需求量不会因为征税而改变。因此，征税不会导致无谓损失。同样，如果供给完全无弹性（供给曲线垂直），供给量不会因为征税而改变，从而也就没有无谓损失。

如果选择应税对象的目标是无谓损失最小化，应该选择那些最缺乏弹性的产品和服务征税，也就是说，应该选择那些消费者或生产者对征税最不敏感的产品和服务（当然，会引起社会动荡的除外）。这就引出了另一种说法：可以使用税收来有目的地减少一些有害的活动，如阻止未成年人饮酒，当这些活动的需求价格弹性或供给价格弹性较大时，可达到最佳效果。

▶ **真实世界中的经济学**

向烟民征税

香烟税是美国最重要的消费税之一。联邦政府对每包香烟征收 1.01 美元税，部分州政府征收的税收如下：密苏里州对每包香烟征收 0.17 美元，纽约州对每包香烟征收 4.35 美元。许多城市还在进一步征税。总的来看，香烟税会随着时间的推移而递增，因为越来越多的政府不仅将其视为一种收入来源，而且将其视为不鼓励吸烟的一种手段。但是，香烟税的提高并非逐步进行。通常的情形是，一旦某一州政府决定提高香烟税，通常会大幅提高，这为经济学家分析大幅提高税收会引起什么后果提供了有用的数据。

表 5－4 所示为一些香烟税大幅提高的结果。在每种情形下，销售量都会减少，与预测相符。尽管在理论上，大幅提高香烟税会导致税收收入减少，但实际上每种情形都导致了税收收入增加，这是因为香烟具有低需求价格弹性。

表 5－4　　香烟税提高所导致的结果

州名	年份	增税幅度（美元/包）	新的州税（美元/包）	交易量变化（%）	税收变化（%）
密苏里州	2009	0.50	0.68	−22.8	188.3
夏威夷州	2009	0.60	2.60	−11.3	14.5
新墨西哥州	2010	0.75	1.66	−7.8	67.5
佛罗里达州	2010	1.00	2.00	−27.8	193.2
华盛顿州	2010	1.00	3.03	−20.5	17.0

资料来源：Orzechowski & Walker, Tax Burden on Tobacco. U. S. Alcohol and Tobacco Tax and Trade Bureau.

及时复习

- 消费税收入等于税率乘以产品或服务的交易数量。消费税会导致消费者剩余和生产者剩余减少。
- 政府所得税收收入小于总剩余的损失，因为税收阻止了一些互惠互利的交易，引起非效率。
- 消费税收入和减少的总剩余之间的差额是税收引起的无谓损失。税收造成的非效率总量等于无谓损失加征税的管理费用。
- 税收阻止的交易数量越大，无谓损失就越大。因此，应税产品的供给价格弹性或需求价格弹性越大或者两者都越大，税收造成的无谓损失就越大。如果税收没有造成交易数量减少，那么就没有无谓损失。

小测验 5－5

1. 下页表给出了 5 名消费者对每罐减肥苏打水的支付意愿以及 5 名生产者销售 1 罐减肥苏打水的成本。每名消费者购买 1 罐苏打水；每名生产者也最多出售 1 罐苏打水。政府就对每罐苏打水征收 0.40 美元消费税的影响征求你的意见，假定征税不存在管理费用。

a. 如果不征收消费税，苏打水的均衡价格和均衡数量为多少？

b. 征收消费税后，消费者支付的价格上升到 0.60 美元，生产者得到的价格为 0.20 美元。征税后交易数量为多少？

c. 如果不征收消费税，每名消费者获得的个体消费者剩余为多少？征税后变为多少？征税导致的消费者剩余损失为多少？

d. 如果不征收消费税，每名生产者获得的个体生产者剩余为多少？征税后变为多少？征税导致的生产者剩余损失为多少？

e. 政府获得多少消费税收入？

f. 消费税造成的无谓损失为多少？

消费者	支付意愿（美元）	生产者	成本（美元）
Ana	0.70	Zhang	0.10
Bernice	0.60	Yves	0.20
Chizuko	0.50	Xavier	0.30
Dagmar	0.40	Walter	0.40
Ella	0.30	Vern	0.50

2. 在下列每种情形下，只关注需求价格弹性，并用图来说明征税引起的无谓损失的大小。解释你的理由。

a. 汽油。

b. 牛奶巧克力棒。

▶ 解决问题

必须开车

2013 年底美国汽油价格开始从每加仑超过 4.00 美元下降，到 2015 年时下降到每加仑低于 2.50 美元。我们通过学习已经知道，当价格下降时，需求量会增加。但就汽油来说，消费者改变驾驶习惯需要时间。所以，尽管汽油价格下降，但在短期消费者不会一窝蜂地去购买耗油量大的 SUV 或者改变长途旅行的驾驶习惯。但随着低油价的持续，消费者的驾驶习惯在长期会改变。2015 年，《纽约时报》报道，消费者购买很少的电动车或混合动力车，而 SUV 的销量达到创纪录的高位。

因为消费者会因为汽油价格而改变他们的行为，经济学家必须对两个时间范围内的需求弹性做出估计。具体来说，经济学家估计汽油需求的短期弹性约为 0.10，汽油需求的长期弹性约为 0.30。

如上所述，随着汽油价格从 2013 年的每加仑约 4.00 美元下降到 2015 年的每加仑约 2.50 美元。使用上述长期弹性和短期弹性可以预测短期内和长期内消费者汽油消费变化的百分率是多少。画出和标注一条反映长期弹性的需求曲线，假设在价格为每加仑 4.00 美元时，美国的驾驶者每天消耗 1 000 万桶汽油。

步骤 1：计算短期内汽油消费变化的百分率。

如下所示：

价格变化的百分率＝价格变动量/初始价格×100%

从式（5-3）可以得出：

需求价格弹性＝需求量变化的百分率/价格变化的百分率

重新整理该方程：

需求量变化的百分率＝需求价格弹性×价格变化的百分率

使用式（5－2），我们可以先找到价格变化的百分率。由于价格从每加仑 4.00 美元下降至每加仑 2.50 美元，我们计算价格变化为：4.00 美元－2.50 美元＝1.50 美元，将此除以原价 4.00 美元。因此，价格变化的百分率是 1.50 美元/4.00 美元×100%＝37.5%。如上所述，重新整理式（5－3），我们得出，需求量变化的百分率等于短期需求价格弹性（0.10）乘以价格变化的百分率（37.5%），即：0.10×37.5%＝3.75%。

步骤 2：计算长期内汽油消费变化的百分率。

使用与上述相同的方法来计算长期内变化的百分率，但用 0.30（长期弹性）替代 0.10（短期弹性）。

如上所述，价格变化的百分率为 37.5%。通过重新整理式（5－3），我们发现需求量变化的百分率是长期需求价格弹性（0.30）乘以价格变化的百分率（37.5%），即：0.30×37.5%＝11.25%。

步骤 3：画出并标出反映长期弹性的需求曲线，假设在价格为每加仑 4.00 美元时，美国驾驶者每天消耗 1 000 万桶汽油。

使用接下来的两个步骤来完成这项任务。

步骤 4：在横轴上标出相关数值，确定在价格为每加仑 2.50 美元时的需求量。

需求量变化的百分率＝需求量的变化量/初始需求量×100%

重新整理，我们有：

需求量的变化量＝需求量变化的百分率×初始需求量/100%

就该问题来看，我们知道价格 4.00 美元对应每天 1 000 万桶汽油消费量。如果价格下降到 2.50 美元，弹性是 0.30，那么从步骤 2 可以知道，消费变化的百分率是 11.25%。重新整理上述方程，需求量的变化量＝(11.25×1 000 万桶)/100＝112.5 万桶。因此，价格为 2.50 美元时的新需求量等于初始需求量加上需求量的变化量：1 000 万桶＋112.5 万桶＝1 112.50 万桶。

步骤 5：画出并标注需求曲线。

仔细观察图 5－3（b），考虑弹性为 0.30 而不是 0.5 时该图将如何变化。

需求弹性 0.30 比需求弹性 0.5 要稍小一些，所以我们可以将曲线画得比图中的略微陡峭一些。也就是说，我们将稍微向右旋转需求曲线。如下图所示，*A* 点现在对应 4.00 美元的价格和每天 1 000 万桶的数量，*B* 点现在对应 2.50 美元的价格和每天 1 112.5 万桶的数量，如步骤 4 所计算的那样。

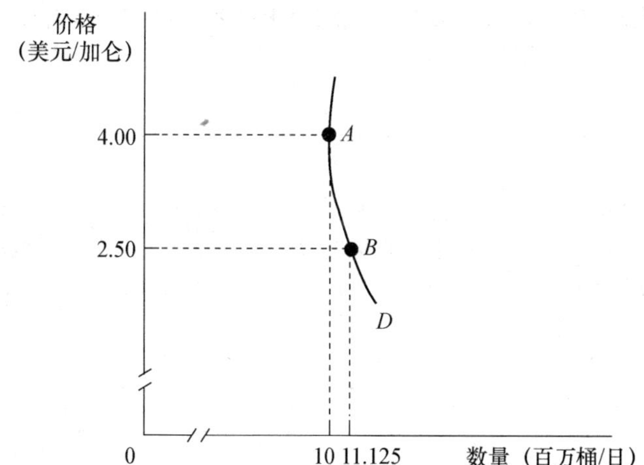

小结

1. 许多经济问题取决于消费者或生产者对价格或其他变量变化做出的反应。弹性是用来回答这类问题的反应程度的一个普遍性度量指标。

2. 需求价格弹性是度量需求量对价格变化的反应的一个指标，即需求量变化的百分率除以价格变化的百分率的比率（负号拿掉）。在实际计算时，最好的方法是使用中点值法，计算价格和数量变化的百分率时根据初始值和终值的平均值来计算。

3. 需求量对价格变化的反应程度的范围在需求完全无弹性到需求具有完全弹性之间，前者是指需求量不受价格变化影响，后者是指在某一价格水平上消费者愿意尽可能多或尽可能少地购买所提供的产品。当需求完全无弹性时，需求曲线是一条垂直线；当需求具有完全弹性时，需求曲线是一条水平线。

4. 需求价格弹性根据是否大于1进行分类。如果大于1，需求富有弹性；如果小于1，需求缺乏弹性；如果等于1，需求具有单位弹性。这种分类决定着总收益也就是总销售额怎样随着价格的变化而变化。如果需求富有弹性，价格提高，总收益减少；价格下降，总收益增加。如果需求缺乏弹性，价格提高，总收益增加；价格下降，总收益减少。如果需求具有单位弹性，价格变化不影响总收益。

5. 决定需求价格弹性大小的因素有：是否存在所讨论产品的近似替代品；是必需品还是奢侈品；产品支出占收入的比例；价格变化后调整时间的长短。

6. 需求交叉价格弹性度量的是一种产品价格变化对其他产品需求量的影响。当产品互为替代品时，需求交叉价格弹性为正值；当产品互为互补品时，需求交叉价格弹性为负值。

7. 需求收入弹性是用收入变化引起的需求量变化率除以收入的变化率。需求收入弹性表现的是一种产品的需求对收入变化做出的反应。如果产品为低档物品，需求收入弹性为负值。正常物品的需求收入弹性为正值，如果弹性大于1，为强收入弹性产品；如果弹性小于1，为弱收入弹性产品。

8. 供给价格弹性是供给量的变化率除以价格的变化率。如果价格改变后，供给量不变，则供给完全无弹性，供给曲线为一条垂直线。如果低于某一价格，供给量为零，高于该价格，供给量无限大，那么，供给具有完全弹性，供给曲线为一条水平线。

9. 供给价格弹性大小的决定因素有生产扩张所依赖的资源的可获得性和调整时间的长短。当投入品可以低成本获得且价格变化后调整的时间足够长时，供给价格弹性就相对较大。

10. 税收收入取决于税率和应税对象的交易数量。消费税因为会阻止一些互惠互利交易发生，所以会导致以无谓损失形式表现的非效率。税收征收还涉及管理费用：用来征税、纳税（超过应纳税额）和避税的资源投入。

11. 消费税为政府带来收入，但降低了总剩余。总剩余的损失超过税收收入，会给社会带来无谓损失。这种无谓损失可通过一个三角形来表示，该三角形的面积等于征税所阻止的交易的价值。需求弹性或供给弹性较大时，或两种弹性都较大时，税收所导致的无谓损失也较大。如果需求或供给完全无弹性，税收不会造成无谓损失。

关键词

需求价格弹性	中点值法	完全无弹性	完全弹性	富有弹性	缺乏弹性
单位弹性	总收益	需求交叉价格弹性	需求收入弹性	强收入弹性	弱收入弹性
供给价格弹性	供给完全无弹性	供给具有完全弹性	消费税	税率	管理费用

练习题

1. 当下述情形发生时，福特 SUV 的销售量是增加、减少还是保持不变？请解释。

a. 其他制造商如通用汽车公司决定制造并销售 SUV。

b. 外国生产的 SUV 禁止在美国出售。

c. 通过广告宣传，美国人相信 SUV 比普通乘用车安全。

d. 你度量弹性的时间段延长。在延长的时间段内，出现了新的四轮驱动车型。

2. 2013 年是美国种植小麦的糟糕年景。随着小麦供给的减少，小麦价格大幅上升，导致需求量减少（沿着需求曲线移动）。下页表所示为价格的变化和小麦需求量的变化。

	2012 年	2013 年
需求量（蒲式耳）	22 亿	20 亿
价格（美元/蒲式耳）	3.42	4.26

a. 使用中点值法计算冬小麦的需求价格弹性。

b. 美国小麦农场主在 2012 年和 2013 年的总收益为多少？

c. 糟糕的收成导致美国小麦农场主的总收益增加还是减少？从第 a 问的答案中你怎么样对此做出预测？

3. 下表给出了美国个人计算机的部分供给表。

计算机价格（美元）	计算机供给量（台）
1 100	12 000
900	8 000

a. 使用中点值法计算价格从 900 美元上涨到 1 100 美元时的供给价格弹性。是富有弹性、缺乏弹性还是具有单位弹性？

b. 假设由于技术进步，在任一价格水平上，企业都可以多生产 1 000 台计算机。当价格从 900 美元上涨到 1 100 美元时，供给价格弹性大于 1、小于 1 还是等于 1？

c. 假设考量的时间段延长，在任一价格水平上的供给量都比表中多了 20%。当价格从 900 美元上涨到 1 100 美元时，供给价格弹性大于 1、小于 1 还是等于 1？

4. 从下述关于需求价格弹性的说法中，你能得出什么结论？

a. 比萨饼递送业务在本市竞争激烈。如果我提价 10%，就会失去一半的客户。

b. 我拥有两幅杰里·加西亚（Jerry Garcia）亲笔签名的版画。其中一幅我在 eBay 上以高价卖出。但是，当我卖第二幅时，价格下降了 80%。

c. 我的经济学教授这个学期选择了克鲁格曼/韦尔斯的教材，我别无选择，只有买这本书了。

d. 我每个星期都要花费 10 美元买咖啡。

5. 下表所示为克里斯特尔莱克镇旅游纪念品 T 恤衫的价格和年销售量以及旅游者的平均收入。

T 恤衫的价格（美元）	旅游者的平均收入为 20 000 美元时的 T 恤衫需求量	旅游者的平均收入为 30 000 美元时的 T 恤衫需求量
4	3 000	5 000
5	2 400	4 200
6	1 600	3 000
7	800	1 800

a. 使用中点值法计算 T 恤衫价格从每件 5 美元上升到 6 美元、旅游者的平均收入分别为 2 万美元和 3 万美元时的需求价格弹性。

b. 使用中点值法计算 T 恤衫价格从每件 4 美元上升到 6 美元、旅游者的平均收入从 2 万美元增加到 3 万美元时的需求收入弹性。如果价格变为 7 美元，情况又如何？

6. 对大众公司甲壳虫车弹性的最新研究结果如下：

需求价格弹性＝2

需求收入弹性＝1.5

甲壳虫车的供给富有弹性。根据上述信息，判断下述说法的真伪，并解释你的理由。

a. 甲壳虫车价格上涨 10%将导致需求量下降 20%。

b. 消费者收入的增加将导致甲壳虫车价量齐升。

7. 请判断在下述各情形下，供给价格弹性为以下哪种类型：(i) 完全弹性，(ii) 完全无弹性，(iii) 富有弹性但并非完全弹性，(iv) 缺乏弹性但并非完全无弹性。请画图解释。

a. 这个夏天对豪华游轮的需求增加，导致玛丽皇后二号每个客舱的售价都大幅上升。

b. 不论是在电量需求高的时段还是在电量需求低的时段，每千瓦小时电的价格都相同。

c. 与其他月份相比，2 月乘坐飞机的人数减少。这导致在这个月飞行航班数量减少了 10%，价格下降了 20%。

d. 在夏季，缅因州度假住宅的房东会将房屋租出。今年经济疲软，出租价格下降了 30%，因此有超过一半的房东选择了自住。

8. 使用弹性概念解释如下现象。

a. 在经济繁荣时期，健身房、日光浴沙龙等新开张的个人保健类企业从比例上要大于杂货店等这类新开张的企业。

b. 在墨西哥，水泥是主要建筑材料。采用新技术使水泥的生产更便宜，墨西哥水泥行业的供给曲线变得相对平坦。

c. 一些产品曾经被认为是奢侈品，如电话，现在则被认为实际上是必需品。结果是电话服务的需求曲线已经随着时间的推移变得更陡峭。

d. 与发达国家如加拿大相比，在危地马拉这样的欠发达国家的消费者会将收入中的较大部分用于购置在家里生产东西的设备如缝纫机。

9. 这是一个关于是否应该在城市经常吸毒的人群中免费发放无菌注射针头的争论。支持者认为，这样做将减少如 HIV/艾滋病等疾病的传播，因为这些疾病往往通过吸毒者共用针具进行传播。反对者认为，这样做会降低感染风险，从而会鼓励更多的吸毒行为。作为一名经济学家，被要求评估这一政策，你必须知道以下内容：(i) 像 HIV/艾滋病等疾病的传播对无菌注射针头价格的敏感程度如何；(ii) 吸毒者对无菌注射针头价格变化的反应程度如何。假设你知道这两点，运用无菌注射针头需求价格弹性的概念和吸毒与无菌注射针头的需求交叉价格弹性的概念回答下面的问题。

a. 在什么情况下，你认为这是一个良好的政策？

b. 在什么情况下，你认为这是一个不好的政策？

10. 从世界范围来看，在过去几年中咖啡种植者的平均种植面积增加了。其结果是，咖啡种植者的咖啡比 10～20 年前显著增多。然而，遗憾的是，这一时期也是咖啡种植者总收益大幅缩水的时期。用弹性来解释如果这一事件为真，在什么情况下会发生。请用图解释这些事件所引起的数量效应和价格效应。

11. 根据美国能源部的数据，燃油效率更高的丰田混合动力车普锐斯从 2008 年的 158 574 辆下跌到了 2009 年的 139 682 辆。同一时期，美国能源情报署给出的数据表明，普通汽油的平均价格从每加仑 3.27 美元跌至 2.35 美元。使用中点值法，计算丰田普锐斯和普通汽油的需求交叉价格弹性。根据你得出的需求交叉价格弹性估计值，两种产品是互补关系还是替代关系？你的回答有意义吗？

12. 美国对国内机票的销售征收消费税。假设在 2013 年，总消费税为每张机票 6.10 美元（含 3.60 美元航段税加上 2.50 美元“9·11”附加费）。根据交通统计局的数据，2013 年国内航空旅行量为 643 百万人次，平均价格为每趟 380 美元。下表给出了航空旅行供需表。平均票价为 380 美元时的需求量是真实数据；其他为假设数据。

票价（美元）	航空旅行需求量（百万人次）	航空旅行供给量（百万人次）
380.02	642	699
380.00	643	698
378.00	693	693
373.90	793	643
373.82	913	642

a. 2013 年，政府从消费税上获得的税收收入为多少？

b. 2014 年 1 月 1 日，总消费税提高到每张机票 6.20 美元。现在机票交易数量为多少？现在平均票价为多少？2014 年政府税收收入为多少？

c. 消费税提高是增加还是减少了政府的税收收入？

13. 1990 年，美国开始对豪华车征收销售税。为简便起见，假设对每辆车征收 6 000 美元的消费税。下页图所示为假想的豪华车的需求和供给曲线。

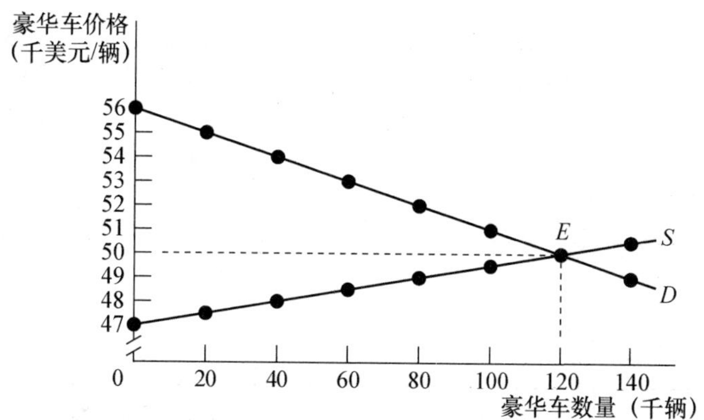

a. 征税后，消费者支付的价格为多少？生产者得到的价格为多少？政府得到多少消费税收入？

实行一段时间后，豪华车税逐渐被淘汰（在 2002 年完全被废除）。假设消费税从每辆 6 000 美元降到每辆 4 500 美元。

b. 在消费税从每辆 6 000 美元降到每辆 4 500 美元之后，消费者支付的价格为多少？生产者得到的价格为多少？政府得到多少消费税收入？

c. 比较在第 a 问和第 b 问中所得到的税收收入。怎样解释由消费税降低带来的税收收入变化？

14. 下表所示为部分产品的需求交叉价格弹性，数量变化的百分率对应的是每个产品组合中的第一种产品，价格变化的百分率对应的是每个产品组合中的第二种产品。

产品	需求交叉价格弹性
空调与千瓦小时电	−0.34
可口可乐与百事可乐	+0.63
高油耗 SUV 与汽油	−0.28
麦当劳汉堡与汉堡王汉堡	+0.82
黄油与人造奶油	+1.54

a. 请解释需求交叉价格弹性符号的意义。每种符号意味着所讨论的两种产品之间是什么关系？

b. 比较需求交叉价格弹性绝对值的大小并解释大小的意义。例如，为什么麦当劳汉堡和汉堡王汉堡的需求交叉价格弹性小于黄油与人造奶油的需求交叉价格弹性？

c. 根据表中所给的信息，计算百事可乐价格上升 5%对可口可乐的影响。

d. 根据表中所给的信息，计算汽油价格下降 5%对 SUV 需求量的影响。

15. 最近一份由美国疾病控制与预防中心（CDC）撰写的报告发表于该中心的《发病率和死亡率周报》上，该报告研究了啤酒价格上升对青壮年性传播疾病新发病例的影响。特别要指出的是，研究人员分析了淋病病例对税收引致的啤酒价格上升所做出的反应。该报告得出的结论是："分析表明，对 6 听装啤酒所征的税增加 0.20 美元将导致淋病发病率降低 8.9%。"假定 6 听装啤酒涨价前的价格为 5.90 美元。使用中点值法计算 6 听装啤酒的价格上升幅度，然后计算啤酒与淋病发病率之间的需求交叉价格弹性。根据你估计的需求交叉价格弹性，啤酒和淋病是互补关系还是替代关系？

16. 美国所有州都对汽油征收消费税。据美国联邦高速公路管理局的数据，加利福尼亚州对每加仑汽油征收 0.40 美元消费税。2013 年，加利福尼亚州的汽油总销售量为 184 亿加仑。加利福尼亚州政府从汽油消费税中获得的税收收入为多少？如果加利福尼亚州将消费税提高 1 倍，税收收入会翻倍吗？为什么？

17. 美国政府愿意帮助美国汽车业与在美国出售卡车的外国汽车公司展开竞争。为此美国政府对在美国销售的每一辆外国卡车征收消费税。假设进口卡车的税前需求表和供给表如下表所示。

进口卡车的价格（美元）	进口卡车的数量（千辆）	
	需求量	供给量
32 000	100	400

续前表

进口卡车的价格（美元）	进口卡车的数量（千辆）	
	需求量	供给量
31 000	200	350
30 000	300	300
29 000	400	250
28 000	500	200
27 000	600	150

a. 在没有政府干预时，进口卡车的均衡价格为多少？均衡数量为多少？请画图说明。

b. 假设政府对每辆进口卡车征收 3 000 美元的消费税。用图说明消费税对第 a 问的影响。现在购买多少辆进口卡车？在什么价格上购买？外国汽车制造商每辆卡车得到的价格为多少？

c. 计算政府在第 b 问中得到的消费税收入。请画图说明。

d. 对进口卡车征收消费税怎样有利于美国汽车制造商？谁将受到伤害？政府政策导致了怎样的非效率？

在线回答问题

18. 在线书店 Nile. com 希望增加总收益。一种策略是对销售的每一本书打 9 折。书店根据顾客对打折的反应将他们分为两组。下表列出了两组人群的反应情况。

	A 组（每周销售量）	B 组（每周销售量）
打 9 折前的销售量	155 万	150 万
打 9 折后的销售量	165 万	170 万

a. 利用中点值法计算两组人的需求价格弹性。

b. 解释打折怎样影响两组人群的销售收入。

c. 假设该书店知道每个顾客属于哪一组并可选择是否提供打 9 折的优惠。如果书店想增加总收益，应该向 A 组人群还是 B 组人群或者同时向两组人群提供打折优惠？

▶ 企业案例

以“优步”方式出行

在一个如纽约市般人口稠密的城市，在大多数时间，找一辆出租车相对比较容易。站在一个街道的角落，伸出你的手臂，通常经过不长的时间，就会有一辆出租车停下来接你。甚至在你坐上车之前，你已经知道到达你的目的地将花费多少钱，因为出租车的计价费率由城市监管机构设置，并告知乘客。

但有时在雨天、高峰时段和拥挤的地段，当许多人同时在等出租车时，找到一辆出租车并不容易。在这样的时刻，你也许得等待很长的时间才能找到可用的出租车。当你等待时，你可能会发现空的出租车急驶而过——工作了一天的司机已经收工，正在赶回家或赶回车库。或许有司机会停下来，但随后司机并不会搭载你，因为他们发现你的目的地并不顺路。此外，有时不可能拦到一辆出租车，例如，在暴风雪天或除夕，对出租车的需求远远超过供给。

2009 年，2 名年轻的企业家加勒特·坎普（Garrett Camp）和崔维斯·卡兰尼克（Travis Kalanick）成立了优步公司（Uber），他们认为，该公司能够提供一个更好的出行方式。使用智能手机应用程序（App），优步作为“清算所”连接想乘坐汽车的人与在优步公司注册的司机。使用优步的 App 确认你的位置后，App 上会显示你附近可用的车。点击“用车”后，你将收到一条信息，告诉你你的车在附近，车型通常是一部铮亮的林肯城市车。在你的旅程结束时，票价加小费都会自动从你的信用卡中扣除。2014 年，全世界 60 个国家中有优步运营，2015 年预订量为 10 亿次用车。

鉴于优步公司提供个性化的服务和质量更好的车，其票价略高于正常工作时段运营的普通出租车，但客户似乎对此乐于接受。在正常运营时段这样的要求很重要，因为在其他时间优步的收费会有波动。当很多人在找车时，比如在暴风雪天或者除夕，优步使用所谓的浪涌定价（surge pricing）方法，设置高的收费价格，直到每个想要用车的人都可以按这一价格叫到一辆车。所以，在最近的一次纽约暴风雪天，乘车成本是标准价格的 8.25 倍。一些优步的用户指责其哄抬价格。

但是根据卡兰尼克的说法，优步使用算法来确定浪涌价格以使无车可叫的人尽可能地少。他们尽最大的可能让客户满意。他解释道："我们没有汽车，我们也不雇用司机。只有提高价格，司机才会出车，并且使得在最繁忙的时段路上还有车。"这个解释得到了一名优步司机的确认，"如果我没有什么可做，看到收费暴涨，我就会出车。"

思考题

1. 在优步出现之前，纽约市的出租运营市场如何定价？这是一个竞争激烈的市场吗？

2. 在天气良好时，典型的情况是对每个需求者都有足够的出租车，但在暴风雪天出租车的数量通常不能满足需要，你如何对此做出解释？

3. 优步公司的浪涌定价如何解决了前面所描述的问题？评估卡兰尼克所说的定价是使无车可叫的人尽可能地少。

▶ **企业案例**

牌照金融：巡航顺利

早在 1937 年，在纽约市冻结出租车牌照数量之前，安德鲁·慕斯汀（Andrew Murstein）的祖父（系移民）花 10 美元购买了他的第一张牌照。随着时间的推移，他的祖父累积了 500 张牌照，将其出租给其他司机。这 500 张出租车牌照成为牌照金融公司（Medallion Financial）的基础：该公司最终被传给现任总裁安德鲁。

2013 年末，牌照金融公司的市场价值为 3.85 亿美元，公司也将主要业务从出租牌照转向为购买新牌照提供融资，即借钱给那些想购买新牌照但又没有那么多资金的人。慕斯汀相信，他在帮助那些像他的波兰移民祖父那样想买一张美国梦牌照的人。

安德鲁·慕斯汀仔细观察纽约市的出租车牌照的价值：价格越高，从牌照金融公司贷款的需求就越强烈，公司获得的贷款利息也就越多。从牌照金融公司贷款用牌照价值来担保。如果借款人无法偿还贷款，牌照金融公司将获得借款人的出租车牌照，将其转售来弥补贷款违约所造成的损失。截至 2013 年，牌照价值的上升速度快于股票、石油和黄金等产品。过去 20 年里，牌照的价值上涨了 720%，而股价指数上涨了 500%。

但牌照价格大幅波动，危及利润。在经济强劲增长的时期，如在 1999 年和 2001 年，纽约出租车牌照的价格下跌了，因为司机在其他行业找到了工作。当纽约经济在"9·11"之后遭受重挫时，出租车牌照的价格也跌至 180 000 美元，是 12 年来的最低。2004 年，当纽约市出租车和轿车委员会（New York City Taxi and Limousine Commission）推出新增 900 张牌照的措施时，牌照拥有人有些担心。例如，一名纽约出租车司机彼得·埃尔南德斯（Peter Hernandez）——他用牌照作抵押从牌照金融公司融资——当时就不无担忧地说："如果他们在这个行业中增加出租车，不仅我的牌照会贬值，我每天的收入也会贬值。"

然而，慕斯汀对牌照会保持其价值一直抱乐观态度。他认为，25%的车费上涨将会抵消新增牌照对原有持照人所持牌照的价值造成的潜在损失。此外，更多牌照意味着他的公司会放出更多的贷款。

在 2013 年，慕斯汀的乐观被证实。因为 2007—2009 年的金融危机，许多纽约的公司削减了它们通常提供给自己员工的豪华轿车服务，迫使他们坐出租车来代替。其结果是，牌照的价格从 2008 年到 2013 年几乎翻了一番，从 550 000 美元上涨到超过 100 万美元。

但是两年后，在 2015 年，牌照持有人经历了价格的下跌，跌至 700 000 美元。这一次，原因在于来自优步和类似优步的公司的激烈竞争。同一年，牌照金融公司的市场价值下跌了 50%，跌到了 1.9 亿美元。

思考题

1. 牌照金融公司如何从纽约限制出租车牌照数量中获益？

2. 如果纽约的多家公司为它们的员工恢复提供豪华轿车服务，将会对牌照金融公司产生什么影响？这些公司为其员工提供这种额外补贴的经济动机是什么？（请注意：在纽约市个人拥有一辆汽车不仅非常困难，而且代价高昂。）

3. 如果纽约市取消出租车的数量限制（也就是说取消配额），请预测这对牌照金融公司的业务会产生什么影响。

▶ **企业案例**

航空业：少飞，提价

2015 年，航空业预计将获得近 250 亿美元利润，与 2013 年的 120 亿美元相比大幅增长。但在 2008 年整个行业徘徊在崩溃边缘。根据国际航空运输协会的数据，那一年整个行业亏损了 110 亿美元。然而到了 2009 年，尽管整个经济仍然非常脆弱，航空运输也低于正常年景，但利润开始反弹。到了 2010 年，尽管经济持续疲软，但航空业的复苏不容置疑，该年航空业获得了 89 亿美元利润。

航空业是怎样获得如此巨大的转折的呢？方法比较简单：少飞，提价。2011 年，票价比上一年提高了 8%，比 2009 年提高了 17%。与过去 10 年相比，机舱内更为拥挤，国内航班的空座很少超过 1/5，这种趋势一直延续至今。

除了减少飞行班次——特别是一些不赚钱的航班，航空公司还根据乘客购买机票时不同的出发时间确定不同的票价。例如，星期三票价最低，而周五和周日的票价则是最贵的。每天最早一班航班（一般需早晨 4 点起床）要比最晚一班航班便宜。机票最便宜的时间是周二下午 3 点（美国东部标准时间），购买包括周末在内的机票最贵。

还不仅仅如此。正像每位深陷其中的旅行者所知道的那样，航空公司推出了各种各样新的收费项目，也对原有的项目进行收费，如对食品、毛毯、行李收费，甚至提前登机或选位也收费。有些航空公司在增加收费项目时，变得非常有创造性，而旅客事先很难知道，如征收“假日附加费”，同时声称票价没有因为节日而提高。2007 年，航空公司的收费可忽略不计，但到 2009 年已经上升到 38 亿美元。到了 2013 年，这一数字暴增至 270 亿美元，自 2009 年以来增长了 611%。

但业内分析师质疑航空公司是否能勉强维持自己目前的高盈利水平。在过去，随着旅游需求的回升，航空公司会由于增加运力——增加席位——过快而导致票价下降。“不确定因素始终是运力的约束，”一位航空业研究员如是说，“所需要的是一家运营商开始大举增加运力，然后我们跟进，最后所做的所有有益的工作都会前功尽弃。”

思考题

1. 根据这一案例所给出的信息，你怎样判断航空飞行的需求价格弹性？请解释。
2. 使用弹性概念来解释航空公司为什么根据购票时间、出发时间制定如此多的票价。假定有些人愿意为购物调整时间，也愿意在不方便的时间飞行，但有人不愿意这样做。
3. 使用弹性概念来解释航空公司为什么对于托运行李这样的事情要收费。为什么它们要努力掩盖这样的收费？
4. 使用弹性概念来解释在什么样的情况下航空公司能保持在未来的高盈利。

第6章

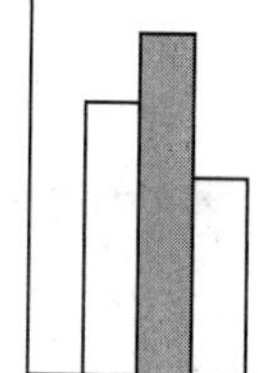

供给曲线的背后：投入与成本

本章将学习

- 解释表示投入要素的数量与产出量之间关系的企业生产函数的重要性。
- 为什么生产往往会经历要素的收益递减。
- 企业不同种类的成本以及它们如何生成企业的边际成本曲线和平均成本曲线。
- 为什么一个企业的短期成本与长期成本不同。
- 一个企业的技术怎样出现规模报酬递增。

开篇案例

农场主的边际

“噢！多美的广阔天空，金色麦浪起伏。”这是歌曲《美丽的美利坚》的第一句。金色麦浪起伏确实如此：虽然现在农民只占美国人口的一小部分，但我们的农业生产力巨大，可供养世界大部分人口。

如果你看一下农业统计，有些东西似乎出人意料：当谈到每英亩产量时，与最高水平相比美国农民差得很远。例如，西欧国家的农民每英亩小麦的产量是他们美国同行的三倍。那么，欧洲人在种植小麦方面比美国人强吗？

不是！欧洲农民非常能干，但比美国人好不了多少。他们每英亩生产更多的小麦是因为他们的每英亩土地的投入更多——更多的肥料，特别是使用了更多的劳动力。当然，这意味着欧洲农民比他们的美国同行有更高的成本。但由于政府政策，欧洲农民得到的小麦价格比美国农民高。这激励他们去使用更多的投入，在边际上花费更多的努力来提高每英亩作物的产量。

请注意我们使用的短语“在边际上”。像大多数决策要进行收益和成本的比较一样，关于投出和产出的决策也涉及边际量——每英亩的生产增加一点点的边际成本与边际收益——的比较。

在本章及下一章，我们将介绍边际分析原理怎样被用来解释产出决策——供给曲线背后的决策。这些分析的第一步是展示怎样利用企业投入与产出之间的关系——生产函数——来确定其成本曲线，即成本和产出量之间的关系。这也是我们在本章要做的。在第7章，我们将用企业的成本曲线推导出单个企业与市场的供给曲线。

6.1 投入与产出

一个企业是生产用于销售的产品或服务的组织。要做到这一点，企业必须将投入转化为产出。企业生产的产量要受到投入数量的影响；这种关系被称为企业的**生产函数**（production function）。正如我们将看到的，企业的生产函数是其成本曲线的基础。第一步，我们来看一个假想的生产函数的特征。

生产函数展现一个企业使用的投入数量与生产的产出数量之间的关系。

□ 6.1.1 投入与产出

为理解生产函数概念，我们考虑一个农场，为了简化起见，我们假设该农场只生产小麦一种产品，仅使用两种投入：土地和劳动。这种特殊的农场由一对名为乔治和玛莎的夫妇所有。他们雇用工人在农场实际进行体力劳动。此外，我们假设所有潜在工人的质量都相同，他们都用同样的知识和能力干农活儿。

乔治和玛莎的农场有 10 英亩的土地；他们目前无法通过出售、购买或租赁等方式减少或扩大农场规模。这里土地就是经济学家所说的**固定投入**（fixed input），即其数量在一段时间内是固定的，不会发生改变。当然，乔治和玛莎可自由决定雇用多少工人。这些工人提供的劳动被称为**可变投入**（variable input），企业可以在任何时间改变其数量。

在现实中，投入数量是否真的固定不变要依赖时间跨度。从**长期**（long run）来看，因为时间足够长，企业可以调整任何投入的数量。例如，从长期来看，乔治和玛莎可以通过购买或出售土地来改变他们农场的土地数量。因此，有从长期来看，没有固定投入。与此相反，**短期**（short run）被定义为在此期间，至少有一种投入是固定的时间段。在本章后面，我们会更仔细地分析短期和长期之间的区别。但眼下，我们集中于短期，假设至少有一种投入固定不变。

乔治和玛莎知道，他们生产的小麦产量取决于他们雇用的工人数。利用现代农业技术，一个工人可以耕种 10 英亩农场，当然不是深耕。当增加 1 名工人时，土地在所有工人间平均分配：当雇用 2 名工人时，每名工人耕种 5 英亩；当雇用 3 名工人时，每名工人耕种 $3\frac{1}{3}$ 亩；等等。因此，随着额外雇用工人，这 10 英亩土地越来越被深耕，小麦产量也会越来越多。

固定投入是在一段时间内数量固定不变的投入。

可变投入是数量可随时变化的投入。

长期是所有投入都可变的时期。

短期是至少有一种投入不变的时期。

总产量曲线表现的是在固定投入数量给定的情况下产出数量怎样受到可变投入数量的影响。

在给定固定投入数量的情况下，劳动数量和产出数量之间的关系构成了农场的生产函数。在乔治和玛莎的农场的生产函数中，土地是固定投入，劳动是可变投入，在图 6－1 中表的前两列显示了这一信息。图 6－1 中的曲线表现的是在给定固定投入数量的情况下，产量如何依赖可变投入数量而变化的情形；这被称为农场的**总产量曲线**（total product curve）。

实物产出数量即多少蒲式耳小麦被标在纵轴上；可变投入即劳动量（所用的工人数）被标在横轴上。总产量曲线向上倾斜反映了随着越来越多的工人被雇用，小麦产量也越来越多的现象。

虽然在图 6－1 中总产量曲线在整个区间向上倾斜，但斜率并非恒定不变：当沿着曲线向右上方移动时，它变得越来越平缓。为了理解斜率为什么变化，请看图 6－1 中表的第 3 列，即增加 1 名工人所引起的产量变化。增加 1 单位劳动（这里 1 单位劳动等于 1 名工人）所带来的产量变化被称为**边际产量**（marginal product，也称边际产品）。在一般情况下，一种投入的边际产量是多使用 1 单位投入所带来的产量增加。

一种投入的**边际产量**是多使用一单位投入所带来的产量增加。

在这个例子中，我们有以 1 名工人为间隔的产量变化数据。有时候，增量数据并非 1 单位，例如，有时我们只有 40 名工人、50 名工人的产量信息。在这种情况下，我们用以下公式来计算劳动的边际产量（MPL）：

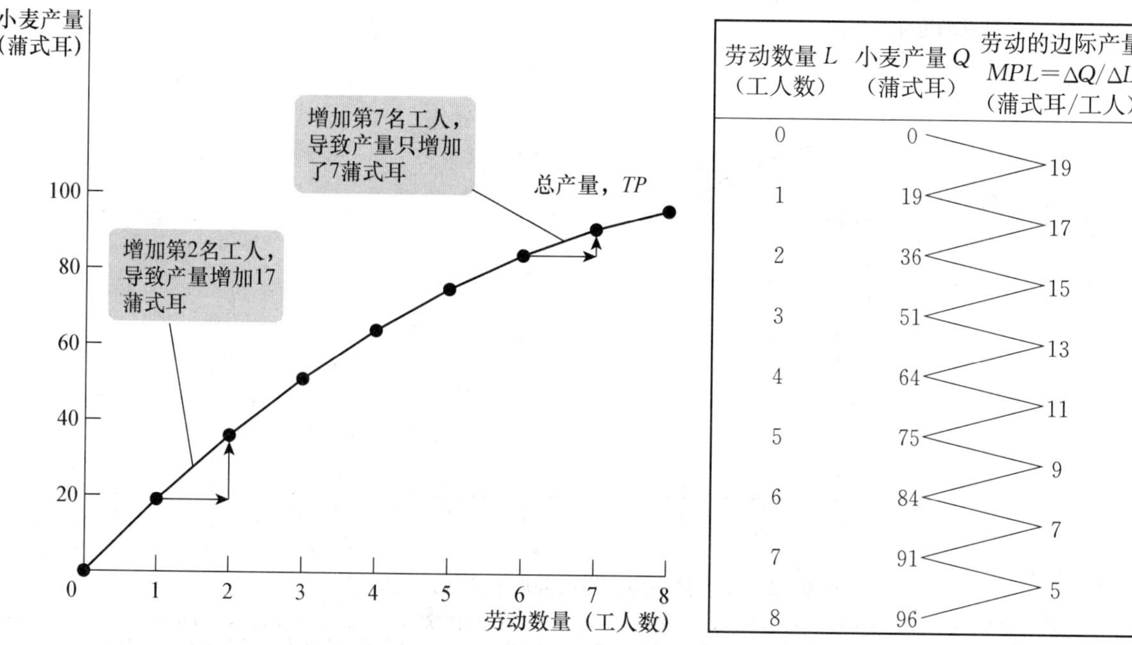

劳动数量 L（工人数）	小麦产量 Q（蒲式耳）	劳动的边际产量 $MPL=\Delta Q/\Delta L$（蒲式耳/工人）
0	0	
		19
1	19	
		17
2	36	
		15
3	51	
		13
4	64	
		11
5	75	
		9
6	84	
		7
7	91	
		5
8	96	

图 6-1　乔治和玛莎的生产函数和总产量曲线

图中的表表示生产函数，即在给定固定投入数量时可变投入数量（劳动，用工人数来度量）与产量（小麦，用蒲式耳来度量）之间的关系。它还计算了乔治和玛莎的农场劳动的边际产量。总产量曲线显示了生产函数的图形。因为随着所雇用的工人越来越多，小麦的产量在增加，所以曲线向上倾斜。但随着所雇用的工人越来越多，劳动的边际产量递减，曲线也变得越来越平坦。

$$劳动的边际产量=增加1单位劳动带来的产量变化量=\frac{产量变化量}{劳动数量变化量}$$

或

$$MPL=\Delta Q/\Delta L \qquad (6-1)$$

式中，Δ 是希腊字母，读成德尔塔，表示一个变量的变化。

现在，我们可以解释总产量曲线斜率的意义了：它等于劳动的边际产量。一条直线的斜率等于上升的距离除以横向移动的距离（见第 2 章附录）。这意味着，总产量曲线的斜率等于产量的变化（上升的距离，ΔQ）除以劳动量的变化（横向移动的距离，ΔL）。正如我们可以从式（6-1）看出的，这就是劳动的边际产量。因此，在图 6-1 中，第 1 名工人的边际产量是 19，意味着总产量曲线从 0 名到 1 名工人的斜率就是 19。同样地，总产量曲线从 1 名到 2 名工人的斜率与第 2 名工人的边际产量都等于 17，依此类推。

在这个例子中，随着所雇用的工人越来越多，劳动的边际产量在稳步下降，也就是说，每个后续增加的工人带来的产出都比此前工人的产出少。因此，随着所雇用工人的增加，总产量曲线变得越来越平坦。

图 6-2 展示了劳动的边际产量怎样随着农场雇用工人数的增加而变化的情形。将劳动的边际产量标示在纵轴上，用每增加 1 名工人所生产的小麦实物数量（蒲式耳）来度量，将雇用的工人数标示在横轴上。从图6-1 中的表可以看出，从 4 名工人增加到 5 名工人，产量从 64 蒲式耳增加到 75 蒲式耳，因此，劳动的边际产量为 11 蒲式耳，在图 6-2 中可发现同样的数据。为了表示雇员从 4 名工人增加到 5 名工人带来的 11 蒲式耳边际产量，我们把对应的该信息置于 4 名工人和 5 名工人中间。

在这个例子中，劳动的边际产量随着工人数的增加而递减。也就是说，乔治和玛莎的农场存在劳动的收益递减现象。一般来说，在其他投入数量保持不变的情况下，随着一种投入数量的增加，投入的边际产量会下降，出现**要素的收益递减**（diminishing returns to an input，也称要素的报酬递减）现象。由于劳动的收益递减，劳动的边际产量曲线斜率为负。

> **要素的收益递减**是指在其他投入数量保持不变的情况下，随着一种投入数量的增加，投入的边际产量下降的现象。

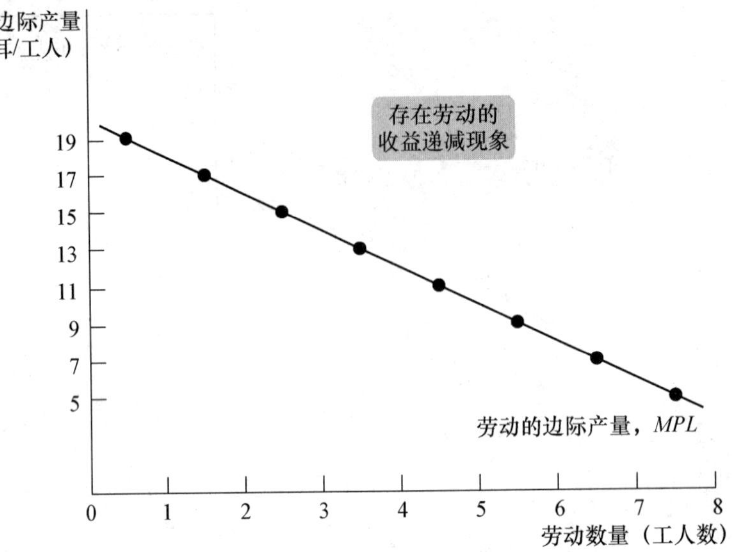

图 6-2　乔治和玛莎农场的劳动的边际产量曲线

劳动的边际产量曲线依据每名工人的边际产量画出，即每增加 1 名工人所能增加的产量。将产量的变化标示在纵轴上，将工人数标示在横轴上。所雇用的第 1 名工人增加了 19 蒲式耳小麦，第 2 名工人增加了 17 蒲式耳，依此类推。由于劳动的收益递减，曲线向下倾斜。

▶ 国际比较

世界小麦产量

世界各地小麦产量差异很大。从下图中可以看出，法国和美国之间的差距特别引人注目，因为两国都是富裕国家，有类似的农业技术。然而，造成这一差异的原因也很简单：不同的政府政策。在美国，农民从政府那里得到收入补贴，欧洲农民受益于最低限价。由于欧洲农民的产品获得了比美国农民的产品更高的价格，他们使用更多的可变投入，产量明显也更高。

有趣的是，如乌干达和埃塞俄比亚这样的贫穷国家，外援显著压制了产量。来自富裕国家的外援往往采取提供过剩粮食的形式，这就压低了当地的粮食市场价格，严重损害了当地农业，而农业是这些穷国通常所依赖的产业。像牛津饥荒救济委员会这样的慈善组织已经要求富裕的产粮国修改其援助政策——主要是提供现金而非食品，除非在特别缺乏食物的情况下——以避免这个问题。

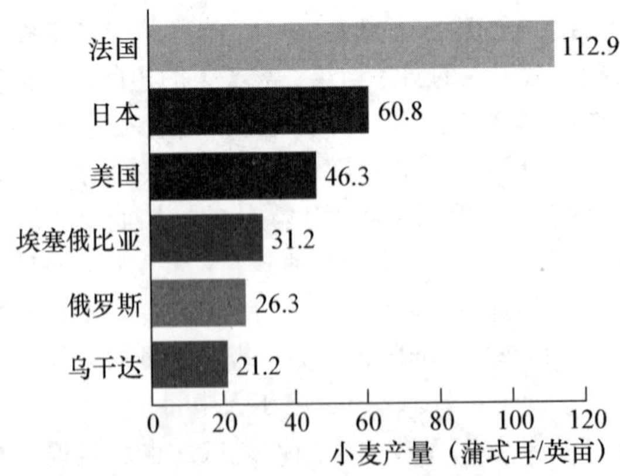

资料来源：Food and Agriculture Organization of the United Nations. Data are from 2012.

为了理解为什么会出现收益递减现象，想想乔治和玛莎在不增加土地英亩数但雇佣工人越来越多的情况下会发生什么。随着工人数量的增加，土地越来越被深耕，小麦产量越来越多。但是，每一名新增的工人所耕种的土地占 10 英亩（固定投入）的份额比此前要少。结果是，增加的工人不能生产与前面工人相同的产量。因此，新增工人的边际产量下降就不奇怪了。

对收益递减强调的关键点是，像经济学中的许多命题一样，这是一个“其他条件不变”式的命题：如果所有其他投入的数量都保持不变，那些连续增加的单位投入所带来的产量都要少于上一个单位。

如果允许其他投入的水平改变，会发生什么呢？我们可以看到如图 6－3 所示的答案。图 6－3（a）所示为两条总产量曲线 TP_{10} 和 TP_{20}。TP_{10} 是农场总面积为 10 英亩时的总产量曲线（与图 6－1 中的曲线相同），TP_{20} 是农场总面积增加到 20 英亩时的总产量曲线。除了雇用 0 名工人外，TP_{20} 都高于 TP_{10}，因为随着可用耕地的增加，任一给定的工人数都会生产更多的产出。图 6－3（b）所示为相应的劳动的边际产量曲线。MPL_{10} 是给定 10 英亩可用耕地时劳动的边际产量曲线（与图 6－2 中的曲线相同），MPL_{20} 是给定 20 英亩可用耕地时劳动的边际产量曲线。

两条曲线都向下倾斜是因为在每种情况下土地数量都固定不变，尽管数量不同，但是，MPL_{20} 都高于 MPL_{10}，这说明，在固定投入更高的情况下，同一工人的边际产量更高。

图 6－3 所示为一个一般性结论：一个给定投入的总产量曲线的位置受到其他投入的数量的影响。如果更改其他投入的数量，现有投入的总产量曲线和边际产量曲线也将变动。

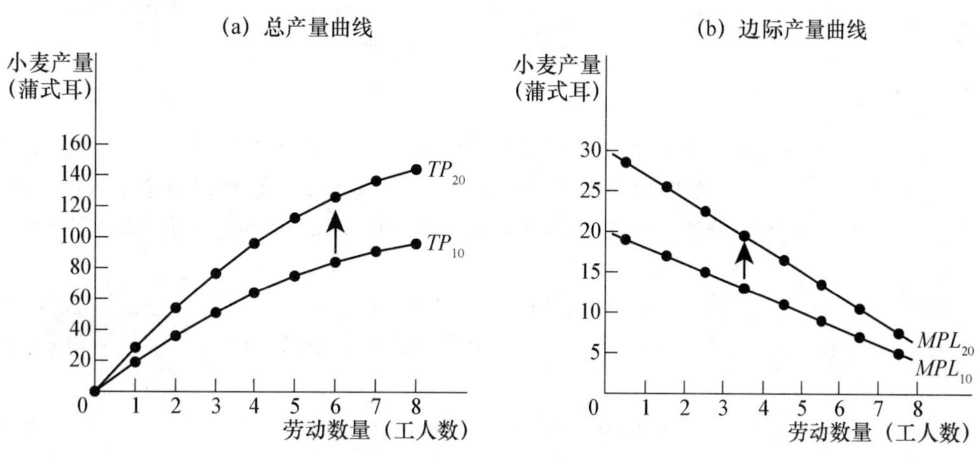

图 6－3　总产量、边际产量和固定投入

该图所示为总产量、劳动的边际产量受到固定投入水平影响的情形。图（a）所示为乔治和玛莎的农场的两条总产量曲线，TP_{10} 对应 10 英亩农场，TP_{20} 对应 20 英亩农场。随着土地数量的增加，每一名工人都可以生产更多的小麦。因此，固定投入增加导致总产量曲线从 TP_{10} 上移到 TP_{20}。这意味着，每名工人的边际产量在农场为 20 英亩时比 10 英亩时高。图（b）所示为劳动的边际产量曲线。农场面积增加也导致劳动的边际产量曲线从 MPL_{10} 移到 MPL_{20}。请注意，由于劳动的收益递减，两条劳动的边际产量曲线仍然向下倾斜。

▶ **疑难解答**

什么是单位？

劳动（或任何其他投入）的边际产量被定义为当该投入的数量增加一个单位时产出增加的数量。但我们所言的“单位”劳动是什么意思呢？是额外一小时劳动、额外一星期劳动还是额外一人年劳动？

没有关系，只要前后一致。经济学中常见的错误的原因之一就是混淆了单位——比如，把额外一小时劳动的产出与雇用一个工人一周的成本相比较。无论使用什么单位，请始终小心，分析任何问题时都应使用相同的单位。

□ 6.1.2　从生产函数到成本曲线

一旦乔治和玛莎知道他们的生产函数，他们就知道了劳动和土地与小麦产量之间的关系。但是，如果他们希望利润最大化，他们需要将这方面的知识转化成关于产量和成本之间关系的信息。我们来看他们如何做到这一点。

要将有关企业生产函数的信息转化成有关成本的信息，我们需要知道企业必须投入多少。我们假设乔治和玛莎使用土地的成本为 400 美元。无论乔治和玛莎须花费 400 美元从别人那里租 10 英亩土地，还是他们自己拥有土地，放弃出租给别人能赚取的400美元，都无关紧要。无论是哪种方式，他们使用土地来种植小麦支付的机会成本都为400美元。此外，由于土地是固定投入，乔治和玛莎为此支付400美元就是一种**固定成本**（fixed cost），用*FC*来表示——这是一种不依赖产量（在短期内）的成本。在企业中，固定成本通常被称为"管理费用"（overhead cost）。

固定成本是并不受产量变化影响的成本，这是固定投入的成本。

可变成本是随着产量变化而变化的成本，这是可变投入的成本。

总成本是一定产量水平上生产的固定成本与可变成本之和。

我们还假设乔治和玛莎必须向每名工人支付200美元。利用他们的生产函数，乔治和玛莎知道，他们必须雇用工人的数量取决于他们打算生产的小麦产量。因此，劳动成本等于工人人数乘以200美元，这是**可变成本**（variable cost），用*VC*表示——这是一种受到产量影响的成本。它可变是因为为了生产更多，必须使用更多的投入。固定成本加上与给定产量相对应的可变成本得到该产量对应的**总成本**（total cost），用*TC*表示。我们可以用下式来表现固定成本、可变成本和总成本之间的关系：

总成本＝固定成本＋可变成本

或

$$TC = FC + VC \tag{6-2}$$

图6-4中的表解释了乔治和玛莎的农场如何计算总成本。第二列所示为雇用的工人数L，第三列所示为产量Q，与图6-1中的表相同。第四列所示为可变成本VC，等于工人数乘以每个工人的成本200美元。第五列所示为固定成本FC，不论雇用多少工人都为400美元。第六列所示为总成本TC，等于可变成本加上固定成本。

总成本曲线是展示总成本怎样随着产量变化而变化的曲线。

表中第一列每一行都标有字母，从A到I，这些字母有助于我们了解下一步做什么：画出**总成本曲线**（total cost curve），展示总成本如何随着产量的变化而变化。

乔治和玛莎的总成本曲线如图6-4所示，其中横轴表示用蒲式耳度量的小麦产量，纵轴是以美元表示的总成本。曲线上的每个点都对应图6-4的表中的一行。例如，A点所示为雇用0名工人的情况：产量是0，总成本等于固定成本，即400美元。与此类似，B点表示雇用1名工人的情况：产量为19蒲式耳，而总成本为600美元，等于400美元固定成本与200美元可变成本的总和。

像总产量曲线一样，总成本曲线也向上倾斜，由于存在可变成本，产量越多，农场的总成本就越高。但与总产量曲线不同的是，随着雇佣工人人数的增加，总产量曲线越来越平坦，而总成本曲线则越来越陡峭。也就是说，随着所生产的产量的增加，总成本曲线的斜率越来越大。正如我们很快会看到的，总成本曲线变陡也是由于可变投入的收益递减。为了更好地理解这一点，我们必须先了解几种成本之间的关系。

▶ **真实世界中的经济学**

人月神话

一种要素的收益递减概念最早是由经济学家在18世纪后期提出的。这些经济学家包括著名的托马斯·马尔萨斯（Thomas Malthus），农业例子激发了他们的灵感。

然而，投入要素的收益递减同样适用于当代的经济活动，比如说软件开发。1975年，小弗雷德里克·P.布鲁克斯（Frederick P. Brooks Jr.），IBM主导计算机业务的一名项目经理，出版了一本名为《人月神话》（*The Mythical Man-Mouth*）的书，该书很快成为经典，以至在出版20多年后还出版过一个特殊的纪念版。

本专栏的标题以该书书名为题，主要是基于软件编写中的劳动收益递减。布鲁克斯观察到，将分配到一个项目中的程序员人数加倍并不会按比例减少程序编写所花费的时间。1名程序员在12个月内完成的项目不可能由12名程序员在1个月内完成，这就是"人月神话"的意思。编程代码的行数与代码编写者的人数成比例是一种错误的观念。事实上，超过一定人数，增加一名程序员实际上会延长一个项目完成的时间。

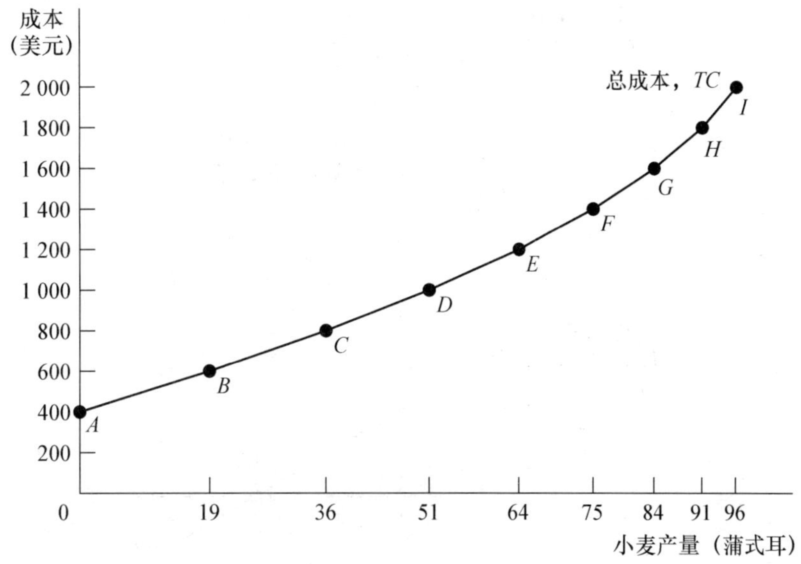

标示点	劳动数量 L（工人数）	小麦产量 Q（蒲式耳）	可变成本 VC（美元）	固定成本 FC（美元）	总成本 TC=FC+VC（美元）
A	0	0	0	400	400
B	1	19	200	400	600
C	2	36	400	400	800
D	3	51	600	400	1 000
E	4	64	800	400	1 200
F	5	75	1 000	400	1 400
G	6	84	1 200	400	1 600
H	7	91	1 400	400	1 800
I	8	96	1 600	400	2 000

图 6-4　乔治和玛莎农场的总成本曲线

图中的表给出了与乔治和玛莎的 10 英亩农场的各种产量有关的可变成本、固定成本以及总成本。总成本曲线显示了总成本（被标示在纵轴上）怎样随着产量（被标示在横轴上）的变化而变化。曲线上的每个点都对应表中的一行。总成本曲线向上倾斜，因为随着产量的增加，雇佣工人人数增加，因此总成本提高。随着产量的增加，曲线越来越陡峭，原因是劳动的收益递减。

《人月神话》的论据如图 6-5 所示。该图的上半部分显示程序数量（用每月产生的代码行数来度量）怎样随着程序员人数的变化而变化。每名新增的程序员所完成的行数都小于前一名程序员，超过某一数量后，增加程序员实际上是适得其反的。该图的下半部分显示了连续地每增加 1 名程序员所得到的边际产量，随着所雇用的程序员人数越来越多，边际产量在下降并最终成为负值。

换言之，编程的收益递减十分严重，在某个时点后多使用程序员实际上带来的边际产量为负。收益递减的根源在于程序生产函数的性质：每名程序员必须协调他或她与该项目其他所有程序员的工作，程序员增多将导致每个人必须花更多的时间与其他人进行沟通。换句话说，在其他条件不变的情况下，出现劳动收益递减。然而，更可能的情形是，如果与编程项目相关的固定投入增加——比如说安装运行更快、判断更准确的编程错误检测系统——程序员增加后出现的收益递减问题可以得到某种程度的缓解。

《人月神话》修订版的评论员总结了收益递减的原因："当多个程序同时进行时，一些不可避免的开销就会增加。编程团队的成员必须'浪费时间'参加会议、起草项目规划、交换电子邮件、协商接口、不断进行绩效评价……在微软公司，至少有一个团队专门设计其他人穿的 T 恤。"

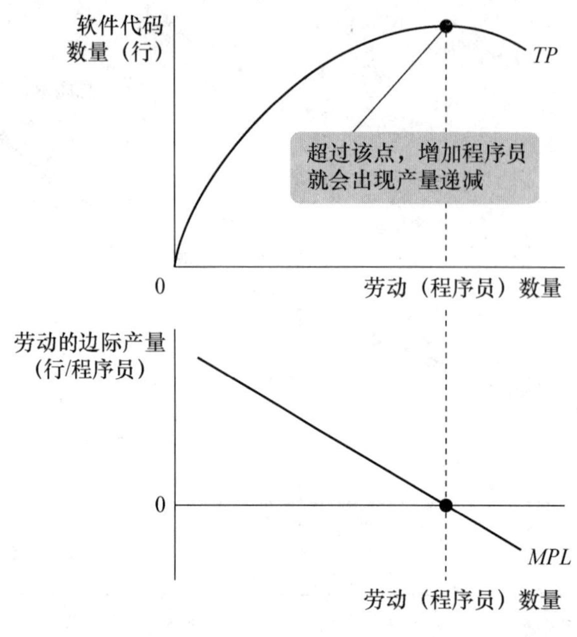

图 6-5 人月神话

及时复习

● 企业的生产函数表现的是投入量和产出量之间的关系。总产量曲线表示在固定投入数量给定的情况下产出数量如何受到可变投入数量的影响，曲线的斜率等于可变投入的边际产量。在短期，固定投入不变；在长期，所有投入都是可变的。

● 当所有其他投入的水平都固定不变时，可能出现一种投入的收益递减，所以边际产量曲线向下倾斜，总产量曲线随着产量的增加而变得越来越平坦。

● 给定产量的总成本等于固定成本加上该产量相应的可变成本。随着产量的增加，由于可变投入的收益递减，总成本曲线变得越来越陡峭。

小测验 6-1

1. 伯尼制冰公司生产冰，用一台 10 吨的机器和电力制冰。下表给出了该公司的产品数量。

用电量（千瓦）	冰产量（磅）
0	0
1	1 000
2	1 800
3	2 400
4	2 800

a. 固定投入是什么？可变投入是什么？

b. 制作一个可变投入的边际产量表。存在收益递减现象吗？

c. 假设固定投入的规模扩大 50%，任一给定的可变投入量的产量增加了 100%。现在的固定投入是什么？制作一个表，用来表示在这种情况下的总产量与边际产量。

6.2 两个核心概念：边际成本和平均成本

我们刚刚学习了从生产函数如何推导企业的总成本曲线。下一步我们将通过推导两个非常有用的指标即边际成本和平均成本来进一步理解总成本。正如我们将看到的，生产成本的这两个指标相互间有着非常特殊的关系。而且我们将在后面看到它们非常重要，我们将使用它们来分析企业的产出决策和市场供给曲线。

□ 6.2.1 边际成本

边际成本（marginal cost）是多生产一单位产量所导致的总成本的改变量。我们已经知道，如果增加的一单位投入的产出数据可以获得，一种投入的边际产量是最容易计算的。与此类似，如果增加的一单位产出所增加的总成本数据可以获得，边际成本的计算也很容易。即使是基于不那么简便的增量获得的数据，仍有可能计算边际成本。为简化起见，我们以最简便的一单位增量数据为事例进行解释。

生产一种产品或服务的**边际成本**是多生产一单位产量所引起的额外的成本。

塞莱娜的美食酱汁公司生产瓶装萨尔萨调料（简称萨尔萨），表 6-1 显示了每日成本如何随着萨尔萨每日产量的变化而变化。该公司的固定成本每日为 108 美元，如表中第二列所示，它代表了食品制作设备每日的成本。第三列所示为可变成本，第四列所示为总成本。图 6-6（a）画出了总成本曲线。像图 6-4 所示的乔治和玛莎农场的总成本曲线那样，这条曲线向右上方倾斜，越向右移动，曲线就越陡峭。

总成本曲线斜率的重要性由表 6-1 第五列可以看出，该列展示了怎样计算边际成本：每增加一单位产量所增加的成本。边际成本的一般计算公式为：

$$边际成本=增加一单位产量带来的总成本变化量=\frac{总成本变化量}{产量变化量} \quad (6-3)$$

或

$$MC=\frac{\Delta TC}{\Delta Q}$$

与边际产量的计算相同，边际成本等于“上升的距离”（总成本增加值）除以“横向移动的距离”（产量增加值）。正如边际产量等于总产量曲线的斜率一样，边际成本等于总成本曲线的斜率。

现在我们可以理解，为什么随着向右上方移动，总成本曲线变得越来越陡峭：如同我们可以在表 6-1 中看到的那样，塞莱娜的美食酱汁公司的边际成本随着产量的增加而上升。图 6-6（b）所示的边际成本曲线对应表 6-1 中的数据。请注意，如在图 6-2 中一样，我们画出的产量从 0 到 1 的边际成本位于 0 和 1 的中间，产量从 1 到 2 的边际成本位于 1 和 2 的中间，依此类推。

为什么边际成本曲线向右上方倾斜？因为在本例中，投入的收益是递减的。随着产量的增加，可变投入的边际产量递减。这意味着，在产量增加时，为多生产一单位产量所使用的投入要素越来越多。因为每单位投入要素必须花钱购买，多生产一单位产量所增加的成本就越来越多。

表 6-1　塞莱娜的美食酱汁公司的成本

萨尔萨产量 Q（箱）	固定成本 FC（美元）	可变成本 VC（美元）	总成本 $TC=FC+VC$（美元）	每箱的边际成本 $MC=\Delta TC/\Delta Q$（美元）
0	108	0	108	
				12
1	108	12	120	
				36
2	108	48	156	
				60
3	108	108	216	
				84

续前表

萨尔萨产量 Q（箱）	固定成本 FC（美元）	可变成本 VC（美元）	总成本 $TC=FC+VC$（美元）	每箱的边际成本 $MC=\Delta TC/\Delta Q$（美元）
4	108	192	300	
				108
5	108	300	408	
				132
6	108	432	540	
				156
7	108	588	696	
				180
8	108	768	876	
				204
9	108	972	1 080	
				228
10	108	1 200	1 308	

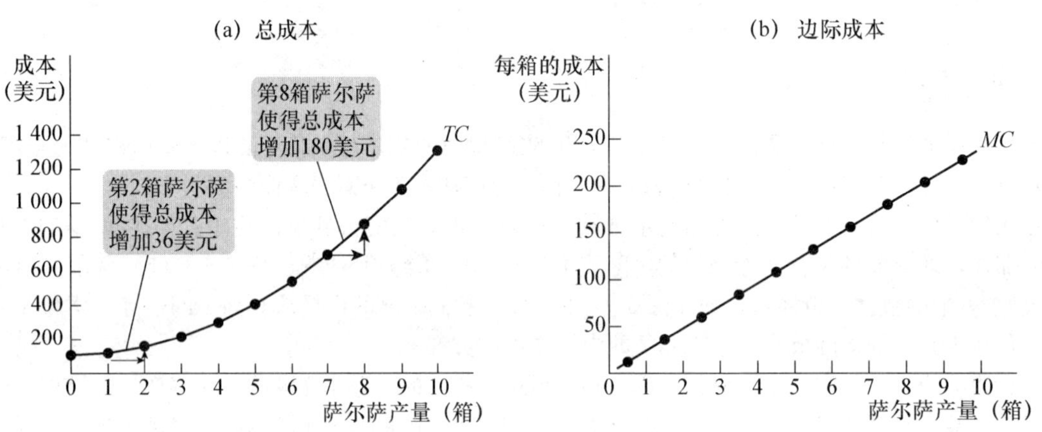

图 6-6 塞莱娜的美食酱汁公司的总成本曲线与边际成本曲线

图（a）是根据表 6-1 所画出的总成本曲线。与图 6-4 所示的总成本曲线类似，它也向右上方倾斜，越向右移动，曲线变得越来越陡峭。图（b）所示为边际成本曲线。它也向右上方倾斜，反映了可变投入的收益递减现象。

此外，我们应记得，总产量曲线变得越来越平缓也是因为收益递减：当其他投入要素的数量固定不变时，一种可变投入要素的边际产量会随着这种要素使用量的增加而递减。总产量曲线随着产量的增加逐渐变得平坦与总成本曲线随着产量的增加逐渐变得陡峭只是同一现象的正反两面。也就是说，随着产量的增加，产量的边际成本也会递增，因为可变投入要素的边际产量下降了。

我们将在第 7 章考虑企业的利润最大化产量决策时再讨论边际成本。接下来我们介绍度量成本的另一指标：平均成本。

□ 6.2.2 平均总成本

> **平均总成本**通常简称为**平均成本**，等于总成本除以产量。

除了总成本和边际成本，另一指标也非常有用，即**平均总成本**（average total cost），通常简称为**平均成本**（average cost）。平均总成本是用总成本除以产量；也就是说，它等于每单位产出的总成本。我们用 ATC 表示平均总成本，公式如下：

$$ATC=\frac{总成本}{总产量}=\frac{TC}{Q} \tag{6-4}$$

平均总成本非常重要，因为它能告诉生产者平均的或典型的单位产量的成本是多少。与此同时，边际成本则告诉生产者多生产一单位产量的成本为多少。虽然它们看起来非常相似，但这两种度量成本的指标显著不同。混淆两者是造成经济学误解的主要根源，无论是在课堂上还是在现实生活中，在稍后的"真实世界中的经济学"专栏中将会看到。

表 6-2 是依据塞莱娜的美食酱汁公司的数据计算出的平均总成本。例如，生产 4 箱萨尔萨的总成本为 300 美元，包括 108 美元的固定成本和 192 美元的可变成本（见表 6-1）。因此，生产 4 箱萨尔萨的平均总成本为 300 美元/4=75 美元。我们可以从表 6-2 中看出，随着产量的增加，平均总成本先降后升。

表 6-2　塞莱娜的美食酱汁公司的平均成本

萨尔萨产量（箱）	总成本 *TC*（美元）	每箱平均总成本 *ATC*（美元）	每箱平均固定成本 *AFC*（美元）	每箱平均可变成本 *AVC*（美元）
1	120	120.00	108.00	12.00
2	156	78.00	54.00	24.00
3	216	72.00	36.00	36.00
4	300	75.00	27.00	48.00
5	408	81.60	21.60	60.00
6	540	90.00	18.00	72.00
7	696	99.43	15.43	84.00
8	876	109.50	13.50	96.00
9	1 080	120.00	12.00	108.00
10	1 308	130.80	10.80	120.00

图 6-7 是根据上述数据画出的平均总成本曲线，其中说明了平均总成本如何受到产出的影响。与以前一样，纵轴表示以美元为单位的成本，横轴表示产量。平均总成本曲线呈非典型的 U 形，反映的是随着产量的增加，平均总成本先降后升。经济学家认为，这种 **U 形的平均总成本曲线**（U-shaped average total cost curve）是许多行业生产企业的常态。

> **一条 U 形的平均总成本曲线**在产量低时下降，而后随着产量的增加会上升。
> **平均固定成本**是单位产量的固定成本。
> **平均可变成本**是单位产量的可变成本。

为了帮助我们理解为什么平均总成本曲线呈 U 形，表 6-2 将平均总成本分为两个基本组成部分，**平均固定成本**（average fixed cost，*AFC*）和**平均可变成本**（average variable cost，*AVC*）。平均固定成本是用产量除以固定成本，也被称为单位产量的固定成本。例如，如果塞莱娜的美食酱汁公司生产 4 箱萨尔萨，平均固定成本为：108 美元/4=27 美元。平均可变成本是用产量除以可变成本，也被称为单位产量的可变成本。当产量为 4 箱时，平均可变成本为：192 美元/4=48 美元。写成普通方程形式为：

$$AFC=\frac{固定成本}{产量}=\frac{FC}{Q}$$
$$AVC=\frac{可变成本}{产量}=\frac{VC}{Q} \tag{6-5}$$

平均总成本是平均固定成本和平均可变成本之和。它呈 U 形，因为随着产量的增加，这两个组成部分的变化方向相反。

平均固定成本随着产量的增加而递减是因为分子（固定成本）是一个固定数，但分母（产量）随着产量的增加会变大。理解这种关系的另一种方式是，随着产量的增加，固定成本会被分摊到更多的产量单位上；最终结果是，每单位产量的固定成本——平均固定成本——会下降。我们可以在表 6-2 的第四列看到这一结果：随着产量的增加，平均固定成本持续下降。

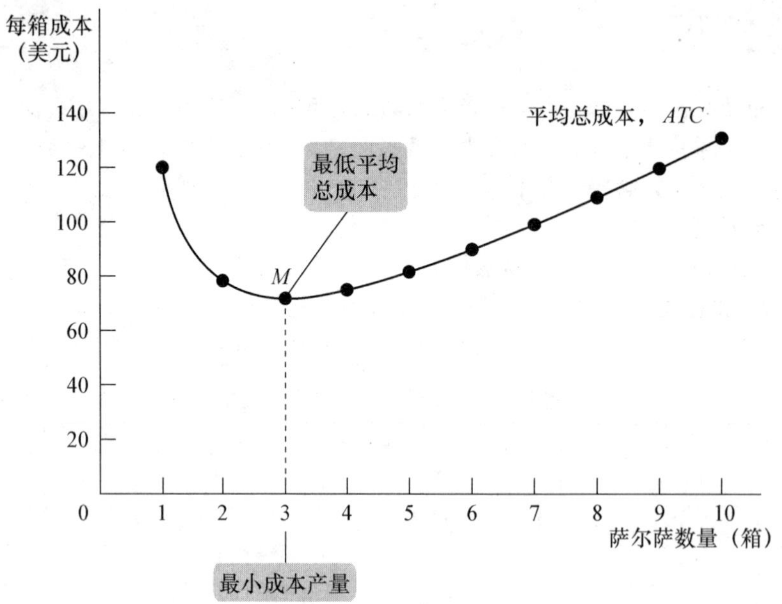

图 6-7　塞莱娜的美食酱汁公司的平均总成本曲线

塞莱娜的美食酱汁公司的平均总成本曲线呈U形。在低产出水平上，平均总成本下降，因为降低平均固定成本的分摊效应大于提高平均可变成本的收益递减效应。在高产出水平上，情况相反，平均总成本上升。在M点，平均总成本位于其最低水平，平均总成本最小。

然而，平均可变成本则随着产量的增加而递增。正如我们所知道的，这反映了要素的收益递减现象，每增加一单位产量，投入的可变成本都高于此前的产量。所以，随着产量的增加，可变成本会以更快的速率上升。

因此，产量增加对平均总成本会产生两种作用方向相反的影响："分摊效应"（spreading effect）和"收益递减效应"。

- 分摊效应。产量越多，分摊固定成本的产量就越多，导致平均固定成本越低。
- 收益递减效应。产量越多，多生产一单位产量要求的可变投入就越多，导致平均可变成本就越大。

在产量水平低时，分摊效应非常显著，因为即使产量少量增加，平均固定成本的下降也很明显。因此，在产量水平较低时，分摊效应要大于收益递减效应，导致平均总成本曲线向下倾斜。但是，当产量很大时，平均固定成本已经相当小，因此，增加产量进一步带来的分摊效应就非常小了。

但是，收益递减效应通常会随着产量的增加变得越来越重要。因此，在产量增大后，收益递减效应超过分摊效应，导致平均总成本曲线向上倾斜。在U形平均总成本曲线的底部，即在图6-7中的M点，两个效应恰好相互抵消。在这一点上，平均总成本处在最低水平，平均总成本最小。

图6-8在一幅图中画出了我们从塞莱娜的美食酱汁公司总成本曲线中推导出的四种成本曲线：边际成本曲线（*MC*），平均总成本曲线（*ATC*），平均可变成本曲线（*AVC*），以及平均固定成本曲线（*AFC*）。所有这几条曲线都是基于表6-1和表6-2中的信息画出的。像此前一样，纵轴表示成本，横轴表示产量。

先看各种成本曲线的一些特征。首先，边际成本曲线向右上方倾斜——这是由于收益递减，即增加一单位产量所花费的成本比此前更多；平均可变成本也向右上方倾斜——也是由于收益递减，但比边际成本曲线平坦。这是因为增加一单位产量所造成的更高成本（平均可变成本）是在所有产量上进行平均，而不仅仅是在增加的产量上。与此同时，由于分摊效应，平均固定成本曲线向右下方倾斜。

最后，请注意边际成本曲线是从下面与平均总成本曲线的最低点即图6-8中的M点相交的。最后一个特征是我们学习的下一个问题。

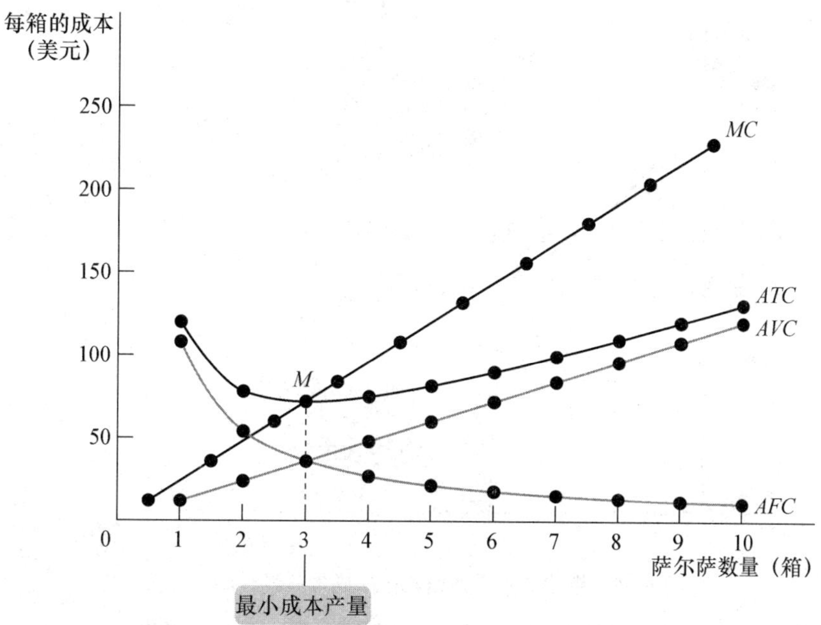

图 6-8　塞莱娜的美食酱汁公司的边际成本与平均成本

这里我们画出了塞莱娜的美食酱汁公司的几条成本曲线：边际成本曲线（*MC*）、平均总成本曲线（*ATC*）、平均可变成本曲线（*AVC*）以及平均固定成本曲线（*AFC*）。需要注意的是。平均总成本曲线呈U形，边际成本曲线在U形平均总成本曲线的底部即*M*点与之相交，对应于表6-2和图6-7中的最低平均总成本。

□ 6.2.3　最低平均总成本

> 最低平均总成本对应的产量被称为**最小成本产量**，在U形平均成本曲线的底部。

就U形平均总成本曲线而言，平均总成本的最低水平位于U形底部。经济学家把与最低平均总成本对应的产量称为**最小成本产量**（minimum-cost output）。对塞莱娜的美食酱汁公司而言，最小成本产量是每日生产3箱萨尔萨。

在图6-8中，U形曲线的底部对应边际成本曲线从下面穿过平均总成本曲线之处的产量。这是偶然得到的吗？不是！它反映了关于一个企业的边际成本曲线和平均总成本曲线的总是为真的三个一般性原则：

1. 在最小成本产量水平上，平均总成本等于边际成本。
2. 当产量低于最小成本产量时，边际成本小于平均总成本，平均总成本在下降。
3. 当产量大于最小成本产量时，边际成本大于平均总成本，平均总成本在上升。

要理解这些原则，可以想想你一门课的成绩——比如说物理学为3.0——怎样影响你的整体平均成绩。如果在获得该课程的成绩前，你的GPA超过3.0，算入这门课程的成绩会降低你的平均成绩。

同样，如果边际成本——多生产一单位产量的成本——低于平均总成本，多生产一单位产量会降低平均总成本。这可以通过图6-9中从A_1点到A_2点的变动来理解。在这种情况下，多生产一单位产量的边际成本较低，如边际成本曲线上的MC_L点所示。当生产下一个单位产量的边际成本小于平均总成本时，增加产量将降低平均总成本水平。所以，边际成本小于平均总成本的任何产量都一定位于U形曲线向下倾斜的部分。

但是，如果你的物理学成绩高于此前分数的平均值，算入物理学成绩会提高你的GPA。同样，如果边际成本高于平均总成本，多生产一单位产量将提高平均总成本水平。这可以从图6-9中从B_1点到B_2点的变动看出，边际成本MC_H高于平均总成本。所以，边际成本大于平均总成本的任何产量都一定位于U形曲线向上倾斜的部分。

最后，如果新的一门课的成绩正好等于此前的GPA，算入新成绩既不会提高也不会降低平均成绩——它保持不变。这对应于图6-9中的*M*点：当边际成本等于平均总成本时，我们一定在U形曲线的底部，因为只有在该点，平均总成本既不下降也不上升。

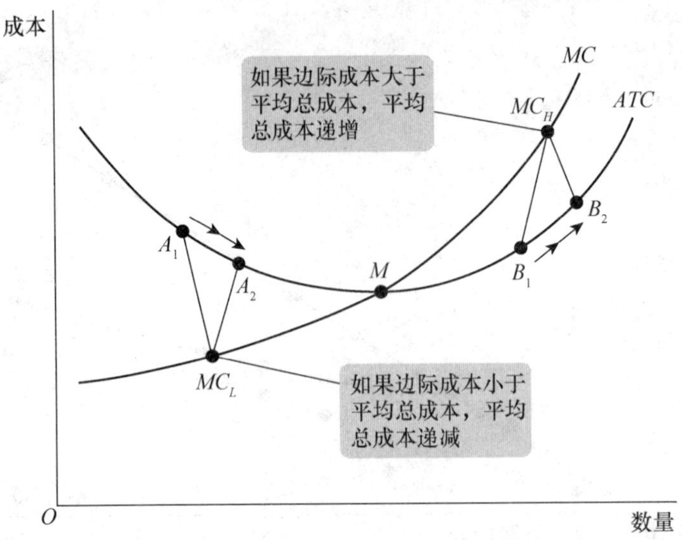

图 6-9　平均总成本曲线与边际成本曲线之间的关系

要知道为什么边际成本曲线（*MC*）必须在最低平均总成本水平点（*M* 点）穿过平均总成本曲线，对应的产量为最小成本产量，我们要观察如果边际成本不同于平均总成本会发生什么？如果边际成本小于平均总成本，增加产量一定会降低平均总成本，如从 A_1 点到 A_2 点的移动。如果边际成本大于平均总成本，增加产量一定会提高平均总成本，如从 B_1 点到 B_2 点的移动。

□ 6.2.4　边际成本曲线总是向上倾斜吗?

到现在为止，我们已经强调了收益递减的重要性，由此导致边际产量曲线总是向下倾斜，边际成本曲线总是向上倾斜。然而，在实践中，经济学家认为，边际成本曲线通常向下倾斜发生在从产量为零到某一水平之间，只有当产量达到某一较高水平时，才向上倾斜：看起来像图 6-10 中的 *MC* 曲线。

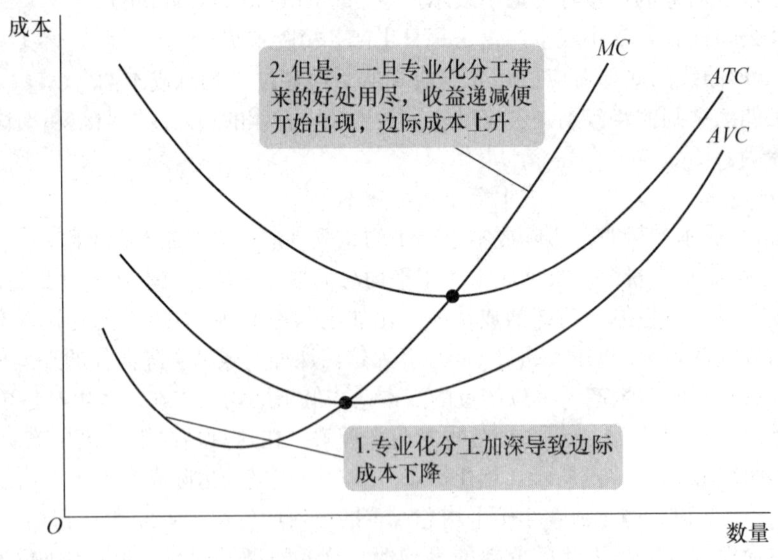

图 6-10　平均总成本曲线与边际成本曲线之间的关系

一条现实的边际成本曲线呈“上钩”形。从非常少的产量开始，边际成本往往会随着产量的增加而下降。这是因为雇用更多的工人后，可对任务进行更细的专业化分工，导致收益递增。但是，一旦实现专业化，增加工人后的收益递减就会发生，边际成本开始上升。相应的平均可变成本曲线现在呈 U 形，像平均总成本曲线那样。

初始阶段向下倾斜是因为企业通常在创业之初只雇用少数工人，之后随着雇佣工人人数和产量的增加，工人可进行专业化分工。这反过来会因为产量增加而降低企业的边际成本。例如，一个人单独生产萨尔萨调料时，必须完成所有相关任务：选择和制备原料，配制萨尔萨，装瓶，贴标签，包装成箱，等等。随着所雇用的工人越来越多，他们可以对任务进行分工，每个工人专门从事萨尔萨调制中的一项或少数几项工作。

这种专业化会导致多雇用一名工人出现收益递增（也称报酬递增）现象，边际成本曲线在初始阶段向下倾斜。但是，一旦工人足够多，耗尽了进一步专业化所带来的好处，劳动的收益便开始递减，边际成本曲线也改变方向，向上倾斜。因此，典型的边际成本曲线实际上是如图 6－10 中的 *MC* 所示的“上钩”形。出于同样的原因，平均可变成本曲线通常看起来如图 6－10 中的 *AVC* 所示：它们呈 U 形，而不是严格地向上倾斜。

然而，图 6－10 也显示，我们从塞莱娜的美食酱汁公司例子中看到的关键特性仍然成立：平均总成本曲线呈 U 形，而边际成本曲线从平均总成本曲线的最低点穿过。

▶ 真实世界中的经济学

智能电网经济学

如果你是一个“夜猫子”，喜欢在半夜听音乐、写学期论文或洗衣服，当地电网要感谢你。为什么？因为你使用的是用最低成本发的电。

目前的难题是，电能不能有效地大规模存储。因此，电厂运营商在保持主发电站连续运行的同时，也保有只在用电高峰时才运行的小型发电站，如在白天工作时间或出现极端室外温度时才投入使用。

这些较小的发电站运行费用高，多发一度电的边际成本高于平均成本（即大型发电站和小型发电站发电的平均成本）。据美国政府问责办公室（Government Accountability Office）估计，与夜间发电相比，夏日午后（当空调以最大负荷运行时）发电的成本是前者的 10 倍。

但消费者一般不会意识到发电的边际成本在一天之内的变化或根据天气情况而发生的变化。相反，消费者看到的电费价格是基于发电的平均成本来确定的。因此，电力需求是低效的，在高边际成本时期需求过大，而在低边际成本时期需求又过小。最终，消费者为他们的用电付出了比他们应该付出的更高的代价，因为电力公司必须最终通过提价来支付生产成本。

为了解决这种低效率问题，电力公司、电器制造商以及联邦政府正在合作开发智能电网技术，即帮助消费者根据实时千瓦的真实边际成本调整它们的用电。开发出的“智能”仪表已用于家庭，消费者用电的价格会依据真实的边际成本变化，消费者可以看到这一变化。已经开发出如洗碗机、冰箱、干衣机和热水器等在电费最低时才运行的家电。

研究一致表明，当消费者看到真正的边际成本波动并被要求据此支付时，他们在需求高峰时期会缩减他们的用电消费。显然，智能电网技术只是智能经济学应用的一个方面。

及时复习

- 边际成本等于总成本曲线的斜率。收益递减导致边际成本曲线向右上方倾斜。
- 平均总成本（平均成本）等于平均固定成本和平均可变成本之和。当 U 形平均成本曲线向下倾斜时，分摊效应发挥主要作用，也就是固定成本在更多产品单位上进行分摊。当 U 形平均成本曲线向上倾斜时，收益递减效应发挥主要作用，增加一单位产量需要更多的可变投入。
- 在最小成本产量水平上，边际成本等于平均总成本。当产量较高时，边际成本大于平均成本，平均成本曲线递增。当产量较低时，边际成本小于平均成本，平均成本曲线递减。
- 在低产量水平，由于专业化分工带来的好处，可变投入出现收益递增现象，使得边际成本曲线呈“上钩”形：在初始阶段向下倾斜之后向上倾斜。

小测验 6－2

1. 艾丽西亚的苹果馅饼店是一家街边店。艾丽西亚必须每天支付 9.00 美元租金。此外，她每天制作的第一个馅饼的成本为 1.00 美元，每个随后制作出的馅饼的成本都比前一个多 50%。例如，制作第二个馅饼花费了 1.00 美元×1.5＝1.50 美元，依此类推。

a. 计算艾丽西亚的产量从 0 到 6 的边际成本、可变成本、平均总成本、平均可变成本和平均固定成本

（提示：两个馅饼的可变成本是第一个的边际成本加上第二个的边际成本，依此类推）。

b. 请说明在馅饼生产的哪个区间分摊效应发挥主要作用，在哪个区间收益递减效应发挥主要作用。

c. 艾丽西亚的最小成本产量是什么？解释为什么在产量低于最小成本产量水平时多生产一个馅饼会降低艾丽西亚的平均总成本。同样，请解释为什么当产量高于最小成本产量水平时多生产一个馅饼会抬高艾丽西亚的平均总成本。

6.3 短期成本和长期成本

到目前为止，我们一直认为固定成本完全在企业的控制之外，因为我们只关注短期。但正如我们此前所提到的那样，在长期所有投入要素都是可变的，这意味着，在长期固定成本也是可变的。换言之，从长期来看，一个企业的固定成本变成企业可以选择的可变成本。例如，某一给定时间，塞莱娜的美食酱汁公司能添置食品制造设备或处置一些现有的设备。在本节中，我们将研究一个企业的成本在短期和长期如何变化。我们还可以看到，从长期来看，企业将基于预计的产出水平来选择其固定成本。

我们首先假设，塞莱娜的美食酱汁公司正在考虑是否要添置更多的食品制造设备。添置更多的设备将通过两个方面影响总成本。首先，该公司将不得不租用或购买更多的设备；无论是哪种方式，都将意味着在短期内固定成本提高。其次，如果工人有更多的设备，他们的生产将更有效：同样的产量需要更少的工人。所以，对于任何给定的产出，可变成本都随之降低。

图 6－11 中的表展现了添加设备如何影响成本。在前面的例子中，我们假设塞莱娜的美食酱汁公司的固定成本为 108 美元。表的左半部分给出了固定成本为 108 美元时的可变成本、总成本和平均总成本。这个固定成本水平时的平均总成本曲线由图 6－11 中的 ATC_1 表示。我们将其与公司添置更多食品制造设备后的下述情形进行比较：固定成本翻一番至 216 美元，但降低任一产出水平上的可变成本。表的右半部分给出了固定成本为 216 美元时的可变成本、总成本和平均总成本。这个固定成本水平时的平均总成本曲线由图 6－11 中的 ATC_2 表示。

从图 6－11 中可以看到，当产量较小即每日的产量为 4 箱萨尔萨或更少时，塞莱娜放弃添置设备而保有 108 美元的较低固定成本时的平均总成本也较小：ATC_1 在 ATC_2 之下。例如，当每日的产量为 3 箱时，不增加设备时平均总成本为 72 美元，增加设备后为 90 美元。但随着每日的产量超过 4 箱，如果她添加设备，固定成本提高到 216 美元，平均总成本则降低了。例如，在每日的产量为 9 箱萨尔萨时，当固定成本为 108 美元时，平均总成本为 120 美元，但当固定成本为 216 美元时，平均总成本只有 78 美元。

为什么固定成本增加时平均总成本如此变化？当产量较低时，增加设备带来的固定成本上升将超过工人生产率更高所降低的可变成本——也就是说，能分担增加的固定成本的产量太少。因此，如果塞莱娜计划每日生产 4 箱或更少，她最好选择较低的固定成本水平，如 108 美元，这会实现较低平均总成本的生产。当计划的产量较高时，她应该添加设备。

总之，对于每一个产量水平，某一固定成本选择可最小化该产量的企业平均总成本水平。因此，当企业预计在一段时间保持期望的产量水平时，它应选择与这一水平相对应的最优固定成本水平，也就是能最小化其平均总成本的固定成本水平。

现在，我们将研究固定成本可以改变的情形，我们需要花点时间来讨论一下平均总成本。到目前为止，我们所考虑的平均总成本曲线都被定义为对应一个给定的固定成本水平，也就是说，它们被定义在短期，即固定成本保持不变的一段时期。为了强化这种差异，在本章的后面部分，我们将这种平均总成本曲线称为“短期平均总成本曲线”

对于大多数企业而言，更现实一些的假设是具有多种可能的固定成本选择，而不仅仅是两个。言下之意：对于这样的企业，可能会存在多条短期平均总成本曲线，每一条都对应一个不同的固定成本选择，因此这就引出了所谓企业的短期平均总成本曲线“组”（family）。

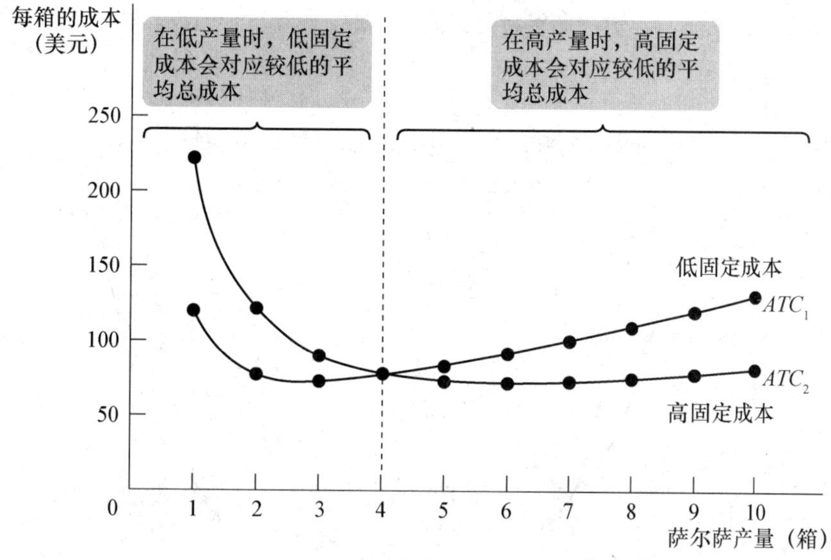

低固定成本（*FC*=108 美元）				高固定成本（*FC*=216 美元）		
萨尔萨产量（箱）	高可变成本（美元）	总成本（美元）	每箱的平均总成本 ATC_1（美元）	低可变成本（美元）	总成本（美元）	每箱的平均总成本 ATC_2（美元）
1	12	120	120.00	6	222	222.00
2	48	156	78.00	24	240	120.00
3	108	216	72.00	54	270	90.00
4	192	300	75.00	96	312	78.00
5	300	408	81.60	150	366	73.20
6	432	540	90.00	216	432	72.00
7	588	696	99.43	294	510	72.86
8	768	876	109.50	384	600	75.00
9	972	1 080	120.00	486	702	78.00
10	1 200	1 308	130.80	600	816	81.60

图 6－11　塞莱娜的美食酱汁公司可以选择固定成本水平

对于任何给定的产量水平都存在权衡取舍：选择较低的固定成本和较高的可变成本，或较高的固定成本和较低的可变成本。ATC_1 是对应于 108 美元固定成本的平均总成本曲线，固定成本较低但可变成本较高。ATC_2 是对应于 216 美元固定成本的平均总成本曲线，可变成本较低。在低产量水平即每日的产量为 4 箱萨尔萨或更少的情况下，ATC_1 在 ATC_2 之下，固定成本仅为 108 美元时的平均总成本较低。但随着产量的增加，与更高固定成本 216 美元对应的平均总成本则较低：超过每日 4 箱萨尔萨时，ATC_2 在 ATC_1 之下。

在任何特定的时间点，一个企业都可以找到其短期成本曲线，对应于它当前的固定成本水平；产量变化将导致其沿着该曲线移动。如果企业预计产出水平在长期会发生变化，那么该企业目前的固定成本水平很可能不再是最优的。假设有足够的时间，对于其新的产出水平，企业会希望调整固定成本，以最小化平均总成本。例如，如果塞莱娜每日生产 2 箱萨尔萨，固定成本为 108 美元，但发现在可预见的未来每日产量可以增加到 8 箱，那么，从长期来看，她应该购买更多的设备，增加固定成本以最小化每日 8 箱产出的平均总成本。

假设我们做一个思想实验，如果企业可以针对每个产量水平分别选择其固定成本，计算其可以实现的尽可能低的平均总成本。经济学家给这个思想实验起了个名字：长期平均总成本曲线。具体说来，**长期平均总成本曲线**（long-run average total cost curve，*LRATC*）表示的是当固定成本已经被选定使得每一产量水平上平均总成本都最小时产量和相应的平均总成本之间的关系。如果固定

长期平均总成本曲线是当固定成本已经被选定使得每一产量水平上平均总成本都最小时表现产量与平均总成本之间关系的曲线。

成本有许多可能的选择，长期平均总成本曲线将是我们所熟悉的光滑 U 形曲线，如图 6-12 中的 $LRATC$ 所示。

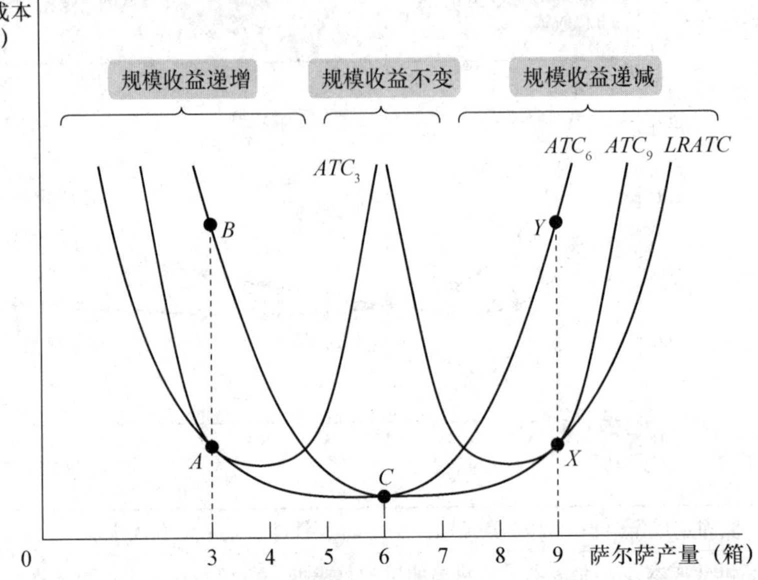

图 6-12　短期平均总成本曲线和长期平均总成本曲线

短期平均总成本曲线和长期平均总成本曲线不同，是因为企业在长期可以选择它的固定成本。如果塞莱娜选择 6 箱时的固定成本可使得平均总成本最小化，实际上也生产了 6 箱，那么她将同时位于 $LRATC$ 和 ATC_6 的 C 点上。但是，如果她仅生产了 3 箱，她将移动到 B 点。如果她预计每日仅仅生产 3 箱将持续很长一段时间，从长期来看，她将减少固定成本，移动到 ATC_3 的 A 点上。同样，如果她生产 9 箱（Y 点），并预计该产量将持续很长一段时间，她会选择增加固定成本，并移动到 ATC_9 的 X 点上。

现在，我们可以得出短期和长期更完整的区别。从长期来看，生产者有时间来选择适合其理想的产出水平的固定成本，生产将在长期平均总成本曲线的某个点上进行。但是，如果产量水平改变，该企业将不再在其长期平均总成本曲线上，而是会沿着目前的短期平均总成本曲线移动。在固定成本重新调整到适应新的产量水平之前，企业不会在其长期平均总成本曲线上。

图 6-12 说明了这一点。如果塞莱娜选择产量为每日 3 箱萨尔萨时平均总成本最小化的固定成本水平，ATC_3 就是与之相应的短期平均总成本曲线。这可以由产量为每日 3 箱时 ATC_3 与长期平均总成本曲线 $LRATC$ 相切得到证实。同样，ATC_6 表示塞莱娜选择产量为每日 6 箱时的短期平均总成本，此时其固定成本可使得平均总成本最小化。它与 $LRATC$ 在每日 6 箱处相切。而 ATC_9 表示塞莱娜选择产量为每日 9 箱时的短期平均总成本，此时其固定成本可使得平均总成本最小化。它与 $LRATC$ 在每日 9 箱处相切。

假设塞莱娜最初选择 ATC_6。如果她确实每日生产了 6 箱萨尔萨，她的公司将在同时位于短期平均总成本曲线和长期平均总成本曲线的 C 点组织生产。然而，假设塞莱娜最终每日仅仅生产 3 箱萨尔萨。从短期来看，她的平均总成本由 ATC_6 曲线上的 B 点代表；它不在 $LRATC$ 上。如果塞莱娜早知道她每日仅仅生产 3 箱，她选择更低水平的固定成本如 ATC_3，境况会变好，这可以使得平均总成本更低。例如，她能通过卖出她的工厂而购买一个较小的工厂做到这一点。然后，她会发现自己可位于长期平均总成本曲线的 A 点处，它位于 B 点下方。

相反，尽管她最初选择在 ATC_6 曲线上组织生产，但假设塞莱娜最终选择每日生产 9 箱萨尔萨。从短期来看，她的平均总成本由 ATC_6 上的 Y 点代表。但通过购买更多的设备，提高了其固定成本却降低了其可变成本，并移动到 ATC_9 上，其境况会变好。这样她将移到长期平均总成本曲线的 X 点，在 Y 点之下。

真实世界中的企业在长期如何运营，区分短期平均总成本和长期平均总成本非常重要。一个增加产量来满足突然增大的需求的企业一般会发现，在短期其平均总成本会突然增加，因为利用现有的设施很难获得更多的产量。但如果有时间建立新的工厂或添置新设备，短期平均总成本将下降。

□ 6.3.1　规模报酬

是什么决定了长期平均总成本曲线的形状？答案是规模，即企业的运行规模，这通常是其决定长期平均总生产成本的一个重要因素。生产中存在规模效应的企业会发现，它们的长期平均总成本的变化在很大程度上受到它们所生产产量的多少的影响。随着产量的增加，长期平均总成本减少时，存在**规模报酬递增**（increasing returns to scale）（也被称为规模经济）现象。

正如你在图 6-12 中所看到的，塞莱娜的美食酱汁公司的产量从每日 0 箱到 5 箱时经历了规模报酬递增，在这一产量水平区间，长期平均总成本曲线是递减的。相反，随着产量的增加，长期平均总成本递增时，存在**规模报酬递减**（decreasing returns to scale）（也被称为规模不经济）现象。对于塞莱娜的美食酱汁公司，当产量大于每日 7 箱时，出现了规模报酬递减现象，在这一产量水平之后，长期平均总成本曲线递增。

长期平均总成本和生产规模之间可存在第三种可能的关系：企业经历**规模报酬不变**（constant returns to scale），随着产量的增加，长期平均总成本保持不变。在这种情况下，企业的长期平均总成本曲线在该产量水平上是水平线，即规模报酬（也称规模收益）不变。正如你在图 6-12 中所看到的，塞莱娜的美食酱汁公司的产量从每日 5 箱到 7 箱时，规模报酬不变。

如何解释这些生产中的规模效应？答案最终取决于企业的生产技术。报酬递增经常来自大规模生产所带来的专业化水平提高，大规模运营意味着每一个单个工人都可以集中于更为专业化的工作，变得更为熟练和高效。

报酬递增的另一个来源是非常大的初始开业成本；在某些行业，如汽车制造、发电或者石油精炼，任何产量都会形成以工厂和设备形式存在的高固定成本。

报酬递增的第三个来源是在一些高新技术行业，如软件开发，一种产品或服务带给个人的价值会随着其他人大量拥有和使用同种产品或服务而递增，即所谓**网络外部性**（network externalities）。最经典的例子是计算机操作系统。在全世界范围内大部分人的个人电脑中运行的是微软公司的 Windows 操作系统。尽管很多人认为苹果公司具有更好的操作系统，但 Windows 操作系统在个人电脑早期阶段的更广泛使用吸引了更多的软件开发和技术支持，这使得它能够维持主导地位。正如我们将在第 8 章学习垄断时看到的，报酬递增对企业和行业如何相互影响和如何行事具有重要影响。

相反的情形是报酬递减，一般在大公司中由于协调和沟通问题而出现：随着企业规模的扩大，沟通和组织活动变得困难，成本也更高。虽然报酬递增会推动企业规模变大，但报酬递减则往往限制其规模。而当规模报酬不变时，规模对企业的长期平均总成本没有任何影响：不管企业产生 1 单位还是 10 万单位，成本都是一样的。

规模报酬递增：随着产量的增加，长期平均总成本曲线递减的情形。

规模报酬递减：随着产量的增加，长期平均总成本曲线递增的情形。

规模报酬不变：随着产量的增加，长期平均总成本曲线不变的情形。

当一种产品带给个人的价值会随着其他人大量使用同种产品而递增时，这种产品就存在**网络外部性**。

□ 6.3.2 成本小结：短期和长期

如果一个企业就生产多少做出最佳决策，它必须了解其与产量相关的成本如何随着产量的变化而变化。表 6-3 对我们已经学过的概念和成本进行了简要总结。

表 6-3 成本概念

	指标	定义	数学表达式
短期	固定成本	成本不受产量变化影响	FC
	平均固定成本	单位产量的固定成本	$AFC=FC/Q$
短期与长期	可变资本	成本受到产量变化的影响	VC
	平均可变成本	单位产量的可变成本	$AVC=VC/Q$
	总成本	固定成本（短期）与可变成本之和	$TC=FC$（短期）$+VC$
	平均总成本（平均成本）	单位产量的总成本	$ATC=TC/Q$
	边际成本	多生产一单位产量导致的总成本增加量	$MC=\Delta TC/\Delta Q$
长期	长期平均总成本	在选定固定成本后，与每一产量水平对应的最低平均总成本	$LRATC$

▶ 真实世界中的经济学

雪城异遇

任何人如果曾经在大雪常见的城市如芝加哥与只是偶尔降几场大雪的城市如华盛顿特区生活过，都会意识到因为对固定成本做出不同选择而造成的总成本差异。

在华盛顿，即使降雪量很小，比如说，一英寸或两个通宵，也足以造成第二天早晨上班高峰时的交通混乱。而在芝加哥，同样的降雪几乎没有什么影响。原因并非华盛顿的人是懦夫而芝加哥的人是由特殊材料制成的。在华盛顿，因为很少下雪，与经常下大雪的城市相比，只拥有少许扫雪机或者其他除雪设备。

在这个意义上，华盛顿和芝加哥就像两个生产者，各自有不同的预期产出水平，其中的"产出"就是除雪。华盛顿因为很少有大雪，选择低水平的以除雪设备为代表的固定成本。在正常情况下这是合理的，但当大雪来临时，这个城市就会准备不足。而在芝加哥，因为知道会面对很多降雪，便选择保有较高的固定成本，所以可以及时有效地应对所出现的状况。

及时复习

● 从长期来看，企业会根据预期的产量水平来选择固定成本。当产量水平较高时，相对较高的固定成本将降低平均总成本水平。而当产量水平较低时，相对较低的固定成本将降低平均总成本水平。

● 短期平均总成本曲线可能有多条，每一条都对应不同的固定成本水平。长期平均总成本曲线 *LRATC* 展现的是企业在长期的平均总成本，即在企业选择固定成本后能使每一产量的平均总成本水平最低。

● 当企业能对其每一产量水平上的固定成本进行充分调整时，其运营点既在当期的短期平均总成本线上也在长期平均总成本曲线上。产量改变，企业将沿着当前的短期平均成本曲线移动。一旦企业重新调整其固定成本，企业将在新的短期平均总成本曲线和长期平均总成本曲线上经营。

● 生产技术改变会带来规模效应，规模报酬递增会使企业变得越来越大。网络外部性是规模报酬递增的来源之一。规模报酬递减往往会限制企业的规模。规模报酬不变对企业规模不产生影响。

小测验 6-3

1. 下表显示了固定成本与平均可变成本的三种可能的组合。平均可变成本在本例中恒定不变（它不受产量变化影响）。

选择	固定成本（美元）	平均可变成本（美元）
1	8 000	1.00
2	12 000	0.75
3	24 000	0.25

a. 对三个选择中的每一个，计算产量为 12 000 单位、22 000 单位和 30 000 单位时的平均总成本。对于每一个产量，哪个平均总成本最低？

b. 假设该企业生产了 12 000 单位后需求大幅度永久性增加，其产量扩大到 22 000 单位。解释其平均总成本在短期和长期将如何变化。

c. 假设企业认为需求变化是临时性的，请解释企业应该做什么。

2. 在下列每种情形下，解释你认为企业会经历什么类型的规模效应。为什么？

a. 电话营销公司的员工使用电脑和电话来进行销售。

b. 一家室内设计公司的设计项目是基于该公司老板的专业知识。

c. 钻石钻探公司。

3. 绘制如图 6-12 所示的图形，并插入一个短期平均总成本曲线来对应长期每日生产 5 箱萨尔萨的情形。使用图表说明为什么塞莱娜要改变她的固定成本，如果她预计长期每日只生产 4 箱。

▶ 解决问题

特斯拉面临的生产挑战：Model X

特斯拉汽车公司成立于2003年，在位于加利福尼亚州弗里蒙特的前丰田工厂生产电动汽车。特斯拉Roadster是一款跑车，是该公司设计的首款车。它最新设计的车型是Model X，于2015年交付上路。Model X是四轮驱动、标准豪华型跨界SUV。该车不使用汽油，每次充完电可行驶250英里，废气排放量为零。该车被认为是迄今开发出的最安全和最快速的SUV。

Model X投产前的预定数量超过3万辆，是2012年特斯拉推出的Model S车的三倍。虽然对该车的需求一直很强劲，但弗里蒙特工厂的Model X型车的生产目前低于特斯拉的预期。

我们假设特斯拉的工程师知道他们需要建造或购买一个新工厂来生产新的Model X。而且，假设特斯拉的工程师和会计师基于不同规模工厂的全年生产估计的每年成本结构如下表所示。

总成本　　单位：亿美元

工厂规模	销售10 000辆	销售20 000辆	销售30 000辆
A	1.75	3.25	5.5
B	2.0	3.0	5.0
C	2.5	4.0	4.5

当丰田公司在那里建厂时，弗里蒙特工厂每年生产约8万辆汽车。假设特斯拉每年希望该工厂生产30 000辆特斯拉车，而在其最初几年的生产中，特斯拉预计每年的销售量将只有20 000辆。但到2015年，由于生产延误，实际销售量下降到每年不到10 000辆。根据下表，找到特斯拉在每一生产水平上不同规模工厂的平均总成本。解释为什么工厂规模为C时的生产成本要高于特斯拉建造一个能够生产10 000辆车的新工厂时的成本。

步骤1：计算特斯拉的不同工厂规模和产量水平的平均总成本。

平均总成本是用总成本除以产量。如果特斯拉在产量为10 000辆时的总成本为175 000 000美元，平均总成本为175 000 000美元/10 000=17 500美元。上表中每种工厂规模和产量水平的平均成本如下表所示：

平均成本　　单位：美元

工厂规模	销售10 000辆	销售20 000辆	销售30 000辆
A	17 500	16 250	18 333
B	20 000	15 000	16 667
C	25 000	20 000	15 000

步骤2：解释为什么工厂规模为C时的生产成本要高于特斯拉建造一个能够生产10 000辆车的新工厂时的成本。

如果特斯拉建造一个年产10 000辆车的新工厂，那么它将建造一个A型工厂。特斯拉将能够把固定成本调整到一个新的水平，即降低到与新产出水平适应的最低平均总成本水平。如果特斯拉能轻松改变其工厂规模，那么它总是可以建造在长期平均总成本曲线上的平均总成本最小化的工厂。然而，如果工厂的规模固定在C型，那么它将根据C型工厂寻找在其短期平均总成本曲线上的位置。

小结

1. 生产者的生产函数反映投入产出关系。在短期，固定投入的数量不变，但可变投入的数量可变。从长期来看，所有投入的数量都可变。对于给定的固定投入数量，总成本曲线展现了产量如何随着可变投入的变化而变化。我们也可以计算一种投入的边际产量，即多投入一单位所增加的产量。

2. 随着一种投入数量的增加，在其他投入数量不变的情况下，该种投入会出现收益递减现象。

3. 总成本用总成本曲线表示，是固定成本和可变成本之和。固定成本是指不随着产量变化而变化的成本，可变成本是指随着产量变化而变化的成本。由于收益递减，边际成本即增加一单位产量所带来的总成本的增加量，通常会随着产能的增加而递增。

4. 平均总成本（也被称为平均成本），即总成本除以产量，是每单位产量的成本，而边际成本是多生产一单位产量的成本。经济学家认为，U形的平均总成本曲线是典型情形，因为平均总成本包括两个部分：平均固定成本和平均可变成本，前者会随着产量的增加而下降（分摊效应），后者会随着产量的增加而上升（收益递减效应）。

5. 当平均总成本曲线呈U形时，U形底部的产量水平对应的平均总成本是最小的，也就是最小成本产量点。这也是边际成本曲线在从下向上穿越平均总成本曲线的点。由于会获得专业化分工的好处，边际成本曲线开始阶段向下倾斜，然后向上倾斜，形成“上钩”形状。

6. 在长期，生产者可以改变其固定投入和固定成本水平。通过提高固定成本水平，一个企业可以降低给定产量水平上的可变成本，或者相反。长期平均总成本曲线表明的是当选定固定成本可使得每一产量水平上平均总成本实现最小化时产量和平均总成本之间的关系。当产量改变时，企业可以沿着短期平均总成本曲线移动。一旦企业根据新的产出水平调整了固定成本，它将回到既在短期平均总成本曲线上也在长期平均总成本曲线上的那一点处。

7. 随着产量的增加，如果长期平均总成本递减，则存在规模报酬递增；如果长期平均总成本递增，则存在规模报酬递减；如果长期平均总成本不变，则规模报酬保持不变。网络外部性是规模报酬递增的源泉。

关键词

生产函数	固定投入	可变投入	长期	短期	总产量曲线
边际产量	要素的收益递减	固定成本	可变成本	总成本	总成本曲线
边际成本	平均总成本	平均成本	U形的平均总成本曲线	平均固定成本	平均可变成本
最小成本产量	长期平均总成本曲线	规模报酬递增	规模报酬递减	规模报酬不变	网络外部性

练习题

1. 马蒂经营一家冷冻酸奶小店，在一个大学城出售冷冻酸奶杯。马蒂拥有三台冷冻酸奶机。他的其他投入要素是冰箱、冷冻酸奶配料、盛杯、奶上配料，当然还有雇员。他估计，当可以改变工人的使用数量时（同时当然还有冷冻酸奶配料、盛杯等），他每日的生产量如下表所示：

劳动数量（工人数）	冷冻酸奶产量（杯）
0	0
1	110
2	200
3	270
4	300
5	320
6	330

a. 生产冷冻酸奶的固定投入和可变投入是什么？

b. 绘制总产量曲线。将劳动数量标示在横轴，将冷冻酸奶产量标示在纵轴。

c. 第一名工人的边际产量是多少？第二名呢？第三名呢？为什么工人数量的增加导致边际产量下降？

2. 马蒂冷冻酸奶的生产函数同第1题。马蒂每日为每名工人支付80美元。他的其他可变投入为每杯酸奶0.50美元。他的固定成本为每天 100 美元。

a. 当马蒂生产 110 杯酸奶时，他的可变成本是多少？总成本是多少？200 杯呢？计算第 2 题中每种产量水平上的可变成本与总成本。

b. 画出可变成本曲线，在同一幅图中，画出他的总成本曲线。

c. 前 110 杯酸奶，每杯的边际成本是多少？接下来的 90 杯呢？计算所有剩余产量的边际成本。

3. 马蒂的冷冻酸奶的生产函数同第 1 题，成本同第 2 题。

a. 对每一产出水平而言，计算每杯冷冻酸奶的平均固定成本（*AFC*）、平均可变成本（*AVC*）和平均总成本（*ATC*）。

b. 在一幅图中，画出 *AFC*、*AVC* 和 *ATC* 曲线。

c. 什么原理可解释为什么 *AFC* 随产量增加而递减？什么原理可解释为什么 *AVC* 随产量增加而递增？解释你的答案。

d. 当平均总成本最小化时，冷冻酸奶的产量为多少？

4. 华丽绽放是一家专业从事婚礼、毕业典礼和其他喜庆事件的插花花店。华丽绽放店每日须为租用空间和设备支付 100 美元的固定成本。该店每天须向每名工人支付 50 美元。华丽绽放店每日的投入和产出如下表所示：

劳动数量（工人数）	布置鲜花数量
0	0
1	5
2	9
3	12
4	14
5	15

a. 计算每名工人的边际产量。什么原理可解释为什么每名工人的边际产量会随着所雇用工人数量的增加而下降？

b. 计算每一产出水平的边际成本。什么原理可解释为什么随着布置鲜花数量的增加，其边际成本会递增？

5. 根据下表已经给出的信息完成下表。

产量	*TC*（美元）	*MC*（美元）	*ATC*（美元）	*AVC*（美元）
0	200		—	—
		20		
1	?		?	?
		10		
2	?		?	?
		16		
3	?		?	?
		20		
4	?		?	?
		24		
5	?		?	?

6. 解释如下说法。如果正确，解释原因；如果错误，找出错误并改正之。

a. 边际产量递减告诉我们边际成本一定递增。

b. 固定成本递增，提高了最小成本产量。

c. 固定成本增加，导致边际成本升高。

d. 当边际成本高于平均总成本时，平均总成本一定下降。

7. 马克和杰夫经营一家小公司，生产足球纪念品。他们每个月的固定成本为 2 000 美元。他们向所雇用的每名工人每月支付 1 000 美元。他们每月的足球产量如下表所示。

劳动数量（工人数）	足球数量
0	0
1	300
2	800
3	1 200
4	1 400
5	1 500

a. 对于每单位劳动，计算平均可变成本（*AVC*）、平均固定成本（*AFC*）、平均总成本（*ATC*）和边际成本（*MC*）。

b. 在一幅图中画出 *AVC*、*ATC* 和 *MC* 曲线。

c. 当产量为多少时，马克和杰夫的平均总成本实现最小化？

8. 你以制造小部件为业。目前你生产四个小部件的总成本为 40 美元。

a. 你的平均总成本是多少？

b. 假设你可以以 5 美元的边际成本多生产一个（第五个）小部件。如果你这样生产了第五个小部件，你的平均总成本是多少？你的平均总成本是上升还是降低？为什么？

c. 假设你可以以 20 美元的边际成本多生产一个（第五个）小部件。如果你这样生产了第五个小部件，你的平均总成本是多少？你的平均总成本是上升还是降低？为什么？

9. 在你的经济学课程学习中，每次家庭作业都是根据最高为 100 分来评分的，你已经完成了 10 次作业中的 9 次。你目前的平均成绩为 88 分。第 10 次作业能在多大程度上提高你的整体平均成绩？你的整体平均成绩最低为多少？请解释你的答案。

10. 唐拥有一家小型混凝土搅拌公司。他的固定成本是混凝土配料机和搅拌车。他的可变成本有：沙子、石子和其他生产水泥的投入的成本；汽油以及机械和卡车的维护费用；所雇用工人的工资。他正考虑购买多少辆搅拌车。他根据公司每周的订单数估计的成本情况如下表所示：

搅拌车数量	*FC*（美元）	*VC*（美元）		
		20 份订单	40 份订单	60 份订单
2	6 000	2 000	5 000	12 000
3	7 000	1 800	3 800	10 800
4	8 000	1 200	3 600	8 400

a. 根据每一固定成本水平，计算唐每周生产 20 份、40 份和 60 份订单的总成本。

b. 如果唐每周生产 20 份订单，他应该购买多少辆搅拌车？他的平均总成本是多少？每周生产 40 份和 60 份订单时，答案又是什么？

11. 考虑第 10 题关于唐的混凝土搅拌问题。假设唐购买了 3 辆搅拌车，预期每周按 40 份订单生产。

a. 假设在短期内，企业订单下降到 20 份。在短期内，唐的每份订单的平均总成本是多少？如果他的订单每周增加到 60 份，在短期内他的每份订单的平均总成本又是多少？

b. 每周生产 20 份订单时，唐的长期平均总成本是多少？解释为什么当搅拌车数量固定为 3 辆、每周生产 20 份订单时他的短期平均总成本比每周生产 20 份订单时他的长期平均总成本大。

c. 画出唐的长期平均总成本曲线。画出他拥有 3 辆搅拌车时的短期平均总成本曲线。

12. 判断对错，并说明理由。

a. 短期平均总成本总是不会低于长期平均总成本。

b. 短期平均可变成本总是不能低于长期平均总成本。

c. 从长期来看，选择更高的固定成本将推动长期平均总成本曲线上移。

13. 沃尔夫斯堡货车（WW）公司是一家小型汽车制造商。下表展示了该公司的长期平均总成本。

汽车数量	*LRATC*（美元）
1	30 000
2	20 000
3	15 000
4	12 000
5	12 000
6	12 000
7	14 000
8	18 000

a. 在哪个产量区间，WW 公司经历规模报酬递增？

b. 在哪个产量区间，WW 公司经历规模报酬递减？

c. 在哪个产量区间，WW 公司经历规模报酬不变？

14. 主要商品的价格变化会对企业的收益有显著影响。但是，企业并不是只关心产自石油、天然气和电的能源的价格的变化。2012 年 8 月 16 日彭博社的一篇文章称，“乙醇要求加剧了食品价格的上涨并将其扩散到汽油价格上，自 7 月初以来汽油价格上涨了差不多 40 美分/加仑。”美国政府要求汽油中包含乙醇，而乙醇从玉米中提取。

a. 解释能源成本如何既可以是一个企业的固定成本，也可以是一个企业的可变成本。

b. 假设能源成本是固定成本，能源价格上涨。企业的平均总成本曲线会发生什么变化？其边际成本曲线会发生什么变化？画图说明你的答案。

c. 解释为什么当用于乙醇生产时，玉米成本是可变成本而不是固定成本。

d. 当玉米成本上升时，乙醇生产商的平均总成本曲线会发生什么变化？其边际成本曲线会发生什么变化？画图说明你的答案。

15. 很多企业的劳动成本在总成本中占很大的比例。根据 2011 年 7 月 29 日《华尔街日报》的文章，与 2011 年第一季度相比，同年第二季度的劳动成本上升了 0.7%。

a. 当劳动成本增加时，平均总成本和边际成本会发生什么变化？考虑劳动成本只是可变成本与劳动成本既是可变成本又是固定成本两种情形。

劳动生产率提高意味着每个工人可以生产更多的产出。最新的生产力数据表明，美国非农产业部门的劳动生产率从 1970 年到 1999 年间增长了 1.7%，在 2000—2009 年间增长了 2.6%，在 2010 年增长了 4.1%。

b. 当生产率正向增长时，总产量曲线与边际产量曲线会发生什么变化？画图说明答案。

c. 当生产率正向增长时，边际成本曲线与平均总成本曲线会发生什么变化？画图说明答案。

d. 如果劳动成本随着时间的推移平均来看是上涨的，为什么一个企业要采用提高劳动生产率的设备和方法呢？

在线回答问题

16. 下表显示了汽车制造商生产汽车的总成本的情况。

汽车数量	*TC*（美元）
0	500 000
1	540 000
2	560 000
3	570 000
4	590 000
5	620 000
6	660 000

续前表

汽车数量	TC（美元）
7	720 000
8	800 000
9	920 000
10	1 100 000

a. 制造商的固定成本是多少？

b. 对于每一产出水平，计算可变成本（*VC*）。除零产出外，计算每一产出水平的平均可变成本（*AVC*）、平均总成本（*ATC*）以及平均固定成本（*AFC*）。最小成本产量为多少？

c. 对于每一产出水平，计算该制造商的边际成本（*MC*）。

d. 在一幅图上，画出制造商的 *AVC*、*ATC* 和 *MC* 曲线。

第 7 章

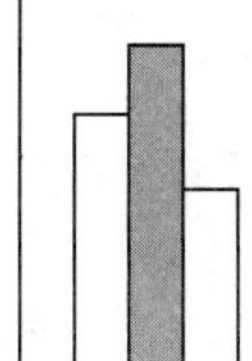

完全竞争与供给曲线

本章将学习

- 一个完全竞争的市场是什么意思，一个完全竞争行业具有哪些特征。
- 一个作为价格接受者的生产者如何决定其利润最大化产出数量。
- 如何评估生产者是否盈利，为什么无利可图的生产者可能会在短期内继续经营。
- 为什么不同行业在短期和长期的表现会不同。
- 什么决定着一个行业在短期和长期的供给曲线。

开篇案例

闪亮的圣诞节

假日季节来临的一个明确信号是圣诞树卖家突然出现，他们在全国各地的空地、停车场以及花园中心纷纷开店。直到 20 世纪 50 年代，几乎所有的圣诞树都是由个人去当地的森林自己砍伐。然而，到了 20 世纪 50 年代，人口增长和森林减少造成的供给不足创造出了市场机会。看到通过种植和销售圣诞树可以获利，农场主因利而动。因此，不用冒险进入森林自己砍树，有各种尺寸和品种的树木可供选择——而且都在离家不远的地方。在 2013 年，美国售出近 2 500 万棵种植树木，总计 10 亿美元。

需要注意的是，圣诞树的供给相对缺乏价格弹性，原因有二：获得用于种植的土地需要时间，树木生长需要时间。但是，这些限制仅适用于短期。随着时间的推移，已经从业的林场可以提高自己的能力，新的树农也可以进入该行业，而且随着时间的推移，越来越多的树木将成熟并准备被推向市场。因此，价格提高推动的供给量增加从长远来看要比短期大得多。

供给曲线从何而来？为什么会出现短期和长期供给曲线之间的差异？在本章中，我们将把我们在第 6 章解释的成本概念作为供给曲线的分析基础。正如我们将看到的，这要求我们既理解个别企业也理解许多单个企业所组成的整个行业的行为。

在本章的分析中我们假设所分析的行业具有完全竞争特征。我们首先解释完全竞争的概念，对完全竞争行业所具备的条件提供一个简单的介绍。然后，我们将解释完全竞争条件下生产者如何决定生产多少产量。最后，我们使用单个生产者的成本曲线推导出完全竞争下的行业供给曲线。

通过分析一个竞争激烈的行业随时间演变的方式，我们将明白一个竞争激烈的行业中需求变化的短期影响和长期影响的区别。例如，美国人偏好已经修整好的树木对圣诞树种植业的影响。我们将深入讨论一个行业成为完全竞争的必要条件。

7.1 完全竞争

假设伊夫和佐伊是相邻的农场主，两人都种植圣诞树。两人向同一圣诞树消费者群出售产品，在实际意义上，伊夫和佐伊是相互竞争关系。

这是否意味着伊夫应努力阻止佐伊不种植圣诞树，或者伊夫和佐伊应该达成协议减少种植？几乎可以肯定不会：有数以千计种植圣诞树的农场主，伊夫和佐伊与其他所有种植者竞争，也相互竞争。因为这么多的农场主销售圣诞树，因此如果他们中的任何一个多种或少种，不会对市场价格产生多少影响。

当人们谈论商业竞争时，人们脑海中浮现的往往是两个或三个相互竞争的公司为获得优势而残酷争斗。但经济学家知道，当一个行业包括几个主要竞争对手时，它实际上是表明竞争相当有限的信号。正如圣诞树例子所表明的那样，当竞争足够激烈时，确定你的对手不再有任何意义，有如此多的竞争对手，你不能挑出其中的任何一个作为对手。

我们可以换一种说法：伊夫和佐伊是一对**价格接受型生产者**（price-taking producer）。当生产者无力对其所销售的产品或服务的市场价格产生任何影响时，这时的生产者就是价格接受者。因此，价格接受型生产者将市场价格视为给定。当有足够多的竞争者存在时——这种竞争就是经济学家所说的完全（“完美”）竞争——每一位生产者都是一名价格接受者。

价格接受型生产者是其行为对其所销售的产品和服务的市场价格无任何影响的生产者。

价格接受型消费者是其行为对其所消费的产品和服务的市场价格无任何影响的消费者。

对消费者也有类似的定义：**价格接受型消费者**（price-taking consumer）是其行为不会影响产品或服务的市场价格的消费者。也就是说，市场价格不会受到消费者购买产品或服务多与少的影响。

□ 7.1.1 完全竞争的含义

在一个**完全竞争市场**（perfectly competitive market）中，所有的市场参与者（消费者和生产者）都是价格接受者。也就是说，无论是个人消费者的消费决策还是个体生产者的生产决策，都不影响产品的市场价格。

我们在第3章介绍的供给和需求模型，在此后各章多次使用，就是一个完全竞争市场的典范。它的基本假定是，一种产品如咖啡豆或圣诞树的个人买方或卖方，无人认为他或她买入或卖出产品时会影响到产品价格。

一般来说，消费者的确是价格接受者。消费者能够影响到他们购买的产品的价格极为罕见。然而，生产者对他们得到的产品的价格有显著的影响则很常见，这种现象我们将在下一章中讨论。所以，完全竞争模型适于一些市场，但并非所有的市场。其中生产者作为价格接受者的行业被称为**完全竞争行业**（perfectly competitive industry）。显然，一些行业是不完全竞争的；在后续章节中，我们将学习如何分析不符合完全竞争模型条件的行业。

完全竞争市场指所有市场参与者都是价格接受者的市场。

完全竞争行业指所有生产者都是价格接受者的行业。

在什么情况下会出现生产者是价格接受者呢？在下一节中，我们会发现，完全竞争行业必须满足两个必要条件，且第三个条件经常被提到。

□ 7.1.2 完全竞争的两个必要条件

主要谷物如小麦和玉米的市场是完全竞争的：小麦和玉米的个人种植者，以及小麦和玉米的个人购买者，都是接受市场价格。相反，那些以谷物为原料制成的食品——特别是早餐麦片——的市场就并非完全竞争的了。不同麦片品牌之间的竞争激烈，但并非完全竞争。为理解小麦市场和小麦麦片市场之间的差异，必须了解完全竞争成立的两个必要条件。

首先，当一个行业是完全竞争的时，它必须包含许多生产者，没有一个生产者占有一个很大的**市场份额**（market share）。生产者的市场份额是指一个生产

市场份额指一个生产者的产量占行业总产量的比例。

者的产量占行业总产量的比例。市场份额的分布是小麦行业和早餐麦片行业之间的一个主要区别。有成千上万农场主种植小麦，每个农场主的销售额只占据小麦总销售额的一小部分。

然而，早餐麦片行业主要由四家公司主导：凯洛格、通用磨坊、宝氏食品（Post Foods）和桂格燕麦公司。仅凯洛格就占了所有麦片销售额的约三分之一。凯洛格的管理人员知道，如果他们卖出更多的玉米片，他们很可能会压低玉米片的市场价格。也就是说，他们知道自己的行为会影响市场价格，就是因为他们公司占据市场的很大份额，他们的销售量改变将对麦片市场的总供给量产生显著影响。只有当一个行业中不包含任何像凯洛格一样的大型生产者时，生产者是价格接受者才是合理的假设。

其次，只有当消费者把所有生产者生产的产品视作相同时，该行业才可以被认为是完全竞争的。这显然不适于早餐麦片市场：消费者不会认为 Cap'n Crunch 麦片是 Wheaties 麦片的良好替代品。因此，Wheaties 麦片的制造商可以提高其产品价格，而不必担心它会失去所有客户，都去购买 Cap'n Crunch 麦片。

与此形成鲜明对照的是**标准化产品**（standardized product），即使它来自不同的生产者，消费者也视之为相同的产品，有时也被称为一种**大宗商品**（commodity）。因为小麦是一种标准化产品，消费者会认为一个小麦生产者的产品是另一个生产者的产品的完美替代品。因此，一位农场主不会提高小麦的价格，否则会出现销售尽失，被其他小麦农场主所替代。因此，竞争性行业的第二个必要条件是该行业的产品是一种标准化产品（参见下面的“追根究底”专栏）。

标准化产品，也被称为**大宗商品**，此时消费者认为不同生产者生产的产品相同。

▶ 追根究底

什么是标准化产品？

完全竞争行业必须生产标准化产品。不同公司实际上能生产出完全相同的产品吗？不能。人们还必须认为它们是相同的。生产者往往竭尽全力说服消费者，他们能生产区别明显或者有区别的产品，即使他们不一定能做到。

举个香槟的例子——并非特别昂贵的特级香槟，而是普通香槟。大多数人无法区分法国香槟产区（该产品的起源地）与西班牙或加利福尼亚州的同类产品的差异。但是法国政府一直在寻求和获得对香槟酿酒师的法律保护，确保世界范围内只有来自该区域的起泡酒可以被称为香槟。如果香槟来自其他地区，所有的卖家都只能说使用了香槟的酿制方法。这将在消费者心目中形成区别，保证香槟的生产者获得更高的价格。同样，泡菜——发酵辣白菜，是韩国的国家配菜——的韩国生产者正在尽最大努力说服消费者，日本企业生产的包装相同的产品并非同样的东西。其目的当然是要保证韩国泡菜较高的价格。

如果除了名称外，一个行业销售的产品无法区分，但消费者不管出于什么原因并不认为它们是标准化产品，该行业还是完全竞争行业吗？不是！当涉及界定竞争的性质时，消费者永远是对的。

□ 7.1.3 自由进入和退出

所有的完全竞争行业都有占据很小市场份额的许多生产者，生产标准化产品。大多数完全竞争行业还有许多其他特征：新企业进入这个行业或目前在该行业中的企业退出非常容易。也就是说，没有政府法规或获得关键资源方面的任何障碍来阻止新的生产者进入市场。关闭一个企业或离开一个行业没有额外的成本。

经济学家把一个行业中新企业的建立称为进入（entry）；而把企业离开一个行业称为退出（exit）。当进入或退出一个行业没有任何障碍时，我们称之为该行业可**自由进入和退出**（free entry and exit）。

自由进入和退出指新的生产者容易进入、行业中的现有企业容易退出的行业。

自由进入和退出对完全竞争而言并非完全必要。在第 4 章中，我们介绍过阿拉斯加捕捞海蟹的情况，管制的方法对在捕捞季节能够捕捞的螃蟹数量设置配额，这样行业进入者仅限于已获得配额的船主。尽管如此，还是有足够的船只从事该项业务，蟹民也都是价格接受者。但自由进入和退出是大部分竞争性行业成立的关键因素。它确保了行业内的生产者人数能够适应不断变化的市场条件。特别是它确保在一个行业内的生产者不能采取行动来阻止新企业进入。

综上所述，完全竞争的成立取决于两个必要条件。首先，该行业必须有大量生产者，每个生产者的产量都只占据行业总产量较小的市场份额。其次，行业必须生产一种标准化产品。另外，完全竞争行业通常具有可自由进入和退出的特征。

一个行业怎样符合这三条标准？第一步，我们看一下完全竞争行业中的单个生产者如何实现利润最大化。

▶ 真实世界中的经济学

付费延后

有时也可能看到一个行业成为完全竞争行业。实际上，在一种广普药物专利到期后经常会发生这种情况。

当一家公司开发出新的药物时，它通常能获得专利保护，这种保护赋予其合法的垄断权——从申请之日起20年的药品独家销售权利。从法律上讲，没有得到专利权人的许可，任何人都不能销售这种药品。

但是在专利到期后，市场开放，其他公司可销售自己版本的药物，被统称为仿制药。仿制药是标准化产品，与阿司匹林很相似，往往由多家生产商销售。平均来说，一种广普药物的成本大约相当于专利保护药物价格的15%，专利保护药物会迅速失去高达90%的市场份额。

毫不奇怪，专利保护药物的制造商都急于阻止仿制药竞争者进入市场，并尝试各种策略。一个特别成功的策略，被称为“付费延后”，是原药制造商与一个潜在的仿制药竞争对手之间达成协议，仿制者推迟引进仿制药的时间，以换取一定的补偿。其结果是，原药制造商继续按高价售药，牟取高额利润。这些协议受到政府的严格监管，被视为损害消费者利益的反竞争行为。根据执行反托拉斯法（用法律来规制垄断）的联邦机构美国联邦贸易委员会的说法，从2005年到2013年，付费延后每年导致消费者付出的成本为35亿美元。

付费延后协议的辩护者说，这些交易并没有反竞争，他们允许仿制药进入市场，它们的制造商无须面对代价昂贵的专利诉讼战的威胁。2013年，最高法院裁定，付费延后交易实际上可能是反竞争的，因此同意美国联邦贸易委员会对每个案例提出质疑。

及时复习

- 不论是价格接受型生产者还是价格接受型消费者，都无法影响一种产品的市场价格。
- 在完全竞争市场中，所有生产者和消费者都是价格接受者。消费者几乎总是价格接受者，但生产者通常并非如此。生产者为价格接受者的行业被称为完全竞争行业。
- 一个完全竞争行业包括许多生产者，每一个生产者都生产标准化产品（也被称为大宗商品），但没有一个能占据很大的市场份额。
- 大部分完全竞争行业也具有自由进入和退出的特点。

小测验7-1

1. 在下述每种情形下，你认为所描述的行业是完全竞争的吗？请解释你的答案。

a. 世界上有两个铝生产者，产品在多个地方销售。

b. 天然气价格由全球供给和需求决定。全球供给的一小部分是由位于北海的少数几家公司生产的。

c. 数十名设计师销售高档时装。每名设计师都有一个鲜明的风格和忠实的客户。

d. 美国有很多棒球队，每个主要城市都有一个或两个棒球队，每个棒球队都向家乡的观众售票。

7.2 生产与利润

以诺伊尔运营一个圣诞树种植林场为例。假设圣诞树的市场价格是18美元/棵，诺伊尔是价格接受者，她可以在这个价格上出售尽可能多的她喜欢的数量。我们可以使用表7-1中的数据通过直接计算来寻找她利润最大化的产量水平。

表 7-1　　市场价格为 18 美元时诺伊尔林场的利润

圣诞树数量 Q	总收益 TR（美元）	总成本 TC（美元）	利润 $TR-TC$（美元）
0	0	140	−140
10	180	300	−120
20	360	360	0
30	540	440	100
40	720	560	160
50	900	720	180
60	1 080	920	160
70	1 260	1 160	100

第一列是圣诞树的产量，第二列是诺伊尔从产出中获得的总收益（总收入）：她所种树木的市场价值。总收益（总收入），TR，等于市场价格乘以产量：

$$TR=P\times Q \tag{7-1}$$

在这个例子中，总收益等于每棵树 18 美元乘以树的数量。

表 7-1 的第三列是诺伊尔的总成本。第四列所示为她的利润，等于总收益减去总成本：

$$利润=TR-TC \tag{7-2}$$

如该表中的数字所示，在产量为 50 棵树时，利润等于 180 美元，实现最大化。但是，我们可以更深刻地理解利润最大化的产量问题，将其视为边际分析问题。这就是我们接下来的任务。

□ 7.2.1　用边际分析来选择利润最大化的产量

第 6 章对边际成本的定义是：多生产 1 单位产品或服务引起的成本增加额。与此类似，**边际得益**（marginal benefit）是多生产 1 单位产品或服务增加的好处。我们现在准备运用**边际分析原理**（principle of marginal analysis）了。该原理认为，一项行动的最优数量是边际得益等于边际成本时的水平。

> 一种产品或服务的**边际得益**是多生产 1 单位产品或服务增加的好处。
>
> **边际分析原理**认为，一项行动的最优数量是边际得益等于边际成本时的数量。
>
> **边际收益**是多生产 1 单位产量引起的总收益的变化量。
>
> **最优产出原则**指，当最后 1 单位产量的边际收益等于边际成本时，生产的产量可以实现利润最大化。

为理解这一原理，我们考虑生产者增加 1 单位产量对利润的影响。该单位产量的边际得益是销售后获得的额外收益；该项所得被称为该单位产出的**边际收益**（marginal revenue）。边际收益计算的一般公式为：

$$边际收益=增加 1 单位产量带来的总收益变化量=\frac{总收益变化量}{产量变化量}$$

或者

$$MR=\Delta TR/\Delta Q \tag{7-3}$$

因此，诺伊尔生产圣诞树至边际收益等于边际成本的时点就能实现利润最大化。我们可以将此总结为生产者的**最优产出原则**（optimal output rule）：最后生产的 1 单位产量使得边际收益等于边际成本时，利润就达到了最大。也就是说，$MR=MC$ 时的产量是最优的。

表 7-2 有助于我们学习如何应用这一原则，表中给出了诺伊尔林场的各种短期运营成本。第二列是林场的可变成本，第三列所示为假设固定成本为 140 美元时林场的总成本。第四列所示为边际成本。请注意，在本事例中，在最初阶段产量增加时，边际成本下降，但随后开始上升。这使得边际成本曲线类似于第 6 章中所描述的塞莱娜的美食酱汁公司的成本，呈“上钩”形。稍后我们将会明白，这种形状对短期生产决策具有重要意义。

第五列是林场的边际收益，该数据有一个重要特点：诺伊尔的边际收益等于价格，在每一产量水平都是

18 美元。第六列即最后一列所示为每棵树的净得益，等于边际收益减去边际成本，或在目前这种情况下，与市场价格减去边际成本等效。正如我们所看到的，从第 10 棵到第 50 棵，净得益为正值；在这一范围内生产的每一棵树都会提高诺伊尔的利润。从第 60 棵到第 70 棵，净得益为负，即生产这些树只会减少而不是增加利润。（通过对照表 7－1 来验证这一点。）所以，诺伊尔的利润最大化产量为 50 棵树，这也是在价格为 18 美元时边际成本等于市场价格的产出水平。

表 7－2　诺伊尔林场的短期成本

圣诞树数量 Q	可变成本 VC（美元）	总成本 TC（美元）	树木的边际成本 $MC=\Delta TC/\Delta Q$（美元）	树木的边际收益 MR（美元）	净得益 $MR-MC$（美元）
0	0	140			
			16	18	2
10	160	300			
			6	18	12
20	220	360			
			8	18	10
30	300	440			
			12	18	6
40	420	560			
			16	18	2
50	580	720			
			20	18	−2
60	780	920			
			24	18	−6
70	1 020	1 160			

这个例子其实说明了从边际分析推出的另一个一般性原则——**价格接受型企业的最优产出原则**（price-taking firm's optimal output rule）：价格接受型企业通过使生产的最后一单位产量的边际成本等于市场价格，可以实现利润最大化，即 $P=MC$ 时价格接受型企业生产最优产出数量。事实上，价格接受型企业的最优产出原则就是最优产出原则在价格接受型企业上的具体应用。为什么？因为对于价格接受型企业来说，边际收益等于市场价格。

价格接受型企业的最优产出原则指，对价格接受型企业来说，当生产的最后一单位产品的边际成本等于产品的市场价格时，就生产了利润最大化的产量。

边际收益曲线是表现边际收益怎样随产量变化而变化的曲线。

一个价格接受型企业不能用自己的行动来影响市场价格。它总是把市场价格作为给定价格，因为它无法通过销售更多产品来降低市场价格，或通过出售更少产品来抬高市场价格。因此，对于价格接受型企业来说，多生产一单位产量所带来的额外收益始终等于市场价格。在以后的章节中我们需要记住这一点，我们将看到，如果是不完全竞争行业，边际收益并不等于市场价格。因此，当一个行业是不完全竞争的时，企业并非价格接受者。

在本章的其余部分中，我们假设所讨论的行业是像圣诞树种植业那样的完全竞争行业。如图 7－1 所示，诺伊尔利润最大化的产出数量其实就是边际成本等于价格时的圣诞树数量。图中给出的边际成本曲线 MC 是根据表 7－2 第四列的数据画出的。我们将从 10 到 20 之间增加的成本画在 10 到 20 棵树之间，其他依此类推。18 美元处的一条水平线是诺伊尔的**边际收益曲线**（marginal revenue curve）。

请注意，只要一个企业是价格接受者，其边际收益曲线就是在市场价格处的一条水平线，这意味着：企业可在市场价格上卖出其想要出售的任何数量的产品。不管出售数量为多少，市场价格都不会受到影响。实际上，单个企业面临的是弹性无穷大的需求曲线，个体需求曲线与其边际收益曲线完全相同。边际成本曲线在 E 点穿过边际收益曲线，此时 $MC=MR$。可以肯定，E 的产量为 50 棵。

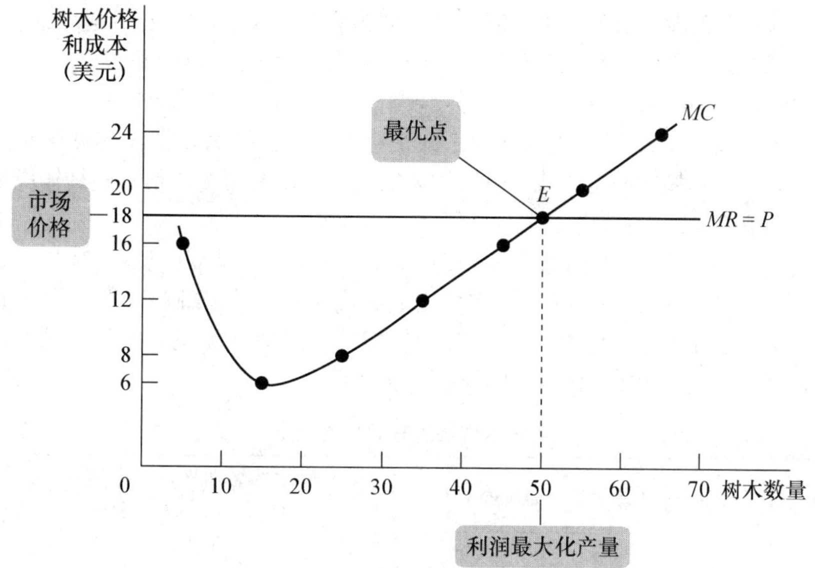

图 7-1　价格接受型企业的利润最大化产量

在利润最大化产量上，市场价格等于边际成本。具体说来，它位于边际成本曲线穿过边际收益曲线也就是水平的市场价格线的点上。在此利润最大化点就是产量等于 50 棵树的 E 点。

▶ **疑难解答**

如果边际收益不完全等于边际成本，又会怎样？

最优产出原则说明了为实现利润最大化，我们应该生产的产量是边际收益等于边际成本时的产量。然而，如果没有边际收益等于边际成本的产量，我们又该做什么呢？在这种情况下，我们应该将产量增加至边际收益大于边际成本时的最大水平。如表 7-2 中树木为 50 棵时的情形。当生产涉及数量较大——如单位数以万计——时可适用最优产出原则的简化形式。在这种情形下，边际成本的变化幅度很小，总能找到一个产出水平使得边际成本近似等于边际收益。

这是否意味着价格接受型企业的生产决策可以完全概括为"生产达到边际成本等于价格的点上"？不完全如此。在运用边际分析的利润最大化原则来确定生产多少数量之前，潜在生产者第一步必须回答一个"非此即彼"的问题：它应该生产吗？如果该问题的答案是肯定的，则才进入第二步，回答"生产多少"的问题：选择边际成本等于价格时的产量来实现利润最大化。

要理解为什么生产决策的第一步是回答"非此即彼"的问题，我们需要回答的问题是：如何判断生产是否有利可图？

□ 7.2.2　何时生产有利可图？

一个企业是否留在一个给定的行业中的决策取决于它的**经济利润**（economic profit）——企业的收益减去使用资源的机会成本。一个稍微不同的说法是：在计算经济利润时，一个企业的总成本既包含隐性成本，也包含显性成本。**显性成本**（explicit cost）是指涉及实际货币支出的成本。**隐性成本**（implicit cost）是指不需要支出货币的成本；它以企业所放弃的好处的美元价值来衡量。

与此相反，**会计利润**（accounting profit）只是使用由该企业承担的显性成本而计算出的利润。这意味着，经济利润的计算包括企业拥有并在生产中使用的自有资源的机会成本，而会计利润的计算则不包括。

> **经济利润**等于收益减去使用资源的机会成本。
>
> **显性成本**是指需要支出货币的成本。
>
> **隐性成本**是指不需要支出货币的成本；它以企业所放弃的好处的美元价值来衡量。
>
> **会计利润**等于收益减去显性成本。它通常大于经济利润。

一个企业可能会获得正的会计利润，但同时经济利润为零甚至是负数。要清楚理解企业是否继续生产，或者是在一个行业继续经营还是永久性离开，应基于经济利润，而不是会计利润。

因此，我们将假设，正如我们一直所做的那样，表7-1和表7-2中的成本数字是包含所有成本的，既包括隐性成本又包括显性成本，表7-1中的利润因此是经济利润。那么，是什么决定着诺伊尔林场是盈利还是亏损呢？答案是，给定林场的成本曲线，是否盈利取决于树木的市场价格——具体说来，市场价格是否高于林场的最低平均总成本。

在表7-3中我们计算了诺伊尔林场的短期平均可变成本和短期平均总成本。这些都是短期指标，因为我们设定固定成本不变。（稍后我们将讨论短期内固定成本变化的影响。）图7-2所示的短期平均总成本曲线 *ATC* 与来自图7-1的边际成本曲线 *MC* 被放在一起。正如我们所看到的，平均总成本在 *C* 点最小，对应40棵树——最小成本产量——每棵树的平均总成本为14美元。

表7-3　　诺伊尔林场的短期平均成本

圣诞树数量 *Q*	可变成本 *VC*（美元）	总成本 *TC*（美元）	树木的短期平均可变成本 *AVC*=*VC*/*Q*（美元）	树木的短期平均总成本 *ATC*=*TC*/*Q*（美元）
10	160.00	300.00	16.00	30.00
20	220.00	360.00	11.00	18.00
30	300.00	440.00	10.00	14.67
40	420.00	560.00	10.50	14.00
50	580.00	720.00	11.60	14.40
60	780.00	920.00	13.00	15.33
70	1 020.00	1 160.00	14.57	16.57

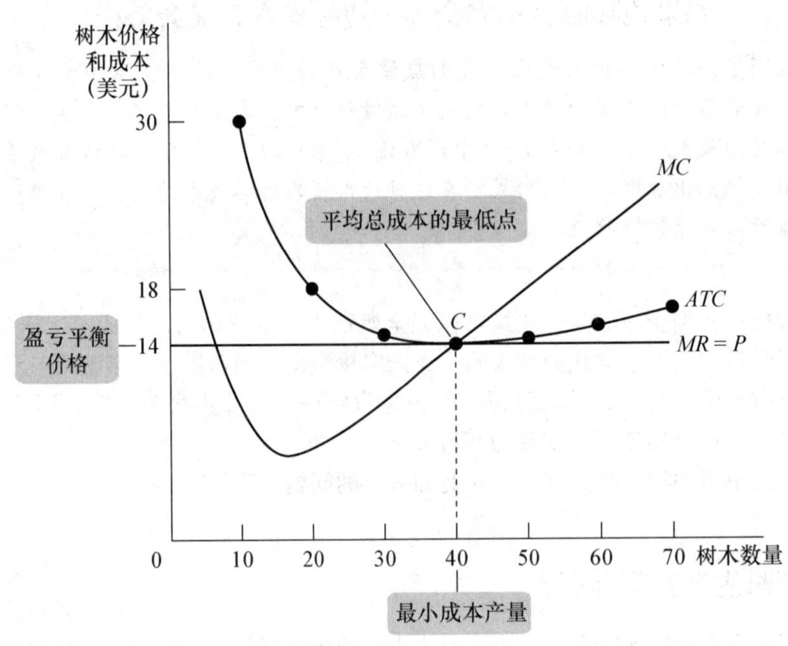

图7-2　短期成本与产量

该图给出了边际成本曲线 *MC* 和短期平均总成本曲线 *ATC*。当市场价格为14美元时，产量为40（最小成本产量），由 *C* 点来表示。14美元的价格，等于企业的最低平均总成本，是企业的盈亏平衡价格。

为了理解这些曲线如何能被用来决定生产是盈利的还是亏损的，我们从利润等于总收益减去总成本即 *TR*−*TC* 入手。这意味着：

- 如果企业在 *TR*＞*TC* 时生产，企业有利可图。
- 如果企业在 *TR*＝*TC* 时生产，企业盈亏平衡。

● 如果企业在 $TR<TC$ 时生产，企业出现亏损。

我们也可以用单位产出的收益与成本来表达上述想法。如果用产量 Q 除以利润，我们就得到了用单位产出表示的利润表达式：

$$利润/Q = TR/Q - TC/Q \tag{7-4}$$

TR/Q 是平均收益，即市场价格。TC/Q 是平均总成本。因此，如果企业产量的市场价格高于企业产量的平均总成本，那么该企业有利可图；如果市场价格低于该企业产量的平均总成本，那么企业亏损。这意味着：

● 如果企业在 $P>ATC$ 时生产，企业有利可图。

● 如果企业在 $P=ATC$ 时生产，企业盈亏平衡。

● 如果企业在 $P<ATC$ 时生产，企业出现亏损。

图 7－3 显示的结果表明了市场价格是如何确定企业是否有利可图的。它也表明了怎样画图说明利润的

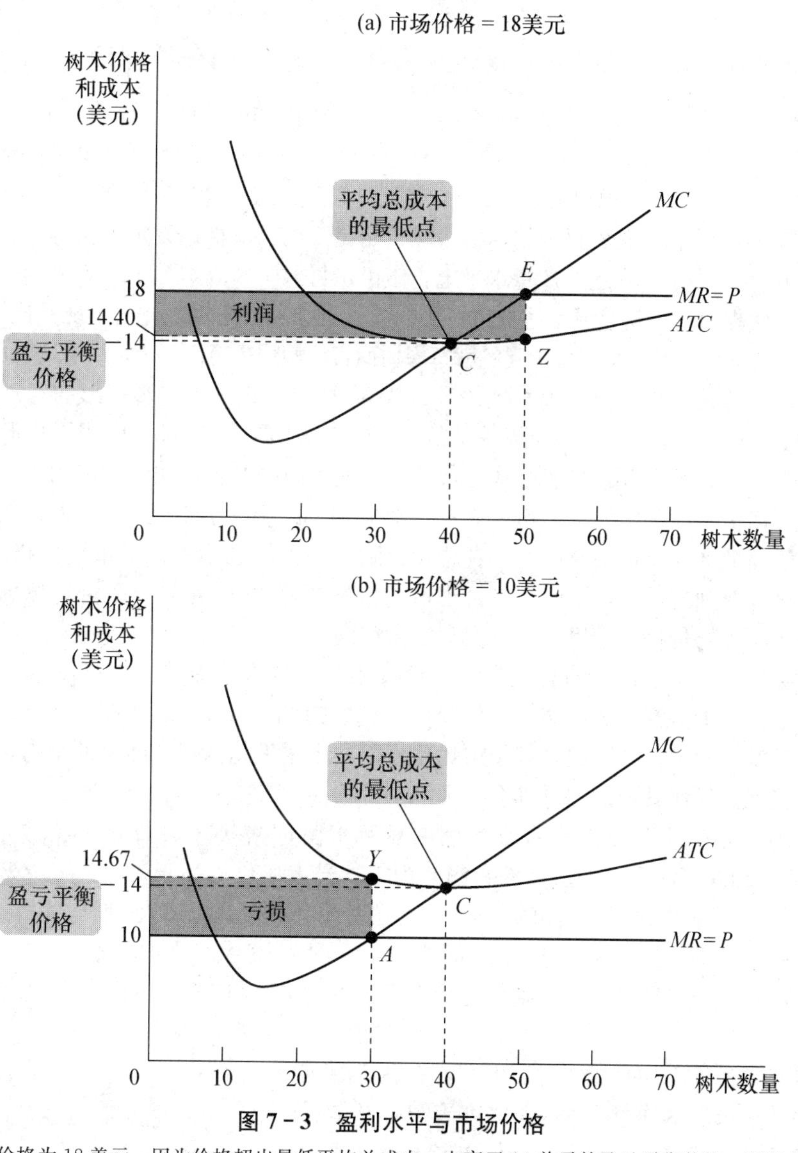

图 7－3　盈利水平与市场价格

在图（a）中，市场价格为 18 美元，因为价格超出最低平均总成本，也高于 14 美元的盈亏平衡价格，所以林场有利可图。林场的最优产出选择由 E 点表示，对应的产出为 50 棵树。50 棵树的平均总成本由 ATC 曲线上的 Z 点表示，对应值为 14.40 美元。E 点和 Z 点之间的垂直距离等于林场每单位树木的利润，即 18.00 美元－14.40 美元＝3.60 美元。总利润由阴影矩形的面积表示，即 50×3.60 美元＝180.00 美元。在图（b）中，市场价格为 10 美元；林场无利可图，因为价格下跌到最低平均总成本 14 美元以下。林场的最优产出选择由 A 点表示，对应于 30 棵树的产出。林场的每单位亏损——14.67 美元－10.00 美元＝4.67 美元——由 A 点和 Y 点之间的垂直距离代表。林场的总亏损由阴影矩形的面积表示，即 30× 4.67 美元＝140.00 美元（调整舍入误差）。

各种情形。每幅分图都给出了边际成本曲线 MC 和短期平均总成本曲线 ATC。平均总成本在 C 点最小。图 7-3（a）所示为我们已经分析的情况，树木的市场价格是每棵 18 美元。图 7-3（b）所示为树木市场价格更低的情形，即每棵树 10 美元。

在图 7-3（a）中，我们看到，当每棵树的价格为 18 美元时，利润最大化产出数量为 50 棵，由 E 点表示，其中边际成本曲线 MC 与边际收益曲线——对于价格接受型而言是既定市场价格处的一条水平线——在这一点相交。在这一产出水平上，平均总成本为每棵树 14.40 美元，由 Z 点表示。因为树的价格超过每棵树的平均总成本，诺伊尔林场有利可图。

当市场价格为 18 美元时，诺伊尔的利润总额用图 7-3（a）中阴影矩形的面积表示。为了理解为什么如此，注意利润总额可表示为每单位产量的利润：

$$\text{利润}=TR-TC=(TR/Q-TC/Q)\times Q \qquad (7-5)$$

或者，等同地，

$$\text{利润}=(P-ATC)\times Q$$

这是因为 P 等于 TR/Q，ATC 等于 TC/Q。在图 7-3（a）中阴影矩形的长对应于 E 点和 Z 点之间的垂直距离，它等于 $P-ATC$=18.00 美元−14.40 美元=3.60 美元/棵。阴影矩形的宽度等于产量：Q=50 棵。矩形的面积等于诺伊尔的利润：50×每棵树的利润 3.60 美元=180 美元，这与我们在表 7-1 中计算的结果相同。

图 7-3（b）所示是什么情形呢？这里树木的市场价格是 10 美元/棵。设定价格等于边际成本时利润最大化产出为 30 棵树，由 A 点表示。在这一产量水平上，诺伊尔每棵树的成本为 14.67 美元，由 Y 点表示。在利润最大化产量处——30 棵树，平均总成本超过市场价格。这意味着，诺伊尔林场出现亏损，无利润。

当市场价格为 10 美元时，她亏损了多少呢？就每棵树而言，她损失 $ATC-P$=14.67 美元−10.00 美元=4.67 美元，相当于 A 点和 Y 点之间的垂直距离。她的产量为 30 棵树，相当于阴影矩形的宽。因此，她的亏损的总价值为 4.67 美元×30=140.00 美元（调整舍入误差），相当于图 7-3（b）中阴影矩形的面积。

但在一般情况下，一名生产者怎样知道其经营是否有利可图呢？关键在于对市场价格与生产者的最低平均总成本进行比较。诺伊尔林场的最低平均总成本等于 14 美元，树木产量为 40，由 C 点表示。

当市场价格高于最低平均总成本时，生产者总能找到一些平均总成本低于市场价格的产量。换句话说，生产者可以找到该企业获利的产出水平。所以，当市场价格超过 14 美元时，诺伊尔林场将有利可图。通过使产量的边际成本等于市场价格，诺伊尔可以实现最大利润。

相反，如果市场价格低于最低平均总成本，将没有哪个产量水平能使得价格超过平均总成本。其结果是，企业将在任何产量水平上都无利可图。正如我们已经知道的，在 10 美元的价格处，其水平低于最低平均总成本，诺伊尔其实在亏损。边际成本等于市场价格的产出水平是诺伊尔能尽的全力，但她所能做的最好的也只是亏损 140 美元。任何其他的产量都会扩大她的亏损。

价格接受型企业的最低平均总成本就是所谓的**盈亏平衡价格**（break-even price），此时，企业的利润（注意，是指经济利润）为零。当市场价格高于盈亏平衡价格时，企业将获得正的利润，当市场价格低于盈亏平衡价格时，企业将出现亏损。诺伊尔的盈亏平衡价格为 14 美元，即图 7-2 和图 7-3 中 C 点的价格。

> 价格接受型企业的**盈亏平衡价格**是利润为零的市场价格。

因此，确定生产者是否有利可图的原则是比较产品的市场价格与生产者的盈亏平衡价格——最低平均总成本：

- 当市场价格高于最低平均总成本时，生产者有利可图。
- 当市场价格等于最低平均总成本时，生产者盈亏平衡。
- 当市场价格低于最低平均总成本时，生产者无利可图。

□ 7.2.3 短期生产决策

你也许会说，如果一个企业因为市场价格小于最低平均总成本而无利可图，它应该不会有任何产出。然而，在短期内，这个结论并不一定正确。

从短期来看，即使价格低于最低平均总成本，有时企业也应该继续生产。原因是，总成本包括不依赖于产量的固定成本，只有在长期固定成本才会改变。

在短期内，不管企业是否生产，都必须支付固定成本。例如，如果诺伊尔租用一年的冷藏车，不管她是否会生产某一数量的树木，她都必须支付冷藏车的租金。因为固定成本在短期内不变，在短期内生产还是停产与她支付的固定成本无关。

虽然在短期内是否进行生产并不受固定成本影响，但其他成本——可变成本——会发挥作用。可变成本的一个例子是支付给必须被雇用来帮助种植和收割树木的工人的工资。可以通过停止生产来节省可变成本；所以，可变成本对短期内是否应该组织生产发挥决定性作用。

我们来看图 7-4，它给出了短期平均总成本曲线 *ATC* 和短期平均可变成本曲线 *AVC*，根据表 7-3 给出的数据绘制。我们知道，两条曲线之间的距离——垂直距离——表示的是平均固定成本，即每单位产量的固定成本 FC/Q。

由于边际成本曲线呈“上钩”形，先降后升，短期平均可变成本曲线呈 U 形：边际成本的初始下降导致平均可变成本下降，之后边际成本上升最终也拉起了平均可变成本。短期平均可变成本曲线在 *A* 点达到其最小值 10 美元，此时产量为 30 棵树。

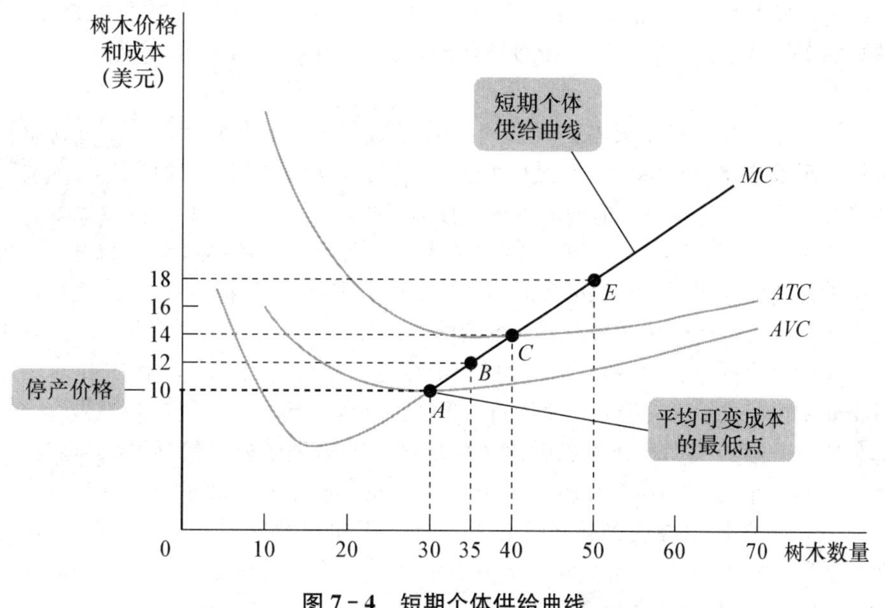

图 7-4 短期个体供给曲线

当市场价格等于或高于诺伊尔 10 美元的停产价格即 *A* 点的最低平均可变成本时，她将生产边际成本等于价格的产出量。所以，在等于或高于最低平均可变成本的任何价格水平，短期个体供给曲线都是企业的边际成本曲线，对应于个体供给曲线的向上倾斜部分。当市场价格低于最低平均可变成本时，企业在短期停止生产。对应的个体供给曲线是纵轴上的垂直段。

我们现在已经为分析短期内的最优生产决策做好了准备。我们需要考虑两种情况：

1. 当市场价格低于最低平均可变成本时。
2. 当市场价格高于或等于最低平均可变成本时。

当市场价格低于最低平均可变成本时，企业从每单位产量中获得的价格无法弥补每单位可变成本。在这种情况下，企业应该立即停止生产。为什么？因为没有任何产出水平使得企业从中获得的总收益能弥补其可变成本——停产可以避免成本支出。

在这种情况下，企业通过不生产来最大化其利润——实际上是尽量减少其亏损。在短期，企业仍然必须支付固定成本，但它将不再承担任何可变成本。这意味着，最低平均可变成本等于**停产价格**（shut-down price），即企业在短期停止生产的价格。以诺伊尔林场为例，通过裁员和停止所有的树木种植和砍伐，

停产价格是等于最低平均可变成本的价格，如果市场价格低于该价格，企业将会停产。

诺伊尔将在短期内停止生产。

当价格高于最低平均可变成本时，企业在短期内应该进行生产。在这种情况下，企业选择边际成本等于市场价格的产量，企业将实现利润最大化或亏损最小化。例如，如果每棵树的市场价格为 18 美元，诺伊尔应该在图 7－4 中的 E 点组织生产，对应的产出为 50 棵树。请注意，在图 7－4 中的 C 点，企业的盈亏平衡价格为每棵树 14 美元。由于 E 点高于 C 点，诺伊尔林场将有利可图；当市场价格为 18 美元时，每棵树的利润为 18 美元－14.40 美元＝3.60 美元。

但是，如果市场价格位于停产价格和盈亏平衡价格之间——最低平均可变成本和最低平均总成本之间——又会怎样？对诺伊尔林场来说，这相当于价格在 10 美元和 14 美元之间，如市场价格为 12 美元。在 12 美元处，诺伊尔林场无利可图；由于市场价格低于最低平均总成本，林场的亏损等于单位产品价格和每单位产量的平均总成本之间的差额。

然而，即使不能弥补每单位产量的总成本，它也弥补了每单位产量的可变成本和部分固定成本。如果在这种情况下企业停产，没有可变成本支出，但必须支出全部固定成本。这样，停产造成的损失要大于继续生产造成的损失。

这意味着，当价格低于最低平均总成本而高于最低平均可变成本时，企业在短期继续生产更有利。其原因是，通过生产，它可以弥补每单位产量的可变成本以及至少一部分固定成本，尽管存在亏损。在这种情况下，企业通过选择边际成本等于市场价格的产出水平可以实现利润最大化——也可能是亏损最小化。因此，如果诺伊尔每棵树的市场价格为 12 美元，她的利润最大化产出由图 7－4 中的 B 点给出，对应的产量为 35 棵树。

值得注意的是，企业弥补其可变成本但并非所有固定成本的决策类似于忽略沉没成本的决策。**沉没成本**（sunk cost）是已经发生且无法收回的成本；而且，因为它不会改变，所以它应该对当前的决策没有任何影响。

> **沉没成本**是已经发生且无法收回的成本。在做出有关未来行动的决策时应该忽略沉没成本。

对于短期生产决策，固定成本实际上就如沉没成本——已经支出，不可能在短期内弥补。这种比较也说明了为什么可变成本在短期确实重要：只有不生产才可避免。

如果市场价格正好等于停产价格即最低平均可变成本，又会怎样？在这种情况下，企业生产 30 单位和 0 单位无差异。正如我们稍后将会看到的，这在考察一个行业的整体行为时是非常重要的一点。为了清楚起见，我们假设对企业来说，虽然无差异，但是当价格等于停产价格时，企业仍在组织生产。

把上述各部分放在一起，我们现在可以画出诺伊尔林场的**短期个体供给曲线**（short-run individual supply curve），即图 7－4 中的黑色曲线；该曲线展示了在短期利润最大化的产出数量怎样受到价格变化的影响。正如我们所看到的，该曲线被分为两个部分。始于 A 点的向上倾斜部分表示当市场价格等于或高于每棵树 10 美元的停产价格时利润最大化产量变化的情形。

> **短期个体供给曲线**展示了固定成本给定不变时单个生产者的利润最大化产量与市场价格之间的关系。

只要市场价格等于或高于停产价格，诺伊尔的产量就位于边际成本等于市场价格的产出水平。也就是说，只要市场价格等于或高于停产价格，企业的短期供给曲线就是对应的边际成本曲线。但在任一低于最低平均可变成本的市场价格处——在目前情况下是每棵树 10 美元——企业将停产，产量在短期内减少至零。这对应于纵轴上的垂直段。

厂商真的能暂时停产而不从行业中退出吗？是的。事实上，在一些行业企业暂时停产是家常便饭。最常见的例子是需求与季节变化高度相关的行业，如在寒冷冬季的户外游乐园。在寒冷的月份，这类公园通常为吸引游客而给出非常低的价格——价格如此之低，公园所有者甚至不能弥补其可变成本（主要是工资和电费）。经济学意义上明智的选择是停业，直到气温转高，有足够的客户愿意支付更高的价格。

□ 7.2.4 改变固定成本

虽然固定成本无法在短期内改变，但从长期来看，企业可以增加或减少机器、厂房，等等。正如我们在第 6 章中所学到的，从长期来看，固定成本的高低是重要的选择问题。在第 6 章，我们知道，一个企业会选择既定产量水平上能使平均总成本水平最低的固定成本水平。现在，我们将专注于一个企业选择其固定成本时面临的更大的问题：保留目前的业务会产生的固定成本都包括什么？

从长期来看，生产者总是可以通过出售其厂房和设备来减少固定成本。当然，如果这样做，企业也永远不能生产——它已退出该行业。与此同时，一个潜在的生产者可以获得这些机器和其他资源，也承担一些固定成本，这使该生产者可以组织生产进入该行业。在大多数完全竞争行业中，生产者总量虽然在短期内是固定的，但从长期来看，随着企业的进入或退出，行业的企业数量也会改变。

以诺伊尔林场为例。为了简化分析，我们将回避可以在几个可能的固定成本中进行选择的问题。从现在开始，我们假设，如果诺伊尔选择经营，只有一种可能的固定成本选择，诺伊尔的最低平均总成本为 140 美元，这是依据表 7－1、表 7－2 和表 7－3 计算得出的。（根据这一假设，诺伊尔的短期平均总成本曲线和长期平均总成本曲线相同。）此外，如果她退出该行业，她也可以选择零固定成本。

假设在一段较长的时间内，树木的市场价格一直低于 14 美元。在这种情况下，诺伊尔没有完全弥补她的固定成本：她的业务运营持续亏损。从长期来看，她停产并从行业中退出更有利。换言之，从长远来看，如果市场价格一直低于盈亏平衡价格——最低平均总成本——企业会退出该行业。

相反，假设圣诞树的价格持续高于盈亏平衡价格 14 美元很长时间。因为林场有利可图，诺伊尔将留在该行业，继续生产。

但事情并非止步于此。圣诞树种植行业符合免费进入的准则：有许多潜在的树木种植者，因为必要的投入很容易获得。这些潜在种植者的成本曲线很可能与诺伊尔类似，因为其他种植者使用的技术可能与诺伊尔使用的非常类似。如果价格高到足以使现有生产者获得利润，这也将吸引一些潜在的种植者进入这个行业。因此，从长期来看，超过 14 美元的价格应该会吸引新企业进入：新的种植者将进入圣诞树种植行业。

正如我们接下来将会看到的，进入和退出是短期行业供给曲线和长期行业供给曲线之间的一个重要区别。

□ 7.2.5 小结：完全竞争企业的盈利性和生产条件

在本章中，我们已经学习了完全竞争条件下价格接受型企业的供给曲线。每一个完全竞争企业都会依据利润最大化原则做出生产决策，而这些决策决定供给曲线。表 7－4 总结了完全竞争企业的盈利性和生产条件。它们也与企业进入和退出行业有关。

表 7－4　　完全竞争企业的盈利性和生产条件小结

盈利性条件（最低 ATC=盈亏平衡价格）	结果
P>最低 ATC P=最低 ATC P<最低 ATC	企业盈利。在长期该行业有进入现象。 企业盈亏平衡。在长期该行业无进入也无退出现象。 企业无利可图。在长期该行业有退出现象
生产条件（最低 AVC=停产价格）	**结果**
P>最低 AVC	企业在短期内进行生产。如果 P<最低 ATC，企业能弥补所有可变成本，但不能弥补所有固定成本。如果 P>最低 ATC，企业弥补了所有可变成本和固定成本。
P=最低 AVC	企业在短期内生产和不生产无差异。企业正好弥补可变成本。
P<最低 AVC	企业在短期内停产。企业不能弥补可变成本。

▶ 真实世界中的经济学

农场主上移他们的供给曲线

为了减少汽油消费，美国国会同意增加燃料供给中生物燃料主要是玉米乙醇的数量，以增加美国的燃料供应，从 2006 年的 40 亿加仑乙醇增加到 2013 年的 140 亿加仑乙醇。该法案带来的令人吃惊的后果是玉米需求猛增，价格随之上涨。2012 年，农场主每蒲式耳玉米得到的平均价格为 7～8 美元，而 2005 年低于 2 美元。作为明智的利润最大化行为人，美国农场主对此的反应是种植更多的玉米，而减少其他农作物的种植，如棉花。到2013年，美国农场主已连续五年增加玉米的种植面积。

如果这听起来像一个肯定会赚取利润的方式，还请三思。当玉米种植成本上涨时，农场主种植更多的玉米像是进行一场大的赌博。考虑一种重要投入化肥的成本。与其他农作物相比，玉米需要更多的化肥，随着越来越多的农场主种植玉米，对化肥的需求增加导致了化肥价格上涨。2006年和2007年的化肥价格上涨到2005年五倍的水平。到了2013年，价格仍然高出一倍。

玉米价格上升也拉动了农田价格上涨到历史最高水平——价格上涨得如此之高，以至到2013年有农田价格泡沫的说法。请注意，即使农场主拥有全部土地，当自己种植而非向外出租或卖给他人时，农场主仍然会有机会成本。在截至2013年的十年中，一英亩农田的平均价格上涨了近300%。

尽管成本和风险都在增加，但玉米农场主的做法在经济学意义上完全合乎逻辑。通过种植更多的玉米，每个农场主都上移了他或她的供给曲线。而且，因为个体供给曲线是边际成本曲线，每个农场主的成本曲线也都上移了，因为一单位产出需要使用更多的投入。

因此，这个故事的寓意是，农场主会增加他们的玉米种植面积，直到生产玉米的边际成本约等于玉米的市场价格——不应该感到意外，因为玉米生产满足一个完全竞争行业的所有要求。

及时复习

- 根据边际分析原理，一项行动的最优数量是边际得益等于边际成本时的数量。
- 生产者根据最优产出原则来决定产出水平。对于价格接受型企业来说，边际收益等于价格，其产出水平是根据价格接受型企业的最优产出原则 $P=MC$ 决定的。
- 一个企业的经济利润计算包括显性成本和隐性成本。它与会计利润不一定相等。
- 当价格超出盈亏平衡价格（等于最低平均总成本）时，企业有利可图。当价格低于盈亏平衡价格时，企业出现亏损。当价格等于盈亏平衡价格时，企业盈亏平衡。
- 像沉没成本那样，固定成本与企业的短期最优产出水平无关。当价格超出停产价格（最低平均可变成本）时，价格接受型企业根据边际成本等于价格来决定产出数量。当价格低于停产价格时，在短期企业将停产。这定义了企业的短期个体供给曲线。
- 随着时间的推移，固定成本不再无关紧要。如果价格持续下降到低于最低平均总成本，企业将退出所在行业。如果价格超过最低平均总成本，企业将获得正的经济利润，将继续在该行业中经营；在长期，其他企业将进入该行业。

小测验 7-2

1. 画出一条U形的平均总成本曲线、一条U形的平均可变成本曲线与一条呈“上钩”形的短期边际成本曲线。在其上标明采取下列行动时符合最优原则要求的产量范围和价格范围。

a. 该公司马上停产。

b. 该公司在短期内维持亏损运营。

c. 该公司运营获得利润。

2. 缅因州的龙虾产业非常活跃，夏季是龙虾捕捞季节。在一年中的其他季节，可从世界其他地区进口龙虾，但价格较高。缅因州“龙虾排档”——经营龙虾的路边餐厅——林立，但只在夏季开放。解释为什么龙虾排档只在夏季经营是最佳选择。

7.3 行业供给曲线

为什么圣诞树需求增加会导致树价最初大幅上升，而在长期则升幅不大？原因在于行业供给曲线的形状，**行业供给曲线**（industry supply curve）表现的是整个行业的供给总量与价格之间的关系。行业供给曲线就是我们在本章稍早

行业供给曲线表现的是整个行业的供给总量与价格之间的关系。

时候提到的供给曲线或者说市场供给曲线。这里我们要非常当心单个企业的个体供给曲线与整个行业的供给曲线之间的区别。

根据前面几节，你可能会想到，行业供给曲线的短期分析和长期分析并不相同。我们先来看短期。

□ 7.3.1 短期行业供给曲线

根据定义，在短期内，行业中生产者的数量是固定的，没有进入也没有退出。而且我们从第 3 章可知，市场供给曲线是所有生产者个体供给曲线的水平加总。下面我们做一个练习，通过在每一个特定的价格水平上对所有供应商的产量加总找到市场供给曲线。我们在这里简单假设，所有的生产者都相同。我们假设，有 100 个圣诞树林场，每一个都具有与诺伊尔林场相同的成本。

短期行业供给曲线表现的是在给定生产者数量的情况下行业供给量怎样随着价格水平的变化而变化。

100 个林场中的每一个都有如图 7－4 所示的个体短期供给曲线。在价格低于 10 美元时，没有林场会组织生产。在价格为 10 美元或以上时，每个林场都将根据边际成本等于市场价格来决定产量。正如你在图 7－4 中所看到的，如果价格为 14 美元，每个林场将生产 40 棵树，如果价格为 18 美元，每个林场将生产 50 棵树，依此类推。所以，如果有 100 个林场，圣诞树的价格为每棵 18 美元，整个行业的产量为 5 000 棵树，相当于 100 个林场×每个林场 50 棵树，等等。其结果就是**短期行业供给曲线**（short-run industry supply curve），如图 7－5 所示的曲线 S。该曲线表现了在生产者的数量给定时每个价格水平上所有生产者的供给量的总和。

短期市场均衡是生产者数量给定不变时供给量等于需求量的状态。

图 7－5 中的需求曲线 D 在 E_{MKT} 点穿过短期行业供给曲线，对应的价格为 18 美元，树木数量为 5 000。E_{MKT} 点是**短期市场均衡**（short-run market equilibrium）点，这是在生产者数量给定不变时供给量等于需求量的点。但是从长期来看，情形完全不同，因为从长期来看，有林场进入或退出该行业。

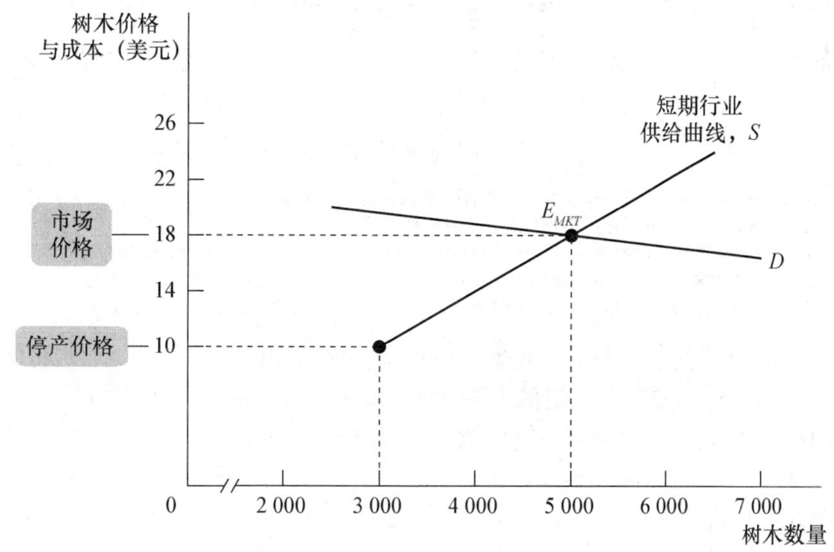

图 7－5 短期市场均衡

短期行业供给曲线 S 是在给定生产者数量（在这里为 100 个）情况下的行业供给曲线。它是通过将 100 个生产者的个体供给曲线加总在一起得到的。在价格低于 10 美元的停业价格时，没有生产者想在短期组织产生。在价格高于 10 美元时，短期行业供给曲线向上倾斜，随着价格的上涨，每一个生产者都增加产出。它与需求曲线 D 在 E_{MKT} 点相交，这是短期市场均衡点，对应的市场价格为 18 美元，树木数量为 5 000 棵。

□ 7.3.2 长期行业供给曲线

假设除了目前 100 个圣诞树林场外，还有许多其他的潜在生产者。并且假设每个想进入这个行业的潜在生产者都有与现有生产者诺伊尔同样的成本曲线。

其他生产者什么时候会进入这个行业呢？只要现有生产者获得利润，也就是说，只要市场价格高于盈亏平衡价格每棵树 14 美元即生产的最低平均总成本，例如，价格为每棵树 18 美元，新企业就将进入这个行业。

其他生产者进入这个行业后会发生什么呢？显然，每一给定价格水平上的供给量将增加。短期行业供给曲线会向右移动。这将反过来改变市场均衡，导致市场价格更低。价格下降，现有企业将减少产量，但由于该行业企业数量增多，行业总产量将会增加。

图 7－6 表现的是这条事件链对现有企业和市场的影响；图 7－6（a）所示为市场对新企业进入的反应，图 7－6（b）所示为单个企业对新进入企业作何反应。（请注意，这两幅图与图 7－4 和图 7－5 相比，在单位上进行了调整，以更好地说明利润怎样对价格变化做出反应。）在图 7－6（a）中，S_1 为初始短期行业供给曲线，是根据有 100 个生产者得出的。最初的短期市场均衡在 E_{MKT} 点实现，市场均衡价格为 18 美元，树木数量为 5 000 棵。在这个价位上，现有生产者是盈利的，这表现在图 7－6（b）中：当市场价格为 18 美元时，现有企业的利润总额用阴影矩形表示，标记为 A。

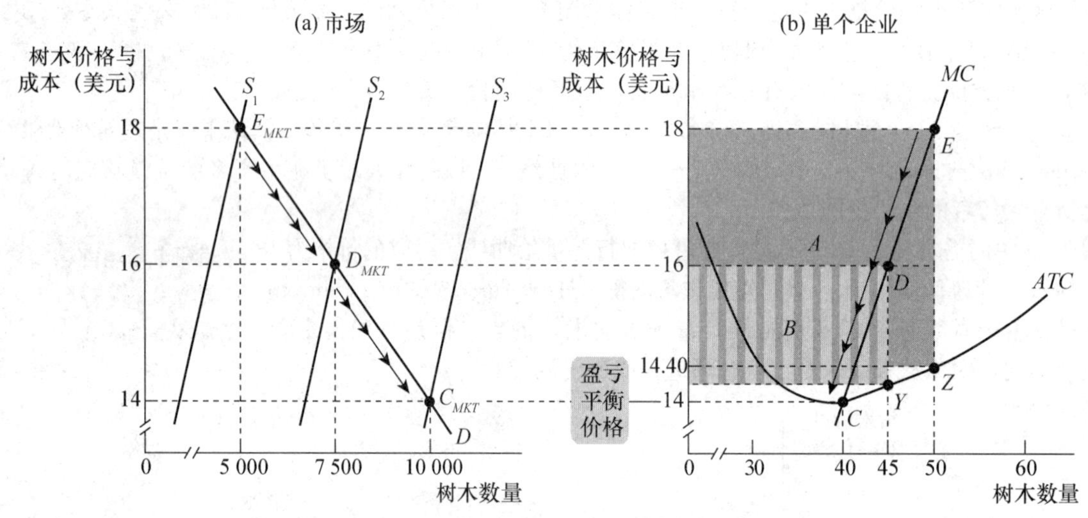

图 7－6　长期市场均衡

图（a）中 E_{MKT} 点所示为初始短期市场均衡点。100 个现有生产者获得经济利润，用图（b）中标示为 A 的阴影矩形表示现有企业的利润。利润将诱使其他生产者进入，短期行业供给曲线从 S_1 向右移动到 S_2。在图（a）中，这将导致在 D_{MKT} 点形成新的短期均衡，市场价格降低为 16 美元，行业产出增加。现有企业减少产量和利润下降的情形由图（b）带条纹的标示为 B 的矩形区域给出。新企业持续进入，会再次导致短期行业供给曲线向右移动，价格继续下跌，行业产出继续增加。新企业进入的停止点为图（a）中供给曲线 S_3 上的 C_{MKT} 点。此时市场价格等于盈亏平衡价格；现有生产者获得零经济利润，对进入和退出没有激励。所以 C_{MKT} 点也是一个长期市场均衡点。

这些利润会诱使新生产者进入该行业，短期行业供给曲线将会向右移动。例如，当生产者的数量增至 167 个时，短期行业供给曲线将变为 S_2。根据这条新供给曲线得到的一个新的短期市场均衡在 D_{MKT} 点实现，相应的市场价格为 16 美元，树木数量为 7 500 棵。在价格为 16 美元时，每个企业只生产 45 棵，行业总产出为 167×45＝7 500 棵（约数）。

从图 7－6（b）中我们可以看出 67 个新生产者对现有企业产生的影响：价格下跌，导致产出减少，利润下降至标记为 B 的带条纹的矩形区域。

虽然在 D_{MKT} 点现有企业利润减少，但新企业的进入将继续，企业的数量将继续增加。如果生产者的数量增加到 250 个，短期行业供给曲线将再次移动到 S_3，市场均衡点为 C_{MKT} 点，市场价格变为每棵树 14 美元，供给量增加为 10 000 棵树。

> 当供给量等于需求量，并假定生产者有足够的时间进入或退出该行业时，就实现了**长期市场均衡**。

像 E_{MKT} 点和 D_{MKT} 点，C_{MKT}之点也是短期均衡点。但是，它包含更多的东西。因为 14 美元是每个企业的盈亏平衡价格，此时现有生产者的经济利润为零，没有利润，也没有亏损，只是获得了生产时使用资源的机会成本，利润最大化的产出为 40 棵树。在这一价位，对潜在生产者进入或现有生产者退出该行业没有激励。所以，C_{MKT} 点对应的是**长期市场均衡**（long-run market equilibrium curve），供给量等于需求量，并假定生产者有足够的时间进入或退出该行业。在长期市场均衡实现时，所有现有的和潜在的生产者都已经充分调整至长期最佳选择；因此，没有生产者有动机进入或者退出该行业。

为进一步探讨短期均衡和长期均衡不同所包含的意义，我们考虑在初始长期均衡状态下需求增加对自由进入行业产生的影响。图 7－7（b）所示为市场的调整；图 7－7（a）和图 7－7（c）所示为现有单个企业在这一过程中如何行事。

在图 7－7（b）中，D_1 是初始需求曲线，S_1 是初始短期行业供给曲线。它们在 X_{MKT} 点相交，这既是短期市场均衡，也是长期市场均衡，因为在均衡价格为 14 美元时，经济利润为零，因此既无新企业进入，也无企业退出。对应于图 7－7（a）中的 X 点，单个企业在平均总成本曲线的最低点运营。

现在假设需求曲线因故移到 D_2。如图 7－7（b）所示，在短期内，行业产出沿着短期行业供给曲线 S_1 移动到 Y_{MKT} 点，即 S_1 和 D_2 的交点处，新的短期市场均衡实现。市场价格上升到每棵树 18 美元，行业产出从 Q_X 增加到 Q_Y。这相当于现有企业在图 7－7（a）中从 X 点移至 Y 点，即市场价格上升后，该企业增加了产出。

但我们知道，Y_{MKT} 点并非长期均衡点，因为 18 美元高于最低平均总成本，所以现有生产者获得经济利润。这将吸引更多的企业进入该行业。

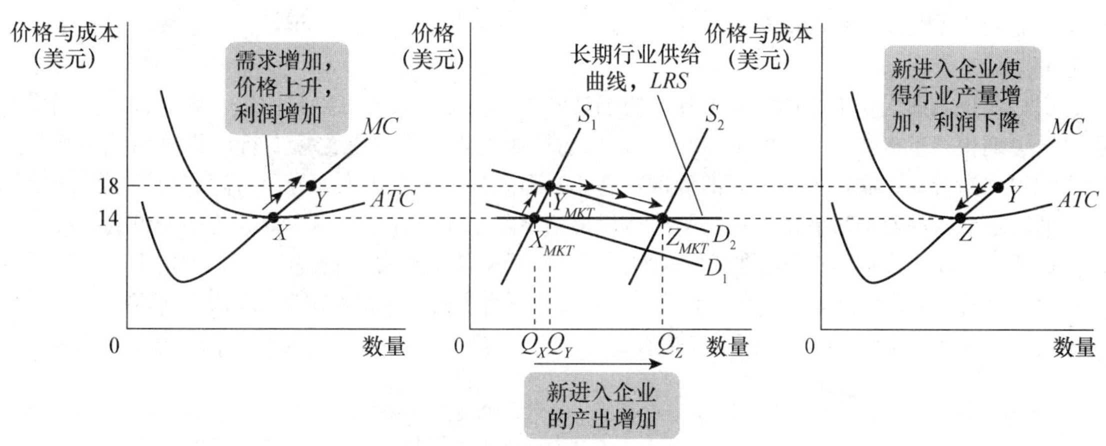

图 7－7　需求增加的短期效应和长期效应

图（b）所示为一个行业对需求增加进行的短期和长期调整；图（a）和图（c）所示为现有企业进行的相应调整。市场初始位于图（b）中的 X_{MKT} 点，短期和长期均衡都是价格为 14 美元，行业产出为 Q_X。现有企业的经济利润为零，即在图（a）中的平均总成本曲线的最低点 X 点经营。随着图（b）中需求的增加，需求从 D_1 向右移动到 D_2，市场价格提高到 18 美元，现有企业会增加产出，行业产出增加并沿着短期行业供给曲线 S_1 移动到短期均衡点 Y_{MKT}。相应地，在图（a）中，现有企业由 X 点移到 Y 点。但价格为 18 美元，现有企业经济利润为正。正如图（b）所示，从长期来看，新进入者会进入该行业，短期行业供给曲线向右移动，从 S_1 到 S_2。新的均衡点为 Z_{MKT} 点，价格为稍低的 14 美元，产出增加到 Q_Z。图（c）所示为现有企业对此做出的反应，从 Y 点移至 Z 点，回到初始产出水平和零经济利润状态。新进入者产出增加导致的行业产出增加为 Q_Z-Q_X。与 X_{MKT} 点一样，Z_{MKT} 点也是短期均衡点和长期均衡点：现有企业获得零经济利润，对企业进入或退出该行业都无激励。通过 X_{MKT} 点和 Z_{MKT} 点的水平线 LRS 是长期行业供给曲线：在盈亏平衡价格 14 美元处，生产者在长期将生产消费者所需要的任何数量。

随着时间的推移，新进入企业会导致短期供给曲线向右移动。从长期来看，短期行业供给曲线移到 S_2，在 Z_{MKT} 点实现均衡——价格回落至每棵树 14 美元，行业产出再次从 Q_Y 增加到 Q_Z。就像需求增加之前的 X_{MKT} 点，Z_{MKT} 点既是短期市场均衡点，也是长期市场均衡点。

行业进入对现有企业的影响如图 7－7（c）所示，现有企业沿着企业的个体供给曲线从 Y 点移动到 Z 点。随着市场价格的下降，企业将减少产出，最终回到其初始产出水平，对应平均总成本曲线的最低点。事实上，行业中的每一个企业——包括初始设定的企业和新进入企业——都将在其平均总成本曲线的最低点 Z 点运营。这意味着，新进入企业增加了行业产量，从 Q_X 到 Q_Z 是市场新进入者的产出。

图 7－7（b）中通过 X_{MKT} 点和 Z_{MKT} 点的 LRS 是**长期行业供给曲线**（long-

长期行业供给曲线表示在生产者有时间进入或退出该行业的情况下供给量与价格之间的曲线关系。

run industry supply curve)。它表示在假定生产者有时间进入或退出该行业的情况下一个行业的供给量怎样随着价格的变化而变化。

在这一具体情况下，长期行业供给曲线是位于价格 14 美元处的一条水平线。换言之，这个行业的供给从长期来看是具有完全弹性的：假定有时间进入或退出，生产者将在 14 美元的价格水平上供给消费者需求的任何数量的产品。具有完全弹性的长期供给对许多行业来说实际上是一种有益的假设。在这种情况下，我们说整个行业成本固定：每个企业，不论是现有企业还是新进入企业，都有同样的成本结构（也就是说，它们都具有相同的成本曲线）。满足这个条件的行业的投入要素的供给也具有完全弹性——如农业或烘烤店。

然而，在其他行业，甚至长期行业供给曲线也是向上倾斜的。对此，通常的解释是生产者必须使用某些供给数量有限（也就是供给缺乏弹性）的投入要素。随着行业的扩张，这种投入要素的价格被推高。因此，行业的后续进入者发现，其成本结构要高于早期进入者。海滨度假酒店就是一个例子，新进入者必须与数量有限的优质海滨度假酒店进行竞争。这类行业被认为是成本递增行业。

长期行业供给曲线有可能向右下方倾斜吗？当一个行业经历规模报酬递增时，其平均成本随着产量的增加而递减，就会出现这种现象。请注意，我们所说的是某个行业会经历报酬递增。然而，当单个企业存在报酬递增时，行业通常最终只有少数几个企业（寡头垄断）或单一企业（垄断）。

在某些情况下，大规模的优势对一个可进入行业来说可惠及该行业的所有企业。例如，像太阳能电池之类的新技术行业的成本会随着行业的扩张而趋于下降，因为行业扩张会改进知识，扩大掌握合适技术的工人的规模，等等。

不管长期行业供给曲线是水平的、向上倾斜的还是向下倾斜的，只要可以自由进入和退出，长期供给价格弹性就大于短期供给价格弹性。如图 7－8 所示，长期行业供给曲线总是比短期行业供给曲线平坦。这是由自由进入和退出造成的：需求增加引起的价格提高会吸引新的生产者进入，导致行业产出增加并最终导致价格下降；而需求减少引起的现有企业退出则会造成价格下降，导致行业产出下降，价格最终会上升。

短期行业供给曲线和长期行业供给曲线之间的区别在实践中非常重要。我们经常看到如图 7－7 所示的事件序列：初始需求增加导致价格大幅上升，但一旦新企业进入这个行业，价格将回归到初始水平。或者我们看到相反的序列：需求下降导致短期价格降低，但在部分生产者退出该行业后，价格将会回到其初始水平。

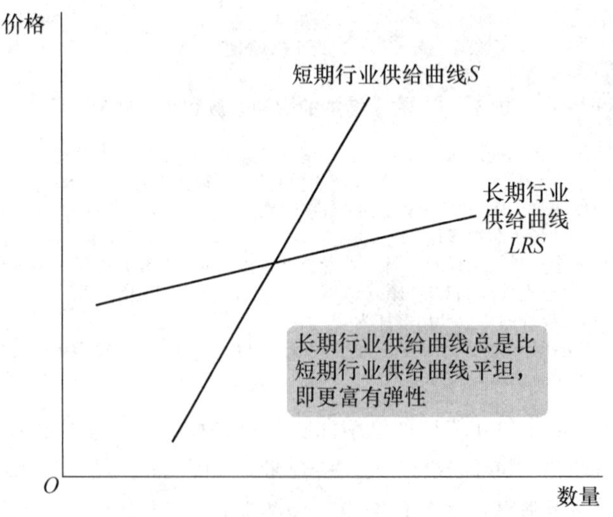

图 7－8　长期行业供给曲线与短期行业供给曲线的比较

长期行业供给曲线可以向上倾斜，但它始终比短期行业供给曲线平坦，即更有弹性。这是因为长期存在进入和退出：价格提高，长期将吸引新进入者，导致行业产出增加，价格回落；价格下降，长期将引起现有生产者退出，行业产出下降，价格最终会上升。

□ 7.3.3　生产成本和长期均衡的效率

我们的分析可得出在完全竞争行业的长期均衡实现时与生产成本和效率有关的三个结论。这些结论将是我们在第 8 章讨论垄断怎样导致低效率的重点。

首先，一个完全竞争行业实现均衡时，行业中所有企业的边际成本都是相同的。这是因为所有企业都在边际成本等于市场价格的条件下组织生产，作为价格接受者，它们都面临同样的市场价格。

其次，在一个自由进入和退出的完全竞争行业，每个企业在长期均衡时经济利润都为零。每个企业都在平均总成本的最低水平组织生产，如图 7-7（c）中的 Z 点。因此，在完全竞争行业中，行业产出对应的总成本最小。

成本递增行业是一个例外。假定市场价格足够高，早期进入者已经获得正的经济利润，市场价格下降后，后面的进入者则并非如此。随着行业实现长期均衡，后续进入者成本可以最小化，但早期进入者不一定如此。

最后，一个完全竞争行业的长期市场均衡是有效率的：不存在能增进双方利益的交易。为理解这一点，我们需要回顾一下效率实现的基本要求：所有愿意支付高于或等于卖方成本的价格的消费者都获得了该产品。我们也知道，当一种产品市场的效率实现时（除非在特定的、明确的条件下），市场价格将会使所有愿意支付高于或等于市场价格水平的价格的消费者与所有愿意以低于或等于市场价格水平的成本供给产品的生产者相匹配。

因此，在一个完全竞争行业的长期均衡实现时，生产有效：成本最小，没有资源被浪费。此外，配置给消费者的产品是有效的：每一个消费者都愿意按生产一单位产品的成本来支付。事实上，能增进双方利益的交易已经不存在。此外，这种情况往往会持续一段时间，即使如下环境发生变化：竞争迫使生产者随着消费者意愿的变化和技术的变化而做出反应。

▶ 追根究底

再论经济利润

有的读者可能对于企业为什么在市场价格仅仅比盈亏平衡价格稍高一点时也要进入该行业感到困惑。企业为什么不愿意进入能产生更高利润的其他行业呢？

答案是，正如我们一直所说的那样，这里在计算成本时，我们考虑的是机会成本。也就是说，成本包括企业将资源用于其他用途时所获得的收益。因此，我们计算的利润是经济利润，如果市场价格高于盈亏平衡价格，不论高得多么少，企业在这个行业所能获得的都已经比其他行业更多。

▶ 真实世界中的经济学

全球葡萄酒从过剩到短缺

如果你是一个葡萄酒生产者，在 2012 年仍然在该行业经营，你很可能会长舒一口气。为什么？因为那时全球葡萄酒市场从过剩变为短缺。从 2004 年到 2010 年，该行业经历了巨变，其间该行业深受产量过剩、价格下跌之苦，首先是由于全球葡萄连年丰收，随后又由于 2008 年全球经济衰退造成需求减少。经过多年亏损后，许多葡萄酒生产者终于决定退出该行业。

到 2012 年，欧洲、南美、非洲和澳大利亚的葡萄酒生产能力显著下降，库存降低到近十年来的最低点。此外，2012 年对葡萄酒生产者来说也是天气很糟糕的一年。同年，美国的葡萄酒消费量又开始增长，而中国的葡萄酒消费量一路高歌猛进，比五年前翻了两番。因此，生产能力下降、天气引起的供给减少与需求增加结合在一起——万岁！——葡萄酒短缺出现了。

但正如业内分析人士所指出的，许多酒商都在欢呼。世界其他地区的产量减少和中国的需求激增已经为扩张打开了机会。作为华盛顿州沙托圣米歇尔酒庄（Chateau Ste. Michelle）的 CEO，泰德·拜思乐尔（Ted Bessler）评论道，“到现在，我们已经在该州拥有约 50 000 英亩土地。我可以预见，我们可以达到 150 000 英亩以上。”

但请时刻保持警惕，目前短缺可能再次变成过剩。

及时复习

● 行业供给曲线对应前面章节的供给曲线。从短期来看，生产者的数量在该时间段内是固定不变的。短期行业供给曲线和需求曲线的交点决定短期市场均衡。在长期，生产者可以进入或退出该行业，长期行业供给曲线与需求曲线的交点决定长期市场均衡。在长期市场均衡实现时，生产者既不进入也不退出该行业。

● 长期行业供给曲线通常呈水平状，而当必需的投入品数量有限时，它向上倾斜。长期行业供给曲线比短期行业供给曲线更富有弹性。

● 完全竞争行业实现长期市场均衡时，每个企业生产的边际成本都相同，等于市场价格，行业产出的总成本实现最小化。它也是有效率的。

小测验 7-3

1. 下列哪些事件会导致企业进入一个行业？哪些事件会导致企业退出一个行业？什么时候进入或退出停止？请解释你的答案。

a. 技术进步降低了行业中每个企业的固定成本。

b. 行业提高工人的工资已经有一段时间了。

c. 消费者口味的永久性变化增加了对产品的需求。

d. 由于投入要素长期短缺，该关键投入要素价格上涨。

2. 假设蛋业是完全竞争的，在具有完全弹性的长期行业供给曲线上实现了长期均衡。由胆固醇引起的健康问题导致对鸡蛋的需求减少。构造一个类似于图 7-7 的图形，表明行业的短期行为，并说明如何重新建立长期均衡。

▶ **解决问题**

有没有捕捞到?

西雅图的派克鱼市场因为提供新鲜的三文鱼、大比目鱼和阿拉斯加帝王蟹而闻名，也因为销售人员打包和结账时将鱼从后排在空中掷向前排的场景而成为一个著名景点。

考虑以下假想的某一市场供应商每日的运营费用，该渔民主要捕捞奇努克三文鱼。他每天从决定是否出海开始，假定他能预期到鱼市上的卖出价格。无论他是否出海，他都会因为渔船而支出固定费用，例如码头泊位费、许可证和抵押贷款利息。除了固定成本外，他还为将鱼带回码头支出可变成本。所以，他也必须决定要捕捞的鱼的数量。

使用下表，计算出每次捕鱼的平均可变成本、平均总成本和边际成本，并计算盈亏平衡价格。如果市场价格下跌到每单位 14.00 美元，那么短期渔民会向市场提供多少鱼?

鱼的数量 Q	可变成本 VC（美元）	总成本 TC（美元）
30	280	680
40	320	720
50	440	840
60	600	1 000
70	840	1 240
80	1 160	1 560
90	1 560	1 960
100	2 040	2 440

步骤 1: 计算每单位鱼的平均可变成本、平均总成本和边际成本。

平均可变成本等于可变成本除以产量（VC/Q），平均总成本等于总成本除以产量（TC/Q），边际成本等于总成本的变化量除以产量的变化量（$\Delta TC/\Delta Q$）。所计算出的这些成本见下页表中的每个单元格。

鱼的数量 Q	可变成本 VC（美元）	总成本 TC（美元）	边际成本 MC（美元）	平均可变成本 TVC=VC/Q（美元）	平均总成本 ATC=TC/Q（美元）
30	280	680		9.33	22.67
			4.00		
40	320	720		8.00	18.00
			12.00		
50	440	840		8.80	16.80
			16.00		
60	600	1 000		10.00	16.67
			24.00		
70	840	1 240		12.00	17.71
			32.00		
80	1 160	1 560		14.50	19.50
			40.00		
90	1 560	1 960		17.33	21.78
			48.00		
100	2 040	2 440		20.40	24.40

步骤 2：计算每单位鱼的盈亏平衡价格。

要找出盈亏平衡价格，我们需要找出最低平均总成本。在表中，最低平均总成本对应第 60 单位。因此，每单位鱼的平均价格是 16.67 美元。

步骤 3：如果市场价格下降到每单位 14.00 美元，将有多少单位鱼被投放到市场？

在价格接受型企业的情况下，边际收益将等于市场价格。因此，为了找到最优数量，我们需要找到 $P=MC$ 的点。如果表中没有 $P=MC$ 的点，则渔民应该捕捞 P 超过 MC 时的最大产量。从 40 单位到 50 单位，MC 是 12.00 美元，但是从 50 单位到 60 单位，MC 是 16.00 美元。因此，P 超过 MC 的最大数量为 50 单位。虽然价格低于平均总成本，但由于价格高于其平均可变成本，他仍然会去捕鱼。

小结

1. 在一个完全竞争市场中，所有生产者都是价格接受型生产者，所有消费者都是价格接受型消费者，即任何个人的行为都不会影响市场价格。消费者通常是价格接受者，但生产者往往并不是。在一个完全竞争行业，所有生产者都是价格接受者。

2. 完全竞争行业的两个必要条件：有很多生产者，没有一个生产者占据较大的市场份额，以及行业生产的都是标准化产品或大宗商品——消费者视之为相同的产品。第三个条件经常也要满足：行业可自由进入和退出。

3. 产品或服务的边际得益是从多生产一单位的产品或服务中获得的得益增加。边际分析原理表明，一项行动的最优数量位于边际得益等于边际成本的水平上。

4. 生产者按最优产出原则来选择产出：选择边际收益等于边际成本时的数量。对于价格接受型企业来说，边际收益等于价格，其边际收益曲线是在某一市场价格上的水平线。根据价格接受型企业的最优产出原则来选择产出：生产价格等于边际成本时的产量。然而，生产最优产量的企业可能没有盈利。

5. 企业决策应以经济利润为基础，其中考虑实际支出货币的显性成本以及不需要支出货币、以企业所放弃的好处的美元价值来衡量的隐性成本。会计利润往往远远大于经济利润，因为它的计算只包括显性成本和折旧，而不包含隐性成本。

6. 如果总收益超过总成本，或等价地说，如果市场价格超过其盈亏平衡价格——最低平均总成本——企业将总是有利可图。如果市场价格低于盈亏平衡价格，企业无利可图；如果市场价格等于盈亏平衡价格，企业盈亏平衡。当有利可图时，企业的每单位利润为 $P-ATC$；当无利可图时，企业的每单位损失为 $ATC-P$。

7. 与沉没成本类似，固定成本与企业的短期最优产出决策无关，后者与停产价格——其最低平均可变成本——和市场价格有关。当市场价格等于或高于停产价格时，企业生产的产量位于边际成本等于市场价格的水平。当市场价格低于停产价格时，企业在短期内停止生产。这给出了企业的短期个体供给曲线。

8. 随着时间的推移，固定成本不再无关紧要。如果市场价格在一段时间内低于最低平均总成本，在长期企业将退出该行业。但如果市场价格高于最低平均总成本，现有企业有盈利，新企业在长期内将进入该行业。

9. 行业供给曲线会随着时间的推移而变化。短期行业供给曲线是在企业数量给定条件下的行业供给曲线。短期市场均衡由短期行业供给曲线和需求曲线的交点给出。

10. 长期行业供给曲线是在企业有足够的时间进入或退出该行业的条件下得出的行业供给曲线。在长期市场均衡实现时，即在长期行业供给曲线与需求曲线相交时，没有生产者进入或退出。长期行业供给曲线通常为水平线。它也可能向上倾斜，如果一种投入要素的供给数量有限并导致整个行业的成本递增。它也可能向下倾斜，如果整个行业的成本递减。但它始终比短期行业供给曲线更富有弹性。

11. 在竞争性行业的长期市场均衡实现时，利润最大化导致每个企业以相同的边际成本——等于市场价格——生产。自由进入和退出意味着每个企业赚取的经济利润都为零，在最低平均总成本水平上进行生产。这样行业生产的总成本达到最小化。结果是有效率的，因为每个消费者愿意支付的价格都高于或等于生产的边际成本。

关键词

价格接受型生产者	价格接受型消费者	完全竞争市场	完全竞争行业	市场份额	标准化产品
大宗商品	自由进入和退出	边际得益	边际分析原理	边际收益	最优产出原则
价格接受型企业的最优产出原则		边际收益曲线	经济利润	显性成本	隐性成本
会计利润	盈亏平衡价格	停产价格	沉没成本	短期个体供给曲线	
行业供给曲线	短期行业供给曲线	短期市场均衡	长期市场均衡	长期行业供给曲线	

练习题

1. 在如下每种情形下企业是价格接受型生产者吗？请解释。

a. 大学城中的一家卡布奇诺咖啡馆，城中有几十个非常相似的卡布奇诺咖啡馆。

b. 百事可乐生产商。

c. 当地农贸市场中几十家西葫芦销售商中的一家。

2. 如下每种情形中的行业是完全竞争的吗？请解释。根据市场占有率、产品标准化和/或自由进入和退出标准来说明你的答案。

a. 阿司匹林。

b. 阿黛尔的演唱会。

c. 越野车。

3. 鲍勃生产蓝光电影光碟来出售，这需要建立一个工作室和使用一台机器将电影复制到蓝光光碟上。鲍勃为工作室每月支付租金 30 000 美元，机器的租赁费用为每月 20 000 美元。这些都是他的固定费用。他每月的可变成本如下表所示。

蓝光光碟数量	VC（美元）
0	0
1 000	5 000
2 000	8 000

续前表

蓝光光碟数量	VC（美元）
3 000	9 000
4 000	14 000
5 000	20 000
6 000	33 000
7 000	49 000
8 000	72 000
9 000	99 000
10 000	150 000

a. 计算鲍勃每单位产量的平均可变成本、平均总成本和边际成本。

b. 该行业可自由进入，任何新进入的企业都将有与鲍勃相同的成本。假设目前每张蓝光光碟的价格是 25 美元。鲍勃的利润为多少？这是一个长期均衡吗？如果不是，在长期蓝光电影光碟的价格是多少？

4. 继续考虑鲍勃蓝光光碟公司的问题。假设蓝光光碟生产是一个完全竞争行业。回答如下每一个问题，并解释你的答案。

a. 鲍勃的盈亏平衡价格是多少？他的停产价格是多少？

b. 假设一张蓝光光碟的价格是 2 美元。鲍勃在短期应该生产吗？

c. 假设一张蓝光光碟的价格是 7 美元。在实现利润最大化时，鲍勃应该生产多少蓝光光碟？他的利润总额是多少？他会在短期停产吗？在长期他将留在该行业还是退出该行业？

d. 假设一张蓝光光碟的价格为 20 美元。鲍勃利润最大化的蓝光光碟产量应该为多少？他的利润总额为多少？他在短期应该组织生产还是停产？从长期来看他将留在该行业还是退出该行业？

5. 仍然以第 3 题中的鲍勃蓝光光碟公司为分析对象。

a. 画出鲍勃的边际成本曲线。

b. 在什么价格范围内，鲍勃在短期不会生产蓝光光碟？

c. 画出鲍勃的个体供给曲线。在图中表示出的价格范围为 0～60 美元，变量的间距为 10 美元。

6. a. 追求利润最大化的企业每年的经济亏损为 10 000 美元。它的固定成本是每年 15 000 美元。在短期它应该组织生产还是停产？在长期它应该留在这个行业吗？

b. 假设这个企业每年的固定成本为 6 000 美元。在短期它应该组织生产还是停产？在长期它应该留在这个行业吗？

7. 小镇的第一家寿司店开业了。最初，人们对小口吃生鱼片非常谨慎，因为在这个小镇，大口吃烤肉一直大受欢迎。但是，不久前一份有很大影响的健康报告警告消费者远离烤肉并建议他们增加鱼的消费，尤其是生鱼片。寿司餐厅变得非常受欢迎，利润也增加了。

a. 寿司店的短期利润会有什么变化？在长期小镇的寿司店会发生什么变化？第一家寿司店的短期利润能够在长期维持吗？请解释你的答案。

b. 当地牛排餐厅因为寿司店受欢迎而受到冷落，开始出现亏损。从长期来看，小镇的牛排餐厅会发生什么变化？解释你的答案。

8. 完全竞争企业的短期总成本如下表所示：

数量	TC（美元）
0	5
1	10
2	13
3	18
4	25
5	34
6	45

市场对该企业产品的需求如下面的需求表所示。

价格（美元）	需求量
12	300
10	500
8	800
6	1 200
4	1 800

a. 计算该企业除零外所有产量的边际成本，以及该企业的平均可变成本和平均总成本。

b. 这个行业有 100 个企业，所有企业的成本都与这个企业相同。画出短期行业供给曲线。在同一幅图中画出市场需求曲线。

c. 市场价格为多少？每个企业获得多少利润？

9. 对抗致命疾病的新疫苗刚刚被发现。目前，每年有 55 人因患该疾病而死亡。新疫苗能拯救生命，但并非完全安全。一些接种者因为副作用而死亡。下表给出了接种疫苗的影响。

接种疫苗的人口比例（%）	疾病致死人数	接种疫苗的总死亡人数	接种疫苗的边际收益	接种疫苗的边际成本	接种疫苗的"利润"
0	55	0			
			—	—	—
10	45	0			
			—	—	—
20	36	1			
			—	—	—
30	28	3			
			—	—	—
40	21	6			
			—	—	—
50	15	10			
			—	—	—
60	10	15			
			—	—	—
70	6	20			
			—	—	—
80	3	25			
			—	—	—
90	1	30			
			—	—	—
100	0	35			

a. 接种疫苗的"边际收益"和"边际成本"是多少？计算接种疫苗的人口比例每提高 10%的边际收益和边际成本。在表中填写你的答案。

b. 接种疫苗的最优人口比例为多少？

c. 在这里"利润"怎样解释？计算每一接种水平的利润。

10. 评估如下每一个命题。如果命题为真，请解释原因；如果命题为伪，找出错误并改正。

a. 在完全竞争行业，实现利润最大化的企业应该选择市场价格和边际成本之间差额最大时的产出水平。

b. 固定成本增加降低了短期内利润最大化的产出数量。

11. 像小麦之类的农产品是完全竞争行业少有的几个例子之一。在本题中，我们分析美国农业部2013年关于美国小麦产量公布的一项研究成果。

a. 种植小麦的平均可变成本为每英亩127美元。假设每英亩的产量为44蒲式耳，计算出每蒲式耳小麦的平均可变成本。

b. 在2013年，农场主收到的小麦的平均销售价格为每蒲式耳7.58美元。你认为处于平均水平的农场在短期内会退出该行业吗？请解释。

c. 每英亩的小麦产量为44蒲式耳，每个农场的平均总成本为每蒲式耳4.80美元。美国黑麦（一种小麦）的种植面积从2010年的242 000英亩增加至2013年的306 000英亩。利用这里与a和b给出的价格及成本信息，解释这为什么会发生。

d. 使用以上信息，你认为在2013年之后小麦产量和价格会发生什么变化？

12. 下表给出的是对加利福尼亚州干洗店洗熨一件男式衬衫的价格的调查。

店名	所在城市	价格（美元）
A-1 Cleaners	圣巴巴拉	1.50
Regal Cleaners	圣巴巴拉	1.95
St. Paul Cleaners	圣巴巴拉	1.95
Zip Kleen Dry Cleaners	圣巴巴拉	1.95
Effie the Tailor	圣巴巴拉	2.00
Magnolia Too	戈利塔	2.00
Master Cleaners	圣巴巴拉	2.00
Santa Barbara Cleaners	戈利塔	2.00
Sunny Cleaners	圣巴巴拉	2.00
Casitas Cleaners	卡平特里亚	2.10
Rockwell Cleaners	卡平特里亚	2.10
Norvelle Bass Cleaners	圣巴巴拉	2.15
Ablitt's Fine Cleaners	圣巴巴拉	2.25
California Cleaners	戈利塔	2.25
Justo the Tailor	圣巴巴拉	2.25
Pressed 4 Time	戈利塔	2.50
King's Cleaners	戈利塔	2.50

a. 戈利塔与圣巴巴拉洗熨一件衬衫的平均价格为多少？

b. 画出加利福尼亚州戈利塔一家普通干洗店的边际成本和平均总成本曲线，假设它是完全竞争企业，但在短期内对每件衬衫都有利润可赚。标出短期均衡点，并用阴影区域表示干洗店获得的利润。

c. 假设戈利塔干洗店的短期均衡价格为2.25美元。分别画出该市场中一条典型的短期需求曲线和供给曲线，标明均衡点。

d. 看到在戈利塔地区有利润可赚，另一家干洗店Diamond Cleaners进入该市场。它的收费为每件衬衫1.95美元。戈利塔地区洗熨一件男士衬衫的新的平均价格为多少？请画图说明，在有新进入者时，通过移动需求曲线、短期供给曲线还是同时移动两条曲线来影响戈利塔地区洗熨衬衫的平均价格。

e. 假定加利福尼亚州干洗业按新的价格收费后正好盈亏平衡（赚取零经济利润），请在第b问的图上标明企业进入可能造成的影响。

f. 如果干洗业是完全竞争的，戈利塔和圣巴巴拉之间的平均价格差异意味着两个地区的成本有什么不同？

在线回答问题

13. 凯特·卡特琳（Kate Katering）提供餐饮服务，餐饮行业是完全竞争行业。凯特每天的机器成本为 100 美元，这也是唯一的固定投入。她的可变成本包括支付给厨师的工资和食品配料开支。每日可变成本与产量的关系如下表所示。

价格	VC
0	0
10	200
20	300
30	480
40	780
50	1 000

a. 计算总成本、平均可变成本、平均总成本，以及每一产量水平上的边际成本。

b. 盈亏平衡价格和数量是多少？停产价格和数量是多少？

c. 假设凯特的用餐价格为每份 21 美元。在短期内，凯特能赚取利润吗？从短期来看，她应该组织生产还是停产？

d. 假设凯特的用餐价格为每份 17 美元。在短期内，凯特能赚取利润吗？从短期来看，她应该组织生产还是停产？

e. 假设凯特的用餐价格为每份 13 美元。在短期内，凯特能赚取利润吗？从短期来看，她应该组织生产还是停产？

▶ **企业案例**

Kiva 系统机器人与人类：假日订单执行的挑战

假日购物季来临，对于那些喜欢拖延的人而言，电子商务的兴起已经成为一个值得欢迎的现象，一些零售商在圣诞节前提供当日下订单在同一天即可收到的服务。

电子商务零售商如 Amazon. com 和 CrateandBarrel. com 在假期可以看到它们的销售翻两番。随着订单执行技术的进步，客户订单可迅速获得，电子商务卖家已经占据比实体零售商大的市场份额。从 2012 年到 2015 年电子商务网站的节日销售同比增长了超过 40%。

但是，这些技术进步的背后也有激烈的辩论：人与机器人。Amazon. com 一直依靠大量的临时工作人员来应对以前的节假日，工作人员常常翻两番，每天 24 小时运营。相比之下，CrateandBarrel. com 只使用多一倍的员工，依赖橙色机器人，每名工人做了 6 名工人的活。

Amazon. com 计划在未来扩大机器人工作队伍。2012 年，Amazon. com 购买了 Kiva 系统，这是订单执行机器人技术的领导者，总投入 7. 75 亿美元，该公司希望 Kiva 系统能适应 Amazon. com 的仓储和订单执行需求。

尽管许多零售商如史泰博、盖璞、萨克斯第五大道和沃尔格林也使用 Kiva 系统的设备，但安装一个机器人系统代价不菲，成本高达 2 000 万美元。然而，雇用工人也有代价：在 2013 年假日购物季，在安装大量机器人系统之前，Amazon. com 在美国各地的 94 个配送中心雇用了约 7 万名临时工。

正如一位行业分析师所指出的，许多购买了机器人系统的电子商务零售商面临的一个障碍是，这样做通常在经济上并不划算：在一年中最繁忙的时段购买足够多的机器人代价不菲，因为它们在其他时间会被闲置。在 Amazon. com 购买 Kiva 前，Kiva 正在尝试一个项目，即季节性出租它的机器人，这样零售商可以“租用”足够的机器人来处理其节日订单，就像 Amazon. com 雇用更多的工人所做的那样。

思考题

1. 假设一家公司可以销售一个机器人，但销售需要时间，很可能该公司得到的比它支付的要少。在其他条件相同的情况下，人和机器人这两个系统中哪个系统的固定成本更高？哪个系统的可变成本更高？请说明。

2. 预测非假日销售与假日销售中的哪个会促使零售商继续使用以人力为基础的系统。请预测什么情形将促使零售商使用机器人系统。

3. “机器人出租”计划会如何影响你对第 2 题的回答？

▶ 企业案例

购物应用程序、展示厅和实体零售商面临的挑战

在加利福尼亚州桑尼维尔的百思买，崔特朗（Tri Trang）发现了一款给女友的完美礼物，一个 184.85 美元的全球定位系统 Garmin GPS。在没有移动购物应用程序（App）之前，他可能就在该店购买了。但是，崔特朗迅速拿出他的智能手机进行比价。在 Amazon.com 上相同的产品价格为 106.75 美元，免运费，他在亚马逊上下了订单。

对于实体零售商如百思买来说，客户将其作为“展示厅”——检视店内商品，然后在线购买，这威胁到了它们的生存。购物 App 的爆发式增长使得顾客可以立即比价并在线（如在 TheFind 网站）购买、通过网站（如 Coupons.com）获得数以千计的优惠券，以及提醒顾客附近打折的零售商店（如 SaleSorter），这如同对传统零售商进行“恐怖袭击”。

在购物 App 出现之前，传统零售商可以通过诱人的特色吸引顾客进店，并合理地期望他们会购买营业员推销的商品而获利。但是，这些好日子正在迅速消失。咨询公司埃森哲（Accenture）发现，在拥有移动设备的客户中有 73%喜欢通过自己的手机购物，而不是通过售货员。从 2010 年到 2014 年的短短四年中，已使用的移动优惠券数量已经从1 230 万翻了两番，达到5 320 万。

但是实体店零售商正在反击。为了防止“展示厅”现象，塔吉特公司经销的产品是制造商特意为该公司进行了稍许修改的。像其他零售商一样，塔吉特公司已开展了在线业务，其网站上陈列的商品名目数翻了两番，向移动手机用户发送了大量的优惠券和折扣提醒，并对忠诚用户提供奖励。沃尔玛现在也为在线购买店内商品的客户提供免费配送服务，因此客户可免交运费。如果顾客以旧换新，史泰博对新购打印机打折。

然而，传统零售商知道，它们的生存依赖于定价水平。虽然其在线商品的价格往往比卖场商品的价格低，但这些零售商仍在挣扎着与网上卖家如 Amazon.com 进行竞争。最近的一项研究显示，Amazon.com 的价格比 Walmart.com 的低约 9%，比 Target.com 的低 14%。百思买现在为其最佳客户提供与在线价格相匹配的价格。

这显然是为生存而进行的比赛。正如一位分析师所言，“只有 2～3 家零售商可以进行最低价格博弈。那些没有任何价格竞争力和出色店铺体验的零售商前景暗淡。”

思考题

1. 从案例材料来看，关于电子产品零售市场在移动电商比价购买出现之前是否满足完全竞争条件，你能得出什么结论？竞争面临的最重要的障碍是什么？

2. 移动购物应用程序的引进对电子产品零售市场的竞争产生了什么影响？对像百思买这样的实体零售商的盈利能力会产生怎样的影响？总体来说对这些商品购买者的消费者剩余会产生怎样的影响？

3. 为什么有些零售商让制造商为它们制造独家产品？这一趋势会增强还是会减弱？

第8章

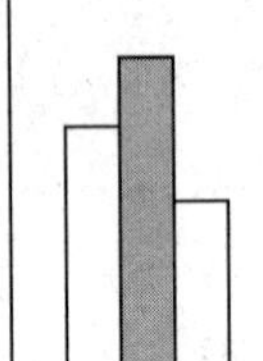

垄　断

本章将学习

- 垄断的意义，独家垄断企业是一种产品唯一的生产者。
- 一个垄断企业如何决定其利润最大化的产量和价格。
- 垄断和完全竞争的区别，以及这种区别对社会福利的影响。
- 政策制定者怎样解决垄断带来的问题。
- 什么是价格歧视，当生产者有市场势力时，为什么普遍采用价格歧视。

开篇案例

人人都要有钻石

几年前，世界主要钻石供应商戴比尔斯推出广告敦促男士为他们的妻子购买钻石首饰。“无论未来是贫穷还是富足，她都决然地嫁给了你。”广告写道：“那么让她知道你们的未来究竟怎样吧。”

赤裸裸？是的。有效吗？没问题。一代接一代，钻石一直是奢华的象征，其价值不仅在于其外表，而且在于它们的罕见。我们知道，在著名影星玛丽莲·梦露（Marilyn Monroe）演唱的电影《绅士爱美人》（*Gentlemen Prefer Blondes*）的歌曲中，钻石是“女孩最好的朋友”。

但地质学家告诉我们，钻石并非那么罕见。事实上，根据《道·琼斯-欧文精美珠宝首饰指南》（*Dow Jones-Irwin Guide to Fine Gems and Jewelry*），钻石“比任何其他高品质彩色宝石都更常见。它们只是看上去罕见……”

钻石为什么看起来比其他宝石罕见？部分原因是出色的市场营销活动。但钻石看起来罕见主要是因为戴比尔斯公司使得它们罕见：该公司控制了世界上大部分钻石矿，限制着钻石的上市供应数量。

到现在为止，我们只是集中于完全竞争市场，也就是生产者进行完全竞争的市场。但戴比尔斯并不像到目前为止我们已经研究过的生产者：它是一个垄断企业，某种产品唯一的（或几乎唯一的）生产者。垄断企业与完全竞争行业的生产者的表现完全不同：完全竞争者销售产品时是接受价格，垄断企业知道自己的行为会影响市场价格，当决定生产多少时会将这种影响考虑在内。

垄断是市场结构的一种类型，这类企业能提高价格。寡头垄断和垄断竞争是另外两种市场结构类型——在接下来的一章会进行分析——企业也采取行动来影响市场价格。在本章我们先简要介绍一下市场结构类型，采用一种两维方法来区分市场结构和行业。这就有助于我们更深入地理解为什么这些市场中的生产者会有不同的行为。

8.1 市场结构的类型

在现实世界中，对不同市场进行排列是件令人头疼的事情。我们在不同市场可以观察到生产者多样化的行为模式：在一些市场中，生产者之间激烈竞争；在一些市场中，生产者似乎莫名其妙地协调其行动，以避免互相竞争；而且，正如我们刚才所描述的，一些市场是垄断市场，没有竞争可言。

为了得出一些原则并对市场和生产者如何行事做出预测，经济学家已经总结出四种市场结构类型：完全竞争、垄断、寡头垄断和垄断竞争。市场结构的这种体系是基于两种维度来区分的：

1. 市场中生产者数量的多少（一个、几个还是更多）。

2. 提供相同的产品还是差异化产品。

差异化产品是指被消费者认为不同但又可进行部分替代的产品（想一想可口可乐与百事可乐）。

图 8-1 根据二维分类对各类市场结构给出了一个简单直观的总结。

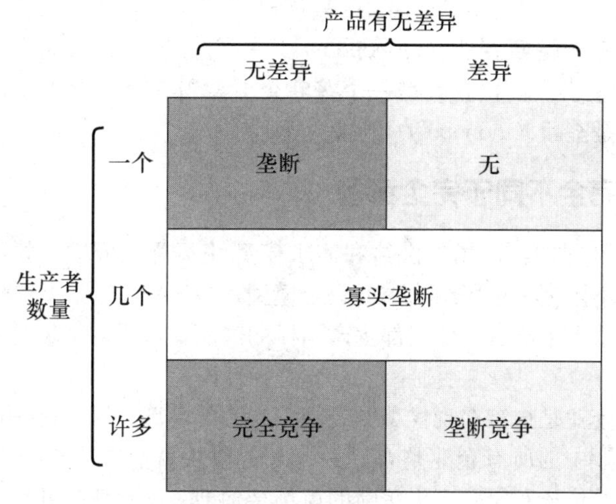

图 8-1　市场结构类型

任何具体企业和市场的行为分析都一定要利用市场结构的四种类型之一——垄断、寡头垄断、完全竞争或垄断竞争。这种市场结构的系统分类基于两个方面：(1) 是差异化产品还是相同的产品，(2) 行业中生产者的数目——一个、几个还是许多。

- 垄断，是指单一生产者销售单一、无差异的产品。
- 寡头垄断，是指几个生产者——不止一个但数量有限——销售相同的产品或差异化产品。
- 垄断竞争，是指有多个生产者，每个生产者销售一种差异化产品（如经济学教科书的出版商）。
- 完全竞争，是指许多生产者都销售同一种产品。

你可能想知道什么决定着市场中企业的数量：是一个（垄断）、几个（寡头垄断）还是许多（完全竞争和垄断竞争）。我们在此先不回答这个问题，因为在本章稍后部分以及在第 9 章我们会对寡头垄断和垄断竞争做详细讨论。

我们只是简要提及，在长期这取决于是否具备使新企业很难进入市场的条件，如：对必要资源或投入的控制能力，生产中是否存在规模报酬递增，是否具有技术优势，是否具有网络外部性，以及政府是否进行管制。当这些条件具备时，行业类型往往为垄断或寡头垄断；当不具备这些条件时，行业类型往往为完全竞争或垄断竞争。

你也可能想知道为什么一些市场上是差异化产品，而其他市场上则是相同的产品。答案取决于产品的性质和消费者的偏好。有些产品——软饮料、经济学教科书、早餐麦片——可以很容易地依据消费者的口味和外观做成不同的品种。其他产品——如大锤——则很难进行区分。

尽管本章只介绍垄断，但寡头垄断和垄断竞争也同样具备垄断的重要特征。在下一节，我们将给出垄断的定义，回顾垄断形成的可能的条件。同样的条件，在不那么极端的情况下，也会导致寡头垄断。然后，我们将介绍一个垄断企业如何通过限制向市场供给的数量来增加利润，同样的情形也发生在寡头垄断和垄断竞争背景下。

正如我们将看到的，这种行为有利于生产者，但对消费者不利；它也导致非效率。研究的一个重要议题是公共政策通过哪些途径努力将损失降到最低。最后，我们会转向垄断的一个出人意料的结果——在寡头垄断和垄断竞争市场中也经常出现：不同的消费者经常对同样的产品支付不同的价格。

8.2 垄断的含义

南非的垄断企业戴比尔斯是由英国商人塞西尔·罗兹（Cecil Rhodes）在19世纪80年代创建的。到1880年，南非是世界上钻石的主要供应地。然而，仍有多家矿业公司，相互间竞争激烈。在19世纪80年代，罗兹买下了绝大部分矿业公司并把它们合并成一家公司，名为戴比尔斯。到了1889年，戴比尔斯几乎控制了世界上所有钻石的生产。

换言之，戴比尔斯成了一个**垄断企业**（monopolist）。一个生产者如果成为没有相近替代品的产品的独家供应商，它就是一个垄断企业。当一个行业由一个企业垄断时，这个行业就是**垄断**（monopoly）行业。

垄断企业是指一个企业是某种产品的唯一生产者且产品没有近似替代品的情形。
一个行业被一个垄断企业控制的情形就是所谓的**垄断**。

□ 8.2.1 垄断：完全不同于完全竞争

正如我们在第7章中所学习的，市场的供给和需求模型并不总是成立。相反，完全竞争模型只是几种不同类型市场结构中的一个模型。

我们已经知道，如果有很多生产者，他们都生产同样的产品，这样的市场是完全竞争市场。垄断是完全竞争的极端对立面。

在实践中，真正的垄断企业是很难在现代美国经济中找到的，部分原因是法律障碍。一个当代企业家如果试图像罗兹那样将一个行业中的所有企业整合到一起，他很快就会被指控，因为他已经违反了反托拉斯法，该法律旨在防止通过合并形成垄断。寡头垄断的市场结构即一个行业有几个大型生产者则更为常见。事实上，我们购买的大部分产品，从汽车到机票，都是由寡头垄断企业提供的。我们将在下一章考察寡头垄断。

□ 8.2.2 垄断企业怎样行事？

为什么罗兹要将南非的钻石生产者整合成一家公司？这样做后世界钻石市场有什么不同？

图8-2对垄断造成的影响做了初步分析。它表明在完全竞争行业中，供给曲线与需求曲线在C点相交，由此决定的价格为P_C，产量为Q_C。

假设这个行业被整合成一个垄断行业。垄断企业通过减少供给，沿着需求曲线上移到如M点这样的位置，生产的产量Q_M比完全竞争情况下要少一些，价格P_M则要高一些。

一个垄断企业通过降低产量使价格高于竞争水平的能力被称为**市场势力**（market power）。市场势力是垄断的根本。100 000名小麦农场主中的一名并无市场势力：他或她必须按现行市场价格出售小麦。你所在城市的水务公用事业公司则有市场势力：它可以提高价格，仍然保有许多（但不是全部）客户，因为客户别无选择。因此，该类企业是一个垄断企业。

市场势力是企业能够提高价格的能力。

与完全竞争行业的产出水平相比，垄断企业减产提价的原因是为了增加利润。塞西尔·罗兹将多家钻石生产者整合为戴比尔斯，就是因为他意识到，整合为一体后整体的价值将大于各部分的价值之和。垄断企业获得的利润要高于相互竞争企业的利润的总和。正如我们已经看到的，完全竞争下的经济利润在长期通常会消失，因为竞争者将进入市场。在垄断市场中，利润不会消失，一个垄断企业能够继续在长期获得经济利润。

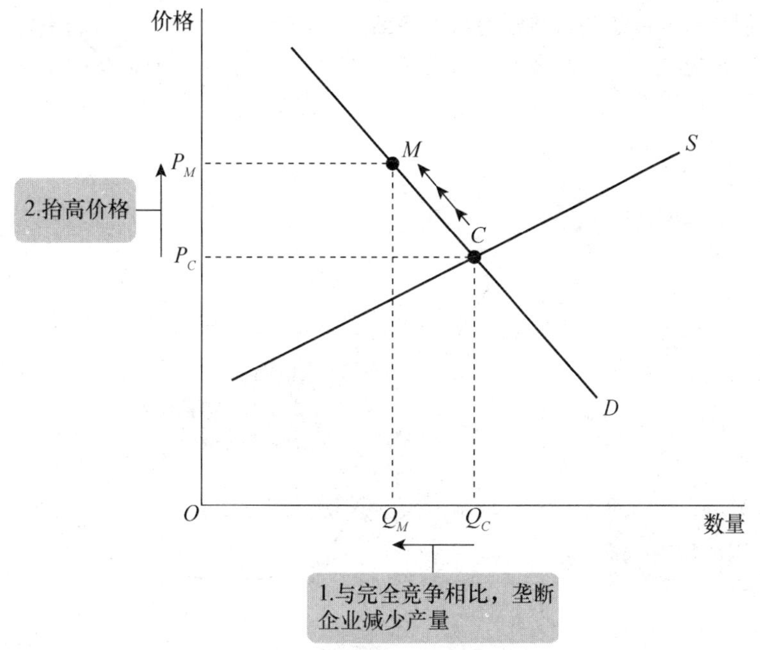

图 8-2　垄断企业如何行事

在完全竞争市场中，供给与需求决定数量和价格。图中在 C 点实现竞争均衡，价格为 P_C，数量为 Q_C。垄断企业则会将供给量减少到 Q_M，沿着需求曲线从 C 点移动到 M 点，使价格上涨到 P_M。

事实上，垄断企业并非具备市场势力的唯一的企业类型。在下一章中，我们将获知寡头垄断市场中的企业也有市场势力。在一定条件下，寡头企业也可以如垄断企业那样，在长期通过限制产量来获得经济利润。

但是，为什么利润没有被竞争掉？是什么让垄断企业成为垄断企业？

□ 8.2.3　为什么存在垄断？

> 为了获得经济利润，一个垄断企业必须得到**进入壁垒**——阻止其他企业从事相同业务的“东西”——的保护。

垄断企业有盈利并非无人知晓。（回想一下，这里是指经济利润，即收益超过企业所使用资源的机会成本的部分。）但是，从长期来看为什么其他企业不与之竞争，来分一杯羹，并导致价格下降、利润减少？一个有经济利润的垄断企业长期存在，必定存在什么东西阻碍其他企业来从事相同的业务，这种“东西”就是所谓的**进入壁垒**（barrier to entry）。进入壁垒有五种主要类型：控制一种稀缺资源或投入，规模报酬递增，技术优势，网络外部性，以及政府创建的进入壁垒。

1. **控制一种稀缺资源或投入**。垄断企业如果控制了一个行业的关键资源或投入，就可以阻止其他企业进入其市场。塞西尔·罗兹创造出的戴比尔斯垄断就是通过控制世界上大部分钻石矿山来实现的。

2. **规模报酬递增**。很多美国家庭都有天然气输送管道，用于做饭和取暖。无须怀疑，当地的天然气公司就是一个垄断企业。但是，竞争对手为什么不来提供天然气？

在 19 世纪初，当天然气行业刚刚起步时，公司间为争夺本地客户展开竞争。但竞争并没有持续多久，几乎在每一个城镇当地的天然气供应很快就形成垄断局面，因为为一个城镇提供天然气管道的固定成本巨大。铺设天然气管道的成本并不取决于一家公司有多少天然气可供出售，因此销售规模大的企业就有了成本优势：因为它能够在更大的数量上分摊固定成本，所以与小企业相比，它的平均总成本也较低。

地方天然气供应是平均总成本随着产量的增加而下降的行业。正如我们在第 6 章所学到的，这种现象被称为规模报酬递增。我们知道，当平均总成本随着产量的增加而下降时，企业往往会成长得更大。对于一个具有规模报酬递增特点的行业来说，大企业盈利能力更强，会将小企业击退。出于同样的原因，现有企业比任一潜在进入者都更具成本优势——这也成为一个强有力的进入壁垒。因此，规模报酬递增既创造也可以维持垄断地位。

由规模报酬递增创造和维持的垄断被称为**自然垄断**（monopoly）。自然垄断的决定性特征是它在与其行业相关的产出范围内存在规模报酬递增现象。如图 8－3 所示，该图展示了企业的平均总成本曲线和市场需求曲线 *D*。在图中，我们可以看出，在价格高于或等于平均总成本的产出范围内，自然垄断企业的 *ATC* 曲线递减。

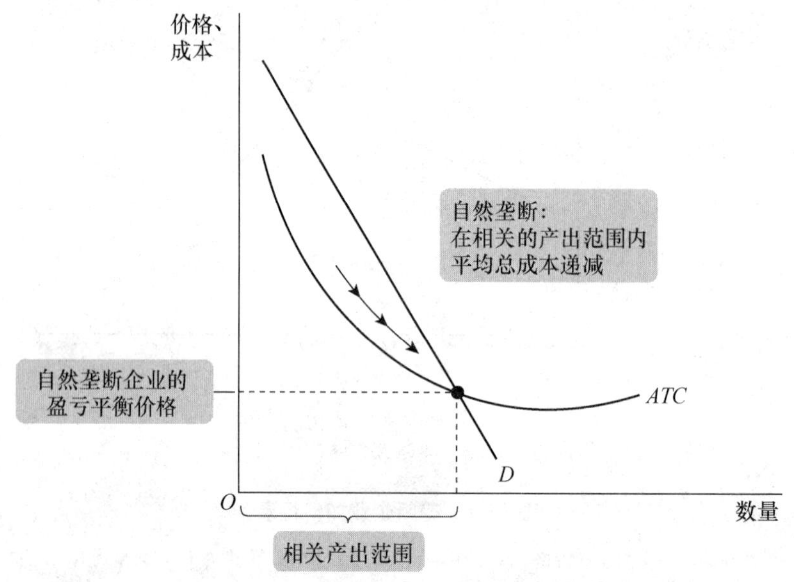

图 8－3　规模报酬递增创造自然垄断

当运营所必需的固定成本非常高时，可能会出现自然垄断。当这一现象发生时，企业的 *ATC* 曲线在价格高于或等于平均总成本的产出范围内递减。这使得企业在整个产出范围内具有规模报酬递增特征，在这样的产出范围内，即使从长期来看，企业也能维持盈亏平衡。结果，对于给定数量的产出，由一个大型企业生产比由两个或更多较小的企业生产成本更低。

因此，自然垄断企业在整个产出范围内具有规模报酬递增特征，任何企业都想在该行业生存下去，因为在这样的产出范围内，即使从长期来看，企业也能维持盈亏平衡。形成这一条件的原因是庞大的固定成本：当需要巨大的固定成本来运营时，对于给定数量的产出，由一个大型企业生产的平均总成本要低于由两个或更多较小的企业生产的平均总成本。

> 当规模报酬递增使得由一个企业生产整个行业的产量具有显著的成本优势时就存在**自然垄断**。

在现代经济中，最明显的自然垄断企业是地方性的公用事业公司——自来水公司、天然气公司，有时也包括电力公司。正如我们已经知道的，自然垄断对公共政策形成特殊的挑战。

3. **技术优势**。一个企业持续保持对潜在竞争对手的技术优势也可以使自己成为一个垄断企业。例如，在 20 世纪 70—90 年代，芯片制造商英特尔在设计和生产微处理器（能够使电脑运行的芯片）方面一直保持对两个潜在竞争对手的技术优势。但是，技术优势从长期来看，并非一个典型的进入壁垒：随着时间的推移，竞争对手将加大投资，升级自身的技术，追赶技术领先企业。事实上，英特尔公司已经发现，自己的技术优势已经被竞争对手超微半导体公司（Advanced Micro Devices，也称为 AMD）蚕食，该公司生产的芯片从速度和功能上与英特尔芯片不相上下。

我们应该注意到，在一些高新技术行业，技术优势并不能确保成功反击竞争对手，因为有网络外部性存在。

4. **网络外部性**。如果你是世界上唯一与互联网连接的人，这种连接对你有价值吗？答案当然是毫无价值。互联网连接有价值只是因为其他人也与互联网连接。而且，在一般情况下，连接的人越多，连接就越有价值。使用同一产品或服务的人越多，该种产品或服务对个人而言的价值就越大的这种现象，被称为**网络外部性**（network externality），其价值来自用户参与到其他用户的网络中。

> **网络外部性**指当有许多人使用同一种产品或服务时，它们对个人而言的价值变大的现象。

网络外部性的早期形式出现在运输行业，公路或机场的价值随着人们使用的增加而提高。但是网络外部性在技术和通信行业尤其突出。

经典案例是电脑操作系统。在世界范围内，大部分个人计算机中运行的是微软公司的 Windows 系统。尽管许多人认为，苹果公司的操作系统更优越一些，但在个人电脑使用初期，广泛应用的 Windows 系统吸引了更多的软件开发和技术支持，这使其优势地位得以持续。

当网络外部性存在时，拥有最大的客户网络的企业在吸引新客户方面具有优势，这可能使其成为垄断企业。至少，占主导地位的企业可以收取更高的价格，因此可以获得与竞争对手相比更高的利润。此外，网络外部性使得拥有“最深口袋”（deepest pockets）的企业获得优势。现金最充裕的公司可以通过亏本出售大部分产品来获得最大的客户基础。

5. **政府创建的进入壁垒**。1998 年，默克制药公司推出药品保法止（Propecia）——一种治疗脱发的有效药物。尽管保法止使默克公司获利丰厚，其他制药公司也知道其生产工艺，但没有其他公司来挑战默克公司的垄断地位。这是因为，美国政府给了默克公司在美国生产该药品的唯一的合法权利。保法止是政府设置壁垒来保护垄断的一个例子。

当下创造垄断的最重要的法律是专利权和版权。一项**专利**（Patent）给予发明者在一个时期制造、使用或销售该发明产品的独占权，大多数国家确定的这一时间段是 16～20 年。专利被颁发给新产品如药品或器械的发明者。与此类似，**版权**（Copyright）赋予文学或艺术作品的创作者在一个时期从中获利的独家权利，这一时间段通常为创作者的有生之年加 70 年。

专利赋予发明者使用和销售该发明的暂时的垄断权利。

版权赋予文学或艺术作品的创作者从中获利的独家权利。

颁发专利和版权的合理性在于激励。如果发明者没有受到专利保护，他们从自己的努力中得到的奖励将很少：只要一个有价值的发明被公开，其他人将会复制并销售据此制造的产品。如果发明者不能指望从他们的发明中获利，那么他们就没有动力先付出代价来从事发明。对文学或艺术作品的创作者来说同样如此。因此，法律通过临时产权来鼓励发明与创作就形成了一个暂时的垄断。

专利和版权只是暂时的，也是法律权衡妥协的结果。在法律的保护下产品保持较高的价格，实际上是对发明者的发明成本进行补偿；相反，一旦法律保护失效，竞争者出现，价格走低，将有利于消费者，提高经济效率。

由于暂时垄断的持续时间不能根据具体情况灵活调整，这种制度并不完善，因此导致错过了一些机会。在某些情况下，这会引起显著的福利问题。例如，贫穷国家制药公司对美国药品专利的侵犯一直就存在争论，因为无力支付零售药价的贫困患者与为发现这些药物支出了高额研发成本的公司的利益形成了冲突。

为了解决这个问题，一些美国制药公司和穷国进行了谈判，后者要尊重专利权，但美国企业要以大幅打折的价格出售它们的药物。（这就是我们稍后将要学习的价格歧视的一个例子。）

▶ 真实世界中的经济学

新兴市场：钻石垄断企业最好的朋友

当塞西尔·罗兹创建戴比尔斯垄断企业时，正好是千载难逢的时机。在南非，新的钻石矿超过此前所有矿源，所以，世界上几乎所有的钻石生产都集中在了这几平方英里范围内。

直到最近，即使有新开矿山，戴比尔斯公司仍然能够扩大其对资源的控制。戴比尔斯要么买下新的生产者，要么与控制部分新矿的地方政府签署协议，使之实际上成为戴比尔斯垄断企业的一部分。

最明显的是与苏联签署的那些协议，可确保俄罗斯出产的钻石通过戴比尔斯进入市场销售，这保证了该公司对零售价格的控制能力。戴比尔斯竟然在其伦敦金库中囤积了足够供应一年的钻石。当需求下降时，新开采的宝石会被存储起来，而非出售，限制零售供应，直到需求和价格恢复。

戴比尔斯占全球市场份额的峰值出现在 20 世纪 80 年代末，几乎达到近 90%，自那以后一直在下降。在 2013 年，戴比尔斯公司和美国政府之间长达数十年的诉讼终于以戴比尔斯同意停止试图垄断钻石市场并停止对抛光钻石实施固定价格来结束。戴比尔斯也失去了对供给的控制，因为在其他非洲国家以及俄罗斯和加拿大，几个独立公司开始开采钻石。此外，优质、廉价的人造钻石已经成为天然宝石的替代品，蚕食着戴比尔斯的利润。那么，这是否意味着高钻石价格和戴比尔斯高利润时代已经结束？

并非如此。虽然戴比尔斯不再是毛坯钻石最大的生产者，但仍然是收入最高的生产者。虽然供给和需求对当今钻石市场的影响要强于戴比尔斯，但它与其他钻石生产者仍然获得高利润。供应也极为有限，因为老矿已经接近枯竭，新的钻石来源又很难找到。同时，快速增长的经济体如中国和印度的消费者已经成为钻石需求的推动力量。因此，自2008年全球金融危机导致钻石价格大幅下跌以来，抛光钻石的价格每年平均上涨6%。

最后，虽然钻石垄断可能不会永远持续，但有限的钻石供应和快速增长经济体需求的不断攀升，使之几乎同以前一样有利可图。

及时复习

● 一个垄断企业利用其市场势力，通过索取比竞争性企业更高的价格、更低的产量的方式在短期和长期获得利润回报。

● 除非存在壁垒，比如控制自然资源、规模报酬递增、拥有技术优势、拥有网络外部性、由政府施加法律限制，否则，利润不会长期存在。

● 当在行业的相关产出范围内平均总成本递减时，自然垄断会由此产生。这创造了一种进入壁垒，因为现有垄断企业比进入者有更低的平均总成本。

● 在某些经济体的技术和通信部门，网络外部性使得拥有最多客户的公司成为垄断企业。

● 专利和版权是政府创造的进入壁垒，会形成一种暂时垄断，这是对如下情形进行平衡的需要：发明家发明的成本需要高价来补偿与低价会增加消费者剩余和提高效率。

小测验 8-1

1. 目前，得克萨斯Tea石油公司是阿拉斯加家庭取暖油的唯一本地供应商。这个冬天居民们感到震惊，每加仑取暖油的价格已经翻了一倍，并认为自己是市场势力的受害者。解释以下的证据哪些支持这一说法，哪些否定这一说法。

a. 取暖油出现全国性紧缺，得克萨斯Tea石油公司加工数量有限。

b. 去年，得克萨斯Tea石油公司与其他一些当地有竞争关系的石油供应公司合并为一家公司。

c. 得克萨斯Tea石油公司从炼油厂购买取暖油的成本显著上升。

d. 最近，一些外地企业也开始以比得克萨斯Tea石油公司低得多的价格向该公司的传统客户提供取暖油。

e. 得克萨斯Tea石油公司获得政府独家授权成为该州唯一的取暖油管道供油公司。

2. 假设政府正在考虑将专利授权从20年延长到30年。这将如何改变以下每种情形？

a. 对发明新产品的激励。

b. 消费者支付更高价格的时间长度。

3. 就以下每种情形解释网络外部性的性质。

a. 一种被称为“护照”的新型信用卡。

b. 一种新型汽车发动机，使用太阳能电池。

c. 本地的产品和服务交易可以在网上进行。

8.3 垄断企业如何实现利润最大化

正如我们所看到的，一旦塞西尔·罗兹将在南非的竞争性钻石生产者合并成一家公司，整个行业的行为都改变了：供给量下降和市场价格上升。在本节中，我们将学习垄断企业如何通过减少产量来增加利润。我们将看到，市场需求在垄断企业情形中表现出与完全竞争行业中不同的行为发挥着关键作用。（注意，这里的利润是经济利润，而非会计利润。）

□ 8.3.1　垄断企业的需求曲线和边际收益

在第 7 章中，我们得出了企业的最优产出原则：一个利润最大化的企业生产的产量对应着生产最后一单位产量的边际成本等于边际收益（即最后一单位产量所能带来的收益）。也就是说，$MR=MC$ 时得到利润最大化产量。

虽然最优产出原则适用于所有企业，但我们很快将会看到，对垄断企业与完全竞争行业（也就是说，企业都是价格接受者）来说，应用该原则得到的利润最大化产出水平是不同的。这种差异的根源在于，一个垄断企业所面临的需求曲线与完全竞争企业所面临的需求曲线不同。

除了最优产出原则外，我们还知道，尽管市场需求曲线总是向下倾斜，但组成完全竞争行业的每个企业都面临着一条具有完全弹性的需求曲线，即在市场价格水平处的水平线，如图 8-4（a）中的 D_C 所示。在完全竞争行业中，任何单个企业若企图收取高于市场水平的价格，都将损失所有销售。但是，企业可按市场价格出售愿意出售的任何数量。

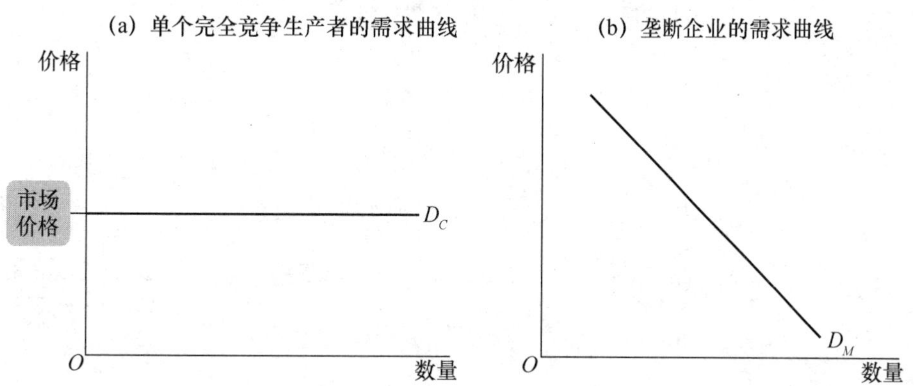

图 8-4　单个完全竞争生产者的需求曲线与垄断企业的需求曲线的比较

因为一个完全竞争生产者无力影响一种产品的市场价格，它面临如图（a）所示的水平状的需求曲线 D_C，企业可以按市场价格出售其希望出售的数量。垄断企业则可以影响价格。因为它是行业唯一的供应商，面临的是如图（b）所示的市场需求曲线 D_M。为了销售更多的产品，必须降低价格；通过减少产量，垄断企业可以提高价格。

我们在第 7 章中已经学过，一个完全竞争生产者的边际收益就是市场价格。因此，对价格接受型企业而言的最优产出原则是产量位于所产生的最后一单位产量的边际成本等于市场价格处。

对于垄断企业来说，则有很大的不同，因为它是市场上的独家供应者。因此，它的需求曲线是如图 8-4（b）中 D_M 所示的向下倾斜的市场需求曲线。向下倾斜就在产品价格和边际收益（多生产一单位产量带来的收益变化）之间造成了“楔差”。

表 8-1 所示为垄断企业的价格和边际收益之间的楔差，这是根据需求曲线计算出的垄断企业的总收益和边际收益。

表 8-1　　戴比尔斯作为垄断企业的需求、总收益和边际收益

钻石价格 P（美元）	钻石数量 Q	总收益 $TR=P\times Q$（美元）	边际收益 $MR=\Delta TR/\Delta Q$（美元）
1 000	0	0	
			950
950	1	950	
			850
900	2	1 800	
			750
850	3	2 550	
			650
800	4	3 200	
			550

续前表

钻石价格 P（美元）	钻石数量 Q	总收益 $TR=P\times Q$（美元）	边际收益 $MR=\Delta TR/\Delta Q$（美元）
750	5	3 750	
			450
700	6	4 200	
			350
650	7	4 550	
			250
600	8	4 800	
			150
550	9	4 950	
			50
500	10	5 000	
			−50
450	11	4 950	
			−150
400	12	4 800	
			−250
350	13	4 550	
			−350
300	14	4 200	
			−450
250	15	3 750	
			−550
200	16	3 200	
			−650
150	17	2 550	
			−750
100	18	1 800	
			−850
50	19	950	
			−950
0	20	0	

表 8-1 的前两列所示为假想的对戴比尔斯钻石的需求。为了简便起见，我们假设所有的钻石都一模一样。并且为便于计算，我们假设所出售的钻石数量远远小于真实情形。例如，以每颗 500 美元的价格出售钻石时，我们假设只卖出 10 颗钻石。根据该表画出的需求曲线如图 8-5（a）所示。

表 8-1 的第三列为戴比尔斯公司从出售的每颗钻石中得到的总收益，即出售的钻石数量乘以钻石价格。最后一列是计算得出的边际收益，从多生产和销售一颗钻石中得到的总收益的变化量。

很显然，在第 1 颗钻石被售出后，垄断企业从多销售的 1 单位钻石中得到的边际收益将低于销售价格。例如，如果戴比尔斯销售 10 颗钻石，第 10 颗钻石的销售价格为 500 美元。但是，边际收益即从第 9 颗到第 10 颗的总收益变化只有 50 美元。

为什么第 10 颗钻石带来的边际收益低于价格？这是因为，垄断企业增加生产会对收益产生两种相反的效应：

- 数量效应。多销售一单位产品，使总收益增加这一单位的销售价格。
- 价格效应。为了将最后一单位产品售出，垄断企业必须降低所有销售产品的市场价格，这将导致总收益减少。

垄断企业从销售 9 颗钻石到销售 10 颗钻石所产生的数量效应和价格效应如图 8-5（a）的两个阴影区域所示。从 9 颗增加到 10 颗，意味着从需求曲线上的 A 点向下移动到 B 点，钻石价格从 550 美元降低至 500 美元。深灰色阴影区域表示数量效应：戴比尔斯以 500 美元的价格出售了第 10 颗钻石。然而，这被价格效应抵消了一部分，价格效应如浅灰色阴影区域所示。为了出售第 10 颗钻石，戴比尔斯必须将所有钻石的价格都从 550 美元降低至 500 美元。因此，该公司损失了 9×50 美元＝450 美元收益，即浅灰色阴影区域的面积。多销售一颗钻石对收益产生的总效应也就是边际收益如 C 点所示，可从 9 颗增加至 10 颗得出，仅为 50 美元。

C 点位于垄断企业的边际收益曲线上，在图 8－5（a）中标为 *MR*，数据来自表 8－1 的最后一列。关于垄断企业关键的一点是边际收益曲线始终在需求曲线的下方。这由价格效应所致：一个垄断企业多出售一单位产品的边际收益总是小于垄断企业从此前销售产品中获得的价格。正是价格效应造成了垄断企业边际收益曲线与需求曲线之间的楔差：为了销售更多的钻石，戴比尔斯必须降低所销售的所有单位钻石的市场价格。

事实上，对于任何拥有市场势力者而言，如寡头垄断企业与垄断企业一样，都存在这种楔差。拥有市场势力意味着该企业面临的是向下倾斜的需求曲线。因此，增加产量总会产生价格效应。所以，对于拥有市场势力的企业而言，边际收益曲线总是位于需求曲线的下方。

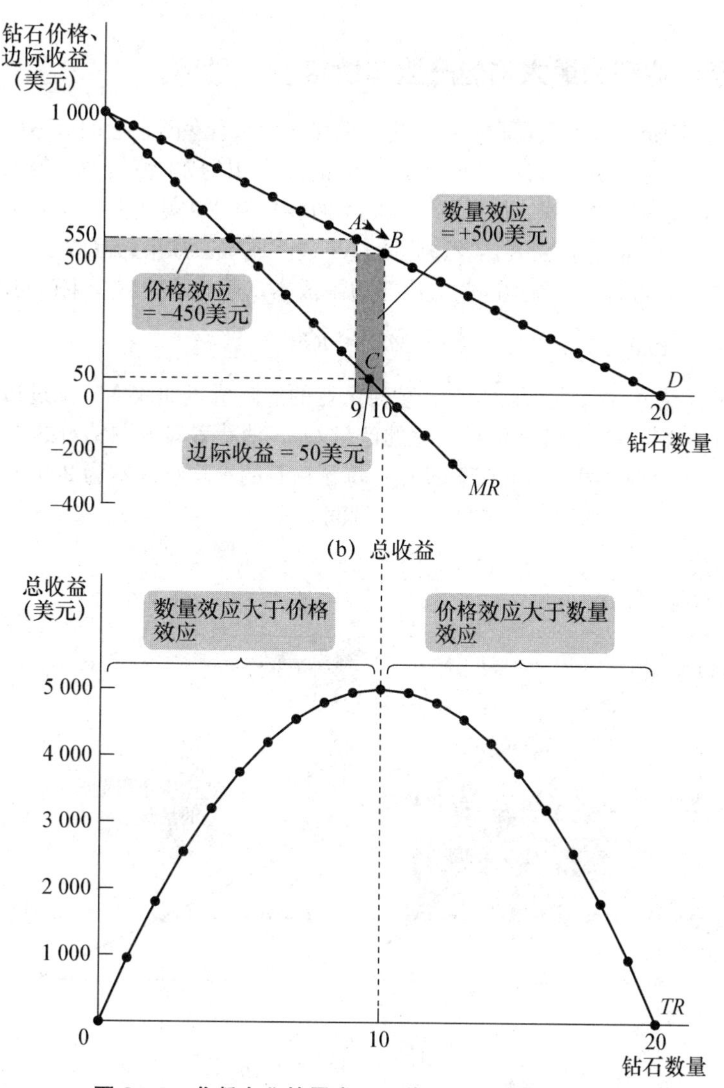

图 8－5　垄断企业的需求、总收益和边际收益曲线

图（a）所示为根据表 8－1 中的数据画出的钻石垄断企业的需求曲线、边际收益曲线。边际收益曲线位于需求曲线的下方。为了弄清原因，可以考虑需求曲线上的 A 点，其中 9 颗钻石以每颗 550 美元卖出，得到了 4 950 美元总收益。为销售第 10 颗钻石，所有 10 颗钻石的价格都必须降低到 500 美元，如 B 点所示。因此，总收益增加了深灰色阴影区域（数量效应：＋500 美元），但减少了浅灰色阴影区域（价格效应：－450 美元）。因此，第 10 颗钻石带来的边际收益为 50 美元（深灰色阴影区域与浅灰色阴影区域面积之差），这要比 500 美元的价格低得多。图（b）所示为钻石垄断企业的总收益曲线。随着产量从 0 颗钻石增加到 10 颗钻石，总收益增加。总收益的最大值在第 10 颗钻石处达到——边际收益等于 0——之后将递减。数量效应大于价格效应时，总收益增加；价格效应大于数量效应时，总收益递减。

接下来我们比较一下垄断企业的边际收益曲线与完全竞争企业（没有市场势力）的边际收益曲线。对于后者，产出增加并无价格效应：它的边际收益曲线就是它的水平需求曲线。因此，对于完全竞争企业来说，市场价格和边际收益总是相等的。

为了强调具有市场势力的企业的数量效应和价格效应怎样相互抵消，图 8－5（b）给出了戴比尔斯的总收益曲线。请注意，该曲线呈小山形，当钻石产量从 0 颗增加到 10 颗时，总收益递增。这表明，在低产出水平，数量效应大于价格效应：随着垄断企业销售量的增加，它必须降低价格，但因为降低的量很少，所以价格效应较小。在产量超过 10 颗钻石后，总收益实际上会下降。这反映了如下事实，即在高产出水平，价格效应大于数量效应：随着垄断企业销售量的增加，它现在需要降低的价格越来越多，价格效应也就越来越大。

因此，在产量超过 10 颗后，边际收益曲线位于零以下。例如，产量从 11 颗增至 12 颗，仅仅使总收益增加 400 美元，但与此同时从第 1 颗到第 11 颗使总收益减少了 550 美元。结果，第 12 颗钻石带来的边际收益为－150 美元。

□ 8.3.2 垄断企业利润最大化的产量与价格

为了全面了解一个垄断企业如何实现利润最大化，现在我们来看垄断企业的边际成本。我们假设，生产没有固定成本；不论戴比尔斯生产多少钻石，额外生产一颗钻石的边际成本恒为 200 美元。也就是说，边际成本将总是等于平均总成本，边际成本曲线（也是平均总成本曲线）为 200 美元上的水平线，如图 8－6 所示。

为了实现利润最大化，垄断企业需要比较边际收益与边际成本。如果边际收益大于边际成本，戴比尔斯通过增加生产可获得更多的利润；如果边际收益小于边际成本，戴比尔斯减少生产可增加利润。

垄断企业实现利润最大化产出的条件为：$MR=MC$ （8－1）

图 8－6 所示为垄断企业的最优点。在 A 点，垄断企业的边际成本曲线 MC 穿过边际收益曲线 MR。相应的产出水平为 8 颗钻石，这是垄断企业利润最大化的产量 Q_M。消费者对 8 颗钻石的需求价格为 600 美元，所以，垄断企业的价格 P_M 也是 600 美元，对应于 B 点。每颗钻石的平均总成本为 200 美元，所以，垄断企业每颗钻石赚取的利润为 600 美元－200 美元＝400 美元，利润总额为 8×400 美元＝3 200 美元，如阴影区域所示。

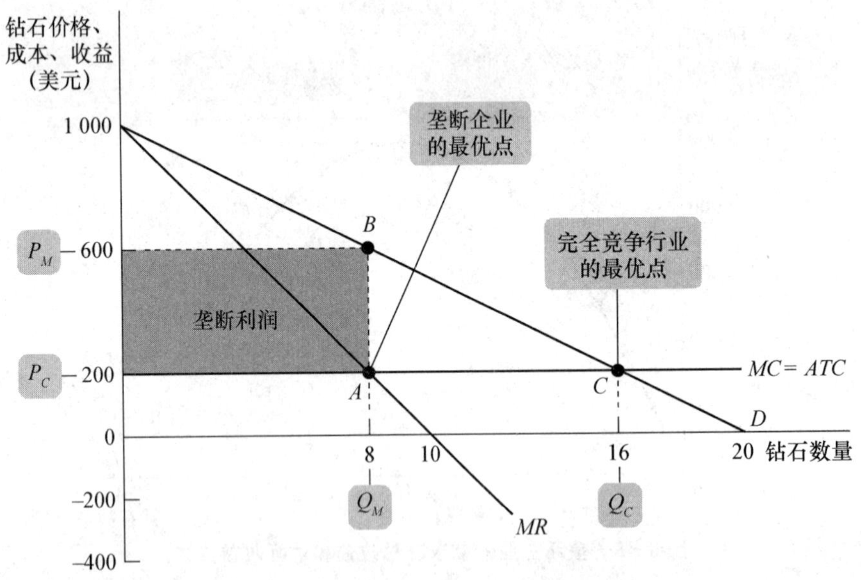

图 8－6　垄断企业利润最大化的产量与价格

图中所示为需求、边际收益和边际成本曲线。每颗钻石的边际成本恒为 200 美元，因此边际成本曲线是 200 美元上的水平线。根据最优产出原则，垄断企业利润最大化的产量在 $MR=MC$ 时即 A 点实现，边际成本曲线与边际收益曲线在产量为 8 颗钻石时相交。戴比尔斯公司的定价可以通过从 A 点垂直向上在需求曲线上找到，即图中的 B 点，每颗钻石的价格为 600 美元。利润为美元 400 美元×8＝3 200 美元。一个完全竞争行业的生产位于 C 点，即位于需求曲线和边际成本曲线相交处，在此处 $P=MC$。因此，一个完全竞争行业生产 16 颗钻石，按 200 美元的价格销售，利润为零。

▶ 疑难解答

垄断企业的定价

为找到垄断企业利润最大化的产量，我们要寻找边际收益曲线穿过边际成本曲线的交点，如图 8-6 中的 A 点就是一个例子。

但是也请注意不要陷入一个常见的错误：想象一下，A 点给出了垄断企业销售产品的价格水平，但没有给出垄断企业得到的边际收益水平，我们知道它低于价格水平。

为了找到垄断价格，我们必须从 A 点垂直向上直到需求曲线。在那里，我们能找到消费者对利润最大化数量支付的需求价格。因此，利润最大化的价格—数量组合点始终是需求曲线上的点，如图 8-6 中的 B 点所示。

□ 8.3.3 垄断与完全竞争

当塞西尔·罗兹将原来许多独立的钻石生产者整合成戴比尔斯公司时，他将一个完全竞争行业转化成了一个垄断企业。现在，可以用我们的分析方法来看看这样整合的效果。

再来看图 8-6。我们的问题是，如果不成为垄断企业，这个行业仍然为完全竞争行业，同一市场将如何运行？我们将继续假定，没有固定成本，边际成本是恒定的，所以平均总成本和边际成本相等。

如果钻石行业由许多完全竞争企业构成，则其中每个生产者都以市场价格为接受价格。也就是说，每一个生产者都按照边际收益等于市场价格来行事。这样，行业内每个企业都采用了价格接受型企业的最优产出原则：

$$\text{在完全竞争企业利润最大化的产出上 } P=MC \tag{8-2}$$

在图 8-6 中，符合该条件的点为 C 点，此时每颗钻石的价格 P_C 为 200 美元，等于生产钻石的边际成本。因此，完全竞争条件下该行业利润最大化的产量为 Q_C，即 16 颗钻石。

但是，该完全竞争行业在 C 点赚取利润了吗？没有！每颗钻石 200 美元的价格等于其平均总成本。因此，在完全竞争的产出水平上这个行业并无经济利润。

我们已经看到，一个行业一旦合并成一个垄断企业，结果就完全不同了。垄断企业计算边际收益时需要考虑价格效应，因此，边际收益低于价格水平。也就是说，

$$\text{垄断企业利润实现最大化产出的条件为：} P>MR=MC \tag{8-3}$$

正如我们已经知道的，垄断企业的产量水平低于完全竞争行业，即 8 颗钻石低于 16 颗钻石，垄断价格为 600 美元，而完全竞争价格只有 200 美元。垄断企业获得的利润为正值，但竞争行业则没有利润。

因此，正如我们前面所言，与竞争性行业相比，垄断企业具有如下特点：

- 产量更少：$Q_M<Q_C$
- 价格更高：$P_M> P_C$
- 获得利润

▶ 疑难解答

存在垄断企业的供给曲线吗？

理解了一个垄断企业如何应用最优产出原则之后，你可能会问这对垄断企业的供给曲线意味着什么。然而，这是一个毫无意义的问题：垄断企业根本没有供给曲线。

请记住，供给曲线表现的是在任何给定的市场价格水平上生产者愿意提供的产量。但是，垄断企业没有将价格作为给定的，而是选择一个利润最大化的产量，然后考虑自己影响价格的能力。

□ 8.3.4 一般意义上的垄断图形

图 8－6 涉及了具体数字，并假设边际成本恒定，没有固定成本，因此平均总成本曲线是一条水平线。图 8－7 所示为垄断企业更一般的图形：*D* 是市场需求曲线；*MR* 是边际收益曲线；*MC* 是边际成本曲线；*ATC* 是平均总成本曲线。在这里，我们将回到通常的假定：边际成本曲线呈"上钩"形，并且平均总成本曲线呈 U 形。

应用最优产出原则，我们知道利润最大化产量在边际收益等于边际成本处达到，如 *A* 点所示，利润最大化的产量为 Q_M，垄断企业收取的价格为 P_M。在利润最大化产量水平上，垄断企业的平均总成本为 ATC_M，如 *C* 点所示。

从式（7－5）我们知道了如何计算利润，利润等于总收益和总成本之差。因此，我们有：

$$\begin{aligned}\text{利润} &= TR-TC=P_M\times Q_M-ATC_M\times Q_M \\ &=(P_M-ATC_M)\times Q_M\end{aligned} \tag{8-4}$$

利润等于图 8－7 中阴影矩形的面积，P_M-ATC_M为高，Q_M为宽。

在第 7 章中，我们知道，一个完全竞争行业可以在短期内获得利润，但在长期不会。从短期来看，价格可能会高于平均总成本，完全竞争企业因此可以赚取利润。但我们也知道这不可能持续下去。

从长期来看，随着新企业不断进入市场，完全竞争行业的利润最终会因为竞争而消失殆尽。相反，因为存在进入壁垒，垄断企业不论在长期还是短期都可获得利润。

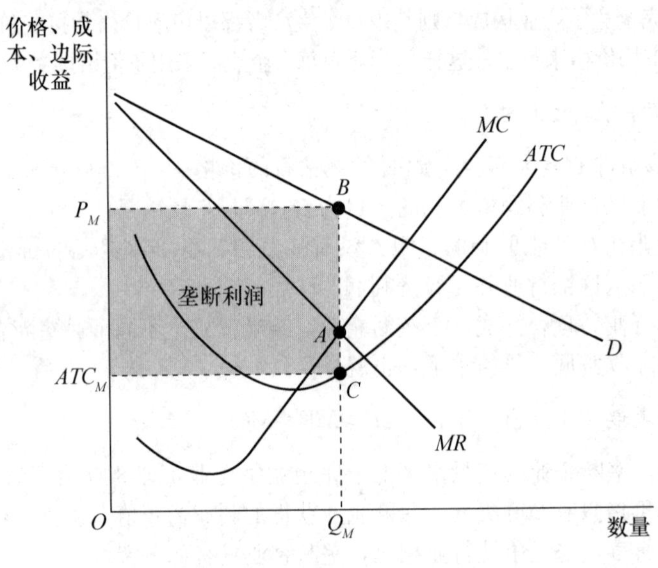

图 8－7 垄断企业的利润

在这种情形下，边际成本曲线呈"上钩"形，平均总成本曲线呈 U 形。垄断企业按照 $MR=MC$ 决定产出——由 *A* 点给出，对应的产量为 Q_M——将实现利润最大化。垄断价格为 P_M，即从 *A* 点垂直向上的需求曲线上的 *B* 点对应的价格。产量为 Q_M 时平均总成本如 *C* 点所示。利润由阴影矩形的面积给出。

▶ 真实世界中的经济学

高电价带来的冲击

从历史上看，电力行业被认定为自然垄断行业。一家电力公司服务于特定的地理区域，该公司拥有发电厂以及向客户输送电力的输电线路。向客户收取的电费由政府管制，一般被设定在弥补发电厂的运营成本再加上股东资本合理的收益率上。

然而，从 20 世纪 90 年代后期开始，因为相信竞争会导致零售电力价格降低，规制开始放松。从发电厂到零售客户这一渠道的两个结合点上引入竞争：(1) 电力分销商将在向零售客户输送和销售电力方面展开竞争；(2) 发电厂将在向电力分销商提供电力方面展开竞争。

这更多的是一种纸上谈兵。到 2014 年，只有 16 个州制定了某种形式的电力放松管制政策，7 个州曾经开始施行但随后又暂停了放松管制的做法，仍然有 27 个州继续对垄断电力供应商进行管制。为什么如此少的州在电力放松管制方面真正跟进？

通过放松管制降低电力价格的主要障碍是可选发电厂数量有限，其中大部分仍然需要大量的前期固定成本投入。因此，在许多市场上只有一家发电厂。尽管消费者似乎可以选择他们的电力分销商，但选择只是一种幻象，因为每个人最终都必须从同一家发电厂获得电力。

事实上，只有一个发电厂时，放松管制使消费者的境况变得更差。这是因为，放松管制后，发电厂可以进行市场操纵——为了哄抬电价，它们可以故意减少提供给电力分销商的电力数量。2000—2001 年加利福尼亚州能源危机就是最令人震惊的情形，家庭和企业要忍受停电并付出几十亿美元的电力附加费。在后来监管机构获得的录音带上，可以听到雇员们讨论，计划在能源需求高峰时期关闭发电厂，开玩笑说他们是如何从美国加利福尼亚州每天“偷”100 多万美元的。

另一个问题是，如果没有价格监管机构的监管，生产者也无法保证新建发电厂的回报率有利可图。因此，在放松管制的状态下，产能未必能跟上不断增长的需求。例如，得克萨斯州也是放松管制的一个州，出现了源于产能不足的大规模停电，而在新泽西州和马里兰州，监管部门已经介入，迫使生产者建造更多的发电厂。

最后，在放松管制的状态下，消费者支付的电费一直居高不下，往往要超出管制状态下的费用。于是，愤怒的消费者和恼怒的监管机构已促使许多州逆转，伊利诺伊州、蒙大拿州和弗吉尼亚州已经恢复为管制状态。加利福尼亚州和蒙大拿州走得更远，甚至对在放松管制过程中抛售的电力分销商的发电厂重新进行强制获得。此外，监管机构一直在寻找证据，对得克萨斯州、纽约州和伊利诺伊州电力公司操纵市场进行处罚。

及时复习

● 具有市场势力的企业，比如垄断企业，与完全竞争行业中的企业最重要的差别在于后者面对的是水平的需求曲线，而具有市场势力的企业面对的是向下倾斜的需求曲线。

● 由于产量增加会引起价格效应，具有市场势力企业的边际收益曲线总是位于需求曲线的下方。因此，利润最大化的垄断企业选择的产量位于边际成本等于边际收益（而非价格）的水平上。

● 因此，与完全竞争行业的企业相比，垄断企业产量少、价格高。它无论在短期还是长期都能获得利润。

小测验 8-2

1. 使用下表中 Emerald 公司的数据回答第 a～d 问，然后回答第 e 问。该公司是 10 克拉的祖母绿宝石的垄断生产者。

a. 需求表。

b. 边际收益表。

c. 对单位产量的边际收益产生的数量效应。

d. 对单位产量的边际收益产生的价格效应。

e. 决定 Emerald 公司利润最大化的产出还需要什么信息?

祖母绿宝石数量	总收益（美元）
1	100
2	186
3	252
4	280
5	250

2. 使用图 8-6 来回答钻石生产的边际成本从 200 美元上升到 400 美元对下述情形会产生什么影响。

a. 边际成本曲线。

b. 利润最大化的价格和数量。

c. 垄断企业的利润。

d. 完全竞争行业的利润。

8.4 垄断与公共政策

成为一个垄断企业是好事情，但成为垄断企业的客户就是糟糕的事了。垄断企业减产提价，通过增加消费者的支出而获得好处。但买卖双方总是存在利益冲突。垄断条件下的利益冲突与完全竞争条件下的有什么不同吗？

答案是肯定的，因为垄断是低效率的源泉：垄断行为给消费者带来的损失要大于垄断企业获得的收益。由于垄断导致经济的净损失，政府经常努力防止出现垄断或限制它们的影响。在本节中，我们将看到为什么垄断导致效率低下，并检视政府采取的试图阻止这种低效率的政策。

□ 8.4.1 垄断的福利效应

通过限制产量，使得边际成本低于市场价格水平，垄断企业增加了利润，但消费者受到了伤害。为了评估这样做对社会造成净得益还是净损失，我们必须比较垄断企业净增加的利润与消费者剩余的损失。我们了解的结果是，消费者剩余的损失要大于垄断企业的净得益。垄断造成社会的净损失。

为什么？我们仍然以边际成本曲线为水平线的情况为例，如图 8-8 所示。其中，边际成本曲线是 MC，需求曲线是 D，在图 8-8（b）中，边际收益曲线是 MR。

图 8-8（a）表示，如果这个行业是完全竞争行业，会发生什么。均衡产量为 Q_C；产品价格为 P_C，等于边际成本，而边际成本又等于平均总成本，因为没有固定成本，边际成本是恒定不变的。每个企业的每单位产出的收益等于平均总成本，所以并无利润，在均衡时也无生产者剩余。

市场所产生的消费者剩余等于在图 8-8（a）中阴影三角形 CS_C 的面积。由于完全竞争行业中没有生产者剩余，CS_C 也代表总剩余。

图 8-8（b）所示为相同市场的结果，但此时假定该行业由垄断企业把持。垄断企业的产出水平为 Q_M，边际成本等于边际收益，产品价格为 P_M。该行业目前获得的利润——也是生产者剩余——等于矩形 PS_M 的面积。请注意，这个利润来自消费者剩余，因为消费者剩余收缩为浅灰色三角形 CS_M 的面积。

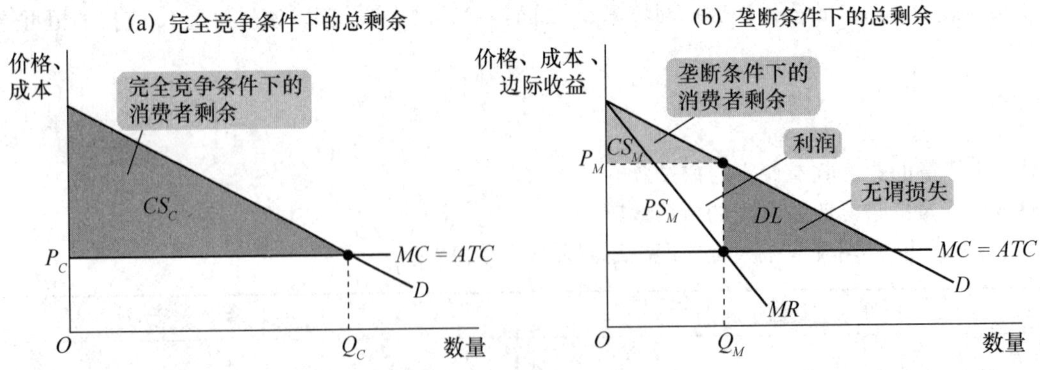

图 8-8 垄断导致的非效率

图（a）所示为一个完全竞争行业：产量为 Q_C，市场价格为 P_C，其值等于 MC。由于价格正好等于每个生产者每单位生产的平均总成本，因此没有利润，没有生产者剩余。所以总剩余等于消费者剩余，即整个阴影区域的面积。图（b）所示为垄断条件下的行业：垄断企业产量减少到 Q_M，价格变为 P_M。消费者剩余（浅灰色区域）已缩小：其中一部分已转变为企业利润（矩形区域），另一部分已经成为无谓损失（深灰色区域），垄断行为并未导致多方获利的交易。结果是总剩余减少。

通过比较图 8－8（a）和图 8－8（b），我们可以看出，除了从消费者到垄断企业进行剩余再分配外，还发生了另一个重要变化：垄断条件下的利润和消费者剩余之和——总剩余——小于完全竞争条件下的两者之和。也就是说，图 8－8（b）中 CS_M 和 PS_M 的面积之和小于图 8－8（a）中 CS_C 区域的面积。在第 7 章中，我们分析了税收对社会造成的无谓损失。在这里，我们看到，垄断也会对社会造成无谓损失，其大小等于深灰色三角形 DL 的面积。所以，垄断会对社会造成净损失。

净损失之所以产生，是因为一些互利交易并未发生。对有些人而言，额外生产一单位产品的价值超过生产它的边际成本，但人们并没有使用它，因为他们不愿意支付这样的价格 P_M。

如果你还记得我们讨论税收时的无谓损失，你应该会发现，垄断造成的无谓损失看起来很相似。的确，在价格和边际成本之间造成了楔差，垄断行为就像对消费者征税，并产生了同样的低效率。

所以，垄断损害了社会整体的福利，是市场失灵的原因。对于垄断，政府有什么应对政策吗？

□ 8.4.2 阻击垄断

针对垄断的政策关键取决于是否事关自然垄断行业，因为自然垄断行业存在的规模报酬递增可确保大的生产者的平均总成本更低。如果并非自然垄断行业，最好的政策是防止垄断产生，或者如果已经存在，击破之。我们集中于前面的情形，然后转向更难处理的自然垄断的问题。

戴比尔斯对钻石的垄断本可以不必发生。因为钻石生产并非自然垄断：如果该行业由许多独立的竞争性生产者组成（例，如黄金生产那样），生产成本不会上升。

如果南非政府担心垄断对消费者造成的影响，它可以阻止塞西尔·罗兹企图主导行业或成为事实后去击破垄断。目前，政府经常努力阻止垄断形成，或击破已经存在者。

戴比尔斯的情况相当独特。出于复杂的历史原因，其垄断被允许保持下来。但在 20 世纪，大多数类似的垄断已经被击破。美国最著名的例子就是标准石油公司，该公司于 1870 年由约翰·D. 洛克菲勒（John D. Rockefeller）所建。到 1878 年，标准石油公司控制了美国几乎所有的炼油业务；但到了 1911 年，法院裁定该公司被分解成一些较小的单位，包括后来的埃克森公司和美孚公司（最近它们合并成为埃克森美孚公司）。

用于防止或消除垄断的政府政策被称为反垄断政策，我们将在下一章进行讨论。

□ 8.4.3 如何应对自然垄断？

显然击破非自然垄断的垄断是一个好主意：消费者增益大于生产者损失。但并不清楚自然垄断企业（大型生产者比小型生产者的平均总成本要低）是否应该被击破，因为如果这样做，平均总成本将提高。例如，一个城市的政府如果试图阻止一家公司经营当地的天然气供应——我们已经讨论过，该行业几乎肯定是自然垄断的——那么将提高为居民提供天然气的成本。

然而，即使在自然垄断情况下，利润最大化的垄断者的行为也会造成某种程度上的非效率。向消费者索取的价格高于边际成本。这样可能会阻止一些潜在的有利交易。同样，已成功地建立垄断地位的企业通过损坏消费者的利益来赚取较大的利润似乎也欠公平。

对此有什么公共政策吗？常见的有两种。

1. **公有制**。在许多国家，解决自然垄断问题的首选方案是**公有制**（public ownership）。不允许私人垄断企业控制一个行业，而是由政府建立公共机构来提供产品或服务，以更好地保护消费者的利益。

公有制在美国有一些例子。铁路客运服务由公有的美铁公司提供；常规信件递送由美国邮政局提供；包括洛杉矶在内的一些城市的电力公司也是公有的。

> 垄断企业的**公有制**是指由政府或者政府所有的企业来提供产品。

原则上，公有制的优势在于一个公有的自然垄断企业可以根据效率标准而不是利润最大化标准来设定价格。在一个完全竞争行业，利润最大化的行为是有效率的，因为生产者将产量确定在价格等于边际成本的水平上；这就是对小麦农场采用公有制并没有经济意义的原因。

但是，经验表明，公有制作为解决自然垄断问题的一种方法往往在实践中难如人意。原因之一是公有制企业在降低产品成本或提供高品质产品方面往往不如私人公司那样迫切。另一个原因是，公有制企业往往最终受制于政治利益——对有密切联系者提供合同或工作机会。

2. **管制**。在美国，比较常见的解决办法是行业仍然由私人经营，但要在政府的监管之下。特别是大部分地方的公用事业部门，如电力、有线电话服务、天然气等，**价格管制**（price regulation）限制了这类企业可索取的价格的范围。

价格管制限制垄断企业索取的产品价格。

我们在第 4 章已经学过，在一个竞争激烈的行业中实行最高限价，会导致短缺、黑市和令人不快的其他行为。如果不对当地的天然气公司之类的公司的价格进行限制，会有同样的效果吗？

不一定。对垄断企业设定最高限价不一定会造成短缺。如果没有最高限价，垄断企业收取的价格要高于生产的边际成本。所以，即使被迫索取低价，只要该价格高于 MC，垄断企业就至少可以有维持盈亏平衡的产出——垄断企业仍然有动力去生产对应该价格的产出需求量。

在稍后的"真实世界中的经济学"专栏中所描述的宽带服务，就是一种随着政治家改变相应的政策而一时管制一时又不管制的自然垄断行业。

买方垄断　买者而非卖者是否有可能获得市场势力？换言之，只有一个买者，但是有多个卖者，因此买者利用自己的势力来攫取卖者的剩余，有可能存在这样的市场吗？答案是肯定的，这样的市场被称为**买方垄断**（monopsony）。

买方垄断是一种产品只有一个买者的情形。市场中唯一的买者被称为**买方垄断企业**。

与垄断企业相同，为了多攫取剩余，**买方垄断企业**（monopsonist）也会扭曲市场竞争的结果，只不过买方垄断企业是通过购买量和支付的产品价格而不是通过销售量及收取的产品价格来做到这一点。

买方垄断确实存在，但还是比垄断少见。典型的例子是一个小镇上的单一雇主，比如说，当地的工厂就是购买工人服务的唯一买家。回想一下，一个垄断企业会认识到，为了获得更高的价格与增加其利润，它会通过减少产量来影响产品的销售价格。一个买方垄断企业也可以做同样的事情。但有一个角色转换：买方垄断企业会减少雇工人数，支付较低的工资，这样可增加利润。

正如一个垄断企业减少产量会导致无谓损失一样，一个买方垄断企业减少雇用工人（因此产量也会减少）会造成无谓损失。

买方垄断似乎经常发生于具有特殊技能工人的市场，而且只有一个根据他们的技能来雇用工人的雇主。例如，医生常常抱怨说，本国一些地区的大多数患者都由一家或两家保险公司提供保险，这些保险公司在确定医疗报销比例的时候就像一个买方垄断企业。

如何应对垄断？　因为经常涉及权衡取舍问题，对垄断（买方垄断）的管理可能会非常棘手。例如，在药品垄断情况下，如何在新药的研发基金获得利润的情况下，降低消费者对现有药物支付的价格水平？

一方面，对于像电力生产这样的自然垄断管制的情况，电力生产者如何投资于节约成本的技术和新的产能，既能获得受管制的回报，也能不受市场势力影响？另一方面，在对电力行业解除管制后，监管机构如何能确保消费者不受到市场操纵的伤害？

经济学家和政策制定者对这些问题已经探索了数十年，因为最好的答案经常是通过试错找到的，这也是为什么我们已经看到对电力放松管制进行了各种尝试。也许，在处理垄断问题时，最好的答案是经济学家和政策制定者保持警惕，承认一些有误的政策需要进行中途修正。

▶ **真实世界中的经济学**

为什么你的宽带这么慢？还那么贵？

试想一下：美国高速宽带接入费用相当于英国和法国的近三倍，比韩国贵四倍多。经济合作与发展组织（OECD）的报告显示，美国在 33 个国家中排名第 30 位，价格为每月 90 美元（如果包括手机、电视和部分付费频道，则为每月 200 美元）。图 8－9 横向比较了部分国家的平均下载速度和价格。韩国的平均下载速度为 75 Mbps，费用为每月不到 20 美元。然而，在美国，平均下载速度为 20 Mbps，费用为每月近 90 美元。

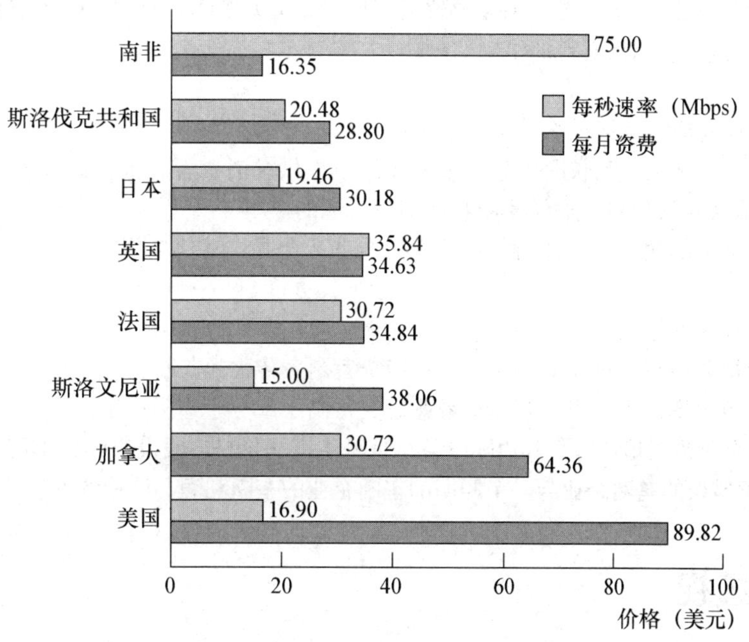

图 8-9　所选国家宽带速度和价格比较

资料来源：OECD.

为什么我们的收费这么贵？许多观察家得出的结论是，美国对向超过三分之二的人提供宽带的有线电视公司的管制做得相当糟糕。因为经营面向家庭用户的光缆业务需要大额的固定资本投入，所以有线服务也具有自然垄断特征。因此，在光缆铺设初期，价格由地方政府管制。

然而，十年前国会解除了对高速互联网接入的管制。然后业内进行了一系列合并，两家大公司时代华纳和康考斯特购买了大量小型的地方垄断经营企业。结果美国有线电视消费者面对的是垄断力量强大而又缺少监督的大企业。消费者每年都面临涨价也就不奇怪了：从 1995 年到 2012 年，一个基本的有线电视订阅用户面临的平均价格每年上升超过 6%。在少数几个地方，存在竞争性的有线电视公司，价格普遍低 15%，服务也更好。

但是，如果宽带业务属于自然垄断业务，其他国家的宽带用户是如何逃脱同样的命运的呢？这些国家的监管部门对该行业推行一种被称为“公共传输规则”（common carriage rule）的制度，规定有线电视公司必须租用提供互联网服务的电缆容量，然后去竞争向消费者提供的互联网接入服务。

因为没有这样的规则，绝大多数美国人——大约 70%——只有一家有线网络提供商，因此只有一个高速互联网接入源。然而，美国这种体制的支持者认为，有线网络提供商的利润可用来改善基础设施，如投资于通用移动通信技术的长期演进（LTE）和光纤网络，这些业务在欧洲则相对滞后。

及时复习

- 通过减少产量，将价格提高到边际成本之上，垄断企业可以利润形式获得一部分消费者剩余，但也会造成无谓损失。为了避免出现无谓损失，政府政策应该努力限制垄断行为。
- 当垄断并非“创造出来的”而是自然形成的时，政府应该采取行动防止垄断形成，并对原有的垄断组织进行分解。
- 自然垄断提出了难以解决的政策难题。其中的一种解决方法是实行公有制，但是公有制企业通常运营欠佳。
- 美国对此普遍的反应是采用价格管制。实行最高限价后，只要价格水平定得不是太低，垄断企业就不会造成短缺。
- 还有一种选择是顺其自然；垄断并不是什么好事情，但是治疗可能比不治疗引起的问题还多。

● 买方垄断是指产品只有一个买者，也会导致无谓损失。买方垄断企业通过购买产品影响价格：通过减少购买量，降低购买价格，它们从卖者那里攫取剩余。

小测验 8-3

1. 对下列情况，政府应该采取什么政策？请解释。

a. 在俄亥俄州的一个城镇，互联网服务通过有线光缆提供。消费者感到他们被多收费了，但有线电视公司声称，它必须收取这样的价格，这样才能收回铺设光缆的成本。

b. 目前飞往阿拉斯加的两家航空公司需要政府批准进行合并。其他希望飞往阿拉斯加的航空公司也需要政府分配经营许可。

2. 判断真伪并解释你的答案。

a. 垄断条件下的社会福利相对较低，因为一些消费者剩余转化为垄断企业的利润。

b. 垄断企业会导致效率低下，因为有消费者愿意支付高于或等于边际成本但低于垄断价格的价格。

3. 假定一个垄断企业错误地认为，其边际收益总是等于市场价格。假设边际成本固定不变，没有固定成本，画图比较这个理解错误的垄断企业与一个聪明的垄断企业的垄断利润、消费者剩余、总剩余和无谓损失。

8.5 价格歧视

单一价格垄断企业对所有消费者收取相同的价格。
价格歧视指卖家对同样的产品向不同的消费者收取不同的价格。

到目前为止，我们只考虑了**单一价格垄断企业**（single-price monopolist）的情形，该垄断企业对所有消费者收取相同的价格。顾名思义，并非所有的垄断企业都这样做。事实上，大多数垄断企业会发现，对同样的产品它们可以通过对不同的客户收取不同的价格来增加利润：它们在进行**价格歧视**（price discrimination，又称差别定价）。

对我们大多数人而言，价格歧视最明显的例子是经常会遇到的机票价格。虽然美国有多家航空公司，但每条航线通常只有一两家航空公司经营，因而其在提供服务时拥有市场势力，可以设定价格。因此，许多经常乘坐飞机的乘客很快就意识到了存在的问题："我飞到目的地的费用为多少?"很少只有一个简单的答案。

如果你愿意，提前1个月买到不能退票的机票，时间为周二或周三晚上，往返票价可能只有150美元或更少（如果你是老年人或学生）。但是，如果你明天正好出差，时间是周二，周三返回，往返票价可能为550美元。当然，商务乘客和来访的祖父母得到的是相同的产品——同样拥挤的座位。

你可能会反驳，航空公司通常不是垄断企业——在大多数飞行市场，航空业属于寡头垄断行业。事实上，寡头垄断市场、垄断竞争市场与垄断市场一样，都会实行价格歧视。不过，在完全竞争条件下并不会发生价格歧视。一旦我们理解了为什么垄断条件下有时会发生价格歧视，我们也就会理解为什么在寡头垄断和垄断竞争条件下也会发生价格歧视。

□ 8.5.1 价格歧视的逻辑

要理解为什么价格歧视比向所有消费者收取同样的价格可能会获利更多，可以想象一下，阳光航空公司只提供北达科他州俾斯麦市和佛罗里达州劳德代尔堡之间的直飞航班服务。假设不存在运力问题，航空公司能满足乘客的飞行人数要求。还假设没有固定成本。不管承载多少乘客，航空公司提供一个座位的边际成本都为125美元，

进一步假设，该航空公司知道有两种类型的潜在乘客。第一种是商务乘客，每周有2 000人要在目的地之间旅行。第二种是学生，每周也有2 000人旅行。

潜在乘客将乘坐该航班吗？这取决于价格水平的高低。事实上，商务乘客确实需要乘坐；只要价格不超过550美元，他们就将乘坐飞机。由于他们纯粹是出于商务需要，我们假设票价低于550美元也不会增加多少商务乘客。然而，学生们钱不多，但时间充裕；如果价格高于150美元，他们将乘坐公共汽车。隐含的需求曲线如图8-10所示。

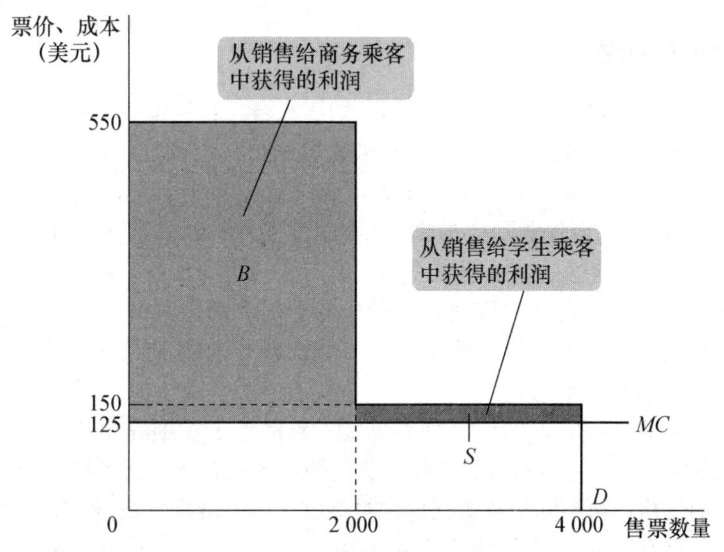

图 8-10　阳光航空公司两种类型的乘客

阳光航空公司有两种类型的客户，商务乘客最多愿意支付每张票 550 美元，学生乘客最多愿意支付每张票 150 美元，每种类型都有 2 000 人。阳光航空公司每个座位的边际成本都为固定的 125 美元。如果航空公司可以向这两种类型的客户收取不同的价格，它将通过向商务乘客收取每张票 550 美元、向学生乘客收取每张票 150 美元实现利润最大化。这样会将所有消费者剩余转化为利润。

因此，航空公司应该怎样做？如果向每个人收取同样的价格，它的选择有限。它可以收取 550 美元；这样它会得到尽可能多的商务乘客，但失去了学生市场。或者，它可以只收取 150 美元；这样，它会有两种类型的乘客，但明显从销售给商务乘客上收的钱太少。

我们可以快速地计算出从这些方案中得到的利润。如果航空公司收取 550 美元，将出售 2 000 张商务乘客票，获得 2 000×550 美元＝110 万美元总收益，付出 2 000×125 美元＝250 000 美元成本；所以，利润为 850 000 美元，如图 8-10 的阴影区域 *B* 所示。

如果航空公司只收取 150 美元，将出售 4 000 张票，收到 4 000 ×150 美元＝60 万美元总收益，付出 4 000 ×125 美元＝500 000 美元成本；利润将是 100 000 美元。如果航空公司必须向乘客收取相同的价格，选择收取高价，放弃对学生的销售显然更有利可图。

然而，航空公司实际会怎样做呢？它将向商务乘客收取全票价 550 美元，但学生票价只有 150 美元，这比商务乘客所支付的票价低了很多，但仍然高于边际成本。因此，如果航空公司可以将额外 2 000 张票出售给学生，将获得额外的 50 000 美元利润。也就是说，获得的利润等于图 8-10 中区域 *B* 加区域 *S* 的面积。

更为现实一些，假设每一组乘客的需求都存在一些改进的余地：如果票价低于 550 美元，商务乘客的数量还会有所增加；价格高于 150 美元，一些学生仍然会购买机票。尽管如此，这并不会改变价格歧视的主要观点。

更为重要的一点是，两组消费者的敏感性不同，价格水平高对学生购买意愿的打击要大于对商务乘客购买意愿的打击。只要不同的客户群体对价格的反应不同，垄断企业就可以通过索取不同的价格，攫取更多的消费者剩余，增加利润。

价格歧视和弹性　对航空公司需求更为现实的假定是，航空公司无法具体指定不同类型旅客选择乘机的不同价格。相反，航空公司可以根据不同群体对价格的敏感程度——他们的需求价格弹性——将他们分为不同的类型。

假设某公司将产品销售给两个容易区分的人群——商务乘客和学生。之所以这么凑巧，是因为商务乘客对价格非常不敏感：不管产品价格如何，他们总会需要一定的数量，然而，不管多么便宜，也无法说服他们再多购买一些。学生则易变得多：价格不错时，他们会买很多，但当价格提高时，他们就会转而购买其他东西。公司应该怎样做？

我们的简化例子已经给出了答案：商务乘客具有较低的需求价格弹性，向他们收取的价格高于学生，因为后者具有较高的需求价格弹性。

□ 8.5.2 完全价格歧视

如果航空公司向两组客户收取不同的价格并能区分两组人群，会发生什么呢？

很显然，航空公司将按每组人群愿意支付的价格来收取票价，也就是说，每组将按最大支付愿意支付。对于商务乘客，支付意愿为 550 美元；对于学生乘客，支付意愿为 150 美元。我们已经假定，边际成本为 125 美元，不受产量多少的影响，因此边际成本曲线为一条水平线。正如前面所提到的，我们可以很容易地确定航空公司的利润：矩形 B 和矩形 S 的面积之和。

在这种情况下，消费者没有得到任何消费者剩余！整个剩余都以利润形式为垄断企业所攫取。当垄断企业能够攫取整个剩余时，我们说，这实现了**完全价格歧视**（perfect price discrimination）。

完全价格歧视指当垄断企业能对每个消费者按其支付意愿——愿意支付的最高价格——来收取价格时的情形。

在一般情况下，垄断企业能够收取的价格种类越多，越接近于实施完全价格歧视。图 8-11 所示为向右下方倾斜的需求曲线，我们假定垄断企业能对不同类型的消费者收取不同的价格，而不同消费者支付的是愿意支付的最高价格。

在图 8-11（a）中，垄断企业收取两种不同的价格；在图 8-11（b）中，垄断企业收取三种不同的价格。有两件事是显而易见的：

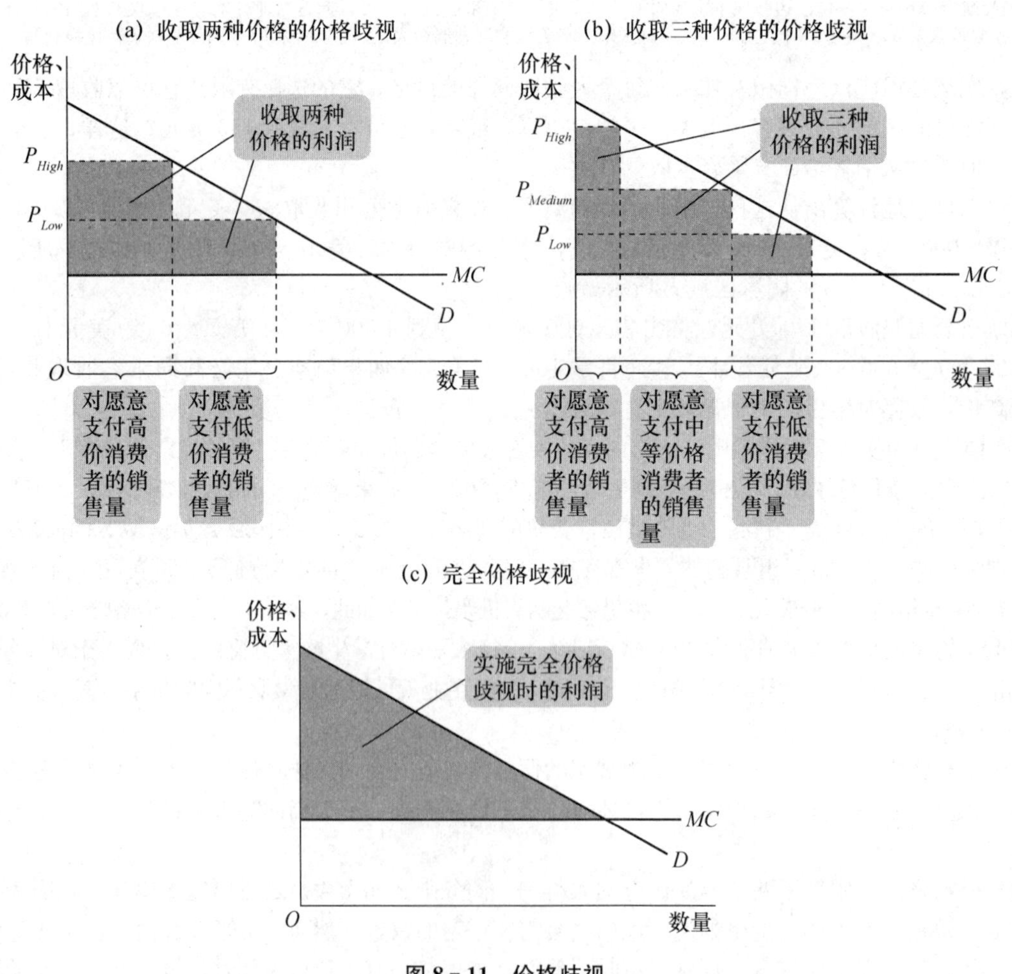

图 8-11 价格歧视

图（a）所示为垄断企业收取两种价格的情形，所获得的利润用阴影区域表示；图（b）所示为垄断企业收取三种价格的情形，所获得的利润也用阴影区域表示，从中可以看出垄断企业获得了更多的消费者剩余，利润也增加了。图（c）所示为完全价格歧视的情形，垄断企业按照每个消费者愿意支付的价格来收取价格。垄断企业的利润为阴影三角形的面积。

● 垄断企业收取的价格种类越多，最低价格就越低，也就是说，一些消费者将支付的价格就越接近边际成本。

● 垄断企业收取的价格种类越多，从消费者手中攫取的金钱就越多。

收取的价格种类越多，图形看起来就越像图 8－11（c），也就是完全价格歧视的情形。在这种情况下，消费者至少愿意支付产品的边际成本，整个消费者剩余被转化为企业利润。

我们关于航空公司的例子和图 8－11 所示的例子可以用来说明一点：垄断企业进行完全价格歧视并不会引起任何效率减损！原因是所有非效率源都被消除：所有潜在消费者都愿意按等于或高于边际成本的价格购买产品。通过完全价格歧视，对某些消费者收取比其他人更低的价格，垄断企业努力将所有消费者都“挖掘”出来。

在实践中，完全价格歧视几乎是不可能的事情。从根本上看，无力实现完全价格歧视是因为价格本身是经济信号。

当作为经济信号时，价格要传达出将要发生的互利交易中所包含的所有信息：市场价格信号显示了卖方成本，表现了消费者购买商品时的支付意愿，即当消费者购买时至少按市场价格支付的意愿。

然而，现实中的问题是，价格往往并非完美的信号：消费者真实的支付意愿可以伪装，就如为买到票价更低的机票，商务乘客声称自己是学生那样。当这样的伪装有效时，垄断企业无法进行完全价格歧视。

然而，垄断企业会尽力通过各种定价策略来向着完全价格歧视方向努力。价格歧视常见的一些手段如下：

● 提前购买的优惠。对提前购买产品者（或在某些情况下，对那些在最后一分钟购买者）收取低价。这样就有可能区分以更优惠价格购买与以其他价格购买的人群。

● 批量折扣。在通常情况下，你购买的数量越大，价格就越低。对于那些计划大批量购买的消费者，最后 1 单位产品的成本——消费者的边际成本——大幅度低于平均价格。这就区分了那些打算购买量大以及对价格较为敏感者与其他人群。

● 两部定价。两部定价是指，消费者先支付一笔费用，然后按每单位费用购买产品。因此，在像山姆会员店这样的折扣俱乐部（这并非垄断者，而是垄断竞争者），你对于你所购买的产品在成本之外预先缴纳了一笔年费。因此，你购买的第一笔产品的价格实际上要高于后续产品。两部定价就像一种批量折扣。

我们的讨论也有助于解释为什么政府的反垄断政策通常着重于防止无谓损失，而非阻止价格歧视——除非它会导致严重的公平问题。与单一价格垄断相比，价格歧视尽管并不完美，但可提高市场的效率。

如果按照以前的价格销售，消费者将退出市场，但现在消费者能够以较低的价格购买产品所带来的剩余足以抵消面对高价不再购买产品所造成的剩余损失，我们可以说，实行价格歧视增加了社会总剩余。

这方面的一个例子是对老年居民开出更多的处方药，他们往往领取固定收入，因此对价格非常敏感。允许制药公司向老年人收取低价而向其他人收取高价的政策，与所有人支付同样价格的政策相比实际上增加了总剩余。但是，因为担心引起公平问题，价格歧视政策也可能被禁止推行，例如根据病人病情的严重程度来收取不同的救护车服务费。

▶ **真实世界中的经济学**

大甩卖、奥特莱斯店和鬼城

你想过没有，为什么百货公司偶尔会举行大甩卖活动，所销售商品的价格大大低于平常？或者沿着美国公路开车时，为什么在离开城市几个小时的路程后你有时会看到奥特莱斯店？

这些熟悉的经济现象，如果你想一想，实际上相当特别：为什么每年冬天床单和毛巾忽然要大甩卖一周？或者为什么缅因州的弗里波特供应的雨衣比波士顿的要少？对于此类情况，答案是，卖方——往往是寡头垄断企业或垄断竞争企业——在进行一种特别形式的价格歧视。

为什么要定期对床单和毛巾进行大甩卖？店家都知道，有些消费者只是在他们需要时才购买这些商品；他们不可能投入大量的精力来寻找最优惠的价格，因此他们的需求价格弹性相对较低。所以，商店在普通时间会向消费者收取较高的价格。

但是，那些预先精打细算的消费者会去寻找最低价格，等到大甩卖时才购买。通过偶尔推出这样的销售活动，商店实际上是能够在高价格弹性消费者和低价格弹性消费者之间进行价格歧视的。

奥特莱斯店有异曲同工之妙：通过提供价格低廉的商品，但要走一段不近的距离，卖方可以建立起一个相对独立的市场，这些消费者愿意付出努力来搜索更低的价格，这些也是需求价格弹性相对较高的消费者。

最后，我们来看前面分析的机票销售价格中真正奇怪的一个特点。通常从一个主要目的地飞到另一个——比如说从芝加哥到洛杉矶——要比小城市间的短途飞行（如从芝加哥到盐湖城）便宜。同样，原因是需求价格弹性不同：从芝加哥到洛杉矶，客户有许多航空公司可选择，因此，对任何一个航班的需求都相当有弹性；但是，对飞往一个小城市的航班，客户通常的选择非常少，所以需求非常缺乏弹性。

但是，两个主要目的地间的飞行途中往往会有经停，比如在从芝加哥飞往洛杉矶的途中会经停盐湖城。在这些情况下，有时飞往更远处的城市比飞往沿途所经停的城市会更便宜。例如，有时候购买一张飞往洛杉矶但在盐湖城经停的机票比直接购买飞往盐湖城的机票便宜！这听起来很荒谬，但对垄断定价的逻辑给出了完美的解释。

那么，为什么旅客不购买从芝加哥飞往洛杉矶的机票然后在盐湖城下机呢？确实。有人这么做，但可以理解的是，航空公司让客户很难发现这样的"鬼城"。此外，航空公司也不会允许你只是将行李托运里程的一部分，如果你的机票是到最终目的地。而且，当乘客尚未完成离港航班的所有里程时，航空公司拒绝承认回程航班的机票有效。所有这些限制都是为了强化实行价格歧视必需的市场分割。

及时复习

- 并非每一个垄断企业都是单一价格垄断企业，许多垄断企业以及寡头垄断企业和垄断竞争企业都会进行价格歧视。
- 当消费者对价格的敏感程度不同时，实行完全价格歧视有利可图。垄断企业对低需求价格弹性消费者收取高价，而对高需求价格弹性消费者收取低价。
- 当垄断企业能够对每一个消费者按照支付意愿来收取价格时，就实现了完全价格歧视，此时并没有效率减损，因为所有互利交易都已经进行。

小测验 8-4

1. 判断真伪，并解释你的答案。

a. 作为单一价格垄断企业销售对象的部分消费者，实行价格歧视的垄断企业拒绝将其作为客户。

b. 实行价格歧视的垄断企业会比单一价格垄断企业更无效率，因为它攫取了更多的消费者剩余。

c. 在价格歧视条件下，高需求弹性客户比低需求弹性客户支付更低的价格。

2. 以下哪些是价格歧视的情形？哪些不是？在价格歧视情形下，确定消费者具有高需求价格弹性还是低需求价格弹性。

a. 损坏的商品被标记出来。

b. 餐厅对老年人打折。

c. 食品制造商对其商品在报纸上提供折扣券。

d. 在夏季飞行高峰时期，机票更贵。

▶ 解决问题

止痛药的定价

当我们肌肉酸痛、头痛或者发热时，我们会依靠止痛药布洛芬来缓解。直到 1986 年，英国制药公司博姿（Boots Laboratories）都拥有布洛芬的专利，所销售药品的品牌名称为 Advil。博姿公司垄断该药品的生产和销售。当时 100 片瓶装布洛芬的价格大约为 5 美元，按今天的美元价值计相当于 10 美元，但是，在专利权于 1986 年到期后，仿制药商进入该市场，100 片装的每瓶药的价格下降到 2 美元以下。

下表所示为对布洛芬药品的假想需求。

价格（美元）	100 片瓶装药的数量（百万瓶）
20	0
18	1
16	2
14	3
12	4
10	5
8	6
6	7
4	8
2	9

假设生产 100 片瓶装布洛芬的边际成本为 2 美元，请计算在仿制药生产企业进入该市场之前 1 瓶 Advil 的总收益、边际收益、利润最大化时的价格和数量。然后假定该行业为完全竞争行业，解释仿制药生产企业进入市场对均衡价格和数量的影响。

步骤 1： 构建一个边际收益表以找到瓶装布洛芬的最优价格和数量。

总收益等于价格乘以数量（$TR=P\times Q$）。边际收益等于总收益变化量除以数量变化量（$MR=\Delta TR/\Delta Q$）。在下表中，生产 100 万瓶 100 片瓶装药的总收益为 1 800 万美元，或者等于 100 万乘以 18 美元。生产 200 万瓶的总收益为 3 200 万美元，或者等于 200 万乘以 16 美元。多生产 100 万瓶的边际收益为（32－18）/（2－1）＝14 美元，即多生产 100 万瓶引起的总收益变化量 1 400 万美元除以 100 万瓶数量变化量。

价格（美元）	100 片瓶装药的数量（百万瓶）	总收益（百万美元）$TR=P\times Q$	总收益（百万美元）$MR=\Delta TR/\Delta Q$
20	0	0	
			18
18	1	18	
			14
16	2	32	
			10
14	3	42	
			6
12	4	48	
			2
10	**5**	50	
			－2
8	6	48	
			－6
6	7	42	
			－10
4	8	32	
			－14
2	9	18	

步骤 2：计算瓶装布洛芬的最优价格和数量。

垄断企业利润最大化的产出满足边际收益等于边际成本。就该事例而言，Advil 的边际成本为每瓶 2 美元。表中带阴影的数字表明，产出为 500 万瓶对应的边际收益为 2 美元。我们可以证明，当每瓶价格确定为 10 美元、产量为 500 万瓶时利润最大，为 4 000 万美元。

步骤 3：确定当允许仿制药生产企业进入该行业并生产布洛芬时，均衡价格和数量会发生什么变化。

当布洛芬专利到期时，许多企业开始生产该种药品，使得该行业几乎成为完全竞争行业——推动价格靠近边际成本。请观察表中最后一行数字，当价格等于边际成本即 2 美元时，产量为 900 万瓶。

小结

1. 基于行业的企业数量和产品差异化程度，市场结构有四种主要类型：完全竞争、垄断、寡头垄断和垄断竞争。

2. 垄断企业是一种产品的唯一供应者。当一家垄断企业控制一个行业时就称为垄断。

3. 垄断和完全竞争行业之间的主要区别是，一个完全竞争企业面临的是水平的需求曲线，但垄断企业面临的是向下倾斜的需求曲线。这样垄断企业就获得了市场势力，即与完全竞争企业相比，具有可以通过减产来提高市场价格的能力。

4. 垄断企业的持续保持必须有进入壁垒的保护。壁垒的形式有对自然资源或投入要素的控制、创造自然垄断的规模报酬递增、技术优势、网络外部性、阻止其他企业进入的政府规定如专利或版权。

5. 一个垄断企业的边际收益是数量效应（从增加的一单位产品上获得的价格）和价格效应（所有销售产品的价格都降低了）共同作用的结果。由于价格效应，垄断企业的边际收益总是比市场价格低，边际收益曲线位于需求曲线的下方。

6. 垄断企业的利润最大化产出水平位于边际成本等于边际收益处（边际收益低于市场价格）。完全竞争企业的利润最大化产出水平位于边际成本等于市场价格处。因此，与完全竞争行业相比，垄断产量少、价格高，在短期和长期都能赚取利润。

7. 在垄断条件下，价格高于边际成本，存在无谓损失：消费者剩余的损失超过垄断企业的利润。因此，垄断是市场失灵的原因之一，故应防止垄断出现或击破已有垄断，除非在自然垄断情况下。买方垄断是一个行业只有一个买家的情形，比垄断更为罕见。买方垄断将影响其所购买商品的价格：通过减少购买攫取卖方剩余，推动价格下降。因为商品交易减少到低于有效水平，买方垄断也造成了无谓损失。

8. 自然垄断也会造成无谓损失。为了限制这些损失，政府有时会采取公有制，有时会实行价格管制。对垄断企业设定价格上限，与一个完全竞争行业相比，不会造成短缺，还可以增加总剩余。

9. 并非所有的垄断企业都是单一价格垄断企业。垄断企业以及寡头垄断企业和垄断竞争企业经常基于消费者对价格的敏感度采用各种手段实行价格歧视来获取更高的利润，对那些需求价格弹性较低者索取更高的价格。如果垄断企业对每个消费者索取的价格都等于他们的支付意愿，就实现了完全价格歧视，获得了市场中所有的剩余。尽管完全价格歧视不会引起任何效率减损，但在实践中不可能完全推行。

关键词

垄断企业	垄断	市场势力	进入壁垒	自然垄断	网络外部性
专利	版权	公有制	价格管制	买方垄断	买方垄断企业
单一价格垄断企业	价格歧视	完全价格歧视			

练习题

1. 在以下每种情形中企业都拥有市场势力。请解释原因。

a. 默克公司是降低胆固醇的专利药 Zetia 的生产者。

b. Waterworks是自来水供应商。

c. 香蕉供应商金吉达拥有大部分香蕉种植园。

d. 迪士尼公司是米老鼠的创造者。

2. 摩天城拥有一套地铁系统，单向票价为1.50美元。市长承压，被要求将票价降低三分之一，降至1.00美元。市长焦虑，认为这将意味着摩天城的地铁票收入失去三分之一。市长经济顾问提醒她，她只关注了价格效应，而忽略了数量效应。解释为什么市长估计收入减少三分之一很可能是高估了。画图说明。

3. 鲍勃、比尔、本和布拉德·巴克斯特刚刚为他们的篮球队制作了一个纪录片。他们正在考虑将其上传到可供下载的电影网。如果他们愿意，可以选择像单一价格垄断企业那样行事。每下载一次电影，他们的互联网服务提供商将从中收取4美元费用。巴克斯特兄弟在讨论客户每下载一次该收取的价格。下表给出了对他们的纪录片的需求。

下载价格（美元）	下载数量
10	0
8	1
6	3
4	6
2	10
0	15

a. 计算每次下载的总收益和边际收益。

b. 鲍勃为纪录片感到骄傲，希望尽可能多的人下载。他会选择哪个价格？可卖出多少下载量？

c. 比尔想获得尽可能多的总收益。他会选择哪个价格？可卖出多少下载量？

d. 本想追求利润最大化。他会选择哪个价格？可卖出多少下载量？

e. 布拉德想收取有效价格。他会选择哪个价格？可卖出多少下载量？

4. 吉米的房间可以俯瞰大联盟棒球场。他决定以每周50.00美元租一个望远镜，并向使用望远镜观看比赛超过30秒的朋友收取一定的费用。他可以被看作用单一垄断价格出租这"一瞥"的垄断者。对于每一个需要30秒观看比赛者，吉米需花费0.20美元来清洁目镜。下表所示为对吉米每周所提供服务的需求信息。

观看价格（美元）	需求量
1.20	0
1.00	100
0.90	150
0.80	200
0.70	250
0.60	300
0.50	350
0.40	400
0.30	450
0.20	500
0.10	550

a. 根据表中的每一价格，计算出每一次观看的总收益和边际收益。

b. 吉米的利润最大化数量为多少？他会收取什么样的价格？他的利润总额为多少？

c. 吉米的房东抱怨所有访客，并让他停止这样的活动。但是，如果他为每次观看向她支付0.20美元，她将停止抱怨。请问吉米0.20美元的"贿赂"对吉米的每次观看的边际成本有什么影响？新的利润最大化数量为多少？每次0.20美元的"贿赂"对吉米的利润总额有什么影响？

5. 假设戴比尔斯在钻石市场中实行单一价格销售。戴比尔斯有五个潜在客户：拉奎尔、杰克、琼、米娅和索菲亚。

每个客户至多购买一颗钻石，当且仅当价格刚好等于或小于她的支付意愿时。拉奎尔的支付意愿为400美元，杰克的支付意愿为300美元，琼的支付意愿为200美元，米娅的支付意愿为100美元，索菲亚的支付意愿为0美元。戴比尔斯的每颗钻石的边际成本为100美元。钻石需求表如下：

钻石价格（美元）	钻石数量
500	0
400	1
300	2
200	3
100	4
0	5

a. 计算戴比尔斯的总收益和边际收益。根据你的计算，画出需求曲线和边际收益曲线。

b. 解释为什么戴比尔斯面临的是向下倾斜的需求曲线。为什么增加一颗钻石销售的边际收益小于钻石的价格？

c. 假设戴比尔斯目前的收费为每颗钻石200美元。如果价格降到100美元，价格效应有多大？数量效应有多大？

d. 将第a问中的边际成本曲线添加到你的图中，确定戴比尔斯利润最大化的数量和收取的价格。

6. 使用第5题的需求表，钻石生产的边际成本恒定为100美元。没有固定成本。

a. 如果戴比尔斯收取垄断价格，每个买家的个体消费者剩余有多大？将个体消费者剩余加总计算出的总消费者剩余为多少？生产者剩余为多少？

假设新兴的俄罗斯和亚洲生产者进入市场，使之接近完全竞争。

b. 完全竞争价格为多少？完全竞争市场上的销售数量为多少？

c. 根据竞争价格和数量，每个买家的消费者剩余为多少？总的消费者剩余为多少？生产者剩余为多少？

d. 比较你对第a问和第c问的答案，在这种情况下垄断造成的无谓损失为多少？

7. 使用第5问的需求表。戴比尔斯是一个垄断企业，它可以对所有五个潜在客户实行完全价格歧视。戴比尔斯的边际成本是固定的100美元。没有固定成本。

a. 如果戴比尔斯可以实行完全价格歧视，向每个客户出售的钻石数量和价格为多少？

b. 每一个客户的个体消费者剩余为多少？总的消费者剩余为多少？通过向每个客户销售，将所得的生产者剩余加总计算出总生产者剩余为多少。

8. Download Record公司决定发行玛丽和小羊羔组合的专辑。该公司制作专辑无固定成本，但创建数码相册并支付给玛丽版税的总成本为每张专辑6美元。Download Record公司可以像单一价格垄断企业那样行事。该公司营销部门得出了如下所示的需求表。

专辑价格（美元）	专辑需求量（张）
22	0
20	1 000
18	2 000
16	3 000
14	4 000
12	5 000
10	6 000
8	7 000

a. 计算总收益和每张专辑的边际收益。

b. 制作每张专辑的边际成本是固定的6美元。为了实现利润最大化，Download Record公司应该选择的数量为多少？每张专辑的价格应定为多少？

c. 玛丽重新协商合同时，要求公司对每张专辑支付更高的版税。这样边际成本上升到14美元，仍然固定不变。为了实现利润最大化，现在Download Record公司应该选择的发行数量为多少？每张专辑的价格应定为多少？

9. 下图所示为当地电力公司自然垄断的情形。它显示了千瓦小时（kWh）电力的需求曲线、该公司的边际收益（*MR*）曲线、边际成本（*MC*）曲线和平均总成本（*ATC*）曲线。政府希望通过最高限价来规管制垄断。

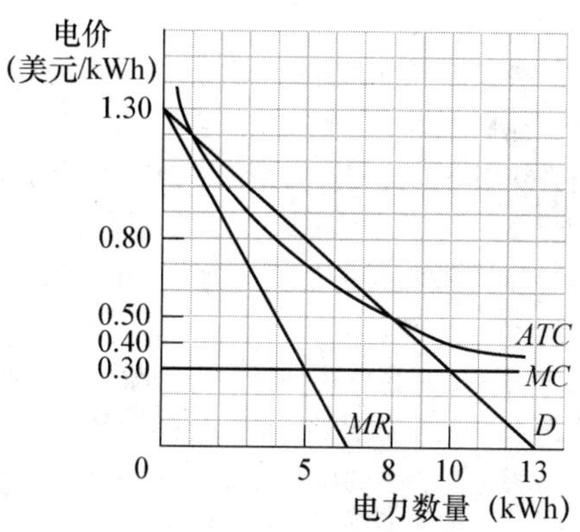

a. 如果政府不对这个垄断企业进行管制，它会收取什么价格？请用阴影区标明垄断造成的无谓损失所带来的效率减损。

b. 如果政府规定最高限价等于边际成本 0.30 美元，垄断企业盈利还是亏损？用阴影区域表现垄断企业的利润（或亏损）区域。如果政府实行最高限价，你认为，该公司从长远来看将会继续生产吗？

c. 如果政府规定的最高限价为 0.50 美元，垄断企业盈利、亏损还是盈亏平衡？

10. Collegetown 电影院服务于 900 位学生和 100 位教授。每位学生愿意以 5 美元买一张电影票。每位教授的支付意愿为 10 美元。每人只能买一张票。电影院每张票的边际成本是固定的 3 美元，没有固定成本。

a. 假设电影院不能对学生和教授实行价格歧视，每张票价格相同。如果电影院收取票价 5 美元 ，谁会买票？电影院的利润为多少？消费者剩余为多少？

b. 如果电影院收取票价 10 美元 ，谁会买票？电影院的利润为多少？消费者剩余为多少？

c. 假设电影院对学生和教授看电影实行价格歧视，要求学生出示自己的学生证，向学生收取票价 5 美元，向教授收取票价 10 美元，电影院的利润为多少？消费者剩余为多少？

11. 垄断企业知道，为了将产量从 8 单位扩大到 9 单位，必须将产品价格从 2 美元降低到 1 美元。计算数量效应和价格效应。使用这些计算结果来计算垄断企业生产 9 单位产量的边际收益。生产第 9 单位的边际成本为正。垄断企业生产第 9 单位是一个好主意吗？

12. 在美国，联邦贸易委员会（FTC）负责促进竞争和对有可能导致更高价格的兼并进行审议。几年前，两家最大的办公用品超市 Staples 公司和 Office Depot 公司宣布它们同意合并。

a. 一些合并的批评者认为，在全国许多地方，两家公司合并后将形成办公用品超市市场的一个垄断企业。根据联邦贸易委员会的观点和使命，它要对合并可能导致的价格提高进行监管，你认为它会允许该项合并吗？

b. Staples 公司和 Office Depot 公司认为，尽管在该国的一些地区，它们的合并可能会在办公用品超市市场形成垄断，但美国联邦贸易委员会应考虑更大的市场，并针对所有的办公用品提供商，其中包括许多出售办公用品的小商店（如杂货店和其他零售商）。考虑到这些，在该市场中，Staples 公司和 Office Depot 公司将面临来自许多其他小商店的竞争。如果所有办公用品供应商市场是联邦贸易委员会应该考虑的相关市场，你认为，它可能会允许这种合并吗？

13. 在 20 世纪 90 年代末之前，发电公司也铺设输电的高压线。从那时之后，美国 16 个州和哥伦比亚特区已经开始实行发电和输电分离，发电厂和输电企业之间展开竞争。

a. 假设输电市场现在仍然是自然垄断市场。用图来说明如果政府规定的价格等于平均总成本，输电市场是什么状况。

b. 假设对发电行业放松管制后形成了一个完全竞争市场。此外，假定发电行业不会出现自然垄断的特点。用图说明这个行业中单个企业的长期均衡时的成本曲线。

14. 解释如下情形。

a. 在欧洲，在签订了购买服务合同后，许多手机服务提供商免费赠送在其他地区非常昂贵的手机。电信服务商为什么要这样做？

b. 在英国，该国的反垄断机构禁止手机服务提供商沃达丰公司向客户提供公司客户免费通话的服务。为什么沃达丰希望提供这些免费通话？政府为什么干预并禁止这种做法？为什么政府不干预并非一个好主意？

15. 2014 年时代华纳有线电视公司和康卡斯特公司宣布拟合并后出现了垄断问题，因为合并后的公司将向绝大多数美国人提供有线接入。它也存在买方垄断问题，因为合并后的公司将是电视广播节目的唯一买家。假定合并成功，请确定如下每种情形是垄断、买方垄断还是两者都不是。

a. 对于每月传输的有线电视节目，消费者费用的增加显著高于制作和传输成本的增加。

b. 在有线电视上做广告的公司发现，他们必须支付更高的广告费。

c. 制作广播节目的公司发现，他们必须用与以前相同的经费，制作更多的节目。

d. 消费者发现，用同样的月费可看更多的节目。

16. 沃尔玛是世界上最大的零售商。因此，它有足够的议价能力，压迫供应商降低价格，从而该公司可以兑现对顾客"天天低价"的口号。

a. 从供应商处购买商品的时候，沃尔玛像垄断企业还是像买方垄断企业？请解释。

b. 沃尔玛怎样影响其顾客的消费者剩余？怎样影响供应商的生产者剩余？

c. 随着时间的推移，沃尔玛的供应商所生产产品的质量可能会发生什么变化？

在线回答问题

17. 下图为一个行业的需求曲线（D）和边际成本曲线（MC）。没有固定成本。如果这个行业是单一价格垄断行业，该垄断企业的边际收益曲线是 MR。通过命名相应的点或区域来回答下列问题。

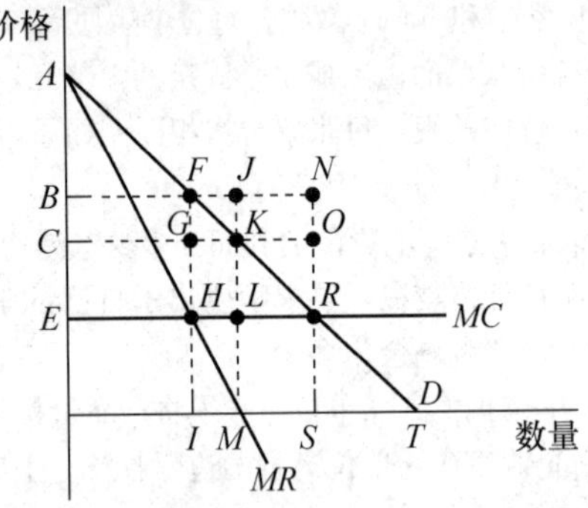

a. 如果该行业是完全竞争行业，总产量为多少？价格为多少？

b. 完全竞争条件下的消费者剩余为多少？

c. 如果这个行业是单一价格垄断行业，垄断企业的产量为多少？价格为多少？

d. 单一价格垄断企业的利润为多少？

e. 单一价格垄断企业的消费者剩余为多少？

f. 单一价格垄断对社会造成的无谓损失为多少？

g. 如果垄断企业可以进行完全价格歧视，完全价格歧视下的垄断企业产量为多少？

第9章

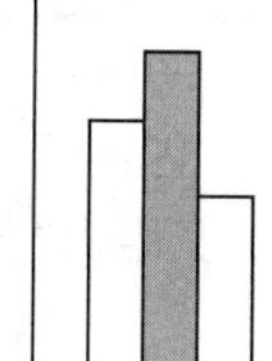

寡头垄断和垄断竞争

本章将学习

- 寡头垄断的含义，为什么寡头垄断企业愿意采取会降低它们的共同利润的行动。
- 在反垄断政策的法律约束下，寡头垄断如何在实践中形成。
- 为什么博弈理论有助于加深我们对寡头垄断的理解。
- 垄断竞争的含义，为什么垄断竞争企业的产品是差异化的。

开篇案例

当场被逮

经营农产品的阿彻·丹尼尔斯·米德兰（Archer Daniels Midland，也称为ADM）公司经常将自己描述为“世界的超市”。许多美国人都熟悉这个名字，不仅仅因为它在经济中所发挥的重要作用，还因为它的广告和对公共电视节目的赞助。但在1993年10月25日，ADM自身上了电视新闻。

那一天，ADM的高管和竞争对手日本味之素公司在加利福尼亚州欧文的万豪酒店讨论关于赖氨酸市场的事宜，这是一种用于动物饲料的添加剂。（赖氨酸是怎么产生的？它是由基因工程菌分泌的。）在本次会议和随后的会议中，这两家公司与其他竞争对手一起确定了赖氨酸的市场价格目标，这种行为被称为议定价格(price-fixing)。为达到这些价格目标，每家公司都同意限产。同意具体的限额是它们面临的最大挑战——或者它们是这么认为的。

会议的参加者并不知道他们面临更大的问题：联邦调查局在房间安装了窃听器和一个隐藏摄像头。

公司在进行违法勾当。为了理解为什么公司这样做无论如何都是非法的，我们需要检视行业既非完全竞争也非纯粹垄断会带来哪些问题。

在本章，我们专注于寡头垄断行业和垄断竞争行业。这是企业可以采取影响市场价格的行动的两种市场结构。

我们会看到，寡头垄断在现实中非常重要——事实上，比垄断重要得多，且与完全竞争相比，更无可争议地是现代经济的典型代表。

虽然我们已经学习了与寡头垄断有关联的完全竞争和垄断，但寡头垄断也提出了一些全新的问题。除此之外，在寡头垄断市场中，公司往往又想从事使ADM、味之素和其他赖氨酸生产者陷入麻烦的那种行为。在过去的几年中，多个行业发生过多起调查和一些议定价格操纵的指控案，其中包括保险、电梯、电脑芯片等行业。

从本章开始，我们将检视寡头垄断是什么，为什么它如此重要。然后，我们转向寡头垄断行业的行为。最后，我们来看垄断竞争的含义以及垄断竞争企业如何通过产品差异化进行竞争。

9.1 寡头垄断的含义

在被精心窃听的那个会议举行之时，没有一家公司能控制世界的赖氨酸行业，但该行业有几个大型生产商。只有几个卖家的行业被称为**寡头垄断**（oligopoly，简称寡头）行业；这样一个行业中的企业被称为**寡头垄断企业**（oligopolist）。

只有几个卖家的行业被称为**寡头垄断**行业；行业中的企业被称为**寡头垄断企业**。

寡头垄断企业明显会为增加销售互相竞争。但不论是ADM还是味之素，都不会像一个完全竞争行业中的企业那样将它们的销售价格作为接受价格。这些公司都知道，它们决定生产多少会影响到市场价格。像垄断企业一样，每个企业都有市场势力。所以，这个行业中的竞争不是“完全”的。

经济学家将企业间相互竞争但企业又拥有市场势力——它们能够影响市场价格——的情形称为**不完全竞争**（imperfect competition）。我们在第8章中已经看到，不完全竞争实际上有两种重要形式：寡头垄断和垄断竞争。其中，寡头垄断在实践中可能更重要一些。

当没有一个企业具有垄断地位，但生产者知道其能影响市场价格时，这种行业是**不完全竞争**行业。

尽管赖氨酸是一个数十亿美元的行业，但它并非一个为大多数消费者所熟悉的产品。然而，许多人们熟悉的产品和服务也都是只有少数几家相互竞争的卖家来供给，这就是所讨论的寡头垄断行业。例如，大多数航线仅由两三家航空公司经营：近年来，定期从纽约到波士顿或者华盛顿特区的航班只有达美航空公司和美国航空公司。凯洛格、通用磨坊、宝氏（Post）和桂格四家公司控制了早餐麦片85%的市场份额。苹果和三星两家公司控制了智能手机70%的市场。可口可乐和百事可乐控制了大部分可乐饮料的销售。这个名单可以列很长。

重要的是要意识到，寡头垄断并不一定要由大企业组成。重要的不是大小本身，而是有多少竞争对手。当一个小镇只有两个杂货店时，杂货售卖服务同样是寡头垄断，就像纽约和华盛顿之间的航空服务一样。

寡头垄断为什么这么常见？本质上，造就寡头垄断的因素与造成垄断的因素相同，只是强度弱一些。寡头垄断最重要的原因可能是规模报酬递增的存在，因此大生产者比小生产者具有成本优势。当这些效应非常大时，垄断会形成；当它们的强度没有那么大时，一个行业中会有少数几个企业存在。

例如，大杂货店通常比小杂货店的成本更低。但当杂货店都相当大时，大规模的优势就会被用尽，这就是为什么在小城镇中通常有两三家商店存活。

如果寡头垄断如此常见，为什么本书大部分集中讨论卖家数量非常大的竞争行业？为什么我们先学习相对少见的垄断？这可从两个方面来理解。

首先，我们在完全竞争市场中学习到的内容——关于成本、进入与退出、效率的内容——依然适用，尽管许多行业已经不是完全竞争行业了。其次，寡头垄断的分析提出了并非可以简单解决的难题。先处理我们能回答的问题，然后去对付有难度的问题，这几乎总是一个不错的主意。我们只是遵循了同样的策略，从完全竞争和垄断得出一些相对明确的理论，再转向充满难题的寡头垄断。

□ 9.1.1 寡头垄断市场的解析

一个企业的产出应该为多少？到目前为止，我们一直给出的答案是：利润最大化的数量。在一个完全竞争市场或垄断市场中，假设一个企业要实现利润最大化，同时考虑到其成本曲线，就足以确定其产出水平了。

然而，在寡头垄断的行业，我们会遇到一些难题。实际上，经济学家经常将寡头垄断企业的行为形容为“谜团”。

一个双头垄断的例子 我们从寡头垄断谜题最简单的版本开始，只有两个生产企业的行业被称为**双头垄断**（duopoly），每个企业被称为**双头垄断企业**（duopolist）。

只有两个企业的寡头垄断被称为**双头垄断**，每个企业被称为**双头垄断企业**。

回到我们的开篇案例，设想 ADM 和味之素是仅有的两个赖氨酸生产者。为了让事情更简单一些，假设公司为生产赖氨酸已经投入所需的固定成本后，多生产一磅产量的边际成本为零。因此，公司只关心它们得到的销售收入。

表 9-1 给出了假想的赖氨酸需求表和行业在每个价格—数量组合下的总收益。

表 9-1 **赖氨酸需求表**

赖氨酸价格（美元/磅）	赖氨酸需求量（百万磅）	总收益（百万美元）
12	0	0
11	10	110
10	20	200
9	30	270
8	40	320
7	50	350
6	60	360
5	70	350
4	80	320
3	90	270
2	100	200
1	110	110
0	120	0

如果这是一个完全竞争行业，只要市场价格高于边际成本，每家公司都有动机生产更多产品。由于边际成本被假定为零，这就意味着在均衡时赖氨酸将免费供应。公司将持续生产，直到价格等于零，总产量为 1.2 亿磅，公司的收益为零。

然而，公司肯定不会那么愚蠢。这个行业只有两家公司，每家公司都会意识到，生产越多，就越会压低市场价格。每家公司都会像一个垄断企业那样意识到，如果自己和竞争对手限制生产，利润会更高。

所以，这两家公司会生产多少？

一种可能性是，两家公司进行**串谋**（collusion）——通过合作来提高它们的共同利润。串谋最强的形式是组成**卡特尔**（cartel），也就是生产者之间达成一种安排，决定每个企业被允许生产的产量。世界最著名的卡特尔是石油输出国组织（OPEC），在后续“真实世界中的经济学”专栏中有介绍。

当卖者合作提升其利润时，这些卖者在进行**串谋**。**卡特尔**是几个企业之间为了提高它们的总体利润而签订的限产协定。

如其名字所指明的那样，石油输出国组织实际上是政府间而非企业间的协议。这个最著名的卡特尔组织是政府间的协议还有一个原因，在美国和其他地区，企业间达成卡特尔协议是违法的。但是，我们暂时忽略法律（当然，ADM 和味之素在现实生活中的所作所为要让它们自己付出代价）。

假设 ADM 和味之素形成卡特尔，该卡特尔决定按行业垄断者那样行事来实现行业总利润最大化。从表 9-1 中可以明显地看出，为了实现两个企业的总利润最大化，该组织应该将行业赖氨酸总产量确定为 6 000 万磅，每磅销售价格为 6 美元，最大可能获得的总收益为 3.6 亿美元。

那么，唯一存在的问题就是两家公司如何分配 6 000 万磅的生产。“公平”的解决方案可能是每家公司各生产 3 000 万磅，每家公司各获得 1.8 亿美元收入。

但即使这两家公司达成这样一个协议，也可能有问题：每一个企业都可能会不遵守协议，而是超过约定数量生产。

串谋和竞争 假设ADM和味之素的总裁一致同意，每个企业来年各生产3 000万磅赖氨酸。两家都能明白这个计划会使两家总利润最大化。但两个企业都有欺骗（即作弊）的动机。

为什么呢？请考虑如果味之素遵守协议，只生产3 000万磅，但ADM不顾承诺，生产了4 000万磅，会发生什么。总产量增加推动价格从每磅6美元下降为每磅5美元，根据这一价格，总需求达到7 000万英镑。行业总收益将从3.6亿美元（=6美元×6 000万英镑）降低到3.5亿美元（=5美元×7 000万磅）。然而，ADM的收入将会增加，从1.8亿美元增加到2亿美元。因为我们假设边际成本为零，这意味着ADM的利润增加了2 000万美元。

但是，味之素总裁可能也会做同样的打算。如果两家公司都生产4 000万磅赖氨酸，价格将降至每磅4美元。所以每家公司的利润都将下降，从1.8亿美元下降到1.6亿美元。

为什么单个公司愿意突破可以实现两家公司总利润最大化的产量呢？因为作为一个真正的垄断企业，没有一家公司愿意限制自己的产出水平。

我们简要复习一下垄断理论。我们知道，利润最大化的垄断企业会使边际成本（在本例中为0）等于边际收益。但边际收益是什么？我们知道，额外生产一单位产量有两个效应：

1. 正向的数量效应：增加一单位销售，总收益会增加销售单位的价格。
2. 负向的价格效应：为了增加一单位销售，垄断企业必须降低所有产品的市场销售价格。

负向的价格效应是垄断企业的边际收益低于市场价格的原因。在寡头垄断情况下，当相关公司考虑到产量提高的影响时，只关心价格效应怎样影响自己的产量，而非其他企业的产量。如果ADM公司决定增加赖氨酸的产量、压低价格，ADM公司和味之素公司都会遭受负向价格效应的影响。但ADM公司只关心负向价格效应对自己产出的影响，并不会关心味之素公司的损失。

这就告诉我们，在寡头垄断行业中，对于额外一单位产出，单个公司面临的价格效应要小于垄断企业；因此，这样计算的企业的边际收益相对较高。所以，寡头垄断行业中的任一企业增加生产似乎总是有利可图的，即使增加产出降低了整个行业的利润水平。但是，如果每个企业都这样认为，其结果是大家的利润都减少！

到目前为止，通过探讨生产者为实现利润最大化应该生产多少产量，我们已经能够分析生产者的行为了。但是，即使ADM公司和味之素公司都试图最大化利润，据此可以预测它们的行为吗？它们会通过串谋、达成协议并执行协议来最大化联合利润吗？或者，它们会做出**非合作行为**（noncooperative behavior），每家公司都为自我利益而动，尽管这会导致每家公司的利润都下降？这两种策略似乎都是利润最大化策略。对它们的行为如何做出真实描述呢？

当企业忽略它们的行为对各自利润的影响，它们做出的就是**非合作行为**。

现在你明白为什么寡头垄断是一个谜了吧：只有少数几个行为人，串谋有了现实可能性。如果有成百上千个企业，我们可以大胆假设它们会有非合作行为。然而，当一个行业只有少数企业时，很难确定串谋是否会实现。

因为串谋比非合作行为最终更有利可图，因此，如果可能，企业也会愿意进行串谋。这样做的方法之一是正式签署一项协议（甚至是具有法律效力的合同）或对企业设定高价设置一些财务激励。但在美国和许多其他国家，你不能这样做——至少这种行为不合法。公司间不能达成保持高价的合约：不仅合同无法执行，而且签署这样的合同会因犯法而入狱。他们也不能签署非正式的“君子协定”，这缺乏法律效力，也许会受到报复的威胁——这同样是违法的。

事实上，作为竞争对手的公司高管在没有律师在场时会很少见面，他们要确保谈话不会涉及不合适的内容。甚至暗示如果提高价格会怎样有利也可能招致美国司法部和联邦贸易委员会的造访。

例如，2003年司法部发起了对孟山都公司（Monsanto）和其他大型转基因种子生产商议定价格的调查。司法部察觉孟山都公司和先锋良种国际公司（Pioneer Hi-bred International）举行了一系列会议，这两家公司占了美国玉米和大豆种子市场60%的份额。两家公司聚会商讨转基因种子改良许可协议，它们声称在这些会议中没有非法讨论议定价格问题。但事实上，两家公司讨论了作为许可协议的一部分的价格就足以触发司法部的调查行动。

有时，正如我们所看到的，寡头垄断企业会无视规则。但更常见的情况是，它们想方设法达成没有一个正式协议的串谋，我们稍后很快就会看到这些事例。

□ 9.1.2 现实中的寡头垄断

在现实中寡头垄断如何行事，一方面受制于法律框架对企业能做什么的限制，另一方面也与一个行业中没有正式协议时企业进行合作的潜在能力有关。

法律框架 要理解寡头垄断在实践中的定价，我们必须熟悉法律约束下寡头垄断企业的运作。在美国，寡头垄断首次成为问题是在19世纪下半期，铁路运输快速增长后——铁路行业自身就是寡头垄断行业——许多商品开始形成全国性市场。

大公司生产石油、钢铁，许多其他商品也很快出现。实业家很快意识到，如果他们能限制价格竞争，利润会更高。所以，许多行业成立卡特尔组织，也就是说，他们签署了正式的协议来限制产量、提高价格。直到1890年，当第一部反对这些组织的联邦立法通过时，前述行为都是完全合法的。

然而，尽管这些卡特尔是合法的，但它们无法要求通过法律来强制执行，卡特尔成员不能要求法院强制那些违反了协议的企业减少产量。许多企业经常违反协议，原因正如我们前面分析双头垄断的例子时所说的那样：卡特尔组织中每个企业总面临一些诱惑，生产多于分配的产量。

1881年，约翰·D. 洛克菲勒的标准石油公司的聪明律师想出了一个解决方案——被称为托拉斯(trust)。在托拉斯中，在一个行业中，所有大公司的股东将他们的股票交给控制公司的董事会掌握。这一点实际上等于将这些公司合并为一家公司，后者可以垄断定价。通过这种方式，标准石油公司建立的托拉斯本质上是一个石油行业的垄断企业。很快在食糖、威士忌、铅、棉花籽油和亚麻籽油行业，托拉斯也建立起来了。

后来公众强烈反对，一方面是担心托拉斯运动对经济的影响，另一方面是担心托拉斯的所有者变得过于强大。因此，1890年《谢尔曼反托拉斯法》通过，目的是防止创建更多的垄断组织，并拆散已有的垄断组织。起初这项法律在很大程度上并未被执行。但在接下来的几十年中，联邦政府越来越盯紧寡头垄断行业，使之难以成为垄断行业或者难以像垄断组织那样行事。这种努力就是今天所谓的**反垄断政策**（anti-trust policy）。

在发达国家中，美国反垄断政策的悠久传统是独一无二的。直到最近，其他发达国家也没有针对议定价格的政策，甚至有些国家还支持创建卡特尔，它们相信这将帮助自己国家的企业与外国对手竞争。在过去的30年里，形势发生了巨大的改变，欧盟（EU）——一个超国家实体，负责对其成员国执行反垄断政策——正逐渐转向美国的做法。今天，欧盟和美国的监管机构通常的目标是相同的公司，因为议定价格随着国际贸易的扩张已经“走向全球”。

在20世纪90年代初，美国制定了特赦法案，价格议定者如果告发串谋同伙，所受惩罚会大大减轻。此外，国会通过法案加大对串谋的罚款。这两个新政策意思很清楚，告发你卡特尔的同伙是占优策略，来自比利时、英国、加拿大、法国、德国、意大利、墨西哥、荷兰、韩国和瑞士以及美国的公司高管都在美国法庭上因被判卡特尔罪而遭受罚款。

如果你想运营一个卡特尔组织，日子就会变得越来越困难了。

> 政府阻止寡头垄断行业成为垄断行业或者阻止其像垄断组织那样行事的努力构成了**反垄断政策**。
>
> 当企业限制产量、提高价格来提高相互的利润时，即使它们没有签订任何正式的协议，它们也是在进行**暗中串谋**。

暗中串谋和价格战 如果一个真正的行业如我们前述的赖氨酸案例一样简单，可能不必让公司总裁见面或者做任何可能使他们被判入监的事情。两家公司可能意识到，将产量限制在3 000万磅符合他们共同的利益，任何一家公司从突破这一产量限制中得到的短期收益都会大大少于其他公司后来进行报复所造成的损失。所以，即使没有任何明确的协议，公司也可能会达成所需的暗中串谋来最大化两家的联合利润。

当企业像如下这样做时，被认为是在进行**暗中串谋**（tacit collusion）：如我们的事例所列出的那样，企业通过限制产量的方法来提高其他企业的利润，也希望获得同样的回报，即使没有强制性的协议——尽管他们表现得“好像”有这样的协议，并且如果他们讨论价格，在法律上是危险的。

现实的行业远没有那么简单。尽管如此，在大多数寡头垄断行业，在大部分时间里卖家似乎都能成功地将价格保持在高于非合作的水平。换句话说，暗中串谋是寡头垄断的正常状态。

虽然暗中串谋常见，但一个行业很少被允许推动价格一直上涨到垄断水平；串谋通常远非完美。正如我们将讨论的，下面的四种因素使得一个行业中的企业很难在高价格上协调一致。

集中度不高　一个集中度不高的行业的典型企业占有的市场份额要低于集中度高的行业。这使得企业倾向于采取非合作行为，因为一个小企业可通过增加产量来获得由此带来的所有利润。如果竞争对手也增加产量来进行报复，企业的损失也有限，因为其市场份额并不大。集中度不高的行业经常意味着进入壁垒较低。

复杂的产品和定价方法　在我们的赖氨酸事例中，两家公司只生产一种产品。然而，在现实中，寡头垄断企业经常出售数以千计甚至数以万计的不同产品。在这种情况下，跟踪其他企业的生产及其产品定价是很困难的。很难确定公司是否对暗中串谋进行欺骗。

利益差异　在赖氨酸例子中，企业间暗中串谋平分市场同样是一个自然的结果，可能会为两个企业所接受。然而，在现实中，企业经常对什么是公平与它们真正的利益是什么有不同的理解。

例如，假设味之素公司是一个已经成立很长时间的赖氨酸生产商，而 ADM 公司则是最近进入这个行业的。味之素公司可能觉得它应该继续生产得比 ADM 公司多，但 ADM 公司可能觉得，它有权分到 50%的业务。（这是美国联邦调查局监听的这些会议中有争议的话题之一。）

或者，假设 ADM 公司的边际成本低于味之素公司。即使它们同意各自的市场份额，对利润最大化产出水平也有不同意见。

买家的讨价还价能力　寡头垄断企业的销售对象通常不是个人消费者，而是大型客户——工业企业、全国连锁商店等等。这些大型客户可以与寡头企业为更低价格进行讨价还价，它们可能要求寡头垄断企业打折，并警告说如果不这样做，它们将购买竞争对手的商品。一个如沃尔玛这样的大型零售商之所以能够提供比小型零售商更低的价格给客户，正是由于它们有能力利用自己的规模从供应商处以更低的价格拿到货。

实施暗中串谋遇到的这些困难有时会导致企业无视法律和成立非法卡特尔组织。我们已经检视了赖氨酸行业的情况。下面我们再看“真实世界中的经济学”中的巧克力行业。

当暗中串谋失败和价格大幅下跌时会发生**价格战**。

因为暗中串谋往往难以实现，大多数寡头垄断价格远低于如果行业为垄断者把持所收取的价格，或者如果它们能公开串谋所收取的价格。此外，有时串谋会瓦解并发生**价格战**（price war）。价格战有时只是简单地将价格降到非合作的水平，有时甚至会低于这一水平，因为卖家试图将对方赶出所在行业或至少惩罚它们认为的欺骗行为。

▶ **真实世界中的经济学**

苦涩的巧克力?

对赖氨酸议定价格卡特尔的起诉成了一个特别难忘的案例，因为调查人员掌握了串谋的谈话记录，这成了无可争辩的证据。然而，如果没有确凿的证据，起诉议定价格可能就是非常棘手的事情。2013 年和 2014 年，加拿大和美国调查巧克力行业议定价格给出的不同结论就证明了这一点。

由于加拿大吉百利公司披露其与其他三家加拿大巧克力制造商——加拿大好时、加拿大雀巢和加拿大玛氏——串谋，加拿大监管机构开始调查 2007 年加拿大巧克力市场是否存在议定价格现象。在这个案件中，加拿大吉百利获得豁免权。而加拿大好时最终认罪，并支付了近 400 万美元的罚款，加拿大玛氏和加拿大雀巢拒绝调解。

在随后的诉讼中，13 名加拿大吉百利高管自愿提供其与其他公司的联系信息，包括加拿大雀巢的一名高管人员移交给一名加拿大吉百利雇员的一封棕色封皮的信，其中包含即将涨价的细节。根据法院提交的宣誓书，加拿大好时、加拿大雀巢和加拿大玛氏的高管秘密会晤议定价格。2013 年，经过旷日持久的诉讼后，所有四个生产商都同意结案，支付了超过 2 300 万美元的罚款给消费者。

然而，美国的起诉则不太成功。许多美国的大型杂货店和零食零售商们相信，它们也一直是串谋的受害者。所以，在2010年，其中的一家商店超价商店（SUPERVALU）起诉了四大巧克力制造商的美国分公司。

与在加拿大四家公司控制了不到50%的市场份额相比，这些公司在美国控制的市场份额超过了75%。超价商店声称，美国这四大公司自2002年以来一直在议定价格，定期提价，往往先后在几天内提高一至两位数的金额。

事实上，巧克力糖果的价格一直在飙升，上升速度远远超过了通货膨胀率。巧克力制造商为它们的行为进行辩护，声称它们只是把可可豆、乳制品和糖的更高成本转嫁了出去。反垄断专家指出，价格串谋往往很难证明，因为生产商同时提高价格并非非法。为了证明串谋，必须证明存在对话或书面形式的协议。

2014年3月，一位美国法官否决了串谋的指控，认为没有证据表明四大巧克力生产商的高管了解他们加拿大的同事的反竞争行为，不能将相互跟随先后涨价作为串谋的证据。联邦法官克里斯托弗·康纳（Christopher Conner）得出的结论是：被告预期到成本上涨而提价的行为是“理性的竞争行为”。这个案子对于美国的巧克力消费者希望可以很快回复到更低价格来享受糖果是一个苦涩的逆转。

及时复习

- 寡头垄断是常见的市场结构形式，指在一个行业中，仅有几个企业存在，这种企业被称为寡头垄断企业。
- 寡头垄断是不完全竞争的一种形式，与垄断形成的原因完全相同，只是强度稍弱。
- 寡头垄断的一些核心特征可以通过最简单的双头垄断来理解——在一个行业中只有两个企业，每个企业被称为双头垄断企业。
- 通过像单一垄断企业那样行事，寡头垄断企业可以最大化它们的利润，因此它们有积极性形成卡特尔。
- 然而，每个企业也都有动力进行欺骗——生产比卡特尔协议所规定的产量多的产量。所以，会有两种结果：成功串谋；通过欺骗做出非合作行为。
- 寡头垄断在反垄断政策的法律框架下运作。但是，许多企业仍然能成功达成暗中串谋。
- 暗中串谋受到许多因素的限制，其中包括：企业数量多，复杂的产品及其定价，企业之间的利益差异，买家的讨价还价能力。当串谋失效时，就会发生价格战。

小测验 9-1

1. 解释下面每个行业为什么是寡头垄断行业，而不是完全竞争行业。

a. 世界石油行业，波斯湾附近的少数几个国家控制世界石油的大部分储量。

b. 微处理器行业，英特尔和竞争对手AMD两家公司主导着这一行业的技术。

c. 宽体客机产业，只有美国波音公司和欧洲空中客车公司，行业特点是需要非常大的固定成本投入。

2. 下列哪个因素会加剧同一行业内寡头垄断企业之间串谋的可能性？哪个因素会提高寡头垄断企业从事非合作行为从而提高产量的可能性？请对你的答案给出解释。

a. 公司的初始市场份额很小。（提示：考虑价格效应。）

b. 公司相对于其竞争对手有成本优势。

3. 下列因素中哪些可能支持得出在这个行业存在暗中串谋的结论？哪些不会？请解释。

a. 在一段时间内，许多企业的市场份额变化很大。

b. 行业中的企业对其产品添加一些不必要的功能，以使消费者很难从一个企业的产品转换到另一个企业的产品上。

c. 企业每年都召开会议，讨论它们的年度销售预测。

d. 企业往往在同一时间向上调整价格。

9.2 寡头垄断企业间的博弈

每个寡头垄断企业都会认识到其利润水平受到其竞争对手的影响，而竞争对手的利润也是如此。也就是说，两个企业处于**相互依存**（interdependence）的情形中，每个企业的决策都明显影响另一个企业的利润（在超过两个企业的情形中，是每个企业的决策都明显影响其他企业的利润）。

实际上，两个企业在"博弈"，每个参与人的利润都不仅取决于自己的行动，也受到其他参与人的影响。为了更全面地了解寡头垄断企业的行为方式，经济学家与数学家一起创立了这种博弈的研究领域，被称为**博弈论**（game theory）。该理论有多方面的应用，除了经济学外，在军事战略、政治和其他社会科学领域都有应用。

当一个企业的决定显著影响行业内其他企业的利润时，这些企业处于**相互依存**的情形中。

研究相互依存行为的理论被称为**博弈论**。

我们来看博弈理论怎样帮助我们理解寡头垄断。

□ 9.2.1 囚徒困境

博弈论要处理的情形为：任何一个参与人的回报——**收益**（payoff，也称支付）——都要受到自己行动和其他参与人行动的影响。在寡头垄断情况下，企业的回报可简单看作企业的利润。

在博弈中收到的回报，如寡头垄断企业获得的利润，被称为参与人的**收益**。

收益矩阵表示的是双方博弈中每个参与人的收益怎样取决于双方的行动。这样的矩阵有助于我们分析相互依存的情形。

当只有两个参与人时，如双头垄断那样，参与人之间的相互依存可以表示为如图 9－1 所示的**收益矩阵**（payoff matrix）。收益矩阵的每一行对应一个参与人（在本案例中为 ADM）的一种行动，每一列对应另一个参与人（在本案例中为味之素）的一种行动。为简单起见，我们假设 ADM 只有两种选择：生产 3 000 万磅或 4 000 万磅赖氨酸。味之素的选择相同。

矩阵包含四个单元格，每个都以对角线分开。每个单元格表示的都是两家公司在两种行为相互作用后所得到的收益结果；对角线以下的数字是 ADM 的获利，对角线以上的数字是味之素的获利。

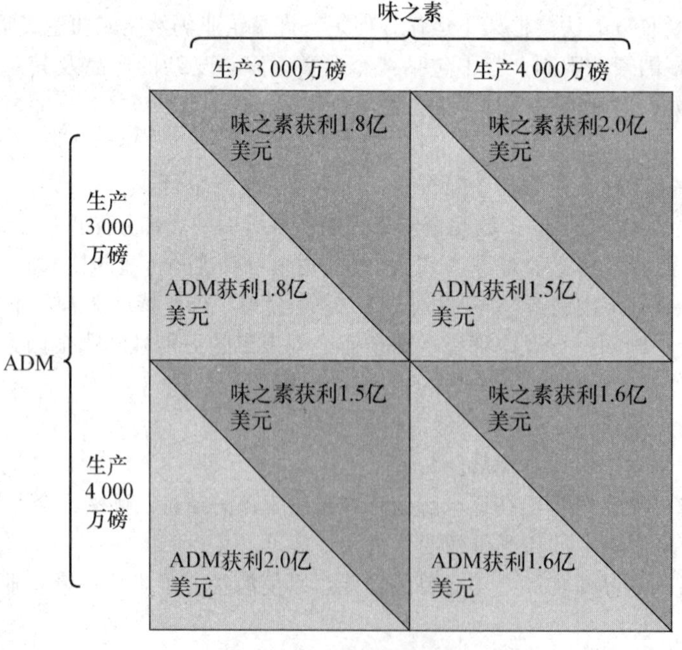

图 9－1 收益矩阵

两家公司——ADM 和味之素——必须决定生产多少赖氨酸。两家公司的利润相互影响：每家公司的获利都不仅取决于自己的行为决策，而且受到对方行为决策的影响。每一行都代表 ADM 采取的行动，每一列都代表味之素采取的行动。当两家公司都选择低产出时，两家都会更好一些，但如果各自只是考虑自己的利益，将会选择高产出。

这些收益给出了我们此前分析所得出的结论：如果两家公司各生产 3 000 万磅，双方的总利润最大。然而，如果另一家生产 3 000 万磅，自己生产 4 000 万磅，可以增加自己的利润。但是，如果两家都扩大产量，与两家都保持较低产量相比，双方利润都减少了。

这里表现的特定情况是相互依存情形的一个著名的——看似自相矛盾的——版本，被称为**囚徒困境**（prisoners' dilemma），这是博弈收益矩阵的一种，包含如下含义：

囚徒困境是基于两个前提的博弈：(1) 每个参与人都有动力选择对自己有利而使对方受损的行为；(2) 如果两个参与人都这样做，他们的境况都将变得比合作情况下的差。

- 不论其他参与人怎样做，每个参与人都有欺骗的动机，即采取损人利己的行动。
- 当两个参与人都欺骗时，其结果都逊于如果他们不欺骗所得到的结果。

最初说明囚徒困境的版本是在一个虚构的故事中的两个犯罪同伙——我们称她们为塞尔玛（Thelma）和露易丝（Louise）——已经被警察抓住。警察有足够的证据可把她们分别关进监狱 5 年。警察也知道她们还犯有更严重的罪行，够判 20 年；遗憾的是，警察没有足够的证据来对犯人定罪。为此，他们需要两个囚犯指控对方牵涉的第二种罪行。

所以，警察把两个囚犯分别关在不同的审讯室审问，并告诉每个囚犯："情况是这样的：如果你们都不坦白，你知道，我们会送你们入监 5 年。如果你认罪，并指控你的同伙，而她不这样做，我们会将你的徒刑从 5 年减到 2 年。但是，如果你的同伙坦白，而你不坦白，你会被判 20 年。如果你们两人都认罪，我们会判处你们两人各 15 年。"

图 9-2 所示为两个囚犯面临的情形，这取决于两人保持沉默还是认罪的决定。(通常收益矩阵反映的是参与人的回报，高回报要好于低回报。本例是一个例外：监禁的年份越长越糟糕，而不是越好！）假设囚犯间没有办法沟通，她们没有宣誓不伤害对方或做出与此类似的行为。所以，每个参与人都考虑自己的利益。她们会怎样做呢？

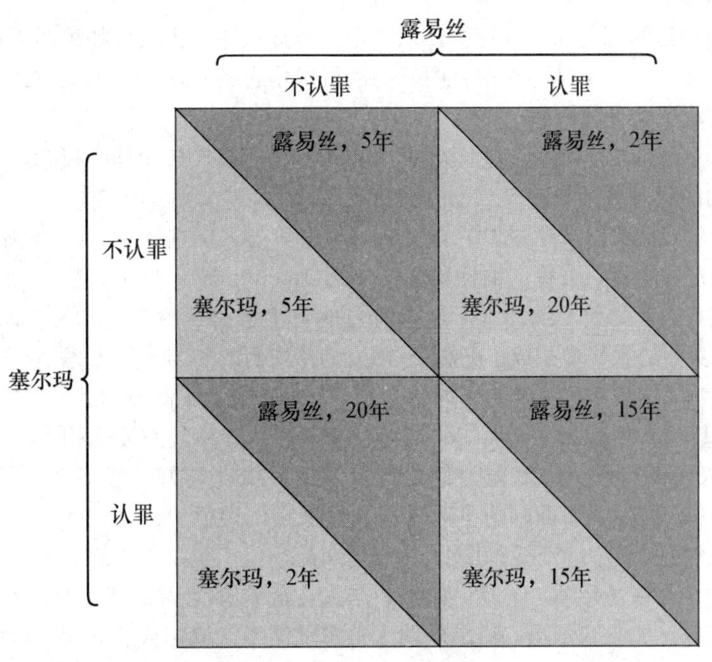

图 9-2 囚徒困境

两个囚犯分别被关在两个审讯室审问，警察给出如下条件：如果两个囚犯中的一个认罪并且指控她的同伙，而同伙不认罪，她受到的处罚较轻。如果她不认罪，她的同伙认罪并指控他，她受到很重的惩罚。从两个囚犯的共同利益来看，不认罪最好；但从每个个体的利益来看，认罪又是合理的。

▶ 疑难解答

囚徒困境中的公平竞赛

对囚徒困境，一个普遍的反应是，可以确定每个囚犯认罪并非真正的理性。塞尔玛不认罪，但她又担心露易丝会出卖她，或者如果露易丝没有指控她，她又有负罪感。

但是这种答案是一种欺骗行为，等于改变了收益矩阵中的收益。为了理解这一困境，我们必须公平竞赛，设想囚犯仅仅考虑她自己刑期的长短。

幸运的是，当涉及寡头垄断企业时，我们可以方便地相信企业关注的是它们自己的利润。不会涉及ADM担心对方或者对不起对方，味之素也是如此。这是严格的企业行为。

答案很明确：两人都会认罪。首先看塞尔玛的想法：不管露易丝认罪与否，她认罪都会更好一些。如果露易丝不认罪，塞尔玛认罪，塞尔玛的刑期将从5年减到2年。如果露易丝认罪，塞尔玛认罪，塞尔玛的刑期将从20年减到15年。无论是哪种情形，从塞尔玛的角度看都应认罪。露易丝面临同样的境遇，显然露易丝也应该认罪。在这种情况下，认罪是一种被经济学家称为**占优策略**（dominant strategy）的行动。这是无论其他参与人采取什么行动，对一个参与人来说都是最好的一种行动。

占优策略是不管对方采取什么行动，对一个参与人来说都是最好的一种行动。

重要的是，并非所有的博弈都有占优策略，这依赖于博弈的收益结构。但就塞尔玛和露易丝面临的情况看，这显然是有利于警察的收益结构，所以每个囚犯认罪就成了占优策略。

只要两个囚犯没有办法达成一个都不认罪的可执行的协议（如果不能进行交流，有些事情她们是不能做的，警察肯定不会允许她们这样做，因为警察想强迫她们每个人认罪），塞尔玛和露易丝就将选择伤害对方的方式。

如果每个囚犯都为自己的利益而理性行事，双方都会选择认罪。当然，如果两人都不认罪，两人的判刑都会轻得多！在囚徒困境中，每个参与人都有明确的动机以伤害到其他参与人的方式行事，当两个囚犯都做出这种选择时，她们的境况会变得更糟。

当塞尔玛和露易丝都认罪时，她们就达至博弈的均衡。我们多次使用均衡概念，它是一种没有任何参与人或企业想改变其行动的状态或结果。

纳什均衡也被称为**非合作均衡**，在博弈中，当给定其他参与人所采取的行动并忽略自己的行动对其他参与人收益的影响时，每个参与人都选择对自己最有利的行动而达成的结果。

在博弈论中，当给定其他参与人所采取的行动时，每个参与人都选择对自己最有利的行动而达成的这种均衡，被称为**纳什均衡**（Nash equilibrium），这是以数学家和诺贝尔经济学奖获得者约翰·纳什（John Nash）的名字来命名的。（描写纳什故事的畅销传记《美丽心灵》被拍成了电影。）因为纳什均衡的参与人不考虑他们的行为对他人的影响，这也被称为**非合作均衡**（noncooperative equilibrium）。

现在回头看图9-1：ADM和味之素面临的情形与塞尔玛和露易丝面临的相同。不管其他公司采取什么行动，每家公司都是产量越大，境况越好。然而，如果两家公司都生产4 000万磅，所面临的境况比不上如果它们遵循协议即只生产3 000万磅。在这两种情形下，追求各自的自我利益，努力实现利润最大化或刑期最小化产生了伤害双方的不利影响。

囚徒困境可以出现在许多情形下。显然，如果参与人在面临任何囚徒困境时，都有一些方式形成合作，各参与人的境况都会变好。如果塞尔玛和露易丝两人郑重承诺不认罪，或者如果ADM和味之素签署一个具有强制效力的合约来约定不会突破3 000万磅的赖氨酸产量，则双方的境况都会变好。

然而，在美国两个寡头垄断企业所签署的限定产量的协议不仅不能强制执行，而且是违法的。因此，似乎非合作均衡是唯一可能的结果。是这样吗？

□ 9.2.2 走出囚徒困境：重复互动和暗中串谋

塞尔玛和露易丝在审讯室中的博弈被称为单次博弈（one-shot game），也就是说，她们只互相博弈一次。

她们选择认罪或顽强不屈是一劳永逸的。然而，大多数寡头垄断企业间的博弈并非单次博弈；相反，它们预计会与相同的竞争对手反复博弈。寡头垄断企业通常预计会在业内经营多年，企业知道决定今天是否欺骗可能会影响到未来其他企业如何与其相处。所以，一个聪明的寡头垄断企业的决策不仅仅基于对短期利润的影响。相反，它会采取**策略行为**（strategic behavior），考虑到今天的行动选择对博弈中其他企业未来行动的影响。在某些情况下，采取策略行为的寡头垄断企业会努力表现得好像它们有进行串谋的正式协议。

> **策略行为**是一个企业采取的试图影响其他企业未来行动的行为。

假设 ADM 和味之素预计要经营赖氨酸业务多年，因此预计会多次进行如图 9-1 所示的欺骗和串谋博弈。它们真的会一次又一次背叛对方吗？

可能不会。假设 ADM 有两种可选策略。一种策略是，它总是欺骗，每年生产 4 000 万磅赖氨酸，不管味之素公司如何行事。另一种策略是，开始中规中矩，第一年只生产 3 000 万镑，观察对手怎样做。如果味之素也按约定来生产，那么 ADM 会保持合作，明年再生产 3 000 万磅。但如果味之素生产 4 000 万磅，ADM 将不遵守约定，明年也生产 4 000 万磅。后面这种策略——开始时选择合作行为，但此后效仿其他参与人在前一个周期的所作所为，通常被称为**针锋相对**（tit for tat）。

> **针锋相对**策略是开始时采取合作策略，但随后按照其他企业上一期的做法而行事的策略。

针锋相对是一种策略行为，我们刚刚定义过，是一个参与人意图影响其他参与人未来行动的选择。针锋相对对其他参与人的合作行为提供奖励——如果你合作，我也合作。它也提供了一种欺骗惩罚机制——如果你欺骗，就不能期望在将来会有好回报。

ADM 采取每种策略的收益将取决于味之素的策略选择。考虑四种可能性，如图 9-3 所示：

1. 如果 ADM 针锋相对，味之素也如此，两家公司每年都将获利 1.8 亿美元。

2. 如果 ADM 总是欺骗，味之素针锋相对，ADM 第一年获利 2 亿美元，但此后每年都只能获利 1.6 亿美元。

3. 如果 ADM 针锋相对，但味之素总是欺骗，ADM 第一年只获利 1.5 亿美元，但此后每年都获利 1.6 亿美元。

4. 如果 ADM 总是欺骗，味之素也采取相同的策略，两家公司都将每年获利 1.6 亿美元。

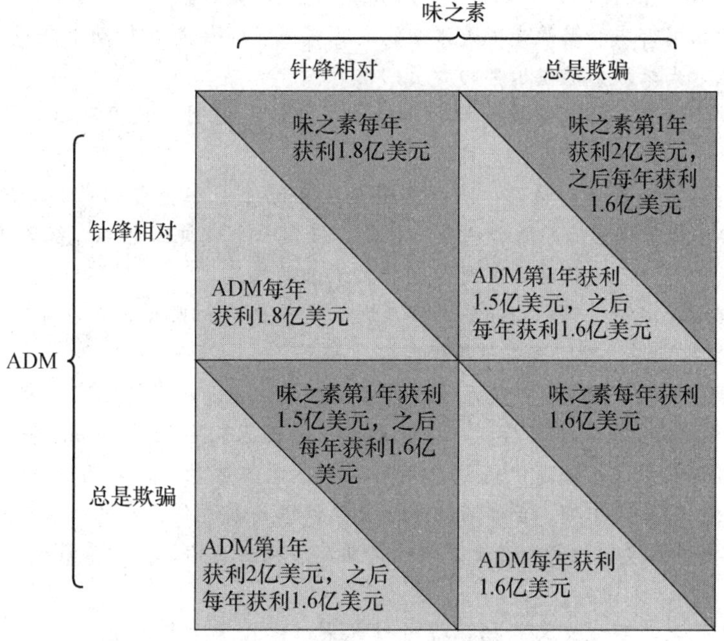

图 9-3　重复相互作用导致串谋

针锋相对策略包括某一参与人开始时合作，然后随着另一参与人的变化而变动。这会对良好的行为提供奖励，而对不良行为进行惩罚。如果对方欺骗，与一直进行欺骗相比，采取针锋相对策略只会导致短期遭受损失。但是，如果另一参与人采取针锋相对策略，某一参与人也采取同样的策略会有长期增益。因此，一个预计其他企业采取针锋相对策略的企业也会采用同样的策略，这就会导致暗中串谋。

哪种策略更好？在第一年，无论竞争对手选择什么策略，ADM 选择欺骗都会更好一些，它能获利 2 亿美元或 1.6 亿美元（到底会获得哪种收益，取决于味之素选择针锋相对策略还是总是欺骗策略）。这比在第一年选择针锋相对策略要好：获得 1.8 亿美元或 1.5 亿美元。但到了第二年，如果选择总是欺骗策略，在第二年和随后所有年份 ADM 每年都只能获得 1.6 亿美元，不论味之素如何行事。

在一段时间内，ADM 通过选择总是欺骗策略获利的数额要小于选择针锋相对策略：在第二年和随后所有年份，如果味之素也采取针锋相对策略，ADM 的获利永远不会小于 1.6 亿美元，还可能高达 1.8 亿美元。总是欺骗和针锋相对哪个更有利，取决于两件事：ADM 希望博弈多少年，对手采用什么策略。

如果 ADM 预计在不久的将来会结束赖氨酸业务，它实际上是选择单一博弈。所以，该公司可能会选择欺骗策略，尽可能多地攫取利润。即使 ADM 预计会留在赖氨酸行业很多年（要反复与味之素进行博弈），出于某种原因，该公司预计味之素总是欺骗，它也应该选择总是欺骗。也就是说，ADM 应该遵循“以其人之道，还治其人之身”的策略。

但是，如果 ADM 预计将在该行业经营很长时间，并认为味之素很可能会针锋相对，这又会怎样呢？长期针锋相对将增加利润。它可以通过在开始阶段欺骗取得一些额外的短期利润，但这将引起味之素也欺骗，最终导致利润降低。

从这个故事得出的教训是：当寡头垄断企业预计与竞争对手在相当长的时间内进行竞争时，每一个企业往往都会得出这样的结论，即出于自身最佳利益的选择也将有利于行业内其他企业的发展。所以，每个企业都将限制产出来提高其他企业的利润，期待对方礼尚往来，并且不存在一份正式的协议。当这种情况发生时，我们说企业进行了暗中串谋。

▶ **真实世界中的经济学**

石油输出国组织的兴衰

这是一个被称为卡特尔但又不必秘密集会的组织。石油输出国组织，通常被称为欧佩克（OPEC），包括 13 个国家（阿尔及利亚、安哥拉、厄瓜多尔、印度尼西亚、伊朗、伊拉克、科威特、利比亚、尼日利亚、卡塔尔、沙特阿拉伯、阿拉伯联合酋长国和委内瑞拉），控制了世界 40％的石油出口和已经探明储量的 80％。另外两个石油输出国挪威和墨西哥不是该组织的正式成员，但是在行动上与成员相同。（俄罗斯也是一个重要的石油输出国，尚未成为该俱乐部的成员。）

政府通常会从法律上禁止合作组织就生产和价格达成协议，但国家政府可以讨论任何它们觉得可议之事。欧佩克成员国经常见面，试图确定生产目标。

这些国家间关系并非特别友好。然而，欧佩克成员国实际上是在进行相互影响的重复博弈。在任何一年，保持低产量、高价格都符合它们的联合利益。但是，任何一个成员国也都可能为了自身利益而欺骗，突破约定的产出配额——除非生产者认为，其行为会招致未来的报复。

那么，该卡特尔组织是成功的吗？该组织的发展跌宕起伏。分析师估计，在 12 次宣布削减配额的实践中，欧佩克能够成功地在 80％的时间里将价格保持在下限。

图 9－4 所示为 1949 年以来以不变的美元价值表示的石油价格（即用其他商品表示的一桶石油的价格）。1974 年欧佩克首秀实力：在中东战争之后，一些欧佩克产油国限制它们的石油产量——这是它们喜欢的结果，因此它们决定继续这种做法。伴随伊朗 1979 年革命后的第二波动荡，石油价格进一步提高。

然而，到了 20 世纪 80 年代中期，世界石油市场上的供给日渐过剩——见钱眼开的欧佩克成员国普遍欺骗。结果，到了 1985 年试图遵守协定的产油国——特别是沙特阿拉伯，该国是最大的产油国——感到厌倦，串谋开始崩溃。

到了 20 世纪 90 年代末，欧佩克又开始积极行动起来，这在很大程度上要归功于墨西哥石油部长的努力——他精心策划了减产方案——和沙特阿拉伯所扮演的“生产者的调节者”角色。作为关键决策者和最大的石油生产国，沙特阿拉伯允许其他成员国尽可能增加生产，然后调整自己的产量来满足总量限制，以此来缓解成员国之间的摩擦。这些行动助推了石油价格从 1998 年的每桶不到 10 美元上升到 2003 年的每桶 20～30 美元。

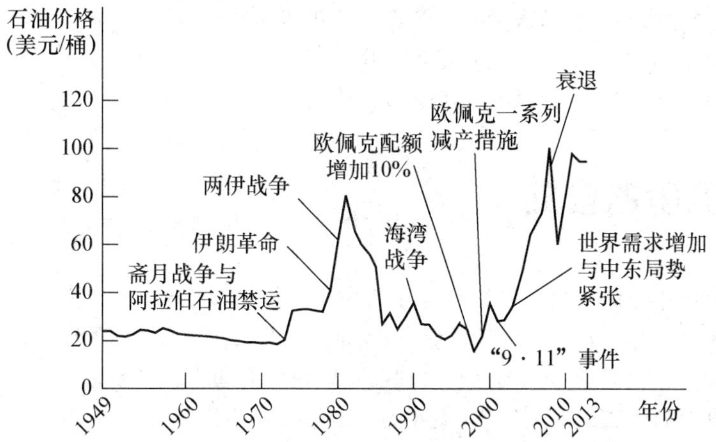

图 9-4　1949—2013 年原油价格（用 2012 年美元度量）

资料来源：Energy Information Administration；FRED.

自 2008 年以来，欧佩克已经经历了历史上最大的“过山车”式的油价起伏。到 2008 年，价格已经飙升到每桶 145 美元。但到了 2008 年底，2007—2009 年的经济衰退已经持续了一年，价格大幅下跌至每桶 32 美元。作为回应，沙特阿拉伯将产量减少 20%，其他成员国减少了 5%。2009 年初，价格开始反弹。多个成员国政治不稳定导致石油价格在 2011 年大幅飙升，沙特阿拉伯增加产出以防全球石油短缺。

最近，随着伊拉克和伊朗都表示有意提高产量，美国从页岩层提炼的石油越来越多，并且巴西和加拿大也在增加石油产量，一些欧佩克观察家预测，该卡特尔组织未来的凝聚力令人担忧。

及时复习

● 经济学家使用博弈论来解释当企业的收益相互依存时企业的行为。这个博弈可以用收益矩阵来表示。根据收益情况，一个参与人可能有也可能没有占优策略。

● 每个企业都有欺骗的动机，但如果双方都欺骗，结果是最糟糕的，这种情况被称为囚徒困境。

● 参与人不考虑他们之间的相互依存关系可达至纳什均衡或非合作均衡。但如果重复博弈，参与人可能采取策略行为，牺牲短期利润来影响未来的行为。

● 在重复囚徒困境博弈中，针锋相对通常是一个好策略，易导致成功的暗中串谋。

小测验 9-2

1. 寻找下述收益矩阵中的纳什（非合作）均衡。尼基塔和玛格丽特的哪些行为会最大化他们的收益？为什么没有沟通时不可能出现他们所选择的这些行为？

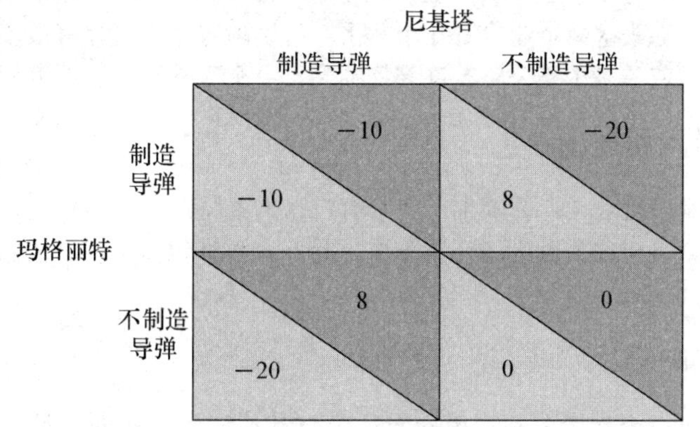

2. 下列哪个因素更可能会使寡头垄断企业采取非合作行为？哪个更可能会使得它们进行暗中串谋？请解释原因。

a. 每个寡头垄断企业都预计在未来会有几个新企业进入市场。

b. 一个企业很难侦测到另一个企业是否增加产出。

c. 如果价格在很长一段时间内保持较高水平，企业会共存下去。

9.3 垄断竞争的含义

列奥在一个大型购物中心的美食广场经营一家名为美味炒锅（Wonderful Wok）的餐饮店。他只提供中式餐饮，但也有十几种替代品，从风靡全球汉堡（Bodacious Burgers）到比萨饼天堂（Pizza Paradise）。当决定改变菜单时，列奥知道，他必须考虑到这些替代品：即使人们通常喜欢炒菜，也不会在能用 4 美元就可以得到一份汉堡、薯条和饮料时去购买列奥 15 美元的一份午餐。

但列奥也知道，即使他的午餐比那些替代品贵一点，他也不会无生意可做。中餐与汉堡或比萨饼并非一样的东西。有些人那一天如果真的想吃中餐，他们会从列奥处购买，尽管他们能更便宜地享用汉堡。当然，反过来也一样：即便中餐便宜一点，有些人也会选择汉堡来代替。换言之，列奥确实有一些市场势力：他对自己的价格有一定的决定能力。

所以，你会如何形容列奥所处的情形呢？他绝对不是一个价格接受者，所以他不是处在完全竞争情形中。但是，你也不能称他为完全垄断者。虽然他是美食广场中餐的唯一卖家，但他确实面临着来自其他食品摊贩的竞争。

当然，称他为寡头垄断者也是错误的。记住，寡头垄断涉及受某些（尽管是有限的）壁垒保护的行业中少数互相依存企业之间的竞争，而且它们的利润相互依存程度高。由于它们的利润相互依存程度非常高，所以寡头垄断企业有动力进行公开或暗中串谋。但是，列奥的情况是在美食广场有很多供应商，因为太多，暗中串谋不可行。

经济学家将列奥所处的情形称为**垄断竞争**（monopolistic competition）。垄断竞争在像餐饮、加油站等服务行业中特别常见，但也存在于某些制造业中。它具有以下三个条件：大量存在竞争关系的生产者，差异化产品，以及从长期来看行业自由进入和退出。

> **垄断竞争**是一种市场结构，指一个行业有许多相互竞争的生产者，每个生产者都销售一种差异化产品，在长期可自由进入和退出该行业。

在垄断竞争行业，每一个生产者对其差异化产品的价格都有一定的决定能力。但这种能力究竟有多大，受到其面临的来自其他现有的和潜在的企业的竞争的限制，这些企业生产近似但不完全相同的替代品。

□ 9.3.1 企业数量众多

在一个垄断竞争行业中，有很多生产者。这样一个行业看起来并不像垄断，因为垄断企业不会面临竞争，也不像寡头垄断，因为寡头垄断企业只有几个对手。这里的每个卖家都有很多竞争对手。例如，一个大型美食广场有许多企业，沿着一条主要公路有许多加油站，一个受欢迎的海滩度假胜地有许多酒店。

□ 9.3.2 自由进入和退出

从长期来看，在垄断竞争行业中，新的生产者都有自己的独特产品，能自由进入该行业。例如，其他食品摊贩如果认为有利可图，将会在美食广场开设分店。此外，如果他们发现，他们不能弥补其成本，从长期来看，他们将退出该行业。

□ 9.3.3 差异化产品

在垄断竞争行业中，每一个生产者都有消费者认为与其他竞争企业的产品不同的产品；不过，与此同时，消费者认为这些竞争产品是近似的替代品。如果列奥所在的美食广场有 15 家餐饮店销售同类和质量相同的食品，那么就是完全竞争：任何卖家若试图收取更高的价格，将失去所有客户。但是假设美味炒锅是唯一的中餐食品供应商，风靡全球汉堡是唯一的汉堡，等等。这种差异化的结果是每个卖家都有一定的设定自己价格的能力：每个生产者都有一定的市场势力——尽管有限。

产品差异化（product differentiation）——企业试图创造产品是不同的感觉——是垄断竞争企业能够获得一些市场势力的唯一途径。在同行业中的企业，诸如快餐供应商、加油站或巧克力制造商，怎样进行产品差异化？有时候，差异主要在消费者头脑中而不是在产品自身上。在一般情况下，企业差异化它们的产品是通过使它们不同来做到的。（有些让人感到意外吧！）

产品差异化的关键在于消费者有不同的偏好，并愿意为满足那些偏好而花钱。每个生产者都可以通过生产一些比其他企业的产品更好地迎合部分消费者群体的特殊喜好的产品而开拓出一个利基市场。

产品差异化有三种重要形式：通过风格或类型来创造差异化，通过位置来创造差异化，通过质量来创造差异化。

风格或类型差异化　在列奥餐饮店所在的美食广场，卖家提供不同类型的快餐：汉堡包，比萨饼，中餐，墨西哥菜，等等。每个到达美食广场的消费者都会偏好这些产品中的一种。这种偏好可能取决于消费者的心情、饮食习惯或者她那一天已经吃过的东西。这些偏好并不是说消费者对价格漠不关心：如果美味炒锅对一个蛋卷收 15 美元，大家都会去风靡全球汉堡或比萨饼天堂吃饭来代替。但是，如果某种更昂贵的饭更接近有些人的偏好，这些人也可能会选这种类型的食物。因此，不同企业的产品是替代品，但它们并非完全替代品，而是不完全替代品。

> **产品差异化**是企业使买者相信其产品与行业内其他企业的产品不同的一种尝试。

在美食广场的企业都并非按类型区分的产品的唯一销售商。服装店集中销售女装或男装，商务装或休闲装，时尚款式或经典款式，等等。汽车厂家对轿车、小型货车、SUV 和运动型车会给出不同的报价，每种类型都是旨在满足不同的需求和偏好。

书籍是通过类型和风格形成差异化的又一事例。神秘不同于浪漫；在神秘类系列中，我们又可以将其分为硬汉侦探小说、一般侦探小说和警察执法小说等。没有两位作家写的硬汉侦探小说是完全一样的：雷蒙德·钱德勒（Raymond Chandler）和休·格拉夫顿（Sue Grafton）各有自己的忠实书迷。

事实上，差异化产品是大多数消费品所具有的特征。只要人们的偏好不同，生产者就能发现可赚钱的多样化产品。

位置差异化　沿着一条公路开设的加油站可提供差异化的产品。不错，汽油是完全一样的。但是，加油站的位置是不同的，位置对消费者至关重要：当油不多时，靠近你家、你的工作单位或无论你在哪里离你最近的加油站最为方便。

事实上，很多垄断竞争行业供应根据位置来区分的差异化产品。在服务行业尤其如此，干洗店、理发店的客户往往会选择离自己最近的店，而不是最便宜的店。

质量差异化　你是否对巧克力有渴望？你愿意为它花多少钱？你看，这里有巧克力，那里也有巧克力：虽然普通巧克力可能并不太昂贵，花费几美元就可以品尝一块美味的巧克力。

巧克力与许多其他商品一样，可能有不同的品质。你可以以不到 100 美元买一辆可用的自行车，也可以以 10 倍之多的代价得到一辆装饰更豪华的自行车。这一切都取决于你愿意对额外质量付出多少，以及你愿意放弃多少用这笔钱可购买的其他东西。

因为消费者对更高质量愿意支付的价格不同，生产者可以基于质量提供一些差异化产品——对部分人提供低质价廉的产品，对部分人提供高质量、高价格的产品。

因此，产品的差异化可以采取几种形式。不过，不论其形式如何，行业的差异化产品都有两个重要特征：卖家之间的竞争和价值多样性。

1. 卖家之间的竞争指的是差异化产品的卖家提供并非相同的商品，它们在一定程度上是对有限的市场展开竞争。如果更多的企业进入市场，每个企业都会发现以特定价格出售的商品数量是有限的。例如，如果沿着公路新开一家加油站，现有的每个加油站都将少出售一点。

2. 价值多样化指的是消费者从差异化产品的增值中获得的增益。美食广场有 8 家餐饮店比只有 6 家餐饮店能带给消费者更多的快乐，即使价格是一样的，因为这样一来有些客户会得到更接近他们心目中目标的餐饮。一条公路上每2英里设一个加油站比每5英里设一个加油站对驾车者更方便。

当一种产品以多种不同的质量提供时，被迫为他们不需要的质量付出更多或者被迫接受更低质量的人就非常少了。换言之，消费者能从可获产品的更细致分类中受益。垄断竞争不同于到目前为止我们已经研究过的三种市场结构。与完全竞争不一样：垄断竞争企业具有一定的势力来设定价格。与纯粹垄断不同：垄断竞争企业面临一定的竞争压力。与寡头垄断也不一样：因为有很多企业，可自由进入，寡头垄断市场中重要的串谋在这里不会发生。

▶ 真实世界中的经济学

任何颜色都可以，只要是黑色

汽车行业的早期历史提供了产品差异化的作用的经典例证。

现代汽车工业是由亨利·福特（Henry Ford）创建的，他第一个引入了生产装配线。借助于这种技术，他以比其他任何人低得多的价格向人们提供著名的T型车成为可能；到了1920年，福特汽车成为业界领跑者。

福特的战略是只提供一种款式的汽车，实现了生产中的规模经济最大化，但没有顾忌消费者口味的差异。据说他宣称，客户可以获得的T型车为“任何颜色都可以，只要是黑色。”

这一战略受到阿尔弗雷德·P. 斯隆（Alfred P. Sloan）的挑战，他将许多小型汽车公司合并成通用汽车公司。斯隆的战略是提供一系列汽车类型，具有不同的质量和价格。雪佛兰是基本车型，直接挑战T型车，别克则更大、更昂贵，等等，一直到凯迪拉克。而且，对于每个车型，消费者都有几种不同的颜色选择。

到了20世纪30年代，情况已经很清楚了：客户的首选是有不同风格的通用汽车，而不是福特汽车，前者也成了20世纪之后最主要的汽车制造商。

及时复习

● 在垄断竞争市场中，有很多相互竞争的生产者，每个生产者都有一个差异化产品，从长期来看，可自由进入和退出。

● 产品差异化通过三种主要形式来实现：基于风格或类型、基于位置和基于质量。相互竞争的卖家的产品被认为是不完全替代品。

● 生产者会为同一个市场展开竞争，因此，在更多的生产者进入行业后，每个现有的生产者在任何给定价格上的销售数量都会减少。此外，消费者从产品的多样化中获得增益。

小测验 9-3

1. 下列产品及服务中的每一个都是差异化产品。哪些是垄断竞争造成的差异？哪些不是？解释你的答案。

a. 梯子。

b. 软饮料。

c. 百货店。

d. 钢铁。

2. 你必须确定哪两类市场结构较好地描述了一个行业，但是，对一个行业你只能问一个问题。指出对下述行业你应该问什么问题。

a. 完全竞争或垄断竞争。

b. 垄断或垄断竞争。

▶ 解决问题

石油价格的起伏

世界上最著名的卡特尔是欧佩克，即石油输出国组织，这在前面“真实世界中的经济学”专栏中已经介绍过。欧佩克13个成员国的政府每年出口近1万亿美元的石油。最大的生产国是沙特阿拉伯，其年产量占全部年产量的三分之一，是一个关键决策者。这一情形如塞尔玛与露易丝面临的囚徒困境，但现在的参与人是沙特阿拉伯和其他欧佩克成员国。

博弈参与人沙特阿拉伯与其他欧佩克成员国必须共同决定是维持产量不变还是增加产量。

- 如果双方选择维持产量不变，石油价格与每个国家石油出口的总价值将维持不变。
- 如果一方增加产量，石油价格将下降。
- 如果任何一方独立增加产量，其出口价值将增加，但如果双方都增加产量，出口总价值将下降。

下面的收益矩阵表现了双方可采取的行动以及行动对双方造成的后果（表示为每年石油出口的总价值）。找出沙特阿拉伯与其他欧佩克成员国的占优策略、纳什（非合作）均衡与暗中串谋的结果各是什么。

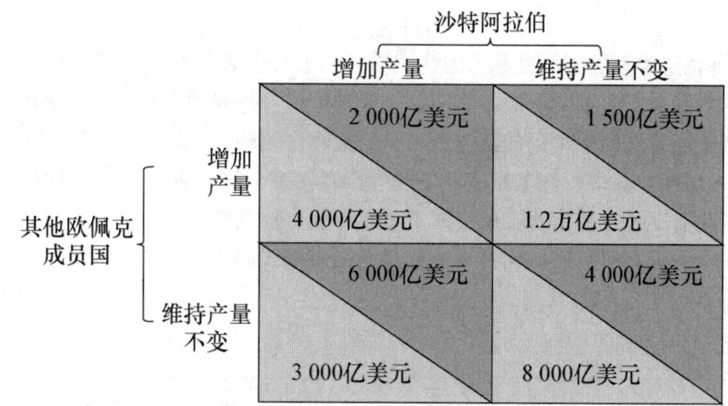

步骤1：写出沙特阿拉伯的占优策略和其他欧佩克成员国的占优策略。

就本例而言，博弈双方的占优策略总是增加产量。不论其他欧佩克成员国选择什么策略，增加产量对沙特阿拉伯来说总是会使境况变得更好。请参看收益矩阵，我们可以看出，如果其他欧佩克成员国选择维持产量不变，沙特阿拉伯增加产量会使总出口增加到6 000亿美元，这样好于维持产量不变情况下的4 000亿美元。如果其他欧佩克成员国选择增加产量，沙特阿拉伯增加产量可弥补一些损失，可获得2 000亿美元，而不是1 500亿美元。因为其他欧佩克成员国面对与沙特阿拉伯相同的激励情形，增加产量符合其最佳利益。

步骤2：找出非合作均衡或纳什均衡。确定沙特阿拉伯和其他欧佩克成员国选择增加产量还是减少产量。

当沙特阿拉伯和其他欧佩克成员国增加产量时会出现非合作（纳什）均衡。沙特阿拉伯出口2 000亿美元的石油，其他欧佩克成员国出口4 000亿美元的石油。在这种情况下，双方都是按照占优策略行事。尽管双方的境况都变差了，但双方都没有动力改变行动，所以是囚徒困境。

步骤3：解释如果沙特阿拉伯和其他欧佩克成员国进行重复博弈并采取针锋相对策略会出现什么结果。

在现实中，沙特阿拉伯和其他欧佩克成员国进行重复博弈。它们面临的情形是它们必须选择未来许多年的产量。如果沙特阿拉伯带头维持产量不变并采取针锋相对策略，其他欧佩克成员国也将选择维持产量不变。在这种情况下，双方进行暗中共谋，这会导致更理想的结果。使用这种策略，沙特阿拉伯将出口4 000亿美元的石油，而其他欧佩克成员国则出口8 000亿美元的石油。重复博弈将持续到一方试图欺骗另一方并增加产量。

小结

1. 许多寡头垄断行业只有少数几个卖家。特别是，双头垄断行业只有两个卖家。寡头垄断与垄断存在的原因大致相同，只是形式上弱一些。它们的特征是不完全竞争：企业间有竞争但拥有市场势力。

2. 预测寡头垄断企业的行为时会面临一些谜团。寡头垄断企业通过组成卡特尔可以最大化其联合利润，为每一个企业确定产出水平，就像它们是一个垄断企业；在某种程度上，企业想努力做到这一点，它们进行串谋。但每个企业有动机生产比这样一种安排更多的产量，它们实际上采取的是非合作行为。

3. 为了限制寡头垄断企业串谋从而像垄断企业一样行动，大多数政府奉行的反垄断政策旨在使串谋更加困难。然而，在实践中，普遍存在暗中串谋的现象。

4. 许多因素使得暗中串谋较为困难：企业数量众多，复杂的产品及其定价，利益差异，买家的讨价还价能力。在暗中串谋瓦解后会出现价格战。

5. 在相互依存情形下，每个企业的利润明显都要受到其他企业的影响，这就是博弈论的主题。在有两个参与人的博弈中，每个参与人的收益既取决于自己的行动，也受到另一个参与人行动的影响，这种相互依存关系可以表示为一个收益矩阵。根据收益矩阵的收益结构，一个参与人可能有占优策略——不管其他参与人采取什么行动，对自己来说都是最好的一种行动。

6. 双头垄断面临的一种特定类型的博弈被称为囚徒困境；如果每个参与人都只是从自己的利益出发独立行动，由此实现的纳什均衡或非合作均衡对双方都无好处。然而，企业希望进行重复博弈时往往会采取策略行为，即努力影响对方未来行动的行为。一种似乎能维持暗中串谋的具体策略是针锋相对策略。

7. 垄断竞争是一种市场结构，其中有许多相互竞争的生产者，每个生产者都生产一种差异化产品，从长期来看可自由进入和退出。产品差异化有三种主要形式：风格或类型差异化，位置差异化，质量差异化。相互竞争的卖家的产品被认为是不完全替代品，每个企业都有自己的向右下方倾斜的需求曲线和边际收益曲线。

关键词

寡头垄断	寡头垄断企业	不完全竞争	双头垄断	双头垄断企业	串谋
卡特尔	非合作行为	反垄断政策	暗中串谋	价格战	相互依存
博弈论	收益	收益矩阵	囚徒困境	占优策略	纳什均衡
非合作均衡	策略行为	针锋相对	垄断竞争	产品差异化	

练习题

1. 下表为维生素D的需求表。假设生产维生素D的边际成本为零。

维生素D的价格（美元/吨）	维生素D的需求量（吨）
8	0
7	10
6	20
5	30
4	40
3	50
2	60
1	70

a. 假设巴斯夫公司是维生素D的唯一生产商，按垄断企业行事。目前生产40吨维生素D，价格为每吨4美元。如果巴斯夫公司多生产10吨，对巴斯夫公司来说价格效应为多少？数量效应为多少？巴斯夫公司愿意额外生产这10吨吗？

b. 现在假设罗氏公司进入市场，也生产维生素D，市场现在是双头垄断。巴斯夫公司和罗氏公司同意生产40吨维生素D，每家生产20吨。如果巴斯夫公司不遵守协议，罗氏公司不能处罚它。如果巴斯夫公司独自偏离该协议，多生产10

吨，对巴斯夫公司来说价格效应是多少？对巴斯夫公司来说数量效应是多少？巴斯夫公司愿意额外生产这10吨吗？

2. 纽约市的橄榄油市场由两个家族企业Sopranos和Contraltos控制。两个家族将无情地铲除任何试图进入纽约橄榄油市场的其他家族企业。橄榄油生产的边际成本是固定不变的，等于每加仑40美元。没有固定成本。下表给出了橄榄油的市场需求表。

橄榄油的价格（美元/加仑）	橄榄油的需求量（加仑）
100	1 000
90	1 500
80	2 000
70	2 500
60	3 000
50	3 500
40	4 000
30	4 500
20	5 000
10	5 500

a. 假设Sopranos和Contraltos组成了一个卡特尔。根据表中给出的数量，计算在每一产量水平上它们组成卡特尔的总收益和每增加1加仑的边际收益。卡特尔将销售多少加仑橄榄油？销售价格为多少？两个企业平分市场份额（每个企业生产卡特尔的总产量的一半）。每个企业的利润为多少？

b. Sopranos的主管Junior叔叔决定不遵守协议，比卡特尔协议数量多销售了500加仑橄榄油。假设Contraltos遵守协议，这会怎样影响橄榄油的价格和每个企业的利润？

c. Anthony Contralto是的Contraltos的主管，决定惩罚Junior叔叔，也增加500加仑的销售。现在每个企业赚取多少利润？

3. 法国瓶装水市场由两家大型公司毕雷公司和依云公司控制。每家公司的固定成本都为100欧元，每升瓶装水的边际成本为常数2欧元。下表所示为法国瓶装水的市场需求表。

瓶装水的价格（欧元/升）	瓶装水的需求量（百万升）
10	0
9	1
8	2
7	3
6	4
5	5
4	6
3	7
2	8
1	9

a. 假设两家公司组成了一个卡特尔，按垄断企业行事。计算卡特尔的边际收益。垄断价格和产量是多少？假设两家公司平分产量，每家公司各自生产多少？每家公司的利润是多少？

b. 现在假设毕雷公司决定增加100万升产量。依云公司产量不变。新的市场价格和产量是多少？毕雷公司的利润是多少？依云公司的利润是多少？

c. 如果毕雷公司增加300万升产量呢？依云公司产量不变。产量和利润相对于第b问怎样变化？

d. 你的计算结果告诉你此类协议存在欺骗的可能性吗？

4. 在过去40年中，欧佩克成功达成卡特尔协议并维持下来。解释如下因素怎样使得达成或维持价格和产量协议较为困难。

a. 非欧佩克成员国在墨西哥湾和北海发现了新的油田并增加了开采量。

b. 不同的原油含硫量不同，低含硫量的产品炼化出汽油的成本相对较低。不同的欧佩克成员国石油的含硫量存在差异。

c. 混合动力汽车已经开发成功。

5. 假设你是一名为司法部反垄断部门工作的经济学家。在下列每种情况下，你的任务是确定这些行为是反垄断调查部门可能调查的违法行为，还是仅仅是一种不太好但不违法的暗中串谋事例。请解释你的推理。

a. 两家公司主导工业激光行业。几个人是这两家公司的董事会成员。

b. 三家银行占据了该州银行业务的主要部分。它们的利润在最近大幅上升，因为它们增加了对客户交易的收费。不同银行的广告竞争非常激烈，很多新的地方分支机构如雨后春笋般出现。

c. 两家石油公司在美国西部生产了大部分石油，但决定放弃各自铺设管道而是分享共同的管道，这也是将石油产品运输到市场的唯一手段。

d. 两家主导草药补充剂市场的公司都创建了一家子公司，大量出售与母公司相同的产品，但使用更通用的名称。

e. 两家最大的信用卡公司 Passport 和 OmniCard 要求所有零售商都接受它们的信用卡，但限制使用它们的竞争对手的信用卡。

6. 为保护北大西洋鱼类资源，只有两个捕鱼船队——一个来自美国，另一个来自欧盟——可以在这些水域捕鱼。假设这个渔业协议失效，因此两个捕鱼船队各自行动。假设美国和欧盟都可以派出 1～2 个船队。在该地区，派出的船队越多，捕鱼总量就越多，但每个船队的捕鱼量都会减少。下面的矩阵为每一方每周获得的利润（美元）。

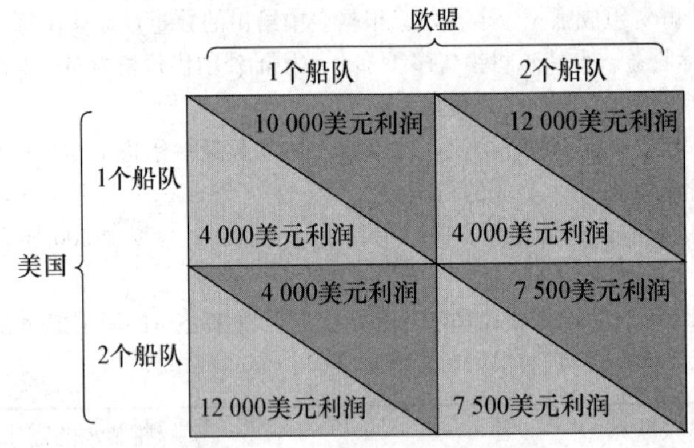

a. 非合作纳什均衡是什么？每一方派出 1 个还是 2 个船队？

b. 假设鱼类资源接近枯竭。每个地区都为未来考虑，签订针锋相对协议，只要另一方派出 1 个船队，另一方也这样做。如果违反了协议，一方派出 2 个船队，另一方也将派出 2 个船队，直到其竞争对手改变为只派出 1 个船队。如果双方采用针锋相对策略，每一方每周的利润为多少？

7. 自由航空和你我航空是 Collegeville 和 Bigtown 之间仅有的两家航空公司。也就是说，它们是双头垄断经营。每家航空公司都既可出售高价机票也可出售低价机票。下面的矩阵显示了对应两家航空公司的每一选择，它们所得到的收益即每个座位带来的利润（美元）。

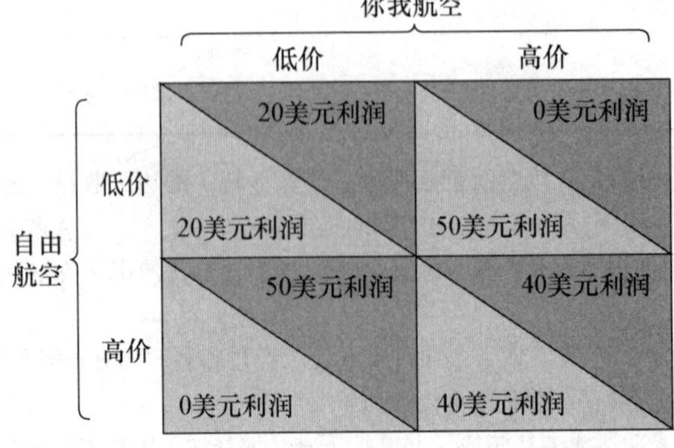

a. 假设两家航空公司进行单次博弈，即它们只相互作用一次，此后再无相互作用。单次博弈的纳什（非合作）均衡是什么？

b. 现在假设两家航空公司进行两次博弈。假设每家航空公司都可以选择两种策略之一：选择一直收取低价策略；选择针锋相对策略——在第一个时期收取高价，然后在第二个时期选择另一家航空公司在第一个时期选择的策略。写出自由航空以下四种可能性的收益：

i. 当你我航空总是收取低价时，自由航空也总是收取低价。

ii. 当你我航空总是选择针锋相对策略时，自由航空总是收取低价。

iii. 当你我航空总是收取低价时，自由航空总是选择针锋相对策略。

iv. 两家公司都采用针锋相对策略。

8. 假设可口可乐和百事可乐是仅有的两个可乐饮料生产商，即双头垄断企业。两家公司的边际成本都为零，固定成本都为 100 000 美元。

a. 首先假设消费者认为可口可乐和百事可乐是完全替代品。目前售价都为每听 0.20 美元，在这一价格上每家公司每天都销售 400 万听。

i. 百事可乐的利润为多少？

ii. 如果百事可乐将价格提高到每听 0.30 美元，可口可乐不回应，百事可乐的利润会发生什么变化？

b. 现在假设两家公司通过广告与其他公司的产品进行区分。由此，百事可乐意识到，如果它提高或降低价格，它将出售更少或更多的产品，下表为需求表。

百事可乐的价格（美元/听）	百事可乐的需求量（百万听）
0.10	5
0.20	4
0.30	3
0.40	2
0.50	1

如果百事可乐现在将价格提高到 0.30 美元，其利润将会发生什么变化？

c. 比较你给出的第 a（i）问和第 b 问的答案，百事可乐公司愿意支出的广告费最高为多少？

9. 菲利普·莫里斯公司和雷诺兹烟草公司每年都花费大量的金钱来宣传它们的烟草产品，试图争取各自的客户。假设每年菲利普·莫里斯公司、雷诺兹烟草公司都必须决定是否花钱做广告。如果两家公司都不做广告，每家都将获得 200 万美元利润。如果它们都做广告，每家都将获得 150 万美元利润。如果一家公司做广告，另一家不做，做广告的公司将获得 280 万美元利润，另一家将获得 100 万美元利润。

a. 写出这个问题的收益矩阵。

b. 假设菲利普·莫里斯公司、雷诺兹烟草公司可以签订一个关于它们将怎么做的可强制执行合约。这个博弈的合作解是什么？

c. 没有可强制执行合约的纳什均衡是什么？解释为什么是这样一个可能的结果。

10. 根据正文中所讨论的垄断竞争市场的三个条件判断下述企业是否可能作为垄断竞争企业运营。如果不是垄断竞争企业，它们是垄断企业、寡头垄断企业还是完全竞争企业？

a. 服务于本地婚礼、聚会等活动的乐队。

b. 美汁源，某盒装果汁生产商。

c. 你家附近的干洗店。

d. 一个种植大豆的农场主。

11. 你正在考虑开设一家咖啡馆。咖啡馆的市场结构是垄断竞争。你所在的城市已经开设了三家星巴克咖啡馆和另外两家与星巴克非常相似的咖啡馆。为了拥有市场势力，你可能想差异化你的咖啡馆。考虑实现产品差异化的三种方式，解释你如何决定是应该复制星巴克，还是应该以一种完全不同的方式销售咖啡。

在线回答问题

12. 我们重新审视第 6 题中为保护北大西洋鱼类资源而引入的渔业协议，只有两个捕鱼船队——一个来自美国，另一个来自欧盟——可以在这些水域捕鱼。下表为每周对这些水域的鱼的市场需求。唯一的成本是固定成本，所以捕鱼船队想通过最大化收益来最大化利润。

鱼价（美元/磅）	鱼的需求量（磅）
17	1 800
16	2 000
15	2 100
14	2 200
12	2 300

a. 如果两个捕鱼船队串谋，北大西洋渔业收益最大化的产量为多少？每磅鱼的价格为多少？

b. 如果两个捕鱼船队串谋，平等共享产量，欧盟船队的收益是多少？美国船队的收益是多少？

c. 假设欧盟进行欺骗而扩大自己的捕捞量，每周多捕 100 磅，但美国船队并没有改变其捕捞量。美国船队的收益是多少？欧盟船队的收益是多少？

d. 为了报复欧盟的欺骗行为，美国船队扩大捕捞量，每周增加 100 磅。美国船队的收益是多少？欧盟船队的收益是多少？

▶ **企业案例**

亚马逊与阿歇特之间的商战

2014 年 5 月，美国第三大图书零售商亚马逊与第四大图书出版商阿歇特之间爆发了全面的战争。亚马逊突然花了几个星期来提供阿歇特出版物（纸质图书和电子书），其中包括阿歇特的畅销书，同时也向购书者提供非阿歇特图书作为替代建议。此外，即将上市的阿歇特图书——包括因哈利·波特成名的 J. K. 罗琳（J. K. Rowling）的书——与许多其他阿歇特图书一起从亚马逊网站消失了。而在其竞争对手其他图书零售商如 barnesandnoble.com 那里，上述各类书籍一应俱全，往往价格也较低。

所有的出版商都会向零售商支付销售价格的一定份额。引起上述不友善行动的原因是亚马逊要求阿歇特将亚马逊的份额从 30%提高到 50%。这是一个似曾相识的故事：在年度合同谈判中，亚马逊要求的比例越来越大。如果不签署协议，亚马逊公司不会销售出版商的图书，旷日持久的争执和造成的销售损失成了出版商的灾难。然而，这一次，阿歇特拒绝让步，并公开了亚马逊的要求。

亚马逊声称，出版商可从其所获利润中多支付一些——电子书的大约 75%、平装书的 60%、精装书的 40%。事实上，亚马逊公开承认，其长期目标是干脆取代出版商，直接与作者本人进行接洽。而且，它已经获得一些作者的支持，后者已经拒绝传统的出版商，而通过亚马逊直接将书出售给读者。但是，出版社反驳说，亚马逊的计算忽略了编辑、市场营销、广告的支出，而且有时要支持一些苦苦奋斗的作家，直到他们成功。出版商声称，亚马逊最终会破坏整个图书行业。

与此同时，亚马逊也面临其他问题。2014 年 7 月，该公司宣布，它在上一季度亏损了 8 亿美元。亚马逊在成长的 20 年中从未盈利，投资者也越来越失去信心。

亚马逊与美国作者工会（Authors United）进行了一场持续数月的公关战，后者是由 900 多位畅销书作者组成的组织，他们抗议"书籍销售商不应该阻止书籍出售或者以其他方式阻止读者订购或得到他们想要的书籍"。该组织的领导者道格拉斯·普雷斯顿（Douglas Preston）是阿歇特的一名出版畅销惊悚书的作者，他发现，在冲突开始后，他的书的销量下降了超过 60%。普雷斯顿认为，他的作品的成功支持着他舒适的生活方式，如果亚马逊决定不再出售他的书，"这一切就都消失了。"

2014 年 11 月，阿歇特和亚马逊达成了和解，结束了这场争端。阿歇特赢得了为它的电子书设定价格的权利。尽管亚马逊得到的比它希望的少，并且其名誉受损，但它保持了它强有力的地位。亚马逊仍然控制着几乎一半的图书业务，而且它已经显示了使用自己的市场势力影响销售的意愿。

思考题

1. 这个行业剩余的来源是什么？由谁创造？各代理人（作者、出版商和零售商）之间是如何进行分配的？
2. 在本例中市场势力的各种来源是什么？各方面对的风险是什么？

▶ 企业案例

维珍航空公司揭发还是打击?

英国有两家经营长途航运(经营各大洲之间的飞行业务)的航空公司:英国航空公司(British Airways)和它的竞争对手维珍航空公司(Virgin Atlantic)。尽管英国航空公司占主导地位,占据从伦敦到美国不同城市之间航线的市场份额的50%~100%,但维珍航空公司是一个顽强的竞争对手。

两者之间的竞争已经从原先相对和平走向公开恶斗。在20世纪90年代,英国航空公司在被指控通过"肮脏把戏"欲将维珍航空公司挤出行业的官司中败北。然而,在2010年4月,英国航空公司想知道是否有可能翻案。

这一切都始于2004年石油价格不断上涨之际。英国检方称,两家航空公司曾计划向乘客征收燃油附加费。在接下来的2年里,检察官声称,两个竞争对手建立了一个卡特尔组织,协调增加燃油附加费事宜。当石油价格约为每桶38美元时,英国航空公司首次对长途飞行引入5英镑(8.25美元)的附加费。到2006年,当石油价格约为每桶69美元时,附加费为70英镑(115美元)。与此同时,维珍航空公司也征收70英镑的费用。这些附加费的上涨在几天之内推出。

最终,三名维珍航空公司高管决定揭发以换取豁免权。英国航空公司立即暂停被怀疑高管的职务,并向美国和英国当局支付了近5亿美元的罚款。2010年,四名英国航空公司高管被英国当局起诉涉嫌参与串谋。

这些高管的律师辩称,尽管两家航空公司交换过信息,但这并非犯有串谋罪的证据。事实上,他们认为,维珍航空公司是如此害怕美国监管机构,在确认犯罪行为之前就已认罪以作为防御。其中一个辩护律师认为,因为美国法律对反竞争行为的惩罚比英国更严格,公司可能不得不告发来避免调查:"如果你不首先认罪,你无法得到豁免。保护自己的唯一方法就是向当局认罪,即使你没有做任何事情。"结果是,维珍航空公司的高管在美国和英国得到了被起诉(和可能被判多年监禁的)豁免。

在2011年晚些时候,案件出现了令维珍航空公司和英国当局震惊的结果。在判决所引用的维珍航空公司的邮件被迫交给法院后,法官发现指控两家航空公司之间串谋的证据不足。法院被激怒,威胁解除对三名维珍航空公司高管的豁免。

思考题

1. 解释为什么维珍航空公司和英国航空公司可能会串谋来应对油价上升。这样的市场有利于串谋吗?
2. 你如何确定是否真的发生了违法行为?除非法行为外,可以用什么来解释这些事件?
3. 解释两家航空公司以及各自的高管面临的困境。

第 10 章

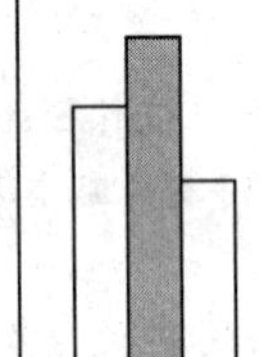

外部性与公共产品

本章将学习

➢ 什么是外部性，为什么外部性会导致非效率和政府对市场的干预。

➢ 正外部性、负外部性和网络外部性之间的区别。

➢ 科斯定理的重要性。该定理解释了在某些情形下个体怎样消除外部性。

➢ 为什么一些解决外部性的政府政策如排放税、可交易排放许可证和庇古补贴是有效的，而环境标准等其他政策则没有作用。

➢ 私人物品与公共产品的区别，前者是指一种可以通过市场实现有效供给的商品，后者则是市场不能提供的商品。

☞ **开篇案例**

奇 臭

到 19 世纪中期，伦敦已成为世界上最大的城市，拥有近 250 万居民。遗憾的是，这么多人也产生了大量的废物——除了倒入流经城市的泰晤士河，没有地方处理这些废物。嗅觉正常的人不会无视这种现状。河水不只是臭气熏天，还携带危险的水源性疾病如霍乱和伤寒。靠近泰晤士河的伦敦街区源于霍乱的死亡率是离得最远的居民区的七倍多。绝大多数伦敦人的饮用水也取自泰晤士河。

1858 年炎热的夏季带来了后来被称为“奇臭”的现象，情况如此糟糕，一份健康杂志这样报道：“人们为恶臭所击倒。”即使有特权的人和重要人物也无法幸免：议员们就在河旁边的大厦里开会。试图用浸泡过化学药品的窗帘来阻止气味的努力失败后，议会终于批准了建设由下水道和泵站直接将污水送出城市的巨大系统的计划。该计划于 1865 年开始实施，城市的生活质量得到显著改善。

通过将废水排入泰晤士河，个体给所有伦敦居民施加了成本。当个体给他人施加了成本或者带来了好处而没有动力考虑这些成本或好处时，经济学家称之为产生了外部性。

在本章，我们将介绍关于外部性的经济学，我们将知道外部性怎样影响经济效率、导致市场失灵，以及为什么它们为政府干预提供了理由。同时这种分析还可以用于指导政府政策。

奇臭的故事和随后的应对政策说明了政府干预经济的两个重要原因。伦敦新的污水处理系统是一种公共产品——一种无论人们是否付出，都为多人带来好处的商品，为任何个人带来的好处不受有多少其他人也能从中受益的影响。我们将会看到，公共产品与我们到目前为止学习的私人物品有很大的不同，这些不同点意味着公共产品不能由市场有效地提供。

10.1 外部性

污染的环境成本最为著名也最为重要的例子是**外部成本**（external cost）——个人或企业强加给其他人或企业的没有做出补偿的成本。在现代经济中，一些个人或企业强加给其他人或企业的外部成本的例子有很多。一个非常熟悉的外部成本事例是交通拥堵：一个在高峰时段选择开车的人增加了拥堵，但不会顾及给他人带来的不便。

稍后，我们将在本章中举出**外部得益**（external benefits，也称外部收益）的例子，指个人或企业给其他人或企业带来的并没有得到补偿的好处。

外部成本和外部得益合在一起被称为**外部性**（externalities），外部成本被称为**负外部性**（negative externalities），外部得益被称为**正外部性**（positive externalities）。外部性使得私人决策（个人或企业的决策）从社会总体来看并非最优的。下面我们看一下为什么。

> **外部成本**是个人或企业强加给其他人或企业的没有做出补偿的成本。
>
> **外部得益**是个人或企业给其他人或企业带来的并没有得到补偿的好处。
>
> 外部成本与外部得益合在一起被称为**外部性**。外部成本被称为**负外部性**，外部得益被称为**正外部性**。

▶ 追根究底

边开车，边发短信，边聊天

为什么我们前面的司机开车开得那么不正常？是司机喝醉了吗？没有。司机正在打电话或发短信呢！

交通安全专家认为，开车时使用手机是非常危险的行为：最近的一项研究发现，这种类型的分心造成的驾驶事故上升了六倍。

一项估计表明，开车时通话造成每年 3 000 起以上的交通死亡事故。使用免提、声控设备拨打电话似乎并没有多大帮助，因为主要的危险是分心。正如一位交通咨询顾问所言，"这不是因为您的眼睛，而是因为你的头。"

国家安全委员会敦促人们开车时不要使用手机。大多数国家对开车时使用手机有一些限制。为应对越来越多的交通事故，一些国家已完全禁止开车时使用手机。在 43 个州和哥伦比亚特区，开车时发短信是违法的。在许多国家开车时使用手机也是违法的，如日本和以色列。

为什么不把决定权留给开车人？因为开车使用手机的风险不止涉及驾驶员，也事关其他人——同车的其他人、行人、其他车上的人——的安危。虽然你认为开车时使用手机带给你的好处超过了成本，但你并没有考虑到带给其他人的成本。换言之，开车时使用手机会产生严重的——有时是致命的——负外部性。

□ 10.1.1 污染：外部成本

污染是坏事。然而，大多数污染是为我们提供好东西的行为所引起的副作用：空气被为我们提供城市照明电力的发电厂污染；河流被从种植我们所需要的粮食的农场冲出的化肥污染；地下水可能被水力压裂法污染，使用这种方法能生产燃烧更清洁的燃料。

为什么我们不应该为美好生活接受一定的污染呢？实际上，我们这样做了。即使是高度致力于环保的人，也不会认为我们可以或应该完全消除污染——甚至一个有环保意识的社会应该接受一些污染作为生产有用产品和服务所付出的代价。环境保护主义者所关心的是，除非有强而有效的环境政策，否则我们的社会会产生太多的污染——坏的事情太多。绝大多数经济学家认同这一点。

要知道为什么，我们需要一个框架，让我们思考一个社会应该有多少污染。然后，我们就可以明白为什么市场经济留给自己的污染比应有的数量要多。我们将采用研究该问题最简单的框架——假定由污染者造成的污染数量可以直接观察到并可进行控制。

□ 10.1.2 社会最优污染数量

社会应该允许多大程度的污染？我们在第 7 章学习了，“多少”的决策总是涉及比较增加一单位某物带来的边际收益与提供该单位的边际成本。分析污染时同样如此。

污染的边际社会成本（marginal social cost of pollution）是指污染增加一单位强加给整个社会的额外成本。

例如，燃煤发电厂排放的二氧化硫与雨水混合会形成酸雨，损害渔业、农作物和森林，而地下水污染——这可能是压裂的副作用——会损害健康。通常情况下，污染的边际社会成本是递增的，每单位污染引起的损害要高于此前的一单位。这是因为大自然自身通常能安全地处理低水平的污染，但在污染达到更高的水平后，造成的伤害就越来越大。

污染的边际社会收益（marginal social benefit of pollution）是增加一单位污染带给社会的利益。这似乎是一个令人困惑的概念，社会从污染中会得到什么好处吗？答案在于理解污染可以减轻，但需付出代价。例如，燃煤发电厂可以通过使用更加昂贵的煤和昂贵的洗涤技术来减少空气污染；水力压裂造成的饮用水污染可以通过使用投入更多的钻井技术来限制；污染河流和海洋的废水可以通过建设污水处理设施来减少。

所有这些减少污染的方法都有机会成本。也就是说，避免污染要用到生产其他产品和服务的稀缺资源。因此，如果能多容忍一单位污染，污染的边际社会收益是社会本来可得到的产品和服务。

富国和穷国可容忍的污染水平对比说明了边际社会福利水平在决定一个社会愿意忍受的污染程度上的重要性。与富国相比，因为穷国减少污染所花费资源的机会成本更高，所以，它们也能容忍更高程度的污染。例如，世界卫生组织估计，在穷国，有 350 万人的死因是呼吸了使用肮脏燃料所造成的室内污浊空气（如使用木材、粪便和煤来加热和烹饪的情况），而富国的居民能够承受避免这种死亡而增加的成本。

> **污染的边际社会成本**是指污染增加一单位强加给整个社会的额外成本。
>
> **污染的边际社会收益**是增加一单位污染带给社会的额外增益。
>
> **社会最优污染数量**是充分考虑了污染的所有社会成本和社会收益后社会选择的污染数量。

图 10－1 显示了如何使用假设数字来确定**社会最优污染数量**（socially optimal

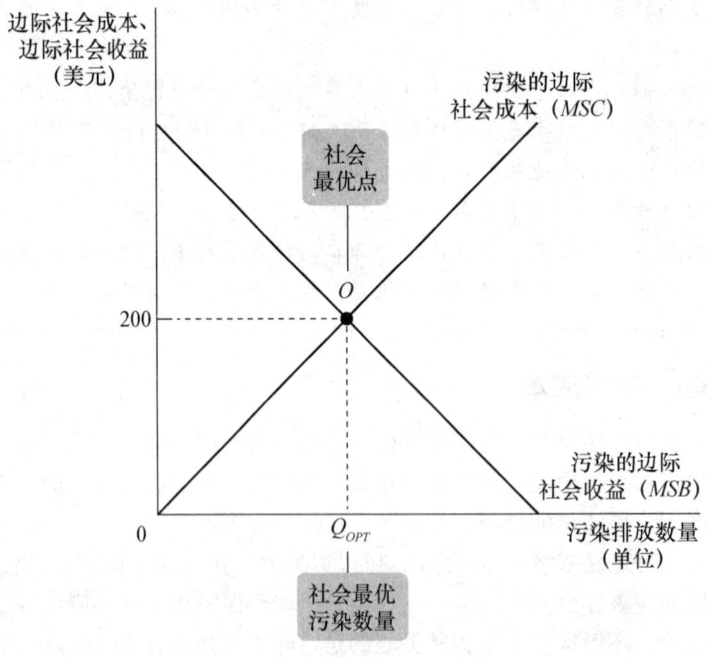

图 10－1　社会最优污染数量

污染也会产生成本和收益。图中，曲线 *MSC* 表示边际社会成本，是社会整体增加排放一单位污染的成本。曲线 *MSC* 向上倾斜，所以边际社会成本随着污染的增加而提高。曲线 *MSB* 表示边际社会收益，是社会整体增加一单位污染排放带来的社会收益，曲线 *MSB* 向下倾斜，所以边际社会收益随着污染的增加而下降。污染的社会最优数量为 Q_{OPT}；在这一数量水平，污染的边际社会收益等于边际社会成本，为 200 美元。

quantity of pollution）——充分考虑所有社会成本和社会收益后社会选择的污染数量。边际社会成本曲线 *MSC* 是向上倾斜的，表示每增加一单位污染，边际社会成本如何随着污染数量的变化而变化。正如我们所提到的，污染的边际社会成本通常是递增的，因为增加的一单位污染比此前一单位造成的伤害要大。边际社会收益曲线 *MSB* 是向下倾斜的。当污染处在高水平时，减少污染的成本相对较小。然而，随着污染水平的下降，需要使用更昂贵的工艺才能进一步继续降低污染，因此 *MSB* 在低污染水平上会更高。

本例中社会污染的最优数量并非为零，而是 Q_{OPT}。对应于 *O* 点的数量，是 *MSB* 穿过 *MSC* 的点。在 Q_{OPT} 处，增加一单位污染带来的边际社会收益与污染的边际社会成本都为 200 美元。

但市场经济自身能达至污染的社会最优数量吗？并不会。

□ 10.1.3 为什么市场经济会导致污染过多?

虽然污染有社会收益，但也会有代价，在没有政府干预的市场经济中，会产生过多的污染。在这种情况下，污染者自身——如电厂或天然气钻井公司的所有者——决定着污染的水平。他们没有动力考虑污染对他人造成的成本。

图 10－2 为谁获得好处、谁支付成本之间的这种不对称结果。在没有政府干预的市场经济中，因为污染者是唯一的决策者，当选择产生多少污染时，只考虑污染的好处。因此，产生的污染数量一定不是社会最优数量 Q_{OPT}，而是市场经济产生的数量 Q_{MKT}。在 Q_{MKT} 水平，增加一单位污染的边际社会收益为零，而增加一单位污染的边际社会成本大大高于 400 美元。

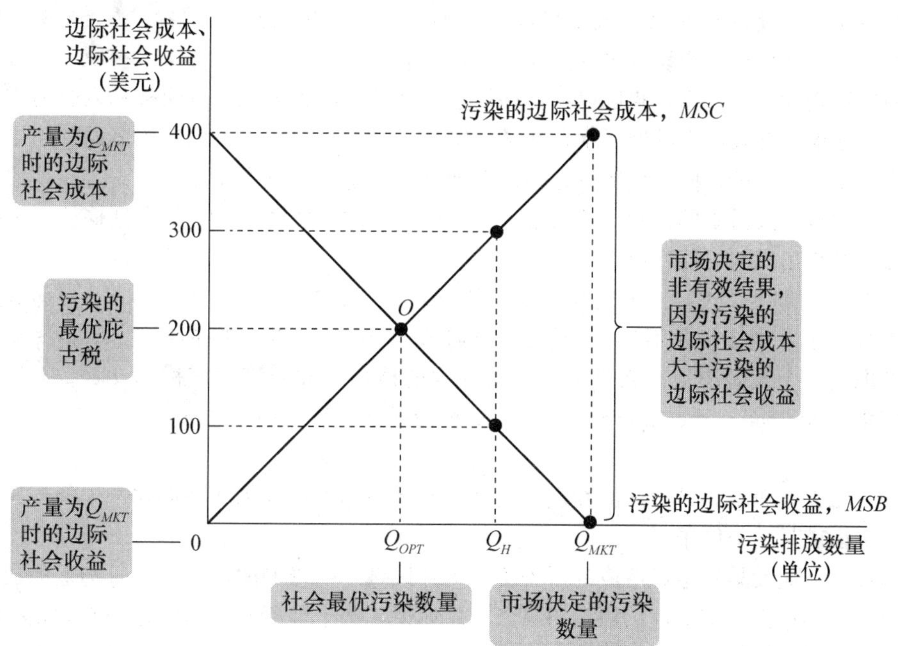

图 10－2　为什么市场经济会产生过多的污染

在没有政府干预时，污染量将为 Q_{MKT}，即污染的边际社会收益为零时的水平。这是污染的非有效数量：边际社会成本 400 美元大大超过了边际社会收益 0 美元。最优庇古税* 为 200 美元，即污染的边际社会收益等于污染的边际社会成本时的价值，这可以将市场移动到社会最优污染数量 Q_{OPT} 的水平。

* 庇古税将在下一节治理污染的政策中介绍。

为什么？我们花一点时间来考虑一下污染者发现自己造成的污染为 Q_{OPT} 时会做什么。请记住，*MSB* 曲线代表容忍一单位污染所能节省的资源。污染者会注意到，如果他排放的污染沿着 *MSB* 曲线从 Q_{OPT} 向下移动到 Q_H，他将获益 200 美元－100 美元＝100 美元，这 100 美元收益来自使用成本较低、排放数量较多的生产技术。请注意，他得到这些没有承担成本——别人承担了成本。然而，事情并没有结束。他注意到，在 Q_H 排放水平，如果将排放从 Q_H 增加到 Q_{MKT}，他可沿着 *MSB* 曲线再次向下移动，另外获得 100 美元。他得到这些使用的是更廉价但排放数量更多的生产技术。他将在 Q_{MKT} 停止，因为在这一排放水平，一单位污染的边际社会收益为零。也就是说，在 Q_{MKT} 排放水平，他使用更廉价但排放更多的污染生产工艺没有什么收获。

市场结果 Q_{MKT} 是非有效的。回想一下，说一个结果非有效，是指有人的境况可以变好而他人的境况不会变差的状态。一个非有效的结果意味着互利的交易没有发生。在 Q_{MKT} 处，最后一单位污染带给污染者的好处是非常少的，几乎为零。但是，最后一单位污染的社会成本相当高，为 400 美元。因此，在污染数量为 Q_{MKT} 时，减少一单位污染，污染的总社会成本减少 400 美元，但总社会收益的减少几乎为零。

因此，如果在 Q_{MKT} 处减少一单位污染，总剩余将增加 400 美元。在 Q_{MKT} 处，社会将愿意向污染者支付最多达 400 美元来减少最后一单位污染，污染者也愿意接受，因为他在最后一单位污染上几乎没有获益。因为在市场经济中没有办法促成这一交易，因此出现了非效率的结果。

□ 10.1.4 外部性的私人解决方案

正如我们刚刚看到的，市场经济的外部性导致非效率：互利的交易被错过。那么，在没有政府干预的情况下，私人部门可以解决外部性问题吗？个人能够从自身利益出发进行这种交易吗？

在 1960 年发表的一篇有影响力的文章中，诺贝尔经济学奖得主、经济学家罗纳德·科斯（Ronald Coase）指出，在一个理想的世界中，私人部门确实可以解决由外部性导致的非效率问题。根据**科斯定理**（Coase theorem），即使在一个存在外部性的经济中，只要进行交易的成本足够低，也总是可以找到有效的解决方案。进行交易的成本被称为**交易成本**（transaction costs）。

> 根据**科斯定理**，即使在一个存在外部性的经济中，只要**交易成本**足够低，也总是可以找到有效的解决方案。

为了理解科斯定理为什么成立，我们以因钻探而造成地下水污染为例。有两种私人交易方式可以解决这个问题。首先，当土地所有人所有的地下水存在被污染的风险时，他可以资助钻探公司使用更昂贵、污染更低的技术。其次，钻探公司可以向土地所有人赔偿对地下水源造成的危害，比如，直接收购地产来转换所有人。如果钻探公司拥有合法污染的权利，那么第一个结果出现的可能性更大。如果钻探公司不拥有污染的合法权，那么第二个结果出现的可能性更大。

科斯认为，无论是哪种方式，如果交易成本足够低，那么钻探公司和土地所有人都可以进行一个互利交易。不论该交易如何构造，污染的社会成本在决策时都已经被考虑到。个人做决策时将外部性考虑在内的情形，被经济学家称为**外部性的内部化**（internalize the externality）。在这种情况下，没有政府干预，结果仍然有效。

> **外部性的内部化**指个人做决策时将外部成本考虑在内的情形。

那么，为什么私人方面不总是对外部性进行内部化？问题是以这种和那种形式产生的交易成本阻碍了有效结果的实现。下面就是一个例子：

- 沟通的高成本。假设某发电厂造成的污染覆盖大片区域。受影响的许多人进行沟通的成本会非常高。
- 签订具有法律约束力和实效性的协议的高成本。如果一些土地所有人组合在一起向钻探公司付钱以减少地下水污染会怎么样？签订一个有效的协议的成本非常高，要求律师、地下水测试员、工程师及其他人参与。而且无法保证谈判是顺利或快速的：一些土地所有人可能拒绝付钱，即使他们的地下水得到了保护，而钻探公司可能会等待一桩更好的交易。

在某些情况下，人们想方设法降低交易成本，他们能够对外部性进行内部化。例如，垃圾乱扔的院子和油漆剥落的房子就是强加给邻居房子的一种负外部性，潜在购房者将看低房屋的价值。所以，很多生活在私人社区的人会对房屋维修和人们的行为设置规定，这样邻居之间也就没有必要讨价还价。但在其他许多情况下，交易成本过高，使得通过私人行为来处理外部性变得不可能。例如，数以千万计的人都受到酸雨的不利影响。力图使所有这些受影响的人与所有电力公司达成交易的代价将非常高昂。

当交易成本阻止了私人部门处理外部性时，寻求政府的解决方案就被提上了日程。下面我们转向公共政策讨论。

▶ 真实世界中的经济学

真正的用电成本为多少?

2011年，三名著名经济学家尼古拉斯·Z. 穆勒（Nicholas Z. Muller）、罗伯特·门德尔松（Robert Mendelsohn）和威廉·诺德豪斯（William Nordhaus）通过分解行业，发表了一篇雄心勃勃的研究论文，估计了美国10 000个污染源所造成的污染的外部成本。在他们的研究中，他们对六种主要污染物排放量造成的社会成本进行了模型化估计：二氧化硫、氮氧化物、挥发性有机化合物、氨、细颗粒物质和粗大颗粒物质。成本采取多种形式，从对健康的损害到导致农业产量减少。对于发电部门，文章作者还计入了二氧化碳排放——许多温室气体中的一种——引起的气候变化所导致的社会成本。对每个行业污染的总外部成本（TEC）进行计算，然后比较该行业给社会创造的总价值（TVC）。

一个行业的TEC/TVC比率大于1，表明这个行业污染的外部成本超过了其创造的价值。换言之，比率大于1，从边际上看，行业产量的减少与随之而来的污染的减少会增加社会总福利。但该项研究的作者强调，这并不意味着这个行业应该关闭。相反，它意味着当前的污染排放水平过高。任何估算温室气体的外部成本——碳排放社会成本，俗称SCC——的模型都存在一种有争议的话题，即应该确定什么价格。因为气候变化带来的负面影响主要落在后代身上。

所以，今天我们怎样对强加给那些尚未出生的人的成本进行估值？这肯定是一个棘手的问题。经济学家为解决这个难题用了多种方法来估计碳排放社会成本。例如，在2013年11月，美国承担环境保护任务的联邦机构环境保护局（EPA）公布的估计值范围为12～116美元，确定每公吨二氧化碳的成本为37美元。

对碳排放社会成本一个比较保守的估计为27美元。门德尔松、穆勒和诺德豪斯比较了TEC/TVC比率和两类发电厂即燃煤发电厂和天然气发电厂每发1千瓦时电的TEC（见下表）。

	TEC/TVC	TEC/千瓦时
煤	2.83	0.039美元
天然气	1.30	0.005美元

我们看到，发电的两种模式是应该受到规制的：TEC/TVC比率大于1，社会从排放量减少中获益。并且，虽然两种方式都排放温室气体，但用天然气发1千瓦时电的TEC是用煤发一千瓦时电的TEC的近八分之一。这是因为天然气燃烧比煤炭燃烧更清洁，产生的有毒污染也少。2013年，美国平均每千瓦时成本略高于0.11美元，保守估计用煤发1千瓦时电的外部成本为零售价的三分之一，而用天然气发1千瓦时电的外部成本仅为零售价的二十分之一。

作为对碳排放越来越关注的回应，2014年初，美国环境保护局发布了规定，限制新建燃煤发电厂和天然气发电厂以减少碳排放量。该规定不太可能阻碍建设新的天然气发电厂，因为最新的技术符合标准。但是，根据新的规定，新建燃煤发电厂不行，除非它们使用碳捕获和储存技术，可以捕获碳排放量的20%～40%，并储存在地下。而使用煤炭的倡导者认为，新规定将有效阻止新燃煤发电厂的建设，市场力量也越来越会放弃煤而转向天然气，因为使用水力压裂法已经使天然气成本大幅下降。

及时复习

- 外部成本和外部得益被称为外部性。污染是外部成本或负外部性的一个例子。与此相反，一些活动可以产生外部得益或正外部性。
- 减少污染既有成本也有好处，所以污染的最优数量并不为零。相反，污染的社会最优量是指污染的边际社会成本等于污染的边际社会收益时的数量。
- 市场经济就其自身来看，会产生无效率的高水平污染，因为污染者没有动力考虑他们施加给他人的成本。

● 根据科斯定理，私人部门有时可以自行解决外部性：如果交易成本不太高，个人可以达成协议来内部化外部性。当交易成本过高时，就需要政府干预。

小测验 10-1

1. 从大型家禽养殖场流出的污水对其邻居产生了不利影响。解释如下情形：

a. 强加的外部成本的性质。

b. 没有政府干预的结果或私人交易的结果。

c. 社会最优的结果。

2. 根据优思明（Yasmin）的说法，任何学生从大学图书馆借书而没有按时归还，都对其他学生施加了负外部性。她声称，图书馆对延期归还不应只收取少量罚款，而是应重罚，这样借书人将永远不会延迟归还了。优思明的经济推理正确吗？

10.2 治理污染的政策

1970 年之前，美国对于燃煤发电厂排放的二氧化硫数量没有任何规定——这就是为什么酸雨会成为如此大的一个问题。

1970 年，美国国会通过了《清洁空气法案》，该法案的规定迫使发电厂减少排放量。该法案产生了效果，酸雨显著减少。然而，经济学家认为，更加灵活的规定应该是探索市场的有效性，以更低的成本来减少污染。1990 年，这一理论被付诸实施，政府对《清洁空气法案》进行了修改。你猜怎么着？经济学家是正确的！

在本节，我们将看看政府治理污染的政策，以及经济分析如何被用来改善这些政策。

10.2.1 环境标准

现代世界最严重的外部成本肯定是那些与破坏环境的空气污染、水污染和栖息地破坏等相关的行为。在所有先进国家中，保护环境已成为政府的重大职能。在美国，环保局是国家层面环境政策的主要执行者，得到州政府和地方政府的支持。

一个国家如何保护自己的环境？目前主要的政策工具是制定**环境标准**（environmental standards），即要求生产者和消费者采取具体的行动来保护环境的规定。一个熟悉的例子是规定几乎所有的车辆都必须安装催化转换器，从而减少影响人们健康的可致雾霾的化学物质的排放。其他规定还有，要求社区处理自己的污水，限制工厂避免或减少某些类型的污染。

> **环境标准**指要求生产者和消费者采取具体的行动来保护环境的规定。

制定环境标准诞生于 20 世纪六七十年代，已经得到广泛应用，这种方法在减少污染方面已经做得相当成功。例如，自从美国于 1970 年通过《清洁空气法案》后，排放到空气中的总污染物下降了超过三分之一，尽管人口已经增长了三分之一，但经济规模扩大了一倍多。即使洛杉矶的烟雾仍然很有名，但空气已显著改善：在南海岸空气盆地，1976 年有 194 天臭氧浓度超过联邦标准；到了 2013 年，这一数字下降到只有 5 天。

▶ **国际比较**

六个国家的经济增长与温室气体排放

下页的图（a）为部分国家人均温室气体排放量的比较，乍看之下，澳大利亚、加拿大和美国最为严重。美国人均排放 16.1 公吨温室气体（以 CO_2 当量计）——气体污染会导致气候变化——相比之下，乌兹别克斯坦只有人均 3.9 公吨，中国为人均 6.7 公吨，印度为人均 1.8 公吨（1 公吨相当于 1.10 吨。）

然而，这样的结论忽略了一个决定一国温室气体排放水平的重要因素：国内生产总值（GDP），即一国国内产出的总价值。没有更多的能源，产出通常生产不出来，能源使用通常会导致更多的污染。事实上，一些人认为，批评一个国家的温室气体排放水平而不考虑经济发展水平是一种误导。这相当于指责一个国家处于经济发展的先进阶段。

要比较不同国家的污染更有意义的方式是测量一国每百万美元国内生产总值的排放水平，如图（b）所示。根据这一标准，美国、加拿大和澳大利亚现在是"绿色"的国家，但中国、印度和乌兹别克斯坦就都不是了。什么原因可以解释一旦用国内生产总值来计算所造成的逆转？答案是：经济学和政府行为。

首先，这是一个经济学问题。如乌兹别克斯坦这样的相对贫穷的国家一旦开始实现工业化，常常认为用于减少污染的资金不如用在其他方面。从这些国家的角度来看，它们仍然穷困，负担不起像富裕的先进国家那样的清洁环境。它们声称，对它们强加一个富裕国家的环境标准将危及其经济增长。

其次，这是一个政府行为问题，或者更准确地说，政府是否掌握必要的控制污染的有效工具。穷国的政府往往缺乏足够的管制权力来推行自己的环境规则，以促进节能减排或鼓励减少污染。政府干预在改善外部性对社会福利的影响方面很重要。

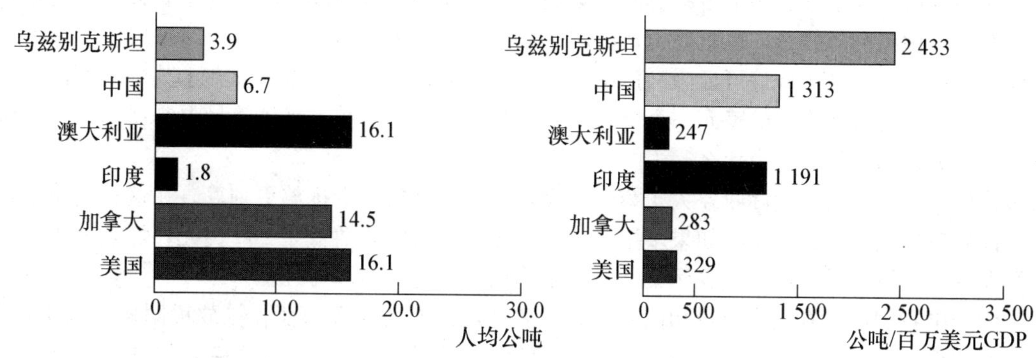

资料来源：Global Carbon Atlas；IMF—World Economic Outlook.

□ 10.2.2 排放税

> **排放税**根据企业排放的污染量而征收的税。

另一种处理污染的方式是直接收取污染排放税。**排放税**（emission tax）是根据企业排放的污染量而征收的税。正如我们在第 5 章中学习的，对一种行为征税将减少这种行为的数量。请再看图 10-2，我们可以发现将市场排放移动到社会最优排放水平的税收金额。在 Q_{OPT} 即社会最优污染数量处，增加一单位污染的边际社会收益和边际社会成本都为 200 美元。但没有政府干预时，污染者将推动污染数量达到 Q_{MKT} 处，此时边际社会收益为零。

现在很容易看出排放税如何能够解决排污问题。如果污染者必须为每单位污染支付 200 美元的税，他们现在面临每单位 200 美元的边际成本，因此愿意减少排放量到 Q_{OPT} 的水平，即社会最优污染数量。这得出了一个具有一般意义的结论：在社会最优污染数量处，排放税额等于边际社会成本，这将导致污染者内部化外部性——考虑到了他们行动的真实社会成本。

> **庇古税**是旨在减少外部成本的税。

排放税这种说法可能会造成误导，认为税收是解决污染这种外部性的唯一方式。事实上，税收可以用来阻止产生负外部性的行为，如开车（该行为对环境的破坏比生产汽油的成本要高得多）或者吸烟（由此造成的社会医疗成本支出远远大于制造香烟的成本）。一般来说，旨在减少外部成本的税被称为**庇古税**（Pigouvian taxes），是以经济学家 A. C. 庇古（A. C. Pigou）的名字命名的，他在 1920 出版的经典著作《福利经济学》（*The Economics of Welfare*）中强调了税收的有用性。在我们的例子中，最优的庇古税为 200 美元。正如我们在图 10-2 中所看到的，这相当于在最优污染数量 Q_{OPT} 处污染的边际社会成本。

是否存在与排放税相关的其他问题呢？主要关注的问题是，在实践中，政府官员通常无法确定应该定多高的税。如果把税收额设置得太低，不足以减少污染排放；如果设置得太高，排放减少量将超过有效水平。

这种围绕排放税最优水平的不确定性难以消除，但风险的性质可以通过其他可政策选择来改变，这就是可交易排放许可证的发放。

□ 10.2.3 可交易排放许可证

可交易排放许可证指限制污染排放数量的许可证，可在污染者之间进行买卖。

可交易排放许可证（tradable emissions permits）是一种限制污染排放数量的证照，可以在污染者之间进行买卖。造成污染的企业在减少污染时通常会有不同的成本——例如，使用旧技术降低污染的工厂比使用较新技术的工厂花费更多。管制机构通过向污染者发放污染许可证来推行这一制度，许可证是基于一些标准——例如，等于企业历史排放水平的 50%——来设定的。企业间可对许可证进行交易。根据这一制度，排放许可证市场将会出现。那些对污染权利估值较高者——那些使用旧技术的人——将从那些对污染权利估值较低者——那些拥有新技术的企业——那里购买排污权。因此，一家对每单位排污权估值更高的企业比估值低者会排放得更多。

最终，那些以最低成本减少污染者减少的污染最多，而那些以最高成本减少污染者减少的污染最少。总的效应是有效分配污染的减排量，也就是说，以成本最低的方式来减排。

像排放税一样，可交易排放许可证激励污染者考虑污染的边际社会成本。要知道其中的原因，假设许可排放一单位污染的市场价格为 200 美元。每个污染者现在面临一种激励，将排放量限制在排放一单位污染的边际收益为 200 美元的水平上。为什么？

如果多排放一单位污染的边际收益大于 200 美元，那么多排放比少排放更划算。在这种情况下，污染者将购买许可证并再排放一单位污染。如果多排放一单位污染的边际收益低于 200 美元，那么减少污染比污染更划算。在那种情况下，污染者将减少污染，而不是购买 200 美元的许可证。

从这个例子中我们可以看出当数量相同时一张排放许可证如何导致与征收排放税同样的结果：支付 200 美元，污染者获得一单位污染的排放权与污染者缴纳每单位污染 200 美元排放税面临的是同样的激励。而且，如下情形同样如此，对于污染者来说，从管制机构获得的许可证多于他们计划使用的数量时，他们并不会多排放一单位污染，污染者可以将许可证以 200 美元卖出。换言之，一单位污染的机会成本对这个企业而言值 200 美元，不管它是否被使用。

回想一下，使用排放税来实现最优污染水平时，面临的问题是如何找到合适的税收额：如果税收过低，污染排放会过多；如果税收过高，污染排放会过少（换言之，过多的资源被花在减少污染方面）。可交易排放许可证在获得许可证数量方面也存在类似的问题，这非常像获得税收权利水平的另一面。

因为难以确定最优污染数量，管制机构会发现，如果发放过多的许可证，达不到减少污染的目标，如果发放过少，需要减少的污染又太多。

针对二氧化硫污染的情况，美国政府首先依靠环境标准，但后来转向了可交易排放许可证制度。目前最大的排放许可证交易制度是欧盟控制二氧化碳排放量的制度。

□ 10.2.4 环境保护政策比较：举例说明

图 10-3 展示了一个假想的行业，仅包括两个工厂——工厂 A 和工厂 B。我们假定工厂 A 使用新技术，污染减排的成本较低，而工厂 B 使用落后技术，污染减排的成本较高。为体现这种差异，工厂 A 污染的边际收益曲线 MB_A 处在工厂 B 污染的边际收益曲线 MB_B 的下方。因为工厂 B 减少污染的成本高，因此，多减少一单位污染对工厂 B 的价值高于对工厂 A 的价值。

在没有政府干预的情况下，我们知道，污染者会排污直至一单位污染的边际社会收益等于零时为止。因此，如果没有政府干预，两个工厂都会排污至自己的边际收益等于零的水平。这对应的污染数量为每个工厂 600 单位，此时 MB_A 和 MB_B 都等于零。因此，尽管工厂 A 和工厂 B 减少污染的成本并不相同，但它们将选择相同的污染排放数量。

现在假设管制机构决定，这个行业的整体污染水平应降低一半，即从 1 200 单位减少到 600 单位。图 10-3（a）显示，为达到环境标准，每个工厂需将其排放量削减一半，从 600 单位减少至 300 单位。环境标准要求总的排放数量从 1 200 单位减少至 600 单位，才达到目的，但这样完成并不符合有效标准。

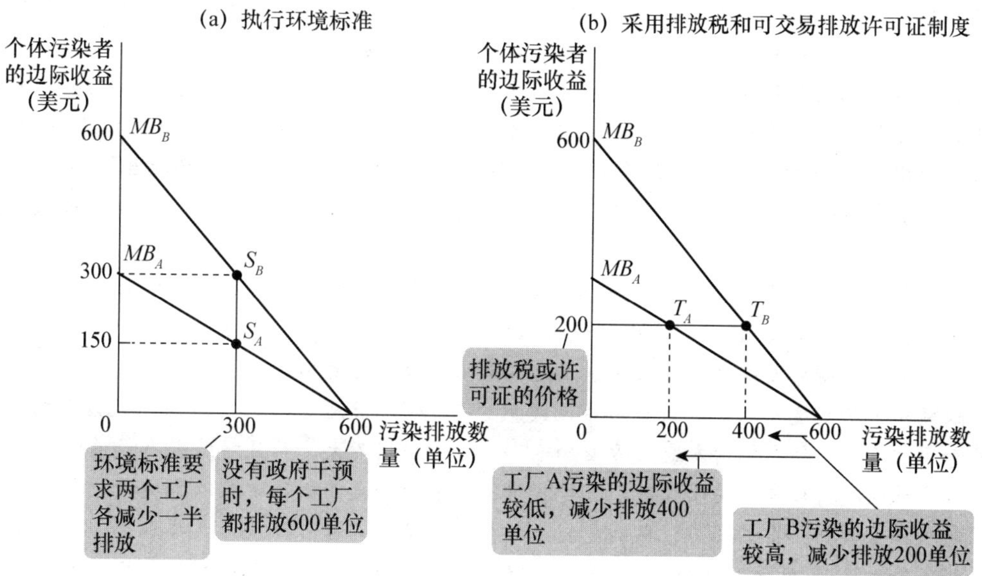

图 10-3 环境政策比较

在这两幅图中，MB_A 代表工厂 A 污染的边际收益，MB_B 代表工厂 B 污染的边际收益。没有政府干预时，每个工厂都将排放 600 单位。然而，工厂 A 减少排放的成本要低于工厂 B，如图所示，MB_A 位于 MB_B 下面。图（a）为根据环境标准，要求两个工厂各削减一半排放后的结果；这一结果并非有效结果，因为它使得工厂 B 污染的边际收益高于工厂 A。图（b）为采用排放税以及可交易排放许可证制度实现的污染排放数量，排放总量与执行环境标准时相同，但结果是有效的。对每单位污染收取 200 美元排放税或排放每单位污染需按 200 美元市场价格购买许可证，每个工厂都会将污染降低到其边际收益等于 200 美元的水平上。

我们可以从图 10-3（a）中看到，根据环境标准，工厂 A 的生产点为 S_A，其中污染的边际收益为 150 美元，而工厂 B 的生产点为 S_B，其中污染的边际收益是前者的两倍，即 300 美元。

两厂之间的边际收益差告诉我们，同样数量的污染可以更低的总成本来实现，即允许工厂 B 的污染超过 300 单位，但诱导工厂 A 减少更多的污染。实际上，减少污染的有效途径是保证在整个行业范围，所有工厂污染的边际收益都相同。当每个工厂同等看待一单位污染时，也就没有办法通过重新安排各种工厂的污染减少量实现以更低的总成本来达到最优污染水平。

我们可以从图 10-3（b）中看出怎样通过排放税正好实现这一结果。假设工厂 A 和工厂 B 排放每单位污染支付 200 美元排放税，因而每排放一单位污染，工厂的边际成本增加 200 美元，而不是零。因此，工厂 A 在 T_A 点、工厂 B 在 T_B 点组织生产。所以，工厂 A 减少污染的规模超过根据严格的环境标准要求的规模，排放量从 600 单位减少到 200 单位；同时，工厂 B 减少的污染相对少一些，从 600 单位减少到 400 单位。

最终，总污染 600 单位与执行环境标准时相同，但总剩余提高了。这是因为，污染减少有效地实现了，分配给工厂 A 大部分指标，该工厂能以较低的成本减少排放。（请记住，生产者剩余是供给曲线以下、价格线以上区域的面积。因此，图 10-3（b）中的生产者剩余高于图 10-3（a）。）

图 10-3（b）也说明了为什么执行可交易排放许可证制度在两个工厂之间实现了排污的有效分配。假设存在许可证交易市场，许可证的市场价格是 200 美元，每个工厂开始时各有 300 张许可证。工厂 B 减少污染的成本较高，将向工厂 A 购买 100 张许可证，这足以让它排放 400 单位。相应地，工厂 A 减少污染的成本较低，将向工厂 B 出售其许可证 100 张，只排放 200 单位。只要许可证的市场价格与最优排放税一样，这两种制度就会到达相同的结果。

▶ **真实世界中的经济学**

限额和交易

可交易排放许可证制度在美国控制酸雨和欧盟控制温室气体排放中具体表现为限额和交易制度（cap

and trade systems)：政府规定限额（可以排放的污染物最大量），颁发可交易排放许可证，并强制实施一个年度规定量，要求污染者的排放数量等于允许的排放数量。设定的上限目标低到足以产生环境收益，在符合环境标准的同时，鼓励污染者灵活采用新技术来降低减少污染的成本。

1994 年，美国开始对导致酸雨的二氧化硫排放量实施限额和交易制度，基于发电厂煤炭消费量的历史来发放许可证。由于推行该制度，从 1990 年到 2008 年，美国大气污染物减少了 40%以上，2012 年酸雨水平下降到约为 1980 年水平的 70%。经济学家分析了二氧化硫限额和交易制度，还指出了其成功的另一个原因：使用并非基于市场的管制政策来减少这一规模的排放所付出的代价要高昂得多，确切地讲要高出 80%以上。

欧盟的限额和交易机制始于 2005 年，覆盖欧盟所有 28 个成员国，这是目前世界上唯一的温室气体强制交易制度。其他国家，如澳大利亚和新西兰，采用的并非整个机制。

中国是世界上的碳排放大国之一，正考虑设定本国的限额和交易制度。

然而，限额和交易制度并非解决世界污染问题的"银弹"。虽然这些制度适合于地理位置分散的污染，如二氧化硫和温室气体，但它们对本地化污染如地下水污染作用不大。而且对是否有效遵守制度必须时刻进行监测。最后，总的减排数量取决于限额，这是欧盟推行限额和交易制度中难以解决的一个关键问题。

欧盟管制机构受到产业界的压力，在制度创立之初发放了太多许可证。2013 年春天一吨温室气体的许可证的价格已经下降至 2.75 欧元（约合 3.70 美元），低于专家们认为必须诱使企业改用天然气等清洁燃料的价格的十分之一。许可证的价格太低，无法改变对污染者的激励，因此 2012 年欧洲的用煤仍然旺盛就毫不奇怪了。意识到问题的欧盟立法者在 2013 年夏天投票同意减少未来几年发放的许可证数量，希望能提高当前的许可证价格。有证据表明许可证减少已经改变了对污染者的激励。到 2014 年年中，整个欧盟的污染预计减少 4.4%，因为许可证的价格已经翻了一倍多，达到 5.71 欧元（约合 7.34 美元）。

及时复习

- 政府往往使用环境标准来限制污染。在一般情况下，这样的标准并非减少污染的有效方式，因为它们缺乏灵活性。
- 环境目标可以通过两种方式有效地实现：征收排放税和实行可交易排放许可证制度。这些方式有效是因为它们具有灵活性，分配更多的减排数量给那些低成本排放者。它们还鼓励污染者采取新的减排技术。
- 排放税是庇古税的一种形式。最优庇古税等于社会最优污染水平处污染的边际社会成本。

小测验 10-2

1. 可交易排放许可证的部分反对者的理由是，污染者从本来保护环境的许可证销售中获得了金钱利益。评估这种观点。

2. 解释以下问题：

a. 为什么与最优排放税水平所产生的社会总剩余相比，排放税低于或高于在 Q_{OPT} 处的边际社会成本将导致总剩余变少？

b. 为什么在可交易排放许可证制度下，与已经设置的最优许可证数量所产生的社会总剩余相比，设置的允许污染总量高于或低于 Q_{OPT} 会导致总剩余变少？

10.3 正外部性

新泽西州是美国人口最稠密的州，沿东北走廊，从华盛顿延伸到波士顿地区，几乎连绵不断。在新泽西州开车可见到最令人惊奇的景象：农田一英亩连着一英亩，从玉米、南瓜到著名的泽西西红柿，应有尽有。这种景象并非偶然：从 1961 年开始，新泽西州投票推出了一系列措施，补贴农场主以使他们永久保留他们的农田，而不是出售给开发商。到了 2013 年，由州政府管理的"绿色田野计划"（Green Acres Program），保留了 64

万多英亩的空地。

为什么新泽西州公民投票，以提高自己的税收来补贴农田保护呢？因为他们相信，在一个已经高度发展的州保留农田会提供外部得益，如自然之美、可以获得的新鲜食物、野生鸟类种群的保护。此外，保留农田减少了发展带来的外部成本，如道路、供水和市政服务方面的压力，以及不可避免的更严重的污染方面的压力。

在本节中，我们将探讨外部得益和正外部性话题。在许多方面，它们是外部成本和负外部性的镜像。如果听任其发展，市场将产生太少能给他人带来外部得益的产品（如保存完好的新泽西农田）。但是，当采取政策增加这样的产品时，社会整体将变得更好。

□ 10.3.1 保留农田：外部得益

保留农田给社会既带来得益，也带来成本。在没有政府干预时，愿意出卖自己土地的农场主承担所有保留的成本——放弃将农田出售给开发商所得的利润。但保留农田的得益没有留给农场主，而是给了周边的居民，后者无权影响农田如何处置。

图 10-4 说明了这一社会问题。保留农田的边际社会成本由 *MSC* 曲线表示，是指增加一英亩这样的农田强加给社会的额外成本。这代表了农场主放弃的如果将土地卖给土地开发商所得到的利润。该曲线向上倾斜，这是因为当保留的农田很少时，将有大量的土地可供开发，卖一英亩土地给开发商所获得的利润就会很少。但随着保留农田英亩数的增加，可供开发的土地就减少了，开发商愿意为此支付更多，因此放弃的利润也增加了。

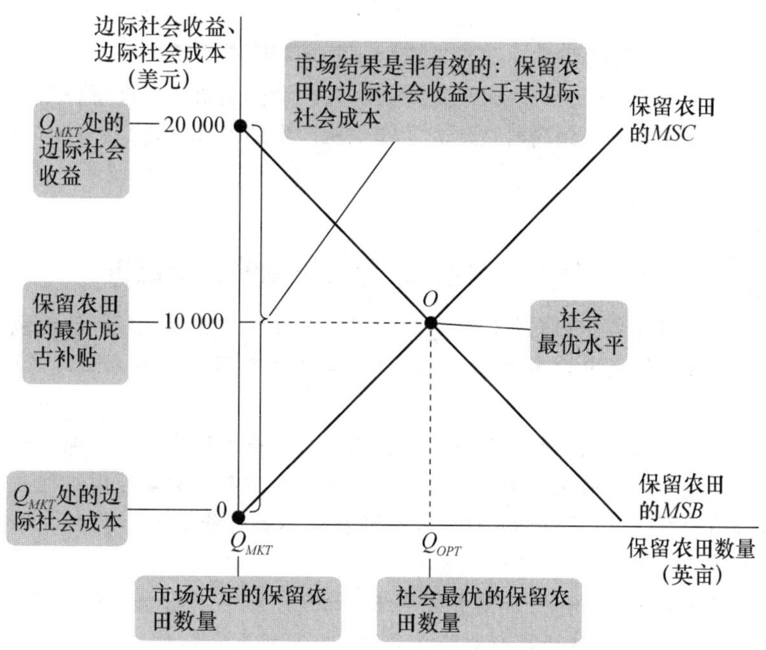

图 10-4　为什么市场经济会保留太少的农田

没有政府干预时，保留农田数量将为零，此时保留农田的边际社会成本为零。这是低效率的农田保留数量：边际社会收益为 20 000 美元，但边际社会成本为零。最优庇古补贴为 10 000 美元，即保留农田的边际社会收益的值，此时它等于保留农田的边际社会成本，该补贴可以将市场结果转换到保留农田的社会最优水平 Q_{OPT}。

MSB 曲线代表保留农田的边际社会收益。它是增加一英亩保留农田给社会带来的额外得益——就目前情况而言是给农场主的邻居带来的得益。该曲线向下倾斜，因为随着保留农田越来越多，多保留一英亩农田带给社会的得益会下降。

如图 10-4 所示，社会最优点为 *O* 点，是边际社会成本与边际社会收益相等的点，在此处，每英亩土地的价格为 10 000 美元。在社会最优点，Q_{OPT} 英亩农田将被保留。

仅靠市场自身不能提供 Q_{OPT} 英亩保留农田。相反，根据市场运行结果，没有农田会被保留下来。保留农田的数量 Q_{MKT} 将等于零，所有农田都将被开发。因为农场主承担了所有保留农田的成本，而没有得到任何得益，市场运行的结果将是非有效的很少的农田被保留下来。

这显然是非有效的，因为保留农田为零英亩，而保留一英亩农田的边际社会收益为 20 000 美元。那么，经济怎样才能诱导保留社会最优水平的 Q_{OPT} 英亩农田？答案是**庇古补贴**（Pigouvian subsidy）：旨在鼓励产生外部收益的活动的一种支付。如图 10－4 所示，最优庇古补贴等于在保留农田的社会最优水平 Q_{OPT} 处保留农田的边际社会收益，为每亩 10 000 美元。

庇古补贴是旨在鼓励产生外部收益的活动的一种支付。

所以，新泽西州选民确实在实施提高他们社会福利的正确政策——对自己征税来提供农田保护补贴。

□ 10.3.2 今日经济中的正外部性

在整个美国经济中，最重要的单一外部收益来源是知识创造。在半导体、软件设计、绿色科技和生物工程等高科技产业中，一个企业的创新会迅速被模仿并被对手企业改进。这种跨越个人和企业的知识传播被称为**技术外溢**（technology spillover）。在今日经济中，技术外溢的最大来源是各大高校和科研院所。

技术外溢指知识在不同企业和个人之间传播时导致的外部收益。

在技术先进国家，如美国、日本、英国、德国、法国、以色列，紧邻的私人产业、各大高校和研究机构之间人员和思想在进行不断的交流。这些研究集群的相互作用和竞争刺激了创新理论的进步和实际应用。

其中最著名、最成功的研究集群是在北卡罗来纳州的研究三角，集中了杜克大学和北卡罗来纳大学等几所大学和医院以及诸如 IBM 公司、辉瑞公司、高通公司等企业。最终，这些地区的技术外溢提高了经济的生产力和生活水平。

但研究集群并非凭空出现。除了少数企业长期资助一些基础研究等情况外，研究集群主要围绕一些著名大学来成长。而像新泽西州的农田保护、各大高校及其研究活动都是由政府进行补贴的。事实上，先进国家的政府决策者早就知道来自基础教育到高科技研究的知识所产生的外部收益是一段时间内经济增长的关键。

▶ **真实世界中的经济学**

儿童早期干预项目之无可挑剔的经济逻辑

任何社会面对的最棘手问题之一都是如何打破被研究人员称为“贫困循环”的现象：即使我们考虑到能力差异，生长在贫困社会经济环境中的儿童成年后也很可能仍然受困于贫穷。他们更可能失业或就业不足、走向犯罪以及患有慢性病。

儿童早期干预提供了打破这种循环的一些希望。兰德公司的一项研究发现，专注于教育和卫生保健的高质量早教项目取得了显著效果，它们使孩子们获得社会、知识和财务优势，否则这些孩子将在高中辍学，从事犯罪活动。参加像头脑开发（Head Start）这类项目的孩子不太可能长大后从事破坏性的活动，更可能会找到一份职业并获得高薪。

美国匹兹堡大学的研究人员在另一项研究中从纯经济的角度观察了儿童早期干预项目，花费在儿童早期干预中的 1 美元获得了 4～7 美元的好处，而兰德公司的研究数据表明，每 1 美元支出获得了高达 17 美元的好处。匹兹堡的研究人员还指出，那些到 20 岁时参与一个项目的人，完成高中学业的可能性高 20%，被青少年法庭起诉的可能性低 35%，与有类似的社会经济背景但没有参加学前教育的个体相比，留级的可能性低 40%。

这些项目对社会带来的可观察的外部收益如此明显，因此布鲁金斯研究所预测，假定每一个美国孩子都受到高质量的学前教育，将会导致国内生产总值提高近 2%，相当于超过 300 万个就业机会。

及时复习

● 当有正外部性或外部收益时，如果让市场经济自我运行，通常会形成过少的产品或活动。最优庇古补贴可实现产品或活动的社会最优数量。

● 经济中外部收益的一个最重要的例子是通过技术外溢带来的知识创新。

小测验 10-3

1. 2013 年，美国教育部对大学生的援助支出达 360 亿美元。请解释为什么这可能是鼓励知识创新的最优政策。

2. 针对下列每种情形，确定是带来外部成本还是外部收益。合适的政策应该是什么？

a. 在市区种植树木改善空气质量，降低夏季的气温。

b. 节水马桶减少了需要从河流和地下蓄水层抽取的水。对房主而言，每一加仑水的成本几乎是零。

c. 当处置不当时，旧电脑显示器含有污染环境的有毒物质。

10.4 公共产品

本章开篇案例描述了 1858 年的奇臭，即人们将废弃物扔到泰晤士河造成的负外部性。

改革者说，城市需要污水处理系统，将废物从河流中带走。然而，没有私人个体单位愿意建这样一套系统，有影响力的人反对政府应该承担这一责任的主意。

正如我们从开篇案例中所知道的那样，国会最终批准了建设由下水道和泵站直接将污水送出城市的巨大系统的计划。因此，城市的生活质量得到显著改善；定期流行的霍乱和伤寒彻底消失了。泰晤士河从肮脏的河流变成了世界上最干净的都市河流，污水处理系统的首席工程师约瑟夫·巴泽尔杰特爵士（Sir Joseph Bazalgette）被称赞为"比任何一个维多利亚时代的公职人员拯救的生命都多"。据估计，当时他的污水处理系统为伦敦人平均添寿 20 年。

那么，在一所房子中安装一个新的浴室与城市建一个污水系统之间有什么区别？种植小麦与在公海中捕鱼有什么区别？

这些都不是脑筋急转弯问题。这些情况都涉及商品基本属性的差异。卫浴洁具和小麦具有的必要属性是市场可以有效提供。公共污水处理系统和公海里的鱼则不是如此。

下面我们来看看这些关键属性，以及为什么它们很重要。

□ 10.4.1 商品属性

像浴室设备或小麦这类商品有两个属性，正如我们很快就会看到的，如果一种商品可由市场经济有效地提供出来，如下属性必不可少：

- 具有**排他性**（excludable）：商品的供应商可以防止有人不付费而消费。
- 具有**消费竞争性**（rival in consumption）：同一单位商品不能同时由一个以上的人消费。

> 具有**排他性**的商品的供应商可以防止有人不付费而消费。
>
> **消费竞争性**指同一单位商品不能同时由一个以上的人消费。

当一种商品既有排他性又有消费竞争性时，它被称为**私人物品**（private good）。小麦是私人物品的例子。它具有排他性：农场主可以卖 1 蒲式耳小麦给一名消费者，而无须对一个县的所有人都提供。它具有消费竞争性：如果我享用了用农场主生产的小麦烤制的面包，小麦就不能被他人消费。

> **私人物品**指既有排他性又有消费竞争性的商品。

但是，并非所有的商品都具备这两个属性。有些商品具有**非排他性**（nonexcludable），供应商不能阻止不付钱的人消费商品。防火是一个例子：火灾大范围蔓延前，消防部门将其扑灭，不只是保护了那些对消防员共享福利会（Firemen's Benevolent Association）进行捐款的人，而是保护了整个城市。改善环境是另一个例子：伦敦市不可能只是改善了奇臭对一些居民的影响，而让泰晤士河继续祸害他人。

> 具有**非排他性**的商品指供应商不能阻止不付钱的人消费的商品。
>
> **消费非竞争性**指一个人消费一种商品的同时，他人也可以消费这同一单位商品。

也并非所有商品都具有消费竞争性。如果一个人消费一种商品的同时，他人也可以消费这同一单位商品，那么它就具有**消费非竞争性**（nonrival in consumption）。电视节目就具有消费非竞争性：你决定观看一个演出节目并不能阻止其他人也看同样的节目。

因为商品可以具有排他性也可以具有非排他性，可以具有消费竞争性也可以具有消费非竞争性，因此商品可被分为四种类型，如图 10－5 所示：

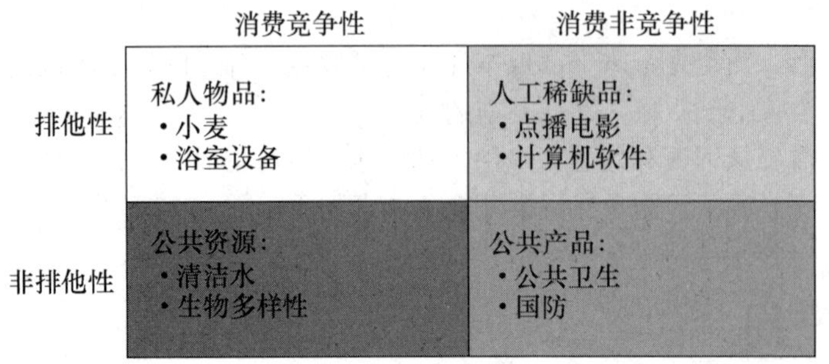

图 10－5　商品的四种类型

有四种类型的商品。商品类型的划分基于：(1) 是否具有排他性——生产者是否可以阻止他人消费；(2) 是否具有消费竞争性，同一单位的商品是否存在同时由多人消费的可能。

- 私人物品，既具有排他性，又具有消费竞争性，如小麦。
- 公共产品，既具有非排他性，又具有消费非竞争性，如公共下水道系统。
- 公共资源，既具有非排他性，又具有消费竞争性，如河里干净的水。
- 人工稀缺品，既具有排他性，又具有消费非竞争性，如在 DirecTV 上的点播电影。

当然还可以根据许多其他属性区分商品，如必需品与奢侈品，正常物品与低档物品，等等。为什么要集中在商品是否具有排他性和消费竞争性上呢?

□ 10.4.2　为什么市场只能有效地提供私人物品?

正如我们在前面章节中所学到的，社会向其成员提供产品和服务，市场是典型的最佳手段；也就是说，除了定义明确的市场势力、外部性或其他市场失灵问题外，市场一直是有效的。但也必须满足另外一个条件，它就植根于商品本身的性质：除非产品和服务是私人物品——具有排他性和消费竞争性，否则市场是不能有效提供的。

要知道为什么排他性至关重要，假设一名农场主只有两种选择：要么不生产小麦，要么向全县每一位居民都提供 1 蒲式耳小麦，不论居民付钱与否。在这些条件下，似乎不会有人去种植小麦。

然而，城市污水系统的运营商面临的问题与我们假想的农场主所面临的几乎相同。污水处理系统使整个城市更清洁、更健康——好处可以惠及这个城市的所有居民，无论他们是否向系统运营商付钱。这就是为什么没有私人企业出面提出结束伦敦奇臭的一项计划。

非排他性商品会面临**搭便车问题**：许多人不愿意为他们自己的消费支付代价，而是去搭任何愿意支付的人的便车。

总之，如果一种商品具有非排他性，自利的消费者不会愿意为之付出，他们可以通过搭支付人的“便车”的方式消费。因此，这就引出了**搭便车问题**(free-rider problem)。搭便车问题的例子在日常生活中较为熟悉。当要求学生以一个小组的形式来完成项目时，你可能就会遇到这样的例子。往往存在一种现象，某些小组成员会偷懒，依靠同一小组中的其他人来完成工作。该偷懒者就在搭别人努力的便车。

由于搭便车问题的存在，自利的力量本身不会导致非排他性商品的有效生产。尽管消费者会从商品的生产增加中获益，但没有一个人愿意付出更多，所以也没有生产者愿意提供它们。其结果是，非排他性商品在市场经济中不会有有效的产量。事实上，在面临搭便车问题时，自利不能确保生产出产品，更何况生产有效的产量。

具有排他性和消费非竞争性的商品，如点播电影，会面临不同的非有效性问题。只要商品是排他的，就可能通过只提供给那些支付者来赚取利润。因此，生产者愿意提供一些具有排他性的商品。但是，增加 1 名观众看一部点播电影的边际成本为零，因为它的消费具有非竞争性。因此，对消费者的有效价格也应该是零，或者换一种方式，个人应该看电影到他们的边际收益为零的点。

但是，如果 DirecTV 向点播电影观众收费 4 美元，观众会消费到其边际收益为 4 美元的点。当消费者必须为一种具有消费非竞争性的商品付出大于零的价格时，他们付出的代价高于所消费商品的零边际成本。因此，在市场经济中，具有消费非竞争性的商品会面临非有效的低消费水平。

▶ 疑难解答

边际成本究竟为多少?

对于具有消费非竞争性的商品，很容易混淆生产一单位商品的边际成本与消费一单位商品的边际成本的概念。例如，DirecTV 向注册用户提供一部点播电影的边际成本等于制作和播出该电影所用资源的成本。然而，一旦该影片正式开播，增加一个家庭看电影并不会产生边际成本。换言之，对于已经制作完成并且开播的电影，增加一个家庭的消费者所使用的资源是没有成本的。

然而，当一种商品具有消费竞争性时，这种情形就不会出现。在这种情况下，用来生产一单位商品的资源被一个消费它的人“用尽”了，它们不再可能满足别人的消费。因此，当一种商品具有消费竞争性时，允许一个人消费一单位商品的边际社会成本将等于生产该单位商品的资源成本，也就是说，等于生产它的边际成本。

现在我们已经知道，为什么私人物品是可以有效地生产并在竞争激烈的市场上消费的唯一商品。(也就是说，在没有市场势力、外部性和其他市场失灵的市场中，私人物品可被有效地生产和消费。) 由于私人物品具有排他性，生产者可以为此收费，因此也有动力去生产它们。而且，由于它们也具有消费竞争性，消费者支付大于零的价格也是有效的——价格等于生产商品的边际成本。如果缺乏一个或两个这些属性，市场经济将不会导致商品的有效生产和消费。

幸运的是，对市场体系来说，大部分商品都是私人物品。衣、食、住、行和生活中大多数其他可获得的东西都具有排他性和消费竞争性，因此市场能够为我们提供大部分所需。然而，有些关键商品不符合这些标准——在大多数情况下，这意味着，政府必须介入。

□ 10.4.3 公共产品的提供

公共产品是指具有非排他性和消费非竞争性的商品。

公共产品 (public good) 正好与私人物品完全相反：指具有非排他性和消费非竞争性的商品。公共下水道系统是一个公共产品的例子：你无法只是让住在河边的人用干净的水，消除臭味保护自己时并没有让邻居支付费用。

下面是公共产品的一些其他事例：

- 疾病预防。当医生采取行动，在疫情开始传播之前就予以阻止时，他们保护了世界各地的人们。
- 国防。强大的军事对所有公民提供保护。
- 科学研究。更多的知识惠及众生。

因为这些商品都是非排他的，受到搭便车问题的困扰，所以没有私人企业愿意提供它们。而且因为它们具有消费非竞争性，人们付费消费也将是非有效的。因此，社会必须找到提供这些商品的非市场方法。

公共产品可通过多种方法提供。政府也并非总是参与其中，在许多情况下，一种非政府方法也可以解决搭便车问题。但是，这些解决方案通常存在不完善的地方。

有些公共产品通过自愿捐赠方式提供。例如，私人捐赠支持了大量的科学研究。但私人捐赠还不足以应付像基础医学这样的耗费巨大但对社会有重要意义的项目。

有些公共产品是由自利的个人或企业提供的，因为通过生产这些商品，他们能以间接的方式赚钱。最典型的例子是广播电视，在美国这些全部由广告支持。这种间接融资的缺点是它扭曲了公共产品供给的质量和数量，也对消费者附加了额外成本。电视台播放的是能带来最大广告收入的节目（也就是说，这个节目最适合于购买处方药、减肥药、抗组胺剂和类似药物的人群），这并不一定适合于那些最想看这些节目的人群，而且观众必须忍受许多商业广告。

一些潜在的公共产品故意被做成具有排他性，因此需要支付费用，比如点播电影。在英国，大多数电视节目是需要每年支付许可费才向每一个电视用户传送的（2014 年许可费为 145.50 英镑，或约 245 美元），通过使用“电视检测车”在街区漫游来检测非付费家庭看电视并进行罚款，人为造成了观看电视的排他性。然而，如前面所提到的，对非竞争性商品，当供应商收取的价格大于零时，消费者对该商品的消费处于非有效的低水平。

在小型社区，高水平的社会激励或压力可让人们捐赠金钱或时间来提供有效率的公共产品数量。志愿者消防队是一个很好的例子，一方面要依赖消防人员本身的志愿服务，另一方面也要依赖当地居民的捐赠贡献。但是，随着社区越来越大，陌生人员越来越多，社会压力也越来越难以传递，迫使许多城镇和城市通过向居民征税来为消防员提供薪资。

正如最后一个例子所表明的，在其他解决方案失败后，只能由政府提供公共产品。事实上，最重要的公共产品——国防、司法体系、疾病控制、大城市消防，等等 ——都是由政府提供的，用税收埋单。经济学理论告诉我们，提供公共产品是政府的重要职能之一。

□ 10.4.4 应提供多少公共产品?

在某些情况下，提供公共产品是一个“非此即彼”的决定：伦敦要么有一个污水处理系统，要么没有。但在大多数情况下，政府不仅必须决定是否提供公共产品，而且要决定提供多少公共产品。例如，街道清扫是一种公共产品，但街道应该多长时间清扫一次？一个月一次？一个月两次？还是每两天一次？

想象一下，一个城市中只有两个居民——特德和爱丽丝。假设所面临的公共产品是街道清扫，特德和爱丽丝如实告诉政府他们对一单位公共产品的具体评价，其中一单位公共产品等于每月清扫一次街道。具体来说，他们每个人都告诉政府，自己愿意为公共产品支付多少——数额对应于个人从多消费一单位公共产品中得到的边际收益。

利用这些信息加上提供商品的成本信息，政府可以用边际分析得出应该提供的公共产品的有效水平是：公共产品的边际社会收益等于生产这些商品的边际社会成本所对应的产量水平。从之前的分析中我们知道，一种商品的边际社会收益是从多消费一单位公共产品中得到的整个社会的收益的累积。

但是，因为具有非排他性和消费非竞争性，公共产品产生的效用是对所有消费者而非仅仅对一名消费者而言的，多消费一单位公共产品的边际社会收益是多少呢？这个问题引导我们得出一个重要原则：在公共产品这种特殊情况中，一单位公共产品的边际社会收益等于由该单位商品的所有消费者享有的个人边际收益之和。或从略微不同的角度来考虑，如果消费者在消费之前被迫为一单位商品付费（商品是排他的），那么一单位商品的边际社会收益等于每个消费者意愿为那一单位商品付出的代价的总和。根据这一原理，每月增加一次街道清扫的边际社会收益等于增加清扫后特德的个人边际收益加上爱丽丝的个人边际收益。

为什么？由于公共产品的消费非竞争性——特德从一单位街道清扫中得到的收益不会减少爱丽丝从中得到的收益，反之亦然。因为所有的人都可以同时消费同样的一单位公共产品，因此增加一单位公共产品的边际社会收益是所有享受公共产品的消费者的个人边际收益之和。而一种公共产品的有效数量是指边际社会收益等于提供它的边际成本时的数量。

图 10－6 说明了有效提供公共产品的情形，有三条边际收益曲线。图 10－6（a）表示街道清扫带给特德的个人边际收益曲线 MB_T：对于城市每月清扫一次街道，他愿意支付 25 美元，对于清扫两次，他愿意支付 18 美元，依此类推。图 10－6（b）表示街道清扫带给爱丽丝的个人边际收益曲线 MB_A。图 10－6（c）表示街道清扫带给整个社会的边际社会收益曲线 MSB：它是特德的个人边际收益曲线 MB_T 和爱丽丝的个人边际收益曲线 MB_A 的垂直加总。

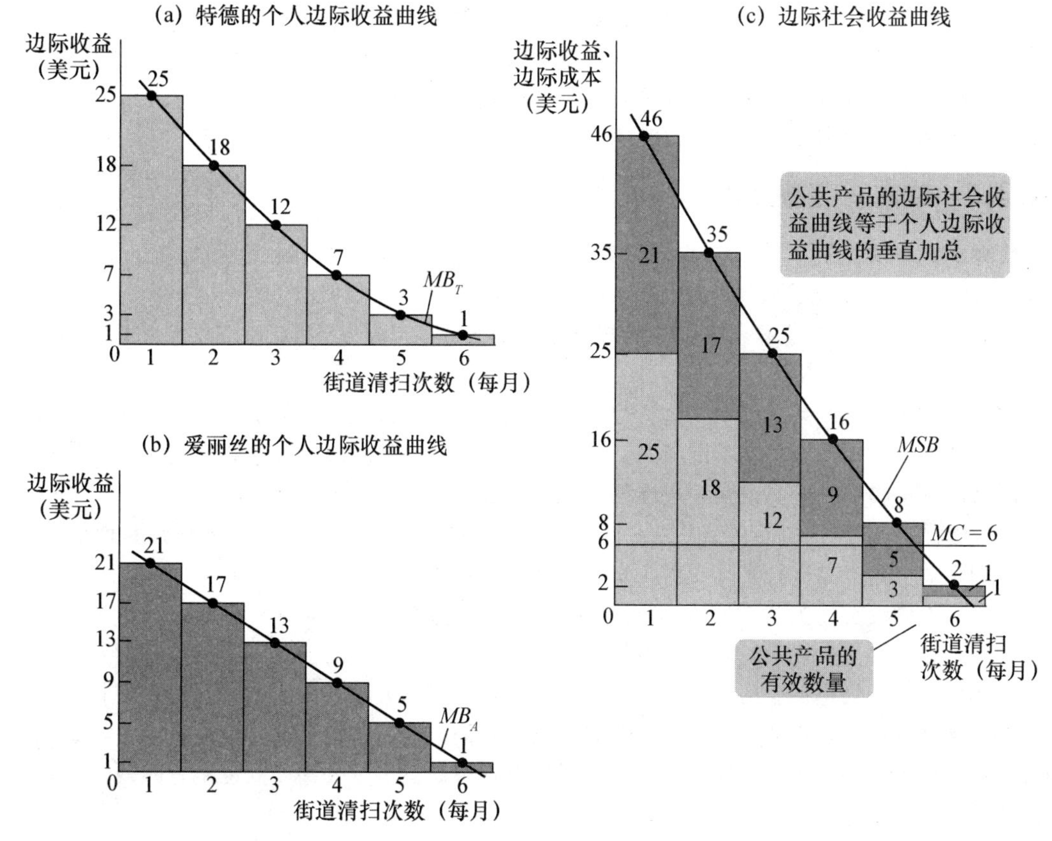

图 10－6　公共产品

图（a）为每月街道清扫带给特德的个人边际收益曲线 MB_T，图（b）为爱丽丝的个人边际收益曲线 MB_A。图（c）为公共产品的边际社会收益，等于所有消费者（在目前情况下是特德和爱丽丝）个人边际收益的加总。边际社会收益曲线 MSB 是个人边际收益曲线 MB_T 和 MB_A 的垂直加总。在边际成本固定保持在 6 美元时，每月应该清扫街道 5 次，因为清扫从 4 次增至 5 次的边际社会收益为 8 美元（特德的 3 美元加上爱丽丝的 5 美元），但是从 5 次增至 6 次的边际社会收益为 2 美元。

为了最大限度地提高社会福利，政府应该清扫街道到这样的水平：每增加一次清扫的边际社会收益不超过边际成本。假设每次清扫街道的边际成本为 6 美元。那么城市每月应清扫街道 5 次，因为从 4 次增至 5 次，清扫的边际社会收益为 8 美元，但从 5 次增至 6 次，清扫只会产生 2 美元的边际社会收益。

图 10－6 有助于强化我们对为什么不能靠自利的个人来提供有效的公共产品数量的理解。假设城市的街道清扫次数少于有效水平，无论是特德还是爱丽丝被要求为最后一次清扫进行支付。没有一个人愿意为之支付！特德本人从增加的一次街道清扫中获得的收益只相当于 3 美元的效用，因此他不愿意支付 6 美元边际成本增加一次清扫。增加一次清扫，爱丽丝本人获得相当于 5 美元的效用，她也不愿意为此支付。

问题的关键是增加一单位公共产品的边际社会收益总是大于任何个人的边际收益。这就是为什么没有人愿意为有效数量支付。

公共产品的这种描述，即每增加一单位的边际社会收益大于任何个人的边际效益，听起来是否有点耳熟？是的。我们在讨论正外部性时遇到过类似的情况。请记住，在正外部性存在的情况下，增加一单位公共产品，所有消费者获得的累积的边际社会收益要大于生产这一单位商品的生产者所收到的价格，市场生产的商品数量不足。

对公共产品而言，在正外部性存在的情况下，个人边际收益与生产者收到的价格发挥同样的作用：两种情况创造的激励都不足以提供商品的有效数量。

提供公共产品的问题与正外部性问题非常相似，在这两种情况下，市场出现失灵，所以需要政府干预。政府存在的一个基本理由是它为公民对自己征税提供公共产品找到了一种途径，尤其是像国防这样重要的公共产品。

当然，如果社会真的只有两个人，他们可能会设法达成协议来提供公共产品。但是，设想一个拥有一百万人的城市，每一个人从公共产品中获得的个人边际收益都仅是边际社会收益的一小部分。自愿达成对有效水平的街道清扫次数进行支付的协议是不可能的——搭便车问题使得在人们间执行协议非常困难。但他们会投票对自己征税来支付在全市范围内做清扫的环卫部门。

□ 10.4.5 成本—收益分析

成本—收益分析指估算和比较提供公共产品的社会收益和社会成本。

政府如何在实践中决定提供多少公共产品呢？有时候，决策者只是猜测或提供他们认为会得到竞选连任的数量。然而，负责任的政府试图估算和比较提供公共产品的社会收益和社会成本，这被称为**成本—收益分析**（cost-benefit analysis）。

这要直接估算提供公共产品的成本。估算收益更难。实际上，这是一个非常困难的问题。

现在你可能想知道，为什么政府不询问人们愿意为公共产品支付的金额（他们个人的边际收益）来计算出公共产品的边际社会收益。事实证明，很难得到诚实的答案。

这不是私人物品的问题：我们可以观察一个人对一单位私人物品愿意支付多少来判断他愿意支付多少钱。但由于人们不对公共产品进行实际支付，支付意愿的问题总是假设的。

更糟糕的是，人们没有动机如实回答问题。人们本能上希望有更多而不是更少的公共产品。因为不管人们使用的公共产品数量有多少，他们都无须支付，所以当询问他们希望的公共产品数量时，人们往往会高估他们的感觉。例如，如果只是根据房主的愿望清扫街道，街道将每天清扫一次——这是一种非有效的水平。

所以，政府必须认识到，在决定提供多少公共产品时它们不能简单地依靠公众的诉求——如果它们这样做，它们很可能提供得太多。相反，通过投票来表明公众希望提供多少公共产品也是有问题的，有可能导致提供的公共产品太少。

▶ 真实世界中的经济学

老人河

它日夜奔流不息，但时不时会改变流向。事实上，密西西比河每隔数百年就会改变其路线。河水携带的泥沙逐渐在入海河道淤积，最终溢出河岸另辟蹊径。千百年来，密西西比河河口已经沿弧线在大约 200 英里范围内来回摇摆。

所以，密西西比河什么时候再次改变河道？哦，大约 45 年前。

密西西比河通常经过新奥尔良后入海；但是到了 1950 年，很明显，这条河将要改变河道，由新的路线奔流入海。如果没有陆军工程兵团（Army Corps of Engineers）的干预，1970 年或许又会改道。

密西西比河的变道会严重影响路易斯安那州的经济。一个主要工业区将失去入海口，而且海水会污染该地区的供水。因此陆军工程兵团用庞大复杂的水坝、围墙和闸门使密西西比河保持现状，这项工程被称为老人河治理结构工程（Old River Control Structure）。很多时候，通过这个控制结构的水量是尼亚加拉瀑布的五倍。

老人河治理结构工程是一个典型的公共产品的例子。任何个人都不会想去建造它，但它可以保护数十亿美元的私人财产。纵观陆军工程兵团的历史，它在美国各地建立了多个水治理工程，它的发展史说明与政府提供公共产品相关的问题由来已久：如果其他人为项目进行支付，每个人都希望有一项工程来保护自己的财产。因此，兵团项目的潜在受益者往往会系统化夸大项目带来的收益。兵团因为承担这些造价昂贵的项目而臭名昭著，因为这些项目用任何成本—收益分析方法分析都不划算。

公共项目投资过度问题的另一面是长期资金不足。这个问题的一个悲剧性例子是新奥尔良在 2005 年遭受卡特里娜飓风的重创。

虽然从新奥尔良市建市之初人们就明白存在严重的洪灾风险，因为它位于海平面以下，但是对于保护城市关键的防洪堤和水泵系统所做的工作并不多。建设和维护资金 50 多年来一直入不敷出，再加上监管不力，导致了防洪系统的能力严重不足，根本无法应对卡特里娜飓风的冲击。由于地方政府和州政府未能制订飓风发生的疏散计划，这场灾难变得更为复杂。最后，因为忽视公共产品，新奥尔良及其周围有1 464 人失去了生命，城市遭受的经济损失达数十亿美元。

及时复习

- 商品可以根据两个属性进行分类：它们是否具有排他性，它们是否具有消费竞争性。
- 具有排他性和消费竞争性的商品是私人物品。私人物品可以在竞争激烈的市场中有效地生产和消费。
- 当商品具有非排他性时就存在搭便车问题：消费者不会向生产者付钱，因此会导致非效率生产。
- 当商品具有消费非竞争性时，有效率的消费价格等于零。
- 公共产品具有非排他性和消费非竞争性。
- 尽管各国政府都应依靠成本—收益分析来确定供给多少公共产品，但这样做是有问题的，因为个人倾向于夸大公共产品的价值。

小测验 10－4

1. 根据是否具有排他性和消费竞争性对下属商品进行分类，它们各自属于什么类型的商品？

a. 公共空间如公园的使用。

b. 一个奶酪卷饼。

c. 从一个需要密码保护的网站获得的信息。

d. 关于飓风行进路径的公开消息。

2. 森特维尔镇有 16 人，居民分为两种类型——恋家者和及时行乐者。使用下表，镇里必须决定为除夕派对花费多少。预计没有居民个人愿意直接承担派对的成本。

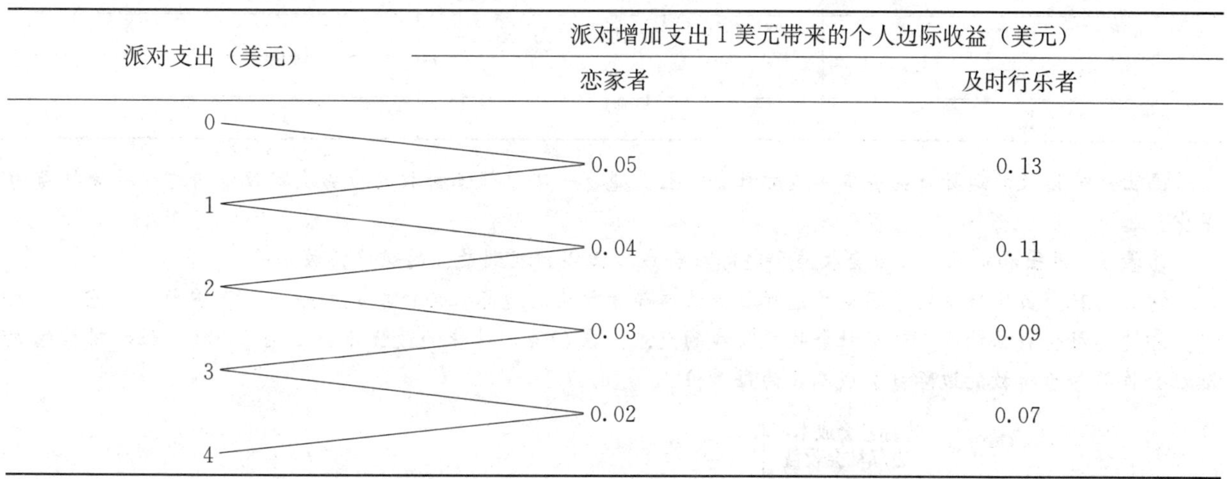

派对支出（美元）	派对增加支出 1 美元带来的个人边际收益（美元）	
	恋家者	及时行乐者
0		
	0.05	0.13
1		
	0.04	0.11
2		
	0.03	0.09
3		
	0.02	0.07
4		

a. 假设有 10 个恋家者和 6 个及时行乐者。确定用于派对的货币的边际社会收益表。有效支出水平为多少？

b. 假设有 6 个恋家者和 10 个及时行乐者。第 a 问的答案有什么变化？请解释。

c. 假设个人边际收益表已知，但没有恋家者和及时行乐者的真实比例。个人会被询问他们的喜好。如果每个人都假设别人会为增加的公共产品支出付费，可能会有什么结果？为什么它可能会导致一个非有效的高水平花费？请解释。

▶ **解决问题**

成功并非如此香甜的味道

美国人对于亚洲风味的辣椒调料斯瑞拉察（Sriracha）有些狂热。这种标签上有只公鸡的红色调料在全国的调料柜台都可买到。像必胜客、赛百味等快餐连锁店还推出了斯瑞拉察味的菜单，如蜂蜜斯瑞拉察比萨和斯瑞拉察鸡肉味产品。

斯瑞拉察由位于加利福尼亚州欧文代尔市的 Huy Fong 食品公司生产。每年公司生产 1 亿磅红辣椒来制作人们喜爱的调料。但是烤制这些红辣椒会有意想不到的后果：污染。2013 年当地居民开始抱怨工厂的辛辣味道，而且人们认为这引起了胃灼热、鼻出血和咳嗽。

下表显示了这种辣味排放产生的污染所带来的边际社会收益（*MSB*）和边际社会成本（*MSC*）。斯瑞拉察生产所造成的污染难道还有社会收益?

正如我们所知道的，避免污染将使用社会稀缺资源，本来这些资源可以用于生产其他产品和服务。允许企业排放的污染越多，它们承担的额外成本就越少。污染的社会收益来自为减轻斯瑞拉察生产中辣味的排放而用于购买设备的投资的减少。一般来说，减少污染的成本随着污染物允许排放量的增加而减少，边际社会收益随着污染的增加而减少。

辣味排放数量（千辣味单位）	边际社会收益（美元/单位辣味）	边际社会成本（美元/单位辣味）
0	80	0
1	72	8
2	64	16
3	56	24
4	48	32
5	40	40
6	32	48
7	24	56
8	16	64
9	8	72
10	0	80

画出辣味排放的边际社会成本和边际社会收益。减少一单位辣味排放的市场决定数量的边际社会收益为多少?

步骤 1：画出和标注边际社会收益和边际社会成本曲线。找到最优的辣味排放水平。

污染的社会最优数量处于污染的边际社会收益等于污染的边际社会成本的水平。如下图所示，它位于 *O* 点，即边际社会成本曲线与边际社会收益曲线的交点。在 *O* 点，辣味的最优排放量为 5 000 单位，排放的边际社会收益等于排放的边际社会成本，为每单位 40 美元。

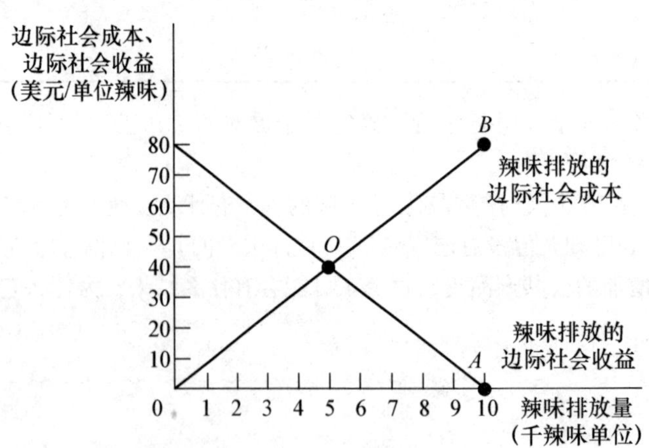

步骤 2：找出市场确定的污染数量。

市场确定的污染数量将处于污染者的边际收益为零的水平。由于除了污染者自身实现的成本节约以外，污染没有边际社会收益，市场决定的数量将处于污染的边际社会收益为零的水平。这位于辣味排放量为10 000单位的水平，如图中A点所示。

步骤3：确定将污染物从市场决定的水平上减少一单位，社会获益多少。

从图中的A点移向B点，我们可以看出，在10 000单位市场确定的水平上污染的边际社会成本高达每单位80美元。A点的边际社会收益为零。由于污染为10 000单位时，每单位污染的边际社会成本为80美元，而每单位污染的边际社会收益为零，所以减少一单位污染量，导致总剩余的净得益为80美元－0美元＝80美元。

小结

1. 污染的社会成本是外部成本的一个事例；但是，在某些情况下，经济活动也产生外部得益。外部成本和外部得益共同被称为外部性，外部成本被称为负外部性，外部得益被称为正外部性。

2. 当污染可以直接观察到并进行控制时，政府的政策应该直接指向产生污染的社会最优数量，即污染的边际社会成本等于污染的边际社会收益时的数量。没有政府干预时市场会产生过多的污染，因为污染者只考虑他们自身的利益，而不考虑污染强加给别人的成本。

3. 根据科斯定理，只要交易成本——进行交易的成本——足够低，私人就可以找到一种方法来内部化外部性，这使得政府干预不必要。然而，在许多情况下，交易成本太高，以至无法完成这样的交易。

4. 许多国家的政府往往以实施环境标准作为处理污染的方法，经济学家认为，这通常并非减少污染的有效方式。减少污染的两种有效（成本最小化）的方法是：征收排放税（庇古税的一种形式）和发放可交易排放许可证。对污染征收的最优庇古税等于污染的社会最优数量处的边际社会成本。这些方法也为污染者采用减少污染的生产技术提供了激励。

5. 当一种产品或活动产生外部得益或正外部性时，如技术外溢，给生产者的最优庇古补贴会使市场结果移动到生产的社会最优数量。

6. 可以根据商品是否具有排他性和消费竞争性对其进行分类。

7. 对于私人物品，自由市场可以生产和消费有效水平，因为私人物品既有排他性，又有消费竞争性。当商品有非排他性或消费非竞争性或者两者兼有时，自由市场无法实现有效的结果。

8. 当产品不具有排他性时，就会产生搭便车问题：一些消费者并不为产品付费，但消费别人已经付费的产品，这会导致非有效的低产出。当商品具有消费非竞争性时，就应该是免费的，任何大于零的价格都会导致非有效的低消费。

9. 公共产品具有非排他性和消费非竞争性。在大多数情况下，公共产品必须由政府提供。公共产品的边际社会收益等于每个消费者的个人边际收益之和。公共产品的有效数量是指边际社会收益等于提供商品的边际成本时的数量。与正外部性相似，边际社会收益大于任何一个个人的边际收益，所以没有人愿意提供有效的数量。

10. 政府干预的合理性是它允许公民对自己征税来提供公共产品。政府通过成本—收益分析来确定公共产品的有效供给。但是，这种分析是困难的，因为人们有动机高估商品对他们的价值。

关键词

外部成本	外部得益	外部性	负外部性	正外部性
污染的边际社会成本	污染的边际社会收益	社会最优污染数量	科斯定理	交易成本
外部性的内部化	环境标准	排放税	庇古税	可交易排放许可证
庇古补贴	技术外溢	排他性	消费竞争性	私人物品
非排他性	非竞争性	搭便车问题	公共产品	成本—收益分析

练习题

1. 下面每一种情形对应的是什么类型的外部性（正或负）？活动的边际社会收益大于还是等于个人边际收益？活动的边际社会成本大于还是等于个人边际成本？如果政府干预，活动是过少还是过多（相对于社会最优水平）？

a. 周先生在他的前院种植了许多五颜六色的花朵。

b. 你的邻居喜欢在他的后院生篝火，火花往往漂移到你的房子上。

c. 住在一个苹果园旁边的迈亚决定养蜂酿蜜。

d. 贾斯廷买了一辆油耗大的大型SUV。

2. 在加利福尼亚州许多奶牛农场主都采用了新的技术，他们能够从动物粪便中收集甲烷气体自己发电。（一头牛一天最多能发2千瓦电。）这一做法减少了释放到大气中的甲烷气体量。除了降低自己的水电费，农民还可以以优惠的价格出售他们所发的电。

a. 说明从获取和转化甲烷气体中挣钱类似于对甲烷气体污染征收庇古税，并可能导致奶牛农场主排放的甲烷气体污染达到有效数量。

b. 假设一些奶牛农场主将甲烷转化成电能的成本比别人低。解释收集和销售甲烷气体的这一制度怎样导致农场主之间减排的有效分配。

3. 根据美国人口普查局的报告，“就一名全职工人的平均［终身］收入而言，一名高中毕业生为120万美元，而一名大学毕业生为210万美元。”这表明，一名毕业生的教育投资的收益相当大。大部分州立大学的学费仅弥补大学教育成本的三分之二到四分之三，因此，各州对大学教育实行庇古补贴。

如果庇古补贴是合适的，大学教育产生的外部性为正还是为负？这对于学生的成本和收益之差与社会成本和收益之差意味着什么？造成这种差额的原因有哪些不同？

4. 在弗吉尼亚州福尔斯彻奇市，当居民的前院在街道15英尺之内时，市政府对业主种树提供补贴。

a. 使用本章的概念，解释为什么市政府会对种植作为私人财产但靠近街道的树提供补贴。

b. 绘制类似于图10-4的图形，表明边际社会收益、边际社会成本以及植树的最优庇古补贴。

5. 裸盖鱼捕捞已经非常密集，以至该鱼种濒临灭绝。经过几年的禁捕后，政府现在提议引入交易许可证，每证允许持有人捕捞一定的数量。解释不受控制的捕鱼如何产生负外部性，以及这种许可证计划如何可能克服这种外部性产生的低效率。

6. 柯立芝市有两家干洗公司，名称分别为“学院清洁工”和“大绿清洁工”，是该市空气污染的主要来源。它们目前共造成350单位空气污染，城市要求减少到200单位。下表给出了每家公司目前造成的污染水平、每家公司降低其污染的边际成本。边际成本是固定不变的。

公司	初始污染水平（单位）	减少污染的边际成本（美元/单位）
学院清洁工	230	5
大绿清洁工	120	2

a. 假设柯立芝市通过环境标准，各家公司的排污限制在100单位。两家公司每家将污染排放减少到100单位的总成本是多少？

假设柯立芝市采用发放许可券的方式，每家公司有100张许可券，每张许可券允许公司排放1单位污染，这些许可券可以进行交易。

b. 对学院清洁工而言每张许可券值多少钱？对大绿清洁工而言每张许可券值多少钱？（也就是说，每家公司顶多愿意为每张券支付多少？）

c. 谁将卖出许可券？谁将买入许可券？有多少许可券会被交易？

d. 在许可券制度下，两家公司控制污染的总成本为多少？

7. 政府提供许多产品和服务。对于下述每种产品或服务，确定它们具有消费竞争性还是消费非竞争性、具有排他性还是非排他性。每种产品或服务是什么类型的商品？如果没有政府干预，提供的数量是有效率的、处于非有效的高水平还是处于非有效的低水平？

a. 路牌。

b. 美国国家铁路客运公司的服务。

c. 限制污染条例。

d. 不收过路费的拥挤的州际高速公路。

e. 海岸灯塔。

8. 经济学家对一个博物馆馆长给出了以下建议："你应该引入'峰值定价'。有时博物馆游客稀少，此时你应该宣布参观免费。有时候馆内游客众多，此时你应该收取较高的入场费。"

a. 当博物馆门可罗雀时，它具有消费竞争性还是消费非竞争性？它具有排他性还是非排他性？此时博物馆是什么类型的产品？在这段时间向顾客收取的有效价格是多少？为什么？

b. 当博物馆忙碌时，消费是竞争性还是非竞争性的？具有排他性还是非排他性？此时博物馆是什么类型的商品？在这段时间向游客收取的有效价格是多少？为什么？

9. 在许多计划性社区，社区生活的各个方面都由业主协会监管。这些监管规则包括：住房结构调整的监管；人行道积雪的清扫；户外设施如后院的游泳池的拆除；共享空间如社区会所的建立；等等。假设这样的社区出现了某些冲突，因为一些房主认为上述部分规则过于令人反感。你一直在呼吁进行调解。使用你已经学习过的公共产品和公共资源的内容，你怎样确定哪些类型的规则是必要的、哪些类型的规则没有必要？

10. 下表为每月清扫街道的不同次数带给塔妮莎和阿里的个人边际收益。假设街道清扫的边际成本固定不变，为每次 9 美元。

每月街道清扫次数	塔妮莎的个人边际收益（美元）	阿里的个人边际收益（美元）
0		
	10	8
1		
	6	4
2		
	2	1
3		

a. 如果塔妮莎不得不自己支付街道清扫费用，会有多少次街道清扫？

b. 计算街道清扫的边际社会收益。街道清扫的有效次数为多少？

c. 考虑街道清扫的最优数量。最后清扫街道的费用是 9 美元。塔妮莎愿意为最后一次付费吗？阿里愿意为最后一次付费吗？

11. 在 20 世纪 90 年代，自愿环保计划在美国、欧洲和日本非常受欢迎。它们之所以知名，一部分原因是这些计划不需要获得立法机构的批准，因为往往很难获准。由环境保护局启动的 33/50 计划就是这样一个例子。有了这个计划，美国环境保护局试图通过提供控制污染的相对廉价的方式这种信息来减少 17 种有毒化学品的工业排放。公司被要求自愿承诺减少排放，到 1992 年减少 1988 年排放水平的 33%，到 1995 年减少 1988 年排放水平的 50%。实际上 1994 年就达到了第二个目标。

a. 仿照图 10-3，画出 1988 年两个工厂 A 和 B 所产生污染的边际收益曲线。假设若没有政府干预，每个工厂排放的污染量相同，但是，在低于这一污染水平时，工厂 A 污染的边际收益小于工厂 B。用纵轴表示"个体污染者的边际收益"，用横轴表示"污染排放量"，标出没有政府干预时每个工厂的污染水平。

b. 你预期在该计划实施前，污染的总量高于还是低于最优污染水平？为什么？

c. 假设我们在第 a 问中提到其边际收益曲线的工厂参与 33/50 计划。请在第 a 问的图中，标出两个工厂在 1995 年的污染水平。哪个工厂被要求减排的数量多？这种解决办法一定能实现有效水平吗？

d. 什么样的环境政策与 33/50 计划最相似？这种政策的主要缺点是什么？比较它与本章讨论的其他两种类型的环境政策。

12. 在研制对抗 SARS 病毒的疫苗时，一家制药公司投入了非常高的固定成本。然而，递送疫苗给患者的边际成本可以忽略不计（被认为等于零）。制药公司对疫苗拥有独家专利。你是管制部门的人，必须决定允许该制药公司收取什么样的价格。

a. 画图说明公司不受管制时对疫苗会收取的价格 P_M。疫苗的有效价格为多少？价格为 P_M时无谓损失为多少？

b. 画出另一幅图，表明管制机构可以强制执行的最低价格，该价格仍然能引导制药公司开发疫苗。将其标为 P^*。标明该价格处的无谓损失。与价格为 P_M相比，无谓损失有什么变化？

c. 假设你有关于制药公司固定成本的准确信息。你怎么使用对制药公司的价格管制和对公司的补贴，使得制药公司在对政府而言的最低成本上提供有效的疫苗数量？

在线回答问题

13. 你宿舍旁边的联谊会上发出的嘈杂音乐是可以直接量化的负外部性。下表为每分贝音乐的边际社会收益和边际社会成本（分贝为音量单位）。

音量（分贝）	每分贝的边际社会收益（美元）	每分贝的边际社会成本（美元）
90		
	36	0
91		
	30	2
92		
	24	4
93		
	18	6
94		
	12	8
95		
	6	10
96		
	0	12
97		

a. 画出音量的边际社会收益曲线与边际社会成本曲线。根据图表来确定音量的社会最优水平。

b. 只有联谊会成员才能从音乐中获得收益，他们没有承担任何成本。他们会选择的音量为多少？

c. 学院对播放的每分贝音乐收取 3 美元庇古税。根据你的图形，确定联谊会现在会选择的音量。

14. 某住宅小区有 100 个居民，他们担心安全问题。下表给出了雇用 24 小时保安服务的总成本以及每个居民所获得的总收益。

保安数量	总成本（美元）	每个居民所获得的总收益（美元）
0	0	0
1	150	10
2	300	16
3	450	18
4	600	19

a. 解释为什么保安服务对社区居民而言是一种公共产品。

b. 计算每个居民的边际成本、个人边际收益和边际社会收益。

c. 如果居民个人决定是否雇用保安来提供保安服务，将雇用多少保安？

d. 如果居民一起行动，他们将雇用多少保安？

第 11 章

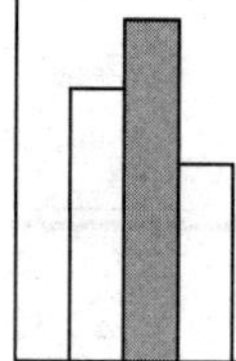

贫困、不平等和福利国家

本章将学习

- 福利国家的内容及其基本原理。
- 如何定义贫困，导致贫困的原因是什么，后果如何。
- 美国收入不平等的历史沿革。
- 社会保障计划如何影响贫困和收入不平等。
- 健康保险特别关注什么。
- 为什么对福利国家的规模有争论和政治分歧。

开篇案例

奥巴马医改

2014 年 1 月 1 日，卢·文森特（Lou Vincent）终于得到了健康保险。

文森特是俄亥俄州居民，有Ⅱ型糖尿病，因此没有保险公司愿意给他提供保险，他 10 年来过着没有保险的日子。“我们收到了 30 封拒绝信，”他的妻子告诉记者。那么，2014 年初什么开始改变了吗？一个新的重要政府计划项目《患者保护与平价医疗法案》(Patient Protection and Affordable Care)——通常被称为《平价医疗法案》(Affordable Care Act，ACA) 或“奥巴马医改”(Obamacare)——开始生效。

数百万美国人直接获得政府健康保险，主要来自医疗保险（涵盖 65 岁及以上人群）和医疗补助（涵盖了穷人和接近贫穷的人群，《平价医疗法案》扩大了其范围）。奥巴马医改的内容与此前不同，因为它是通过受到广泛管制的私人保险公司来推行的，除其他内容外，该法案防止保险公司要么拒绝承保、要么向类似文森特这样的用户收取额外的费用，因为他们已预先存在健康问题。

除了对保险公司进行管制外，《平价医疗法案》对公众制定了新的规则：美国公民即永久居住人必须购买符合某些最低标准的保险。为了保证低收入家庭负担得起保险费，法律规定提供大量补贴。为了获得这些补贴，法律规定征收新税，主要是针对高收入人群。

总体而言，奥巴马医改是政府在经济中所发挥作用的大幅扩张。具体来说，它标志着福利国家的一个重要扩展，政府计划总的目的是限制经济的不安全性和/或减少经济中的不平等。

关于福利国家的合理规模和作用在政治上争论激烈。事实上，你可以认为，这一争议事关政治主要是什么的问题，自由派寻求扩大福利国家的范围，保守派则寻求缩小政府规模。

毋庸置疑，对奥巴马医改的看法分歧严重。在当代美国，政治家往往对陷入财政困境的家庭应该得到多少医疗、住房、食品和其他必需品的资助存在争论，但对陷入困境的家庭应该得到一些帮助是有广泛政治共识的。他们也是这样做的。即使是保守派，通常也接受相当广泛的福利国家这一生活中已经存在的事实。所有富裕国家中的政府在医疗保健、退休、资助穷人和失业中都发挥着很大的作用。

在本章开始我们将讨论福利国家计划的合理性。随后，我们来看美国目前的两个主要计划：收入支持计划和医疗保健计划，前者是迄今为止规模最大的社会保险，后者主要由医疗保险计划和医疗补助计划组成，但《平价医疗法案》的作用越来越大。

11.1 贫困、不平等和公共政策

福利国家（welfare state）一词逐渐成为旨在缓解经济困难的政府计划项目的统称。富裕国家政府支出中的很大一部分都用于**政府转移支付**（government transfer）——由政府对个人和家庭提供财政援助——向穷人、失业人员提供援助，保证老人的收入以及协助那些有大量的医疗费用要支付的人群。

福利国家是旨在缓解经济困难的政府计划项目的总称。

政府转移支付指由政府对个人和家庭提供财政援助。

扶贫计划是旨在帮助穷人的政府计划。

社会保险计划是旨在对不可预知的财务困境提供保护的计划。

□ 11.1.1 福利国家的逻辑

福利国家的创建有三大经济理由。下面我们逐一进行讨论。

1. **缓解收入不平等**。假设泰勒一家一年的收入只有15 000美元，收到了政府补贴1 500美元。该笔补贴可让泰勒一家住得更好一点，吃更有营养的饮食，或者以其他方式显著改善他们的生活质量。另外，假定费舍尔一家每年有300 000美元的收入，要缴纳1 500美元的额外的税。这不会使他们的生活质量有太大的差别，在最坏的情况下，他们可能不得不放弃少量奢侈品。

这个假设的变换说明了福利国家的第一个重要理由：缓解收入不平等。由于边际收入对穷人比对富人更值钱，从富人向穷人进行少量转移，对前者几乎没有什么伤害，但可大大改善后者的境况。因此，根据这种说法，政府“劫富济贫”，确实利大于弊。那些旨在帮助穷人的计划被称为**扶贫计划**（poverty program）。

2. **缓解经济的不安全状况**。福利国家的第二个重要理由是缓解经济的不安全状况。试想一下有十个家庭，如果一切正常，每个家庭都预期来年收入为50 000美元。但是，依据概率，假设会出现某种意想不到的问题，其中一家会遇到麻烦，尽管没有人知道是哪个家庭。例如，假设每个家庭都有十分之一的概率因为一个家庭成员失业或支出较高的医疗费用而收入大幅下降，并假定这一事件将给家庭带来严重的困难，家庭成员将不得不辍学或将失去住房。

现在假设政府有向处于困境的家庭提供援助的项目，资金来源于在境况好时对各个家庭征收的税收。可以说，这一计划将使得所有家庭境况变好，因为即使目前不会获得援助的家庭可能在未来的某一时刻也会需要。因此，每个家庭都会感到更加安全了，因为他们知道，在灾难袭来时，政府随时准备提供帮助。旨在对不可预知的财务困境提供保护的计划被称为**社会保险计划**（social insurance program）。

两个关于福利国家的理由：缓解收入不平等和缓解经济的不安全状况与公平赋税的主要原则——能力支付原则密切相关。根据该项原则，支付能力越大，纳税就越多。对能力支付原则通常的解释是：与高收入人群——向该人群额外征收1美元的税不会使其经济福利有多大的不同——相比，低收入人群——向该人群额外征收1美元的税会对其经济福利产生较大的影响——缴纳的税应该占其收入的较小部分。同样的原则也表明，税收系统实际上应该向那些收入极低的人群返还金钱。

▶ 追根究底

正义与福利国家

1971年，哲学家约翰·罗尔斯（John Rawls）出版了《正义论》（*A Theory of Justice*），这是迄今为止发展经济公平理论最有名的著作。他让读者去想象关于自己身份的“无知之幕”（veil of ignorance）背后的决定性经济和社会政策。也就是说，假设你知道你会是一个人，但不知道是富有还是贫穷、是健康还是患有疾病，等等。罗尔斯认为，如果人们不得不做出无知之幕背后的决定，政策将会出现，界定了我们所说的经济正义。这是对黄金准则通用的解释：换位思考，对待他人就像你希望别人对待你一样。

罗尔斯进一步指出，无知之幕背后的人会选择对社会最糟糕成员的福祉有很高价值的政策：毕竟，我们每个人也许就是那些倒霉人群中的一员。因此，罗尔斯的理论经常被用来作为论据支持慷慨的福利国家。

罗尔斯的书出版三年后，另一位哲学家罗伯特·诺齐克（Robert Nozick）出版了《无政府、国家和乌托邦》(*Anarchy*, *State*, *and Utopia*)，这通常被认为是自由主义的回应。诺齐克认为，正义是权利，而不是结果，政府无权强迫高收入人群来支持其他收入较低的人群。他主张小政府执行法律、提供安全——“守夜人国家”，他反对福利国家计划，这占用了太多的政府支出。

当然，哲学家不主宰世界。但是，现实世界的政治辩论通常包含基于罗尔斯式立场或诺齐克式立场的论据。

3. **减少贫困和提供医疗保健**。第三点也是最后一个重要理由与福利国家减少贫困和提供医疗保健的社会收益有关，特别是当这些被应用于贫困家庭的子女身上时。研究人员已经证明，平均而言，这些群体的孩子终身处于劣势地位。

即使经过能力调整之后，经济困难群体的孩子长大后也容易成为就业不足或失业人员，有犯罪行为，以及有其他慢性健康问题，所有这些都显著增加了社会成本。因此，根据这些证据，帮助缓解贫困和提供医疗保健的计划将对社会带来外部得益。

从更广的范围看，如“追根究底”专栏所解释的那样，一些政治哲学家认为，社会正义原则要求，社会应该照顾好穷人和不幸者。其他不同意这种观点的人认为，福利国家计划超越了政府应该扮演的合适角色。在一定意义上，两种哲学观之间的差异定义了我们所说的政治上的“自由主义”和“保守主义。”

但在我们扬扬得意之前，我们需要认识到事情并非想象中的那样千篇一律。即使是保守派，也会认为有限政府通常应支持一些福利国家计划。即使是支持福利国家目标的经济学家也担心，对穷人和不幸的人的大规模援助会影响他们工作和节俭的积极性。与税收相似，福利国家计划会造成大量的无谓损失，所以，这些计划真实的经济成本可能比直接的金钱成本大得多。

本章后面我们将转向福利国家的成本和收益分析。当然，首先我们来看看福利国家应该解决的问题。

□ 11.1.2 贫困问题

至少在过去的75年中，美国所有的总统都承诺要尽最大努力减少贫困。1964年，林登·约翰逊（Lyndon Johnson）总统甚至宣布“向贫穷开战”，推出了一批新的计划来帮助穷人。反贫困计划是美国福利国家中重要的一部分内容，虽然社会保险计划包括的内容更多。

但是，我们关于贫困的确切含义是什么？任何定义都有些武断。然而，自1965年以来，美国政府一直由官方确定**贫困线**（poverty threshold），指被认为只能购买生活必需品的最低年收入。家庭收入低于贫困线就被认为是穷人。

> 家庭年收入低于官方确定的**贫困线**被认为是穷人。

官方贫困线取决于家庭的规模和组成。2015年独自生活的成年人的贫困线是12 331美元；由两个成年人和两个孩子组成的家庭为24 036美元。

贫困趋势　与普遍的误解不同，虽然官方贫困线每年都调整以反映生活费用的变动，但随着时间的推移，它一直没有向上调整以反映普通美国家庭生活标准在长期的上升。因此，随着经济的增长及变得更加繁荣，平均收入也提高了，你可能会想到生活在贫困线以下的人口比例会稳步下降。

然而，出人意料的是，并非如此。图11-1中下面的线显示的是从1967年到2014年美国官方的**贫困率**（poverty rate）——生活在贫困线以下的人口所占的百分比。我们可以看到，1967年之后的贫困率——在20世纪60年代初急剧下跌——上下波动，没有明显的趋势。2014年的贫困率高于40年前，尽管美国在整体上比那时富裕得多。作为对这一令人惊讶的结果的回应，研究人员已经认定官方度量贫困的这一指标有一些局限性，其中最重要的是收入定义中实际上并没有

> **贫困率**是贫困线以下的人口所占的百分比。

包括多种形式的政府援助。例如，其中没有包括食品券的货币价值。因此美国人口普查局现在发布了补充贫困率指标（supplement poverty measure），即将这类收入来源包括在内。专家们认为这项指标更准确。图 11-1 中上面的曲线显示了这项指标随着时间的推移而发生的变化。它比标准的指标有了很大的改进，但考虑到平均家庭的实际收入自 1970 年以来提高了大约 40%，这一指标的变化仍旧出人意料的小。

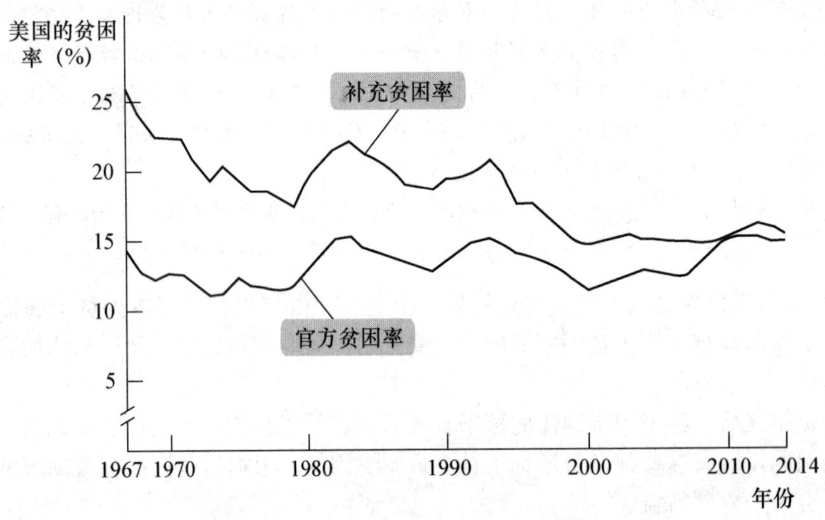

图 11-1　1967—2014 年美国贫困率的趋势

自 20 世纪 60 年代后期以来，官方公布的贫困率并没有显示出明显的变化趋势。然而，一个替代性指标——被称为补充贫困率（SPM），大多数专家认为其更准确——有小幅下降。

资料来源：U. S. Census Bureau；Fox，Liana，et al.，NBER Report No. w19789.

谁是穷人？　许多美国人可能对贫困有着刻板的印象：一个非洲裔或西班牙裔家庭，没有丈夫，女性支撑家庭，至少有一段时间失业。这种印象并非完全没有根据：在非洲裔美国人和西班牙裔以及以女性为户主的家庭中，贫穷比例高。但大多数穷人并不符合这样刻板的印象。

2014 年，4 670 万美国人口——14.8%的人口或七分之一多一点的人口——处于贫困状态。穷人中 23%为非洲裔美国人，这一比例大大超过其在总人口中所占的份额（总人口中只有约 13%是非洲裔美国人）。西班牙裔贫困人口所占的比例也比一般美国人高，贫困率为 23.6%。但是，非西班牙裔白人中的贫困人口也很普遍，占了贫困人口的 42%。

家庭构成与贫困有关联。没有丈夫的女性所支撑的家庭有很高的贫困率：30.6%。已婚夫妇都成为穷人的可能性大大降低，贫困率仅为 6.2%；不过，穷人中约 39%是夫妻双全的家庭。

然而，真正引人注目的数据是贫穷和就业不足之间的关联。全职工作的成年人都不太可能是穷人：2014 年只有 3%的全职工人是穷人。在很多行业，尤其是零售和服务行业，现在主要依赖兼职工人。兼职工作通常没有福利，如健康保险计划、带薪休假日和退休福利，而且通常支付比同等全职工作更低的小时工资。因此，许多穷人是一些被分析师称为"穷忙族"（working poor）的人：收入水平下降到或低于贫困线的工人。

什么原因导致贫困？　贫困往往归咎于缺乏教育，显然受教育程度对收入水平有很大的影响——受教育时间长者的平均收入要高于受教育时间短者。例如，在 1979 年，具有大学学历者的平均小时工资比只有高中文凭者高出 38%；到 2014 年，"大学溢价"已增至 85%。

缺乏熟练运用英语的能力也是获得更高收入的一个障碍。例如，在美国的生于墨西哥的男性工人——三分之二的人高中没有毕业，其中许多运用英语的能力较差——收入比本土男性低一半多。

而且，不要忽略种族和性别歧视的作用；虽然与 50 年前相比，歧视在今天已经大幅减少，但歧视仍然是阻碍许多美国人进阶的强大壁垒。与具有相同教育水平的白种人相比，非白种人获得的雇佣机会和薪资都较少。研究发现，与白种人、非洲裔美国妇女和拉美裔移民相比，非洲裔男性一直受到雇主的歧视。女性与具有类似资格的男性相比，赚取的收入相对要低。

此外，贫困的不容忽视的另一个重要原因是运气不好。当一个家庭中的主要赚钱人失去工作或家庭成员罹患重病时，许多家庭将陷入穷困潦倒的境地。

贫困的后果 贫困的后果往往很严重，尤其是对儿童。2014 年，21%的美国儿童生活在贫困中。贫穷往往造成缺乏医疗保健，健康问题可能会进一步影响后来的接受教育的能力及工作能力。住房负担也常常成为问题，贫困家庭经常被迫搬家，扰乱上学和工作的进程。最新的医学研究表明，在严重贫困环境中成长起来的儿童往往存在终身学习障碍。其结果是，在贫穷中或接近贫穷中成长起来的美国孩子并没有在起跑线上获得平等的机会：他们往往在其一生中都处于劣势。即使是来自贫困家庭的天才儿童也有很大的可能完成不了大学学业。

□ 11.1.3 经济不平等

美国是一个富有的国家。2007 年，在经济衰退冲击之前，美国家庭的平均收入为 77 198 美元（按 2014 年价格计算），远远超过了贫困线。即使在经过了毁灭性的经济衰退之后复苏乏力，2014 年家庭的平均收入仍有 75 738 美元。这怎么可能？为什么还有这么多美国人仍然生活在贫困之中？答案是，收入分配不均，许多家庭的收入比平均水平要低得多，而有些家庭则赚得高得多。

表 11－1 为美国家庭 2014 年的税前收入——缴纳联邦所得税之前的工资，由美国人口普查局估算。家庭按五分位数分组，每组包括 20%或五分之一的人口。第一组即最低五分位数组是家庭收入在第 20 百分位数以下的家庭，第二五分位数组是家庭收入在第 20 百分位数与第 40 百分位数之间的家庭，依此类推。

对于每一组，表 11－1 都给出了三个数字。第二列定义各组收入水平的范围。例如，在 2014 年，最低五分位数组的家庭年收入低于 21 432 美元，下一五分位数组的家庭年收入在 21 432～41 186 美元之间，依此类推。第三列为各组的平均收入水平，从最低的 11 676 美元到最高的 332 347 美元。第四列为每一组收入占美国总收入的百分比。

表 11－1 **2014 年美国的收入分配现状**

收入组别	收入水平范围（美元）	平均收入水平（美元）	占总收入的比例（%）
最低 20%	低于 21 432	11 676	3.1
次低 20%	21 432～41 186	31 087	8.2
中间 20%	41 186～68 212	54 041	14.3
次高 20%	68 212～112 262	87 834	23.2
最高 20%	高于 112 262	194 053	51.2
最高 5%	高于 206 568	332 347	21.9
收入均值＝75 738 美元		收入中位数＝53 657 美元	

家庭收入均值是所有家庭收入的平均值。
家庭收入中位数是在家庭收入分配排序中正好位于中间的收入。

家庭收入均值与中位数 表 11－1 的底部给出的有关美国家庭收入的两个有用的数字值得我们思考。**家庭收入均值**（mean household income），也称为家庭收入的平均值，是所有美国家庭的总收入除以家庭数。**家庭收入中位数**（median household income）为家庭收入分配排序中正好位于中间的收入——在所有家庭中有一半的收入低于这一水平，有一半的收入高于这一水平。认识到这两个数字不同非常重要。

经济学家经常做如下比较来说明两者之差，首先想象一个房间中有几十个普通的工薪阶层人员，再想想如果 1 名年收入超过 10 亿美元的华尔街大亨进入该房间，房间内人员的收入均值和收入中位数会发生什么变化。收入均值会大幅上涨，因为大亨的收入拉高了平均水平，但收入中位数几乎没有上升。

这个例子有助于解释为什么经济学家普遍认为，收入中位数比收入均值能更好地反映典型美国家庭的经济状况：平均收入会显著受到一小部分收入非常高的人群的影响，但这部分人在美国人口总数中又不具有代表性；中位数则不会这样。

我们从表 11－1 中知道，美国的收入分配相当不平等。最贫困的五分之一家庭的平均收入不到中间的五分之一家庭平均收入的四分之一。最富有的五分一家庭是中间的五分之一家庭平均收入的三倍多。最富有的五分之一人口的收入平均而言约为那些最贫穷的五分之一人口的收入的15倍！事实上，在1980年之后，美国的收入分配变得更加不平等，这已经成为突出的政治问题。下面的“真实世界中的经济学”专栏讨论了美国收入不平等的长期趋势，20世纪三四十年代收入不平等大为缓和，二战结束后30多年保持稳定，从20世纪70年代后期开始恶化。

基尼系数 用一个数字来表现一个国家的收入不平等状况往往比较方便。**基尼系数**（Gini coefficient）是最广泛使用的表现不平等程度的指标，是基于总人口五分位数组的不同收入分配计算得出的（正如我们在下面的“国际比较”专栏中所见到的）。一个国家的收入分配如果完全平等——其中占人口最低20%的人获得总收入的20%，占人口最低40%的人获得总收入的40%，依此类推——基尼系数为0。在另一个极端，基尼系数最高的可能值是1，如果一个国家的所有收入只归一个人，就会得出这一系数值。

基尼系数是表现一个国家收入不平等程度的指标，是基于总人口五分位数组的不同收入分配计算得出的。

▶ 国际比较

收入、再分配和富裕国家间的不平等

花一些时间在美国各地旅行，然后再花一些时间到瑞典和丹麦四处旅行。你几乎可确定留下这样的印象：斯堪的纳维亚半岛的收入差距比美国小得多，富人不像美国的富人那样富，穷人也不像美国的穷人那样穷。数据也证实了这一印象：瑞典和丹麦以及事实上大多数西欧国家的基尼系数——一个概括一个国家收入不平等水平的指标——比美国低得多。为什么？

在很大程度上，答案在于政府的作用。在美国，政府在从收入最高人群向收入最低人群的收入再分配中发挥着显著作用。但是，欧洲国家比美国的福利国家的程度更高，进行的收入再分配更多。

下图为部分富裕国家的两种基尼系数。一个收入分配完全平等的国家——其中每个家庭都有同样的收入——基尼系数为0。在另一个极端，国家的所有收入归一个家庭所有，基尼系数为1。对于图中所列的国家，上面的长条是实际的基尼系数，衡量征税和实施转移支付前的可观察到的收入不平等状况，下面短一些的条为经过税收和转移支付调整后每一个国家的基尼系数。结果表明，丹麦和瑞典的市场收入不平等状况与美国的差不多——它们较低的可观察到的收入不平等水平是它们较高的福利国家程度的结果。

对这一结论还有一些事项要注意。一方面，数据可能没有对高收入人群做最好的跟踪，这可能在美国表现得比其他地方更明显。另一方面，欧洲福利国家可能对激励造成了影响，加剧了收入不平等。

不过，这些数据强烈表明，富裕国家之间的不平等差异在很大程度上反映了不同的政策，而不是基本经济状况的差异。我们马上对基尼系数做更多的讨论。

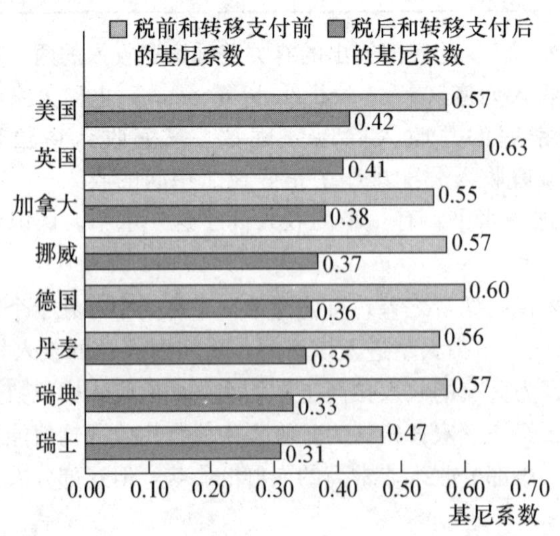

资料来源：Luxembourg Income Study.

要了解基尼系数在实践中的意义，一种方法是看国际比较。除了部分非洲国家，收入不平等最严重的国家在拉丁美洲，特别是哥伦比亚；收入高度不平等的国家的基尼系数接近 0.6。收入分配最公平的国家在欧洲，尤其是斯堪的纳维亚半岛国家；收入分配非常平等的国家，如瑞典，基尼系数大约为 0.33。与其他富裕国家相比，美国在 2012 年的基尼系数为 0.57，虽然并不像拉丁美洲国家那样不平等，但仍然非常不平等。

收入分配不平等问题严重吗？从直接意义上来看，收入严重不平等是指部分人不能分享国家的整体繁荣。正如我们所看到的，日益加剧的不平等解释了为什么在过去的 45 年中美国的贫困率没有下降，尽管该国整体上已经变得相当富有。此外，极端不平等，如拉丁美洲的情况，经常与少数富有阶层和其他人口之间的紧张关系所导致的政治不稳定有关。

然而，认识到如下内容也很重要，即表 11-1 所示的数据夸大了美国真实的不平等程度。这有几个原因。其中一个原因是，这些数据代表的仅仅是单一年份的情形，许多个体家庭的收入会随着时间的推移而波动。也就是说，很多在某一年接近最低组的家庭可能是处于年景异常糟糕的一年，许多在某一年处于最高组的家庭可能是处于年景异常好的一年。随着时间的推移，他们的收入将恢复到一个比较正常的水平。所以，在较长时期内（如 10 年）按五分位数组计算的人口平均收入就不会显得那么不平等。

此外，家庭收入往往随着生命周期的变化而变化：大部分人从业早期的收入大大低于后期，然后在退休时会经历收入的大幅下降。因此，将青年工人、成熟工人和退休人员合在一起的表 11-1，与只是比较处于相似年龄段的家庭的表相比，看上去会更不平等。

除了这些限定条件外，美国还有许多真正的不平等。事实上，不平等不仅会在一个人的一生中持续很长时间，还会跨代延伸。贫困家庭的孩子有很大的可能比家境殷实的孩子要贫穷，反之亦然，这种相关性在美国比在其他富裕国家更显著。而且，事实上，家庭收入在不同年份间的波动并不完全是好消息。某一年的不平等数据指标确实会真正高估不平等水平。但是，即使是富裕家庭，这种不同年份间的波动也会成为他们担心的一部分——对经济不安全的担忧。

□ 11.1.4 经济不安全性

正如我们在前面所提到的，尽管福利国家的合理性部分在于减少贫困和不平等所带来的社会收益，但也有部分体现在减少经济的不安全性上，这甚至会影响相对富裕家庭的福利。

经济不安全的形式之一是存在突然丧失收入的风险，这通常发生在一名家庭成员失业，并且要么较长时间找不到工作要么被迫接受工资相当低的一份新工作时。根据最近的估计，在某一年，约六分之一的美国家庭的收入会比他们上年同期的收入减少一半。相关测算表明，发现自己在过去十年中至少有一年在贫困线以下的人口所占的百分比比任何一年贫困线以下的人口比例高出数倍。

即使家庭不面对收入损失，也可能面对支出激增的情形。在 2014 年《平价医疗法案》实施之前，支出激增最常见的原因是需要支付昂贵的治疗费用，如心脏疾病或癌症治疗费用。事实上，据估计，在 2013 年，美国个人破产的 60%是由于医疗费用。由医疗账单导致的破产从 2001 年的 46%上升到 2007 年的 62%，上升了近 50%，这也是《平价医疗法案》通过的重要支持理由之一。

▶ **真实世界中的经济学**

美国收入不平等的长期趋势

随着时间的推移，不平等程度趋于上升、下降还是保持不变？答案是三种情形都有。在过去的一个世纪中，美国的特点是三种趋势都曾经出现：20 世纪三四十年代不平等缓和，在第二次世界大战后约 35 年的时间内不平等状况保持稳定；而在过去的 30 年中，不平等状况日益恶化。

可获得的美国收入不平等的详细数据——如表 11-1 所示——始于 1947 年。图 11-2（a）为经过通货膨胀调整后的收入的年增长率，分别给出了每个五分位数组在两个时期的增长率：1947—1980 年和 1980—2014 年。两个时期区别明显。在第一个时期，各组收入的增长速度大致相同，也就是说，收入不平等没有太大的变化，收入全线增长。

但是，在1980年以后，最高组人群的收入比中间组和最低组人群的收入增长更快。所以，1980年以来不平等大大加剧。总体而言，收入最高的20%的家庭经过通胀调整后的收入在1980—2014年间上升了55%，而收入最低的20%的家庭经过通胀调整后的收入实际上有小幅下滑。

虽然1947年之前详细的收入分配数据无法获得，但经济学家使用替代性指标如所得税数据等信息，估计了1917年之后人口中收入最高的10%的人群所占的收入份额，图11-2（b）给出了从1917年到2014年这一数据的结果。与1947年之后更详细的数据一样，这些数据表明美国的收入差距从1947年到20世纪70年代末之间大体上比较稳定，但此后不平等加剧。

然而，长期数据也显示，1947年之后相对平等的收入分配是新的现象。在19世纪后期，通常被称为镀金时代，美国的收入分配非常不平等。这种显著的不平等状况一直持续到20世纪30年代。但在20世纪30年代末到二战结束之间收入不平等状况急剧缓和。在两名经济史学家克劳迪娅·戈尔丁（Claudia Goldin）和罗伯特·马戈（Robert Margo）合写的一篇著名论文中，这种收入差距的缩小被称为“大压缩”（Great Compression）。

(a) 1947年后的收入增长率

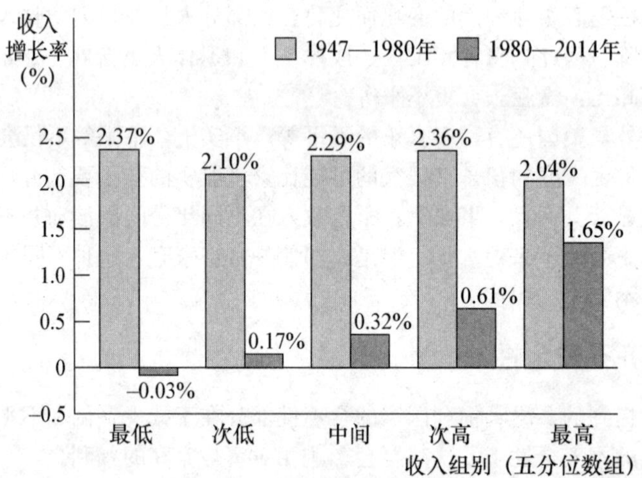

(b) 1917—2014年美国最富有的10%的人群的收入占总收入的比重

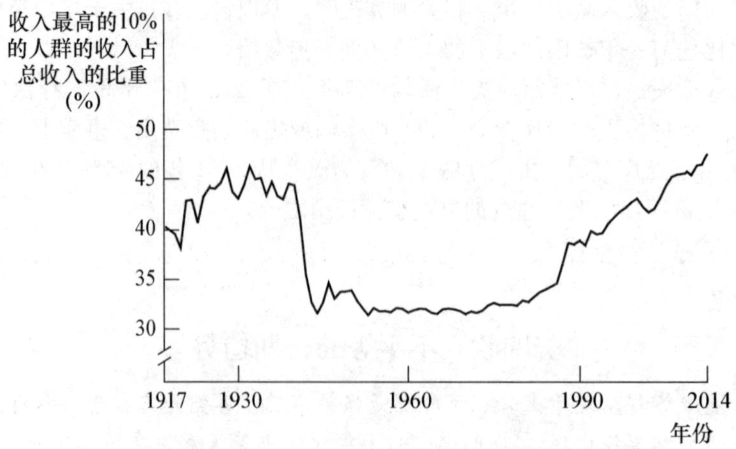

图11-2　美国收入不平等程度的趋势

资料来源：U.S. Census Bureau (panel (a))；Emmanuel Saez, “Striking It Richer: The Evolution of Top Incomes in the United States,” University of California, Berkeley, discussion paper, 2008 (updated 2015) (panel (b)).

大压缩大致发生在第二次世界大战时期。在此期间，美国政府对工资和价格实施特殊的控制。有证据表明，这些控制采用的方式是降低不平等程度——例如，雇主提高最低薪酬员工的工资比提高管理人员的工资更容易获得批准。仍然令人不解的是，在1946年战时控制规定解除后，这种平等状况持续了几十年。

自20世纪70年代以来，正如我们已经知道的，不平等大大加剧。事实上，美国目前的税前收入不平等状况与20世纪20年代相若，因此许多评论家形容美国当前的状态为新的镀金时代——尽管其不平等程度通过税收和福利国家已经缓解。

关于这种不平等加剧的原因，经济学家争论激烈。

- 最流行的解释是快速的技术变革，它增加了对高技能或有天赋工人的需求，从而导致了高技能工人和其他劳动者之间工资差距的扩大。
- 日益扩大的国际贸易，美国从低收入国家进口劳动密集型产品，而不是在国内生产，减少了对非熟练本国工人的需求，降低了他们的工资水平。
- 移民的不断增加可能是另一个原因。平均而言，移民比土生土长的工人教育水平低，增加了低技能劳动力的供给，同时也压低了低技能人员的工资。

但是，所有这些解释都没有考虑到关键的一点：不平等加剧大部分并没有反映受过高等教育的工人和受教育较少的工人之间差距的加大，而仅仅是反映受过良好教育的工人自身差距的加大。例如，教师和企业高管具有同样良好的教育水平，但高管的工资大幅上升，而教师的工资则没有如此。由于某种原因，一些“超级巨星”——包括娱乐界明星、华尔街交易员和顶级企业高管群体——现在赚取的收入大大超过前一代人。目前还不清楚是什么引起了这种变化。

及时复习

- 福利国家计划，其中包括政府转移支付，在富裕国家的政府支出中占有很大的份额。
- 能力支付原则解释了福利国家的一种合理性：缓解收入不平等。扶贫计划通过扶贫来实现这一目的。社会保险计划解释了第二种合理性：缓解经济的不安全状况。减少贫困和提供医疗保健具有社会外部收益，尤其是对儿童，这是支持福利国家合理性的第三个理由。
- 美国官方的贫困线每年都会进行调整，以反映生活费用但并非平均生活水平的变动。但是，即使平均收入显著上升，美国的贫困率并没有比45年前低。
- 贫困的原因包括：缺乏教育、种族和性别歧视的传统以及运气不好。贫困对儿童会造成不良后果。
- 家庭收入中位数是优于家庭收入均值的一个指标。不同国家基尼系数的比较表明，美国比贫穷国家的收入不平等状况要好，但比所有其他发达国家都要差。
- 美国的收入不平等经历了缓解和加剧。自1980年以来，收入不平等大大加剧，主要是由于受过高等教育的工人之间的收入不平等加剧。

小测验 11-1

1. 请指出如下每项计划是扶贫计划还是社会保险计划。

a. 养老金担保计划，如果由于雇主破产，雇员损失了他们基于就业的退休金，该计划将为雇员提供养老金。

b. 被称为SCHIP的联邦计划，对收入高于贫困线但仍然相对较低的家庭的子女提供医疗保健。

c. 条款8住房计划，为低收入家庭提供住房补贴。

d. 联邦政府水灾计划，为受到洪水袭击的社区提供资金支持。

2. 我们知道，贫困线并不随着生活水平的变化而调整。因此，贫困线是度量贫穷的一个绝对指标还是相对指标？也就是说，它是根据一个人相对于他人有多穷来定义的还是根据一些不随时间改变的固定指标来定义的？请说明。

3. 下页表给出了一个小型经济体的收入分配情况。

a. 收入均值为多少？收入中位数为多少？哪个指标更好地反映了经济中普通人的收入水平？为什么？

b. 最低五分之一组的收入范围为多少？中间五分之一组的收入范围为多少？

姓名	收入（美元）
丝芙兰	39 000
凯利	17 500
劳尔	900 000
维杰	15 000
奥斯卡	28 000

4. 下面哪种说法更准确地反映了当今美国日益严重的收入不平等的原因？

a. 日升银行（Sunrise Bank）当地分行经理的年薪已经上涨到附近加油站服务员薪资的水平。

b. 日升银行 CEO 的薪水相对于本地分行经理工资的水平提高了，虽然两者的教育水平相似。

11.2 美国福利国家

2015 年美国福利国家包括三个大型计划（社会保障、医疗保险和医疗补助），几个相对大的其他计划包括：贫困家庭临时补助（TANF）、食品券（SNAP）以及所得税抵免（EITC）和一些小型项目。表 11－2 给出了一种对现有计划进行分类的方法，以及每种现有计划的支出金额。

表 11－2　2015 年美国福利国家的主要计划

	货币转移支付	非货币补助
按收入调查确定	贫困家庭临时补助 210 亿美元 补充性保障收入 590 亿美元 所得税抵免 600 亿美元	食品券 760 亿美元 医疗补助 3 500 亿美元 《平价医疗法案》1 310 亿美元（计划）
非按收入调查确定	社会保障 8 880 亿美元 失业保险 370 亿美元	医疗保险 6 400 亿美元

首先，该表区分了**按收入调查确定**（mean-tested）与非按收入调查确定的计划。在按收入调查确定的计划中，只向收入和/或财富低于某个最小值的家庭或个人提供补贴。大致说来，按收入调查确定的计划是扶贫计划，目的仅仅是为低收入者提供帮助。相比之下，非按收入调查确定的计划针对所有人，正如我们所看到的，往往在实践中会减少收入不平等。

其次，表中区分了货币转移支付和**非货币补助**（in-kind benefit），前者的受益人可以根据自己的意愿来支出，后者是指以产品或服务形式而非货币形式提供补贴。如数据所表明的那样，用于医疗保健的医疗保险和医疗补助是非货币形式的主体。我们将在本章的下一节讨论医疗保健。现在，我们先来看其他的主要计划。

> **按收入调查确定**的计划是只向收入低于某个特定水平的个人或家庭提供补贴的计划。
> **非货币补助**是以产品或服务形式提供的补贴。

□ 11.2.1 按收入调查确定的计划

当人们使用福利这个术语时，他们通常指的是对贫困家庭进行货币援助。在美国，这种货币援助主要是贫困家庭临时补助（TANF）。该计划并非对所有贫困人群都提供补助；它仅适用于有孩子的贫困家庭，也仅仅在有限时间内实施。

贫困家庭临时补助在20世纪90年代引入，以取代一个极具争议的名为“抚养未成年子女家庭援助计划”（Aid to Families with Dependent Children，AFDC）的计划。原来的计划被普遍指责为穷人创造了不正当的激励，包括鼓励家庭破裂等。部分由于计划的改变，现代福利计划提供的补贴经过通货膨胀调整后慷慨程度比一代人以前所提供的补贴大为减少。此外，贫困家庭临时补助还有时间限制，福利获得者——甚至单亲家庭——最终必须寻找工作。正如我们可以从表11-2中看到的，贫困家庭临时补助仅仅是美国现代福利国家的一个相对小的部分。

其他按收入调查确定的计划虽然花费不菲，但争议较少。补充性保障收入计划帮助有残疾而无法工作且没有其他收入来源的美国人。食品券计划（SNAP）——官方称为补充营养援助计划（Supplemental Nutrition Assistance Program），现在以借记卡形式而非食品券形式提供——帮助低收入家庭和个人，他们只能使用这些借记卡来购买食品而非其他东西。

负所得税是对低收入工薪家庭提供补贴的计划。

最后，经济学家使用术语**负所得税**（negative income tax）来概括对低收入工薪家庭提供补贴的计划。美国有一个被称为所得税抵免（Earned Income Tax Credit，EITC）的计划，它为数百万工人提供了额外的收入补助。当传统的福利计划不那么慷慨时，这一计划则变得更加慷慨。只有赚取收入的工人才有资格获得所得税抵免；在一定收入范围内，一名工人的收入越多，得到的所得税抵免就越高。也就是说，所得税抵免是向低收入工人提供的一种负所得税。2015年，有两个孩子的已婚夫妇每年的收入少于13 870美元时，将获得相当于其收入的40%的所得税抵免支付。（支付款项略低于单亲家庭或没有孩子的工人。）随着收入的提高，所得税抵免将退出。截至2015年，当有两个孩子的已婚夫妇的收入达到49 974美元时，所得税抵免停止支付。

□ 11.2.2 社会保障和失业保险

社会保障是美国福利国家最大的项目，属非按收入调查确定的计划，目的是保证符合条件的美国老人退休后获得收入。它也对残疾工人提供补贴，对家庭成员去世的工人提供“遗属抚恤金”。

社会保障资金由工资专项税收来支持。雇主负责对雇员的工资支付工薪税，工薪税中的社会保障部分被用来支付社会保障补贴。职工退休后得到的补贴与其在工作年限内获得的应税收入的多少有关：收入越接近社会保障缴税基数最高金额（2015年为118 500美元），退休后得到的补贴就越多。但是，补贴的多少并非与收入水平严格成比例。相反，它们通过一个公式计算来决定，高收入者比低收入者获得的更多，但按比例增减使得这一计划对低收入者又更为慷慨。

由于大多数老年人不从他们的前雇主那里领取养老金，而且大多数老年人不拥有足够的资产来维持生计，社会保障补贴是他们收入的一个极其重要的来源。在65岁及以上的美国人中，60%的人依靠社会保障来获得一半以上的收入，还有20%的人除了社会保障没有其他收入。

失业保险虽然是比社会保障少得多的政府转移支付，却是另一种重要的社会保险计划。它为失业工人提供相当于原工资35%的补贴，直到他们找到新的工作，或在他们没有找到工作的26个星期内提供补贴。（在2008年经济衰退期间，补贴暂时进行了延长，对一些失业工人的支持长达99个星期。）失业保险来自雇主缴纳的税收。与社会保障一样，失业保险是非按收入调查确定的计划。

□ 11.2.3 福利国家对贫困和不平等的影响

因为获得政府转移支付的人往往与那些为转移支付缴纳税收的人并非同一批人，美国福利国家影响着从一些人到另一些人的收入再分配。政府的统计学家已经付出很大的努力来计算这种再分配的影响，再分配使贫困率有很大的不同，使总体上的不平等也有一些小的差异。

值得注意的是：这样的报告只计算了税收和转移支付的直接影响，而没有考虑税收和转移支付可能导致的行为变化。例如，它们并没有尝试估计现在退休了的美国年长者如果没有得到社会保障补贴，有多少会继续工作。因此，这些估计只有关于福利国家真实影响的局部指标。尽管如此，结果仍然很惊人。

表11-3为多个政府计划影响贫困率的情形，通过补充贫困率指标来度量全部居民和不同年龄组在2012

年的情况。对每个计划都用百分点表示该组的贫困率因为政府计划而降低的具体数量。例如，表中表明，如果没有社会保障，美国老年人的贫困率会比目前高出近40个百分点。

表11-4给出了国会预算办公室基于2007年（最新的可用日期）数据估计的税收和转移支付对收入分配五分位数组中每组总收入份额的影响。政府计划提高了人口中最贫穷的80%的人群的收入份额，特别是最贫穷的20%的人群的收入份额，同时降低了最富有的20%的人群的收入份额。

表11-3　　2012年政府计划对降低贫困率的影响

	所有人群（%）	有子女人群（%）	非老年成年人（%）	65岁及以上人群（%）
社会保障	8.56	1.97	4.08	39.86
可退还的税收抵免	3.02	6.66	2.25	0.20
食品券	1.62	3.01	1.27	0.76
失业保险	0.79	0.82	0.88	0.31
补充社保收入	1.07	0.84	1.12	1.21
住房补贴	0.91	1.39	0.66	1.12
学校午餐	0.38	0.91	0.25	0.03
贫困家庭临时补助	0.21	0.46	0.14	0.05
妇女、婴儿及儿童营养补助（WIC）	0.13	0.29	0.09	0.00

资料来源：Council of Economic Advisers.

表11-4　　2007年税收和转移支付对收入分配的影响

五分位数组	无税收和转移支付情况下的总收入份额（%）	征收税收和进行转移支付后的总收入（%）
最低20%	2.5	5.1
次低20%	7.3	9.2
中间20%	12.2	14.0
次高20%	19.0	19.9
第81～99百分位数	38.6	35.6
最高1%	21.3	17.1

资料来源：Congressional Budget Office.

▶ 真实世界中的经济学

2007—2010年大衰退中的福利国家计划和贫困率

2007年，美国经济步入严重衰退，这是1930年以来最严重的衰退。2009年正式开始复苏，但速度缓慢，令人失望。截至2013年，家庭收入的平均水平和中位数经过通货膨胀调整后仍远低于2007年的水平。

鉴于经济表现不佳，你可能认为贫困会急剧增加，官方贫困率也确实在拉升，如图11-1所示。不过，尽管大衰退及其后果确实伤害了许多美国家庭，但这个国家从来没有像在大萧条时期那样绝望，即使是在上一次即1981—1982年的大衰退时期。果然，补充贫困率指标——大部分专家认为度量经济困难的更好的一项指标——只是小幅上涨。为什么？

结果证明，主要答案是扶贫计划，在经济衰退时会自动扩展，并通过暂时的食品券规模扩大和其他形式的援助等进一步强化。图11-3给出了2007—2010年间与真实涨幅相比，贫困率在没有福利国家计划时预计上升的幅度。如果没有转移支付和补贴，贫困率将上升 4.50%；但因为转移支付和补贴，它仅仅上升了 0.50%。美国福利国家计划并没有阻止衰退，或帮助许多失业者留住他们的房子。但它大大限制了贫困率的上升。

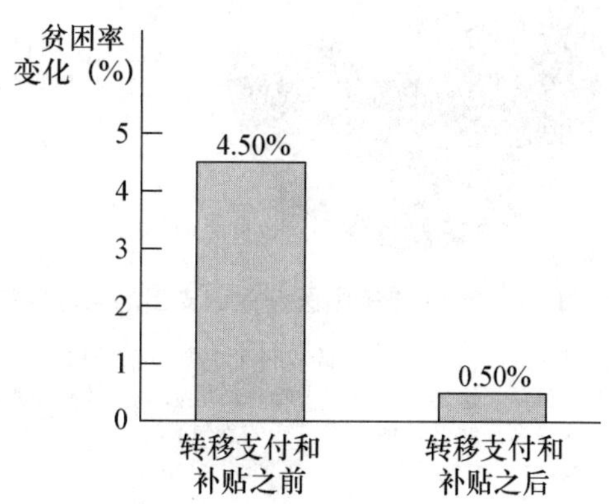

图 11-3 大衰退中的贫困率

资料来源：Council of Economic Advisers.

及时复习

● 按收入调查确定的计划旨在减少贫困，但非按收入调查确定的计划也可达到同样的目的。计划可根据提供货币还是非货币补助来进行分类。

●“福利”，现在被称为贫困家庭临时补助，由于担心会影响人们参加工作的积极性和导致家庭破裂，慷慨程度方面已经不如上一代。负所得税缓解了这种担心：它只对低收入工薪家庭提供补贴。

● 社会保障，美国福利国家最大的项目，属非按收入调查确定的计划，为退休老人提供收入。它为大部分年长的美国人提供大部分收入。失业保险也是一项重要的社会保险计划，属非按收入调查确定的计划。

● 总体而言，美国的福利国家具有再分配功能。最贫穷的 80%的人的收入份额会提高，同时最富有的 20%的人的收入份额会下降。

小测验 11-2

1. 解释负所得税如何避免仅仅基于低收入给予补贴的典型扶贫计划给工作带来的负向激励。
2. 根据表 11-3，什么影响着美国福利国家的整体贫困率？什么影响着 65 岁及以上人群的贫困率？

11.3 医疗保健经济学

在美国和其他富裕国家，福利国家的很大一部分专门用于医疗保健。在大多数富裕国家，政府支付了所有医疗费用的 70%～80%。私人部门在美国医疗保健系统中发挥着很大的作用。然而，即使在美国，2014 年，全部医疗费用中政府也支付了近一半；此外，通过联邦税法，政府还间接补贴私人健康保险。

图 11-4 为 2014 年美国医疗保健支出的情况。只有 12%的医疗保健消费支出（即在医疗保健上的所有花费，不包括对医疗保健建筑和设施的投资）由个人掏腰包——直接由个人支付。医疗保健支出的大部分即 77%是由某种类型的保险支付的。在这 77%中，私人保险支付了不足一半；剩下的由某种政府保险支付，主要是通过医疗保险和医疗补助支付。要理解个中原因，我们需要检视特殊的医疗保健经济学。

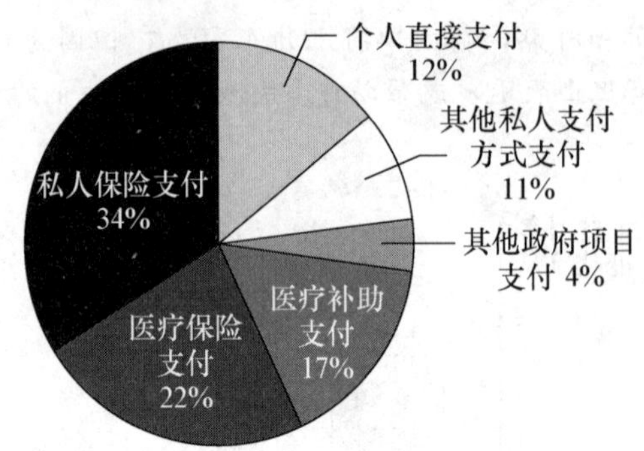

图 11－4　2014 年美国医疗保健支出的来源结构

在美国，2014 年，保险支付了医疗保健支出的 77%：私人保险支付了 34%，医疗保险支付了 22%，医疗补助支付了 17%，其他政府项目支付了 4%。由私人保险支付的比例达 34%，这是发达国家中唯一的大数字。即便如此，美国医疗保健支出的大部分也是通过医疗保险、医疗补助和其他政府项目支付的，这要高于通过其他方式进行的支付。

资料来源：Department of Health and Human Services Centers for Medicare and Medicaid Services.

□ 11.3.1　健康保险的必要性

2014 年，美国的个人医疗保健费用为每人 9 523 美元，占国内生产总值的 17.5%。但是，这并不意味着一名典型的美国人花了 9 000 多美元医疗费用。事实上，在任何一年，一半以上的人只支出了少许的医疗费用。但是，一小部分人群支出了巨大的医疗费用，10%的人口支付了医疗费用的近三分之二。

是否可以预测谁将会支付高额的医疗费用？在一定程度上可以：疾病多种多样。例如，老年人比年轻人更可能需要进行昂贵的手术和/或购买药物。但事实是，任何人都可能突然发现自己需要进行非常昂贵的药物治疗，在很短的时间花费数千美元，这远远超出了大多数家庭的负担。然而，如果不是必要，没有人愿意负担这种支出。

> 在**私人健康保险**中，一大群人中的每一个人每年向私人公司缴纳一定的保费，后者同意支付成员的大部分医疗费用。

私人健康保险　市场经济对这个问题给出的答案是：健康保险。在**私人健康保险**（private health insurance）中，投保的每个成员都同意每年向一家私人公司支付一个固定金额（被称为保险费，简称保费），形成一个由私人公司管理的共同基金，以此来支付投保成员的医疗费用。虽然成员在多年中即使没有大额医疗支出也必须付费，但他们从风险降低中受益：如果他们确实支付了高额的医疗费用，共同基金池将支付这些费用。

然而，私人健康保险市场存在天生的缺陷。这些问题源于支付的医疗费用，虽然基本上不可预测，但也不是完全不可预测。也就是说，人们往往会想到，他们是否有可能在未来几年面临巨大的医疗费用负担。这是私人健康保险公司面临的一个严重问题。

假设保险公司提供的健康保险“一视同仁”，根据这种保险标准，客户支付的年度保费等于平均每个美国人每年的医疗费用，再增加一点来弥补保险公司的经营费用和获得正常利润率。作为回报，保险公司支付投保人的医疗费用，无论他们生什么样的病。

如果所有的潜在客户不得不承担高昂医疗费用的风险相同，这可能是一个可行的商业命题。但在现实中，人们面临较高医疗费用的风险往往有很大的不同，关键是，人们往往提前知道这种风险。这一现实会很快破坏保险公司为提供“一视同仁”的健康保险所做的任何努力。这种保险政策对健康人群没什么好处，他们不会面临支付高额医疗费用的重大风险：平均而言，他们支付的保费比实际医疗费用要多。然而，对于需支付昂贵医疗费用的慢性病患者来说这很划算，平均来看，他们支付的保费比他们承担的医疗费用要少。

因此，一些身体健康的人可能会听天由命，不去购买保险。这样，保险公司的客户的健康状况平均而言就会比一般美国人差。因此，保险公司将不得不支付更高的医疗费用，提高公司对每个客户服务的成本。

为应对客户平均医疗费用的上涨，保险公司可以提高保费。但是，这将引起更多的健康的人离开保险公司，留给保险公司的客户就多是医疗费用高的疾病患者，这将迫使保险公司进一步提高保费水平，驱离更多健康的人，如此循环往复。

这里描述的健康保险问题可能会导致你认为私人健康保险不能有效运转。然而，事实上，大多数美国人的健康保险都是私人健康保险。在一定程度上保险公司通过两种方法有能力克服这些问题：精心甄别保险申请人和提供就业型健康保险（employment-based health insurance）。

通过甄别，对可能需要支付高额医疗费用的人收取高于平均水平的保费。在许多情况下，保险公司拒绝全额支付。甄别造成的问题是，那些最需要健康保险的人中的大部分可能被拒绝或难以承受高额保费。这是支持《平价医疗法案》通过的另一个原因，即无论每个人的健康背景如何，保险都将覆盖。下面我们将介绍就业型健康保险，这是美国职场的一大特色，也支撑了私人健康保险的有效运转。

就业型健康保险 保险公司克服逆向选择问题的方法之一是间接地向雇主而不是雇员个人推销保险。就业型健康保险——雇主为雇员提供的健康保险——的好处是，雇员很可能既包括身体健康者也包括不那么健康者，而不仅仅是那些预期将支付高额医疗费用而需要购买保险的人群。如果雇主是一家大公司，有数千名甚至数万名工人，尤其如此。雇主要求雇员参加公司的健康保险计划，因为如果允许员工退出（其中身体健康者想这样做），会引发为其他人员提供保险的成本增加。

美国广泛流行就业型健康保险还有另外一个原因：它可以得到特殊的税收优惠。工人得到工资要支付工薪税，但从他们雇主那里得到的健康保险不必为这种受益纳税。因此，就业型健康保险实际上是由美国税制提供补贴。经济学家估计，这种补贴的价值每年大约有1 500亿美元。

然而，尽管有这种补贴，许多美国工人并没有得到就业型健康保险。没有被覆盖的人群包括大多数美国老年人（因为在退休后，相对来说有很少的雇主继续为员工提供保险）、雇主不提供保险的许多工人（尤其是兼职人员）以及失业人员。

□ 11.3.2 政府的健康保险

表11-5为2014年美国人参加的健康保险的类型。大多数美国人——近1.75亿人——通过他们的雇主获得健康保险。没有购买私人保险的多数人由两项政府计划资助：医疗保险和医疗补助。（这些数字加起来对不上，这是因为有些人不止购买一种保险形式。例如，获得医疗保险的许多人也通过医疗补助或私人保险获得补充保险。）

表11-5　　2014年参加不同健康保险的美国人口（百万）

私人健康保险	208.6
就业型	175.0
直接购买	46.2
通过政府获得	115.5
医疗补助	50.5
医疗保险	61.7
军人医疗保险	14.1
其他	33.0

资料来源：U.S. Census Bureau.

医疗保险像社会保障那样，通过工薪税来获得资金，提供给所有65岁及以上的美国人，无论其收入和财富水平如何。该项目始于1966年，最初用于支付住院费用，但此后已经被扩展到包括其他一些医疗费用了。通过比较2014年65岁及以上美国人人均收入的中位数（23 569美元）与每名受助者平均获得的年医疗保险额（超过10 000美元），我们应该对医疗保险对美国老年人带来怎样的影响有一个认识。然而，与一般医疗保健支出相同，平均值可能会引起误解：在某一年，7%的医疗保险受益人用了总支出的约50%。

与医疗保险不同，医疗补助是一种按收入调查确定的计划，由联邦和州政府的收入支付。并无简单的方法来概括受助资格标准，因为部分开支是由州政府支付的，而每个州都有自己的标准。2014 年有近 5 100 万美国人获得医疗补助，18 岁以下儿童有 2 900 万，其余许多是 18 岁以下儿童的父母。然而，大部分医疗补助费用被用于少数美国老年人，尤其是那些需要长期护理的人。

有近 1 400 多万美国人享受军人医疗保险。与医疗保险和医疗补助不同，该项保险支付医疗费用，但不直接提供医疗保健，美国退伍军人健康管理局（Veteran Health Administration）拥有 800 万客户，经营着遍布全国各地的医院和诊所。

美国医疗保健系统包括主要由雇主支付的混合私人保险以及各种形式的公共保险。大多数美国人的健康保险要么来自私人保险公司，要么来自各种形式的政府保险。

□ 11.3.3 其他国家的医疗保健

与其他富裕国家包括欧洲国家和加拿大的医疗保健相比，美国有很大的不同。事实上，有三个方面的明显区别。

第一，美国比其他任何富裕国家都更多地依靠私人健康保险。

第二，美国对每个人支出了更多的医疗保健费用。

第三，在《平价医疗法案》实施前，美国是富裕国家中唯一的大量人群没有健康保险的国家。

表 11－6 对美国与其他三个富裕国家加拿大、法国和英国进行了比较。美国是四个国家中唯一依靠私人健康保险为大多数人提供保险的国家。因此，美国也是唯一的私人医疗保健支出（略微）大于公共医疗保健支出的国家。

表 11－6　　　　2013 年部分先进国家的医疗保健系统

	医疗保健支出中政府支出所占份额（%）	人均医疗保健支出（美元，按购买力平价计算）	预期寿命（总人口按出生日计算，年）	婴儿死亡率（每 1 000 名新生儿的死亡人数）
美国	48.2	8 713	78.8	5.9
加拿大	70.6	4 351	81.4	4.6
法国	78.7	4 223	82.0	3.6
英国	86.6	3 234	81.0	3.9

加拿大实行单一支付人制度（single-payer system）：在医疗保健系统中，政府通过征税成为医疗费用的主要支付人。作为比较，美国的医疗保险计划本质上是对美国老年人的单一支付人制度。英国的制度扩大到覆盖每个人：英国国家健康服务局（British National Health Service）是政府机构，聘用医疗保健工作人员，经营医院和诊所，免费为公众服务。法国的制度处在加拿大和英国的制度之间。在法国，政府作为单一支付人，通过政府运营的庞大医疗保健系统向每个人提供健康保险。法国公民也可以选择私人医生和医院接受治疗。

加拿大、英国和法国为全体公民提供健康保险；美国则不是。然而，这三个国家用于医疗保健的人均支出要比美国少得多。许多美国人认为，这一定意味着国外的医疗保健质量较差。但许多医疗保健专家不认为其他富裕国家的医疗保健系统提供了劣质医疗保健服务，正如他们所指出的，英国、加拿大和法国总体上在医疗保健的许多手段方面与美国相当甚至更强，如在每 10 万人配备的医生、护士和医院床位数方面。的确，尽管美国的医疗保健包括在某些领域有更先进的技术和许多更昂贵的外科手术，美国患者在选择性手术方面也比在加拿大、英国和法国等待的时间更短一些，但是，对患者的调查似乎表明，在加拿大、欧洲和美国患者接受的医疗保健质量无显著差异。

那么，为什么美国比其他富裕国家在医疗保健方面支出更多？一些人认为，这种差距是由医生工资高造成的，但大多数研究表明，这仅仅是第二位的因素。一种可能性是，美国人比外国人得到了更好的照顾，但这在对患者的调查或对健康性能的统计调查中没有办法显示出来。

最有可能的解释是，其他国家努力避免了美国制度表现出的严重低效率。美国制度的批评者强调，美国的医疗保健系统依赖私人保险公司，使得其高度分散，每一家保险公司都需要支出日常管理费用以及营销活动费用，并试图找出和剔除高风险患者，这些都导致高昂的运营成本。平均而言，私人健康保险公司的运营成本消耗了客户所支付保费的14%，仅剩下86%用于提供医疗保健。

美国人也为处方药支付了更高的价格，因为在其他国家，政府机构与制药公司讨价还价来获得较低的药品价格。

□ 11.3.4 《平价医疗法案》

然而，无论人们怎样评估美国医疗保健系统的过往业绩，到了2009年，很显然它遇到了麻烦，表现在两个方面。

首先，如图11-5所示，无保险的工作年龄美国人（被认为在18～64岁之间的那些人）所占的百分比明显存在上升趋势。凯泽家庭基金会（Kaiser Family Foundation）研究发现："没有参保的主要是低收入成年工人，对他们来说，负担不起保险费或没有保险可用。"该基金会发现，与收入较高的工人相比，低收入工人不太可能获得可提供健康保险福利的工作，并且他们自己不太可能负担得起直接购买健康保险的成本。

其次，在《平价医疗法案》通过之前，保险公司经常拒绝给某些人提供保险，不管他们的收入如何，如果他们原有的医疗情况或病史表明，他们可能在将来的某一天需要支出大额医疗费用。因此，相当一部分有收入的美国人——大部分可被认为属于中产阶级——无法获得保险。像贫困一样，没有健康保险面临很严重的医疗后果和财务后果。

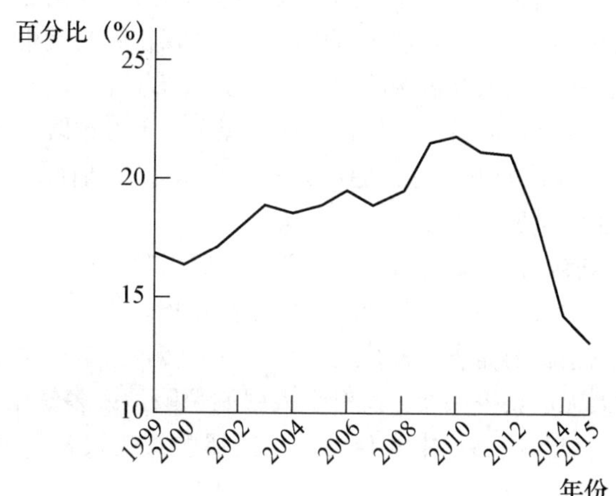

图11-5 1999—2015年无保险的工作年龄美国人的占比

年长的美国人被医疗保险计划所覆盖，许多孩子也获得政府提供的保险。然而，无健康保险的工作年龄成年人的比例在《平价医疗法案》生效前一直在上升。

资料来源：U.S. Census Bureau.

随着无保险的人越来越多，健康保险的保费也在大幅上升，因为整体医疗保健费用增长很快。图11-6展示了20世纪60年代以来美国整体的医疗保健支出占GDP（作为全国总收入的衡量指标）的比例。正如我们所见，1965年以来，医疗支出份额增长了两倍；这种支出增加可解释为什么健康保险变得越来越昂贵。在其他国家也可以观察到类似的增长趋势。

医疗专家的共识是，医疗保健支出上涨是医学进步的结果。随着医学科学的进展，过去无法治疗的疾病现在有了治愈的可能，但往往要付出巨大的代价。更高的成本要么必须以更高的保费的形式转嫁出去，要么需要纳税人缴纳更多的税收。

越来越多的人无健康保险和医疗保健费用上升叠加在一起，导致许多人都呼吁改革美国的医疗制度。所以，2010年国会通过了《平价医疗法案》（ACA），2014年全面实施。这是自1965年创建医疗保险和医疗补助以来，美国福利国家的最大扩展。它有两个主要目标：覆盖没有健康保险的人群和对医疗保健费用进行控制。

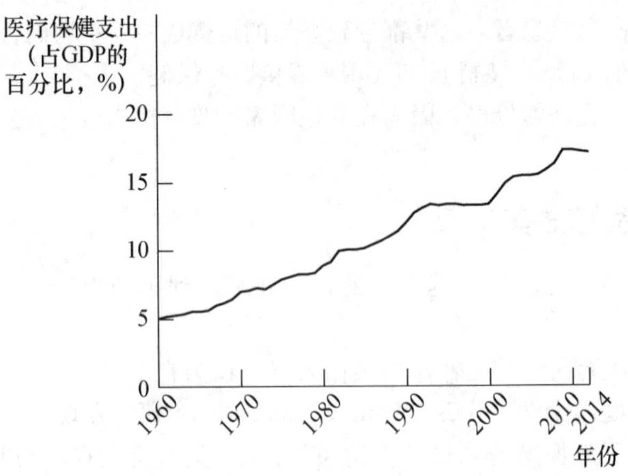

图 11-6　1960—2014 年医疗保健费用递增

1965 年以来，美国医疗保健支出占 GDP（作为全国总收入的衡量指标）的比例增长了两倍。许多分析人士认为，这种趋势背后的因素是医学的进步，因为更多的医疗问题可以得到解决，医疗保健支出就增加了。

资料来源：Department of Health and Human Services Centers for Medicare and Medicaid Services.

覆盖没有保险的人群　为了理解《平价医疗法案》的逻辑，考虑一下没有保险的美国人所面临的一个主要问题：很多在私人保险市场中寻找合适保险险种的人被拒绝了，因为他们已经有病在治疗，保险公司担心可能会导致未来更大数额的费用支出。本章开篇案例中的卢·文森特就是其中之一。他被拒绝是因为他患有Ⅱ型糖尿病。保险公司如何向像这样的人提供保险呢？

答案之一是做出规定要求保险公司向每个人提供相同的保单，不考虑既往病史，这一规定被称为“社群费率”（community rating）。这会导致如下问题：健康人不买保险，直到他们生病，而且因为只有健康存在问题的人才买保险，保险变得非常昂贵。

为了使社群费率制度有效运转，首先要求每个人都购买健康保险——被称为个人强制保险。其次，政府补贴应使得被要求参加保险的低收入和中等偏下收入家庭也能负担。

认识到这个系统就像一个三条腿的凳子非常重要：为有效运转，所有三个组成部分必须一应俱全。没有社群费率，那些有过往病史的人无法获得保险。没有个人强制保险，许多健康的人将不会购买保险。结果，只有患病的人购买保险，这反过来会提高成本和保费。不给那些低收入者提供补贴，就不能强制人们购买保险。

成本控制　《平价医疗法案》能有效控制成本吗？就其本身而言，覆盖面的扩大将提高医疗保健支出，虽然没有你想象的那么多。没有参保者大体上比较年轻，年轻者具有相对较低的医疗保健费用。（年老者已经由医疗保险覆盖。）现在的问题是：改革是否可以成功地随着时间的推移逐步降低医疗费用的增长速度？

《平价医疗法案》承诺控制成本是从认为美国目前的医疗制度具有造成资源浪费的扭曲的激励开始的。由于大多数医疗费用是由保险公司支付的，医生和患者都不担心成本支出。事实上，因为对医疗保健提供者来说每个过程通常都会使其获得支付，在此经济激励下，他们会提供更多的额外医疗——提供更多的医疗检查，甚至在某些情况下，进行更多的手术——即使这些检查或手术很少或没有医疗益处可言。

该法案试图通过多种方式来纠正这种激励扭曲，从严格监督报销到支付与治疗的医学价值挂钩、医疗费用依据医疗结果而非治疗过程支付以及限制就业型计划的税收减免等。

《平价医疗法案》到目前为止的成果　《平价医疗法案》的重要条款从 2014 年开始实施，到了 2015 年，可以对运行结果作个初步总结。

无保险工作年龄工人的占比下降，从 2010 年就开始了。这种下降部分可以用经济复苏来解释，也得益于《平价医疗法案》的实施，特别是允许 26 岁以下的人员享受父母保险的政策的实施。2014 年后，该法案完全实施，无保险者的人数大幅下降，我们从图 11-5 中可以看出。

从费用来看，2010 年以后，几种医疗费用指标缓慢增长。特别是医疗补助从 2000 年到 2010 年每年增长

7%，从2010年到2014年每年只增长了1%。就业型保险的保费的增长也缓慢下来，从年增长8%下降到5%。没有人知道这种放缓在多大程度上是《平价医疗法案》实行的结果，但这种结果还是令人振奋的。

总之，2015年医疗制度改革似乎是按照预想的在进行。长期表现如何还有待观察。

▶ **真实世界中的经济学**

医疗补助做了什么

社会保险计划能真正帮助其受益者吗？答案并不总是像你想象的那么明显。以医疗补助计划为例，这是一个向低收入美国人提供健康保险的例子。对该计划的有效性持怀疑态度的部分人认为，即使没有医疗补助，穷人仍然能找到办法来获得基本的医疗保健，而且没有明确的证据证明接受医疗补助确实能改善健康。

对这种观点进行检验非常棘手。你不能只是比较医疗补助计划的受益者与非医疗补助计划的受益者，因为该计划的受益者与非该计划的受益者在许多方面存在不同。而我们通常无法控制实验来对比接受不同政府福利的可比组。

然而，曾经有一段时间，一些事件提供了一个等价的受控实验，也就是医疗补助计划发生的一些事件。2008年，俄勒冈州——此前因为缺乏足够的资金大幅削减了医疗补助计划的规模——在发现自己有足够的资金后，将部分但非全部有资格的受益者召回到了该计划中。为了分配有限的资金，该州采用了抽彩的方式。这样就可以进行比对了：这实际上就是一个受控实验，研究人员可以比较随机获得医疗补助的人和没有中签的人。

那么，结果如何呢？结果显示，医疗补助使得两者区别明显。

那些获得医疗补助者与没有获得医疗补助者相比：

- 乳房X光检查多60%
- 门诊治疗多35%
- 住院治疗多30%
- 胆固醇检查多20%

医疗补助受益者与非医疗补助受益者相比：

- 持续获得治疗的可能性高70%
- 在过去的一年内进行内抹片检查（女性）的可能性高45%
- 不需要借钱或因为医疗费用而减少其他开支的可能性低40%
- 报告自己的健康状况“好”或“非常好”的可能性高25%
- 使用处方药的可能性高15%
- 进行高血糖或糖尿病的血液测试的可能性高15%
- 抑郁症筛选呈阳性的可能性低10%

总之，医疗补助大大促进了受益者进行医疗保健并大幅提高了受益者的福利。因此，尽管对于州医疗补助计划的规模存在激烈争论，因为它花费了纳税人很多的钱，但俄勒冈州的实践表明，对医疗补助的批评——声称它根本不起作用——并不成立。

及时复习

- 健康保险可满足一种重要的需求，因为大多数家庭无力负担昂贵的医疗费用。私人健康保险存在一个内在的问题：那些购买保险的人患病的比例高于普通人，推动保险成本和保费上升，导致更多的健康人员放弃购买保险，进一步推动保险成本和保费上升，最终导致私人保险失灵。保险公司的甄别可减轻这一问题，覆盖大多数美国人的就业型健康保险，可避免之。
- 大多数没有获得私人保险的美国人由医疗保险计划覆盖，对65岁及以上的美国人而言，这是非按收入调查确定的单一支付人制度，而医疗补助则是按收入调查确定的制度。
- 与其他富裕国家相比，美国更多地依赖私人健康保险，人均医疗保健支出、管理成本以及药品价格都较高，但没有更好的证据证明健康结果也更好。

● 由于医学技术的进步，各地的医疗费用都在快速增加。2010 年，美国的《平价医疗法案》旨在解决无保险人口比例逐渐增大问题和降低医疗支出的增长率。

小测验 11-3

1. 如果你被一个为期四年的学位项目录取，很可能你必须通过你的学校来参加健康保险计划，除非你有已经投保的证明。解释你和你的父母是如何从这个健康保险计划中受益的，给定你的年龄，你不可能需要昂贵的治疗费用。

2. 根据批评者的看法，怎样解释美国医疗保健系统的成本比其他富裕国家更高的现象？

11.4 关于福利国家的争论

福利国家的目标似乎值得称道：帮助穷人，防止遭遇严重经济困难，确保获得基本的医疗保健。但是，有良好的愿望并不总能制定出好的政策。关于福利国家规模应该多大存在激烈的争论，部分反映了理念的差异，也反映了对福利国家计划的激励可能产生适得其反的影响的关切。关于福利国家规模的争论是现代美国政治的确定性议题之一。

□ 11.4.1 福利国家的问题

对福利国家的反对有两种不同的观点。其中一种我们在本章前面已经进行了介绍，基于对政府适当作用的哲学上的关注。正如我们所知道的那样，一些政治理论家认为，收入再分配不是政府合法的角色。相反，他们认为，政府的作用应限于维持法治、提供公共产品和管理外部性。

对福利国家更传统的反对意见涉及效率和公平之间的权衡，正如前面章节中所解释的那样，能力支付原则——认为收入增加一美元对不富裕的人比对富裕的人更有意义——意味着，政府可以以较低的成本帮助穷人变得富裕。但是，这种从富人到穷人的收入再分配要求对富人征收较重的税。

因此福利国家的理想目标必须考虑高边际税率的效率与成本的平衡，高边际税率会降低对富人努力工作或进行风险投资来增加家庭收入的激励。结果是，一个极端的累进税制往往会使整个社会变差，甚至可能会伤害这种系统试图支持的受益人。在选择福利国家的规模时，政府必须在公平与效率之间进行权衡：富裕的社会还是公平的社会。

减少福利国家的成本的一种方法是根据收入调查的结果来确定福利的多少。但这并非完美的解决方案：除非收入调查被精心设计，否则当贫困家庭的收入提高到某一水平而不再有资格享受相应的福利时，他们的收入反而会下降，这会导致他们工作的积极性受挫。根据收入调查结果来确定福利造成某些家庭的收入增加一些后境况反而变得更糟这一特性，被称为税档切口（notch）。例如，一项 2005 年的研究发现，一个由两个大人和两个孩子组成的家庭，在年收入从 20 000 美元——刚刚越过 2005 年的家庭贫困线——提高到 35 000 美元后，会发现几乎所有的税后收入增长都会因为失去如食品券、所得税抵免和医疗补助等福利而被完全抵消。

□ 11.4.2 福利国家的政治

现代政治家的左翼（更自由）和右翼（更保守）有什么不同意见？在现代美国，他们主要的不同观点是关于福利国家的规模的。对《平价医疗法案》的辩论就是一个很好的例子，对法案投票表决完全基于政党的路线——民主党（左翼）赞成《平价医疗法案》，共和党（右翼）反对这一法案。

你可能会认为，政治辩论真正关心的只有一件事——福利国家有多大——那就过于简单化了。不过，政治学家发现，一旦你仔细对以往立法中国会议员从右至左进行排序，国会议员在这一排名中的位置对预测未来立法中他或她的投票来说是一个良好的指标。

同一研究表明，美国政治中强大的左—右谱系也显示出在该频谱中主要政党之间较强的极化趋势。40

年前，两党之间有大量重叠：一些民主党人如果愿意，会支持右翼的共和党人，或者，一些共和党人也会支持一些左翼的民主党人。然而，今天，最右翼的民主党似乎在最左翼的共和党人的左边。这没有一定的对错。虽然谴责“党派之争”很普遍，但很难看出为什么不同政党的成员不应该对政策有不同的意见。

经济分析可以帮助解决这一政治冲突吗？只有一点可以。

对福利国家的政治争议涉及我们刚才讨论的权衡取舍的选择分歧：如果你认为丰厚的福利和高税收产生的反向激励作用足够大，与认为它们规模过小相比，你很可能会看低一些福利国家计划。经济分析通过提高我们对事实的认知，可以帮助解决其中的一些分歧。

然而，在很大程度上，对福利国家的意见分歧反映在价值观和理念的差异上。而这些分歧不能通过经济分析来化解。

▶ **真实世界中的经济学**

法国家庭的价值观

美国是主要发达经济体中福利国家的规模最小的经济体。法国则是最大的之一。因此，法国的社会支出占全国总收入的百分比比美国高得多，法国公民的税率也高于美国公民。反对大福利国家的一个理由是对效率的负向影响。法国的经验支持这种说法吗？

从表面来看，答案看起来很明确是肯定的。法国的人均国内生产总值——经济的总产出值除以总人口——仅相当于美国的约75%。这反映了法国工作量少的事实：法国工人和美国工人每小时有几乎相同的生产力，但法国人口中的可雇佣部分相对较少，普通的法国员工在一年中的工作小时数大幅少于他们的美国同行。一些经济学家认为，法国的高税率可以解释这种差异：工作动机在法国比在美国弱，因为政府拿走了工人多工作一小时所赚到的收入中相当大的一部分。

但详细分析后又会发现事情比这更为复杂。法国的就业水平低，完全是年轻人和老年人的就业率低的结果；处于主要工作年龄（25～54岁）的法国居民约80%被雇用，与美国完全相同。如此高的税率似乎并没有阻碍法国人在他们生命中的主要阶段工作。但法国15～24岁的年轻人中只有约30%就业，而美国15～24岁的年轻人中就业人数超过一半。法国的年轻人没有工作，部分原因是他们不必就业：大学教育一般是免费的，学生会获得资金支持，因此，法国的学生不像他们的美国同行，很少在上学期间去工作。法国人会告诉你，这是他们制度的优点，而不是一个问题。

缩短工作时间也反映了除了税率以外的影响因素。法国的法律要求，雇主至少提供一个月的假期，但大多数美国工人的假期不到两个星期。在这方面，法国人会告诉你，他们的政策好于你们的政策，因为这有助于家人们待在一起。

连法国人也同意，法国的政策在退休制度方面存在很大的问题，即允许工人领取丰厚的退休金，即使他们很早退休。由此造成的结果是，55～64岁之间的法国居民只有45%还在工作，而美国人的这一数字超过60%。支付给所有这些早期退休人员的费用对法国的福利国家造成了很大的负担——法国的人口老龄化也越来越严重。

及时复习

● 关于福利国家规模的激烈争论集中在哲学与公平和效率问题上。支持福利国家所需要的高边际税率打击了人们的工作积极性。根据收入调查确定的福利水平可以降低福利国家的成本，但也会引起非效率问题。

● 政治经常被描述成左翼与右翼的对立；在现代美国，分歧主要涉及对福利国家适当规模的争议。

小测验 11－4

1. 解释如下政策如何对工作和进行风险投资产生反向激励。

a. 对消费项目征收高消费税。

b. 当年收入上涨到25 000美元以上时，住房补贴被完全取消。

2. 在过去40年中，国会中的极化程度加剧了、减弱了还是不变？

小结

1. 福利国家占去了所有富裕国家政府支出相当大的份额。政府转移支付是由政府对个人和家庭进行的支付。扶贫计划通过帮助贫困人群缓解收入的不平等状况；社会保险计划缓解经济的不安全状况。福利国家计划通过减少贫困和改善医疗保健可更好地为社会带来外部收益，尤其是对儿童。

2. 贫困线可根据生活成本而非生活水平进行调整，在过去30年中美国人的平均收入大幅上升，但贫困率即收入在贫困线以下的人口所占的百分比不低于30年前的水平。贫困由各种不同的原因引起：缺乏教育、歧视的传统和运气不好。贫困对儿童尤其有害，会导致更多的慢性病、降低终生收入和较高的犯罪率。

3. 家庭收入中位数——位于收入分配的中间位置的家庭收入——是比典型家庭的平均收入更好的一个指标，因为它通过排除少数极富裕家庭而没有被扭曲。基尼系数是基于五分位数组收入的不公平分配总结出的衡量收入不平等程度的数字，用来比较不同国家的收入不平等状况。

4. 无论是按收入调查确定的计划还是非按收入调查确定的计划，都将减少贫困。主要的非货币补助计划是医疗保险和医疗补助，用于支付医疗保健费用。由于对影响工作积极性和家庭凝聚力的关注，对贫困家庭的援助的慷慨程度已经显著降低，而负所得税则变得越来越大方。社会保障是美国最大的福利国家计划，已显著减少了老年人的贫困问题。失业保险也是一个重要的社会保险计划。

5. 健康保险满足了一种重要的需求，因为大多数家庭无力负担昂贵的医疗费用。大多数美国人是通过就业型私人健康保险获得保险的；剩下的大部分通过医疗保险（对于那些65岁及以上的人是单一支付人制度，政府用获得的税收收入支付大部分医疗费用）或医疗补助（针对那些低收入人群）获得保险。

6. 与其他国家相比，美国更依赖于私人健康保险，人均医疗保健费用更高，但没有提供更好的医疗保健服务。医疗保健费用一直在上涨，主要是由于技术进步。日益增多的无保保健险人和没有保险引起的财务困境促使《平价医疗法案》在2010年通过。其目的是减少未投保的人数，并减缓医疗保健费用的增长速度。

7. 对福利国家规模的争论是基于哲学上的和公平与效率的考虑。对公平和效率的争论源于以下事实：大规模的福利国家要求对富人征收高税率，这会以减少工作和进行风险投资的积极性为代价从总体上减少社会上穷人的数量。

8. 左翼政治家倾向于支持一个更大规模的福利国家，而右翼则反对。这种左—右的区别是今天政治的核心。近几十年来，美国的两大政党已经越来越极化，他们的成员站在左右哪个阵营比过去的区分清晰了许多。

关键词

福利国家　政府转移支付　扶贫计划　社会保险计划　贫困线
贫困率　家庭收入均值　家庭收入中位数　基尼系数　按收入调查确定
非货币补助　负所得税　私人健康保险

练习题

1. 下表给出了1983年和2013年美国的经济数据。第二列为贫困线。第三列为消费者价格指数（CPI），度量价格总水平。第四列为美国人均国内生产总值，衡量生活水平。

年份	贫困线（美元）	CPI（1982—1984年＝100）	人均国内生产总值（美元）
1983	5 180	99.6	15 525
2013	11 490	233.0	53 086

资料来源：U.S. Census Bureau；Bureau of Labor Statistics；Bureau of Economic Analysis.

a. 什么因素导致贫困线从1983年到2013年的升高？也就是说，它是否已经提高了一倍、两倍，等等？

b. 什么因素推动消费者价格指数（价格总水平的衡量指标）从1983年到2013年的上升？也就是说，它是否已经提高了一倍、两倍，等等？

c. 什么因素推动人均国内生产总值（生活水平的衡量指标）从1983年到2013年的上升？也就是说，它是否已经提高了一倍、两倍，等等？

d. 你的结果能说明被官方划归为“穷人”的人相对于其他美国公民在经济上发生了什么变化吗？

2. 在大都市，有100个居民，每个居民的寿命是75岁。大都市居民一生中有下列收入：14岁前不赚钱；从15岁到29岁，他们每年赚取200 metro（大都会的货币）；从30岁到49岁，他们每年赚取400 metro；从50岁到64岁，他们每年赚取300 metro；最后，65岁他们退休，直到他们75岁去世，每年获得100 metro的养老金。每个居民当年不论赚取多少都用于消费（即没有储蓄和借款）。目前，20个居民10岁，20个居民20岁，20个居民40岁，20个居民60岁，20个居民70岁。

a. 研究大都市所有居民之间的收入分配。根据他们的收入将他们按五分位数分组。收入最低五分之一组居民的收入为多少？第二、第三、第四和最高五分之一组居民的收入为多少？每组居民的收入占总收入的比重各为多少？构建一个表，将每组所占的收入份额列出。这种收入分配表现出不平等了吗？

b. 现在在大都市中，40岁的居民有20个，只研究这部分居民之间的收入分配。根据他们的收入，将这20个居民按五分位数分组。最低五分之一组居民的收入为多少??第二、第三、第四和最高五分之一组居民的收入为多少？每组居民的收入占总收入的比重各为多少？这种收入分配表现出不平等了吗？

c. 这些例子与对任何国家收入分配数据的评估有相关性吗？

3. 下表中的数据引自美国人口普查局，是1972年和2012年男性工人收入的中位数与均值，数字经过通货膨胀调整。

年份	收入中位数（美元）	收入均值（美元）
	（2012年美元）	
1972	36 547	42 383
2012	33 904	49 915

资料来源：U. S. Census Bureau.

a. 在这一时期，收入中位数增长了多少百分比？收入均值增长了多少百分比？

b. 1972—2012年间，收入分配变得更不平等了吗？请说明。

4. Equalor经济体有100个家庭。最初，其中的99个家庭每家收入为10 000美元，另外1个家庭收入为1 010 000美元。

a. 该经济体的收入中位数为多少？收入均值为多少？

通过实施扶贫计划，Equalor政府现对收入进行再分配：从最富裕家庭拿走990 000美元，然后将其平均分配给其余的99个家庭。

b. 现在该经济体的收入中位数为多少？收入均值为多少？收入中位数变化了吗？收入均值变化了吗？其中用哪个指标（家庭收入均值或家庭收入中位数）表示Equalor典型家庭的收入更好？请解释。

5. 名为Marxland的国家实行如下所得税制度和社会保险制度。对每个公民的收入以100%的平均税率征税。社会保险制度向每个公民进行转移支付，这样每一个公民的税后收入是完全平等的。也就是说，每个公民都得到（通过政府转移支付）相等的所得税收入份额。对每个公民工作并赚取收入的激励是什么？Marxland的税收总额是多少？每个公民的税后收入（包括转移支付）是多少？你认为这种税制创造的完全平等能实现吗？

6. Taxilvania经济体的税收制度包括负所得税。对于所有收入低于10 000美元的人，缴纳的所得税为−40%（也就是说，他们将得到相当于其收入的40%的支付）。超过10 000美元门槛的任何收入，额外收入的税率为10%。对于下面的前三种情形，计算出应缴纳的所得税额和税后收入。

a. Lowani赚取8 000美元的收入。

b. Midram赚取40 000美元的收入。

c. HI-Wan赚取100 000美元的收入。

d. 你能找到这个税收制度的税档切口吗？也就是说，你能找到一种情形，赚取多一点的税前收入实际上会导致税后收入更少吗？

7. 在Notchingham市，每个工人的工资率为每小时10美元。Notchingham管理者负责自己城市的失业救济金发放，结构如下：如果你失业了（也就是说，如果你没有工作），你每天会得到 50 美元失业救济金（政府转移支付）。只要你工作，即使是 1 小时，失业救济金就完全取消。也就是说，该福利系统存在税档切口。

a. 一个失业工人每天的收入为多少？每天工作 4 小时的收入为多少？一个人需要工作多少小时才能赚取与失业时一样的收入？

b. 有人愿意接受一份需要每天工作 4 小时的兼职工作而不是失业吗？

c. 假设 Notchingham 市现在改变其中的失业救济金停发方式。每增加 1 美元个人收入，失业救济金就停发 0.50 美元。每天工作 4 小时的人现在有多少收入？现在的制度有助于刺激人们每天工作 4 小时而不是失业吗？

8. 美国全国选举研究所对美国选民的意见进行定期研究。下表描述了 1952—2008 年间的部分年份同意“共和党和民主党代表有重要区别”这一观点的人群所占的比例。

年份	同意者所占比例（%）
1952	50
1972	46
1992	60
2004	76
2008	78

资料来源：American National Election Studies.

这些数据说明随着时间的推移，美国政治中党派的极化程度出现了什么变化？

在线回答问题

9. 下表给出了美国的总人数以及没有保险的总人数，时间为 1999—2011 年。下表也给出了美国贫困儿童——年龄不大于 18 岁且处于贫困线以下——的总人数以及贫困儿童中没有保险的人数。

年份	总人数（百万）	无保险人数（百万）	儿童总人数（百万）	无保险贫困儿童人数（百万）
1999	276.8	38.8	12.3	3.8
2001	282.1	39.8	11.7	3.3
2003	288.3	43.4	12.9	3.3
2005	293.8	44.8	12.9	3.1
2007	299.1	45.7	13.3	3.1
2009	304.3	50.7	15.5	3.1
2011	308.8	48.6	16.1	3.0

资料来源：U.S. Census Bureau.

计算每年有多大比例的人和贫困儿童没有保险？这些百分比随着时间的推移怎样发生变化？无保险贫困儿童所占比例的变化的可能解释是什么？

▶ **企业案例**

狩猎濒危动物以保护它们

在南非热带丛林草原，约翰·休谟（John Hume）的 Mauricedale 游戏牧场占地 1.6 万英里。休谟饲养了如犀牛这样的濒危物种和普通动物如好望角水牛、羚羊、河马、长颈鹿、斑马、鸵鸟等。牧场每年的收入大约为 250 万美元，牧场赚取微薄的利润，其中从狩猎上获得的收入占 20%，从出售活的动物上获得的收入占 80%。

虽然他做这一生意是为了赚取利润，但休谟认为自己是这些动物和这片土地的保护者。而且他坚信，为了保护犀牛，进行一定量的合法化的捕猎是必要的。休谟举出一头雄性犀牛的故事来说明他的观点，这头犀牛名为“65”。休谟和他的员工知道65是一个麻烦：太老了而无法繁殖后代，它又非常好斗，足以杀死年轻的雄性犀牛。这就是野生动物保育人士所说的"雄性过剩的问题"，一个雄性的存在抑制了兽群的扩大。

最终，休谟从《濒危野生动植物种国际贸易公约》(CITES) 获得许可，对65进行猎杀，来调节濒危物种的合法化狩猎和贸易。一个富有的猎人向休谟支付了150 000美元，制造麻烦的65被迅速处理掉。

像休谟这样的自然资源保护主义牧场主，支持对野生动物的狩猎进行监管，引用肯尼亚的经验来支持他们的观点。1977年，肯尼亚禁止猎物狩猎或野生动物牧场。此后，因为偷猎或动物栖息地转向农业用途，肯尼亚失去了60%～70%的大型野生动物。它的黑犀牛群一度编号到20 000，目前在保护区幸存下来的只有大约540头。相反，由于从1968年开始，南非开始对狩猎不那么濒危的白水牛进行监管，其数量已从1 800头上升到19 400头。

许多环保人士现在都认为，濒危物种数量复苏的关键是在一些管理良好的狩猎场进行合法化的狩猎，这些狩猎场积极从事动物的养殖和维护。正如世界上历史最悠久、规模最大的环保组织世界自然保护联盟的负责人罗西·库尼博士 (Dr. Rosie Cooney) 近日所说的，"在不杀害动物的条件下能很好地进行动物的养护是不错的办法…… ［但］我们认为，猎物狩猎在保护动物方面也发挥着重要的、有效的作用。"

不过，合法化狩猎是一个非常有争议的政策，一些野生动物的支持者强烈反对。由于建立像Mauricedale这样的牧场需要巨大的资金投入，很多人都担心小型、短暂的牧场会进行"罐头式狩猎"，即从其他地方弄到一堆被投放了麻醉药或生病的动物。还有一个担心，对猎物狩猎支付高价将使牧场主急于扑杀兽群。

思考题

1. 使用本章所学到的概念，解释肯尼亚野生动物的巨额损失背后的经济激励。
2. 比较约翰·休谟与肯尼亚牧场主面临的经济激励。
3. 对于牧场主向狩猎者出售动物狩猎应该实行什么样的监管措施？这些与本章相关章节中的概念有什么关系？

▶ **企业案例**

福利国家的企业家

"威格·达尔马 (Wiggo Dalmo) 是典型的企业家类型：工薪阶层出生，表现良好。" *Inc.* 杂志以这样的人物简介开始介绍威格·达尔马。达尔马开始工作时是一家大公司修理采矿设备的技师。但最终，他决定自己出来单干，并开创了自己的事业。他创办的Momek公司最终成长为年收入4 400万美元、拥有150名员工的公司，从事石油钻井平台作业和采矿的多种工作。

在任何时间，在美国的商业出版物中，你都能读到这样的故事。不同寻常的是，这篇文章所介绍的达尔马和他的公司不是美国的，而是挪威的——像其他斯堪的纳维亚国家一样，挪威是一个非常慷慨的福利国家，有高水平的税收作支持。那么，达尔马怎样看待这一制度？他表示赞同，他说，挪威的税收制度"良好而且公平"，他认为该制度对企业有利。事实上，*Inc.* 杂志的文章标题为《在挪威，创业者说社会主义》。

为什么？毕竟，作为一个成功的企业家，其金钱回报在像挪威这样的高税率国家受到的限制比在像美国这样的低税率国家要多得多。但也有其他方面的考虑。例如，至少直到《平价医疗法案》在2014年1月开始实施之前，一名美国人选择离开大公司而创建一个新公司还是要担心他或她将能否获得健康保险，而挪威人在相同情形下不管就业与否都不用为此担心。在美国制度中失败的负面影响更大一些，它对失业者提供最小的援助。

不过，威格·达尔马是一个特例吗？表11-7显示了创业活动水平最高的部分国家和地区，这些数据基于美国小企业管理局的研究，它试图量化不同国家和地区的创业活动水平。美国处在该列表的顶部，但一些斯堪的纳维亚国家有非常高的税收水平和广泛的社会保险 (例如，挪威处在第14位)。

当比较不同的福利国家制度实际上对企业多友好时，你不得不回想一下在过去税收水平带来的明显问题。

表11-7　　2014年10大创业型国家和地区

排名	国家和地区
1	美国
2	澳大利亚
3	瑞典

续前表

排名	国家和地区
4	丹麦
5	瑞士
6	中国台湾
7	芬兰
8	荷兰
9	英国
10	新加坡

资料来源：The Global Entrepreneurship and Development Index 2014，by Zoltan Acs，Laszlo Szerb and Erkko Autio.

思考题

1. 为什么挪威的总体税收水平高于美国？

2. 这个案例说明，政府支付医疗保健费用有助于企业家创业。这与正文中有关社会保险的观点有什么关系？

3. 如果挪威的医疗保健实行按收入调查确定而非给予全体国民，对像威格·达尔马这样的企业家有什么影响？

第 12 章

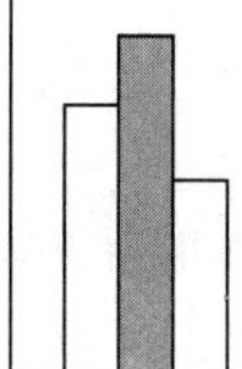

宏观经济学：全景综览

本章将学习

- 宏观经济学与微观经济学的区别。
- 商业周期的含义，以及政策制定者试图缩短商业周期的原因。
- 长期经济增长如何决定一国国民的生活水准。
- 通货膨胀和通货紧缩的含义，以及人们为什么希望价格稳定。
- 开放经济宏观经济学的重要性，经济体如何通过贸易顺差与贸易逆差相互影响。

☞ 开篇案例

西班牙之痛

2012 年，25 岁的西班牙大学毕业生哈维尔·迪亚斯（Javier Diaz）发现自己处在万万没有想到的境地：失业在家。他上大学是想成为一名教师，但等他毕业的时候，没有人会为他提供一份工作。我们的意思是任何类型的工作。迪亚斯愿意去麦当劳工作，但即使这也没得选。

就业前景暗淡是因为迪亚斯的资格有问题吗？可能不是。不管是谁，在 2012 年的西班牙找到一份工作都很难。25 岁以下寻找工作的西班牙人有 57%——对，就是 57%——是失业的。具有大学学历没有太大帮助：应届大学毕业生的失业率为 39%。

然而，并不总是这样。五年前，迪亚斯很可能会发现，他的教育背景很容易找到一份工作。然而，在 2007—2008 年，包括美国在内大部分世界上的经济体都陷入了严重的衰退。虽然缓慢和痛苦，但从 2009 年开始，美国和部分国家从衰退中逐渐复苏。但截至 2012 年，西班牙和其他一些欧洲国家尚未有复苏迹象——事实上，其失业率不断上升。

2007 年后的全球经济表现很糟糕，但它曾经历过更糟糕的情况。事实上，在 1929 年史诗般的全球经济衰退中全球经济表现更糟糕，这种情况一直持续到第二次世界大战开始的时候。这一严重的经济困难时期被称作大萧条（Great Depression）时期。为了强调从 2007 年开始的衰退是大萧条以来最严重的经济灾难，经济学家将其称为大衰退（Great Recession）。

为什么 2007 年之后的衰退没有像 1929 年那么糟糕？有许多原因，但一个突出的原因是：经济学家从早期的灾难中学到了如何去应对。当大萧条来袭，政治领袖和他们的经济顾问不知道该怎么做。幸运的是，在大衰退时期，他们知道需要做什么，虽然不是所有被提出的好建议都被采纳。

在大萧条时期，微观经济学已经是经济学发达的分支，关注的是个人消费者的消费决策和生产者的生产决策，以及稀缺资源在各行业的配置。但是，侧重于研究经济整体行为的宏观经济学仍处于起步阶段。

大萧条时期和大衰退时期世界大部分地方发生的事情（曾多次在多地发生过，只是很少这么严重）对整体经济是一个打击。在正常情况下，在任何时候总有一些行业在裁员。例如，美国租赁光盘店的数量下降了，因为消费者转向在家中通过 Netfix 网站和流媒体观看电影。但是，在租赁光盘店失去工作的工人有在其他地方找到新工作的好机会，因为尽管租赁光盘店关门了，但其他行业在扩大规模。然而，在大衰退期间的欧洲和美国，没有行业扩张，一切都在走下坡路。

在大萧条时期，宏观经济学成了经济学的一个分支。经济学家意识到他们需要弄明白席卷美国和世界许多其他地方灾难的本质，以求自救以及学会如何在将来避免此类灾难。为了这一天，努力了解经济衰退并设法防止其发生一直是宏观经济学的核心。然而，随着时间的推移，宏观经济学已经扩大了其覆盖面，涵盖了其他一些主题，如长期的经济增长、通货膨胀和开放经济宏观经济学。

本章将对宏观经济学进行概述。我们从宏观经济学和微观经济学之间的区别的一般性描述开始，然后简要介绍一些主要关注的领域。

12.1 宏观经济学的本质

宏观经济学区别于微观经济学的最显著的特点是它关注经济体整体的行为。

□ 12.1.1 宏观经济学问题

表 12－1 中列出了几个经济学当中经常提到的问题。左列是微观经济学问题，右列是其对应的宏观经济学问题。通过对比这些问题，你可能会对微观经济学与宏观经济学之间的区别有一个初步的认识。

表 12－1　微观经济学与宏观经济学涉及的问题

微观经济学问题	宏观经济学问题
我应该去上商学院，还是应该立即找工作？	今年经济体中总共有多少人被雇用？
谷歌对一名 MBA 应届毕业生谢丽·卡马乔提供的薪酬取决于什么因素？	在一个特定年份中工人的总体薪酬水平取决于什么因素？
一所大学或学院开设一门新课程的成本取决于什么因素？	经济体整体的价格水平取决于什么因素？
为使低收入的学生能够更容易上大学，政府应该采取什么样的政策？	为促进经济体整体的就业和经济增长，政府应该采取什么样的政策？
花旗银行是否在上海设立一个新办事处取决于什么因素？	美国与世界上其他国家之间的产品、服务和金融资产交易取决于什么因素？

正如这些问题所表明的，微观经济学关注的是个人和企业是如何决策的，以及这些决策会产生什么样的后果。例如，微观经济学可以帮助我们确定大学或学院开设一门新课程的成本——这项成本包括教员的薪酬开支、课程材料的成本等。然后，学校可以通过权衡开课的成本和收益来决定是否开设这门新课程。

相反，宏观经济学研究的是经济总量上的行为——经济中所有个人和企业行为的相互影响如何决定整体经济的绩效。例如，宏观经济学关注的是经济中的一般价格水平以及与上年一般价格水平相比的高低状况，而不是专注于某一特定产品或服务的价格。

你可能会认为，只要把微观经济学问题的答案进行加总就可以得到宏观经济学问题的答案。例如，第 3 章介绍的供给和需求模型告诉我们，在一个竞争性的市场当中，某一产品或服务的均衡价格是如何决定的。因此你可能会认为，只要对经济中的每一种产品和服务都进行供求分析，并把结果加总，就可以得到经济体整体的价格水平。

但是事实并非如此。尽管像供给和需求之类的基本概念在宏观经济学中必不可少，但回答宏观经济学问题需要一套另外的工具和分析参考框架。

□ 12.1.2 宏观经济学：整体大于部分之和

如果时常在高速公路上开车，你大概知道什么是引颈旁观引起的交通堵塞，以及它为什么令人生厌。有人因为某件小事把车开到路边，例如为了换掉漏气的车胎，不久之后，由于司机们都忍不住放慢车速看上一眼，结果会造成严重的交通堵塞。

此类事件之所以令人生厌，是因为交通堵塞的长度与造成这一结果的那件小事很不相称。由于一些司机踩住刹车要引颈旁观看热闹，其他跟随其后的司机不得不跟着踩刹车，由此引发连锁反应。所有人都踩刹车的累积效应最终会导致较长的浪费时间的交通堵塞，因为每个司机都必须比前面的司机更慢一点。换言之，每个人的反应放大了下一个人的反应。

引颈旁观引发交通堵塞的例子有助于我们理解宏观经济学区别于微观经济学的一个重要方面：大批个人行为的累积效果将远远大于这些个人行为的简单加总。

例如，我们考虑一下宏观经济学家所谓的“节俭的悖论”：许多家庭和企业出于对未来可能遭遇的经济困难的担忧会削减支出。消费者减少支出，企业裁员，这种削减支出的行为会使经济陷入衰退。结果，家庭和企业的境况都会比它们不削减支出时的境况更糟糕。

这之所以被称为悖论是因为节俭这个看起来是出于良好愿望的行为——通过增加储蓄以便谨慎应对未来的经济困难——却对每个人都造成了损害。这个故事的另外一面是：当家庭和企业对未来感到乐观时，它们会增加现时支出。这会刺激经济，导致企业雇用更多员工，推动经济扩张。表面上看起来挥霍享乐的行为改善了每个人的境况。

因此，宏观经济学的一个重要观点是：个人决策的共同作用导致的结果与任何想达到的个人目的会非常不同，甚至结果有时正好相反。

□ 12.1.3 宏观经济理论与政策

宏观经济学家比微观经济学家对政策问题的关注要强烈很多，即关注政府应该怎样做才可以使经济表现得更好。这种对政策的关心主要由历史原因形成，特别是 20 世纪 30 年代的大萧条。

20 世纪 30 年代之前，经济学家倾向于认为经济是**自我调节经济**（self-regulating economy）。他们认为失业之类的问题可通过“看不见的手”来予以纠正，政府试图改善经济绩效的努力是无效的，而且可能会使事情变得更糟。

> **自我调节经济**意味着失业之类的问题可无须政府干预，通过“看不见的手”解决。

大萧条改变了这一切。这场巨大的灾难使得美国四分之一的劳动力没有工作，并威胁到许多国家的政治稳定，因此产生了采取行动的需求。这也使部分经济学家付出巨大努力来理解经济衰退，并想方设法阻止其发生。

1936 年，英国经济学家约翰·梅纳德·凯恩斯（John Maynard Keynes）出版了《就业、利息和货币通论》(*The General Theory of Employment, Interest, and Money*)，这是改变宏观经济学的一本书。根据**凯恩斯主义经济学**（Keynesian economics)，经济不景气是需求不足的结果。此外，凯恩斯认为政府可以通过货币政策和财政政策进行干预来缓解经济萧条。**货币政策**（monetary policy）使用货币数量的变化来改变利率，进而影响整体支出水平。**财政政策**（fiscal policy）使用税收和政府开支的变化影响整体支出水平。

> **凯恩斯主义经济学**认为经济不景气是需求不足的结果，政府可以通过干预来缓解。
>
> **货币政策**使用货币数量的变化来改变利率，进而影响整体支出水平。
>
> **财政政策**使用税收和政府开支的变化影响整体支出水平。

凯恩斯从总体上建立了政府管理经济是其责任的思想。凯恩斯主义的思想继续对经济理论和公共政策产生强大的影响力：在 2008—2009 年，国会、白宫和美国联邦储备委员会（美联储，管理美国货币政策的一个准政府机构）采取措施来抵御经济低迷，这在精神上显然是凯恩斯主义，参见下面的“真实世界中的经济学”专栏。

▶ 真实世界中的经济学

抵御经济衰退

2008 年，世界经济经历了严重的金融危机，这让所有人都回忆起了大萧条的初期。各大银行摇摇欲坠，处在崩溃边缘；世界贸易大幅下滑。2009 年春天，经济史学家巴里·艾肯格林（Barry Eichengreen）和凯文·奥罗克（Kevin O'Rourke）对可用的数据重新研究后指出："在全球范围内，我们正在重蹈大萧条的覆辙，甚至更加糟糕。"

但最糟糕的情况到最后并没有出现。图 12-1 描述了艾肯格林和奥罗克度量经济活动的指标——世界工业生产指数——在大萧条时期（下面的线）与大衰退时期（上面的线）的走势。第一年，两次危机确实具有可比性。但幸运的是，进入大衰退一年后，世界工业生产指数趋于平稳，然后反转向上。相反，进入大萧条三年后世界生产指数继续下降。为什么会有这种不同？

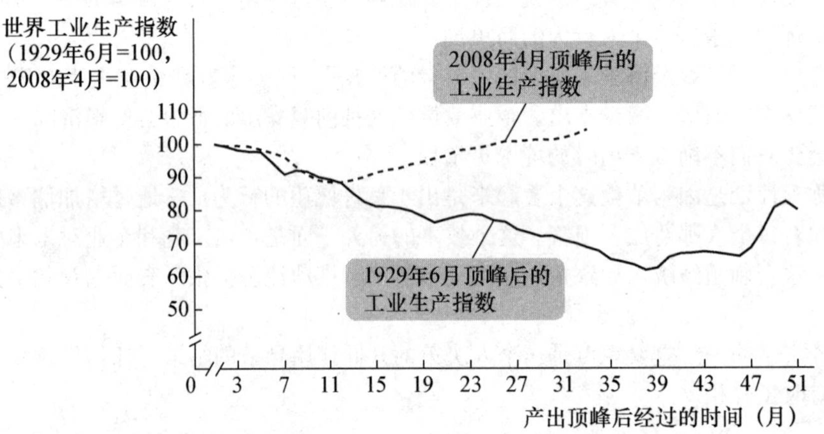

图 12-1　在大萧条和大衰退时期的经济活动和世界工业生产指数

资料来源：Barry Eichengreen and Kevin O'Rourke (2009), "A Tale of Two Depressions." © VoxEU. org; CPB Netherlands Bureau for Economic Policy Analysis World Trade Monitor.

至少部分答案是政策制定者的反应非常不一样。在大萧条时期，人们普遍认为，对于经济下滑应该让它自生自灭。约瑟夫·熊彼特（Joseph Schumpeter）——出生于奥地利的哈佛大学的经济学家，现在因其创新理论而闻名——宣称，任何试图减轻正在发生的灾难的行为将使经济衰退的作用没有完全发挥出来。在 20 世纪 30 年代初期，一些国家的货币当局面对经济大幅衰退时实际提高了利率，并且也削减开支，提高税收，然而我们将在后面的章节中看到，这种行为加深了经济衰退。

相比之下，当 2008 年金融危机出现后，利率被大幅降低，而且包括美国在内的一些国家临时增加支出，减少税收，目的就是维持一定的开支水平。各国政府行动起来支持银行提供贷款、援助和担保。

至少可以说，许多这些措施是有争议的。但大多数经济学家认为，通过对大衰退的积极应对——这样做使用的是从宏观经济学研究中获得的知识——政府帮助避免了全球性的经济灾难。

及时复习

- 微观经济学集中于个人和企业决策以及由此带来的后果。宏观经济学侧重于经济体整体的行为。
- 个人行动的加总效应可以产生意想不到的后果，可导致对每个人更好或者更差的宏观经济结果。
- 在 20 世纪 30 年代之前，经济学家倾向于认为经济是自我调节的。在大萧条之后，凯恩斯主义经济学提供了政府通过货币政策和财政政策进行干预来缓解经济萧条的理由。

小测验 12-1

1. 以下问题哪些是微观经济学问题？哪些是宏观经济学问题？请解释你的答案。

a. 为什么消费者在 2008 年转向购买小排量汽车？

b. 为什么总体消费支出在 2008 年放缓？

c. 为什么在第二次世界大战之后第一代人的生活水平比第二代人提高得更快？

d. 为什么地质学专业的学生的起薪增长得比后期快？

e. 是什么决定了采用铁路运输还是公路运输？

f. 在 1980—2000 年间为什么鲑鱼变得便宜了？

g. 为什么 20 世纪 90 年代通货膨胀率大幅下降？

2. 2008 年，金融部门的问题导致全国信贷紧张：购房者无法获得抵押贷款，学生无法获得学生贷款，汽车购买者无法得到汽车贷款，等等。

a. 解释信贷的枯竭如何导致整个经济的复合效应并导致经济衰退。

b. 如果你认为经济是自我调节的，你会主张政策制定者做什么？

c. 如果你相信凯恩斯主义经济学，你会主张政策制定者做什么？

12.2 商业周期

大萧条是迄今为止美国历史上最严重的经济危机。不过，尽管对经济的管理避免了 20 世纪其余时间有大的灾难发生，但经济仍然经历了很多风风雨雨。

经济的上行一直是大于下跌的：任何描述美国经济运行轨迹所用的主要数据都表现出随着时间推移的强劲上升势头。例如，图 12-2 左侧纵轴表示美国私人部门的就业（由私人企业提供的职位总数），1985—2014 年的数据由上方的曲线表示。该图右侧纵轴表示工业生产指数（表示美国工厂的总产出），1985—2014 年的数据由下方的曲线表示。私人部门的就业和工业生产指数在这个时期结束时比开始时高得多，而且在大多数年份两项指标都在上升。

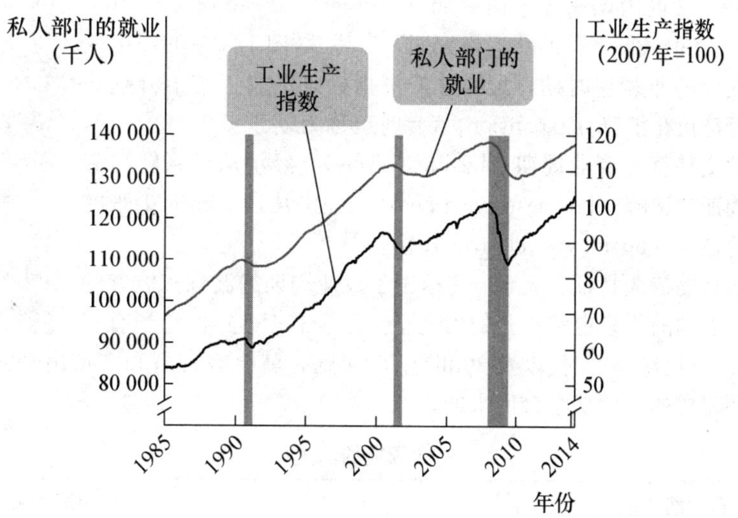

图 12-2　1985—2014 年私人部门的就业和工业生产指数

该图所示为两个重要的经济数据：私人部门的就业和工业生产指数。1985—2014 年，两个数据持续增长，但并非平稳增长。相反，两个数据都出现过与经济衰退有关的 3 次下降，用阴影区域表示。

但两者并非稳步上升。正如我们从图 12-2 中所看到的，就业和工业生产动荡的时期有三个：20 世纪 90 年代初、21 世纪初和 2007 年晚些时候。

换言之，经济前进的步伐并不顺利。经济进程步伐的不均衡所表现出来的经济的上下波动是宏观经济学要应对的当务之急。

□ 12.2.1 商业周期图说

图 12－3 显示了经济随时间推移的程式化过程。纵轴表示的是就业或产出，如工业生产指数或实际国内生产总值（实际 GDP），这是我们下一章将学习的度量经济整体产出的指标。图 12－2 的数据表明，就业和产出两项指标往往会一起变动。它们的共同变动是宏观经济学主要话题的起点：在短期上行或下行中的经济变化。

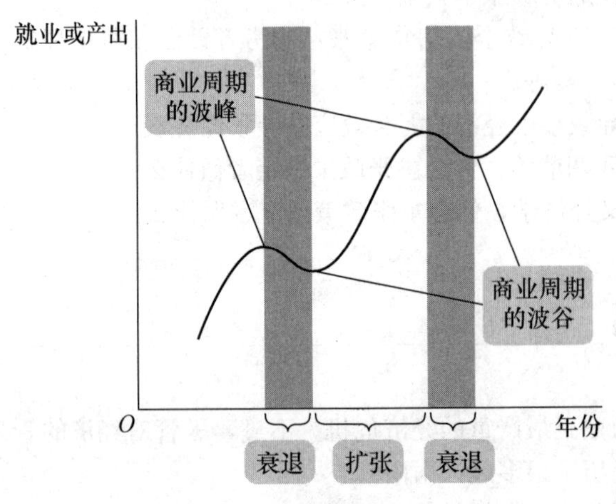

图 12－3 商业周期

这是一幅典型的商业周期的图示。纵轴表示经济中的就业或产出。这两个变量下降的时期是衰退；它们出现反弹的时期是扩张。经济开始转向下降的时点是商业周期的波峰；它再次开始上升的时点是商业周期的波谷。

广泛的经济衰退，被称为**衰退**（recession）（有时也被称为收缩），此时许多行业的产量和就业下降。衰退由国家经济研究局（National Bureau of Economic Research，NBER）正式宣布（见下页的"追根究底"专栏），图 12－2 的阴影区域表明了衰退时期。在经济非衰退时期，大部分经济指标是沿着正常上升趋势变化的，我们说此时经济正在**扩张**（expansion）（有时也称为复苏）。

经济下滑和上扬的交替就是**商业周期**（business cycle）。经济从扩张转向衰退的时点被称为**商业周期的波峰**（business-cycle peak）；经济从衰退转向扩张的时点被称为**商业周期的波谷**（business-cycle trough）。

衰退或收缩是指产出和就业下降的经济下滑时期。

扩张或复苏是指产出和就业上升的经济上扬时期。

商业周期是指经济下滑和上扬的交替。

商业周期的波峰是指经济从扩张转向衰退的时点。

商业周期的波谷是指经济从衰退转向扩张的时点。

商业周期是经济运行的持久特征。表 12－2 给出了商业周期的波峰和波谷的正式表单。正如我们所看到的，衰退和扩张的出现至少已经有 155 年。每当有一个长时间的扩张，如在 20 世纪 60 年代以及 20 世纪 90 年代，就会有书籍和文章出来宣称商业周期结束了。这样的宣告一直被证明是错的：周期总会回来的。

表 12－2 **商业周期的历史**

商业周期的波峰		商业周期的波谷	
没有更早的数据	1873 年 10 月	1854 年 12 月	1879 年 3 月
1857 年 6 月	1882 年 3 月	1858 年 12 月	1885 年 5 月
1860 年 10 月	1887 年 3 月	1861 年 6 月	1888 年 4 月
1865 年 4 月	1890 年 7 月	1867 年 12 月	1891 年 5 月
1869 年 6 月	1893 年 1 月	1870 年 12 月	1894 年 6 月

续前表

商业周期的波峰		商业周期的波谷	
1895 年 12 月	1945 年 2 月	1897 年 6 月	1945 年 10 月
1899 年 6 月	1948 年 11 月	1900 年 12 月	1949 年 10 月
1902 年 9 月	1953 年 7 月	1904 年 8 月	1954 年 5 月
1907 年 5 月	1957 年 8 月	1908 年 6 月	1958 年 4 月
1910 年 1 月	1960 年 4 月	1912 年 1 月	1961 年 2 月
1913 年 1 月	1969 年 12 月	1914 年 12 月	1970 年 11 月
1918 年 8 月	1973 年 11 月	1919 年 3 月	1975 年 3 月
1920 年 1 月	1980 年 1 月	1921 年 7 月	1980 年 7 月
1923 年 5 月	1981 年 7 月	1924 年 7 月	1982 年 11 月
1926 年 10 月	1990 年 7 月	1927 年 11 月	1991 年 3 月
1929 年 8 月	2001 年 3 月	1933 年 3 月	2001 年 11 月
1937 年 5 月	2007 年 12 月	1938 年 6 月	2009 年 6 月

▶ **追根究底**

衰退和扩张的定义

你可能想知道衰退和扩张的确切定义。事实上并没有确切的定义。

在许多国家，经济学家把至少连续 2 个季度（一个季度是 3 个月）的总产出下降定义为衰退。连续 2 个季度的条件是为了避免把非持续性的短期经济波动看作衰退。

但是有时候这个定义看起来过于苛刻。例如，如果一个经济体经历了 3 个月的产出急剧下跌，3 个月的小幅增长，然后又是 3 个月的产出大幅下跌，这显然应该被认为是经历了 9 个月的衰退。

在美国，我们把确定衰退始末的工作委派给国家经济研究局的一个独立专家组。这个专家组通过观测以就业和生产为主的一系列经济指标来最终确定是否发生衰退。

有的时候，专家组的判断也会引发争议。实际上，对 2001 年衰退的判断就一直存在争议。国家经济研究局认为这次衰退开始于 2001 年 3 月，在 2001 年 11 月结束，当时产出已开始增加。但是一些批评者认为，其实在几个月之前衰退已经发生，因为那时工业生产指数已经开始下跌。其他一些批评者认为，衰退在 2001 年并没有结束，因为在此后的一年半时间里，就业仍在下降，劳动市场持续走弱。

□ 12.2.2 经济衰退之痛

当经济扩张时没有多少人抱怨商业周期。但是，经济衰退则带来了许多痛苦。

经济衰退最重要的影响是其对工人找到和保持工作的能力的影响。在劳动市场中使用最广泛的指标是失业率。我们将在第 14 章解释如何计算失业率。现在我们可以看出，高失业率意味着工作机会稀少，而低失业率意味着很容易找到工作。

图 12 - 4 表示 1988—2016 年的失业率。正如我们所看到的，美国的失业率在每次经济衰退后都大幅上升，但最终在扩张时期出现下跌。2008 年的失业率上升是一个表明新的衰退可能已经开始并正在进行的迹象，这后来被国家经济研究局证实已经在 2007 年 12 月开始。

因为经济衰退导致许多人失去工作，而且很难找到新的工作，所以经济衰退对许多家庭的生活水平造成了伤害。生活在贫困线以下的人口数量的增加通常与经济衰退有关，他们将失去住房，因为他们付不起房贷，而且美国人的医疗保险覆盖比例也会下降。

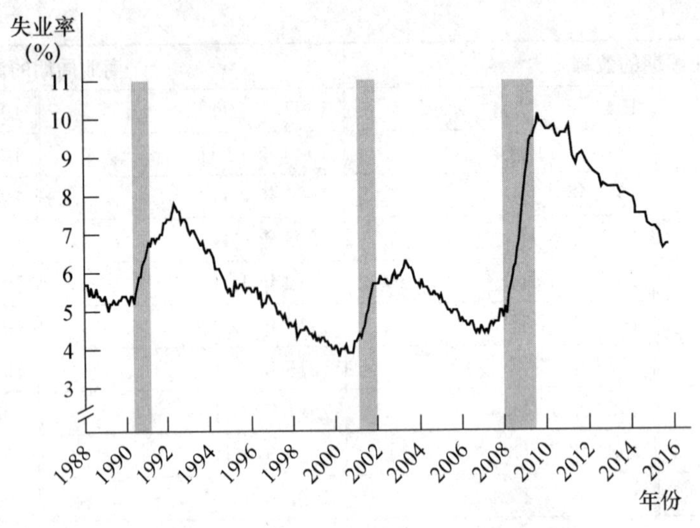

图 12-4　美国 1988—2016 年的失业率

表现失业人数的指标失业率通常在经济衰退时大幅上升，在经济扩张时下降。
资料来源：Bureau of Labor Statistics.

但是，你不应该认为在经济衰退期间劳动者是受到影响的唯一群体。经济衰退对企业而言也是坏事情：像就业和工资一样，利润在经济衰退期间也受到影响，许多小企业会破产。

所以，经济衰退几乎对每个人都是坏事情。有什么方法可以降低其发生频率和严重程度吗?

□ 12.2.3　驯服商业周期

现代宏观经济学在很大程度上是因大萧条应运而生的，即历史上最严重的经济衰退，始于 1929 年，经过 43 个月的下滑，一直持续到 1933 年。1929—1933 年经济衰退肆虐的灾难促使经济学家去理解和搜索解决办法：他们想知道事情是如何发生的，以及如何预防它们。

正如我们在本章前面解释的，约翰·梅纳德·凯恩斯在大萧条时期出版的著作建议，货币政策和财政政策可以用来减轻经济衰退的影响，一直到今天，当经济衰退来袭时，政府就会转向凯恩斯主义的政策。后来另一个伟大的宏观经济学家米尔顿·弗里德曼（Milton Friedman）的出色工作促使形成了遏制繁荣与对抗衰退同样重要的共识。所以，当代决策者试图“平滑”商业周期。他们还没有完全成功，正如图 12-2 所示。然而，人们普遍认为，在宏观经济分析指导下的政策有助于使经济更加稳定。

尽管商业周期是宏观经济学关注的主要问题之一，并在促进该领域的发展历史上起到了至关重要的作用，但宏观经济学家也关注我们接下来将解释的其他宏观问题。

▶ 真实世界中的经济学

衰退比较

衰退和扩张的交替似乎是经济生活的一个持久特征。然而，并非所有商业周期都是一样的。特别是其中一些衰退会比其他衰退更糟糕。

我们比较一下最近美国的两次经济衰退：2001 年的经济衰退和 2007—2009 年的大衰退。这两次经济衰退持续的时间不一样：第一次只持续了 8 个月，第二次则持续了第一次两倍多的时间。甚至更重要的是，衰退深度也有很大差异。

在图 12-5 中，我们通过观察工业生产在经济衰退开始几个月后的情况来对比衰退深度。在每种情形下，用工业生产占衰退前波峰的比例来度量工业生产。因此，如 2007—2009 年的衰退曲线所示，工业生产最终下降到其初始水平的 85%左右。

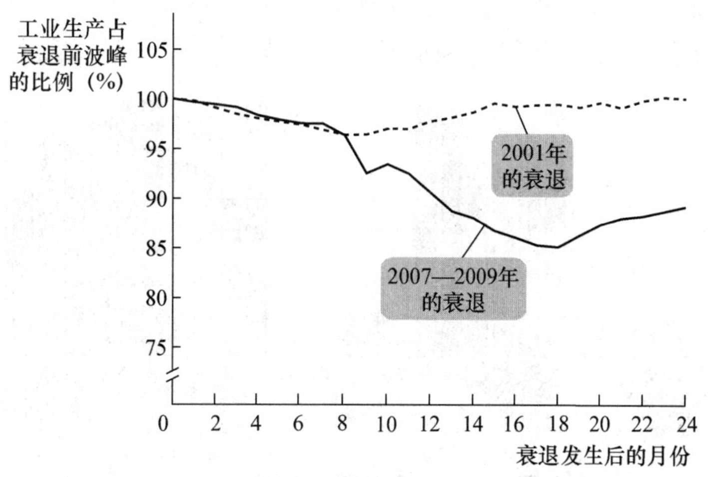

图 12－5　美国的两次衰退

资料来源：Federal Reserve Bank of St. Louis.

显然，2007—2009 年的衰退对经济的打击远远超过 2001 年的衰退。事实上，通过比较多次经济衰退，2001 年的经济下滑是非常温和的。

当然，即使是温和的衰退，这对以百万人计的失去工作的美国工人来说并没有什么安慰。

及时复习

- 商业周期，即衰退和扩张的交替，是宏观经济学关注的主要问题。
- 扩张转向衰退的时点是商业周期的波峰，衰退转向扩张的时点是商业周期的波谷。

小测验 12－2

1. 为什么我们谈论将经济体作为一个整体的商业周期，而非仅仅谈论特定行业的升降起落？
2. 说明经济衰退损害了谁，以及是怎样损害的。

12.3　长期经济增长

1955 年，美国人对国家的繁荣感到兴奋。经济正在扩张，在二战期间被配给的消费品现在可供大家敞开购买，大多数美国人真的认为，他们比过去或当时任何其他国家的人民都过得更好。然而，按照今天的标准，美国人在 1955 年还相当穷。图 12－6 表示 1905 年、1955 年和 2005 年配备各种电器的美国家庭的百分比：1955 年，只有 37％的美国家庭有洗衣机，几乎没有家庭有空调。如果我们将时针回拨半个世纪，回到 1905 年，我们发现，用今天的标准来看，许多美国人的生活是相当原始的。

长期经济增长是经济产出在一段时期持续上升的趋势。

为什么当今绝大多数美国人能够负担得起许多人在 1955 年买不起的生活设施？答案是**长期经济增长**（long-run economic growth），是经济生产的产品和服务数量的持续上升。图 12－7 所示为 1900—2013 年人均实际 GDP（用于衡量经济体中每个人的总产出的指标）的增长。1929—1933 年的严重衰退非常突出，但二战至 2007 年之间的商业周期几乎看不出，因为被强劲的上升势头所掩盖。

产出长期增长的部分原因是人口和劳动力的不断增长。但经济体整体产量的增加比人口增长快得多。平均而言，2013 年美国经济生产的产品和服务大约为每人 53 000 美元，约为 1972 年的 2 倍，1952 年的 3 倍，1900 年的 8 倍。

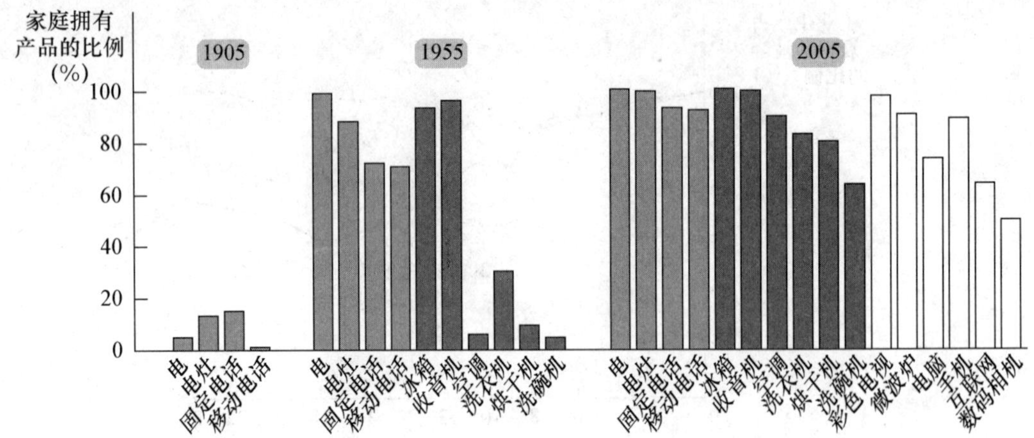

图 12-6　美国长期经济增长的成果

随着时间的推移，长期经济增长使得美国人可以购买更多的物质产品。

资料来源：W. Michael Cox and Richard Alm，"How Are We Doing?" *The American* (July/August 2008). http://www.american.com/archive/2008/july-august-magazine-contents/how-are-we-doing.

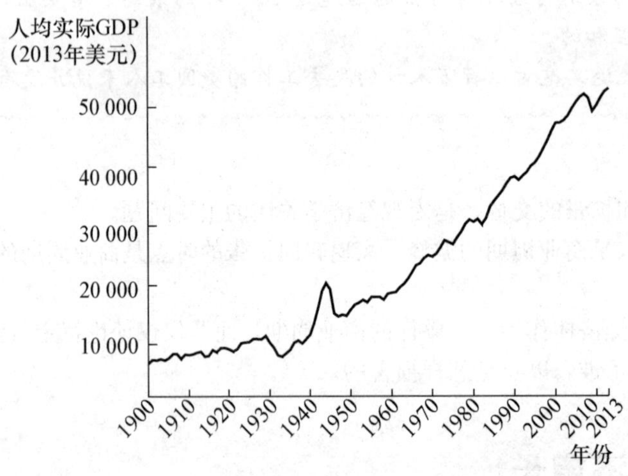

图 12-7　长期视角下的美国经济增长

从长期来看，美国人均实际 GDP 使得商业周期的起起落落很不明显。除了大萧条造成的衰退，2007 年前的衰退几乎看不出来。

资料来源：Angus Maddison，*Statistics on World Population*，*GDP*，*and Per Capita GDP*，1-2008 *AD*，http://www.ggdc.net/MADDISON/oriindex.htm；Bureau of Economic Analysis；The Conference Board Total Economy Database™，January 2014.

长期经济增长是今天许多最紧迫经济问题的根本所在。对于主要的政策问题，例如，国家未来是否有能力承担如社会保障和医疗保险等政府项目的成本，其回答部分取决于美国经济在未来几十年的增长速度。

更广泛地说，公众能否意识到国家的进步关键取决于长期增长的实现。当经济增长放缓时，正如 20 世纪 70 年代的情况，就会形成全国性的悲观情绪。特别是，人均长期增长——人均产出的持续上升趋势——是提高工资和生活水平的关键因素。宏观经济学的一个主要研究议题——第 15 章的主题——是试图理解推动长期经济增长的力量。

对于许多更贫穷和欠发达国家，长期经济增长更是迫切关心的问题。这些国家非常急切地想要提高生活水平，如何加速长期经济增长是经济政策关心的核心问题。

我们将会看到，宏观经济学家采用不同的模型来处理长期经济增长和商业周期。你必须同时记住这两类模型，因为长期有利的因素短期内并不一定有利，反之亦然。例如，节俭的悖论说明，家庭提高其储蓄水平的努力在短期内可能对经济不利。但是，更高的储蓄水平对于促进长期经济增长起着至关重要的作用。

▶ 真实世界中的经济学

两国故事

许多国家都经历过长期经济增长，但不是所有的国家都做得同样好。其中最有说服力的对比是加拿大和阿根廷这两个国家。在 20 世纪之初，两国似乎处在同样良好的经济地位上。

从今天回头看，加拿大和阿根廷在第一次世界大战前看上去颇为相似一定让人惊讶不已。两国都是农产品的主要出口国；既吸引了大批欧洲移民，又吸引了大量欧洲投资，特别是在开放铁路和农业腹地方面。经济史学家认为，两国人均收入相同的状况最晚持续到 20 世纪 30 年代。

然而，在第二次世界大战之后，阿根廷的经济表现不佳，主要是由政治不稳定和糟糕的宏观经济政策所导致。阿根廷经历了几个非常严重的通货膨胀时期。在这期间，生活成本飞涨。与此同时，加拿大稳定进步。自 1930 年以后，加拿大实现了长期持续增长，但阿根廷则没有，因此，今天加拿大的生活水准几乎与美国一样高，大约是阿根廷的 3 倍。

及时复习

- 由于美国已实现长期经济增长，美国人的生活比他们半个多世纪以前好多了。
- 对于很多经济问题，如更高水准的生活或政府项目融资，长期经济增长至关重要。对较贫穷的国家尤为重要。

小测验 12-3

1. 许多贫困国家的人口增长率很高。这对为了进一步提高人均生活水准所需的总产出的长期增长率意味着什么？

2. 阿根廷曾经与加拿大一样富裕，现在则穷多了。这是否意味着阿根廷比它的过去穷？请说明。

12.4 通货膨胀和通货紧缩

1980 年 1 月，美国生产工人的平均时薪为每小时 6.57 美元。到 2014 年 1 月，同样的工人的平均时薪已经上升到每小时 20.18 美元。应该为经济进步欢呼！

然而，等一下。美国工人在 2014 年赚得多，但他们也面临着更高的生活成本。1980 年 1 月，一打鸡蛋的成本只有约 0.88 美元；到 2014 年 1 月，该成本高达 2.01 美元。一个白面包的价格也从大约 0.50 美元上升到 1.37 美元，一加仑汽油的价格从 1.13 美元上升至 3.38 美元。

1980—2014 年间时薪的上涨与一些标准项目价格的上涨如图 12-8 所示。工人的平均时薪上涨远大于一些项目价格上涨的幅度，但有时也只是稍大于项目价格上涨的幅度。总体而言，1980—2014 年，如果不是全部的话，生活成本的上升抵消了大部分典型美国工人的时薪涨幅。换句话说，一旦将通货膨胀考虑在内，典型的美国工人的生活水平从 1980 年到现在几乎没有上升。

重要的是，在 1980—2014 年间，经济出现了较大幅度的**通货膨胀**（inflation）：总体价格水平上升。了解通货膨胀及其对立面**通货紧缩**（deflation）——总体价格水平下降的原因是宏观经济学关注的另一个话题。

> **通货膨胀**即总体价格水平上升。
> **通货紧缩**即总体价格水平下降。

□ 12.4.1 通货膨胀与通货紧缩的原因

你可能会认为，总体价格水平的变化仅仅是供给和需求的问题。例如，汽油价格的上涨反映了较高的原油价格，而原油价格的走高反映了各大油田资源枯竭以及中国和其他新兴经济体需求增长等因素，因为更多的人已经富裕到可以买车。我们能不能综合来看这些市场中发生了什么，以找出总体价格水平上涨的理由呢？

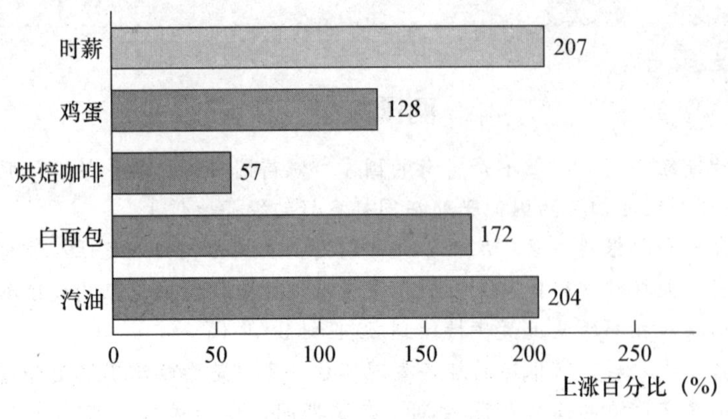

图 12-8　价格上涨

在 1980—2014 年间，美国工人的时薪上涨了 207%。但是几乎所有工人所购买的产品的价格也有所上涨，有些上涨得多一些，有些则少一些。总体而言，生活成本的上涨抵消了普通美国工人工资的大部分上涨。

资料来源：Bureau of Labor Statistics.

答案是否定的，我们不能。供给与需求只能解释为什么某种产品或服务相对于其他产品或服务变得更加昂贵。它无法解释为什么鸡肉价格随着时间的推移会上涨，尽管事实上鸡的生产变得更加高效（你并不想知道），相对于其他产品，鸡已经变得非常便宜。

总体价格水平上升或下降的原因是什么？我们将在第 14 章学习，在短期，通货膨胀走势与商业周期密切相关。当经济衰退，很难找到工作时，通货膨胀率趋于下降；当经济繁荣时，通货膨胀率趋于上升。例如，大多数产品和服务的价格在 1929—1933 年深度经济衰退中大幅下跌。

相比之下，在长期，总体价格水平由货币供给（可用于市场购买的资产数量）的变化决定。

□ 12.4.2　通货膨胀及通货紧缩之痛

通货膨胀和通货紧缩可能会引起经济问题。这里有两个例子：通货膨胀会打击持有现金的人，因为如果总体价格水平上升，现金随着时间的推移会失去价值。也就是说，你用一定量现金可购买到的产品或服务减少了。在极端情况下，人们不再持有现金，干脆转向物物交换。通货紧缩会导致相反的问题发生。如果总体价格水平下降，现金会随着时间的推移变得更有价值。换言之，用一定量现金可购买到的产品或服务增加了。所以，持有现金比用于投资新工厂或其他生产性资产更具吸引力。这可以加剧经济衰退。

> 当总体价格水平变化非常缓慢时，我们称经济保持**价格稳定**。

我们将在第 13 章和第 14 章描述通货膨胀和通货紧缩带来的其他成本。目前，我们注意到的是，一般来说，经济学家认为**价格稳定**（price stability）是一个理想的目标，总体价格水平如果发生变化，也只能是缓慢变化。价格稳定在二战后成为美国经济大部分时间里似乎遥不可及的目标。然而，从 20 世纪 90 年代开始并持续到现在，已经出现了令绝大部分宏观经济学家满意的现象。

▶ 真实世界中的经济学

用（快餐）食品度量的通货膨胀

麦当劳最早出现于 1954 年。它提供快餐服务——实际上，这是最早的快餐店。同时它也非常便宜：汉堡包只卖 0.15 美元，炸鸡块卖 0.25 美元。到了 2014 年，一份常规的麦当劳汉堡包的价格比原先大约高出 6 倍，大约为 1.00 美元。难道麦当劳已经失去快餐店的本色了吗？还是汉堡包已经变成一种奢侈的大餐？

不是！实际上，与其他消费品相比，汉堡包比 1954 年的时候还要便宜。2013 年汉堡包的价格大约是 1954 年的 6.5 倍。但是，2013 年消费者价格指数已经是 1954 年的 8.5 倍。

及时复习

● 今日的 1 美元买到的东西不一定与 1980 年相同，因为总体价格水平已经上涨了。总体价格水平的上涨抵消了一个普通美国人在过去几十年大部分（如果不是全部）工资的上涨。

● 宏观经济学的研究领域之一是总体价格水平的变化。因为不管是通货膨胀还是通货紧缩都会使经济产生问题，因此经济学家通常都提倡保持价格稳定。

小测验 12－4

1. 以下情形哪些看起来像通货膨胀？哪些像通货紧缩？哪些不明确？

a. 汽油价格上涨 10%，食品价格下降 20%，大部分服务的价格上涨 1%～2%。

b. 汽油价格翻倍，食品价格上涨 50%，大部分服务的价格上涨 5%～10%。

c. 汽油价格不变，食品价格下降，服务的价格变得更便宜。

12.5 国际收支不平衡

开放经济是指与其他国家进行产品、服务或资产交易的经济。

美国经济是**开放经济**（open economy）——与其他国家进行大量产品、服务或资产交易的经济。曾经有很长一段时间，贸易基本是平衡的——当时美国对世界上其他国家和地区销售的产品与购买相当。但现在已经大为不同了。

2014 年，美国出现了巨额贸易逆差，也就是说，美国居民购买的来自世界各地的产品或服务的价值大大超过美国卖给国外客户的产品或服务的价值。与此同时，其他部分国家的情形正好相反，卖给外国的产品或服务的价值要大于其购买的价值。

贸易逆差是指一个国家从世界其他地方购买的产品或服务的价值大大超过该国销往国外的产品或服务的价值。

贸易顺差是指一个国家从世界其他地方购买的产品或服务的价值大大小于该国销往国外的产品或服务的价值。

图 12－9 显示了 2014 年几个重要经济体的产品进口和出口的情形。如你所见，美国进口比出口多得多，但德国、中国和沙特阿拉伯正相反：这些国家都出现了**贸易顺差**（trade surplus）。当一个国家从世界其他地方购买的产品或服务的价值比它销往国外的产品或服务的价值小时，一个国家就会出现贸易顺差。美国的贸易逆差是否标志着美国经济有什么问题——难道美国不能制造其他国家想购买的东西吗？

并非如此。贸易逆差和其反面贸易顺差都是宏观经济现象。它们是整体与部分之和不同的结果。你可能会认为，工人生产率高或生产广泛需要的产品或服务的国家应该为贸易顺差，而工人生产率不高或生产劣质产品或服务的国家应该为贸易逆差。但现实情况是，一个经济体的成功与它是否存在贸易顺差或贸易逆差之间并非简单的关系。

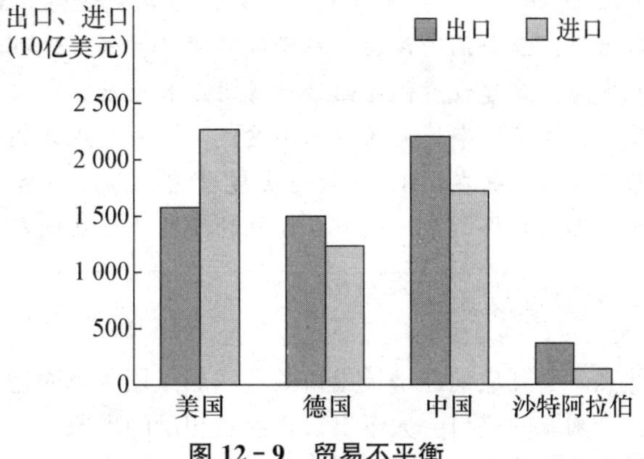

图 12－9　贸易不平衡

2014 年，美国从其他国家购买的产品或服务的价值比其销往国外的产品或服务的价值要多。德国、中国和沙特阿拉伯则正好相反。贸易逆差和贸易顺差反映了宏观经济力量的对比，特别是储蓄和投资支出的差异。

资料来源：CIA World Factbook.

在第2章中，我们知道国际贸易是比较优势的结果：国家出口其具有生产优势的产品，进口其不具有优势的产品。这就是美国出口小麦，进口咖啡的原因。然而，比较优势的概念并不能解释一个重要的事情：为什么一个国家的进口货值有时比其出口货值大，或者相反？

那么，是什么决定一个国家会出现贸易顺差还是贸易逆差呢？在之后的章节，我们将学到一个出人意料的答案：出口和进口之间总体平衡的决定因素在于有关储蓄和投资支出的决定，投资支出是对像机械和工厂的支出，然后由后者生产出消费者需要的产品或服务。相对于储蓄，高投资支出的国家出现贸易逆差，而低投资支出的国家出现贸易顺差。

▶ **真实世界中的经济学**

西班牙代价昂贵的顺差

1999年，西班牙走出了重要的一步棋：为了采用欧元，它放弃了本国的货币比塞塔。欧元是旨在促进发展欧洲各国之间更密切的经济和政治联盟的共享货币。这是怎样影响西班牙的国际贸易的呢？

图12-10为1999—2015年西班牙的经常账户余额（广义的贸易余额定义）占GDP（度量全国生产产品和服务的指标）的比重的走势图。如图12-10所示，经常账户余额为负意味着该国出现贸易逆差。正如我们所看到的，从西班牙采用欧元开始，贸易出现巨额逆差，高峰时占到GDP的10%以上。然而，2008年以后，贸易逆差开始迅速萎缩，2013年出现小额顺差并持续到了2015年。

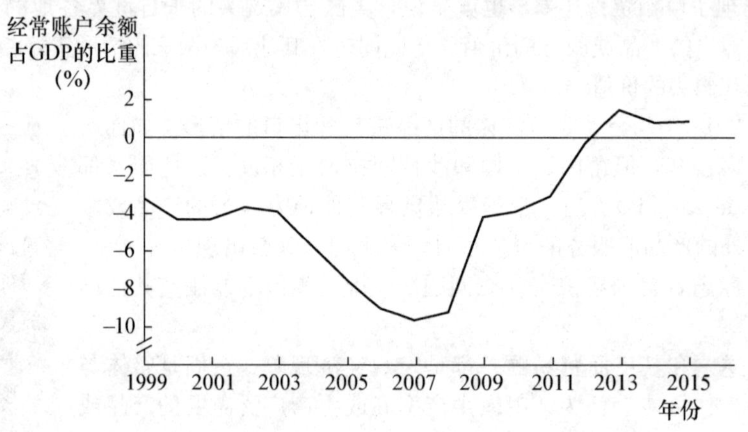

图12-10　西班牙1999—2015年经常账户余额占GDP的比重

资料来源：International Monetary Fund.

这是否意味着西班牙经济在1999—2015年中期表现不好而后期变好呢？正好相反。在西班牙采用欧元后，外国投资者对其前景非常乐观，资金涌进该国，拉动经济快速扩张。这种扩张的核心是房地产市场的巨大繁荣，沿着西班牙著名的地中海沿岸建设度假屋的带动作用尤其明显。

遗憾的是，巨大的繁荣最终变成了一个巨大的泡沫而破灭，流入西班牙的外国资本迅速干涸。一个后果是西班牙可能没有巨额的贸易逆差了，并在2013年被迫出现顺差。另一个后果是严重的经济衰退，失业率高企，导致像我们在本章开始时描述的哈维尔·迪亚斯这样的毕业生失业问题。

及时复习

● 比较优势可以解释为什么一个开放的经济体出口某些产品或服务，而进口其他国家的另一些产品或服务，但是它无法解释为什么一个国家的进口会大于出口，或者相反的现象。

● 贸易逆差和贸易顺差的宏观经济现象是由投资支出和储蓄所决定的。

小测验12-5

1. 以下各项哪些反映了比较优势？哪些反映了宏观经济力量？

a. 由于艾伯塔省大量开采油砂，加拿大已成为石油的出口国及其制成品的进口国。

b. 像许多消费品一样，苹果 iPad 在中国组装，尽管许多组件都是在其他国家制造的。

c. 自 2002 年以来，德国出口超过进口，出现巨额贸易顺差。

d. 美国在 20 世纪 90 年代初大致贸易平衡，随着科技的兴盛，它十几年后开始出现巨额贸易逆差。

小结

1. 宏观经济学研究的是经济体整体的行为。宏观经济学与微观经济学的区别主要表现在对一些问题的回答。宏观经济学的政策焦点为凯恩斯主义经济学，它出现于大萧条时期，提倡使用货币政策和财政政策来对抗经济衰退。在大萧条时期之前，经济被认为是自我调节的。

2. 宏观经济学关注的关键问题是商业周期，即经济衰退与扩张之间的短期交替，衰退是就业和产出下降的时期，扩张是就业和产出上升的时期。扩张转向衰退的时点是商业周期的波峰，而衰退转向扩张的时点是商业周期的波谷。

3. 宏观经济学研究的另一个重要领域是长期经济增长——经济产出在一段时间内持续上升的趋势。长期经济增长是人民生活水平长期提升和一些经济项目获得资金背后的动力。对一些相对贫穷的国家，这尤其重要。

4. 当大多数产品或服务的价格不断上涨，推动总体价格水平上升时，经济出现通货膨胀。当总体价格水平下降时，经济出现通货紧缩。从短期来看，通货膨胀和通货紧缩与商业周期密切相关。从长远来看，价格往往反映货币总量变化。由于通货膨胀和通货紧缩会导致许多问题，经济学家和政策制定者的普遍目标是价格稳定。

5. 虽然比较优势解释了为什么开放经济要出口或进口产品或服务，但宏观经济学需要解释为什么一个国家会出现贸易顺差或贸易逆差。出口和进口余额的决定因素是与储蓄和投资支出有关的决策。

关键词

自我调节经济　凯恩斯主义经济学　货币政策　财政政策　衰退　扩张　商业周期　商业周期的波峰
商业周期的波谷　长期经济增长　通货膨胀　通货紧缩　价格稳定　开放经济　贸易逆差　贸易顺差

练习题

1. 下列哪些问题属于宏观经济学的研究范围？哪些问题属于微观经济学的研究范围？

a. 如果马丁小姐为之工作的大型制造业工厂关闭的话，她给附近餐馆服务员的小费会有什么变化？

b. 如果经济出现衰退，消费者的支出会有什么变化？

c. 如果佛罗里达州的橘子林遭受了一场迟来的霜冻袭击，橘子的价格会有什么变化？

d. 如果一家制造业工厂的工人组织起来抗议，工资会有什么变化？

e. 如果美元以其他国家货币衡量的价格下降，美国的出口会有什么变化？

f. 一国的失业率和通货膨胀率之间有什么关系？

2. 如果一个人储蓄增加，此人的财富就会增多，这意味着他或她能够在未来消费更多。但是如果每个人都储蓄更多，每个人的收入就会相应下降，意味着每个人都必须降低当前的消费。请解释这种明显的矛盾。

3. 在大萧条以前，经济学家和政策制定者之间的传统观点是：经济在很大程度上是自我调节的。

a. 这个观点与凯恩斯主义经济学的观点一致吗？请说明。

b. 大萧条对传统观点有什么影响？

c. 对比政策制定者在 2007—2009 年经济衰退和大萧条时期所做出的行动。如果政策制定者在 2007—2009 年经济衰退时期采用在大萧条期间同样的方式来应对，可能的结果会是怎样？

4. 在美国的经济学家如何确定经济衰退何时开始以及何时结束？其他国家如何确定经济衰退是否发生？

5. 美国劳工统计局报告的就业和收入的统计数据是许多经济学家用来度量经济健康状况的关键指标。图 12-4 是根据每个月失业率的历史数据画出的图形。值得注意的是，在 20 世纪 90 年代初的衰退时期、2001 年和 2008—2014 年衰退时期，失业率很高。

a. 请查全国失业率的最新数据。（提示：进入美国劳工统计局网站 www. bls. gov，可找到就业形势的最新数据。）

b. 比较 20 世纪 90 年代初、2001 年与 2008—2014 年期间当期的数字，以及与经济衰退前经济增长率相对较高时期的数字进行比较。当期的数字暗示了经济衰退的趋势吗？

6. 在 20 世纪 90 年代发生了一些戏剧性的经济事件，后来被称为亚洲金融危机。10 年后发生了类似事件，即全球金融危机。下图所示为美国和日本 1995—2011 年的实际 GDP 增长率。根据图示，请解释为什么两组事件被以这种方式命名。

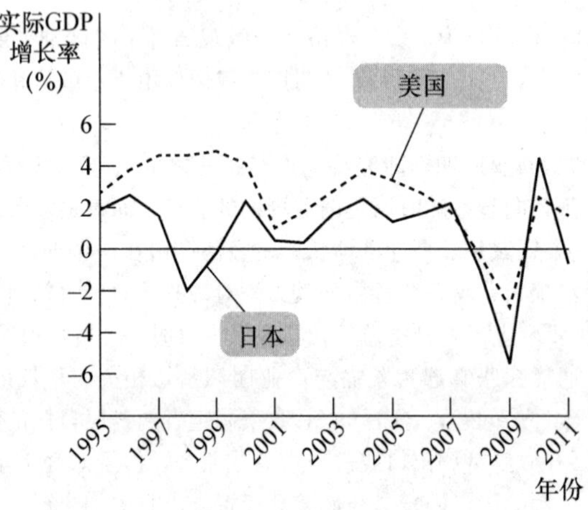

资料来源：Federal Reserve Bank of St. Louis.

7. a. 在商业周期中哪三个经济指标往往会一起变化？在上扬时期以哪种方式变化？在下滑时期呢？

b. 在经济衰退期，经济体中谁会受到伤害？怎样受到伤害？

c. 米尔顿·弗里德曼是如何改变在大萧条后管理经济的共识的？政策决策者管理经济的当前目标是什么？

8. 为什么我们认为长期经济增长与商业周期的扩张是不同的？我们为什么要关心相对于人口增长率大小的实际 GDP 长期增长速度的大小？

9. 1798 年，托马斯·马尔萨斯（Thomas Malthus）的著作《人口原理》（*Principle of Population*）出版。他在书中写道："如果不加控制的话，人口会以几何级数增长，而食物只能以算术级数增长……这意味着食物短缺会对人口施加强有力的持续控制。"马尔萨斯说的是，人口增长率会受到现有的食物数量的限制：人们将永远只能维持生活的最低水平。为什么 1800 年以后的世界与马尔萨斯描述的截然不同？

10. 每年英国《经济学人》（*The Economist*）杂志会刊登巨无霸汉堡包在不同国家或地区的价格。下表列出了 2007 年和 2014 年的部分数据。请利用这些信息回答下面的问题。

国家或地区	2007 年		2014 年	
	巨无霸汉堡包的价格（本地货币）	巨无霸汉堡包的价格（美国货币）	巨无霸汉堡包的价格（本地货币）	巨无霸汉堡包的价格（美国货币）
阿根廷	8.25 比索	2.65 美元	21.0 比索	2.57 美元
加拿大	3.63 加元	3.08 美元	5.25 加元	5.64 美元
欧元区	2.94 欧元	3.82 美元	3.68 欧元	4.95 美元
日本	280 日元	2.31 美元	370 日元	3.64 美元
美国	3.22 美元	3.22 美元	4.80 美元	4.80 美元

a. 以 2007 年的美元计价，哪里的巨无霸汉堡包最便宜？

b. 以 2014 年的美元计价，哪里的巨无霸汉堡包最便宜？

c. 如果巨无霸汉堡包的本地货币价格上升表示的是该国或地区 2007—2014 年间的平均通货膨胀率，哪个国家或地区经历了最严重的通货膨胀？有哪个国家或地区发生通货紧缩了吗？

11. 下图说明了自1987年以来美国贸易逆差的情形。美国整体上持续出现的是产品进口大于出口的情况。与其保持逆差关系的一个国家是中国。以下各项哪些是对这一事实的可能的有效解释？请说明。

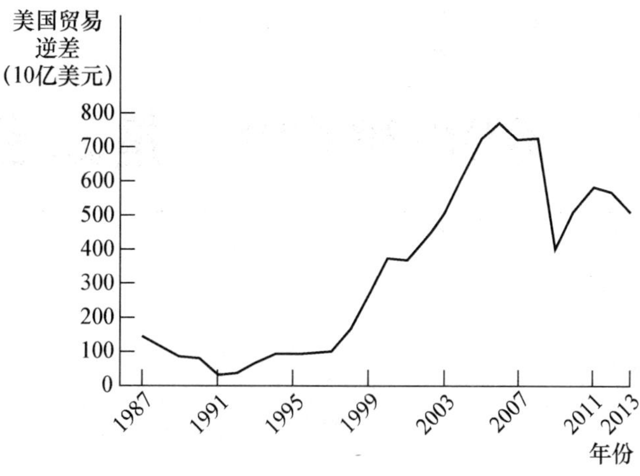

资料来源：Federal Reserve Economic Data.

a. 许多产品，如电视机，原来在美国制造，现在在中国生产。

b. 普通中国工人的工资远远低于普通美国工人的工资。

c. 美国的投资支出相对于储蓄的水平较高。

在线回答问题

12. 大学学费在过去几十年显著上升。从1981—1982学年到2011—2012学年，总学费、住宿费和由全日制本科学生所支付的学校董事会的开支，公立学校由2 871美元上升至16 789美元，私立学校由6 330美元上升至33 716美元。公立学校学费平均每年增加6.1%，私立学校增加5.7%。在同一时期，人均税后收入从9 785美元上升到39 409美元，个人收入年均增长率为4.8%。学费上涨是否加重了学生平均的大学学费负担呢？

第 13 章

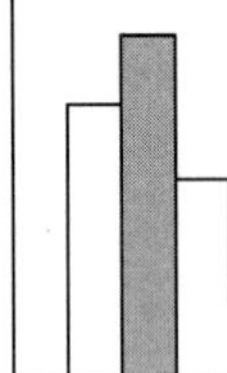

GDP 和 CPI：追踪宏观经济

本章将学习

- 经济学家如何利用总量指标衡量经济状况。
- 什么是国内生产总值（GDP），它有哪三种计算方法。
- 实际 GDP 与名义 GDP 之间的区别是什么，为什么实际 GDP 是实际经济活动的合理指标。
- 什么是价格指数，它如何用来计算通货膨胀率。

开篇案例

新的第二大

“中国取代日本成为第二大经济体。”这是《纽约时报》（*New York Times*）2010 年 8 月 15 日的头条。它引用的经济数据表明，当日本经济低迷时，中国经济浩荡前行。文章预测——后来结果证明是正确的——2010 年，迅猛发展的中国经济终将超过日本，第一次以仅次于美国的身份站在世界经济舞台。该报用“里程碑”来形容该事件，虽然预计出现这种结果已经有一段时间了，但是当中国真的崛起并成为世界其他国家将不得不与其打交道的新的经济超级大国时，还是让人感到震惊。

但是，这是否意味着中国经济体已经大于日本？毕竟，两个经济体生产的产品组合还是有很大的差异。尽管快速进步，但中国仍然是一个相对贫穷的国家，其最大的优势是生产技术含量相对较低的产品。相比之下，日本不能不说仍然是一个高科技国家，在许多复杂性高的产品上居于世界支配地位，比如汽车电子传感器。这就是在 2011 年日本东北部地区发生地震后许多工厂停产，造成世界各地的汽车制造厂生产暂时中断的原因。因此，当生产的东西不一样时，你应如何比较两个经济体的规模呢？

答案是国家间经济的比较基于其生产价值。当新闻报道宣称，中国经济已经超越日本，其意思是中国的 GDP——产品和服务的整体价值的度量指标——已经超过了日本的 GDP。

GDP 是用来追踪宏观经济——产量和价格的整体水平——的最重要的指标之一。像 GDP 和价格指数这类指标在制定经济政策时有非常重要的作用，因为政策制定者需要知道经济运行的现状，趣闻轶事是无法替代数据的。它们也对企业决策有重要影响——如在本章最后的企业案例中所说明的那样。企业和其他行为人愿意支付巨资早一点儿知道政府经济数据。

在本章中，我们将介绍宏观经济学家如何衡量经济的关键部分。我们首先探讨如何衡量经济体的总产出和总收入。然后，我们转向如何衡量经济体的物价水平和变化的问题。

13.1 衡量宏观经济

几乎所有国家都会计算一组被称为国民收入与产出账户的数据。实际上，一国国民收入与产出账户是该国经济发展状况的非常可靠的衡量指标体系。从总体上讲，账户越可靠，一国的经济往往越发达。国际经济机构在试图向一个不发达国家提供援助的时候，所做的第一件事通常就是派一个专家组去审查并改进该国的国民收入与产出账户。

在美国，这些数据由经济分析局负责测算，该局是美国商业部的一个下属机构。**国民收入与产出账户**（national income and product accounts）通常被简称为**国民收入账户**（national income accounts），主要用于记录消费者的支出、生产者的销售、企业投资支出、政府购买以及经济中不同部门之间的其他货币流量。下面我们探讨它们的具体测算过程。

> **国民收入与产出账户**简称**国民收入账户**，用于记录经济体不同部门之间的货币流量。

经济学家使用国民收入账户来度量一个经济体生产的所有产品和服务的总体市场价值。使用的指标为一国的国内生产总值。但是，在正式定义国内生产总值之前，我们必须注意两类产品和服务之间的重大区别：最终产品和服务与中间产品和服务。

□ 13.1.1 国内生产总值

消费者从经销商处购买一辆新车，这是一个销售**最终产品和服务**（final goods and services）的例子：产品和服务被出售给最终或者终端使用者。但是，一个汽车制造商从钢铁企业购买钢材或者从玻璃制造商那里购买玻璃的例子却属于购买**中间产品和服务**（intermediate goods and services）：这些产品和服务是用于生产最终产品和服务的投入品。在中间产品和服务的例子中，购买者——另一家企业——不是最终使用者。

国内生产总值（gross domestic product，GDP）是一个经济体在一段时期（通常为一年）所生产的最终产品和服务的全部价值。2014 年美国的 GDP 为 173 000 亿美元，人均约 54 300 美元。因此，如果你是一名试图建构一国国民收入账户的经济学家，计算 GDP 的一种方法就是直接计算：调查企业并计算它们所生产的最终产品和服务的价值。在下一节我们将详细解释为什么中间产品和服务和其他一些产品和服务没有包括在 GDP 的计算当中。

但是，加总企业生产的最终产品和服务的全部价值并不是计算 GDP 的唯一方法。计算 GDP 的第二种方法是加总经济体对国内生产的最终产品和服务的总支出。计算 GDP 的第三种方法是加总经济体中的总收入。企业以及其使用的生产要素归家户所有，所以企业最终必须把其收入支付给家户。所以计算 GDP 的第三种方法是加总经济体中家户从企业获得的全部要素收入。

> **最终产品和服务**是销售给最终或者终端使用者的产品和服务。
> **中间产品和服务**是由一家企业从另一家企业购买，用于生产最终产品和服务的投入品。
> **国内生产总值（GDP）**是经济体在一段时期内生产的全部最终产品和服务的总价值。

□ 13.1.2 计算 GDP

我们刚刚解释了计算 GDP 的三种方法：

（1）对生产的最终产品和服务的价值进行加总；

（2）对国内生产的最终产品和服务的总支出进行加总；

（3）对经济体中家户从企业获得的全部要素收入进行加总。

政府统计官员在工作中会同时采用这三种方法。为便于解释这三种方法的具体计算过程，我们考虑一个如图 13-1 所示的假想经济体。这个经济体由三家企业组成——美国汽车公司，每年生产一辆汽车；美国钢铁公司，生产制造汽车所需要的钢材；美国矿产公司，采掘炼钢所需的铁矿石。这个经济体每年生产一辆汽车，价值 21 500 美元。因此该经济体的 GDP 为 21 500 美元。我们接下来探讨一下三种计算 GDP 的不同方法如何能够得到相同的结果。

通过测算最终产品和服务的价值计算 GDP 计算 GDP 的第一种方法是加总经济体中所生产的全部最终产品和服务的价值——在计算过程中剔除中间产品和服务的价值。为什么要剔除中间产品和服务的价值？毕竟，它们是经济体中很大一部分的价值。

为便于理解为什么 GDP 只包含最终产品和服务的问题，我们来看图 13－1 所示的简化经济模型。我们是否应该在计算这个经济体的 GDP 时加总矿产公司、钢铁公司和汽车公司的全部销售额？如果这么做的话，我们实际上把钢铁的价值计算了两次：第一次是在钢铁公司把它卖给汽车公司的时候，第二次是在把钢铁车身作为整车的一部分卖给消费者的时候。铁矿石的价值则被计算了三次：第一次是在把铁矿石开采出来卖给钢铁公司的时候，第二次是在把它炼成钢卖给汽车公司的时候，第三次是在把钢铁变成汽车卖给消费者的时候。

	美国矿产公司	美国钢铁公司	美国汽车公司	总要素收入
销售额	4 200 美元	9 000 美元	21 500 美元	
中间产品	0 美元	4 200 美元	9 000 美元	
工资	2 000 美元	3 700 美元	10 000 美元	15 700 美元
利息	1 000 美元	600 美元	1 000 美元	2 600 美元
租金	200 美元	300 美元	500 美元	1 000 美元
利润	1 000 美元	200 美元	1 000 美元	2 200 美元
企业总支出	4 200 美元	9 000 美元	21 500 美元	
企业增加值=销售收入－中间产品的成本	4 200 美元	4 800 美元	12 500 美元	

图 13－1 计算 GDP

这个假想的经济体由三个企业构成，GDP 可以通过三种不同的方法计算：（1）GDP 作为最终产品和服务的价值，通过加总每个企业的增加值即可求得；（2）通过对国内生产的最终产品和服务的总支出计算 GDP；（3）通过从企业中获得的要素收入计算 GDP。

因此，测算每个生产商的全部销售价值会造成对同一个项目的重复计算，从而导致 GDP 数值被人为虚增。例如，在图 13－1 中，中间产品和最终产品全部销售量的总价值为 34 700 美元：其中 21 500 美元为汽车销售收入，9 000 美元为钢铁销售收入，4 200 美元为铁矿石销售收入。但是我们知道，GDP 只有 21 500 美元。在计算 GDP 的过程中，我们避免重复计算的方法是只计算每个生产商的**增加值**（value added）：其销售收入和它从其他企业购买的中间产品和服务的价值之间的差额。

也就是说，我们要减去在每个生产阶段投入品（中间产品）的成本。在本例中，汽车公司的增加值等于它所生产的汽车的价值减去它购买钢铁的成本，即 12 500 美元。钢铁公司的增加值等于它所生产的钢铁的价值减去它购买铁矿石的成本，即 4 800 美元。只有铁矿石生产商，我们假设它不购买任何中间产品，因此它的增加值等于其全部销售收入，即 4 200 美元。三个公司的增加值之和为 21 500 美元，等于 GDP。

生产者的**增加值**等于其销售收入减去它所购买的中间产品和服务的价值。

▶ 追根究底

估算我们的生活成本

有一句谚语说，如果一个人跟他或者她的管家或厨师结婚，GDP 将会下降。事实确实如此：如果某人提供付费服务，这些服务将被计入 GDP。但是家户成员相互之间的服务则不计入 GDP。一些经济学家试图用替代指标来“估算”家务劳动的价值，也就是说，估计这些家务劳动在由市场提供的情况下的价值。但是对 GDP 的标准测算不包含这种估算。

然而，对 GDP 的标准测算当中包含了对“自住住房”价值的估算。换句话说，如果你买下原先租住的房子，GDP 不会下降。确实，你不再向房东支付房租，房东也不再向你提供服务，即对房子或公寓的使用权。但是不管你住在哪里，不管是房子还是公寓，统计员都会对你所需支付的租金做出估计。从 GDP 统计角度来看，自住住房就好比你租了自己的房子住。

仔细思考一下，这一点意义非常重大。在美国这样一个许多人拥有自住住房的国家，由自己的房子所得到的收益是生活水平的重要组成部分。因此，为准确起见，对 GDP 的标准测算必须考虑房主所拥有的房子以及房租的价值。

通过测算对国内生产的最终产品和服务的总支出计算 GDP　计算 GDP 的另一种方法是加总对国内生产的最终产品和服务的总支出。也就是说，可以通过估算流入企业的资金流量来测算 GDP。与通过测算生产价值来计算 GDP 的方法类似，这种方法也必须设法剔除重复计算。

在前面关于钢铁和汽车的例子中，我们并没有计算消费者对汽车的支出（在图 13－1 中为 12 500 美元，即汽车的销售价格）和汽车公司对钢铁的支出（在图 13－1 中以造汽车所用的钢铁的售价 9 000 美元表示）。如果同时计算的话，就会把造汽车所用的钢铁计算两次。我们解决这个问题的办法是只计算销售给最终购买者的价值，比如消费者、购买投资品的企业、政府或者国外购买者。换句话说，为了避免对支出的重复计算，我们在用支出数据测算 GDP 的时候剔除了从一家企业向另一家企业购买投入品的支出。我们从图 13－1 可以看出对最终产品和服务——完整汽车——的支出为 21 500 美元。

正如已经指出的，国民收入账户中确实也把企业的投资支出包含在最终支出当中。也就是说，汽车公司购买制造汽车的钢材的支出不计入最终支出，但是该公司的工厂购买新的机器设备的支出则被计入最终支出。这中间有什么区别吗？钢铁是在生产过程中用掉的产品；机器设备尽管也在制造汽车时使用，但却能使用许多年。由于购买机器设备之类的资本品能够使用较长时间，而不会在当前的生产中迅速耗尽，因此国民收入账户把这类购买支出计为最终支出。

通过测算从企业获得的要素收入计算 GDP　计算 GDP 的最后一种方法是对经济体中从企业获得的全部要素收入进行加总，包括：劳动工资收入；向企业和政府提供贷款的企业和个人储蓄者的利息收入；向企业出租土地或建筑物的租金收入；红利，即向股东作为企业物质资本所有者支付的利润收入。这是一种有效的测算方法，因为企业通过出售最终产品和服务所赚来的钱必定会流向某个地方；没有作为工资、利息或租金支付出去的那部分就是利润，而部分利润则会以红利形式支付给股东。

图 13－1 描述了对于这个简化经济体 GDP 的计算过程。最右边以阴影表示的那一列是全部企业所支付的工资、利息、租金及利润。加总所有这些收益得到全部要素收入为 21 500 美元——它也等于 GDP。

我们对要素收入法不像计算 GDP 的另外两种方法那样看重。重要的是应该记住，对国内生产的产品和服务的全部货币支出将构成家户的要素收入。

□ 13.1.3　GDP 能告诉我们什么

至此我们已经掌握了计算国内生产总值的几种不同方法。问题是 GDP 这个指标能够告诉我们什么呢？

GDP 最主要的用途是用来度量经济规模，比如用于对比不同年份或不同国家之间的经济状况。例如，假设你想比较不同国家的经济，一个常用的办法就是比较它们的 GDP。2014 年，美国的 GDP 为 173 000 亿美元，中国的 GDP 为 103 560 亿美元，欧盟 28 国的 GDP 总额为 184 950 亿美元。这个对比说明，中国尽管是世界第二大经济体，但它占世界经济的比重大大低于美国。从总体上看，欧盟的经济总量等于或略大于美国。

但是，我们在使用 GDP 数据时必须格外小心，尤其是在进行跨时比较的过程中。这是因为随着时间的推移，GDP 增加额中有一部分是由于产品和服务的价格增长而不是产量增加带来的。例如，1997 年美国的 GDP 为 86 080 亿美元，到了 2014 年翻了一番，达到 173 000 亿美元。但是在这段时期美国经济的实际规模并没有翻番。要衡量总产出的真实变化，我们需要采用经过价格因素调整的修正 GDP，即实际 GDP。之后我们将学习如何计算实际 GDP。

▶ 真实世界中的经济学

创建国民收入账户

跟现代宏观经济学类似，国民收入账户的诞生同样源于大萧条。在经济陷入萧条的时候，政府官员发现他们的反应能力不足不仅是因为缺乏足够的经济理论，还因为缺乏足够的信息。他们所拥有的只是散乱的统计数据：铁路货运数据、股票价格以及工业生产的不完整的指数。他们只能猜测整体经济的大致状况。

商业部对缺乏信息这种状况的反应是命令西蒙·库兹涅茨（Simon Kuznets），一名年轻的俄裔经济学家，来开发一套国民收入账户体系。（库兹涅茨后来因这项工作而获得了诺贝尔经济学奖。）该账户体系的第一版见于名为《1929—1935 年国民收入》（*National Income，1929—1935*）的研究报告，它于 1937 年被提交给国会。

库兹涅茨最初的测算针对收入而不是产量，因而还不能构成现代账户体系的全部。在第二次世界大战期间，出现了推动国民收入账户完成的压力。当时政策制定者们掌握整体经济状况的愿望比以前更为急迫。联邦政府从 1942 年开始发布国内生产总值和国民生产总值的测算数据。

2000 年 1 月，商业部出版的《现代商业概览》（*Survey of Current Business*）中刊登了一篇题为《GDP：20 世纪的伟大发明之一》（GDP：One of the Great Inventions of the 20th Century）的文章。这似乎略有过头，但是美国发明的国民收入账户核算体系迄今确实已经成为一个世界通用的经济分析和政策制定的工具。

及时复习

- 一国的国民收入与产出账户（国民收入账户）用于记录不同经济部门之间的货币流量。
- 国内生产总值（GDP）可用三种方法计算：通过加总所有企业创造的增加值来测算最终产品和服务的价值；加总对国内生产的最终产品和服务的全部支出，即所谓总支出；加总企业支付的全部要素收入。中间产品和服务不计入 GDP。

小测验 13-1

1. 请解释为什么用三种方法计算 GDP 的结果是一致的。
2. 假设在图 13-1 中你错误地计算了增加值总额，结果为 30 500 美元，即汽车销售价格与汽车所用钢铁价值之和。哪些项目你计算了两次？

13.2 实际 GDP：度量总产出的指标

在本章开篇案例中，我们描述了中国如何在 2010 年超过日本成为世界第二大经济体。当时，日本经济日渐衰落：2010 年第二季度，产量按年化利率计算下降了 6.3%。然而，奇怪的是，国内生产总值却增长了。事实上，日本的国内生产总值用本国货币日元来计算，在该季度按年化利率计算上升了 4.8%。这怎么可能？答案是，日本当时面临着通货膨胀。这样一来，日本国内生产总值的日元价值上升，虽然产量实际上下降了。

这个故事的寓意是：广泛引用的 GDP 数据是一个非常有趣和有用的统计指标，但是它并不是衡量总产出随时间变化的有效指标。例如，GDP 上升可能是因为经济增长，也可能只是由通货膨胀所致。即使经济中产量没有变化，如果经济体中生产的产品和服务的价格上升了，GDP 也可能上升。同样，GDP 的下降可能是因为经济中产量减少之故，也可能是由于价格下降之故。

为了区分这些可能的原因，我们必须计算出**总产出**（aggregate output）：经济体生产的最终产品和服务的数量。用于这一目的的指标就是实际 GDP。通过

总产出是经济体生产的最终产品和服务的数量。

计算随时间变化的实际GDP，我们就避免了因价格变化而扭曲一段时间内所生产的产品和服务的价值。我们先来看实际GDP的计算方法，然后讨论它的具体含义。

□ 13.2.1 计算实际GDP

为便于理解实际GDP的计算过程，假设经济中只生产苹果和橘子两种产品，并且这两种产品都只向最终消费者出售。两种水果连续两年的产量和价格如表13-1所示。

我们从表13-1可以看出，从第1年到第2年，销售额增加。第1年的总销售额为20 000亿吨×0.25美元/吨+10 000亿吨×0.50美元/吨=10 000亿美元；第2年的总销售额为22 000亿吨×0.30美元/吨+12 000亿吨×0.70美元/吨=15 000亿美元，增幅为50%。但是该表也清楚地说明，GDP的增加量高估了经济的实际增长状况。尽管苹果和橘子的产量均有所增加，但它们的价格也同时上升了。因此，从第1年到第2年GDP 50%的增幅反映了价格上涨，不代表产值的增长。

表13-1　　计算一个简化经济体的GDP和实际GDP

	第1年	第2年
苹果产量（亿吨）	20 000	22 000
苹果价格（美元/吨）	0.25	0.30
橘子产量（亿吨）	10 000	12 000
橘子价格（美元/吨）	0.50	0.70
GDP（亿美元）	10 000	15 000
实际GDP（按第1年美元计算的亿美元）	10 000	11 500

为估计总产出的真实增长，我们必须对以下问题做出解答：如果价格不变，GDP会增长多少？为回答这个问题，我们需要计算用第1年价格表示的第2年的产值。按照第1年的水平，苹果的价格为0.25美元/吨，橘子的价格为0.50美元/吨。因此以第1年价格表示的第2年的产值为22 000亿吨×0.25美元/吨+12 000亿吨×0.50美元/吨=11 500亿美元。以第1年价格表示的第1年的产值为10 000亿美元。因此，在这个例子中，以第1年价格衡量的GDP增长了15%——从10 000亿美元增加至11 500亿美元。

现在我们可以给出**实际GDP**（real GDP）的定义：一个经济体在一年中生产的以某个特定基年的价格计算的最终产品和服务的总产值。实际GDP数据总是会附带关于基年的信息。

> **实际GDP**是指经济体在一年中生产的以某个特定基年的价格计算的最终产品和服务的总产值。
>
> **名义GDP**是指经济体在一年中生产的以生产当年的价格计算的最终产品和服务的总产值。

没有对价格变化做出调整的GDP数据是按照生产当年的价格计算的。经济学家把该指标称为**名义GDP**（nominal GDP），即按当年价格计算的GDP。在苹果和橘子的例子中，如果我们用名义GDP来衡量从第1年到第2年的实际产量变化，我们将会高估产量的实际增长：我们认为增幅为50%，实际上只有15%。通过同一组价格——在这个例子中是用第1年的价格——来对比两年间的产量，我们就有可能只专注于产出数量的变化，而剔除价格变化的影响。

表13-2所示为苹果和橘子例子的一个真实版本。第2列表示的是2005年、2009年和2013年的名义GDP。第3列表示的是以2009年美元计算的各年实际GDP数据。2009年这两个数据相等。但是以2009年美元表示的2005年的实际GDP高于2005年的名义GDP，它反映了这样一个事实，即以2009年美元计算的价格水平整体上高于以2005年美元计算的水平。相反，以2009年美元表示的2013年的实际GDP低于2013年的名义GDP，因为以2009年美元计算的价格水平低于以2013年美元计算的水平。

表13-2　　2005年、2009年和2013年的名义和实际GDP

年份	名义GDP（10亿当年美元）	实际GDP（10亿2009年美元）
2005	13 094	14 234
2009	14 419	14 419
2013	16 768	15 710

你可能已经注意到，利用表13-1中的数据有另一种计算实际GDP的方法。为什么把第1年作为基年而不用第2年呢？这种设定看起来同样合理。根据这种计算方法，以第2年价格表示的第1年实际GDP为20 000亿吨×0.30美元/吨+10 000亿吨×0.70美元/吨=13 000亿美元；以第2年价格表示的第2年实际GDP为15 000亿美元，与第2年的名义GDP相等。因此，如果把第2年作为基年，实际GDP的增长率为(15 000亿美元－13 000亿美元)/13 000亿美元=0.154，或者15.4%。这个数值略高于原先以第1年作为基年的计算结果。按照原先的计算结果，实际GDP增加了15%。对于15.4%和15%这两个结果，不存在哪一个更“准确”之说。

实际上，政府的经济学家在编制美国国民收入账户时采用了链式美元来度量实际GDP的变化，即对较早基年和较晚基年的GDP增长率进行平均。因此，美国实际GDP的统计数据总是使用**链式美元**（chained dollars）表示。

链式美元是指在计算实际GDP的变化时，将较早基年和较晚基年的GDP增长率进行平均后的数值。

□ 13.2.2 哪些是实际GDP不能衡量的

GDP（名义或实际）是度量一国总产出的指标。在其他条件相同的情况下，人口较多的国家GDP较高，因为那里参加工作的人较多。因此，如果我们要对GDP进行跨国比较，但是又要剔除人口规模差异的影响，我们需要采用**人均GDP**（GDP per capita）这个指标——GDP除以人口规模，相当于每个人的平均GDP。相应地，人均实际GDP是每个人的平均实际GDP。

人均GDP是用GDP除以人口规模；相当于每个人的平均GDP。

人均实际GDP在某些情况下是一个比较有用的指标，比如在比较国家间劳动生产率时。尽管人均实际GDP是对人均实际产出水平的大致度量指标，但是当用于度量一国人民生活水平时，它的局限性还是非常明显的。经济学家有时会遭遇这样的责难，即他们认为人均实际GDP是唯一重要的事情，也就是提高人均实际GDP本身就是一个政策目标。实际上，经济学家很少会犯这种错误；那种认为经济学家只关注人均实际GDP的想法只是传言。

我们简单讨论一下，为什么人均实际GDP不足以衡量一国的民众福利水平，以及为什么人均实际GDP增长本身并非一个恰当的政策目标。

考虑这个问题的一种思路是把实际GDP的增长看作该经济体生产可能性边界的扩张。由于经济体的生产能力提高，这个社会能做的事情将会更多。但是社会是否把更高的潜力切实用于改善民众福利却是另一回事。换句话说，你今年的收入可能会比去年高，但你是否把更高的收入用于改善你的生活质量，这取决于你个人的决定。

因此，我们有必要重申：人均实际GDP是衡量经济中每个人的平均总产出的一个指标，它所能反映的也只有这些。它本身并不足以作为政策目标，因为它没有表明一个国家会如何使用这些产量来提高社会生活水平。一个GDP较高的国家能够负担起更好的卫生和教育服务，能够改善民众的生活质量。但是在GDP和生活质量之间并不存在一一对应的关系。

▶ **真实世界中的经济学**

委内瑞拉奇迹?

南美国家委内瑞拉拥有可能会让你大吃一惊的特质：在最近几年，它已是世界上名义GDP增长最快的国家之一。2000—2014年间，委内瑞拉的名义GDP年平均增长30%，每年的增长速度远远超过美国，甚至超过像中国这样蓬勃发展的经济体。

因此，委内瑞拉正在经历一场经济奇迹吗？不，它只是在经历不同寻常的高通货膨胀之苦。图13-2所示为委内瑞拉2000—2014年的名义GDP和实际GDP，实际GDP是按1997年价格计算的。在此期间，实际GDP的年增长率只有2.7%。这是同期美国增长率的两倍，但远远没有达到中国10%的增长率。

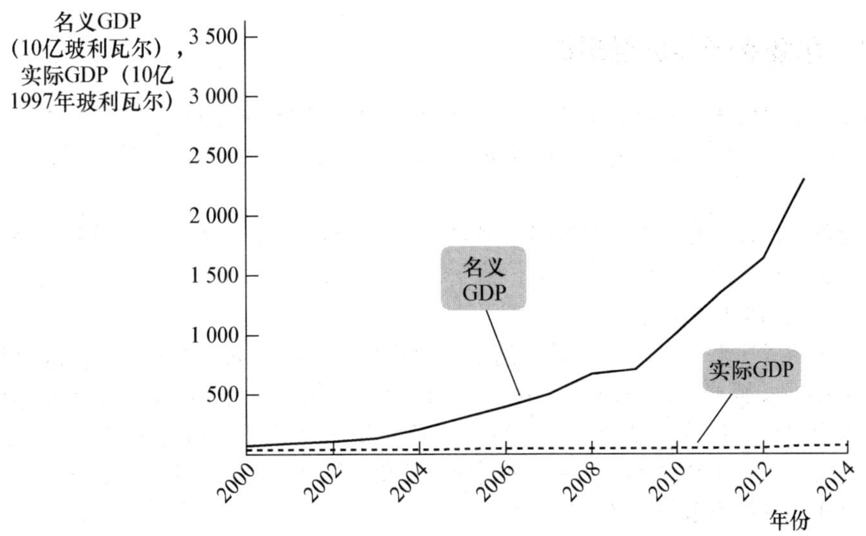

图 13-2　委内瑞拉的名义 GDP 和实际 GDP

资料来源：IMF-World Economic Outlook (2014).

及时复习

● 为了确定总产出的实际增长状况，我们通过某个特定基年的价格计算实际 GDP。相反，名义 GDP 是按照当年价格计算的总产值。

● 人均实际 GDP 是度量每个人的平均总产出的指标。但它还不足以成为表示人类福利水平的衡量指标，它本身也不是一个恰当的政策目标，因为它不能反映经济中有关生活水平的重要方面。

小测验 13-2

1. 假设经济体中只有炸薯条和洋葱圈两种产品。2013 年分别销售了 1 000 000 份炸薯条和 800 000 份洋葱圈，价格分别为 0.40 美元和 0.60 美元。2013—2014 年，炸薯条的价格上涨了 25%，销量下降了 10%；洋葱圈的价格下降了 15%，销量上升了 5%。

a. 计算 2013 年和 2014 年的名义 GDP。以 2013 年作为基年计算 2014 年的实际 GDP。

b. 为什么以名义 GDP 衡量的增长状况会产生误导？

2. 从 2005 年到 2010 年，电子器材的价格大幅下降，而住房价格急剧上升。在计算 2013 年的实际 GDP 的过程中，选择 2005 年或者 2010 年作为基年会有什么影响？

13.3　价格指数与总体价格水平

2011 年与 2012 年，美国人经历了汽油价格的大冲击，每加仑普通汽油的价格已经从 2008 年 12 月底平均 1.61 美元上升到近 4 美元。许多其他产品的价格也纷纷上涨。当然，也有电子产品等部分产品或鸡蛋等部分食品的价格从 2010 年年底加速下跌。然而，几乎所有人都认为，生活的整体成本呈上升趋势。但有多快呢？

> **总体价格水平**是度量经济体中价格水平的指标。

显然，有必要用一个单一的数字来概括消费价格发生了什么变化。正如宏观经济学家用一个单一的数字表示产出一样，他们也发现了一个表示价格总水平的指标：**总体价格水平**（aggregate price level）。然而，经济体中生产与消费种类繁多的产品和服务。我们如何把所有这些产品和服务的价格综合成一个单一的数值呢？答案是价格指数——我们用一个例子来说明它的概念。

□ 13.3.1 市场篮子与价格指数

假设一场霜冻使佛罗里达州的柑橘类水果严重减产。因此，橘子的单价从 0.20 美元上升至 0.40 美元，柚子的单价从 0.60 美元上升至 1.00 美元，柠檬的单价从 0.25 美元上升至 0.45 美元。那么柑橘类水果的价格上升了多少呢？

回答这个问题的一种方法是列出三组数据，即橘子、柚子和柠檬各自的价格变化量。但这是一种非常麻烦的方法。为了避免在有人问到柑橘类水果的价格变化问题时每次都要重复计算上述三组数据的麻烦，我们可以采用某种类型的平均价格衡量指标。

市场篮子是消费者购买产品和服务的一种假想组合。

经济学家度量消费者所购买的产品和服务的平均价格变化的方法是考察一个典型消费者购买他或者她原先购买的消费组合——在价格变化之前所购买的一篮子典型产品和服务——的支出变化。用来度量总体价格水平变化的假想消费组合，被称为**市场篮子**(market basket)。假设在霜冻发生之前，一个典型消费者在一年之内会购买 200 个橘子、50 个柚子、100 个柠檬，我们就以这个例子作为市场篮子。

表 13-3 所示的是霜冻发生之前和之后的市场篮子的价格。在霜冻发生之前，其价格是 95 美元。在霜冻发生之后，同一产品组合的价格为 175 美元。由于 175 美元/95 美元＝1.842，因此，在霜冻发生之后市场篮子的价格是其在霜冻发生之前价格的 1.842 倍，或者说价格上涨了 84.2%。因此，在这个事例中，我们说霜冻导致柑橘类水果的平均价格相对于基年水平上涨了 84.2%。在这里，基年是度量价格变化的初始年份。

表 13-3　计算市场篮子的价格

	在霜冻发生之前	在霜冻发生之后
橘子的价格	0.20 美元	0.40 美元
柚子的价格	0.60 美元	1.00 美元
柠檬的价格	0.25 美元	0.45 美元
市场篮子的价格（200 个橘子、50 个柚子、100 个柠檬）	200×0.20 美元＋50×0.60 美元＋100×0.25 美元＝95.00 美元	200×0.40 美元＋50×1.00 美元＋100×0.45 美元＝175.00 美元

价格指数衡量的是在某一年中一个给定的市场篮子的购买价格，此处的价格已经过标准化，某个给定基年的价格水平等于 100。

经济学家采用同样的方法来度量总的价格水平的变化量：他们会比较一个给定的市场篮子的价格变化。此外，为了避免记录市场篮子价格信息的麻烦，例如用 1997 年美元表示的市场篮子价格为 95 美元，用 2001 年美元表示为 103 美元，经济学家会进行另一项简化。他们会对总体价格水平进行标准化，令某个给定基年的数值等于 100。使用市场篮子和基期，经过标准化，我们得到度量总体价格水平的指标，即**价格指数**（price index）。我们在引用价格指数时通常都需要说明总体价格水平所对应的年份和相应的基年。价格指数可以通过以下公式进行计算：

$$\text{某一年的价格指数}=\frac{\text{某一年的市场篮子价格}}{\text{基年的市场篮子价格}}\times 100 \qquad (13-1)$$

在我们的例子中，柑橘类水果的市场篮子在霜冻发生之前的价格是 95 美元。因此，根据式（13-1），我们把柑橘类水果的价格指数定义为（当前的市场篮子价格/95 美元）×100。由此可以得出，霜冻发生之前的价格指数为 100，霜冻发生之后的价格指数为 184.2。值得注意的是，基年的价格指数永远等于 100。这是因为，基年的价格指数等于（基年的市场篮子价格/基年的市场篮子价格）×100＝100。

价格指数表明，霜冻导致柑橘类水果的平均价格上升了 84.2%。由于这种方法具有简单直观的优点，因此它被用于计算一系列不同的价格指数，以记录许多不同类型产品和服务的平均价格的变化状况。例如，稍后即将讨论的消费者价格指数是最常用的总体价格水平度量指标，它度量的是经济体中由最终消费者购买的产品和服务的总体价格水平。

价格指数也是衡量通货膨胀的基础。**通货膨胀率**（inflation rate）是指价格指数的年百分比变化。从第1年到第2年的通货膨胀率可通过以下公式计算：

通货膨胀率是指价格指数——通常是指消费者价格指数——的年百分比变化。

$$通货膨胀率=\frac{第2年的价格指数-第1年的价格指数}{第1年的价格指数}\times 100\% \quad (13-2)$$

一般来说，新闻报道中援引的“通货膨胀率”所指的都是消费者价格指数的年百分比变化。

□ 13.3.2 消费者价格指数

消费者价格指数（consumer price index，CPI）是美国使用最为广泛的价格水平度量指标，该指数主要用于说明一个典型的城市家户的全部支出价格随时间的变化情况。它的计算结果是通过调查典型的美国城市四口之家的主要消费品市场篮子的市场价格得出的。目前该指数的基期是1982—1984年；也就是说，以1982—1984年的平均居民消费价格水平为100，在此基础上计算该指数的数值。

消费者价格指数（CPI）是度量一个典型的美国城市家户的市场篮子的购买价格的指标。

用于计算CPI的市场篮子远比我们前面描述的三种水果的市场篮子复杂得多。事实上，为了计算CPI，劳工统计局需要派雇员到超级市场、加油站、五金店等场所进行调查——覆盖面达87个城市的23 000个零售营业场所。每个月该局都需要对大约80 000个价格数据进行制表，范围涉及从生菜到医疗费用等几乎所有领域。

图13-3所描述的是2014年12月消费者价格指数市场篮子的产品大类。例如，汽车燃料，主要是汽油，在2014年12月占CPI的比重为4%。因此，当汽油价格从2014年年底的大约3.71美元/加仑下降到2015年年初的2.04美元/加仑时，CPI下降了2.0%（=0.5×4%）左右。

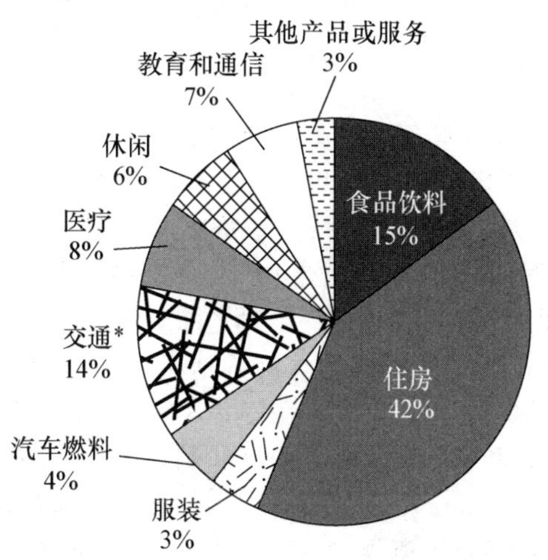

图13-3　2014年消费者价格指数的构成

*不包括汽车燃料。

该图描述了2014年12月构成CPI的主要类型。住房、食品饮料、交通和汽车燃料占CPI市场篮子的75%（由于四舍五入，图中数字之和并非正好等于100%）。

资料来源：Bureau of Labor Statistics.

图13-4所描述的是自1913年以来CPI作为度量指标变化的情形。1940年后，CPI一直在平稳上升，尽管近年来每年上涨的比率明显低于20世纪70年代和80年代。(该图采用对数刻度，保证相同的CPI变化有相同的斜率)。

美国并非计算消费者价格指数的唯一国家。实际上，几乎每个国家都会做类似的计算。你可能已经想到，各国的市场篮子构成之间差异极大。在贫困国家，人们必须把他们收入中的很大一部分用于解决温饱问

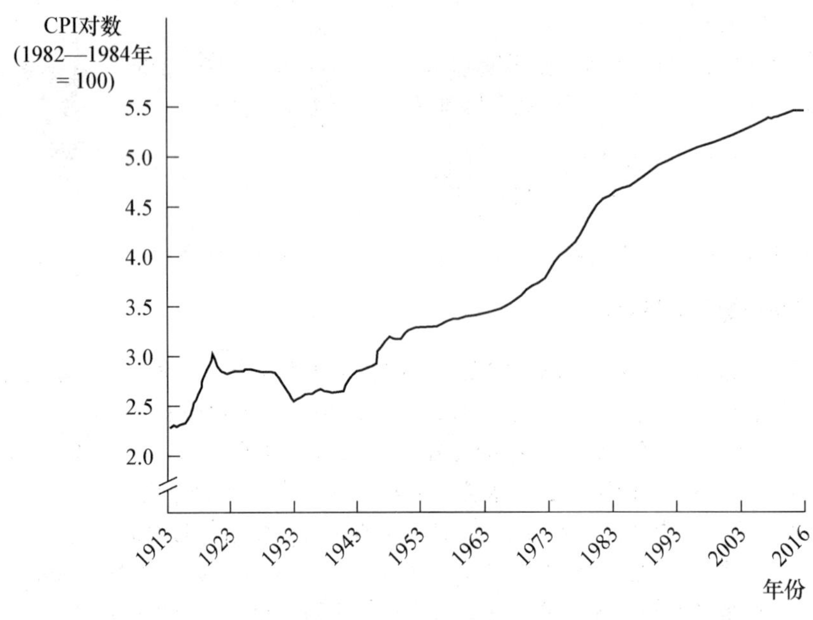

图 13-4　1913—2016 年的 CPI

自 1940 年以来，CPI 稳步攀升。但是近年来的年百分比增速显著低于 20 世纪 70 年代和 80 年代初期的水平。（为了使相同的 CPI 变化有相同的斜率，纵轴用 CPI 的对数值表示。）

资料来源：Bureau of Labor Statistics.

题，食物在价格指数中占据很大的比重。在高收入国家，消费模式的不同也会导致价格指数的差异：跟美国相比，日本的价格指数中生鱼片的比重较大，牛肉的比重较小，而法国的价格指数中葡萄酒的比重较大。

□ 13.3.3　其他价格指数

另外两个价格指数也广泛用于度量整个经济层面的价格水平变化。一个是**生产者价格指数**（producer price index，PPI，也被称为批发价格指数）。顾名思义，生产者价格指数衡量的是由生产者所购买的一篮子典型产品和服务——包括钢铁、电力、煤炭等原材料——的成本状况。由于大宗产品生产者在察觉到市场对其产品的整体需求变化之后能够迅速调整价格，因此 PPI 对通货膨胀或通货紧缩压力的反应通常比 CPI 更为敏感。因此，PPI 通常被认为是通货膨胀率变化的一个"先行预警信号"。

另一个广为应用的价格指数是 GDP 缩减指数。准确地说，它不是一个价格指数，尽管它能够起到和价格指数同样的作用。回忆一下我们是如何区分名义 GDP（以当年价格表示的 GDP）和实际 GDP（以基年价格计算的 GDP）的。特定年份的 **GDP 缩减指数**（GDP deflator）等于当年的名义 GDP 与以某个给定基年的价格表示的实际 GDP 之间的比值乘以 100。由于现在的实际 GDP 是以 2005 年美元表示的，因此 2005 年的 GDP 缩减指数等于 100。如果名义 GDP 翻一番而实际 GDP 保持不变，以 GDP 缩减指数衡量的总体价格水平也会翻一番。

> **生产者价格指数**（PPI）衡量的是由生产者所购买的产品或服务价格的变化量。
>
> 特定年份的 **GDP 缩减指数**等于当年的名义 GDP 与实际 GDP 之间的比值乘以 100。

最重要的一点是，以上述三种价格指数为基础分别得出的通货膨胀率的变化通常都比较一致（尽管生产者价格指数的波动幅度会比其余两个指数大）。图 13-5 所描述的是自 1930 年以来上述三个指数的年百分比变化。从这三个指数都可以看出，美国经济经历过大萧条早期阶段的通货紧缩，第二次世界大战时期的通货膨胀，20 世纪 70 年代的加速通货膨胀，以及 90 年代价格的相对稳定。另外请注意，生产者价格指数在 2000—2015 年出现过快速的上涨和下跌；这反映了能源和食品价格的大幅波动，这些产品对 PPI 的影响要比对 CPI 或 GDP 缩减指数的影响大。

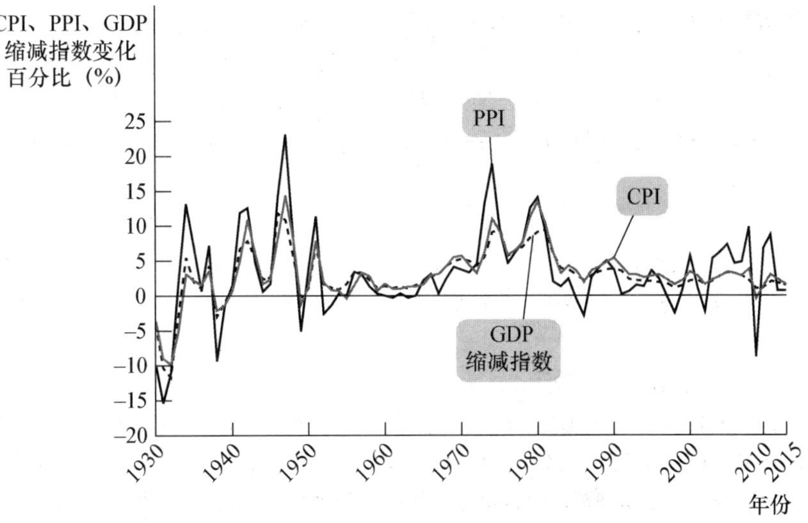

图 13-5　CPI、PPI 和 GDP 缩减指数

如图 13-5 所示，这三个度量通货膨胀的不同指标的变动通常比较一致。在 20 世纪 70 年代，从每个指数均可以看出通货膨胀率急剧上升的趋势，而在 90 年代则都恢复到了价格相对稳定的状态。除了 2009 年出现短暂的通货紧缩时期外，价格在 2000—2015 年保持稳定。

资料来源：Bureau of Labor Statistics；Bureau of Economic Analysis.

▶ 真实世界中的经济学

根据 CPI 进行指数化

尽管 GDP 数据对于制定经济政策至关重要，但 GDP 数据的官方统计结果不会对人们的生活造成直接影响。相反，CPI 指数却会对成千上万美国人的生活产生直接的冲击。原因在于，许多支出都与 CPI 挂钩或者被“指数化”了——在 CPI 上升或者下降时支出额相应地上升或者下降。

根据消费者价格水平进行指数化支出的实践可以追溯到美国建国之初。1780 年，马萨诸塞州议会承认对跟英国作战的士兵的支出应该提高，因为美国独立战争期间发生了通货膨胀。州议会把对士兵的支出确定为一个市场篮子价格的一定比例，该市场篮子包括 5 蒲式耳玉米、68 $\frac{4}{7}$ 磅牛肉、10 磅羊毛，以及 16 磅鞋底皮革。

现在有约 5 600 万人从社会保障体系获得支付。该社会保障体系是一个全国性的退休金计划，其资金约占当前联邦政府全部支出的四分之一——比国防预算还要多。对个人的社保支付金额取决于他或者她原先向该体系缴纳金额的多少以及其他一些因素。除此之外，所有社会保障支付的项目每年都会进行调整，以消除消费者价格相对于前一年上升带来的影响。CPI 被官方用来估计通货膨胀率，以此来调整每年的支付额。因此，对通货膨胀率的官方估计每提高一个百分点，几千万人所获得的支付额就都会增加 1%。

政府的其他支出也会根据 CPI 进行指数化。此外，所得税的税级，即确定纳税人所得税税率的收入水平范围，也需要根据 CPI 进行指数化。（我们现行的累进制税收制度要求处于较高收入范围的个人支付的所得税税率也更高。）私人部门也存在一些指数化的安排，比如许多私人契约，包括一些工资计算方法，都会包含有按照 CPI 的变化按比率调整支付的生活成本津贴。

由于 CPI 会对人们的生活产生重要而直接的影响，因此它在政治上比较敏感。负责计算 CPI 的劳工统计局在搜集和处理有关价格和消费的数据时非常谨慎。它采用一套非常复杂的方法来调查家户所购买的产品种类及购买地点，同时精心选择一组零售网点来调查代表性产品的价格。

及时复习

- 总体价格水平的变化可以通过比较一个特定的市场篮子在不同年份的购买价格来加以衡量。特定年份的价格指数是当年的市场篮子价格经标准化以后的数值，给定基年的价格指数等于100。

● 通货膨胀率是价格指数的百分比变化。最为常用的价格指数是消费者价格指数，它描述的是消费者所购买的产品和服务的市场篮子价格。生产者价格指数描述的是作为企业投入要素的产品和服务的市场篮子的成本。GDP缩减指数也用于衡量总体价格水平的变化，它等于名义GDP与实际GDP之比乘以100。这三个指标的变化通常都非常相似。

小测验 13-3

1. 回顾表13-3，现在假设市场篮子由100个橘子、50个柚子和200个柠檬组成。这会对霜冻发生之前和之后的价格指数产生什么影响？请解释。另外请你从一般意义上解释市场篮子构成的变化对价格指数的影响。

2. 针对如下情形，如果经济学家使用已有10年之久的市场篮子来度量当前的生活成本会有什么偏差？

a. 典型的家户比10年前拥有更多的汽车。在此期间，汽车的平均价格的涨幅比其他产品要高。

b. 10年前没有一个家户能够接入宽带。现在，许多家户都有宽带接入，并且价格还在逐年下降。

3. 2012年美国的消费者价格指数（以1982—1984年为基期）是226.229，2013年为229.324。试计算2012—2013年的通货膨胀率。

▶ **解决问题**

幸福变了吗?

在图13-2中，我们比较了2000—2014年期间委内瑞拉的实际GDP与名义GDP。下表列出了2004年、2006年、2008年、2010年、2012年和2014年的名义GDP、实际GDP以及人口。请计算2004—2006年、2006—2008年、2008—2010年、2010—2012年和2012—2014年的人均实际GDP增长率。

年份	实际GDP（10亿1997年玻利瓦尔）	名义GDP（10亿玻利瓦尔）	人口（百万）
2004	42.172	212.683	25.987
2006	51.117	393.926	26.835
2008	58.525	677.594	27.733
2010	55.808	1 016.840	28.631
2012	61.409	1 635.450	29.517
2014	59.745	3 145.420	30.457

步骤1：计算表中每年的人均实际GDP。

人均实际GDP是GDP除以人口。

下表列出了每年的人均实际GDP。实际GDP以10亿1997年玻利瓦尔来表示，人口以百万来表示。为了使两个变量使用同样的量级，我们把实际GDP乘以1 000换算成百万量级。例如2004年，人均实际GDP的计算公式为：(42.172×1 000)/25.987=1 623。

年份	实际GDP（10亿1997年玻利瓦尔）	人口（百万）	人均实际GDP（1997年玻利瓦尔）
2004	42.172	25.987	1 623
2006	51.117	26.835	1 905
2008	58.525	27.733	2 110
2010	55.808	28.631	1 949
2012	61.409	29.517	2 080
2014	59.745	30.457	1 962

步骤2：计算2004—2006年、2006—2008年、2008—2010年、2010—2012年和2012—2014年的人均实

际 GDP 增长率。

从第 1 年至第 2 年人均实际 GDP 增长率按以下公式计算：

$$人均实际 GDP 增长率=\frac{第 2 年人均实际 GDP-第 1 年人均实际 GDP}{第 1 年人均实际 GDP}\times 100\%$$

请注意该方程与式（13-2）的相似度。两者都是计算变化率的。

每个时期的人均实际 GDP 增长率如下表第 2 列所示。

年份	人均实际 GDP 增长率
2004—2006 年	17.38%
2006—2008 年	10.76%
2008—2010 年	−7.63%
2010—2012 年	6.72%
2012—2014 年	−5.67%

2004—2006 年人均实际 GDP 增长率通过 2006 年人均实际 GDP 减去 2004 年人均实际 GDP，然后除以 2004 年人均实际 GDP，之后再乘以 100%得出，即：

$$(1\,905-1\,623)/1\,623\times 100\%=17.38\%$$

小结

1. 经济学家用国民收入与产出账户（国民收入账户）来描述不同部门间的货币流动轨迹。

2. 国内生产总值（GDP）度量的是经济中生产的全部最终产品和服务的价值，其中不包括中间产品和服务的价值。它可以通过三种方法进行计算：加总所有生产者创造的增加值；加总对国内生产的最终产品和服务的全部支出；加总国内企业所支付的全部生产要素收入。这三种方法是等价的，这是因为从整体经济角度看，国内企业所支付的全部生产要素收入必定等于对国内生产的最终产品和服务的全部支出。

3. 实际 GDP 是以某个给定基年的价格计算的最终产品和服务的价值。除了基年之外，实际 GDP 不等于名义 GDP，即以当年价格计算的总产出。分析总产出的增长率必须采用实际 GDP，因为这能够剔除纯粹因价格变化所导致的总产值变动。人均实际 GDP 是衡量个人平均总产出的一个指标，但是它本身并不是一个恰当的政策目标。美国统计的实际 GDP 总是用链式美元表示。

4. 为了衡量总体价格水平，经济学家需要计算一个市场篮子的价格。价格指数是市场篮子的当前价格与它在给定基年的价格之比再乘以 100。

5. 通货膨胀率是价格指数的年百分比变化，通常根据消费者价格指数（CPI）计算，CPI 是最常用的总体价格水平衡量指标。对于企业所购买的产品和服务的一个类似指标是生产者价格指数。最后，经济学家也会采用 GDP 缩减指数来衡量总体价格水平，它的取值是名义 GDP 与实际 GDP 之间的比值乘以 100。

关键词

国民收入与产出账户	最终产品和服务	中间产品和服务	国内生产总值（GDP）	增加值	总产出
实际 GDP	名义 GDP	链式美元	人均 GDP	总体价格水平	市场篮子
价格指数	通货膨胀率	消费者价格指数	生产者价格指数	GDP 缩减指数	

练习题

1. 假设一个小规模经济体比萨尼亚生产三种产品（面包、奶酪和比萨），每种产品均由一个独立企业生产。面包和奶酪企业各自生产其制作面包和奶酪所需要的全部投入品；比萨企业利用其他企业所生产的面包和奶酪制作比萨。三家企业都需要雇用工人来帮助它们生产产品，产品销售收入与劳动和投入品的总成本之间的差额就是这些企业的利润。面包和奶酪企业生产出来的产品全部都出售给比萨企业作为生产比萨的投入品，下表概括了这三个企业的经营活动状况。

	面包企业	奶酪企业	比萨企业
投入品成本	0美元	0美元	50美元面包 35美元奶酪
工资	15美元	20美元	75美元
产品价值	50美元	35美元	200美元

a. 利用产品增加值计算GDP。

b. 利用对最终产品和服务的支出计算GDP。

c. 利用要素收入计算GDP。

2. 在比萨尼亚经济体中（参见练习题1），面包和奶酪既作为制作比萨的投入品销售给比萨企业，又作为最终产品出售给消费者。下表概括了这三个企业的经营活动状况。

	面包企业	奶酪企业	比萨企业
投入品成本	0美元	0美元	50美元面包 35美元奶酪
工资	25美元	30美元	75美元
产品价值	100美元	60美元	200美元

a. 利用产品增加值计算GDP。

b. 利用对最终产品和服务的支出计算GDP。

c. 利用要素收入计算GDP。

3. 下列哪些交易会被计入美国的GDP?

a. 可口可乐公司在美国新建了一家灌装工厂。

b. 达美航空公司把它所拥有的一架飞机出售给了大韩航空。

c. 莫尼贝格小姐购买了迪士尼上市流通的股票。

d. 加利福尼亚州的一家葡萄酒厂酿造了一瓶霞多丽酒，并把它卖给了加拿大蒙特利尔的一位顾客。

e. 一个美国人买了一瓶法国香水。

f. 一个图书出版商对一本新书的印刷量过大；这些图书当年没有卖完，因此该出版商把剩余的图书加到了库存里。

4. 下表列出的是1960年、1970年、1980年、1990年、2000年、2010年美国的名义GDP、以2005年为基年的实际GDP和人口数据，在这些年间美国的价格水平一直处于上升状态。

年份	名义GDP（10亿美元）	实际GDP（10亿2005年美元）	人口（千）
1960	526.4	2 828.5	180 760
1970	1 038.5	4 266.3	205 089
1980	2 788.1	5 834.0	227 726
1990	5 800.5	8 027.1	250 181
2000	9 951.5	11 216.4	282 418
2010	14 526.5	13 088.0	310 106

a. 为什么2000年之前所有年份的实际GDP均高于名义GDP，而2010年的实际GDP却低于名义GDP?

b. 计算1960—1970年、1970—1980年、1980—1990年、1990—2000年以及2000—2010年的实际GDP增长率。哪个阶段的增长率最高?

c. 计算表中每一年的人均实际GDP。

d. 计算1960—1970年、1970—1980年、1980—1990年、1990—2000年以及2000—2010年的人均实际GDP增长率。哪个阶段的增长率最高?

e. 如何比较实际GDP和人均实际GDP的增长率? 哪一个更大? 这种关系是否符合我们的预期?

5. 伊斯特兰学院非常关注学生必须购买的教科书的涨价情况。为了更深入地了解教科书的涨价情况，院长请你这位经济系的明星学生编制一个教科书的价格指数。普通学生会购买三本英语书、两本数学书和四本经济学书。这些书的价格如下表所示。

	2012年	2013年	2014年
英语书	100美元	110美元	114美元
数学书	140美元	144美元	148美元
经济学书	160美元	180美元	200美元

a. 2012—2014年英语书价格的百分比变化是多少?

b. 2012—2014年数学书价格的百分比变化是多少?

c. 2012—2014年经济学书价格的百分比变化是多少?

d. 以2013年为基年计算各个年度的教科书价格指数。

e. 2012—2014年价格指数的百分比变化是多少?

6. 消费者价格指数（CPI）是对普通消费者生活成本的度量指标。其计算过程是用每一类支出（如住房、食物等）的价格乘以该类支出占普通消费者市场篮子价值的比重，然后对所有支出类别进行加总。但是，在使用消费者价格指数的过程中我们会发现，不同类型消费者之间生活成本的变动状况差异很大。我们来比较一下一个假想的退休人员和一个假想的大学生之间的生活成本。假设退休人员的市场篮子构成如下：住房10%，食物15%，交通5%，医疗60%，教育0%，休闲娱乐10%。大学生的市场篮子构成如下：住房5%，食物15%，交通20%，医疗0%，教育40%，休闲娱乐20%。下表列出的是2014年3月每一个相关支出类别的CPI指数。

	2014年3月的CPI
住房	228.7
食物	239.7
交通	219.3
医疗	436.5
教育	229.1
休闲娱乐	115.7

按以下方法分别计算退休人员和大学生的总CPI：每个支出类别的CPI乘以该支出类别占个人总支出的比重，然后对所有支出类别进行加总。2014年3月所有支出类别的CPI是235.6。你计算所得的退休人员和大学生的CPI与所有支出类别的CPI相比有何差异?

7. 登录劳工统计局网站 www.bls.gov，找到“经济数据发布”。点击“主要经济指标”，然后选择“消费者价格指数”。点击“表1：所有城市消费者价格指数”。采用未调整的数据，找出上月的CPI是多少? 跟前一个月相比有何变化? 与上年同期相比有何变化?

8. 下表为美国年实际GDP和名义GDP。

	2009年	2010年	2011年	2012年	2013年
实际GDP（10亿美元）（以2009年为基年）	14 417.9	14 779.4	15 052.4	15 470.7	15 761.3
名义GDP（10亿美元）	14 417.9	14 958.3	15 533.8	16 244.6	16 799.7

a. 计算每年的 GDP 缩减指数。

b. 根据 GDP 缩减指数计算除 2009 年之外的通货膨胀率。

9. 下表列出了 2011 年、2012 年和 2013 年的两种价格指数：GDP 缩减指数和 CPI。对于每一个价格指数，计算 2011—2012 年以及 2012—2013 年的通货膨胀率。

年份	GDP 缩减指数	CPI
2011	103.199	224.939
2012	105.002	229.594
2013	106.588	232.957

10. 美国大学教育成本的上升速度比通货膨胀快。下表所示为美国 2011 学年开始的大学教育和 2012 学年开始的大学教育的公立大学和私立大学的平均成本。假设表中所列的费用是各个高校学生在一年中承担的唯一成本。

	2011 学年开始的大学教育成本			
	学杂费（美元）	食宿费（美元）	书籍和用品（美元）	其他支出（美元）
2 年公立大学：走读	2 970	5 552	1 314	2 988
4 年公立大学：本州，住校	7 731	8 831	1 232	3 203
4 年公立大学：外州，住校	20 823	8 831	1 232	3 203
4 年私立大学：住校	27 949	9 853	1 238	2 378
	2012 学年开始的大学教育成本			
	学杂费（美元）	食宿费（美元）	书籍和用品（美元）	其他支出（美元）
2 年公立大学：走读	3 080	5 817	1 341	3 040
4 年公立大学：本州，住校	8 805	9 183	1 243	3 253
4 年公立大学：外州，住校	21 706	9 183	1 243	3 253
4 年私立大学：住校	29 115	10 181	1 243	2 423

a. 计算 2011—2012 学年每种类型的一名普通大学生的生活成本。

b. 计算 2011—2012 学年每种类型的大学生的通货膨胀率。

在线回答问题

不列塔尼卡经济体生产三种产品：计算机、DVD 和比萨。下表列出了这三种产品在 2012 年、2013 年和 2014 年的价格和产量。

年份	计算机		DVD		比萨	
	价格（美元）	产量	价格（美元）	产量	价格（美元）	产量
2012	900	10	10	100	15	2
2013	1 000	10.5	12	105	16	2
2014	1 050	12	14	110	17	3

a. 2012—2013 年以及 2013—2014 年，每种产品产量的变化百分比是多少？

b. 2012—2013 年以及 2013—2014 年，每种产品价格的变化百分比是多少？

c. 计算不列塔尼卡在这三年间每年的名义 GDP。2012—2013 年以及 2013—2014 年，名义 GDP 的百分比变化是多少？

d. 用 2012 年的价格计算不列塔尼卡在这三年间每年的实际 GDP。2012—2013 年以及 2013—2014 年，实际 GDP 的百分比变化是多少？

第 14 章

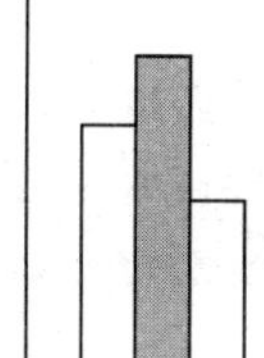

失业与通货膨胀

本章将学习

- 如何度量失业以及失业率如何计算。
- 失业率对经济的重要意义。
- 失业率和经济增长之间的关系。
- 决定自然失业率的因素有哪些。
- 通货膨胀的经济代价。
- 通货膨胀和通货紧缩的获益者与受损者。
- 为什么政策制定者试图维持稳定的通货膨胀率。

开篇案例

击中制动点

每年 8 月，许多世界上手握重权的金融官员和许多有影响的经济学家会聚集在怀俄明州杰克逊镇，参加由堪萨斯城联邦储备银行主办的会议。金融记者也会到此，希望嗅到有关政策未来方向的蛛丝马迹。这是一个有趣的场景，但在 2014 年 8 月，它比平常更有趣。

该年的秘密会议有什么特殊之处吗？答案之一是，美国货币政策决策机构美国联邦储备委员会新主席耶伦上任了，这是历史上第一位女性主席，这已经创造了历史。

但是，除了历史上的第一，人们普遍认为到该年 8 月，美国的货币政策可能已经接近一个关键时刻。近 6 年以来，美联储的目标很简单，但也较难完成：提振美国经济，走出一直持续的由高失业率造成的工作职位缺乏状态。到了 2014 年夏天，失业率已经大幅下降，回到历史正常水平。在某个时点，几乎所有人都认为美联储将放开油门而准备脚踩刹车，提高已经多年接近零的利率。但问题是什么时候？

这是一个棘手的问题。一些美联储官员——所谓的鹰派，随时准备扑灭通货膨胀的火苗——警告称，如果美联储等太久才加息，通货膨胀会直线上升到不可接受的程度。其他人——所谓的鸽派——警告称，经济仍然脆弱，加息太快会让经济冒高失业率状况进一步延续的风险。一般情况下，耶伦女士属鸽派阵营。但即使如此，她仍警告说，控制通货膨胀最终必须优先于降低失业率。在这种情况下，美联储将不得不提高利率。

只有时间能证明谁对谁错。如后来的结果所示，直到 2015 年 12 月，美联储才提高短期利率，这是近 10 年的首次。

但 2014 年的争论集中于宏观经济政策的关键问题。失业和通货膨胀是宏观经济的两大弊端。因此，宏观经济政策的两个主要目标是低失业率和物价稳定（通常被定义为具有较低但为正的通货膨胀率）。遗憾的是，这些目标有时似乎相互矛盾：经济学家经常警告说，旨在降低失业率的政策须冒通货膨胀率提高的风险；相反，意在降低通货膨胀率的政策可导致失业率升高。

在后面的章节中，我们将学习更多低失业率和低通货膨胀率之间的替代与政策困境。本章将介绍有关失业和通货膨胀的基本事实：它们如何被衡量、如何影响消费者和企业以及如何随时间的变化而变化。

14.1 失业率

2016年2月，美国的失业率为4.9%。这比前几年的情况有显著改善。2009年年底，大衰退之后，失业率见顶，达到10%。但是4.9%的失业率仍远高于衰退前的水平，2007年11月的失业率是4.7%。

图14－1所示为1948—2016年早期美国失业率的情况；我们可以看出，失业率在2007—2009年大衰退期间大幅飙升，在随后几年缓慢下跌。高失业率是什么意思？为什么它在人们生活中是一个重要方面？要理解就业和失业问题为什么被政策制定者如此重视，我们需要了解它们是被如何定义和度量的。

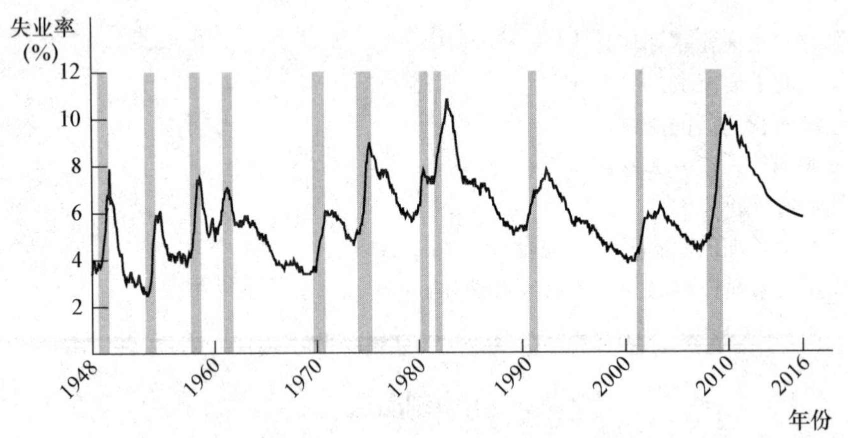

图14－1 1948—2016年美国的失业率

失业率随时间大幅波动。在衰退时失业率上升，图中阴影柱线表示衰退时期。它在经济扩张时经常下降，但不总是下降。

资料来源：Bureau of Labor Statistics；National Bureau of Economic Research.

□ 14.1.1 失业的定义和度量

定义就业很容易：当且仅当你有一份工作时就是就业。**就业**（employment）人口是指当前被雇用的总人数，无论是全职还是兼职。

但是，失业就是一个有一些微妙的概念了。一个人没有工作，并不意味着我们认为这个人就是失业。例如，2016年1月，在美国有4 400万退休职工领取社会保障金。他们中的大多数很可能很高兴他们不用再工作了，所以我们不会将生活舒适且享受退休金的人看作处在失业状态。此外，美国还有1 400万残疾人因为无法工作而领取福利补贴。虽然他们没有工作，但我们通常不会认为他们是失业者。

美国联邦机构人口普查局的任务是搜集失业数据，该机构认为失业者是那些“无工作，正在寻找工作，可工作的人”。退休人员并不计算在内，因为他们不找工作；残疾人不计算在内，因为他们无法工作。更具体地讲，一个人如果目前没有工作，并已在过去的四周内一直积极寻找工作，他或者她就被认为是失业者。因此**失业**（unemployment）人口是指积极寻找工作但尚未就业的总

> **就业**人口是指当前被雇用的总人数，无论是全职还是兼职。
>
> **失业**人口是指积极寻找工作但尚未就业的总人数。

人数。

一个国家的**劳动力**（labor force）人口是就业人口和失业人口之和，也就是目前正在工作与目前正在找工作的人数之和。**劳动力参与率**（labor force participation rate）是指劳动力人口占劳动年龄范围内人口的百分比，计算公式如下：

劳动力人口是就业人数和失业人数之和。

劳动力参与率是劳动力人口占16岁及以上人口的百分比。

劳动力参与率＝(劳动力人口/16岁及以上人口)×100%　　(14-1)

失业率（unemployment rate）是指失业人口占劳动力人口的百分比，计算公式如下：

失业率是指失业人口占劳动力人口的百分比。

失业率＝(失业人口/劳动力人口)×100%　　(14-2)

美国人口普查局每个月都会发布人口状况调查结果，数据来自对60 000户美国家户的随机调查。调查会涉及被访者当时的就业状况。如果被访者没有受雇，会进一步询问他们在过去四周内是否试图寻找工作。结果会按比例放大，使用总人口的估计数来估计就业和失业美国人的总数。

□ 14.1.2　失业率的意义

一般情况下，失业率反映了在当前经济状况下找工作的难易程度。在失业率低的时候，几乎每个想找工作的人都能找到工作。在失业率高的时候则很难找到工作。2000年，美国当时的失业率只有4%，工作机会是如此丰富，以至雇员们曾说起过为找到一份工作而进行的“镜子测试”：如果你能呼吸（因此你的呼吸会在镜子上起雾），你就可以找到工作。相比之下，2010年失业率全年在9%以上，找工作很困难。事实上，找工作的美国人几乎是空缺职位的5倍之多。

尽管失业率是描述目前职业市场状况的一个良好指标，但是不能按照字面意思把它作为想找工作但又找不到工作的人所占的百分比。这是因为，在某些情况下，失业率会夸大人们在求职时所面临的困难。在另外的一些场合情况可能恰恰相反：低失业率可能掩盖了由于缺乏就业机会带来的严重无奈。

失业率怎样高估真实失业水平　求职者至少要花费几周时间才能找到一份合适的工作，这很正常。一个非常有信心能够找到工作，但是还没有接收某个工作职位的工人，也被划为失业人口。这意味着即使是在繁荣时期，工作很容易找，失业率也不会下降到零。即使在2000年找工作的大好时机，失业率仍然有4%。本章稍后将会讨论为什么即使在工作机会非常多的情况下仍然会持续存在失业的原因。

失业率怎样低估真实失业水平　通常情况下，愿意工作但没有工作的人仍然算作失业者。特别地，因为没有可做的工作，在过去一段时期内放弃求职的人，比如一个生活在严重萧条的钢铁城市里被解雇的钢铁工人，由于他或者她在过去四周内没有去找工作，因此不属于失业人口。一个人想要工作，但他告诉政府调查人员说他目前没有寻找工作，因为在目前的职业市场状况下他找到工作的希望微乎其微，这被归入**丧志工人**（discouraged worker）。因为不包括丧志工人在内，失业率指标会低估想找工作但又找不到工作的人所占的百分比。

丧志工人是指能够工作但在目前市场状态下放弃找工作而没有工作的人。

丧志工人只是一个更大的群体——**准失业工人**（marginally attached workers）的一部分。这群人希望有一份工作，并在最近也寻找过工作，但目前没有找工作。他们也没有被计算在失业率中。最后，找工作的能力有限但没有被计入失业的人被归入**就业不足**（underemployment）工人：这些工人想找到全职工作，但目前正在“因经济原因”从事兼职工作——他们无法找到全职工作。同样，他们不会被计算在失业率中。

准失业工人是指希望有一份工作，并在最近也寻找过工作，但目前没有找工作的人。

就业不足是指因为无法找到全职工作而从事兼职工作的人。

劳工统计局是计算官方失业率数据的联邦机构。它也计算更广义的劳动力利用不足的指标，其中包括三类沮丧的工人。图14-2表示计入丧志工人、准失业工人和就业不足工人时失业率会发生什么变化。失业和就业不足的最广义指标记作U-6，是上述三类工人再加上失业工人的总和。该数值比通常新闻媒体援引的失业率高出很多。但U-6和失业率的变动几乎平行，所以失业率的变动仍然是劳动市场（包括沮丧工人）变动情形非常好的指示。

最后，认识到人口群体之间失业率的差异很大也很重要。在其他条件不变的情况下，经验丰富、又处在25—54岁工作黄金年龄段的人一般容易找到工作，而年轻工人以及临近退休年龄的工人一般很难找到工作。

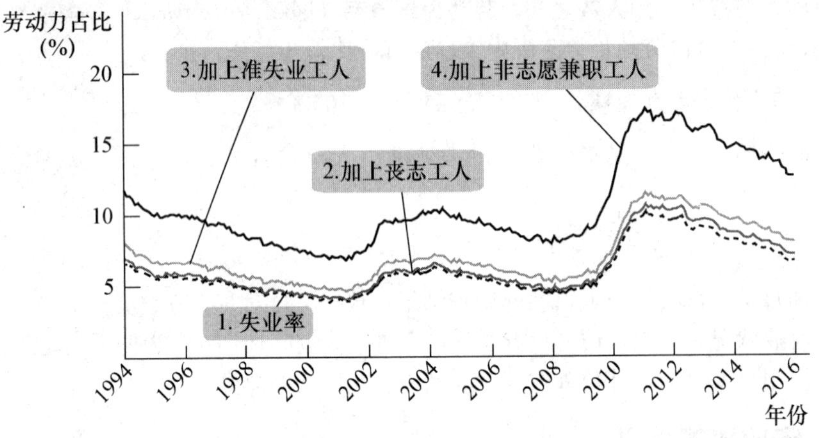

图 14-2　失业率的另类指标（1994—2016 年）

新闻媒体中引用的失业率，通常只计算在过去四周内寻找工作的失业人数。更广义的指标包括丧志工人、准失业工人和就业不足工人。这些更广义的指标得出更高的失业率，但它们与标准失业率的变化平行且非常接近。

资料来源：Bureau of Labor Statistics.

图 14-3 所示为不同群体的失业率，2007 年的总失业率根据历史水平来看处在较低水平；2010 年，因为大衰退，失业率处在高位；2016 年，与危机前的水平相比，虽然失业率下降了许多，但仍然没有回到危机前的水平。正如我们所看到的，非裔美国人的失业率一直高于全国平均水平；白种人青少年（16～19 岁）的失业率通常会更高；非裔美国青少年的失业率则更高。（请记住，除非一名青少年寻找工作但没有找到工作，否则即使他没有工作也不被视为失业者。）因此，即使总失业率相对不高，某些群体找工作也很困难。

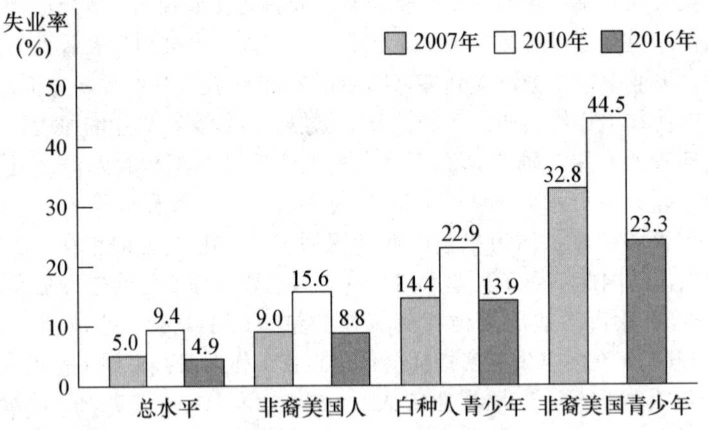

图 14-3　不同群体的失业率（2007 年、2010 年、2016 年）

不同群体的失业率差异很大。例如，2016 年 2 月，尽管总失业率为 4.9%，但非裔美国青少年的失业率达到 23.3%。因此，即使在总失业率不高的情况下，某些群体的失业率仍然很高。

资料来源：Bureau of Labor Statistics.

因此，我们应该把失业率理解成一个反映劳动市场总体状况的指标，而不是按照字面意思理解为想找工作但又找不到工作的人所占的百分比。然而，失业率是一个非常好的指向指标，它的起伏与经济变化接近，而经济变化影响着人们的生活。下面我们讨论失业率波动的原因。

□ 14.1.3　经济增长与失业

与图 14-1 相比，图 14-4 所示为 1981—2016 年 35 年间较短期间的失业率。阴影柱线表示衰退时期。

我们可以看出，在每个衰退时期，无一例外，失业率会上升。2007—2009 年的严重衰退与 1981—1982 年相似，导致失业率高企。

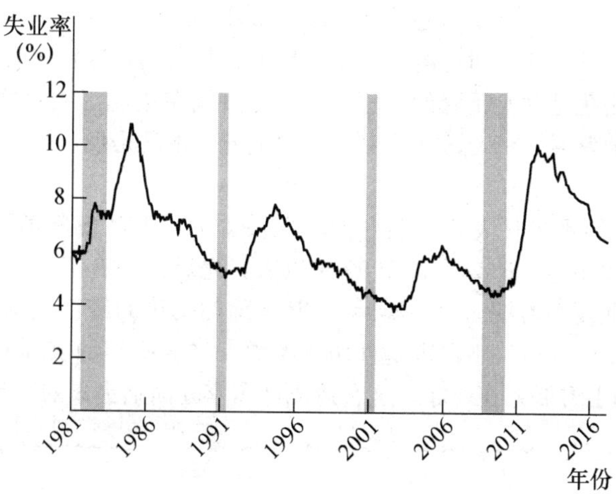

图 14-4 1981—2016 年的失业率与经济衰退

该图所示为过去 30 多年来的失业率，阴影柱线表示经济衰退。很显然，在经济衰退期间，失业率总是在上升，在经济扩张时期，失业率通常下降。但是在 20 世纪 90 年代初和 21 世纪初，在经济衰退正式宣告结束后的一段时期，失业率是持续上升的。

资料来源：Bureau of Labor Statistics；National Bureau of Economic Research.

相应地，在经济扩张时期，失业率通常下降。20 世纪 90 年代，长期经济扩张最终导致失业率降为 4.0%，而 21 世纪中期的扩张推动失业率下降到 4.7%。但是，必须认识到，经济扩张并不总是意味着失业率下降。观察图 14-4 中 1990—1991 年和 2001 年经济衰退后的临近时期。在每种情况下，经济衰退正式结束之后，失业率会持续上涨一年多。对这两种情形的解释是，经济虽然有所增长，但它并不足以降低失业率。

图 14-5 所示为 1949—2015 年美国的数据。横轴表示实际 GDP 增长率——每一年相对上年实际 GDP 的变化。（请注意，有 10 年的增长率为负，也就是说，实际 GDP 下降了。）纵轴表示的是失业率相对上年的变化（去年的失业率减去今年的失业率）。每个点代表的是某一年观察到的实际 GDP 增长率和失业率的变化。例如 2000 年，失业率从 1999 年的 4.2%下降到 4.0%，因此 2000 年时纵轴的数值为−0.2%。在同一时期，实际 GDP 增长率为 4.1%，这是横轴 2000 年时所示的值。

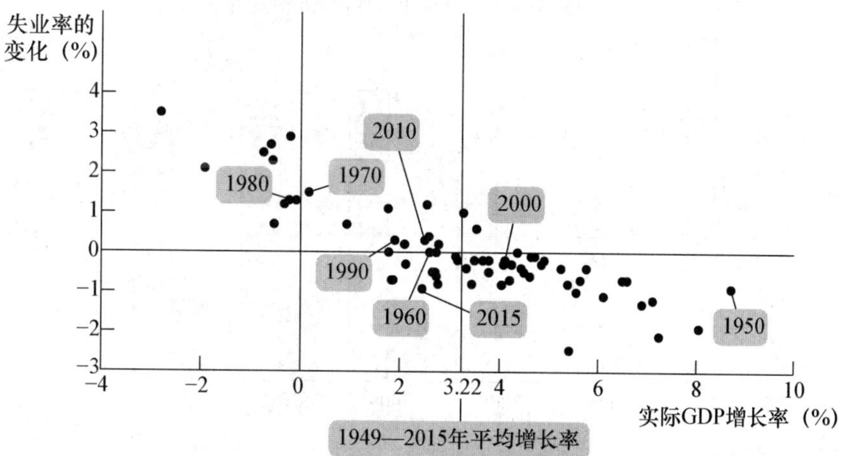

图 14-5 经济增长率和失业率的变化

图中每个点表示 1949—2015 年经济增长率和失业率的变化。例如，2000 年经济增长率为 4.1%，失业率下降 0.2 个百分点，从 4.2%到 4.0%。一般情况下，当经济增长率高于年平均增长率 3.22%时，失业率下降，当低于年平均增长率时，失业率上升。当实际 GDP 下降时，失业率总在上升。

资料来源：Bureau of Labor Statistics；Bureau of Economic Analysis.

图 14－5 散点图的下降趋势表明，在经济增长率和失业率之间存在普遍强劲的负相关关系。实际 GDP 高增长的年份，失业率下降，而实际 GDP 低增长或负增长的年份，失业率上升。

在图 14－5 中，垂直线所示 3.22%的数值表示 1949—2015 年实际 GDP 的平均增长率。垂直线右边的点表示高于平均增长率的年份。这些年所对应的纵轴上的值通常是负的，这意味着失业率下降。也就是说，增长率高于平均水平的年份通常失业率是下降的。相反，在垂直线左边的点表示增长率低于平均水平的年份。这些年所对应的纵轴上的值通常是正的，这意味着失业率上升。也就是说，增长率低于平均水平的年份通常失业率是上升的。

无就业复苏时期是实际 GDP 增长率为正，但失业率仍然上升的时期。

实际 GDP 增长率低于平均水平且失业率上升的时期被称为**"无就业复苏"**（jobless recovery）或"增长型衰退"时期。自 1990 年以来，先后已经有三次衰退，每次紧随其后的是无就业复苏时期。但在实际 GDP 下降的真正的经济衰退时期，工人尤其痛苦。如图 14－5 中位于左边垂直线左侧的点（这些年的实际 GDP 增长率为负）所示，实际 GDP 下降总是与失业率的上升联系在一起，这会造成许多家庭面临更大的困难。

▶ 真实世界中的经济学

发射失败

2010 年 3 月，当美国就业状况接近最坏情况时，《哈佛法学院报告》（*Harvard Law Record*）发表了一篇简短的说明小文——"失业的法学院学生将为 16 万美元加补贴而工作"。在自我嘲讽的语气中，作者承认前一年已经从哈佛法学院毕业，但工作仍然无着落。他问道："我们简历上的什么记号如此难看，以至其影响超过了深红色的 H（哈佛大学的标记）?"

当然，答案并非简历问题，而与经济有关。在高失业率时期，应届大学毕业生找工作尤其艰难，他们经常发现很难获取任何类型的全职工作。

这篇文章写作时期的情形有多糟糕呢？图 14－6 所示为两种类型的高校毕业生——毕业 25 年及以上的与最近毕业的 20 多岁的毕业生——的失业率情形，时间为 2007—2011 年。即使在 2009 年失业率高峰期，年长毕业生的失业率也小于 5%。但是，新近毕业生的失业率高达 15.5%，2011 年年底仍然保持两位数。对于为大学毕业生（和普通年轻人）提供他们理想的机会，美国劳动市场还有漫漫长路要走。

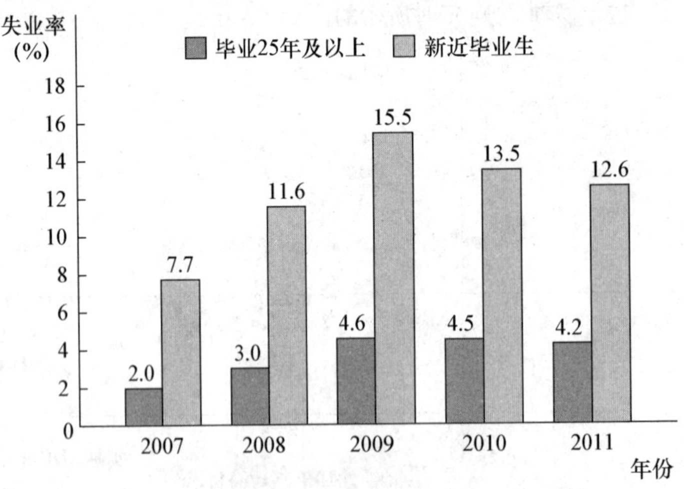

图 14－6　2007—2011 年毕业生的失业率

资料来源：Bureau of Labor Statistics.

及时复习

- 劳动力人口等于就业人口加上失业人口，不包括丧志工人。劳动力统计中也不包括就业不足工人的人数。劳动力参与率是劳动力占16岁及以上人口的百分比。

● 失业率是对劳动市场状况的一个衡量指标，而不是具体度量找不到工作的人数。它可能高估真实失业水平，因为即使在工作机会非常多的情况下，工人也经常会花费一些时间来找工作。但是它也有可能低估真实失业水平，因为它没有包括丧志工人、准失业工人和就业不足工人的人数。

● 实际GDP增长率和失业率的变化量之间存在显著的负相关关系。当增长率高于平均水平时，失业率一般是下降的；当增长率低于平均水平时，失业率一般是上升的。在严重衰退后一般会出现一个被称为“无就业复苏”的时期。

小测验 14-1

1. 假设招聘就业网站的出现能使求职者更易于找到合适的工作职位。这会对失业率产生什么影响？再假设此类网站能鼓励那些放弃求职的工人重新开始寻找工作，这又会对失业率产生什么影响？

2. 下列哪一种情况，工人被算作失业？请解释。

a. 罗萨是一个老工人，他下岗了，几个月前他放弃了找工作。

b. 安东尼，一位老师，他在三个月暑假期间中断工作了。

c. 格雷丝，一位投资银行员工，已被裁员，目前正在寻找另一份工作。

d. 塞尔吉奥，一个接受过科班培训的音乐家，只能找到当地一些人们聚会时演奏的工作。

e. 娜塔莎，一个研究生，重新回到学校是因为工作难觅。

3. 下列哪些情形跟我们在图14-5中观察到的实际GDP增长率与失业率之间的关系相一致？哪些不一致？

a. 在实际GDP下降的同时失业率上升。

b. 在经济复苏的同时受雇用劳动力的比重大幅度提高。

c. 在实际GDP负增长的同时失业率下降。

14.2 自然失业率

快速的经济增长往往会降低失业率，那么失业率会有多低呢？你可能会说“零”，但这是不现实的。在过去的半个世纪里，全国的失业率一直没有下降到2.9%以下。

怎么会有这么高的失业率，即使在有许多企业很难找到工人的时期？要回答这个问题，我们需要研究劳动市场的性质，以及即使就业机会很多，为什么通常会有较高的失业率。我们的出发点是即使在最好的时代，就业机会也在不断被创造和消失的情况。

□ 14.2.1 就业机会的创造与消失

即使在好的年份，大部分美国人都知道一定会有人失业。在2007年7月，美国的失业率仅为4.7%，根据历史标准，这已经属于相对较低的水平。但该月仍然有450万离职者，因为工人被解雇或自愿退出，这样的失业有多种多样的原因，其中一个原因是经济结构变迁：随着新技术的出现和消费者口味的变化，产业会有兴衰。例如，在20世纪90年代后期，像电信这类高科技行业的雇用工人曾经大幅增加，但是2000年之后就出现了大幅下滑。然而，结构变化也创造新的职业。2000年后，随着新的医疗技术的突破和人口老龄化，医疗保健需求增加，美国医疗机构的就业机会大幅增加。个别公司经营业绩不善或运气不好也会导致其员工失去工作。

就业机会的不断创造与消失是现代经济的一个特征，使得失业不可避免成为自然发生的事情。自然存在的失业有两种类型：摩擦性失业和结构性失业。

□ 14.2.2 摩擦性失业

当一个人由于就业机会消失而失业后，他或她一般不会接受第一份新工作。例如，一个技术水平高超的程序员由于软件公司生产线不成功而暂时失业，当看到一个商店的橱窗上贴着需要雇用人手的广告时，他可以接受这份工作，但这通常并不明智。相反，他将花时间去寻找更适合他能力、收入也更高的工作。此外，个别工人通常因个人原因、家庭迁移、不满和有其他前景更好的工作等原因而主动离职。

经济学家认为，人们花时间去寻找工作是一种**职位寻找**（job search）行为。如果所有工人和所有职业都类似，那么这种职位寻找就没有什么意义了；如果关于工作职位和工人的信息是完全的，职位寻找进行得将非常迅速。可是，在实践中，对一个失去工作的人或者是第一次就业的人来讲，他们通常要至少花费几个星期的时间来进行寻找。

> 人们花时间去寻找工作被称为**职位寻找**。
> **摩擦性失业**是指处在职位寻找期间的失业。

摩擦性失业（frictional unemployment）是指处在职位寻找期间的失业。由于经济的不断变化，一定数量的摩擦性失业不可避免。因此，即使在2007年的低失业率时期，仍有6 200万人与“工作分离”，即工人离开或失去工作。总就业率上升是因为有超过6 300万员工被雇用而抵消了离职的人数。不可避免的是，一些离开或失去工作的工人至少有一段时间处在失业状态，一些新进入劳动市场的工人也会这样。

图14-7所示为2007年失业率相对较低时，工人在三种状态中的平均月度流动人数：就业、失业与不在劳动市场。数字表明劳动市场有多少扰动在不断发生。这些扰动的必然结果是，有大量工人尚未找到下一份工作，也就是说，处在摩擦性失业状态。

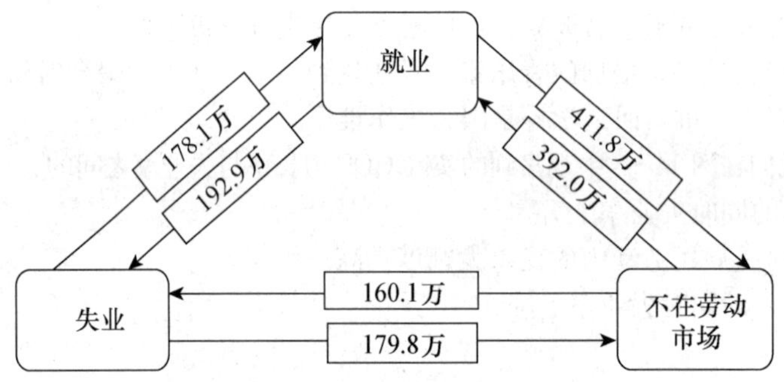

图14-7　2007年劳动市场平均月度流动人数

即使在2007年这样的低失业率的年份，每个月仍有大批工人在就业和失业之间转换。平均而言，2007年每个月有178.1万失业人员就业，192.9万人从就业变为失业。

资料来源：Bureau of Labor Statistics.

摩擦性失业人数有限，相对无害，甚至可能是一件好事。如果工人花时间去寻找与其技能更好匹配的职业、为寻找更合适的工作无须经历太大的艰辛而只是短暂失去工作，那么会使经济更有效率。事实上，当失业率处于低水平，失业期间也往往很短时，就表明大部分失业是摩擦性失业。

图14-8所示为2007年全年失业持续时间的构成，当时的失业率仅为4.6%。36%的失业人员在不到5周时间得以就业，只有33%的失业人员会持续失业15周或更长时间。只有六分之一的失业人员被认为是“长期失业者”——27周及以上处在失业状态。

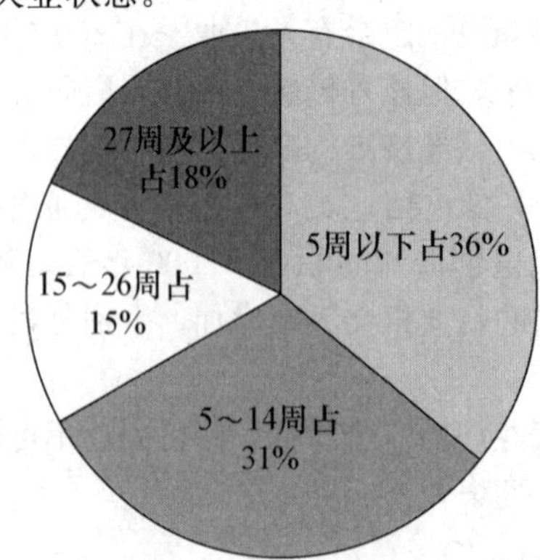

图14-8　2007年失业持续时间的构成

当失业率处于低水平时，大部分失业人员失业的时间相当短暂。2007年是失业率低的年份，36%的失业人员在不到5周的时间内重新找到工作，67%的人少于15周。对大部分失业人员来说，失业持续期较短表明2007年的失业大部分是摩擦性失业。

资料来源：Bureau of Labor Statistics.

但是，在失业率上升时期，工人失业时间往往较长，这表明失业中摩擦性失业的比例较小。2007—2014年中期已经失业6个月以上失业者所占的比例在大衰退之后跃升至45%，衰退正式结束后5年仍然处在历史高位。

□ 14.2.3 结构性失业

结构性失业是指在劳动市场中职位寻找者的人数多于在某一工资水平上可提供的工作职位数所引起的失业。

即使寻找工作职位的人数等于可提供的工作职位数，结构性失业也会存在，也就是说，摩擦性失业并不是劳动力过剩的信号。有时，在一些特定的劳动市场中，职位寻找者存在永久性过剩。例如，拥有某种技能的工人人数多于使用这种技能的工作职位可提供的数量，或者在某一特定的地理区域工人的数量多于可提供的工作职位。**结构性失业**（structural unemployment）是指在劳动市场中，职位寻找者的人数多于在某一工资水平上可提供的工作职位数所引起的失业。

供给需求模型告诉我们，产品、服务或者生产要素的价格会向使得供给数量和需求数量相等的均衡价格方向变动。一般情况下，在劳动市场中这同样成立。

图14-9所示为典型的劳动市场。劳动需求曲线表示的是当劳动价格——工资率——上升时，雇主对劳动的需求会减少。劳动供给曲线表示的是当劳动价格提高时，在目前的工资水平上更多的工人愿意提供劳动。在某一特定区域就某种类型的劳动而言，两种力量的共同作用会形成均衡工资率。均衡工资率在图中表示为W_E。

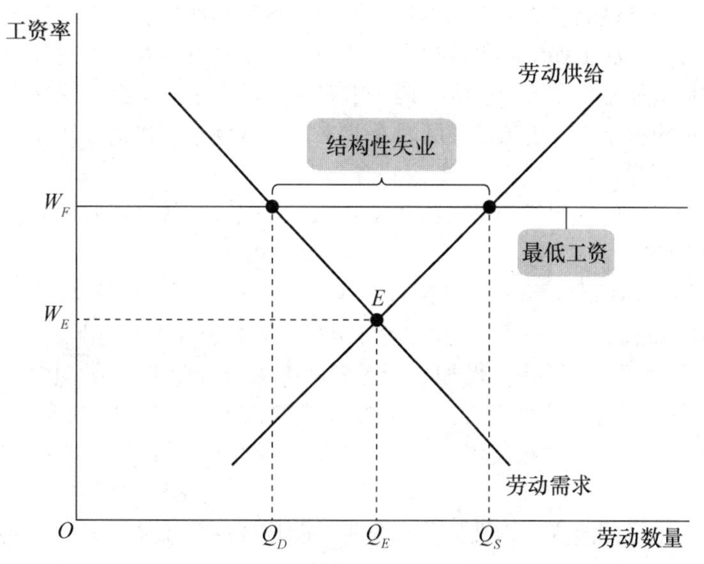

图14-9 劳动市场中的最低工资效应

当政府限定了最低工资W_F后，由于这一水平高于市场均衡工资率W_E，在最低工资率上愿意工作的工人数量Q_S要大于在这一工资率上对工人的需求数量Q_D。这种剩余被认为是结构性失业。

即使在均衡工资率W_E水平上，仍然会存在一些摩擦性失业。这是因为即使可提供的工作职位数等于职位寻找者的人数，总有一些工人要去寻找工作。但在这种情况下，劳动市场中不存在任何结构性失业。当工资率水平由于某种原因持续高于W_E的时候，结构性失业才会出现。导致工资率高于W_E的原因有几种，最重要的有：最低工资、工会、效率工资、政府政策的负面效应和雇主与雇员的错配。

最低工资 最低工资是政府对劳动力价格设定的最低水平（最低限价）。2014年年初，美国全国性最低工资为每小时7.25美元。许多州政府和地方政府也在各自法律许可范围内决定各自的工资，一般有目的地高于联邦政府的水平。例如，西雅图的最低工资为每小时15美元。

对许多美国工人来讲，最低工资与其相关性不大，因为市场均衡工资远远高于这一水平。但是对于缺乏劳动技能的劳动力来讲，最低工资具有约束性——它影响对工人实际支付的工资而且在特殊的劳动市场可能导致结构性失业。其他富裕国家的最低工资标准也较高。例如，2014 年法国的最低工资是每小时 9.40 欧元，约为 12.40 美元。在这些国家，对工人来说，最低工资标准的约束力也较大。

图 14－9 表示有约束力的最低工资的影响。在该市场中，法律规定的最低工资为 W_F，高于均衡工资率 W_E。这导致在劳动市场中劳动力剩余持续存在：劳动供给数量为 Q_S，大于劳动需求数量 Q_D。换一种说法，在最低工资水平上，寻找工作的人数多于得到工作的人数，这导致了结构性失业的发生。

既然有约束力的最低工资一般会导致结构性失业，那么为什么政府要实行这一政策？实行这一政策的合理性在于：确保有工作的人能够获得足够的收入来维持最低限度的舒适的生活方式。然而，这样做要付出代价，因为它剥夺了那些愿意接受更低工资而寻找工作的人的就业机会。就像图 14－9 所示的那样，不仅劳动供给超过了劳动需求，而且最低工资水平之下愿意工作的人数（Q_D）少于没有最低工资标准要求的愿意工作的人数（Q_E）。

尽管经济学家大部分认同最低工资水平如果过高将产生就业减少效应，如图 14－9 所示，但是这是不是对美国最低工资真实影响的最好描述仍然存疑。与其他富裕国家相比，美国的最低工资还相当低。从 20 世纪 70 年代到 21 世纪中期，美国的最低工资水平过低，对大多数工人并没有约束力。

此外，一些研究人员已经提出证据说：提高最低工资实际上会导致就业增加，如同美国曾经发生过的，特别是当最低工资占平均工资水平比例比较低的时候。他们认为，雇用低技能工人的企业有时候为了保持低工资并不愿意多雇用工人，所以提高最低工资后不一定会导致失业增加。可是大部分经济学家认为，提高最低工资确实会导致结构性失业，它的证据比较充分。

工会　工会行动的影响与最低工资的影响类似，也会导致结构性失业。通过代表一个企业所有工人与资方集体进行谈判，工会可能从雇主那里获得比单个工人与资方谈判所能获得的更高的工资。这个过程就是所谓的集体谈判，其目的是增加工人在谈判中的砝码，削弱雇主的力量。工会在谈判中通过威胁罢工而显示力量，所谓罢工就是集体拒绝去工作。罢工的威胁对企业来讲非常棘手。在这种情况下，工人集体行动显示出的力量要比他们各自行动更强。

雇主在谈判中对工会采取的反制行动是威胁和实施停工，也就是在可以雇用到替代工人时，工会工人将被停工一段时间，甚至失业。

工人的谈判力量越强，他们想要求的工资越高。工会有时也就福利进行谈判，如健康和退休福利，这通常被认为是额外工资。研究工会对工资影响的经济学家发现，对于技能相同的工人，参加工会的工人的工资福利要好于不参加工会的工人。由此增加工资带来的结果与最低工资是一样的，工会将把工资推高到均衡工资水平之上。结果，愿意在这个工资上工作的人要多于所提供的工作机会。像有约束的最低工资一样，这也会导致结构性失业。然而，在美国，工会的组织水平低，由于工会需求而导致的工人失业可能也很少。

效率工资　企业行为也可能造成结构性失业。企业可能选择**效率工资**（efficiency wages），这是雇主为了激励雇员以获得更好的业绩而确定的高于均衡工资的工资水平。

> **效率工资**是雇主为了激励雇员以获得更好的业绩而确定的高于均衡工资的工资水平。

雇主出于激励需要而这样做有几种原因。例如，雇主很难直接观察雇员的努力程度。然而，雇主支付高于市场工资可引导工人付出更多的努力。当雇员得到高工资后，他们很可能会更加努力，因为他们不想被解雇后丢掉这份工资。

如果许多企业支付的工资高于市场均衡水平，就会导致有一部分想去寻找职位的工人无法如愿。所以，企业采用效率工资可能会导致结构性失业。

政府政策的负面效应　此外，试图帮助失业人员的政府政策也可能会导致结构性失业，这是一种出乎意料的负面效应。许多经济发达国家对于暂时失业的人员提供失业津贴，以帮助他们渡过难关，直到他们找到新的工作为止。美国的这些补贴一般只占工人失业前收入的一个小的比例，发放 26 周后停止。在 2009—2011 年高失业时期延长到 99 周。其他一些国家，尤其是欧洲国家，失业补贴更多，而且发放的时间更长。这种优厚的政策带来的弊病就是它降低了失业人员寻找新工作的积极性。20 世纪 80 年代，部分欧洲国家优厚的失业补贴经常被认为是欧洲硬化症的主要原因之一，它导致许多欧洲经济体的失业率持续高企不降。

雇主与雇员的错配 工人和企业适应经济变化需要时间。结果可能是员工所提供的与雇主正在寻找的不匹配。技能不匹配是其中一种形式。例如，2009年房地产泡沫破灭的后遗症是建筑业找工作的工人远多于工作机会。另一种形式是像密歇根州这样的地区，汽车产业下行会导致工人长期过剩。在通过工资降到足够低来吸引过剩工人进行再培训或者迁移以解决错配问题之前，结构性失业会一直存在。

□ 14.2.4 自然失业率

因为摩擦性失业无法避免，许多经济体还存在结构性失业，所以存在一定的失业人数是正常的或者说是“自然的”现象。当然，实际失业率会围绕这个正常水平上下波动。**自然失业率**（natural rate of unemployment）是一种实际失业率围绕其波动的正常失业率。这是由于存在摩擦性失业和结构性失业而造成的失业率。**周期性失业**（cyclical unemployment）率是实际失业率与自然失业率的偏差。顾名思义，周期性失业是由商业周期下行造成的失业。

自然失业率是一种实际失业率围绕其波动的正常失业率。

周期性失业率是由于商业周期下行造成的实际失业率与自然失业率的偏差。

我们可以总结一下各种类型失业之间的关系：

自然失业＝摩擦性失业＋结构性失业　(14-3)

实际失业＝自然失业＋周期性失业　(14-4)

大概出于名称的缘故，人们想当然认为自然失业率是不随时间的改变而变化的，也不会受到政府政策的影响。这些说法都不正确。我们花一些笔墨来讨论如下两点：自然失业率会随时间的改变而变化；经济政策会影响自然失业率。

□ 14.2.5 自然失业率的变化

为了预测和进行政策分析，经济学家和政府机构都要估计自然失业率的水平。几乎所有估计都表明：随着时间的推移，美国的自然失业率上下起伏。例如，美国国会预算办公室估计的美国自然失业率情况如下：1950年为5.3%，到了20世纪70年代末上升到6.3%，到了2016年年初下降到4.9%。欧洲的自然失业率波动幅度更大。

什么因素会引起自然失业率的变化？最重要的因素是劳动力特质的变化、劳动市场制度的变革以及政府政策的改变。下面我们将逐一分析。

劳动力特质的变化 2007年，美国的总失业率为4.6%。年轻雇员的失业率相对较高：青少年为15.7%，20～24岁为8.2%。25～54岁的失业率仅为3.7%。

一般而言，有工作经验的人失业率低于没有工作经验的人。因为就特定工作来讲，有工作经验的人在岗位上工作的时间会长一些，他们的摩擦性失业情况较少。而且，相对于年轻工人来说，年纪大一些的工人是家庭的经济支柱，他们有更强烈的愿望找到工作并干下去。

20世纪70年代自然失业率升高的一个主要原因是新工人增加了——第二次世界大战后婴儿潮期间出生的人进入劳动力大军，结婚女性中越来越多的人也加入进来。如图14-10所示，劳动力中25岁以下人口所占的比例和女性所占的比例在20世纪70年代显著上升。到了20世纪90年代末，女性在劳动力中所占的比例稳定了下来，而25岁以下人口的比例大幅下降。这意味着劳动力总体上的工作经验要比20世纪70年代丰富，这可能是今天的自然失业率低于70年代的一个原因。

劳动市场制度的变革 我们前面已经提到过，工会要求的工资水平高于均衡水平导致存在结构性失业。一些经济学家相信，欧洲自然失业率高的部分原因就是工会力量强大。1980年之后，美国工会会员大幅度减少，这可能是导致自然失业率从20世纪70年代到90年代下降的一个原因。

一些制度变革也有影响。例如，一些劳动经济学家相信，近几年大量出现的临时就业代理机构通过帮助人们找到合适的工作降低了摩擦性失业。

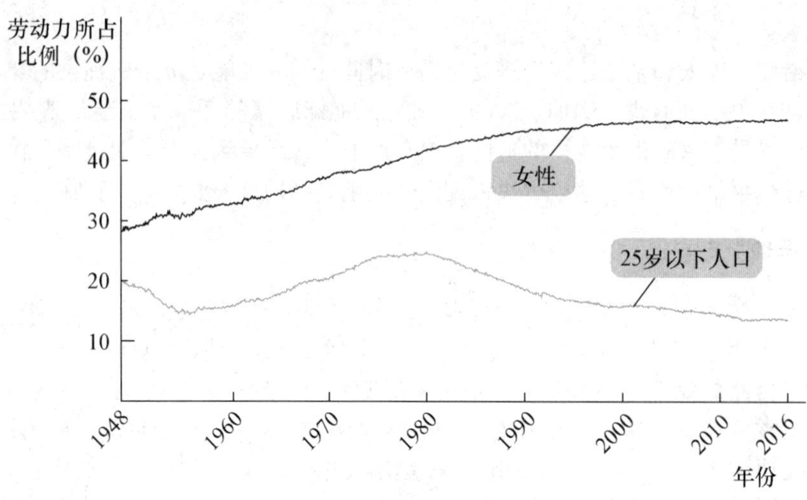

图 14-10　1948—2016 年美国劳动力构成的变化

在 20 世纪 70 年代，劳动力中 25 岁以下人口和女性的构成比例快速上升。这些变化反映了如下现象：许多女性第一次加入了赚取薪水的劳动力群体中，婴儿潮期间出生的人也到了工作年龄。自然失业率高是因为这些人群中许多人相对缺乏工作经验。今天，劳动力已经非常富有经验了，所以这也可能是 70 年代后自然失业率低的一个原因。

资料来源：Bureau of Labor Statistics.

技术进步和劳动市场制度变革叠加在一起对自然失业率的变化也有一定的影响。技术进步往往会导致增加对熟悉技术的熟练工人的需求，减少对非熟练工人的需求。根据经济理论，随着技术进步，熟练工人的工资将增加而非熟练工人的工资将下降。但是由于最低工资的保护，非熟练工人的工资不能下降，所以结构性失业就上升了，自然失业率水平也就会处在较高水平。

政府政策的改变　最低工资水平高会引起结构性失业。慷慨的失业补贴会增加结构性失业和摩擦性失业。所以旨在帮助工人的政府政策可能会产生推高自然失业率的负面作用。

当然一些政府政策也会降低自然失业率水平。职业培训和就业补贴是其中的两个事例。职业培训被认为可以帮助失业工人增加技能，扩大就业领域。就业补贴既对工人也对雇主提供一种物质上的鼓励使其接受或提供就业岗位。

▶ **真实世界中的经济学**

民主德国的结构性失业

世界历史上最引人注目的事件之一是 1989 年的柏林墙倒塌事件，在短期内，民主德国和联邦德国统一成一个国家。

然后，麻烦就此开始了。

统一后，原来为民主德国的地区就业机会大幅减少，失业率飙升。如此高的失业率已逐步回落，但仍远高于德国其他地区。2014 年年底，原来为民主德国的地区失业率超过 9%，而原来为联邦德国的地区在 5.6%左右。前东欧的其他地区则要好得多。例如，捷克共和国，经常与民主德国一起被认为是前东欧地区比较成功的社会主义经济体，2014 年 10 月的失业率只有 5.7%，民主德国错在哪里呢？

答案是不是任何人的错，民主德国遭受了严重的结构性失业的痛苦。当德国统一后，人们清楚地看到，民主德国工人的生产率比其西部兄弟低得多。然而，工会最初要求获得与联邦德国相同的工资率。这些工资率后来也下降缓慢，因为民主德国工人反对被视为逊色于联邦德国的同行。同时，民主德国的生产力低于联邦德国的水平，部分是因为错误投资。其结果是，民主德国工人需求的数量与可寻找的职位数之间存在严重的错配，所以严重的结构性失业痛苦一直持续到今天。

及时复习

- 由于存在失业工人寻找职位的现象，一定比例的失业——被称为摩擦性失业——不可避免。
- 许多因素——最低工资、工会、效率工资、政府政策的负面效应和雇主与雇员的错配——都会导致结构性失业。
- 摩擦性失业与结构性失业之和等于自然失业，可计算出自然失业率。相反，周期性失业随着商业周期的变化而变化。实际失业等于自然失业（摩擦性失业和结构性失业）加上周期性失业。
- 由于劳动力特质的变化、劳动市场制度的变革以及政府政策的改变，自然失业率随着时间的变化而变化；政府政策的改变，特别是那些改善失业工人境遇的政策被认为是欧洲自然失业率水平高企的一个重要原因。

小测验 14－2

1. 请解释如下命题：

a. 当技术进步加速后，摩擦性失业会增加。

b. 当技术进步加速后，结构性失业会增加。

c. 当失业率水平较低时，摩擦性失业在全部失业中所占的比重较大。

2. 为什么说集体谈判像最低工资一样对失业率有同样的一般性影响？请用图说明。

3. 假设在商业周期的波峰时，美国突然大幅提高对失业工人的补贴，请解释自然失业率水平会发生什么变化。

14.3 通货膨胀和通货紧缩

我们知道，制定货币政策的官员常被分成鸽派与鹰派，这是根据把低失业率放在优先位置还是把低通货膨胀率放在优先位置来划分的。高失业率为什么是问题容易理解。但是，为什么要担心通货膨胀？答案是，通货膨胀会让整个经济体付出代价，但并非以大多数人认为的方式。

14.3.1 价格水平的高低并不重要

对通货膨胀最常见的抱怨是价格水平上升使得每个人都变穷——毕竟一定数量的金钱买得到的东西越来越少。但通货膨胀并没有让所有人都贫穷。要知道为什么，想象一下如下情景会有帮助：如果美国也做其他部分国家已经做的事情——用新的货币替代美元，将会发生什么事情？

这种货币转换的一个例子发生在2002年，当时法国像其他一些欧洲国家一样，用新的欧洲货币欧元取代了本国货币法郎。人们将他们持有的法郎硬币和纸币按每欧元兑6.559 57法郎的汇率换成欧元硬币和纸币。与此同时，所有的合同也以同样的汇率转换成欧元。例如，如果一个法国公民有50万法郎的房屋抵押贷款债务，就变成50万法郎/ 6.559 57＝76 224.51欧元的债务。如果工人的合同规定，他或她应该每小时获得100法郎的合同工资，现在成为每小时100法郎/6.559 57＝15.244 9欧元。

你能想象在美国做同样的事情会发生什么吗？比如说，“新美元”取代美元的汇率为1∶7。如果你家欠债140 000美元，将变成20 000新美元的债务。如果你每小时工资为14美元，将变成每小时2新美元，依此类推。这将使整个美国的价格水平回到1962年约翰·肯尼迪担任总统的时候。

> **实际工资**是名义工资除以价格水平。

因为价格将只有七分之一，所以每个人都可以富裕一点吗？当然不是。价格会变低，但工资和收入也会如此。如果将工人的工资降低到先前值的七分之一，也就是所有的价格降低为原来的七分之一，工人的**实际工资**（real wage）——工资除以价格水平——不会有什么变化。事实上，总体价格水平回到肯尼迪执政期间的水平不会对总体购买力有什么影响，因为当这样做时，收入减少的幅度与价格降低的幅度完全一样。

> **实际收入**是名义收入除以价格水平。

相反，自20世纪60年代初以来价格水平的真实上涨也并没有使美国变得更穷，因为收入也提高了相同比例：**实际收入**（real income）——收入除以价格水平——不会受到整体价格上升的影响。

这个故事的寓意是价格水平并不重要：如果现在的总体价格水平与1961年时一样低，美国也不会变得更富有；反之，过去50年的价格上涨也并没有使我们变得更穷。

□ 14.3.2 但价格变化率很重要

价格水平的高低并不重要是否预示通货膨胀率也并不重要呢？事实并非如此。

要知道为什么，关键要注意价格水平和通货膨胀率之间的区别，后者是每年总体价格水平上升的百分点。通货膨胀率定义为：

通货膨胀率＝[(第2年价格指数－第1年价格指数)/第1年价格指数]×100%

图14-11凸显了在过去半个世纪中价格水平与美国的通货膨胀率之间的不同，左侧纵轴和右侧纵轴分别表示价格水平与通货膨胀率。进入21世纪后，美国的总体价格水平远高于1960年，但是，正如我们已经知道的，这没什么要紧。2000年之后的通货膨胀率比20世纪70年代低很多，而且几乎可以肯定，这使得经济体比之前高通货膨胀率时期更加富裕。

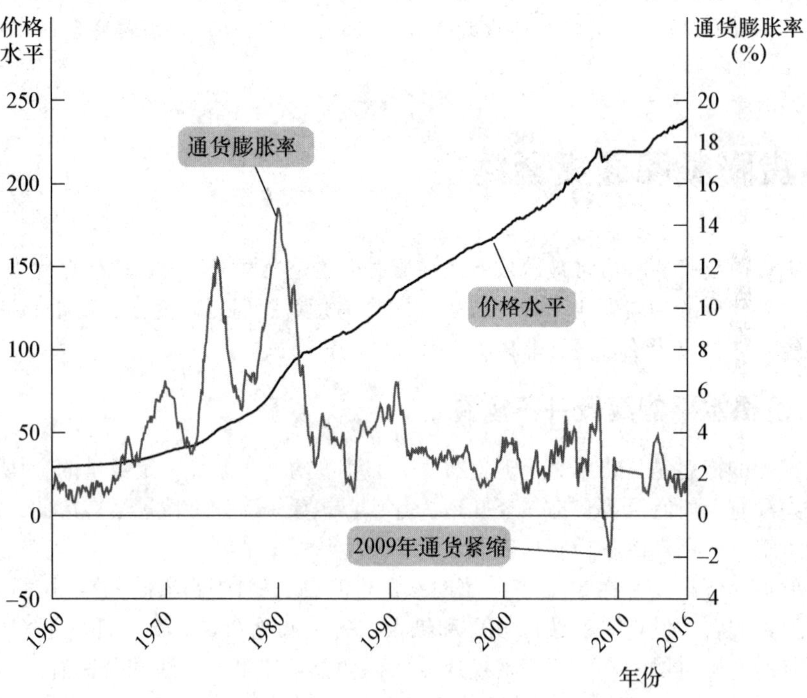

图14-11 1960—2016年美国价格水平与通货膨胀率

除了2009年外，过去半个多世纪价格水平一直在上涨。但是通货膨胀率——价格上涨率——则是起伏不定。2009年当通货膨胀率基本为负时，这种现象被称为通货紧缩。

资料来源：Bureau of Labor Statistics.

经济学家认为高通货膨胀率会带来显著的经济成本。其中最重要的成本有：鞋底成本、菜单成本和价值尺度成本。

鞋底成本 人们持有货币——钱包中的现金和可开支票的银行账户存款——是为了方便交易。然而，高通货膨胀率造成人们不愿意持有货币，因为钱包中的现金和可开支票的银行账户存款的购买力会因物价水平的上涨而不断缩水。人们因此会寻找途径减少他们持有的金钱数量，这会引致很高的经济成本。

在专栏“真实世界中的经济学”中，我们描述了以色列在1984—1985年经历通货膨胀冲击时，人们怎样在银行花费很多时间的故事。所有通货膨胀中最著名的是德国1921—1923年的恶性通货膨胀，在这一时期，商人雇用了多名善跑之人，一天中多次到银行把钱存进生息账户或转成更为稳定的外国货币。在这些情形下，为了尽量避免他们的金钱购买力缩水，人们使用了可以用于其他生产性活动的有效资源——以色列公民的时间、德国善跑之人的劳动。在德国恶性通货膨胀期间，银行交易业务剧增，所以银行雇员几乎翻了两番——从 1913 年的大约 100 000 人增加到 1923 年的 375 000 人。

巴西在 20 世纪 90 年代初也经历了恶性通货膨胀，在此期间金融部门创造的 GDP 占总量的 15%，是美国金融部门同样指标的两倍。金融部门扩张来应付通货膨胀带来的影响其实表示了一个社会实际资源的浪费。

通货膨胀引起的增加的交易成本就是所谓的**鞋底成本**（shoe-leather cost），这一说法是对人们为了尽可能避免持有货币而四处跑动造成的皮鞋磨损的形象比喻。在高通货膨胀率时，鞋底成本相当高，凡是经历过恶性通货膨胀或者每年通货膨胀率超过百分之百的人都可以证明。大部分估计认为美国通货膨胀的鞋底成本相当小——在和平时期，通货膨胀率没有超过 15%。

鞋底成本是由通货膨胀引起的成本增加。

菜单成本　在现代经济中，我们购买的大部分东西都明码标价。超市货架的每种商品都标有价格，每本书也都印有价格，餐厅每道菜的价格都印在菜单上。更改标价需付出的真实成本被称为**菜单成本**（menu cost）。例如，要改标价的话，在超市需要通过店员更改每个项目下的价签。当通货膨胀发生时，相对于总体价格水平保持稳定的环境，企业当然会被迫经常改变价格。这意味着经济体整体的成本增加了。

菜单成本是改标价需付出的真实成本。

在恶性通货膨胀时期，菜单成本会更高。在 20 世纪 90 年代初巴西恶性通货膨胀时期，有报道说超市的工作人员有一半时间花在更换价签上。当发生高通货膨胀时，商人们停止用本国货币而代之以人造单位（实际上是产品之间互相标价）或者更为稳定的他国货币来计价，如美元。在 20 世纪 80 年代中期，以色列的房地产市场就是这么做的：尽管交易使用以色列的货币来支付，但却用美元标价。同样的情况也发生在津巴布韦。2008 年 5 月，该国官方通货膨胀率达到 1 694 000%。到了 2009 年，政府暂停使用津巴布韦的货币，而改用外国货币买卖产品。

菜单成本在低通货膨胀经济体中也存在，但并不严重。在低通货膨胀经济体中，企业对价格的更新是零星进行的——不必像在高通货膨胀和恶性通货膨胀经济体中那样每天或经常更新。而且随着技术的进步，菜单成本越来越低，因为价格可以通过电子方式来变动，越来越少的商店使用粘贴式的产品价签了。

价值尺度成本　在中世纪，合同往往以“各种实物”来约定。例如，租户可能有义务每年向地主提供一定数量的牛。这在当时是有道理的，但在现代商务活动中，这可能就是一种笨拙的形式了。现在我们以货币形式签订合同：房客每月支付一定数量的美元；公司在发行债券时承诺到期后向债券持有人按美元支付债券价值等。我们在进行经济计算时也往往使用美元，例如：在家庭预算或者一个小企业主试图评估企业的经营状况、估计资金流入和流出时。

美元用于签订合约和经济计算的这种功能被称为货币的价值尺度功能。这是现代经济的一个重要方面。然而，这一功能可能被通货膨胀损害，因为通货膨胀会导致货币购买力随着时间的推移而变化——来年 1 美元的价值要少于今年 1 美元的价值。许多经济学家认为这也降低了经济决策的质量，因为货币价值尺度变化造成的不确定性会导致经济体作为一个整体的资源利用率降低。通货膨胀的**价值尺度成本**（unit-of-account cost）来自通货膨胀造成货币度量单位可靠性降低。

通货膨胀的**价值尺度成本**是指由于通货膨胀使得货币作为价值尺度的可信程度降低而带来的成本。

价值尺度成本在税收制度中特别重要，因为它会扭曲计算税收的收入基准。这里有一个例子：假设通货膨胀率为 10%，因此总体价格水平每年上升 10%。假设一个企业购买一项资产，比如说一块土地，价值为 100 000 美元，一年后以 110 000 美元转售。从根本上讲，企业并没有因这笔交易而获利：按实际价值计算，该企业从这块土地上得到的没有比付出的更多。但根据美国税法，企业获得 10 000 美元资本收益且必须为虚增所得纳税。

20 世纪 70 年代美国的通货膨胀率相对较高，通货膨胀对税收制度的扭曲影响成为一个严重的问题。有些企业减少了生产性投资支出，因为它们发现需要为虚增所得纳税。同时，一些非生产性投资变得有吸引力，因为它们的虚拟损失可以减税。当通货膨胀率在 20 世纪 80 年代下降和税率也下降后，这些问题才变得不那么重要。

□ 14.3.3 通货膨胀中的得益者和受损者

我们已经知道，高通货膨胀率会使整个经济体付出代价。此外，通货膨胀率可造成经济体中一部分人得益，而另一部分人受损。造成这种现象的主要原因是：经济交易通常涉及的合约如贷款合约会持续较长时间，它一般是按名义价值即美元来具体签订的。

对于贷款来讲，借款人开始时收到一定数量的资金，贷款合约具体写明在未来某个时间他或她必须具体归还的贷款所用利率。**利率**（interest rate）是贷款人允许借款人可在一年内使用他们的储蓄资金而收到的回报，以贷款数量的一定比例来计算。

利率是贷款人允许借款人可在一年内使用他们的储蓄资金而收到的回报，以贷款数量的一定比例来计算。

名义利率是用货币表示的利率。

实际利率等于名义利率减去通货膨胀率。

但是，货币的真实价值——也就是购买力——在很大程度上取决于贷款期间的通货膨胀率。经济学家通过名义利率和实际利率之间的区别来概括通货膨胀对借款人和贷款人的影响。**名义利率**（nominal interest rate）是用货币表示的利率，例如，对学生的贷款利率。**实际利率**（real interest rate）等于名义利率减去通货膨胀率。例如，如果一项贷款的利率为 8%，但有 5%的通货膨胀率，实际利率为 8%－5%＝3%。

借款人在和贷款人签订贷款合约时使用的是名义利率。在本书中，除非我们明确说明，所说的利率都是名义利率。贷款双方都对未来的通货膨胀有自己的预期，因此也对贷款的实际利率有自己的预期。如果真实的通货膨胀率高于预期，那么借款人就获益，而贷款人则受损，借款人归还的贷款数额的实际价值低于预期价值；相反，如果通货膨胀率低于预期，那么借款人就受损，而贷款人则受益，借款人归还的贷款数额的实际价值高于预期价值。

在当代美国，住房抵押贷款是通货膨胀得失最重要的领域。在 20 世纪 70 年代初，选择住房抵押贷款的美国人很快发现他们的实际支付在下降，因为实际通货膨胀率高于预期，到 1983 年时每单位美元的购买力相当于 1973 年的 45%。而那些在 90 年代早期选择贷款的人就没这么幸运了，因为通货膨胀率连续几年都低于预期：2003 年每单位美元的购买力相当于 1993 年的 78%。

因为通货膨胀导致部分人得益，部分人受损，所以不管通货膨胀率低于还是高于预期，这引出了另一个问题：未来通货膨胀率的不确定性不鼓励人们签订任何形式的长期合同。这是高通货膨胀率的额外成本，因为高通货膨胀率通常是不可预测的。在通货膨胀率较高和不确定的国家，长期贷款较为罕见，这使得在许多情况下长期投资也难以进行。

最后一点：意外通货紧缩——价格水平的意外下降——也会产生得益者和受损者。1929—1933 年，随着美国经济陷入大萧条，消费者价格指数下降了 35%。这意味着债务人（包括许多农民和业主）的实际债务激增，导致大范围的破产，并造成银行业危机，因为贷款人发现其客户无力偿还贷款。从图 14－11 可以看出，通货紧缩在 2009 年再次出现，通货膨胀率在深度衰退时下降 2%。像大萧条一样（但程度较轻），2009 年的意外通货紧缩强加了债务人的负担。

□ 14.3.4 通货膨胀易，反通货膨胀难

反通货膨胀是指将通货膨胀率降低的过程。

并无显著的证据表明，比如说，通货膨胀率从 2%上升到 5%将对经济造成很大的损害。但是，当通货膨胀率超过 2%或 3%后，政策制定者一般会强行把通货膨胀率拉回。为什么？因为经验表明，一旦较高的通货膨胀率已经在经济中确立，将通货膨胀率降低的过程——被称为**反通货膨胀**（disinflation）——非常困难且代价昂贵。

图 14－12 所示为美国在 20 世纪 70 年代中期和 80 年代初两次通货膨胀减缓过程中所发生的事情。横轴表示失业率。纵轴表示与上年相比的“核心”通货膨胀率，即剔除波动较大的食品和能源价格后的通货膨胀率，这被广泛认为是比整体消费者价格指数更好地表示现行通货膨胀率的一项指标。每个标记点代表 1 个月的通货膨胀率和失业率。在每一个时期，失业率和通货膨胀率按顺时针螺旋形变化，当高通货膨胀率逐渐下降时，会伴随一段非常高的失业率。

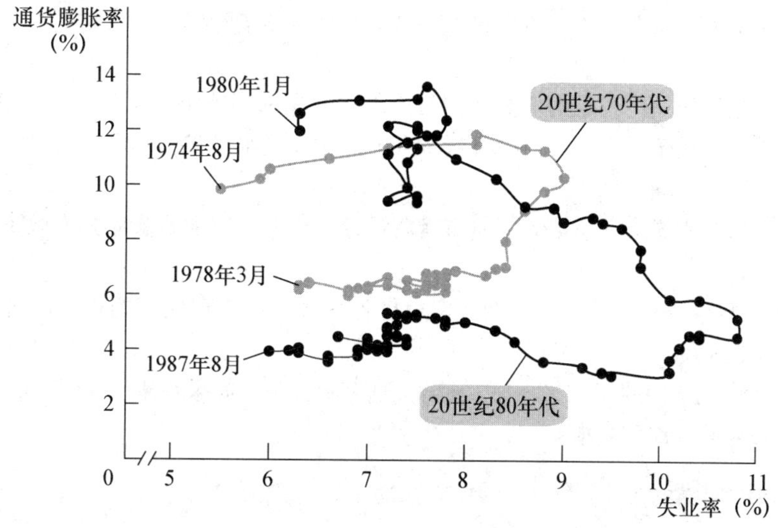

图 14-12　反通货膨胀的成本

在当代美国历史上，美国主要在20世纪70年代中期和80年代初期两个阶段发生反通货膨胀现象。该图所示为失业率与"核心"通货膨胀率（即不包括食品和能源价格的变化）的变化轨迹。在两种情况下，通货膨胀率回落需要失业率暂时有非常大的上升，这表明反通货膨胀的成本很高。

资料来源：Bureau of Labor Statistics.

根据许多经济学家的看法，暂时打击经济的高失业率时期是反已深植于经济体中的通货膨胀所必需的。避免通过严重影响经济来反通货膨胀的最好办法是避免发生严重的通货膨胀问题。因此，一旦出现通货膨胀可能加速的迹象，政策制定者就会做出有力的回应，这是对经济体的预防治疗。

▶ **真实世界中的经济学**

以色列的通货膨胀经历

人们经常很难明显看出通货膨胀的代价，因为严重的通货膨胀问题常常与扰乱经济生活的其他问题尤其是战争或政治动荡（或两者）有关。然而，在20世纪80年代中期，以色列经历了一个"干净"的通货膨胀：没有战争，政府稳定，街道上秩序井然，但一系列政策失误导致了非常高的通货膨胀率，价格往往1个月涨幅超过10%。

碰巧的是，在高通货膨胀时期，本书作者之一有1个月的时间在特拉维夫大学访问，所以我们可以就通货膨胀的影响给出第一手材料。

首先，通货膨胀的鞋底成本是巨大的。当时，以色列人花了很多时间在银行排队，不断地在各种账户中将钱取出及存入以获得足够高的利率来抵消通货膨胀的影响。人们外出时在他们的钱包中放很少的现金；当他们需要支付较大的现金时只好去银行。银行被迫开了很多分支机构，支付了很大的经营费用。

其次，虽然客户对菜单成本不可见，但他们可以看到企业尽量减少菜单成本的努力。比如，餐厅的菜单往往没有列出价格，而是在黑板上列出一组数字且每天更换数字，你不得不用另一个数字与之相乘得出菜价。

最后，因为价格变化大且迅速，所以人们常常很难做出决定。一个普通的经历是，购买者因为一家店的价格比平常的购物商店高出25%而离开，但当他回到原来经常去的商店后却发现，该商店的价格刚刚也上涨了25%。

及时复习

- 实际工资和实际收入不受价格水平的影响。
- 通货膨胀与失业一样是政策制定者关注的重大问题。在过去，政策制定者已经接受了降低通货膨胀的代价是高失业率。

● 虽然总体价格水平无关紧要，但高通货膨胀率会让经济付出实际成本：鞋底成本、菜单成本和价值尺度成本。

● 利率是贷款人收到的使用他或她的资金一年的回报。实际利率等于名义利率减去通货膨胀率。因此，出乎意料的高通货膨胀率有利于借款人，但损害贷款人。面对较高水平和不确定的通货膨胀，人们往往会避免长期投资。

● 反通货膨胀的代价非常昂贵，所以政策制定者将尽量避免陷入高通货膨胀摆在政策首位。

小测验 14-3

1. 广泛使用的技术已经彻底改变了银行业，客户更容易访问和管理他们的资产。这是否意味着通货膨胀的鞋底成本比以前降低了？

2. 在美国，大多数人已经习惯了 2%～3%的温和通货膨胀率。如果在未来 15 年或 20 年通货膨胀出人意料地完全停止，谁将获益？谁将受损？

▶ 解决问题

每个月美国人口普查局会调查约 6 万户美国家庭，为美国劳工统计局搜集有关资料。这项调查被称为当前人口调查（CPS），可获得有关就业、失业、收入、工作时间等方面的信息。当这些数据被搜集后，劳工统计局的研究人员会发布许多表格来描述他们的发现。请填写下表，分析 2014 年 10 月至 2015 年 10 月的失业率、就业率和劳动力参与率的趋势。然后根据历史标准确定 2015 年 10 月的失业率是过高还是过低。

	2014 年 10 月（千人）	2015 年 8 月（千人）	2015 年 9 月（千人）	2015 年 10 月（千人）
适合工作人口	248 657	251 096	251 325	251 541
劳动力人口	156 243	157 065	156 715	157 028
劳动力参与率	?	?	?	?
就业人口	147 260	149 036	148 800	149 120
就业率	?	?	?	?
失业人口	8 983	8 029	7 915	7 908
失业率	?	?	?	?
非劳动力人口	92 414	94 031	94 610	94 513

步骤 1：完成表格。

式（14-1）和式（14-2）所示为如何计算劳动力参与率和失业率。就业率的计算公式如下：

就业率＝(就业人口/适合工作人口)×100%

完成的表格如下所示：

	2014 年 10 月（千人）	2015 年 8 月（千人）	2015 年 9 月（千人）	2015 年 10 月（千人）
适合工作人口	248 657	251 096	251 325	251 541
劳动力人口	156 243	157 065	156 715	157 028
劳动力参与率	62.8%	62.6%	62.4%	62.4%
就业人口	147 260	149 036	148 800	149 120
就业率	59.2%	59.4%	59.2%	59.3%
失业人口	8 983	8 029	7 915	7 908
失业率	5.7%	5.1%	5.1%	5.0%
非劳动力人口	92 414	94 031	94 610	94 513

如式（14－1）所示，劳动力参与率是用劳动力人口除以适合工作人口，然后乘以100%来计算的。因此，2015年10月的劳动力参与率为（157 028/251 541）×100%＝62.4%。如式（14－2）所示，失业率由失业人口除以劳动力人口，然后乘以100%来计算。2015年10月的失业率为（7 908/157 028）×100%＝5.0%。就业率由就业人口除以适合工作人口，然后乘以100%来计算，2015年10月的就业率为：（149 120/251 541）×100%＝59.3%。

步骤2：分析2014年10月至2015年10月的失业率、就业率和劳动力参与率的趋势。2015年10月的失业率高于还是低于历史标准？

在此期间，失业率和劳动力参与率持续下降。就业率保持相对稳定。根据历史标准，如图14－1所示，失业率5.0%属于相对较低水平。

小结

1. 降低通货膨胀率和失业率的双重目标是宏观经济政策的主要关注点。

2. 就业人口是就业人数；失业人口是失业和积极寻找工作的人口。就业人口与失业人口的总和等于劳动力人口。劳动力参与率是劳动力人口占16岁及以上人口的百分比。

3. 失业率是失业人口占劳动力人口的百分比。该指标既可高估也可低估真实的失业水平。高估是因为有的失业者尽管已经被提供了一份工作但他们仍在继续寻找其他工作。低估是因为它忽略了丧志工人、准失业工人和就业不足工人。此外，人口中不同群体之间的失业率差异很大，年轻工人和临近退休的工人比处在黄金年龄的工人失业率要高一些。

4. 失业率受到商业周期变化的影响。当实际GDP增长率高于平均水平时，失业率普遍下降；当实际GDP增长率低于平均水平时，失业率普遍上升。通常伴随着经济衰退会出现无就业复苏，即实际GDP增长但失业率上升。

5. 就业机会的创造与消失以及自愿离职导致了寻找工作的摩擦性失业。此外，多种因素诸如最低工资、工会、效率工资、政府政策的负面效应以及雇主与雇员的错配都可以导致在市场工资率上劳动力过剩，形成结构性失业。其结果是，即使有丰富的工作机会存在，自然失业，即摩擦性失业和结构性失业的总和，远高于零。

6. 实际失业率等于自然失业率（即独立于商业周期的失业率）加上周期性失业率，后者取决于商业周期波动的比例。

7. 随着时间的推移，自然失业率会发生变化，很大程度上是因为劳动力特质的变化、劳动市场制度的变革和政府政策的改变。

8. 通货膨胀并非像许多人所认为的那样，因为提高物价水平使每个人都变得更穷了。这是因为工资和收入进行调整时也要考虑物价水平的上涨，可使得实际工资和实际收入不变。然而，高通货膨胀率会使经济体整体付出代价，如鞋底成本、菜单成本和价值尺度成本。

9. 通货膨胀可以形成经济中的得益者和受损者，因为长期合同通常以货币结算。在贷款中指定的利率通常是名义利率，它不同于经过通货膨胀率调整后的实际利率。高于预期的通货膨胀率有利于借款人而有害于贷款人，低于预期的通货膨胀率则正好相反。

10. 许多人认为抑制经济发展和形成高失业率是减缓嵌入式通货膨胀政策的必要代价。因为反通货膨胀代价不菲，因此政策制定者将试图阻止通货膨胀率过高放在首位。

关键词

就业	失业	劳动力	劳动力参与率	失业率	丧志工人	准失业工人	就业不足
无就业复苏	职位寻找	摩擦性失业	结构性失业	效率工资	自然失业率	周期性失业	实际工资
实际收入	鞋底成本	菜单成本	价值尺度成本	利率	名义利率	实际利率	反通货膨胀

练习题

1. 每个月的第一个星期五，劳工统计局通常都会发布上个月的《就业情况概要》(*Employment Situation Summary*)。登录 www. bls. gov 查看最新的报告。(在劳工统计局网站的主页上，选择“主题”选项卡，找到“失业”，点击“全国失业率”。在“CPS 新闻发布”页面的左边有对就业形势的综述。) 目前的失业率与 1 个月前的失业率相比如何？目前的失业率与 1 年前的失业率相比如何？

2. 通常失业率会如何随实际 GDP 的变化而变化？请解释在发生严重衰退的几个季度之后，为什么官方公布的失业率数据有可能下降。请解释在经济强劲扩张几个季度之后官方公布的失业率数据反而上升的原因。

3. 在下述情形下，梅兰妮面临的是哪种类型的失业？

a. 在完成了一个复杂的程序项目后，梅兰妮失业了。她寻找需要同样的技能的工作。她向一个程序员配置服务机构递交了申请。她拒绝了低薪的工作机会。

b. 在梅兰妮和她的同事拒绝削减薪水后，雇主把由他们开发的程序外包给了其他国家的开发人员。这是整个程序开发行业普遍存在的现象。

c. 由于当前投资支出的减少，梅兰妮已经失去了她的程序开发工作。她的雇主承诺当有开发任务时会重新雇用她。

4.《就业情况概要》公布的部分信息关系到人们失业时间的长短。请访问网站 www. bls. gov，找到最新的报告。采用与练习题 1 相同的方法找到《就业情况概要》，在其结尾部分点击“表 A－12　失业人员持续失业时间”。采用经过季节调整的数据回答下述问题：

a. 有多少工人的失业状态在 5 周之内？这部分人占总失业人口的百分比是多少？与上月相比变化了多少？

b. 有多少工人的失业状态在 27 周及以上？这部分人占总失业人口的百分比是多少？与上月相比变化了多少？

c. 工人平均失业时间有多长（平均的持续时间，单位为周）？与上月的平均数相比变化了多少？

d. 比较最近 1 个月与前 1 个月的数据，长期失业问题改善了还是恶化了？

5. 一个国家的劳动力人口是就业人口和失业人口的总和。下表提供了美国不同地区的劳动力人口和失业人口数据。

地区	劳动力人口（千人）		失业人口（千人）	
	2013 年 4 月	2014 年 4 月	2013 年 4 月	2014 年 4 月
东北部	28 407.2	28 288.9	2 174.4	1 781.3
南部	56 787.8	57 016.4	4 089.9	3 363.8
中西部	34 320.0	34 467.0	2 473.7	2 109.0
西部	36 122.2	36 307.3	2 940.8	2 535.7

a. 计算 2013 年 4 月及 2014 年 4 月各地区的就业人口。使用你的答案计算在 2013 年 4 月至 2014 年 4 月期间所雇用的工人总数的变化。

b. 计算每个地区从 2013 年 4 月至 2014 年 4 月的劳动力人口的增长。

c. 计算在 2013 年 4 月至 2014 年 4 月美国不同地区的失业率。

d. 在这一时期，你能推断出失业率下降了吗？这是由就业人口的净增加还是寻找工作的人数大幅下降引起的？

6. 在以下哪种情况下更有可能存在效率工资？为什么？

a. 简和她的老板同在一个销售冰激凌的团队工作。

b. 简不在老板的直接监督下销售冰激凌。

c. 简会说韩语，在附近一个主要讲韩语的街区卖冰激凌。这里很难找到另一个会说韩语的工人。

7. 以下变化将如何影响自然失业率？

a. 政府缩短了失业工人可以领取失业救济金的时间。

b. 更多的青少年专注于他们的学业，直到大学毕业后才找工作。

c. 互联网的大量使用导致潜在的雇主和潜在的雇员使用互联网来招工和找工作。

d. 工会会员人数下降。

8. 由于有着对大部分公民终身雇用的传统，日本的失业率曾经比美国低得多。1960—1995 年，日本失业率仅有一次超过 3%。然而 1989 年股票市场的崩溃和 20 世纪 90 年代经济的缓慢增长使得终身雇用制崩溃，2003 年失业率超过 5%。

a. 解释终生雇用制崩溃对日本自然失业率的可能影响。

b. 下图所示为 2001 年之后、2007—2009 年全球经济危机之前的日本实际 GDP 增长率。解释这种实际 GDP 的增长对失业率可能产生的影响。这一时期失业率变化的原因可能是自然失业率的变化还是周期性失业率的变化？

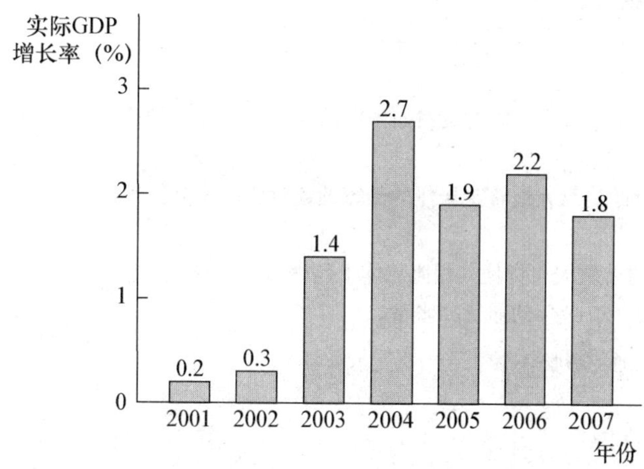

资料来源：OECD.

9. 在下述事例中，通货膨胀在创造出得益者和受损者的同时，哪一种情形没有对经济造成净损害？哪一种情形造成了净损害？如果有净损害，是哪一种类型的成本？

a. 当预期通货膨胀率还要提高时，工人们得到工资的次数增加，去银行的次数增加。

b. 兰维因公出差的费用由公司报销，但到公司报销有时要花很长时间。因此当通货膨胀率提高时，他不愿意因公出差了。

c. 海克特尔五年前购买住房时办理了住房抵押贷款，名义利率固定为 6%。在过去的几年，通货膨胀率出人意料地缓慢爬升到 7%。

d. 为了应对未预期到的高通货膨胀，科德角的考兹度假村的经理卡普考·德必须重新印刷和分发价格不菲的彩色小册子来改正这个季节的零售价格。

10. 下图所示为阿尔巴尼亚经济体 1998—2013 年的 1 年期贷款利率和通货膨胀率。什么时候办理抵押贷款特别有吸引力？为什么？

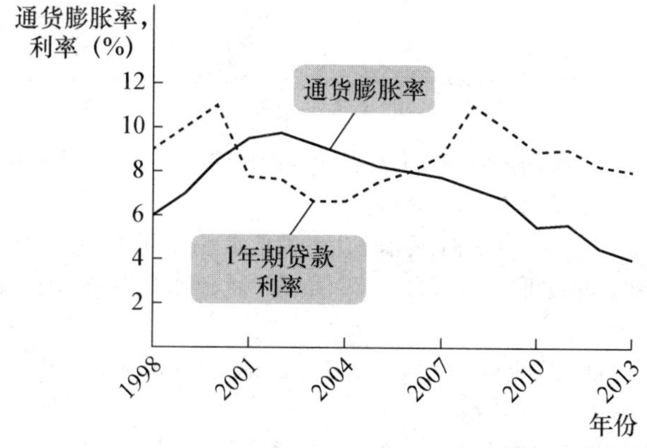

11. 下表提供了七个国家 2000 年的通货膨胀率与 2001—2013 年期间的平均通货膨胀率。

国家	2000 年的通货膨胀率（%）	2001—2013 年的平均通货膨胀率（%）
巴西	7.06	6.72
中国	0.40	2.34
法国	1.83	1.86
印度尼西亚	3.77	7.56
日本	−0.78	−0.23
土耳其	55.03	18.79
美国	3.37	2.43

资料来源：IMF.

a. 假设平均通货膨胀率和菜单成本之间的关系如预期的那样，根据 2001—2013 年期间的平均通货膨胀率对上述国家的菜单成本按降序排名。

b. 对 2000 年 10 年期贷款的贷款人最希望居住的国家的通货膨胀率进行排名。假定 2001—2013 年的通货膨胀率与 2001 年的一致。

c. 在日本，10 年期贷款的借款人与贷款人相比总体上是得益还是受损？请解释。

12. 下图所示为英国 1980—2013 年的通货膨胀率。

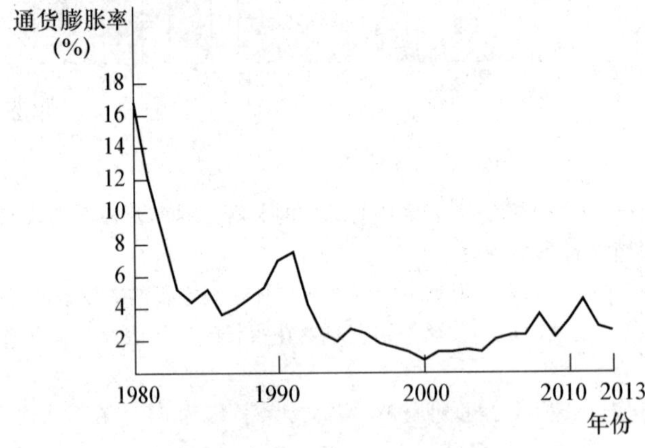

资料来源：IMF.

a. 1980—1985 年英国的政策制定者努力降低通货膨胀率。你认为失业率在 1980—1985 年间发生了什么变化？

b. 当通货膨胀率高于 2%的目标水平时，英国的政策制定者会做出强烈反应。为什么通货膨胀率从 2.6%（2013 年的水平）上升到 5%是有害的？

在线回答问题

13. 在普鲁法克提亚仅有一个劳工市场。所有工人的劳动技能相同，所有企业都雇用有这种劳动技能的人。下页图所示为劳动供给和劳动需求，请用下页图回答下列问题：

a. 普鲁法克提亚的均衡工资率为多少？这一工资水平上的就业水平为多少？劳动力人口为多少？失业率为多少？

b. 如果普鲁法克提亚政府确定的最低工资水平为 12 美元，就业水平为多少？劳动力人口为多少？失业率为多少？

c. 如果普鲁法克提亚的工会与企业商定的工资水平为 14 美元，就业水平为多少？劳动力人口为多少？失业率为多少？

d. 为了留住工人和鼓励高素质的工人做出更大的贡献，企业确定的工资为 16 美元，就业水平为多少？劳动力人口为多少？失业率为多少？

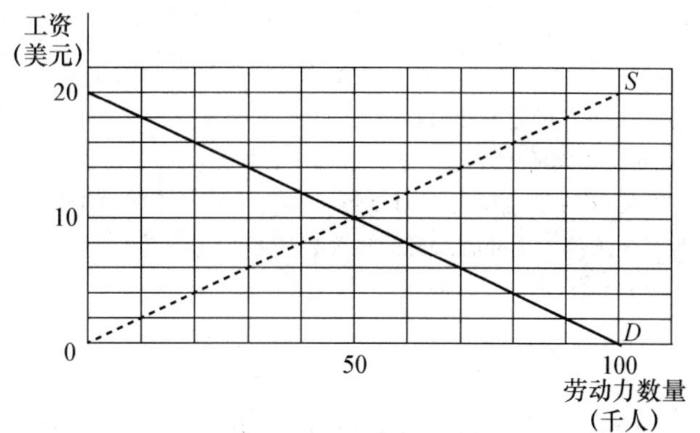

▶ **企业案例**

经济周期和蒙哥马利·沃德的衰落

在互联网出现之前，美国广大农村和小城镇大量存在的是邮购，这意味着要先有蒙哥马利·沃德产品目录。从1872年开始，该目录可以使远离大城市的家庭购买当地商店不可能有存货的产品，如自行车、钢琴等。1896年西尔斯-罗巴克公司推出了一款竞争产品目录，两家公司为主导地位展开的竞争一直持续到第二次世界大战。此后，蒙哥马利·沃德远远落后（2000年它最终关闭了所有门店）。

为什么蒙哥马利·沃德会衰落？一个关键因素是其管理层误判战后发展前景。20世纪30年代对普通零售商是一个难熬的时期，因为大萧条对经济造成了灾难性的影响。下图为商店销售指数，该指数在1930年之后暴跌，到1940年也没有完全恢复。蒙哥马利·沃德通过"减产"来应对这种艰难的环境：它关闭了一些门店，削减成本，并积累了大量的现金储备。这一战略为公司带来了好处，使其恢复盈利能力，并获得一个非常稳健的财务状况。

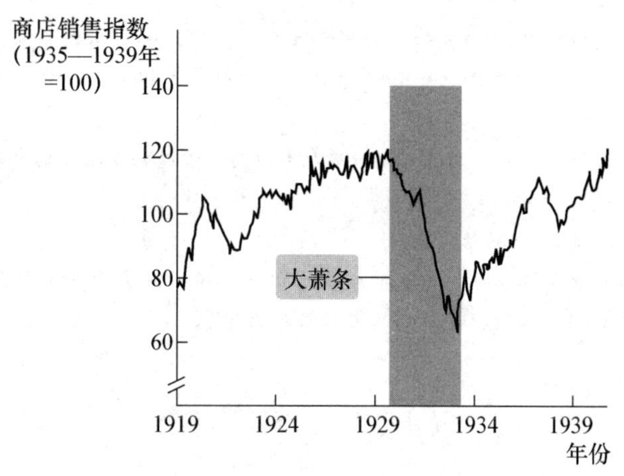

1919—1949年商店销售指数

资料来源：National Bureau of Economic Research.

遗憾的是，该公司在第二次世界大战后错误地恢复了这种战略，但战后的环境与20世纪30年代的环境完全不同。商店销售额普遍激增：1960年的销售额相当于1940年的四倍多。西尔斯和其他零售商扩大规模以满足这一需求的激增，尤其是在快速发展的郊区。但蒙哥马利·沃德预计20世纪30年代的情况又会来临，因此开始积累现金；直到1959年，它没有再开任何新店。由于未能与市场同步扩张，蒙哥马利·沃德遭遇了市场份额、声誉和知名度的大幅下降，造成了难以挽回的损失。

在企业界没有什么是永恒的。西尔斯最终也进入了一个长期缓慢下降的过程。首先，它被像沃尔玛这样的新零售商超越，沃尔玛的"大盒子式"的商店一般不卖大家电，但出售其他比西尔斯更便宜的产品，部分原因是沃尔玛利用信息技术来降低成本。最近，网购的兴起打击了各种传统零售商。但是，在第二次世界大战后的几年中，蒙哥马利·沃德自找的失败仍然说明了企业了解在更广泛的经济环境中正在发生什么是多么重要，也就是说，要把宏观经济因素考虑在内。

思考题

1. 20世纪30年代商店销售额大幅下滑是由什么引起的？

2. 在宏观经济方面，蒙哥马利·沃德的管理层认为在第二次世界大战后会发生什么？

3. 经济学家认为我们对20世纪30年代宏观经济的理解的进步推动了后续更好政策的推出。如果这是真的，为什么在第二次世界大战以后蒙哥马利·沃德的更好的政策最终伤害了它？

▶ **企业案例**

比GDP先行一步

GDP事关重大。投资者和商界领袖总是急于获得最新的数字。美国经济分析局通常在每季度最后一个月的27日或28日首次发布相应季度GDP的估计值，这总是一个大新闻。

事实上，经济体中的很多企业和其他行为人都如此急切地想知道结果以至它们不愿意等待官方估计值的公布。因此，一些组织会发布一些数字用于预测官方GDP数据。我们来介绍一下这些组织中的两家机构，经济咨询公司“宏观经济咨询公司”（Macroeconomic Advisers）和非营利公司“供应管理协会”（Institute of Supply Management）。

宏观经济咨询公司采取直接的办法进行估计：它基于美国政府的原始数据对GDP进行自己的估计。尽管美国经济分析局只进行季度GDP的估计，但是宏观经济咨询公司每月都进行估计。例如客户可以知道1月和2月的估计值，从而可以对第一季度的GDP包括3月在内做出更好的估计，得出一个相当不错的估计结果。每月的估计值是通过观测一系列月度指标即销售量（如轿车和卡车的销售量）、房屋新开工量和出口情况等得到的。

供应管理协会采取一种非常不同的方法进行估计。它根据每月对采购经理人（即负责购买原材料的高管）的调查得出结论，调查会问他们诸如所在公司是否增加生产的问题，这个问题是最基本的（我们说“最基本”是因为供应管理协会问的问题有很多）。

调查结果会以表示扩张的公司所占的百分比的指数形式发布。显然，这些指数并不能直接告诉你GDP为多少。但历史数据显示，供应管理协会的指数与GDP增长率密切相关，这种历史相关性可以用来将供应管理协会数据转换成GDP的“预警指数”。

所以，如果等不到GDP季度数字，并非无路可走。私人部门满足了这种需求，你可以得到每月的数据。

思考题

1. 为什么企业急于早一点得到GDP的估计值？

2. 宏观经济咨询公司和供应管理协会的方法与计算GDP的三种不同方法的协调程度如何？

3. 如果私人部门可以估算GDP，为什么我们还需要经济分析局？

▶ **企业案例**

信息时代的临时工人

根据通常的标准，位于加利福尼亚州的Elance-oDesk是一个很小的企业，只有250名员工。但在2014年年中，它向250万家企业提供工人。Elance-oDesk能做到这些是因为它不直接提供服务，而是作为一个在线市场，对雇主和自由职业者进行匹配。

虽然大多数美国工人一直为一个单一的雇主工作，但临时工人一直是劳动力队伍中的一个重要组成部分。在美国城市的街角，每天清晨工人们排队希望获得一份像建筑行业所需的临时工人的工作，这样的工作对工人的需求波动性大，有时完全不可预知。对于有更多技术的工人，像Allegis集团这样的临时用工机构，会向工人提供一些分包工作，时间从几天到几个月不等。下页图所示为由这些机构提供的临时就业人数占总就业人数的百分比。我们可以看出，在20世纪90年代和21世纪初经济扩张后期，临时就业需求猛增，许多公司需要更多的工人却很难在紧张的劳动市场中雇到工人。一旦对额外增加的工人的需求下降，临时就业也开始降温。

乍一看，自2007—2009年衰退结束之后，临时就业的快速增长似乎遵循相同的模式。但这次是各家公司在疲软的劳动市场上雇用临时工人。由于有超过空缺职位三倍的美国工人寻求工作，招人应该没有任何问题。为什么临时工作激增呢?

答案之一可能是技术进步开辟了新的服务工种。体力劳动者可能还在街角排队，但信息技术人员和其他专业人士越来越多通过网络服务公司如 Elance［电子商务（e-commerce）＋自由职业（freelance）］和 oDesk（两家公司于 2014 年合并）寻找临时、兼职工作。

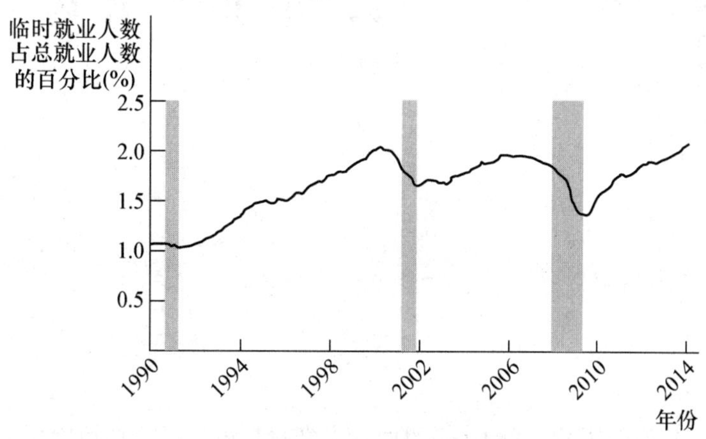

1990—2014 年临时雇工的兴起

资料来源：Bureau of Labor Statistics.

2014 年 Elance-oDesk 在为 800 万工人服务（四分之三是美国以外的人），是 2012 年的两倍。这样的增长表明，经济可能正在经历一个工作方式结构的根本性转变，其中之一是方便的临时安排替代长期合约。

思考题

1. 利用图 14－7 所示的流动情形解释临时工人在经济中发挥的作用。
2. 通过在线服务信息一览改善求职者和雇主匹配对失业率可能会产生什么影响?
3. 2008—2009 年失业率激增时临时工人急剧下降的事实表明这种激增的本质是什么?

第 15 章

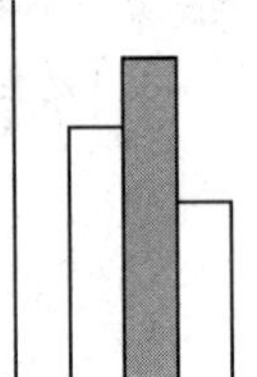

长期经济增长

本章将学习

➢ 为什么长期经济增长通过人均实际 GDP 的增长来度量，该指标会如何随时间变化，各国之间有何区别。

➢ 为什么生产率是长期增长的关键，如何通过实物资本、人力资本和技术进步推动生产率进步。

➢ 解释各国增长率之所以不同的各种因素。

➢ 全球几个主要地区的增长何以不同，为什么经济发达国家符合趋同假说。

➢ 自然资源稀缺和环境退化对经济持续增长带来的持续问题和挑战。

开篇案例

空气末日

2014 年 1 月 16 日《纽约时报》报道："北京的一些居民醒来时头痛欲裂。阴霾笼罩着这个 2 000 多万人的城市。这是在中国首都和附近省份今年的第一个'空气末日'。"

文章认为，严重的空气污染已经成为中国城市司空见惯的事情，也使著名的烟雾都市洛杉矶（多亏有关污染的法规，它现在已今非昔比）变得似乎干净。不言而喻，这是一件坏事，必须处理。但这也是一件非常好的事情的副产品：在过去的几十年里，中国经济快速增长，帮助数以亿计的人口摆脱贫困。如果可以负担得起，这些新近富裕起来的民众想要什么呢？每个人都想要更好的食物、更好的住房和更多更好的消费品（在许多情况下，包括汽车在内)。1999 年，中国汽车拥有量不超过 1 500 万辆，每 100 人分不到 1 辆。到了 2012 年，这个数字已经上升到了 2.40 亿辆，而且还在快速上升。

不幸的是，中国汽车数量的增长已经超过了它的污染控制水平。结果，尾气污染与该国新兴产业所产生的排放一起形成了具有划时代意义的雾霾现象。

尽管面临令人不安的环境问题，中国显然已在过去的几十年里取得了巨大的经济进步。事实上，中国的近期历史是世界上最令人印象深刻的长期经济增长的例子——其人均产出持续增加。尽管中国的表现令人印象深刻，但它目前正紧紧追赶如美国和日本这样的发达国家。它仍然是一个相对贫穷的国家，因为其他发达国家几十年前就开始了它们自己的长期经济增长的进程——美国和欧洲国家一个多世纪前就已经开始。

许多经济学家认为长期经济增长——它为什么会发生以及如何获得——是宏观经济学最为重要的研究议题。在本章中，我们将考察长期经济增长的某些事实，探讨经济学家认为能够决定长期经济增长是否发生的重要因素，并分析政府政策对增长的促进或阻碍作用以及长期经济增长的环境可持续性问题。

15.1 比较不同时间或空间的经济

在分析长期经济增长的来源之前，我们有必要先了解一下美国经济随时间的增长状况，以及像美国这样的富裕国家跟没有发生过美国所经历的增长的那些国家之间的差距。我们先来看一些数据。

□ 15.1.1 人均实际 GDP

描述经济增长的主要统计量是人均实际 GDP——实际 GDP 除以人口数——的增长。

我们之所以关注 GDP，是因为正如我们在第 13 章所学到的，GDP 度量的是在某一给定年份，经济中所生产的最终产品和服务的全部价值，或者是经济中所赚得的全部收入。之所以采用实际 GDP，是因为我们需要把产品和服务的数量变化与物价水平上升所带来的影响区分开来。我们关注人均实际 GDP 则是因为需要剔除人口变动所产生的影响。例如，假设其他条件相同，人口增加会降低每个人的平均生活水平——因为现在有更多的人来分享相同数量的实际 GDP。仅仅对应于人口增长的实际 GDP 增加不会使平均生活水平发生变化。

尽管人均实际 GDP 的增长本身并不能成为政策目标，但它确实是衡量一国长期经济增长状况的一个非常有用的综合指标。图 15－1 描述的是美国、印度和中国 1900—2010 年的以 1900 年美元计算的人均实际 GDP。(稍后我们将会讨论印度和中国的情况。) 纵轴采用的对数刻度保证了各国人均实际 GDP 同等的百分比变化在图中有相同的表示。

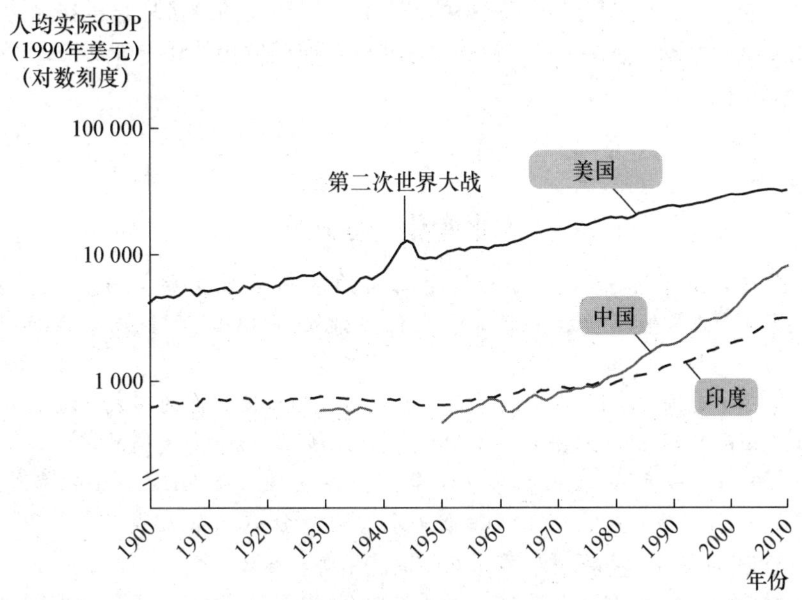

图 15－1 美国、中国和印度过去一个多世纪的经济增长

1990—2010 年用 1990 年美元度量的美国、中国和印度的人均实际 GDP 的变化如图所示。相同的人均实际 GDP 变化的百分比在图中用相同的大小表示。1980 年之后表示中国和印度的曲线的斜率变陡，这是因为 1980 年之后，中国和印度的增长率高于美国。2000 年，中国达到美国 1900 年的生活水平。2010 年，印度仍比 1900 年的美国还要贫穷。(1940—1950 年中国数据缺失是因为战争。)

资料来源：Angus Maddison，Statistics on World Population，GDP，and Per Capita GDP，1-2008AD，http://www.ggdc.net/maddison；The Conference Board Total Economy Database™，January 2014，http://www.conference-board.org/data/economydatabase/.

为了更为具体地描述美国经济在过去一个世纪的增长状况，表 15－1 以两种形式列出了人均实际 GDP 的数据：占 1900 年人均实际 GDP 的百分比和占 2010 年人均实际 GDP 的百分比。1920 年美国的人均实际 GDP 已经是 1900 年人均实际 GDP 的 136%。2010 年美国的人均实际 GDP 是 1900 年人均实际 GDP 的 758%，或者说人均实际 GDP 是原来的近 8 倍。换一种方法计算，1900 年美国的人均实际 GDP 只占 2010 年人均实际 GDP 的 13%。

表 15-1　美国的人均实际 GDP

年份	占1900年人均实际GDP的百分比（%）	占2010年人均实际GDP的百分比（%）
1900	100	13
1920	136	18
1940	171	23
1980	454	60
2000	696	92
2010	758	100

资料来源：Angus Maddison，Statistics on World Population，GDP，and Per Capita GDP，1-2008AD，"The First Update of the Madison Project：Reestimating Growth Before 1820，" http://www.ggdc.net/maddison；Bureau of Economic Analysis.

典型家庭的收入通常会跟人均收入的增长成正比。例如，人均实际GDP增长1%通常会使一个中位数家庭或典型家庭——位于收入分布中间水平的家庭——的收入增加约1%。2010年，美国中位数家庭的收入约为50 000美元。图15-1显示1900年人均实际GDP只占2010年人均实际GDP的13%，因此1900年一个典型家庭的购买力大概只有2010年一个典型家庭的13%。折合成今天的美元大约为6 850美元，这意味着其生活水平在我们今天看来是非常贫穷的。今天的美国的典型家庭如果回到1900年的美国，将会感受到很强烈的被剥夺感。

然而，世界上还有许多人迄今仍没有达到美国人20世纪的生活水平。这正是图15-1所揭示的中国和印度的信息：尽管中国在过去30多年经历了快速的经济增长，印度的经济增长也在加速（尽管增速没那么快），但中国只是刚刚享受到美国在上个世纪初的生活水平，而印度仍然还不如那时的美国。世界上许多地方则比中国和印度更贫穷。

▶ 疑难解答

水平变化与变化率

在研究经济增长时，理解水平变化与变化率之间的区别至关重要。当我们说实际GDP"增长"时，我们指的是实际GDP水平的增加。例如，我们可能会说2013年美国的实际GDP增长了2 970亿美元。

如果我们知道2012年美国的实际GDP水平，我们也可以通过变化率的形式来描述2013年的增长状况。例如，假设2012年美国的实际GDP水平为154 700亿美元，那么2013年美国的实际GDP为157 670亿美元（=154 700亿美元+2 970亿美元）。我们也可以计算2013年美国实际GDP的变化率或者增长率，计算如下：[(157 670亿美元－154 700亿美元)/154 700亿美元]×100%=(2 970亿美元/154 700亿美元)×100%=1.92%。对一段时期内的经济增长状况通常都采用增长率来加以描述。

在谈及增长或者增长率时，经济学家通常会混用这两个概念，因此有可能会发生混淆。例如，当我们说"20世纪70年代美国增长下降"时，我们实际上指的是20世纪70年代美国实际GDP的增长率与60年代相比较低。当我们说"20世纪90年代早期增长加速"时，我们指的是20世纪90年代早期增长率逐年上升的状况——例如，从3%上升至3.5%再上升至4%。

□ 15.1.2　增长率

美国2013年的人均实际GDP为什么能达到1900年的8倍多？其实在每一个时点都只能发生小幅增长。长期经济增长通常都是一个渐进的过程，人均实际GDP每年最多只能增长几个百分点。从1900年到2013年，美国人均实际GDP平均每年约增长1.9%。

对于理解人均实际GDP的年度增长率与人均实际GDP的长期变化之间的关系，**70规则**（Rule of 70）非常有帮助，这个数学公式能够告诉我们人均实际GDP或者其他任何随时间缓慢增长的变量数值翻一番所需要的时间。其近似答案如下：

70规则告诉我们一个随时间缓慢增长的变量翻一番所需要的时间大致等于70除以该变量的年度增长率乘以100的值。

$$\text{变量翻一番需要的年数}=\frac{70}{\text{变量的年度增长率}\times 100} \tag{15-1}$$

（请注意，70规则只能适用于增长率为正数的情形。）因此，如果人均实际GDP以每年1%的速度增长，它翻一番需要70年的时间。如果年度增长率是2%，只需要35年就能够翻一番。实际上，20世纪美国人均实际GDP每年的平均增长率约为1.9%。

在此应用70规则可以得出，人均实际GDP翻一番大约需要37年；需要111年——3个37年——使美国的人均实际GDP翻三番。也就是说，70规则意味着在111年间，美国的人均实际GDP会是原来的2×2×2=8倍。这个结果非常接近于现实，在1899—2010年这111年间，美国人均实际GDP是原来的近8倍。

图15-2描述了部分国家1980—2013年人均实际GDP的年均增长率。部分国家非常成功：例如，中国尽管仍然十分贫穷，但是取得了巨大进步。印度尽管逊色于中国，但也取得了令人印象深刻的增长，在随后"真实世界中的经济学"专栏中会进一步加以介绍。

但是另一些国家的增长状况却令人非常失望。阿根廷曾经被认为是一个富裕国家。在20世纪早期，它跟美国和加拿大属于同一水平。但是自那以后，它开始远远落后于那些更具活力的经济体。至于像津巴布韦这样的经济体，甚至出现了倒退。

为了解释增长率的上述差异，我们必须深入探讨长期经济增长的源泉问题。

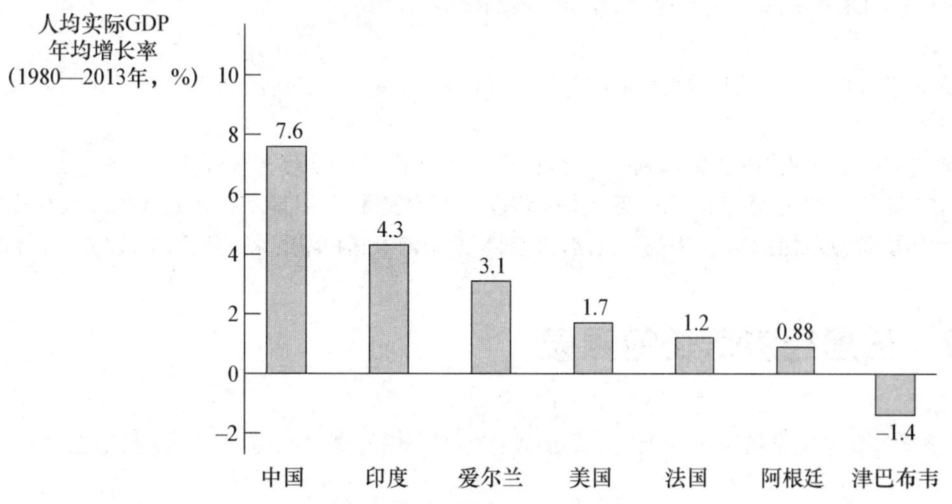

图15-2 近年经济增长率的比较

这里所示是部分国家在1980—2013年间的人均实际GDP年均增长率，中国、印度和爱尔兰取得了令人印象深刻的增长。美国和法国也实现了较快的增长。曾经的经济先进国家阿根廷增长得非常缓慢。像津巴布韦这样的国家则出现倒退。

资料来源：The Conference Board Total Economy Database™，January 2014，http://www.conference-board.org/data/economydatabase/.

▶ 真实世界中的经济学

印度的腾飞

1947年印度脱离英国获得独立，成为世界上人口最多的所谓民主国家。然而，在独立后的30多年里，这种政治故事却被对经济的失望所笼罩。尽管有雄心勃勃的经济发展计划，但是印度的经济绩效一直很低迷。1980年印度的人均实际GDP仅比1947年高出50%。印度的生活水平和美国这样的富裕国家之间的差距一直在扩大而不是缩小。

然而，从那以后印度开始改善。如图 15-2 所示，人均实际 GDP 以年均 4.3%的速度增长，1980—2013 年间增长超过 3 倍。印度现在有了一个庞大而迅速增长的中产阶级。

印度 1980 年后发生了什么有益的事情？许多经济学家认为是政策改革。在独立后的几十年里，印度形成的是一个严格控制、高度规制的经济模式。今天的情况已经非常不同：开展一系列经济改革，开展国际贸易，并在国内实现自由竞争。然而，一些经济学家认为这并非主要原因，因为大的政策改革直到 1991 年才被采用，但经济增长在 1980 年左右已经加速。

不管怎样解释，印度经济崛起，它已经转变成一种重要的新经济力量，它使数以百万计的人过上更好的生活，比他们的祖父母梦想的还好。

现在最大的问题是这种增长能否持续。持怀疑态度的人认为，印度经济的重要瓶颈可能会限制未来的增长。他们特别指出，印度大部分人口的教育水平仍然很低，基础设施也不完善，即公路、铁路、电力供应和医疗卫生设施等方面的质量很差，能力有限。污染也是一个日益严重的问题。但印度经济已经用几十年的发展对挑战做了回答，希望它可以继续下去。

及时复习

- 经济增长通过人均实际 GDP 来度量。
- 1900 年后美国的人均实际 GDP 迅猛增长，因此美国人的生活水平有了极大的提高。
- 许多国家的人均实际 GDP 都低于美国。全世界一半以上人口的生活水平比 1900 年的美国还要低。
- 人均实际 GDP 的长期上升是逐步增长的结果。70 规则描述的是在给定的年度增长率下人均实际 GDP 翻一番所需要的时间。
- 人均实际 GDP 的增长率在不同国家之间存在显著差异。

小测验 15-1

1. 经济学家为什么采用人均实际 GDP 来度量经济增长，而不是其他一些指标，比如名义人均 GDP 或者实际 GDP?
2. 根据图 15-2 中列出的数据，利用 70 规则计算图中列出的国家（津巴布韦除外）使人均实际 GDP 翻一番所需要的时间。如果增长率保持不变，未来印度的人均实际 GDP 能不能超过美国？为什么？
3. 尽管中国和印度目前的增长率高于美国，但典型的中国家庭和印度家庭比美国家庭要穷，请解释为什么。

15.2 长期经济增长的源泉

长期经济增长几乎完全依赖于一个关键的因素：生产率的提高。但是，许多因素都会对生产率的提高产生影响。

□ 15.2.1 生产率的至关重要性

劳动生产率简称**生产率**，指的是工人人均产量或每小时产量。

只有在工人的平均产出数量稳步增加的情况下，持续的经济增长才可能发生。**劳动生产率**（labor productivity）简称**生产率**（productivity），既可以指工人人均产量，也可以指每小时产量。（各国每名工人的工作小时数并不相同。尽管这并不是像印度和美国这样的国家生活水平不同的重要因素。）在本书中，我们所指的生产率为人均产量。从整体经济角度来看，生产率——人均产量——就等于实际 GDP 除以参加工作的人口数。

你可能会感到疑惑，为什么我们说生产率的提高是长期增长的唯一源泉。难道一个经济体不能通过提高参加工作的人口数来推动人均实际 GDP 增长吗？对此问题的回答是“可以，但是……”在短期内，一个经济体可以通过增加参加工作的人口比例来推动人均产量快速增长。这正是美国在第二次世界大战期间所发生的情况，当时有数百万妇女进入劳动市场。成年人中受雇用人口所占比重从 1941 年的 50%提高到了 1944 年的 58%，从图 15-1 中你可以看出那些年人均实际 GDP 快速增长。

但是在长期，就业增长率基本接近于人口增长率。例如，在整个 20 世纪，美国的年均人口增长率为 1.3%，而年均就业增长率为 1.5%。人均实际 GDP 年均增长 1.9%；其中 1.7%——也就是全部增长率中的 90%——是生产率提高的结果。一般而言，实际 GDP 的总量有可能随人口的增长而增长，但是人均实际 GDP 的显著增长则必定是人均产量增长的结果。也就是说，它必定是由生产率的提高所致。

因此，生产率的提高是长期经济增长的关键因素。但是究竟是什么因素在推动生产率提高呢？

□ 15.2.2 生产率提高的原因

有三个主要的原因可以解释为什么今天美国工人的平均产量远远高于一个世纪前的美国工人。首先，现代工人配置了更多的实物资本，比如机器设备和办公空间。其次，现代工人接受过更好的教育，拥有更高水平的人力资本。最后，现代企业可以利用过去一个世纪技术进步积累的成果，技术进步的作用更为突出。

我们依次来对这些因素加以分析。

实物资本的增加 根据经济学家的定义，**实物资本**（physical capital）是指诸如建筑物和机器设备之类的人造资源。实物资本能够提高工人的生产效率。例如，一个配置锄耕机的工人每天挖壕沟完成的工作量要大于一个只配置一把铁锹的工人。

> **实物资本**是指诸如建筑物和机器设备之类的人造资源。

今天一个美国工人平均配置的实物资本价值超过 150 000 美元——远远高于 100 年前一个美国工人的配置数量，也远高于今天绝大多数国家工人的平均配置数量。

人力资本的增加 工人仅仅拥有良好的装备是不够的，他们必须懂得如何利用这些装备。**人力资本**（human capital）指的是由教育和知识内化于劳动队伍带来的劳动改进。

> **人力资本**指的是由教育和知识内化于劳动队伍带来的劳动改进。

美国的人力资本在过去一个世纪里增长显著。一个世纪以前，尽管大多数美国人都具有读写能力，但是只有极少数人接受过进一步的教育。1910 年，在 25 岁以上的美国人中，高中毕业的人只占 13.5%，四年制大学学位获得者只占 3%。到了 2010 年，上述比例分别是 87% 和 30%。如果像一个世纪以前那样人口缺乏教育背景，今天的经济根本不可能顺利运转。

之后将分析的增长核算表明，教育及其对生产率的影响对于经济增长来说是比实物资本更重要的决定因素。

技术进步 **技术进步**（technological progress）可能是推动生产率增长最重要的因素。技术进步在这里泛指生产产品和服务的技艺和方法的进步。我们将简要讨论经济学家是如何衡量技术进步对经济增长的作用的。

> **技术进步**指的是生产产品和服务的技艺和方法的进步。

即使拥有同样数量的实物资本和人力资本，今天的工人也能比过去的工人生产出更多的产品，因为技术随着时间的推移在不断进步。值得注意的是，经济意义上重要的技术进步不一定会引起轰动或者依赖尖端科学。历史学家发现，过去的经济增长并不仅仅是由铁路或者半导体芯片这样的重大发明所推动的，数以千计的普通创新也功不可没，比如出现于 1981 年的便利贴，它极大地提高了办公效率。许多专家把美国 20 世纪末期的生产率快速增长归因于像沃尔玛那样的服务性企业所采用的新技术，而不是高科技企业的新技术。

□ 15.2.3 增长核算：总量生产函数

假设其他条件不变，如果工人配备更多的实物资本、更多的人力资本、具有更高水平的技术，或者三者兼而有之，那么生产率就会提高。但是，我们能否估计上述效应的具体大小呢？为了做到这一点，经济学家需要对**总量生产函数**做出估计，该函数反映的是生产率与人均实物资本、人均人力资本及技术水平之间的数量关系。

> **总量生产函数**是一个假想的函数关系，它反映的是生产率（人均实际 GDP）与人均实物资本、人均人力资本及技术水平之间的数量关系。

一般情况下，这三种要素会随着时间的变化而增加，工人配备更多的机器设备，获得更好的教育以及从技术进步中获益。经济学家可以根据总量生产函数具体分解出三种因素对总生产率的影响。

一个应用真实数据的总量生产函数事例是布鲁金斯学会的经济学家巴里·博斯沃思（Barry Bosworth）和苏珊·柯林斯（Susan Collins）对中国和印度经济增长的比较研究。他们使用了以下总量生产函数：

$$\text{每名工人的 GDP} = T \times \text{每名工人的实物资本}^{0.4} \times \text{每名工人的人力资本}^{0.6}$$

其中 T 代表技术水平的估计值，他们认为教育每增加 1 年，工人的人力资本提高 7%。根据这一函数，他们试图解释为什么在 1978—2004 年间中国的增长速度高于印度。他们发现大约一半的差异是由于中国高水平的投资支出，这导致中国每名工人的实物资本水平的提高速度高于印度。另一半是由于中国技术进步相对较快。

在对经济增长历史的分析中，经济学家发现估计出来的总量生产函数具有以下重要特征：**实物资本报酬递减**（diminishing returns to physical capital）。也就是说，如果每名工人的人力资本和技术水平保持不变，每增加一定数量每名工人的实物资本所带来的生产率增长数量将逐渐减少。

总量生产函数呈现**实物资本报酬递减**的特征，也就是说，如果每名工人的人力资本和技术水平保持不变，每增加一定数量人均实物资本所带来的生产率增长数量将逐渐减少。

图 15－3 和图中的表格给出了一个假想的例子，它所描述的是在每名工人的人力资本和技术水平保持不变的情况下，每名工人的实物资本的变化对每名工人的实际 GDP 的影响。在这个例子中，我们以美元表示实物资本的数量。

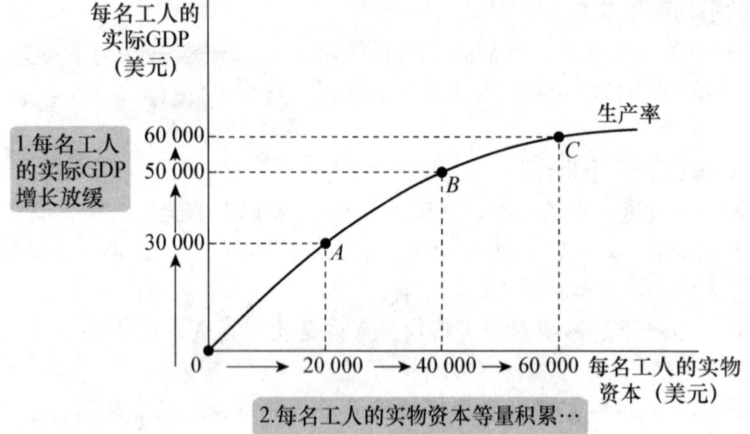

每名工人的实物资本（美元）	每名工人的实际 GDP（美元）
0	0
20 000	30 000
40 000	50 000
60 000	60 000

图 15－3　实物资本和生产率

在这个例子中，总量生产函数表现的是每名工人的人力资本和技术水平保持不变，生产率随每名工人的实物资本的增长而增长的情形。假定其他条件相同，较高的每名工人的实物资本能够带来较高的每名工人的实际 GDP，但是受到报酬递减的约束，额外的每名工人的实物资本增量产生的生产率增量递减。从原点开始，每名工人的实物资本增加 20 000 美元带来 30 000 美元的每名工人的实际 GDP 增量。从 A 点开始，每名工人的实物资本增加另外 20 000 美元，导致每名工人的实际 GDP 增加，但只有 20 000 美元，由 B 点表示。最后，每名工人的实物资本增加第三个 20 000 美元，每年只增加 10 000 美元每名工人的实际 GDP，由 C 点表示。

为了便于理解为什么在每名工人的实物资本和生产率之间呈现报酬递减的特征，想象一下农业生产设备数量对农场工人生产率的影响。少量的农业生产设备能够发挥很大的作用：拥有一辆拖拉机的工人能比没有的工人多干很多农活。假定其他条件不变，工人配备的设备价值越高，其生产率也会越高：一个拥有价值 40 000 美元的拖拉机的工人在同样时间内能比一个拥有价值 20 000 美元的拖拉机的工人种植更大面积的土地，因为越昂贵的设备效率越高，能干更多农活。

但是，如果假定这两个工人具有相同的人力资本和技术水平，拥有价值 40 000 美元的拖拉机的工人的生产率会不会是拥有价值 20 000 美元的拖拉机的工人的两倍呢？可能不会：完全没有拖拉机与拥有一台便宜的拖拉机差异巨大；但拥有一台低价的拖拉机与更好的拖拉机的差别就大大变小了。我们可以确信，配备 200 000 美元的拖拉机的工人的生产率不会是原来的 10 倍：一辆拖拉机对提高生产率的贡献毕竟是有限的。对其他设备而言同样如此，因此总量生产函数会呈现实物资本报酬递减的特征。

实物资本报酬递减意味着在每名工人的实物资本和每名工人的产量之间存在类似于图 15-3 的曲线所示的关系。如实物资本生产率曲线图和相应的表所示，每名工人的实物资本越多，每名工人的产量越多。但是每 20 000 美元每名工人的实物资本的增量所带来的生产率增加是递减的。

我们从图中的表格可以看出，第一个 20 000 美元的实物资本的回报很大：每名工人的实际 GDP 增加了 30 000 美元。第二个 20 000 美元的实物资本也提高了生产率，但已经不如此前多：每名工人的实际 GDP 只增加 20 000 美元。第三个 20 000 美元的实物资本增加带来的每名工人的实际 GDP 的增加只有 10 000 美元。通过比较沿曲线的点我们可以看出，随着每名工人的实物资本的增加，每名工人的产量也在上升，但速率在递减。从原点到 A 点，每名工人的实物资本增加 20 000 美元，导致每名工人的实际 GDP 增加 30 000 美元。从 A 点到 B 点，第二个20 000 美元的实物资本增加使得每名工人的实际 GDP 只增加 20 000 美元。从 B 点到 C 点，每名工人的实物资本增加 20 000 美元，每名工人的实际 GDP 增加 10 000 美元。

实物资本报酬递减是在“假定其他条件不变”的情况下发生的现象，理解这一点非常重要：假定人力资本和技术水平保持不变，实物资本的增量所带来的产出增量将逐渐减少。如果我们增加人力资本，改进技术，或者在这两方面都加以改善，在这种情况下增加实物资本就不会出现报酬递减的现象。

例如，一个拥有价值 40 000 美元的拖拉机并且经过高级种植技术培训的工人的生产率可能是一个只拥有 20 000 美元的拖拉机并且没有其他人力资本的工人的两倍多。但是报酬递减对任何一种投入而言——不管是实物资本、人力资本，还是工人数量——都是被普遍认同的一个生产特征。经验估计结果显示，一般情况下每名工人的实物资本增加 1%只能使每名工人的产量增加 1%的 1/3，也即 0.33%。

实际上，在经济增长过程中，所有有助于提高生产率的要素均有所改进：每名工人的实物资本和人力资本均有所增长，技术水平也有所提高。为了区分这些要素各自的影响，经济学家采用**增长核算**（growth accounting）的方法估计总量生产函数中每个重要因素对经济增长的贡献。例如，假设经济中发生以下变化：

增长核算能够估计总量生产函数中每个重要因素对经济增长的贡献。

- 每名工人的实物资本每年增长 3%。
- 根据对总量生产函数的估计，假设人力资本和技术水平不变，每名工人的实物资本每增加 1%，每名工人的产量增加 1%的 1/3，也即 0.33%。

在这个案例中，我们估计每名工人的实物资本的增加会带来每年 3%×1/3=1%的生产率的增长。估计人力资本增长的影响的方法与此类似，但更为复杂。这是因为我们没有用美元数额来衡量人力资本的简单指标。

通过增长核算，我们能够计算实物资本和人力资本增加对经济增长的影响。但是我们应该怎么估计技术进步的影响呢？我们采用的方法是估计剔除了实物资本和人力资本的影响之后的剩余量。例如，我们假设每名工人的人力资本不变，因此我们只需要关注实物资本和技术水平的变化。

在图 15-4 中，较低的曲线描述的是如图 15-3 所示的每名工人的实物资本与每名工人的产量之间的假想关系。我们假设这是在 1940 年技术水平上所具有的关系。较高的曲线描述的同样是每名工人的实物资本与生产率之间的关系，但对应的是 2010 年的技术水平。（我们假设两者之间有 70 年的时间间隔是为了使这个数值案例更便于理解。）2010 年的曲线与 1940 年的曲线相比大幅上移，这是因为在过去的 70 年间技术发展很快，因此就有可能利用相同数量的每名工人的实物资本生产出更多的产品。

我们假设从 1940 年到 2010 年，每名工人的实物资本从 20 000 美元增加到 60 000 美元。如果这种每名工人的实物资本增长是在没有任何技术进步情况下发生的，经济将从 A 点移动到 C 点，人均产量会有增长，但只是从 30 000 美元增加到 60 000 美元，或者说每年增长 1%（根据 70 规则，1%的增长率导致 70 年才能翻一番）。但是实际上，经济会从 A 点移动到 D 点：产量从 30 000 美元增加到 120 000 美元，或者说每年增长 2%。由于每名工人的实物资本增加同时伴随着技术进步，总量生产函数发生了移动。

在这个事例中，生产率每年增长 2%中有 50%——也就是说，1%的生产率增长——是由于**全要素生产率**（total factor productivity）提高所致，即利用一定的要素投入所能够生产的产量增加。因此，如果全要素生产率提高，经济中相同数量的实物资本、人力资本和劳动力能够生产更多的产量。

全要素生产率是指利用一定数量的要素投入所能够生产的产量。

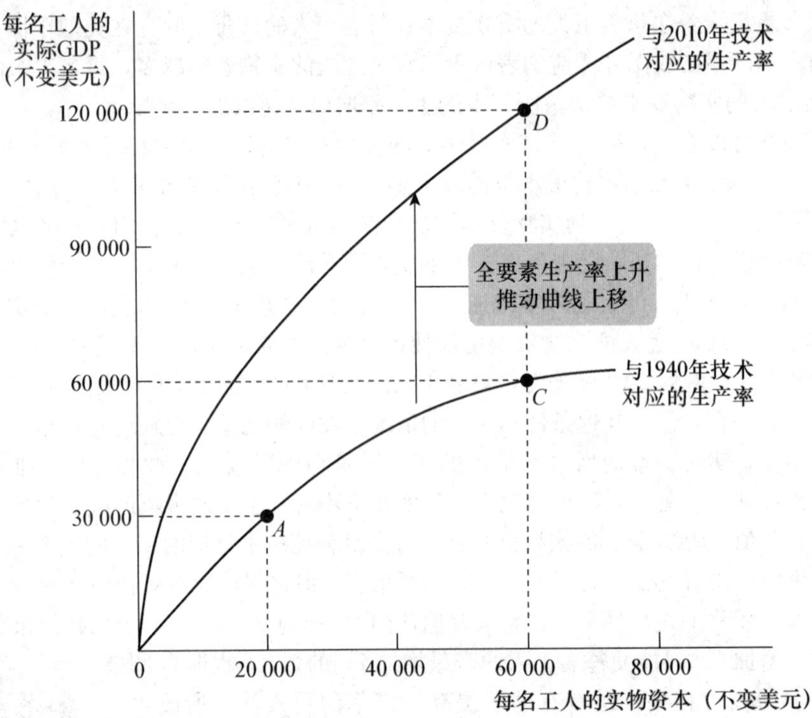

图 15-4　技术进步与生产率增长

技术进步使得任一给定每名工人的实物资本水平上的生产率曲线向上移动。我们假设下方的曲线（与图 15-3 中的曲线相同）反映的是 1940 年的技术水平，上方的曲线反映的是 2010 年的技术水平。若技术水平和人力资本保持不变，每名工人的实物资本增长为最初的 3 倍，从 20 000 美元增加至 60 000 美元，则人均实际 GDP 从 30 000 美元增加到 60 000 美元，为原来的 2 倍。在图中就是从 *A* 点移至 *C* 点，每名工人的实际 GDP 年均增长约 1%。实际上，技术进步会使生产率曲线向上移动，每名工人的实际 GDP 将从图中的 *A* 点移动到 *D* 点。每名工人的实际 GDP 每年增长约 2%，为原来的 4 倍。每名工人的实际 GDP 额外增长的 1%是全要素生产率提高导致的。

大部分估计发现，全要素生产率的提高是一国经济增长的关键因素。我们相信，我们观察到的全要素生产率的提高实际上反映的是技术进步对经济的影响。这说明技术进步对经济增长而言至关重要。

美国劳工统计局会估计美国非农业部门的劳动生产率和全要素生产率。根据该部门的估计，1948—2010 年，美国的劳动生产率每年增长 2.3%，其中只有 49%的增长能够通过每名工人的实物资本和人力资本的增加加以解释；其余部分需要用全要素生产率的增长——技术进步——来进行解释。

□ 15.2.4　自然资源有什么影响

自然资源影响生产率。假定其他条件相同，自然资源丰裕的国家，比如说拥有肥沃的土地或者丰富的矿藏的国家，其人均实际 GDP 会比资源匮乏的国家高。当代最为明显的例子莫过于中东地区，丰富的石油储量使一些人口稀少的国家非常富裕。例如，科威特的人均实际 GDP 水平与德国相近，但是科威特的财富来源于石油，而不是制造业，德国集聚财富的源泉是高水平的人均产量。

但是其他条件通常都不会相同。在当代世界，对绝大部分国家而言，自然资源对生产率的影响远不如人力资本或实物资本。例如，一些人均实际 GDP 非常高的国家（如日本）所拥有的自然资源非常少。一些资源丰裕的国家（如尼日利亚，它拥有丰富的石油储量）却非常贫穷。

历史上，自然资源曾经对决定生产率水平起到至关重要的作用。在 19 世纪，人均实际 GDP 最高的是那些拥有肥沃土地和丰富矿藏的国家：美国、加拿大、阿根廷及澳大利亚。因此，自然资源在经济思想发展史中占据着重要地位。

英国经济学家托马斯·马尔萨斯在其 1798 年出版的名著《人口原理》（*An Essay on the Principle of Population*）中，以世界上土地的数量固定不变为基础，得出了对未来生产率的悲观预测。他提出，随着人口增长，人均土地拥有量下降。假设其他条件不变，这会导致生产率下降。

实际上，在他的观念里面，技术进步或实物资本增加只能推动生产率暂时增长，因为人口增长和单位土地上工人增加的压力总是会抵消这种影响。他认为，从长期来看，大部分人都只能生活在饥荒的边缘。在这种情况下，唯有死亡率提高，出生率下降，才能阻止人口增长率高于生产率。

尽管许多历史学家相信马尔萨斯对生产率下降或停滞的预测对人类历史的许多时段来说都是正确的，但现实状况并非如此。人口压力有可能阻碍生产率大幅提高的状况在18世纪之前确实存在。但是自从马尔萨斯的著作问世以后，人口增长对生产率的负面影响相较于其他的正面影响——技术进步、人力资本和实物资本的增长，以及新世界大量肥沃土地的开发——却是微不足道的。

然而，我们生活在一个资源有限的星球上，这是事实，石油等资源的供给有限，环境破坏的修复能力也有限。在本章最后我们将讨论这些对经济增长形成的限制。

▶ **真实世界中的经济学**

经济增长结束指日可待吗?

2012年，西北大学的罗伯特·戈登（Robert Gordon），一个有影响力的宏观经济学家和经济史学家，在一篇引起争论的文章中指出，我们已经走过经济长期增长最好的日子。当然，技术创新仍在继续，但戈登指出，新近创新的回报是有限的，尤其是与过去伟大的创新相比。

戈登指出的案例部分是通过将最近的创新——主要集中在信息技术方面，从计算机、智能手机到互联网——与发生在19世纪末的创新进行比较。他认为，那些经常被称为“第二次工业革命”的19世纪末的创新仍在继续推动20世纪最主要的经济增长。戈登认为有五个大的创新：

(1) 电；

(2) 内燃机；

(3) 自来水和暖气；

(4) 现代化学；

(5) 大众传播、电影和电话。

信息技术革命与这些创新相比如何呢？戈登认为，它比不上以上五种中的任何一种。正如他喜欢说的，你是宁愿放弃互联网还是室内管道？

戈登还认为，数据可证明他是对的。图15-5说明了他的论点。图中两种虚线显示了世界技术领先国家——1906年前的英国与此后的美国——的实际GDP历史增长率。戈登画出一条显示这一发展史的“平滑”曲线。戈登认为，这是一个巨大的但却临时的驼峰，然后推断了这种模式的未来走势。正如他所说，经济增长率越来越高，直到20世纪50年代左右，但自那时开始下降。他认为增长将继续下降，最终将达到一个事实上的停止。

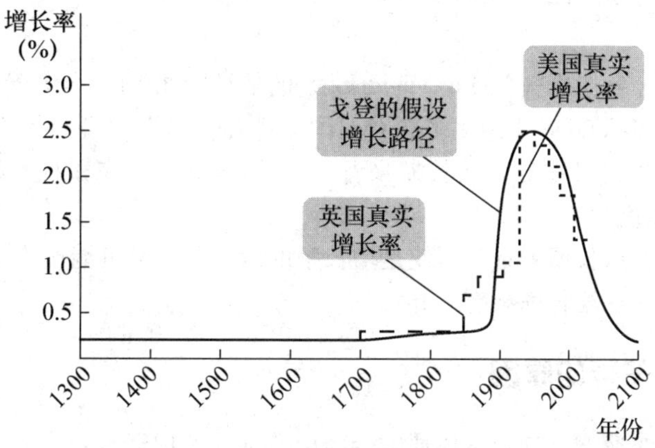

图15-5 经济增长接近结束了吗？1300—2100年人均实际GDP增长率概览

资料来源：Robert J. Gordon.

戈登正确吗？最有说服力的反驳理由是我们才刚刚开始看到现代技术的回报。麻省理工学院的埃里克·布林约尔松（Erik Brynjolfsson）和安德鲁·麦卡菲（Andrew McAfee）的《与机器赛跑》（*Race Against the Machine*）一书指出，过去几年的创新技术解决了一些棘手的问题，这些技术要么已经上市或正准备上市，包括有用的语音识别、机器翻译、无人驾驶汽车等。所以我们也可以说我们是在真正的变革性技术的巅峰。

谁对谁错？正如约吉·贝拉（Yogi Berra）所说："做出预测很难，尤其是关于未来。"但是，很显然双方都在问正确的问题，因为技术最终是长期经济增长的主要驱动力。

及时复习

- 长期生活水平的提高几乎完全来源于劳动生产率（经常简称为生产率）的增长。
- 实物资本的增加是生产率增长的源泉之一，但是会受到实物资本报酬递减的约束。
- 人力资本和技术进步也是生产率增长的源泉。
- 总量生产函数用于估计生产率增长的源泉。增长核算显示，被认为是技术进步所影响的全要素生产率增长是长期经济增长的核心因素。
- 今天对大部分经济体的生产率增长而言，自然资源都不如实物资本和人力资本重要。

小测验 15-2

1. 解释下列每一个事件对生产率增长率的影响。

a. 每名工人的实物资本和每名工人的人力资本的数量不变，但是发生了显著的技术进步。

b. 每名工人的实物资本稳定增长，但是每名工人的人力资本和技术水平保持不变。

2. 埃瑞璜经济体的产出过去 30 年每年增长 3%。劳动力每年增长 1%，而实物资本的数量每年增长 4%。平均教育水平没有改变。经济学家估计，每名工人的实物资本增加 1%，在其他条件不变的情况下，生产率提高 0.3%。（提示：X/Y 变化百分率 $=X$ 变化百分率 $-Y$ 变化百分率。）

a. 埃瑞璜的生产率增长得有多快？

b. 每名工人的实物资本增长得有多快？

c. 每名工人的实物资本增加对生产率增长贡献有多大？生产率因此增长了多少？

d. 技术进步对生产率增长的贡献有多大？生产率因此增长了多少？

3. 麦尔蒂诺密克斯公司是一家在全国有许多分支机构的大型企业。该公司刚采用了一套新的计算机系统，它对公司的每项业务都会产生影响。要通过这套新的计算机系统提高雇员的生产率可能需要一段时间，这是为什么？雇员的生产率可能会出现暂时性的下降，这又是为什么？

15.3 增长率为什么会有差异

根据经济史学家安格斯·麦迪逊（Angus Maddison）的估计，在 1820 年，墨西哥的人均实际 GDP 略高于日本。今天，日本的人均实际 GDP 比绝大多数欧洲国家都高，而墨西哥却是一个贫困国家，尽管不属于最贫困的国家。为什么会发生这种差异？从长期来看，自从 1820 年以来，日本的人均实际 GDP 年均增长 1.9%，而墨西哥的年均增速仅为 1.3%。

正如这个例子所描述的，从长期来看，即使是增长率的微小差异都可能产生显著的后果。但是，为什么在不同国家之间以及在不同时期增长率会有差异？

15.3.1 增长率差异的原因

人们可能会回答，那些快速增长的经济体通常会经历持续的实物资本和人力资本增长，或者发生快速的技术进步。引人注目的成功的经济故事，就像 20 世纪 50 年代和 60 年代的日本或当下的中国，这些国家往往是三者兼而有之：通过高储蓄率和高投资支出迅速增加它们的实物资本，提升教育水平，并加快技术进步。也有证据表明政府政策、产权、政局稳定和增长资源的良好治理等也有重要作用。

储蓄和投资支出 各国之间增长率差异的一个原因是一些国家的实物资本存量能通过高投资支出比其他国家更迅速地增加。在 20 世纪 60 年代，日本是增长最快的主要经济体，与其他主要经济体相比，投资占 GDP 的比重也要高得多。今天，中国是增长最快的大型经济体，投资占 GDP 的比重同样很大。2014 年中国投资占 GDP 的比重达 48%，而美国只有 20%。

高投资支出的资金从哪里来？来自储蓄。投资支出必须来自国内居民储蓄或国外居民储蓄，也就是外国资本流入。

外国资本在一些国家的长期经济增长中发挥了重要作用，其中包括美国，其在早期工业化时期严重依赖外国资金。然而，大多数投资占 GDP 的比重大的国家能够这样做是因为它们有较高的国内储蓄。事实上，2014 年中国的储蓄占 GDP 的比重甚至比国内投资的占比还要高。多出来的储蓄主要向国外投资，主要是美国。

增长率差异的一个原因是各国增加实物资本的数量差异，因为它们的储蓄和投资支出并不相同。

教育 正如不同国家在增加它们的实物资本时的速率不同一样，国家间通过教育增厚它们的人力资本的速率也有很大的差异。

一个例子是阿根廷和中国之间的比较。这两个国家的平均教育水平都随时间稳步上升，但中国上升得更快。图 15-6 显示了中国和阿根廷成年人的平均受教育年限，中国是长期经济增长的一个典型例子，而阿根廷是经济增长令人失望的国家的例子。相比于中国，60 年前阿根廷受教育的人口更多，而当时很多中国人还不识字。今天，中国的平均教育水平仍然略低于阿根廷，但这主要是因为仍有许多老年人没有得到基础教育。在中等和高等教育方面，中国已经超过了曾经富有的阿根廷。

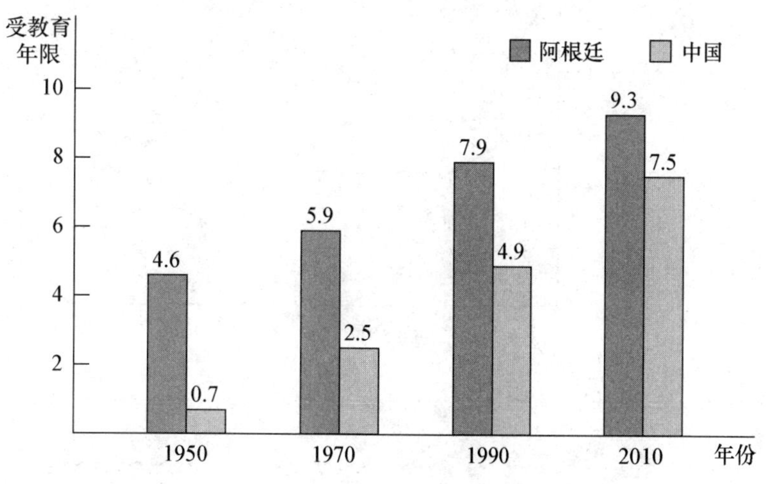

图 15-6 中国学生紧追不舍

在中国和阿根廷，平均教育水平——由 25 岁及以上的成人在学校就读的平均年数来度量——随着时间的推移都在提高。虽然中国仍然落后于阿根廷，但它在全力追赶——中国提升人力资本的成功是其壮观的长期经济增长的一个关键因素。

资料来源：Robert Barro and Jong-Wha Lee, "A New Data Set of Educational Attainment in the World, 1950—2010," NBER Working Paper No. 15902 (April 2010), http://www.barrolee.com.

研究与开发 技术进步是推动经济增长的主要力量。但又是什么因素在推动技术进步呢？

科学发展能够使新技术成为可能。试看当今世界最为引人注目的一个例子，半导体芯片——它是所有现代信息技术的基础——如果没有物理学中的量子力学理论，它不可能得到发展。

但是只有科学是不够的：科学知识必须转化成有用的产品或生产流程才行。而这通常需要投入大量的资源用于**研究与开发**（research and development，R&D），发明新技术并把它们投入实际应用需要支出花费。

> **研究与开发**指的是投资于发明和应用新技术。

尽管政府也进行研究与开发，但研究与开发的大量开支是由私人部门支持的。美国之所以能够成为世界经济的领头羊，在很大程度上是因为美国企业率先把系统性的研究与开发作为其业务运作的一个部分。

发展新技术是一回事，应用又是另一回事。在不同国家应用新技术的速度经常存在显著差异。例如，以下“国际比较”专栏显示，自2000年以来，意大利全要素生产率显著下降，而美国和德国则强力领先。这些国家差异的原因是一个很大的经济学研究课题。

▶ **国际比较**

意大利怎么了?

一些国家在应用新技术方面比其他国家更为成功。

在信息技术或IT革命的早期阶段，美国似乎领先欧洲。现在该差异不那么清晰了：一些欧洲国家在宽带、无线互联网和更多方面迅速向前发展。但有一个主要的欧洲国家在各个方面都明显滞后，那就是意大利。

下图所示为对美国、德国（欧洲最大的经济体）和意大利三个国家2000年后全要素生产率的估计。美国和德国增长的步伐大致保持一致。但很明显意大利实际上一直在倒退。

这可能部分是由欧洲持续的经济衰退所致。但研究意大利企业的研究人员认为，各种各样的制度因素，从僵化的劳动市场到管理不善，阻碍了意大利应用新技术的机会。

这是一个令人不安的画面，是一个肯定需要通过各种经济改革来解决的问题。不幸的是，意大利的麻烦不仅是经济问题，还有其政治上的积弱存在，这使得历届政府都没有能力采取强有力的行动改善这一状况。

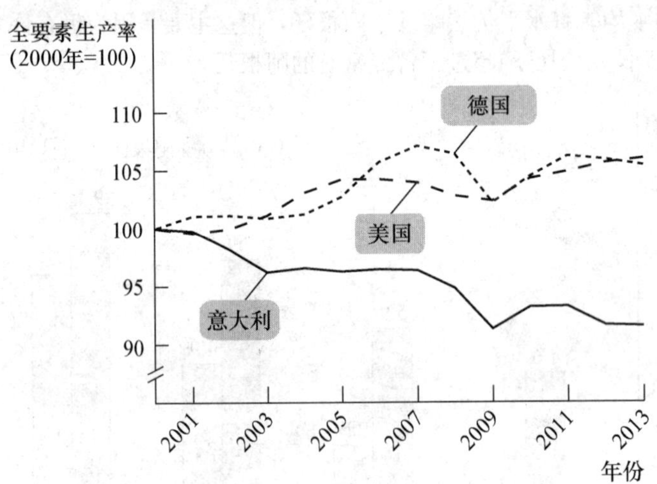

资料来源：The Conference Board Total Economy Database™, January 2014, http://www.conference-board.org/data/economydatabase/.

□ 15.3.2 政府在促进经济增长中的作用

政府在促进或阻碍长期经济增长的三个来源——实物资本、人力资本和技术进步——方面可以发挥重要的作用。它可以对直接促进增长的因素进行补贴，或创建一个促进或阻碍增长因素的环境。

政府政策　政府政策可以通过如下四种途径加快经济增长：

> 道路、电网、港口、信息网络以及经济活动的其他支撑要素被称为**基础设施**。

(1) **政府对基础设施提供补贴**　政府在建设基础设施方面直接发挥重要作用，**基础设施**（infrastructure）是指道路、电网、港口、信息网络以及其他作为经济活动基础的实物资本项目。尽管部分基础设施是由私人企业提供的，但大部分却是由政府提供或者需要政府管制并提供支持的。爱尔兰经常被认为是政府提供基础设施的一个突出事例。通过政府在20世纪80年代投资高水准的基础设施，爱尔兰成为国外高技术公司理想的投资目的地，推动该国经济在20世纪90年代起飞。

糟糕的基础设施——例如经常跳闸造成家庭和企业停电的电网——是许多国家经济增长的重要制约因

素。一个经济体为了能够提供良好的基础设施，必须要有足够的资金支持，但同时必须要有维持基础设施运营和促进持续投入的政治规则。

也许最为关键的基础设施反而是我们（发达国家）很少想到的东西：洁净的饮用水和疾病控制之类的基本公共卫生服务。我们将在下一节讨论在贫困国家，尤其是一些非洲国家，糟糕的基础设施是阻碍经济增长的主要问题之所在。

（2）**政府对教育进行补贴**　不同于实物资本主要通过私人投资支出形成，经济体中的人力资本主要是通过政府对教育的支出形成的。政府支出占初等教育和中等教育支出的主要部分，在高等教育中也支付了大部分成本：75%的学生就读公立院校，政府对私立高校进行的研究给予大幅补贴。因此，各国在增加其人力资本速度上的差异在很大程度上反映了政府政策的差异。我们从图 15 - 6 可以看出，中国的教育水平比阿根廷提高得更迅速。这并不是因为中国比阿根廷富裕；直到最近，平均而言，中国比阿根廷要贫穷一些。相反，它反映了如下事实：中国政府对人口教育给予高度重视。

（3）**政府对研究与开发进行补贴**　研究与开发大部分由私人部门发起。但在许多先进国家，很多重要的研究与开发却由政府部门承担。例如，互联网的前身是一个被称为“高级研究计划署网络”（Advanced Research Projects Agency Network，ARPANET）的系统，是由美国国防部创建，然后扩展到由美国国家科学基金会支持的教育机构。

（4）**保持一个良好运行的金融体系**　对于尽可能提高私人投资支出比率，政府发挥重要的间接作用。增加储蓄和经济具有的引导储蓄转化为生产性投资支出的能力依赖于经济机构，特别是它的金融系统。特别地，一个管理良好和运作良好的金融体系对经济增长非常重要，因为在大多数国家，它是储蓄转化为投资支出的主要渠道。

如果一个国家的公民相信他们的银行，他们将把储蓄放在银行，银行将再贷款给它们的商业客户。但是，如果人们不相信银行，他们将囤积黄金或外币，将他们的储蓄放在保险箱中或床垫下，也就不能变成生产性投资支出。正如我们稍后会讨论的，一个运作良好的金融体系需要适当的政府监管，以确保存款人的资金免受损失。

产权保护　产权是有价值的项目的所有者处理这些项目时可选择的权利。知识产权是其中一种，指的是一个创新者因其创新而获得奖励的权利。产权的状态，特别是知识产权，一般是解释经济增长率差异的重要因素。因为如果其他人可盗用并从中获得回报，将没有人愿意花费精力和资源去创新。因此，为使创新蓬勃发展，知识产权必须得到保护。

有时这是通过创新的本质来实现的：复制可能太困难或昂贵。但是，一般来说，政府必须保护知识产权。专利权是政府为创新者使用或出售他或她的创新提供的临时性垄断。这是一种暂时性的而不是永久性的垄断，因为给创新者一种激励进行创新是符合社会利益的，最终鼓励竞争也是为了社会利益。

政治稳定和良好的治理　如果暴徒骚乱会毁坏你的财产，投资企业就没什么吸引力。同样，如果有政治关系的人能够窃取你的储蓄资金，那么储蓄就没什么吸引力。政治稳定和产权保护是保证长期经济增长的重要因素。

像美国这样成功的经济体能够实现长期经济增长是因为有良好的法律，有保证这些法律实施的制度，有维护这些制度的稳定的政治体系。法律必须明确规定你的财产确实是属于你的，从而防止其他人来侵犯。法院和警察必须足够诚实以保证不会被贿赂从而藐视法律。政治体系必须维持足够的稳定从而保证法律不会朝令夕改。

对美国人而言，这些前提条件是不言而喻的，但这绝不意味着它们会凭空出现。这些条件除了会因战争或革命而被破坏之外，在其他许多国家发现，它们的经济增长由于那些本应受法律约束的政府官员的腐败而遭遇了挫折。例如，直到 1991 年，印度政府对企业施加了很多限制措施，之前企业需要为了获得例行活动的许可而贿赂政府官员——这实际上变成了企业的一种税赋。经济学家认为这种腐败负担的减少是印度近年来经济加速增长的原因之一。

即使政府没有发生腐败，过度的政府干预也可能制约经济增长。如果经济体很大一个部分活动由政府补贴支持，受到进口保护，赋予不必要的垄断或者免于竞争压力，生产率就可能因缺乏激励而受损。正如我们将在下一部分讨论的，过度的政府干预经常是用来解释拉丁美洲增长缓慢的一个原因。

▶ **真实世界中的经济学**

为什么英国落后了?

这是经济史上的经典问题之一：为什么工业革命的发源地英国，19世纪大部分时间世界上最大的经济体，最终在新世纪开始后落后于其他国家？这并非一个悲剧：英国经济继续增长，根据国际标准它仍然是一个富裕国家。然而，到了20世纪初，英国的工业很明显已经不再是最前沿的了。相反，美国和德国已经取代英国成为新的经济前沿。究竟发生了什么?

这并非一个容易回答的问题。麻省理工学院的经济学教授、诺贝尔经济学奖获得者罗伯特·索洛（Robert Solow）是经济增长理论的开拓者，他曾经明确宣布所有试图解释英国落后的说法最后以“一场业余的社会学讨论而结束”。的确，落后的原因经常归结为：地主贵族过度影响；存在阻止有才华者从错误的社会阶层上升的社会壁垒；狂热的业余人员只能够经营一些小型家族企业，并不适合成为现代大型企业的管理者。

然而，导致英国相对落后的其他因素更容易列举。教育无疑是其中最重要的因素之一。与其他工业国家特别是美国相比，英国建立普及的基础教育要慢得多。此外，英国的大学秉承它们所有的古代辉煌，仍然过于集中于向社会提供年轻的绅士，而且大学教育被限制在人口中一小部分人群。英国建立学术界和产业界之间的密切联系也比较晚，而这在美国和德国推动第二次工业革命方面发挥了重要作用。这些教育和技能获得的障碍使得英国的人力资本处在不利地位。

对今天英国居民的好消息是，大多数这些问题都已经过去。目前，年轻的英国人比他们的美国同行更有可能接受大学教育。英国人均实际GDP仍低于美国，但已经弥补了部分差距。今天走在伦敦街头没有人会认为这是一个落后的城市。

及时复习

● 各国之间人均实际GDP增长率的差异极大，主要是因为它们在实物资本和人力资本积累以及技术进步方面的差异。增长率差异的主要原因是储蓄和投资支出、教育以及研究与开发的差异。研究与开发在很大程度上推动了技术进步。

● 政府行为可以促进也可以阻碍长期经济增长。

● 直接促进经济增长的政府政策有对基础设施（特别是基本公共卫生服务）提供补贴、对教育进行补贴、对研究与开发进行补贴和保持一个良好运行的金融体系。

● 通过保护产权（特别是知识产权）、保持政治稳定以及提供良好的治理，政府为经济增长提供了一个良好的环境。糟糕的治理包括腐败和过度的政府干预。

小测验 15-3

1. 请解释一个国家的增长率与其投资支出占GDP的比重和国内储蓄之间的关系。

2. 与欧洲同行相比，美国研究生物技术的学术机构与私人生物技术企业的联系更为紧密。对比美国和欧洲，这会对它们研究与开发新药的速度产生什么影响?

3. 在20世纪90年代的苏联，许多财产被当权者夺取或控制。这对该国的增长率产生了什么影响?

15.4 成功、失落与失败

正如我们已经讨论过的，世界各国的长期经济增长率差异极大。我们来考察一下在过去几十年间经济增长历程截然不同的三个地区。

图 15－7 所描述的是三个国家自 1960 年以来的人均实际 GDP（以 2000 年美元表示）：阿根廷、尼日利亚和韩国。（与图 15－1 类似，纵轴采用了对数刻度。）我们之所以选择这三个国家，是因为它们恰好是各自所在地区令人印象特别深刻的案例。韩国令人称奇的增长是更广泛的东亚经济奇迹的组成部分。阿根廷的缓慢增长，走走停停，多多少少象征着拉丁美洲国家的失落。而尼日利亚的故事——直到 2000 年后实际 GDP 才有缓慢增长——很不幸，正好代表着非洲国家的遭遇。

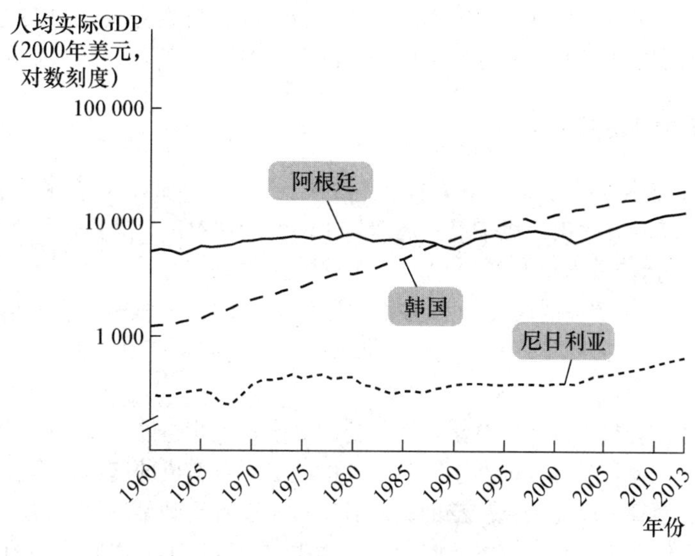

图 15－7　成功、失落与失败

阿根廷、韩国、尼日利亚三个国家 1960—2013 年实际 GDP（用 2000 年美元度量，对数刻度）如图所示，韩国和其他一些东亚国家的经济增长取得了巨大成功。阿根廷像许多拉丁美洲国家一样，走走停停，发展缓慢。尼日利亚的生活水平只比 1960 年稍高一点儿，大多数非洲国家的经历也大抵如此。无论是阿根廷还是尼日利亚，在过去 50 年中几乎没什么增长，尽管最近几年有了较快增长。

资料来源：The Conference Board Total Economy Database™，January 2014，http://www.conferenceboard.org/data/economydatabase/.

□ 15.4.1　东亚经济奇迹

1960 年的韩国是一个非常贫困的国家。但是从图 15－7 可以看出，从 20 世纪 60 年代开始，韩国经济出现了强劲增长势头：在随后的 30 多年里人均实际 GDP 年均增长率约为 7%。今天的韩国尽管仍然比欧洲或美国略穷，但是看起来很像是一个经济发达国家。

韩国的经济增长是史无前例的：它仅仅用了 35 年的时间就达到了其他国家几个世纪的增长水平。然而韩国只是一种更为广泛的现象的一个局部，这种现象通常被称为东亚经济奇迹。高增长率首先出现在韩国、中国台湾、中国香港和新加坡，然后向整个地区扩展，其中最为引人注目的就是中国。从 1975 年以来，整个东亚地区的人均实际 GDP 年均增长 6%，是美国历史增长率的三倍。

东亚是如何达到这么高的增长率的呢？答案是：促进生产率增长的所有要素均被全面激发起来了。非常高的储蓄率，即一个特定年份中全国储蓄占 GDP 的比重，使这些地区能够大幅度提高人均实物资本。非常优质的基础教育促进了人力资本的快速增长。同时，这些地区还发生了显著的技术进步。

为什么过去没有达到这样的增长率水平呢？绝大多数经济分析家认为，东亚的快速增长可能是由于它相对落后的缘故。也就是说，在东亚的经济体开始迈向现代化的时候，它们能够从美国这样的技术发达国家的技术创新中获益。

1900 年，美国的生产率很难快速达到现代水平，因为支撑现代经济的许多技术，从喷气式飞机到计算机，都还没有发明。而到了 1970 年，韩国的劳动生产率可能仍比 1900 年的美国要低，但是它能够通过采用美国、欧洲和日本在过去一个世纪里发明的技术迅速实现生产率升级。

根据**趋同假说**，人均实际GDP的国际差距会随着时间的推移逐渐缩小。

东亚的经验表明，对那些试图赶超其他人均实际GDP较高国家的经济体而言，它们的经济发展速度可以很快。在此基础上，许多经济学家提出了一条被称为**趋同假说**（convergence hypothesis）的一般原则。该假说提出，各国之间人均实际GDP的差距随着时间的推移会逐渐缩小，因为开始时人均实际GDP较低的国家通常会有较高的增长率。我们将在“真实世界中的经济学”专栏中考察趋同假说的证据。

但是，即使还没有接触过什么证据，我们也能够马上指出开始时相对较低的人均实际GDP水平并不能保证较高的增长率，正如拉丁美洲和非洲这两个例子所说明的那样。

□ 15.4.2 拉丁美洲的失落

早在1900年的时候，人们并不认为拉丁美洲是经济落后地区。它的自然资源（包括耕地和矿藏）很丰富。部分国家，尤其是阿根廷，吸引了成千上万渴望新生活的欧洲移民。阿根廷、乌拉圭以及巴西南部的人均实际GDP水平与经济发达国家不相上下。

但是到1920年左右，拉丁美洲的增长开始变得令人失望。正如图15-7所描述的阿根廷的情形，几十年来增长一直令人失望，直到2000年才开始增长。韩国今天远比阿根廷富有的事实在前几代人看来是难以置信的。

为什么拉丁美洲的增长会趋于停滞？对比东亚成功的故事，可能与以下几个因素有关。拉丁美洲的储蓄率和投资支出均远远低于东亚，部分原因在于不负责任的政府政策造成的高通货膨胀对储蓄的侵蚀、银行破产以及其他破坏性因素。教育——尤其是广泛的基础教育——没有受到足够的重视：尽管拉丁美洲国家拥有丰富的自然资源，但是它们并没有把财富投入教育体系当中。而政治不稳定所造成的不负责任的经济政策也使这些国家付出了代价。

到20世纪80年代，许多经济学家开始相信拉丁美洲国家的政府对市场干预过度。他们建议放开进口，出售政府企业以及允许个人自由创新，目的是希望能够推动类似于东亚式的经济扩张的实现。

但是迄今为止，只有一个拉丁美洲国家，即智利，实现了快速经济增长。现在看来，创造一个经济奇迹远没有想象中那么简单。当然，近几年巴西和阿根廷通过向发达国家和快速增长的中国出口大量大宗商品，经济增长有了显著起色。

□ 15.4.3 非洲的麻烦和前景

撒哈拉以南非洲地区是7.8亿人口的家园，人口数量是美国的2.5倍。总体上来讲，它们都非常贫困，几乎还没有达到美国100年前甚至200年前的生活水平。经济增长缓慢且不均衡，如该地区人口最多的国家尼日利亚的例子所示。实际上，撒哈拉以南非洲地区1980—1994年人均实际GDP下降了13%，此后有所恢复。这种糟糕的经济增长表现所导致的结果是加剧了该地区的贫困。

对于这种令人沮丧的故事的解释，有几个因素可能非常关键。首先也是最重要的，可能是政治不稳定的问题。自1975年以来，非洲很大一部分地区都发生过残酷的内战（通常都有外部势力介入冲突双方），上百万人死于战争，根本不可能进行生产性投资。战争威胁和普遍的无政府状态也限制了其他增长所需的重要前提条件的建立，比如教育和必要的基础设施建设。

产权保护也是一个问题。法律保障的缺失意味着财产所有者经常会面临因政府腐败所致的敲诈勒索，从而使他们不愿意拥有财产或者加以妥善保护。这对于一个极度贫困的国家而言特别具有破坏性。

尽管许多经济学家认为政治不稳定和政府腐败是导致非洲发展落后的主要原因，但是部分学者——尤其是哥伦比亚大学的杰弗里·萨克斯（Jeffrey Sachs）和联合国的专家——认为事实恰好相反。他们认为非洲之所以政治不稳定，是因为那里贫困。他们进一步提出，非洲的贫困源于它极度不适宜的地理条件——大部分地区被陆地包围，炎热，容易滋生热带疾病，土地贫瘠。

萨克斯和世界卫生组织的经济学家特别强调卫生问题对非洲的重要性。在贫困国家，工人的生产率常常会因营养不良和疾病而受到严重损害。特别是像疟疾这样的热带疾病，只能通过强有力的公共卫生体系加以控制，而这正是非洲大部分地区所缺乏的。在本书写作的当时，有经济学家正在研究在非洲某些地区是否应对居民进行适当的直接补助以提高粮食产量、控制疟疾、提高学校入学率，以此来促进自我持续的发展，从而提高生活水平。

尽管非洲国家的例子代表一种警告，即长期经济增长不会从天而降，但是非洲并不是没有任何希望。我们从图 15-7 可以看出，经过几十年的停滞后，尼日利亚的人均实际 GDP 在 2000 年后转身向上，2008—2014 年年均增长率已达到 6%。

撒哈拉以南非洲地区经济体作为一个整体也是如此。撒哈拉以南非洲地区国家 2014 年人均实际 GDP 增长率平均达到 4.4%左右，2015 年预计将近 5%。它们出口产品的价格上涨是最近成功的一部分原因，但发展问题专家也越来越多乐观预计，一个相对和平的时期和更好的政府正预示着非洲经济的一个新时代。

▶ **真实世界中的经济学**

经济会趋同吗?

在 20 世纪 50 年代，欧洲大部分国家在美国游客看来正在衰落，而日本则看起来非常贫困。今天，美国游客眼中的巴黎或东京几乎与纽约同样富裕。尽管美国的人均实际 GDP 略高，但是美国、欧洲和日本的生活水平差异很小。

许多经济学家认为这种生活水平的趋同状况是正常的。趋同假说提出，相对贫困国家的人均实际 GDP 增长率会高于相对富裕的国家。如果我们看一下今天相对富裕的那些国家，趋同假说看起来能够成立。

图 15-8 (a) 描述的是今天富裕国家的数据，用 1990 年美元度量。横轴是 1955 年人均实际 GDP；纵轴是 1955—2013 年人均实际 GDP 年增长率。图中这些点的拟合曲线表明有明显的负相关关系。1955 年的美国是富裕国家中最富的，其增长率最低。1955 年的日本和西班牙是最贫困的国家，其增长率最高。这些数据表明趋同假说是成立的。

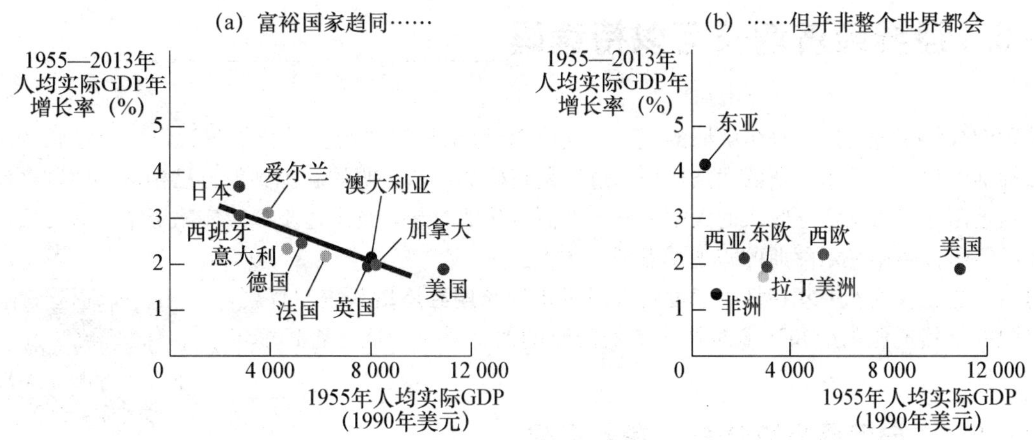

图 15-8 经济会趋同吗?

资料来源：Angus Maddison，*Statistics on World Population*，*GDP*，*and Per Capita GDP*，1-2008*AD*，http://www.ggdc.net/maddison；The Conference Board Total Economy Database™，January 2014，http://www.conference-board.org/data/economydatabase/.

但是，经济学家通过分析同类数据发现，上述结果有赖于所选择的国家。如果你考察今天具有较高生活水平的成功经济体，你发现人均实际 GDP 是趋同的。但是从整个世界来看，如果包括那些贫困国家，似乎没有什么证据能够证明趋同。

图 15-8 (b) 利用地区数据而不是国别数据（除了美国）说明了这一点。1955 年的东亚和非洲都是非常贫困的地区。在接下来的 58 年间，正如趋同假说所预测的那样，东亚地区经济增长很快，但是非洲地区

的经济增长却非常缓慢。1955 年西欧的人均实际 GDP 显著高于拉丁美洲的水平。但是与趋同假说的预测相反，在接下来的 58 年时间内西欧地区经济增长很快，两个地区之间的差距在不断扩大。

那么趋同假说是不是错了呢？不是：经济学家仍然相信，假定其他条件相同，人均实际 GDP 相对较低的国家通常会比人均实际 GDP 相对较高的国家具有更高的增长率。但是其他条件——教育、基础设施、法律规则等——通常都不相同。统计研究表明，如果你对上述其他条件的差异加以调整，穷国通常都具有更高的增长率。这个结果被称为条件趋同。

但是，由于其他条件存在差异，世界经济从整体上看不存在明显的趋同趋势。西欧、北美和亚洲部分地区的人均实际 GDP 正在逐渐接近，但是这些地区和世界其他地区的差距却在扩大。

及时复习

- 东亚快速增长的推动因素包括：高储蓄率和高投资支出率，重视教育，以及采用他国的先进技术。
- 糟糕的教育、政治不稳定以及不负责任的政府政策是造成拉丁美洲增长缓慢的主要原因。
- 在撒哈拉以南非洲地区，严重的政治不稳定、战争和糟糕的基础设施——尤其是对公共卫生的影响——对经济增长造成了灾难性的后果。但近些年的经济绩效已经比前些年大为改观。
- 只有在其他影响经济增长的因素——比如教育、基础设施、产权等——相同的情况下，趋同假说才会成立。

小测验 15-4

1. 部分经济学家认为，许多亚洲经济体较高的生产率是不可持续的。为什么说他们有可能是正确的？在什么条件下他们的观点会是错误的？

2. 根据图 15-8（b）的数据，哪些地区的发展支持趋同假说？哪些不支持？请解释。

3. 部分经济学家认为，对非洲国家而言最好的帮助方式是让富裕国家为非洲基本的基础设施建设提供更多的援助资金。其他学者认为这种援助政策不会产生什么长期效果，除非非洲国家能够从财务上和政治上维护这些基础设施。你建议采用什么政策？

15.5 世界经济增长可以持续吗

之前我们介绍了托马斯·马尔萨斯的观点，这位 19 世纪早期的经济学家警告说，人口增长的压力将会限制生活标准的提高。马尔萨斯的观点适用于过去是正确的：从文明的起源到他自己生活的时间，有限的土地供应有效地阻止了人均实际收入的大幅上升。然而，从那时起，技术进步以及实物资本和人力资本快速积累，世界已经可以否定马尔萨斯的悲观观点了。

但这将永远正确吗？一些持怀疑态度的人对**可持续长期经济增长**表示怀疑，在面对有限的自然资源供给和环境对经济增长的影响的背景下，这是否还能继续持续呢？

可持续长期经济增长是指面对有限的自然资源供给和环境对经济增长的影响能够保持长期经济增长。

15.5.1 自然资源和增长：重新审视

1972 年，一组科学家因为出版了一本名为《增长的极限》（*The Limits to Growth*）的书而引起轰动，该书认为，由于石油和天然气等不可再生资源供应有限，长期经济增长不可持续。这些“新马尔萨斯主义者”关注的问题首先似乎被 20 世纪 70 年代资源价格的大幅上涨所验证，然后在 20 世纪 80 年代资源价格大幅下跌时似乎被归于愚见。然而，2005 年后，资源价格再次大幅上涨，导致人们重新关注资源对增长的限制。

图 15-9 所示为实际石油价格——石油价格经过经济其余部分的通货膨胀调整——变化的情形。对经济增长的资源限制担忧的关注、冷淡到再关心，或多或少跟随图中所示的石油价格的上升、下降到再上涨的

变化。

对有限自然资源对长期经济增长影响的不同看法，主要依赖于对如下三个问题的回答：

- 关键自然资源的供给有多少？
- 技术上能否找到自然资源的有效替代品？
- 在面对资源稀缺时，长期经济增长可以持续吗？

第一个问题主要由地质学家来回答。遗憾的是，专家之间分歧巨大，特别是关于未来的石油生产前景。一些分析人士认为，在地下有足够的未开发石油，世界石油生产可以继续增产几十年。有些人（包括一些石油公司的高管）认为寻找新油田的难度越来越大，将导致石油生产在不久的将来停留在某一水平上，即停止增长，并最终开始逐渐下降。一些分析人士认为，我们已经到达了这一水平。

对第二个问题的回答，是否可找到自然资源的替代品，应该问工程技术人员。毫无疑问，目前正在枯竭的自然资源有许多替代品，其中一些已经被开发利用。事实上，从 2005 年左右开始，能源生产获得巨大发展，大量以前无法获得的石油和天然气通过水力压裂法得以提取，风力发电尤其是太阳能发电的成本已经大幅下降。

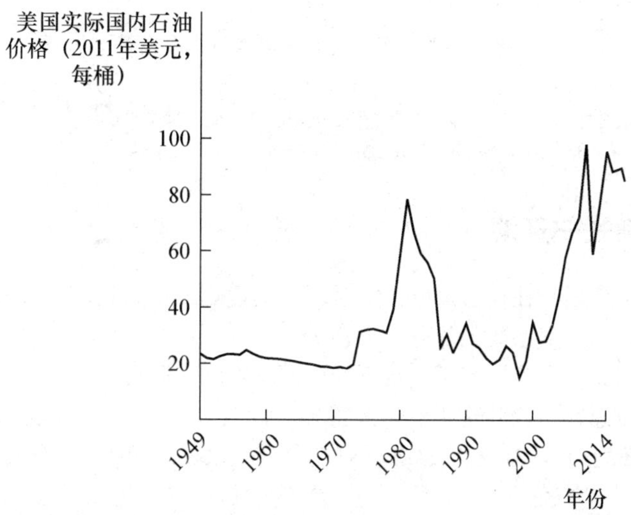

图 15-9　1949—2014 年实际石油价格

自然资源如石油的实际价格在 20 世纪 70 年代大幅上升，而后在 80 年代大幅下降。但是从 2005 年起，自然资源的实际价格又开始飙升。
资料来源：Energy Information Administration.

第三个问题，面对资源稀缺经济能否继续增长，主要由经济学家来回答。尽管并非所有经济学家都持乐观态度，但大部分经济学家认为，现代经济可以找到方法解决自然资源供给限制的问题。持有这种乐观态度的一个原因是资源稀缺将导致资源价格上升。这些高价格反过来对保护稀缺资源并寻找替代品提供了强有力的激励。

例如，在 20 世纪 70 年代油价大幅上涨后，美国消费者转向更小、更节能的汽车，美国产业界也付出巨大努力，减少能源消费。结果如图 15-10 所示，它比较了在 20 世纪 70 年代能源危机之后美国的人均实际 GDP 与石油消费的情形。1973 年之前，美国似乎是一个经济增长和石油消费之间存在一对一的对应关系的国家。但在 1973 年后，美国人均实际 GDP 继续增长，但已经大大减少了石油的使用。

1990 年之后，低油价鼓励消费者再转向耗油多的大轿车和越野车，石油保护有暂停趋势。但是，2005—2008 年以及 2010 年的石油价格大幅上涨，又鼓励人们重新转向石油保护。

考虑到对价格的反应，经济学家通常认为资源稀缺性可作为现代经济学能处理得相当好的一个问题，因此认为对长期经济增长的影响不会形成根本性的限制。然而，环境问题带来了另一个更棘手的问题，因为处理环境问题需要有效的政策行动。

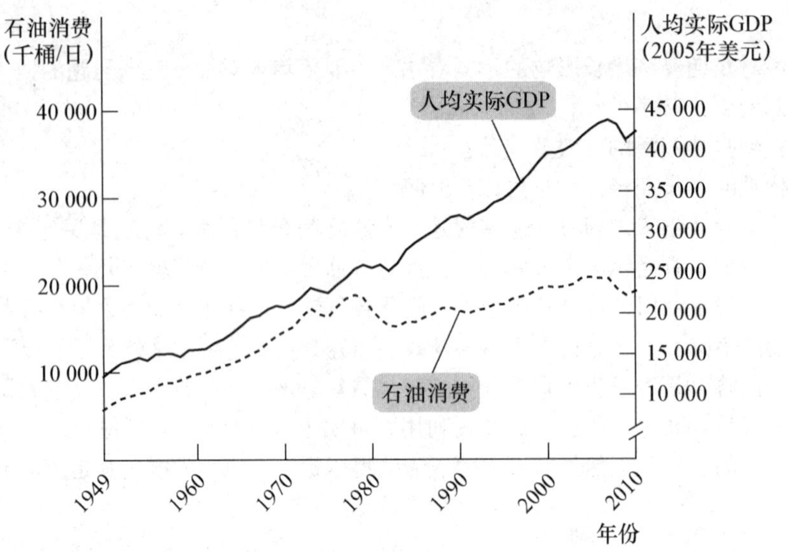

图 15-10　美国的石油消费与经济增长

在 1973 年之前，石油实际价格相对便宜，经济增长与石油消费之间大致存在一对一的对应关系。在 20 世纪 70 年代中期石油的实际价格上涨之后，保护力度也大幅增加。尽管石油消费减少，但是美国经济仍能继续增长。

资料来源：Energy Information Administration；FRED；Bureau of Economic Analysis.

□ 15.5.2　经济增长与环境

当其他因素不变时，经济增长往往会加剧人类对环境的影响。正如我们本章的开篇案例所说，中国惊人的经济增长也带来了该国城市空气污染的显著加剧。

然而，重要的是要认识到，其他因素不一定不变：国家可以采取行动来保护它们的环境。事实上，今天先进国家的空气和水的质量总体上比几十年前要好得多。伦敦著名的“雾”其实是空气污染——已经消散，归因于烧煤取暖几乎已经停止。同样著名的洛杉矶的烟雾在很大程度上也消失了，同样要感谢对污染的规制。

尽管过去这些治理环境的故事很成功，但今天关于环境对经济持续增长的影响仍然得到广泛关注，这反映了问题范围的变化。成功治理环境的故事主要涉及对当地经济增长的影响，如大规模汽车拥有量对洛杉矶盆地空气质量的影响。然而，今天我们面临的是全球环境问题，即全球经济增长对作为一个整体的地球的环境的不利影响。这些问题中最重要的是化石燃料消耗对世界气候的影响。

煤和石油的燃烧会向大气释放二氧化碳。下述看法已取得广泛的科学共识：不断上升的二氧化碳和其他气体水平造成的温室效应影响着地球，导致吸收更多的太阳热量，提高地球的整体温度。气温升高可能会导致人力和经济成本提高：海平面上升可能会淹没沿海地区；气候变化可能会扰乱农业，特别是贫困国家的农业等。

气候变化问题显然与经济增长有关。图 15-11 所示为 1980 年以来美国、欧洲和中国的二氧化碳排放量。从历史上看，这些排放中的大部分一直由富裕国家负责，因为它们消耗的能量比贫困国家多得多。但是，随着中国和其他新兴经济体的发展，它们已经开始消耗更多的能源，排放更多的二氧化碳。

在遏制温室气体排放量的同时维持长期经济增长可能吗？根据大多数研究过这个问题的经济学家，答案是肯定的。可以以多种方式减少温室气体排放，从使用非化石燃料能源如风力、太阳能、核能，到采取措施进行碳固存（对发电厂的二氧化碳回收并将其储存），再到更简单的一些措施，如建筑物在设计时更容易在冬季保持温暖和夏季保持凉爽。这些方法都会增加一些经济成本，但最可行的估计表明，即使在未来几十年温室气体排放量大幅减少，只会小幅放缓人均实际 GDP 的长期增长。

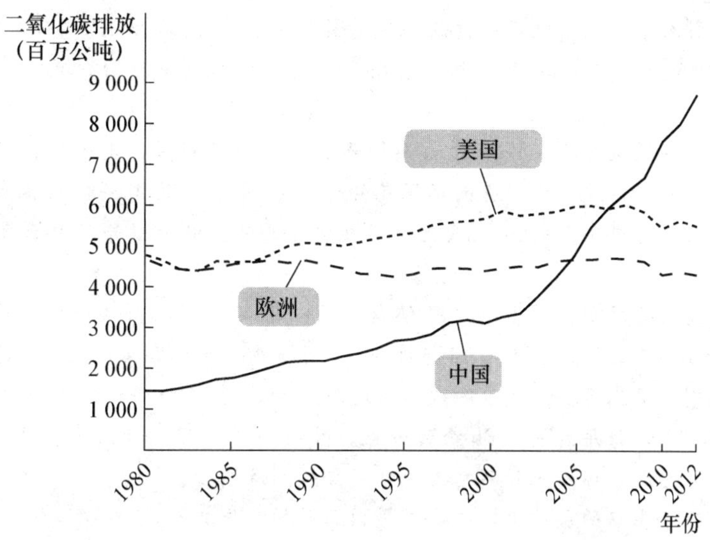

图 15-11　气候变化与经济增长

温室气体排放与经济增长呈正相关关系。如图所示，美国和欧洲这些富裕地区对历史上大量温室气体的排放负责，因为它们更富裕，经济增长也更快。随着中国和其他新兴经济体的发展，它们已经开始排放更多的二氧化碳。

资料来源：Energy Information Administration；FRED；Bureau of Economic Analysis.

问题是如何让这一切都发生。与资源稀缺性不同，环境问题不会自动地为改变行为提供激励。污染是负外部性的一个例子，个人或企业强加给别人成本但没有提供补偿。在没有政府干预的情况下，个人或企业没有动力减少负外部性，这就是为什么需要加强监管来减少美国城市空气污染的原因。

所以经济学家达成的广泛共识——虽然有一些反对者——是政府需要采取行动来应对气候变化。广泛的共识还有这些行动应采取市场激励的形式，无论是以碳税的形式——针对每单位碳排放纳税，还是对排放总量设置上限的总量限制和交易制度——生产商必须购买排放温室气体的排放许可证。然而，对什么行动是适当的也有相当多的争论，反映了两种不确定性：成本和收益的不确定性和对气候变化的速度和程度的科学研究的不确定性。

也有几个方面的气候变化问题使处理比如说北京的雾霾变得更加困难。一个问题是从长远看问题。温室气体排放对气候的影响是非常渐进的：今天进入大气的二氧化碳在几代人内可能不会发挥它的全部影响。因此，说服选民今天接受收益方面的痛苦，并称这将有利于他们的子孙后代，这是一个政治问题。

还有一个国际责任分担的难题。如图 15-11 显示，当今的发达国家应该对历史上大部分的温室气体排放负责，但新兴经济体如中国应该负责最近的排放增长。无法避免的是，富裕国家不愿意支付减少排放的代价，因为新兴国家和地区的加速排放会使得它们的努力无效。另外，像中国这样的国家仍然比较穷，它们认为让它们承担富裕国家过去的行为对保护环境造成的负担是不公平的。

这个问题的一般道德原则是长期经济增长与环境保护的协调是可能的。主要的问题之一是围绕必要的政策达成政治共识。

▶ 真实世界中的经济学

限制碳排放的代价

几年来，国会出台了几项议案，将大大减少美国未来几十年的温室气体排放量。然而，到了 2014 年时，鉴于美国的政治分歧，很显然，这些法案在可预见的将来不太可能被通过。然而，根据《清洁空气法》(Clean Air Act) 的要求，美国国家环境保护局（环保局）(U. S. Environmental Protection Agency，EPA) 对危害公共健康的污染物进行规制，2007 年最高法院裁定，二氧化碳排放量应该达到标准要求。

因此，美国环保局开始采取一系列限制碳排放的措施。首先，它制定了新的燃油效率标准，这将减少汽车的尾气排放量。然后引入了限制新电厂排放的规定。最后，在2014年6月，它宣布了限制现有电厂排放量的计划。这是至关重要的一步，因为燃煤电厂占据了碳排放的很大一部分，无论是在美国还是世界其他地区。

但是，新的规则将怎样影响经济？许多政治家和产业组织快速断言，美国环保局的规则将削弱经济增长。然而，大部分经济学家并不这样看。美国环保局的分析表明，到2030年，环保新规则造成的美国经济的代价按今天美元价值估计为每年大约90亿美元——相对于每年产品和服务产出价值为17万亿美元的经济体并不大。

然而，美国环保局提出的规则将最多解决气候变化的一小部分问题。这一计划项目的成本真正为多少呢？2014年4月，联合国政府间气候变化专门委员会（U. N. International Panel on Climate Change，IPCC）估计，全球采取措施限制温度上升2摄氏度的成本将逐步上升，到2100年达到产出的约5%。然而，对世界经济增长率的影响将非常小，每年大约0.06个百分点。政府间气候变化专门委员会的数据与其他的估计大致相当；大多数独立研究发现，环境保护不需要大幅度减缓经济增长。

为什么这么乐观？在最基本的层面上，主要是提出正确的激励机制，现代经济体可以找到许多方法来减少排放，包括可再生能源的使用（这在过去几年已经变得更便宜）以及诱导消费者选择对环境影响小的产品。经济增长和环境破坏不一定并行。

及时复习

● 对于长期经济增长是否可持续有着广泛的争议。然而，经济学家普遍认为，现代经济体可以找到方法来减轻自然资源短缺对增长的限制，如通过价格效应来促进资源保护和创造替代品。

● 克服环境退化对经济增长的限制变得更加困难，因为它需要有效的政府干预。限制温室气体的排放只需要稍许降低经济增长速度。

● 达成的广泛共识是：政府采取行动应对气候变化和温室气体排放应在市场化激励机制下操作，如碳税或总量限制和交易制度。它还要求富国和穷国达成一些关于减排成本如何分担的协议。

小测验 15-5

1. 经济学家通常更关注环境退化或资源稀缺对增长所施加的限制吗？请解释。在回答时请注意负外部性的作用。

2. 温室气体排放与经济增长之间的联系是什么？减排对经济增长的预期影响有哪些？为什么减少温室气体排放的国际负担是一个有争议的问题？

▶ **解决问题**

印度经济增长寻迹

20世纪80年代早期，为实现两大主要目标——促进工业化和经济对外开放，政府采取了一系列改革。这些政策推动印度经济人均实际GDP增长了300%，在过去35年，印度成为世界上增长最快的国家之一。

通过比较1981—1985年与2006—2010年印度的经济，可以看出20世纪80年代初经济环境的变化对印度整体经济增长发挥了重要作用。在这两个5年期间，印度的长期增长率是多少？运用人均实际GDP来度量增长。依据当前的长期增长率，印度的GDP大概多久会翻一番？

步骤1：比较1981—1985年与2006—2010年印度的经济情况（提示：世界银行提供不同国家人均实际GDP的统计数据）。

访问网站data. worldbank. org。在查询框内键入“人均GDP”，选择“2005年不变价值美元”。在表格上部选择1981—1985年和2006—2010年，复制印度的数据。印度人均实际GDP用不变价值美元计算的结果如下：

年份	人均实际 GDP（美元）
1981	303
1982	306
1983	321
1984	326
1985	335
2006	784
2007	848
2008	869
2009	929
2010	1 010

步骤 2： 使用上表中的数字，计算印度的人均实际 GDP 增长率，并讨论 20 世纪 80 年代初的增长率与 2006—2010 年增长率的差异。

第 1 年至第 2 年人均实际 GDP 的变化率或增长率使用以下公式计算：

$$\frac{\text{第 2 年人均实际 GDP}-\text{第 1 年人均实际 GDP}}{\text{第 1 年人均实际 GDP}}\times 100\%$$

因此，1981—1982 年之间的增长率计算如下：

$$\frac{306\text{ 美元}-303\text{ 美元}}{303\text{ 美元}}\times 100\%=1.0\%$$

正如我们从表中数据可以看出的那样，印度在 1981—1985 年经历了温和增长，而在 2006—2010 年则是快速增长。

年份	增长率
1982	1.0%
1983	4.9%
1984	1.6%
1985	2.8%
2007	8.2%
2008	2.5%
2009	6.9%
2010	8.7%

步骤 3： 每个 5 年期间的平均长期增长率是多少？如果印度增长率按照 2006—2010 年的平均长期增长率继续增长，印度的 GDP 翻一番需要多长时间？

将 1981—1985 年的增长率加总然后除以 4，年均增长率为 2.6%。* 2006—2010 年的年均增长率为 6.6%。根据 70 规则，如果印度的 GDP 继续以 6.6% 的增长率增长，人均实际 GDP 翻一番的时间为 70/6.6＝10.6 年。

* 这里算年均增长率的方法并不正确。——译者注

小结

1. 经济增长以人均实际 GDP 的变化来表示，这是为了消除价格水平变动、人口规模变化的影响。世界各国的人均实际 GDP 水平差异极大：全世界一半以上人口所在的国家比 1900 年的美国还要贫困。

2. 人均实际 GDP 的增长率差异也非常大。根据 70 规则，人均实际 GDP 翻一番所需要的时间等于 70 除以人均实际 GDP 的年均增长率。

3. 长期增长的关键是劳动生产率或者说生产率的提高，生产率指的是人均产量。生产率提高源于人均实物资本和人均人力资本的增加以及技术进步。总量生产函数反映的是人均实际 GDP 与这三个因素之间的关系。假定其他条件相同，实物资本报酬递减是指：额外增加一单位实物资本所带来的生产率的增加低于前一单位的实物资本。换句话说，更多的人均实物资本能够带来较低的但仍然是正的生产率的增长。增长核算，即估计每一个因素对一国经济增长的贡献，表明全要素生产率的提高是长期增长的关键。全要素生产率是指利用给定的要素投入量所能够生产的产量。通常把全要素生产率理解为技术进步的产出效应。跟过去不同的是，对今天的大多数国家而言，自然资源已经不再是生产率增长的重要源泉。

4. 国家间增长率上的巨大差异很大程度上是由它们的实物资本和人力资本积累率的差异以及技术进步的差异导致的。尽管国外储蓄的流入有影响，但主要因素是国内储蓄率和投资支出率的差异，因为高投资支出率的大多数国家都有国内高储蓄率为实物资本融资。技术进步很大程度上是研究与开发的结果。

5. 政府可以帮助也可阻碍经济增长。政府直接促进经济增长的政策有对基础设施补贴，特别是对公共卫生设施、教育、研究与开发进行补贴和维持一个运作良好的金融体系，为储蓄转化为投资支出、教育和研究与开发提供渠道。政府可以采取多种措施改善经济增长的环境：保护产权（特别是通过专利保护知识产权），保持政治稳定以及提供良好的治理。糟糕的治理包括腐败和过度的政府干预。

6. 世界经济中既有追求长期经济增长的成功范例，也有失败的例子。东亚经济在许多方面做得比较正确，从而达到了非常高的增长率。拉丁美洲和非洲经济多年来的低增长率令经济学家认为，趋同假说（即认为国家间人均实际 GDP 差异随着时间的推移会缩小）只是在其他影响增长的因素如教育、基础设施以及有利的政府政策和机构相同的情况下才与数据符合。近年来，已经有一些拉丁美洲和撒哈拉以南非洲地区的国家的增长率开始增加，这主要是由大宗商品出口带来的繁荣。

7. 经济学家普遍认为，环境恶化比自然资源短缺对可持续长期经济增长带来的挑战更大。解决环境恶化问题需要有效的政府干预，但自然资源短缺的问题往往由市场价格反应来解决。

8. 温室气体的排放与经济增长有明显的联系，限制温室气体排放需要降低一定的经济增长。然而，可获得的最好估计表明，大规模的减排量只需要增长率温和下降。

9. 有一个广泛共识是，政府采取的解决气候变化和温室气体问题的行动应该建立在以市场为基础的激励机制之上，如碳税或总量限制和交易制度。它还将要求富国和穷国达成一些关于减排成本如何分担的协议。

关键词

70 规则　劳动生产率　实物资本　人力资本　技术进步　总量生产函数　实物资本报酬递减
增长核算　全要素生产率　研究与开发　基础设施　趋同假说　可持续长期经济增长

练习题

1. 下表中所列的数据来自宾夕法尼亚大学世界经济数据库第 8.0 版（Penn World Table，Version 8.0），表中所列的是以 2005 年美元表示的阿根廷、加纳、韩国和美国 1960 年、1970 年、1980 年、1990 年、2000 年和 2011 年的人均实际 GDP 数据。

a. 试把每一年的人均实际 GDP 表示成占 1960 年或 2011 年水平的百分比，并填充下表。

b. 这四个国家 1960—2011 年的生活水平增长状况有何差异？如何解释这些差异？

年份	阿根廷			加纳			韩国			美国		
	人均实际 GDP（2005 年美元）	占 1960 年人均实际 GDP 的百分比	占 2011 年人均实际 GDP 的百分比	人均实际 GDP（2005 年美元）	占 1960 年人均实际 GDP 的百分比	占 2011 年人均实际 GDP 的百分比	人均实际 GDP（2005 年美元）	占 1960 年人均实际 GDP 的百分比	占 2011 年人均实际 GDP 的百分比	人均实际 GDP（2005 年美元）	占 1960 年人均实际 GDP 的百分比	占 2011 年人均实际 GDP 的百分比
1960	6 585	?	?	1 557	?	?	1 610	?	?	15 136	?	?
1970	8 147	?	?	1 674	?	?	2 607	?	?	20 115	?	?
1980	8 938	?	?	1 418	?	?	5 161	?	?	25 221	?	?
1990	6 889	?	?	1 296	?	?	11 376	?	?	31 431	?	?
2000	9 208	?	?	1 530	?	?	20 016	?	?	39 498	?	?
2011	13 882	?	?	2 349	?	?	29 618	?	?	42 244	?	?

2. 下表所列的是阿根廷、加纳和韩国在过去几十年间的人均实际 GDP 年均增长率，数据来自宾夕法尼亚大学世界经济数据库第 8.0 版。

年份	人均实际 GDP 年均增长率（%）		
	阿根廷	加纳	韩国
1960—1970 年	2.15	0.73	4.94
1970—1980 年	0.93	−1.64	7.07
1980—1990 年	−2.57	−0.90	8.22
1990—2000 年	3.40	1.67	5.81
2000—2010 年	7.92	3.16	3.67

a. 对每个十年和每个国家，如果有可能的话，试用 70 规则计算该国的人均实际 GDP 翻一番所需要的时间。

b. 假设三个国家在 2000—2010 年间的年均增长率能够在未来无限延续。在可能的情况下，试用 70 规则分别计算各国从 2010 年开始到哪一年人均实际 GDP 能够翻一番？

3. 下表给出了人均收入水平和根据收入水平定义的地区的增长率的近似统计。根据 70 规则，从 2012 年开始，高收入国家的人均实际 GDP 翻一番需要约 64 年。该题假设每个地区的年均增长率都保持它们 2000—2012 年的平均值。

区域	人均实际 GDP	人均实际 GDP 年均增长率（2000—2012 年）
高收入国家	31 372	1.1%
中等收入国家	2 730	4.7%
低收入国家	422	3.2%

a. 计算下述地区之间 2012 年人均实际 GDP 的比率：

i. 中等收入国家与高收入国家。

ii. 低收入国家与高收入国家。

iii. 低收入国家与中等收入国家。

b. 计算低收入国家和中等收入国家的人均实际 GDP 翻一番所需年数。

c. 计算每个地区在 2076 年的人均实际 GDP。（提示：它们的人均实际 GDP 在 2012—2076 年的 64 年内翻了多少倍?）

d. 以 2076 年的人均实际 GDP 重新计算问题 a 实际的答案。

e. 比较问题 a 和问题 d 的答案。对地区之间经济不平等的变化进行评论。

4. 一个名为安卓德的国家目前使用生产函数 1。一个偶然的机会，科学家们获得技术上的突破，这将提升安卓德的生产率。这一技术突破体现在生产函数 2 上。下表给出了使用两种方法每名工人的实物资本和每名工人的产出情况，假设每名工人的人力资本固定不变。

生产函数 1		生产函数 2	
每名工人的实物资本	每名工人的实际 GDP	每名工人的实物资本	每名工人的实际 GDP
0	0.00	0	0.00
50	35.36	50	70.71
100	50.00	100	100.00
150	61.24	150	122.47
200	70.71	200	141.42
250	79.06	250	158.11
300	86.60	300	173.21
350	93.54	350	187.08
400	100.00	400	200.00
450	106.07	450	212.13
500	111.80	500	223.61

a. 使用表中的数据，在一张图中画出两个生产函数的曲线。安卓德目前每名工人的实物资本为 100。在图中标记这一点为 A 点。

b. 从 A 点开始在 70 年的时间内，安卓德每名工人的实物资本上升到 400。假设安卓德仍然使用生产函数 1，在图中标出产出结果 B 点。使用 70 规则，计算出每年人均产出增长的百分率是多少。

c. 现在假设安卓德每名工人的实物资本上升到 400。假设安卓德转变为使用生产函数 2，在图中标出产出结果 C 点。使用 70 规则，计算出每年人均产出增长的百分率是多少。

d. 随着安卓德经济从 A 点移动到 C 点，由更高的全要素生产率带来的年均生产率增长份额是多少？

5. 美国劳工统计局会定期发布前一个月的“生产率和成本”报告。登录 www.bls.gov，浏览最新的报告。（在劳工统计局网站的首页上，点击“主题”，选择“生产率：劳动生产率和成本”，找到最新的报告。）上个季度商业和非农业生产率的百分比变化是多少？该季度生产率的百分比变化与上年数据相比有何差异？

6. 实物资本、人力资本、技术进步和自然资源在人均总产量的长期增长过程中分别起到什么样的作用？

7. 美国的政策和制度怎样影响该国的长期经济增长？

8. 在未来的 100 年间，预计格罗兰德的人均实际 GDP 年均增长率为 2.0%。而斯罗兰德的年均增长率预计较低，为 1.5%。如果两国今天的人均实际 GDP 均为 20 000 美元，在未来 100 年后它们的人均实际 GDP 会有什么差异？［提示：如果一国今天的实际 GDP 为 x 美元，年均增长率为 y%，那么 z 年之后的实际 GDP 等于 $x\times(1+100y)^z$ 美元。我们假定 $0\leqslant y<10$。］

9. 下表所列为法国、日本、英国和美国 1950 年和 2011 年的人均实际 GDP 数据（以 2005 年美元表示），数据来自宾夕法尼亚大学世界经济数据库第 8.0 版。填充下表。这些国家的经济是否趋同？

	1950 年		2011 年	
	人均实际 GDP（2005 年美元）	占美国人均实际 GDP 的百分比	人均实际 GDP（2005 年美元）	占美国人均实际 GDP 的百分比
法国	6 475	?	29 476	?
日本	2 329	?	31 587	?
英国	9 669	?	32 079	?
美国	15 136	?	42 244	?

10. 下表所列为阿根廷、加纳、韩国和美国 1960 年和 2011 年的人均实际 GDP 数据（以 2005 年美元表示），数据来自宾夕法尼亚大学世界经济数据库第 8.0 版。填充下表。这些国家的经济是否趋同？

	1960 年		2011 年	
	人均实际 GDP（2005 年美元）	占美国人均实际 GDP 的百分比	人均实际 GDP（2005 年美元）	占美国人均实际 GDP 的百分比
阿根廷	6 585	?	13 882	?
加纳	1 557	?	2 349	?
韩国	1 610	?	29 618	?
美国	15 136	?	42 244	?

11. 为什么你预期加利福尼亚州和宾夕法尼亚州之间的人均实际 GDP 会趋同，而加利福尼亚州和墨西哥的临近美国边境的下加利福尼亚州之间则不会？什么样的条件变化会使得加利福尼亚州和下加利福尼亚州趋同？

12. 根据《石油和天然气杂志》(*Oil and Gas Journal*)，到 2012 年，世界上已探明的石油储量有 15 250 亿桶。该年，美国能源信息管理局报告说，世界每天的石油产量为 7 558 万桶。

a. 以这个速度，已探明的石油储量可采多少年？根据你计算的结果讨论马尔萨斯的观点。

b. 为了计算问题 a，你对随着时间推移的石油储量做了什么假设？这些假设与马尔萨斯资源有限的观点一致吗？

c. 讨论市场力量如何影响已探明石油储量开采的持续时间，假设没有新的石油被发现和石油的需求曲线保持不变。

13. 下表所示为 2000—2011 年部分国家人均二氧化碳排放量的年均增长率和人均实际 GDP 的年均增长率。

国家	2000—2011 年人均实际 GDP 年均增长率（%）	2000—2011 年人均二氧化碳排放量年均增长率（%）
阿根廷	2.25	2.95
斯里兰卡	4.16	6.52
加拿大	1.10	−0.33
中国	10.72	9.31
德国	1.25	−1.20
爱尔兰	0.57	−0.96
日本	0.59	−0.16
韩国	3.74	3.06
墨西哥	0.79	1.72
尼日利亚	5.93	−0.55
俄罗斯	5.08	1.61
南非	2.73	1.63
英国	1.05	−1.09
美国	0.74	−0.60

资料来源：Energy Information Administration；The Conference Board.

a. 根据二氧化碳排放量年均增长率对上述国家从最高到最低排序。排放量增长率最高的五个国家是哪些？排放量增长率最低的五个国家是哪些？

b. 根据人均实际 GDP 年均增长率对上述国家从最高到最低进行排序。增长率最高的五个国家是哪些？增长率最低的五个国家是哪些？

c. 你从二氧化碳排放量与人均实际 GDP 的年均增长率的排序结果能推断出什么结论？

d. 高人均实际 GDP 年均增长率必然会导致二氧化碳排放量也高吗？

在线回答问题

14. 假设你被聘为阿尔巴尼亚和布列塔尼亚这两个国家的经济顾问。当前每个国家每名工人的实物资本和每名工人的产量之间的关系如下图中的曲线"生产率$_1$"所示。阿尔巴尼亚位于 A 点，布列塔尼亚位于 B 点。

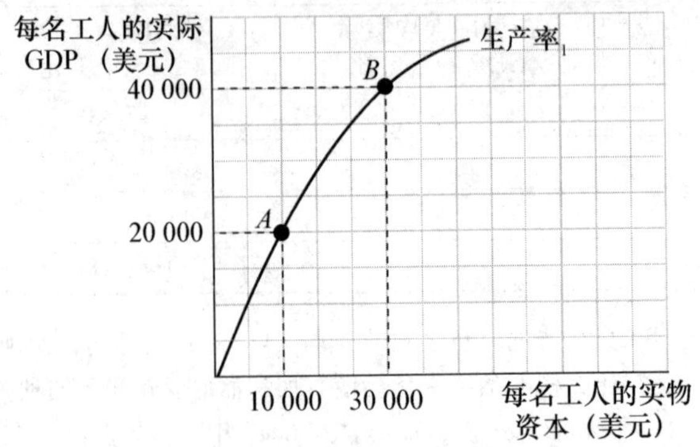

a. 在生产率$_1$曲线所描述的关系中，哪些因素是固定不变的？这两个国家是否面临每名工人的实物资本报酬递减的状况？

b. 假设每个国家每名工人的人力资本和技术水平均保持不变，你能否提出一项政策建议使得阿尔巴尼亚的每名工人的实际 GDP 翻倍？

c. 如果每名工人的人力资本和技术水平不是固定不变的，你的政策建议是否会有变化？假设当每名工人的实物资本等于 10 000 美元时人力资本翻倍。试在图中画出代表对阿尔巴尼亚政策建议的曲线。

第 16 章

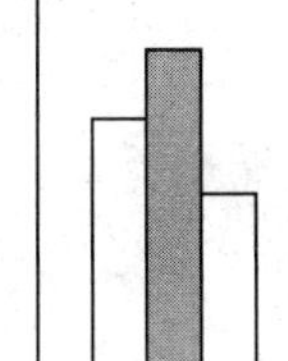

总供给和总需求

本章将学习

- 总需求曲线如何表现经济中总价格水平与总产出需求数量之间的关系。
- 总供给曲线如何表现经济中总价格水平与总产出供给数量之间的关系。
- 为什么短期总供给曲线不同于长期总供给曲线。
- *AD—AS* 模型如何用来分析经济波动。
- 货币政策和财政政策怎样用来稳定经济。

开篇案例

什么类型的冲击?

联邦公开市场委员会（Federal Open Market Committee，FOMC）是联邦储备系统的一个机构，该机构决定美国的货币政策，可以说比其他任何机构（包括总统）都拥有更多的经济权力。2008 年 9 月 16 日它举行了一次常规会议。后来证明这是一个非常重要的日子。随着投资银行雷曼兄弟（Lehman Brothers）的倒闭，金融业酝酿已久的问题开始爆发，已经陷入衰退的美国经济即将自由落体。毫不奇怪，参加会议的官员非常担心。

但是结果证明许多委员会成员担心的却是其他事情。当委员会发布其 2008 年的会议纪要时——直到 2014 年才公开——我们了解到，在 2008 年夏天，相对于对金融危机或其引起的衰退导致的失业率骤升的担心，大多数委员更忧心通货膨胀，这一态度一直持续到 9 月。在 2008 年 6 月和 8 月的会议上，通货膨胀这个词出现的次数是失业率这个词的 10 倍以上。即使在非常关键的 9 月的会议上，通货膨胀被提及的次数与失业率相比也是 5∶1。

后来的事件表明，这是一个政策优先事项错位的情形，造成了严重后果。为什么？因为应对失业率飙升的适当政策和应对通货膨胀上涨的政策或多或少是相反的。如果失业是主要问题，美联储应该降低利率，以刺激支出；如果通货膨胀是主要问题，美联储应该提高利率，以对经济降温。

2008 年秋季和夏季的通货膨胀并不是主要问题，而其对立面的失业问题却很严重，委员会集中于关注通货膨胀，因此找错了解决问题的方向。

委员会是怎样将优先事项弄错的呢？我们现在知道 2008 年对经济的巨大冲击是金融危机，这反过来导致企业和消费者支出急剧下降。然而，在那一年的大部分时间里，公平地说，美联储和许多其他观察家的眼光却集中于不同的冲击：石油价格飞涨，油价从 2007 年夏天的每桶 60 美元涨至 2008 年 7 月的每桶 145 美元的峰值。委员会的许多成员更加担心石油价格的影响，而不是金融风暴的聚集。

正如我们已经知道的那样，金融危机和石油价格飙升都可能造成毁灭性的经济问题，但它们造成的问题并不相同，所以应对策略也各异。金融危机通过减少支出损害经济，这是一个需求冲击，它会提高失业率，同时降低通货膨胀率，甚至可能导致通货紧缩，如历史上最糟糕的衰退——1929—1933 年期间的经济暴跌。应对这种冲击的经济政策是增加支出，其中包括降息。

然而，石油价格激增通过提高成本和阻碍生产来造成损害，这是一种供给冲击。像负向需求冲击一样，不利的供给冲击会导致经济萎缩，失业率上升。但它们也导致通货膨胀，特别是，它们会导致高通货膨胀率和高失业率的不利结果同时出现，这被称为滞胀，这在 20 世纪 70 年代的大部分时间影响着美国经济（主要是由于石油价格在 1973 年和 1979 年的两次激增）。应对滞胀非常棘手：你可能想降低利率来保护就业，但你还想提高利率来打击通货膨胀。

最后，面对这些相互矛盾的事情，联邦公开市场委员会做出的回应是什么都不做。整个夏天，一直到 2008 年 9 月，利率保持不变。在几个星期内情况变得明朗，需求而不是供给是严重问题。此时美联储开始疯狂用力拉动加速走向困境的经济。但是，2008 年美联储的困惑告诉我们，这些决策并不总是易于理解。

我们应该提到，美联储应对金融危机的政策最终只是部分成功。在美联储政策的助推之下，经济在 2009 年稳定下来，但随后的复苏却非常缓慢。即使美联储更早意识到真正的危险，经济也许仍然会遭受很多损失。但它在 2008 年的混乱行为肯定没有帮助。

在本章中我们将提出一个模型，凭此来区分不同类型的短期经济波动。

为了建立这样一个模型，我们将采用三个步骤：首先，我们将会提出总供给概念；其次，我们会转向具有同样重要意义的总需求概念；最后，我们将会把它们放在一起提出 *AD—AS* 模型。

16.1 总需求

总需求曲线表现的是总价格水平和居民、企业、政府与世界其他地区对总产出的需求数量之间的关系。

绝大多数经济学家都同意大萧条是巨大负面需求冲击造成的结果。这是什么意思？在第 3 章中，我们解释说，当经济学家谈论对特定产品或服务的需求下降时，他们所指的内容可用需求曲线向左移动来表示。同样，当经济学家谈论对整个经济的负面需求冲击时，他们所指的内容可用**总需求曲线**（aggregate demand curve）向左移动来表示。总需求曲线表现的是总价格水平和来自居民、企业、政府与世界其他地区对总产出的需求数量之间的关系。

图 16－1 所示为 1929—1933 年大萧条最后一年 1933 年的总需求曲线。横轴表示对国内产品和服务的需求总量（以 2009 年美元计）。我们使用实际 GDP 来度量总产出，并且经常会交替使用这两个术语。纵轴表示按 GDP 缩减指数计算的总价格水平。使用这些变量轴，我们可以绘制一条 *AD* 曲线，表示在任何给定的总价格水平下对总产出的需求数量。由于 *AD* 曲线意在说明 1933 年的总需求，曲线上的一点对应于 1933 年的实际数据，当总价格水平为 7.3 时，用 2009 年美元度量的对国内最终产品和服务的总购买量为 7 780 亿美元。

如图 16－1 所示，*AD* 曲线向下倾斜，表明总价格水平和对总产出的需求数量之间存在负相关关系。在其他条件不变的情况下，总价格水平提高，对总产出的需求数量会减少；总价格水平降低，对总产出的需求数量会增加。依照图 16－1，如果价格水平在 1933 年时为 4.2 而非 7.3，对国内总产出的总需求数量为用 2009 年美元计算的10 000 亿美元，而非 7 780 亿美元。

对于总需求曲线的第一个重要问题是：曲线为什么向下倾斜？

□ 16.1.1 总需求曲线为什么向下倾斜

在图 16－1 中，总需求曲线是向下倾斜的。为了理解这一点，我们需要知道国民收入核算的基本方程：

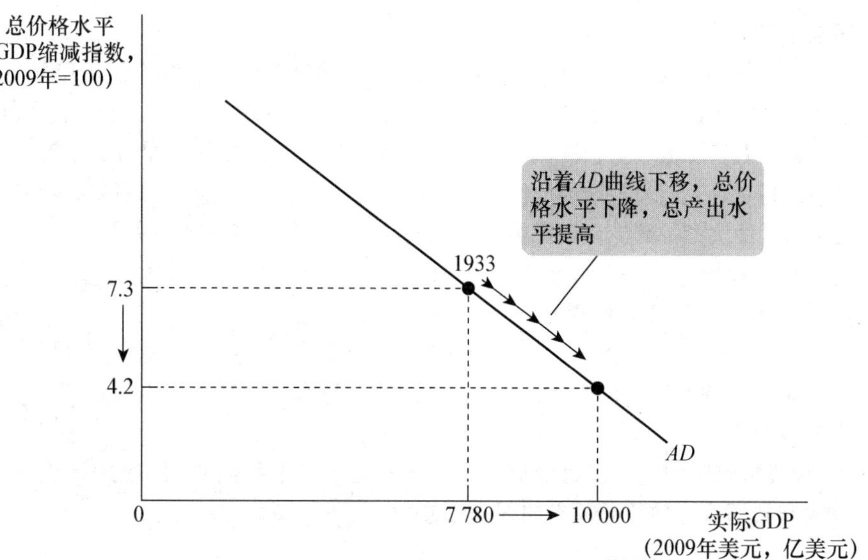

图 16－1　总需求曲线

总需求曲线表现的是总价格水平和总需求数量之间的关系。总需求曲线向下倾斜，这是由总价格水平变化的财富效应和利率效应导致的。在该图中，1933 年当总价格水平为 7.3 时，对产品和服务的总需求数量用 2009 年美元计算为 7 780 亿美元。根据我们所假设的曲线，如果总价格水平为 4.2，总需求数量为 10 000 亿美元。

$$\text{GDP}=C+I+G+X-M \tag{16-1}$$

其中 C 代表消费支出，I 代表投资支出，G 代表政府对产品和服务的购买，X 代表对其他国家的出口，而 M 代表进口。如果这些变量是用不变的货币值来衡量——也就是用某一基年的价格来度量——那么，$C+I+G+X-M$ 就是在给定时期内对最终国内产品和服务的需求数量。G 是由政府决定的，其他几项是由私人部门决定的。为了明白为什么总需求曲线向下倾斜，我们要明白为什么总价格水平的提高会引起 C、I 和 $X-M$ 的降低。

读者可能会认为，总需求曲线向下倾斜是我们第 3 章定义的需求法则的一个自然结果。因为对任意一种产品来说，需求曲线是向下倾斜的，所以很自然对产品的总需求曲线也是向下倾斜的！然而，这并非一种正确的类推。对任何一种产品来说，讨论对该产品的需求如何对其价格做出反应要依赖于一个重要的条件：假定其他产品和服务的价格不变。当产品价格上涨后，产品需求数量下跌的主要原因——也就是说，当我们沿着需求曲线向上移动时，需求数量会下降——是人们把他们的消费转向了其他产品和服务。

但是当我们考虑沿着总需求曲线上下移动的时候，我们也要考虑所有最终产品和服务的价格同时在改变。而且，消费者对产品和服务组合支出的变化与总需求曲线无关：如果消费者决定少购买衣服但多购买汽车，这不一定会改变他们最终产品和服务的总需求数量。

那么，为什么当总价格水平上涨后，对所有国内生产的最终产品和服务的需求会自动下降？有两个主要理由：总价格水平变化的财富效应和利率效应。

财富效应　当总价格水平上升后，如果其他条件不变，人们对许多资产的购买力将会降低。例如，某人在银行有存款 5 000 美元。如果总价格水平上涨 25%，之前需 5 000 美元购买的东西现在要花费 6 250 美元；之前 4 000 美元的东西，现在需花费 5 000 美元。现在银行的 5 000 美元存款只能购买相当于此前 4 000 美元的东西。数以百万计的其他人也会做出同样的反应导致对于最终产品和服务的支出下降，因为总价格水平上升导致每个人银行存款账户的购买力降低。

总价格水平变化的财富效应是指总价格水平变化影响消费者所拥有的资产购买力，从而改变了消费者支出水平的效应。

因此，总价格水平下降，消费者资产的购买力将会增加，消费需求也会增加。**总价格水平变化的财富效应**（wealth effect of a change in the aggregate price level）是指总价格水平变化影响消费者所拥有的资产购买力，从而改变了消费者支出水平的效应。因为财富效应的存在，当总价格水平上升时，消费者支出

水平 C 将下降，导致总需求曲线向下倾斜。

利率效应 经济学家从最狭义的意义上使用货币概念，指的是现金和那些人们可以开支票的存款。人们和企业持有货币是因为可以降低交易成本和不方便性。当总价格水平提高的时候，如其他条件不变，人们持有的数量给定的货币的购买力将降低。为了购买与以前同样数量的产品和服务，人们现在需要持有更多的货币。因此，当总价格水平提高时，人们为了增加他们持有的货币量，一方面通过更多地借贷，另一方面通过出售他们拥有的债券等之类的其他资产，减少他们提供给其他人的借款，推动利率水平提高。

利率水平提高将导致投资支出减少，因为它增加了贷款成本。因为家户将它们的可支配收入更多地用于储蓄，所以消费支出减少了。因此，**总价格水平变化的利率效应**（interest rate effect of a change in the aggregate price level）是指价格水平的提高通过影响人持有的货币的购买力导致投资支出和消费支出下降。这也导致了总需求曲线向下倾斜。

总价格水平变化的利率效应是指价格水平的提高通过影响人持有的货币的购买力导致投资支出和消费支出下降。

我们将在第 19 章货币政策中进一步讨论货币和利率问题。当下我们要明白的一个重要观点是：总价格水平变化的财富效应和利率效应导致总需求曲线向下倾斜。

□ 16.1.2 总需求曲线的移动

在第 3 章中，我们介绍了单个产品市场中的供需分析，强调了沿需求曲线的移动与需求曲线移动之间的区别的重要性。同样的区别也适用于总需求曲线。图 16－1 表示的是沿总需求曲线的移动。当总价格水平变化时，产品和服务的总需求量也随之变化。

但也可能出现总需求曲线的移动，在任何给定价格水平上，对产品和服务的总需求数量发生变化，如图 16－2 所示。当我们讨论总需求增加时，我们的意思是说总需求曲线右移，如图 16－2（a）所示，从 AD_1 移动到 AD_2。当对总产出的需求数量在任一给定的总价格水平上增加时，总需求曲线就会右移。总需求的减少意味着总需求曲线向左移动，如图 16－2（b）所示。向左移动的意思是指在任一给定的总价格水平上对总产出的需求数量减少了。

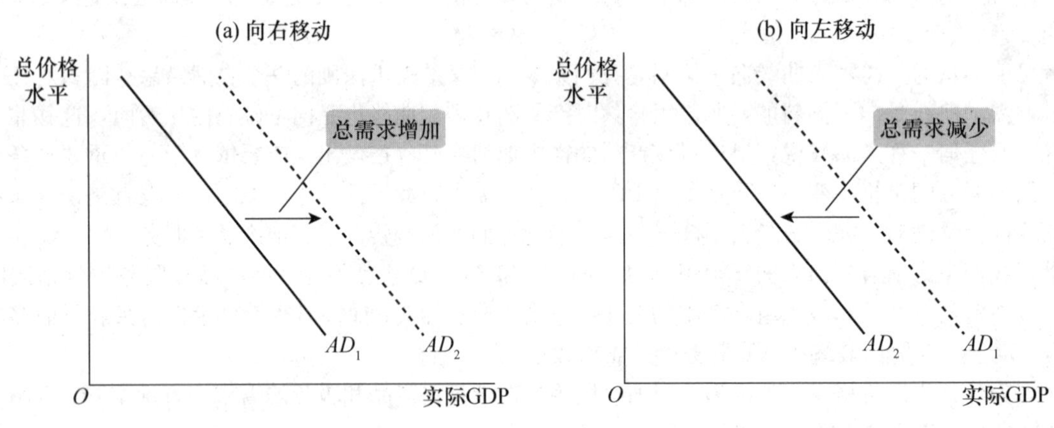

图 16－2 总需求曲线的移动

图 16－2（a）所示为在任一给定价格水平上，由某些事件引起的对总产出需求量增加的效应，比如企业和居民对未来的信心增强或者政府支出增加等。这些事件导致总需求曲线从 AD_1 向右移动到 AD_2。图 16－2（b）所示为由某些事件引起的在任一价格水平上对总产出需求量减少的效应，比如由于股票市场价格下跌引起的财富减少，由此导致总需求曲线从 AD_1 向左移动到 AD_2。

许多因素可以改变总需求曲线。最重要的因素是预期的变化、财富的变化以及现有实物资本存量的大小。此外，财政政策和货币政策可以改变总需求曲线。我们将解释改变总需求曲线的每个因素，对改变总需求曲线的因素的概述见下页表 16－1。

预期的变化 消费支出和投资支出在一定程度上依赖于人们对未来的预期。消费者支出的多少不仅依赖于人们现在的收入，还依赖于人们对未来收入的预期。企业投资规模不仅依赖于当前的经济状况，也依赖于它们在未来的预期销售。所以，预期的变化可以推动消费支出和投资支出增加或减少。如果消费者和企业对未来充满信心，总支出将增加；如果他们对未来越来越悲观，总支出将下降。

表 16-1　　引起总需求曲线移动的因素

变量变化	总需求增加	变量变化	总需求减少
预期的变化：			
当消费者和企业对未来乐观	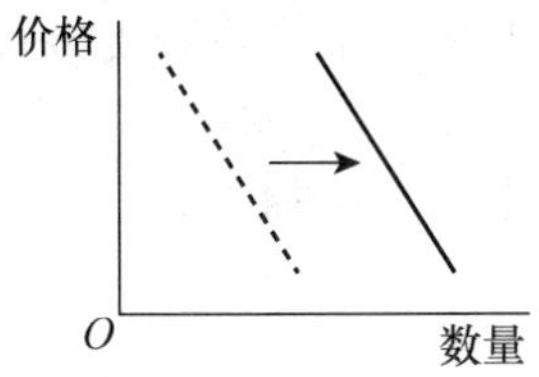 价格 O 数量	当消费者和企业对未来悲观	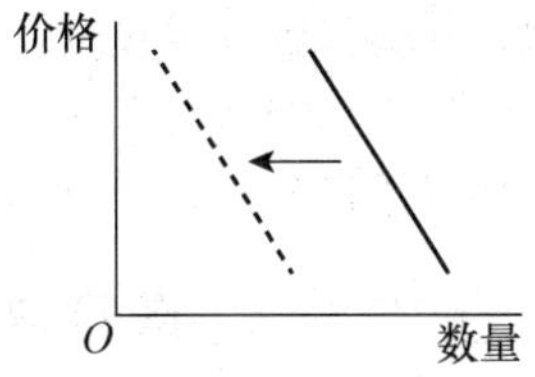 价格 O 数量
财富的变化：			
当家户持有资产的实际价值增加	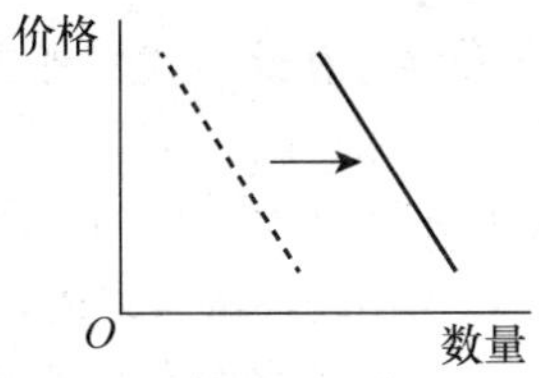 价格 O 数量	当家户持有资产的实际价值减少	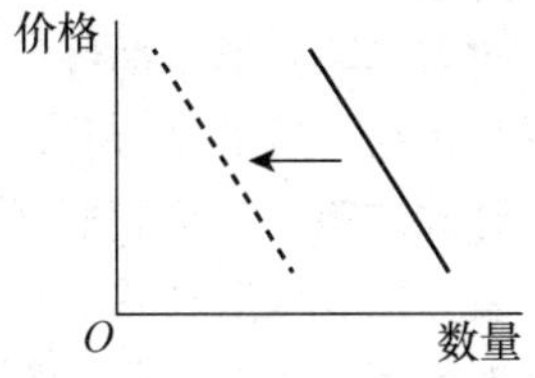 价格 O 数量
实物资本存量的大小：			
当实物资本存量规模相对较小时	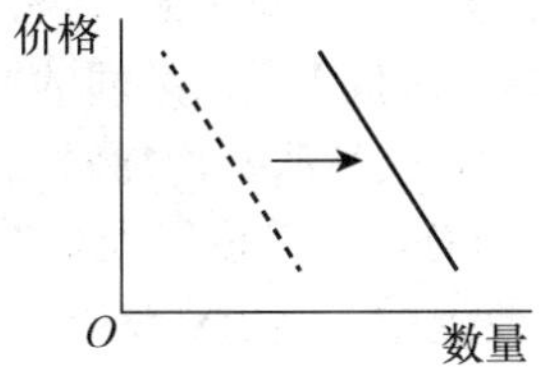 价格 O 数量	当实物资本存量规模相对较大时	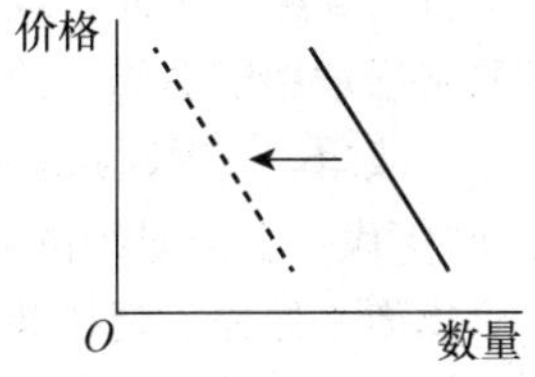 价格 O 数量
财政政策：			
当政府增加支出或减税时	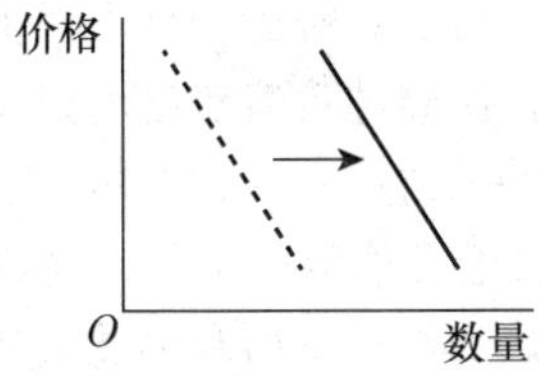 价格 O 数量	当政府减少支出或增税时	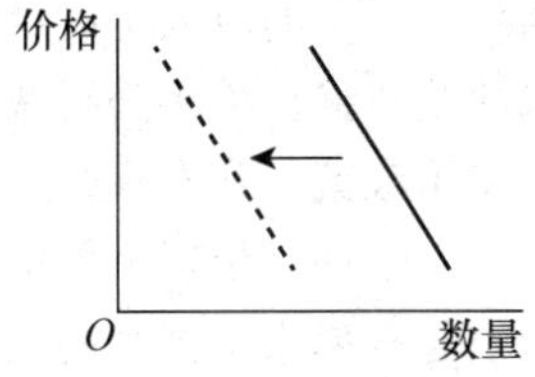 价格 O 数量
货币政策：			
当中央银行增加货币供给时	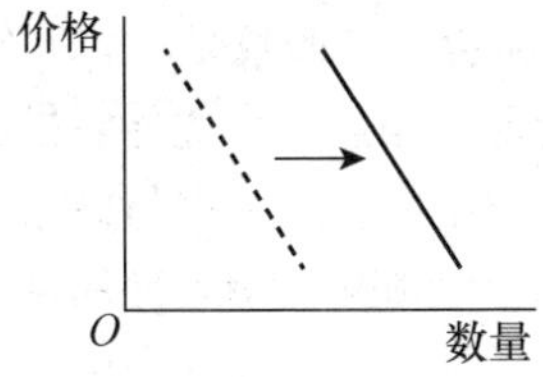 价格 O 数量	当中央银行减少货币供给时	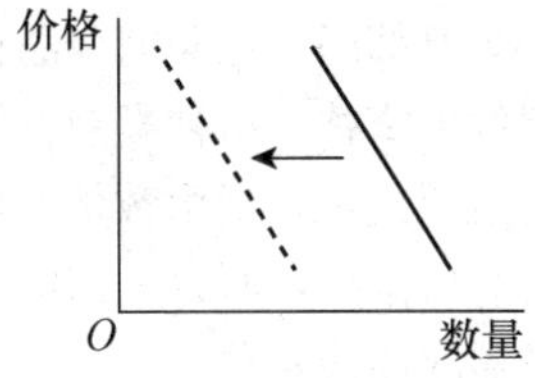 价格 O 数量

事实上，进行短期的经济预测必须对对消费者和企业所做的信心调查非常重视。特别地，预测者要非常关注消费者信心指数和密歇根消费者信心指数的变化，前者由美国经济评议会按月发布，后者由密歇根大学按类似的方法计算。

财富的变化　消费者支出在一定程度上依赖于居民资产价值的多少。当居民资产的实际价值增加时，购买力提高，这会引起总需求增加。例如在 20 世纪 90 年代，股票市场价值的大幅上升推动了总需求的增加。当居民资产实际价值下跌时，例如股票市场崩盘时，其所代表的购买力和总需求都会下降。股票市场在

1929年的崩盘是造成大萧条的主要原因之一。同样，当2007—2009年经济衰退时，不动产价值的大幅下跌是消费支出减少的一个主要原因。

实物资本存量的大小 企业的投资支出会增加它们的实物资本存量。它们支出的动因在某种意义上依赖于它们现有实物资本价值的高低：企业拥有的实物资本价值越高，在其他情况相同时，增加这种资本的动力越小。这同样适用于其他类型的投资支出，例如，如果近年来建造了大量房产，这将压低对新房的需求，因此也往往会导致住宅投资支出减少。事实上，这就是始于2006年住宅投资支出大幅减少的部分原因。过去几年的住房繁荣造成了房屋供给过剩：到2009年春季，市场上未售出的房屋存量超过14个月的销售量，新房价格下跌已经超过峰值时的25%。建筑行业难有动力去建造更多的住房。

□ 16.1.3 政府政策和总需求

宏观经济学的核心理论之一是政府可以对总需求产生非常重要的影响，在某些情况下，这种影响可以改善经济绩效。

政府影响总需求曲线的两种主要方式是财政政策和货币政策。在此，我们将会简要地讨论它们对总需求的影响，在稍后的章节我们会做全面的讨论。

财政政策 正像我们知道的那样，财政政策是政府为了稳定经济而运用的政府支出——政府购买最终产品和服务以及政府转移支付——或者税收等手段。在实践中，当出现经济衰退时，政府经常使用的对应措施是增加开支或削减税收，或双管齐下。它们经常会通过减少支出或者增加税收来应对通货膨胀。

政府购买本身是总需求的重要组成部分之一，所以政府购买最终产品和服务（用G表示）会对总需求曲线产生直接影响。因此，政府增加购买会推动总需求曲线右移，如果减少购买则会发生左移。历史上发生的政府购买增加影响总需求的最为典型的事例是美国政府在第二次世界大战期间的战时支出。

因为战争，美国联邦政府的购买增加了400%。通常认为，这种购买增加对结束大萧条功不可没。在20世纪90年代，在面对经济萧条的情况下，日本政府为了增加总需求采取了大规模增加公共投资的做法，如由政府出面来修路、建桥和建水坝。同样，在2009年经济衰退中，美国对基础设施项目的支出超过1 000亿美元，用于改进公路、桥梁和公共交通等，目的是为了刺激总支出。

相反，政府的转移支付和税收也能通过改变人们的可支配收入间接对经济产生影响。税率下降意味着留在消费者手中的收入可以更多，增加了他们的可支配收入。增加政府的转移支付也能增加消费支出，推动总需求曲线右移。税率升高减少了消费者得到的可支配收入，这会导致消费支出减少，推动总需求曲线左移。

货币政策 在本章开篇我们讨论了货币政策制定者美联储的一个机构联邦公开市场委员会所面临的问题，货币政策是指货币数量或利率方面的改变。我们刚刚讨论了总价格水平提高如何通过降低持有货币的购买力引起利率水平提高的问题。利率水平提高反过来又会减少投资支出和消费支出。

但是，当家户和企业持有的货币数量改变时会发生什么呢？在现代经济中，货币流通数量主要是由政府创造出的机构——中央银行来决定的。（我们将在第18章中学习，美联储负责美国中央银行的职责，既非完全的政府部门，也非完全的私人机构。）当一国中央银行增加货币流通数量时，人们持有较多的货币，他们也愿意放出贷款。这种影响将导致在任一给定的总价格水平上利率下降，由此导致投资支出和消费支出增加。

也就是说，货币数量的增加导致总需求曲线右移。减少货币数量的结果与此相反：人们持有的货币数量较之前有所减少，所以人们借款增多而放出的贷款减少。这会引起利率升高，导致投资支出和消费支出减少，推动总需求曲线左移。

▶ 真实世界中的经济学

1979—1980年沿着总需求曲线移动

当我们观察数据时，经常很难区分哪些变化引起沿着总需求曲线移动，哪些变化导致总需求曲线本身移动。可是，一个例外情况是我们在本章开篇案例中所说的在1979年石油危机之后发生的情况。当面对总价格水平剧烈上升时——消费者价格通货膨胀率在1980年3月达到了14.8%，美联储仍然坚持缓步增加货币供给的政策。当总价格水平剧烈上升时，经济中流通的货币供给却增长缓慢，导致在经济中流通的货币的购买力下降。

这导致了借款需求增加，利率水平随之急速升高。银行向其最优质客户收取的优惠利率超过了20%。高利率反过来导致消费支出和投资支出减少：1980年像小轿车之类的耐用消费品的购买量下降了5.3%，实际投资支出下降了8.9%。

换言之，1979—1980年经济所做出的反应如果像我们已经描述的那样，由于总价格水平提高引起的财富效应和利率效应，出现沿着总需求曲线从右向左移动的情景的话，那么当总价格水平提高时，对总产出的需求数量应该下降。但这并没有解释为什么总价格水平会升高。在稍后所学的 *AD—AS* 模型一节中我们将会看到，对这一问题的回答在于对短期总供给曲线变化的分析。

及时复习

- 总需求曲线向下倾斜是由总价格水平变化的财富效应和利率效应导致的。
- 当消费者的财富和对未来的预期发生变化时会引起消费者支出发生变化；而当预期和实物资本存量发生变化时，投资支出会发生改变。
- 财政政策通过政府购买直接影响总需求，而税收和政府转移支付则是间接对总需求产生影响。货币政策通过利率变化间接影响总需求。

小测验 16-1

1. 请判断下述事件对总需求的影响，并解释是沿着总需求曲线移动（上移或者下移）还是曲线本身的移动（左移或者右移）。

a. 货币政策变化引起利率水平提高。

b. 总价格水平提高导致经济中货币的实际价值下降。

c. 关于来年就业市场比预期还差的新闻。

d. 税率下降。

e. 由于总价格水平下降，经济中资产的实际价值上升。

f. 由于不动产价值骤升，经济中资产的实际价值上升。

16.2 总供给

1929—1933年，总需求大幅下降——任一给定价格水平上产品和服务的需求量下跌了。整个经济中的需求下降导致的结果之一是绝大多数产品和服务的价格下降。到1933年，GDP缩减指数——第13章讨论过的一种价格指数——比1929年下跌了26%；其他价格指数下跌与此类似。第二个结果是大多数产品和服务的产量下降：1933年实际GDP比1929年低27%。第三个结果与实际GDP下降密切相关，失业率从3%骤升至25%。

实际GDP和价格的双双下跌并非偶然。1929—1933年期间，美国经济沿着其**总供给曲线**（aggregate supply curve）向下移动，该曲线表现的是经济中的总价格水平（经济中最终产品和服务总的价格水平）与最终产品和服务总产出之间的关系，或者说与生产者愿意提供的总产出之间的关系（我们之前已经学习过，我们用实际GDP来衡量总产出水平，因此，这两个概念我们经常交换使用）。更准确地说，美国经济在1929—1933年期间沿着它的短期总供给曲线下移。

> **总供给曲线**表示的是总价格水平和总产出供给数量之间的关系。

□ 16.2.1 短期总供给曲线

1929—1933年的情况表明，总价格水平与总产出供给数量之间存在正相关关系。也就是说，在其他条件不变时，总价格水平的提高会引起总产出供给数量的增加，反之亦然。

为了明白为什么会存在这种正相关关系，我们考虑生产者面临的最基本问题：是否多生产 1 单位可盈利的产品？我们定义每单位产品利润为：

$$\text{每单位产品利润} = \text{每单位产品价格} - \text{每单位产品成本} \tag{16-2}$$

显然，答案取决于生产者得到的 1 单位产品的价格是大于还是少于生产那 1 单位产品的成本。在任一特定时点上，生产者支出的许多成本是固定的，并不随时间的推移而变化。典型的情况是，不变生产成本中最主要的部分是支付给工人的工资。这里的工资是指提供给工人的各种形式的报酬，包括薪水之外由雇主支付的医疗费用和退休福利。

名义工资是指按货币数量计算支付的工资。

工资属于典型的不变生产成本，按货币数量计算支付的工资也被称为**名义工资**（nominal wage），经常是在几年前就通过合约确定下来了；即使没有正式的合约，经营者和工人之间经常也有非正式的协议，所以当经济形势变化时，公司改变工资也有滞后性。例如，公司通常在经济状况不佳时也不愿意降低工资——除非经济低迷的时期特别长并且非常严重，因为害怕工人不满。相应地，在经济状况比较好的时候，它们一般也不会增加工人的工资——除非它们面临被竞争对手挖走雇员的风险——因为它们不想鼓励工人经常提出增加工资的请求。

黏性工资是指当失业率增加时，名义工资缓慢下调，而当劳动力短缺时，名义工资缓慢上调。

因此，正式合约和非正式合约导致的结果是**黏性工资**（sticky wages）成为经济体的特征：当失业率增加时，名义工资缓慢下调，而当劳动力短缺时，名义工资缓慢上调。然而，值得注意的是，名义工资不可能永远是黏性的。最终，不管是正式合约还是非正式合约都将会考虑经济环境的变化重新修订，就像在“追根究底”专栏中所解释的那样，名义工资需要多长时间进行调整需要对区分短期和长期的综合因素进行考虑。

为了理解许多成本因为名义价格固定导致短期总供给曲线向上倾斜的情形，了解在不同市场中决定的价格不同是有意义的。在完全竞争的市场中，生产者采用给定的价格；在不完全竞争的市场中，生产者有部分能力选择其价格。在两种市场中，价格和产出之间存在短期正相关关系，但原因略有不同。

我们从完全竞争市场中的生产者行为开始；记住，他们采用给定的价格。设想一下，由于某种原因，总价格水平下降，这意味着最终产品或服务的典型生产者得到的价格是下降的。由于许多生产成本在短期是固定的，因此每单位产出的生产成本不会与产出价格同比例下降。因此，每单位产出的利润减少，导致完全竞争生产者在短期内会减少供给数量。

另外，假设由于某种原因，总价格水平上升。因此，典型生产者的最终产品或服务获得更高的价格。同样，许多生产成本在短期内是固定的，因此每单位产出的生产成本不会与单位价格同比例上升。由于典型的完全竞争生产者接受给定的价格，每单位产出的利润上升，产量增加。

现在考虑一个不完全竞争的生产者能够设定自己产品的价格。如果对这名生产者的产品需求增加，他将能够以任何给定的价格卖出更多。由于产品需求旺盛，为提高每单位产出的利润，他可能会选择提高价格和产量。事实上，行业分析师经常讨论行业“定价势力”的变化：当需求强劲时，具有定价势力的企业能够提高价格，而且它们确实这么做了。

相反，如果需求下降，企业通常会通过降低价格来限制其销售额的下降。

短期总供给曲线表现的是短期内总价格水平与总产出供给数量之间的关系，这一时间段内的许多生产成本被假定为固定不变。

在完全竞争行业中企业的反应和在不完全竞争行业中企业的反应都导致总产出和总价格水平之间的曲线呈向右上方倾斜的形式。当许多生产成本，特别是名义工资被看作固定时，生产者愿意提供的总产出水平与总价格水平之间存在正相关关系，这可以通过**短期总供给曲线**（short-run aggregate supply curve）来表示。总价格水平与总产出水平之间存在正相关关系，所以短期总供给曲线是向上倾斜的。

图 16-3 所示是根据美国 1929—1933 年的真实数据做出的短期总供给曲线 *SRAS*。横轴表示用 2009 年美元计算的总产出水平（或者等价地说是实际 GDP）——一个经济体供给的最终产品和服务的总数量。纵

轴表示用GDP缩减指数表示的总价格水平，2009年时取值100。1929年，总价格水平为9.9，实际GDP为10 570亿美元。1933年，总价格水平为7.3，实际GDP为7 780亿美元。由通货紧缩和总产出水平下降引起的沿着曲线*SRAS*的下移经历了几年的时间。

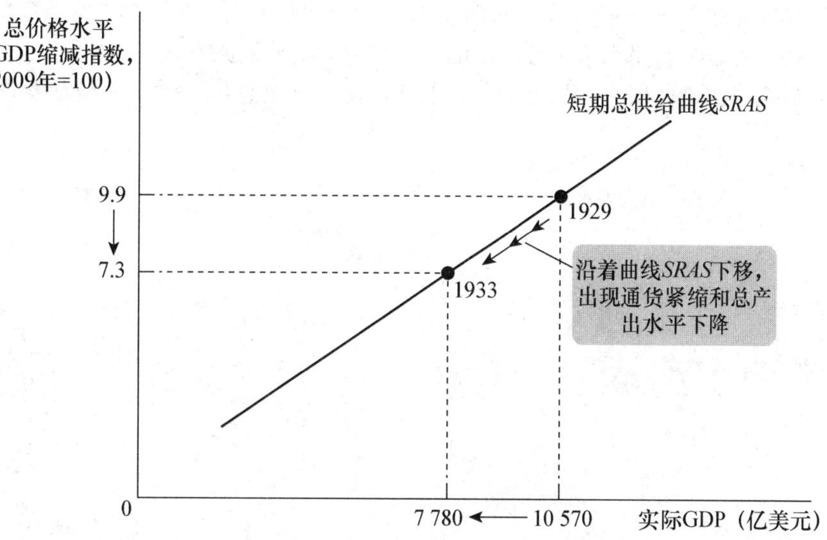

图16－3　短期总供给曲线

短期总供给曲线表现的是短期内总价格水平和总产出供给数量之间的关系，在此期间名义工资固定不变。它向上倾斜是因为总价格水平越高，利润水平越高，在名义工资不变的情况下，总产出数量则会增加。这里我们采用的是1929—1933年大萧条期间发生通货紧缩时的数据，总价格水平从9.9（1929年）下降到7.3（1933年），受此影响，企业缩减产出，总产出供给数量从10 570亿美元降到7 780亿美元（按2009年美元计算）。

▶ **追根究底**

什么是真正的伸缩性？什么是真正的黏性？

大多数宏观经济学家同意图16－3显示的基本关系是正确的：当其他条件不变时，总价格水平与总产出供给数量之间在短期存在正相关关系。但是许多学者认为其中的细节要复杂得多。

到现在为止，我们强调了总价格水平和名义工资之间的差异。那就是，在短期内，总价格水平是有伸缩性的，但是名义工资是黏性的。虽然这样一个假定是解释总供给曲线为什么在短期向上倾斜的一个好方法，但是工资和价格的经验数据并不完全支持这种泾渭分明的区别：最终产品和服务的价格有伸缩性，而工资是黏性的。

一方面，一些名义工资即使是在短期事实上也是有伸缩性的，因为一些工人没有与他们的雇主签订正式合约或非正式合约。因此一些名义工资是黏性的，而其他则是有伸缩性的。我们观察到当失业水平迅速提高时，平均的名义工资——一个经济体中所有工人名义工资的平均水平——将出现下跌。例如，在大萧条的早期阶段，名义工资实质上是下跌的。

另一方面，一些最终产品和服务的价格是黏性的，并非有伸缩性的。例如，一些企业，特别是奢侈品或一些名牌产品的生产者，即使需求下滑，也不愿降低价格，它们宁愿减少产量，即使它们每单位产品的利润没有下跌。

我们已经说过，这些复杂的情形不会改变图形的基本含义。当总价格水平下降的时候，因为名义工资是黏性的，所以一些生产者会减少产量。而另一些生产者在面对总价格水平降低时并不降价，而宁愿减少产量。在这两种情形下，总价格水平和总产出供给数量之间的正相关关系都是成立的。因此，短期总供给曲线终究是向上倾斜的。

□ 16.2.2 短期总供给曲线的移动

图 16－3 所示为 1929—1933 年总产出水平和总价格水平下跌时沿着短期总供给曲线的移动。当然也有总供给曲线本身的移动，如图 16－4 所示。图 16－4（a）表示的是短期总供给减少，短期总供给曲线左移。当生产者愿意减少任一特定总价格水平上总产出的供给数量时，总供给就减少了。图 16－4（b）表示的是短期总供给的增加，短期总供给曲线右移。当生产者愿意在任一给定总价格水平上增加总产出的供给数量时，总供给就增加了。

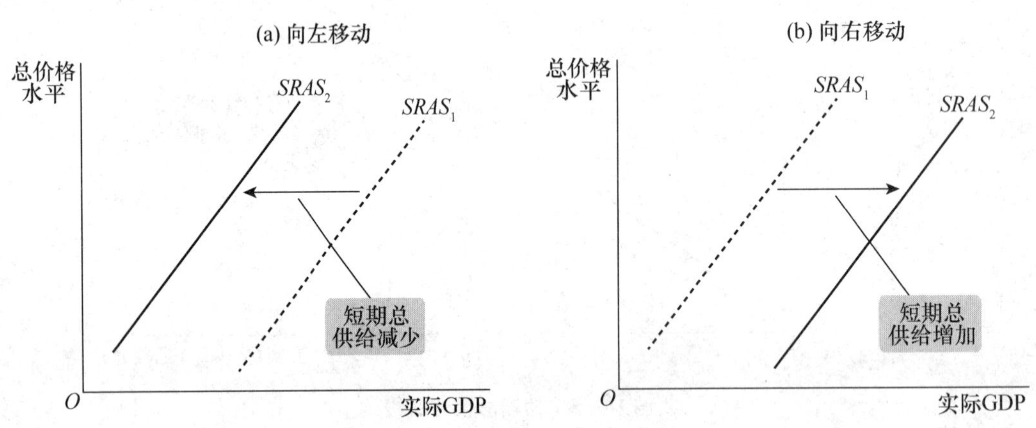

图 16－4 短期总供给曲线的移动

图 16－4（a）表现的是短期总供给的减少：短期总供给曲线从 $SRAS_1$ 向左移动到 $SRAS_2$，在任一价格水平上总产出的供给数量降低；图 16－4（b）表现的是短期总供给的增加：短期总供给曲线从 $SRAS_1$ 向右移动到 $SRAS_2$，在任一价格水平上总产出的供给数量提高。

为了理解短期总供给曲线为什么能移动，请回忆一个重要的结论：生产者做出生产决策是基于他们每单位产品的利润。短期总供给曲线说明的是总价格水平和总产出之间的关系：因为一些生产成本在短期是固定的，总价格水平的变化会引起生产者每单位产品利润的变化，利润变化反过来又会引起产量变化。但是除了总价格水平以外，能影响每单位产品利润以及产量变化的还有其他因素。其他因素的变化会引起短期总供给曲线发生变化。

为了从直觉上更好地理解，我们假设某种因素导致了生产成本上升，如石油价格上升，那么在任一给定的价格水平上，生产者每单位产品获得的利润减少，结果，生产者在所有价格水平上愿意供应的产量减少，短期总供给曲线左移。相反，假设某种因素导致生产成本下降——名义工资下降，那么在任一给定价格水平上，生产者每单位产品获得的利润增加，结果，生产者在所有价格水平上愿意供应的产量增加，短期总供给曲线右移。

现在我们讨论影响生产者的每单位产品利润从而导致短期总供给曲线发生移动的其他重要因素（见表 16－2）：

表 16－2 **引起短期总供给曲线移动的因素小结**

变量变化	总供给增加	变量变化	总供给减少
大宗商品价格变化：			
当大宗商品价格下降时	价格 O 数量	当大宗商品价格上升时	价格 O 数量

续前表

变量变化	总供给增加	变量变化	总供给减少
名义工资变化:			
当名义工资下降时	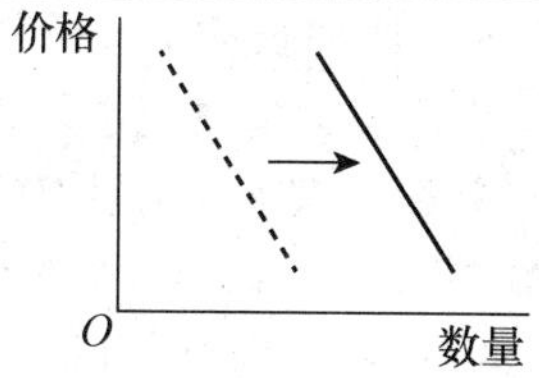 价格 O 数量	当名义工资上涨时	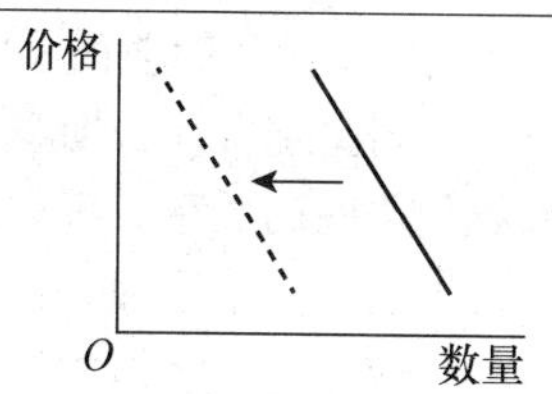 价格 O 数量
生产率变化:			
当工人生产率提高时	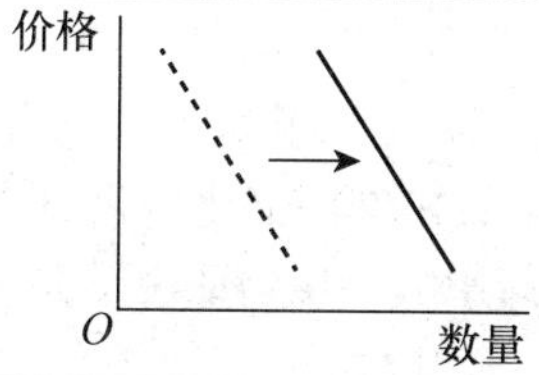 价格 O 数量	当工人生产率降低时	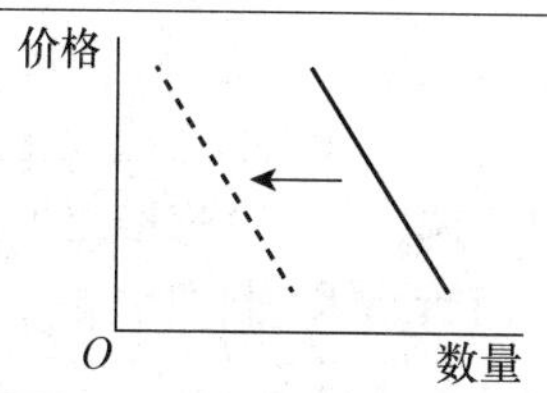 价格 O 数量

大宗商品价格变化 在本章开篇案例中，我们描述了石油价格的大幅上升怎样导致了美国在20世纪70年代和2008年早期经济出现问题。大宗商品是进行大额买卖的标准投入品，石油是大宗商品。大宗商品（石油）价格的上升增加了生产成本，减少了在任一给定总价格水平上总产出的供给数量，导致短期总供给曲线左移。相反，大宗商品价格下降将降低生产成本，增加在任一给定总价格水平上总产出的供给数量，导致短期总供给曲线右移。

为什么大宗商品价格变化的影响没有反映在短期总供给曲线上？因为大宗商品——不像软饮料——并非最终产品，它们的价格没有被包含在总价格水平的计算之中。更进一步讲，像名义工资一样，大宗商品是大多数生产供应商生产成本中非常重要的组成部分。所以，大宗商品价格变化对生产成本有重要影响。与非大宗商品不同，产业中特有的供给冲击，如中东战争、中国需求增加导致对美国可供石油减少等，对大宗商品的价格变动会产生显著的影响。

名义工资变化 在任一时点上，许多工人的货币工资是固定的，因为工资正式合约或非正式合约是过去签订的。但是如果已经过去足够长的时间，工资正式合约和非正式合约也会重新签订。假设一个经济体中由雇主支付的作为工资重要组成部分的医疗保险费用普遍上涨，这就等于提高了名义工资，因为雇主支付的薪金增加了。因此这种由名义工资增加引起的生产成本上升会推动短期总供给曲线向左移动。相反，假设一个经济体医疗保险费用普遍下跌，这就等于降低了名义工资和生产成本，短期总供给曲线将会右移。

一个重要的历史事件发生在20世纪70年代，石油价格的大幅上升间接推动了名义工资的上升。这样一种连锁反应的发生是因为当消费品价格上升时，许多工资正式合约中包含了构成名义工资的生活费用补偿金自动增加条款。所以，当石油价格推动消费品价格总体上涨时，通过这一途径，最终引起了名义工资的提高。

因此，经济最终经历了总供给曲线的二次左移：第一次是由石油价格最初的大幅上涨引起的，第二次是由石油价格上涨推动名义工资上涨造成的。石油价格上涨对经济产生的负面影响通过工资正式合约中生活费用补偿金相关机制被放大了。历史发展到今天，工资正式合约中已经鲜有生活费用补偿金了。

生产率变化 生产率的提高意味着一个工人在投入同样数量的生产要素时可以生产更多单位的产品。例如，零售商店中条形码扫描器的引入大幅提高了每单位工人处理进存货、货架再供应方面的工作能力。结果，商店“生产”1美元销售额的成本下降，利润增加，供应数量增加。（想一想沃尔玛公司，其商店数量是随着总供给的增加而增加的。）因此，不论由什么原因引起的生产率提高，都会增加生产者的利润，推动短期总供给曲线右移。

相反，生产率的降低——比方说，新的规定要求工人花费更多的时间来填报各种表格——会导致每单位工人在使用相同投入时生产的产品数量减少。结果，每单位产品成本上升，利润下降，供给量减少，引起短期总供给曲线左移。

□ 16.2.3 长期总供给曲线

我们已经知道，因为名义工资在短期是黏性的，所以短期总价格水平的下降会导致总产出供给数量的减少。但是，正像我们前面已经提到的，工资正式合约和非正式合约在长期中会重新签订。因此，像总价格水平一样，名义工资在长期具有伸缩性，而非保持黏性。这一事实极大地改变了长期总价格水平和长期总产出供给数量之间的关系。事实上，从长期来看，总价格水平对总产出供给数量没有任何影响。

为了明白其中原因，我们做一个想象实验：假设你可以舞动一个魔杖——或者是一个有魔力的条形码扫描器——使一个经济体中所有的价格同时降低一半。“所有的价格”是指所有投入要素的价格，包括名义工资以及最终产品和服务的价格。那么当总价格水平降低一半、所有投入要素的价格（包括名义工资）降低一半后会发生什么呢？

答案是什么也不会发生。再考虑一下式（16-2）：每个生产者出售的产品价格下跌，但是成本以同样的比例下降。结果，价格变化前所生产的每单位有利可图的产品在价格变化后仍然有利润获得。因此，经济体中所有价格水平降低一半后对经济体的总产出水平没有任何影响。换句话说，总价格水平现在对总产出供给数量不产生任何影响。

当然，事实上没有人能同时按相同的比例改变一切价格。但是，从长期来看，当所有价格具有完全伸缩性的时候，通货膨胀或者通货紧缩就像由某人按同样的比例来变更所有价格一样。结果，从长期来看，总价格水平的改变不会改变总产出供给数量。这是因为，总价格水平的改变在长期中伴随着所有投入要素按相同的比例变化，当然包括名义工资。

长期总供给曲线（long-run aggregate supply curve）是如图16-5所示的曲线*LRAS*，表现的是当所有价格水平（包括名义工资）具有完全伸缩性时总价格水平和总产出供给数量之间的关系。因为总价格水平在长期对总产出没有任何影响，所以长期总供给曲线是垂直的。当总价格水平为15.0时，总产出供给数量用2009年美元计为8 000亿美元。如果总价格水平下跌50%，变化至7.5，总产出供给数量用2009年美元计仍为不变的8 000亿美元。

> **长期总供给曲线**表现的是当所有价格水平（包括名义工资）具有完全伸缩性时总价格水平和总产出供给数量之间的关系。

重要的是不仅要理解曲线*LRAS*是垂直的，而且要明白在横轴上刻度的意义。在图16-5中，横截距即*LRAS*与*X*轴的支点（用2009年美元计的8 000亿美元）是经济体的**潜在产出水平**（potential output）Y_P，这是当一个经济体的所有价格（包括名义工资）都具有完全伸缩性时的实际GDP水平。

> **潜在产出水平**是当一个经济体的所有价格（包括名义工资）都具有完全伸缩性时的实际GDP水平。

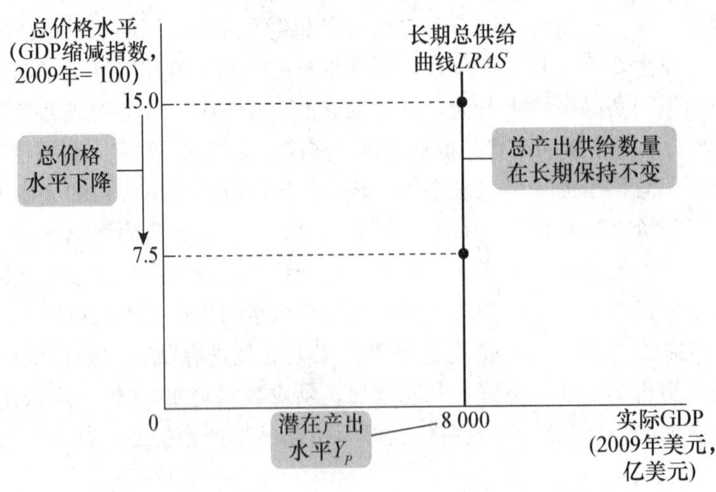

图16-5 长期总供给曲线

长期总供给曲线表现的是当所有价格（包括名义工资）都具有完全伸缩性时总价格水平和总产出供给数量之间的关系。它在潜在产出水平Y_P上呈垂直线，这是因为在长期中，总价格水平对总产出供给数量没有影响。

事实上，现实的实际 GDP 几乎总是高于或低于潜在产出水平。我们将在本章稍后讨论 *AD—AS* 模型时明白这是为什么。更为重要的是，一个经济体的潜在产出水平是一个重要的参照数据，因为它决定了每年真实的实际 GDP 围绕谁变化。

在美国，为了对联邦预算进行分析，国会预算办公室（CBO）会估计每年的潜在产出水平。图 16－6 所示为国会预算办公室估计的 1990—2014 年的美国潜在产出水平（浅色线）和同期美国真实的实际 GDP（深色线），真实总产出低于潜在产出水平的年份在横轴上用深色阴影表示，高于的年份用浅色阴影表示。

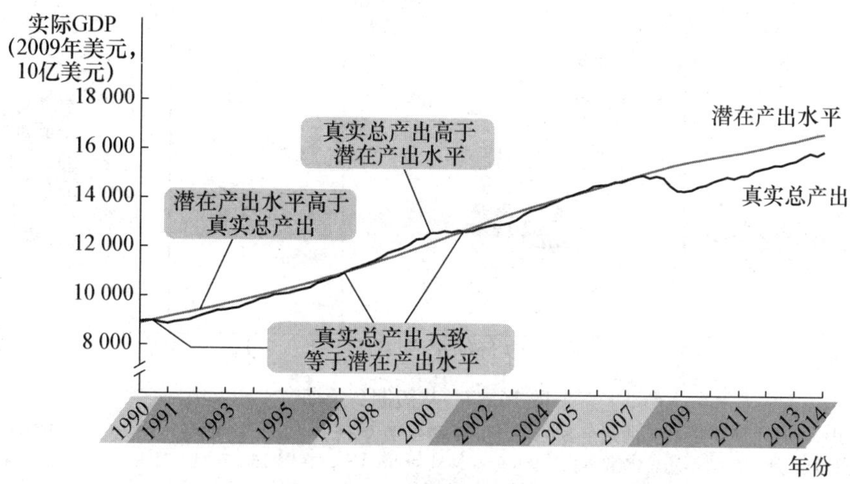

图 16－6　1990—2014 年真实总产出和潜在产出水平

该图所示为 1990—2014 年美国真实总产出和潜在产出水平的情形。浅色线表示国会预算办公室对美国潜在产出水平的估计值，深色线表示美国真实总产出。横轴浅色阴影区域为真实总产出高于潜在产出水平的年份，深色阴影区域为真实总产出低于潜在产出水平的年份。从图中可以看出，在 20 世纪 90 年代早期和 2000 年之后发生过短暂的经济衰退。在 20 世纪 90 年代后期经济繁荣时期，真实总产出明显高于潜在产出水平，但在 2007—2009 年经济衰退后出现了严重下降。

美国潜在产出水平一直随时间的推移在增加，可以用曲线 *LRAS* 向右的一系列移动来表示。是什么引起了这些右移？答案与我们第 15 章讨论的决定长期经济增长的因素有关，如实物资本和人力资本的增加和技术进步。从长期来看，随着劳动力规模的增加和生产率的提高，一个经济体能够生产的实际 GDP 的水平也在增加。的确，一种考虑长期经济增长的方法就是看该经济体潜在产出水平的增加。我们一般认为，当一个经济体经历长期增长时，长期总供给曲线会向右移动。

□ 16.2.4　从短期到长期

从图 16－6 我们可以看出，一个经济体的产出通常会高于或低于潜在产出水平：在 20 世纪 90 年代早期，真实总产出低于潜在产出水平，到了 90 年代后期，前者又高于后者，21 世纪初，大部分时间又是真实总产出低于潜在产出水平，特别是在 2007—2009 年经济衰退之后更为显著。经济通常处在短期总供给曲线上，但不在长期总供给曲线上。那么，为什么经济与长期总供给曲线有关呢？经济是从短期变化为长期的吗？如果如此，是如何变化的？

回答这些问题的第一步是明白经济运行总是处在短期总供给曲线和长期总供给曲线的两种状态之一：要么是两条曲线同时处在交点处（就像在图 16－6 中真实总产出和潜在产出水平大致重合）；要么在短期总供给曲线上，但是不在长期总供给曲线上（就像真实总产出与潜在产出水平不重合的情形）。但是，故事并未结束。如果经济处在短期总供给曲线而不在长期总供给曲线上，短期总供给曲线将会随时间的推移而移动，直到达到两条曲线相交的经济状态，这也是真实总产出和潜在产出水平相等的点。

图 16－7 表现了这一过程是如何实现的。图中曲线 *LRAS* 是长期总供给曲线，$SRAS_1$ 是初始的短期总供给曲线，此时总价格水平处在 P_1 水平上。在图 16－7（a）中，经济处在初始的生产点 A_1 上，对应的总产出供给数量为 Y_1，高于潜在产出水平 Y_P。总产出水平（如 Y_1）大于潜在产出水平（Y_P）只有在名义工资没有充分上调的情况

下才能做到。在名义工资充分上调前，生产者获得更高的利润，从而生产更多的产量。但是，潜在产出水平高于总产出水平意味着失业率也处在低水平。工作机会充裕，但雇员不足，所以名义工资将会随时间的推移逐渐上涨，这样就会把短期总供给曲线逐渐推向左边，最终它将会停留在一个新的位置上，就像图 16－7（a）中的 $SRAS_2$。

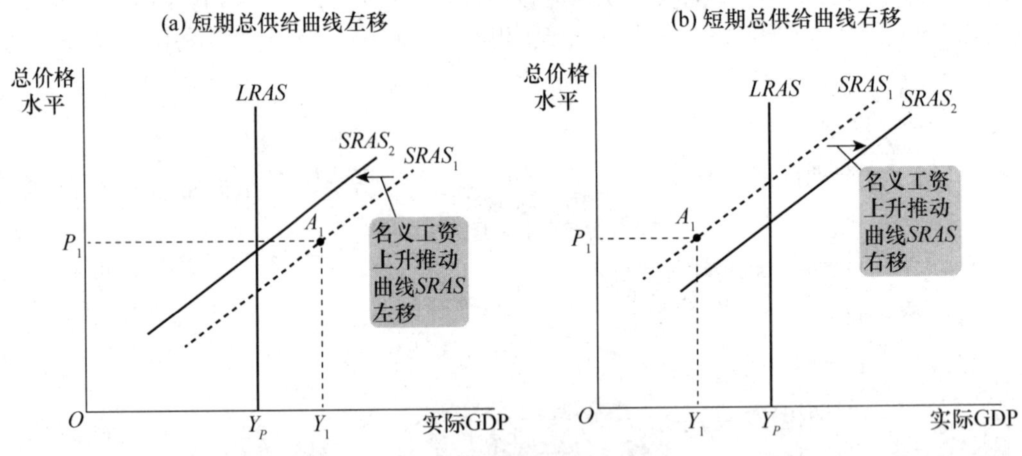

图 16－7　从短期到长期

在图 16－7（a）中，初始的短期总供给曲线是 $SRAS_1$，总价格水平为 P_1，总产出供给数量为 Y_1，高于潜在产出水平 Y_P。最终，低失业率将引起名义工资上升，推动短期总供给曲线从 $SRAS_1$ 移动到 $SRAS_2$。在图 16－7（b）中发生的是相反的过程。当总价格水平为 P_1 时，总产出供给数量低于潜在产出水平。高失业率最终会导致名义工资随时间的推移而下降，短期总供给曲线将向右移动。

在图 16－7（b）中，初始的产量点为 A_1，对应的总产出水平为 Y_1，这比潜在产出水平 Y_P要低。生产的总产出水平（如 Y_1）比潜在产出水平（Y_P）低只是因为名义工资仍然没有充分下调。在名义工资向下调整之前，因为生产者的盈利水平下降（或者为负），产量水平也随之降低。总产出水平低于潜在产出水平意味着失业率也处在高水平上。可雇用的工人很充裕，但工作机会不易得。这样名义工资将会随时间的推移而下降，短期总供给曲线也逐渐地右移，最终它将会处在一个新的位置上，就像图 16－7 中的 $SRAS_2$。

我们稍后将解释短期总供给曲线在长期中将会回归到经济的潜在产出水平上。

▶ 真实世界中的经济学

大衰退时期的黏性工资

我们认为短期总供给曲线向上倾斜主要是因为黏性工资，特别是，即使劳动力供给过剩，雇主也不愿意减少名义工资（工人不愿意接受减薪）。但是工资黏性的证据是什么？

我们可以观察工资在如下情形会发生什么变化：因为类似工人失业，我们预期有许多工人面临减薪或愿意减少工作。如果工资具有黏性特征，我们会发现在这种情况下，许多工人的工资根本没有改变：雇主没有理由给他们加薪，但因为工资黏性，他们的工资也不会降低。

这正是我们在 2007—2009 年经济大衰退期间和之后发现的现象。旧金山联邦储备银行的经济学家玛丽·戴利（Mary Daly）和巴特·霍宾（Bart Hobijn）研究了一个工人样本的工资变化数据。他们的调查结果如图 16－8 所示：2007 年之后，失业率上升，美国工人获得与一年前相同的工资。

在面临高失业率的欧洲国家，如西班牙，也可以找到类似的结果。经济大衰退提供了强有力的证据，工资确实是黏性的。

当面对 2008 年金融危机后的经济衰退时，失业率飙升，你可能预计会看到大幅度减薪。但雇主不愿意削减工资。因此，我们看到的是工资持平——既不上升也不下降——的工人数量急剧上升。

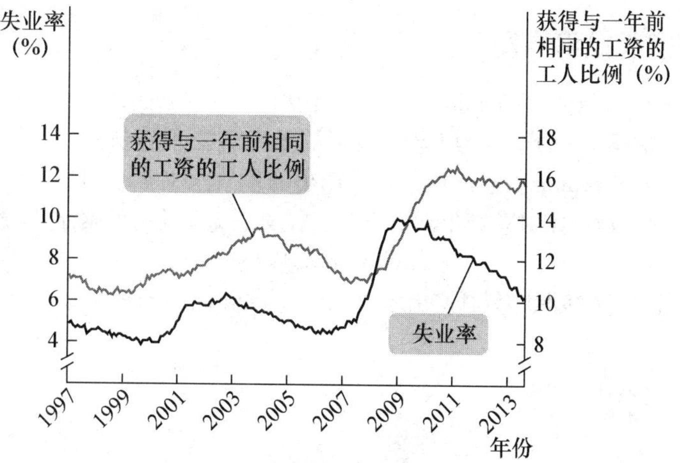

图 16-8　经济大衰退时期的黏性工资

资料来源：Bureau of Labor Statistics；Daly and Hobijn.

及时复习

- 总供给曲线表示的是总价格水平和总产出供给数量之间的关系。
- 短期总供给曲线是向上倾斜的：给定名义工资是黏性的假设，总价格水平越高，带来的产出水平越高。
- 大宗商品价格、名义工资和生产率的变化会引起短期总供给曲线移动。
- 从长期来看，所有价格都具有伸缩性，总价格水平不影响总产出水平。长期总供给曲线是在潜在产出水平上的垂直线。
- 如果真实总产出超过潜在产出水平，名义工资会提高，导致短期总供给曲线左移；如果真实总产出低于潜在产出水平，名义工资会降低，导致短期总供给曲线右移。

小测验 16-2

1. 解释下列事件哪个反映了：(i) 沿着曲线 *SRAS* 的变动；(ii) 曲线 *SRAS* 的变动。

a. 消费者价格指数（CPI）的上升导致生产者增加产量。

b. 石油价格的下降推动生产者增加产量。

c. 对工人支付的法定退休福利的增加导致生产者降低产量。

2. 假如经济体初始处在潜在产出水平上，而总产出供给数量增加了。还需要什么信息才能决定这会引起沿着曲线 *SRAS* 的移动还是曲线 *LRAS* 本身的移动？

16.3　*AD—AS* 模型

1929—1933 年，随着总价格水平的下降，美国经济沿着短期总供给曲线下移。相对应的情况是在 1979—1980 年期间，随着总价格水平的上升，美国经济沿着总需求曲线上移。在每种情形下，引起沿着曲线移动的因素导致另一条曲线移动。1929—1933 年总需求曲线左移，因为消费支出大幅下降。1979—1980 年短期总供给曲线左移，因为石油价格冲击导致短期总供给大幅下降。

所以，想了解经济中发生的现象，我们必须把总供给曲线和总需求曲线放在一起。这就是 ***AD—AS* 模型**（*AD-AS* model）——我们理解经济波动最为基础的模型。

> ***AD—AS* 模型**是把总供给曲线和总需求曲线放在一起来分析经济波动的模型。

□ 16.3.1　短期宏观经济均衡

我们先从短期分析开始。图 16－9 所示是在同一个图中放入总需求曲线和短期总供给曲线。曲线 *AD* 和 *SRAS* 的交点为 E_{SR}，表示的是**短期宏观经济均衡**（short-run macroeconomic equilibrium）。在该点处，总产出的供给水平等于由国内居民、企业、政府和世界其他国家对总产出的需求量。在交点 E_{SR} 处的价格水平为 P_E，是**短期均衡总价格水平**（short-run equilibrium aggregate price level）。在交点 E_{SR} 处的总产出水平 Y_E 是**短期均衡总产出水平**（short-run equilibrium aggregate output）。

短期宏观经济均衡是指总产出的供给等于需求的状态。

短期均衡总价格水平是在短期宏观经济均衡时的总价格水平。

短期均衡总产出水平是在短期宏观经济均衡时的总产出水平。

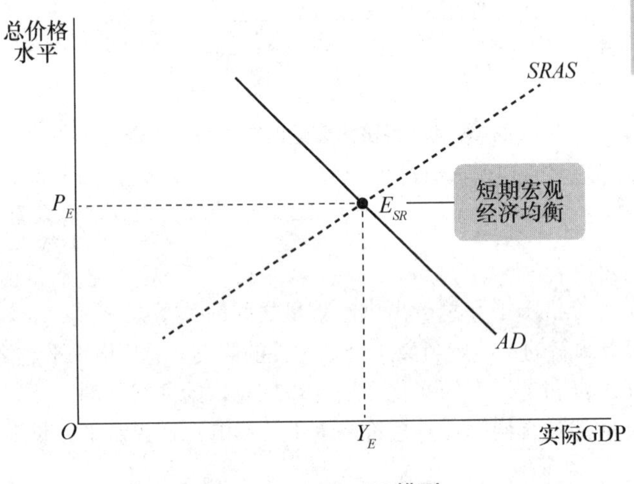

图 16－9　*AD*—*AS* 模型

AD—*AS* 模型把短期总供给曲线和总需求曲线组合到一起。两条线的交点 E_{SR} 是短期宏观经济均衡点，对总产出的需求数量等于总产出的供给数量。P_E 是短期均衡总价格水平，Y_E 为短期均衡总产出水平。

在供给和需求模型中，我们看到的是任何一种产品如果出现短缺将引起市场价格上升，如果存在剩余则会引起价格下跌。这些因素保证市场会达到均衡。同样的逻辑也适用于短期宏观经济均衡。如果总价格水平高于均衡水平，总产出水平的供给数量将超过需求数量，这会推动总价格水平下跌，向均衡水平移动。

如果总价格水平低于均衡水平，总产出水平的供给数量将小于需求数量。这会推动总价格水平上涨，同样推动经济走向均衡水平。在下面的讨论中，我们总是假定经济处在短期宏观经济均衡状态。

实际上，总产出水平和总价格水平具有长期上升趋势。基于这一点，我们还做了一个重要的简化假定：不论哪一个变量值降低了，都意味着与长期趋势相比降低了。例如，假设总价格水平通常每年上涨 4%，如果某一年价格水平只上涨了 3%，按照我们的分析要求，这就意味着减少了 1%。事实上，自从大萧条以后，任何一个大国的总价格水平实际下降的年份是非常少见的——日本 1995 年之后出现的通货紧缩是少有的例外之一。但是，总价格水平相对于长期趋势下降的情形有许多。

不管是曲线 *SRAS* 的移动还是曲线 *AD* 的移动，都会改变短期均衡总产出和短期均衡总价格水平。下面我们分别进行分析。

□ 16.3.2　总需求曲线的移动：短期效应

能够引起总需求曲线移动的事件被称为**需求冲击**（demand shock），如预期或财富的改变，实物资本存量规模的影响，财政政策和货币政策的运用等。大萧条就是由负向需求冲击引起的，当时来自企业和消费者的需求由于 1929 年的股票市场崩溃和 1930—1931 年的银行倒闭而大幅减少。

能够引起总需求曲线移动的事件被称为**需求冲击**。

大萧条的结束也是由正向需求冲击所致，因为在第二次世界大战期间政府购买大幅增加。在 2008 年，美国经济经历了另一场具有重要影响意义的负向需求冲击，因为房地产市场从繁荣走向衰退，消费者和企业大规模削减了他们的投资支出。

图 16－10 表示的是短期负向需求冲击和正向需求冲击，图 16－10（a）所示为负向需求冲击，冲击导致需求曲线 AD 向左移动，从 AD_1 到 AD_2。经济沿着曲线 $SRAS$ 从 E_1 移动到 E_2，导致短期均衡总产出水平和短期均衡总价格水平同时下降。图 16－10（b）所示为正向需求冲击，推动需求曲线 AD 向右移动。当经济沿着曲线 $SRAS$ 从 E_1 上移到 E_2时，导致短期均衡总产出水平和短期均衡总价格水平同时上升。需求冲击会导致总产出水平和总价格水平沿着相同的方向变化。

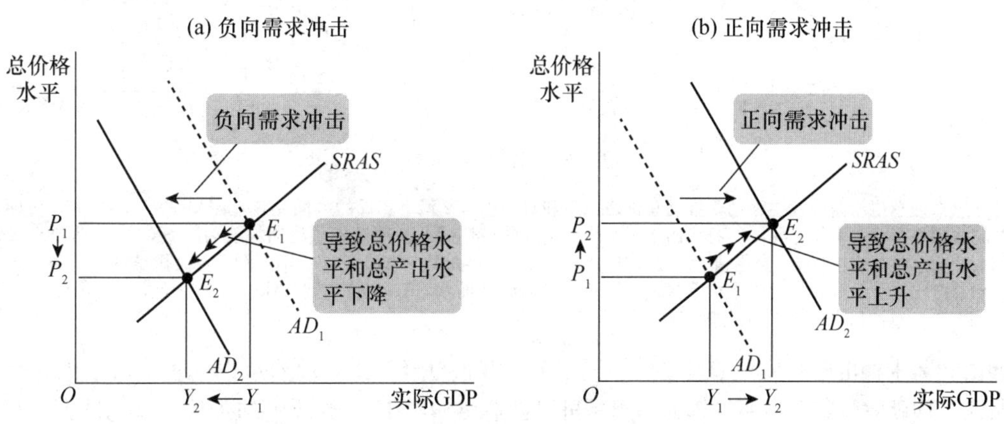

图 16－10　需求冲击

需求冲击导致总需求曲线发生移动，推动总价格水平和总产出水平沿着相同的方向变化。图 16－10（a）表示负向需求冲击导致总需求曲线向左移动，从 AD_1 到 AD_2，总价格水平从 P_1 下降到 P_2，总产出水平从 Y_1下降到 Y_2。图 16－10（b）表示正向需求冲击导致总需求曲线向右移动，推动总价格水平从 P_1 上升到 P_2，总产出水平从 Y_1增加到 Y_2。

□ 16.3.3　曲线 SRAS 的移动

能够引起短期总供给曲线移动的事件就是所谓的**供给冲击**（supply shock），如大宗商品价格变化，名义工资变化和生产率变化。负向供给冲击抬高生产成本，导致在任一总价格水平上生产者愿意提供的产出减少，导致短期总供给曲线向左移动。1973—1979 年，伴随世界石油供给困难，美国经济经历了严重的负向供给冲击。

> 引起短期总供给曲线移动的事件就是所谓的**供给冲击**。

相反，正向供给冲击会降低生产成本，增加在任一总价格水平上的产出水平，导致短期总供给曲线向右移动。1995—2000 年，由于网络技术和其他信息技术应用大大提高了生产率，美国在此期间经历了正向供给冲击。

图 16－11（a）表示的就是负向供给冲击效应。初始均衡在 E_1，总价格水平为 P_1，总产出水平为 Y_1。石油供给困难引起了短期总供给曲线左移，即曲线 $SRAS_1$ 沿着曲线 AD 移动到曲线 $SRAS_2$，结果，总产出水平下降而总价格水平上升。在新的均衡点 E_2处，与此前相比，新的均衡价格水平 P_2比以前上升，而新的均衡总产出 Y_2则低于以前。

图 16－11（a）中高通货膨胀和产出水平下降叠加在一起有一个特别的名称：**滞胀**（stagflation），即增长停滞加通货膨胀。滞胀是一种非常痛苦的经历：总产出下降导致失业率上升，即使是有工作的人，他们的收入也被上涨的价格所侵蚀。20 世纪 70 年代发生的滞胀现象在国民中形成了一种悲观情绪，我们稍后还将看到，这也让政策制定者左右为难。

> **滞胀**是通货膨胀与总产出下降同时发生。

图 16－11（b）表示的正好是相反的正向供给冲击。总产出水平上升而总价格水平下降推动曲线 $SRAS$ 从 $SRAS_1$ 沿着 AD 下移到 $SRAS_2$。20 世纪 90 年代后期发生的令人欣慰的供给冲击导致充分就业和通货膨胀下降同时出现。所以，与长期价格变化趋势相比，总价格水平出现下降。这种同时出现的现象在当时形成了一种全国性的乐观情绪。

正向供给冲击和负向供给冲击的特征不像需求冲击，它们会引起总价格水平和总产出水平沿着相反的方向变化。

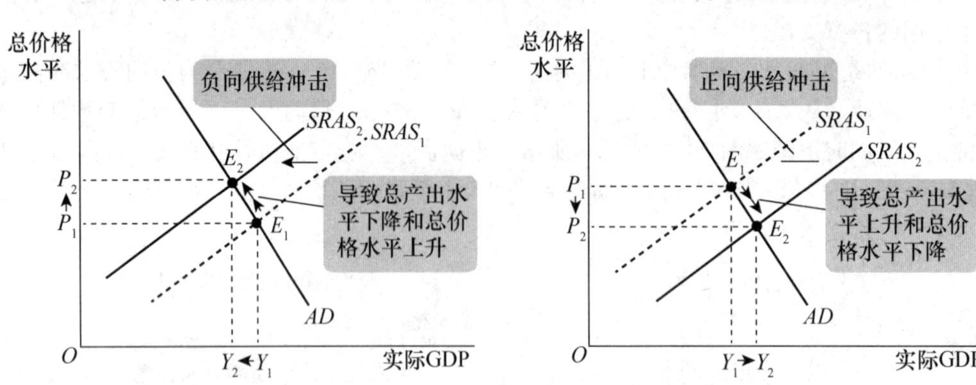

图 16-11 供给冲击

供给冲击导致短期总供给曲线发生移动，推动总价格水平和总产出水平沿着相反的方向变化。图 16-11（a）表示负向供给冲击导致短期总供给曲线向左移动，引发滞胀——总产出水平下降和高通货膨胀并行。短期总供给曲线从曲线 $SRAS_1$ 移动到曲线 $SRAS_2$，经济从 E_1 移动到 E_2，总价格水平从 P_1 变化到 P_2，总产出水平从 Y_1 下降到 Y_2。图 16-11（b）表示正向供给冲击导致短期总供给曲线向右移动，推动总产出水平上升和总价格水平下降，短期总供给曲线从曲线 $SRAS_1$ 移动到曲线 $SRAS_2$，经济从 E_1 移动到 E_2，总价格水平从 P_1 变化到 P_2，总产出水平从 Y_1 上升到 Y_2。

供给冲击和需求冲击还有另一个重要的不同之处。我们已经知道，政府可以通过货币政策和财政政策移动总需求曲线，这就意味着政府所发挥的作用是可以创造出如图 16-10 所示的某种类型的冲击。政府要想移动总供给曲线是很困难的，有什么移动总需求曲线的好的政策理由吗？我们稍后将对此做出讨论。首先，我们先比较短期宏观经济均衡和长期宏观经济均衡有什么不同。

▶ **国际比较**

21 世纪的供给冲击

近年来，石油和其他原材料的价格非常不稳定，2007—2008 年价格暴涨，2008—2009 年价格暴跌，2010 年下半年开始又一次上涨。这些大幅波动的原因不同，但它们产生的宏观经济影响是明确的：世界上许多地区遭受了一系列供给冲击。2007—2008 年出现负面冲击，2008—2009 年出现正面冲击，2010—2011 年出现另一个负面冲击。

我们可以在附图中看到这些冲击的影响，其中显示了通过三个大型经济体消费者价格相对前一年的变化百分比度量的通货膨胀率。美国、德国（与许多其他欧洲国家使用相同的货币）和中国的经济政策有很大的不同。然而，所有三个国家的通货膨胀率在 2007—2008 年都大幅上升，之后又大幅下降，并在 2011 年再次大幅上升。

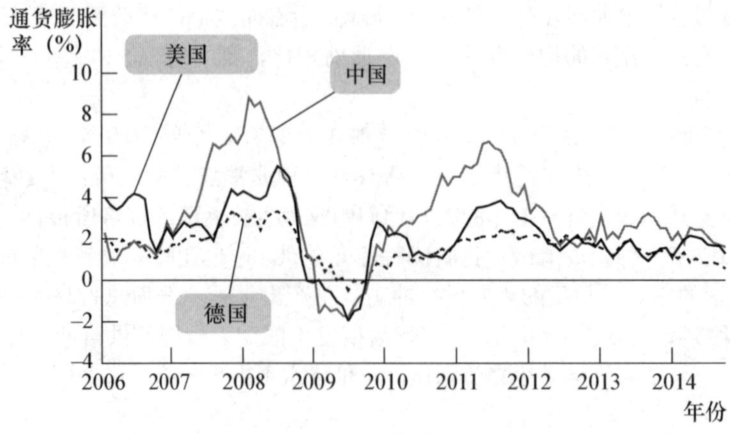

资料来源：Federal Reserve Bank of St. Louis.

□ 16.3.4 长期宏观经济均衡

图 16－12 把总需求曲线、短期总供给曲线和长期总供给曲线一同置于一个图上。总需求曲线 AD 在 E_{LR} 点与短期总供给曲线相交。这里我们假定已经经过足够长的时间调整，经济也处在长期总供给曲线 $LRAS$ 上，E_{LR} 就成了三条曲线的交点。因此，短期均衡总产出水平等于潜在产出水平 Y_p。当短期宏观经济均衡点也处在长期总供给曲线上时，就实现了所谓的**长期宏观经济均衡**（long-run macroeconomic equilibrium）。

当短期宏观经济均衡点处在长期总供给曲线上时，就实现了所谓的**长期宏观经济均衡**。

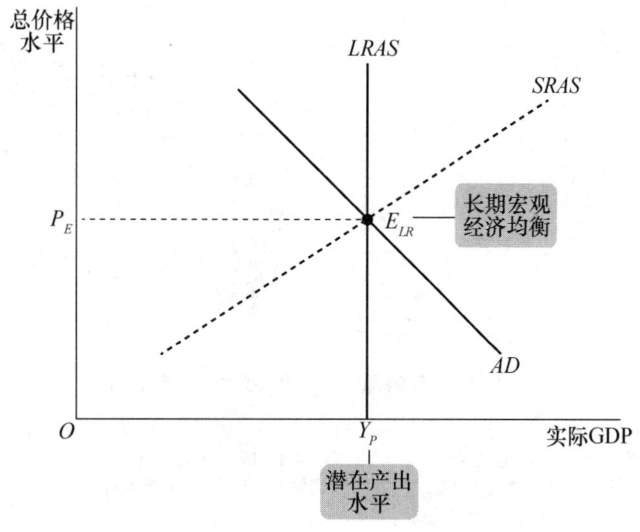

图 16－12 长期宏观经济均衡

这里的短期宏观经济均衡点也同时处在长期总供给曲线上，短期均衡总产出水平等于潜在产出水平 Y_P。所以，经济在 E_{LR} 点处在长期宏观经济均衡状态。

为了看清长期宏观经济均衡的意义，我们考虑当需求冲击将经济推离长期宏观经济均衡时会发生什么。在图 16－13 中，我们假定初始的总需求曲线为 AD_1，初始的短期总供给曲线为 $SRAS_1$，所以初始的宏观经济均衡点为 E_1 点，它在长期总供给曲线 $LRAS$ 上。也就是说，在这个经济体的初始点，短期宏观经济均衡等于长期宏观经济均衡，实际总产出水平等于潜在产出水平 Y_1。

现在我们假定由于某种原因，比如说企业和消费者对未来的预期看淡，总需求下降，总需求曲线向左移动到 AD_2。结果，当经济在短期稳定在 E_2 点的时候，总价格水平 P_2 和总产出水平 Y_2 较之以前都下降了。总需求下降的短期效应就像美国在 1929—1933 年所经历的那样，总价格水平和总产出水平比以前都下降了。

在新的短期均衡 E_2 点上，总产出水平低于潜在产出水平。在这种情形下，该经济体存在**衰退缺口**（recessionary gap）。在现实世界中，衰退缺口意味着存在很大的痛苦，因为与此对应的是高失业率。美国在 1933 年时，衰退缺口扩大引发了严重的社会和政治问题。而同期德国衰退缺口扩大是希特勒掌权的重要原因。

当总产出水平低于潜在产出水平时，表明存在**衰退缺口**。

但是，事情并非到此就结束了。当失业率居高不下的时候，像其他黏性价格一样，名义工资最终会下降，推动生产者最终增加产出。结果，衰退缺口的存在将推动短期总供给曲线逐渐向右移动，在曲线 $SRAS_1$ 到达曲线 $SRAS_2$ 之前，这一过程会一直持续，将经济推向新的均衡点 E_3，此时 AD_2、$SRAS_2$ 和 $LRAS$ 相交。在 E_3 点经济又回到长期宏观经济均衡状态，回到了潜在产出水平 Y_1 上，但是总价格水平 P_3 降低了，反映了长期总价格水平下降的趋势。最终经济在长期中进行了自我矫正。

如果总需求增加又会发生什么？结果如图 16－14 所示，这时我们仍然假定初始的总需求曲线是 AD_1，初始的短期总供给曲线是 $SRAS_1$，初始的宏观经济均衡点 E_1 点处在长期总供给曲线 $LRAS$ 上。所以，初始时经济也处在长期宏观经济均衡状态。

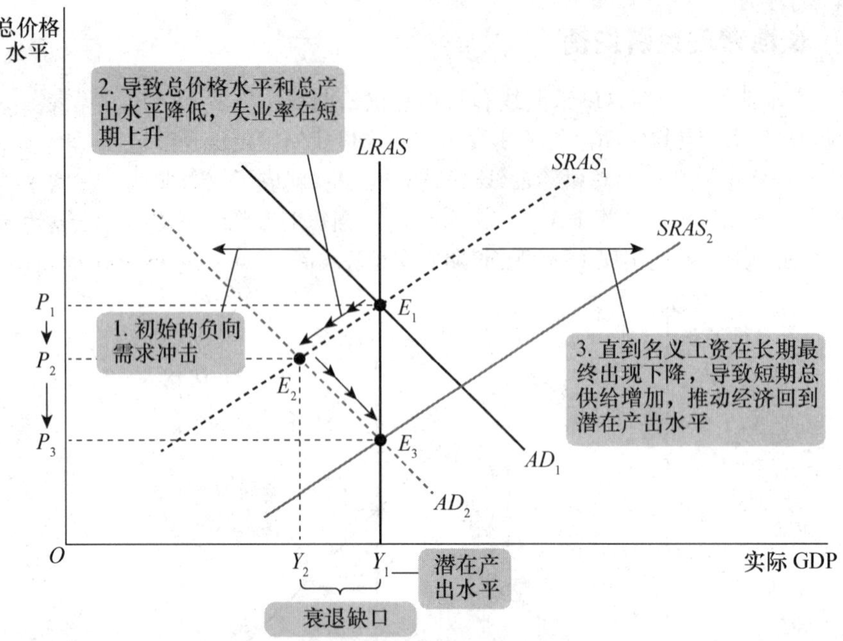

图 16-13　负向需求冲击的短期和长期效应

在长期，经济会进行自我矫正，需求冲击仅仅对总产出产生暂时的影响。从 E_1 点开始，负向需求冲击导致总需求曲线从 AD_1 向左移动到 AD_2。经济在短期将移动到 E_2 点，出现衰退缺口，总价格水平从 P_1 降低到 P_2，总产出水平从 Y_1 降低到 Y_2，失业率上升。但是从长期来看，高失业率会导致名义工资下降，曲线 $SRAS_1$ 向右移动到曲线 $SRAS_2$，总产出水平从 Y_2 上升到 Y_1，总价格水平再次下降，从 P_2 下降到 P_3。长期宏观经济均衡最终在 E_3 点得到恢复。

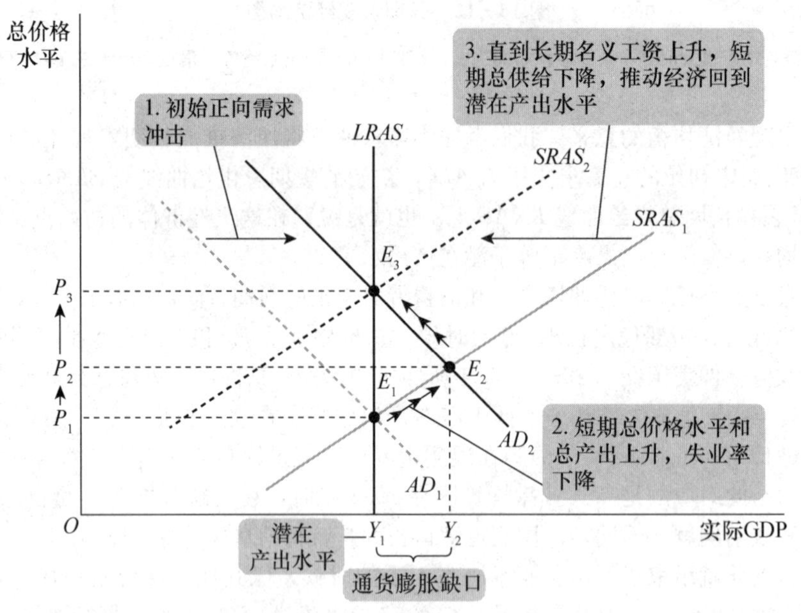

图 16-14　正向需求冲击的短期和长期效应

从 E_1 点开始，正向需求冲击导致总需求曲线从 AD_1 向右移动到 AD_2。经济在短期将移动到 E_2 点，出现通货膨胀缺口，总价格水平从 P_1 上升到 P_2，总产出水平从 Y_1 上升到 Y_2，失业率下降。但是从长期来看，低失业率会导致名义工资上升，曲线 $SRAS_1$ 向左移动到曲线 $SRAS_2$，总产出水平从 Y_2 下降到 Y_1，总价格水平再次上升，从 P_2 上升到 P_3。长期宏观经济均衡最终在 E_3 点得到恢复。

现在假定总需求增加，AD_1 向右移动到 AD_2。由此导致的结果是：当经济在短期稳定在 E_2 点时，总价格水平 P_2 和总产出水平 Y_2 都上升了。在这一新的短期均衡点上，总产出水平高于潜在产出水平，为了得到这一更高的产出水平，失业率水平也应该下降。当这种情形发生时，该经济存在着**通货膨胀缺口**（inflationary gap）。

就像衰退缺口一样，故事到此并非结束。当失业率很低时，像其他黏性价格一样，名义工资最终将会上涨，结果将推动有通货膨胀缺口的短期总供给曲线逐渐向左移动，在曲线 $SRAS_1$ 到达曲线 $SRAS_2$ 之前，这一过程会一直持续，直到把经济推向新的均衡点 E_3 点，此时 AD_2、$SRAS_2$ 和 $LRAS$ 相交。在 E_3 点上，经济又回到长期宏观经济均衡状态，回到了潜在产出水平 Y_1，但是总价格水平 P_3 提高了，反映了长期总价格水平上涨的趋势。

当总产出水平高于潜在产出水平时出现**通货膨胀缺口**。

为了总结经济如何对衰退缺口和通货膨胀缺口做出反应，我们集中在**产出缺口**（output gap）上，即真实总产出对潜在产出水平偏离的比例。产出缺口的计算如下：

产出缺口是真实总产出对潜在产出水平偏离的比例。

$$产出缺口=[(真实总产出-潜在产出水平)/潜在产出水平]\times 100\% \qquad (16-3)$$

我们的分析认为，产出缺口总是趋向于零。

当存在衰退缺口时，产出缺口为负，名义工资最终会下降，推动经济回到潜在产出水平；而当存在通货膨胀缺口时，产出缺口为正，名义工资最终会上涨，也会把经济推回到潜在产出水平。所以，经济运行在长期会**自我矫正**（self-correcting）：总需求冲击对总产出水平的影响只发生在短期而非长期。

经济运行在长期会**自我矫正**：总需求冲击对总产出水平的影响只发生在短期而非长期。

▶ 追根究底

通货紧缩在哪里？

根据 AD—AS 模型，负向需求冲击或正向供给冲击应导致总价格水平下降，即通货紧缩。然而，自 1949 年以来，美国的总价格水平真实下降非常罕见。同样，大多数其他国家应对通货紧缩的经验也甚少。在 20 世纪 90 年代后期和下一个十年初期，日本经历了持续的温和通货紧缩，这是一个很大的（也是讨论很多的）例外。通货紧缩发生了什么事？

基本答案是，在第二次世界大战后，经济波动趋势很大程度上发生的是长期通货膨胀。战前，在经济衰退期间价格下降很常见，但战后，负向需求冲击在很大程度上反映为通货膨胀率的下降，而不是价格真实的下降。例如，消费者价格通货膨胀率从 2001 年衰退开始时的 3%以上下降到一年后的 1.1%，但从来没有下降到零。

所有这些都在 2007—2009 年的经济衰退期间发生了变化。2008 年金融危机之后的负向需求冲击非常严重，2009 年大部分时间美国的消费者价格水平确实出现下降。但通货紧缩期并没有持续很长时间：从 2010 年开始，价格再次上涨，年均增长率为 1%～4%。

▶ 真实世界中的经济学

现实中的供给冲击和需求冲击

供给冲击和需求冲击各自会多频繁地引起经济衰退呢？在大多数情况下（并非全部），经济衰退主要是由需求冲击所致。但是当负向供给冲击出现时，导致的衰退结果也非常严重。

我们具体来看。第二次世界大战之后，美国经历的正式有定论的经济衰退有 12 次。其中有两次，即 1979—1980 年和 1981—1982 年的衰退经常被认为是连在一起的“双份衰退”。所以，总衰退的次数是 11 次。其中有两次：1973—1975 年期间的衰退和 1979—1982 年的双份衰退表现出明显的滞胀特征，总产出水平下降和价格水平上涨并存。

在这两次衰退中，引起冲击的原因都是中东动荡——1973 年的阿拉伯和以色列的战争和 1979 年的伊朗革命——造成石油供应紧张，推动价格骤升。事实上，经济学家有时也称这两次衰退为“欧佩克Ⅰ号”（OPEC Ⅰ）和“欧佩克Ⅱ号”（OPEC Ⅱ），得名于世界石油卡特尔组织欧佩克。第 3 次衰退开始于 2007 年，一直持续到2009年，不是由油价飙升引起，但至少部分地由油价飙升加剧了衰退。

所以，11次中有8次是需求冲击而非供给冲击的结果。可是，如果从失业率来看，两次供给冲击导致的衰退是最严重的。图16-15所示为美国1948年后的失业率变化，1973年的阿拉伯和以色列的战争和1979年的伊朗革命在图中做了标记。第二次世界大战以来，两次最高的失业率水平是由两次大的负向供给冲击所致。

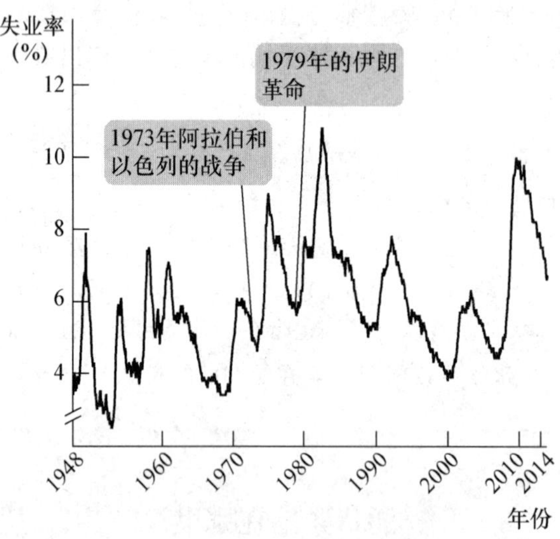

图16-15　负向供给冲击非常少但后果严重

资料来源：Bureau of Labor Statistics.

供给冲击的后果非常严重还有一个原因：宏观经济政策在处理供给冲击时要比处理需求冲击时难办。事实上，正如开篇案例所描述的那样，2008年美联储经历艰难时期的原因是，2008年年初美国经济陷入衰退的部分原因是供给冲击（尽管它也面临需求冲击）。之后我们会看到为什么供给冲击会出现这样的问题。

及时复习

- *AD*—*AS*模型用于研究经济波动。
- 当总需求曲线和短期总供给曲线相交时就会出现短期宏观经济均衡，由此决定了短期均衡价格水平和短期均衡产出水平。
- 需求冲击使曲线*AD*移动，引起总产出水平和总价格水平沿相同方向变动。供给冲击使曲线*SRAS*移动，引起总产出水平和总价格水平沿相反方向变动。滞胀是负向供给冲击引起的结果。
- 当存在衰退缺口时，名义工资会下降；而当存在通货膨胀缺口时，名义工资会上升。两种情形都会推动经济朝着曲线*AD*、*SRAS*和*LRAS*相交的长期宏观经济均衡方向运动。
- 产出缺口总是趋向于零，因为经济在长期会自我矫正。

小测验16-3

1. 描述下列冲击对总价格水平和总产出水平的短期影响：

a. 政府大幅提高最低工资水平，许多工人的工资因此增加了。

b. 太阳能公司启动了一项大规模的投资项目。

c. 国会同意增税并削减支出。

d. 恶劣的天气在世界范围内造成谷物减产。

2. 生产率的提高提升了潜在产出水平，但是有人担心，即使在长期中，对增加的产出的需求也会不足。你如何回应这种说法？

16.4 宏观经济政策

我们刚刚学过经济在长期中会自我矫正，并且最终会回到潜在产出水平上。大多数经济学家相信，这种自我矫正过程要花费几年甚至十几年或更长时间。特别是当总产出水平小于潜在产出水平时，在回到正常水平前，经济可能会经历相当长的产出不振、失业率居高不下的时期。

这种信念的背后是最为著名的经济学家之一的约翰·梅纳德·凯恩斯的名言："在长期我们都死了。"我们将在"追根究底"专栏中解释他说出这句名言的前因后果。

▶ 追根究底

凯恩斯和长期

英国经济学家约翰·梅纳德·凯恩斯（1883—1946）在创建宏观经济学的现代研究领域方面所发挥的作用无人能出其右。他最著名的贡献之一是提出长期的意义。

1923 年，凯恩斯出版了《货币改革略论》(*A Tract on Monetary Reform*)，这是一本讨论第一次世界大战后欧洲的经济改革的小册子。在书中，他批评了他的许多同事讨论问题时只是集中讨论长期的事情——就像我们已经分析过的长期宏观经济均衡，而忽略了沿途可能发生的痛苦和灾难。下面就是较为完整的引文：

> 长期对当前事务会产生错误导向。在长期我们都死了。如果经济学家在有暴风雨的季节只是告诉我们暴风雨终究会过去，大海也会恢复平静，那么经济学家就赋予了自己太容易且太毫无用处的任务。

政府运用**稳定政策**来降低衰退程度，控制过度扩张。

经济学家通常对凯恩斯名言所做的解释是：政府不要等待经济来自我矫正。相反，许多（当然并非所有的）经济学家认为，在经济经历了总需求曲线移动的灾难时，政府应该使用财政政策和货币政策推动其回到潜在产出水平上。采取主动的**稳定政策**（stabilization policy）是合理的做法，政府政策可以缓解衰退的严重性，并阻止经济过度扩张。

经济稳定政策有助于改善经济运行的绩效吗？如果我们再审视一下图 16－6，答案是肯定的。通过采用某些积极的稳定政策，在经过大约 6 年的衰退缺口之后，美国经济在 1996 年回到了潜在产出水平。类似的情形还有，在经历了大约 4 年的通货膨胀缺口之后，美国经济在 2001 年回到了潜在产出水平。这比经济学家认为的在没有主动的稳定政策背景下经济的自我矫正将持续 10 多年的时间要短。但是，我们稍后将看到，改善经济效率的能力并不总是能得到保证，它取决于经济面对的是哪种类型的冲击。

□ 16.4.1 当面对需求冲击时的政策

假设一个经济体经历了像图 16－13 所示的负向需求冲击。我们在本章已经做过讨论，货币政策和财政政策能够导致总需求曲线移动。如果政策制定者对于总需求的下降反应迅速，他们将使用货币政策或者说财政政策推动总需求曲线向右移动。如果政策制定者能够准确地预测总需求曲线的移动，他们就能缩短图 16－13 所示的调整过程，也就是并不需要经过一个产出减少和价格下跌的过程，政府可以管理经济使之保持在 E_1 点的水平上。

为什么说缩短图 16－13 所示的调整过程并且把经济保持在初始的均衡状态是人们所期望的事情呢？原因有两个：首先，总产出水平的短暂下降如果不进行政策干预并不是一件好事，特别是因为这种下降与高失业率相关；其次，我们在第 14 章已经简单解释过，价格稳定一般被认为是一个非常令人满意的目标。所以防止通货紧缩——总价格水平下降——是一件好事。

这是否意味着政策制定者应该总是补偿总需求的下降呢？并非一定如此。一些增加总需求的政策措施可能以降低长期经济增长为代价，因为它们对私人投资支出具有挤出作用。而且在现实生活中，政策制定者掌握的信息是不完全的，所以政策效果也难以做到准确。这样经济稳定政策就存在受损多于得益的风险。也就是说，试图来稳定经济的政策可能会带来更多的不稳定。尽管如此，大多数经济学家仍然相信采用宏观经济政策来抵消对于总需求曲线严重的负向冲击还是有许多可资借鉴的事例的。

政策制定者也应该试着抵消正向需求冲击吗？似乎不该如此，毕竟，通货膨胀可能不是好事，难道更多的产出和低失业率也不是好事情吗？似乎没有必要。现在大多数经济学家相信，从短期通货膨胀缺口中所得到的暂时的好处将来必须付出代价。所以无论是正向冲击还是负向冲击，今天的政策制定者通常都试图去抵消其作用。我们将在第 19 章中解释原因，试图去消除衰退缺口和通货膨胀缺口通常依靠的是货币政策而不是财政政策。在 2007—2008 年，美联储大幅降低利率，试图阻止衰退缺口的扩大；在美国经济似乎存在通货膨胀缺口的十年初期，美联储通过提高利率来产生相反的作用。

那么，宏观经济政策又是如何应对供给冲击的呢？

□ 16.4.2 对供给冲击的反应

我们现在可以回到本章的开篇案例了。我们现在要解释为什么联邦公开市场委员会的委员们会担心滞胀。

在图 16－11（a）中，我们看到了负向供给冲击的效应。从短期来看，这种冲击会造成总产出水平下降、总价格水平上升。我们已经指出，对于负向需求冲击，政策制定者通过采用货币政策和财政政策能够把总需求推回到原来的水平上。但是，对于负向供给冲击，他们又能做或者说应该做什么呢？

与总需求曲线完全不同的是，移动短期总供给曲线的政策并不容易找到。没有哪项政府政策能轻松地影响生产者的盈利能力，并且因为移动短期总供给曲线获得补偿。所以，对于负向供给冲击，政策所做出的反应并非试图将该曲线推回到原来的位置。

如果您考虑采用移动总需求曲线的货币政策或者财政政策来应对供给冲击，显然并不正确。两件糟糕的事情是同时发生的：总产出水平下降会导致失业率增加和总价格水平上升。移动总需求曲线的政策有助于解决一个问题，但同时恶化了另一个问题。如果政府采取行动增加总需求，可以限制失业率增加，减少产出下降，但会使通货膨胀更加严重。如果政府采取行动减少总需求，可以阻止通货膨胀，但是会使失业率上升。

这是一种没有良好答案的艰难权衡。美国和其他经济发达国家在面对 20 世纪 70 年代的供给冲击时，最终采取的是稳定价格的政策，但付出了高失业率的代价。对于 20 世纪 70 年代和 2008 年早期的政策制定者，他们所面临的选择比通常情况下要更难。

▶ 真实世界中的经济学

稳定政策能实现稳定吗？

我们已经介绍了稳定政策作为应对需求冲击方法的理论合理性，但稳定政策真的能稳定经济吗？我们可以将观察长期的历史记录作为一种思路来尝试回答这个问题。在第二次世界大战之前，美国政府没有真正的稳定政策，主要是因为我们知道的宏观经济学当时并不存在，并且没有关于如何做的共识。自第二次世界大战以来，特别是自 1960 年以来，主动的稳定政策已成为标准做法。

所以，这里的问题是：自从政府开始努力稳定经济以来，经济实际上变得更加稳定了吗？答案是不完全肯定的，原因有二：一是第二次世界大战前的数据不如现代的数据可靠。二是 2007 年开始的严重的、持续的萧条已经动摇了人们对政府政策有效性的信心，尽管似乎波动的幅度已经减轻了。

图 16－16 显示了自 1890 年以来失业人数占非农劳动力的百分比。（我们关注非农工人，因为农民虽然

经常遭遇经济困难，但很少被作为失业者。）即使忽略在大萧条期间失业率的大幅上升，第二次世界大战之前的失业率比战后有更大的变化。同样值得注意的是，战后失业率在1975年、1982年以及2010年达到一定时期的峰值，这符合巨大供给冲击的特征。对于这种冲击，稳定政策没有好的作用。

可能的情形是，经济出现的更大的稳定性反映的是好运气而非政策作用。但从表面上看，证据表明稳定政策确实发挥了稳定作用。

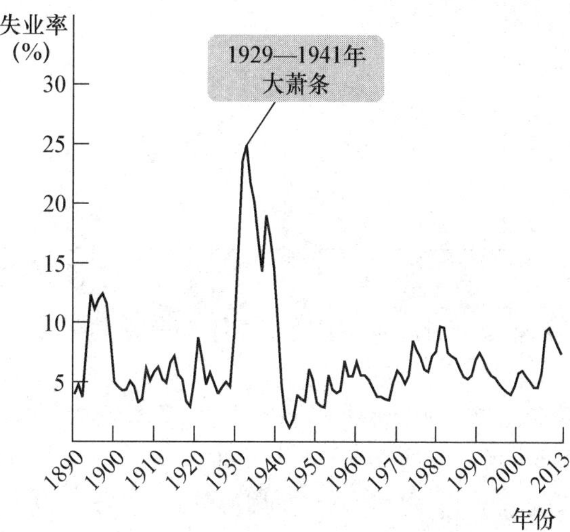

图 16-16　稳定政策能实现稳定吗?

资料来源：Christina Romer，"Spurious Volatility in Historical Unemployment Data，" *Journal of Political Economy* 94，no. 1 (1986)：1-37 (years 1890—1928)；Bureau of Labor Statistics (years 1929—2014).

及时复习

● 稳定政策是运用财政政策和货币政策来抵消需求冲击。其中也有一些缺陷。这些政策会导致长期的预算赤字，挤出效应也会降低长期经济增长率。而且，由于预测不准确，误导性的政策容易增加经济的不稳定性。

● 负向供给冲击造成了政策制定的难题，因为应对产出下降的政策会使通货膨胀率更高，对付通货膨胀的政策会使产出下降更多。

小测验 16-4

1. 假设某人宣称："货币政策或财政政策只是暂时对经济进行了一次拔苗助长式的刺激——获得了暂时的高产出，但将来不得不忍受通货膨胀的痛苦。"

a. 用*AD—AS*模型解释上述这句话的意思。

b. 对于稳定政策来讲，上述说法正确吗？为什么？

2. 2008年，在房地产泡沫崩溃以及大宗商品价格，特别是石油价格大幅上涨之后，美联储内部对于如何回应存在很大的分歧，一些人主张降低利率，另一些人则反对，因为这将导致通货膨胀率上升。根据*AD—AS*模型解释形成这些观点的理由。

▶ **解决问题**

冲击分析

在2008年秋季金融危机期间，当股市损失约一半市值时，金融体系对经济产生了震撼性冲击。不久之后，消费者支出开始急剧下降。在下降6个月内，国内生产总值下跌2.5%，价格水平下跌2.8%。请用对总需求和总供给的分析解释如何预测这种对总产出和总价格水平的短期影响。假设没有政府干预，从长期来看，你预测会发生什么？

步骤 1：画出并标注总需求曲线和短期总供给曲线，并标出初始均衡点、初始总价格水平和初始总产出水平。总需求曲线和短期总供给曲线如下图所示。初始均衡点为 E_1，初始总价格水平为 P_1，初始总产出水平为 Y_1。

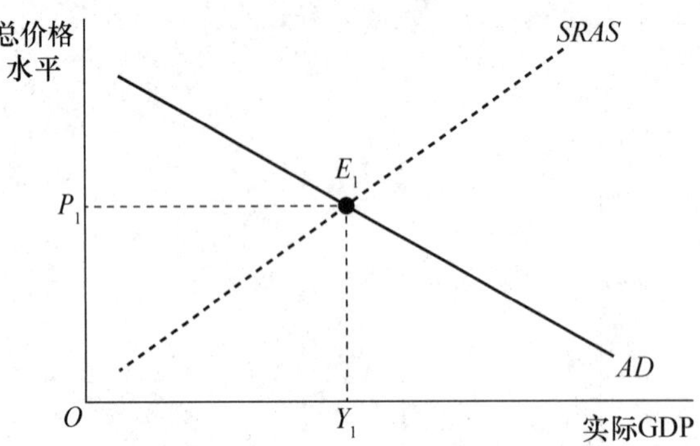

步骤 2：在步骤 1 中的图形基础上分析股市下跌对总需求和短期总供给的影响，在股市下跌之后，画出代表总需求的新曲线。

股市下跌，家庭资产实际价值下降。从下图中的均衡点 E_1 开始，总需求曲线将从 AD_1 移向 AD_2。经济将在 E_2 点形成新的短期宏观经济平衡。总价格水平将低于 P_1，总产出水平将低于初始均衡点的产出。

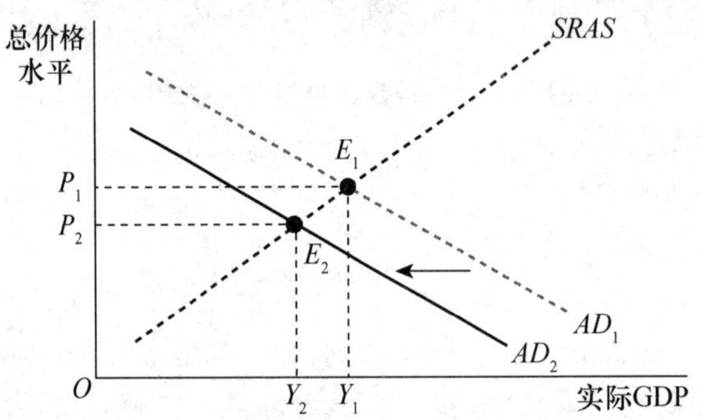

步骤 3：通过初始均衡点 E_1 点画出长期总供给曲线，并标注衰退缺口。长期总供给曲线如下图所示。经济现在面临着 Y_1 和 Y_2 之间的衰退缺口。

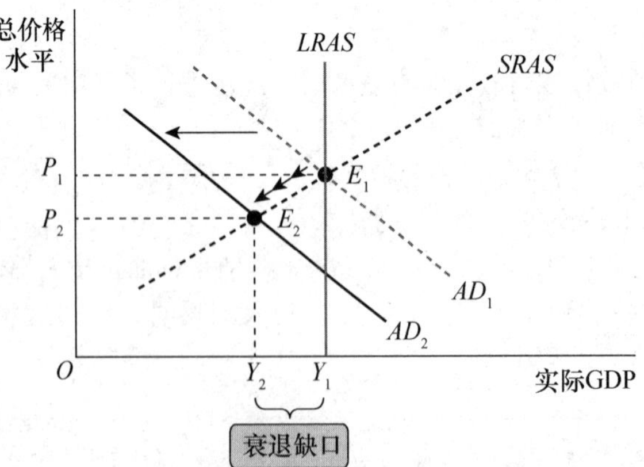

步骤 4：你预测长期会发生什么？由于工资合约重新谈判，名义工资将下降，短期总供给曲线将逐渐向右移动到 $SRAS_2$，与 AD_2 交于 E_3 点。在 E_3 点，经济回到潜在产出水平，总价格水平更低，如下页图所示。

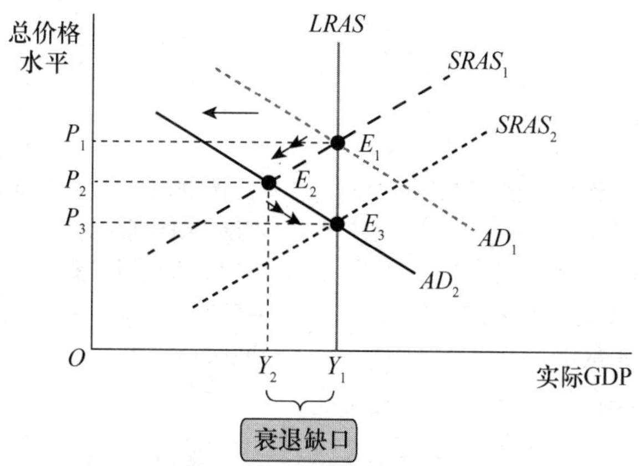

小结

1. 总需求曲线表示的是总价格水平和对总产出需求数量之间的关系。

2. 总需求曲线向下倾斜的原因有二：第一是总价格水平变化的财富效应，即当总价格水平上升时，居民所拥有的财富的购买力下降导致消费支出减少；第二是总价格水平变化的利率效应，即总价格水平的提高降低了居民和企业持有货币的购买力，推动了利率水平上升，由此导致投资支出和消费支出减少。

3. 总需求曲线移动是因为预期的变化、非总价格水平改变引起的财富的变化和实物资本存量的变化。政策制定者可以运用财政政策和货币政策来移动总需求曲线。

4. 总供给曲线表示的是总价格水平和总产出供给数量之间的关系。

5. 由于名义工资在短期是黏性的，所以短期总供给曲线是向上倾斜的。总价格水平越高，每单位产品所获得的利润越大，所以短期增加的总产出越多。

6. 大宗商品价格、名义工资和生产率的变化能够改变生产者的利润，并且导致短期总供给曲线发生移动。

7. 从长期来看，包括名义工资在内的所有价格都是灵活变动的，所以一个经济体可以在潜在产出水平组织生产。如果实际总产出水平超过潜在产出水平，由于失业率水平低，名义工资最终将会提高，总产出水平也将下降。如果实际总产出水平低于潜在产出水平，由于失业率水平高，名义工资最终将会下降，总产出水平也将提高。所以，长期总供给曲线是位于潜在产出水平上的一条垂直线。

8. 在 *AD—AS* 模型中，短期总供给曲线和总需求曲线的交点是短期宏观经济均衡点。该点决定了短期均衡的总价格水平和短期均衡的总产出水平。

9. 总供给曲线的移动（供给冲击）和总需求曲线的移动（需求冲击）会引发经济波动。需求冲击所引起的总价格水平变化和总产出水平变化与经济沿着短期总供给曲线变动的方向相同。供给冲击引起的总价格水平变化和总产出水平变化与沿着总需求曲线变化的方向相反。一种非常棘手的情形是滞胀，也就是通货膨胀和总产出水平下降同时发生，这是由负向供给冲击所致。

10. 需求冲击对总产出仅仅在短期产生影响，因为经济在长期会进行自我矫正。当存在衰退缺口时，名义工资的最终下降会推动经济向长期宏观经济均衡水平变化，也就是使总产出等于潜在产出水平。当存在通货膨胀缺口时，名义工资的最终上升会推动经济向长期宏观经济均衡方向变化。我们可以使用产出缺口（实际总产出和潜在产出水平之间的百分比差异）来概括经济如何应对衰退缺口和通货膨胀缺口。因为经济长期会趋向自我修正，产出缺口总是趋于零。

11. 用失业衡量的衰退缺口的高成本和通货膨胀缺口导致的未来不利后果，推动许多经济学家主张采用主动的稳定政策即财政政策和货币政策来抵消需求冲击。其中也存在一些不足，因为这样的政策可能会导致长期预算赤字和对私人投资支出的挤出，这会损害长期经济增长，而且误导性的预测也会导致长期经济增长不稳定。

12. 负向供给冲击造成了政策困境：通过增加总需求来应对总产出水平的下降将导致更高的通货膨胀率；而对付通货膨胀的政策则又会导致总需求不足和总产出水平减少。

关键词

总需求曲线	总价格水平变化的财富效应	总价格水平变化的利率效应	总供给曲线
名义工资	黏性工资	短期总供给曲线	长期总供给曲线
潜在产出水平	*AD—AS* 模型	短期宏观经济均衡	短期均衡总价格水平
短期均衡总产出水平	需求冲击	供给冲击	滞胀
长期宏观经济均衡	衰退缺口	通货膨胀缺口	产出缺口
自我矫正	稳定政策		

练习题

1. 美元相对于其他国家货币贬值后，尽管美国的总价格水平仍然保持不变，但对于外国人来说，美国生产的最终产品和服务变得便宜了。国外对美国产品的总需求增加。你的同学认为这表现为沿着总需求曲线向下移动，因为外国人对于价格降低做出的反应是增加需求，但你坚持认为这应该表现为总需求曲线向右移动。谁的观点正确？请做出解释。

2. 你的同学对短期总供给曲线向上倾斜和长期总供给曲线为垂直线困惑不解，你能向他解释为什么曲线形态不同吗？

3. 假设在维格兰德，所有工人在每年的 1 月都要签署一份年度工资合约。无论在这一年中最终产品和服务的价格如何变化，所有工人都按照合约规定得到工资。当工资合约签署后，该年最终产品和服务的价格出人意料地出现了下降。通过图形来回答下列问题，假设经济初始时处在潜在产出水平上：

a. 总产出水平从短期来看如何对价格上涨做出反应？

b. 在企业和工人就工资水平重新谈判后又会发生什么？

4. 经济位于下图中的 *A* 点。假设总价格水平从 P_1 提高到 P_2，随着总价格水平的提高，总供给在短期和长期如何做出调整？通过图形来说明。

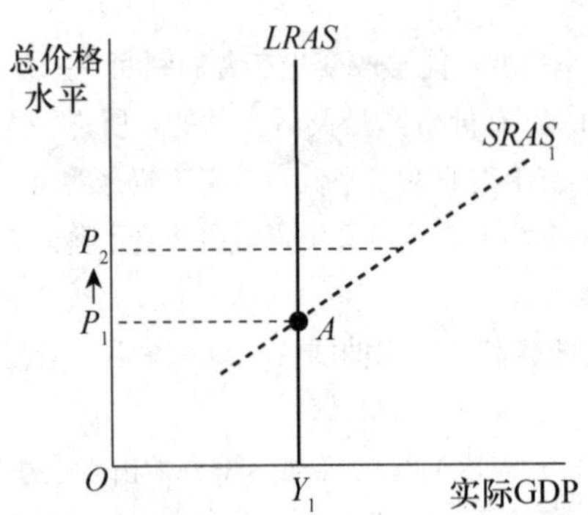

5. 当总价格水平提高后，假设所有居民持有的资产财富自动增值了（一个例子是假设这是一种按通货膨胀率调整的债券，也就是说，债券的利率水平在其他条件不变的时候会按通货膨胀率同步调整）。这种资产分配导致的总价格水平变化对财富效应有什么影响？对总需求曲线的斜率有什么影响？总需求曲线仍然还是向下倾斜的吗？请解释。

6. 假设经济目前处在潜在产出水平。假设你是政策制定者，在一所大学中学习经济学的学生请你对如下各种类型的冲击从最不愿意使用到最想使用进行排序：正向需求冲击、负向需求冲击、正向供给冲击和负向供给冲击。你的排序结果是什么？请解释为什么这样排序？

7. 请解释如下政府政策影响的是总需求曲线还是短期总供给曲线？怎样影响？

a. 政府降低最低名义工资水平。

b. 政府永久性增加对困难家庭的临时补助、对抚养孩子家庭进行政府转移支付。

c. 为减少财政预算赤字，政府宣布来年居民将支付更高的税赋。

d. 政府削减军备开支。

8. 在维格兰德每年的1月1日，所有工人都要签署年度工资合约。在去年1月，新的计算机操作系统的引入大大提高了劳动生产率。请解释维格兰德如何从一种短期宏观经济均衡走向另一种，并用图说明。

9. 美国经济评议会每月发布基于对5 000个美国代表性家庭调查得出的消费者信心指数。许多经济学家据此来跟踪经济状况。该会于2011年6月28日发布的新闻稿说："美国经济评议会消费者信心指数自5月下降后，6月再次下降。该指数现在为58.5（1985年=100），低于5月的61.7。"

a. 基于这个消息，作为经济学家，你是否对经济增长感到鼓舞？

b. 根据*AD—AS*模型解释你的答案。画出典型图形，标明两个均衡点E_1和E_2。纵轴标记"总价格水平"，横轴标记"实际GDP"。假设所有其他主要宏观经济因素保持不变。

c. 政府应怎样对这个新闻做出反应？采取什么样的政策措施有助于中和消费者信心指数下降的作用？

10. 2007年美国经济遭遇两次重大冲击，导致出现了2007—2009年的严重衰退。一次与油价有关；另一次是房地产市场萧条。使用*AD—AS*框架分析这两次冲击对GDP的影响。

a. 画出典型的总需求曲线和短期总供给曲线。横轴标记"实际GDP"，纵轴标记"总价格水平"。标出均衡点E_1、均衡产出Y_1和均衡价格P_1。

b. 来自能源部的数据表明，世界原油的平均价格从2007年1月5日的每桶54.63美元上升到2007年12月28日的92.93美元。石油价格的上涨会引起需求冲击还是供给冲击？在问题a的基础上重新画图，通过移动适当的曲线来说明这种冲击的影响。

c. 联邦住房企业监督办公室计算并公布住房价格指数，在2007年1月至2008年1月之间的12个月内，美国房价平均下降了3.0%。房价下跌会导致供给冲击还是需求冲击？对问题b重新画图，通过移动适当的曲线来说明这种冲击的影响。标记新的均衡点E_3、均衡产出Y_3和均衡价格P_3。

d. 比较均衡点E_1和E_3。两次冲击对实际GDP和总价格水平有什么影响（提高、降低或者不确定）？

11. 当下述各种经济事件发生时，请用总需求曲线、短期总供给曲线和长期总供给曲线解释该经济体如何从一种长期宏观经济均衡走向另一种。请用图解释。在每种情形下，总价格水平和总产出水平的长期影响和短期影响如何？

a. 由于股票市场价格下跌，家户持有的财富减少。

b. 政府降低税收，家户可支配收入增加，但是政府购买并没有相应减少。

12. 当下述政府政策改变时，请用总需求曲线、短期总供给曲线和长期总供给曲线解释该经济体如何从一种长期宏观经济均衡走向另一种。请用图解释。在每种情形下，对总价格水平和总产出水平的长期效应和短期效应如何？

a. 对家户征收的税收增加。

b. 货币数量增加。

c. 政府购买增加。

13. 在下图中，某经济体处在短期宏观经济均衡E_1点上：

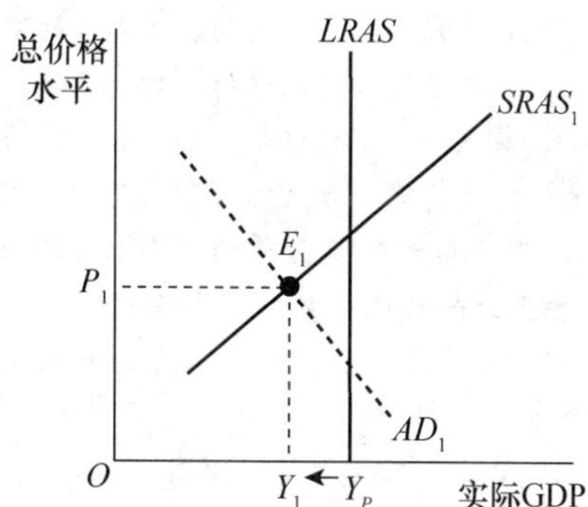

a. 该经济存在通货膨胀缺口还是衰退缺口？

b. 为了把经济推回到长期宏观经济均衡水平，政府应该采取什么政策？请用图解释。

c. 如果政府并不通过干预来封闭缺口，经济会回到长期宏观经济均衡水平上吗？请解释并用图说明。

d. 政府封闭缺口的各种政策各有什么优势和劣势？

14. 在下页图中，当经济处在长期宏观经济均衡E_1点的时候，石油冲击将短期总供给曲线移动至$SRAS_2$处。根据下页图回答问题：

a. 石油冲击在短期如何影响总价格水平和总产出水平？这种现象被称为什么？

b. 政府如何采用财政政策或者货币政策来应对负向供给冲击？请用一张图解释所选政策如何影响实际 GDP 的变化。用另外一张图解释所选政策如何影响总价格水平。

c. 为什么说供给冲击使政府政策制定者面临两难选择？

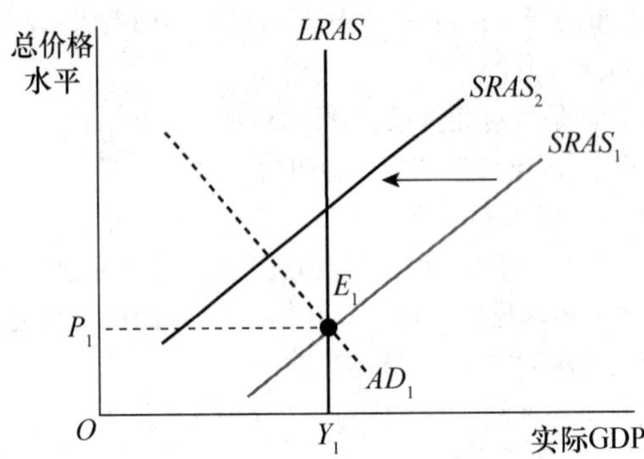

15. 在 20 世纪 90 年代后期，美国经济的典型特征是在低通货膨胀下经济高速增长，也就是说，GDP 的增长伴随着轻微的总价格水平上升。请用总需求曲线和总供给曲线对此做出解释。

在线回答问题

在以下每种情况下，在短期，请确定事件是否引起曲线移动或是沿着曲线移动，并确定涉及的曲线以及曲线变化的方向。

a. 由于美元相对于其他货币升值，美国生产商现在对美国生产中使用的主要大宗商品——外国钢材——支付较少美元。

b. 美联储增加的货币数量增加了人们希望贷款的数量，利率降低。

c. 规模更大的工会运动导致名义工资更高。

d. 总价格水平的下降提高了家户和企业所持有的货币量的购买力。因此，它们的借款减少，贷出增加。

▶ **企业案例**

波音如何更上一层楼?

当我们思考创新和技术进步时，我们往往把注意力集中在大的、戏剧性的变化上：汽车取代了马和马车，电灯取代了煤油灯，电脑取代了计算器和打字机。然而，很多进步是渐进的，对大多数人而言几乎是看不见的——这样单调的变化随着时间的推移能产生巨大的效应。例如，乘飞机旅行的进步，如波音公司历史所示的那样。

波音公司在 1957 年推出波音 707 型飞机，这是第一款成功的商业客机，它统治了天空数年。当甲壳虫乐队 1964 年在美国做著名演出时，就是乘坐波音 707 型飞机到达目的地的。那么波音 707 型飞机是什么样的？从现代角度来看，它的惊人之处显得是多么普通。它基本上看起来像一架喷气式飞机。如果你今天从它旁边走过，没有人会告诉你这是一个古董，你可能不会注意到它。50 年前的飞机几乎与后面的新机型从外表看没有什么不同，就如同经典的凯迪拉克汽车整体上与现代的越野车看上去一样。

此外，现代喷气式飞机可见的性能，如波音 777 型或更先进的波音 787 型飞机，也并不比老的波音 707 型飞机更好。它们只是飞得稍微快一点儿，一旦考虑到因为额外的安全检查和空中管制造成的延误，人们从伦敦到纽约的旅行可能比 1964 年时需要更多的时间。当然有电影可以选择（虽然并没有你想看的一切），公务舱的旅客现在可以放平座位睡觉，因此更加方便。然而，所有这一切都似乎只是边缘上的改进。

然而，波音（以及它的主要竞争对手空中客车）的现代飞机比半个世纪前的喷气式飞机的效率要高出很多。因此，经过通货膨胀率调整后的平均票价仅为 1960 年的三分之一左右。什么改变了？

答案是乘客看不到的东西。最重要的是燃油效率有了很大的提高，现代飞机使用的燃料比它们的老机型每乘客每英里减少了三分之一。这种改进的背后是发动机设计的根本变化（高涵道比发动机直接入口在燃烧室四周而不是穿过它）——小但很重要的空气动力学改进和使机身更轻的新材料的使用。

技术进步的寓意是推动经济增长的技术进步比眼睛能看到的要广泛和强大得多。即使当事情看起来或多或少有所相同，但在表面之下经常有巨大的变化。

思考题

1. 一架现代喷气式飞机与20世纪60年代的飞机几乎相同：它带人们从这里飞到那里，性质相同。技术进步体现在哪里?

2. 技术进步在我们描述的过程中发挥了什么作用？请解释。

3. 一些旅客抱怨说飞行体验已经走下坡路了。这是否驳斥了技术进步的说法?

▶ **企业案例**

减 速

2008—2009年全球经济衰退几乎对所有人都造成了伤害。然而，到了2011年，严重的危机慢慢消退。富裕国家的失业率仍然高企，但整个世界经济增长相对加快，企业利润也出现了增长。

然而，有一个行业并未改善，即航运业。波士顿咨询公司2012年的一份报告指出，集装箱运输行业（即运输随处可见的货物标准集装箱，以及在几乎每个大港口利用巨型吊车在卡车和货船之间转运货物）在2011年似乎已经被忘记了。尽管世界贸易仍以较快速度增长，且与一年前相比运载的货物更多，但世界上最大的航运公司——丹麦马士基航运公司的利润下降超过30%。

为什么2011年是航运业糟糕的一年？答案是，虽然世界贸易以及对航运的总体需求上升，但是油价也上涨了。这对于航运公司是一个坏消息，因为对它们来说，燃油成本是主要费用。如下图所示，在大衰退期间，当燃油成本降低时，利润会暂时增加。但是，在2010年年底，随着燃油价格开始上涨，情况不同了。2011年，随着燃油价格飙升至每吨近700美元，利润下降超过10亿美元。

石油价格冲击的一个后果是世界贸易减速：航运公司船舶降速，即降为17节而不是通常的20节，这样可以更好地节省燃料。一些航运公司甚至降为慢行，速度下降为15节，尽管这对发动机有害。

马士基航运公司和其他航运公司在2012年有所改进，因为油价略有下降。但2011年遇到的麻烦提醒人们，陷入经济困境的方式不止一种。

思考题

1. 马士基航运公司在2011年遇到的问题与我们对衰退原因的分析有什么关系?

2. 2008年年初，美联储必须对两种不良现象做出应对选择。与那些没有昂贵原材料投入（如医疗保健）的公司相比，这种选择如何影响马士基航运公司?

3. 2011年，世界经济运行保持良好，但欧洲经济陷入衰退。你认为欧洲内部运输公司（主要是用卡车，而非船只）会受到什么影响？为什么?

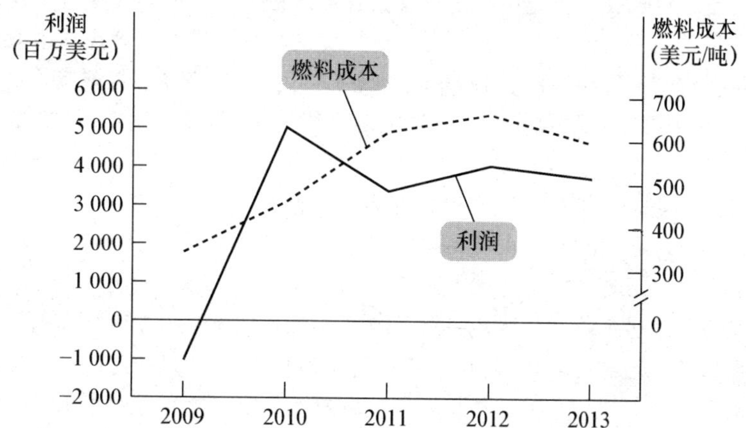

资料来源：Investor. maersk. com/financialHighlights. cfm；Boston Consulting Group，bcgperspectives. com，"Restoring Profitability to Container Shipping：Charting a New Course，" October 10，2012.

第16章 总供给和总需求

第 17 章

财政政策

本章将学习

- 财政政策是什么，为什么它是管理经济波动的一种重要工具。
- 哪些政策归入扩张性财政政策，哪些归入紧缩性财政政策。
- 为什么财政政策有乘数效应，这种效应如何受到自动稳定器影响。
- 政府为什么要计算周期调整的预算余额。
- 为什么公债数额巨大会成为受关注的问题。
- 为什么政府的隐含债务也是应该被关注的问题。

开篇案例

多大是足够大?

2009 年 2 月 27 日，奥巴马总统签署了《美国复苏与再投资法案》(American Recovery and Reinvestment Act)，这是一项价值 7 870 亿美元的一揽子支出、援助和税收减免计划，旨在帮助苦苦挣扎的美国经济扭转从 2007 年 12 月开始的严重衰退。当该法案最终在国会通过后，奥巴马称赞该法案说："规模合适。范围合适。概括地说，这是创造就业机会的优先举措，将重振我们的经济，并将其转型以适应 21 世纪。"

其他人就不那么肯定了。一些人认为，在美国家庭遭受痛苦的时候，政府应该削减开支，而不是增加开支。众议院共和党领导人约翰·博纳 (John Boehner) 说："现在是政府勒紧裤腰带，向美国人民表明我们要同甘共苦的时候了。"一些经济分析师警告说，通常所说的复苏法案之类的刺激性法案将抬高利率，增加国家债务负担。

也有人持相反的抱怨态度——相对经济遇到的麻烦，刺激规模太小。例如，2001 年诺贝尔经济学奖得主约瑟夫·斯蒂格利茨 (Joseph Stiglitz) 在谈到这一刺激性法案时说："首先，正如我之前所说的，这并不足够。法案试图弥补总需求的不足，但是规模太小了。"

时间的流逝并没有解决这些争端。是的，一些预测被证明是错的。一方面，奥巴马希望这项法案立竿见影地阻止经济下降：虽然经济衰退在 2009 年 6 月正式结束，但是在 2011 年和 2012 年，失业率仍然居高不下，那时刺激措施已基本完成。另一方面，与预期相反的是，刺激未能实现利率上升，因为美国借款成本按历史标准仍然保持低位。

对刺激的净效应仍然有争议，反对者认为它无助于经济，而捍卫者辩称，如果没有该项法案，事情会更糟。

无论判断如何——在未来几十年内，这是经济学家和历史学家可能会争论的问题之一，2009 年的复苏法案是使用政府支出和税收来管理总需求的财政政策的一个经典例子。

在本章中我们将看到财政政策如何融入我们在第 16 章研究的经济波动模型。我们还将看到为什么预算赤字和政府债务可能造成问题，以及短期和长期关注可以从不同的方向推动财政政策。

17.1 财政政策：几个基本点

我们先看一些现象：经济先进国家的现代政府花费巨大，也征收大量税收。图 17-1 所示为 2014 年部分高收入国家政府支出和税收占 GDP 的百分比数据。我们可以看到，法国政府部门相对而言较为庞大，占了整个经济产出的一半以上 。相对于加拿大和大部分欧洲国家，美国政府在经济中发挥的作用要小一些。但从美国政府在美国经济中扮演的角色来看，作用仍然不小。因此，联邦预算的变化——政府支出或税收的变化——对美国经济仍然能产生巨大的影响。

为了分析这些影响，我们从政府支出和税收如何影响经济的收入流开始。然后，我们就能看清楚政府支出和税收政策如何影响总需求。

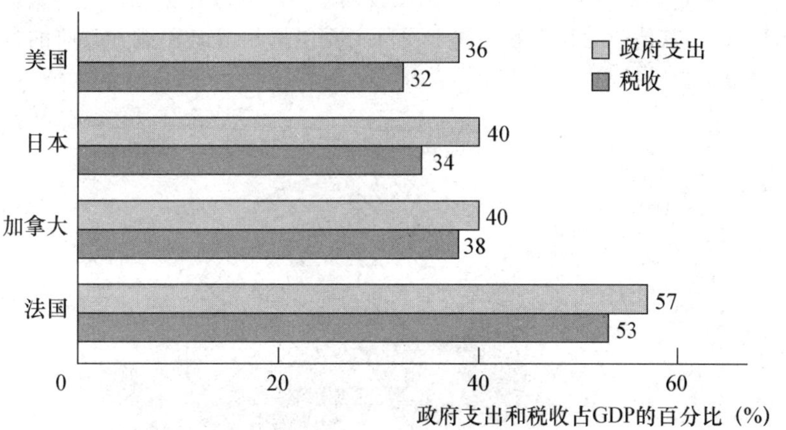

图 17-1　2014 年部分高收入国家政府支出和税收

政府支出和税收被表示为占 GDP 的百分比。法国政府部门相对较为庞大，占整个经济产出的一半以上。美国政府尽管规模也很庞大，但比加拿大和大多数欧洲国家要小。

资料来源：OECD.

□ 17.1.1 税收、产品和服务购买、政府转移支付和借债

美国人缴纳哪种类型的税赋呢？这些钱会流向哪里？图 17-2 所示为美国 2015 年的税收构成。税收当然必须交给政府。在美国，国税由联邦政府在全国范围内征收；州税由每个州政府征收；而且每个县、城市和城镇都征税。

在联邦政府层面，对个人收入和企业利润征收的个人所得税和社会保险税（我们稍后将对此进行解释）占比最大。在州和地方层面，情况较为复杂，这些层面的政府依靠销售税、财产税、所得税和各种不同类型的收费获得收入。

2015 年，全部政府收入的 58%来自对个人收入和企业利润的征税；社会保险税占 34%；其他各种类型的税主要是由州和地方政府征收的各种税费。

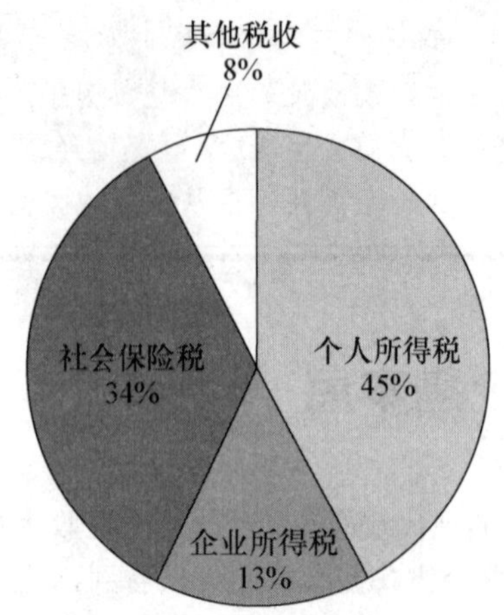

图 17－2　2015 年美国的各种税收来源

个人所得税、企业所得税和社会保险税是美国政府税收收入的主要来源。其余部分来自财产税、销售税和其他收入来源。
资料来源：Bureau of Economic Analysis.

图 17－3 所示为美国各级政府在 2015 年的全部政府支出，分为两种形式：一种形式是购买产品和服务，包括从购置军队军火到对公立学校教师（他们提供国民收入账户中的教育服务）支付薪水等项目，其中国防和教育是最大的支出项目。"其他产品和服务"这个项目主要包括州政府和地方政府的各种支出，如警察和消防队员的薪水以及公路工程维护等。

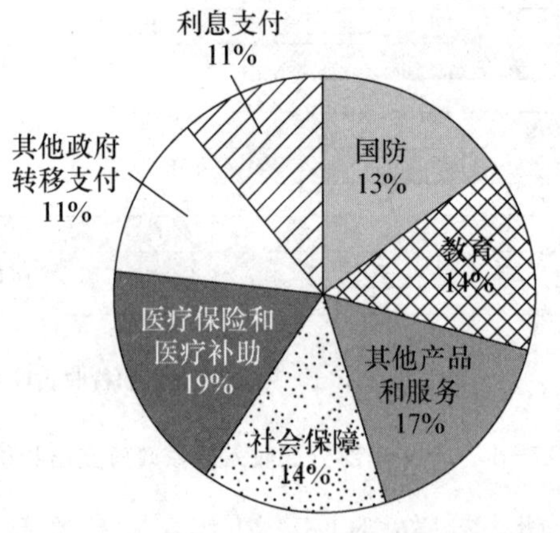

图 17－3　美国政府在 2015 年的全部政府支出

政府支出分为两种形式：一种形式是购买产品和服务；另一种形式是政府转移支付。国防和教育是政府购买支出中最重要的项目，政府转移支付的三个主要项目是：社会保障、医疗保险和医疗补助（由于四舍五入，百分比之和不一定正好等于 100%）。
资料来源：Bureau of Economic Analysis.

另一种形式的政府支出是政府转移支付，是指政府提供给家户但并没有从家户那里获得产品和服务的支出。在现代美国以及加拿大和欧洲，政府转移支付占政府预算非常大的比例。美国政府的转移支付主要用在三个项目上：

- 社会保障，主要是为了使老年人、丧失工作能力的人、福利降低的亡故者的配偶和需供养的孩子等得到收入保证。
- 医疗保险，支付超过 65 岁老人的大部分医疗保健费用。
- 医疗补助，支付低收入人群的大部分医疗保健费用。

社会保险（social insurance）一词所说的就是政府有目的地提供一些支持项目帮助困难家庭渡过危机。其中包括：社会保障、医疗保险和医疗补助，此外还有一些小型的项目，如失业保险和食品券。2014 年，美国实施《平价医疗法案》

> **社会保险**是指政府有目的地提供一些项目帮助困难家庭渡过危机。

(Affordable Care Act，ACA)。为了确保医疗保险覆盖到每个美国人，ACA 通过建立一个受监管的私人保险市场、发放补贴和放松医疗补助资格来发挥作用。在美国，社会保险主要通过特别的专门的工资税——我们之前提到的社会保险税——来支付。(ACA 除外，它主要依靠私人购买医疗保险。)

但是，税收政策和政府支出是如何影响经济运行的呢？答案是征税和政府支出对经济中的总支出会产生很大的影响。

□ 17.1.2 政府预算和总支出

我们先回忆一下国民收入核算的基本等式：

$$\text{GDP}=C+I+G+X-M \qquad (17-1)$$

该等式的左侧是 GDP，一个经济体所生产的最终产品和服务的价值。右侧是总支出，也就是一个经济体中对最终产品和服务的总支出，它等于消费支出（C）、投资支出（I）、政府对产品和服务的购买（G）和出口值（X）减去进口值（M）之和。它包括构成总需求的各种来源。

政府能够直接控制式（17－1）右侧的一个变量：政府对产品和服务的购买（G）。但是，这并不是财政政策对一个经济体总需求的唯一影响。通过税收和转移支付，政府也能影响消费支出（C），有时候也可以影响投资支出（I）。

为了理解预算为什么影响消费支出，可以考虑一下可支配收入，也就是家户可以用于支出的总收入，它等于居民从工资、红利、利息和租金获得的收入减去税收再加上政府转移支付。所以，无论是税收增加还是政府转移支付减少都将减少可支配收入。当其他条件不变时，可支配收入的下降将导致消费支出下降。相反，不论是税收减少还是政府转移支付增加都将提高可支配收入，如果其他条件不变，可支配收入增加将引起消费支出增加。

政府能够影响投资支出的能力更是一个复杂的问题，在此我们不做详细讨论。关键点是政府收取所得税和改变征税规则将会影响企业增加或减少对投资类产品的支出规模。

因为政府本身是经济体中一个重要的支出来源，税收和转移支付会影响消费者和企业的支出，所以政府可以通过改变税收或者政府支出来引起总需求曲线移动。正像我们在第 16 章所见，移动总需求曲线可能是出于一些非常充分的理由。

正如本章开篇案例所述，2009 年年初，奥巴马政府认为美国政府采取行动增加总需求——将总需求曲线右移到原来的位置——至关重要。2009 年的刺激计划是财政政策的一个典型例子：运用税收、政府转移支付或政府购买产品和服务可以移动总需求曲线，达到稳定经济的目的。

□ 17.1.3 扩张性财政政策和紧缩性财政政策

为什么政府要移动总需求曲线呢？因为它试图封闭缺口，也就是当总产出水平低于潜在产出水平时的衰退缺口，或者是当总产出水平大于潜在产出水平时的通货膨胀缺口。

> **扩张性财政政策**会增加总需求。

图 17－4 表示的是一个经济体存在衰退缺口。$SRAS$ 是短期总供给曲线，$LRAS$ 是长期总供给曲线，AD_1 是初始的总需求曲线。在初始的短期宏观经济均衡点 E_1 点上，总产出水平为 Y_1，低于潜在产出水平 Y_P。政府应该做的是增加总需求，把总需求曲线向右移动到 AD_2 的位置。这将增加总产出水平，使之等于潜在产出水平。增加总需求的财政政策被称为**扩张性财政政策**（expansionary fiscal policy），一般采取三种形式：

- 增加政府对产品和服务的购买；
- 减税；
- 增加政府转移支付。

2009 年的《美国复苏与再投资法案》是所有三个因素的组合：直接增加联邦支出和援助州政府以帮助它们维持开支，对大部分家户减税，增加对失业者的救助。

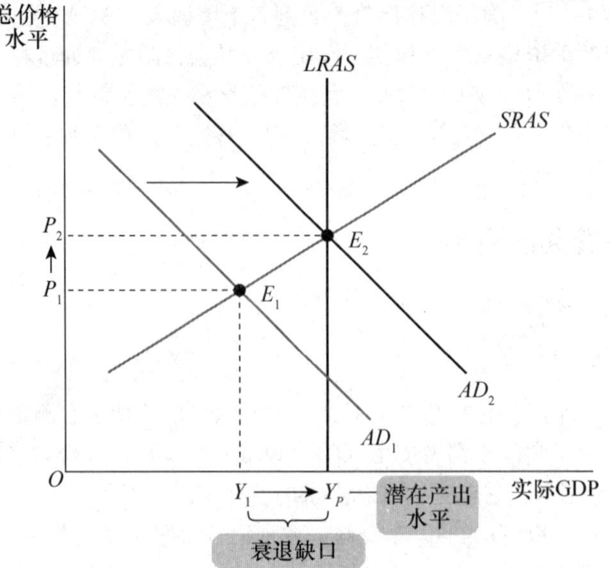

图 17-4　扩张性财政政策能消除衰退缺口

在 E_1点，总需求曲线 AD_1 与 SRAS 相交，经济实现短期宏观经济均衡，但非长期宏观经济均衡。在该点，存在衰退缺口 Y_P-Y_1。扩张性财政政策——增加政府购买、减税和增加政府转移支付——可以推动总需求曲线向右移动。通过将 AD_1 移动到 AD_2，衰退缺口消失，经济变动到一个新的短期宏观经济均衡点 E_2点，这也是长期宏观经济均衡点。

图 17-5 表现了相反的情形——一个经济体存在通货膨胀缺口。同样，SRAS 是短期总供给曲线，LRAS 是长期总供给曲线，AD_1 是初始的总需求曲线。在初始的短期宏观经济均衡点 E_1 点，总产出水平为 Y_1，高于潜在产出水平 Y_P。正像我们之后要解释的那样，政策制定者经常通过消除通货膨胀缺口来降低通货膨胀率。为了消除如图 17-5 所示的通货膨胀缺口，财政政策应该减少总需求，把总需求曲线向左移动到 AD_2 的位置。这将减少总产出水平，使之等于潜在产出水平。减少总需求的财政政策被称为**紧缩性财政政策**(contractionary fiscal policy)，正好与扩张性财政政策相反。

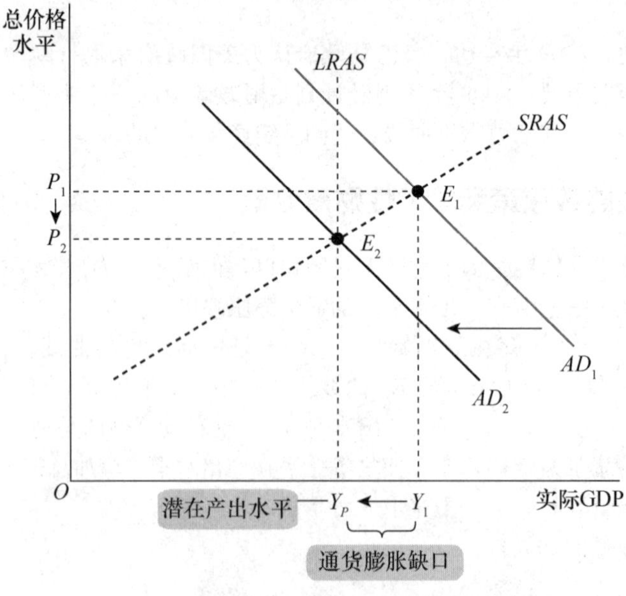

图 17-5　紧缩性财政政策能消除通货膨胀缺口

在 E_1 点，总需求曲线 AD_1 与 SRAS 相交，经济实现短期宏观经济均衡，但这并非长期宏观经济均衡。在该点，存在通货膨胀缺口 Y_1-Y_P。紧缩性财政政策，如减少政府购买、增税和减少政府转移支付，可以推动总需求曲线向左移动。通过将 AD_1 移动到 AD_2，通货膨胀缺口消失，经济变动到一个新的短期宏观经济均衡点 E_2点，这也是长期宏观经济均衡点。

可通过三种可能的途径来实施紧缩性财政政策：

- 减少政府对产品和服务的购买；
- 增税；
- 减少政府转移支付。

紧缩性财政政策的典型事例是1968年美国政策制定者对通货膨胀越来越担心，当时的美国总统林登·约翰逊实行暂时额外征收10%个人所得税的政策，也就是每个人的个人所得税都提高10%。他还试图削减政府购买，因为对于越南战争政府开支很大。

紧缩性财政政策会减少总需求。

□ 17.1.4 扩张性财政政策真能发挥作用吗

实际上，运用财政政策，特别是在面临衰退缺口的情况下使用扩张性财政政策往往是有争议的。现在，我们简要总结一下关于扩张性财政政策的主要争论，以便我们能够理解何时对它们提出批评是合理的，何时不合理。

一般来说，反对使用扩张性财政政策有三种论点：

- 政府支出总是挤出私人支出；
- 政府借款总是挤出私人投资支出；
- 政府预算赤字导致私人支出减少。

第一个论点总体上是错误的，但它在公开辩论中作用突出。第二个论点在某些情况下成立，但并非在全部情况下都成立。第三个论点虽然提出了一个重要的问题，但并非认为扩张性财政政策不起作用的充足理由。

论点1：政府支出总是挤出私人支出　有人声称，扩张性财政政策永远不能增加总支出，因此永远不能提高总收入，原因如下："政府花费的每1美元都来自私人部门，因此政府支出的任何增加一定会被私人支出的等量下降所抵消。"换言之，政府花费的每1美元都会挤出或取代私人支出的1美元。

那么，这个观点有什么问题吗？该说法错误，因为它假定经济中的资源总是处在充分就业状态，因此经济所获得的总收入总是一个固定量，其实并非如此。真实的情形是，政府支出是否会挤出私人支出取决于经济所处的状况。特别是，当经济存在衰退缺口时，经济中存在闲置资源，因此产出以及收入低于其潜在水平。在这期间，扩张性财政政策可使失业资源得到利用，产生更高的支出和更高的收入。政府支出只有在经济充分就业时才能挤出私人支出。因此，扩张性财政政策总是挤出私人支出的观点总体上是错误的。

论点2：政府借款总是挤出私人投资支出　政府借款总是导致私人投资支出减少的论点成立吗？

答案是看情况，因为挤出现象是否发生取决于经济是否处在不景气状态。如果经济并非不景气，政府借款增加，增加了对可贷资金的需求，可以提高利率，挤出私人投资支出。然而，如果经济处在衰退时期呢？在这种情况下，挤出的可能性要小得多。当经济远离充分就业时，财政扩张将导致更高的收入，这反过来导致在任一给定利率上储蓄增加。更大的储蓄池允许政府在不提高利率的背景下借款。2009年的复苏法案就是一个例子：尽管政府借款数额很多，但美国利率保持在历史低点附近。最后，只有当经济充分就业时，政府借款才能挤出私人投资支出。

论点3：政府预算赤字导致私人支出减少　其他条件相同，扩张性财政政策将导致政府预算赤字扩大，政府债务增加。负债提高最终需要政府增加税收来偿还。因此，根据反对扩张性财政政策的第三个论点，消费者预计他们在未来将支付更高的税来偿还政府今天的债务，这将迫使他们减少开支，以节省资金。这一论点最初是由19世纪经济学家大卫·李嘉图提出，被称为李嘉图等价。这是一个常常被认为意味着扩张性财政政策对经济没有影响的论点，因为有远见的消费者将抵消政府扩张的任何企图（同理，也将抵消任何紧缩性财政政策的作用）。

然而，在现实中，消费者行为符合这样的远见和预算纪律值得怀疑。对大多数人而言，当获得额外钱财时（由财政扩张所致），一般至少会花费一些。因此，即使采取临时减税或以现金形式向消费者转移支付，财政政策也可能具有扩张效应。

此外，即使李嘉图等价有可能成立，直接购买产品和服务的政府支出临时增加，例如道路建设计划，仍将导致近期总支出增加。这是因为，即使消费者预期未来的税收会上升，他们减少支出也会是在一段时间内节省支出，支付未来的税费。同时，政府额外增加的支出也将集中在不久的将来，即在经济需要时。

因此，虽然李嘉图等价强调的影响可能会减少财政扩张的影响，但声称其使财政扩张完全无效的说法既不符合消费者的实际行为，也非相信政府支出增加没有效果的可信理由。总之，这不是一个反对扩张性财政政策的有效论点。

总而言之，我们预期扩张性财政政策起作用要取决于具体情况。当经济出现衰退缺口时——就像 2009 年复苏法案通过时那样——经济学告诉我们，这就是扩张性财政政策有助于经济的情形。然而，当经济已经达到充分就业时，扩张性财政政策就是错误的政策，将导致挤出、经济过热和通货膨胀率上升的后果。

□ 17.1.5 一个告诫性意见：财政政策的滞后

观察图 17－4 和图 17－5，似乎非常明显，政府应该积极地运用财政政策——当经济存在衰退缺口时，总是采用扩张性财政政策；当经济存在通货膨胀缺口时，总是采用紧缩性财政政策。但是许多经济学家也警告说，极端地采用积极主动的稳定政策并不可取，他们认为，政府越努力来稳定经济——既可以借助财政政策，也可以借助货币政策——结果可能会使经济越不稳定。

我们将把与货币政策相关的警示性意见留待第 19 章讨论。对于财政政策来说，之所以要提出告诫性意见，是因为：在政策被采用和实施的过程中存在时滞问题。为了明白这些时滞的本质，想一想政府为消除衰退缺口而增加政府支出之前会有什么事情发生。首先，政府需要认识到经济中存在衰退缺口：经济数据的搜集和分析需要花费时间，所以经常是在数月之后政府才认识到衰退已经发生。其次，政府必须制订支出计划，这通常要花费数月时间，特别是那些制定政策的官员还要争论资金应该怎么使用，而且还得通过立法程序。最后，使用资金也必须花费时间，例如在修建一条道路的工程开工前必须进行调研，而这种调研的支出可能并不大。所以，在大量资金支出前需要花费相当多的时间来准备。

因为这些时滞的存在，增加支出以消除衰退缺口的努力花了过长时间，以至于等到财政政策发挥效力之时，衰退缺口可能已经转为通货膨胀缺口。在这种情况下，财政政策就是成事不足，败事有余了。

这并不意味着在什么情况下都不应该采用积极的财政政策。毕竟，2009 年年初，有足够的理由认为美国经济的滑落将会既深又长，在未来两年推出的财政刺激计划几乎可以肯定将推动总需求曲线右移。事实上，我们在本章稍后可以看出，2009 年的刺激计划可能消失得过早而使经济仍然深陷衰退。但是，滞后问题使得财政政策和货币政策的实际应用比我们刚才给出的简单分析要难得多。

▶ **真实世界中的经济学**

复苏法案中有什么内容？

正如我们刚刚学到的，财政刺激可以采取三种形式：增加政府对产品和服务的购买，增加政府转移支付和减税。那么复苏法案采取了什么形式呢？答案有点复杂。

图 17－6 显示了复苏法案中预算的构成情况，这是一项将减税、转移支付和政府支出加在一起的计划。这里给出了 4 种而不是 3 种类别的数据。“基础设施和其他支出”是指用于道路、桥梁和学校的支出以及像研究与开发的“非传统”基础设施支出，所有这些都归入政府购买产品和服务的种类。“减税”类别不言自明。“向个人转移支付”大多是对失业者扩大福利的形式。第四类“对州和地方政府转移支付”大约占了三分之一的资金。为什么这是第四类？

因为美国有多层次的政府。作者住在普林斯顿镇，普林斯顿镇有自己的预算，该镇是默瑟县的一部分，该县也有自己的预算，它是新泽西州的一部分，该州也有自己的预算，而新泽西州又是美国的一部分。衰退的影响之一是国家和地方政府的收入急剧下降，这迫使这些较低层面的政府削减开支。联邦政府的援助——向州和地方政府转移支付——旨在缓解这种开支缩减。

也许复苏法案中最令人惊讶的一点是，几乎没有直接涉及对产品和服务的联邦政府支出。该计划的大部分内容为以一种或多种方式将钱给予他人，并希望他们会用于支出。

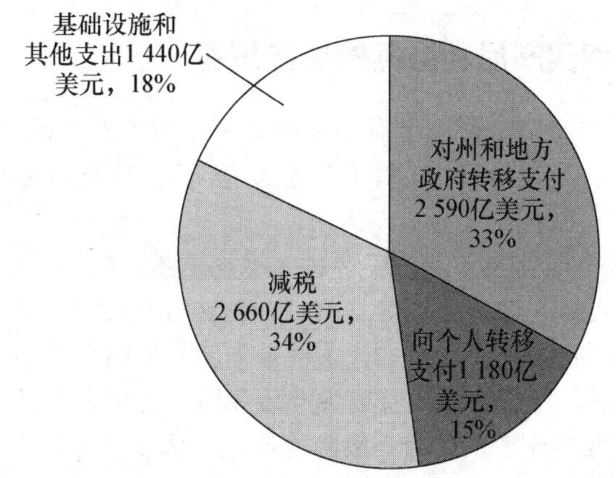

图 17-6　2009 年美国复苏法案

资料来源：Congressional Budget Office.

及时复习

● 财政政策的主要渠道是税收和政府支出。政府支出的形式包括购买产品和服务与转移支付。

● 在美国，大多数政府转移支付用于社会保险计划，旨在减轻经济困难，主要用于社会保障、医疗保险和医疗补助。

● 政府直接控制 G，通过税收和转移支付间接影响 C 和 I。

● 扩张性财政政策是由增加政府支出、减少税收或增加政府转移支付来实现的。紧缩性财政政策是通过减少政府支出、增加税收或减少政府转移支付来实现的。

● 基于挤出效应，怀疑扩张性财政政策有效性的观点只有在经济完全处于就业状态时才成立。因为李嘉图等价，扩张性财政政策没有效果，即今天消费者将削减支出以抵消预期未来税收增加的行为似乎在实践中并不真实。很显然，时间滞后可以降低财政政策的有效性，并可能使之适得其反。

小测验 17-1

1. 在下列每一种情形中，请判断是扩张性财政政策，还是紧缩性财政政策。

a. 雇用几万人的遍布全国的几个军事基地被关闭了。

b. 符合领取失业人员救济金条件的法定失业周数延长了。

c. 对汽油征收的联邦税收提高了。

2. 请解释为什么联邦政府提供的灾难救助，也就是对一些自然灾害如台风、洪水和农作物大规模减产的受损者迅速给予资助，比必须通过立法程序才发放补助对稳定经济的效果更好。

3. 下面的命题成立吗？给出解释。“当政府扩张时，私人部门会萎缩；当政府萎缩时，私人部门将扩张。”

17.2　财政政策和乘数

扩张性财政政策，像美国 2009 年的刺激计划，会推动总需求曲线向右移动；紧缩性财政政策，像林登·约翰逊政府征收附加税的做法，会推动总需求曲线向左移动。然而，对于政策制定者来说，知道变化的方向还不够，他们需要清楚一种具体的政策措施会推动总需求曲线移动多少距离？为了得到这些估计，必须使用乘数概念。

□ 17.2.1 政府增加购买产品和服务的乘数效应

假设政府决定花费 500 亿美元用于修建道路和桥梁，那么政府对产品和服务的购买将直接增加对产品和服务的总支出 500 亿美元。但是，政府购买将触发散布于整个经济的连锁反应，所以还有间接效应。

生产政府需要的产品和服务的企业将获得收益，这些收益又将以工资、利润、利息和租金的形式流入家户手中。由此带来的可支配收入提高将增加消费支出，消费支出的增加反过来推动企业增加产能，导致可支配收入进一步增加，这将带来新一轮消费支出的增长，如此继续。在这种情形下，乘数是由政府购买产品和服务变化引起的实际 GDP 变化量与政府支出改变量的比率。更为一般的情形是，总支出自发变化而不仅是消费者支出变化可引起实际 GDP 变化。在给定的实际 GDP 水平上，**总支出自发变化**（autonomous change in aggregate spending）是由企业、家户或者政府初始增加或减少的一定的合意支出水平。从形式上说，**乘数**（multiplier）是由总支出自发变化引起的实际 GDP 总变化与总支出自发变化的比率。

> **总支出自发变化**是在给定的实际 GDP 水平上，由企业、家户或者政府初始增加或减少的一定的合意支出水平。
>
> **乘数**是由总支出自发变化引起的实际 GDP 总变化与总支出自发变化的比率。

如果我们对所有各轮开支增加带来的总产出影响进行加总会有多大呢？要回答这个问题，我们需要引入**边际消费倾向**（marginal propensity to consume, MPC）概念：可支配收入增加的 1 美元中用于消费支出的增长。由于可支配收入的上升或下降，消费者支出也会发生变化，边际消费倾向等于消费支出变化除以可支配收入变化：

> **边际消费倾向**是指可支配收入增加的 1 美元中用于消费支出的增长。

$$MPC=\frac{\Delta\text{消费支出}}{\Delta\text{可支配收入}} \tag{17-2}$$

符号 Δ（德尔塔）的意思是"变化"。例如，当可支配收入增加 100 亿美元，消费支出上升 50 亿美元时，边际消费倾向是 50 亿美元/100 亿美元＝0.5。

现在，我们考虑简化情形，没有税收和国际贸易，所以实际 GDP 的任何改变都表现在家户上。我们还假定总价格水平固定不变，因此任何名义 GDP 的增加也就是实际 GDP 的增加，并且假定利率水平也固定不变。因此，乘数等于 $1/(1-MPC)$。例如，如果边际消费倾向等于 0.5，那么乘数就为 $1/(1-0.5)=1/0.5=2$。假定乘数等于 2，政府增加 500 亿美元购买产品和服务将增加实际 GDP 1 000 亿美元。在这 1 000 亿美元中，500 亿美元是政府支出初始增加的数额，另外 500 亿美元是消费支出增加带来的后续影响。

反过来，如果政府减少对产品和服务的购买又会发生什么呢？除了在前面加上一个负号外，其他计算完全相同：如果政府购买减少 500 亿美元，边际消费倾向仍然为 0.5，那么实际 GDP 将减少 1 000 亿美元。

□ 17.2.2 政府转移支付和税收变化的乘数效应

扩张性或紧缩性财政政策并不只有政府改变对产品和服务的购买这一种方式。政府也可以通过改变税收或者转移支付来实现同样的目的。一般来说，在税收或政府转移支付方面所做的改变对总需求曲线的影响要小于同样规模政府购买所发挥的作用。

想知道为什么，我们可以设想政府不是支出 500 亿美元用于建造桥梁而是简单通过政府转移支付的形式付出 500 亿美元。在这种情况下，因为没有政府对产品和服务的购买，所以对总需求没有直接影响。实际 GDP 的上升仅仅因为家户支出这 500 亿美元中的一部分——它们可能不会被全部支出。

表 17-1 对假设的两种扩张性财政政策做出比较，假设 $MPC=0.5$，乘数＝2：一种是直接增加 500 亿美元用于购买产品和服务，另一种是政府进行转移支付，向消费者支出 500 亿美元补贴。两种情况都会对实际 GDP 产生第 1 轮效应，无论是由于政府购买还是得到补贴的消费者购买，之后会再进行一系列后续的购买，因为实际 GDP 增加带来了更多的可支配收入。

然而，转移支付的第1轮效应相对小于政府直接购买，因为我们假设 $MPC=0.5$，在500亿美元中只花费了250亿美元，另外250亿美元被节省了。结果，所有后续其他轮次的购买也相对较小。最终，转移支付导致实际GDP增加了500亿美元。相比之下，政府购买增加500亿美元，实际GDP增加了1 000亿美元。

总的来说，扩张性财政政策采取转移支付形式增加的实际GDP可能会比政府初始支出更多或更少，也就是说，乘数可能大于或小于1，这取决于 *MPC*。在表17-1中，*MPC* 等于0.5，乘数正好是1：转移支付增加500亿美元，实际GDP增加500亿美元。如果 *MPC* 小于0.5，则初始转移支付花费也较小，则转移支付乘数小于1。如果初始转移支付花费较大，则乘数大于1。

表17-1　当乘数为2时财政政策的假想效应

对实际GDP的影响	政府增加500亿美元用于购买产品和服务	政府增加500亿美元用于转移支付
第1轮	500亿美元	250亿美元
第2轮	250亿美元	125亿美元
第3轮	125亿美元	62.5亿美元
……	……	……
……	……	……
最终效应	1 000亿美元	500亿美元

减税与转移支付的效果类似。减税使可支配收入增加，引发一系列消费支出增加。但是总的效应小于同等规模政府增加购买产品与服务所产生的效应，因为居民将一部分减税收入储蓄起来了，所以总支出自发变化的效应要小一些。

我们还应该注意，税收带来了更复杂的影响：它们一般会改变乘数的大小。因为在现实中，政府很少征收**定量税**（lump-sum tax），即向居民征收税收的多少与他们的收入没有关系的税种。定量税不影响乘数的大小。相反，大部分税收并非通过定量税来获得，所以税收收入取决于实际GDP水平。

定量税是指税收大小不取决于纳税者收入的税种。

在实践中，经济学家经常争论获得减税收入或者得到政府增加的转移支付的人群的乘数大小的问题。例如，我们可以比较增加失业救济金与减少公司对股东分红应缴纳税收各自产生的影响。对消费者的调查表明，与红利收入获得者相比，失业人员对其可支配收入增加后用于开支的比例要相对高一些。这是因为与拥有大量股票的人相比，失业人员的边际消费倾向更大，因为前者相对富裕，所以可支配收入中用于增加储蓄的比例也相对高一些。如果情况真是这样，那么用于失业救济的单位货币支出所引起的总需求增加要大于对红利减税以增加收入所产生的结果。

□ 17.2.3　税收如何影响乘数

当实际GDP增加时，政府税收增加并非政府有意为之。这其实是税法自动执行的结果。根据税法，大部分政府税收将会自动随着实际GDP的增加而上升。比如说，当实际GDP增加后，所得税也随之增加，因为每个人应缴税数额与他的收入成正比，实际GDP上升推动了家户可支配收入的增加；实际GDP上升，销售税也随之增加，这是因为人们有更多的收入用于购买产品和服务；公司所得税也会随实际GDP的上升而增加，因为公司利润会随着经济的扩张而增加。

税收收入自动增加的效应会降低乘数值。我们知道，乘数是连锁反应的结果：实际GDP越高，可支配收入越多，由此引致的消费支出也会增加，而这又会带来实际GDP的进一步上升。当政府拿走实际GDP增加额中的一部分时，那就意味着在这个过程中的每一个阶段，消费支出会比没有税收时更少。因此，乘数会变小。

许多宏观经济学家认为，在现实生活中，税收导致乘数变小是一件好事。在第16章我们已经指出，尽管并非全部但是大多数经济衰退是由于负向需求冲击所致。经济扩张会引起税收收入增加的机制同样也适用于经济收缩引起税收收入减少。当实际 GDP 下降时，税收收入减少，这样的负向需求冲击的影响将比没有税收时要小。税收收入降低将缓解总需求初始下降带来的不利影响。

实际 GDP 下降引起政府所获得的税收收入自动减少——因为居民缴纳的税收额减少了，这就像在面对经济衰退时，财政政策自动进行扩张一样。同样地，当经济扩张时，政府发现自己在自动实行紧缩性财政政策——税收增加了。在没有政策制定者做任何主动调整的背景下，政府支出和税收的变动规则导致在经济收缩时财政政策是扩张性的、在经济扩张时又是紧缩性的结果，这就是所谓的**自动稳定器**（automatic stabilizer）。

自动稳定器是指政府支出和税收的变动规则导致在经济收缩时财政政策是扩张性的、在经济扩张时又是紧缩性的结果。

相机抉择的财政政策是指政策结果是由政策制定者主动作为而非自动调节机制自动作用的财政政策。

税收并非唯一的自动稳定器，尽管这是最为重要的一种。一些政府转移支付也发挥着自动稳定器的作用。例如，许多人得到的失业保险在经济衰退时要比经济繁荣时更多，医疗补助和食品券也是如此。所以，当经济收缩时转移支付会增加，而当经济扩张时又会减少。就像税收收入的变化一样，转移支付的变化也会降低乘数，因为一定数额的实际 GDP 的上升或下降所导致的可支配收入的变化也小了。

就像政府税收一样，许多宏观经济学家相信，政府转移支付降低了乘数是一件好事。从更一般的意义上来看，自动稳定器所导致的扩张性和紧缩性的财政政策结果被认为对宏观经济稳定发挥了非常重要的作用，因为它们缓解了商业周期的波动幅度。

那么，非自动稳定器的财政政策作用结果又如何呢？**相机抉择的财政政策**（discretionary fiscal policy）是指政策结果是由政策制定者主动作为而非自动调节机制自动作用的财政政策。例如，在经济衰退时期，政府为了刺激经济会通过立法进行减税或有目的地增加政府开支。一般只有在特殊情况下，如出现特别严重的经济衰退时，经济学家才倾向于支持使用相机抉择的财政政策。

▶ **真实世界中的经济学**

紧缩和乘数

我们已经解释了财政政策乘数的原理，但在实践中，经济学家对乘数效应有什么实证经验证据吗？直到几年前，答案仍是我们没有希望的那么多的证据。

问题是，财政政策的巨大变化是相当罕见的，而且通常与其他事情同时发生，很难将政府支出和税收的影响与其他因素的影响区分开来。例如，美国在第二次世界大战期间大大增加了开支，但它也对许多消费品实行配给，或多或少地禁止建造新房等。因此，从和平时期到战争时期从整体上来区分支出增加的影响是非常困难的。

然而，最近的事件提供了相当多的新证据。2009 年后，几个欧洲国家面临债务危机，因此它们被迫转向其他欧洲国家寻求援助。这种援助的条件是紧缩性财政政策——大幅削减支出并增加税收。通过对被迫紧缩的国家的经济表现与没有紧缩的国家的经济表现进行比较，我们得到了对支出和税收变化的影响相对清晰的看法。

图 17－7 比较了 2009—2013 年期间一些国家实行紧缩的规模与在同一时期 GDP 增长的情况。紧缩通过本章后面定义的周期调整的预算余额的变化来度量。希腊被迫大幅削减支出，并且产出也大幅下降，但是即使没有希腊，负相关关系也非常明显。散点图拟合线的斜率为－1.6，也就是说，该图表明，削减支出和增加税收（我们在这里不能区分它们）的平均乘数为 1.6。

正如我们所预期的，对这一结果，经济学家提出了一些条件和注意事项，事实上，这不是一个真正的受控制实验。然而，总体而言，最近的经验似乎支持财政政策确实将 GDP 按预测方向移动的观点，而且乘数系数大于 1。

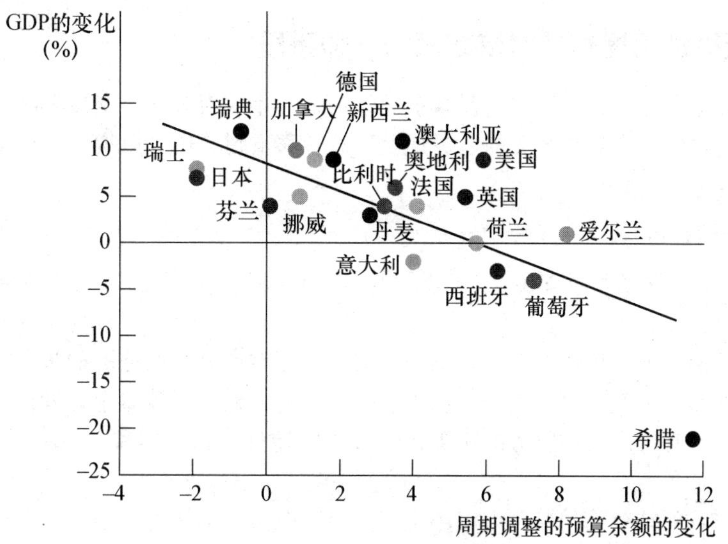

图 17-7　2009—2013 年的财政乘数

资料来源：OECD；World Development Indicators.

及时复习

● 乘数是由总支出自发变化引起的实际 GDP 总变化与总支出自发变化的比率。乘数的大小由边际消费倾向决定。

● 改变税收和政府转移支付也会导致实际 GDP 变化，但是与同等数量政府购买变化所导致的影响相比要小一些。

● 税收会导致乘数变小，定量税除外。

● 税收和政府转移支付的某些项目可作为自动稳定器，因为税收与实际 GDP 的变化呈正相关关系，而某些转移支付与实际 GDP 的变化呈负相关关系。许多经济学家认为，由此导致的乘数系数变小是好事。相反，对相机抉择的财政政策能否发挥积极作用则存在争论。

小测验 17-2

1. 请解释为什么政府增加 5 亿美元购买产品和服务导致的实际 GDP 的增加要大于增加同等数量政府转移支付导致的实际 GDP 增加。

2. 请解释为什么政府减少 5 亿美元购买产品和服务导致的实际 GDP 的减少要多于减少同等数量政府转移支付导致的实际 GDP 减少。

3. 波多维国没有失业保险福利和税收制度，只使用定量税。邻国摩尔多瓦发放慷慨的失业救济金，但居民必须支付收入的一定百分比用来缴税。当发生正向或负向需求冲击时，哪个国家的实际 GDP 会出现更大的变化？请解释。

17.3　预算余额

报纸杂志对政府预算的评论喜欢集中在一点上：政府预算出现盈余还是赤字，规模有多大。人们通常认为盈余是好事，当 2000 年联邦政府出现创纪录的财政盈余之后，许多人认为应该为此庆祝；而人们也通常认为赤字不是好事，所以当 2009 年和 2010 年联邦政府出现创纪录的财政赤字之后，许多人认为这值得关注。

财政盈余和财政赤字如何与对财政政策的分析相结合呢？财政赤字难道不能成为好事而财政盈余不能成为坏事吗？我们来分析一下出现财政盈余和财政赤字的原因以及所产生的结果。

□ 17.3.1 预算余额是衡量财政政策的一种手段

我们所说的盈余和赤字是什么意思呢？预算余额就是某一年政府收入与支出之间的差额，前者通过税收的方式获得，后者是指政府对产品和服务的购买加上政府转移支付。也可以说，预算余额等于政府储蓄，可用式（17－3）来表示：

$$S_{政府}=T-G-TR \tag{17-3}$$

式中，T 表示税收收入，G 表示政府支出，TR 表示政府转移支付。预算盈余是指预算余额为正值，预算赤字是指预算余额为负值。

在其他条件不变的情况下，扩张性财政政策——增加政府对产品和服务的购买、提高政府转移支付或减税——将减少该年度的预算余额。也就是说，扩张性财政政策将减少预算盈余或者扩大预算赤字。相反，紧缩性财政政策——减少政府对产品和服务的购买、降低政府转移支付或增税——将增加该年度的预算余额、增加预算盈余或减少预算赤字。

你可能认为这意味着预算余额的变化可以用来衡量财政政策。事实上，经济学家经常是这样认为的：用预算余额的变化来评判当前财政政策是扩张性的还是紧缩性的是一种“快速但有误”的检测方法。他们指出，这种快速但有误的方法有时容易得出错误结论的原因有两点：

- 两种对预算余额影响相同的财政政策可能对经济的影响并不相同。我们已经知道，政府购买产品和服务的变化对实际 GDP 的影响要大于同等规模的税收和政府转移支付的影响。
- 预算余额的变化经常是经济波动的结果而非原因。

为了更好地理解第二点，我们需要考察商业周期对预算的影响。

□ 17.3.2 商业周期与周期调整的预算余额

从历史数据来看，联邦政府预算余额与商业周期关系非常密切。当经济衰退时，预算一般为赤字，而当经济扩张时，赤字会缩小或者可能变为盈余。图 17－8 所示为 1964—2014 年美国联邦预算赤字占 GDP 的百分比。有阴影的区域表示经济衰退时期，无阴影的区域表示经济扩张时期。我们可以看出，在每次经济衰退时期，联邦预算赤字是增加的，而在经济扩张时期则是下降的。实际上，在 1991—2000 年的长扩张期后期，赤字实质上已经变为负的——预算赤字变成了预算盈余。

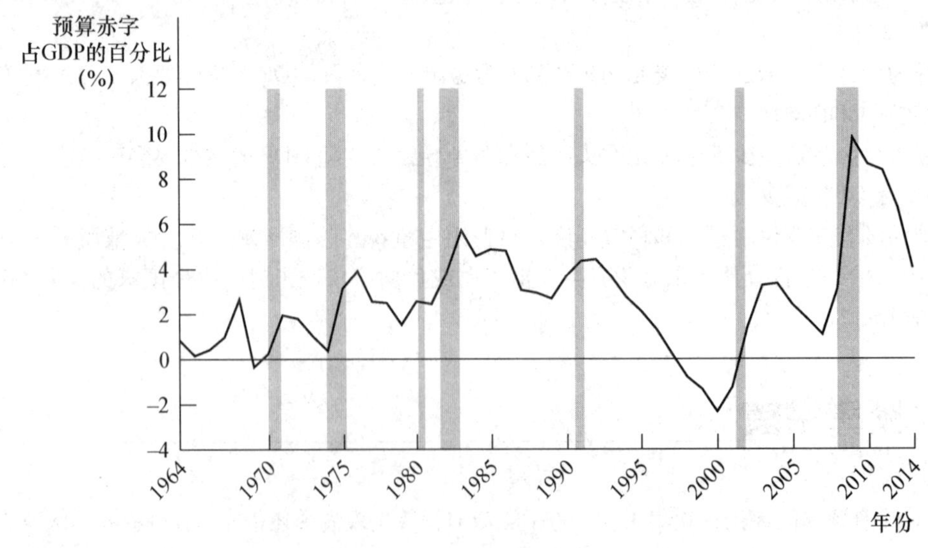

图 17－8 1964—2014 年美国联邦预算赤字和商业周期

预算赤字占 GDP 的百分比在经济衰退时期（阴影区域）上升，在经济扩张时期下降。

资料来源：Federal Reserve Bank of St. Louis.

如果我们把预算赤字占 GDP 的百分比与失业率进行比较，如图 17-9 所示，那么商业周期与预算余额的关系更为清晰。当失业率上升时，预算赤字几乎总是增加，而当失业率下降时，预算赤字总是下降。

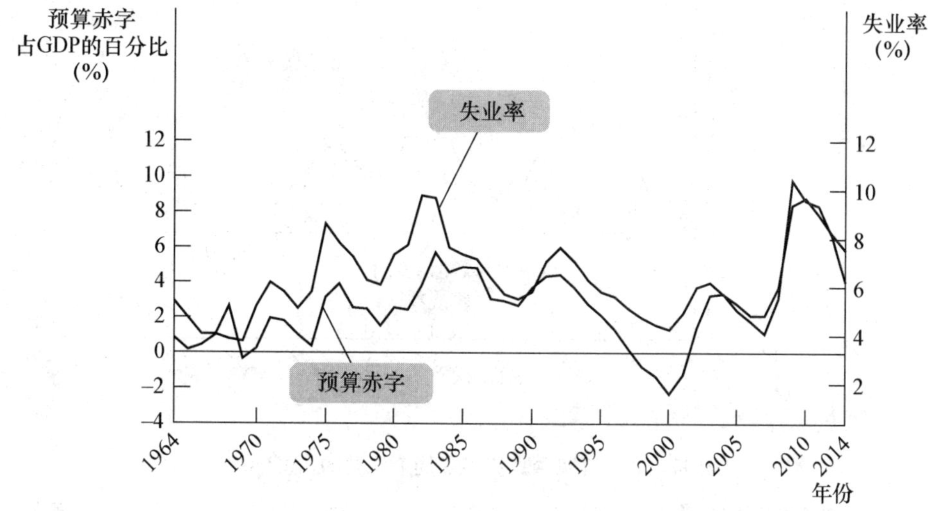

图 17-9　1964—2014 年美国联邦预算赤字和失业率

预算余额与商业周期之间存在紧密关系：经济衰退，预算余额会出现赤字，而经济扩张，预算余额会出现盈余。在这里，失业率是商业周期的一个指向性指标，而且我们还看到，较高的预算赤字与较高的失业率是相关的。这可以在图形中得到确认：预算赤字占 GDP 的百分比与失业率密切相关。

资料来源：Federal Reserve Bank of St. Louis.

商业周期和预算余额的这种关系是否证明政策制定者在使用相机抉择的财政政策——在经济衰退时期采用扩张性财政政策，而在经济扩张时期采用紧缩性财政政策？不一定如此。图 17-9 所表现的这种关系在很大程度上反映的是自动稳定器的作用。在讨论自动稳定器的时候我们已经知道，当经济处在扩张时期时，政府税收一般会增加，一些政府转移支付如失业救济金一般会下降。相反，当经济处在收缩时期时，政府税收一般会减少，一些政府转移支付如失业救济金一般会增加。所以，即使没有政策制定者主动采取行动，在经济衰退时期，预算会走向赤字，而在经济扩张时期，预算会出现盈余。

在对预算政策进行评价时，搞清楚预算余额的变化是由于商业周期引起的还是由于主动推行的经济政策引起的通常非常重要。前者受到自动稳定器作用的影响，而后者受到政府支出、政府转移支付和税收主动变化的影响。还有一点值得注意，商业周期对预算余额的影响是暂时的：衰退缺口（实际 GDP 小于潜在产出水平）和通货膨胀缺口（实际 GDP 大于潜在产出水平）一般经过很长时间才能消除。剔除衰退缺口和通货膨胀缺口对预算余额的影响后，我们才能搞清楚政府的税收政策和支出政策能否在长期产生影响。

换言之，政府的税收政策能够获得足够的收入用于支持长期支出吗？正如我们稍后要学到的，这个问题比政府当年是预算盈余还是预算赤字要重要得多。

> **周期调整的预算余额**就是实际 GDP 与潜在产出水平正好相等时的政府预算余额水平。

为了把商业周期的影响和其他因素的影响区分开来，许多国家的政府做了如下估计：如果既没有衰退缺口也没有通货膨胀缺口，那么预算余额又如何呢？**周期调整的预算余额**（cyclically adjusted budget balance）就是实际 GDP 与潜在产出水平正好相等时的政府预算余额水平。这一概念考虑了如果衰退缺口被消除后，政府所征收的额外税收收入与政府节余的转移支付，或者说如果通货膨胀缺口消除后，政府所损失的税收收入和额外的转移支付。

图 17-10 所示为 1964—2014 年真实预算赤字与国会预算办公室估计的周期调整的预算赤字的比较，两者都表示为占 GDP 的百分比。我们看到，周期调整的预算赤字要比真实预算赤字波动幅度小。1975 年、1983 年和 2009 年的真实预算赤字要大一些，通常是由经济萧条引起的。

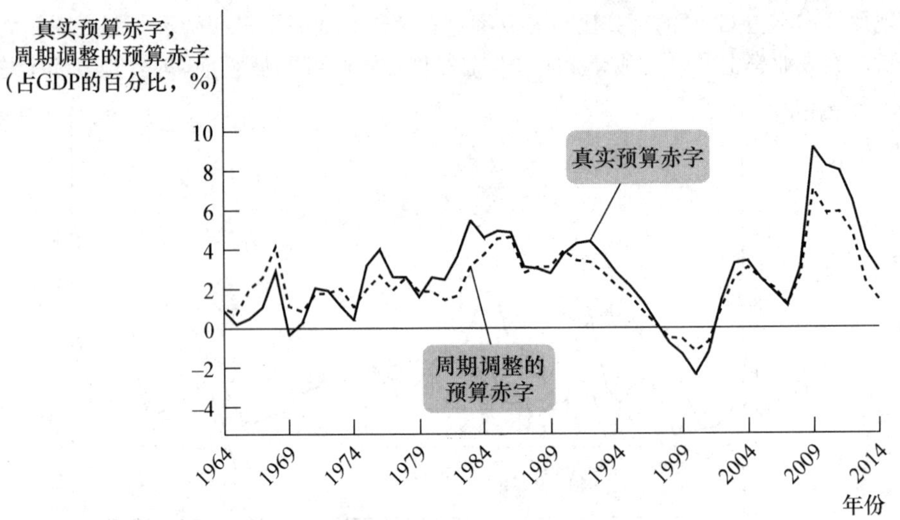

图 17-10 真实预算赤字和周期调整的预算赤字

周期调整的预算赤字是指当经济处在潜在产出水平时估计的预算赤字。周期调整的预算赤字要比真实预算赤字波动小，因为预算赤字较大的年份也一般是经济存在较大衰退缺口的时候。

资料来源：Congressional Budget Office；Bureau of Economic Analysis.

□ 17.3.3 预算应该平衡吗

我们将在下一节学到，持续的预算赤字对政府和经济都会带来一些问题。当然，为了迎合选民，政客们总是选择减税而不减少政府支出或者增加政府支出而不增税，所以预算赤字难以避免。结果，有时候政策制定者通过立法程序——甚至修改宪法——来制定一些财政政策规范以防止政府出现预算赤字。通常预算必须平衡作为一种要求被提出，也就是在每一个财政年度收入至少必须等于支出。要求年度预算平衡是一个有益的观点吗？

许多宏观经济学家并不同意这一观点。他们相信，只要总的来看预算是平衡的就可以了——要允许在经济形势不好的年份有赤字存在，可以通过形势好的年份的财政盈余来弥补。他们不认为政府应该在每一年保持预算平衡，因为如果这样将降低作为自动稳定器的税收和政府转移支付的作用。

之前我们已经学过，当经济出现下滑的时候，税收下降和政府转移支付增加将有助于降低经济衰退的程度。但是税收下降与政府转移支付增加将会导致预算赤字。如果受制于预算平衡的要求，那么政府将不得不针对这种预算赤字采取紧缩性财政政策，这无疑会加深经济衰退的深度。

但是，那些关注预算过度赤字的政策制定者有时候也感到颁布一些严格的政策规定或者至少规定赤字上限是必要的。正如“真实世界中的经济学”专栏中所说，欧洲已经有很多强制财政承担短期财政政策面临的挑战的责任的有问题的调解规则。

▶ **真实世界中的经济学**

欧洲对财政规则的探索

1999 年，许多欧洲国家迈出了具有重要历史意义的一步，它们采用了一种统一货币——欧元——来取代它们各自的货币，如法国法郎、德国马克和意大利里拉。随着欧元的引入，欧洲中央银行成立，用于制定整个欧元区的货币政策。

作为签订新货币条约的一部分，成员国政府也签订了一份欧洲稳定条约。该条约规定各国政府必须把预算赤字——真实预算赤字而非周期调整的预算赤字——保持在 GDP 的 3%及以下。该条约的目的是防止政治压力造成不负责任的赤字最终损害新货币。

可是稳定条约存在较为严重的副作用：每当经济下滑推动它们的赤字超过临界水平时，原则上，它会迫使各国削减支出和/或增加税收。这将使财政政策变成一种促使经济衰退恶化而不是与之抗争的力量。

然而，稳定条约已被证明不可能被执行：欧洲国家，包括法国甚至德国——素有财政诚信的声誉，在2001年及其后续衰退中也完全忽略了该项规则。

2011年，欧洲再次进行了尝试，这次是在严重的债务危机背景下。在2008年金融危机之后，事实上所有投资者都对希腊、爱尔兰、葡萄牙、西班牙和意大利失去了信心，他们担心这些国家偿还所有债务的能力和/或意愿，以及这些国家为减少赤字所做的努力很可能会推动欧洲重新陷入衰退。然而，回到旧的稳定条约似乎没有意义。另外，很明显稳定条约规定的预算赤字规模不会对防止危机产生太大的影响——2007年除希腊之外的所有有问题的债务国的赤字都在GDP的3%以下，爱尔兰和西班牙甚至出现了盈余。

因此，2011年12月达成的条约是根据"结构性"预算余额制定的，或多或少对应于我们定义的周期调整的预算余额。根据新规则，每个国家的结构性预算余额应该非常接近于零，赤字不超过GDP的0.5%。这似乎是一个比旧的稳定条约好得多的规则。

然而，大问题依然存在。一个问题是结构性预算余额的估计数是否可靠。此外，新规则似乎禁止在任何情况下使用相机抉择的财政政策。到2015年年初，很显然这个刻板的财政约束政策是一个问题：欧洲疲弱的经济显然需要刺激，但财政规则禁止这样做。

在对自己的财政规则的优越性感到沾沾自喜之前，美国人也应看到自己类似的有缺陷的欧洲稳定条约的美国版本。联邦政府预算发挥着自动稳定器的作用，但是50个州中有49个州的州宪法规定，州政府预算每年必须平衡。2008年当衰退来袭的时候，大部分州面对衰退不得不削减开支和征税，完全采取了宏观经济学认为错误的做法。

及时复习

● 预算赤字在经济衰退时期趋向于增加，在经济扩张时期趋向于下降。这反映了商业周期对预算余额的影响。

● 周期调整的预算余额是指如果经济处在潜在产出水平上预算余额的估计值。它比真实预算赤字的波动要小。

● 许多经济学家相信，在经济形势不好的年份，政府可以有预算赤字，而在经济形势好的时候应该有盈余。要求预算平衡的条约将降低自动稳定器的作用效果。

小测验 17-3

1. 为什么周期调整的预算余额比真实预算余额可以更好地度量政府政策在长期内是否可以持续?
2. 解释为什么州宪法要求保持财政预算平衡的州要比没有这样要求的州经历的经济波动更剧烈。

17.4 财政政策的长期影响

2009年，希腊政府陷入了财政困境。与欧洲大多数其他国家政府（以及美国政府）一样，希腊政府正面临巨额预算赤字，这意味着它需要继续借入更多的资金来支付其支出，并在现有贷款到期时偿还现有到期贷款。但是政府，如公司或个人一样，只能当贷款人相信它们有很大的可能愿意或能够偿还它们的债务时才能借到钱。到了2009年，大多数投资者对希腊的财政前景失去信心，不愿再借钱给希腊政府。那些愿意贷款的人需要很高的利率来补偿他们的损失风险。

图17-11比较了希腊政府和德国政府发行的10年期债券的利率。2007年年初，希腊可以以几乎与德国相同的利率借款，因为该国被广泛认为是一个非常安全的借款人。然而，到了2011年年底，希腊必须支付约等于德国10倍的借款利率。

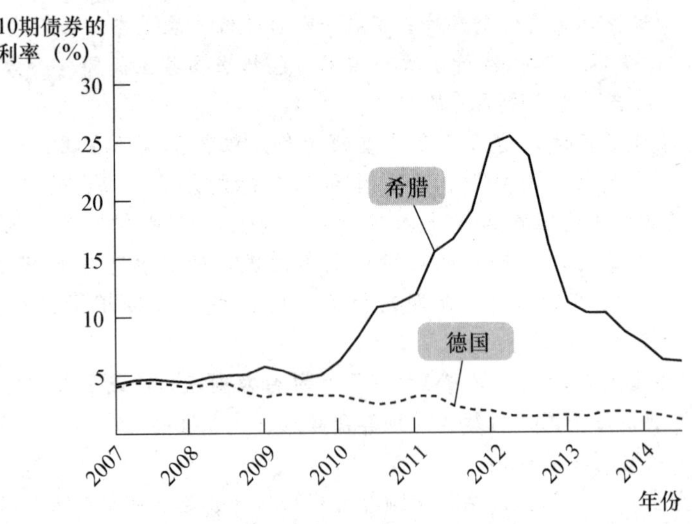

图 17－11 希腊和德国的长期利率

直到 2008 年，希腊的利率只略高于德国，该国被广泛认为是一个非常安全的借款人。但是到了 2009 年年初，由于希腊债务和希腊赤字比以前报告的显然大出许多，投资者失去信心，导致希腊借款成本大幅提高。

资料来源：Federal Reserve Bank of St. Louis；OECD "Main Economic Indicators Complete Database".

为什么希腊会出现这些问题？主要是因为投资者对其债务水平的深深忧虑（很明显，部分原因是希腊政府一直在利用创造性会计行为掩盖已经承担的债务）。毕竟政府债务是对未来向贷款人还款的承诺。到了 2009 年，希腊政府似乎已经承诺了比它可能提供的多得多的债务。

结果希腊发现自己无法从私人贷款人那里借来更多资金；它从其他欧洲国家和国际货币基金组织得到了紧急贷款，但这些贷款的条件是希腊政府大幅削减开支，这将严重损害其经济，给希腊人带来严重的经济困难，并导致大规模的社会动荡。

好消息是，到了 2014 年中期，希腊借款成本大幅下降。在一定程度上，这反映了日渐强烈的意识，希腊将保持支出，尽管有巨大的痛苦。然而，它也反映了欧洲中央银行的干预，它向投资者保证，它将"不惜一切"来维持欧洲的共同货币——欧元；这一举动被广泛解释为一种保证，如有必要，它会介入并购买希腊和其他困扰债务人的债券。

然而，尽管有这个好消息，希腊和其他国家的危机表明，没有财政政策可以不考虑政府预算盈余和赤字的长期影响，特别是对政府债务的影响。

□ 17.4.1 赤字、盈余和债务

当一个家庭在一年中入不敷出时，该户人家要么举债，要么出让资产得到额外的资金。如果一个家庭年复一年地借债，那么长此以往就会累积起巨额债务。

政府同样也是如此。有一点不同的是，政府不能通过出卖国家公共用地得到大量资金。当政府支出大于税收收入而入不敷出时——预算赤字——政府总是选择借债。一个持续预算赤字的政府就会累积起巨额债务。

财政年度是指将从 10 月 1 日到来年的 9 月 30 日作为完整的财政年度进行总决算，用结束年份来命名。

公债是由个人和非政府机构持有的政府债务。

为了理解如下数字，我们应该知道一些联邦政府预算核算的具体内容。由于历史原因，美国政府并不是按自然日历进行核算的，而是从 10 月 1 日到来年的 9 月 30 日作为完整的**财政年度**（fiscal years）进行总决算，用结束年份来命名，例如 2014 财政年度是从 2013 年 10 月 1 日开始到 2014 年 9 月 30 日结束。

当 2014 财政年度结束时，美国政府的债务总额大约等于 17.8 万亿美元。当然，由于特殊的计算方法，一些政府项目特别是社会保障基金被作为政府总债务的一部分。我们稍后介绍这些规定。目前，我们集中讨论**公债**（public debt），也就是由个人和非政府机构持有的政府债务。当 2014 财政年度结束时，联邦政府公债"只有"13 万亿美元，相当于 GDP 的 74%。而 2014 财政年度结束时的联邦政府公债大于 2013 财政年度结束时的公债，因为

政府在2014年出现赤字：一个持续存在预算赤字的政府，公债水平将上升。为什么这是一个问题呢？

▶ 疑难解答

赤字和债务

人们容易犯的错误之一——在报纸和新闻报道中经常会出现——是混淆赤字和债务。我们来看一下它们的区别：

赤字是在一定时期内（通常是指一年，但并非一定如此）政府支出大于其税收收入。赤字数额在公布的时候通常会指出是在什么期间，如美国在2011财政年度的预算赤字为1.3万亿美元。

债务是在某一时点上政府所欠资金总额。债务总额通常会指明具体的时点，如美国在2011财政年度结束时的债务总额为10.1万亿美元。

赤字和债务是有关系的，当政府出现赤字时，政府债务会增加。但是，它们又不完全相同，它们甚至表明不同的故事。2011年意大利陷入债务危机，按历史标准，赤字相当小，但债务非常高，这是过去政策累积的结果。

▶ 国际比较

美国式债务

美国的公债是如何在国际上累积起来的？以美元计算，美国公债规模是第一——但这并没有提供太多的信息，因为美国经济规模和政府税基比任何其他国家都要大得多。更具信息量的是比较公债占GDP的百分比。

下图显示了2014年年底一些富国的净公债占GDP的百分比。净公债是政府债务减去政府可能拥有的任何资产——该调整可以产生很大的差异。你在这里看到的是，美国或多或少处在中间位置。

毫不意外，希腊排在首位，其他大多数净公债高的国家是欧洲国家，它们的债务问题一直引人关注。然而有趣的是，日本也排名靠前，因为该国在20世纪90年代使用大量的公共支出支撑经济。然而，投资者仍然认为日本是一个可靠的政府，所以尽管其净公债高，但其借贷成本仍然很低。

与其他国家相比，挪威有很大的负净公债。挪威怎样做到这一点的？一个词：石油。挪威是世界上第三大石油出口国，因为北海有大量石油储存。挪威政府并不立即支出石油收入，而是像沙特阿拉伯王国这样的传统石油生产商一样，利用这些资金建立一个投资基金，以备未来之需。因此，挪威拥有庞大的政府资产，而不是大量的政府债务。

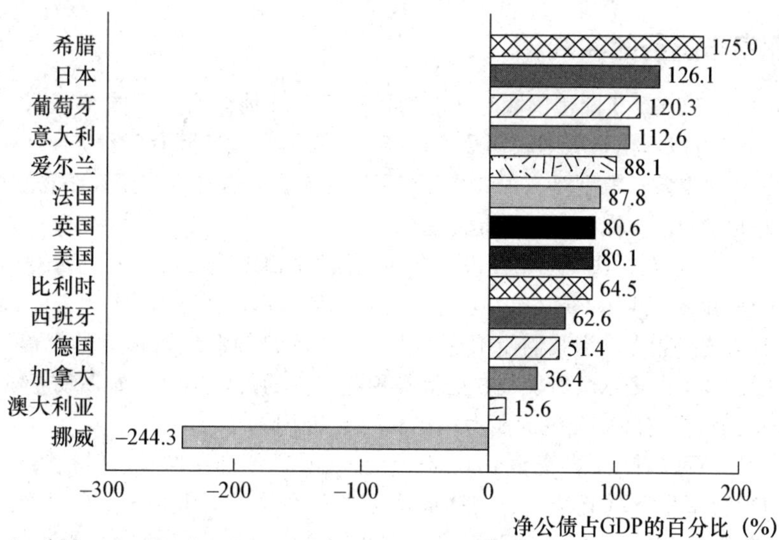

资料来源：International Monetary Fund.

□ 17.4.2 政府债务增加引出的问题

当一个国家的政府持续出现预算赤字的时候就要小心了，原因有二：第一，当政府在金融市场中借债时，它与计划通过借债用于投资的企业形成竞争。结果，政府借债对私人投资形成挤出效应，从而影响长期经济增长。

还有第二个原因是：通过增加政府债务来解决今天的财政赤字将对未来的预算形成压力。当前赤字对未来预算约束的影响是不言自明的。像个人一样，政府也得还债，对累积所欠债务也必须支付债务利息。当政府负债规模很大时，支付的利息也相当可观。在 2014 财政年度，美国联邦政府支付了相当于 GDP 总额 1.3%也就是 2 210 亿美元的债务利息。高负债国家意大利 2014 年支付的债务利息为其 GDP 的 5%。

在其他条件不变时，政府支付的利息越多，它必须征收的税收也越多，或者减少支出，或者用更多的借债来弥补缺口。但是，当政府借债来支付未偿债务利息时，它的负债就会进一步增多。这一过程最终会达到这样一种情况：借债人对政府的还贷能力产生疑问。这就像一个消费者在已经超出他的信用卡额度之后会发现贷款人再也不愿借出更多资金了。由此引出的后果可能是政府无法如期偿债——对其所欠债务停止偿还。违约经常会引起金融和经济骚动。

美国人对政府违约的说法不太熟悉，但这种事情确实会发生。在 20 世纪 90 年代，阿根廷是一个收入相对较高的发展中国家，其经济政策获得广泛赞誉，所以也能从外国贷款人那里借来大笔资金。但是到了 2001 年，当不断攀升的利息支付失去控制后，该国停止支付所欠债务。最后，该国与大部分债权人达成协议，只支付所欠数额的三分之一。

2010—2013 年，投资者认为几个欧洲国家即希腊、爱尔兰和葡萄牙出现阿根廷式违约的概率很高，并严重担忧意大利和西班牙。每个国家被迫对紧张的贷款人债务支付高利率，更进一步加剧了违约风险。

债务违约会造成一国金融市场出现大的动荡，严重动摇了公众对政府和经济的信心。阿根廷债务违约引发了银行危机和严重的经济衰退。即使是一些高负债国家的政府也尽力避免出现债务违约，高负债的负担一般会迫使政府大力削减开支或提高税收，这些在政治上不受欢迎的措施也会对经济造成损害。在某些情况下，旨在使贷款人放心政府能偿还债务的紧缩措施到头来会抑制经济发展，使贷款人的信心继续下降。

有人可能会问的一个问题是：当政府借债有困难时，为什么不通过多印货币来付账？是的，它可以这么做，但这会带来另一个问题：通货膨胀。事实上，预算问题是引起严重通货膨胀的主要原因。政府并不想把自己置于如下艰难的选择：债务违约与为偿债印钞而引发通货膨胀。

对赤字的长期效应担忧并不否定在经济衰退时使用财政政策来刺激经济。但是，这些担忧意味着政府应该努力用经济形势好的时候获得的预算盈余来弥补经济形势不好时候的预算赤字。换句话说，政府应该在一段时间内大致维持财政预算平衡。它们实际做得怎么样呢？

□ 17.4.3 赤字与债务的实践

图 17-12 所示为 1940—2014 年间美国联邦政府的预算赤字和债务水平，图 17-12（a）所示为预算赤字占 GDP 的百分比。我们可以看出，美国联邦政府在第二次世界大战期间有巨额赤字，战后很快出现盈余，但是从此以后赤字成为正常现象，特别是在 1980 年之后。这似乎与政府应该用经济形势好的时期的预算盈余来弥补经济形势不好时候的预算赤字的建议是矛盾的。

> **债务—GDP 比率**是政府债务占 GDP 的百分比。

但是，从图 17-12（b）来看，这些赤字还没有导致负债如脱缰野马的后果。我们经常使用**债务—GDP 比率**（debt-GDP ratio）也就是政府债务占 GDP 的百分比这一指标来评估政府的偿债能力。当我们使用这一指标时，不是简单地看债务的规模，因为 GDP 作为衡量经济总体规模的指标也是一个表示政府能征收的潜在税收水平的良好指标。如果政府债务的增长显著慢于 GDP 的增长，那么偿债的负担与政府征税的能力相比实际上是下降的。

我们从图 17-12（b）可以看出，尽管联邦政府的债务几乎每年都在增长，但是第二次世界大战结束之后的 30 年间债务—GDP 比率呈下降趋势。这表明即使债务仍在增长，但债务—GDP 比率却在下降，只要 GDP 的增长快于债务的增长。在“追根究底”专栏中，我们集中讨论在第二次世界大战期间，美国政府的债务为什么大幅上升，我们还要解释经济增长和通货膨胀有时候可以使政府持续保留预算赤字但仍然会使债务—GDP 比率下降。

(a) 1940年后美国联邦政府的预算赤字

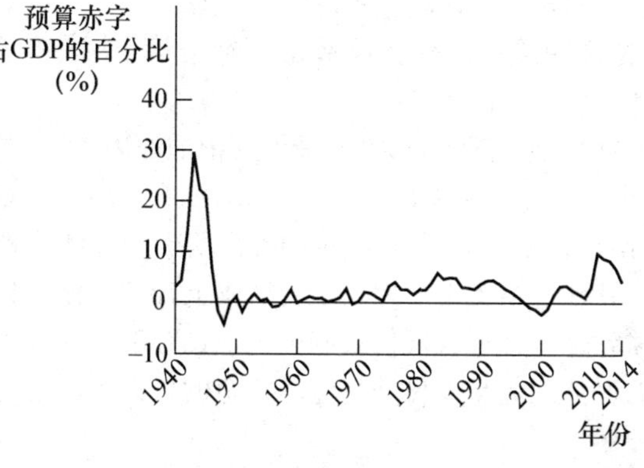

(b) 1940年后美国债务—GDP比率

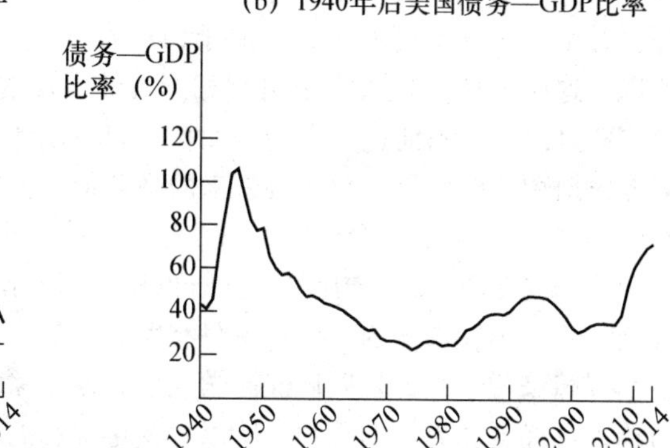

图 17-12　美国联邦政府的预算赤字和债务水平

图（a）表示的是 1940—2014 年美国联邦政府预算赤字占 GDP 的百分比。美国联邦政府在第二次世界大战期间有巨额赤字，从此以后则降低。图（b）表示的是美国公债占 GDP 的百分比。通过比较图（a）和图（b）我们可以发现，在许多年份，尽管有政府赤字，但公债占 GDP 的百分比却在下降。这个表面上看似矛盾的结果反映的事实是：即使债务增加，但公债占 GDP 的百分比却可以下降，只要 GDP 增长快于公债的增长。

资料来源：Office of Management and Budget.

当然，当债务增长快于 GDP 增长时，政府财政持续保持大额赤字也会导致债务—GDP 比率升高。在 2008 年金融危机之后，美国政府出现的赤字远大于第二次世界大战以来的赤字，债务—GDP 比率开始急剧上升。2008 年，许多其他国家的债务—GDP 比率也出现了类似的波动。经济学家和政策制定者都认为这并非一个可持续的趋势，政府需要使其支出和收入恢复一致。

但是在什么时候使支出与收入相符有很大争议。一些人认为应该立即进行财政紧缩，其他人则认为这种紧缩应该推迟到主要经济体从其衰退中恢复之后。

▶ 追根究底

第二次世界大战之后债务出现了什么变化？

我们从图 17-12 可以看出，美国政府在第二次世界大战期间债务巨大。到战争结束时，债务—GDP 比率超过 100%，许多人担心如何偿还这些债务。

真实的情况是这些债务从来没有被偿还过。1946 年公债的规模为 2 420 亿美元，随着美国战后出现预算盈余，在接下来的几年中这一数字有一些下降，但是到了 1950 年，随着朝鲜战争开始，美国政府再次出现预算赤字。到 1962 年债务回到了 2 480 亿美元。

但是到了这时候已经没有人担心美国政府的财政健康状况，因为债务—GDP 比率几乎下降了一半。这是由什么促成的呢？强有力的经济增长和温和的通货膨胀推动了 GDP 的快速增长。这个经验清楚地说明了如下事实：现代国家的政府可以永远有赤字，只要这些赤字规模不太大。

□ 17.4.4　隐含债务

观察图 17-12，我们可能马上会得出一个结论：一直到 2008 年危机袭来之前，联邦政府预算保持得相当不错：尽管 2001 年后重新出现的预算赤字使债务—GDP 比率提高了一些，但与历史数据和其他发达国家相比仍然处在低水平上。事实上，许多专家从长期预算角度来观察美国（以及其他一些国家，如日本和意大利）现在的赤字情形，提出了存在危险的警告。原因是**隐含债务**（implicit liabilities）问题。隐含债务是指尽管没有包括在通常的债务统计中，但实际上仍由政府承诺支付的支出。

美国政府最大的隐含债务是转移支付项目中两项主要与老年人利益相关的项目：社会保障和医疗保险，第三项大隐含债务是医疗补助，该项目是对低收入阶层提供补助。在这些情形下，政府承诺现在提供的转移支付福利未来也将提供。所以，这些项目代表的未来负债相当惊人，尽管这些负债并没有包括在目前的负债统计之中。当前这三个项目加在一起占联邦政府支出的40%。

隐含债务是指尽管没有包括在通常的债务统计中但实际上仍由政府承诺支付的支出。

财政专家对由这些转移支付项目带来的隐含债务非常担心。图17-13解释了其中的原因。图17-13所示为2000—2013年真实的社会保障支出、医疗保险支出、医疗补助支出和CHIP（对没有保险的儿童提供医疗服务的项目）支出占GDP的比例，同时列出了国会预算办公室对到2038年的支出所做的预测。根据这些预测，社会保障支出在未来的几十年里将有大幅增长，其他三项支出的增长也会大幅上升。为什么呢?

对社会保障来说，答案是人口统计学规律。社会保障是一种现收现付式制度：现在有工作的人支付税收用来支持当前已经退休人员的福利。所以，获得福利的退休人数与支付社会保障资金的工人人数之比对该体制的融资有重要影响。

1946—1964年，美国人口出生率非常高，通常被称为婴儿潮时期。婴儿潮时期出生的人目前大部分都处在工作年龄，这就意味着他们正在缴纳税收且还没有享受福利。但是，一些人开始退休，越来越多的人随后也会如此，他们没有了纳税的薪水，但开始享受福利。

结果，获得福利的退休人数与支付社会保障资金的工人人数之比将会提高。2010年，向该系统缴纳社会保障资金的每100个工人供养34个获得福利的退休人员。到2030年，社会保障局估计这一数字将上升到46人，到2050年将上升到48人，到2080年将上升到51人。因此，随着婴儿潮一代走向退休，福利将相对于经济规模继续增长。

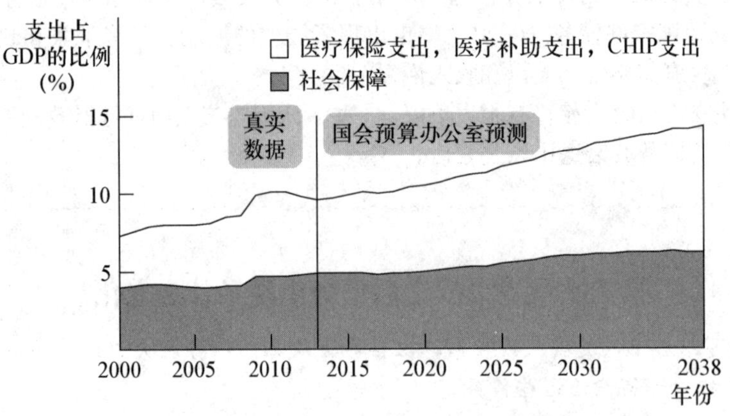

图17-13　对联邦预算的未来需求

该图显示了国会预算办公室对社会保险计划支出在GDP中所占份额的估计。部分由于人口老龄化，但主要由于医疗保健成本上升，这些项目预计会随着时间的推移变得更加昂贵，给联邦预算带来了麻烦。

资料来源：Congressional Budget Office.

婴儿潮时期出生人口走向老龄化，就其自身来讲只是一个中等大小的长期财政问题，而医疗保险支出和医疗补助支出预计提高则是值得关注的严重问题。不断提高的医疗保险支出和医疗补助支出背后的主要问题是有关健康保健支出的长期发展趋势：其增长速度快于整个政府支出的增长速度，无论是由政府支持的健康保健支出还是由私人支持的这种支出都是如此。

在某种意义上，美国政府的隐含债务已经反映在债务统计中。我们前面提到过，到2014财政年度结束，美国政府的债务总额为17万亿美元，但其中只有12万亿美元是欠公众的。对这种差异的主要解释是社会保障支出和部分医疗保险（医院的保险项目）支出是通过专项税收来支持的，即以工资中的特殊税收形式来支付。目前这些专项税收形成的收入要大于目前支付福利的需要。

特别是从20世纪80年代中期之后，社会保障制度获得的收入远大于目前需要，目的是为婴儿潮时期出生人口的退休做准备。社会保障制度的这种剩余已经累积成社会保障信托基金，到2014年年底累积共计3

万亿美元。

信托基金以美国政府债券的形式持有，这包括在17万亿美元的政府债务总额中。你可能会认为，将社会保障信托基金持有的政府债券包括在政府债务总额中听起来有一些滑稽，毕竟这些债券是政府一些部门（非社会保障部门的其他政府部门）欠政府另一些部门（社会保障部门）的钱。但是，债务对应的是实际债务（尽管是隐含的）——政府承诺将来支付的退休福利。所以，许多经济学家认为，总量17万亿美元的债务是公债与由社会保障部门和其他基金持有的政府债务之和，比之于数额较少的公债，这才较为准确地表明了政府财政目前的状况。

▶ 真实世界中的经济学

我们会成为希腊吗？

2009年下半年，希腊陷入财政危机，除非开出很高的利率，否则无法借款，其他一些欧洲国家很快也处于同样的困境。与此同时，美国也出现了大额预算赤字，而且根据历史标准来看有高额债务。那么，美国是否有变成希腊的危险？

一些有影响力的人这么认为并发出了许多可怕的警告。例如，2010年美联储前主席艾伦·格林斯潘（Alan Greenspan）发表了《美国债务和希腊的类比》（U. S. Debt and the Greece Analogy）这篇文章，他警告说，美国很快将面临利率飙升。2011年，总统预算委员会联合主席厄斯金·鲍尔斯（Erskine Bowles）和艾伦·辛普森（Alan Simpson）警告说，两年内可能发生财政危机。许多人也这么认为。

事实上，美国的借款成本在2014年仍然很低，没有供贷中断的迹象。但是美国只是幸运吗？

根据一些经济学家的说法，并非如此，特别是比利时经济学家保罗·德格罗韦（Paul De Grauwe），他从2011年就认为一个国家借款的货币是关键的区别。虽然美国有很多政府债务，但它欠的是美元；同样，英国的债务是英镑，日本的债务是日元。相比之下，希腊、西班牙和葡萄牙不再有自己的货币，它们的债务是欧元。

为什么这很重要？正如我们前面所解释的，虽然美国也不能总是依靠印钞来弥补赤字，因为这样做可能导致通货膨胀失控，但具有印发美元的能力意味着美国政府不会用尽现金。这反过来意味着美国不容易遭遇财政恐慌，因为财政恐慌会造成投资者因担心突然违约而拒绝放贷。德格罗韦认为欧洲债务人的困境主要是由于这种财政恐慌的风险所致。

图17-14给出了证明德格罗韦观点的一些证据。它对2012年欧洲债务危机最糟糕的那年的一些国家的净债务额占GDP的比例与政府债务利率进行了比较。浅色标记对应于欧元区，即没有自己货币的国家，而深色标记显示具有自己货币的国家。在欧元区中，债务和借款成本之间存在明显的相关性，但欧元区之外的国家，包括英国、日本和美国，则并非如此。

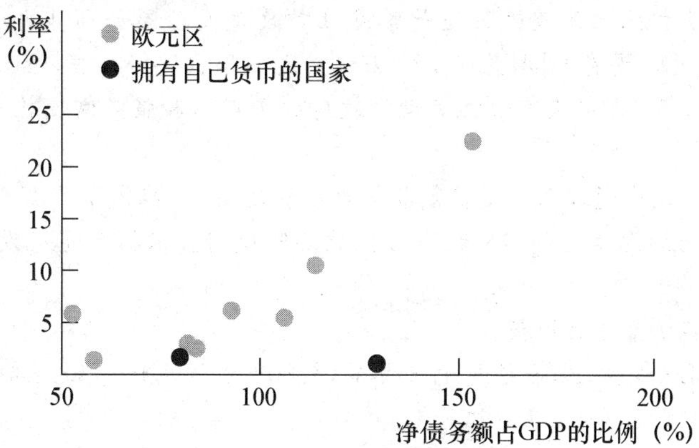

图17-14　2012年债务与利率

资料来源：Eurostat；International Monetary Fund.

事实上，即使在欧元区内，高债务国家的借款成本在欧洲中央银行承诺通过向政府提供现金来“应对一切可能”后也大幅下降，这进一步证明了恐慌的风险是高利率的一个重要因素。消除这种风险大大稳定了状况。

无论如何，到2014年，美国即将变成希腊的警告大多销声匿迹了。美国面临许多风险，但都似乎并未特别迫切。

及时复习

- 持续的预算赤字会导致公债规模增加。
- 公债规模增加可能会导致政府债务违约。在不那么极端的情况下，这会造成对投资支出的挤出，降低长期经济增长率。这表明经济形势不好的财政年度的预算赤字应该用经济形势好的财政年度的预算盈余来弥补。
- 衡量财政健康状况广泛使用到的指标是债务—GDP 比率。一个 GDP 增加的国家，如果 GDP 增长快于债务增长，那么即使有预算赤字，它的债务—GDP 比率也会保持稳定。
- 在官方公布的公债之外，现代政府还有大量隐含债务。美国政府最大的隐含债务来自社会保障支出、医疗保险支出和医疗补助支出。

小测验 17－4

1. 在其他情况不变时，请解释如下事件对美国政府公债或隐性债务的影响。公债或隐性债务会变大或变小吗？

a. 实际 GDP 增长率提高。

b. 退休人员寿命延长。

c. 税收收入减少。

d. 政府借债用于支付当前公债利息。

2. 假定出现经济衰退，当前公债余额也非常大。请解释在决定是否通过赤字来增加支出时，政策制定者面对短期和长期目标如何做出权衡。

3. 请解释紧缩性财政政策怎样可能使得政府无法偿还其债务。

▶ **解决问题**

专注于缺口

国会预算办公室是一个独立的联邦机构，为国会提供关于预算事项的无党派的和及时的经济数据。该机构的一项任务是对 GDP 和潜在 GDP 进行估计，然后对衰退缺口或通货膨胀缺口做出预测。之后，国会利用这些信息来决定是推出扩张性财政政策还是紧缩性财政政策。国会预算办公室估计，2008 年美国的实际 GDP 为 14.55 万亿美元，潜在 GDP 为 15.33 万亿美元。根据这一数据，2008 年的衰退缺口规模为多大？假设边际消费倾向为 0.5，如果没有价格变动，政府购买产品和服务需变化多少可使得 GDP 增加这一数额？

据了解，2009 年 2 月，国会通过了《美国复苏与再投资法案》，推出了 7 870 亿美元的名义刺激支出计划。到 2010 年 3 月，只有 620 亿美元的名义刺激支出被实际使用。根据上述假设，这一数额的政府支出预计会增加多少名义 GDP？

步骤 1：计算 2008 年经济衰退的规模。

由于 2008 年的潜在 GDP 是用 2008 年美元计算的，2008 年美元计算的经济缺口为 15.33 万亿美元－14.55 万亿美元＝0.78 万亿美元，即 7 800 亿美元。

步骤 2：计算乘数。

乘数等于 $1/(1-MPC)$，因此在这种情况下，乘数为 2 $[=1/(1-0.5)]$。

步骤 3：计算政府为弥补缺口在乘数为 2 时需进行的购买产品和服务的数额变化。

在没有价格变动和乘数为 2 的情况下，为弥补 7 800 亿美元的衰退缺口，政府购买产品和服务需要增加 3 900 亿美元。在总体价格水平不变的情况下，总需求曲线的移动会导致均衡 GDP 的等值变化。这个假设与假设短期总供给曲线呈水平状态具有相同的效果。

步骤 4： 620 亿美元的政府支出将增加多少名义 GDP?

使用乘数 2，620 亿美元的政府支出将推动名义 GDP 增加 1 240 亿美元。截至 2009 年上半年，经济衰退的缺口继续扩大，2009 年第二季度估计达 1.13 万亿美元，远远高于 2008 年估计的7 800 亿美元的衰退缺口。从 2009 年下半年到 2010 年第一季度，衰退缺口开始缩小，但速度缓慢。截至 2011 年年底，缺口仍有 9 560 亿美元。2009 年和 2010 年第一季度的刺激支出不足以迅速有效缩小规模显著的衰退缺口。

小结

1. 政府在经济中发挥着重要作用，政府以税收形式回收 GDP 中的一大部分份额，同时通过购买产品和服务、进行转移支付（大部分用于社会保险）形成大份额支出。财政政策通过税收、政府转移支付和政府对产品和服务的购买来移动总需求曲线。

2. 政府购买产品和服务直接影响总需求，改变税收和政府转移支付是通过影响居民可支配收入间接影响总需求。扩张性财政政策推动总需求曲线向右移动，而紧缩性财政政策推动总需求曲线向左移动。

3. 只有当经济充分就业时，扩张性财政政策才有可能挤出私人支出和私人投资支出。有人认为扩张性财政政策由于李嘉图等价而不起作用，因为消费者将减少今天的支出以抵消预期的未来增税，这在实践中似乎并不真实。显而易见的是，由于政策制定和实施的时间滞后，非常积极的财政政策可能使经济不稳定。

4. 财政政策对经济有乘数效应，乘数大小依赖于财政政策和边际消费倾向。边际消费倾向决定乘数大小，乘数是由总支出自发变化引起的实际 GDP 总变化与总支出自发变化的比率。除了定量税外，税收将降低乘数大小。扩张性财政政策导致实际 GDP 增加，而紧缩性财政政策导致实际 GDP 减少。由于税收或转移支付的变化因在第 1 轮支出中出现储蓄而被吸出一部分，所以政府购买产品和服务的变化对于经济的影响比等量税收或转移支付的改变的影响更大。

5. 纳税规则 ——除定量税外——和一些转移支付可作为自动稳定器发挥作用，将减少乘数大小，并自动降低商业周期的波动幅度。相比之下，相机抉择的财政政策是决策者的自主行动，而非由商业周期引起。

6. 预算余额的波动部分是由商业周期影响所致。为了区分商业周期与相机抉择的财政政策的影响，政府会估计周期调整的预算余额，这是一种假定经济处在潜在产出水平的预算余额。

7. 美国政府根据财政年度进行预算计算。持续的预算赤字有长期影响，因为它们将导致公债增加。这之所以成为问题是出于如下两个原因：公债会挤出投资支出从而降低长期经济增长率。在极端情形下，债务增加会导致政府不能如期偿债，引起经济和金融危机。

8. 衡量财政健康状况广泛使用的指标是债务—GDP 比率。如果 GDP 随着时间的推移而上升，那么该比率在债务上升的情况下可能是稳定甚至是下降的。可是，稳定的债务—GDP 比率可能会形成万事大吉的错误印象。因为现代国家政府经常会有大额隐含债务。美国政府最大的隐含债务为社会保障支出、医疗保险支出和医疗补助支出，人口老龄化和医疗成本的上升推动这一成本呈上升趋势。

关键词

社会保险	扩张性财政政策	紧缩性财政政策	总支出自发变化	乘数	边际消费倾向
定量税	自动稳定器	相机抉择的财政政策	周期调整的预算余额	财政年度	公债
债务—GDP 比率	隐含债务				

练习题

1. 下图表现的是阿尔巴尼亚当前的宏观经济形势。你已经被聘为该国的经济顾问，帮助经济实现潜在产出水平 Y_P。

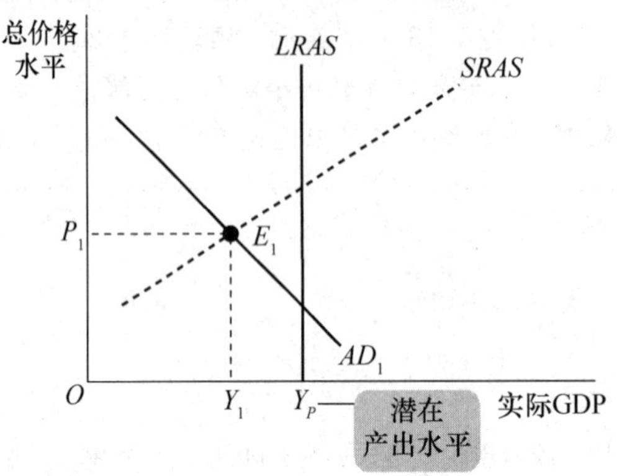

a. 阿尔巴尼亚现在存在的是衰退缺口还是通货膨胀缺口？

b. 采用扩张性还是紧缩性财政政策可以帮助阿尔巴尼亚经济实现潜在产出水平 Y_P？请举出实现这一政策的一些事例。

c. 请画图表示成功实施财政政策后阿尔巴尼亚的宏观经济情况。

2. 下图表现的是布列塔尼亚当前的宏观经济形势，实际 GDP 是 Y_1，总价格水平为 P_1。你已经被聘为该国的经济顾问，帮助该国经济实现潜在产出水平 Y_P。

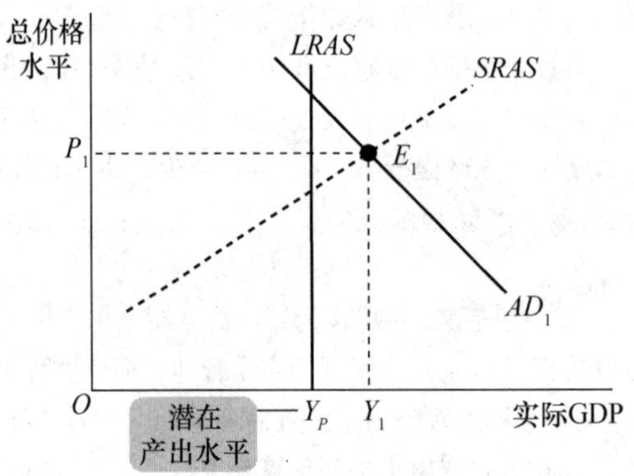

a. 布列塔尼亚现在存在的是衰退缺口还是通货膨胀缺口？

b. 采用扩张性还是紧缩性财政政策可以帮助布列塔尼亚经济实现潜在产出水平 Y_P？请举出实现这一政策的一些事例。

c. 请画图表示成功实施财政政策后布列塔尼亚的宏观经济情形。

3. 当一个经济体处在长期宏观经济均衡时，发生了如下冲击。冲击之后该经济体将会面对哪一类缺口：衰退缺口还是通货膨胀缺口？哪种类型的财政政策可以帮助该经济体实现潜在产出水平？

a. 股票价格上涨提高了居民持有的股票价值。

b. 公司越来越相信衰退很可能在不久后出现。

c. 因预期有爆发战争的可能性，政府增加了对军事装备的购买。

d. 经济中的货币数量减少，利率提高。

4. 在 2008 年的一次采访中，德国财政部长史坦布律克（Steinbrueck）表示："我们必须注意，在欧洲和其他地方不会出现经济（增长）下降和高通货膨胀并存的现象——专家称之为滞胀。"这种情况可以通过短期总供给曲线从其原始位置 $SRAS_1$ 到其新位置 $SRAS_2$ 的移动来解释，其中新的均衡点在下页图的 E_2 点。在这个问题中，我们试图了解为什么滞胀特别难以用财政政策来解决。

a. 如果政府主要关注维持经济增长，对此应该采取什么适当的财政政策？使用图形说明政策对均衡点和总价格水平的影响。

b. 如果政府主要关注维持价格稳定，对此应该采取什么适当的财政政策？使用图形说明政策对均衡点和总价格水平的影响。

c. 讨论问题 a 和问题 b 中的政策在治理滞胀方面的有效性。

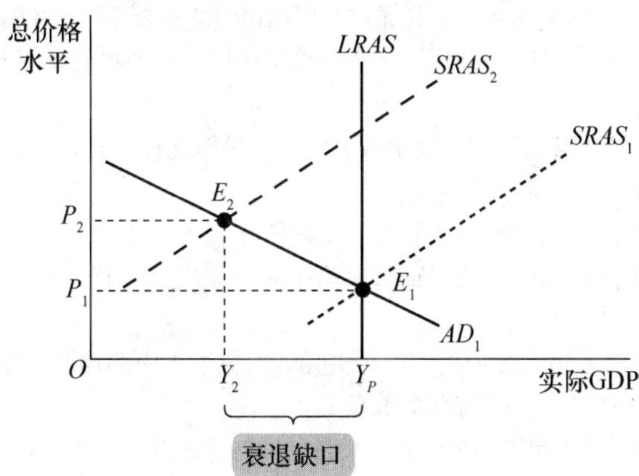

5. 说明为什么在边际消费倾向（*MPC*）为 0.6 时，政府购买产品和服务（*G*）减少 100 亿美元对实际 GDP 产生的影响要大于减少同样数量的政府转移支付（*TR*）。第 1 轮和第 2 轮已经填好：在第 1 轮，政府购买减少 100 亿美元将使实际 GDP 和可支配收入 *YD* 减少 100 亿美元，引起第 2 轮消费开支减少 60 亿美元（$=MPC\times YD$ 改变量）。然而，政府转移支付减少 100 亿美元在第 1 轮对实际 GDP 没有影响，只是影响可支配收入 *YD* 减少了 100 亿美元，由此导致在第 2 轮消费开支也减少 60 亿美元。

	G 减少 100 亿美元			*TR* 减少 100 亿美元		
轮次	*G* 或 *C* 改变量（10 亿美元）	实际 GDP 改变量（10 亿美元）	*YD* 改变量（10 亿美元）	*TR* 或 *C* 改变量（10 亿美元）	实际 GDP 改变量（10 亿美元）	*YD* 改变量（10 亿美元）
1	$\Delta G=-10.00$	−10.00	−10.00	$\Delta TR=-10.00$	0.00	−10.00
2	$\Delta C=-6.00$	−6.00	−6.00	$\Delta C=-6.00$	−6.00	−6.00
3	$\Delta C=?$	?	?	$\Delta C=?$	?	?
4	$\Delta C=?$	?	?	$\Delta C=?$	?	?
5	$\Delta C=?$	?	?	$\Delta C=?$	?	?
6	$\Delta C=?$	?	?	$\Delta C=?$	?	?
7	$\Delta C=?$	?	?	$\Delta C=?$	?	?
8	$\Delta C=?$	?	?	$\Delta C=?$	?	?
9	$\Delta C=?$	?	?	$\Delta C=?$	?	?
10	$\Delta C=?$	?	?	$\Delta C=?$	?	?

a. 当政府购买产品和服务减少 100 亿美元时，经过 10 轮后引起的实际 GDP 改变量为多少？

b. 当政府转移支付减少 100 亿美元时，经过 10 轮后引起的实际 GDP 改变量为多少？

c. 应用政府购买和政府转移支付的乘数计算公式，分别计算政府购买和政府转移支付减少 100 亿美元引起的实际 GDP 改变量为多少？解释它们的差别。[提示：政府购买的乘数为 $1/(1-MPC)$。但是 1 美元的政府转移支付初始时仅仅会导致实际 GDP 改变 $MPC\times1$ 美元，政府转移支付的乘数为 $MPC/(1-MPC)$。]

6. 在下述情形中，要么存在衰退缺口，要么存在通货膨胀缺口。假定总供给曲线是水平的，所以由总需求曲线的移动引起的实际 GDP 的变化等于总需求曲线移动的距离。试计算必须有多少政府购买产品和服务的变化和政府转移支付的变化才能消除缺口。

a. 实际 GDP 为 1 000 亿美元，潜在产出水平为 1 600 亿美元，边际消费倾向为 0.75。

b. 实际 GDP 为 2 500 亿美元，潜在产出水平为 2 000 亿美元，边际消费倾向为 0.5。

c. 实际 GDP 为 1 800 亿美元，潜在产出水平为 1 000 亿美元，边际消费倾向为 0.8。

7. 大部分宏观经济学家相信，作为自动稳定器的税收降低了乘数是一件好事情。然而，乘数越小意味着消除通货膨胀缺口和衰退缺口必需的政府购买产品和服务、政府转移支付或税收的变动越大。你能解释这种表面上的不一致吗？

8. 在过去五年中，麦克罗兰德的政府预算盈余一直在增加。两名政府政策制定者对为什么会这样有不同看法。一方认为预算盈余增加表明经济在增长；另一方认为这表明政府采取了紧缩性财政政策。你能决定谁是正确的吗？如果不能，为什么？

9. 图 17－10 所示为 1964—2014 年美国真实预算赤字与周期调整的预算赤字占实际 GDP 的百分比。假定潜在产出水平没有变化，请用这个图判断 1990—2013 年间哪一年政府采用相机抉择的扩张性财政政策，哪一年采用紧缩性财政政策。

10. 你是一位竞选政府官员的人的经济顾问。他请你总结一下联邦政府平衡预算规则的经济后果，并就他是否应该支持这些规则提出建议。你会提出什么建议？

11. 2014 年，伊斯特兰迪亚的经济政策制定者预计在未来 10 年该国债务—GDP 比率与预算赤字—GDP 比率在政府赤字增加的背景下将出现不同的变化。实际 GDP 目前每年为 10 000 亿美元，预计将以每年 3%的速度增长，公债目前是 3 000 亿美元，2014 年的预算赤字为 300 亿美元。

a. 假定在未来 10 年政府预算赤字仍然维持在 300 亿美元，完成下表中的债务—GDP 比率和预算赤字—GDP 比率的计算。（请注意，政府债务的增加额是前一年赤字的数量。）

b. 假定在未来 10 年政府预算赤字每年以 3%的速度增长，重新计算下表中的债务—GDP 比率和预算赤字—GDP 比率。

c. 假定在未来 10 年政府预算赤字每年以 20%的速度增长，再次计算下表中的债务—GDP 比率和预算赤字—GDP 比率。

d. 在三种不同情形下，随着时间的推移，债务—GDP 比率和预算赤字—GDP 比率会发生什么样的变化？

年份	实际 GDP （10 亿美元）	债务 （10 亿美元）	预算赤字 （10 亿美元）	债务—GDP 比率	预算赤字—GDP 比率
2014	1 000	300	30	?	?
2015	1 030	?	?	?	?
2016	1 061	?	?	?	?
2017	1 093	?	?	?	?
2018	1 126	?	?	?	?
2019	1 159	?	?	?	?
2020	1 194	?	?	?	?
2021	1 230	?	?	?	?
2022	1 267	?	?	?	?
2023	1 305	?	?	?	?
2024	1 344	?	?	?	?

12. 你的同学认为政府预算赤字和债务的差别与消费者储蓄和财富的差别类似。他也认为，如果预算赤字多，债务也一定多。你同学的看法哪一点正确？哪一点不正确？

13. 在如下情形中，哪种政府债务规模和哪种预算赤字的规模表明该经济体存在潜在问题？

a. 政府债务水平相对较低，但是为了建设连接该国主要大城市的高速铁路，政府出现了较大规模的赤字。

b. 由于通过赤字来支持的战争最近刚刚结束，所以政府债务处在相当高的水平，但是政府目前的赤字很小。

c. 政府债务水平相对较低，但是为了支付债务利息，政府出现了预算赤字。

14. 如下事件怎样影响当前政府的公债水平和隐性债务水平？

a. 2003 年，美国国会通过并经总统布什签署的《医疗现代化法案》(Medicare Modernization Act) 对老人和丧失工作能力的人在处方药方面提供补贴。法案规定的部分补贴马上生效，其他则留待未来。

b. 对于未来的退休人员来说，享受社会保障的退休年龄提高到 70 岁。

c. 对于未来的退休人员来说，享受社会保障仅限于低收入人群。

d. 因健康保健支出增加比通货膨胀率整体上增长得要快，所以社会保障支出每年增加主要是因健康保健支出增长所致，并非因整个通货膨胀率上升所致。

15. 与家户不同，政府通常能够承受大量债务。例如，2014 年，美国政府的债务总额达到 17.8 万亿美元，约占

GDP 的 101.6%。当时，根据美国财政部的说法，政府对其债务支付的平均利率为 2.0%。然而，当未偿债务非常大时，预算赤字就难以进行下去了。

a. 使用上述利率和债务数据计算政府债务的年利息成本。

b. 如果政府在预算平衡的情况下运作，在考虑利息支付之前，GDP 必须以什么速度增长才能使债务—GDP 比率保持不变？

c. 如果政府在 2015 年出现 6 000 亿美元的赤字，计算国债的总增长。

d. 当 2015 年的赤字为 6 000 亿美元时，GDP 将以什么速度增长才能使债务—GDP 比率保持不变？

e. 为什么债务—GDP 比率是一个国家债务的首选度量标准，而不是债务的货币价值？为什么保持这个数字在政府的控制之中非常重要？

在线回答问题

16. 下表所示是某经济体中消费者的边际消费倾向与他们收入水平之间的关系：

a. 假设政府增加对产品和服务的购买。对于表中的每个收入群体，乘数为多少？在每个收入群体中，政府购买产品和服务所花费的每 1 美元带来的回报是多少？

b. 如果政府需要消除衰退缺口和通货膨胀缺口，购买产品和服务的财政政策主要应针对哪组人群？

收入水平范围	边际消费倾向
0～20 000 美元	0.9
20 001～40 000 美元	0.8
40 001～60 000 美元	0.7
60 001～80 000 美元	0.6
大于 80 000 美元	0.5

第 18 章

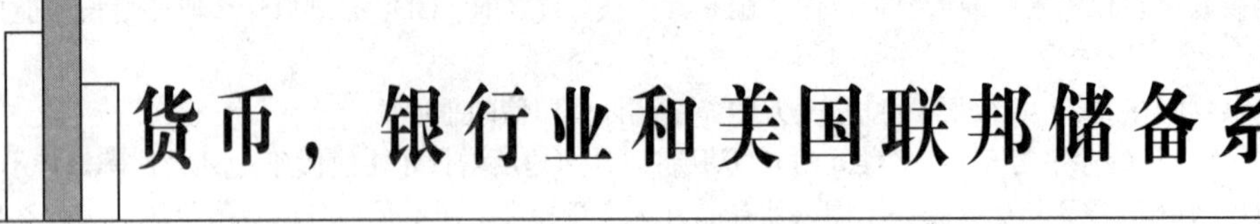

货币，银行业和美国联邦储备系统

本章将学习

- 货币的不同职能和在经济中采取的多种外在形式。
- 私人银行和美国联邦储备系统的行为如何决定货币供给。
- 美国联邦储备系统如何使用公开市场业务来改变基础货币。

☞ **开篇案例**

钱之趣味

2013 年，秘鲁利马的警察逮捕了一名 13 岁的男孩，他随身携带了一个装满 70 万美元假币的袋子。这个男孩和其他几个孩子都为秘鲁多个非常成功的造假工厂工作。

近年来，秘鲁已成为美元假币的主要来源地。这些造假工厂中的工人精心地为私自打印的钞票增加细节装饰，仿造出了很难察觉的高品质假币。

有趣的是，精心装饰的纸片很少或者说根本没有内在价值。事实上，印有蓝色或橙色墨水的 100 美元假钞自身的价值比不上用于打印的纸张的价值。

但是，如果这张纸上的墨水正好是绿色的，那么人们会认为它是钱，并且会接受它并用于对非常真实的产品和服务付款。为什么？因为他们确信他们可以做同样的事情：用那种绿色纸交换实物产品和服务。

事实上，这里有一个谜团：如果秘鲁制造的 100 美元假币进入美国，成功地交换到了产品或服务，没有人意识到它是假的，谁从中受到伤害了呢？接受一张 100 美元假币，不像购买了一辆后来发现是次品的汽车或事后证明不可食用的一顿饭。只要假币的事实没有被发现，它就会像一张真正的 100 美元钞票一样转手流通。

谜团的答案是，假币的真正受害者是美国纳税人，因为美元假币减少了可用于支付美国政府运转的收入。因此，特勤部门非常勤勉地监督美国货币的真实性，及时调查任何关于伪造美元的报告。

特勤部门的努力证明，货币与普通产品和服务不同，它肯定不像是一张彩色的纸。在本章中，我们将解释货币概念、货币职能、现代货币体系的运作以及维持和监管它的机构，包括美国联邦储备系统（简称美联储）。

18.1 货币的含义

在每日的交谈中，人们经常用金钱来表达“财富”的意思。如果人们问：“扎克伯格有多少钱？”答案可能是：“哦，大约 300 亿美元吧！但是，谁去计算过呢？”这个数字包括他拥有的股票、债券、不动产和其他资产的价值。

但是，经济学家定义的货币并不包括所有类型的财富。你钱包中的钞票是货币；其他类型的财富，如轿车、房屋以及股票凭证就不是货币。那么经济学家是如何区分货币和其他形式的财富的呢？

□ 18.1.1 什么是货币

货币是根据它能做什么来定义的：**货币**（money）是能方便用于购买产品和服务的任何资产。如果一种资产能够轻松地变成货币，那么它就是流动性资产。货币不仅包括现金，根据定义，它具有流动性，也包括其他流动性较高的资产。

货币是能方便用于产品和服务的任何资产。

考虑一下自己在杂货店如何付款，我们就可以清楚货币和其他资产之间的区别了。收银员在收到现金后才卖出牛奶和即食比萨——他们不接受股票凭证和一组上好的棒球卡片。你如果想用股票凭证来换取杂货店的食品，你必须卖掉它们换来货币，然后用得到的货币来买食品。

当然，许多商店允许你使用由银行账户做支撑而开出的支票来购物（或者用与你银行账户有关的借记卡)。你没有把它们转成现金，难道你的银行账户变成货币了吗？是的。**流通中的通货**（currency in circulation）也就是公众手中持有的真实现金，它是货币，**支票银行存款**（checkable bank deposits）也就是人们可以用来开支票的银行账户，它也是货币。

流通中的通货是公众手中持有的真实现金。

支票银行存款是人们可以用来开支票的银行账户。

货币供给是一个经济体中被认为是货币的金融资产的总价值。

货币只包括现金和支票银行存款这两种资产吗？不一定如此。我们将在稍后看到，**货币供给**（money supply）有两种较为宽泛的定义，在一个经济体中金融资产的总价值可被认为是货币。狭义的定义是流动性最高的资产，它只包括流通中的通货、旅行支票和支票银行存款。广义的定义除以上三种外，还包括那些可方便转变为支票银行存款的其他资产，比如通过拨打电话或者点击鼠标就可转成支票银行存款的储蓄账户存款。不管怎样，两种有关货币供给的定义都区分了容易用于购买产品和服务的资产和那些不容易用于该用途的资产。

在贸易中获得收益的过程中，货币发挥了关键作用，因为它使得间接交换成为可能。设想一下心外科医生购买冰箱时的情况。医生能提供的有价值的服务是做心外科手术，而商店老板能提供的有价值的货物是冰箱和其他家电。如果不使用货币，而是直接通过服务与货物进行物物交换，那么双方碰面是何等困难。在一个物物交换体系中，一位心外科医生和一个商店老板的交易只有在商店老板碰巧想做心外科手术而心外科医生碰巧想要一台新的冰箱时才能进行。

这就是著名的要寻找“需求的双重耦合”问题：在一个物物交换系统中，两个行为人只有当相互提供的正好是相互需要的产品或服务时才能成交。货币解决了这一问题：个体行为人把他们所提供的产品或服务先交换成货币，然后用货币再换取他们所需的产品或服务。

因为货币使得从贸易中获得收益更为容易，所以它增进了福利，即使它不直接生产任何东西。正如亚当·斯密所言：“把货币比作一条公路可能非常恰当，当它把乡村所有的草和玉米带到市场上并进行流通时，它本身生产不出其中任何一种产品。”

我们更进一步来看货币在经济中发挥的作用。

□ 18.1.2 货币的职能

在现代经济中，货币有三种主要职能：交换媒介、储藏手段和价值尺度。

交换媒介 前面心外科医生购买冰箱的例子就是货币充当交换媒介的例子。**交换媒介**（medium of exchange）是指一种人们获得它是为了交换而非用于消费的资产。人们当然无法吃掉钞票，但是可以用钞票购买可使用的产品和服务。

交换媒介是指一种人们获得它是为了交换而非用于消费的资产。

在正常情况下，某国的官方货币——美国的美元、墨西哥的比索等——在国家所有交易中实际上发挥的就是交换媒介的作用。在经济存在问题的时候，其他产品和资产也可以发挥同样的作用。例如，在经济恐慌的时候，其他国家的货币经常会变成交换媒介，如美元在有麻烦的拉丁美洲国家和欧元陷入麻烦的东欧国家经常扮演这种角色。

有一个著名的事例：在第二次世界大战的战俘营中，香烟充当过交换媒介。即使是不吸烟的人也要把产品换成香烟，因为香烟反过来可以容易地交换到其他产品。在德国1923年超级通货膨胀时期，鸡蛋和矿灯之类的产品也充当过交换媒介。

▶ **国际比较**

重要货币

美国人倾向于认为美元是世界主要货币，它仍然是全球最有可能被接受的货币。但也有其他重要的货币。货币重要性的一个简单度量是流通中的通货的价值。下图显示了2015年年底流通的四种主要货币的数量（单位为10亿美元）。

美元是流通最广泛的货币。这一排位并不令人意外，因为美国是世界上最大的经济体，欧元排在第二位。许多国家合在一起使用欧元，形成欧元区，几乎与美国经济体一样大。尽管经济规模小得多，但日本流通中的通货却与美国相差不大，这主要是因为日本人使用现金，而不像欧洲人或美国人那样使用支票和信用卡。最后，中国经济迅速增长使图中柱状图变高，现在已经超过日本。

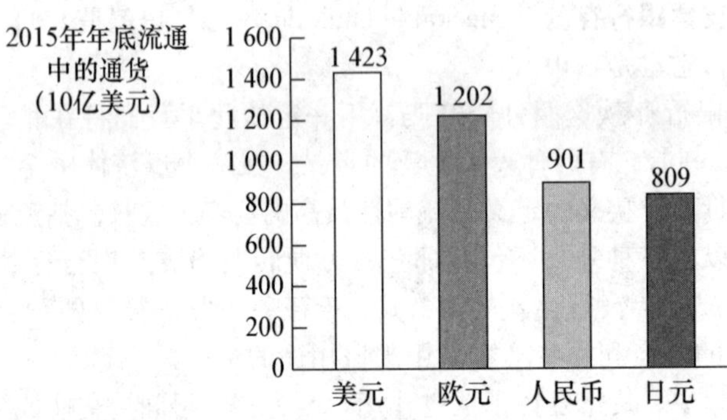

资料来源：Federal Reserve Bank of St. Louis; European Central Bank; Bank of Japan; The People's Bank of China.

储藏手段 为了充当交换媒介，货币也必须具有**储藏手段**（store of value）——在一定时间内购买力的保存手段。为了理解为什么这是必要的，我们可以设想在经济体中，交换媒介是圆锥形雪糕。那么，这样的经济体很快就会因货币的消融而蒙受灾难：在你可以用它购买别的东西之前，你的交换媒介经常会化为一摊水。任何可以随时间推移而保持购买力的资产都有储藏手段。因此，储藏手段是必需的但并非货币的独特特征。

> **储藏手段**是指在一定时间内购买力的保存手段。

价值尺度 最后，货币通常被视为一种**价值尺度**（unit of account）——一种人们用来设定价格与进行经济核算的尺度。为了理解这个职能的重要性，考虑如下历史事实：在中世纪，农民通常需要向土地所有者提供货物和劳动力，而不是金钱。例如，农民需要每周在地主土地上劳动一天，并交出他所收获的五分之一。

今天，租金与其他价格一样，几乎总是以货币计算。这使得事情更清楚：想象一下，如果现代房东遵循中世纪的实践，你决定租哪个公寓就困难多了。例如，假设史密斯先生说他会让你住在一个地方，但你每周要帮助他清扫房子两次，每天给他1磅牛排，而琼斯女士希望你每周帮她清扫房子一次，但她每天想要4磅鸡。谁提供了更好的交易？很难说。如果史密斯想要每月600美元，琼斯想要700美元，进行比较就很容易了。换句话说，如果没有一个公认的标准，交易条款更难确定，交易并从中获益也更加困难。

> **价值尺度**是一种人们用来设定价格与进行经济核算的尺度。

□ 18.1.3 货币的类型

在已经被使用了数千年的历史中，货币采取过这样或那样的形式。在大部分时期，人们使用的是**商品货币**（commodity money）：交换媒介本身是商品，通常是金或者银，而这些商品还有其他作用。其他作用赋予了商品货币自身价值，

> **商品货币**是指一种除了充当交换媒介还具有其他作用的商品。

但这些价值与它们充当交换媒介无关。举例来说，香烟曾经作为第二次世界大战战俘营中的货币，也是有价值的，因为许多囚犯会吸烟。除了能被铸造成金币之外，因为可以作为珠宝和装饰物，黄金也是有价值的。

1776 年，美国宣布独立，亚当·斯密出版了《国富论》(*The Wealth of Nations*)，除金币或银币外，当时广泛流通的货币是纸币。与现代钞票不同，当时这种纸币由私人银行发行的银行券组成，银行承诺可以按要求把它们发行的银行券换成金币或银币。也就是说，最初发行的替代商品货币的纸币是一种**商品本位货币** (commodity-backed money)，它本身没有价值，是一种终极价值由银行承诺总可以按需求转换成有价值的商品的交换媒介。

商品本位货币本身没有价值，是一种终极价值由银行承诺总可以按要求转换成有价值的商品的交换媒介。

商品本位货币优于金币或银币等商品货币之处在于摆脱了贵金属资源的约束。那些发行纸币的银行还不得不保有一些金银在手边，足以满足人们用纸币赎回金银的需求即可。因为在正常时间，只有一小部分纸币持有人想赎回金银。因此发行纸币的银行只需要把相当于它发行在外的纸币中的一部分以金银的形式保存在钱窖中即可。这样，它就能把剩余的部分金银贷给想要使用它们的人。社会就可以把金银用于其他方面，对参与交易的各方从贸易中获得的收益没有任何损失。

在《国富论》中，亚当·斯密有一段著名的形容货币的话——“建在空中的公路”。斯密把货币类比成一条假想的公路，但没有包括公路路基下土地的价值。一条真实的公路提供有用的服务是有代价的：开辟为道路的土地可能可被用来种植农作物。如果公路建造在空气之上，它就不用破坏有用的土地。正如斯密所理解的，当银行以纸币替代金银的时候，它完成了一个类似的壮举：它减少了社会为提供货币职能而占用的真实资源的数量。

此时，你可能会问这样一个问题，为什么以金银为本位的纸币可以在货币体系中发挥作用呢？事实上，今天的货币体系远胜于斯密赞美的已经消失的金银发挥作用的体系。一张美元钞票不是商品货币，甚至也不是商品本位货币。它的价值完全取决于作为一种支付手段而被广泛接受，这种作用最终取决于美国政府发行的数量。价值完全取决于作为交换媒介的官方地位的货币就是所谓的**法定货币** (fiat money)，因为其存在完全是由政府法令来支撑的，这是一个由统治者颁布的政策的历史术语。

法定货币是指价值完全取决于作为交换媒介的官方地位的货币。

与商品本位货币相比，法定货币有两大主要优势。第一，它更像是一种“建在空中的公路”——除了印刷所用的纸之外，创造它不会使用任何真正的资源。第二，货币的供给可以根据经济的需要进行调整，而不是由金银矿藏的数量决定。

法定货币也存在一定风险。在本章的开篇案例中，我们描述了风险之一——假币。假币制造者“篡夺”了美国政府的特权，美国政府拥有发行美元的唯一合法权利。伪造者通过用假币交换产品和服务而获得的好处是以牺牲美国联邦政府的利益为代价的，美国联邦政府通过发行新货币来满足日益增长的货币需求，从而弥补了自己的一小部分但重要的花费。更大的风险是，每当政府受到诱惑而滥用这种特权时，它们可以大规模印钞。

□ 18.1.4 货币供给的度量

美联储计算两种**货币总量** (monetary aggregate)，也就是对货币供给的总体度量，这与货币的严格定义显著不同。这两种货币总量就是所谓的 M1 和 M2（过去还有第三个定义，你也猜得出，即 M3，但是 2006 年美联储得出结论：该指标没什么用处）。

M1 是最狭义的定义，仅仅包括流通中的通货（也就是人们常说的现金）、旅行支票和支票银行存款；M2 在 M1 的基础上增加了一些其他类型的资产，通常是指**近似货币** (near-money) ——一些本身不能作为交换媒介但可以随时转为现金或者支票银行存款的金融资产，如储蓄存款和定期存款。定期存款的例子如小面额的定期存单，这种存款不能开支票，但在到期日之前，在支付一点罚息后可随时提取。因为流通中的通货与支票银行存款直接用作交换媒介，所以 M1 是流动性最高的货币指标。

货币总量就是对货币供给的总体度量。

近似货币是指一些不能直接作为交换媒介但可以随时转为现金或者支票银行存款的金融资产。

图 18－1 表现的是 2015 年 11 月美国 M1 和 M2 的真实构成。M1 的值为 30 932 亿美元，其中 43%为流通中的通货，其余部分中绝大部分为支票银行存款，旅行支票只占其中很小一部分。M2 为 122 885 亿美元，M1 占 M2 的 25%。M2 包括 M1 和其他类型的资产：两种类型的银行存款——储蓄存款和定期存款（它们都不可以直接开支票），再加上货币市场基金，这是一种只投资于流动资产的共同基金，与银行存款相类似。这些准货币要支付利息，而现金（流通中的通货）不支付利息，它们通常支付的利率比活期银行存款更高。

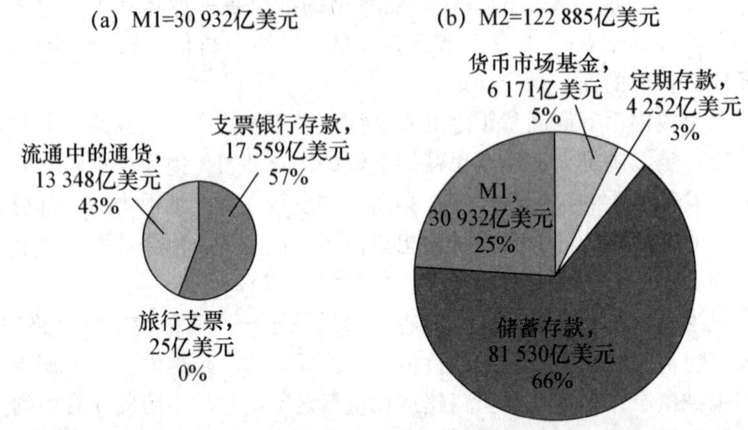

图 18－1　2015 年 11 月的货币总量

美联储使用两种货币总量的定义：M1 和 M2 。图 (a) 表示 M1 中支票银行存款占了一半以上，其余主要为流通中的通货。M2 如图 (b) 所示，定义广泛得多，包括 M1，加上其他多种存款和与存款类似的资产，它几乎扩大了 5 倍。

资料来源：Federal Reserve Bank of St. Louis.

▶ **追根究底**

钱都到哪儿去了？

警觉的读者可能对货币供给的数字有点儿吃惊：流通中的通货超过 10 000 亿美元。这就相当于每个美国人有 3 000 美元现金，包括男人、女人和孩子在内。有多少人会在他们的皮夹中放上 3 000 美元？没几个人。那么这些钱都到哪儿去了？

部分答案是它并不在个人的皮夹中，而在收银机中。企业和个人都需要持有现金。

经济学家认为现金在人们想要隐藏的交易中也扮演着重要角色。小额生意和自我雇用生意有时也偏爱使用现金进行交易，因为这样它们可以对国税局隐藏收入。同时，贩毒人员和其他犯罪人员显然也并不想让他们的行为在银行留有记录。事实上，一些分析人员已经尝试利用公众持有的现金来推论经济中存在的违法活动的规模。

然而，持有大量通货的一个重要理由是在美国之外美元的流通。美联储估计 60%的美国通货实际上是由外国人持有的——主要是在那些本国居民不信任他们国家货币的国家，因此，美元已成为一种被广泛接受的交换媒介。

▶ **真实世界中的经济学**

美元的历史

美元钞票是纯粹的法定货币：它们没有本质价值，没有任何本位做支撑。然而，美国货币并非一直如此。在早期欧洲殖民时期，后来变成美国人的早期殖民者使用的是商品货币，部分为欧洲铸造的金币和银币。但是，这类货币在大西洋的这边非常稀少，所以殖民者主要依靠其他形式的商品货币。例如在弗吉尼亚州的殖民者采用香烟作为货币，东北部的殖民者采用贝壳念珠（蛤壳的一种）作为货币。

到了后来，商品本位货币获得了广泛的使用。但是，这并不是我们现在意义上的纸币，也就是由政府发行并且有财政部长签名的纸币。在南北战争之前，美国政府并不发行纸币。美元券是由私人银行发行的，这些银行承诺如果持有人要求，则可以把这些美元券换成银币。但是这些承诺并不总是可靠的，因为一些银行会倒闭，这些银行发行的美元券将变成废纸。可以理解，人们不愿意接受任何传言有问题的银行发行的货币。在私人银行制度下，一些货币的价值比其他银行的货币要低。

那个时代一件令人好奇的遗物是由坐落于新奥尔良的路易斯安那国民银行发行的银行券，这种银行券在南方各州成为使用最广泛的银行券。这些银行券一面用英文印制，另一面用法文印制（当时，在新奥尔良的许多人最初是法国殖民者，人们使用法语）。所以，10 美元银行券一面读“十”，另一面读作“Dix”（法文“10”的意思）。所以，10 美元银行券也被读作“dixies”，这大概就是美国南方对 10 美元所起绰号的来源。

1862 年，美国政府开始发行官方纸币美钞，用于支付南北战争花费。开始时这种纸币用商品来度量，并没有固定的票面值。1873 年之后，美国政府用黄金支撑纸币的价值，这实际上是把美钞转换成商品本位货币。

1933 年，美国前总统富兰克林·罗斯福断开了美元与黄金的联系，他执政时的联邦预算官员（他担心如果最终没有黄金为本位，公众将丧失对美元的信心）失望地宣称：“这将是西方文明的结束。”事情并没有这样结束。美元和黄金的联系几年后又被恢复了，之后在 1971 年 8 月再次断开——似乎永远是这样了。虽然存在美元没落的警告，但是美元仍是世界上使用最广泛的货币之一。现在排在欧元之后居第二位。

及时复习

- 货币是方便用于购买产品和服务的任何资产。流通中的通货和支票银行存款都是货币供给的一部分。
- 货币有三种职能：交换媒介、储藏手段和价值尺度。
- 从历史上来看，货币采取的形式首先是商品货币，后来是商品本位货币，今天的货币纯粹是法定货币。
- 货币供给可通过两种货币总量来度量：M1 和 M2。M1 包括流通中的通货、支票银行存款和旅行支票。M2 是在 M1 的基础上再加上各种近似货币。

小测验 18-1

1. 假设你持有一张礼品券，在加盟店可以换取某些东西。这张礼品券是货币吗？为什么是或为什么不是？
2. 尽管大部分银行账户支付利息，但是存款人通过购买定期存单可以获得更高的利息。定期存单和支票银行存款的区别在于定期存单如果比到期日提前几个月或几年支取，存款人要遭受一定的损失。小额定期存单计算在 M2 中，不计算在 M1。请解释为什么它不算 M1 的一部分。
3. 解释为什么商品本位货币系统比商品货币系统可以更有效地使用资源。

18.2 银行在货币体系中的作用

最狭义的货币供给 M1 中有 40%是流通中的通货——1 美元、5 美元等。很显然，这些通货是由美国财政部印制的。但 M1 的剩余部分是银行存款，而且存款账户的数额占广义货币 M2 的主要部分。所以，银行存款是货币供给的主要部分。这个事实把我们带入了下一个话题：银行在货币体系中的作用。

□ 18.2.1 银行的作用

银行采用银行存款形式的流动资产为借款人的非流动性投资提供融资。银行能够创造流动性是因为对银行来说没有必要把所有存款资金都以高流动性资产的形式来持有。除非爆发银行挤兑（我们稍后马上要对此进行介绍），银行所有的存款人不可能同时来提款。所以，银行在为存款人提供流动性资产的同时，还可以把存款人的大部分资金投向非流动性资产，如抵押贷款和企业贷款。

然而银行也不可能把存款人的资金全部都贷出，因为它们必须满足任何一个想要提取存款的人的要求。

为了满足这个要求，银行在手中必须持有大量流动资产。在现代美国银行体系中，这些流动资产可以以现金形式存放在银行的钱窖中，也可以以存款形式放在美联储自己的账户中。正如我们稍后将看到的，后者多多少少能转化为通货。银行所持有的通货和在美联储的存款被称为**银行准备金**（bank reserve）。因为银行准备金存在银行钱窖和美联储，而非公众所持有，所以它们不是流通中的通货的组成部分。

银行准备金是银行所持有的通货加上在美联储的存款。

为了了解银行在决定货币供给中的基本作用，我们首先介绍一个用于分析银行财务状况的简单工具：**T形账户**（T-account）。企业的T形账户通过在单一表格中显示企业的资产和负债（左侧资产，右侧负债）来总结其财务状况。

T形账户是一个用于分析银行账务状况的简单工具，它在单一表格中显示企业的资产和负债。

图18－2的T形账户是一个假想企业——萨曼沙冰沙公司——而非银行的例子。根据图18－2，萨曼沙冰沙公司拥有一幢价值30 000美元的建筑物，15 000美元的制作冰沙的设备。这些是资产，因此它们在表的左侧。运营需要融资，该企业从一家本地银行借了20 000美元。银行贷款是负债，所以在表的右边。通过查看T形账户，我们可以立即看到萨曼沙冰沙公司拥有什么和欠他人什么。它被称为T形账户是因为表中线条的形状为T形。

资产		负债	
建筑物	30 000美元	银行贷款	20 000美元
制作冰沙的设备	15 000美元		

图18－2　萨曼沙冰沙公司的资产和负债

T形账户描述的是企业财务状况。以目前讨论的企业为例，企业资产包括建筑物和制作冰沙的设备，被记录在左边，负债包括银行贷款，被记录在右边。

萨曼沙冰沙公司是一家普通的非银行企业。现在我们来看一个假想的银行——第一街道银行——的T形账户。该银行有100万美元的银行存款。

图18－3所示是第一街道银行的财务状况。第一街道银行的未偿贷款位于左边，因为它们是资产，代表从银行借款的人预期偿还的资金。在这个简化的例子中，银行唯一的其他资产是银行准备金。我们知道，银行可以将准备金以现金形式保存在银行的保险库中或以存款形式存在美联储。右边是银行的负债，在这个例子中，完全由第一街道银行客户的存款组成。这些是负债是因为它们代表最终必须偿还给存款人的资金。

顺便说一下，请注意，在这个例子中，第一街道银行的资产大于其负债。这应该是其正常状态！事实上，我们很快就会看到，法律要求银行保持资产比负债大一定比例。

资产		负债	
贷款	1 200 000美元	存款	1 000 000美元
银行准备金	100 000美元		

图18－3　第一街道银行的资产和负债

第一街道银行的资产为1 200 000美元贷款和100 000美元银行准备金，被记录在左边，负债为1 000 000美元存款人的存款，被记录在右边。

在这个事例中，第一街道银行持有的银行准备金为银行存款的10%。银行存款中被银行作为准备金持有的资金比例被称为**准备金率**（reserve ratio）。在当代美国体系中，美联储除了其他作用外还监管银行的行为，规定了银行必须持有的最低准备金率。为了明白为什么要对银行进行监管，我们先来看一下银行可能面对的问题：银行挤兑。

准备金率是银行存款中被银行作为准备金持有的资金比例。

□ 18.2.2　银行挤兑问题

在正常情况下，因为只有少部分存款人会来提取存款，所以银行可以把存款中的大部分贷出。但是如果出于某种原因，所有存款人或存款人中的大部分在很短的时间内比如说几天内想提出他们的所有存款，那么会发生什么呢？

如果大部分存款人同时提取存款，银行将没有足够的现金来满足这些要求。原因是银行已经将大部分存款人的资金转换为借款人的贷款，这是银行赚取收入的方式——收取贷款利息。

然而，银行贷款不具备流动性，它们不能在短时间内轻易转换为现金。想了解其中的原因，我们假设第一街道银行向当地一个二手车经销商开好车公司贷款 100 000 美元。为了筹集现金，第一街道银行把它对开好车公司的贷款出让给其他银行和投资者。如果第一街道银行想在短期内快速出让这些贷款，想购买这些贷款的人将会怀疑：第一街道银行之所以想出让这些贷款可能有什么问题，可能这些贷款无法归还。这样第一街道银行只有打一个大的折扣才能快速出让，比如说折价 40%，以 60 000 美元卖出。

如果第一街道银行的大部分存款人突然决定同时提取存款，将迫使银行低价卖出持有的资产来筹集必要的现金。毋庸置疑，这将导致银行破产，银行无法向所有存款人支付他们的全部存款。

这个过程是如何爆发的？也就是说，是什么导致第一街道银行的存款人同时来提取存款？答案可能是一则关于银行存在金融危机而广为散发的谣言。即使他们不敢确定谣言为真，为安全起见，存款人想在他们还能收回资金的时候提取存款。如果存款人想当然地认为其他存款人也会恐慌并且来提取存款并导致银行破产，情况就会变得更糟糕。他们就会加入这一挤兑的行列。换言之，对银行财务状况的担心能变成一种自我实现的预言：相信其他人将会挤兑的存款人自己也会成为他们中的一员。

银行挤兑（bank run）是银行的许多存款人由于害怕银行倒闭而试图提取他们存款的一种现象。而且，银行挤兑并不仅仅是对有问题的银行和它的存款人有害。从历史上来看，银行挤兑经常有传染性，对一个银行进行挤兑会导致对其他银行失去信任，引起后续的银行挤兑发生。

> **银行挤兑**是银行的许多存款人由于害怕银行倒闭而试图提取他们存款的一种现象。

在“真实世界中的经济学”专栏中，我们描述了这种真实情形，也就是美国在 20 世纪 30 年代早期发生了大规模银行挤兑。有鉴于这种经历和其他国家的类似经历，美国和其他现代国家的政府已经建立了一套银行监管体系用来保护存款人和防止银行挤兑。

□ 18.2.3 银行监管

在美国你应该担心因为银行挤兑而遭受损失吗？不需要。在 20 世纪 30 年代银行危机之后，美国和其他现代国家的政府已经建立了一套应对银行挤兑的保护存款人和经济体的制度。这一制度有四个重要特征：存款保险，资本金要求，法定准备金要求和贴现窗口（当需要现金时的一种现金来源）。

存款保险　几乎所有的美国银行都宣称自己是联邦存款保险公司的会员。该公司提供**存款保险**（deposit insurance），也就是说由联邦政府向存款人保证即使银行不能全额支付存款，政府可以向每名存款人支付不超过最高限额的存款。联邦存款保险公司目前对每个参加保险的银行的每个账户提供最多为250 000 美元的保证金。

> **存款保险**是指当银行无法全额支付存款时，银行存款人每个账户最高限额以下的存款都得到保障的制度。

我们要充分认识到，存款保险不仅在银行真的倒闭时保护了存款人。保险也消除了发生银行挤兑的主要原因，因为存款人知道即使银行倒闭他们的存款也是安全的，他们也没有必要因为银行出现问题的谣言而去挤兑。

资本金要求　尽管存款保险制度保护整个银行体系免受银行挤兑的冲击，但它也引出了重要的动机问题。因为存款人不会遭受损失，他们就没有动力去监管银行的财务健康状况。同时，银行所有者也更愿意从事风险更高的投资，因为具有这样风险的贷款获得的利息更高。如果一切如人所愿，银行所有者获益匪浅；但是如果事情进展不利，政府通过联邦存款保险来弥补损失。

为了减少银行过度承担风险的动机，监管者要求银行所有者持有的资产要大大高于银行存款的价值。如果做到了这一点，即使一些贷款变成坏账，银行持有的资产仍然大于它的存款，这样出现的损失自然由银行所有者而不是政府来承担。银行资产超过银行存款和其他负债的部分被称为银行资本。例如，第一街道银行的资本为 300 000 美元，等于资产总价值的 23% [＝300 000 美元/(1 200 000 美元＋ 100 000 美元)]。在实践中，银行资本不少于其资产的 7%。

法定准备金要求 另外一个减少银行挤兑风险的方法是要求银行保持相对较高的法定准备金。**法定准备金**（reserve requirement）是由美联储规定的银行最低准备金。举例来说，在美国，支票银行存款的最低法定准备金率为10%。

法定准备金是由美联储规定的银行最低准备金。

贴现窗口 对银行运营的最后一个保护是美联储（我们将在本章后面更详细地讨论）准备好向有问题的银行提供贷款，这种安排被称为**贴现窗口**（discount window）。借钱的能力意味着银行可以避免被迫以甩卖价格出售其资产，以满足存款人亟须提取现金的突然需求。相反，它可以转向美联储借入偿还存款人所需的资金。

贴现窗口是美联储准备好向有问题的银行提供贷款的安排。

▶ **真实世界中的经济学**

多么美妙的银行制度

在下个圣诞节有一件事情可以确信：在你所居住的城镇中至少有一个电视台将会播放1946年的电影《美妙人生》(*It's a Wonderful Life*)，由吉米·斯图尔特（Jimmy Stewart）扮演乔治·贝利（George Bailey），一个小城的银行家，天使拯救了他的生命。电影的场景是：当惊慌失措的存款人纷纷去提款时，贝利的银行出现挤兑。

在电影拍摄时，这样的场景在美国人的记忆中仍然记忆犹新。在1930年后期出现了第一波银行挤兑热潮，1931年出现了第二波，1933年早期出现了第三波。到最后，超过三分之一的银行倒闭。为了结束恐慌，新就任的总统富兰克林·罗斯福宣布全国银行"放假"，所有银行歇业一周，使监管者有时间关闭不健康的银行，认证健康的银行。

从此以后，监管制度保护了美国和其他发达国家银行免受挤兑威胁。事实上，当《美妙人生》拍摄时，电影中的场景已经远离了当时人们的生活。但是，在过去几十年中，发展中国家经历了几次银行挤兑风潮：1997—1998年的东南亚地区的经济危机，开始于2001年后期的阿根廷的严重经济危机都是其中的典型事例。2008年世界金融市场的"恐慌"非常类似于银行挤兑风潮。

注意我们说的是大部分银行挤兑的情形。存款保险有一些限制，特别是在美国，目前只对参保银行中个人存款人的第1个25万美元提供保险。因此，一些被认为有问题的银行仍然可能被挤兑。事实上，这正是2008年7月发生在印地麦克银行的事情，印地麦克银行是一家总部位于帕萨迪纳的放贷人，该行发放了大量怀疑有问题的住房贷款。当怀疑印地麦克银行的财务稳健性有问题时，存款人开始提取存款资金，迫使联邦监管机构介入并关闭了该银行。在英国，存款保险的限额要低得多。同年北方银行遭遇了标准的挤兑。然而，与20世纪30年代的银行挤兑不同，印地麦克银行和北方银行的大多数存款人都收回了所有资金，这些银行的恐慌并没有传播到其他机构。

及时复习

● T形账户用来分析银行财务状况。银行准备金是银行持有的现金加上在美联储的存款。准备金率是准备金与银行存款的比率。

● 由于银行贷款不流动，但银行必须按存款人需要偿付资金，银行挤兑成为一个潜在问题。虽然在20世纪30年代大规模发生银行挤兑，但在美国通过银行监管，挤兑已大部分消失，监管形式有存款保险、资本金要求、法定准备金要求和贴现窗口。

小测验 18-2

1. 假设你是第一街道银行的存款人。你听到传言说银行贷款遭受严重损失。每个人都知道这是谣言，但是每个人都认为其他大部分存款人会相信这则传言。在没有存款保险的情况下为什么这个谣言会导致银行挤兑？为什么存款保险可以改变目前的形势？

2. 一个骗子有了一个大胆的想法：他想开一家无本银行，并且把所有存款都投到房地产开发商那里来获取高利息。如果房地产市场繁荣，贷款会被归还，他也将获得丰厚的利润；如果房地产市场萧条，贷款无法收回，银行将破产，但他没有遭受任何损失。现在银行监管如何挫败这种阴谋？

18.3 货币供给的决定

如果不存在银行，就没有支票银行存款账户，流通中的通货数量会等于货币供给数量。在这种情况下，货币供给量的增长直接由铸造和印制货币的机构控制。但是当有银行存在时，银行通过创造的支票银行存款账户以两种方式影响货币供给：

(1) 银行会让一部分通货退出流通，那些保存在银行的保险柜中而不是在人们钱包中的钞票并非货币供给的组成部分。

(2) 更为重要的是，银行通过接受存款提供贷款创造货币，这使得货币供给大于流通中的通货数量。

下面我们来看银行如何创造货币以及什么决定着它们创造的数量。

□ 18.3.1 银行如何创造货币

为了了解银行如何创造货币，我们检视一下当某人把钞票存进银行后会发生什么。以吝啬鬼赛拉斯为例，他原来把装满钞票的鞋盒放在床垫下。假定他意识到把钱存进银行既安全又方便，购物时还可以随时使用借记卡刷卡付账。假定他因此拿出了 1 000 美元现金存进第一街道银行，开了一个支票银行存款账户。赛拉斯的行为会对货币供给量有什么影响呢？

图 18－4 (a) 所示为他存款的初始影响。第一街道银行在赛拉斯的账户中贷记 1 000 美元，所以支票存款账户增加 1 000 美元，赛拉斯的钱被放入银行的保险柜，所以第一街道银行的银行准备金也增加了1 000 美元。

这种初始交易对货币供给没有任何影响。流通中的通货减少了 1 000 美元，但是支票银行存款——它也是货币供给的一部分——增加了同样的数量。

但是，事情到此并没有结束。因为第一街道银行现在可以把部分赛拉斯的存款贷出。假定银行把存款的 10%留作银行准备金，然后把剩余部分贷给赛拉斯的邻居玛雅。第二阶段的影响如图 18－4 (b) 所示。第一街道银行的存款没有变化，它的负债没有变化。但是它的资产构成发生了变化。它的银行准备金与不进行贷款相比减少了 900 美元（当然比赛拉斯存款前增加了 100 美元）。至于那 900 美元现在已经变成贷款收据，也就是对玛雅的现金贷款。

因此，通过贷款给玛雅把赛拉斯的 900 美元货币存款再次投入流通，第一街道银行事实上已经增加了货币供给。也就是说，流通中的通货和支票银行存款的总额比起赛拉斯将现金置于床下时增加了 900 美元。虽然赛拉斯仍然是 1 000 美元的拥有者，但是这 1 000 美元以支票银行存款形式存在，玛雅可以以现金形式借用 900 美元。

(a) 银行做出新的贷款前的初始影响

资产		负债	
贷款	没有变化	存款	＋1 000美元
银行准备金	＋1 000 美元		

(b) 银行做出新的贷款后的影响

资产		负债	
贷款	＋900 美元	存款	没有变化
银行准备金	－900 美元		

图 18－4 现金转化为第一街道银行支票银行存款对货币供给的影响

当赛拉斯把 1 000 美元（原来储存在床垫下面）存进支票银行存款账户中后，初始对货币供给没有任何影响：流通中的通货下降 1 000 美元，银行存款增加 1 000 美元。在银行 T 形账户中（图 (a)）表现为：存款初始增加 1 000 美元，银行准备金增加 1 000 美元。到第二阶段（图 (b)），银行把赛拉斯存款的 10%（100 美元）作为银行准备金，把剩余部分（900 美元）贷给玛雅。结果表现为：银行准备金下降 900 美元，贷款增加 900 美元。在负债一边，仍然是赛拉斯的 1 000 美元存款，没有变化。从支票银行存款和流通中的通货之和来看，货币供给现在增加了 900 美元——由玛雅持有的 900 美元。

到此故事仍然没有结束。假定玛雅用她得到的贷款从阿珂姆商店购买了一台电视机。那么，商店的老板安尼·阿珂姆怎样处理这笔货款呢？如果她只是持有现金，那么货币供给不会有任何增加。但是如果她把

900 美元存进银行，比方说第二街道银行，第二街道银行会把这笔存款的一部分留作准备金，然后把剩余部分贷出，这就会创造出更多的货币。

假设第二街道银行像第一街道银行一样留下 10%作为准备金，把剩余部分贷出，也就是把 90 美元作为准备金，贷出 810 美元给其他人，这会进一步增加货币供给。

表 18－1 总结了我们上述描述的过程。开始的货币供给仅仅包括赛拉斯的 1 000 美元。当他把 1 000 美元存进支票银行存款账户且银行增加贷款后，货币供给增加到 1 900 美元；经过第二轮存款和第二轮贷款后，货币供给增加到 2 710 美元。这一过程仍然在继续（尽管我们只考虑了赛拉斯把现金存入支票银行存款账户的情形，如果是把现金转换成其他形式的近似货币，结果也一样）。

表 18－1　　银行如何创造货币　　单位：美元

	流通中的通货	支票银行存款	货币供给
第一阶段（赛拉斯将他的现金保存在床下）	1 000	0	1 000
第二阶段（赛拉斯在第一街道银行存款，后者把赛拉斯存款中的 900 美元借给玛雅）	900	1 000	1 900
第三阶段（安尼·阿珂姆把 900 美元存进第二街道银行，后者把 810 美元借给其他人）	810	1 900	2 710

这样的货币创造过程似曾相识。在第 17 章我们描述过乘数过程：实际 GDP 的初始增加会引致消费支出增加，而后者又会进一步导致实际 GDP 增加，再进一步导致消费支出增加，如此循环。我们在此看到了另一种乘数——货币乘数。下面我们学习这一乘数的大小是如何决定的。

□ 18.3.2　准备金，银行存款和货币乘数

在表 18－1 中，我们分步骤描述了赛拉斯存款效应，我们假定银行的贷款最后总会被作为存款回到同一个银行或其他的银行，也就是说这些贷款又回到了银行体系，尽管不一定回到贷出银行自身。

实际上，部分贷款会被借款人留在他们的钱包中而不存入银行，所以部分贷款从银行体系中漏出了。这种漏出会降低货币乘数，就好像实际收入中的储蓄漏出降低实际 GDP 的乘数一样。（但是请记住，这里的漏出源自借款人将他们的资金保持为通货状态，而不是源自消费者将他们收入的一部分储存起来。）

超额准备金是银行准备金超出法定准备金之上的部分。

但是，我们先暂时不论这种复杂的方面，先讨论一种只存在支票银行存款的货币体系，即资金总是存在银行账户、人们不持有现金的情形。也就是说，在只存在支票银行存款的货币体系中，从银行借入的所有资金都立即存入支票银行存款账户。我们假设银行必须满足最低存款准备金率 10%的要求，每家银行都会把所有**超额准备金**（excess reserves）也就是超出法定准备金之上的部分全部贷出。

现在假设一家银行突然发现自己多出了 1 000 美元的超额准备金。那么接下来会发生什么？答案自然是：银行贷出 1 000 美元，这笔钱会变成银行体系中某个银行的支票银行存款账户中的存款，然后引发与表 18－1 类似的货币乘数过程。

在第一阶段银行贷出 1 000 美元超额准备金，这笔钱会变成某个银行的支票银行存款账户中的存款，后者会留下 10%也就是 100 美元作为准备金，把余下的 90%或者说 900 美元贷出，这又会变成另一个银行的支票银行存款账户的存款。收到这 900 美元存款的银行也留下 10%即 90 美元作为准备金，把剩余的 810 美元贷出。收到这 810 美元存款的银行也留下 10%即 81 美元作为准备金，把剩余的 729 美元贷出，这样一直继续下去。这一过程的结果是：支票银行存款账户存款总的增加量为：

1 000 美元＋900 美元＋810 美元＋729 美元＋……

我们用 rr 来表示准备金率。一般来说，一个银行贷出 1 000 美元超额准备金增加的支票银行存款总额为：

$$\text{一个银行贷出 1 000 美元超额准备金增加的支票银行存款总额} = 1\,000\text{ 美元} + 1\,000\text{ 美元} \times (1-rr) + 1\,000\text{ 美元} \times (1-rr)^2 + 1\,000\text{ 美元} \times (1-rr)^3 + \cdots \quad (18-1)$$

上式可以被简化为：

$$\text{一个银行贷出 1 000 美元超额准备金增加的支票银行存款总额} = 1\,000\text{ 美元}/rr \quad (18-2)$$

如果准备金率为10%，即0.1，增加1 000美元的超额准备金增加的支票银行存款总额为1 000美元/0.1=10 000美元。事实上，在只有支票银行存款的货币体系中，支票银行存款的总价值等于银行准备金除以准备金率。或者换一种说法，如果准备金率是10%，银行持有的每单位美元能支持的支票银行存款为：1美元/rr=1美元/0.1=10美元。

□ 18.3.3 现实中的货币乘数

事实上，货币供给的决定要比我们上述简单模型复杂得多，因为它不仅依赖于银行存款的准备金率，而且受到货币供给中每个人愿意持有的现金比率的影响。事实上，我们已经在赛拉斯把钱置于床下的事例中看到了这一点，当他把持有的现金变为支票银行存款后，他触发了货币供给增加的一系列活动。

基础货币是流通中通货与银行准备金之和。

为了定义现实中的货币乘数，我们应该认识到现代货币当局控制的是银行准备金和流通中的通货之和，即基础货币，而不是在总量中如何分配银行准备金和流通中的通货的比例。再考虑一下赛拉斯的例子：他把钱从床下取出存进银行，就减少了流通中的通货的数量而增加了银行准备金的数量，增减数量相同——这样基础货币数量净额不变。货币当局控制的是**基础货币**（monetary base）的数量，等于流通中的通货加上银行准备金。

基础货币与货币供给并不一样，原因有二：第一，作为基础货币构成部分的银行准备金并不是货币供给的一部分。1美元当它在某人钱包中时是货币供给的一部分，因为人们可以花掉它，但是当它在银行的保险柜中或是在美联储的存款账户时，就不再是货币供给的一部分，因为它不能被花掉。第二，支票银行存款不是基础货币的一部分，但却是货币供给的一部分，因为它可被用于支出。

图18-5对两个概念做了形象的解释。左边的圆圈表示基础货币，它包括银行准备金和流通中的通货。右边的圆圈表示货币供给，主要包括流通中的通货加上支票银行存款。如图所示，流通中的通货既是基础货币的一部分，也是货币供给的一部分。但是，银行准备金并不是货币供给的一部分，支票银行存款也不是基础货币的一部分。在实践中，基础货币实际上主要是流通中的现金，这大约占了货币供给的一半。

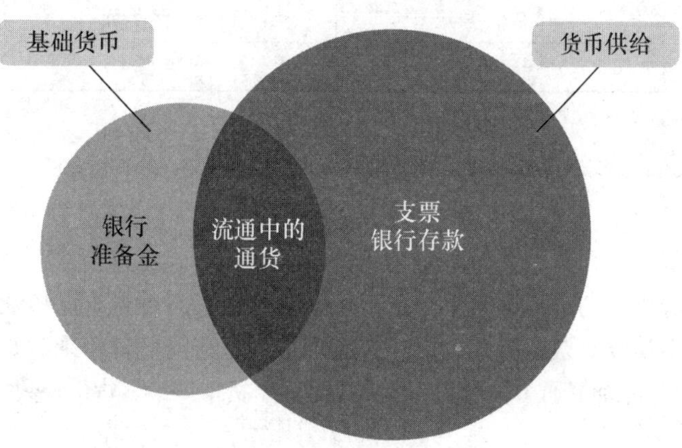

图18-5 基础货币和货币供给

基础货币等于银行准备金加上流通中的通货，它与货币供给并不相同。货币供给主要包括支票银行存款加上流通中的通货。每单位银行准备金会支持数单位的支票银行存款，这使得货币供给比基础货币要大。

现在我们可以正式将**货币乘数**（money multiplier）定义为货币供给对基础货币的比率。在2008年金融危机之前，美国的货币乘数约为1.6，危机后下降到0.7左右。即使在危机之前，它也比1/0.1=10小得多，这是银行准备金率为10%（美国大多数支票银行存款的最低法定准备金率）的只有支票银行存款的货币体系的货币乘数。

货币乘数是货币供给对基础货币的比率。

真实的货币乘数如此之小的原因是人们持有大量现金，1美元流通中的通货与1美元银行准备金不同，前者并不支持货币供给的多倍创造。事实上，在危机前流通中的通货占基础货币的90%以上。但是，到2013年年底，流通中的通货在基础货币中占不到三分之一。发生了什么？

答案是金融危机造成了异常情况。正如本章稍后部分所解释的，在2008年9月雷曼兄弟（一家主要的金融机构）破产后出现了一个非常异常的情况。银行看不到安全、有利可图的贷款机会，便在美联储账户中大量存款——这种存款是基础货币的组成部分。因此，流通中的通货不再是基础货币的主要部分，并且由于在美联储的所有这类存款，基础货币实际上大于M1，因此货币乘数小于1。

▶ 真实世界中的经济学

货币供给的收缩

在我们虚构的事例中表现的是银行如何创造货币，我们描述了吝啬鬼赛拉斯决定把钱从床下拿出转变为支票银行存款。这导致货币供给增加，因为银行以赛拉斯的存款为基础开始了一系列贷款活动。但是，如果赛拉斯由于某种原因又想回到固有的习惯，他把钱从银行取出重新放回到床下，结果会导致贷款减少，最终会导致货币供给减少。20世纪30年代由银行挤兑所引发的结果正好就是这样。

表18-2所示为1929—1933年期间由于银行倒闭动摇公众信心所发生的情况。第2列表示的是公众持有的流通中的通货。因为许多美国人认为把钱拿在手中比在银行安全，所以导致通货持有量骤升。第3列表示的是支票银行存款，当公众把钱从银行提出后，通过我们已经分析过的货币乘数过程，该数量锐减。（贷款数量也下降了，就像在其他银行挤兑风潮中一样，为了生存，银行增加了超额准备金。）第4列所示为M1的值，根据我们前面学习过的货币总量的第一层次的统计，因为支票银行存款下降的数量超过了流通中的通货增加的数量，所以M1也大幅下跌。

表18-2　　1929—1933年银行挤兑的效果

	流通中的通货	支票银行存款	M1
1929年	39.0亿美元	227.4亿美元	266.4亿美元
1933年	50.9亿美元	148.2亿美元	199.1亿美元
变化率	+31%	−35%	−25%

资料来源：U. S. Census Bureau (1975), *Historical Statistics of the United States*.

及时复习

- 银行把超额准备金贷出后，产生了影响货币供给的乘数效应，银行创造了货币。
- 在一个只有支票银行存款的货币体系中，货币供给量等于银行准备金除以法定准备金率。然而，在现实中，公众以现金形式而不是以支票银行存款形式持有现金，这将降低货币乘数。
- 基础货币等于银行准备金加流通中的通货，所以并不等于货币供给。货币乘数等于货币供给除以基础货币。

小测验18-3

1. 假定准备金总额为200美元，支票银行存款总额为1 000美元。我们也假定公众没有持有任何通货。现在如果法定准备金率从20%降低到10%。请按步骤写出这将怎样导致银行存款扩张。

2. 我们仍以赛拉斯把1 000美元现金存入第一街道银行为例，法定准备金率仍然为10%。我们现在假定得到银行贷款的人把贷款额的一半作为现金持有。请按步骤写出这将怎样导致银行存款扩张。

18.4 美国联邦储备系统

> **中央银行**是监管银行体系和控制基础货币的机构。

谁来负责并确保银行保持充足的准备金？谁来决定基础货币的数量？在美国，答案是一个被称为美国联邦储备系统的机构，简称美联储。美联储是一个**中央银行**（central bank），负责监督和管理银行体系，并且控制基础货币。其他国家也有中央银行，如英格兰银行、日本银行和欧洲中央银行。欧洲中央银行为 18 个欧洲国家统一的中央银行，这 18 个国家是：奥地利、比利时、塞浦路斯、爱沙尼亚、芬兰、法国、德国、希腊、爱尔兰、意大利、拉脱维亚、卢森堡、马耳他、荷兰、葡萄牙、斯洛伐克、斯洛文尼亚和西班牙。顺便提及，世界最早的中央银行是瑞典的瑞典银行，它为诺贝尔经济学奖提供奖金。

□ 18.4.1 美联储的结构

1913 年诞生的美联储在法律上的地位有些特殊，它并非美国政府的一个机构，但也不是真正的私人机构。严格地说，美联储由两部分组成：联邦储备委员会和 12 个地区性的联邦储备银行。

联邦储备委员会通过在华盛顿特区的办公室来监督整个系统，它的构成像一个政府机关：它的 7 个理事会成员由总统提名并要得到参议院核准。他们的任期为 14 年，目的是在制定货币政策时摆脱来自政治方面的压力。尽管该委员会的主席经常会被任命，每 4 年一次，但通常会被再次任命，担任的时间也比较长。威廉·麦克切斯尼·马丁（William McChesney Martin）从 1951 年担任联邦储备委员会主席以来一直持续到 1970 年。艾伦·格林斯潘 1987 年担任主席，一直持续到 2006 年。之后的接任者本·伯南克（Ben Bernanke）一直担任到 2014 年。

12 个地区性的联邦储备银行各自管理一个区域，提供各种不同的银行业务和管理服务。举例来说，它们的任务之一是去稽查私人银行的财务报表，要确保它们的财务状况健康。每个地区的联邦储备银行都要从本地地方银行和企业界选择董事并成立一个董事会来进行管理。纽约联邦储备银行执行一项特殊任务：它负责公开市场业务，通常这是货币政策的主要工具之一。图 18-6 表示出了每个地区的联邦储备银行以及它们所在的城市。

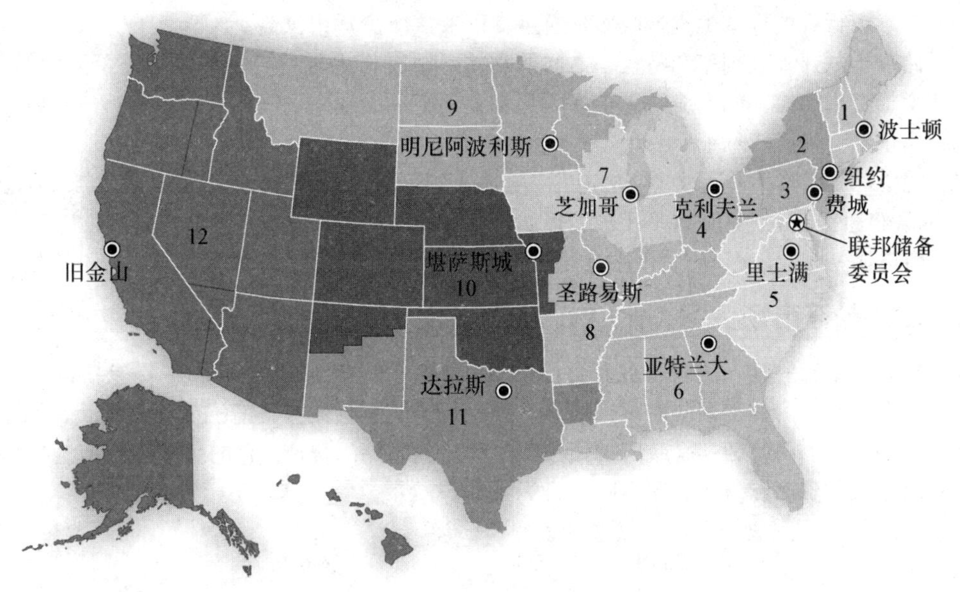

图 18-6 美国联邦储备系统

美联储由位于华盛顿特区的联邦储备委员会和 12 个地区性的联邦储备银行组成。本图给出了 12 个地区性的联邦储备银行的位置。
资料来源：Board of Governors of the Federal Reserve System.

货币政策的决定是由联邦公开市场委员会做出的，该委员会由联邦储备委员会成员和5位地区性的联邦储备银行行长组成。纽约联邦储备银行行长永远是委员会成员，另外4位从其他11个地区性的联邦储备银行行长中选择。联邦储备委员会的主席通常也担任联邦公开市场委员会的主席。

创设一个结构如此复杂的机构，目的是最终对选民负责，因为联邦储备委员会成员是由总统提名并经参议院核准的，他们都是被选举出来的官员。但是，联邦储备委员会成员的长期任职和他们被任命的间接过程使之在很大程度上摆脱了政治压力。

□ 18.4.2 美联储决定法定准备金和贴现率

美联储有三个主要的政策工具：法定准备金、贴现率和最重要的公开市场业务。

在我们讨论银行挤兑时，我们说美联储会设定一个最低准备金率，目前对于支票银行存款为10%。如果在两个星期内商业银行平均法定准备金率无法达到要求，则将会面临处罚。

当银行似乎无法达到美联储的准备金要求时，它应该怎样应对呢？通常情况下，它们会通过**联邦基金市场**（federal funds market）向其他银行借入准备金，联邦基金市场使得准备金达不到要求的银行可以从那些持有超额准备金的银行借到准备金（一般是隔夜拆借）。这个市场的利率是由供求来决定的，但是美联储对供求的影响很大。我们将在下一章看到，**联邦基金利率**（federal funds rate），即在联邦基金市场中借贷的利率，在现代货币政策中扮演一个关键角色。

另外，银行也可以通过贴现窗口从美联储借入准备金。美联储向银行提供贷款时收取的利率称为**贴现率**（discount rate）。现阶段，贴现率被设定在比联邦基金利率高1%的水平上，目的是为了防止银行转向美联储借准备金。

联邦基金市场是准备金达不到要求的银行可以从持有超额准备金的银行借到准备金的金融市场。

联邦基金利率是在联邦基金市场中被决定的利率。

贴现率是美联储向银行提供贷款时收取的利率。

然而，从2007年秋季开始，美联储降低联邦基金利率和贴现率之间的差价，这是对金融危机回应的一种措施，参见稍后“真实世界中的经济学”的介绍。因此，2008年春天，贴现率仅比联邦基金利率高0.25个百分点。2014年夏天，贴现率只比联邦基金利率高0.65个百分点。

为了改变货币供给，美联储可以改变法定准备金率或贴现率，或者双管齐下。如果美联储降低法定准备金要求，银行就可以把更大比例的存款贷出，导致贷款增加，通过货币乘数增加货币供给。如果美联储提高法定准备金要求，银行将被迫减少贷款数额，通过货币乘数减少货币供给。

如果美联储缩小联邦基金利率和贴现率之间的利差，银行借入准备金的成本将下降，银行将增加贷款，通过货币乘数增加货币供给。如果美联储扩大联邦基金利率和贴现率之间的利差，银行贷款将减少，通过货币乘数减少货币供给。

在当前实践中，美联储并不通过改变法定准备金率来管理货币供给。法定准备金率最新一次显著的变动是在1992年。美联储通常也不使用贴现率手段。正如我们前面提到的，为了应对金融危机，从2007年开始，贴现窗口有了短期贷款。通常情况下，货币政策几乎完全使用美联储的第三个政策工具：公开市场业务。

□ 18.4.3 公开市场业务

就像被它监管的银行一样，美联储也有自己的资产和负债。美联储的资产主要包括持有的美国政府债券，主要是期限在一年以内的美国政府短期债券，也就是美国财政债券。请记住，美联储并不是美国政府的一部分，所以那些政府的财政债券是政府的债务，但却是美联储的资产。它的负债包括流通中的通货和银行准备金。美联储通常的资产和负债如图18-7的T形账户所示。

资产	负债
政府债券（财政债券）	基础货币（流通中的通货加银行准备金）

图18-7 美联储的资产与负债

美联储的资产主要是美国政府短期债券，通常称为财政债券。负债是基础货币——流通中的通货加银行准备金。

公开市场业务是指美联储买进或卖出部分美国政府财政债券。

公开市场业务（open-market operation）是指美联储买进或卖出部分美国政府财政债券，通常是与商业银行进行交易，这些商业银行主要从事对企业的贷款业务，不从事对居民的贷款业务。美联储从来不从美国联邦政府直接购入财政债券，理由如下：当中央银行直接购买财政债券时，就是直接贷款给政府——这实际上是通过印刷钞票来对政府预算赤字进行融资。从历史上看，这将会导致灾难性的高通货膨胀。

图 18－8 所示是在进行公开市场业务操作后美联储和商业银行的财务状况变化。当美联储买入美国政府财政债券后，它是通过贷记这些银行的准备金账户数额来向银行支付款项的，数额大小等于财政债券的价值。如图 18－8（a）所示，美联储从商业银行购买了 1 亿美元的美国政府财政债券后，基础货币增加了 1 亿美元，因为银行准备金增加了 1 亿美元。当美联储向商业银行卖出美国政府财政债券时，它借记这些银行的准备金账户，这就减少了银行准备金。如图 18－8（b）所示，美联储卖出 1 亿美元美国政府财政债券后，银行准备金和基础货币都减少了。

读者可能一直在考虑美联储从哪里获得资金来购买美国政府财政债券。答案是只要简单动一动笔（更可能是点击一下鼠标）就可以贷记银行账户，增加银行准备金（只有当银行需要通货形式的额外准备金时，美联储才会印钞来支付政府债券）。请记住，现在货币是法定货币，不依赖于任何东西。所以，美联储可以根据自己的意志创造出额外的基础货币。

（a）通过公开市场买入 1 亿美元美国政府财政债券

	资产	负债
美联储	财政债券　+1 亿美元	基础货币　+1 亿美元
商业银行	财政债券　－1 亿美元 银行准备金+1 亿美元	没有变化

（b）通过公开市场卖出 1 亿美元美国政府财政债券

	资产	负债
美联储	财政债券　－1 亿美元	基础货币　－1 亿美元
商业银行	政府债券　+1 亿美元 银行准备金－1 亿美元	没有变化

图 18－8　美联储进行公开市场业务操作

在图（a）中，美联储从商业银行买进美国政府财政债券后，基础货币增加。美联储购买 1 亿美元美国政府财政债券，通过给商业银行增加 1 亿美元的银行准备金来付款，所以基础货币增加了 1 亿美元。商业银行把这些多出来的银行准备金贷出，通过货币乘数增加货币供给。在图（b）中，美联储卖出美国政府财政债券后导致基础货币减少。1 亿美元的美国政府财政债券被卖出，导致商业银行的银行准备金减少 1 亿美元，基础货币也减少 1 亿美元。银行准备金减少后将减少贷款，通过货币乘数减少货币供给。

通过公开市场业务增加或减少的准备金不会直接影响货币供给。然而，公开市场业务启动了货币乘数过程。在图 18－8（a）中，当增加了 1 亿美元银行准备金后，商业银行把多余的准备金贷出后马上就使货币供给增加 1 亿美元。这些贷款中的一部分又将会以存款的形式回到银行体系，这又会增加银行准备金，引起下一轮的贷款增加，如此继续。所以，在公开市场上购买美国政府财政债券将启动货币乘数发生作用，引起货币供给增加。当然在公开市场上卖出财政债券将引发相反的过程：随着银行准备金的减少，商业银行被迫削减贷款，导致货币供给减少。

▶ 追根究底

谁得到了美联储资产的利息?

正如我们刚刚学到的，美联储拥有很多资产——财政债券，它以贷记银行准备金账户的形式从商业银行购买。这些资产支付利息。然而，美联储的主要负债是基础货币，美联储通常不对这些负债支付利息。因此，美联储实际上是一个有着以零利率借入资金并以正利率贷出的特权机构。这听起来像一个非常有利可图的业务。谁获得了这些利润?

答案是美国纳税人。美联储保留一部分利息来资助运营，但将大部分都交给美国财政部。例如，2015年，美联储的总收入为1 002亿美元，几乎全部为其资产利息，其中977亿美元返还给财政部。

我们现在可以更好地理解本章的开篇案例——在秘鲁伪造美元——的影响。比如说，20美元假钞进入流通，它具有与美国政府发行的20美元真币相同的经济效果。也就是说，只要没有人认为它们是假钞，那么假钞就可以用于所有实际目的，作为基础货币的一部分。

同时，美联储根据经济考量决定基础货币的发行规模，特别地，美联储通常不会发行太多的基础货币，因为这可能导致更高的通货膨胀率。因此，20美元假钞进入流通意味着美联储少发行真的20美元钞票。当美联储合法发行20美元钞票时，它如果换成财政债券，这些票据的利息可用于支付美国政府的费用。

因此，20美元假钞减少了美联储可以获得的财政债券数量，从而减少了美联储和美国财政部的利息收入。因此，纳税人承担了假钞的真实成本。

经济学家经常说（其实并不确切）美联储控制着货币供给。从理论上说，它只能控制基础货币。但是，通过增加或减少基础货币，美联储对货币供给和利率水平产生了很大的影响。这种影响是货币政策的基础，货币政策是我们下一章讨论的主题。

□ 18.4.4 欧洲中央银行

正如我们前面提到的，美联储只是世界上许多中央银行中的一家，它比瑞典银行和英格兰银行年轻得多。大体而言，其他中央银行的运作方式与美联储大致相同，尤其是在世界经济重要性方面能与美联储竞争的唯一的中央银行欧洲中央银行更是如此。

欧洲中央银行（ECB）成立于1999年1月，当时有11个欧洲国家放弃了本国货币，并采用欧元作为它们的共同货币，联合货币政策也由欧洲中央银行来制定（自1999年以来又有8个国家加入）。

欧洲中央银行立即成为一个极为重要的机构：虽然没有一个欧洲国家的经济规模接近美国，但欧元区即已经采用欧元作为它们货币的合并经济体大致与美国经济规模相当。因此，欧洲中央银行和美联储是货币世界中的两大巨头。

像美联储一样，欧洲中央银行的地位也很特殊：它既不是私人机构，又不是完全的政府机构。事实上，它不可能是政府机构，因为没有一个统一的欧洲政府！对于迷惑不解的美国人而言感到幸运的是：欧洲中央银行和美联储有惊人的相似之处。

欧洲中央银行位于德国的法兰克福市，它并不是整个美联储的类似版本，它与位于华盛顿特区的联邦储备委员会是对等的。与地区性的联邦储备银行对应的欧洲类似机构是欧洲各国的中央银行，如法国银行、意大利银行等。直到1999年，这些国家的此类银行都等同于它们国家的美联储。举例来说，法国银行控制着法国的基础货币。

今天这些国家的中央银行就像地区性的联邦储备银行一样，为当地银行和企业提供各种金融服务，并进行公开市场业务操作，但制定货币政策的职能已上交欧洲中央银行。然而各国的中央银行并不是小机构，它们的雇员超过50 000人。2014年欧洲中央银行的雇员大约2 000人。

在欧元区，每个国家都会选择由谁来管理自己的中央银行。欧洲中央银行是通过像联邦储备委员会一样的执行董事会来管理的；它的成员是由使用欧元的国家政府一致同意选出来的。联邦公开市场委员会的类似机构是欧洲中央银行的管理委员会。正如联邦公开市场委员会的成员由联邦储备委员会成员与地区性的联邦储备银行行长轮流担任一样，欧洲中央银行的管理委员会由执行董事会和各国中央银行的行长轮流担任。

就像美联储一样，欧洲中央银行最终也是由选民来决定的，这就极大地避免了超出国境线的政治压力，与美联储相比，更能脱离短期的政治压力。

▶ 真实世界中的经济学

美联储资产负债表的正常和异常

图 18-7 所示为美联储资产负债表的简化版本。这里的负债完全由基础货币组成，资产完全由财政债券组成。这是一种过度简化，美联储的业务在现实中非常复杂，其资产负债表包含了一些其他内容。但是，在正常情况下，图 18-7 是一个合理的近似：基础货币通常占美联储负债的 90%，资产的 90%是对美国财政部的债权（如财政债券）。

但到了 2007 年下半年，我们很痛彻地意识到我们已经进入非正常时间。动荡的根源是巨大的房地产泡沫破裂，这导致那些已经提供抵押贷款或持有按揭相关资产的金融机构出现巨额损失。人们对金融体系普遍丧失信心。

我们将在下一节更详细地描述，不仅标准存款吸收银行存在麻烦，而且非存款金融机构即不接受客户存款的金融机构也是如此。它们背负大量债务，因为房地产泡沫破裂而面临巨大损失且持有流动性不足的资产，金融恐慌袭击着这些“非银行的银行”。在几个小时内，金融系统停摆，因为金融机构经历了本质上是银行挤兑的冲击。

例如，2008 年，许多投资者担心贝尔斯登的财务健康状况，贝尔斯登是一家华尔街非存款金融机构，从事复杂的金融交易，用借入的资金买卖金融资产。当市场对贝尔斯登的信心丧失时，该公司发现自己已经无法筹集到这些交易结束时需交付的资金，所以它迅速崩溃。

美联储开始采取行动，以避免整个金融部门崩溃的局面出现。它大规模扩大了贴现窗口的业务，向接受存款的银行以及华尔街金融公司等非存款金融机构提供巨额贷款。这对被金融市场拒绝的金融机构提供了流动性。这些公司利用了从美联储廉价借款的资格，它们用手边资产作为抵押品，不过这是一些杂乱的房地产贷款、商业贷款等。

从图 18-9 我们可以看出，从 2008 年年中开始，美联储大幅降低了对传统证券的持有数量，如财政债券，而大幅增加了它对金融机构的贷款。“对金融机构的贷款”是指贴现窗口贷款，但也包括美联储直接向像贝尔斯登这样的公司发放的贷款。“对关键信贷市场提供的流动性”包括美联储购买的公司债券等资产，

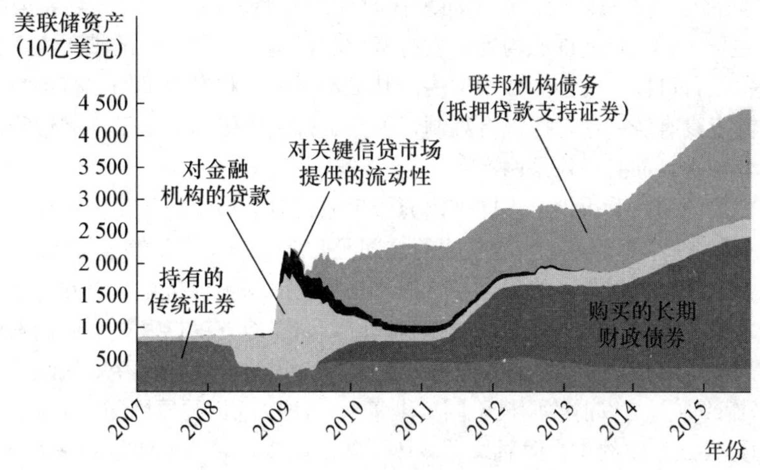

图 18-9 美联储的资产

资料来源：Federal Reserve Bank of Cleveland.

第18章 货币，银行业和美国联邦储备系统

当利率高涨时，这对于保持对企业的贷款利率是必要的。最后，“联邦机构债务”是对联邦政府支持的住房抵押贷款机构房地美和房利美的债务，美联储被迫购买这些贷款是为防止抵押贷款市场崩溃。

随着危机在2009年年末消退，美联储没有恢复其传统的资产持有操作。相反，它转变为持有长期财政债券，并增加了购买联邦机构债务的规模。整个事件非常不寻常，这与美联储正常开展业务的方式有很大的不同，但是美联储认为这是避免金融和经济崩溃所必要的。如图所示，美联储做的不仅仅是确定基础货币的大小。

及时复习

- 美联储是美国的中央银行，负责监管银行体系和制定货币政策。
- 美联储规定法定准备金率。银行间借贷准备金的市场是联邦基金市场，在这一市场中确定的利率是联邦基金利率。银行也可以按贴现率从美联储借钱。
- 尽管美联储可以改变法定准备金率或者贴现率，但是在实践中，货币政策是通过公开市场业务来实行的。
- 通过公开市场购买财政债券可以增加基础货币和货币供给，而在公开市场中卖出财政债券则会减少基础货币和货币供给。

小测验 18-4

1. 假设银行贷出的所有货币都以支票银行存款形式回到了银行体系中，准备金率为10%，请分步骤描述美联储在公开市场中购买1亿美元财政债券后对支票银行存款的影响。货币乘数为多少？

18.5 美国银行体系的演变

到目前为止，我们一直在描述美国的银行体系及其运作方式。然而，为了完全理解这个系统，弄清楚为什么创设以及如何创设这个机构是有帮助的，这与怎样以及何时犯错误密切相关。21世纪美国银行业体系的关键要素并非凭空创造：2008年开始的改变对银行的规制和美联储的努力已经推动了金融改革的进行。这一改革预示着在未来几年将重新塑造金融体系。

18.5.1 20世纪初的美国银行危机

1913年创立的美联储标志着美国银行业走向现代时代的开始。1864—1913年，美国银行业由一个联邦监管的国家银行系统主导。它们被允许成为唯一发行货币的机构，它们发行的纸币由联邦政府按统一的大小和设计印制。一家国家银行可以发行多少货币取决于其资本。尽管相对于早期银行各自发行银行券，这一制度改善了许多，但实际上没有统一性，也没有规制，国家银行制度仍然遭受了许多银行倒闭和重大金融危机的打击——至少每十年一次，而且往往是两次。

影响这一系统的主要问题是货币供给不能做出充分反应：对当地经济变化很难在全国范围内转移货币来迅速做出反应。（特别是，纽约市的银行和农村银行之间经常存在为获得足够数量货币的激烈竞争。）银行没有足够的货币来满足提款需求的谣传很快就会导致银行挤兑。一家银行挤兑会引发传染，触发对附近其他银行的挤兑，对当地经济造成大范围恐慌和破坏。作为回应，一些地方银行家集中他们的资源创建了本地结算所，在发生恐慌时，对成员负债联合担保，一些州政府开始对银行存款提供存款保险。

然而，1907年恐慌的原因与以前的危机不同。事实上，此次危机的原因与2008年危机的根本原因非常相似。1907年恐慌的爆发点是纽约市，但后果是破坏了整个国家，导致了四年的深度衰退。

危机起源于纽约市类似于银行的被称为信托的机构，该类机构接受存款，但最初旨在管理富裕客户的资产和遗产。因为这些信托被认为只参与低风险的活动，因此对它们的监管较少，准备金要求也较低，现金储备也少于国家银行。

然而，随着美国经济在20世纪前十年的蓬勃发展，信托开始在房地产市场和股票市场中进行投机，这些投机领域是禁止国家银行进入的。信托比国家银行更少受到监管，因此它们能够向存款人支付更高的回报。然而，信托搭了国家银行稳健声誉的便车，存款人认为两类机构同样安全。结果，信托行业迅速增长：到1907年，纽约市信托的总资产与国家银行的总资产一样多。同时，信托拒绝加入纽约清算所，这是纽约市国家银行的联合体，可保证彼此的稳健。该清算所会要求信托持有更高的准备金，这会降低它们的利润。

1907年的恐慌始于尼克博克（Knickerbocker）信托公司的失败，尼克博克信托公司是纽约市的一个大型信托公司，因在股市投机失败后遭受巨大损失，破产倒闭。很快，其他纽约市的信托公司面临压力，受到惊吓的存款人开始排长队提取资金。纽约清算所拒绝借钱给信托公司，甚至一些健康的信托公司也受到严重冲击。在两天内，十几家重要的信托公司倒闭。信贷市场停摆，股票市场大幅下跌，因为股票交易者无法获得信贷为他们的交易融资，商业信心尽失。

幸运的是，纽约市最富有的人、银行家J. P. 摩根（J. P. Morgan）迅速介入制止恐慌。当了解到危机正在蔓延，很快健康的信托和银行金融机构也将沦陷时，他与其他银行家，以及如约翰·洛克菲勒（John Rockefeller）这样富裕的人和美国财政部长合作，向银行和信托公司提供准备金，帮助它们抵挡提款的冲击。一旦人们确信他们可以拿回资金，恐慌就停止了。虽然恐慌本身持续了不到一个星期，但它和股市崩溃对经济造成了毁灭性打击。接踵而至的是4年经济衰退，产出下降11%，失业率从3%上升到8%。

□ 18.5.2 应对银行危机：创设美联储

对银行危机频繁发生的担忧和J. P. 摩根在拯救金融系统方面所发挥的前所未有的作用促使联邦政府开始进行银行改革。1913年，国家银行系统被停止，美国建立了美联储，迫使所有接受存款的机构持有足够的准备金，并开放其账户供监管机构检查。1907年的恐慌使许多人相信，是时候集中控制银行准备金了。此外，美联储被赋予发行货币的唯一权利，以使货币供给充分反应，以满足全国的经济条件。

虽然新体系对银行准备金进行了标准化和集中化，但并没有消除银行挤兑的潜在风险，因为银行准备金仍低于其存款的总价值。在大萧条期间，更多银行挤兑的潜在风险成为现实。暴跌的产品价格对美国农民影响尤其严重，在1930年、1931年和1933年引发了一系列银行挤兑现象，从中西部银行开始，然后传播到全国各地。

一家特别大的银行在1930年倒闭后，联邦政府官员意识到，整个经济范围内的影响迫使他们必须不再袖手旁观，而要去更积极地干预。1932年，复兴金融公司成立，该公司有权向银行贷款，以稳定银行部门。此外，1933年的《格拉斯-斯蒂格尔法案》（Glass-Steagall Act）创建了联邦存款保险公司并提高了银行从美联储借款的能力。然而，野兽还没有被驯服。银行害怕从复兴金融公司借款，因为这样做是向公众表明存在问题的信号。

正如我们前面所提到的，在1933年的银行挤兑灾难发生期间，新总统富兰克林·罗斯福开始履职。他立即宣布“银行放假”，关闭所有银行，直到监管机构能够处理这个问题。

1933年3月，紧急措施出台，赋予复兴金融公司特别权力来稳定和重组银行业，它可以通过提供贷款或直接购买银行股份向银行提供资金。根据新规则，监管机构关闭了那些无力持续的银行，通过允许复兴金融公司购买银行优先股（赋予美国政府比正常股东更多权利的股份）并大大扩展银行从美联储借款的能力来为可持续银行注入资本。到1933年，复兴金融公司在银行资本上投资了162亿美元（2010年美元），占当时美国所有银行总资本的三分之一，它购买了几乎所有银行的股份。在此期间，复兴金融公司向银行提供的借款超过324亿美元（2010年美元）。

经济史学家一致同意，20世纪30年代早期的银行危机大大加剧了大萧条的严重性，因为银行业崩溃，人们从银行提出货币囤积在床下，减少了货币供给，造成货币政策无效。

虽然复兴金融公司的强力行动稳定了银行业，但需要新的立法来防止未来的银行危机。1933年的《格拉斯-斯蒂格尔法案》将银行分为两类：**商业银行**

商业银行是接受存款并由存款保险担保的存款银行。**投资银行**是创造和交易金融资产但未被存款保险涵盖的银行。

(commercial bank) 和**投资银行** (investment bank)。商业银行是接受存款并由存款保险担保的存款银行，投资银行是创造和交易股票和公司债券等金融资产但未被存款保险涵盖的银行，因为它们的活动被认为更有风险。

Q条例禁止商业银行向支票账户存款支付利息，据认为这将促进银行之间的不健康竞争。此外，对投资银行的监管要比商业银行严格得多。然而，防止银行挤兑最重要的措施是建立联邦存款保险（最初每笔存款限额为2 500美元）。

这些措施显然是成功的，美国享受了一个较长时期的金融和银行稳定。随着旧日糟糕记忆的逐渐消失，大萧条时代的银行规章被取消了。1980年，Q条例被取消；到1999年，《格拉斯-斯蒂格尔法案》被弱化，不再限制商业银行提供金融资产交易等服务。

□ 18.5.3 20世纪80年代的储蓄和贷款协会危机

储蓄和贷款协会是一种存款银行，通常专注于处理家庭贷款。

银行业除了银行外，还包括**储蓄和贷款协会** [savings and loan，S&L]，该类机构旨在接受储蓄并将其转化为购房者的长期抵押贷款。S&L受到联邦存款保险的保护，并受到严格的安全性监管。然而，20世纪70年代麻烦降临，因为通货膨胀率高，储蓄者从支付低利息的S&L账户中提取资金，并将它们放入支付高利息的货币市场基金账户。此外，高通货膨胀率严重侵蚀了长期资产的价值，即这类机构持有的长期抵押贷款的价值。

为了提高S&L在银行中的竞争地位，国会放松管制，允许S&L除了提供长期房屋抵押贷款之外，还可进行更多的风险投资。然而，新的自由没有随之跟上更多的监管，因此对S&L的监管程度要低于银行。毫不奇怪，在20世纪70年代和80年代的房地产繁荣期间，S&L进行了高风险的房地产贷款。此外，部分S&L的高管出现腐败，使得这类机构成了他们的私人存钱罐。

不幸的是，在20世纪70年代末和80年代初，来自国会的政治干预使无力偿还债务的S&L继续经营，而类似情形的银行则很快被银行监管机构关闭。到20世纪80年代初，大量S&L破产。由于账户由联邦存款保险保护，破产的S&L的负债现在成了联邦政府的负债，存款人的钱由纳税人来支付。1986—1995年，联邦政府关闭了超过1 000家破产的S&L，美国纳税人付出的代价超过1 240亿美元。

作为经典的亡羊补牢案例，1989年国会对S&L的经营进行全面监督。国会还授权房利美和房地美接管以前由S&L提供的大部分住房抵押贷款。房利美和房地美是在大萧条期间创建的准政府机构，帮助低收入和中等收入家庭负担房屋贷款。可以得出结论：S&L危机加速了金融和房地产行业的急剧下滑，导致了20世纪90年代初的衰退。

□ 18.5.4 回到未来：2008年的金融危机

2008年的金融危机与以往危机的特点相同。像1907年的恐慌和S&L危机一样，它涉及的是不像存款银行那样被严格管制的金融机构，也与过度投机有关。像20世纪30年代初的危机一样，美国政府开始时都不愿采取积极行动，直到损害的规模变得相当清楚之后才予以重视。

此外，到20世纪90年代末，技术和金融创新的进步创造出了另一个在2008年时发挥关键作用的系统性弱点。长期资本管理公司（LTCM）的故事集中反映了这些问题。

当金融机构通过借钱为其投资融资时，就引入了**杠杆**。

长期资本管理公司 [Long-Term Capital (Mis) Management，LTCM] 创建于1994年，是一家对冲基金，是私人合伙制投资基金，只对富有的个人和机构开放。对冲基金几乎不受监管，它们被允许进行比共同基金更高风险的投资，共同基金对一般投资者开放。通过使用大量**杠杆** (leverage) 也就是借钱以增加其回报，LTCM使用复杂的计算机模型，利用全球金融市场中资产价格的微小差价来赚钱，低价购买，以更高的价格卖出。在某一年，LTCM的收益率高达40%。

LTCM还大量参与衍生工具的交易，这是更为复杂的金融工具，是从更基础的金融资产中衍生出来的。衍生品是流行的投资工具，因为它们的交易成本比基本金融资产便宜，并且可以被构造成适合买方或卖方的特定需求的产品。然而，它们的复杂性使得人们很难度量其价值。LTCM相信，它们的计算机模型可以准确地度量使用借款进行的衍生品巨额赌注交易中的风险。

然而，LTCM的计算机模型没有考虑到1997—1998年期间亚洲和俄罗斯的一系列金融危机。通过大量借款，LTCM已经成为全球金融市场中一个具有很大势力的参与者，当它卖出资产时，它能压低其企图出售的资产的价格。由于世界各地市场价格下跌，LTCM的投资者因恐慌而要求赎回他们的资金，当LTCM试图出售资产以满足这些要求时便遭受损失。LTCM的运行很快崩溃，因为它无法再借到资金，其他交易人拒绝与之交易。世界各地的金融市场因为恐慌而停摆。

美联储意识到，如果允许LTCM的剩余资产以恐慌价格出售，**资产负债表效应**（balance sheet effect）会使整个金融系统产生严重风险：由于LTCM的资产销售会压低全世界的资产价格，其他公司持有的资产的价格下降将造成资产负债表上的资产价值减损。此外，资产价格下跌意味着借款人资产负债表上持有的资产价值可能会低于临界值，导致出现信贷合同条款违约，迫使债权人收回贷款。这反过来会导致更多的资产销售，因为借款人试图筹集资金来偿还贷款，更多的信用出现违约，更多的贷款被收回，造成**去杠杆化的恶性循环**（vicious cycle of deleveraging）。

> **资产负债表效应**是指由于资产价格下降而使公司的净价值减少。
>
> 当为弥补损失而卖出资产时会产生负的资产负债表效应，迫使债权人收回贷款，导致更多的资产销售，使资产价格变得更低，造成**去杠杆化的恶性循环**。

纽约联邦储备银行在1998年安排了一项36.25亿美元的LTCM救助计划，其他私人机构接受LTCM一定份额的资产和债务，并以有序的方式进行清算，最终获得了小额利润。纽约联邦储备银行的快速行动阻止了LTCM引发危机传染，但LTCM的几乎所有投资者都失去了其资产。

次级贷款和房地产泡沫　在LTCM危机之后，美国金融市场趋于稳定。即使股价在2000—2002年期间出现大幅下跌，美国经济陷入衰退，但金融市场基本保持稳定。然而，在2001年衰退的复苏期间，另一次金融危机的种子开始发芽。

故事始于低利率：到2003年，美国利率处于历史低位，部分原因是美联储政策，部分原因是其他国家特别是中国的大量资本流入。这些低利率导致房地产市场繁荣，从而推动美国经济走出衰退。然而，随着房地产市场的蓬勃发展，金融机构承担的风险也开始日益增长，而且这种风险尚未被充分了解。

传统上，只有能够证明他们有足够的收入来支付抵押贷款，人们才能够借钱买房。不符合通常借款标准的家庭贷款，称为**次级贷款**（subprime lending），它只是整个贷款中的一小部分。但在2003—2006年蓬勃发展的房地产市场中，次级贷款开始似乎是一个安全的筹码。由于房地产价格不断上涨，无法支付抵押贷款的借款人总是可以通过出售房地产来偿还贷款。因此，次级贷款爆炸性增长。

> **次级贷款**是指不符合通常借款标准的家庭贷款。

谁在提供这些次级贷款？在大多数情况下，不是传统银行将存款人的钱贷出。相反，大多数贷款是由“贷款发起人”贷出，因为它们能迅速将贷款出售抵押给其他投资者。通过被称为**证券化**（securitization）的过程，这些出售成为可能：金融机构将这些贷款组合在一起，然后将这些组合按基金份额出售。这些基金份额被认为是相对安全的投资，因为大量的购房者不太可能同时违约。

> **证券化**是指贷款被组合在一起按份额出售给投资者的过程。

但正好发生了这样的事情。房地产热最终演变成了泡沫，当2006年年底房价开始下跌时，许多次级借款人无法归还他们的抵押贷款，或只有卖房子来偿还抵押贷款。结果，次级抵押贷款支持的证券投资者开始蒙受重大损失。银行和其他类似银行的机构持有大量由抵押贷款支持的资产。就像在1907年金融恐慌中扮演重要角色的信托公司，对这些“非银行的银行”的监管要比商业银行宽松，这使得它们能够为投资者提供更高的收益，但也使它们在危机中非常脆弱。反过来，抵押贷款相关的损失导致了人们对金融体系信任的崩溃。

图18-10所示是度量这种信任损失的一种方法：TED差价，即银行相互拆借的3个月贷款的利率与联邦政府3个月债券的利率之间的差额。由于政府债券被认为非常安全，TED差价显示了银行在相互借贷时它们认为承担的风险有多大。在通常情况下，差价大约是一个百分点的四分之一，但从2007年8月开始上升，2008年10月飙升至前所未有的4.58个百分点，然后在2009年年中才恢复到正常水平。

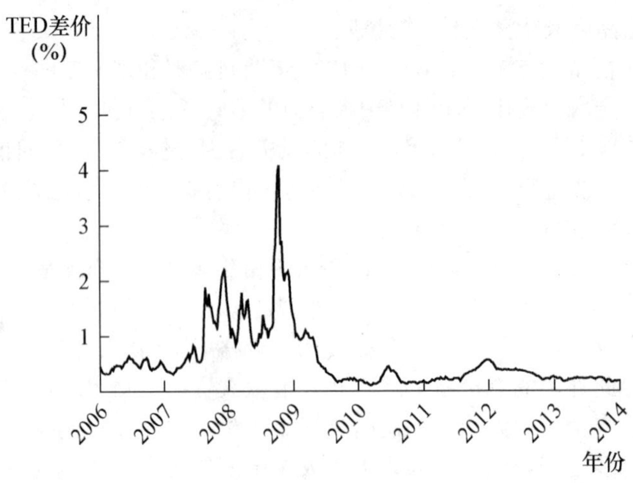

图 18-10　TED 差价

TED 差价，即银行相互拆借的 3 个月贷款的利率与联邦政府 3 个月债券的利率之间的差额，广泛被用于表示资金的紧张程度。2007—2008 年，金融危机导致 TED 差价飙升。

资料来源：British Bankers' Association；Federal Reserve Bank of St. Louis.

危机和应对　对金融体系信任的崩溃，加上金融公司遭受的巨大损失，形成去杠杆化的恶性循环和整个经济的信贷紧缩。企业发现即使对于短期业务借款也很难；个人发现无法得到住房贷款，信用卡额度也减少了。

总体而言，金融危机的负面经济影响与 20 世纪 30 年代初银行危机的影响有着明显和令人不安的相似之处，30 年代的危机促成了大萧条。政策制定者注意到了相似之处，并试图阻止这种局面重演。从 2007 年 8 月开始，美联储进行了一系列努力，向金融体系提供现金，扩大机构贷款的范围，并购买私人部门的债务。美联储和财政部还采取措施拯救那些被认为非常重要的私人公司，例如投资银行贝尔斯登和保险公司美国国际集团。

然而，2008 年 9 月，决策者决定允许一家大型投资银行雷曼兄弟倒闭。他们很快对这一决定感到遗憾。在雷曼兄弟公司倒闭的几天内，普遍的恐慌弥漫了整个金融市场，如图 18-10 所示的 TED 差价激增。为了应对危机加速，美国政府进一步干预并支持金融体系，美国财政部开始为银行"注入"资本。在实践中，注入资本意味着美国政府将向银行提供现金以换取股份——事实上是对金融体系部分国有化。

到 2010 年秋季，金融体系似乎已经稳定下来，大部分机构已经偿还了联邦政府在危机期间注入的大部分资金。一般认为，纳税人最终并没有损失多少钱。然而，银行的复苏并未与整体经济的成功转型相匹配：尽管 2007 年 12 月开始的衰退在 2009 年 6 月正式结束，但失业率仍然居高不下。

联邦储备委员会用新型的公开市场业务来应对这种困难的情形。传统的公开市场业务仅限于短期政府债务，但美联储认为这还不够。它通过贴现窗口贷款提供大量的流动性，并购买大量其他资产，主要是长期财政债券和政府资助的住房贷款机构房地美和房利美的债务。这解释了 2008 年 9 月后美联储资产激增的现象，如图 18-9 所示。

与以前的危机相同，2008 年的危机导致了银行监管的变化，最引人注目的是 2010 年颁布的《多德-弗兰克法案》。我们在"真实世界中的经济学"专栏中讨论该法案。

▶ **真实世界中的经济学**

2008 年危机后的监管

2010 年 7 月，《华尔街改革和消费者保护法案》(通常称为《多德-弗兰克法案》)分别在参议院和众议院通过后，由奥巴马总统签署成为法律。这是自 20 世纪 30 年代以来颁布的最大的金融改革法案——不足为奇，因为该国刚刚经历了自 20 世纪 30 年代以来最严重的金融危机。它如何改变了监管呢？

在大多数情况下，它并没有改变对传统存款银行的监管。这些银行面临的主要变化是创建一个新的机构，即消费者金融保护局，其使命是防止借款人在不了解但看似有吸引力的金融交易中被剥削。

主要变化是对金融机构而非银行进行监管，这些机构如雷曼兄弟破产，可能引发银行危机。新法律赋予了一个特别的政府委员会（即金融稳定监管委员会）权力，将某些机构认定为“系统重要性”机构，即使它们不是普通存款银行。

这些具有系统重要性的机构将受到银行式的监管，包括相对较高的资本要求和限制其可能承担的风险。此外，联邦政府获得“决议授权”，有权按接管陷入困境的银行相同的方式来接管陷入困境的其他金融机构。

除此之外，法律还制定了关于衍生品交易的新规则，这些复杂的金融工具在LTCM破产以及2008年危机中发挥了重要作用：大多数衍生品今后必须在交易所买卖，每个人都可以观察到它们的价格和交易量。这个规则使金融机构承担的风险更加透明。

总的来说，《多德-弗兰克法案》最有可能被视为试图将老式银行监管的精神扩展到21世纪更为复杂的金融体系。它会成功地消除未来的银行危机吗？让我们拭目以待！

及时复习

● 美联储是为了应对1907年的金融恐慌而创建的。

● 20世纪30年代早期的大规模银行挤兑导致了更大的银行监管和联邦存款保险的创立。银行分为两类：商业银行（有存款保险）和投资银行（没有存款保险）。

● 在20世纪70年代和80年代的储蓄和贷款协会危机中，监管不足的储蓄和贷款协会因风险投机而遭受巨大损失。

● 在20世纪90年代中期，对冲基金LTCM使用大量杠杆在全球市场投机，造成巨大损失，走向崩溃。在其销售资产弥补损失时，LTCM对世界各地的公司造成资产负债表效应。为了防止去杠杆化的恶性循环，纽约联邦储备银行协调了私人救助。

● 在21世纪初期，次级贷款通过证券化在金融系统扩散，导致金融危机。美联储通过向金融机构注入现金和购买私人债务来应对。

● 2010年，《多德-弗兰克法案》修订了金融规制，以防止2008年的危机重演。

小测验 18-5

1. 1907年的金融恐慌、储蓄和贷款协会危机和2008年的危机有什么相似之处？

2. 为什么美联储的创立未能阻止大萧条时的银行挤兑？什么措施可停止银行挤兑？

3. 描述资产负债表效应。描述去杠杆化的恶性循环。为什么政府有必要介入以制止去杠杆化的恶性循环？

▶ **解决问题**

货币倍增

从前面章节我们知道，2008年经济刺激法案的规模是7 870亿美元，包括总支出、资助和减税，目的是帮助困难重重的美国经济，试图扭转严重衰退。这是财政刺激行为的最新事例，作为该法案的一部分，美国政府向符合条件的家户出具退税支票。平均来说，每个家户退税支票总计为950.00美元。

经济学家估计，每个家户最初都花费约450.00美元的退税。由于在M1中公众以通货形式持有的比例约为50%，家户会将剩余的500.00美元中的约250.00美元存入银行，其他250.00美元以现金形式持有。根据这些数据，计算家户的平均存款水平会大致引起货币供给量增加多少？（提示：设计一张表，列出货币供给量在10轮借贷过程中的变化。）假设银行将超额准备金全额贷出。

步骤1：查找美国法定准备金率。

当前美国法定准备金率为10%。

步骤 2：设计表格，在第一行列出初始存款、法定准备金、超额准备金、银行贷款额以及银行初始贷款中公众持有的通货。

银行初始贷款中公众持有的通货是银行系统“漏出”的贷款金额，这个在“准备金，银行存款和货币乘数”一节讨论过。该表的第 1 轮显示如下。

轮次	存款（美元）	法定准备金（美元）	超额准备金（美元）	贷款（美元）	公众持有的通货（美元）
1	250	25	225	225	112.5

存款金额为 250.00 美元。如步骤 1 所确定的，法定准备金为该存款金额的 10%：10%×250.00 美元＝25.00 美元。因此，超额准备金为 250.00 美元－ 25.00 美元＝225.00 美元。我们假设银行贷出所有超额准备金，所以它们贷出 225.00 美元。在这个数额中，公众将持有 50%的通货：50%×225.00 美元＝112.50 美元。

步骤 3：将此表展开为 10 轮。

如果在第 1 轮之后，公众以通货形式持有 225.00 美元贷款中的 112.50 美元贷款，那么第 2 轮将以 112.50 美元＝225.00 美元－112.50 美元的存款开始。每一轮均从贷款与上一轮公众持有的通货的差额开始。

展开的表格如下：

轮次	存款（美元）	法定准备金（美元）	超额准备金（美元）	贷款（美元）	公众持有的通货（美元）
1	250.00	25.00	225.00	225.00	112.50
2	112.50	11.25	101.50	101.25	50.63
3	50.63	5.06	45.56	45.56	22.78
4	22.78	2.28	20.50	20.50	10.25
5	10.25	1.03	9.23	9.23	4.61
6	4.61	0.46	4.15	4.15	2.08
7	2.08	0.21	1.87	1.87	0.93
8	0.93	0.09	0.84	0.84	0.42
9	0.42	0.04	0.38	0.38	0.19
10	0.19	0.02	0.17	0.17	0.09
10 轮之后总计	454.39	45.44	408.95	408.95	204.48

第 2 轮的构造方式与第 1 轮相同。该轮以 112.50 美元的存款开始。该银行持有 11.25 美元作为法定准备金，所以超额准备金和借出的金额为 112.50 美元－11.25 美元＝101.25 美元。其中，公众持有的通货为 50.63 美元。

步骤 4：计算家户的平均存款水平带来的货币供给量的增加额。

家户的平均存款水平带来的货币供给量的增加额大概为 408.95 美元。

小结

1. 货币是方便用于购买产品和服务的任何资产。货币由现金和高流动性的资产组成。流通中的通货和支票银行存款被认为是货币供给的两个主要组成部分。货币可以发挥三方面的作用：作为交换媒介用于交易，作为储藏手段在一定时间内保持购买力，作为价值尺度标明价格。

2. 从发展的时间进程来看，除了自身作为产品具有价值之外仍然充当货币的商品货币（如黄金和白银）逐渐被商品本位货币（如以黄金为本位的纸币）所取代。今天的货币是纯粹的法定货币，其价值完全取决于官方的定位。

3. 美联储用两个指标定义货币供给。M1 是最狭义的货币总量，仅仅包括流通中的通货、旅行支票和支票银行存款。M2 包括更为广泛的被称为近似货币的资产，其中主要是可以很容易地转化为支票银行存款的银行存款。

4. 银行允许存款人马上提取现金，但是它们也会把由自己管理的大部分存款贷出。为了满足存款人提现的要求，银行会保留准备金。准备金由存放在自己保险柜中的现金和在美联储的存款组成。准备金率是准备金与银行存款的比率。T 形账户汇总银行的财务状况，贷款和准备金记为资产，存款记为负债。

5. 银行有时会遭受银行挤兑的冲击，最为著名的是在 20 世纪 30 年代早期。为了防范这种风险，存款人现在受到了存款保险的保护，银行所有者也有资本金要求以防止他们用存款人的钱发放风险过高的贷款，而且银行业必须满足最低准备金要求。

6. 当流通中的通货存入银行后，它就引发了一个乘数过程：银行把超额准备金贷出会导致货币供给增加，也就是银行创造货币。如果全部的货币供给之中包括支票银行存款，货币供给将等于准备金数额除以准备金率。在现实中，基础货币的大部分由流通中的通货构成，货币乘数是货币供给与基础货币的比率。

7. 基础货币是由美国的中央银行美联储来控制的。美联储兼具政府部门和私人部门的一些特征。美联储监管银行并设定储备金要求。为了达到要求，银行在联邦基金市场上通过联邦基金利率相互借贷准备金。银行也可以通过贴现窗口按照贴现率从美联储借入准备金。

8. 公开市场业务是美联储最主要的货币政策工具：美联储通过向银行买进和卖出美国政府财政债券来增加和减少基础货币。

9. 为了应对 1907 年的金融恐慌，美联储成立，目的是集中持有银行准备金，检查银行账簿，保证货币供给充分响应经济条件的变化。

10. 在 20 世纪 30 年代初，大萧条引发了广泛的银行挤兑，极大地恶化和延长了萧条的持续。联邦存款保险公司创立，政府通过向银行贷款和购买银行股份来对银行注资。到了 1933 年，银行被分为两类：商业银行（存款保险覆盖）和投资银行（存款保险不覆盖）。公众接受存款保险终于阻止了大萧条时的银行挤兑。

11. 20 世纪 80 年代的储蓄和贷款协会危机是由于监管不足、过度投机造成巨大损失所致。破产的储蓄和贷款协会的存款人用纳税人的钱进行了补偿，因为存款保险覆盖它们。危机导致金融和房地产部门严重损失，导致 90 年代初期的经济衰退。

12. 20 世纪 90 年代中期，对冲基金 LTCM 使用大量杠杆在全球金融市场进行投机，在造成巨大损失后倒闭。LTCM 如此之大，以至当其销售资产来弥补损失时，它对世界各地的公司造成了资产负债表效应，形成了去杠杆化的恶性循环。结果是世界各地的信贷市场将停摆。纽约联邦储备银行协调了对 LTCM 的私人救助，恢复了世界信贷市场。

13. 在 21 世纪最初 10 年中期，美国房地产泡沫出现，次级贷款借助证券化在金融系统中传播。当泡沫破裂时，银行和非银行金融机构出现巨大损失，导致金融系统大规模崩溃。为了防止另一次大萧条，美联储和美国财政部扩大了对银行和非银行机构的贷款，通过购买银行股和私人债务提供资本。由于大部分危机源于非传统银行机构，2008 年的危机表明，金融部门需要更广泛的安全网络和更广泛的监管。2010 年《多德-弗兰克法案》是自 20 世纪 30 年代以来最大的金融改革法案，旨在防止另一场危机。

关键词

货币	流通中的通货	支票银行存款	货币供给	交换媒介
储藏手段	价值尺度	商品货币	商品本位货币	法定货币
货币总量	近似货币	银行准备金	T 形账户	准备金率
银行挤兑	存款保险	法定准备金	贴现窗口	超额准备金
基础货币	货币乘数	中央银行	联邦基金市场	联邦基金利率
贴现率	公开市场业务	商业银行	投资银行	储蓄和贷款协会
杠杆	资产负债表效应	去杠杆化的恶性循环	次级贷款	证券化

练习题

1. 下述交易，哪一种情形影响 M1？哪一种情形影响 M2？

a. 你出售部分股票并把所得存进你的储蓄存款账户。

b. 你出售部分股票并把所得存进你的支票存款账户。

c. 你把存款从储蓄存款账户转到支票存款账户。

d. 你在自己轿车脚垫下发现了 0.25 美元并把它存进你的支票存款账户。

e. 你在自己轿车脚垫下发现了 0.25 美元并把它存进你的储蓄存款账户。

2. 有三种形式的货币：商品货币、商品本位货币和法定货币。下述情形中使用的是哪一种货币？

a. 朗姆酒在殖民地时期的澳大利亚被用于购买产品。

b. 在许多欧洲国家盐曾经被用作产品交易的媒介。

c. 在不长的一段时间，德国发行的纸币（黑麦马克）可以赎回一定数量的黑麦。

d. 纽约小城伊萨卡可以发行自己的通货伊萨卡小时券，这种货币可以购买当地的产品和服务。

3. 下表所示是由圣路易斯联邦储备银行提供的 2003—2013 年的 M1 和 M2 的构成，单位是 10 亿美元。根据表中数字计算流通中的通货占 M1 和 M2 的比重。你认为 M1 和 M2、流通中的通货占 M1 的比重、流通中的通货占 M2 的比重有什么样的变化规律和发展趋势？对此如何解释？

年份	流通中的通货	旅行支票	支票银行存款	储蓄存款	定期存款	货币市场基金	M1	M2	流通中的通货占 M1 的比重	流通中的通货占 M2 的比重
2003	662.5	7.6	635.9	3 159.0	818.1	752.8	?	?	?	?
2004	697.8	7.5	670.6	3 506.5	828.4	677.6	?	?	?	?
2005	724.6	7.2	643.0	3 601.6	993.7	682.4	?	?	?	?
2006	750.2	6.7	610.6	3 691.8	1 206.0	776.6	?	?	?	?
2007	760.6	6.3	608.1	3 864.1	1 276.0	930.6	?	?	?	?
2008	816.2	5.5	782.0	4 085.6	1 457.6	1 021.6	?	?	?	?
2009	863.7	5.1	825.3	4 809.3	1 183.1	781.2	?	?	?	?
2010	918.7	4.7	912.7	5 329.6	927.9	675.7	?	?	?	?
2011	1 001.2	4.3	1 154.3	6 032.8	767.0	663.7	?	?	?	?
2012	1 090.0	3.8	1 353.5	6 687.5	633.0	642.0	?	?	?	?
2013	1 159.5	3.5	1 475.8	7 133.0	555.6	640.9	?	?	?	?

4. 请说明下述各项哪些是 M1 的组成部分？哪些是 M2 的组成部分？哪些两者都不是？

a. 你校园用餐卡中的 95 美元。

b. 你轿车零钱罐中的 0.55 美元。

c. 你储蓄账户中的 1 663 美元。

d. 你支票账户中的 459 美元。

e. 你拥有价值 4 000 美元的 100 股股票。

f. 你的西尔斯（Sears）信用卡透支额度 1 000 美元。

5. 特雷西·威廉姆斯把他抽屉中的 500 美元存进当地银行的支票账户。

a. 这笔存款最初怎样改变了当地银行的 T 形账户？这对货币供给有影响吗？

b. 如果银行准备金率为 10%，针对这笔新的存款，银行该如何做？

c. 如果每次银行发出贷款后，这笔贷款将以同样数量存入另一家不同的银行，当这样扩张时，经济中的货币供给量总共会增加多少？

d. 如果每次银行发出贷款后，这笔贷款将以同样数量存入另一家准备金率为 5%的银行，最初的 500 美元存款将会使货币供给增加多少？

6. 瑞安·科曾斯从他在当地银行的支票存款账户中提出 400 美元放在自己的钱包中。

a. 这笔提款怎样改变了当地银行的 T 形账户？对货币供应有什么影响？

b. 如果银行准备金率为10%，针对这笔提款，银行该如何做？假设银行通过减少其持有的存款金额来应对准备金不足，直到其准备金水平满足其所要求的准备金率。银行通过收回部分贷款来减少存款，强迫借款人从他们的支票存款账户（在同一家银行）提取现金以偿还这些贷款。

c. 如果每次银行削减贷款后，支票银行存款也会下降同样数量，经济中的货币供给会减少多少？

d. 如果每次银行削减贷款后，支票银行存款也会下降同样数量，当准备金率为20%时，400美元的提款将会使货币供给减少多少？

7. 伊斯特兰迪亚国政府采用与美国一样的方法计算货币总量，该国中央银行规定的法定准备金率为10%。根据下列信息回答后面所提出的问题：

银行在中央银行的存款=2亿美元
公众持有的通货=1.5亿美元
银行保险柜中的通货=1亿美元
支票银行存款=5亿美元
旅行支票=1 000万美元

a. M1为多少？

b. 基础货币为多少？

c. 商业银行有超额准备金吗？

d. 商业银行能增加支票银行存款吗？如果可以，能增加多少？

8. 在威斯特兰迪亚国，公众以通货形式持有50%的M1，法定准备金率为20%。如果新增500美元现金存款，货币供给会增加多少？请完成下表。（提示：第一行表示的是银行必须持有100美元的最低法定准备金——20%×500美元=100美元，该笔存款有400美元超额准备金可以贷出。可是，公众想把贷款的50%留作通货，也就是仅仅有0.5×400美元=200美元的第1轮贷款将会在第2轮被存入银行。）你的答案与另一种全部贷款以存款形式回到银行体系而且公众不持有任何通货的经济体相比有什么不同？这说明公众持有通货的愿望和货币乘数之间的关系是什么？

轮次	存款（美元）	法定准备金（美元）	超额准备金（美元）	贷款（美元）	持有的通货（美元）
1	500.00	100.00	400.00	400.00	200.00
2	200.00	?	?	?	?
3	?	?	?	?	?
4	?	?	?	?	?
5	?	?	?	?	?
6	?	?	?	?	?
7	?	?	?	?	?
8	?	?	?	?	?
9	?	?	?	?	?
10轮之后总计	?	?	?	?	?

9. 在下述情形下，货币供给会发生什么变化？

a. 法定准备金率为25%，存款人从支票存款账户中提出700美元。

b. 法定准备金率为5%，存款人从支票存款账户中提出700美元。

c. 法定准备金率为20%，消费者在支票存款账户中存入750美元。

d. 法定准备金率为10%，消费者在支票存款账户中存入600美元。

10. 尽管美联储不通过改变法定准备金率来控制货币供应，但是阿尔巴尼亚的中央银行会这么做。该国的商业银行拥有1亿美元准备金、10亿美元的支票银行存款，初始法定准备金率为10%。该国商业银行采取不留超额准备金的做法。公众不持有通货，只有支票银行存款。

a. 当法定准备金率下降到5%时，货币供给会发生什么变化？

b. 如果最低法定准备金率上升到25%，货币供给会发生什么变化？

11. 找到你所住区的联邦储备银行。到www.federalreserve.gov/bios/pres.htm网上确认联邦储备银行的主席是谁，并到如下网址 www.federalreserve.gov/fomc/确定所住区的联邦储备银行主席是不是联邦公开市场委员会的投票成员。

12. 当美联储卖出了 3 000 万美元美国政府财政债券后，请写出美联储和商业银行的 T 形账户变化。如果公众持有固定数量的通货（也就是说，所有新贷款创造出同样数量的支票银行存款），最低准备金率为 5%，商业银行的支票银行存款如何变化？货币供给如何变化？当货币供给改变这么多时，请写出商业银行的 T 形账户的最终变化。

13. 国会研究服务局（The Congressional Research Service）估计，朝鲜不法分子印制的 100 美元假钞在流通的金额至少有 4 500 万美元。

a. 为什么美国纳税人因为朝鲜的美元假钞而受损？

b. 截至 2014 年 12 月，美国财政债券一年期利率为 0.13%。按照 0.13%的利率，美国纳税人因为这些 4 500 万美元的假钞每年损失多少钱？

14. 如图 18－8 所示，在美联储的资产中，美国财政债券所占比重自 2007 年以来已经有所下降。访问 www.federalreserve.gov 网站，在“选择统计发布”项目下点击“查看所有”。在“货币存量和准备金余额”标题下，单击“影响准备金余额的因素”。单击当前发布的数据。

a. 在“联邦储备银行状况声明”下，查看“总计”列。“总资产”旁边显示的金额是多少？“美国财政债券”旁边显示的金额是多少？在美联储的总资产中，美国财政债券占多少百分比？

b. 美联储的资产像图 18－8 所示 2007 年 1 月的情况一样主要是美国财政债券，还是像图 18－8 中最后 2013 年年中那样还持有大量其他资产？

15. 下图为 1980 年 1 月至 2014 年 1 月期间美国新住房开工数量，单位为千套/月。该图显示 1984—1991 年和 2006—2009 年新住房开工量大幅下降。新住房开工量与可用的抵押贷款有关。

a. 引起新住房开工数量在 1984—1991 年下降的原因是什么？

b. 什么原因导致新住房开工数量在 2006—2009 年下降？

c. 如何更好地监管金融机构，防止上述两种情况发生？

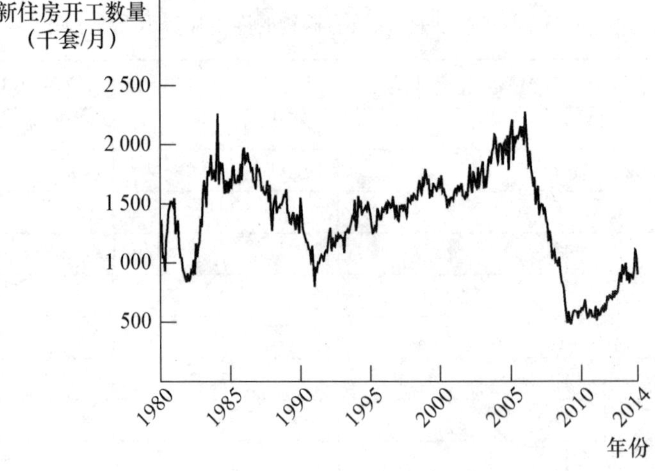

资料来源：Federal Reserve Bank of St. Louis.

在线回答问题

16. 当美联储购买了 5 000 亿美元美国财政债券后，请写出美联储和商业银行的 T 形账户变化。如果公众持有固定数量的通货（也就是说，贷款会创造出同等数量的存款），最低准备金率为 10%，银行没有超额准备金，商业银行的存款如何变化？货币供给如何变化？当货币供给改变的数量为上述数值时，请写出商业银行的 T 形账户的最终变化。

第 19 章

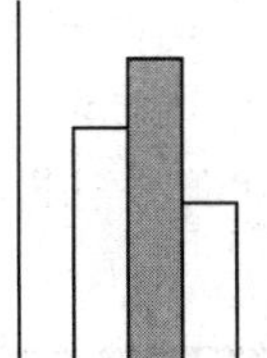

货币政策

本章将学习

- 货币需求曲线是什么。
- 流动性偏好模型怎样决定短期利率。
- 美联储如何制定货币政策改变利率，影响短期总产出。
- 为什么货币政策是平稳经济的主要工具。
- 美联储的行为与其他中央银行的比较。
- 为什么经济学家相信货币中性——货币政策在长期只影响价格水平，而不影响总产出。

☞ **开篇案例**

政府中最有权力的人

2014 年，《纽约客》(*New Yorker*) 杂志的记者尼古拉斯·莱曼 (Nicholas Lemann) 参观了纽约联邦储备银行的交易大厅。他发现很奇怪，他所见的相当不起眼，他的描述如下：书桌前的人"看起来像刚毕业的学生"，"穿着商务休闲装"。主楼层有两个小房间。在一个房间里，五个"满脸严肃的人"正在购买"美国长期政府债券，每月数量达 30 亿美元"。在另一个房间里，有七个人购买数量稍小一些的抵押贷款支持债券——政府支持的住房贷款债券。莱曼对缺乏戏剧性感到困惑，他提问说："我所见的毫无重要性可言——没有奢侈，没有情感，甚至没有说话——这真的是资本主义世界跳动的心脏吗？"

答案基本上是肯定的。莱曼参观了纽约联邦储备银行，因为他要为被任命为美联储理事会主席的珍妮特·耶伦 (Janet Yellen) 写一个简介。这是一个非常重要的位置，正如莱曼所写："有一个老的说法是美联储主席是政府中最重要的人。在金融危机之后，这种说法实际上并没有完全体现出来。"

人们有时会说，美联储主席决定发行多少钞票。并非如此。就以一件事为例，美联储并不印钞，此外，货币发行量的决定是由委员会而非个人决定。但正如我们在第 18 章中所学到的，美联储可以使用公开市场业务和其他行动（如改变准备金要求）来改变货币供给，耶伦比美国任何人对这些行动的影响都大。

这些行动很重要。美国自第二次世界大战以来经历的大约一半的经济衰退可以归因于（至少部分地归因于）美联储决定收紧货币以打击通货膨胀。在其他情况下，美联储在应对衰退和促进复苏方面发挥了关键作用。2008 年的金融危机使美联储处于风暴中心。它对危机的积极应对引发了赞美和谴责。

美联储主席的权力来自理事会能够指导在纽约这两个小房间的工作人员的行动。美联储的所作所为主要是制定货币政策。货币政策看上去没那么重要，但合理的货币政策对于创造就业、稳定价格以及其他更多方面至关重要。

在本章中，我们将了解货币政策如何运作——美联储的行动如何能够对经济产生强大的影响。我们将从家户和企业的货币需求开始分析。然后，我们将看到美联储如何改变货币供给，在短期内改变利率，从而影响实际GDP。我们将考察美国的货币政策实践，并将其与其他中央银行的货币政策进行比较。最后我们将检视货币政策的长期影响。

19.1 货币需求

在前面章节中，我们知道货币供给总量有不同的类型：

M1是对货币供给最通用的定义，包括流通中的通货（现金）、支票银行存款和旅行支票。

M2是对货币供给的广义定义，包括M1和容易转化成支票银行存款的存款。

我们也知道了人们为什么持有货币——方便购买产品和服务。现在，我们再深入一层来分析，在一定时间点上，个人和企业为什么持有货币以及持有的数量由什么来决定。

□ 19.1.1 持有货币的机会成本

大部分经济决策涉及边际上的权衡取舍。也就是说，人们在决定消费多少产品时，是比较多消费1单位产品的收益与成本相比是否物有所值。同样的决策方法也可适用于持有多少数量的货币。

个人和企业把其部分资产以货币形式持有，一部分原因是因为持有货币可以直接用来购买产品和服务。但是，这种便利性也是要付出代价的：与非货币资产相比，持有货币带来的收益通常相对较低。

为理解货币便利性会导致产生一些机会成本，我们来看一个例子：即使当今信用卡、借记卡和自动提款机很流行，人们仍然继续在他们的钱包中放入一些现金，而不是将这部分资金放在生息账户中。他们这样做是因为他们想在不接受信用卡的地方购买午餐或不想在商店因为刷卡费用而不接受小额支付时不得不去自动提款机取钱。换句话说，在你的钱包中保有一些现金的便利性比你通过在银行中保有那些资金所获得的利息更有价值。

即使将货币放入支票账户中，也需要在便利性和赚取利息之间进行权衡。这是因为你可以通过把钱转为资产而不是支票账户来赚取更高的利率。例如，许多银行提供比普通银行账户更高利率的定期存单。但是，如果你在到期前一定时间（例如6个月）提取定期存单存款也会支付罚金。人们将资金存放在支票账户中就放弃了把这些资金存入定期存单可能获得的较高利率，目的是在需要时随时使用现金。

因此，了解货币需求的意义在于理解个人和企业如何在持有现金的好处（方便但不能生息）与持有生息的非货币资产（带来利息但不方便）之间进行权衡。这种权衡受利率影响。（与前面一样，当说到利率时，应理解我们的意思是名义利率，也就是说，没有经过通货膨胀调整。）接下来，我们将检视这种权衡从2007年6月到2008年6月在利率大幅下降时如何改变。

表19-1所示为在2007年6月这一特定月份持有货币的机会成本。第一行给出了1个月期的定期存单的利率，即个人如果愿意绑定他们的资金1个月可能获得的利率。2007年6月，1个月期的定期存单利率为5.30%。第二行所示为付息的需求存款（具体包括在M2中，减去小额定期存款）的利率。这些账户中的资金比定期存单中的资金更容易使用，但便利性的代价是利率更低，只有2.30%。最后一行所示为钱包中的现金的利率——当然是零。

表19-1所示为在某一时间点持有货币的机会成本，但是当总体利率水平变化时，持有货币的机会成本也会改变。具体来说，当整体利率水平下降时，持有货币的机会成本也下降。

表 19-1　　2007 年 6 月部分利率

1 个月期的定期存单	5.30%
付息的需求存款	2.30%
现金	0

资料来源：Federal Reserve Bank of St. Louis.

> **短期利率**是指不到一年到期的金融资产的利率。

表 19-2 所示为 2007 年 6 月至 2008 年 6 月期间选定的几种利率变化的情形，在此期间，美联储在一次（并不成功的）应对快速恶化的经济衰退的努力中降低了利率。2007 年 6 月和 2008 年 6 月的利率比较说明了当持有货币的机会成本大幅下降时会发生什么。在 2007 年 6 月至 2008 年 6 月期间，联邦基金利率（美联储最直接控制的利率）下降了 3.25 个百分点。1 个月期的定期存单的利率几乎下降了 2.8 个百分点。这些利率是**短期利率**（short-term interest rate）——不到一年到期的金融资产的利率。

短期利率在 2007 年 6 月至 2008 年 6 月之间下降，但现金利率并没有下降相同的幅度。现金利率当然保持为零。付息的需求存款的利率也出现下降，但远远低于短期利率。从表 19-2 的两列比较可以看出，持有货币的机会成本下降了。表 19-2 的最后两行对这种比较做了总结，分别给出了定期存单与付息的需求存款的利率与定期存单与现金的利差。

这些利差——持有货币而不是生息资产的机会成本——在 2007 年 6 月至 2008 年 6 月之间急剧下降。由此得出的一般性结论是：短期利率越高，持有货币的机会成本越高；短期利率越低，持有货币的机会成本越低。

表 19-2 中的联邦基金利率和 1 个月期的定期存单的利率下降的百分比几乎相同，这并非偶然：所有短期利率都倾向于一起变动，极少有例外。短期利率倾向于一起变动的原因是，定期存单和其他短期资产（如 1 个月期和 3 个月期的美国财政债券）实际上在竞争同样的业务。投资者会卖出任何利率低于平均利率的短期资产，而将他们的财富转移到具有更高收益的短期资产上。出售资产反过来又迫使利率上升，因为投资者必须得到更高的利率才会购买。

表 19-2　　利率与持有货币的机会成本

	2007 年 6 月	2008 年 6 月
联邦基金利率	5.25%	2.00%
1 个月期的定期存单的利率	5.30%	2.50%
付息的需求存款的利率	2.30%	1.24%
现金利率	0.00	0.00
定期存单与付息的需求存款的利差	3.00%	1.26%
定期存单与现金的利差	5.30%	2.50%

资料来源：Federal Reserve Bank of St. Louis.

> **长期利率**是指到期期限达几年甚至更长时间的金融资产利率。

表 19-2 仅仅列出了短期利率。在任何时点上，**长期利率**（long-term interest rates）与短期利率不同，所谓长期利率是指到期期限达几年甚至更长时间的金融资产利率。在现实中，短期利率和长期利率的差异有时是非常重要的。

此外，影响货币需求的是短期利率而非长期利率，因为持有货币的决策涉及持有货币的便利性与短期资产（到期时间在一年或更短时间内）收益的权衡比较。然而，目前我们忽略短期利率和长期利率之间的区别，并假设只有一个利率。

□ 19.1.2　货币需求曲线

在其他条件不变时，因为利率总水平将影响持有货币的机会成本，个人和企业持有的货币数量与利率之间是负相关关系。在图 19-1 中，横轴为货币需求数量，纵轴为利率 r，我们可以将其视为代表性短期利率，例如 1 个月期的定期存单的利率。

公众的货币需求数量与利率之间的关系可由**货币需求曲线**（money demand curve，MD）来表示，如图 19－1 所示。货币需求曲线向下倾斜，是因为在其他条件不变时，利率越高，持有货币的机会成本也越高，人们将减少货币需求数量。例如，假设利率非常低，比方说 1%，持有货币放弃的利息也非常少，结果个人和企业就往往愿意持有数量较多的货币以避免在购物时持有的其他资产必须转换成货币带来的成本和麻烦。

货币需求曲线表示利率与货币需求数量之间的关系。

相反，当利率相对较高时，比方说 15%（美国在 20 世纪 80 年代早期曾经达到过这一水平），持有货币的机会成本就相当高。人们就愿意只持有少量货币和存款，只有当需要时才将其转成现金。

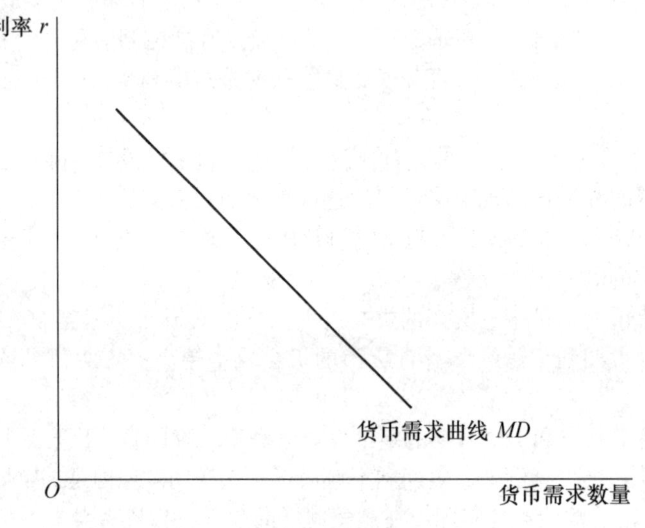

图 19－1　货币需求曲线

货币需求曲线表现的是利率和货币需求数量之间的关系。它向下倾斜，因为利率水平越高，持有货币的机会成本越大，导致货币需求数量减少。相应地，利率水平越低，持有货币的机会成本越小，货币需求数量增加。

你可能会问，我们画出的货币需求曲线为什么要把利率——与其他资产如股票或不动产的收益率不同——置于纵轴？就像我们前面所解释的，对大部分人来说，与持有多少数量货币的决策相关的问题是：是否把资金投入其他形式的可较为迅速和方便地转为货币的资产？股票不适合这个定义，因为当你买卖股票时，交易费用较高（这就是为什么股票市场的投资者不会太频繁地买卖的原因）。不动产也不符合这一定义，因为销售房地产涉及更高的费用，也可能需要很长时间。因此，能进行相关类比的是“近似于”货币的资产——定期存单之类流动性高的资产。正如我们已经知道的，所有这些资产的利率通常紧密相关。

□ 19.1.3　货币需求曲线的移动

除利率之外，许多因素也影响货币需求。当这些因素中的一种发生变化时，货币需求曲线发生移动。图 19－2 表现了货币需求曲线的移动：货币需求增加，*MD* 曲线向右移动，增加了任何给定利率所需的货币数量；货币需求减少，*MD* 曲线向左移动，减少了任何给定利率所需的货币数量。

导致货币需求曲线移动最重要的因素有：总体价格水平的变化，实际 GDP 的变化，信贷市场和银行业务的技术变革以及制度的变革。

总体价格水平的变化　与 20 世纪 50 年代相比，美国人钱包中的现金数量和存在支票账户中的金钱要多出许多。原因之一是如果他们想要购买东西就必须这样做，那时几乎所有东西都比之前花费更多，之前你在麦当劳买一份汉堡包、薯条和饮料只需 45 美分，一加仑汽油只需 29 美分。因此，在其他条件不变的情况下，价格越高，货币需求数量越多（*MD* 曲线向右移动），而价格越低，货币需求数量越少（*MD* 曲线向左移动）。

我们可以更加具体地来看总体价格水平对货币需求数量的影响，在其他条件不变的情况下，货币需求数量与总体价格水平之间成比例变动。也就是说，在一定利率水平上，如图 19-2 中的 r_1，当总体价格水平提高 20%时，货币需求数量也会提高 20%——从 M_1 变动到 M_2。为什么？因为如果所有价格上涨了 20%，购买同样的产品和服务需要多花 20%的钱。当总体价格水平下降 20%，购买同样的产品和服务则少花 20%的钱，表现为从 M_1 变动到 M_3。我们将在后面看到，货币需求数量与总体价格水平成比例变化的事实对货币政策的长期影响非常重要。

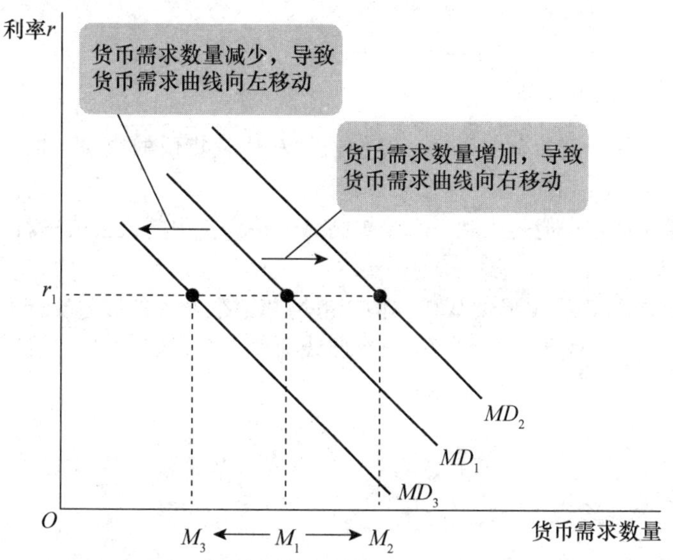

图 19-2 货币需求数量的增加和减少

当影响货币需求数量的非利率因素改变时，货币需求曲线发生变化。货币需求数量的增加将导致货币需求曲线从 MD_1 向 MD_2 变动，并且货币需求数量在任何给定的利率上增加。货币需求数量减少将推动货币需求曲线向左移动，从 MD_1 变动到 MD_3，并且在任何给定的利率上货币需求数量下降。

实际 GDP 的变化 家户和企业持有货币是为了便利购买产品和服务。他们计划购买的产品和服务的数量越多，在利率水平不变时他们愿意持有的实际货币需求数量越大。所以，实际 GDP 增加将会推动实际货币需求曲线向右移动，而实际 GDP 减少将会推动实际货币需求曲线向左移动。

信贷市场和银行业务的技术变革 信用卡在当今美国各地都可使用，但并不总是如此。允许客户跨月滚动余额（称为余额循环）的第一张信用卡是在 1959 年发行的。在此之前，人们不得不支付现金购买或每月结账。在余额循环信用卡发明后，人们为购买而持有的钱就减少了，也减少了对货币的需求。此外，推动信用卡广泛普及并被广泛接受的银行业务的技术变革放大了这一效果，人们可以更容易进行购买而不必将有息资产转换为资金，进一步减少了对货币的需求。

制度的变革 制度的变革可以增加或减少货币需求。例如，直到 20 世纪 80 年代初期，根据 Q 条例，美国银行不能对支票账户支付利息，所以持有支票银行存款的机会成本非常高。当银行制度改变，允许银行对支票账户支付利息后，实际货币需求也随之增加了，货币需求曲线向右移动。

▶ **真实世界中的经济学**

还是想持有现金

金融专家们说日本仍然是一个现金社会。从美国和欧洲来的旅游者在看到日本人很少使用信用卡，钱包中装着厚厚的日元现钞时惊讶不已。确实，日本是一个经济和技术发达的国家，某些统计指标，如交通运输方面甚至超过美国。然而这样一个经济大国中的居民为什么在进行交易时采用的是美国和欧洲以前一代人的做法呢？答案自然涉及影响货币需求数量的因素。

日本人大量使用现金的一个原因是他们的制度从来没有努力推动人们更多地转向对塑料卡片的依赖。原因较为复杂，日本的零售商店大多是小型的夫妻店，它们不愿意对信用卡进行技术投资；日本的银行在推动交易技术进步方面也非常缓慢；游客也经常对日本的自动提款机在晚上很早关闭而不是日夜都能使用感到迷惑不解。

日本人持有大量现金还有其他原因：这样做的机会成本很低。自从20世纪90年代中期开始，日本的短期利率低于百分之一；日本的犯罪率低也是原因之一，装满现金的钱包很少被偷。所以为什么不持有现金呢？

及时复习

● 货币提供的收益率要低于其他金融资产。我们通常在比较货币的收益率时使用短期利率而不是长期利率。

● 持有货币可以提供流动性，但是当利率水平提高后，持有货币的机会成本就增加了，所以导致了货币需求曲线向下倾斜。

● 总体价格水平的变化、实际GDP的变化、信贷市场和银行业务的技术变革以及制度的变革会导致货币需求曲线移动。货币需求数量增加，导致货币需求曲线向右移动；货币需求数量减少，导致货币需求曲线向左移动。

小测验 19-1

1. 解释下面的每一项将如何影响货币需求数量。变化导致的是沿着货币需求曲线的移动还是货币需求曲线的移动？

a. 短期利率从5%上升到30%。

b. 所有价格下降10%。

c. 超市采用新的无线技术自动向信用卡收钱，人们不必在收银机前排队结账。

d. 为了避免大幅增加税收，居民将他们的资产转入海外银行账户。税务机关对这些账户更难跟踪，但所有人将账户资金转换为现金也更难了。

2. 请解释如下事件哪个会增加持有货币的机会成本？哪个会减少？哪个没有影响？

a. 商家对通过借记卡或信用卡交易的低于50美元的购物收取1%的费用。

b. 为了吸引更多存款，银行提高了6个月期的定期存单的利息。

c. 在节假日，零售商暂时将价格降低到出乎意料低的水平。

d. 食物的成本显著上升。

19.2 货币与利率

> 联邦公开市场委员会今天决定把联邦基金目标利率降低75个基点，新的水平为2.25%。
>
> 最近的信息表明，经济增长前景在未来将走弱。消费支出的增长已经放缓，劳动市场已经疲软。金融市场仍然处于相当大的压力之下，信贷条件趋紧，房地产市场萎缩在加速，这些可能会影响未来几个季度的经济增长。

这是2008年3月18日美联储发布的新闻稿的开始部分（联邦基金利率的调整基点为0.01个百分点，因此，该报告暗示美联储将目标利率从3%降至2.25%）。在之前章节中，我们已经知道了联邦基金利率，它是银行相互借出准备金以满足所需的准备金的利率。正如声明所暗示的，在每次每年共八次的会议上，一个被称为联邦公开市场委员会的小组决定联邦基金利率的目标。然后由美联储官员实现这一目标。该任务由纽约联邦储备银行通过公开市场柜台来完成，该银行将购买和出售短期美国政府债务，即财政债券，以实现这一目标。

正如我们已经看到的，其他短期利率，如定期存单的利率，随联邦基金利率的变动而变动。因此，当美联储在 2008 年 3 月将联邦基金目标利率从 3%降至 2.25%时，许多其他短期利率也下降了约四分之三个百分点。

美联储是如何实现联邦基金目标利率的？更重要的是，美联储如何能够影响利率呢？

□ 19.2.1 均衡利率水平

利率的流动性偏好模型认为利率水平是由货币市场中的货币供给和货币需求决定的。

货币供给曲线表现的是货币供给数量如何随利率的变化而变化。

为简化起见，我们假定对非货币金融资产只有一种利率，无论是短期还是长期。为了明白利率是如何决定的，请看图 19－3，该图所示为**利率的流动性偏好模型**（liquidity preference model of the interest rate），这个模型认为利率水平是由货币市场中的货币供给和货币需求决定的。在图 19－3 中，我们把货币需求曲线 MD 和**货币供给曲线** AS（money supply curve）放在一起。货币供给曲线表示的是美联储提供的货币数量如何随利率的变化而变化。

我们学过美联储如何通过在公开市场业务中买进或卖出财政债券来增加和减少货币供给数量，它也能通过贴现窗口或改变法定准备金率来影响利率。为简单起见，我们假定美联储通过一种或多种手段简单选择能够实现目标利率的货币供给数量。货币供给曲线就是一条垂直线，如图 19－3 中的 MS 所示，与横轴交点处的货币供给数量是由美联储选定的 $\overline{M}$。货币市场在该点实现均衡，此时货币供给等于货币需求，得到均衡利率 r_E。

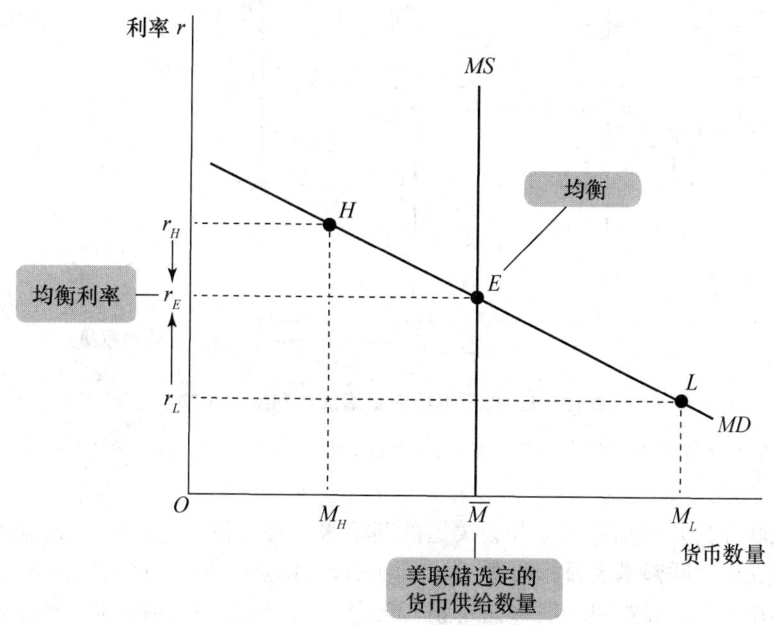

图 19－3 货币市场的均衡

货币供给曲线 MS 是美联储选定的货币供给数量 $\overline{M}$ 水平上的一条垂直线。在利率水平 r_E 上，货币市场实现均衡。公众的货币需求数量等于货币供给数量 $\overline{M}$。

在 L 点，r_L 低于 r_E，货币需求数量 M_L 大于货币供给数量 $\overline{M}$。公众卖出生息的非货币金融资产而增加货币持有量，投资者将把利率推高至 r_E。在 H 点，r_H 高于 r_E，货币需求数量 M_H 小于货币供给数量 $\overline{M}$。公众减少货币持有量，买入生息的非货币金融资产，投资者将把利率压低至 r_E。

为了理解为什么 r_E 是均衡利率，我们可以考虑如果市场在 L 点时会发生什么，此时利率水平为 r_L，低于 r_E，公众希望持有的货币数量为 M_L，大于实际货币供给数量 $\overline{M}$。这意味着公众想把他们财富中生息的非货币金融资产如定期存单转为货币。

这一结果有两层含义：一是货币需求数量大于货币供给数量；二是对生息的非货币金融资产的需求数量小于供给数量。所以那些想卖出生息的非货币金融资产的人发现他们只有提高利率才能吸引购买者。结果利率将从 r_L

上升到公众持有的货币数量与实际货币供给数量 $\overline{M}$ 相等的水平上。也就是说，利率水平会一直提高到 r_E。

现在我们考虑如果市场在图 19－3 中的 H 点会发生什么。此时，r_H 高于 r_E，货币需求数量 M_H 小于实际货币供给数量 $\overline{M}$。这意味着公众对生息的非货币金融资产的需求大于供给。那些想卖出生息的非货币金融资产的人发现他们即使以更低利率出售也能找到购买者。这将导致利率从 r_H 下降，一直会下降到公众愿意持有的货币数量等于实际货币供给数量 $\overline{M}$ 相对应的水平上。也就是说，利率水平将变动为 r_E。

□ 19.2.2 货币政策和利率

我们来分析美联储如何通过变动货币供给量来改变利率。图 19－4 表示的是当美联储将货币供给数量从 $\overline{M}_1$ 变为 $\overline{M}_2$ 时利率将怎样变化的情形。经济原来处在均衡状态 E_1，均衡利率为 r_1，货币供给数量为 $\overline{M}_1$。当美联储把货币供给数量增加到 $\overline{M}_2$ 后，货币供给曲线将向右移动，从 MS_1 变化到 MS_2，导致均衡利率下降到 r_2。为什么？因为 r_2 是满足公众愿意持有的货币数量等于实际货币供给数量 $\overline{M}_2$ 的唯一利率水平。

所以，增加货币供给数量将压低利率水平；同样减少货币供给数量将抬高利率水平。通过增加或减少货币供给数量，美联储可以调整利率。

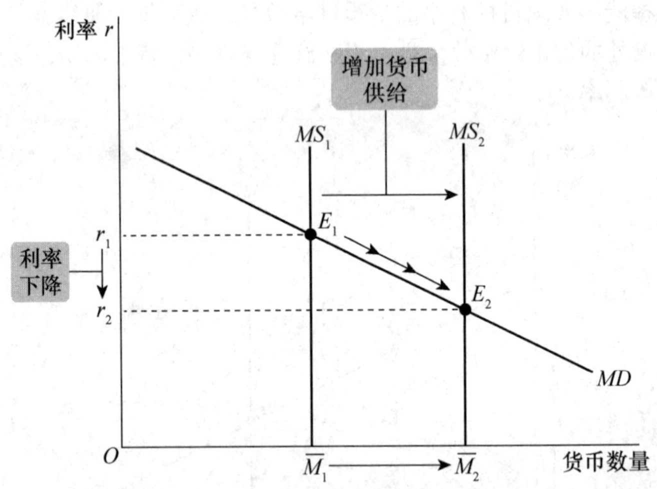

图 19－4　货币供给数量增加对利率的影响

美联储可以通过增加货币供给数量来降低利率水平。当货币供给数量从 $\overline{M}_1$ 改变为 $\overline{M}_2$ 后，利率水平从 r_1 下降到 r_2。为了吸引人们持有更多的货币，利率必须从 r_1 下降到 r_2。

联邦基金目标利率是美联储希望实现的联邦基金利率水平。

在实践中，每次联邦公开市场委员会开会决定的利率水平将维持六个星期直到下次例会。美联储确定**联邦基金目标利率**（target federal funds rate），这是它希望的联邦基金利率水平。设在纽约联邦储备银行的公开市场办公室（我们前面提到的那两个小办公室）通过买卖财政债券来调节货币供给，直到现实的联邦基金利率等于目标利率。货币政策的其他工具——贴现窗口和准备金率变化——不会定期使用（虽然美联储在努力解决 2008 年金融危机时使用了贴现窗口贷款）。

图 19－5 表示的是这种目标如何实现。r_T 是联邦基金目标利率。在图 19－5（a）中，初始的货币供给曲线为 MS_1，货币供给数量为 $\overline{M}_1$，均衡利率 r_1 高于目标利率水平 r_T。为了把利率降低至 r_T，美联储在公开市场上买入财政债券。这通过在图 19－5（a）中货币供给曲线从 MS_1 向右移动到 MS_2 来表示，货币供给数量增加到 $\overline{M}_2$。这将推动均衡利率降低到目标利率水平 r_T。

在图 19－5（b）中表现的是相反的情形。同样，初始的货币供给曲线为 MS_1，货币供给数量为 $\overline{M}_1$。但是，这时均衡利率 r_1 低于目标利率水平 r_T。在这种情形下，美联储在公开市场上卖出财政债券，通过货币乘数导致货币供给数量减少到 $\overline{M}_2$，供给曲线将从 MS_1 向左移动到 MS_2，这将推动均衡利率水平上涨到目标利率水平 r_T。

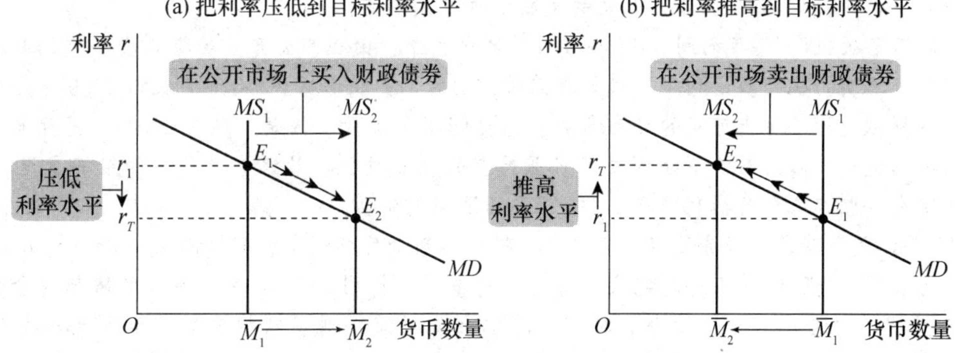

图 19-5 联邦基金利率的决定

美联储确定联邦基金目标利率并通过公开市场业务操作来实现利率目标 r_T。在图（a）中，初始的均衡利率 r_1 高于目标利率水平。美联储在公开市场上买入财政债券增加货币供给，推动货币供给曲线从 MS_1 向右移动到 MS_2，把利率压低到目标利率水平 r_T。在图（b）中，初始的均衡利率 r_1 低于目标利率水平 r_T。美联储在公开市场上卖出财政债券减少货币供给，推动货币供给曲线从 MS_1 向左移动到 MS_2，推动利率上升到目标利率水平 r_T。

□ 19.2.3 长期利率

之前我们提到过长期利率（也就是期限达几年的债券或贷款的利率）并不一定会随着短期利率的变化而变化。这可能吗？

我们来看米丽的例子，她决定在未来两年将用10 000美元购买美国政府债券。但是，她还没有决定是购买1年期利率为4%的债券还是购买2年期利率为5%的债券。如果她购买1年期债券，那么在1年内，米丽将收到她为债券支付的10 000美元（本金）加上利息。如果相反，她购买了2年期债券，米丽将不得不等到第2年年底再收回本金和利息。

你可能认为2年期债券显然要好一些，但是并不一定。假设米丽认为1年期债券的利率在下一年会有大幅度上升。如果她购买1年期债券，那么来年她就可以把钱用于购买利率更高的债券。这样她两年得到的利息要多于她购买2年期债券。例如，假设利率为4%的1年期债券下一年利率将上升至8%，那么先购买1年期债券然后再购买另一个1年期债券在两年时间内得到的收益率为6%，显然好于2年期债券的收益率5%。

当投资者选择短期债券和长期债券时会有同样的考虑。如果他们认为短期利率将会升高，即使长期债券利率高于短期，投资者也将购买短期债券。如果他们认为短期利率将会降低，即使目前短期债券利率高于长期，投资者也将购买长期债券。

该例子表明长期利率主要反映了市场对未来短期利率会发生什么的平均预期。当长期利率高于短期利率时，如同2014年一样，市场预示着短期利率在未来会上升。

然而，这并非全部内容：风险也是一个因素。回到米丽决定是购买1年期还是2年期债券的例子。假设她投资1年时间后需要用到现金，比如说要支付紧急医疗费用。如果她买了2年期债券，她必须出售这些债券来应付意外费用。但她的债券会得到什么价格？这取决于经济体中其他利率发生的变化。债券价格和利率变化方向相反：如果利率上升，债券价格下跌，反之亦然。

这意味着如果米丽购买2年期债券而不是1年期债券，那么米丽将面临额外的风险，因为如果一年后债券价格下跌，她必须出售债券以筹集现金，她将在债券上亏损。由于这一风险因素，长期利率平均高于短期利率，以补偿长期债券购买者面临的较高风险（尽管这种关系在短期利率异常高时会被逆转）。

正如我们将在本章后面看到的，长期利率不一定随着短期利率变动的事实有时是货币政策需考虑的一个重要因素。

▶ **真实世界中的经济学**

美联储的操作逆转

我们在本节开篇引用了美联储2008年3月18日公告中的内容，它降低了目标利率。这个特别的行动是一个更大故事的一部分：从2007年9月开始的美联储政策大幅逆转。

图19-6显示了从2004年年初到2016年3月的两种利率：由联邦公开市场委员会决定的联邦基金目标利率与市场有效或真实的联邦基金利率。正如我们所看到的，美联储从2004年年底到2006年年中分步提高了目标利率。这样做是为了防止可能的经济过热和通货膨胀率上升。但是，从2007年9月开始，美联储进行了戏剧性的操作逆转，因为房价下跌触发了日益严重的金融危机，最终导致严重的经济衰退。2008年12月，美联储决定允许联邦基金目标利率在0～0.25%的区间内变动。

直到2015年，美联储认为经济已经充分恢复，将联邦基金目标利率区间提高至0.25%～0.50%。

图19-6还表明，美联储并不总是能实现目标。有多次，特别是2008年，有效的联邦基金利率大大高于或低于目标利率。但这并不会持续很长时间，总体上美联储得到了它想要的，至少就短期利率来说是这样。

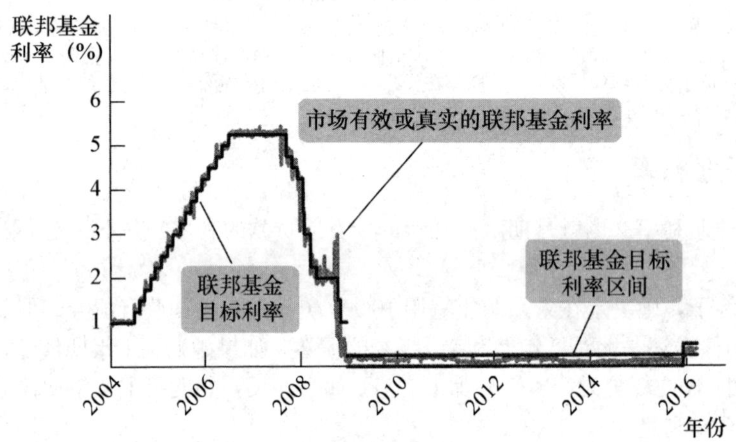

图19-6　美联储的操作逆转

资料来源：Federal Reserve Bank of St. Louis.

及时复习

● 根据利率的流动性偏好模型，均衡利率是由货币供给曲线和货币需求曲线决定的。

● 美联储可以通过公开市场业务移动货币供给曲线来改变利率。在实践中，美联储确定联邦基金目标利率并通过公开市场业务来实现这一目标利率。

● 长期利率反映了对未来短期利率会发生什么的预期。由于风险因素，长期利率往往高于短期利率。

小测验19-2

1. 假定在每一利率水平上的货币需求数量都增加了。请画图说明在货币供给不变的情况下，这对均衡利率会产生什么影响。

2. 假定美联储为达到联邦基金目标利率采用政策手段。请说明在问题1的情况下，如果想保持联邦基金利率不变，美联储该怎么做？用图说明。

3. 弗兰妮必须决定今天买1年期债券，1年后再买1年期债券，还是今天买2年期债券。在下面哪种情况下她最好采取第一种方法？在哪种情况下她最好采取第二种方法？

a. 今年1年期债券的利率为4%；明年将是10%。2年期债券的利率为5%。

b. 今年1年期债券的利率为4%；明年将是1%。2年期债券的利率为3%。

19.3　货币政策和总需求

在第17章，我们学习了怎样用财政政策来稳定经济。现在我们来看货币政策——改变货币供给或者利率——如何发挥同样的作用。

□ 19.3.1 扩张性和紧缩性货币政策

在第 16 章我们已经知道货币政策会导致总需求曲线移动。我们现在解释这是如何做到的：通过货币政策来影响利率。

图 19－7 表现了这一过程。首先假设美联储试图降低利率，于是它扩大货币供给。如图 19－7 的上半部分所示，在其他条件相同时，较低的利率将导致更多的投资支出。这也将导致更多的消费支出，通过乘数过程，导致对总产出的需求增加。最后，当货币供给增加时，在任何给定的总体价格水平上，对产品和服务的需求会增加，*AD* 曲线向右移动。增加对产品和服务的需求的货币政策被称为**扩张性货币政策**（expansionary monetary policy）。

或者，假设美联储希望提高利率，因此它减少货币供给。我们可以在图 19－7 的下半部分看到这一过程。货币供给减少，导致利率提高。较高的利率导致投资支出降低，然后降低消费支出，导致总需求减少。因此，当货币供给减少时，对产品和服务的需求将减少，*AD* 曲线向左移动。减少对产物和服务的需求的货币政策被称为**紧缩性货币政策**（contractionary monetary policy）。

扩张性货币政策是增加总需求的货币政策。
紧缩性货币政策是减少总需求的货币政策。

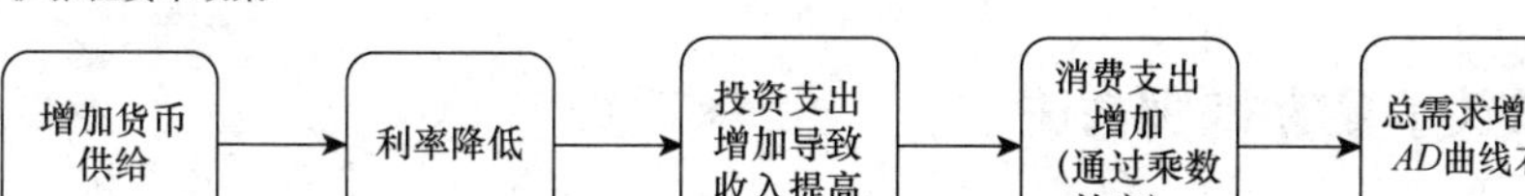

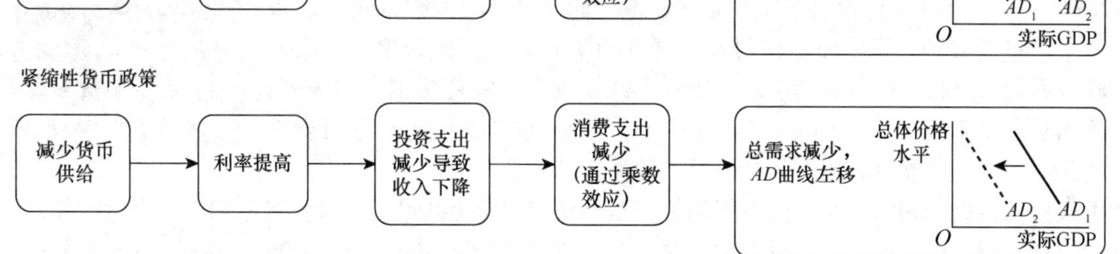

图 19－7 扩张性和紧缩性货币政策

上半部分所示为美联储采用扩张性货币政策增加货币供给时发生的情形。利率降低，投资支出增加导致收入提高，进一步推动消费支出增加，*AD* 曲线右移。下半部分所示为美联储采用紧缩性货币政策减少货币供给时发生的情形。利率提高，投资支出减少导致收入下降，进一步推动消费支出减少，*AD* 曲线左移。

□ 19.3.2 货币政策实践

美联储如何决定是使用扩张性货币政策还是紧缩性货币政策呢？它是如何决定多少变化就足够了的呢？政策制定者既要努力防止衰退，也要努力确保价格稳定：保持低通货膨胀率（但通常不为零）。真实的货币政策反映了这些目标的结合。

一般来说，当真实的实际 GDP 低于潜在产出水平时，美联储和其他国家的中央银行倾向于采取扩张性货币政策。图 19－8（a）显示了 1985 年以来美国的产出缺口与联邦基金利率，我们在第 16 章将产出缺口定义为真实的实际 GDP 与潜在产出水平之间的百分比差异。（当真实的实际 GDP 超过潜在产出水平时，产出缺口为正。）正如我们所看到的，当正的产出缺口扩大时，即当经济正在形成通货膨胀缺口时，美联储倾向于提高利率；而当产出缺口缩小时，美联储倾向于降低利率。

一次显著的例外是 20 世纪 90 年代末，即使经济形成正的产出缺口（随之而来的是低失业率），美联储仍然在几年内保持利率稳定。20 世纪 90 年代末美联储愿意保持低利率的原因之一是通货膨胀率低。

图 19－8（b）比较了通货膨胀率（以不包括食品和能源的消费者价格变化率代表）与联邦基金利率。我们可以看出，在 20 世纪 90 年代中期，21 世纪最初 10 年早期和后期的低通货膨胀率有助于在 20 世纪

90年代末、2002—2003年和2008年再次实行宽松的货币政策。

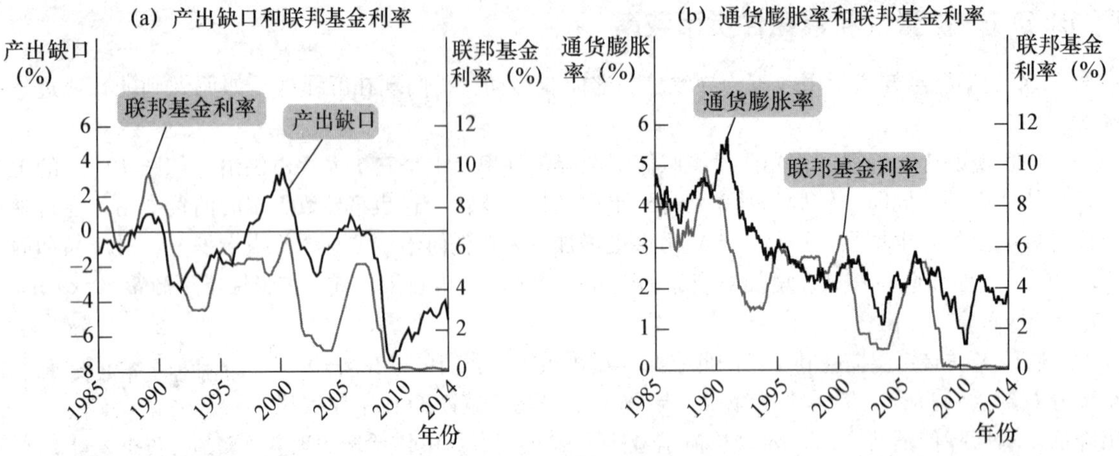

图19-8 使用产出缺口和通货膨胀率研究货币政策

图(a)所示为当产出缺口为正时，即真实的实际GDP高于潜在产出水平时，联邦基金利率通常会上升；当产出缺口为负时，联邦基金利率会下降。图(b)表明，当通货膨胀率高时，联邦基金利率往往处在高位，而当通货膨胀率低时，联邦基金利率往往处在低位。

资料来源：Federal Reserve Bank of St. Louis.

□ 19.3.3 确定货币政策的泰勒规则方法

> **货币政策的泰勒规则**是指在设定利率时要考虑到通货膨胀率和产出缺口，或在某些情况下的失业率。

在1993年，斯坦福大学经济学家约翰·泰勒（John Taylor）建议货币政策应遵循一个简单的规则：应同时考虑商业周期和通货膨胀率。他还建议，真实的货币政策看起来好像是由美联储决定，实际上或多或少是在遵循拟定的规则。**货币政策的泰勒规则**（Taylor rule for monetary policy）是指在设定利率时要考虑到通货膨胀率和产出缺口，或在某些情况下的失业率水平。

货币政策的泰勒规则的一个广泛应用的例子是美联储的货币政策、通货膨胀率和由旧金山联邦储备银行的经济学家估计得出的失业率之间的关系。这些经济学家发现，1988—2008年，美联储的行为通过以下泰勒规则得到了很好的解释：

$$联邦基金利率=2.07+1.28\times 通货膨胀率-1.95\times 失业率缺口$$

通货膨胀率用上一年不包括食品和能源的消费者价格变化率来度量，失业率缺口用真实失业率与国会预算办公室对自然失业率的估计之间的差额来代表。

图19-9将用本规则预测的联邦基金利率与1985—2014年中期的真实联邦基金利率进行比较。正如我们所看到的，1988—2008年年底，美联储决定的利率非常接近根据特定泰勒规则预测的水平。

□ 19.3.4 通货膨胀目标制

> **通货膨胀目标制**是指中央银行设定通货膨胀率目标，并制定政策以实现这一目标。

直到2012年1月，美联储没有明确承诺实现特定的通货膨胀率。然而，在2012年1月，美联储宣布它的政策将保持每年约2%的通货膨胀率。有了这个声明，美联储与部分其他中央银行一样，明确了通货膨胀目标。因此，它们不是使用泰勒规则来设定货币政策，而是宣布它们想要实现的通货膨胀率——通货膨胀目标，制定政策来达到该目标。这种制定货币政策的方法被称为**通货膨胀目标制**（inflation targeting），即中央银行宣布它正试图实现的通货膨胀率，并制定政策以实现这一目标。新西兰的中央银行是第一个采用通货膨胀目标制的国家，其指定的目标范围为1%～3%。

其他国家中央银行也承诺实现具体目标。例如，英格兰银行已承诺将通货膨胀率保持在2%。在实践中，这些版本之间似乎没有太大的区别：中央银行目标通货膨胀率似乎在这个范围的中间，有固定目标的中央银行往往给自己相当大的摆动空间。

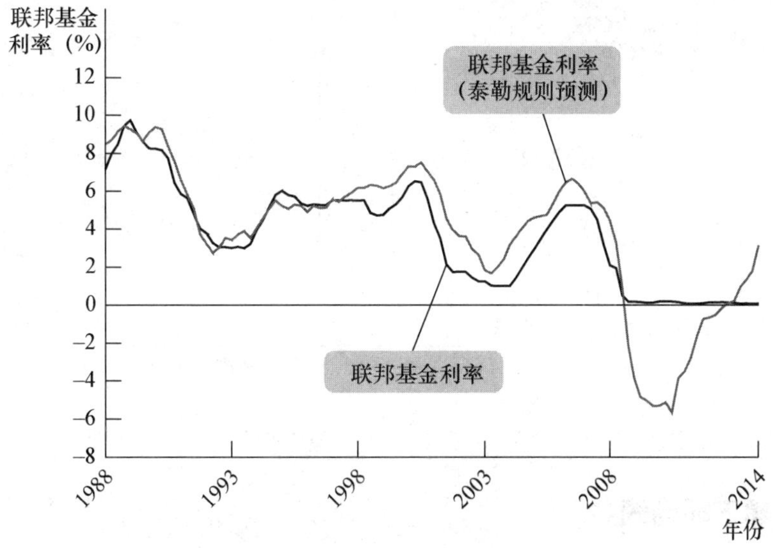

图 19-9　泰勒规则和联邦基金利率

浅色线表示旧金山联邦储备银行根据泰勒规则预测的联邦基金利率，它将利率与通货膨胀率和失业率联系起来。深色线表示的是真实的联邦基金利率。在 2008 年年底之前，真实利率的轨迹与预测的水平相当接近。但是此后泰勒规则要求负利率，这是不可能的。

资料来源：Bureau of Labor Statistics；Congressional Budget Office；Federal Reserve Bank of St. Louis；Glenn D. Rudebusch，"The Fed's Monetary Policy Response to the Current Crisis，" *FRBSF Economic Letter* #2009-17 (May 22，2009).

通货膨胀目标制和泰勒规则之间的一个主要区别是，通货膨胀目标制是前瞻性的而不是回顾过去的。也就是说，泰勒规则是根据过去的通货膨胀率来调整货币政策，但通货膨胀目标制则是基于对未来通货膨胀的预测。

通货膨胀目标制的倡导者认为，它相比泰勒规则有两大主要优势：透明度和问责制。第一，经济不确定性降低，因为中央银行的计划是透明的：公众知道通货膨胀目标制下中央银行的目标。第二，中央银行的成功与否可以通过观察真实的通货膨胀率与目标通货膨胀率的匹配程度来判断，可以向中央银行问责。

对通货膨胀目标制的谴责是它的限制性太强，因为有时候其他问题——比如金融体系的稳定性——应该优先于实现任何特定的通货膨胀率。事实上，在 2007 年下半年和 2008 年年初，美联储降息的幅度远大于泰勒规则或通货膨胀目标制确定的幅度，因为它担心金融市场的动荡将导致大衰退。（事实上，衰退确实发生了。）

许多美国宏观经济学家对通货膨胀目标制有正面的评价，包括本·伯南克（前任美联储主席）。在 2012 年 1 月，美联储宣布它所要求的"价格稳定"意味着 2%的通货膨胀率，虽然它没有明确承诺这是要实现的目标通货膨胀率。

▶ **国际比较**

通货膨胀目标制

下页图为已采取通货膨胀目标制的六个中央银行的目标通货膨胀率。新西兰的中央银行在 1990 年推出了通货膨胀目标制。今天，目标通货膨胀率范围为 1%～3%。加拿大和瑞典的中央银行具有相同的目标范围，但也指定 2%作为准确目标。英国和挪威的中央银行也有具体的目标通货膨胀率，分别为 2%和 2.5%。没有一个国家说明它们准备偏离这些目标的范围。自 2012 年以来，美联储也将目标通货膨胀率定为 2%。

在实践中，这些细节上的差异似乎并不会导致结果的任何显著差异。新西兰的目标是变化范围的中间，通货膨胀率为 2%；英国、挪威和美国允许围绕它们的目标通货膨胀率在相当大的范围内波动。

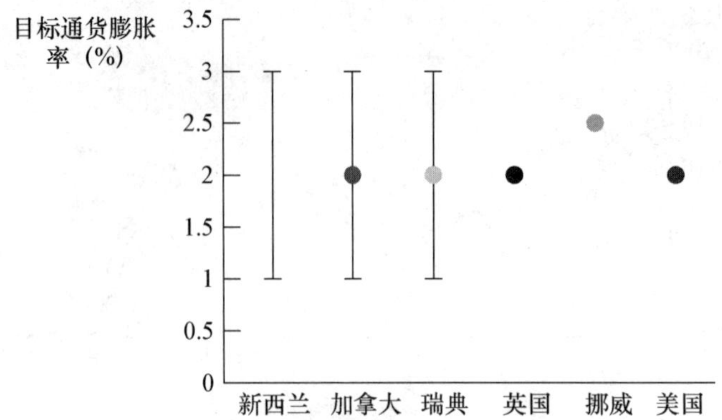

□ 19.3.5 零下限问题

如图 19－9 所示，基于通货膨胀率和失业率的泰勒规则在预测美联储 1988—2008 年期间政策方面做得很好。此后，事情变得糟糕起来，而且只是因为一个简单的原因：失业率很高，通货膨胀率低，同样的泰勒规则要求利率小于零，这是不可能的。

> **利率的零下限**意味着利率不可能小于零。

为什么不可能有负利率？因为人们可以持有现金，这也是零利率。没有人会买一种利率小于零的债券，因为持有现金将是一种更好的选择。利率不能低于零的事实——称为**利率的零下限**（zero lower bound for interest rates）——限制着货币政策的作用。在 2009 年和 2010 年，通货膨胀率低，经济运行远低于潜在水平，因此美联储希望增加总需求。然而，通常的做法——在公开市场买入短期政府债券以扩大货币供给——由于短期利率已经为零或接近零而变得已经没有操作空间。

2010 年 11 月，美联储开始试图回避这个问题，而是用了一个有些模糊的名称“量化宽松”。它不只是购买短期政府债券，而且开始购买长期政府债券——5 年期或 6 年期而非 3 个月的财政债券。正如我们已经指出的，长期利率并不完全与短期利率相吻合。在美联储开始这个计划时，短期利率接近零，但长期利率为 2%～3%。美联储希望直接购买这些长期债券会降低长期利率，对经济产生扩张性影响。

后来美联储进一步扩大该计划，也购买抵押证券，这类债券通常提供比美国政府债券更高的利率。这也是希望这些利率可能被压低，从而对经济产生扩张性影响。与普通的公开市场业务一样，量化宽松由纽约联邦储备银行承担。

此政策有效吗？美联储认为它有助于经济。然而，复苏仍然保持令人失望的缓慢步伐。

▶ **真实世界中的经济学**

美联储想要什么？又得到了什么？

有证据能表明美联储实际上可能会引起经济紧缩或扩张吗？你可能认为为找到这样的证据只是看看当利率上升或下降时经济会发生什么就可以了。但事实证明，这种方法存在一个较大的问题：美联储通常改变利率的目的是企图驯服商业周期，如果经济正在扩张，提高利率，如果经济正在下滑，则降低利率。因此，在真实数据中，经常看起来低利率伴随着疲软的经济，高利率伴随着强劲的经济。

在 1994 年的一篇名为《货币政策问题》(*Monetary Policy Matters*) 的文章中，宏观经济学家克里斯蒂娜·罗默 (Christina Romer) 和戴维·罗默 (David Romer) 通过关注那些并非对商业周期做出反应的货币政策事件来解决这个问题。具体来说，他们使用了来自联邦公开市场委员会和其他来源的资料来确定“美联储实际上决定尝试通过创造衰退来降低通货膨胀率”。

图 19－10 所示为 1952—1984 年的失业率，罗默和罗默确定了 5 个美联储决定需要衰退的日期（用垂直线表示）。5 种情形中的 4 种是决定对经济进行收缩，经过适度滞后的调整之后，失业率上升。平均而

言，罗默和罗默发现，当美联储决定失业率应该上升时，失业率上升了2个百分点。

所以，美联储得到了它想要的。

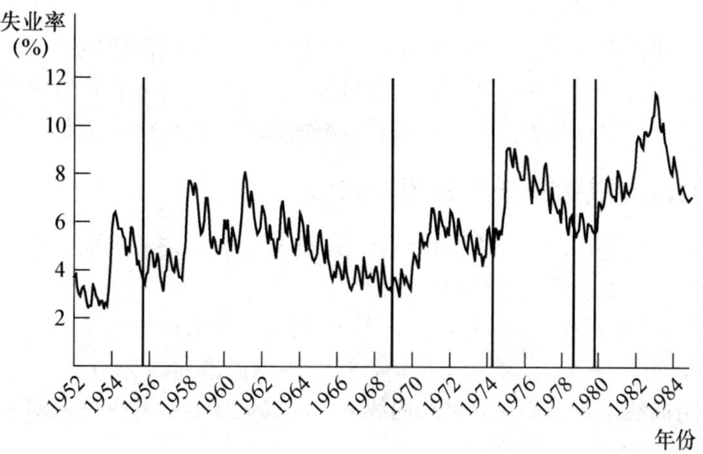

图19-10 美联储想要创造衰退时

资料来源：Bureau of Labor Statistics；Christina D. Romer and David H. Romer，"Monetary Policy Matters，" *Journal of Monetary Economics* 34（August 1994）：75-88.

及时复习

● 美联储可以使用扩张性货币政策增加总需求，使用紧缩性货币政策减少总需求。美联储和其他中央银行通常试图驯服商业周期，同时保持低但为正的通货膨胀率。

● 根据货币政策的泰勒规则，当有高通货膨胀率和正产出缺口或非常低的失业率时，联邦基金目标利率应上升；当有低的或负的通货膨胀率和负产出缺口或高失业率时，联邦基金目标利率应下降。

● 一些中央银行通过通货膨胀目标制制定货币政策，这是一个前瞻性的政策规则，而不是使用泰勒规则：一种回顾过去的政策规则。虽然通货膨胀目标制具有透明度和问责制的好处，但有些人认为通货膨胀目标制的限制性过强。直到2008年，美联储遵循一个宽松的泰勒规则定义。从2012年年初开始，目标通货膨胀率定为每年2%。

● 利率的零下限——利率不能低于零——限制着货币政策的作用。

● 与财政政策相比，由于货币政策滞后性相对较小，它成为宏观经济稳定的主要工具。

小测验19-3

1. 假设经济目前存在产出缺口，美联储使用扩张性货币政策弥补这一缺口。请说明该政策对下述各项的短期影响：

a. 货币供给曲线。

b. 均衡利率。

c. 投资支出。

d. 消费支出。

e. 总产出。

2. 在制定货币政策时，哪个中央银行——一个根据泰勒规则操作，另一个通过通货膨胀目标制操作——可能更直接地应对金融危机？请解释。

19.4 长期中的货币、产出和价格

通过扩张和紧缩效应，货币政策通常是帮助稳定经济的政策工具。然而，并非所有中央银行的行动都是

富有成效的。特别是，中央银行有时印钞并非为了应对衰退缺口，而是帮助政府支付账单，这种行动通常会破坏经济的稳定。

当货币供给的变化推动经济背离而不是朝着长期均衡状态变化时会引起什么？我们在第 16 章中学过在长期中经济有自我矫正功能：需求对总产出的冲击仅仅是暂时的。如果需求冲击是货币供给改变的结果，我们将得出一个非常有说服力的结论：从长期来看，货币供给的改变将会影响总体价格水平，不会影响实际产出水平或者利率水平。为了理解这是为什么，我们看看增加货币供给后会发生什么。

□ 19.4.1 增加货币供给的长期和短期效应

为了分析货币供给的长期效应，认为中央银行选择货币供给目标而非利率目标是有帮助的。在评估货币供给增加的影响时，我们回到对总需求增加的长期影响的分析。

图 19-11 表示的是当经济开始处在潜在产出水平 Y_1 时增加货币供给的长期效应和短期效应。初始的短期总供给曲线为 $SRAS_1$，长期总供给曲线为 $LRAS$，初始的总需求曲线为 AD_1。经济初始均衡点为 E_1 点，因为该点既在短期总供给曲线上也在长期总供给曲线上，所以该点表示的既是长期宏观经济均衡又是短期宏观经济均衡。实际 GDP 处在潜在产出水平 Y_1 上。

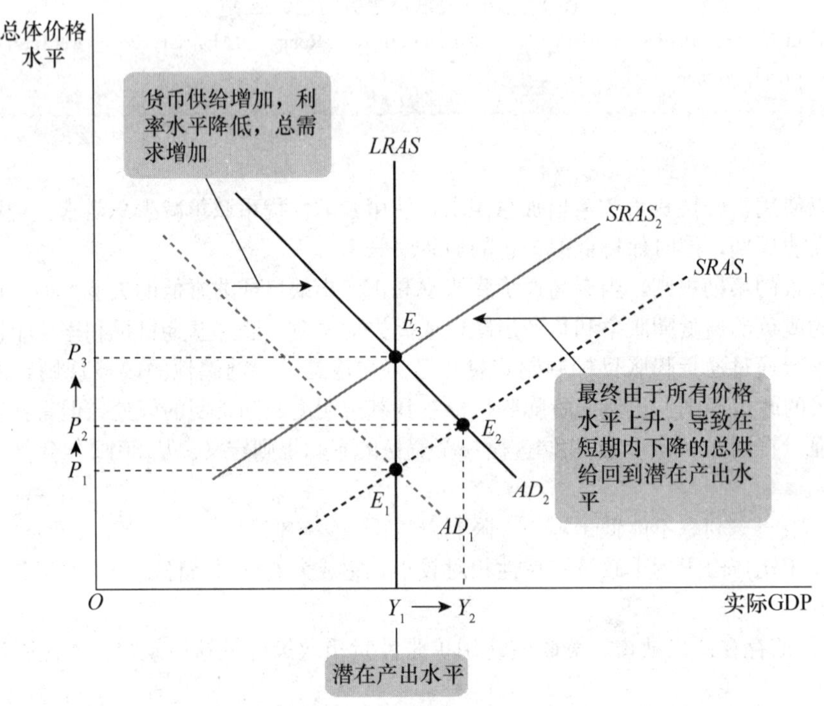

图 19-11 增加货币供给的长期效应和短期效应

当经济已经处在潜在产出水平时，增加货币供给对实际 GDP 可以产生正的短期效应，但是对实际 GDP 没有长期效应。经济开始时处在 E_1 点，该点表示的既是长期宏观经济均衡又是短期宏观经济均衡。增加货币供给将推动总需求曲线向右移动，经济达到新的短期宏观均衡 E_2点，新的实际 GDP 为 Y_2。但是 E_2点并非长期均衡点，Y_2 大于潜在产出水平 Y_1，随着时间的推移，这会导致名义工资上升。从长期来看，名义工资的上升会推动短期总供给曲线左移到新的位置 $SRAS_2$。经济在 $LRAS$ 曲线上的 E_3点达到新的短期均衡和长期均衡，产出又回到潜在产出水平 Y_1。当经济已经处在潜在产出水平，货币供给增加的长期效应仅仅表现在总体价格水平从 P_1 提高到 P_3。

现在我们假定货币供给增加。在其他条件相同的情况下，货币供给增加会降低利率，增加投资支出，从而进一步增加消费支出，如此继续。因此，货币供给的增加增加了对产品和服务的需求数量，将 AD_1 曲线向右移动到 AD_2。从短期来看，经济将在 E_2点达到新的短期宏观经济均衡，价格水平将从 P_1 上升到 P_2，实际 GDP 从 Y_1 上升到 Y_2。也就是说，在短期，总体价格水平和产出水平都会上升。

但是，因为产出水平 Y_2要高于潜在产出水平，随着时间的推移，名义工资将上升，引起短期总供给曲线向左移动。当 $SRAS_1$ 移动到 $SRAS_2$时，这一过程才结束，经济达到 E_3点，短期宏观经济均衡和长期宏观经济均衡都得以实现。所以，货币供给增加的长期效应表现在总体价格水平从 P_1 上升到 P_3，但是产出水平会回到潜在产出水平 Y_1。从长期来看，扩张性货币政策将提高总体价格水平但对实际 GDP 没有影响。

我们就不详细描述紧缩性货币政策的效应了，上述思路同样适用。从短期来看，当货币供给下降后，随着经济中短期总供给曲线的向左移动，会导致产出水平减少。但是从长期来看，紧缩性货币政策仅仅会导致总体价格水平下降，推动实际 GDP 回到潜在产出水平。

□ 19.4.2 货币中性

货币供给变化在长期怎样改变总体价格水平呢？答案是，从长期来看，货币供给的改变会导致总体价格水平以相同比例变化。举例来说，如果货币供给下降 25%，总体价格水平在长期中也会下降同样的幅度；如果货币供给增加 50%，总体价格水平也会在长期中上升 50%。

我们是怎么知道这一点的呢？考虑如下的思想实验：假设经济中所有的价格水平都上升了一倍，既包括最终产品和服务的价格，也包括所有生产要素的价格，如名义工资。我们假设在同一时间，货币供给也增加了一倍。这些事件对于从实际变量来看的经济体有什么区别吗？经济中所有的实际变量——如实际 GDP、货币供给的实际价值（能购买的产品和服务的数量）——都没有变化。所以对人们来说没有理由表现出不同的行为。

我们也可以把上述说法反过来：如果经济是从长期宏观经济均衡开始，货币供给发生了变化，长期宏观经济均衡要求把所有实际变量恢复到原来的水平。这其中当然包括把实际货币供给恢复到原来的水平。所以，如果货币供给下降 25%，总体价格水平也必须下降 25%；如果货币供给增加 50%，总体价格水平也必须上升 50%，依此类推。

这种分析引出了一个重要的概念：**货币中性**（monetary neutrality），意思是说货币供给变化不对经济产生实际影响。从长期来看，货币供给增加的唯一效应是推动总体价格水平上升同样比例。经济学家对在长期的货币中性有不同的看法。

> **货币中性**是指货币供给变化不对经济产生实际影响。

在此我们有必要回忆凯恩斯的名言："在长期我们都死了。"在长期，货币供给的变化除了影响总体价格水平外，不影响实际 GDP、利率水平以及其他所有变量。但是如果由此得出美联储是无关紧要的结论，这也是愚蠢的想法。从短期来看，货币政策对经济还是会产生重要的影响，会使得经济衰退和扩张表现出不同结果。这对社会福利至关重要。

□ 19.4.3 货币供给变化与长期利率

在短期，当增加货币供给时会导致利率水平下降，当减少货币供给时会导致利率水平上升。但是，在长期，货币供给变化并不影响利率水平。

图 19-12 解释了其中的原因。这里的图表现的是美联储增加货币供给前后的货币需求曲线和货币供给曲线。我们假定经济初始在 E_1 点，此时经济处在潜在产出水平的长期宏观经济均衡点，货币供给等于 $\overline{M}_1$。初始均衡利率为 r_1，由货币需求曲线 MD_1 与货币供给曲线 MS_1 决定。

现在假定货币供给增加，从 $\overline{M}_1$ 上升到 $\overline{M}_2$。在短期，经济将从 E_1 点变动到 E_2 点，利率水平从 r_1 下降到 r_2，然而，随着时间的推移，总体价格水平上升，将提高货币需求，将货币需求曲线从 MD_1 向右移动到 MD_2。经济移动到新的长期均衡 E_3点，利率上升到原来的水平 r_1。

事实证明，长期均衡利率是原始利率 r_1。我们知道这有两个原因。第一，由于货币中性，从长期来看，总体价格水平上升幅度与货币供给增加的比例相同，所以如果货币供给上升 50%，价格水平也会上升 50%。第二，在其他情况相同的情况下，货币需求与总体价格水平的变化比例相同。

因此，货币供给增加 50%会使总体价格水平提高 50%，从而在任何给定利率上货币需求数量也会增加 50%。因此，在初始利率 r_1 上的货币需求与货币供给的上升正好相同，因此 r_1 仍然是均衡利率。从长期来看，货币供给的变化不会影响利率。

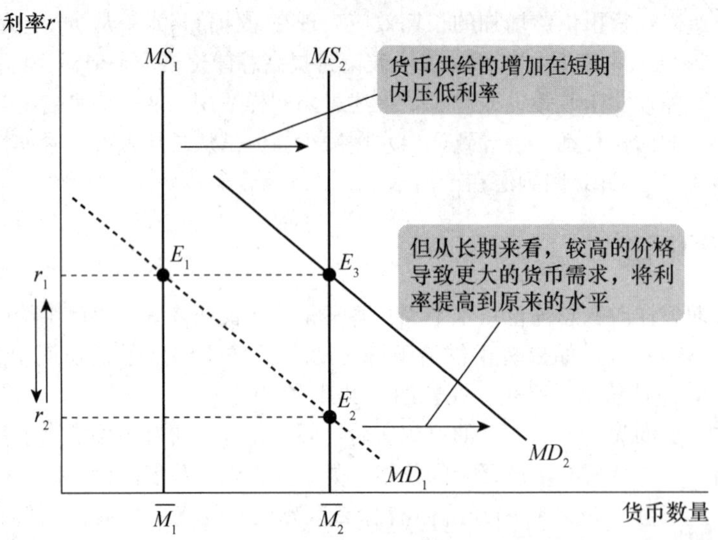

图 19-12　长期利率的决定

从短期来看，货币供给从 $\overline{M}_1$ 增加到 $\overline{M}_2$ 将推动利率从 r_1 下降到 r_2，经济走向短期均衡 E_2。然而，从长期来看，总价格水平上升与货币供给的增加比例相同，导致任一给定利率水平上的货币需求增加与总价格水平的上升比例相同，从 MD_1 移动到 MD_2。结果是任何给定利率水平上货币需求数量的增加正好等于货币供给数量的增加。经济在 E_3 时会回到长期均衡，利率回到 r_1。

▶ **真实世界中的经济学**

货币中性：来自国际方面的证据

从现在来看，发达国家的货币政策非常相似。每个发达国家（例如欧元区国家）的中央银行都独立于政治压力；所有国家的中央银行都试图保持总体价格水平大致稳定，通常是指年度通货膨胀率保持在 2%～3%。

但是，如果我们将时间放长，增加考察的国家，我们就会发现各个国家在货币供给增长方面有很大的不同。从 20 世纪 70 年代到现在，一些国家的货币供给增长每年仅几个百分点，如瑞士和美国；但在一些相对贫困的国家，如南非，则增长迅速。这些差异可以让我们观察在长期货币供给增加与总体价格水平上升保持相同比例的说法是否为真。

图 19-13 所示为 1981—2013 年期间所选取的样本国家的货币供给年均增长率和总体价格水平（平均通货膨胀率）年均增长率，每个点代表一个国家。如果货币供给增加与总体价格水平的上升之间对应得非常精确的话，那么这些点应该在 45°线上。

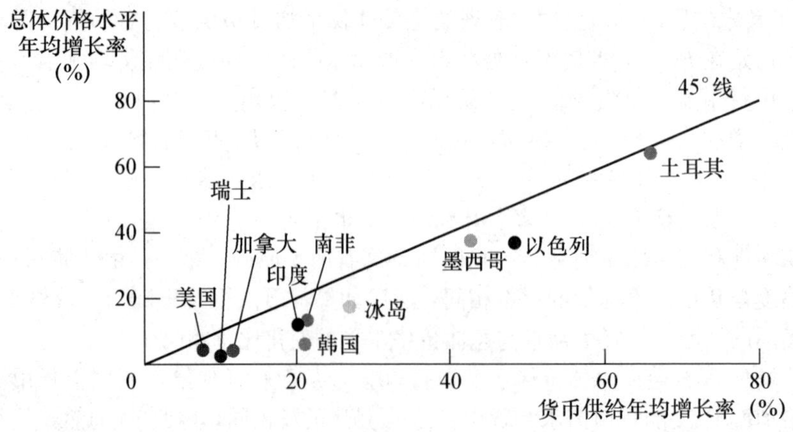

图 19-13　货币供给和通货膨胀率之间的长期关系

资料来源：Federal Reserve Bank of St. Louis.

事实上，这种对应关系并不精确，因为总体价格水平受到货币外其他因素的影响。但是散点的分布非常靠近45°线，这或多或少表明货币供给和总体价格水平之间存在比例关系。也就是说，这些数据支持从长期来看货币中性的观点。

及时复习

● 根据货币中性概念，货币供给的增加在长期不会影响实际GDP，只影响总体价格水平。经济学家相信货币在长期是中性的。

● 从长期来看，经济中的均衡利率水平并不受货币供给的影响。

小测验 19-4

1. 假定尽管该经济体初始时处在长期宏观经济均衡和短期宏观经济均衡的水平上，但中央银行把货币供给增加了25%。请描述这对下列变量的长期影响和短期影响（尽可能给出数字）。

a. 总产出水平。

b. 总体价格水平。

c. 利率。

2. 为什么货币政策在短期内影响经济，但在长期不影响？

▶ **解决问题**

1937年的大错

在1937年，决策者美联储和罗斯福政府认定，1929年开始的大萧条已经结束。它们认为经济不再需要特别支持，开始逐步取消过去十年中最初阶段制定的政策。减少支出，收紧货币政策。结果在1938年衰退复发，当时被称为“第二次大萧条”。

根据许多经济学家的看法，这次复发的原因是在经济走上全面复苏的道路之前，政策制定者政策回收得太早，实行紧缩性财政政策和货币政策造成的。当其他情况不变时，紧缩性货币政策会导致GDP下降。如果经济开始升温，走向繁荣，这种紧缩对于防止通货膨胀可能是重要的手段。但是，如果经济处于脆弱状态，紧缩性货币政策可能会使GDP进一步下滑。使用流动性偏好模型和*AD*—*AS*模型，解释1937年的货币政策如何在短期导致实际GDP下降，并对在短期和长期内价格进一步下调形成压力。

步骤1：画出货币需求曲线*MD*和货币供给曲线*MS*，用来解释流动性偏好模型如何预测货币供给下降导致利率水平提高。

如下图所示，货币供给下降推动*MS*曲线向左移动，从$\overline{M}_1$移动到$\overline{M}_2$。由于货币需求曲线向下倾斜，利率从r_1上升至r_2。

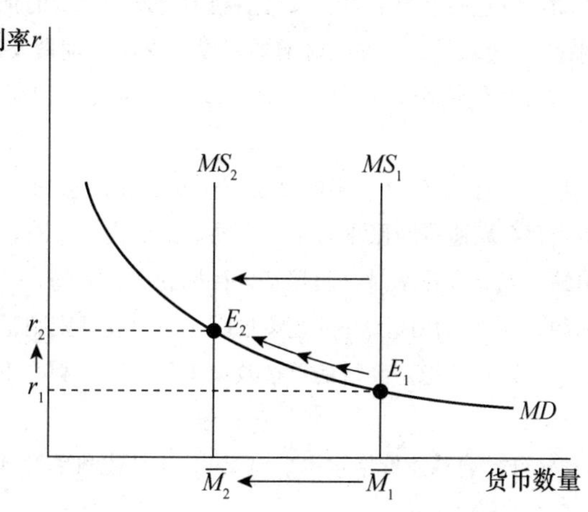

第19章 货币政策

步骤 2：画出货币供给减少前后的 *LRAS* 曲线、*AD* 曲线和 *SRAS* 曲线，解释货币供给下降对实际 GDP 和价格的短期和长期影响。

在其他情况不变时，货币供给下降将导致利率提高，投资支出减少，由此导致消费支出进一步下降。因此，如下图所示，货币供给减少会导致产品和服务需求数量下降，推动 AD_1 曲线向左移动到 AD_2。总体价格水平从 P_1 下降到 P_2，实际 GDP 从 Y_1 下降到 Y_2。

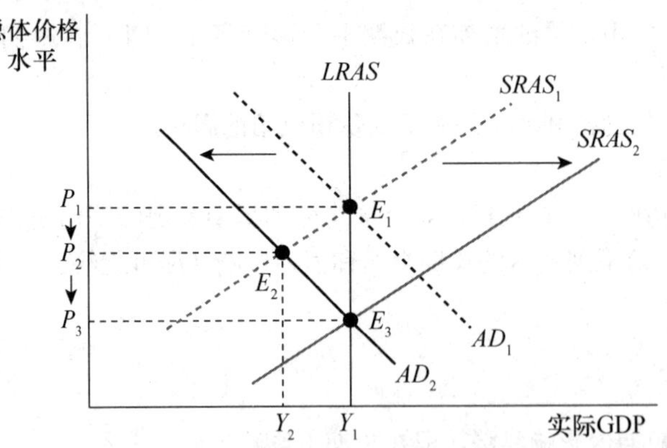

然而，产出水平 Y_2 低于潜在产出水平。因此，名义工资会随着时间的推移而下降，导致 *SRAS* 曲线向右移动。价格进一步下跌至 P_3，但实际 GDP 会回升至潜在产出水平 Y_1。经济最终在 E_3 点实现短期和长期宏观经济均衡。

因此，1937 年货币政策在短期内导致实际 GDP 下降，使经济状况更为糟糕，在短期和长期内又进一步加大了价格下调的压力。

小结

1. 货币需求曲线源于持有货币的机会成本和货币提供流动性之间的权衡取舍。持有货币的机会成本受到短期利率的影响，不受长期利率的影响。总体价格水平的变化、实际 GDP 的变化、信贷市场和银行业务的技术变革以及制度的变革将导致货币需求曲线移动。

2. 利率的流动性偏好模型认为，利率是由货币市场中货币需求曲线和货币供给曲线决定的。美联储通过移动货币供给曲线可以改变利率水平。在实践中，美联储通过公开市场业务来实现联邦基金目标利率，其他利率则随之而动。虽然长期利率不一定随着短期利率变动，但它们反映了对未来短期利率会发生什么的预期。

3. 扩张性货币政策通过增加货币供给来降低利率。这增加了投资支出和消费支出，从而在短期内提高了总需求和实际 GDP。紧缩性货币政策通过减少货币供给来提高利率。这减少了投资支出和消费支出，从而在短期内降低了总需求和实际 GDP。

4. 美联储和其他国家的中央银行试图稳定经济，限制真实产出对潜在产出的波动，同时保持通货膨胀率在正的低水平。根据货币政策的泰勒规则，当存在高通货膨胀率与正产出缺口或低失业率时，联邦基金目标利率会上升；当存在较低或为负的通货膨胀率与负产出缺口或高失业率时，联邦基金目标利率会下降。一些国家的中央银行（包括 2012 年 1 月的美联储）采用了通货膨胀目标制，这是一种前瞻性的政策规则，而泰勒规则则是一种回顾式的政策规则。因为货币政策的执行滞后程度比财政政策低，所以它是稳定经济的首选政策工具。因为利率不能低于零——利率的零下限，所以货币政策的作用有限。

5. 从长期来看，货币供给的改变只影响总体价格水平，对实际 GDP 或利率没有影响。数据表明货币中性成立：货币供给改变在长期对经济没有实际影响。

关键词

短期利率	长期利率	货币需求曲线	利率的流动性偏好模型
货币供给曲线	联邦基金目标利率	扩张性货币政策	紧缩性货币政策
货币政策的泰勒规则	通货膨胀目标制	利率的零下限	货币中性

练习题

1. 请访问联邦公开市场委员会的网站（www. federalreserve. gov/FOMC/），找到该委员会最新会议后的声明（点击“会议日历和信息”，并点击日历中最新的消息）。

a. 联邦基金目标利率为多少？

b. 这一联邦基金目标利率与上次会议声明中所确定的利率相同吗？如果不相同，差距为多少？

c. 该声明对美国宏观经济情况做出了什么判断？如何描述美国经济的现状？

2. 下述事件如何影响货币需求？请说明以下每种情形会导致需求曲线本身的移动还是沿着需求曲线的移动，并说明变化的方向：

a. 利率水平从 12%降到 10%。

b. 感恩节的来临拉开了假期购物季的序幕。

c. 麦当劳和其他快餐店开始接受信用卡。

d. 美联储在公开市场中买进美国政府财政债券。

3. a. 请访问 www. treasurydirect. gov。在“个人”按钮下，找到“财政证券和项目”，点击“财政债券”，在“概览”下，点击“最新拍卖利率”，最新发行的 26 周财政债券的投资收益率为多少？

b. 找你最喜欢的银行网站查询它 6 个月的定期存单的利率为多少？

c. 为什么 6 个月期的定期存单利率高于 26 周财政债券？

4. 请访问 www. treasurydirect. gov。在“个人”按钮下，找到“财政证券和项目”，点击“财政票据”，在“概览”下，点击“最新拍卖利率”，根据最新发行的票据和债券最新拍卖结果回答下面的问题。

a. 2 年期和 10 年期票据的利率为多少？

b. 2 年期和 10 年期票据的利率的相关性如何？为什么 10 年期票据的利率比 2 年期票据的利率高（或者低）？

5. 一个经济体存在衰退缺口，如下图所示。为了消除这个缺口，中央银行应该采用扩张性货币政策还是紧缩性货币政策？当中央银行采取消除衰退缺口的货币政策时，利率、投资支出、消费支出、实际 GDP 和总体价格水平会发生什么样的变化？

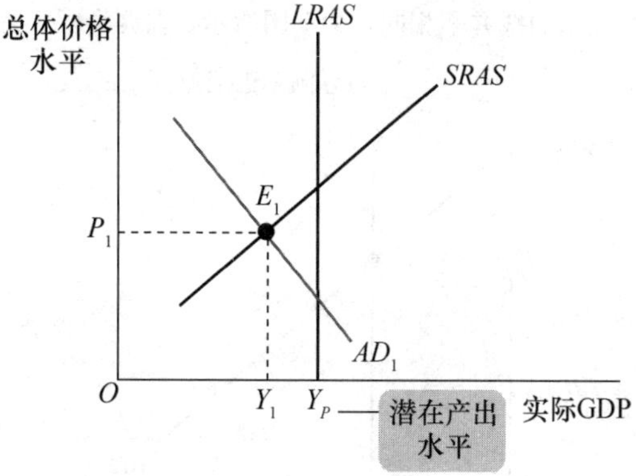

6. 一个经济体存在通货膨胀缺口，如下页图所示。为了消除这个缺口，中央银行应该采用扩张性货币政策还是紧缩性货币政策？当中央银行采取消除通货膨胀缺口的货币政策时，利率、投资支出、消费支出、实际 GDP 和总体价格水平会发生什么变化？

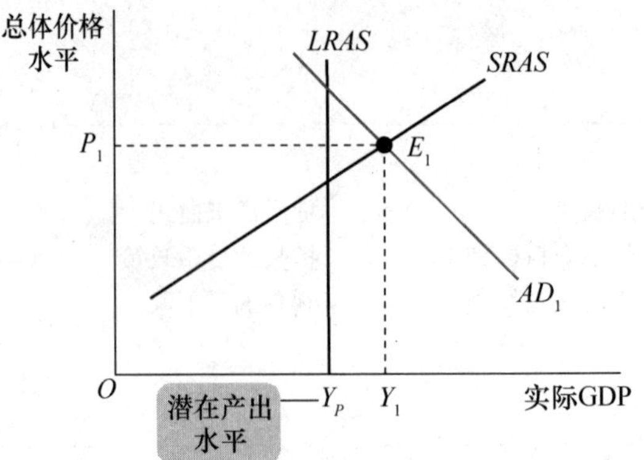

7. 在伊斯特兰迪亚的经济中，货币市场最初处在均衡状态，但经济开始滑向衰退。

a. 通过下图来解释：如果伊斯特兰迪亚的中央银行一直保持不变的货币供给水平 $\overline{M}_1$，利率如何变化？

b. 如果该国中央银行试图保持目标利率水平 r_1，面对经济出现衰退的情况中央银行应该做出怎样的反应？在图中标明中央银行的反应。

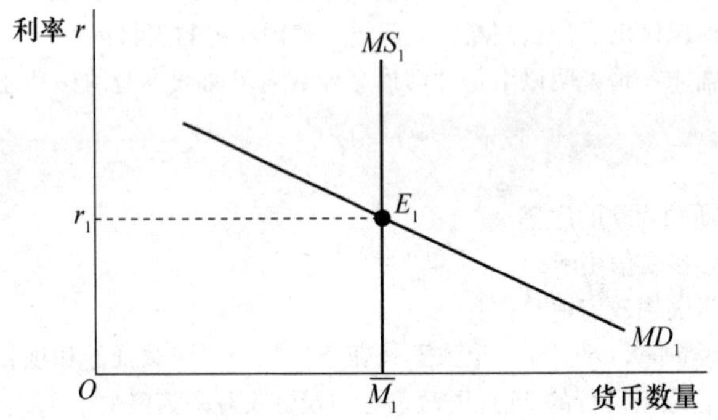

8. 假设在威斯特兰迪亚，货币市场最初处于均衡状态，而中央银行决定减少货币供给。

a. 使用问题 7 中的图解释在短期内利率会发生什么变化？

b. 从长远来看，利率会发生什么？

9. 一个经济体处在长期均衡状态，失业率水平为 5%。政府通过法案要求中央银行运用货币政策把失业率降低到 3%并保持下去。在短期，中央银行如何实现这一目标？在长期又如何实现？请画图说明。

10. 根据欧洲中央银行网站的说法，欧盟条约“已经声明，确保价格稳定是货币政策创造有利的经济环境和高就业率最重要的功能”。如果价格稳定是货币政策唯一的目标，请解释在经济衰退时期货币政策应如何操作。请分析两种情形：由需求冲击导致经济衰退和由供给冲击导致经济衰退。

11. 货币政策的有效性依赖于货币供给在多大程度上影响利率变化。通过利率变化，货币政策影响投资支出和总需求曲线。阿尔巴尼亚和布列塔尼亚的需求曲线并不相同，如下图所示。在哪个国家货币政策更有效？为什么？

(a) 阿尔巴尼亚

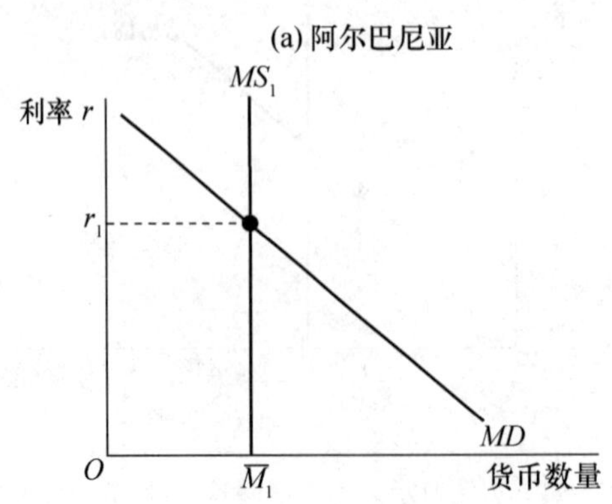

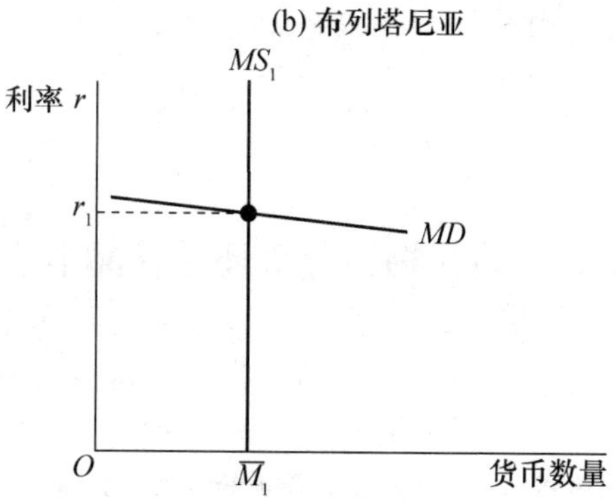

12. 在经济大萧条期间，尽管利率已经非常低，但美国的企业人士对经济增长的前景非常悲观，所以不愿意增加投资支出。这种情形怎样对运用货币政策来缓解大萧条形成潜在的限制？

在线回答问题

13. 由于在2007—2009年衰退期间经济放缓，美联储联邦公开市场委员会在2007年9月18日至2008年12月16日期间将联邦基金利率从5.25%的高点经过一系列降息降至0～0.25%，目的是通过增加总需求来刺激经济。

a. 使用流动性偏好模型来解释联邦公开市场委员会如何在短期内降低利率。用图来说明这一机制。纵轴标记“利率”，横轴标记“货币数量”。图中应显示两个利率 r_1 和 r_2。

b. 解释为什么利率下降会导致在短期内总需求增加。

c. 假设2015年经济处于潜在产出水平，但是这被美联储忽略了，美联储继续扩张货币。请说明这样的货币政策对 *AD* 曲线的影响。借助 *LRAS* 曲线说明这种政策对 *AD* 曲线的影响，纵轴标记“总体价格水平”，横轴标记“实际GDP”。在其他条件相同时，这会导致总体价格水平上升。

▶ 企业案例

太阳来了

索拉纳电厂于2013年开业，占地3平方英里，位于亚利桑那州希拉本德沙漠上，距离凤凰城约70英里。大多数太阳能装置依赖于将光直接转换成电的光伏板，然而索拉纳使用镜面系统将太阳的热量聚焦在黑色管道上，管道将热量传递给熔盐的罐子。盐中的热被用于发电。这种装置的优点在于工厂可以在太阳下山后长时间保持发电，从而大大提高发电效率。

索拉纳电厂是仅有的少数运行或正在建设中的集太阳能用于发电的电厂之一。太阳能发电的重要性迅速上升，2008—2015年太阳能发电量几乎增长了400%。这种突然上升有许多原因，奥巴马政府的激励措施——为促进绿色能源发展投入了大量资金——是一个主要因素。特别是索拉纳公司是由西班牙公司阿文戈亚在获得政府14.5亿美元的联邦贷款的帮助下建成的；阿文戈亚也获得了12亿美元在莫哈韦沙漠建设类似的发电厂。

虽然索拉纳电厂是刺激支出的一个很好的例证，但它也是一个说明为什么这种支出往往在政治上很困难的很好的例子。虽然阿文戈亚拥有必要的技术，但该项目创造的建筑工作当然是在美国，对非美国公司发放联邦贷款有许多抗议。此外，太阳能发电项目的长期融资可行性在一定程度上取决于政府补贴和其他有利于可再生能源的政策是否能够继续，而这存在不确定性。

然而，就刺激目标而言，索拉纳电厂似乎已经做了它应该做的：在许多建筑工人失业，借款便宜之时，它创造了工作机会。

思考题

1. 政府对索拉纳电厂的资助与对更加传统的政府支出项目（如道路和学校）的资助在政治上的反应有何不同？这个案例告诉我们应如何评估财政刺激支出项目的价值？

2. 我们讨论过相机抉择的财政政策的滞后问题。关于这个问题，索拉纳电厂告诉了我们什么？

3. 经济深度衰退时是不是进行能源项目的好时机？为什么？

▶ 企业案例

完美的礼物：现金还是礼品卡？

当有人给你礼物来表达他或她的感激时总是让人开心的。在过去几年中，越来越多的人为表达感激之情而赠送零售商发行的礼品卡，这是一种可以兑换产品的预付塑料卡。GiftCardUSA.com 网站说，超过 80%的美国百强零售商的畅销卡是它们的礼品卡。

与允许接收人选择他或她想要的东西相比，什么可以更简单和有用？礼品卡难道不比现金或支票更隐私一些吗？

然而，一些网站正在从中获利，因为礼品卡接收人往往愿意以折扣价（有时以相当大的折扣）出售他们的卡，将卡换成冷冰冰、无人情味的美元和美分。

Cardpool.com 就是一个这样的网站。在撰写本文时，它回收全时卡的价格相当于卡面值的 88%。例如，价值为 100 美元的卡，卖方将获得 88 美元的现金。但对于盖璞卡，它的出价只等于面值的 70%。Cardpool.com 通过以比买价更高的价格转售而获利。例如，它以面值 88%的价格购买全时卡，再以面值的 97%销售出去。

许多消费者以相当大的折扣将礼品卡换成现金。与现金相比，零售商更鼓励使用礼品卡，因为发行的礼品卡的价值大部分未被使用，这种现象被称为漏损。

漏损是如何发生的呢？可能人们将卡弄丢了，或者他们只花了一张面额 50 美元礼品卡中的 47 美元，而没有回到商店再去使用剩下的 3 美元。此外，可能零售商对使用礼品卡收取手续费或者设定到期日期，而客户忘记在到期前去使用礼品卡。如果零售商停业，未使用的礼品卡的价值也就随之消失了。

除了漏损，当客户试图正好用完他们的礼品卡面额时发现，正好花费礼品卡的金额太难做到了，这样零售商自然也会受益。相反，客户最终的消费额要多于卡的面值，有时甚至比没有礼品卡时花得更多。

相对于对忠诚客户通过折扣卡（曾经是通常的做法）进行回报的做法，礼品卡对于零售商更有利，因此它们已经偏向于分发礼品卡。正如一位评论员在解释为什么零售商喜欢礼品卡而不是折扣卡时所指出的："在花钱方面没有人会忽视。"

然而，未来对礼品卡发行商来说可能并不那么有利可图。在经济困难时期，消费者用卡消费时会更加谨慎。2009 年颁布的立法要求这类卡片的有效期至少为 5 年。因此，漏损急剧下降，当然每年仍然超过 10 亿美元。

思考题

1. 为什么礼品卡所有者愿意以小于面值的价格出售他们的卡？

2. 为什么像沃尔玛、家得宝和全时这样的零售商的礼品卡比那些像盖璞这样的服装零售商的礼品卡的折扣要小一些？

3. 运用你对问题 2 的答案解释为什么现金从不"打折"销售？

4. 解释为什么零售商更喜欢给忠实客户礼品卡而不是折扣卡。

5. 最近的立法限制零售商对礼品卡征收费用和设定到期日，并要求更多地披露条款。你认为国会为什么通过了这项立法？

▶ 企业案例

PIMCO 下注钱会贬值

太平洋投资管理公司（PIMCO）是世界上最大的投资公司之一。除此之外，它还经营着世界上最大的共同基金——PIMCO 总收益基金。比尔·格罗斯（Bill Gross）在 1971—2014 年担任 PIMCO 的负责人，他预测金融市场特别是债券市场趋势的能力堪称传奇，PIMCO 在这个领域进行了大量投资。

2009 年秋天，格罗斯决定将 PIMCO 的资产更多投入美国政府长期债券。这相当于下注美国长期利率将下降。这个赌注特别有趣，因为它与许多其他投资者的下注正相反。例如，2009 年 11 月，摩根士丹利投资银行告诉其客户，预计长期利率将大幅上升。

PIMCO 这样下注的依据是什么？格罗斯在 2009 年 9 月的报道中解释了公司的想法。他认为失业率可能保持在高位，通货膨胀率较低。他确信“全球政策利率”意味着联邦基金利率及其在欧洲和其他地方的等价指标将“在相当长一段时间保持在低水平”。

PIMCO的观点与其他投资者的观点形成鲜明对照：摩根士丹利投资银行预计长期利率上升的部分原因是，它认为美联储将在2010年提高联邦基金利率。

PIMCO与大多数人到底谁正确呢？如下图所示，尽管由于投资者对经济复苏相对乐观，2010年稍晚时候联邦基金利率有所上升，但大部分时间保持在零附近，长期利率在大部分时间也是下降的。摩根士丹利投资银行因为下注利率上涨而向投资者道歉。

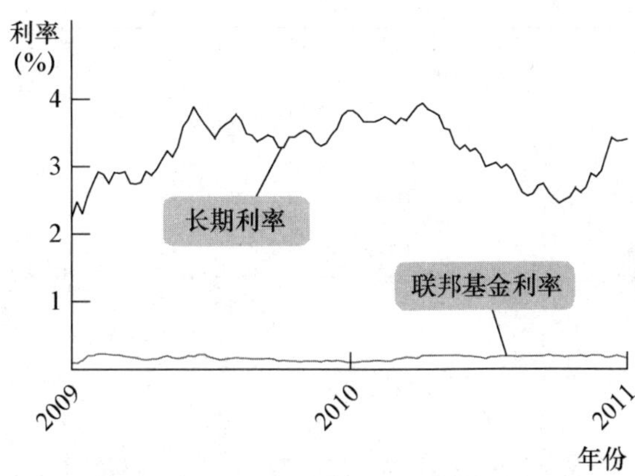

2009—2011年联邦基金利率和长期利率

资料来源：Federal Reserve Bank of St. Louis.

然而，格罗斯的远见在2011年的准确性要低得多。他预计2011年中期美国经济将大幅增长，并导致通货膨胀，所以在年初大幅减少对美国政府债券的总投资额。但这一次他错了，因为疲软仍在继续。到2011年夏末，格罗斯认识到他的错误，因为美国债券价值上涨，他的基金价值下降了。他向《华尔街日报》承认，他因自己的赌注而失眠，并称之为“错误决策”。这是一个错误，而且他一蹶不振。大多数观察家一致认为，格罗斯在2014年离职的主要原因是PIMCO在2011年的糟糕赌注中遭受损失。

思考题

1. 为什么PIMCO认为失业率将保持在高位、通货膨胀率处在低位会导致政策利率长期保持在低水平？
2. 为什么低政策利率表明长期利率也低？
3. 即使联邦基金利率仍近似为零，导致2010年年底长期利率上升的原因是什么？

第 20 章

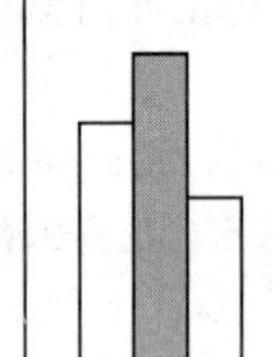

国际贸易

本章将学习

- 比较优势怎样导致互惠的国际贸易。
- 国际比较优势的源泉。
- 谁在国际贸易中受益，谁又蒙受了损失，为何所得大于所失。
- 关税和进口配额怎样造成低效率并降低总收益。
- 国际收支的含义以及国际资本流动的决定因素。
- 外汇市场及汇率的作用。

开篇案例

无处不在的手机

“当我 19 岁时，我们相恋，现在我们却凝视着屏幕。”这个歌词引自拱廊之火（Arcade Fire）乐队 2013 年的主打歌《反射》(*Reflektor*)，描述了一个每个人似乎都盯着智能手机屏幕的时代。苹果公司于 2007 年推出了其第一代 iPhone，从那时起，iPhone 和它的竞争对手已经无处不在。

它们无处不在，但智能手机又来自哪里？因为苹果是一家美国公司，所以你回答来自“美国”，这就错了。苹果公司开发了产品，但几乎将这些产品的制造全部外包给其他公司，主要是海外公司。但是说它们是“中国制造”又不完全正确，尽管在中国完成了 iPhone 的组装。组装——iPhone 生产的最后阶段，将各个零部件放在一个大家熟悉的金属和玻璃壳中——只占手机价值的一小部分。

事实上，在对 iPhone 4 进行研究后，每部电话的工厂成本估计为 229 美元，只有约 10 美元留在了中国。价值中很大一部分流向韩国厂商，它们提供了显示器和内存芯片。此外，还有大量的支出为原料支出，来源遍布世界各地。价格中最大的部分——超过一半——是留给苹果公司的，这主要是对研发和设计的回报。

那么，你的 iPhone 从何而来？很多地方。并非只是 iPhone 如此，你开的车，你穿的衣服，甚至你吃的食物，通常都是遍布全球的复杂“供应链”的终端产品。

总是如此吗？是，也不是。大规模国际贸易并非新鲜事物。20 世纪初，伦敦的中产阶级居民已经吃过来自加拿大的小麦和阿根廷潘帕斯草原的牛肉饼，穿过由澳大利亚羊毛和埃及棉编织而成的衣服。近几十年来，运输和通信的新技术与支持贸易政策的相互作用，开启了一个超级全球化时代，通过像摆在我们面前的 iPhone 的生产那样复杂的生产链，大大促进了国际贸易。因此，和以往任何时候相比，现在我们都必须更了解国际贸易的全貌才能了解一个国家的经济是怎样运行的。

本章讨论国家经济的相互作用。我们以国际贸易经济学原理展开讨论。在打好基础后，我们转而讨论国际收支中的贸易和资本流动。最后我们检视影响汇率的几个因素。

20.1 比较优势和国际贸易

美国从其他国家购买智能手机以及其他许多产品和服务，同时，美国也向其他国家出售许多产品和服务。从国外购买产品和服务是**进口**（import），将产品和服务卖到国外就是**出口**（export）。

> 从其他国家购买产品和服务是**进口**，将产品和服务销售给其他国家就是**出口**。

本章开篇案例说明，进口和出口已在美国经济中发挥越来越重要的作用。在过去的几十年中，美国的进口和出口增长都快于美国的经济增长。图 20-1（a）表现了美国进口和出口占 GDP 的比重如何变动。图 20-1（b）则显示了国际贸易对于其他国家比美国显得更为重要（日本除外）。

国际贸易并非国家间经济交往的唯一方式。在现代世界中，一个国家的投资者往往到其他国家进行投资。许多公司是跨国公司，在多个国家运营其子公司；越来越多的人并不在他们出生的国家工作，而是在一个不同的国家工作。国家间所有这些经济联系形式的进步通常被称为**全球化**（globalization）。正如我们在开篇案例中所见，一个经济体中的有些部门具有极其显著的国际贸易特征。**超级全球化**（hyperglobalization）往往是生产供应链遍布全球的结果，生产的各个阶段在不同的国家完成，通信和运输技术的进步使得一切成为可能。

> **全球化**是国家间经济活动联系越来越紧密的现象。**超级全球化**是国际化水平达到特别高的现象。

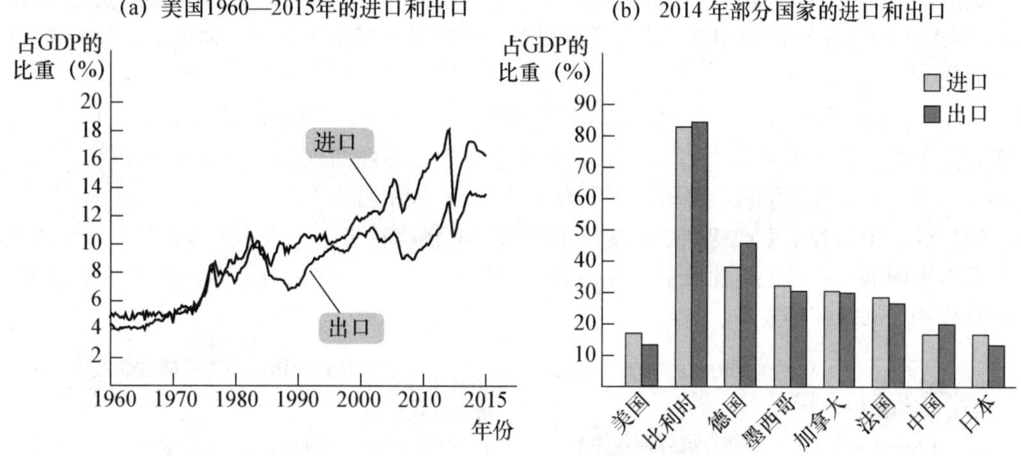

图 20-1 国际贸易的重要性日益提高

图（a）显示，在过去的几十年中，美国向世界其他国家的出口占 GDP 的比重稳步上升，同时，进口占 GDP 的比重也迅速上升。图（b）显示，国际贸易对于其他国家（日本除外）比美国显得更为重要。

资料来源：Bureau of Economic Analysis [panel (a)] and World Development Indicators [panel (b)].

为了理解国际贸易为什么会发生以及为什么经济学家认为国际贸易对经济有利，我们将首先复习比较优势的概念。

□ 20.1.1 再论生产可能性与比较优势

为了生产智能手机，任何一个国家都需要使用劳动力、能源、资金等资源，这些资源也可以用于生产其他产品。一国生产一部智能手机而必须放弃的其他潜在产品就是智能手机的机会成本。

在某些情况下，很容易看出为什么生产某种产品的机会成本在某个国家特别低。举个例子，如海虾，现在大部分来自越南和泰国的海产养殖场。与美国相比，在越南养殖海虾更容易，那里的气候非常适合，还有长长的适合甲壳类动物养殖的海岸线。

相反，其他有些产品的生产在越南则没有在美国那样容易。例如，美国有成为许多高科技产品生产基地所依赖的熟练工人和技术诀窍，越南没有。这样一吨海虾的机会成本，用其他产品如飞机来表示，在越南远低于美国。

还有些情况，问题则有点不太明显。如智能手机的组装在美国和在中国都一样容易，而且中国电子产业中的工人比他们的美国同行效率要低一些。但是，中国工人在很多其他领域，如汽车、化工生产，比美国工人的生产力低更多。这意味着，中国工人组装智能手机而减少的其他产品要少于美国工人组装智能手机而放弃的其他产品。也就是说，在中国组装智能手机的机会成本小于在美国组装智能手机。

请注意，我们说的是组装智能手机的机会成本。正如我们所看到的，大多数“中国制造”的智能手机的价值实际上来自其他国家。为了便于阐述，我们舍弃了其中的复杂情况，只假设了中国从无到有制造智能手机的情况。

所以我们说中国有生产智能手机的比较优势。我们来重复第 2 章对比较优势的定义：如果一个国家生产某种产品或服务的机会成本比其他国家低，则这个国家拥有生产产品或服务的比较优势。

图 20－2 提供了国际贸易中比较优势的一个带有数字的假设的例子。我们假设只生产和消费两种产品即智能手机和福特卡车，并且世界上只有美国和中国两个国家。图中分别表示的是美国和中国假定的生产可能性曲线。

国际贸易的李嘉图模型分析了在机会成本不变假定下的国际贸易。

在第 2 章，为了简化模型，我们假定生产可能性曲线是一条直线，而不是更接近于现实的弯曲形状。直线形状意味着两国每部智能手机相对于福特卡车的机会成本是不变的，这并不受各国生产两种产品数量的影响。在机会成本不变及由此导致的生产可能性曲线为直线的假定下，对国际贸易的分析就是著名的**国际贸易的李嘉图模型**(Ricardian model of international trade)，该模型是以英国经济学家李嘉图的名字命名的，他在 19 世纪初引入了这一分析方法。

在图 20－2 中，我们假定美国若不生产智能手机就能生产 100 000 辆福特卡车，若不生产福特卡车就能生产 1 亿部智能手机。那么在图 20－2（a）中，美国的生产可能性曲线的斜率就是－1 000（＝－100 000/100)：为多生产 100 万部智能手机，美国必须放弃生产 1 000 辆福特卡车。

同样，我们假定中国若不生产智能手机就能生产 50 000 辆福特卡车，若不生产福特卡车就能生产 2 亿部智能手机。那么中国的生产可能性曲线的斜率就是－250（＝－50 000/200)：为多生产 100 万部智能手机，中国必须放弃生产 250 辆福特卡车。

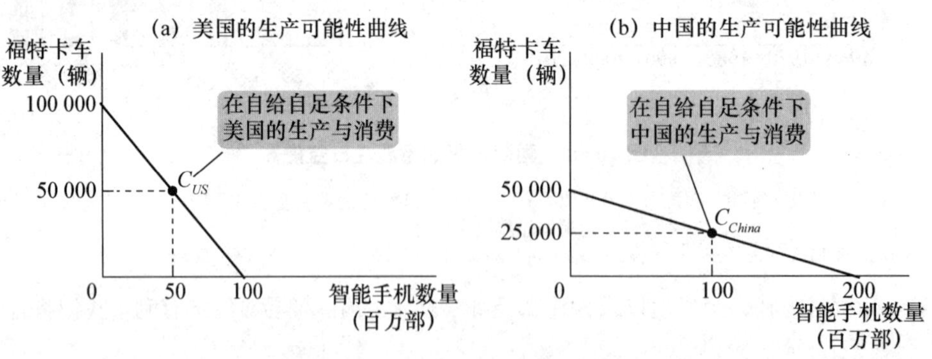

图 20－2　比较优势和生产可能性曲线

在美国，100 万部智能手机的机会成本为 1 000 辆福特卡车：增加 100 万部智能手机的生产必须放弃生产 1 000 辆福特卡车。在中国，100 万部智能手机的机会成本是 250 辆福特卡车：增加 100 万部智能手机的生产需放弃生产 250 辆福特卡车。因此，美国生产福特卡车有比较优势，中国生产智能手机有比较优势。在自给自足条件下，每个国家只能消费自己所生产的产品，美国为 5 万辆福特卡车和 5 000 万部智能手机，中国生产 25 000 辆福特卡车和 1 亿部智能手机。

经济学家用“自给自足”一词来描述一国不与其他国家开展贸易的情形。我们假定美国在自给自足条件下将生产并消费 5 000 万部智能手机及 50 000 辆福特卡车。同样，我们假定中国在自给自足条件下将生产并消费 1 亿部智能手机及 25 000 辆福特卡车。

自给自足是指一国不与其他国家开展贸易的情形。

在不进行贸易的情况下，两国面临的权衡取舍如表 20－1 所示。我们可以看出，美国在生产福特卡车上拥有比较优势，因为美国福特卡车用智能手机表示的机会成本低于中国：美国生产 1 辆福特卡车的机会成本为 1 000 部智能手机，而中国为 4 000 部。相应地，中国在生产智能手机方面具有比较优势，100 万部智能手机的机会成本为 250 辆福特卡车，而美国为 1 000 辆福特卡车。

表 20－1　美国与中国智能手机和福特卡车的机会成本

	美国的机会成本	中国的机会成本
100 万部智能手机	1 000 辆福特卡车	250 辆福特卡车
1 辆福特卡车	1 000 部智能手机	4 000 部智能手机

正如我们在第 2 章中所学到的，开展贸易与不开展贸易相比，各国都会变得更好。每个国家通过专业化生产其具有比较优势的产品并出口，进口没有比较优势的产品就可以实现这一目的。

下面我们来看如何做到这一点。

□ 20.1.2　国际贸易带来的增益

图 20－3 说明了两国如何从专业化分工和开展贸易中获得增益。图中重新安排了各国假定的生产和消费，使得各国可以消费更多的两种产品。图 20－3（a）表示美国，图 20－3（b）表示中国。在每张图中我们也标出了图 20－2 中在自给自足条件下生产和消费的情形。

如果国家间开展贸易，一切都会发生变化。国际贸易使各国在具有比较优势的产品生产上进行专业化的分工：在美国是福特卡车，在中国是智能手机。因为从世界整体来看，两种产品的产量要高于在自给自足条件下的产量，贸易使得各国消费更多的两种产品。

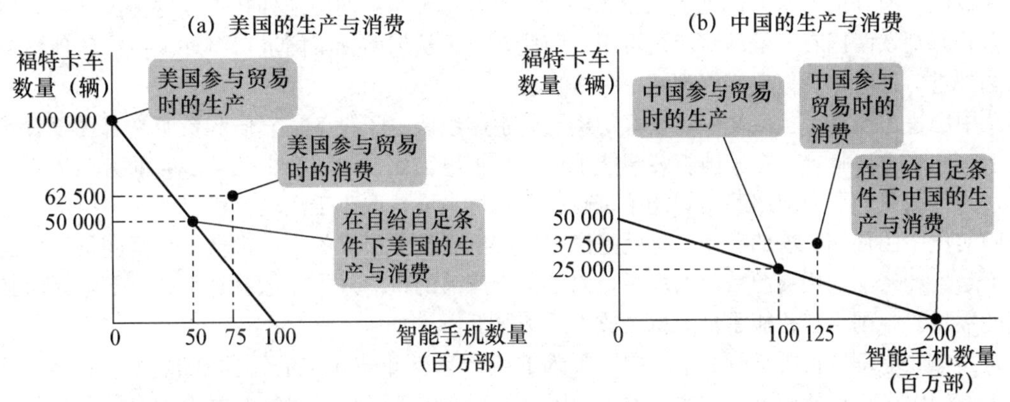

图 20－3　国际贸易带来的增益

贸易增加了全世界两种产品的总产出，并允许两个国家均消费更多的产品。贸易的结果是每个国家都开展专业化的生产：美国专门生产福特卡车，中国专门生产智能手机。两种产品的世界总产量提高了，这意味着两国可能消费更多的两种产品。

表 20－2 总结了贸易带来的变化，并解释了为什么两国会从贸易中获得增益。表的左侧给出了开展贸易之前自给自足的情形，每个国家只能消费自己所生产的产品，右侧给出了开展贸易之后的变化。在开展贸易之后，美国专业化生产福特卡车，产量为 10 万辆，不生产智能手机；中国专业化生产智能手机，产量为 2 亿部，不生产福特卡车。

开展贸易后的结果导致世界对两种产品的生产都增加了。我们从表 20－2 开展贸易后的消费列可以看出，美国现在可以消费比之前更多的福特卡车和智能手机，尽管美国已不再生产智能手机，但它能从中国进口智能手机。中国也能消费更多的两种产品，中国不再生产福特卡车，而是从美国进口。

表 20-2　美国与中国怎样从贸易中获得增益

		自给自足		贸易		
		生产	消费	生产	消费	贸易增益
美国	智能手机（百万部）	50	50	0	75	+25
	福特卡车（辆）	50 000	50 000	100 000	62 500	+12 500
中国	智能手机（百万部）	100	100	200	125	+25
	福特卡车（辆）	25 000	25 000	0	37 500	+12 500

双方获得增益的关键是贸易使得两国从自给自足中解脱出来，也就是从必须生产它们所消费的同样的产品组合状态中摆脱出来。因为每个国家可以集中生产具有比较优势的产品，世界总产量上升了，这两个国家人民的生活水平有可能随之提高。

在这个例子中，我们简单假定了贸易后两国的消费组合。事实上，就像个人消费选择的例子一样，国家的消费选择也反映出其居民的偏好，以及在国际市场上一种产品相对于另一种产品的相对价格。虽然我们没有明确给出福特卡车相对于智能手机的价格，但这一价格隐含在我们的例子中：中国卖出 7 500 万部智能手机给美国消费，作为回报，美国卖给中国 37 500 辆福特卡车，因此 100 万部智能手机换取 500 辆福特卡车。这告诉我们，在世界市场上，1 辆福特卡车的价格必须等于 2 000 部智能手机。

相对价格必须满足的一个要求是：没有一个国家支付的相对价格会大于自给自足时获得产品的机会成本。也就是说，美国不会为从中国进口 100 万部智能手机支付超过 1 000 辆福特卡车的价格，中国也不会为来自美国的每辆福特卡车支付超过 4 000 部智能手机的价格。一旦这一要求被满足，国际贸易的实际相对价格就是由供给和需求来决定了。我们将在下一节讨论国际贸易的供给和需求。在此之前，我们先来更深入地了解贸易增益的性质。

□ 20.1.3　比较优势与绝对优势

越南和泰国在海虾的养殖方面具有比较优势，这很容易理解：两国地处热带，比美国（甚至墨西哥湾沿岸）更适合养海虾，两国有大量的海岸线可用。因此，美国从越南和泰国进口海虾。但在其他情况下，为什么我们从国外进口某些产品似乎难以理解。

美国从中国进口智能手机就是一个很好的例子。中国组装电子设备从气候和资源来看并没有什么特别之处。事实上，几乎可以肯定，在美国组装智能手机或平板电脑比在中国会少几个小时的劳动。

那么，为什么我们买中国组装的智能手机呢？因为贸易增益取决于比较优势，而非绝对优势。美国组装智能手机确实比中国使用更少的劳动。也就是说，中国电子行业工人的生产率低于美国同行。但是，决定比较优势的不是生产产品使用资源数量的多少，而是生产产品的机会成本，也就是生产一部电话而必须放弃的其他产品的数量。中国生产智能手机的机会成本比美国低。

下面是其中的原理：在电子行业中，中国工人的生产率低于美国同行。但在其他行业，与美国工人相比，中国工人的生产率可能还要低一些。由于中国其他行业的劳动生产率相对电子行业更低，因此中国生产智能手机尽管也需要大量的劳动力，但不需要放弃其他产品的大批量生产。

美国的情况恰恰相反：其他行业（如汽车）的生产率非常高，这意味着在美国装配电子产品，即使并不需要太多的劳动投入，但需要牺牲很多的其他产品。因此，这就导致电子产品的机会成本在中国比美国少。尽管中国劳动生产率较低，但中国生产的许多消费电子产品有比较优势，尽管美国具有绝对优势。

在全球市场中，中国在消费性电子产品领域的比较优势来源于中国工人的工资。这是因为，一个国家的工资水平一般来说是其劳动生产率的体现。当一个国家许多行业的劳动力都具有高生产率时，雇主就愿意支付高工资来吸引工人，所以雇主间的竞争会导致整体工资提高。而在劳动生产率较低的国家，对工人的竞争没有那么激烈，工资就相对较低。

下面的“国际比较”专栏显示，世界各地的生产率和工资水平整体上的确有很强的相关关系。因为中国的生产率普遍较低，所以工资相对较低。反过来，低工资使得中国在消费性电子产品这种生产率稍低的产品上具有成本优势。因此，其结果是，在中国生产这些产品比在美国便宜。

▶ 国际比较

世界范围内的生产率和工资

贫民劳动谬论和血汗工厂劳动谬论都是错误的吗？是的。贫困国家或地区低工资的原因是生产率低。

下图所示为2012年一些国家或地区的生产率和工资。生产率以每名工人创造的产出水平（GDP）来度量，工资用每名工人平均每小时的薪资来度量。生产率和工资都被表示成占美国生产率和工资的百分比。例如，日本的生产率和工资分别为美国的70%和101%。我们可以看出，生产率和工资之间存在着很强的正相关关系。但也不完全如此。例如，挪威的工资就高于我们预期的生产率。简单地比较工资容易对贫困国家或地区的劳动成本形成误导，即它们的低工资优势全部被低生产率所抵消。

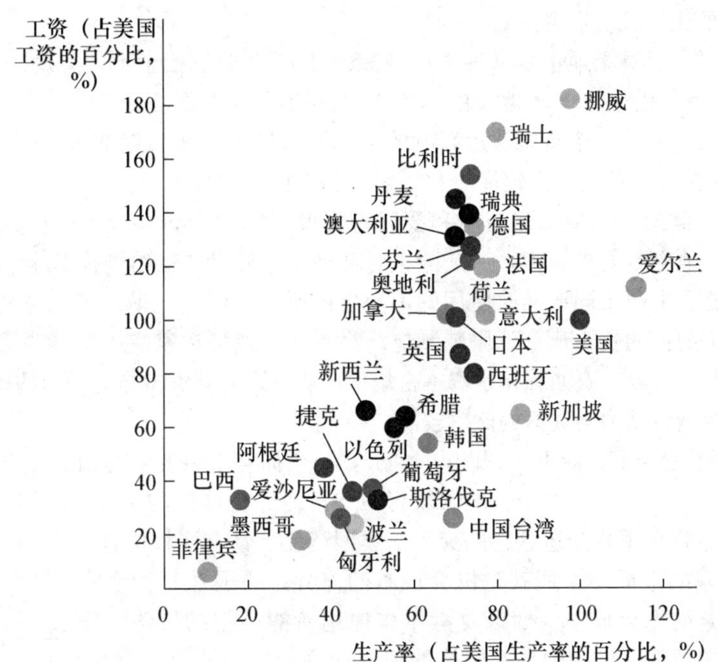

资料来源：The Conference Board；Penn World Table 8.0.

诸如中国这样低工资、低生产率的经济体与诸如美国这样高工资、高生产率的经济体之间发生的贸易会引起两种常见的误解。第一，贫民劳动谬论认为，当高工资国家进口低工资国家工人生产的产品时，一定会伤害进口国工人的生活水平。第二，血汗工厂劳动谬论认为，贸易一定损害贫困出口国的工人，因为这些工人用发达国家的标准来看被支付了非常低的工资。

这两个谬论错误理解了贸易增益的本质：如果相对贫困、低工资的国家出口具有比较优势的产品，即使这些产品的成本优势的形成依赖于低工资，贸易仍然有利于两个国家。也就是说，这两个国家都能够通过贸易达到更高的生活水平。

要特别指出的是，购买由比美国大多数工人更低工资水平的工人制造的产品并不一定意味着你占那个人的便宜。这取决于其他选择。由于贫困国家工人总的生产率都低，他们不管是生产向美国出口的产品还是在当地市场上出售的产品，都被支付低工资。从富裕国家标准看起来很糟糕的职业可能是一个贫困国家中某些人的一种进步。

依赖于低工资出口的国际贸易仍然可以提高出口国人民的生活水平。对工资非常低的国家尤其如此。例如，孟加拉国以及类似国家相当贫穷，如果它们不能够根据它们的低工资出口产品（如服装），它们的居民甚至可能会食不果腹。

□ 20.1.4 比较优势的源泉

国际贸易是由比较优势推动的，但比较优势从何而来？研究国际贸易的经济学家已经发现了比较优势的三个主要源泉：气候差异、要素禀赋差异以及技术差异。

气候差异 越南和泰国养殖海虾比美国的机会成本低的原因之一是养殖海虾需要温暖水域——越南有大片水域，而美国没有。一般而言，气候差异是国际贸易的重要原因。热带国家出口如咖啡、糖和香蕉这样的热带产品，温带国家出口如小麦、玉米这样的农作物。有些南北半球间的贸易甚至就是被季节差异所推动：冬季在美国和欧洲的超市里随处可见智利的葡萄和新西兰的苹果。

要素禀赋差异 加拿大是向美国出口森林类产品如木材以及纸浆和纸张等以木材为原料的产品的主要国家。这些出口并非反映加拿大的伐木工人有什么特殊技能。加拿大在森林类产品上具有比较优势，是因为其森林面积与劳动力规模的比率比美国要高得多。

像劳动力和资本一样，森林土地也是一种生产要素（生产要素包括土地、劳动力、实物资本和人力资本），用于生产产品和服务。由于历史和地理的原因，可获得的生产要素的组合在不同的国家里并不相同，这是产生比较优势的重要来源。一个具有深远影响的国际贸易模型，即赫克歇尔-俄林模型（由两位瑞典经济学家在20世纪前半叶提出）发现了比较优势和要素可获得性之间的关系。

该模型中的两个重要概念就是要素丰裕度和**要素密集度**（factor intensity）。要素丰裕度是指相对于其他生产要素而言，一个国家对某种生产要素的供给规模的大小。要素密集度是指当生产不同产品时使用的不同生产要素的组合比率。例如，石油炼化厂每名工人配备的资本比率比服装制造厂高得多。经济学家使用要素密集度来描述这些产品的差异：石油炼化是资本密集型产业，因为其资本与劳动力的比率较高；但手机制造是劳动密集型产业，因为其劳动力与资本的比率较高。

> 一种产品生产的**要素密集度**衡量了在生产中哪种要素比其他要素的相对使用量更大。

根据**赫克歇尔-俄林模型**（Heckscher-Ohlin model），一个拥有丰裕要素的国家在密集使用其丰裕要素的产品上具有比较优势。所以，一个资本丰裕的国家将在如石油炼化这样的资本密集型产业上具有比较优势，而一个劳动力丰裕的国家将在手机制造这样的劳动密集型产业上具有比较优势。

该结论背后的理论基础很简单，那就是机会成本的差异。一国在某种要素上资源充足，则该种要素的机会成本（即该要素用作他用所能产生的价值）就比较低。例如，相对于美国而言，中国具有丰裕的低劳动技能的劳动力。因此，中国低劳动技能的劳动密集型产品生产的机会成本要低于美国。

> 根据**赫克歇尔-俄林模型**，一个拥有丰裕要素的国家在密集使用其丰裕要素的产品上具有比较优势。

验证赫克歇尔-俄林模型正确性的最生动的例子就是世界服装贸易。服装生产是一项劳动密集型活动：它不需要许多实物资本，也不需要大量以受过高等教育工人的形式存在的人力资本。因而你可以预料到，像中国、孟加拉国这样劳动力丰裕的国家会在服装生产上具有比较优势，事实也确实如此。

许多国际贸易是由要素禀赋差异导致的，这有助于解释另一个事实：国际生产的专业分工往往是不完全的。也就是说，对于进口的产品，一个国家还常常维持一些国内的生产。一个很好的例子就是美国和石油。沙特阿拉伯出口石油给美国，因为相对于其他生产要素，沙特阿拉伯有丰富的石油供给；美国出口医疗器械给沙特阿拉伯，因为相对于其他生产要素，美国有丰富的医疗专业技术支持。但是美国同时也在国内生产部分石油，因为国内位于得克萨斯州和阿拉斯加州的石油储备（目前页岩油的储量在其他地区也在增加）规模使得其进行国内生产具有经济上的可行性。

在下一节供给与需求的分析中，我们将考虑一国不完全专业分工的标准模型。然而，我们必须强调，各国通常不完全专业分工的事实并没有使贸易增益的结论发生任何改变。

技术差异 在20世纪七八十年代，日本成为当时世界上最大的汽车出口国，在美国和世界其他国家销售了大量汽车。日本在汽车产业上的比较优势并不是气候的结果，也不能简单归因于要素禀赋差异：除了土地的稀缺性，日本可用生产要素的组合与其他发达国家十分相似。日本在汽车产业上的比较优势来自该国制造商开发出的先进生产技术，这种生产技术使得日本可以在劳动力和资本数量给定的条件下，比美国或欧洲同行生产出更多的汽车。

日本在汽车产业上的比较优势是由技术（生产中使用的技术）差异形成比较优势的一个事例。

技术差异形成的原因有些神秘。有时候似乎是由经验形成的知识积累，例如瑞士在钟表行业的比较优势反映出悠久的钟表工艺传统。有时候它是一系列发明创新的结果，由于某种原因，发明创新发生在一个特定国家而不是在其他国家。技术优势常常是短暂的。通过采用精益的生产工艺，美国汽车工业已经缩小了与其竞争对手日本之间的差距。此外，欧洲的飞机制造业也缩短了与美国飞机制造业的差距。然而，在任何给定的时间内，技术差异是产生比较优势的主要根源。

▶ 真实世界中的经济学

中国香港的“衬衣”是怎样失去的?

中国香港的崛起是20世纪最引人注目的成功经济故事之一。在1949年中华人民共和国成立时，港英当局对香港实行殖民统治，中国香港与中国内地的经济联系大部分被切断。由于中国香港一直依靠中国内地生存，我们可能会认为这个城市会衰落。但中国香港发展成了今天这样一个繁荣的城市，人均产出与美国相当。

在崛起的大部分时间，中国香港赖以支撑的首推服装产业。1980年，中国香港服装和纺织部门的就业人数近45万，接近总就业人数的20%，绝大多数工人在制作衬衫、裤子、连衣裙等。这些服装主要用于出口，特别是对美国出口。

然而，从那以后，中国香港的服装产业规模急剧下滑——实际上，它几乎已经消失了。中国香港的服装出口也大抵如此。图20-4显示了1989年之后美国服装进口中中国香港的市场份额与该行业的一个新进入者孟加拉国的市场份额的变化情形。正如我们所看到的，中国香港已经几乎从图中消失，而孟加拉国的市场份额已经在近几年显著上升。

为什么中国香港失去了其在衬衣、裤子等产品上的比较优势呢？这并非因为这个城市的服装工人已经不再那么高效。相反，而是因为这个城市各方面都变得更好了。服装生产是一个劳动密集型、技术含量相对较低的产业；该产业的比较优势在历史上总是由劳动力充裕的经济体承担。中国香港不再适合这样的条件；但孟加拉国正合适。中国香港的服装产业是城市成功发展的受害者。

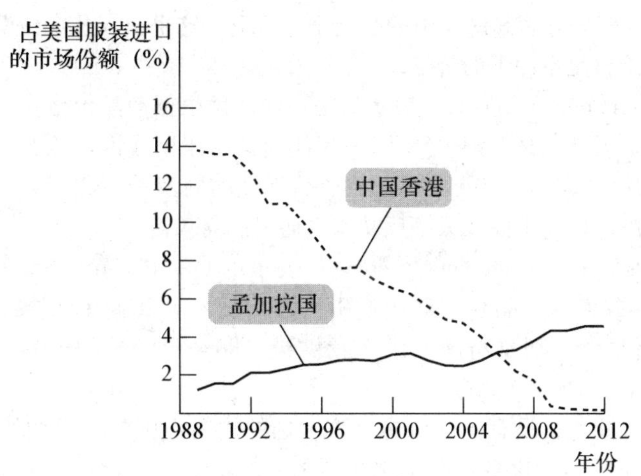

图20-4　占美国服装进口的市场份额变化

资料来源：U. S. International Trade Administration.

及时复习

- 进口和出口在美国经济和其他许多国家经济中的作用越来越重要。
- 国际贸易和其他国际联系的增多被称为全球化，非常高水平的国际贸易被称为超级全球化。

● 国际贸易由比较优势推动。国际贸易的李嘉图模型说明，两国间的贸易能使两国都比自给自足时的境况有所改善，也就是说，存在贸易增益。

● 比较优势的主要来源是国别间的气候差异、要素禀赋差异和技术差异。

● 赫克歇尔-俄林模型揭示了比较优势如何从要素禀赋差异中产生：产品的要素密集度不同，国家倾向于出口那些密集使用其丰裕要素的产品。

小测验 20-1

1. 在美国，1 吨玉米的机会成本是 50 辆自行车。在中国，1 辆自行车的机会成本是 0.01 吨玉米。

a. 确定比较优势的模式。

b. 在自给自足时，美国如果不生产玉米便可生产 200 000 辆自行车，中国如果不生产自行车便可生产 3 000 吨玉米。假定机会成本不变，画出两国的生产可能性曲线，纵轴表示玉米吨数，横轴表示自行车数量。

c. 在开展贸易的情况下，两国都进行专业分工。美国消费 1 000 吨玉米和 200 000 辆自行车。中国消费 3 000 吨玉米和 100 000 辆自行车。在你的图中指出生产点和消费点，并且用它们解释贸易增益。

2. 运用赫克歇尔-俄林模型解释以下贸易模式：

a. 法国向美国出口葡萄酒，美国向法国出口电影。

b. 巴西向美国出口鞋子，美国向巴西出口制造鞋子的机器。

20.2 供给、需求和国际贸易

简单的比较优势模型对于理解国际贸易的基本动因是有帮助的。然而，为了分析国际贸易在更详细层面上产生的影响，以及为了理解贸易政策，我们需要回到供给和需求模型进行分析。首先我们将考察进口对于国内生产者和消费者的影响，然后再考察出口的影响。

□ 20.2.1 进口效应

图 20-5 所示为暂时忽略国际贸易时美国的智能手机市场。这里引入几个新概念：国内需求曲线、国内供给曲线以及国内或在自给自足条件下的价格。

国内需求曲线（domestic demand curve）表示的是一国居民根据产品价格决定需求多少数量的该产品。为什么是“国内”？因为其他国家的居民或许对该产品也有需求。一旦引入国际贸易，我们就需要区分产品是被国内消费者购买还是被国外消费者购买。所以国内需求曲线只是反映本国居民的需求。

类似地，**国内供给曲线**（domestic supply curve）表示的是一国生产者根据产品价格决定供给多少数量的产品。一旦我们引入国际贸易，我们就需要区分产品是由国内生产者供给，还是由国外生产者供给，即来自海外的产品供给。

> **国内需求曲线**表示一个国家的居民根据产品的价格而决定需求多少数量的该产品。
>
> **国内供给曲线**表示一个国家的生产者根据产品的价格而决定供给多少数量的该产品。

在自给自足条件下，智能手机没有国际贸易，该市场的均衡由国内需求曲线与国内供给曲线的交点决定，即 A 点。在均衡时智能手机的价格是 P_A，智能手机的均衡生产量和消费量为 Q_A。通常，消费者和生产者均能从既有的国内市场获益。消费者剩余就是图 20-5 中位于上方的深灰色阴影三角形的面积。生产者剩余就是图 20-5 中位于下方的浅灰色阴影三角形的面积。总剩余等于两个阴影三角形面积之和。

现在我们设想这个市场对外开放，允许进口。为此，我们必须做出一些有关进口产品供给的假设。这里我们将采用最简单的假设：国外将以一个固定的价格即智能手机的**“世界市场价格”**（world price）向本国提供无数量限制的智能手机。图20-6 显示了智能手机的世界市场价格 P_W 低于自给自足时的国内市场价格 P_A。

> 产品的**世界市场价格**是指产品在海外自由买卖时的价格。

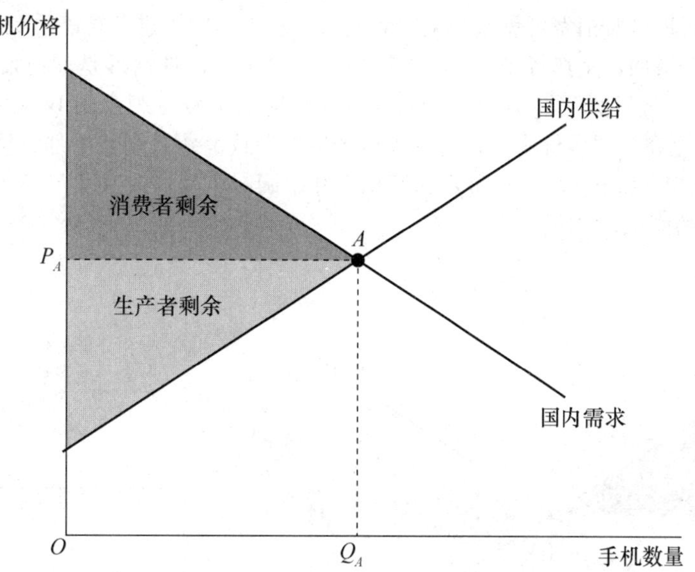

图 20-5　在自给自足条件下的消费者剩余与生产者剩余

在没有国际贸易的情况下，本国智能手机的价格是 P_A，该价格是在自给自足条件下，由国内需求曲线与国内供给曲线相交决定的均衡价格。本国的生产与消费的数量为 Q_A。消费者剩余由图中深灰色阴影部分表示，生产者剩余由图中浅灰色阴影部分表示。

假定智能手机的世界市场价格低于国内价格，这对于进口商从海外购买智能手机再转卖到国内是有利可图的。智能手机进口增加了国内市场智能手机的供给，国内市场的智能手机价格下降。智能手机会继续进口，直到国内价格下跌到与世界市场价格相同的水平。

这一结果如图 20-6 所示。因为进口，国内智能手机的价格从 P_A 下跌到 P_W。国内消费者对智能手机的需求数量从 Q_A 升到了 Q_D，同时由国内生产者供给的数量从 Q_A 下降至 Q_S。国内需求数量与国内供给数量的缺口 Q_D-Q_S 由进口产品填补。

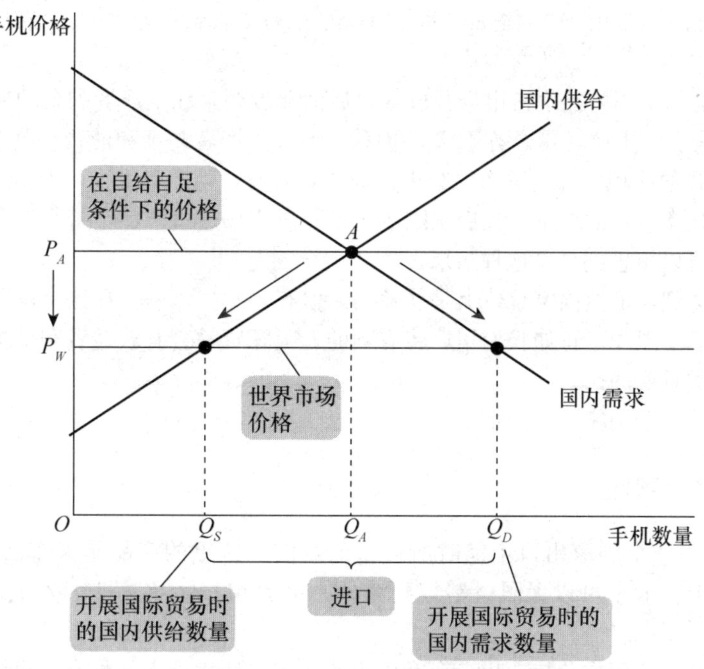

图 20-6　进口时的国内市场

智能手机的世界市场价格 P_W 低于本国在自给自足条件下的价格 P_A。当本国市场开放贸易后，由于进口产品进入本国市场，智能手机的国内价格从 P_A 下降到 P_W。在价格下降后，国内需求数量从 Q_A 增加到 Q_D，国内供给数量从 Q_A 降到 Q_S。国内需求数量与国内供给数量的缺口 Q_D-Q_S 由进口产品填补。

现在让我们来分析进口对消费者剩余和生产者剩余的影响。因为进口智能手机导致了国内智能手机价格下跌，所以消费者剩余增加，生产者剩余减少。图 20－7 表示了这种情形是如何发生的。我们用 W、X、Y 和 Z 来表示四个区域。我们把与图 20－5 自给自足时相对应的消费者剩余用 W 表示，在自给自足条件下生产者剩余等于 X 和 Y 之和。国内价格下跌至世界市场价格导致消费者剩余增加；增加额为 X 和 Z 的面积之和，所以，现在的消费者剩余是 W、X 和 Z 的面积之和。同时，生产者失去了 X 的面积的剩余，所以现在生产者剩余只等于 Y 的面积。

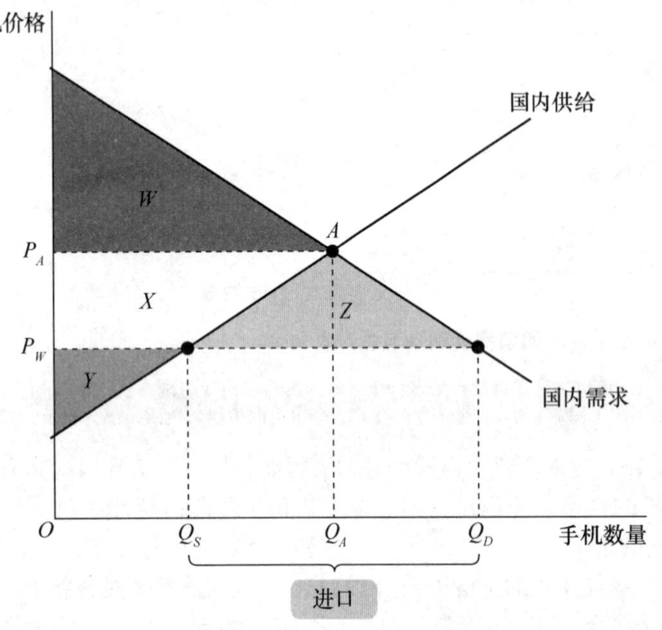

	剩余变化	
	增加	减少
消费者剩余	$X+Z$	
生产者剩余		$-X$
总剩余	$+Z$	

图 20－7　进口对剩余的影响

开展国际贸易导致智能手机的国内价格下跌至 P_W，消费者剩余增加 $X+Z$ 的面积，生产者剩余减少 X 的面积。因为消费者的增益超过了生产者的损失，所以总体经济的总剩余增加 Z 的面积。

图 20－7 的附表总结了当智能手机市场开放进口后消费者剩余和生产者剩余的变化。新增的消费者剩余等于 $X+Z$ 的面积。失去的生产者剩余等于 X 的面积。所以生产者剩余和消费者剩余之和——智能手机市场的总剩余——增加了 Z 的面积。开展贸易的结果是消费者获益，生产者受损，但是消费者所获增益超过生产者的损失。这是一个非常重要的结论。我们刚刚解释了开放市场进口产品会带来总剩余的净增加，根据国际贸易带来增益的原理可以预想到会有这种结果。

但是，我们也注意到，虽然国家总体上是获益的，但有一些群体——在这个例子中是国内智能手机生产者——因国际贸易而遭受损失。正如我们稍后将看到的，国际贸易会有获益者和受损者。这对于理解带有政治性的贸易政策是至关重要的。

我们接下来将讨论一个国家出口的情形。

□ 20.2.2　出口效应

图 20－8 所示为当一个国家出口产品时所产生的效应，这里的产品是卡车。例如，我们假定在给定的世界市场价格 P_W 上，卡车可以无限量销售到海外，世界市场价格高于自给自足时国内通行的价格水平 P_A。

因为世界市场价格高于国内价格，出口商在国内购买卡车转卖到海外将有利可图。购买国内卡车会推动其国内价格上升，直至等于世界市场价格。结果，国内消费者的需求量从 Q_A 下降至 Q_D，国内生产商的供给量从 Q_A 上升至 Q_S。国内生产量和消费量的差额 Q_S-Q_D 为出口量。

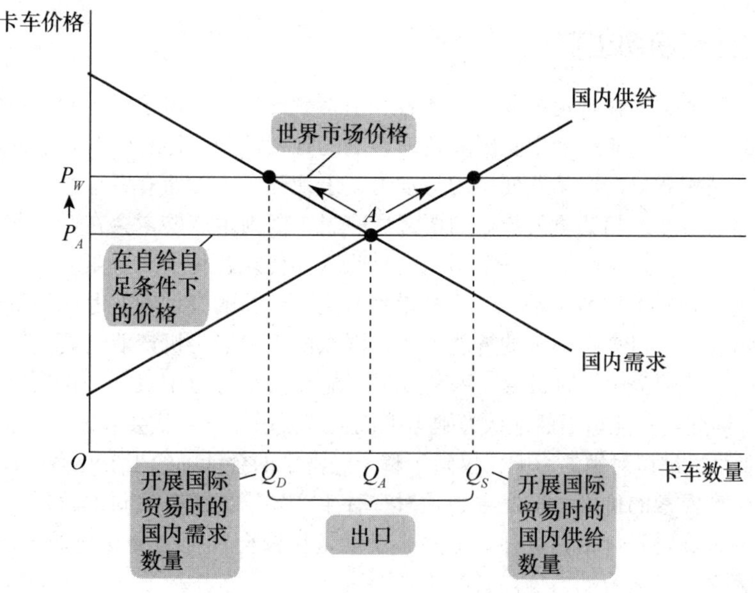

图 20-8　出口对本国市场的影响

世界市场价格 P_W 大于本国在自给自足条件下的价格 P_A，当本国参与国际贸易时，本国的部分产品供给开始出口，本国价格从在自给自足条件下的价格 P_A 上升到世界市场价格 P_W。在价格上升后，国内需求数量从 Q_A 下降为 Q_D，国内供给数量从 Q_A 上升为 Q_S，本国的超额供给部分 Q_S-Q_D 用于出口。

与进口类似，出口也可以导致出口国总剩余增加。但同时也会产生获益者和受损者。图 20－9 所示为卡车出口对生产者剩余和消费者剩余的影响。在没有贸易的情况下，卡车价格为 P_A。消费者剩余在没有贸易的情况下是 W 和 X 的面积之和，生产者剩余是面积 Y。开展贸易后导致价格从 P_A 上升至 P_W，消费者剩余下降为 W 的面积，生产者剩余上升为 $Y+X+Z$ 的面积。所以生产者剩余增加了 $X+Z$ 的面积，消费者剩余损失了 X 的面积，如图 20－9 的附表总结所示，就总体经济而言，总剩余增加了 Z 的面积。

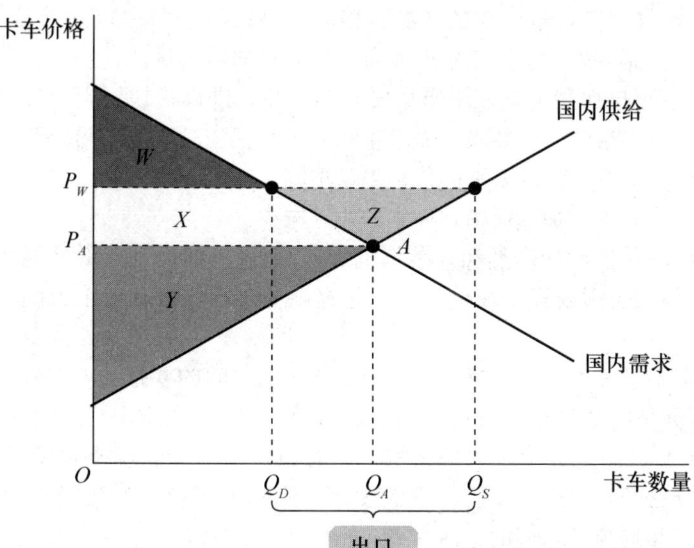

	剩余变化	
	增加	减少
消费者剩余		$-X$
生产者剩余	$X+Z$	
总剩余	$+Z$	

图 20-9　出口对剩余的影响

贸易的结果是本国价格升至 P_W，生产者剩余增加 $X+Z$ 的面积，但消费者剩余损失 X 的面积，由于生产者的增益超过了消费者的损失，所以总体经济的总剩余增加 Z 的面积。

我们已经知道，进口特定的产品会损害国内生产者但有益于国内消费者，而出口特定的产品会损害国内消费者而有益于国内生产者。在以上两个案例中，收益都大于损失。

□ 20.2.3 国际贸易和工资

至此我们关注的是国际贸易在特定产业对生产者和消费者的影响。出于很多研究目的，这都是很有益的方法。但是，生产者和消费者并非社会中受国际贸易影响的唯一部分，还有生产要素的所有者。特别是生产出口产品或者与进口产品相竞争的产品所使用的劳动力、土地和资本的所有者深受影响。而且贸易影响并不局限于出口产业或者与进口产品相竞争的产业的要素所有者，因为生产要素会在产业间流动。因此，我们要讨论国际贸易对收入分配的长期影响——一个国家的总收入如何在各种生产要素之间分配。

我们从如下问题进行分析：玛利娅是一名西海岸手机生产公司的会计师，考虑一下她的处境会发生什么变化。如果美国开放市场，进口来自中国的智能手机，那么国内智能手机产业会萎缩，将只雇用少量的会计师。但是在很多产业，会计师都有受雇机会，玛利娅很可能在汽车行业中找到一份更好的工作，因为汽车行业因国际贸易而扩张。因此，不能想当然地认为她为手机生产公司工作，就会因进口智能手机的竞争而受到损害。我们应该考虑的是手机进口对她的影响仅仅限于整个经济中的会计师的工资在多大程度上受到了影响。

会计师的工资是生产要素的价格——雇主必须对一种生产要素的服务支付的价格。关于国际贸易的一个关键问题是，贸易主要影响要素价格，这种要素并非仅仅是指像会计师之类狭义的生产要素，而是像资本、非熟练劳动力和受过大学教育的劳动力等广义的生产要素。

在本章前面部分我们描述了国际贸易的赫克歇尔-俄林模型，这一模型阐明了比较优势是由国家的要素禀赋决定的。这一模型也说明了国际贸易如何影响一国的要素价格：与自给自足经济相比，国际贸易会提高丰裕要素的价格，降低稀缺要素的价格。

因为这个理念非常简单直观，我们不再对此展开详细论述。生产要素的价格，像产品或服务的价格一样，是由供给和需求决定的。如果国际贸易增加了对生产要素的需求，生产要素的价格将上升；如果国际贸易减少了对生产要素的需求，生产要素的价格将下降。

假定一个国家的产业由两部分组成：**出口产业**（exporting industries）——生产的产品和服务在海外销售的产业，以及**进口竞争产业**（import-competing industries）——生产也从国外进口的产品和服务的产业。与自给自足经济相比，国际贸易导致出口产业的产品价格升高，但会导致进口竞争产业的产品价格降低。这间接增加了出口产业所使用要素的需求量，而减少了进口竞争产业所使用要素的需求量。

> **出口产业**是生产的产品和服务在海外销售的产业。
> **进口竞争产业**是生产也从国外进口的产品和服务的产业。

此外，赫克歇尔-俄林模型认为，国家一般会出口那些密集使用丰裕要素的产品，进口稀缺要素密集型产品。所以，国际贸易通常会增加本国相对于他国丰裕的生产要素的需求量，减少本国相对于他国稀缺要素的需求量。由此所致结果为：丰裕要素的价格趋于上升，稀缺要素的价格趋于下降。

换言之，国际贸易通常会导致本国丰裕要素的收入增加，而稀缺要素的收入减少。

美国出口的通常是人力资本密集型产品（如高科技设计产品和好莱坞电影），而进口的通常是低技能劳动密集型产品（如手机和衣服）。这表明国际贸易在美国要素市场上的作用是提高受过高等教育的工人的工资率，降低非技术工人的工资率。

这一影响近年来已经受到了广泛关注。工资不平等——高报酬工人和低报酬工人之间的差距——在过去30年已经显著扩大。一些经济学家认为，国际贸易的增长是引发这一趋势的重要因素。如果国际贸易的影响如赫克歇尔-俄林模型预测的那样，它提高了受过高等教育工人的工资，尽管他们的工资已经相对较高，降低了低教育程度工人的工资，尽管他们的工资已经相对较低。但也请注意如下现象，贸易减少了国家间收入不平等，因为贫困国家通过向富裕国家出口产品提高了它们的生活水平。

这些影响真的很重要吗？在一些历史时期，国际贸易对要素价格的影响非常大。就像我们要在“真实世界中的经济学”专栏里解释的那样，在19世纪晚期，大西洋贸易的开放对欧洲地租产生了巨大的负面影响，损害了土地所有者的利益但有利于工人和资本家的利益。

最近几年，贸易对美国工资的影响引发了广泛的争论。研究这一领域的大多数经济学家认同，增加从新兴工业化经济体进口的劳动密集型产品数量，并出口高技术产品作为回报，将会引起受教育程度高低不同的工人间的工资差距扩大。当然，大多数经济学家也认为，其他因素也对解释美国的工资不平等程度加剧有意义。

▶ 真实世界中的经济学

19 世纪的贸易、工资和土地价格

大约从 1870 年开始，基于蒸汽机的广泛应用，农产品的国际贸易出现了爆炸式增长。蒸汽动力船能比帆船更快、更安全地穿越大洋。一直到大约 1860 年，蒸汽动力船的费用还高于帆船，但之后两者的费用比率迅速下降。同时，借助蒸汽动力铁路运输，谷物和其他大批量货物廉价地从内陆运到港口成为可能。这样，土地丰富的国家——美国、加拿大、阿根廷、澳大利亚——开始通过船运把大量农产品运到人口稠密、土地稀缺的欧洲国家。

国际贸易的开放推动了出口国农产品价格的上升（如小麦），进口国农产品价格下降。值得注意的是，美国中西部和英国受进口影响地区的小麦价格有着显著差异。

随着要素价格的调整，农产品价格的变化造就了大西洋两岸出现了获益者和受损者的对比。在英国，土地价格与平均工资相比下降了一半；土地所有者发现他们的购买力迅速下降，但工人从廉价产品中获益。在美国，产生了相反的影响，土地价格与工资相比翻了一倍，土地所有者受益，但工人发现他们的工资购买力因食物价格的上涨而下降了。

及时复习

- 国内需求曲线和国内供给曲线的交点决定了产品在自给自足条件下的价格。当开放市场进行国际贸易时，国内价格会趋同于世界市场价格。
- 如果世界市场价格低于国内价格，贸易会引发进口，且国内价格会跌到世界市场价格。因为消费者剩余的增加要大于生产者剩余的损失，所以总体上收益增加。
- 如果世界市场价格高于国内价格，贸易会引发出口，且国内价格会上涨至世界市场价格。因为生产者剩余的增加大于消费者剩余的损失，所以总体上收益增加。
- 贸易推动了出口产业的扩张，增加了一国对丰裕要素的需求，导致进口竞争产业萎缩，减少了对稀缺要素的需求。

小测验 20-2

1. 由于汽车工人的罢工，美国和墨西哥的食品贸易量下降了一半。在自给自足条件下，墨西哥葡萄的价格低于美国的价格。利用美国葡萄的国内需求曲线和国内供给曲线解释对下列各项的影响。

a. 美国葡萄消费者的消费者剩余。

b. 美国葡萄种植商的生产者剩余。

c. 美国的总剩余。

2. 你认为上述问题会对墨西哥葡萄种植商、墨西哥葡萄采摘者、墨西哥葡萄消费者及美国葡萄采摘者产生什么样的影响？

20.3 贸易保护的影响

自从大卫·李嘉图在 19 世纪初期提出比较优势的基本原理后，很多经济学家就倡导**自由贸易**（free trade）。他们认为国家政策不应试图减少或增加出口和进口，而应由供给和需求自然地引发进口和出口。

虽然经济学家认同自由贸易，但是很多政府仍使用税收和其他方法来限制进口。政府很少为鼓励出口提供补贴；出于保护国内进口竞争产业的生产者免受国外竞争的影响的目的，政府经常推行限制进口的政策，也就是众所周知的**贸易保护**（trade protection）或简称为**保护政策**（protection）。

我们来看两种最普遍使用的保护政策：关税和进口配额，然后再分析政府

> 当政府不再试图减少或增加出口或进口而是让其根据供给和需求自然地调整时，这个经济体在从事**自由贸易**。
>
> 限制进口的政策就是众所周知的**贸易保护**或简称为**保护政策**。

采用这些政策的原因。

□ 20.3.1 关税的影响

关税（tariff）是销售税的一种，即向进口产品征收的税。举个例子，美国政府宣布凡从中国带入手机，每部必须缴纳 100 美元关税。在过去相当长的一段时间，关税是政府收入的重要来源，因为关税的征收相对容易。但在当今世界，除了作为政府收入的来源外，关税经常被用于阻止进口，以保护国内进口竞争产业的生产者。

关税是对进口产品征收的一种税收。

关税不仅提高了国内生产者的出售价格，也提高了国内消费者支付的价格。假定美国进口手机，并且每部手机的世界市场价格是 200 美元。正如我们前面看到的，在自由贸易的情况下，国内价格也将会是 200 美元。但如果征收每部手机 100 美元的关税，国内价格将会涨至 300 美元，因为关税会使进口智能手机无利可图，除非国内价格高到足以弥补进口者支付的关税费用。

图 20-10 说明了关税对进口手机的影响。我们假定 P_W是手机的世界市场价格。在没有征收关税前，进口会推动国内价格降到 P_W，因而关税前的国内生产量是 Q_S，关税前的国内消费量是 Q_D，关税前的进口量为 Q_D-Q_S。

现在假定政府对每一部进口智能手机征收关税。这一政策推行的结果是进口智能手机对于进口者将不再有利可图，除非国内价格高于或等于世界市场价格加关税。因此，国内价格升至 P_T，等于世界市场价格 P_W 加上关税。国内生产量升至 Q_{ST}，国内消费量跌至 Q_{DT}，进口量跌至 $Q_{DT}-Q_{ST}$。

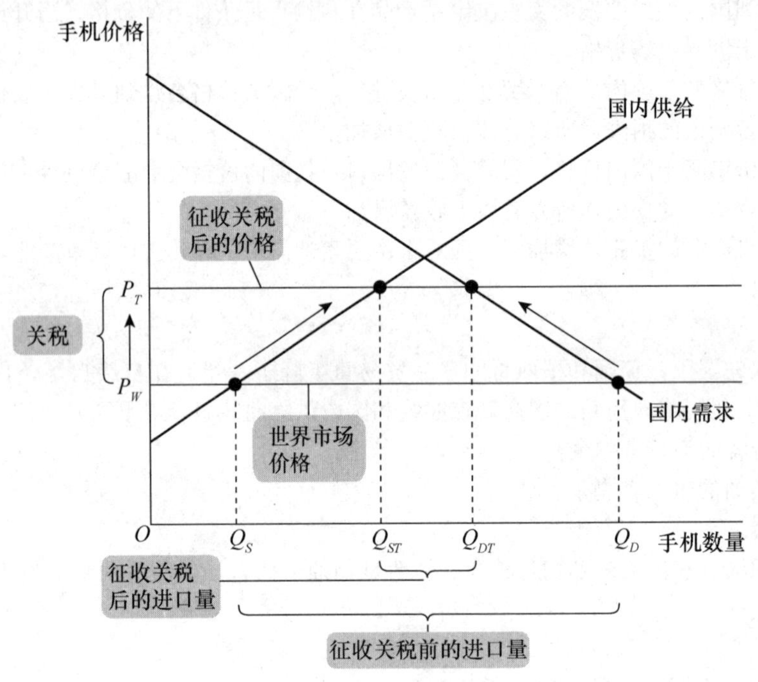

图 20-10 关税效应

征收关税使手机价格从 P_W 升高到 P_T，国内需求量从 Q_D 下降到 Q_{DT}，国内供给量从 Q_S 增加到 Q_{ST}。因此，进口量从征收关税前的 Q_D-Q_S 降低到征收关税后的 $Q_{DT}-Q_{ST}$。

因此，与自由贸易时相比，关税提高了国内价格，导致国内生产量增加，国内消费量减少。图 20-11 显示了关税对剩余的影响，可分为三个方面：

（1）提高的国内价格使生产者剩余增加，增益等于 A 的面积。

（2）国内价格提高减少了消费者剩余，减少额等于 A、B、C、D 的面积之和。

（3）关税增加了政府收入。这能带来多少收入呢？政府对进口手机征收的关税等于进口量 $Q_{DT}-Q_{ST}$ 中每单位的价格 P_T与 P_W之间的价差之和。所以总收入是（P_T-P_W）×（$Q_{DT}-Q_{ST}$）。这等于 C 的面积。

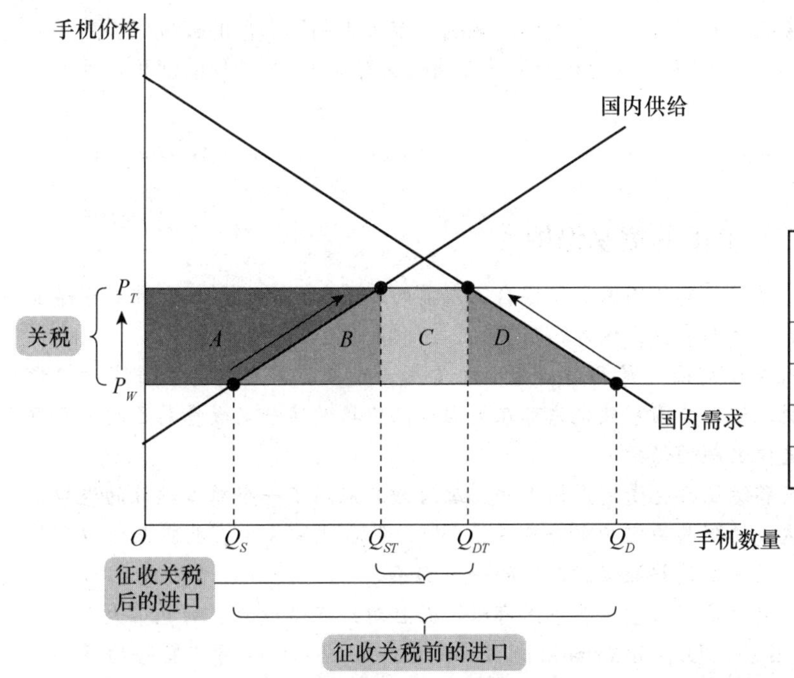

	剩余变化	
	增加	减少
消费者剩余		$-(A+B+C+D)$
生产者剩余	A	
政府收入	C	
总剩余		$-(B+D)$

图 20-11　关税减少了总剩余

关税推动国内价格上升，生产者剩余净增加 A 的面积，政府税收增加 C 的面积，消费者剩余损失 $A+B+C+D$ 的面积，由于消费者剩余损失大于生产者和政府的增益之和，所以总体经济的总剩余损失 $B+D$ 的面积。

关税对福利的影响总结在图 20-11 的附表中。生产者获益，消费者受损，政府获益。但消费者剩余损失大于生产者和政府的增益之和，导致总剩余净减少 $B+D$ 的面积。

销售税会产生低效率或无谓损失，因为它阻碍了互惠贸易的发生。这同样适应于关税，对社会造成的无谓损失等于用 $B+D$ 的面积来表示的总剩余损失。

关税造成的无谓损失主要由两方面的低效率导致：

第一，一些互惠贸易无法进行。一些消费者即使愿意支付高于世界市场价格 P_W 的价格，也无法购买到产品，尽管 P_W 是经济中生产每单位产品的真实成本。这种低效率的成本用图 20-11 中 D 的面积表示。

第二，经济资源被浪费在无效率的产品上。一些生产者花费超过 P_W 的费用来生产产品，即使额外单位的产品可以在海外以 P_W 的价格买到。这一低效率成本在图 20-11 中由 B 的面积代表。

□ 20.3.2　进口配额的影响

进口配额（import quota）是另一种形式的贸易保护，一种合法限制进口产品数量的政策。举个例子，美国对中国手机实施进口配额，每年进口的数量限制在 5 000 万部。进口配额常常通过配额许可证来管理：政府颁发一定数量的配额许可证，每份配额许可证给予其持有者每年进口一定数量限制产品的权利。

进口配额是一种合法限制进口产品数量的政策。

对销售设定配额与销售税的效应大致相同，不同的一点是：在销售税制度下以税收形式成为政府收入的资金，在配额形式下以配额租金的形式成了配额许可证持有人的收入。

类似地，进口配额与关税效应大致相同，不同的一点是：那些作为政府收入的资金变成配额租金流到了配额许可证持有人手中。再看图 20-11，在进口配额限制下的进口为 $Q_{DT}-Q_{ST}$，这会提高手机的国内价格，这与我们前面对关税分析得到的结果一样，即它会使国内价格从 P_W 上升到 P_T，但这里 C 的面积代表配额租金而不是政府收入。

谁会得到进口配额许可证？谁获得配额租金？对于美国的进口保护，回答也许会让你吃惊：最重要的进口配额许可证——主要是服装，其次是糖——授予给了外国政府。

因为大多数美国进口配额的配额租金给了外国人，国家实施配额的成本大于利用类似的关税（导致相同进口水平的关税）的成本。在图 20-11 中，美国因进口配额产生的无谓损失等于 $B+C+D$ 的面积，即消费者剩余损失和生产者剩余获益的差额。

▶ 真实世界中的经济学

美国的贸易保护

当今美国总体上执行自由贸易政策，至少与其他国家和美国自己以前的政策相比是这样。大部分制造业产品或不受关税影响或只受低关税的影响。然而有什么例外吗？

受保护的产品中农产品占大多数。排在最前面的是乙醇，美国主要用玉米来生产乙醇并用作发动机燃料。大多数进口乙醇被征收相当高的关税，但部分国家被允许可在美国以高价格销售一定数量的乙醇，无须支付关税。乳制品也受到关税和严格的进口配额的保护。

直到几年前，为应对进口竞争，服装和纺织品也受到严格保护。政府为此应用了一个精心设计的进口配额系统。但是，这一制度作为十几年前达成的贸易协定中的一部分在 2005 年后被淘汰。有些服装进口仍然受到相对较高的关税保护，但对服装行业的保护是曾经保护政策的一个影子。

了解当前美国的贸易保护政策，最重要的是了解它确实作用有限，而且对经济造成的影响也不大。每隔两年，作为政府机构的美国国际贸易委员会（U. S. International Trade Commission）会对“显著的贸易限制”怎样影响美国福利进行评估。图 20-12 所示为 20 年中平均关税水平和贸易限制所付出的代价占 GDP 的比重，起初并不高，并出现大幅下滑。

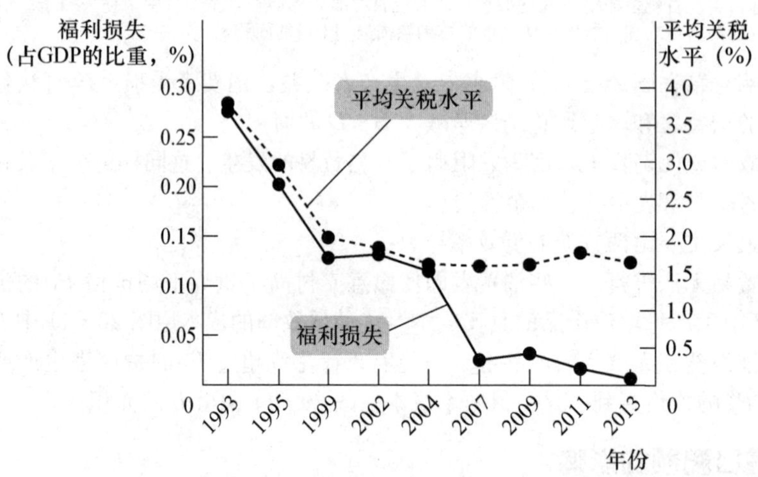

图 20-12　1993—2013 年平均关税水平和福利损失

资料来源：U. S. International Trade Commission (2013), Federal Reserve Bank of St. Louis; and World Development Indicators.

及时复习

● 大部分经济学家都倡导自由贸易，但很多国家的政府却致力于对进口竞争产业实施贸易保护。两种最普遍采用的保护政策是关税和进口配额。政府补贴出口产业的例子比较少见。

● 关税是对进口产品征收的一种赋税。它使国内价格高于世界市场价格，导致贸易量和总消费量下降，国内生产量增加。国内生产者和政府都从中获益，但消费者损失高于这些增益，致使出现了无谓损失。

● 进口配额是合法限制进口数量的政策。它的作用很像关税，但是它创造的收入——配额租金——给了配额许可证持有人，而不是政府。

小测验 20-3

1. 假定世界黄油价格为每磅 0.5 美元，在自给自足时的国内价格为每磅 1 美元。利用类似于图 20-10 的图来解释如下内容：

a. 如果是自由贸易，国内黄油生产者希望政府对黄油征收不低于每磅 0.5 美元的关税。请与每磅 0.25 美元的关税进行比较。

b. 如果征收高于每磅 0.5 美元的关税会发生什么？

2. 假定政府对黄油实施进口配额而不是征收关税，要多少配额限制才会产生与征收每磅 0.5 美元关税相同的进口数量？

20.4 资本流动和国际收支

2013 年，居住在美国的人们向其他国家的居住者出售了价值约为 4.2 万亿美元的产品，同时购入了价值约 4.2 万亿美元的产品。什么产品？产品包罗万象，美国居民（包括在美国经营的公司）向其他国家的居民出售飞机、债券、小麦以及其他产品；同时，美国居民从其他国家的居民那里购入了汽车、股票、石油及其他产品。

我们怎样来记录这些交易呢？在第 13 章中，我们了解到经济学家通过国民收入与产出账户来记录一国国内的经济。而对于国际交易，经济学家将采用一组不同的，但又有所联系的数据，即国际收支账户来进行记录。

□ 20.4.1 国际收支账户

一个国家的**国际收支账户**（balance of payments accounts）是该国与其他国家之间交易的概要。

一个国家的**国际收支账户**是该国与其他国家之间交易的概要。

要了解国际收支账户的基本思想，让我们考虑一个小型例子：不是一个国家，而是一个家庭农场。比如说，以下信息是在加利福尼亚州拥有一个小的朝鲜蓟农场的科斯塔一家去年的财务数据：

- 他们销售朝鲜蓟获得 10 万美元收入。
- 他们经营农场花费 7 万美元，包括购买新的农业机械，另外 4 万美元用于购买食物、支付水电费、更换磨损的汽车配件等。
- 他们自己的银行账户上获得 500 美元的利息，但他们为抵押贷款支付了 10 000 美元的利息。
- 他们获得一笔 25 000 美元的新贷款，将用于改善农场，但他们没有立即使用所有的钱。所以他们把剩余的钱存在银行。

我们如何总结该年科斯塔一家的交易？一种方法是使用表 20 - 3，其中给出了现金收入的来源和现金支出的使用。表 20 - 3 中除表头外第 1 行列出产品和服务的买卖：销售朝鲜蓟；购买杂货、热油、新车等。第 2 行列出利息支付：科斯塔一家从他们的银行账户收到的利息，以及他们支付的抵押贷款利息。第 3 行列出贷款和存款：来自贷款的现金和存放在银行的现金。

表 20 - 3 科斯塔一家的财务报表

	现金收入的来源	现金支出的使用	净额
产品和服务的买卖	朝鲜蓟销售获得 100 000 美元	农场运营与生活费共 110 000 美元	−10 000 美元
利息支付	银行账户获得利息收入 500 美元	抵押贷款利息 10 000 美元	−9 500 美元
贷款和存款	获得新贷款 25 000 美元	在银行存款 5 500 美元	+19 500 美元
总计	125 500 美元	125 500 美元	0 美元

在每一行中，我们列出了这种交易的净现金流入。所以第 1 行的净额是－10 000 美元，因为科斯塔一家的支出比收入多了 10 000 美元。第 2 行的净额是－9 500 美元，是科斯塔一家在他们的银行账户上收到的利息与他们抵押贷款利息之间的差额。第 3 行的净额是 19 500 美元：科斯塔一家获得 25 000 美元的新贷款，但只把 5 500 美元存放在银行。

最后一行列出了所有现金收入总额和所有现金支出总额。根据定义，这些金额是相等的：每一美元都有来源，每一美元都有用途。（如果科斯塔的钱款藏在床垫下是什么用途呢？这将被视为另一种现金“用途”。）

一个国家的国际收支账户也是一张表格，总结了该国与世界其他国家在一年中的交易情况。这种方式非常类似于我们总结科斯塔年度财务收支的方式。

表 20-4 显示了 2013 年美国国际收支账户的简化版本。如果科斯塔一家的账户列出的是现金收入和支出，国家的国际收支账户列出的则是外国人的付款——美国全部的现金收入，以及对外国人的支付——美国全部的现金支出。

表 20-4　　2013 年美国国际收支账户

		外国人的付款（10 亿美元）	向外国人的支付（10 亿美元）	净额（10 亿美元）
1	产品和服务的销售与购买	2 280	2 756	−476
2	要素收入	780	580	199
3	经常转移	118	242	−124
	经常账户（1+2+3）			−400
4	资产销售和购买	1 018	−645	373
	金融账户			373
	错误与遗漏	—	—	−27

资料来源：Bureau of Labor Statistics.

表 20-4 中的第 1 行列出了 2013 年美国对外国人的销售额和美国从外国人那里购买的产品和服务的付款额。例如，第 1 行第 2 列（22 800 亿美元）中的数字包括了美国出口小麦的价值以及外国人在 2013 年向美国咨询公司支付的费用。第 1 行第 3 列的数量为 27 560 亿美元，包括了美国进口石油的价值和美国公司向印度呼叫中心——经常回答你所打的“1-800”电话的机构——支付的费用。

第 2 行列出了 2013 年美国的要素收入——外国人向美国居民支付的使用美国人拥有所有权的生产要素的收入，以及美国人向外国人支付的使用外国人拥有所有权的生产要素的收入。要素收入主要包括投资收入，例如美国人从对海外贷款获得的利息，以及美国公司在海外经营的利润等，例如由美国迪士尼公司拥有的巴黎迪士尼乐园所获得的利润包括在第 2 行第 2 列的 7 800 亿美元数据中。日本汽车公司在美国经营的营业利润包括在第 2 行第 3 列所示的 5 800 亿美元中。要素收入还包括一些劳动力收入。例如，在迪拜建筑工地临时工作的美国工程师的工资被计入第 2 列中的 7 800 亿美元。

第 3 行显示了美国在 2013 年的国际经常转移——美国居民向其他国家居民捐送的金钱或者相反。第 3 行第 2 列的 1 180 亿美元包括在国外工作的美国熟练工人领取的报酬。第 3 列列出了国际经常转移的主要部分。这里的 2 420 亿美元主要是汇款，居住在美国的移民，例如在美国被雇用的数百万墨西哥出生的工人，寄往其原籍国家的汇款。当然，在国外的美国技术工人也寄很多钱回家。

该表的第 4 行包含 2013 年美国居民和外国人之间的资产销售和购买所产生的支付。例如，2013 年，中国食品公司双汇公司以 47 亿美元收购了美国最大的猪肉包装商史密斯菲尔德食品公司。向史密斯菲尔德食品公司的美国所有者支付的 47 亿美元包括在第 4 行第 2 列的 10 180 亿美元中。此外，在 2013 年，一些华尔街大公司购买了欧洲公共和企业债券。美国居民购买外国资产向外国人的支付被包括在第 4 行第 3 列的−6 450 亿美元中。

在给出的表 20-4 中，我们将第 1、2 和 3 行分为一组，以便将它们与第 4 行区分开。这反映了两组交易如何影响未来的根本区别。当美国居民向外国人出售诸如小麦之类的产品时，这就是交易的结束。但是金融资产，如债券，则有不同。我们知道，债券是未来支付利息和本金的承诺。因此，当美国居民向外国人出售债券时，该销售造成了负债：美国居民将来必须支付利息并偿还本金。国际收支账户区分产生负债的交易和不产生负债的交易。

经常账户的国际收支通常简称为**经常账户**，是产品和服务的国际收支再加上国际经常转移和要素收入净额。

不产生负债的交易被视为**经常账户的国际收支**（balance of payments on current account），通常简称为**经常账户**（current account）：产品和服务的国际收支再加上国际经常转移和要素收入净额。这对应于表 20-4 中的第 1、2 和 3 行。

表 20－4 中的第 1 行的净额在 2013 年为－4 760 亿美元，这是经常账户中最重要的部分：**产品和服务的国际收支**（balance of payments on goods and services），它是一定时期出口价值与进口价值之间的差额。

产品和服务的国际收支是一定时期出口价值与进口价值之间的差额。

如果你阅读经济新闻报道，你可能会看到另一种指标——**商品贸易差额**（merchandise trade balance），有时简称为**贸易差额**（trade balance）。它仅指一个国家产品（不包括服务）进口与出口之间的差异。经济学家有时只是关注商品贸易差额，其实这是一个不完全的指标，因为国际服务贸易数据不如商品贸易数据那样准确，而且统计得也稍慢一些。

商品贸易差额，有时简称为**贸易差额**，是指一个国家产品（不包括服务）进口与出口之间的差异。

涉及出售或购买资产，因此确实会产生未来负债的交易被视为特定时期的**金融账户的国际收支**（balance of payments on financial account），通常简称为**金融账户**（financial account）。这对应于表 20－4 中的第 4 行，2013 年为 3 730 亿美元。（直到几年前，经济学家经常将金融账户称为资本项目，我们将使用现代术语，但也可能遇到原有的术语。）

金融账户的国际收支，简称为**金融账户**，是一定时期一个国家卖出资产和从外国购买资产的差额。

那么，该账户如何加总呢？表 20－4 的阴影行显示了加总值：2013 年美国经常账户和金融账户的加总情况。我们可以看出，2013 年美国出现了经常账户赤字：美国向外国人支付产品和服务的金额、要素收入和经常转移超过其收到的相关金额。同时，美国金融账户是盈余的：它卖给外国人的资产的价值大于从外国人那里购买的资产的价值。在 2013 年的官方数据中，美国经常账户赤字和金融账户盈余没有完全抵消：2013 年的金融账户盈余比经常账户赤字小了 270 亿美元。但这只是一个统计错误，反映了官方数据的不完善。（差额可能反映了官方数据遗漏了美国资产的国外购买。）

事实上，国际收支会计的基本规则是经常账户和金融账户的总和必须为零：

$$\text{经常账户}(CA)+\text{金融账户}(FA)=0$$

或者

$$CA=-FA \tag{20-1}$$

为什么式（20－1）一定成立呢？在表 20－3 中我们已经看到了基本解释，它显示了科斯塔一家的账户：总的来说，现金收入必须等于现金支出。这同样适用于国际收支账户。在讨论国内宏观经济问题的时候我们已使用过循环流向图，图 20－13 是该图的一种变化，这有助于对问题的理解。图 20－13 表示的不是一国内部的货币流动，而是国家经济体之间的货币流动。

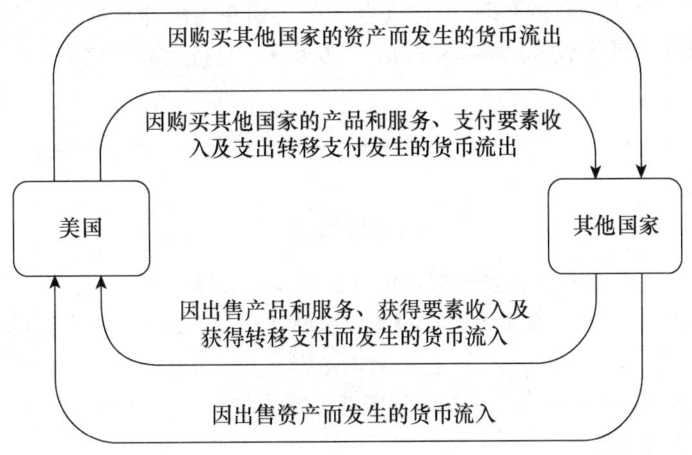

图 20－13　国际收支

内层箭头表示经常账户的支付，外层箭头表示金融账户的支付。因为流入美国的支付总额必须等于流出美国的支付总额，所以经常账户与金融账户的国际收支余额之和为零。

当美国出口产品和服务，或美国拥有的生产要素获得了报酬，或发生了向美国的经常转移，则货币将从其他国家流入美国。这些货币流（由内层下方的箭头表示）在美国国际收支平衡表的经常账户中表示为正值。当国外购买了美国的资产（以外层下方的箭头表示），货币流也会从其他国家流入美国，在美国国际收支平衡表的金融账户中表示为正值。

与此同时，当美国进口产品和服务，使用了外国所拥有的生产要素而支付报酬，或发生了向外国的经常转移，则货币将从美国流出到其他国家。这些由内层上方的箭头表示的货币流，在美国国际收支平衡表的经常账户中表示为负值。当美国购买了国外的资产，由外层上方的箭头表示，货币同样从美国流出到其他国家，这在美国国际收支平衡表的金融账户中用负值表示。像所有循环流向图一样，进出的流量是相等的。这意味着，流入美国的外层下方的箭头和内层下方的箭头的流量总和与流出美国的外层上方的箭头和内层上方的箭头的流量总和是相等的。换言之：

经常账户正的流量＋金融账户正的流量＝经常账户负的流量＋金融账户负的流量　　(20-2)

式（20-2）也可变形为下式：

经常账户正的流量－经常账户负的流量＋金融账户正的流量－金融账户负的流量＝0　　(20-3)

式（20-3）与式（20-1）相同：经常账户国际收支余额（正流量与负流量之差）加上金融账户国际收支余额（也是正流量与负流量之差）的和等于零。

是什么决定了经常账户与金融账户的多少呢？

□ 20.4.2 国际资本流动的基本决定因素

各国对资金需求的差异反映了各国投资机会的差异。在其他条件相同的情况下，一个经济快速增长的国家往往比一个经济增长缓慢的国家能提供更多的投资机会。所以，相对于增长缓慢且没有资本流动的经济体，快速增长的经济体会给投资者带来更高的收益率，结果资金往往是从增长缓慢的经济体流向快速增长的经济体。

在“真实世界中的经济学”专栏中提到的经典例子充分显示出这一点，在1870—1914年，大量资金从英国流向美国等其他国家。随着人口的增长、西进运动以及工业化的发展，在那一阶段，美国经济飞速增长，对铁路及工厂等投资支出需求旺盛。与此同时，英国人口增长得没有像美国那么快，而且它已经实现了工业化，铁路系统也已经覆盖全国。因此，英国有大量储蓄剩余，其中的大部分被借给了美国和其他国家。

国家间资金供给的差异反映了各国储蓄的差异，而这也许是由于各国间差异很大的私人储蓄率造成的。比如，2014年，德国私人储蓄占GDP的比重为27%，但在美国这一数据只有17%。国家间资金供给的差异也可能反映各国政府储蓄不同。特别是政府预算赤字，它将会减少整个国家的储蓄，从而导致资本流入。

▶ **国际比较**

巨额盈余

正如我们所知道的，美国通常在其经常账户中有巨额赤字。事实上，美国经常账户上的赤字是世界上最大的；其他国家赤字占GDP的比重更大，但是它们的经济规模更小，因此美国的赤字在绝对数量上要大得多。

然而，对整个世界而言，一些国家的赤字必须与其他国家的盈余相匹配。那么，抵消美国赤字的盈余国家有哪些？它们有什么共同点呢？

下页图为2000—2013年期间六个最大经常账户盈余的国家。中国位居榜首，这可能并不会令人惊讶。日本和德国的经常账户盈余几乎出于同样的原因：两国都是富国，储蓄率高，有很多资金可进行投资。由于部分资金流出到国外，因此两国出现了金融账户赤字和经常账户盈余。

其他三个国家都是大型石油出口国。(你可能不会认为俄罗斯或挪威是“石油经济体”，但是俄罗斯的出口收入中石油出口占三分之二，挪威在北海拥有巨大的油田。)这些国家都在有意积累资产以帮助它们在石油用尽时维持支出。总而言之，盈余国家是一个多元化集团。如果你的世界地图中只有美国为赤字国，中国为盈余国，那你就错过了很大一部分故事。

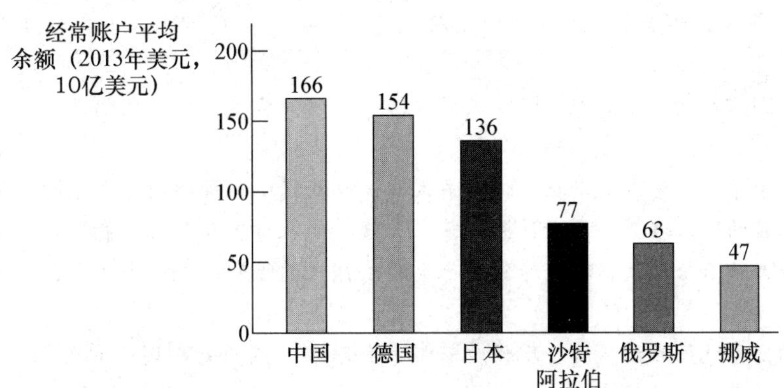

资料来源：IMF World Economic Outlook，2014.

□ 20.4.3 双向资本流动

可贷资金模型帮助我们了解净资本的流动方向——一个国家的资本流入量超过流出量，或者相反。当其他条件相同时，净流量的方向由国家之间的利率差异决定。然而，如表 20-4 所示，总流量在两个方向流动。例如，美国既向外国人出售资产，又向外国人购买资产。为什么资本在两个方向上流动?

该问题的答案是，在现实世界中，与我们刚刚学过的简单模型相反，除了寻求更高的利率外，国际资本流动还有其他动机。

个人投资者通常通过在一些国家购买股票来分散风险。当美国的股票表现不佳时，欧洲的股票正在上涨，反之亦然，因此欧洲的投资者试图通过购买一些美国股票来降低风险，而美国投资者试图通过购买一些欧洲股票来降低风险。结果是资本在两个方向上流动。

同时，企业经常参与国际投资作为其经营战略的一部分。例如，汽车公司发现，如果在当地组装一些汽车，它们可以在该国市场竞争中占有优势。这样的商业投资也可以导致双向资本流动，例如，欧洲汽车制造商在美国建立工厂，当然美国的计算机公司也在欧洲开办公司。

最后，包括美国在内的一些国家是国际银行业务的中心：来自世界各地的人们将资金存在美国金融机构，随后这些资金中有许多投向海外。

这些资本双向流动的结果是，现代经济体通常既是债务人（欠世界其他国家钱的国家）也是债权人（世界其他国家欠它钱的国家)。由于双向资本流入和流出已有多年，截至 2015 年年底，美国累计持有的外国资产价值 23.2 万亿美元，外国人在美国累计持有的资产为 30.6 万亿美元。

▶ **真实世界中的经济学**

资本流动的黄金年代

我们常说科技使世界变小了。飞机使世界上大多数城市间的行程缩短到几个小时，现代化的通信工具使信息可以迅速传达到全球任何地方。所以，你可能会认为现在的国际资本流动规模比以往更大了。

但是，如果以资本流动占世界储蓄和投资的比例来衡量其规模，上面的想法是错误的。资本流动的黄金年代其实是在第二次世界大战以前，也就是 1870—1914 年。

这些资本主要是从欧洲国家尤其是英国，流向被称为“新殖民区”的国家，这些国家吸引了大量的欧洲移民。其中，澳大利亚、阿根廷、加拿大和美国就是主要接受资本流入的国家。

大量的资本流动反映出投资机会的差异，英国作为一个成熟的工业化国家，其自然资源稀缺，且人口增长缓慢，相对来说，英国提供的新投资机会较少。但在那些新殖民区国家，人口增长很快，自然资源也十分丰富，能给投资者带来较高的收益率，资本也都流向那些国家。估计的数据显示，在那一时期，英国资本外流相当于其储蓄的40%，这些资本大多投资于铁路建造和其他大的项目上。当代还没有一个国家可以达到这一纪录。

我们为什么达不到前人所创下的纪录呢？虽然经济学家不能肯定，但是他们还是提出了两个理由：移民限制和政治风险。

在资本流动的黄金年代，资本流动往往伴随着人口流动而发生：那些接受大量欧洲资本流入的地区，也是大量欧洲人迁移的目的地。在第一次世界大战前，大规模的人口流动是有可能的，因为那时还没有对移民的法律限制。然而今天却恰恰相反，移民受到了很大的法律上的限制，每一个想移民到美国和欧洲的人都可以告诉你这一点。

另一个变化了的因素就是政治风险。现代政府常常会限制外国投资，因为它们怕这会影响到民族自治。正是出于政治和安全的考虑，政府有时会控制外国人的财产，以阻止投资者将他们大部分的财产转移到国外。在19世纪，这一行为并不多见，部分原因在于一些主要的投资目的地是欧洲的殖民地；还有部分原因是在当时政府会动用军队和武力来维护其投资者的权益。

及时复习

● 国际收支账户记录了一国的国际交易，国际收支由经常账户的国际收支（经常账户）加上金融账户的国际收支（金融账户）组成。经常账户最重要的组成部分是产品和服务的国际收支，其本身包括商品贸易差额（贸易差额）。

● 由于收入的来源必须等于支出的使用，所以经常账户加上金融账户总和为零。

● 资本流动反映了储蓄行为和投资机会方面的国际差异。

小测验 20-4

1. 以下事件会对国际收支账户产生怎样的影响？

a. 美国波音公司将一架新组装的飞机卖给中国。

b. 中国投资者从美国人那里购买了波音公司的股票。

c. 一个中国公司从美国航空公司购买了一架二手飞机并把它运回中国。

d. 一个在美国拥有财产的中国投资者与他人合伙买了一架飞机并把它留在美国，以便他可以环美旅游。

2. 你认为美国房地产泡沫崩溃和随后的衰退对国际资本流入美国有什么影响？

20.5 汇率的作用

我们已经知道储蓄的差异如何造成可贷资金供给的差异，投资支出差异如何造成可贷资金需求的差异，以及以上两种差异如何引起国际资本流动。同时我们也知道了一国经常账户国际收支余额与金融账户国际收支余额之和为零：一个国家有资本净流入，与之相匹配必然会出现经常账户赤字；一个国家有资本净流出，则肯定会出现经常账户盈余。

资本流入与流出这一金融账户的行为可以用国际可贷资金市场的均衡来描述；与此同时，作为经常账户主要组成部分的产品和服务的国际收支，是由国际市场上的产品和服务来决定的。所以，假设金融账户反映的是资本的移动，经常账户反映的是产品和服务的移动，那么是什么使得国际收支实现均衡的呢？换言之，是什么确保了两个项目的差额相互抵消？

毫不奇怪，价格使得两个账户均衡。具体来说，该价格是外汇市场中确定的汇率。

□ 20.5.1 认识汇率

一般说来，一个国家的产品、服务以及资产应该用该国的货币支付。如美国生产的产品应该用美元支付，欧洲国家生产的产品应该用欧元支付，日本生产的产品应该用日元支付。偶尔，卖家也会接受外币付款，但它们会把获得的外汇兑换成本国货币。

于是，国际贸易要求有一个市场即**外汇市场**（foreign exchange market），使各国货币在其中可以相互兑换。这个市场决定了**汇率**（exchange rate），也就是货币之间交换的价格。（实际上，外汇市场并不是一个地理上的概念。确切一点说，外汇市场是一个全球性的电子市场，全世界的商人都通过它进行货币交易。）

> 各国货币在**外汇市场**上进行买卖。
> 货币之间交易的价格被称为**汇率**。

表 20－5 显示了美国东部时间 2014 年 11 月 21 日世界上最重要的三种货币之间的汇率。每个数字都表示纵向货币与横向货币的比价。例如，当欧元与美元的比价为 0.807 2 时，也就是 0.807 2 欧元能购买 1 美元。类似地，花 1.238 8 美元才能购买 1 欧元。这两个数字反映了欧元与美元之间的汇率：1/1.238 8＝0.807 2。

表 20－5　　2014 年 11 月 21 日汇率

	美元	日元	欧元
1 美元兑换	1	117.76	0.807 2
1 日元兑换	0.008 5	1	0.006 9
1 欧元兑换	1.238 8	145.88	1

任何一种给定的汇率都有两种表示方法，例如 1 美元兑换 0.807 2 欧元，1 欧元兑换 1.238 8 美元。这两种表示方法哪个是正确的呢？我们说并没有规定固定的表示方法。在大多数国家，人们习惯于用 1 美元等于多少本币的方法来表示汇率。然而，这个规则并不普遍，美元与欧元之间的汇率通常同时用这两种方法表示。重要的是，你要明确你采用的是哪种方式。参见“疑难解答”专栏。

在讨论汇率变化时，经济学家会用一些专门术语，以免造成混淆。经济学家称一种货币的价值相对于其他货币上升的现象为货币**升值**（appreciate），而一种货币的价值相对于其他货币下降的现象为货币**贬值**（depreciate）。举个例子，假设 1 欧元的价值从 1 美元上升到 1.25 美元，这也就意味着 1 美元的价值从 1 欧元跌落到 0.8 欧元（因为 1/1.25＝0.8）。在这种情况下，我们说欧元升值，美元贬值。

> 一国货币相对于其他货币的价值上升称为货币**升值**。
> 一国货币相对于其他货币的价值下降称为货币**贬值**。

在其他条件不变的情况下，汇率走势将影响产品、服务及资本在他国的相对价格。举例来说，假设在美国一个旅馆房间价格为 100 美元，在法国一个旅馆房间价格为 100 欧元。如果它们之间的汇率是 1 欧元＝1 美元，这些旅馆具有相同的价格；如果汇率为 1.25 欧元＝1 美元，那么法国旅馆房间的价格比美国的价格便宜 20%；但如果汇率是 0.8 欧元＝1 美元时，法国旅馆房间的价格就比美国的价格高出 25%。

但汇率又是由什么决定的呢？它是由外汇市场的供给与需求决定的。

▶ 疑难解答

到底哪种方式算上升？

如果有人说“美国的汇率上升了”，这个人说的是什么意思呢？

他并没有表达清楚。美元汇率有时候是用 1 单位美元等于多少单位外币来表示，有时候是用 1 单位外币等于多少单位美元来表示。所以上述说法既可以表示美元升值，也可以表示美元贬值。

当引用一些公布的统计数字时我们要特别小心。除美国之外，大多数国家的汇率采用的都是 1 美元等于多少本币的方法表示，例如墨西哥政府公布的汇率为 10，是说 1 美元等于 10 比索。由于一些历史原因，英国经常用另一种方式表达自己的汇率。2014 年 11 月 21 日，1 美元等于 0.636 2 英镑，1 英镑等于 1.571 8 美元。

美国一般追随其他国家的做法：我们通常说对墨西哥比索的汇率是 1 美元等于 10 比索，但对英国的汇率却是 1 英镑等于 1.57 美元。但这一规则并不可靠：对欧元的汇率经常用两种方法同时表示。所以在使用汇率时应事先检查一下是用哪种方式表示的，这很重要。

□ 20.5.2 均衡汇率

为了使问题简单化，我们设想世界上只有两种货币——美元及欧元。欧洲人欲购买美国产品、服务及在外汇市场上流通的美元，需要把欧元兑换成美元。也就是说，欧洲人需要从外汇市场上购买美元，并相应地提供欧元。美国人欲购买欧洲的产品、服务及资产，需要在外汇市场上把美元兑换成欧元。也就是说，美国人向外汇市场提供美元，并相应地从市场中购入欧元。（生产要素收支与国际转移也会对外汇市场造成影响，但为了使之简单，我们将忽略这些因素。）

图 20－14 说明了外汇市场是如何运行的。对应于任一欧元与美元的汇率水平，横轴表示美元的数量，纵轴表示欧元兑美元的汇率。这里汇率所起的作用与在普通产品或服务供给曲线和需求曲线中价格所起的作用是一样的。

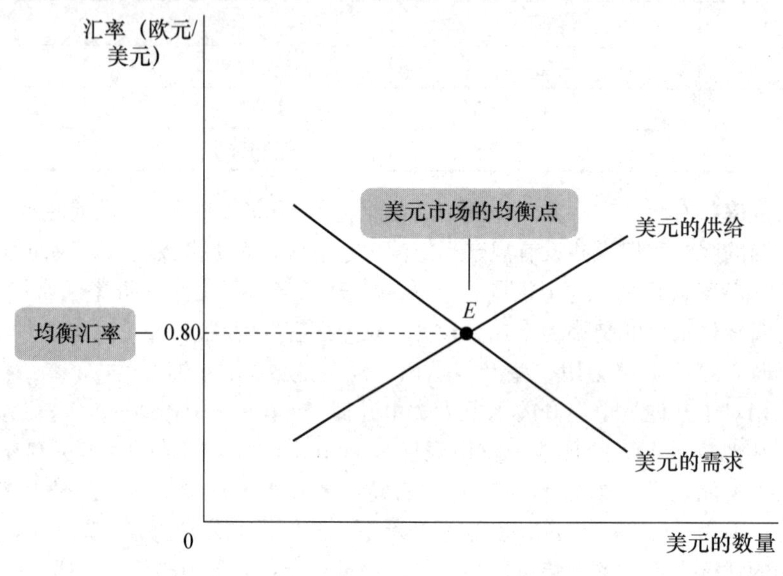

图 20－14　外汇市场

外国人想购买本国生产的产品、服务和资产而产生了对本国货币的需求，本国居民想购买外国生产的产品、服务和资产而产生了货币供给，外汇市场将这种需求和供给结合起来。图中显示，美元市场的均衡点在 E 点，相应的均衡汇率是 1 美元兑 0.80 欧元。

该图所示两条曲线分别是美元的需求曲线和供给曲线。理解这些曲线斜率的关键是汇率怎样影响进出口贸易。一国货币升值（价值上升）会导致出口减少，进口增加。一国货币贬值（价值下降）会导致出口增加，进口减少。

要理解对美元的需求曲线为什么向右下方倾斜，我们要知道，在其他条件不变的情况下，汇率决定着美国的产品、服务及资产相对于欧洲国家的产品、服务及资产的相对价格。

- 如果美元相对于欧元价值上升（升值），美国产品相较于欧洲产品就会变贵。因此，欧洲人就会减少对美国产品的购买，在外汇市场上对美元的需求也会降低。因为购买美国产品所需要的欧元增加了，所以对美元的需求就减少了。

- 如果美元相对于欧元价值下降（贬值），那么美国产品对欧洲人来说就变得便宜了，欧洲人就会购买更多的美国产品，在外汇市场上也会购买更多的美元：因为购买单位美元所需要的欧元数量减少了，于是对美元的需求会上升。

类似的一个论点解释了为什么图 20 - 14 中美元的供给曲线会向上倾斜：用于购买 1 美元所需要的欧元越多，美国人提供的美元数量就越多。原因还是汇率对相对价格的影响。如果美元相对于欧元价值上升，美国人就觉得欧洲产品比较便宜，于是就会需要更多的欧洲产品。这将促使美国人把更多的美元兑换成欧元。

在外汇市场上美元需求量等于美元供给量时的汇率称为**均衡汇率**（equilibrium exchange rate）。在图 20 - 14 中，在 E 点达到均衡，均衡汇率是 0.80 欧元/美元。也就是说，当汇率达到 1 美元等于 0.80 欧元时，外汇市场上的美元供给量等于美元需求量。

外汇市场上一种货币的需求量等于供给量时的汇率为**均衡汇率**。

用数字例子来表明在外汇市场上什么是均衡对于理解均衡汇率的重要性很有帮助，如表 20 - 6 所示。（这是一个假想表格，与真实数据并不相符。）第 1 行表示用欧元购买美元，不论是购买美国的产品和服务还是资产都可以。第 2 行表示美国人出售美元，用于购买欧洲的产品和服务或资产。在均衡汇率上，欧洲人想要购买的美元总量等于美国人想要出售的美元总量。

表 20 - 6　　外汇市场的一个假想事例

欧洲人购买美元（万亿美元）	用于购买美国的产品和服务：1.0	用于购买美国资产：1.0	购买美元总量：2.0
美国人出售美元（万亿美元）	用于购买欧洲的产品和服务：1.5	用于购买欧洲资产：0.5	出售美元总量：2.0
	美国经常账户余额：－0.5	美国金融账户余额：0.5	

国际收支项目将国际交易分成两种类型：

（1）产品和服务的销售与购买记录在经常账户中。（这里我们还是不把经常转移和要素收入考虑在内，以使问题简单化。）

（2）资产的销售与购买记录在金融账户中。表 20 - 6 表示的是在均衡汇率上的情形：经常账户收支总额加上金融账户收支总额等于零。

现在我们简单地思考一下，美元需求的变化如何影响外汇市场均衡。假设出于某种原因，从欧洲流向美国的资本增加，比如说由于欧洲投资者的偏好变化，其影响作用如图 20 - 15 所示。欧洲的投资者将欧元兑换成美元去美国投资新项目，由此外汇市场的美元需求增加，需求曲线从 D_1 变到 D_2。因此，美元相对于欧元升值，在均衡时 1 美元兑换的欧元由 XR_1 上升到 XR_2。

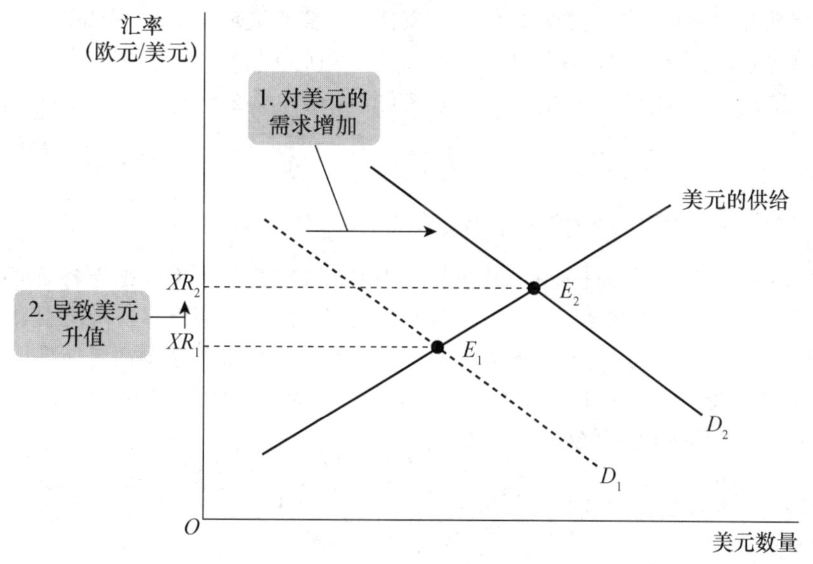

图 20 - 15　对美元的需求增加

对美元的需求增加可能是由于欧洲投资者偏好的变化。美元的需求曲线从 D_1 移动到 D_2，于是在均衡时单位美元可兑换欧元数量增加——美元升值了。其结果是，在金融账户国际收支余额增加的同时，经常账户国际收支余额减少。

这种资本流入的增长会对国际收支产生什么影响？外汇市场美元总供给仍然必须与美元总需求相等。因此，美国的资本流入增加——金融账户国际收支余额增加——一定要与经常账户国际收支余额减少相吻合。是什么使经常账户国际收支余额减少了？答案是美元的升值。1 美元兑换的欧元数额的增加导致美国人购买更多的欧洲产品和服务，而欧洲人对美国产品和服务的购买则会减少。

表 20－7 的假想事例说明了这一点如何实现。欧洲人购买了更多的美国资产，使金融账户国际收支余额从 0.5 上升到 1.0。对此形成抵消的是：欧洲人购买的美国产品和服务减少，美国人购买的欧洲产品和服务增加，两者作用的结果就是美元升值。所以，美国金融账户收支的变化会在经常账户上产生出数量相同但作用方向相反的抵消力量。汇率的变动会确保金融账户和经常账户上的变化相互抵消。

表 20－7　资本流入增加产生影响的一个假想事例

欧洲人购买美元（万亿美元）	用于购买美国的产品和服务：0.75（减少 0.25）	用于购买美国资产：1.5（增加 0.5）	购买美元总量：2.25
美国人出售美元（万亿美元）	用于购买欧洲的产品和服务：1.75（增加 0.25）	用于购买欧洲资产：0.5（没有变化）	出售美元总量：2.25
	美国经常账户余额：－1.0（减少 0.5）	美国金融账户余额：1.0（增加 0.5）	

我们简单地做一个反向过程的分析。假设从欧洲流向美国的资本减少，可能是由于欧洲投资者偏好的变化，外汇市场上对美元的需求减少，美元贬值：在均衡水平上 1 美元兑换的欧元数量减少。这会导致美国人对欧洲产品的购买减少，而欧洲人购买的美国产品增加。结果是美国经常账户国际收支余额增加。所以，美国的资本流入减少会导致美元疲软，这反过来会促进美国的净出口增加。

□ 20.5.3　通货膨胀和实际汇率

1993 年 1 美元平均能兑换 3.1 比索。到了 2013 年比索兑美元的兑换水平比原先下降了 75%以上，1 美元平均能兑换 12.8 比索。那么，在 20 年中，相对于美国产品，墨西哥产品的价格是不是也便宜了许多呢？以美元计价的墨西哥产品的价格是不是也下跌了 75%呢？并非如此。因为在此期间墨西哥的通货膨胀率比美国高很多。实际上在 1993—2013 年，尽管汇率变动很大，美国和墨西哥产品的相对价格变化甚微。

考虑到不同的通货膨胀率所带来的影响，经济学家计算了**实际汇率**（real exchange rate），也就是对国际总体价格水平差异调整后的汇率。假设我们使用的汇率是 1 美元可兑换的比索数量。我们分别用 P_{US} 和 P_{Mex} 来表示美国和墨西哥的总体价格水平。那么比索和美元的实际汇率为：

> **实际汇率**是国际总体价格水平差异调整后的汇率。

$$实际汇率=1\text{ 美元可兑换的比索数量}\times\frac{P_{US}}{P_{Mex}} \tag{20-4}$$

为了区别于实际汇率，没有经过对国际总体价格水平差异调整后的汇率被称为名义汇率。

为理解实际汇率和名义汇率之间的不同意义，我们来看以下例子。假设墨西哥比索对美元贬值了，汇率从 1 美元兑换 10 比索上升到 1 美元兑换 15 比索，变动了 50%。同时又假设墨西哥所有以比索计价的产品的价格也增长了 50%，使得墨西哥总体价格水平从 100 上升到 150。同时假设美国的价格水平没有变化，美元总体价格水平保持在 100。那么初始的实际汇率为：

$$贬值前\text{ 1 }美元可兑换的比索数量\times\frac{P_{US}}{P_{Mex}}=10\times\frac{100}{100}=10$$

当比索贬值，墨西哥的总体价格水平上升后的实际汇率为：

$$贬值后\text{ 1 }美元可兑换的比索数量\times\frac{P_{US}}{P_{Mex}}=15\times\frac{100}{150}=10$$

在这一例子中，比索相对于美元大幅贬值，但比索和美元的实际汇率丝毫没有改变。由于比索兑美元的实际汇率没变，墨西哥向美国出口的产品和服务以及墨西哥从美国进口的产品和服务都没有受到任何影响。

想要知道个中原因，需要再思考一下旅馆房间的那个例子。假设起初一晚的房价为 1 000 比索，按 1 美元兑换 10 比索的汇率计即为 100 美元。当墨西哥物价和 1 美元兑换的比索数量都增加了 50%后，旅馆一晚的房价为 1 500 比索，但 1 500 比索根据 1 美元兑换 15 比索折合美元为 100 美元，所以墨西哥旅馆的价格还是 100 美元。因此，美国游客并不想改变赴墨西哥的计划。

对于所有进行贸易的产品和服务同样如此：经常账户只会随实际汇率而非名义汇率的变动而变动。只有当一国货币的实际价值出现贬值时，对于外国人来说该国的产品才变得便宜，同样只有当一国货币的实际价值出现升值时，对于外国人来说该国的产品才变贵了。所以，经济学家分析产品和服务出口、进口时看重的是实际汇率而非名义汇率。

图 20－16 表明了区别名义汇率和实际汇率的重要性。标有“名义汇率”的那条曲线表示 1993—2013 年购买 1 美元要花费的比索数额。如你所见，比索大幅贬值。但标有“实际汇率”的那条线表明的是实际汇率：用式（20－4）及墨西哥和美国的价格指数计算而得，假设 1993 年＝100。从真实价值来看，1994—1995 年比索出现贬值，但贬值幅度远没有名义汇率那么大。到期末，比索兑美元的实际汇率几乎回到了起初的水平。

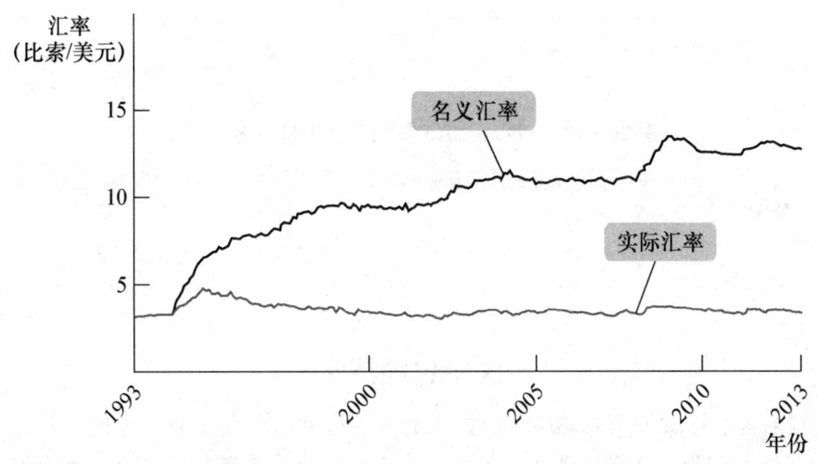

图 20－16　1993—2013 年实际汇率与名义汇率的比较

在 1993 年 11 月到 2013 年 12 月期间，以墨西哥比索表示的美元价格大幅上升。然而，因为墨西哥比美国的通货膨胀率更高，表示墨西哥产品和服务相对价格的实际汇率在期末的水平与期初大致保持一致。

资料来源：Federal Reserve Bank of St. Louis.

□ 20. 5. 4　购买力平价

购买力平价（purchasing power parity）是分析汇率的一种有用工具，它与实际汇率的概念联系密切。两国间货币的购买力平价是购买两个国家同样数量的由既定产品和服务组成的篮子所花费支出的名义汇率。比如说，假设产品和服务篮子在美国要花费 100 美元，在墨西哥花费 1 000 比索。那么这里的购买力平价就是 1 美元兑 10 比索：这样的汇率下，1 000 比索等于 100 美元，所以在两个国家该市场篮子花费的钱是一样的。

两国间货币的**购买力平价**是购买两个国家同样数量的由既定产品和服务组成的篮子所花费支出的名义汇率。

购买力平价的计算通常是通过估计各类市场篮子的价格来确定的，市场篮子包括许多产品和服务——从汽车、杂货到住房和电话。如“追根究底”专栏中所提到的，《经济学家》(*The Economist*) 杂志每年一次要刊登一张只是基于一种产品——一份麦当劳巨无霸汉堡包——的市场篮子购买价格的购买力平价表。

名义汇率几乎总是不同于购买力平价。有些差异是体制性的：总的来说，落后国家的价格水平要低于富裕国家，因为落后国家的服务价格相对便宜。但即使是在经济发展水平差不多的国家里，名义汇率也跟购买力平价相去甚远。图 20 - 17 显示了 1990—2013 年加拿大元和美元的名义汇率变化的情形，以 1 美元能兑换的加拿大元数额来计算，还给出了同期美国和加拿大货币购买力平价的估计值。

然而，从长期来看，购买力平价对于预测名义汇率的真实变化是相当不错的。特别是经济发展水平类似的国家之间的名义汇率往往围绕会导致相同的市场篮子的成本的水平波动。事实上，2005 年 7 月，美国和加拿大之间的名义汇率是 1 美元兑 1.22 加拿大元——大约为购买力平价。到了 2013 年，加拿大的生活费再次高于美国。

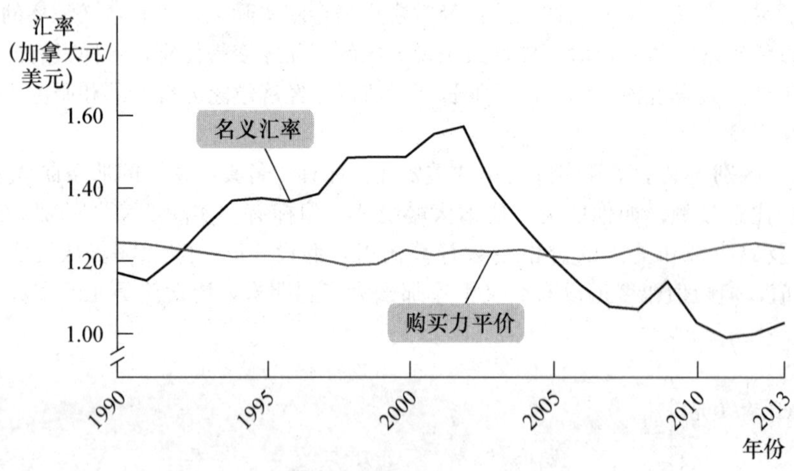

图 20 - 17　1990—2013 年购买力平价与名义汇率

美国与加拿大之间的购买力平价——购买同样数量的产品和服务的汇率——在整个时期变化很小，维持在 1 美元兑 1.2 加拿大元附近。但是名义汇率的波动幅度很大。

资料来源：OECD.

▶ **追根究底**

汉堡包经济学

许多年来，英国《经济学家》杂志都将不同国家的某一特别消费项目的成本进行年度比较，这一项目全世界都能找到——一份麦当劳巨无霸汉堡包。该杂志先搜集巨无霸汉堡包的当地货币价格，然后计算出两个数字：一是按现行汇率计算出巨无霸汉堡包折算成美元的价格，二是使一份巨无霸汉堡包价格与美国价格相同时的汇率。

如果巨无霸汉堡包的购买力平价相同，那么每一个地方一份巨无霸汉堡包的美元价格都将会相同。如果从长期来看购买力平价是一个不错的理论，那么一个与美国价格相等的巨无霸汉堡包汇率将导引汇率水平最终回到那里。

表 20 - 8 所示为《经济学家》杂志估计的部分国家（地区）2014 年 6 月的结果，根据巨无霸汉堡包的美元价格进行升续排列。巨无霸汉堡包最便宜、货币低估最严重的国家是印度与中国，两国都是发展中国家。但不是所有的发展中国家的巨无霸汉堡包都是低价：巴西巨无霸汉堡包的价格转化为美元后远远高于美国。这反映了巴西货币雷亚尔近年来得到国际投资者青睐。

名单最下面的是瑞士，其价格比美国贵 75%。瑞士在 2011 年晚些时候采取了非常规的行动，努力使其货币贬值。

表 20 - 8　　购买力平价与巨无霸汉堡包价格

国家（地区）	巨无霸汉堡包价格		每一美元的当地货币价格	
	当地货币价格	美元价格	购买力平价	真实汇率
印度	105 卢比	1.75 美元	21.90 卢比	60.09 卢比
中国	16.9 元	2.73 美元	3.52 元	6.20 元

续前表

国家（地区）	巨无霸汉堡包价格		每一美元的当地货币价格	
	当地货币价格	美元价格	购买力平价	真实汇率
墨西哥	42 比索	3.25 美元	8.76 比索	12.93 比索
英国	2.89 英镑	4.93 美元	0.60 英镑	0.59 英镑
美国	4.80 美元	4.80 美元	1.00 美元	1.00 美元
日本	370 日元	3.64 美元	77.16 日元	101.53 日元
欧元区	3.68 欧元	4.95 美元	0.77 欧元	0.74 欧元
巴西	13 雷亚尔	5.86 美元	2.71 雷亚尔	2.22 雷亚尔
瑞士	6.16 瑞士法郎	6.83 美元	1.28 瑞士法郎	0.90 瑞士法郎

▶ **真实世界中的经济学**

低成本的美国

汇率是否对商业决策有影响？如何影响？考虑一下欧洲汽车制造商在 2008 年做了什么。艾奥瓦大学的一份报告总结的情形如下：

> 自 20 世纪 90 年代以来，豪车宝马和奔驰的德国汽车制造商一直在美国南部建厂。宝马公司在未来 5 年计划将在美国南卡罗来纳州的制造规模扩大 50%。瑞典的沃尔沃正就在新墨西哥建厂进行谈判。意大利汽车制造商菲亚特公司的分析师确定该公司需要在北美建厂，以便从即将重新推出的阿尔法·罗密欧车型中获利。田纳西州最近与大众汽车公司达成协议，通过提供 5.77 亿美元的激励措施建立一家价值 10 亿美元的工厂。

为什么欧洲汽车制造商涌向美国？在一定程度上是因为它们获得了特殊激励，如田纳西州大众工厂的情形。但最重要的因素是汇率。在 21 世纪初，1 欧元的价值平均不到 1 美元；到 2008 年夏天，汇率约为 1 欧元=1.50 美元。这种汇率变化使得欧洲汽车制造商在美国生产的成本明显低于在本国，特别是如果汽车是为美国市场生产的情形。

汽车制造不是唯一受益于美元疲软的行业。2006 年以后，美国出口大幅增长，而进口增长则出现下降。图 20-18 所示为美国贸易差额的情形，产品和服务的实际净出口指标，即出口减去进口，均以 2009 年美元计算。正如我们所见，经过长时间下滑后，这一余额在 2006 年后急剧上升。2009—2010 年期间出现了温和的逆转，因为从 2007—2009 年衰退中逐渐复苏的经济拉动了更多进口。贸易差距仍在收窄之中。

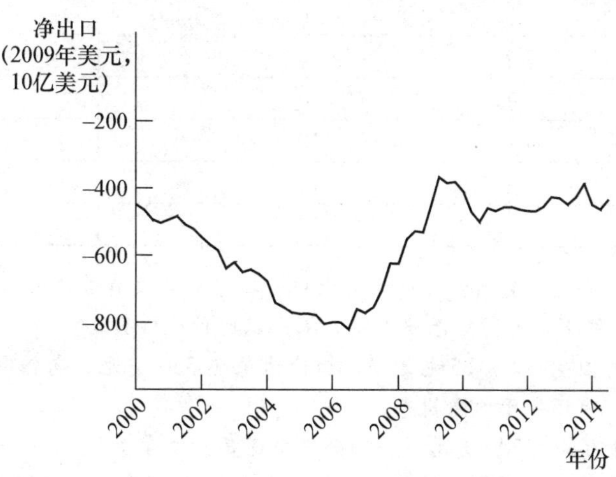

图 20-18　2000—2014 年美国的净出口

资料来源：Federal Reserve Bank of St. Louis.

及时复习

● 货币在外汇市场上交易，外汇市场决定汇率。

● 汇率有两种表示方法。为避免混淆，经济学家用货币升值或贬值表示变动。均衡汇率是外汇市场上的货币供给和需求正好相等时的汇率。

● 考虑到各国不同的价格水平，经济学家会计算实际汇率。经常账户只是对实际汇率变化做出反应而非名义汇率。

● 购买力平价是使两个国家市场篮子价格相等的汇率。名义汇率几乎总是不同于购买力平价，购买力平价是名义汇率真实变化最好的预测。

小测验 20-5

1. 墨西哥发现了蕴藏丰富的石油储备，并开始向美国出口石油，说明这将如何影响以下各项：

a. 比索兑美元的名义汇率。

b. 墨西哥其他产品和服务的出口。

c. 墨西哥产品和服务的进口。

2. 某一产品和服务篮子在美国需花费 100 美元，在墨西哥要花费 800 比索，当前名义汇率为 1 美元兑 10 比索。在接下来的 5 年中，虽然名义汇率维持在 1 美元兑 10 比索，但该市场篮子所需花费在美国涨到了 120 美元，在墨西哥涨到了 1 200 比索。计算以下各项：

a. 若当前两国的价格指数均为 100，计算当前的名义汇率和 5 年后的名义汇率。

b. 计算当前的购买力平价和 5 年后的购买力平价。

▶ **解决问题**

贸易是香甜的

美国对制糖行业采取长期贸易保护政策。作为食糖计划的一部分，美国农业部将进口配额限制在不超过国内消费的 15%。对这个政策的争议很大，苏打水、糖果、其他甜食小吃的生产者反对，而食糖种植者以及一些公共卫生倡导者则支持。

使用以下关于美国国内食糖需求和供给的假想表格，计算美国在自给自足条件下生产的食糖数量和每吨食糖的均衡价格。

食糖价格（美元/吨）	食糖需求数量（百万吨）	食糖供给数量（百万吨）
650	4	12
600	6	10
550	8	8
500	10	6
450	12	4
400	14	2
350	16	0

如果世界糖价每吨 500 美元，美国会进口还是出口食糖？如果没有进口配额限制，它们将进口多少？

步骤 1：在自给自足条件下，美国生产多少吨食糖？以何种价格买卖？

在自给自足条件下，美国生产 800 万吨食糖，糖价为每吨 550 美元。食糖需求数量等于食糖供给数量。在这个价格和生产水平上，市场处于均衡状态。

步骤 2：如果世界糖价为每吨 500 美元，美国会进口还是出口食糖？

如图 20-6 所示，如果世界市场价格低于自给自足时的价格，那么一个国家就会进口。就该题情形，世界市场价格是每吨 500 美元，如步骤 1 所确定的，美国在自给自足条件下价格为每吨 550 美元，所以美国将进口食糖。

步骤 3： 计算进口或者出口的数量。

根据上页表，当世界市场价格为每吨 500 美元时，国内需求数量为 1 000 万吨，而国内供给数量为 600 万吨。由于短缺 400 万吨，如果没有进口配额限制，美国将进口 400 万吨糖。

但在现实中，由于美国的食糖管制政策，美国无法进口所需的糖量，导致价格上涨。

小结

1. 国际贸易对美国的作用日益重要，对于其他许多国家更是如此。国际贸易就像个体间的贸易，源自比较优势——增加生产一单位产品的机会成本低于其他国家。产品和服务从海外购买是进口，销售到海外是出口。国际贸易，如国家间的经济连接一样，快速增长，全球化、超级全球化作为国际贸易走向高度化的一种现象，是在先进的通信和运输技术推动下生产链在全球扩展的结果。

2. 国际贸易的李嘉图模型假定机会成本不变。它说明了存在贸易增益：两个国家在贸易情况下的福利优于自给自足条件下的福利。

3. 在现实中，比较优势反映国家间在气候、要素禀赋和技术上的差异。赫克歇尔-俄林模型说明了要素禀赋差异如何决定比较优势：产品在要素密集度方面并不相同，一国会趋向于出口那些密集使用本国丰裕要素的产品。

4. 国内需求曲线和国内供给曲线决定了在自给自足条件下的产品价格。当发生国际贸易时，国内价格会趋向于世界市场价格，即能在海外购买或销售产品的价格。

5. 如果某种产品的世界市场价格低于国内价格，产品会被进口。这会增加消费者剩余，减少生产者剩余，总剩余会增加。如果世界市场价格高于国内价格，产品会被出口。这会增加生产者剩余，减少消费者剩余，总剩余会增加。

6. 国际贸易促使出口产业扩张、进口竞争产业萎缩。这增加了国内对丰裕要素的需求，减少了对稀缺要素的需求，从而影响了要素价格。

7. 大多数经济学家支持自由贸易，但实际上许多政府都致力于贸易保护。两种最普遍的保护形式是关税和进口配额。在少数情况下，出口产业受到补贴。

8. 关税是一种对进口产品征收的税收。它使产品的国内价格高于世界市场价格，损害了消费者利益，有利于国内生产者，政府也获得收入。其结果是总剩余下降。进口配额是制定法规限制进口产品数量。它与关税的作用相同，其区别在于收入不再流向政府而是流向那些获得进口配额许可证的人。

9. 一个国家的国际收支账户总结了一国与其他国家的交易。经常账户的国际收支包括了产品和服务的国际收支，以及要素收入和经常转移的收支。商品贸易差额（贸易差额）通常由国际收支中的产品和服务项目组成。国际收支的金融账户度量了资本的流动。从定义可知，经常账户国际收支余额与金融账户国际收支余额之和等于零。

10. 国际资本流动是各国间利率和其他收益率的差异所导致的。利用国际可贷资金模型对其进行分析较为有用，该模型显示了无资本流动时利率较低的国家如何将资金投向无资本流动时利率较高的国家。资本流动的基本决定因素是各国储蓄和投资机会的差异。

11. 货币在外汇市场进行交易，货币进行交易的价格就是汇率。当一种货币相对于另一种货币价格上升就是升值；价格下降就是贬值。均衡汇率是使外汇市场中货币供给数量和货币需求数量相等的汇率。

12. 为了纠正国际通货膨胀的差异，经济学家计算了实际汇率，它是两国货币的交换比率与两国物价水平之比的乘积。经常账户只对实际汇率而非名义汇率做出反应。购买力平价是使一个产品和服务篮子的购买成本在两个国家相同的汇率。虽然购买力平价和名义汇率几乎总是不同，但购买力平价可对名义汇率的实际变化做出良好预测。

关键词

进口	出口	全球化	超级全球化
国际贸易的李嘉图模型	自给自足	要素密集度	赫克歇尔-俄林模型

国内需求曲线	国内供给曲线	世界市场价格	出口产业
进口竞争产业	自由贸易	贸易保护	保护政策
关税	进口配额	国际收支账户	经常账户的国际收支(经常账户)
产品和服务的国际收支	商品贸易差额(贸易差额)	金融账户的国际收支(金融账户)	外汇市场
汇率	升值	贬值	均衡汇率
实际汇率	购买力平价		

练习题

1. 加拿大和美国都以不变的机会成本生产木材和橄榄球。美国可能生产 10 吨木材和 0 个橄榄球，或 1 000 个橄榄球和 0 吨木材，或两者间的任何组合。加拿大可能生产 8 吨木材和 0 个橄榄球，或 400 个橄榄球和 0 吨木材，或两者间的任何组合。

a. 分别画出美国和加拿大的生产可能性曲线，纵轴表示橄榄球，横轴表示木材。

b. 在自给自足条件下，如果美国想消费 500 个橄榄球，那么最多可消费多少吨木材？在你的图中用 A 点标出。同理，如果加拿大想消费 1 吨木材，在自给自足条件下能消费多少个橄榄球？在你的图中用 C 点标出。

c. 哪个国家在木材生产上具有绝对优势？

d. 哪个国家在木材生产上具有比较优势？

假定两个国家分工生产具有各自比较优势的产品，并进行贸易。

e. 美国生产多少个橄榄球？加拿大生产多少吨木材？

f. 美国可能消费 500 个橄榄球和 7 吨木材吗？在你的图中用 B 点标出。加拿大可能同时消费 500 个橄榄球和 1 吨木材吗？在你的图中用 D 点标出。

2. 针对下列每一对贸易关系，解释每一个出口国家比较优势的可能来源。

a. 美国出口软件到委内瑞拉，委内瑞拉出口石油到美国。

b. 美国出口飞机到中国，中国出口服装到美国。

c. 美国出口小麦到哥伦比亚，哥伦比亚出口咖啡到美国。

3. 从 2000 年开始，美国从中国进口的男性服装增加了 2 倍。根据赫克歇尔-俄林模型的预测，中国工人收到的工资会出现什么变化？

4. 鞋子是劳动密集型产品，卫星是资本密集型产品。美国资本丰富，中国劳动力丰富。根据赫克歇尔-俄林模型，中国会出口哪种产品？美国会出口哪种产品？在美国，劳动力价格（工资）和资本价格会发生什么变化？

5. 在《北美自由贸易协定》(NAFTA) 逐渐取消产品的进口关税之前，墨西哥国内番茄的价格低于世界市场价格，美国的番茄价格高于世界市场价格。类似地，墨西哥国内家禽的价格高于世界市场价格，美国的家禽价格低于世界市场价格。画出两个国家两种产品的国内供给和需求曲线。在 NAFTA 的作用下，美国现在从墨西哥进口番茄并且向墨西哥出口家禽。你预想这会对下列各群体产生什么样的影响？

a. 墨西哥和美国的番茄消费者。在你的图中阐明对消费者剩余的影响。

b. 墨西哥和美国的番茄生产者。在你的图中阐明对生产者剩余的影响。

c. 墨西哥和美国的种植番茄的工人。

d. 墨西哥和美国的家禽消费者，在你的图中阐明对消费者剩余的影响。

e. 墨西哥和美国的家禽生产者，在你的图中阐明对生产者剩余的影响。

f. 墨西哥和美国的家禽养殖场的工人。

6. 下页表简要说明了美国对商业喷气式飞机的国内需求和国内供给。假定每架商业喷气式飞机的世界市场价格为 1 亿美元。

a. 在自给自足条件下，美国会生产多少架商业喷气式飞机？它们会以什么样的价格被购买和销售？

b. 在开展贸易的情形下，商业喷气式飞机的价格将变为多少？美国会进口还是出口飞机？数量为多少架？

飞机价格（百万美元）	飞机需求量（架）	飞机供给量（架）
120	100	1 000
110	150	900
100	200	800
90	250	700
80	300	600
70	350	500
60	400	400
50	450	300
40	500	200

7. 下表简要说明了美国对橘子的国内需求和国内供给。假定橘子的世界市场价格为每个 0.3 美元。

橘子价格（美元）	橘子需求量（千个）	橘子供给量（千个）
1.00	2	11
0.90	4	10
0.80	6	9
0.70	8	8
0.60	10	7
0.50	12	6
0.40	14	5
0.30	16	4
0.20	18	3

a. 画出美国国内供给曲线和国内需求曲线。

b. 在自由贸易条件下，美国会出口还是进口橘子？数量为多少？

假定美国政府对橘子征收每个 0.2 美元的关税。

c. 美国在征收关税后会进口或出口多少橘子？

d. 在你的图中用阴影表示出因关税引起的经济总体的增益或损失。

8. 如何将下列交易在美国国际收支账户中进行归类？它们属于经常账户（对外支出还是收入）还是属于金融账户（对外销售资产还是购入资产）？国际收支账户的经常账户和金融账户会发生什么变化？

a. 一名法国进口商买了一箱加利福尼亚葡萄酒，花了 500 美元。

b. 一名在法国公司工作的美国人从巴黎银行取出他的工资，并存入美国旧金山银行。

c. 一名美国人购买了一家日本公司的债券，花了 10 000 美元。

d. 美国一个慈善机构向非洲捐款 100 000 美元，以帮助当地居民在收成不好时购买食物。

9. 下页图所示为外国人持有的美国资产和美国人持有的国外资产，都以占外国 GDP 的比重表示。从图中可以看出，1980—2013 年它们都增加了约 4 倍。

a. 当美国人持有的国外资产占外国 GDP 的比重提高时，这是否意味着美国在这一时期经历着净资本流出？

b. 世界经济在 2013 年与 1980 年相比联系是否更紧密了？

10. 2014 年，斯科特皮亚出口的产品和服务的价值分别为 4 000 亿美元和 3 000 亿美元，而进口的产品和服务分别为 5 000 亿美元和 3 500 亿美元，同时还有其他国家买了斯科特皮亚价值 2 500 亿美元的资产。斯科特皮亚的贸易余额是多少？经常账户的国际收支是多少？金融账户的国际收支又是多少？斯科特皮亚从国外购买了多少资产？

11. 在 2014 年，潘尼亚从其他国家购买了 4 000 亿美元的资产，其他国家从潘尼亚购买了 3 000 亿美元的资产。潘尼亚出口的产品和服务的价值为 3 500 亿美元。2014 年潘尼亚的金融账户的国际收支为多少？经常账户的国际收支为多少？它进口的价值为多少？

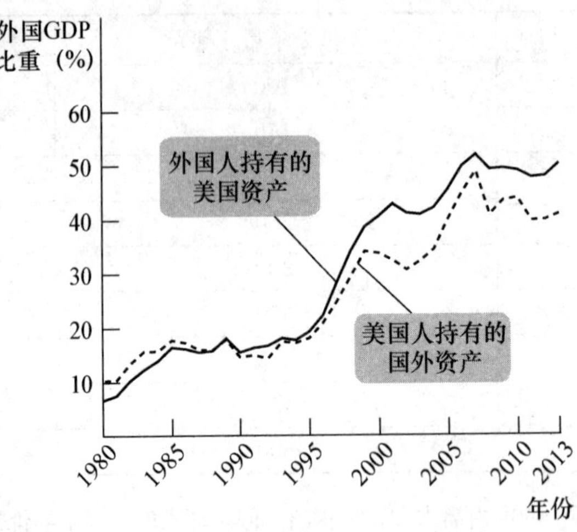

资料来源：IMF；Bureau of Economic Analysis.

12. 基于下表所列出的2013年和2014年同一个交易日的汇率，2014年美元是升值还是贬值？美元币值的变化使美国的产品和服务对外国人更具吸引力，还是更没有吸引力？

2013年10月1日	2014年10月1日
1.62美元购买1英镑	1.62美元购买1英镑
29.51新台币购买1美元	30.43新台币购买1美元
0.97美元购买1加拿大元	0.89美元购买1加拿大元
98.04日元购买1美元	109.31日元购买1美元
1.35美元购买1欧元	1.26美元购买1欧元
0.91瑞士法郎购买1美元	0.96瑞士法郎购买1美元

13. 访问 http://fx.sauder.ubc.ca。找到表“主要货币的最近交叉汇率”，确定英镑（GBP）、加拿大元（CAD）、日元（JPY）、欧元（EUR）和瑞士法郎（CHF）兑美元（USD）的汇率在2014年10月1日后是升值还是贬值。2014年10月1日的汇率在问题12的表中列出。

14. 假设以下两个国家是世界上仅有的进行贸易的国家，在以下每一种情形下，在给定通货膨胀率和名义汇率变化的情况下，哪个国家的产品更有吸引力？

a. 通货膨胀率在美国是10%，在日本是5%，美元兑日元汇率保持不变。

b. 通货膨胀率在美国是3%，在墨西哥是8%，1美元兑比索从12.50比索跌至10.25比索。

c. 通货膨胀率在美国是5%，在欧元区是3%，1欧元兑美元从1.30美元跌至1.20美元。

d. 通货膨胀率在美国是8%，在加拿大是4%，1加拿大元兑美元从0.60美元升至0.75美元。

在线回答问题

15. 假设沙特阿拉伯和美国对石油和汽车的生产可能性如下表所示：

沙特阿拉伯		美国	
石油数量（百万桶）	汽车数量（百万辆）	石油数量（百万桶）	汽车数量（百万辆）
0	4	0	10.0
200	3	100	7.5
400	2	200	5.0
600	1	300	2.5
800	0	400	0

a. 在沙特阿拉伯生产一辆汽车的机会成本是多少？在美国呢？在沙特阿拉伯生产一桶石油的机会成本是多少？在美国呢？

b. 哪个国家在生产石油上具有比较优势？哪个国家在生产汽车上具有比较优势？

c. 假定在自给自足经济中，沙特阿拉伯生产 2 亿桶石油和 300 万辆汽车；美国生产 3 亿桶石油和 250 万辆汽车。在没有贸易的情况下，沙特阿拉伯能生产出更多的石油和汽车吗？在没有贸易的情况下，美国可以生产出更多的石油和汽车吗？

假定现在两国各自专业分工生产具有比较优势的产品，并且开展贸易。同时假定每个国家产品出口的价值必须等于产品进口的价值。

d. 石油的总生产量是多少？汽车的总生产量是多少？

e. 沙特阿拉伯消费 4 亿桶石油和 500 万辆汽车，美国消费 4 亿桶石油和 500 万辆汽车是可能的吗？

f. 假定沙特阿拉伯实际消费 3 亿桶石油和 400 万辆汽车，美国消费 5 亿桶石油和 600 万辆汽车。美国进口多少桶石油？美国出口多辆汽车？假定一辆汽车的世界市场价格为 10 000 美元，那么一桶石油的世界市场价格为多少？

16. 假设美国和日本是世界上仅有的两个贸易国。在其他条件相同的情况下，以下情况发生，美元币值将如何变化？

a. 日本放宽进口配额限制。

b. 美国对从日本进口的货物增收进口税。

c. 美国国内的利率急剧上升。

d. 一项报告表明，和美国汽车相比，日本汽车比预计的更耐用。

▶ 企业案例

利丰集团：从广州到你

当你读到这些内容时，你可能正穿着亚洲制造的东西。你的服装可能是由中国香港公司利丰集团设计、制作并且发运到你所在地的商店。从李维斯到沃尔玛，利丰集团是从世界各地的工厂到离你最近的购物中心的一个关键渠道。该集团 1906 年在中国广州成立。据该公司的董事长冯国经的说法，得益于他的祖父，他讲英语，这让他成为中国人与外国人之间商业交易的翻译。之后利丰集团搬到了中国香港。随着中国香港市场经济在 20 世纪 60 年代和 70 年代的快速发展，利丰集团成长为出口经纪公司，为中国香港制造公司与国外买家代理业务。

该集团的真正变革是随着亚洲经济的增长和变革而实现的。中国香港经济的快速增长导致工资上涨，利丰集团的主要业务服装变得越来越没有竞争力。因此，该集团重新定位自己为“供应链管理”集团，而不是一个简单的代理公司。它不仅将产品分配给制造商，而且分解生产过程，分配投入品的生产，然后在全球各地的 12 000 名供应商之间配置组装。有时会将生产放在像中国香港甚至日本这样成熟的经济体，在那些地区虽然工资高，但质量和生产率也高；有时会将生产放在像中国内地或泰国，那里的生产率虽然较低，但劳动力更便宜。

例如，假设你在美国拥有一个零售连锁店，并希望出售水洗蓝色牛仔裤。利丰集团并非简单地安排牛仔裤生产，而是将与你一起商讨设计，为你提供最新的生产和样式信息，比如什么材料和颜色最流行。在设计完成之后，利丰集团将制造一个样品，找到最符合成本—收益原则的方式来组织生产，然后以你的名义下订单。通过利丰集团，可以在韩国制造纱线，但在中国台湾染色，并在泰国和中国大陆制成牛仔裤。由于在这么多地方生产，利丰集团提供运输物流以及质量控制。

利丰集团已经取得了巨大成功。该集团在 2012 年的市场价值为 115 亿美元，营业额达到 200 亿美元，办事处和分销中心分布在 40 多个国家。年复一年，利润经常翻两三倍。

思考题

1. 为什么利丰集团从出口经纪商成为供应链管理者、打破生产流程并从许多国家或地区不同供应商那里采购投入要素是有利可图的？

2. 利丰集团在不同国家或地区配置投入品的生产和最终装配，你认为它是依据什么原则来决定的？

3. 你认为为什么零售商偏好让利丰集团安排国际化的牛仔裤生产，而不是直接从制造商那里购买牛仔裤？

4. 利丰集团成功的源泉是什么？它是由于人力资本、拥有的自然资源还是资本的所有权而成功的？

经济科学译丛						
序号	书名	作者	Author	单价	出版年份	ISBN
1	克鲁格曼经济学原理(第四版)	保罗·克鲁格曼等	Paul Krugman	88.00	2018	978-7-300-25639-9
2	发展经济学(第七版)	德怀特·H. 波金斯等	Dwight H. Perkins	98.00	2018	978-7-300-25506-4
3	线性与非线性规划(第四版)	戴维·G. 卢恩伯格等	David G. Luenberger	79.80	2018	978-7-300-25391-6
4	产业组织理论	让·梯若尔	Jean Tirole	110.00	2018	978-7-300-25170-7
5	经济学精要(第六版)	巴德,帕金	Bade, Parkin	89.00	2018	978-7-300-24749-6
6	空间计量经济学——空间数据的分位数回归	丹尼尔·P. 麦克米伦	Daniel P. McMillen	30.00	2018	978-7-300-23949-1
7	高级宏观经济学基础(第二版)	本·J. 海德拉	Ben J. Heijdra	88.00	2018	978-7-300-25147-9
8	税收经济学(第二版)	伯纳德·萨拉尼耶	Bernard Salanié	42.00	2018	978-7-300-23866-1
9	国际宏观经济学(第三版)	罗伯特·C. 芬斯特拉	Robert C. Feenstra	79.00	2017	978-7-300-25326-8
10	公司治理(第五版)	罗伯特·A.G. 蒙克斯	Robert A. G. Monks	69.80	2017	978-7-300-24972-8
11	国际经济学(第15版)	罗伯特·J. 凯伯	Robert J. Carbaugh	78.00	2017	978-7-300-24844-8
12	经济理论和方法史(第五版)	小罗伯特·B. 埃克伦德等	Robert B. Ekelund. Jr.	88.00	2017	978-7-300-22497-8
13	经济地理学	威廉·P. 安德森	William P. Anderson	59.80	2017	978-7-300-24544-7
14	博弈与信息:博弈论概论(第四版)	艾里克·拉斯穆森	Eric Rasmusen	79.80	2017	978-7-300-24546-1
15	MBA宏观经济学	莫里斯·A. 戴维斯	Morris A. Davis	38.00	2017	978-7-300-24268-2
16	经济学基础(第十六版)	弗兰克·V. 马斯切纳	Frank V. Mastrianna	42.00	2017	978-7-300-22607-1
17	高级微观经济学:选择与竞争性市场	戴维·M. 克雷普斯	David M. Kreps	79.80	2017	978-7-300-23674-2
18	博弈论与机制设计	Y. 内拉哈里	Y. Narahari	69.80	2017	978-7-300-24209-5
19	宏观经济学精要:理解新闻中的经济学(第三版)	彼得·肯尼迪	Peter Kennedy	45.00	2017	978-7-300-21617-1
20	宏观经济学(第十二版)	鲁迪格·多恩布什等	Rudiger Dornbusch	69.00	2017	978-7-300-23772-5
21	国际金融与开放宏观经济学:理论、历史与政策	亨德里克·范登伯格	Hendrik Van den Berg	68.00	2016	978-7-300-23380-2
22	经济学(微观部分)	达龙·阿西莫格鲁等	Daron Acemoglu	59.00	2016	978-7-300-21786-4
23	经济学(宏观部分)	达龙·阿西莫格鲁等	Daron Acemoglu	45.00	2016	978-7-300-21886-1
24	发展经济学	热若尔·罗兰	Gérard Roland	79.00	2016	978-7-300-23379-6
25	中级微观经济学——直觉思维与数理方法(上下册)	托马斯·J·内契巴	Thomas J. Nechyba	128.00	2016	978-7-300-22363-6
26	环境与自然资源经济学(第十版)	汤姆·蒂坦伯格等	Tom Tietenberg	72.00	2016	978-7-300-22900-3
27	劳动经济学基础(第二版)	托马斯·海克拉克等	Thomas Hyclak	65.00	2016	978-7-300-23146-4
28	货币金融学(第十一版)	弗雷德里克·S·米什金	Frederic S. Mishkin	85.00	2016	978-7-300-23001-6
29	动态优化——经济学和管理学中的变分法和最优控制(第二版)	莫顿·I·凯曼等	Morton I. Kamien	48.00	2016	978-7-300-23167-9
30	用Excel学习中级微观经济学	温贝托·巴雷托	Humberto Barreto	65.00	2016	978-7-300-21628-7
31	宏观经济学(第九版)	N·格里高利·曼昆	N. Gregory Mankiw	72.00	2016	978-7-300-23038-2
32	国际经济学:理论与政策(第十版)	保罗·R·克鲁格曼等	Paul R. Krugman	89.00	2016	978-7-300-22710-8
33	国际金融(第十版)	保罗·R·克鲁格曼等	Paul R. Krugman	55.00	2016	978-7-300-22089-5
34	国际贸易(第十版)	保罗·R·克鲁格曼等	Paul R. Krugman	42.00	2016	978-7-300-22088-8
35	经济学精要(第3版)	斯坦利·L·布鲁伊等	Stanley L. Brue	58.00	2016	978-7-300-22301-8
36	经济分析史(第七版)	英格里德·H·里马	Ingrid H. Rima	72.00	2016	978-7-300-22294-3
37	投资学精要(第九版)	兹维·博迪等	Zvi Bodie	108.00	2016	978-7-300-22236-3
38	环境经济学(第二版)	查尔斯·D·科尔斯塔德	Charles D. Kolstad	68.00	2016	978-7-300-22255-4
39	MWG《微观经济理论》习题解答	原千晶等	Chiaki Hara	75.00	2016	978-7-300-22306-3
40	现代战略分析(第七版)	罗伯特·M·格兰特	Robert M. Grant	68.00	2016	978-7-300-17123-4
41	横截面与面板数据的计量经济分析(第二版)	杰弗里·M·伍德里奇	Jeffrey M. Wooldridge	128.00	2016	978-7-300-21938-7
42	宏观经济学(第十二版)	罗伯特·J·戈登	Robert J. Gordon	75.00	2016	978-7-300-21978-3
43	动态最优化基础	蒋中一	Alpha C. Chiang	42.00	2015	978-7-300-22068-0
44	城市经济学	布伦丹·奥弗莱厄蒂	Brendan O'Flaherty	69.80	2015	978-7-300-22067-3
45	管理经济学:理论、应用与案例(第八版)	布鲁斯·艾伦等	Bruce Allen	79.80	2015	978-7-300-21991-2
46	经济政策:理论与实践	阿格尼丝·贝纳西-奎里等	Agnès Bénassy-Quéré	79.80	2015	978-7-300-21921-9
47	微观经济分析(第三版)	哈尔·R·范里安	Hal R. Varian	68.00	2015	978-7-300-21536-5
48	财政学(第十版)	哈维·S·罗森等	Harvey S. Rosen	68.00	2015	978-7-300-21754-3
49	经济数学(第三版)	迈克尔·霍伊等	Michael Hoy	88.00	2015	978-7-300-21674-4
50	发展经济学(第九版)	A.P. 瑟尔沃	A. P. Thirlwall	69.80	2015	978-7-300-21193-0
51	宏观经济学(第五版)	斯蒂芬·D·威廉森	Stephen D. Williamson	69.00	2015	978-7-300-21169-5
52	资源经济学(第三版)	约翰·C·伯格斯特罗姆等	John C. Bergstrom	58.00	2015	978-7-300-20742-1
53	应用中级宏观经济学	凯文·D·胡佛	Kevin D. Hoover	78.00	2015	978-7-300-21000-1
54	计量经济学导论:现代观点(第五版)	杰弗里·M·伍德里奇	Jeffrey M. Wooldridge	99.00	2015	978-7-300-20815-2
55	现代时间序列分析导论(第二版)	约根·沃特斯等	Jürgen Wolters	39.80	2015	978-7-300-20625-7

经济科学译丛

序号	书名	作者	Author	单价	出版年份	ISBN
56	空间计量经济学——从横截面数据到空间面板	J·保罗·埃尔霍斯特	J. Paul Elhorst	32.00	2015	978-7-300-21024-7
57	国际经济学原理	肯尼思·A·赖纳特	Kenneth A. Reinert	58.00	2015	978-7-300-20830-5
58	经济写作(第二版)	迪尔德丽·N·麦克洛斯基	Deirdre N. McCloskey	39.80	2015	978-7-300-20914-2
59	计量经济学方法与应用(第五版)	巴蒂·H·巴尔塔基	Badi H. Baltagi	58.00	2015	978-7-300-20584-7
60	战略经济学(第五版)	戴维·贝赞可等	David Besanko	78.00	2015	978-7-300-20679-0
61	博弈论导论	史蒂文·泰迪里斯	Steven Tadelis	58.00	2015	978-7-300-19993-1
62	社会问题经济学(第二十版)	安塞尔·M·夏普等	Ansel M. Sharp	49.00	2015	978-7-300-20279-2
63	博弈论:矛盾冲突分析	罗杰·B·迈尔森	Roger B. Myerson	58.00	2015	978-7-300-20212-9
64	时间序列分析	詹姆斯·D·汉密尔顿	James D. Hamilton	118.00	2015	978-7-300-20213-6
65	经济问题与政策(第五版)	杰奎琳·默里·布鲁克斯	Jacqueline Murray Brux	58.00	2014	978-7-300-17799-1
66	微观经济理论	安德鲁·马斯-克莱尔等	Andreu Mas-Collel	148.00	2014	978-7-300-19986-3
67	产业组织:理论与实践(第四版)	唐·E·瓦尔德曼等	Don E. Waldman	75.00	2014	978-7-300-19722-7
68	公司金融理论	让·梯若尔	Jean Tirole	128.00	2014	978-7-300-20178-8
69	经济学精要(第三版)	R·格伦·哈伯德等	R. Glenn Hubbard	85.00	2014	978-7-300-19362-5
70	公共部门经济学	理查德·W·特里西	Richard W. Tresch	49.00	2014	978-7-300-18442-5
71	计量经济学原理(第六版)	彼得·肯尼迪	Peter Kennedy	69.80	2014	978-7-300-19342-7
72	统计学:在经济中的应用	玛格丽特·刘易斯	Margaret Lewis	45.00	2014	978-7-300-19082-2
73	产业组织:现代理论与实践(第四版)	林恩·佩波尔等	Lynne Pepall	88.00	2014	978-7-300-19166-9
74	计量经济学导论(第三版)	詹姆斯·H·斯托克等	James H. Stock	69.00	2014	978-7-300-18467-8
75	发展经济学导论(第四版)	秋山裕	秋山裕	39.80	2014	978-7-300-19127-0
76	中级微观经济学(第六版)	杰弗里·M·佩罗夫	Jeffrey M. Perloff	89.00	2014	978-7-300-18441-8
77	平狄克《微观经济学》(第八版)学习指导	乔纳森·汉密尔顿等	Jonathan Hamilton	32.00	2014	978-7-300-18970-3
78	微观经济学(第八版)	罗伯特·S·平狄克等	Robert S. Pindyck	79.00	2013	978-7-300-17133-3
79	微观银行经济学(第二版)	哈维尔·弗雷克斯等	Xavier Freixas	48.00	2014	978-7-300-18940-6
80	施米托夫论出口贸易——国际贸易法律与实务(第11版)	克利夫·M·施米托夫等	Clive M. Schmitthoff	168.00	2014	978-7-300-18425-8
81	微观经济学思维	玛莎·L·奥尔尼	Martha L. Olney	29.80	2013	978-7-300-17280-4
82	宏观经济学思维	玛莎·L·奥尔尼	Martha L. Olney	39.80	2013	978-7-300-17279-8
83	计量经济学原理与实践	达摩达尔·N·古扎拉蒂	Damodar N. Gujarati	49.80	2013	978-7-300-18169-1
84	现代战略分析案例集	罗伯特·M·格兰特	Robert M. Grant	48.00	2013	978-7-300-16038-2
85	高级国际贸易:理论与实证	罗伯特·C·芬斯特拉	Robert C. Feenstra	59.00	2013	978-7-300-17157-9
86	经济学简史——处理沉闷科学的巧妙方法(第二版)	E·雷·坎特伯里	E. Ray Canterbery	58.00	2013	978-7-300-17571-3
87	管理经济学(第四版)	方博亮等	Ivan Png	80.00	2013	978-7-300-17000-8
88	微观经济学原理(第五版)	巴德、帕金	Bade,Parkin	65.00	2013	978-7-300-16930-9
89	宏观经济学原理(第五版)	巴德、帕金	Bade,Parkin	63.00	2013	978-7-300-16929-3
90	环境经济学	彼得·伯克等	Peter Berck	55.00	2013	978-7-300-16538-7
91	高级微观经济理论	杰弗里·杰里	Geoffrey A. Jehle	69.00	2012	978-7-300-16613-1
92	高级宏观经济学导论:增长与经济周期(第二版)	彼得·伯奇·索伦森等	Peter Birch Sørensen	95.00	2012	978-7-300-15871-6
93	宏观经济学:政策与实践	弗雷德里克·S·米什金	Frederic S. Mishkin	69.00	2012	978-7-300-16443-4
94	宏观经济学(第二版)	保罗·克鲁格曼	Paul Krugman	45.00	2012	978-7-300-15029-1
95	微观经济学(第二版)	保罗·克鲁格曼	Paul Krugman	69.80	2012	978-7-300-14835-9
96	克鲁格曼《微观经济学(第二版)》学习手册	伊丽莎白·索耶·凯利	Elizabeth Sawyer Kelly	58.00	2013	978-7-300-17002-2
97	克鲁格曼《宏观经济学(第二版)》学习手册	伊丽莎白·索耶·凯利	Elizabeth Sawyer Kelly	36.00	2013	978-7-300-17024-4
98	微观经济学(第十一版)	埃德温·曼斯费尔德	Edwin Mansfield	88.00	2012	978-7-300-15050-5
99	卫生经济学(第六版)	舍曼·富兰德等	Sherman Folland	79.00	2011	978-7-300-14645-4
100	宏观经济学(第七版)	安德鲁·B·亚伯等	Andrew B. Abel	78.00	2011	978-7-300-14223-4
101	现代劳动经济学:理论与公共政策(第十版)	罗纳德·G·伊兰伯格等	Ronald G. Ehrenberg	69.00	2011	978-7-300-14482-5
102	宏观经济学:理论与政策(第九版)	理查德·T·弗罗恩	Richard T. Froyen	55.00	2011	978-7-300-14108-4
103	经济学原理(第四版)	威廉·博伊斯等	William Boyes	59.00	2011	978-7-300-13518-2
104	计量经济学基础(第五版)(上下册)	达摩达尔·N·古扎拉蒂	Damodar N. Gujarati	99.00	2011	978-7-300-13693-6
105	《计量经济学基础》(第五版)学生习题解答手册	达摩达尔·N·古扎拉蒂等	Damodar N. Gujarati	23.00	2012	978-7-300-15080-8

经济科学译丛

序号	书名	作者	Author	单价	出版年份	ISBN
106	计量经济分析(第六版)(上下册)	威廉·H·格林	William H. Greene	128.00	2011	978-7-300-12779-8
107	国际贸易	罗伯特·C· 芬斯特拉等	Robert C. Feenstra	49.00	2011	978-7-300-13704-9
108	经济增长(第二版)	戴维·N·韦尔	David N. Weil	63.00	2011	978-7-300-12778-1
109	投资科学	戴维·G·卢恩伯格	David G. Luenberger	58.00	2011	978-7-300-14747-5
110	金融学(第二版)	兹维·博迪等	Zvi Bodie	59.00	2010	978-7-300-11134-6
111	博弈论	朱·弗登博格等	Drew Fudenberg	68.00	2010	978-7-300-11785-0

金融学译丛

序号	书名	作者	Author	单价	出版年份	ISBN
1	金融学原理(第八版)	阿瑟·J. 基翁等	Arthur J. Keown	79.00	2018	978-7-300-25638-2
2	财务管理基础(第七版)	劳伦斯·J. 吉特曼等	Lawrence J. Gitman	89.00	2018	978-7-300-25339-8
3	利率互换及其他衍生品	霍华德·科伯	Howard Corb	69.00	2018	978-7-300-25294-0
4	固定收益证券手册(第八版)	弗兰克·J. 法博齐	Frank J. Fabozzi	228.00	2017	978-7-300-24227-9
5	金融市场与金融机构(第8版)	弗雷德里克·S. 米什金等	Frederic S. Mishkin	86.00	2017	978-7-300-24731-1
6	兼并、收购和公司重组(第六版)	帕特里克·A. 高根	Patrick A. Gaughan	79.00	2017	978-7-300-24231-6
7	债券市场:分析与策略(第九版)	弗兰克·J·法博齐	Frank J. Fabozzi	98.00	2016	978-7-300-23495-3
8	财务报表分析(第四版)	马丁·弗里德森	Martin Fridson	46.00	2016	978-7-300-23037-5
9	国际金融学	约瑟夫·P·丹尼尔斯等	Joseph P. Daniels	65.00	2016	978-7-300-23037-1
10	国际金融	阿德里安·巴克利	Adrian Buckley	88.00	2016	978-7-300-22668-2
11	个人理财(第六版)	阿瑟·J·基翁	Arthur J. Keown	85.00	2016	978-7-300-22711-5
12	投资学基础(第三版)	戈登·J·亚历山大等	Gordon J. Alexander	79.00	2015	978-7-300-20274-7
13	金融风险管理(第二版)	彼德·F·克里斯托弗森	Peter F. Christoffersen	46.00	2015	978-7-300-21210-4
14	风险管理与保险管理(第十二版)	乔治·E·瑞达等	George E. Rejda	95.00	2015	978-7-300-21486-3
15	个人理财(第五版)	杰夫·马杜拉	Jeff Madura	69.00	2015	978-7-300-20583-0
16	企业价值评估	罗伯特·A·G·蒙克斯等	Robert A. G. Monks	58.00	2015	978-7-300-20582-3
17	基于Excel的金融学原理(第二版)	西蒙·本尼卡	Simon Benninga	79.00	2014	978-7-300-18899-7
18	金融工程学原理(第二版)	萨利赫·N·内夫特奇	Salih N. Neftci	88.00	2014	978-7-300-19348-9
19	投资学导论(第十版)	赫伯特·B·梅奥	Herbert B. Mayo	69.00	2014	978-7-300-18971-0
20	国际金融市场导论(第六版)	斯蒂芬·瓦尔德斯等	Stephen Valdez	59.80	2014	978-7-300-18896-6
21	金融数学:金融工程引论(第二版)	马雷克·凯宾斯基等	Marek Capinski	42.00	2014	978-7-300-17650-5
22	财务管理(第二版)	雷蒙德·布鲁克斯	Raymond Brooks	69.00	2014	978-7-300-19085-3
23	期货与期权市场导论(第七版)	约翰·C·赫尔	John C. Hull	69.00	2014	978-7-300-18994-2
24	国际金融:理论与实务	皮特·塞尔居	Piet Sercu	88.00	2014	978-7-300-18413-5
25	货币、银行和金融体系	R·格伦·哈伯德等	R. Glenn Hubbard	75.00	2013	978-7-300-17856-1
26	并购创造价值(第二版)	萨德·苏达斯纳	Sudi Sudarsanam	89.00	2013	978-7-300-17473-0
27	个人理财——理财技能培养方法(第三版)	杰克·R·卡普尔等	Jack R. Kapoor	66.00	2013	978-7-300-16687-2
28	国际财务管理	吉尔特·贝克特	Geert Bekaert	95.00	2012	978-7-300-16031-3
29	应用公司财务(第三版)	阿斯沃思·达摩达兰	Aswath Damodaran	88.00	2012	978-7-300-16034-4
30	资本市场:机构与工具(第四版)	弗兰克·J·法博齐	Frank J. Fabozzi	85.00	2011	978-7-300-13828-2
31	衍生品市场(第二版)	罗伯特·L·麦克唐纳	Robert L. McDonald	98.00	2011	978-7-300-13130-6
32	跨国金融原理(第三版)	迈克尔·H·莫菲特等	Michael H. Moffett	78.00	2011	978-7-300-12781-1
33	统计与金融	戴维·鲁珀特	David Ruppert	48.00	2010	978-7-300-11547-4
34	国际投资(第六版)	布鲁诺·索尔尼克等	Bruno Solnik	62.00	2010	978-7-300-11289-3

图书在版编目（CIP）数据

克鲁格曼经济学原理：第四版/（ ）保罗·克鲁格曼，（ ）罗宾·韦尔斯著；赵英军译. —北京：中国人民大学出版社，2018.4

（经济科学译丛）

ISBN 978-7-300-25639-9

Ⅰ.①克… Ⅱ.①保… ②罗… ③赵… Ⅲ.①经济学 Ⅳ.①F0

中国版本图书馆 CIP 数据核字（2018）第 051890 号

"十三五"国家重点出版物出版规划项目

经济科学译丛

克鲁格曼经济学原理（第四版）

保罗·克鲁格曼
罗宾·韦尔斯 著

赵英军 译

Kelugeman Jingjixue Yuanli

出版发行	中国人民大学出版社		
社　　址	北京中关村大街 31 号	**邮政编码**	100080
电　　话	010－62511242（总编室）		010－62511770（质管部）
	010－82501766（邮购部）		010－62514148（门市部）
	010－62515195（发行公司）		010－62515275（盗版举报）
网　　址	http://www.crup.com.cn		
经　　销	新华书店		
印　　刷	北京七色印务有限公司		
规　　格	215 mm×275 mm 16 开本	**版　　次**	2018 年 4 月第 1 版
印　　张	35.25 插页 2	**印　　次**	2019 年 12 月第 2 次印刷
字　　数	1 154 000	**定　　价**	88.00 元